国家社科基金
GUOJIA SHEKE JIJIN HOUQI ZIZHU XIANGMU
后期资助项目

中国传统价值观及其现代转换

（上　卷）

Chinese Traditional Values and Their Modern Conversion (Vol.1)

江畅　著

社会科学文献出版社
SOCIAL SCIENCES ACADEMIC PRESS (CHINA)

国家社科基金后期资助项目
出版说明

后期资助项目是国家社科基金设立的一类重要项目，旨在鼓励广大社科研究者潜心治学，支持基础研究多出优秀成果。它是经过严格评审，从接近完成的科研成果中遴选立项的。为扩大后期资助项目的影响，更好地推动学术发展，促进成果转化，全国哲学社会科学工作办公室按照“统一设计、统一标识、统一版式、形成系列”的总体要求，组织出版国家社科基金后期资助项目成果。

全国哲学社会科学工作办公室

本书系2018年国家社会科学基金后期资助项目（18FZX050）最终成果

目　录

上　卷

下 卷

Contents

Volume 1

上 卷

引言　走向伟大复兴的中国价值观

“中国价值观”是由两个词构成的术语，或者说它包括两个关键词，即“中国”和“价值观”。据冯天瑜先生的考论，“中国”的含义经历了曲折的流变：从古代的“城中”义到“天下中心”义，近代演进为与世界列邦并存的民族国家之名，而其“文化中心”义则贯穿古今。[①] 中国与中华民族血肉相连。“自古以来，在中国这片广袤、丰腴的大地上生活劳作的各族人民，近百年来统称为‘中华民族’。”[②] 关于它们之间的关系，冯天瑜先生做了这样一个比喻：如果将中国文化的生成过程比喻为波澜壮阔、起伏跌宕的多幕戏剧，“中国”（兼涉外域）便是演出舞台，“中华民族”（兼涉外人）是演出主体，“文化”是演出内容。[③] 关于“中国”的理解，冯天瑜先生的阐释具有权威性，而关于“价值观”的理解，这个术语出现以来则无权威的定论。如果笔者坚持自己对价值观的这样一种理解，即“价值观实际上是一种价值观念，是那种根本的总体的价值观念”[④]，那么根据冯天瑜先生对中国和中华民族的阐释，中国价值观就是得到世世代代生活在中国大地上的各族人民广泛共识和相袭沿革，并积淀为中华文化深层结构的那些根本的总体的价值观念。它是中国人智慧的结晶，同时又涵养中国人的智慧；它从中华民族精神里汲取和凝聚力量，更运用这种力量指引和推动中华民族走向强大。

中国价值观包括中国传统价值观和中国现代价值观。大致上说，中国传统价值观指辛亥革命前中国传统社会普遍认同的价值观，而中国现

---

① 冯天瑜：《中国文化生成史》（上册），武汉大学出版社2013年版，第47页。

② 冯天瑜：《中国文化生成史》（上册），武汉大学出版社2013年版，第58页。

③ 冯天瑜：《中国文化生成史》（上册），武汉大学出版社2013年版，第46页。

④ 江畅：《论价值观与价值文化》，科学出版社2014年版，第21页。需要注意的是，人们通常也把某一种或几种价值观念说成价值观，如今天许多人把党的十八大倡导的“24个字”视为社会主义核心价值观，或者把其中的某一种观念说成价值观。本书也在这种通常意义上使用价值观，有时指作为一种体系的价值观，有时指一种体系中的一种或几种价值观念。实际在哪种意义上使用，需要读者根据语境把握。

代价值观则是指自辛亥革命开始在对中国传统价值观实行现代转换过程中正在生长形成的在中国占主导地位的价值观。中国共产党成立后，中国现代价值观经历了从革命战争年代的革命价值观、改革开放前社会主义革命和建设时期的社会主义价值观到自改革开放开始构建的以社会主义核心价值观为核心内容的中国当代价值观的发展。中国当代价值观（或者称为“当代中国价值观”）是当代中国正在建设和完善的主流价值观。它是对中国传统价值观的创造性转化和创新性发展，它的构建和完善标志着中国价值观正在走向伟大复兴。

一　现代转换肇始于鸦片战争

“中国价值观”是一个崭新的术语。改革开放以来，我国有许多学者讨论价值及价值观问题，但明确提出“中国价值观”这一概念还是近几年的事。笔者在提出构建中国当代价值观的主张时曾指出：“自觉构建当代中国价值观，大幅度提升中国的文化软实力，旗帜鲜明地打出‘中国价值观’的旗号并扩大其影响，可以说是中国社会发展的第一要务。”① 假如我们以此作为正式使用“中国价值观”概念的开始，那么这一概念对于中国人来说还是全新的，而且迄今尚未得到普遍的认同。当前，人们广泛地谈论社会主义核心价值观而较少谈及中国价值观，也许就是证明。这一点与美国形成了鲜明对照。多年来，美国人一直大谈特谈“美国价值观”，而不见有多少美国人谈“资本主义价值观”或“资本主义核心价值观”。在中国文化走向世界的新的历史背景下，我们不仅要讲社会主义核心价值观，更要讲中国价值观。

“中国价值观”虽是一个新术语，却有源远流长的历史和意蕴深厚的内涵，它是与中华民族诞生、繁衍和发展相伴随的。从中国历史发展来看，它萌芽于“三皇五帝”② 时期，孕育于夏商西周“三代”，形成于春秋战国时期，其官方形态确立于西汉武帝年间。此后，中国价值观经

① 江畅、蔡梦雪：《“当代中国价值观”概念的提出、内涵与意义》，《湖北大学学报》（哲学社会科学版）2016 年第 4 期。

② 关于“三皇五帝”有种种不同的说法，笔者倾向于这样一种，即“三皇”指伏羲、神农、黄帝，“五帝”指颛顼、帝喾、尧、舜、大禹。

历了两千多年的历史演进，从兴盛到衰败，又从衰败到复兴。其间，它受到过多次朝代更替的挑战，也受到过一些外域价值观的冲击，它的内涵、内容、形态因而不断发生与时俱进的变化。但是，它的遗传基因、内在精神、基本品格并没有发生根本变化，从而形成了一以贯之的中国价值观传统，并以任何其他国家和民族无可比拟的独特个性和优势独秀于人类文明和世界民族之林。我们可以断言，世界上任何国家和民族都没有像中国价值观这样的与自己的民族共始终的灵魂和命脉。今天我们中国人讲文化自信，这种文化自信的深厚根基就在于中国价值观饱经沧桑而生生不息，历尽苦难而刚健有为，经受现代洗礼而弘扬开新。

1840 年鸦片战争爆发以前，中国价值观的形成和演进基本上是在中华民族内部各民族之间以及在不同朝代更迭中发生的。其间，从印度传入中国的佛教一度对中国价值观产生冲击，这种冲击曾经还相当大，但总体上看其影响在时空上是十分有限的。它没有动摇中国价值观，更没有改变其基本性质。佛教自东汉明帝时期传入中国，至今已有 1900 多年历史。然而，资料表明，直到今天，中国的佛教信众不过 2 亿人左右，正式皈依佛教的不到 2000 万人，也就是说，80% 以上的信众没有正式皈依。在信众之中，以市民和农民为主的平民阶层占绝大多数（过亿），以企业家为主的实力阶层占少数（几百万），而以知识分子为主的精英阶层只占极少数（数十万）。[①] 中国价值观从佛教中吸收了一些有益的内容和精神，而且在中国大地上形成了中国化的佛教——禅宗，但中国价值观没有演变成佛教价值观。相对于佛教价值观而言，中国价值观是完全世俗的价值观。然而，自鸦片战争开始，古老的中国受到西方列强入侵，逐渐沦入被动挨打、丧权辱国的局面。这次的冲击不再是中华民族内部的争斗，而是强大的外敌对中国的武装侵略和掠夺，由此开启了中国价值观现代转换的复杂而漫长的历程。我们所说的中国价值观的现代转换，指的就是自鸦片战争起传统价值观在面临严峻挑战的情况下逐渐向现代价值观转换。

西方殖民主义者利用其坚船利炮打开古老中国的大门后，中国人最

① 王志远：《中国佛教信众三类人群总数 2 亿　80% 没有正式皈依》，凤凰网，http://fo.ifeng.com/news/detail_2011_08/25/8671934_0.shtml，最后访问日期：2019 年 5 月 9 日。

初意识到的是中国的军事力量和科学技术落后。于是，中国开始向西方学习军事和技术，提出了著名的“师夷长技以制夷”主张。在这一主张的推动下，更由于两次鸦片战争失败的巨大压力，晚清的洋务派开展了一场长达30多年的洋务运动（亦称“晚清自救运动”“自强运动”），旨在通过引进西方军事装备、机器生产方式和科学技术维护摇摇欲坠的清王朝统治，实现“自强”和“求富”的目的。然而，甲午战争（1894）的失败使一些先进的中国知识分子意识到，中国仅将“制器”作为学习的重点远远不够，还要学习西方先进的政治制度，于是，发生了政治改良运动——戊戌变法。这一运动历时103天，由于主张变法的光绪皇帝被囚禁、维新派领袖康有为和梁启超流亡日本以及戊戌六君子被杀而宣告失败。正是在这种严峻的历史转折关头，以孙中山为代表的资产阶级革命派经过长期努力和积极准备发动了旨在推翻清朝专制统治、建立共和政体的辛亥革命，并取得了暂时的成功。

无论是洋务运动还是戊戌变法，其指导思想都是“中学为体，西学为用”，即坚守中国传统价值观而学习西方的科学技术，而辛亥革命则在指导思想上完全否定“中体西用”的观念，转而借鉴西方启蒙思想和民主共和观念。辛亥革命的爆发和中国长达两千多年的皇权专制统治的结束，既解放了人们的思想也引起了人们对中国传统制度以至文化和价值观的反思。于是，在辛亥革命后不久又爆发了影响深远的新文化运动。新文化运动是由一批受过西方教育的知识分子发起的“反传统、反孔教、反文言”思想文化革新和文学革命运动，其实质是批判传统文化和价值观，构建现代文化和价值观。新文化运动的发起者高举西方的“民主”和“科学”两面大旗，提倡民主，反对专制；提倡科学，反对迷信；提倡新道德，反对旧道德；提倡新文学，反对旧文学。虽然他们在采用什么思想理论作为中国救亡求存、治国兴邦的思想理论方面存在分歧①，但是，参与这一运动的知识分子几乎众口一词地否定传统社会占统治地位的意识形态，特别是儒家思想。这个时期所提出的“打倒孔家店”的响亮口号，鲜明地表达了这次运动的真正矛头所指。由此中国大陆开启

① 有人主张共和主义，有人主张自由主义，有人主张无政府主义，有人主张马克思主义以及马克思主义与俄国实际相结合所形成的列宁主义，后来还有人主张“多研究些问题，少谈些‘主义’”，并由此产生了“问题与主义”的论战。

了长达半个多世纪的批判和否定传统价值观的历程，而在这个过程中，中国人也在不断构建与传统价值观不同的现代价值观。中国价值观的现代转换一直就是以这种既“破”又“立”的方式进行的。

二　艰难的探索

在寻求新的价值观以取代旧的价值观的过程中，最早出现的是以孙中山为代表的中国资产阶级革命党人提出的三民主义，即民族主义、民权主义和民生主义。三民主义实质上是西方资产阶级思想理论与中国实际相结合的产物，就其性质而言，所体现的是资本主义价值观。[①] 三民主义原本是中国国民党的指导思想，但由于孙中山去世，特别是国共两党合作破裂以及随后连续不断的战争（第一次国内战争、抗日战争和第二次国内战争），实际上并没有成为得到普遍认同的中国价值观，更没有真正在全国范围内现实化，后来甚至被以蒋介石为代表的国民党人所背弃。值得注意的是，无论是三民主义还是后来的国民党统治，对传统价值观都不持十分激进的批判否定态度。三民主义本身就包含不少传统文化的元素，而且使用的基本上也是中国话语体系。蒋介石本人一直对传统儒家文化推崇有加，早在20世纪30年代即推行以“礼义廉耻”为内容的新生活运动，并从“礼义廉耻，国之四维；四维不张，国乃灭亡”引申出“四维既张，国乃复兴”的结论。他到台湾后还开展过“中华文化复兴运动”，其“不仅为三民主义革命文化之建设”，更为“挽救世界文化危机”。[②]

辛亥革命后，与西方资产阶级思想理论对立的马克思列宁主义在中国得到了传播，一些信奉这种思想理论的知识分子将之与中国实际相结合，并于1921年成立了以马列主义为指导思想的中国共产党，逐渐形成毛泽东思想。与三民主义不同，毛泽东思想是马列主义与中国实际相结

---

① 孙中山以及当时国民党的思想家并没有意识到西方近代资产阶级思想有所谓自由主义和共和主义之别。从三民主义的内容看，它既包含自由主义的思想，如主张“凡真正反对帝国主义之个人及团体均得享有一切自由及权利”，也包括共和主义的思想，如强调国家政权为“一般平民所共有”。

② 参见周为筠《蒋介石与中华文化复兴运动》，凤凰网，http://book.ifeng.com/zhuanlan/zhouweijun/detail_2009_01/19/333269_0.shtml，最后访问日期：2019年5月9日。

合的产物，后来成为中国共产党的指导思想。经过长达28年的国共两党之间的政治和军事斗争，中国共产党最终推翻了压在中国人民头上的帝国主义、封建主义和官僚资本主义“三座大山”，成立了中华人民共和国，明确将马列主义、毛泽东思想作为新中国的意识形态和价值观，传统价值观就其主体而言被视为封建地主阶级的价值观，不言而喻属于革命对象的范围，因而长期被严厉批判和完全否定。

由以上考察可见，辛亥革命以后，特别是新中国成立以后，中国价值观传统因为革命而出现了断裂，传统价值观持续受到批判和否定。虽然这种批判和否定过激，时间也许偏长（从辛亥革命到开始实行改革开放长达67年），但这也是一些客观因素所致，因而具有某种不可避免性。而且，与西方价值观从传统到现代的转换相比较，这个过程并不算长。[①]更为重要的是，正是经历了这一艰难探索过程，中国人才意识到要使国家富强、民族振兴和人民幸福，必须改变过去对待被视为敌对势力的资产阶级和封建地主阶级及其思想文化的断然否定态度。于是才有了改革开放，有了后来社会主义市场经济体制的建立。

对于中国价值观的当代转换，改革开放具有不可估量的重大意义。开放不仅打开了国门，而且打开了传统之门。这为中国价值观进一步的现代转换（当代转换）提供了利用、借鉴西方价值观和传统价值观资源的机会。而逐渐全面深化的改革以及实行社会主义市场经济体制后出现的诸多新情况、新问题则使实现传统价值观的当代转换成为中国社会发展的迫切需要。正是在这种新的历史背景下，十六届六中全会和十八大提出了建设社会主义核心价值体系和核心价值观的重大现实任务。特别是十八大以来，中共中央高度重视优秀传统文化和价值观的弘扬和开新，中共中央总书记习近平就弘扬优秀传统文化发表了一系列重要讲话，反复强调要实现传统文化的创造性转化和创新性发展，中共中央办公厅、国务院办公厅还印发了《关于实施中华优秀传统文化传承发展工程的意见》，指出：“中华文化源远流长、灿烂辉煌。在5000多年文明发展中孕育的中华优秀传统文化，积淀着中华民族最深沉的精神追求，代表着中

① 西方价值观从传统向现代的转换，如果从14世纪文艺复兴运动兴起算起，到19世纪启蒙运动最终结束，即资本主义价值观最终形成，这个过程长达近500年。

华民族独特的精神标识，是中华民族生生不息、发展壮大的丰厚滋养，是中国特色社会主义植根的文化沃土，是当代中国发展的突出优势，对延续和发展中华文明、促进人类文明进步，发挥着重要作用。”① 今天我们可以说，以十八大为标志，在经过一个世纪艰苦而曲折的探索之后，中国价值观经过现代转换，进入了一个全新的历史时期，已经走上伟大的复兴之路。

概括地说，中国价值观现代转换过程到今天为止经历了四个阶段，这四个阶段虽然都有对传统价值观否定的方面，但其主要任务都指向构建现代价值观。

第一个阶段是从1840年鸦片战争爆发到1921年中国共产党成立，这是对传统价值观改良、维新再到革命（资产阶级民主革命）的急剧演变阶段，在辛亥革命爆发前后到新文化运动时期达到高潮。这一阶段转换的主要方向是构建资产阶级价值观，其最重要的成果是孙中山的三民主义理论和实践，进行转换的主要力量是资产阶级革命派（后来改组为中国国民党）。

第二个阶段是从中国共产党成立到1949年新中国成立，这是在对传统价值观进行否定的前提下以马列主义为指导构建革命价值观的阶段。这时的革命是中国共产党领导的新民主主义革命。这一阶段转换的方向是构建无产阶级价值观（马克思主义价值观），其最重要的成果是毛泽东思想及其革命实践，进行转换的主要力量是无产阶级及其政党——中国共产党。

第三个阶段是新中国成立后到1978年十一届三中全会召开，这是在对传统价值观进行严厉批判的前提下构建社会主义价值观的阶段。这一阶段在价值观构建方面的最大成就是建立了社会主义制度，确立了社会主义价值观的基本框架，但这个阶段并没有真正致力于社会主义价值观的构建，而且由于种种因素，对社会主义价值观的理解发生了偏差，导致了严重的实践后果。

第四个阶段是十一届三中全会召开至今，这是在既吸收借鉴西方现

---

① 《中共中央办公厅　国务院办公厅印发〈关于实施中华优秀传统文化传承发展工程的意见〉》，新华网，http://www.xinhuanet.com//politics/2017-01/25/c_1120383155.htm，最后访问日期：2019年5月9日。

代价值观又弘扬创新优秀传统价值观的基础上构建社会主义核心价值观（以下简称“核心价值观”）的阶段。这一阶段在价值观构建方面的成就极其巨大，突出体现在三个方面：一是形成了以邓小平理论、“三个代表”重要思想、科学发展观和习近平新时代中国特色社会主义思想为主要内容的中国特色社会主义理论体系，为核心价值观的构建提供了理论基础和指导；二是通过全面深化改革努力使核心价值观融入国家治理体系和全过程，融入社会生活和文化；三是在中国特色社会主义理论体系及其价值观的指引下，中国实现了从站起来到富起来的历史性跨越，并正在进行从富起来到强起来的新跨越，核心价值观日益显示出其正确性和巨大威力。今天的中国还在不断加强核心价值观建设，以核心价值观为核心内容的中国当代价值观成为中国现代价值观的新形态，也是中国价值观现代转换的最伟大成果。

在以上四个阶段中，就中国共产党领导的革命和建设而言，传统价值观的现代转换经历了三个发展阶段，也可视之为现代价值观的三种基本形态，即革命价值观、社会主义价值观、以核心价值观为核心内容的中国当代价值观（简称“当代价值观”）。当代价值观是现代价值观的一种形态，而核心价值观是其核心内容。中国当代价值观就其性质而言，也可以完整地称为“中国特色社会主义价值观”。

三　走向伟大复兴

无论是与中国价值观在传统社会历史上的演进相比，还是与西方现代价值观的构建相比，中国价值观的当代转换都具有自己的特色和优势。正是因为这些特色和优势，我们说中国价值观已经走上伟大复兴的道路，可谓“凤凰涅槃，浴火重生”。

首先，中国价值观的当代转换不是学界自发进行的学术构想，而是在中国共产党的领导下由全社会共同进行的自觉构建。在中西方历史上都自觉或不自觉地进行过价值观构建，除了思想家著书立说从理论上提出和论证某种价值观并为之进行辩护外，官方或某种组织（如教会组织）也在构建其主张的价值观方面做出过努力。儒家思想能成为自西汉以后的中国皇权专制社会占统治地位的意识形态，就是因为汉武帝接受了董仲舒“推明孔氏，抑黜百家”（《汉书·董仲舒传》）的主张，实行“罢黜百家，独尊儒术”的思想统治政策。而东汉章帝召集的白虎观会议确定了“三纲六纪”，“君为臣纲”被列为三纲之首，宗法皇权专制主义的伦理纲常由此系统化、绝对化。与此同时，汉代儒者把当时流行的谶纬迷信与先秦儒家思想糅合为一，使儒家思想神秘化、神学化，儒家思想于是成为更适合皇权专制统治的意识形态。西方近现代价值观的理论构建虽然经历了从文艺复兴到启蒙运动的漫长历史过程，但几乎全是通过思想家个人著书立说完成的，资产阶级思想家甚至还为此面临被关进巴士底狱和驱逐出境的危险。他们的学说直至资产阶级革命时期才在即将上台的资产阶级发布的《独立宣言》和《人权宣言》等文书中得到承认，并在资产阶级取得统治权后才成为官方意识形态。

与所有这些情形不同，中国当代价值观构建有四个明显特点：其一，中国共产党明确提出构建中国当代价值观特别是其中的核心价值观，直接使用了“价值观”和“社会主义核心价值观”这样的概念；其二，中国共产党运用其领导地位和政治力量旗帜鲜明、大张旗鼓地动员和调动全社会进行价值观构建并致力于实现其从传统到当代的转换；其三，价值观构建是根据中共中央的顶层设计和统一部署进行的，而且理论构建与实践构建同时进行并追求其良性互动；其四，中国共产党积极鼓励和大力支持核心价值观的理论构建，促进了中国特色哲学社会科学的繁荣。中国共产党利用其政治优势集中全社会的智慧、资源和力量来进行传统价值观的当代转换，推进中国价值观的伟大复兴。

其次，中国价值观的当代转换不是对马克思主义的否定，而是使马克思主义不仅与中国实际相结合，而且与中国优秀传统文化相融合。当代的中国价值观转换是在坚持和发展马克思主义的前提下进行的。这种坚持和发展突出体现在，在把马克思主义与中国实际相结合的同时，将其与中国优秀传统文化相融合，使之真正成为扎根于中华民族和中国文化的当代中国思想理论体系。这不再单纯是马克思、恩格斯原初的科学社会主义，而是马克思主义中国化和时代化的中国特色社会主义理论。从理论上看，中国特色社会主义理论作为中国革命和建设的理论基础和指导思想是一个完整的思想体系，包括两个基本部分：一是基础理论部分，二是应用理论部分。中国特色社会主义理论的源头是马恩社会主义

（科学社会主义），而其中两个部分的构建逻辑次序应该是科学社会主义与中国传统思想文化相融合，形成中国特色社会主义的基础理论；然后将这种基础理论应用于中国不同历史时期的实际，形成中国特色社会主义的应用理论。① 中国当代价值观是中国特色社会主义理论的核心内容，而它本身又需要中国特色社会主义理论为其构建提供理论基础、论证和辩护。

再次，中国价值观的当代转换不是对传统文化的回归，也不只是对优秀传统文化的传承和弘扬，而是对传统文化的创造性转化和创新性发展。中国价值观的当代转换，就其实质而言，也就是习近平总书记所反复强调的实现传统文化的创造性转化和创新性发展。② 两者之间是一而二、二而一的关系，传统文化的创造性转化和创新性发展过程就是中国价值观当代转换的过程，其结果就是中国价值观的新形态——中国当代价值观的形成。显然，中国价值观的当代转换不是对传统价值观的回归，也不只是对传统价值观的传承和弘扬，而是对传统价值观的现代转换，是对传统价值观的创造性转化和创新性发展。毫无疑问，这种转换中有传承和弘扬，但是这种传承和弘扬又是创造性和创新性的传承和弘扬。这种创造性和创新性突出体现在，它是在马克思主义指导下吸收全人类先进的思想文化成果，并与当代中国乃至整个人类发展总体趋势相适应的，从而既具有鲜明的中国文化特色，又具有人类先进性，所形成的是在当代价值多元化的国际环境中具有突出优势和强大竞争力的中国价值观。

最后，中国价值观通过当代转换所构建的价值观是包含人类共同价值、与人类价值观相承接的价值观，是对其他国家和人民具有吸引力和影响力，可供他们借鉴的先进价值观。我们处在全球化时代，人类命运共同体正在形成，人类正在形成价值共识，其中和平、发展、公平、正义、民主、自由已经成为全人类的共同价值。③ 在这种时代背景下，中

---

① 参见江畅《应当重视中国特色社会主义基础理论构建》，《决策与信息》2017 年第 4 期，中国人民大学复印报刊资料《中国特色社会主义理论》2017 年第 8 期转载。

② 习近平总书记在 2014 年纪念孔子诞辰 2565 周年国际学术研讨会暨国际儒学联合会第五届会员大会开幕会上的讲话中首次明确提出要“努力实现传统文化的创造性转化、创新性发展”，此后多次对此做了强调和阐述。

③ 习近平：《携手构建合作共赢新伙伴　同心打造人类命运共同体——在第七十届联合国大会一般性辩论时的讲话》，《人民日报》2015 年 9 月 29 日。

国价值观的当代转换不仅需要吸收和体现人类共同价值，而且要为人类共同价值观的形成贡献中国元素、中国主张，提供中国范例、中国经验，从而推动人类命运共同体建设和人类共同价值观形成。中国不仅是人口大国、经济大国，而且是文化大国，并正在向文化强国迈进，肩负着推进人类命运共同体和人类共同价值观建设的责任。因此，中国当代价值观构建必须具有世界眼光、国际视野，所构建的中国当代价值观应当具有国际竞争力和辐射力，可供其他国家学习和借鉴。

在我国的经济实力日益强大的新的历史条件下，如何推动中国文化走向世界提上了党和国家的议事日程。推动中国文化走向世界，需要考虑让什么样的中国文化“走出去”的问题，尤其需要考虑什么样的中国文化能够真正“走出去”、什么样的中国文化能够为其他国家认同和接受、什么样的中国文化能够对世界产生广泛而深刻影响等问题。文化的内核和实质是价值观，因此，我们要推出的重点是中国文化中的价值观。中国价值观作为中国文化的核心内容，充分体现了中国文化的中国特色、中国风格、中国气派，也是中国文化区别于世界上其他一切文化形态特别是西方现代文化的主要标志。推动中华文化“走出去”，最重要的就是要让中国价值观尤其是中国当代价值观“走出去”，从而显示整个中国文化的感召力、感染力和影响力。

中国价值观走向伟大复兴刚刚开始，实现其伟大复兴还有繁重的任务。就现阶段而言，面临的最直接的任务是将我国目前的主导意识形态与传统文化有机结合起来，将我国所要构建的当代价值观深深植根于中国传统文化的沃土，在对传统文化实行创造性转化和创新性发展的基础上实现当代价值观与传统价值观的对接。要完成这一历史性任务，需要弄清楚中国传统价值观的形成和演进，它的立论基础、基本结构、核心内容、主导观念、基本精神、民族特色、历史价值、构建经验及其衰落的历史教训，并在此基础上阐明在中国价值观当代转换过程中，对于传统价值观我们应当弘扬什么、更新什么，从而为中国价值观的当代转换提供理论依据和学术支撑。本书试图在这些方面进行概要性的初步探讨，以参与和推进中国价值观的当代转换，为中国价值观的伟大复兴做出力所能及的贡献。

第一章　传统价值观的界定及其形成演进

中国传统价值观（以下简称“传统价值观”）源远流长。如果我们以辛亥革命作为传统价值观终结的标志，那么可以说，它是与中国五千年古代文明相生相伴的，其源头可以追溯到“三皇五帝”时代。传统价值观虽然有一个十分悠久的孕育生长过程，但作为系统的思想理论形态在春秋战国时期才形成并逐渐成熟。理论化系统化的价值观产生之后，其中的儒家价值观后来成为社会占统治地位的价值观并现实化为社会的价值体系（可称之为“传统价值观的官方形态”）。在此后的两千多年间，占统治地位的传统价值观经过了从先进到落后、从开放到保守、从鲜活到僵化、从兴旺到衰败的复杂演进过程。这种占统治地位的价值观随着皇权专制时代的覆灭而终结，但这并不意味着传统价值观的彻底终结，它事实上由于时代的剧变而由显变隐，至今仍然影响着中国人的生活。本章重点从外延和内涵上对传统价值观做出明确的界定，并描述传统价值观萌芽、形成和演进的历史，分析它的人性根基及其现实化的状况，力图为读者提供一个传统价值观的立体宏观图景。

一　传统价值观的界定

本书所说的传统价值观，一般地说，是指在中国传统社会得到较为普遍认同的价值观。但是，中国传统社会绵延几千年，社会中存在过各种类型的价值观，这些价值观中哪些是得到较为普遍认同的价值观念？这些价值观念是否构成一种体系？其中哪些价值观念需要弘扬，哪些需要摒弃？在大力弘扬优秀传统文化的今天，这些问题需要认真研究。在这里，我们首先对传统价值观做出初步的界定。

1. 传统社会价值观的复杂性

传统价值观是中国传统社会中产生、存续的价值观。因此，我们需要先对中国传统社会有一个明确的概念。传统社会是相对于现代社会而言的。把人类社会区分为传统社会与现代社会的，不是历史学家，而是近代西方启蒙思想家，或者更准确地说是源自西方启蒙思想家。

在西方启蒙思想家看来，近代以前基督教教会统治的中世纪是黑暗的社会。首先，中世纪是愚昧的社会。这种社会把并不存在的上帝视为全知全能全善的宇宙最高统治者，并将上帝作为自己的信仰对象和终极追求，而不关注对自然的认识和对尘世幸福生活的追求。其次，它是专制的社会。中世纪实行以罗马教廷为中心的天主教教会统治，它压制人们的思想自由、言论自由甚至人身自由，使人们的思想束缚于基督教神学和经院哲学。而且，它还是教会统治与世俗的封建专制相结合的社会，以“君权神授”为依据，树立封建王权的绝对权威。最后，它是等级制的社会。天主教教会实行教阶制度，早期包括教阶和教权两个阶级，教阶阶级包括主教、神父、执事，教权阶级包括教皇、总主教、首席主教、教区主教、助理主教等高等主教。封建王国是由贵族和平民构成的社会，贵族又包括皇帝/国王、大公、选侯、亲王、公爵、侯爵、伯爵、子爵、男爵、骑士等等级。启蒙思想家把这种黑暗社会比作漫漫长夜，呼唤用理性的阳光驱逐黑暗，破除信仰主义和蒙昧主义，消灭专制主义、等级制和不平等现象，实现政治民主、权利平等和个人自由，从而建立“理性的王国”。

显然，对于启蒙思想家而言，中世纪社会和他们所憧憬的理性王国不是从编年史的角度，而是从社会性质的角度划分的。理性王国是一种自由、平等、民主、法治的理性社会，它不同于专制、等级制、奴役、神治的中世纪社会。经过与天主教教会和封建专制主义（西欧13世纪之后发生了从封建庄园制到专制制的转变）长期的斗争，启蒙思想家的憧憬在欧美逐渐变成社会现实。这种变成现实的理性王国就是今天人们所说的现代社会，而这种社会所具有的性质被称为“现代性”（modernity）①，也相应地把中世纪社会及以前的社会称为前现代社会或传统社会。当然，启蒙思想家对中世纪的全盘否定和对理性王国的过分推崇，在实践上导致了不少消极后果。所以，自19世纪开始，启蒙思想受到越来越严厉的

① 国内外关于现代性问题以及相应的后现代性问题有很多讨论，对现代性及相关概念的准确把握，可参见谢中立《“现代性”及其相关概念词义辨析》，《北京大学学报》（哲学社会科学版）2001年第5期。

批评，有的思想家认为启蒙运动是“失败”的，甚至认为“不仅是错误的，而且可以说一开始就不应该有”①。但是，我们也应该注意到，近代西方开始建立的以市场经济和现代科技为基础，以自由、平等、民主、法治等为基本规定性的社会，与此前的社会相比，确实是性质完全不同的社会。从这种意义上看，把人类社会区分为传统社会和现代社会两种性质不同的社会，是能够成立的。只是这里所说的“现代”可能是可追溯到14世纪的现代（如西方），也可能是从20世纪开始的现代（如中国）。当然，今日世界还有一些国家尚未完全进入现代，还在相当大的程度上生活在传统社会之中。

正是借鉴西方的现代性观念，我们把辛亥革命以前的中国社会称为传统社会，而把此后一直到今天的中国社会称为现代社会。按照我国学界关于中国历史的分期，鸦片战争爆发以前是古代社会，鸦片战争到新中国成立为近代社会，新中国成立以后为现代社会。在笔者看来，这种划分理由并不充分。其原因有二：一是鸦片战争爆发时，中国古代社会的最后一个王朝尚未终结，它终结的最显著标志是辛亥革命；二是根据这种划分，中国的近代社会只有一百年，而且不具有比较完整的形态。当然，笔者这里无意讨论中国历史的分期（笔者不是历史学家，不能给中国历史分期提供充分的论证），而只是要说明，中国与西欧不同。由于种种因素，中国没有典型的近代，因而可以以辛亥革命为标志将中国历史划分为古代史和现代史，这样也许更合理，也更便于对中国历史加以把握。相应地，也可以以辛亥革命为界，将中国社会划分为传统社会和现代社会（包括当代）。

如果我们将中国传统社会界定为从“三皇五帝”到辛亥革命的中国社会，那么在这大约五千年的漫长历史中，中国社会存在过许许多多相对于个人和家庭或家族价值观而言的社会性价值观。

中国这片广袤大地的主人是中华民族，而中华民族是中国各民族的统称。每一个民族都有自己的文化和价值观，这是把人类区别为不同民族的主要依据。从这种意义上说，中国传统社会有多少个民族就有多少

① 〔美〕麦金太尔：《德性之后》，龚群、戴扬毅等译，中国社会科学出版社1995年版，第80、149页。

种价值观，其中包括在历史上存在过后来消失和被同化的民族（如匈奴、鲜卑、柔然、契丹等）。当然，它们作为中华民族的一部分，在长期的交往（包括战争）中，彼此的价值观之间有某些契合、交叉和融合的方面。这类价值观大致上可看作“民族价值观”。

在一些文明程度较高的民族，还有他们自己通过史诗记载的价值观。就我国少数民族而言，蒙古族有英雄史诗《江格尔》，藏族有民间说唱体英雄史诗《格萨尔》，柯尔克孜族有传记性史诗《玛纳斯》。这些是中国少数民族有名的三大史诗。这些史诗是记载、表述和传承本民族早期文化和价值观的元典，奠定了这些民族后来价值观的基础。它们是这些民族价值观的基因和母体。这些史诗本身所体现的价值观可称为“史诗价值观”。

每一种宗教都有自己的价值观，特别是佛教、伊斯兰教、基督教等几大世界性宗教，更是有自己的系统价值观。我国的一些民族还有自己的宗教或者接受外来宗教影响而形成的自己民族所信奉的宗教。例如，藏族最早信奉自己的本土宗教本教，佛教传入后形成了藏传佛教[①]，并取本教而代之成为藏族普遍信奉的宗教。回族、维吾尔族、哈萨克族、东乡族、柯尔克孜族、撒拉族、塔吉克族、乌孜别克族、保安族、塔塔尔族等十多个少数民族信奉伊斯兰教，其中回族人全部信奉伊斯兰教。此外，基督教的不同教派（如天主教、东正教、新教等）在中国（主要在汉族）都有信众。这些外来宗教在中国传统社会传播、生存、发展，时间长的达1900多年（佛教早在汉明帝时期就开始传入中国），短的也有1300年左右（伊斯兰教和基督教大约在7世纪传入中国）。至于中国本土宗教道教在中国历史上也很有影响，除了在汉族有信众外，壮族、瑶族、白族、苗族、彝族、羌族、黎族、土家族、布依族、纳西族等少数民族都以信奉道教为主。作为其最早形态的黄老道教，兴起于战国中期，在中国传统社会存在了2000多年。所有这些宗教价值观不论是不是在中国本土产生的，都是在中国传统社会存在过的价值观，而且与不同民族的文化传统发生过不同程度的交融，具有某种民族的特点。这是中

① 藏传佛教，又称藏语系佛教，俗称喇嘛教。它是传入西藏的佛教分支，属北传佛教，与汉传佛教、南传佛教合称为佛教三大地理体系。它归属于大乘佛教，但以密宗传承为主要特色。

国传统社会中的一种价值观的特殊类型，即“宗教价值观”。

作为中华民族主要组成部分的汉族，具有五千年的文明史。大约在雅斯贝尔斯所说的“轴心时代”①，中国产生了一大批思想家，他们或者聚徒讲学，创立学派，或者著书立说，自成一家，提出甚至阐释了各自不同的学理性价值观。这些思想家和学派史称“诸子百家”，而这不过是对春秋、战国和秦汉时期各种学术派别的总称。《汉书·艺文志》记载，当时数得上名字的一共有189家，著作4324篇，其后的《隋书·经籍志》《四库全书总目》等书则称实有上千家。不过，流传广泛、影响较大、比较著名的不过几十家，而只有12家发展成为流传广泛的学派，它们是法家、道家、墨家、儒家、阴阳家、名家、杂家、农家、小说家、纵横家、兵家、医家。其中法家、道家、墨家、儒家都有系统的价值观理论，它们的价值观理论和主张差异很大。除春秋战国时期的这些学理性价值观外，之后的一些思想家也通过著书立说阐述了自己的价值观。其中，比较重要的是通常被划入儒家但实际上与孔孟的儒学相去甚远的价值观，如荀子的隆礼重法学说、董仲舒的帝制神学体系、程朱理学、陆王心学等。所有这些丰富多彩且比较完备而系统的价值观均可称为“学理价值观”。

在中国历史上，从夏代开始，历代统治者都推行或奉行作为治国安邦依据的主导价值观。这类价值观我们可以称为“官方价值观”或“主导价值观”，其情形十分复杂。

从历史发展过程看，夏商周三代的统治者虽然有自己的价值观，但都是没有价值观理论作为支撑的价值观。春秋战国时期，周王室走向衰微，只保有“天下共主”的名义，而无实际的控制能力，于是，出现了诸侯割据争雄的分裂局面。几乎每一个诸侯国都有自己的价值观，其中

① 德国思想家卡尔·雅斯贝尔斯（Karl Jaspers，1883－1969）在《历史的起源与目标》一书中，第一次把公元前500年前后这一在中国、希腊和印度等地区同时出现人类文化突破现象的时代称为“轴心时代”。“轴心时代”（the Axial Period）大致上指公元前800年至公元前200年，尤其是公元前600年至公元前300年，它发生的地区大致在北纬30°上下，即北纬25°至35°。在“轴心时代”，各古老文明都出现了伟大的精神导师——古希腊有苏格拉底、柏拉图、亚里士多德，以色列有犹太教的先知，古印度有释迦牟尼，中国有孔子、老子等。他们提出的思想理论塑造了不同的文化传统，也一直影响着人类的生活。

有些是以某种价值观理论为依据的（如秦国以法家的理论为依据），而大多数则缺乏理论依据。秦国在统一中国的过程中以及短暂的统治时期所奉行的是法家思想。秦朝灭亡之后的汉初信奉的是道家的黄老之学。自汉武帝开始一直到清代，总体上看，统治者所信奉的主要是儒家思想，但同时也吸收了法家、道家、佛家的一些思想。

从内容看，关于传统价值观，有两点是特别值得注意的：一是自秦代开始，统治者基本上（至少名义上）采用某种学理性价值观作为主导价值观，但统治者并非完全按照这种价值观治理朝政，而是根据统治的需要甚至统治者个人的偏好，从中选取可利用的部分并将其转化为治理朝政的方略和政策；二是中国传统社会实行的主要是德治和礼治，而没有严格意义上的法治，统治者个人意志和情绪在国家治理过程中发挥着很大作用，因此，即使名义上采用了某种学理性价值观，而实际上是否以及在多大程度上按这种价值观的要求行事，则在相当大程度上取决于统治者的意志或心情。中国历史上皇帝惰政、庸政、滥政和暴政的事例比比皆是，其原因就在于此。因此，在传统社会，不能完全按照统治者名义上所采用的价值观理论作为评价他们统治的依据。

从体系上看，传统社会的统治（官方）价值观大多不是完整系统的，因而所形成的社会价值体系也多为残缺不全的。在中国历史上，“经史子集”浩如烟海，但似乎没有一本著作是统治者系统阐述统治价值观的，实际上也没有为统治者整体采用的系统阐释学理价值观的著作。中国历史上很早就有所谓“半部《论语》治天下”① 之说。根据这种说法，治理国家不需要系统的理论和价值观，而只需要一些统治之术即可（也许正因为如此，汉武帝所主张的是“独尊儒术”，而非“独尊儒学”）。导致这种情形的根源在于人治，因为人治的重要特点是凭统治者个人的兴趣、情感、意志进行治理，而系统完整的价值观及其现实化必定会给统治者以约束。

① “半部《论语》治天下”的典故，最早出自南宋朱熹谢世二三十年之后林駉（具体生卒年不详）所撰的《古今源流至论》前集卷八《儒吏》：“赵普，一代勋臣也，东征西讨，无不如意，求其所学，自《论语》之外无余业。”赵普所学的书籍，只有《论语》。这段话下面有一条小注，写了这样一句话：“赵普曰：《论语》二十篇，吾以一半佐太祖定天下。”

2. 传统价值观的外延

以上所列举的民族价值观、史诗价值观、宗教价值观、学理价值观、官方价值观，无疑都是中国传统社会中的价值观。它们各不相同、各具特色，彼此之间有矛盾、冲突，但也有一些相同或相通的内容和精神，而且都程度不同地具有中国文化和价值观的性质和特色。然而，我们今天所关注的不是所有这些价值观，而是这些价值观中体现中华民族和中国人民理想、信念、追求，以及体现中国历史、文化个性与特色的在传统社会得到较普遍认同的相同和相通的内容和精神。如果把传统价值观做一个广义和狭义的划分，那么我们可以把以上所列举的所有价值观划归广义的传统价值观，而把它们当中相同和相通的内容和精神视为狭义的传统价值观。显然，狭义的传统价值观是广义的传统价值观中的共同因素，也是传统价值观现代转换所需要面对的主要对象。这种狭义的传统价值观就是本书所要阐述和讨论的传统价值观。

对于这种狭义的传统价值观，我们可以进一步做出外延上的界定：传统价值观是指在中国传统社会不同时期和不同范围存在过或流行过的各种价值观中，那些得到较为普遍认同或普遍信奉的基本内容及其意蕴。对于这一外延界定，需要进一步做以下阐释。

第一，传统价值观所涉及的内容，主要不是历史上不同时期个人的价值观，而是为一定人群提出或在一定范围流行的社会性价值观。以上所列举的价值观都是社会性价值观，这些价值观一般都有程度不同的历史记载，我们可以依据历史资料对这些价值观加以整理和阐释。而在整个传统社会中生存的无数个人，虽然也有不尽相同的价值观，但除了学者和统治者，其他人的价值观基本上没有被记载下来，因而不可能对他们的价值观加以整理。因此，传统价值观指的是在中国传统社会不同范围流行的社会性价值观。

第二，传统价值观不是某种完整系统的价值观，而是中国传统社会存在过的各种价值观中得到较为普遍认同或普遍信奉的元素（包括内容和精神）。即使按以上的有限列举，中国传统社会也有几十种价值观。这些价值观中有些更正确、更合理、更可行一些，有些则不然。但是，我们还没有发现其中的某种价值观在今天看来是完全正确、合理、可行的，也没有一种价值观可以取代所有其他价值观而成为唯一得到普遍认同和普遍信奉的价值观。因此，我们今天所能整理的只是各种价值观中的相通和相同的元素，或者说，是各种价值观的“公约数”。虽然我们今天可以根据这种元素重构一种比较完整系统的价值观，但这种重构的价值观在历史上并没有作为一种完整的价值观形态存在过。

第三，这里所说的“普遍认同”或“普遍信奉”如今无法获得实证性的证明，只能根据史料和今天生活在这种文化传统中的我们的亲身感受加以判断和认定。判断哪些价值观元素是在传统社会得到普遍认同的，是今天传统价值观研究面临的一个最大难题。对于这一难题，我们虽然不能通过实证的办法来加以解决，但可以从四个角度加以判断：一是不同类型的价值观认同它，如儒家、道家都推崇君子和圣人人格；二是不同历史时期的价值观认同它，如孔孟提出的“仁义礼智”得到了汉儒、宋儒、明儒、清儒的认同；三是与传统价值观体系的内在逻辑相一致，如老子的“尊道贵德”主张是与传统价值观内在一致的，因而可视之为传统价值观念；四是普通百姓普遍信奉，如儒家“孝”的观念在传统社会民间成为普通百姓自觉践履的基本行为准则。需要指出的是，传统价值观中肯定会存在一些并没有得到普遍认同但确实优秀的元素。这些元素无疑是有价值的，但它们并不是传统价值观的元素。例如，墨家“兼相爱，交相利”的观念有其合理性，符合人们日常行为逻辑，但可能算不上传统价值观的基本观念，因为中国人更强调“义以为上”。

第四，传统价值观中的各种元素虽然是得到较为普遍认同或普遍信奉的，但并不意味这些元素都是优秀的或正确合理的，其中也包括在今天看来是糟粕的部分。作为中国传统社会各种价值观“公约数”的传统价值观，其中有许多内容是正确合理的，否则它们不可能得到普遍认同，但是，由于时代、历史和认识的局限，人们普遍信奉的一些价值观元素也可能是不正确、不合理的。例如，传统社会普遍信奉的“女子无才便是德”的观念，在今天看来就是完全不合理的。正因为传统价值观本身精华糟粕并存且混合在一起，所以需要通过批判性整理和阐释对传统价值观实行创造性转化和创新性发展。

最后需要指出的是，研究传统价值观涉及对“价值观”这一概念的理解问题。在我国，“价值观”这一概念大致出现在20世纪80年代，而且是对应于“世界观”“人生观”提出的，因而这三个概念常常被联系在一起使用。那时的哲学教科书把世界观理解为人们对世界的总的根本的看法，因此人们也以相应的方式界定人生观和价值观，把价值观理解为人们对价值的总的根本的看法或最一般的看法。笔者不同意对价值观做这种理解。笔者认为价值观实际上就是价值观念，是根本性、总体性的价值观念。作为价值观的价值观念不是某种单一的价值观念，而是成体系的价值观念。因此，我们可以把价值观称为观念的价值体系，它也可能获得理论形态，那就是理论的价值体系。使这种观念的价值体系现实化就形成了现实的价值体系。不同的个人、不同的共同体（社群）有不同的价值观，共同体中的基本共同体（人们日常生活于其中的共同体，如氏族、部落、国家等）就是人们通常所说的社会。社会的价值观作为观念价值体系有不同的维度、不同的层次。从不同维度看，价值观包括经济价值体系、政治价值体系、文化价值体系等；就不同层次而言，价值观包括目的价值体系、手段价值体系、规则价值体系、控制价值体系等。在所有这些不同维度、不同层次的观念价值体系之中，还有一个作为其核心的体系，即核心价值体系或核心价值观。① 社会的价值观是由不同层次、不同维度的价值观念构成的，因而亦可称为价值观念体系。本书所说的传统价值观指的就是传统社会中华民族这一中国人的基本共同体的那种根本性的总体性的价值观念。一般而言，传统价值观虽然不是贯穿于整个传统社会的完整、统一的价值观，但其中仍然包含不同维度、不同层次的价值观念，也有一些核心价值观念，它们构成了传统核心价值观。这种传统核心价值观是贯穿于中国有史以来一直到辛亥革命前的那些根本性的总体性的价值观念，本书所主要关注的正是这种传统核心价值观。

3. 传统价值观的内涵与特质

如果我们将传统价值观限定为狭义的传统价值观，即传统社会不同时期和不同范围存在过或流行过的各种价值观中的共同因素，是得到中华民族较为普遍认同或普遍信奉的基本内容和基本精神，那么，这种狭义的传统价值观或者说传统社会各种价值观的共同因素是什么？这是一个很难做出简要界定的问题，这种界定的概括和提炼，需要以对传统社

---

① 参见江畅《论价值观与价值文化》，科学出版社 2014 年版，第 21 页。

会的历史文献和传统社会现实状况及其相互关系进行深入研究并形成完整的研究成果为前提和基础。这里，笔者根据自己对传统文献和传统社会的粗浅了解做一个初步的界定，供学界同人讨论和批评。在笔者看来，传统价值观是一种以中国传统农耕文明（主要以小农经济和宗法制为标志）为现实基础，以“道”和“德”为观念前提，以“仁爱”为核心内容，以“自强不息”和“厚德载物”为根本精神，以宗法制和礼制为基本保障，以“圣人”和“大同”为最高目标的价值观念体系。对于这一界定，我们可以从以下五个方面加以简要阐述，这五个方面也充分体现了传统价值观的特质。

第一，传统价值观的现实基础是中国传统农耕文明。传统价值观不是上帝的启示，也不是某个圣人的构想，而是有深厚的现实基础的，这个现实基础主要是中国传统社会的农耕文明，即中国传统农耕文明。农耕文明是相对于工业文明的一种文明形态，世界历史上不同区域有不尽相同的农耕文明，而中国传统农耕文明是历史最悠久、最发达的农耕文明。中国传统农耕文明孕育了传统价值观，传统价值观反哺传统农耕文明，两者之间存在复杂的相互作用、相互影响关系。冯天瑜先生指出：“中华文化所取得的高度成就，蜚声世界，被认为是人类史上的第二个高峰（第一个高峰：奴隶制基础上的城邦民主文化，其代表为希腊、罗马；第二个高峰：宗法皇权制文化，其代表为中国；第三个高峰：资本主义文化，其代表为意大利、尼德兰、英国、法兰西），这归因于中华农业社会的发达和成熟，归因于农民和士人的实用理性。”[①] 传统价值观是中华传统文化的核心和灵魂，而传统价值观植根于中国传统农耕文明，传统价值观的完整和系统亦得益于中国传统农业社会的发达和成熟，得益于传统社会农民和士人的实用理性。

以“渔樵耕读”为代表的农耕文明决定了中华传统文化的特征。中华传统文化是有别于欧洲游牧文化的一种文化类型，农业在其中起着决定性作用，聚族而居、顺天应命、守望田园、男耕女织、精耕细作、辛勤劳作是其突出特点。中国传统农耕文明孕育了内敛式自给自足的生活方式、“家国同构”和“家国一体”的宗法社会结构、大一统的政治体

① 冯天瑜：《中国文化生成史》（上册），武汉大学出版社2013年版，第410页。

制、以“宗族自治”和“乡绅自治”为特点的乡村管理制度等。尽管中国传统农耕文明不都是田园牧歌式的，民族之间和国家内部也常有争斗甚至战乱，但与游牧文明和工业文明相比较，它具有独特的个性。它反对培养侵略和掠夺等好战品格和技能，而鼓励掌握争取丰收的农艺和园艺；它轻视尔虞我诈的商战技巧，而注重营造天地人和的人际和生态环境，企盼风调雨顺和家庭兴旺。正是在这种独特的农耕文明土壤里生成了以“性善”“君子”“圣人”“大同”“小康”“仁爱”“三纲五常”等为主要内容的传统价值观。传统的“阴阳五行”“天人合一”“自求多福”“仁者爱人”“修身为本”等主导价值观念，无不与传统农耕文明息息相关。这种发达的农耕文明还培育了中华民族的“尊道贵德”“自强不息”“厚德载物”等基本精神。中国传统农耕文明的封闭、保守、狭隘、散漫、满足现状等特点也给传统文化和价值观打上了深深的烙印。

第二，传统价值观以“道”和“德”作为观念前提。传统价值观作为一种价值观念体系，其丰富的价值观念是以“道”和“德”为观念前提的。“道”和“德”本身也是传统价值观的价值观念，但在传统价值观中具有十分特殊的地位。它们可以说是所有其他价值观念的母体或“元观念”，所有其他价值观念都可以从这两种价值观念中派生出来，可以用它们做出解释。

“道”的概念虽然最早出自《老子》，但“道”的观念历史久远，《易经》讲“易”，“易”就是宇宙万物变化之道。最早的《易经》版本《连山》相传为“三皇”以前的天皇氏（中国上古传说中的神话人物，相传为盘古开天地后的第一代君王）所创。这种说法虽然只是传说，但有一点可以肯定，《连山》虽已失传，但产生的年代久远，在它产生的时代就已经有“易”的观念，实际上也就有了“道”的观念。《易经》广大精微，包罗万象，涵盖万有，内容涉及哲学、政治、文学、艺术、科学等诸多领域，是中华文明的源头活水，是群经之首，被儒家、道家共同奉为经典。《易经》的伟大之处就在于它揭示了万物的阴阳变化之道，即《周易·系辞上传》所说的“一阴一阳之谓道”。“德”这一术语出现得比“道”早，在商代的卜辞中就已经出现。在传统文化中，“德”的含义极其丰富，但其主要意思是对“道”的“得”。一个人认识了“道”，并将其内化成自己的品质，这就是“德”。品质作为心理定势是会见于行的。正因为如此，《说文解字》把“德”解释为“外得于人，内得于己”。

传统价值观的所有内容都可以由“道”的“得”即道德派生出来，都具有传统道德的意义。作为传统价值观基础的性善观，就是把人性理解为“道”的体现。作为传统价值观理想人格的“君子”和“圣人”主要是道德人格，传统的理想社会——“大同”社会主要是一种人道化、人性化、人情化的社会。作为传统价值观核心内容的“仁爱”显然是一种道德情感。孟子所主张的“王道”和“仁政”就是以德治国的政治方案。传统价值观不仅在内容上体现了道德，而且其基本精神也都体现了道德精神，如“自强不息”“厚德载物”等。从这种意义上看，传统价值观实质上是一种“尊道贵德”的价值观。正因为“道”和“德”是传统价值观的母体或“元观念”，传统价值观和传统文化才具有鲜明的道德特点，传统文化亦被称为“伦理型文化”①。

第三，传统价值观的核心内容是仁者爱人，即“仁爱”。传统价值观的思想内容极其丰富，笔者将其概括为十个方面：“道”“性”“诚”，“君子”与“圣人”，“仁义礼智信”，“中庸之道”，“忠恕之道”，“内圣外王之道”，“王道”与“仁政”，“五伦”与“三纲五常”，“其命维新”，“大同”与“小康”。所有这些思想内容如前所述都具有道德的意义，而传统社会占主导地位的道德观念是孔子提出的“仁”。按照孔子对“仁”的解释，“仁”的基本含义是“爱人”（《论语·颜渊》），孟子后来将其概括为“仁者爱人”（《孟子·离娄下》），后人将其简称为“仁爱”。“仁爱”概念虽然出自孔孟，但这种观念非常古老。《淮南子·修务训》记载：“尧立孝慈仁爱，使民如子弟。”这表明，在尧那里已经有仁爱观念。《尚书》中所推崇的统治者的德，几乎都是实行仁政的仁爱之德。可以说，传统价值观从一开始的孕育时期就包含“仁爱”观念和精神。传统价值观的许多观念就是在仁爱观念的基础上生发出来的。例如，作为传统价值观根基的“道”“性”“诚”就渗透了道德精神。这三个概念是相通的：道是宇宙之根本，万事万物秉承道所获得的本性叫作性，诚则是道和性的内涵，事物发挥和实现其本性即为德，德是诚的体现。孟

① 冯天瑜：《中国文化生成史》（下册），武汉大学出版社 2013 年版，第 499 页。

子说："诚者，天之道也；思诚者，人之道也。"（《孟子·离娄上》）这里的"诚"不是一般意义上的诚实无欺，而是一种"天德"（《荀子·不苟》），即最高的德。所以荀子说："夫诚者，君子之所守也，而政事之本也。"（《荀子·不苟》）这种至德就是仁爱之德。传统价值观的其他内容，如"大同""君子""圣人""五伦""仁政"等，无不渗透着仁爱精神。从一定意义上可以说，"仁爱"是传统价值观的灵魂和生命线，抽掉了它，就不再是传统价值观了。

第四，传统价值观以"自强不息"和"厚德载物"为根本精神。传统价值观包含丰富的价值要求，这些价值要求是传统价值观念的体现，几乎每一种传统价值观念都有相应的价值要求。按照这些要求行动，就体现了传统价值观的基本精神。传统价值观的基本精神有许多方面，如"尊道贵德""推己及物""从容中道""知行合一"等。在所有这些精神中，有两种精神是最根本的，其他精神都是这两种精神的体现，这两种精神就是"自强不息"和"厚德载物"。这两个命题出现在《周易·象传》，它们分别是对六十四卦中的"乾"卦和"坤"卦的解释。它们以天地之德来勉励人应该具备这两种精神："天行健，君子以自强不息"；"地势坤，君子以厚德载物"。我们说这两种精神是传统价值观的根本精神，是因为传统社会得到普遍公认的价值观念都体现了这两种精神。例如，以上所说的"尊道贵德"实质上就是要求人们珍视道德；"推己及物"是要人们"亲亲而仁民，仁民而爱物"（《孟子·尽心上》）；"从容中道"就是孔子视为至德的"中庸"（《论语·雍也》）；"知行合一"讲的则是应当把道德知识与道德行为统一起来，不能付诸行为的道德知识不能视为真正的知识。当然，传统价值观存在过分重视"德"方面的"自强"而轻视"力"方面的"自强"的偏颇，但这并不会影响这两种精神是传统价值观的基本精神的结论。

第五，传统价值观是以宗法制和礼制为其基本保障的，或者说宗法制和礼制是传统价值观的规范体系。任何一种社会价值观都包含规则和控制体系，这就是价值观的规范体系，传统价值观亦如此。我们常说中国传统社会实行的是"德治"，从而把"德治"与"人治"等同起来。的确，传统社会实行的是德治，但德治并不就是人治。人治，即贤人治理，指依靠执政者个人的贤明来治理国家。但是，即便是贤明的统治者也需要借助不同的手段来实行治理，道德、礼制、法律等都是实行治理的手段。学界通常认为儒家提倡人治，其重要理由是孔孟都有这方面的主张。孔子说："政者，正也，子帅以正，孰敢不正？"（《论语·颜渊》）孟子也说："君仁，莫不仁；君义，莫不义；君正，莫不正；一正君而国定矣。"（《孟子·离娄上》）实际上，孔孟这里讲的是统治者要有良好的德性，并非仅此就可以治理国家。如孔子就明确指出，统治者要"道之以德，齐之以礼"（《论语·为政》）。孔子的意思是用道德来引导人们，用礼来规范人们。孔子的这句话充分表达了儒家治国的基本观点，就是德治与礼治相结合来治理国家。传统国家的治理也基本上是按照孔子的这种思想来进行的。除荀子外，儒家不重视法治，传统社会也没有真正意义上的法治。传统社会的法治不过是礼治的一种补充和保障，即所谓"援礼入法"，也就是用刑法辅助礼治。"礼之所去，刑之所取，失礼则入刑，相为表里者也。"（《后汉书·陈宠传》）这句话对礼与法的关系讲得十分清楚。

儒家治国思想中没有谈及宗法制。实际上，传统国家的治理，除了依靠礼制之外，还有宗法制这种更为根本的制度。冯天瑜先生说："影响中国人生活方式、思维方式至远至深的，莫过于绵延数千年的宗法结构。"[①]"宗法"即"宗子之法"，主要是指族长的确立、继承与权力的行使等，其意义在于规范嫡庶系统，实行嫡长子继承制，以定亲疏、别统绪。在冯天瑜先生看来，中国传统社会宗族性的血缘组织与非宗族性的地缘组织并存，两者的实际作用力此消彼长，但始终没有一方全然取代另一方。宗法制是使传统价值观现实化的重要凭借，同时也给传统价值观打下了深深的烙印。

4. 优秀传统价值观及其复杂情形

本书把传统价值观界定为传统社会中华民族的那种根本性的总体性的价值观念，所关注的主要是中国有史以来一直到辛亥革命前得到较为普遍认同的价值观。传统文化有优秀（精华）与粗劣（糟粕）[②] 之别，

---

① 冯天瑜：《中国文化生成史》（下册），武汉大学出版社 2013 年版，第 468 页。

② 在汉语中，似乎没有一个正好与"优秀"相反的语词，"优秀"的反义词有"低劣""平庸""恶劣""拙劣""顽劣"等，但这些词似乎都不适合用于形容传统价值观中那些过时、落后、保守、不合理的内容。我们这里采用"粗劣"作为"优秀"的反义词，并不十分精确，意思大致上相当于"精华"的反义词"糟粕"。

作为传统文化深层内核的传统价值观当然也有优秀与粗劣的区别，即便是传统社会中得到较为普遍认同的根本性的总体性的价值观念亦如此。显然，我们这里所说的传统价值观的优劣不是指传统社会中存在的各种价值观中的哪些价值观优、哪些价值观劣，而是指传统社会得到较为普遍认同的价值观中的哪些观念优、哪些观念劣。我们是从构建当代中国价值观的角度研究传统价值观及其现代转换的，主要目的是弄清什么是优秀传统价值观、什么是粗劣传统价值观，以及如何实现优秀传统价值观的创造性转化和创新性发展，如何肃清粗劣传统价值观对当代社会的消极影响。这首先就涉及如何判断传统价值观优劣的问题。然而，这个问题是极其复杂的。今天人们谈论什么是优秀传统文化和价值观比较多，但谈论何以判定传统文化和价值观优劣问题的似乎少见，更没有得到普遍认同的判断标准。

大体上说，传统价值观的优劣判断有三个基本角度。一是历史的角度，即从中国社会的历史发展来看，传统价值观中哪些观念是有利于传统社会和谐发展、传统社会人民生活幸福美好的。二是现实的角度，即从当代中国现实看，传统价值观中哪些观念是有利于中国特色社会主义建设事业和当代中国人民生活幸福美好的。三是理论的角度，即从价值哲学的角度看，传统价值观中哪些观念是有利于人更好生存发展的，这里的人既指人类个体，也包括人类组织、人类整体。从这三个不同的角度判断传统价值观及其中的观念优劣得出的结论常常是不一致的。仅就传统价值观本身的判断而言，从历史的角度看，传统价值观是传统文化的深层内核，是中华民族绵延五千年生生不息的精神支柱和力量，其历史价值和作用是必须肯定的，至少可以说它是一种具有历史合理性的价值观；从现实的角度看，传统价值观是过时的、陈旧的价值观，所以今天要通过对其进行创造性转化和创新性发展使之转换为以社会主义核心价值观为核心内容的当代价值观；从价值哲学的角度看，传统价值观是不合理的价值观，是需要进行反思批判的价值观，因为它是不利于人的全面而自由发展的。就传统价值观中的各种观念而言，从这三个角度看得出的结论也是不尽相同的。判断的角度问题实际上是判断者的立场问题，判断者总是站在不同的立场上对传统价值观进行判断。研究中国传统社会的历史学家可能更多地站在历史发展的立场判断传统价值观的优劣，政治家、哲学家则往往会从当前中国社会主义现代化建设特别是核心价值观构建需要的立场、站在人类更好地生存发展的立场对其加以判断。不过，今天我国的普遍看法是，传统价值观总体上已经陈旧过时，而其中的许多价值观念是优秀的或包含有价值的元素的。因此，今天谈优秀传统价值观实际上谈的是优秀传统价值观念。

一般而言，站在三种不同立场上的人对传统价值观优劣做出的正确判断都是能够成立的。因此，人们所说的优秀价值观的情形就比较复杂，有些从历史的角度看是优秀的，有些从现实的角度看是优秀的，有些从理论的角度看是优秀的。从历史角度看的优秀传统价值观具有历史价值，从现实角度看的优秀传统价值观具有现实价值或时代价值，从理论角度看的优秀价值观具有普遍价值。那么，有没有从三种不同的角度看都优秀的传统价值观呢？有。传统价值观中的确有不少观念无论从上述哪个角度看都是优秀的。习近平曾经指出，我们今天提倡和弘扬社会主义核心价值观，必须从优秀传统文化中汲取丰富营养。他列举了一系列优秀传统价值观的内容，比如："民惟邦本""天人合一""和而不同"；"天行健，君子以自强不息""大道之行也，天下为公""天下兴亡，匹夫有责"；"君子喻于义""君子坦荡荡""君子义以为质"；"言必信，行必果""人而无信，不知其可也"；"德不孤，必有邻""仁者爱人""与人为善""己所不欲，勿施于人""出入相友，守望相助""老吾老以及人之老，幼吾幼以及人之幼""扶贫济困""不患寡而患不均"；等等。习近平指出："像这样的思想和理念，不论过去还是现在，都有其鲜明的民族特色，都有其永不褪色的时代价值。"① 习近平所列举的传统价值观念大多从历史、现实和理论角度看都是优秀的，它们同时具有历史价值、时代价值和普遍价值。

由此看来，优秀传统价值观（念）之所以优秀，就在于它们既有利于传统社会和谐发展、传统社会人民生活幸福美好，又有利于当代中国社会健康发展和中国人民生活幸福美好，还有利于人类个体、人类组织、人类整体更好地生存发展。也就是说，真正优秀的或最优秀的传统价值

① 习近平：《青年要自觉践行社会主义核心价值观》，《习近平谈治国理政》，外文出版社2014年版，第171页。

观是同时具有历史价值、时代价值和普遍价值而无任何负面价值的价值观。而那些仅仅具有历史价值的价值观、仅仅具有时代价值的价值观、仅仅具有普遍价值的价值观，以及同时具有两种价值而无任何负面价值的价值观则是有一定局限的优秀价值观。它们可能在历史上是优秀的，而今天不再优秀；可能在今天看来是优秀的，而在未来不会被视为优秀的；也可能在历史上是优秀的，今天也被看作优秀的，但将来有可能不再被视为优秀的。与这种优秀传统价值观的标准相对应，不具有任何历史价值、时代价值和普遍价值甚至同时在三个方面具有负面价值的价值观是最粗劣的，而在三个方面的任何一个方面有负面价值的价值观都是粗劣的。

任何一种传统价值观念的优与劣往往都不是界限分明的，而总是相互缠绕、难解难分的。同一种价值观念中既有优秀的因素，也有粗劣的因素，而不同的价值观念中优劣因素的比重也千差万别。所有的传统价值观念都有优有劣，中国历史上乃至整个人类历史上也许没有不含任何粗劣成分的纯而又纯的优秀价值观，也没有不含任何优秀成分的极端恶劣的粗劣价值观。它们的区别在于优秀与粗劣成分在其中的比重不同。优秀成分越高，价值观就越优秀；粗劣成分越高，价值观就越粗劣。至于其中优秀成分占多大的比重才算优秀并没有量的规定，也无法规定。价值观是优秀还是粗劣大多取决于人们的共识，当然也可以通过历史考察和现实调查来确定，但通常总是大体的，而不是精确的。

从价值哲学理论上看，那些同时有利于人类整体、人类组织、人类个体而对三者都无害的价值观是最优秀的，那些有利于三者之二或之一，而对于另外一者或二者无害的价值观也是优秀的；而那些同时有害于三者的价值观是最粗劣的，而有害于三者之二或之一，而对其他一者或二者有利或无害的价值观则是粗劣的。也就是说，任何一种价值观对人类整体、组织和个人任何一方有害都是粗劣的价值观。这种理论上的标准并不是完全抽象的，而是具体的，可应用于实际的判断。例如，我们要判断儒家的“仁爱”观念是不是优秀的价值观，就可以从人类整体、组织和个体三个方面加以判断。如果我们发现“仁爱”对人类整体、组织和个体都有利而对其任何一方都无害，它就是一种最优秀的价值观。因此，我们应当主要根据价值哲学理论来判断价值观的优劣。

还要指出的是，我们这里说的粗劣有两种不同的含义：一是局限性，二是伤害性。局限性是指价值观所具有的历史的、时代的和理论上的局限性。正是从这种意义上说，所有的传统价值观都有粗劣的内容，即便是最优秀的价值观亦如此。这种粗劣性是任何时代的价值观都难以克服的。伤害性则是指价值观对人类整体、组织或个体任何一方或多方有伤害。因为有这种程度不同的伤害，价值观就不再是优秀的了，而是粗劣的，甚至是恶劣的。对于有局限性的优秀价值观重在创造性转化和创新性发展，而对于有伤害性的粗劣价值观则需要克服和清除。

二　传统价值观的人性根基

任何一种价值观一旦以理论形态出现，都有某种人性论作为基础，其中所有的原理和原则都可以从其所主张的人性论中来引申并得到解释和辩护。对人性的思考和探索不只是出于学术的兴趣，而是建构思想理论特别是价值观理论的需要。当传统价值观从最初的统治价值观转变为以学理价值观为依据的价值观的时候，作为其基础的人性问题就被提出来了。在中国传统社会，自孔子开始，人性就一直是思想家关注的问题。中国传统社会不同的学理价值观都有其人性论基础，但从得到普遍认同的价值观来看，其人性论基础是性善论，而性善论也由于它是被普遍认同的价值观基础而得到普遍认同。正因为如此，出现于宋元时期的影响甚广甚大的蒙学读物《三字经》的第一句就是“人之初，性本善”。

1. 关于人性的不同观点

按照张岱年先生的看法，在中国历史上，第一个讲性的是孔子。[①] 孔子说：“性相近也，习相远也。”（《论语·阳货》）他所说的“性”是与“习”相对的。虽然他并不以善恶讲性，而只是说人的天性都是相近的，但他的谈论中隐含性本善的观念。孟子深刻洞察到这一点，将孔子未言明的思想加以阐明并使之系统化。自孟子后，性之善与恶，便成为论性的主要争论焦点，其中比较有代表性的观点有六种。

---

① 张岱年：《中国哲学大纲》，中国社会科学出版社1982年版，第183页。

（1）性善论

孟子主张人性本善，并且提出了一套完整系统的性善论，这也许是中外历史上绝无仅有的。他认为，人皆有恻隐之心、羞恶之心、辞让之心、是非之心，而“恻隐之心，仁之端也；羞恶之心，义之端也；辞让之心，礼之端也；是非之心，智之端也”（《孟子·公孙丑上》）。他据此断言：“仁义礼智，非由外铄我也，我固有之也，弗思耳矣。”（《孟子·告子上》）就是说，孟子认为“仁义礼智”这四种根本善在性中已具有其端，乃性所固有，而非本来无有而勉强练成的。“人之所不学而能者，其良能也；所不虑而知者，其良知也。孩提之童无不知爱其亲者，及其长也，无不知敬其兄也。”（《孟子·尽心上》）不过，对于一般人而言，性中所有者，只是仁义礼智之端，需要“求”，需要“充”：“求则得之，舍则失之”（《孟子·告子上》）；“苟能充之，足以保四海；苟不充之，不足以事父母”（《孟子·公孙丑上》）。需要指出的是，孟子的性本善观点也许是根据古代圣人（主要是尧和舜）所体现出来的品质总结出来的。《孟子》中有这样的记载：“孟子道性善，言必称尧舜。”（《滕文公上》）

孟子的这种性之善端在程朱理学中被视为天道。程颐提出“孟子之言善者，乃极本穷源之性”（《二程集·河南程氏遗书》卷第三），认为这性就是理，而理的内容就是仁义礼智信。朱熹对程颐的“极本穷源之性”做了明确的界定：“性者，人生所禀之天理也。”“性者，人之所得于天之理也。”（《四书章句集注·孟子集注》卷十一）在他看来，“性，即理也。天以阴阳五行化生万物，气以成形，而理亦赋焉，犹命令也。于是人物之生，因各得其所赋之理，以为健顺五常之德，所谓性也”（《四书章句集注·中庸章句》）。就是说，性和理是同一个东西，在天则为“理”，在人则为“五常之德”，两者是一而二、二而一的。这样，程颐和朱熹就为性善论提供了本体论的论证。

（2）性无善无恶论

告子在与孟子的讨论中最初提出了这种观点。在他看来，性指生而具有的本能。他说：“生之谓性。”“食色，性也。”（《孟子·告子上》）性是与生俱来的，因而也就没有什么善恶的问题，“性无善无不善也”（《孟子·告子上》）。善与不善都是性的改变，性本身无所谓善恶，后来或改变而为善，或改变而为不善。“性犹湍水也，决诸东方则东流，决诸西方则西流。人性之无分于善不善也，犹水之无分于东西也。”（《孟子·告子上》）他就人性与仁义的关系加以论证说：“性，犹杞柳也；义，犹杯棬（木制饮酒器——引者注）也；以人性为仁义，犹以杞柳为杯棬。”（《孟子·告子上》）

战国时的道家亦认为人性非善非恶，但与告子不同，其把“性”看作自然朴素的，即所谓“德”之显现。“宇宙本根是道，人物所得于道以生者是德，既生而德之表见于形体者为性。人之本性，道家亦名之曰‘性命之情’。”[①] 道家既不承认仁义是人性，也不承认情欲是人性，而认为这些东西都会伤害性。在道家看来，人性本来圆满，顺人之本性，当下的生活便是最好的生活。此本性之善是绝对的，而非相对的，仁义礼智等都是与恶相对之善，因而不是本性所具有的。从这种意义上看，道家的人性论也可以说是性至善论。[②] 明代王阳明不仅认为性无善无恶，而且认为无善无恶便是至善，是超乎善恶之善。“至善者，性也。性元无一毫之恶，故曰至善。”（《传习录》上卷）“性之本体，原是无善无恶的；发用上也原是可以为善，可以为不善的；其流弊也原是一定善，一定恶的。”（《传习录》下卷）他把性看作至善，因为在他看来，人性的本源就是天性。“性是心之体，天是性之原，尽心即是尽性。”（《传习录》上卷）王阳明的人性论也具有超善恶论的特点，与庄子不同的是，他把人性与天理及仁义关联了起来。

（3）性恶论

中国历史上性恶论的首创者是荀子。他反对孟子的性善论，认为性指“生之所以然者”（《荀子·正名》）。性是完全无待于学习的，性即本能，“凡性者，天之就也”（《荀子·性恶》）。“凡人之性者，尧、舜之与桀、跖，其性一也；君子之与小人，其性一也。”（《荀子·性恶》）这种“天之就”的性是恶的，即好利多欲，其中并无礼义，顺其本性必然发生“争夺”“残贼”“淫乱”等现象。“今人之性，生而有好利焉，顺是，故争夺生而辞让亡焉；生而有疾恶焉，顺是，故残贼生而忠信亡焉。生而有耳目之欲，有好声色焉，顺是，故淫乱生而礼义文理亡焉。”（《荀

① 张岱年：《中国哲学大纲》，中国社会科学出版社 1982 年版，第 194 页。

② 参见张岱年《中国哲学大纲》，中国社会科学出版社 1982 年版，第 196 页。

子·性恶》）由此他得出了与孟子性善论不同的结论："人之性恶明矣，其善者伪也。"（《荀子·性恶》）"伪"者，人为也。在荀子看来，人的本性邪恶，一定要依靠圣王来治理，然后，人们才不得不遵守礼义，于是有了善行。而礼义是圣人为天下生民的长久利益而创设的。"圣人化性而起伪，伪起而生礼义，礼义生而制法度。然则礼义法度者，是圣人之所生也。"（《荀子·性恶》）圣人的人性与普通人并无不同，但圣人能通过长期思考创制礼义法度来抑制邪恶之性。"圣人之所以同于众，其不异于众者，性也；所以异而过众者，伪也。"（《荀子·性恶》）"圣人积思虑，习伪故，以生礼义而起法度。"（《荀子·性恶》）

（4）性有善有恶论

这种人性论始于战国时的世硕，而在董仲舒那里得到了系统的阐发。世硕认为性中兼含善恶，发展其中善性则是善人，发展其中恶性则成恶人。董仲舒所谓的性，是生而有之质，此生而有之质，并非全善，也有恶的要素。"性比于禾，善比于米。米出禾中，而禾未可全为米也；善出性中，而性未可全为善也。……天生民性有善质而未能善，于是为之立王以善之，此天意也。"（《春秋繁露·深察名号》）在董仲舒看来，性中的善要素要受教育而后方成为善。善有待于人为，并非自然。性有善有恶论有一种特殊形式，即性善情恶，其代表人物是李翱。李翱认为性本至善，一切不善源于情。"人之所以为圣人者，性也；人之所以惑其性者，情也。喜怒哀惧爱恶欲，七者皆情之所为也。情既昏，性斯匿矣。非性之过也，七者循环而交来，故性不能充也。"（《复性书上》）

（5）性三品论

董仲舒将人性分为圣人之性、斗筲之性和中人之性。不过，他专以中人之性为人性，因为他认为圣人之性近于全善，而斗筲之性近于全恶。对性三品论做出明确阐述的是王充。他提出，人性有善、中、恶三等，中人以上者性善，中人以下者性恶，中人之性则不善不恶而可善可恶。不过，即便是性恶也可以教化，使之成中人或中人以上。"人之性善可变为恶，恶可变为善。……在所渐染，而善恶变矣。"（《论衡·率性》）唐代韩愈认为情也有三品，与性相应。"性也者，与生俱生也；情也者，接于物而生也。性之品有三，而其所以为性者五；情之品有三，而其所以为情者七。曰：何也？曰：性之品有上中下三。上焉者，善焉而已矣；中焉者，可导而上下也；下焉者，恶焉而已矣。其所以为性者五：曰仁，曰礼，曰信，曰义，曰智。上焉者之于五也，主于一而行于四；中焉者之于五也，一不少有焉，则少反焉，其于四也混；下焉者之于五也，反于一而悖于四。性之于情，视其品。情之品有上中下三，其所以为情者七：曰喜，曰怒，曰哀，曰惧，曰爱，曰恶，曰欲。上焉者之于七也，动而处其中；中焉者之于七也，有所甚，有所亡，然而求合其中者也；下焉者之于七也，亡与甚，直情而行者也。情之于性，视其品。”（《原性》，《韩昌黎全集》卷十一）在韩愈看来，性是仁义礼智信，情是喜怒哀惧爱恶欲。人对于五常之性可能兼有也可能悖反，对于七情也许能中节也许不能中节，据此，可以将其分为上中下三品。

（6）性二元论

北宋张载最早提出了“天地之性”与“气质之性”，后者是人既生成形之后才有的，前者则是人与天地万物共同具有的本性。天地之性是使天地万物之气得以形成的统一的宇宙本体，气质之性则是人人皆有而参差不齐的饮食男女之性。“形而后有气质之性，善反之则天地之性存焉。”（《正蒙·诚明》）朱熹采用了张载的“天地之性”与“气质之性”的名称，但给天地之性赋予了程颐“性即理也”的内涵，提出天地之性就是理，它纯粹至善；而气质之性是理与气的结合，它有清浊昏明、有善有恶之不同。“论天地之性，则专指理言；论气质之性，则以理与气而杂而言之。未有此气，已有此性，气有不存，而性却常在。”（《朱子语类》卷第四）

2. 性善论何以成为传统价值观之根基

以上六种人性论是哲学意义上的人性论，实际上，传统社会存在的各种宗教也都有自己的人性论，这里不具体讨论。这六种哲学人性论从不同的角度阐述了人性问题，且各有特色和合理性，它们之间的差异在很大程度上是主张者看问题的角度不同导致的。那么，为什么只有性善论成为传统价值观立论的主要依据？或者说，为什么传统价值观以人性本善作为其根基？这是一个十分复杂的问题，这里试图做些分析。在笔者看来，性善论之所以会成为传统价值观的人性根基，主要有以下原因。

第一，性善论是对中国文化基因的发扬光大，体现了远古时代奠定的中华民族的个性特征。中国文化的基因奠基于原始社会末期的远古时代。中国有文字记载的历史开始于尧、舜、禹“三帝”统治的时代。“三帝”作为中华民族最早的祖先实际上是氏族部落的首领。在部落内部，人与人的关系建立在血缘亲情的基础上，因而部落首领主要靠自己的权威和德性来实施统治。《尚书·尧典》对尧的统治做了这样的描述：“克明俊德，以亲九族。九族既睦，平章百姓。百姓昭明，协和万邦。黎民于变时雍。”这段记载是说，尧帝善治天下，他严谨不懈，举贤让能，德高望重，至于天地上下。他发扬他的大德，使各个氏族和睦相处；各族和睦后，又安抚百姓，进而团结其他部落；于是，天下老百姓都快乐和睦起来。通过选贤与能，尧禅让帝位于舜，舜又禅让帝位于禹，舜、禹继承和发扬了尧的德治传统，使天下一直保持和睦美好的状态。这种以血缘为纽带的社会，是一种亲情的社会。在这里，没有私利，甚至也没有私心，人性所体现的是淳朴善良的一面。

人性淳朴善良对于中国先民包括“三帝”来说，是不言而喻的事实，而不是一种预设和假定，这可视为中国文化的本源性的基因。后来，一直到春秋战国时期，尧、舜、禹不仅被公认为圣人，他们统治的时代也被视为中国历史上的黄金时代。孔子甚至发出了这样的感叹：“大哉，尧之为君也！巍巍乎！唯天为大，唯尧则之。荡荡乎！民无能名焉。巍巍乎！其有成功也。焕乎，其有文章。”（《论语·泰伯》）

孔子和孟子基于对三帝及其统治的天下的高度推崇而明确提出性本善的思想，并建立了基于性善论的完整思想体系。这是对中国远古时代奠定的性本善的文化基因的发扬光大，它使中国文化在人性问题上的个性特征更加鲜明。正是通过他们的努力，我们才可以说中国文化是一种基于性本善的伦理道德型文化。

第二，以性善论为根基构建的价值观可以与夏商周的传统价值观相承接。在各种哲学人性论出现之前，传统价值观至少已经存在两千年。夏商周三代可视为其雏形时期，而此前（主要是尧舜禹时期）为萌芽时期。这种雏形的价值观是建立在血缘宗法关系基础上的，以道德为其核心内容的价值观。夏商周是在氏族部落的基础上发展起来的宗君合一的宗法性国家，国家政治体制中带有浓厚的氏族遗制，在统治方式上沿用氏族组织道德治理方式。在这种治理方式下，既需要体现新的政治关系的“忠”与“尊”，同时也需要体现旧的血缘关系的“孝”与“亲”。

如此，天子同臣民的关系就是父与子的关系，也是君与臣的关系，而臣民之间则同时是兄弟关系和臣臣关系。于是，“惟忠惟孝”“忠孝合一”就成为这种价值观的核心内容。同时，这种宗法性国家需要且也比较方便地借助天神和祖先的权威来加强自己对各种社会力量的控制，将祖宗崇拜、天神崇拜与王权政治、道德教化结合起来。在西周以前，夏代和商代强调“以祖配天”。而到了西周，周公等人的观念发生了变化，把“以祖配天”发展成“以德配天”。这样，过去的血缘性的祖宗崇拜就变成政治性与道德性的祖宗崇拜，外在性的天神崇拜也逐渐内在化、道德化。这种转变更突出了道德在生活中的作用和德治的意义。但是，即便如此，整个社会仍然建立在血缘宗法的基础之上，这种社会结构决定了当时的价值观仍然承继了“三帝”时代的基本取向和精神，性本善仍然是其隐含前提和人性基础。

孔子非常推崇周文王和周武王，特别是周公，推崇当时已经崩坏的周礼，并以恢复周礼为己任。这种对西周的崇敬之心，促使他致力于构建一套与西周价值观相承接的系统化理论化的价值观。孔子完成了这一使命，而为了给这一价值观提供人性根基，使之与人的生活内在地关联起来，孟子在孔子的基础上进一步阐明西周隐含的性本善观念并使之系统化，形成了完整的性善论。传统价值观主要是通过孔子和孟子系统化、理论化的，他们所建立的性善论及以之为基础构建的价值理论，使后来传统价值观的演进与古代价值观承接了起来，一以贯之，延续几千年。这被儒家称为“道统”。

孟子最早表达了这种道统。他说：“由尧舜至于汤，五百有余岁，若禹、皋陶，则见而知之；若汤，则闻而知之。由汤至于文王，五百有余岁，若伊尹、莱朱，则见而知之；若文王，则闻而知之。由文王至于孔子，五百有余岁，若太公望，散宜生，则见而知之；若孔子，则闻而知之。由孔子而来至于今，百有余岁，去圣人之世若此其未远也，近圣人之居若此其甚也，然而无有乎尔，则亦无有乎尔。”（《孟子·尽心下》）孟子俨然以孔子继承者自任。“道统”一词是朱熹首先提出的。他说：“子贡虽未得承道统，然其所知似亦不在今人之后。”（《答陆子静》，《晦庵先生朱文公文集》卷三十六）“若谓只‘言忠信，行笃敬’便可，则自汉唐以来，岂是无此等人，因甚道统之传却不曾得？亦可见矣。”（《朱子语类》

卷第十九）“《中庸》何为而作也？子思子忧道学之失其传而作也。盖自上古圣神继天立极，而道统之传有自来矣。”（《四书章句集注·中庸章句》）朱熹虽然最早将“道”与“统”合在一起讲“道统”二字，但道统说的创始人并非朱熹，而是唐代的儒家学者韩愈。韩愈认为儒家有一个始终一贯而有异于佛老的“道”。他说：“斯吾所谓道也，非向所谓老与佛之道也。”（《原道》，《韩昌黎全集》卷十一）他所说的儒者之道，即“博爱之谓仁，行而宜之之谓义，由是而之焉之谓道，足乎己无待于外之谓德。仁与义为定名，道与德为虚位”（《原道》，《韩昌黎全集》卷十一）。就是说，道统之道，就是作为儒家思想核心的“仁义道德”。这个道统是一个历史过程，“尧以是传之舜，舜以是传之禹，禹以是传之汤，汤以是传之文武周公，文武周公传之孔子，孔子传之孟轲。轲之死，不得其传焉”（《原道》，《韩昌黎全集》卷十一）。

第三，传统价值观的主要思想、主导观念和基本精神，只有以承认性本善为前提才能成立并得到解释。本书从主要思想、主导观念和基本精神三个方面解读传统价值观，从这三个方面看，每一个方面的具体内容都隐含着人性本善的前提，因而只有承认人性本善才能得到论证、解释和辩护。

从主要思想看，传统价值观所追求的社会理想是“大同”，人格理想是“君子”。史籍对“大同”做过许多描述，其中，有一个众所周知的描述是“天下为公”（《礼记·礼运》）。“天下为公”的本意是把天下传给贤者而不是传给儿子，即“禅让”。[①] 所谓“禅让”，就是自己心甘情愿地让出自己的帝位，并在祖宗面前公正无私地大力推荐贤者接替。禅让是人生境界崇高的人才能做到的，但其前提是其本性是善良的。本性邪恶之人不可能达到崇高的人生境界，当然也不会有禅让之举。他通常不会心甘情愿地让位于别人，即使无可奈何地让位，也会千方百计地让位给自己的儿子或家族的人。

“修身为本”是传统价值观的一个根本性观念。它得到传统社会普遍认同的基本含义，是通过各种修养方法让人的善良本性得到呵护、培育，使之发扬光大。当然，也有主张性本恶的思想家讲修身，如荀子主

① 参见李慧玲、吕友仁注译《礼记》，中州古籍出版社2015年版，第90页注7。

张“化性而起伪”（《荀子·性恶》），意思是说用礼义法度等引导人的邪恶本性。这种主张与性善论相抵牾，难以自圆其说，因而并没有多少人接受，当然也就算不上传统价值观的基本观念。

“尊道而贵德”（《老子》五十一章）是具有典型意义的传统价值观的基本精神。“道”的一般意义是自然、社会、人生的法则，而“德”是对“道”的领悟、尊重及在此基础上的遵循。孔子说“朝闻道，夕死可矣”（《论语·里仁》），可见“道”对于人生有重大意义。然而，这是以人性本善为前提的。如果人性本恶，人不仅不会为道献身，反而会为了实现邪恶本性而不顾道甚至损害道。传统价值观的基本观念和基本精神在西周已具雏形，孔子特别是孟子清楚地意识到这种价值观需要性本善作为立论依据和基础，从而使之自圆其说。所以，他们大力主张性善，并为它提供了充分的论证。

第四，虽然人性论有多种，但性善论是得到最完善阐释、最具有论证力和解释力，因而得到更多学者认同的人性论。如前文所述，在传统社会，许多思想家都提出过人性论，但仔细分析，实际上六种主要的人性论都有性善论的因素甚至倾向。性无善无恶论的主要代表是庄子和王阳明，他们所说的性无善无恶中的善恶指的是道德意义上的善恶。虽然他们否定性有道德上的善恶，但认为性本身是至善的，这种至善超越并高于道德意义的善，因此，他们的人性论实际上是性至善论。性有善有恶论、性三品论、性二元论这三种人性论都包含性本善的因素。性有善有恶论的基本倾向是性是善的，而情是恶的。显然，这种划分是不对的，因为不能将情排除在性之外。性三品论不是完全否认性善，而是认为并非所有的人都性善，因此，这种人性论实质上不过是性有善有恶论的翻版。其认为，圣人之人性没有多少情，而中人和斗筲之人性则情比较多。

性恶论的情形比较特殊。荀子说“涂之人可以为禹”（《荀子·性恶》），说明他肯定有善之可能，这似乎与他的性本恶主张并不一致。按张岱年先生的理解，荀子所谓的性，乃指生而完成的性质或行为，而不是仅仅指一点可能的倾向。只有一点萌芽，尚需扩充而后完成的，便不当名为性，而是伪。由此看来，荀子所谓的性，与孟子所谓的性实际上并不是截然不同的，他们之间的区别主要在于对“性”一词的界定不同。“孟子所谓性，与荀子所谓性，实非一事。孟子所注重的，是性须扩充；荀子所注重的，是性须改造。虽然一主性善，一主性恶，其实亦并非完全相反。究竟言之，两说未始不可以相容；不过两说实有其很大的不同。”① 张岱年先生正确指出了两种人性论的异同和关联。由此不难看出，荀子的性恶论与西方的原罪说、马基雅维里和霍布斯的性恶论存在根本性差异。西方的性恶论认为，人虽然可与他人共同生活在社会中，遵守共同的社会规范，但人是不可能真正变善的，即使他们有些善的行为，那也不过是为了个人自私的目的。例如，基督教主张爱人如己，但这种爱人如己仅仅是为了取悦上帝，以便死后进天堂。然而，即便是荀子这种温和的性恶论在后来的历史上也没有得到认同，未见有后来者，足见性恶论在中国传统文化中的地位之低和影响之小。当然，后来也有些思想家从中吸取了一些内容，性有善有恶论、性三品论、性二元论从总体上看是受性恶论的影响而对性善论做了修正和完善，以增强其解释力。

3. 性善论作为传统价值观根基的意义

从现代的眼光看，与性恶论相比，性善论更能够得到科学的证明和哲学的合理性辩护。一方面，现代生物人类学证明，人是未完成、未确定的生物，需要个人在与环境相互作用的过程中逐渐生成和完善，而且这个过程是没有止境的，直到死亡方才终止。这就是说，人就其本性而言是可能性而不是现实性。因此，断定人性是既定的现实是违背生物人类学的基本原理的。另一方面，现代生物进化认识论认为，所有有机体都具备一种先天的判断系统，没有一个个体的生存系统生来为“白板”。认识的“范畴”是作为一切经验的先行条件而生物学地预先形成了的，其方式就像马的蹄和鸟的翅那样作为遗传程序的结果而在胚胎中发展起来，并且远在个体能够使用它们之前很久就发展起来了。② 现代生物进化认识论没有直接回答人性问题，但从它的一些结论我们可以推衍出这样的看法：人性作为人的可能性像人的认识能力一样一直在进化，在进化的过程中遵循的是“优胜劣汰”的法则，因而人性向善的可能性更有可能“预先形成”并被遗传下来，而人性向恶的可能性因其“劣”而有

① 张岱年：《中国哲学大纲》，中国社会科学出版社 1982 年版，第 192 页。

② 参见何云峰《进化认识论的兴起与演化》，《自然辩证法通讯》2001 年第 1 期。

可能被淘汰。

从哲学的角度看，一般来说，人性就是人的潜在的规定性，也就是人生长的各种可能性的集合，而这种可能性的现实化就是人格和人生。显然，只有在人性基本上是善的或向善的之前提下，大多数人才可能成为健康的、道德的人；相反，假若人性本恶，我们无法说明恶苗怎么可能成长为善树，结出善果。哲学的这种观点是有心理学和社会学依据的。心理学家阿尔伯特·班杜拉（Albert Bandura）认为，人是“一种巨大的潜在性，会因社会影响而具有多种表现形式”。人类学家阿什利·蒙塔古（Ashley Montagu）也得出了类似的结论：“毋庸置疑，我们生来就具有基因所赋予的做出各种行为潜能，但这些潜能变成实际能力的方式则取决于我们所受的训练，取决于学习。……我们真正继承的是塑造和完善自身的能力，使自己不成为奴隶，而成为命运的主宰。”①

以性善论作为价值观的根基可以避免价值观宗教化。正因为如此，传统价值观虽然屡受宗教的冲击和影响，但并没有像古希腊罗马价值观演变成基督教价值观那样演变为宗教价值观。世界几大宗教产生的重要原因之一就在于把人性看作恶的。既然人性是恶的，那么由人组成的现实世界就是灾难性的，而且性本恶的人类自己无法改变这种现实。于是，宗教要求人信奉上帝、真主或佛，并通过宗教设计的路径最终走向“天堂”。与此相反，传统价值观认为人性本善，这种善苗只要加以呵护、培育就能成为善树，结出善果，而不需要通过扼制人性及其正常生长，以走向某种非人的虚幻世界。简言之，从性善论可以引申出人类可以凭借自己的力量获得自我实现和幸福，而性恶论走向极端必定会需要借助某种外在的神秘力量在人生以外获得某种并不适合人的幸福。长期以来，不少人因为中国人大多没有宗教信仰而感到惋惜，甚至试图让某种宗教信仰成为全民的信仰，更有一些人以为没有宗教信仰就是没有信仰。实际上，中国自古以来都有道德信仰，这种道德信仰就是对“道”及对“道”之“得”的信仰。通俗地说，就是对道德的信仰。从人类发展看，中国人普遍没有宗教信仰是最大的幸事，因为人不可能在宗教中真正获

---

① 〔美〕斯塔夫里阿诺斯：《全球通史：从史前史到21世纪》第7版（修订版），吴象婴等译，吴象婴审校，北京大学出版社2015年版，第43、44页。

得幸福。幸福在宗教之外、在天堂之外，即在道德之中、在现世之中。今天中国人有这种幸运，应归功于传统的性善论，归功于以性本善为人性根基的传统价值观。

三　传统价值观的现实化

一种旨在现实化的社会价值观通常是成体系的，它是一种观念的价值体系。这种价值体系不一定完整、系统、内在一致，如中国“三皇五帝”时代的价值观就是不完整不系统的。一般来说，只有那种经过理论构建、论证的价值观才可能是完整、系统、内在一致的价值观。但是，即便是这样一种价值观，也不一定就能完全现实化为社会的价值体系。也就是说，观念的价值体系（价值观）与根据这种价值体系构建的现实价值体系并不是一一对应的，这就如同根据蓝图制造机器或建设房屋会出现偏差一样。这个问题在中国传统社会十分突出。在价值观方面，思想家主张的价值观、统治者推行的价值观、老百姓实际信奉的价值观三者之间差异巨大，甚至完全是两码事。中国传统社会的相当一部分统治者“满嘴仁义道德，一肚子男盗女娼”，就是这种情形的真实写照。从中国传统社会的整个历史看，除了“三皇五帝”时代统治者的价值观基本上与社会价值体系相一致外，在其他历史时期，在社会上占主导地位的价值观从来没有原原本本地真正变成现实过。特别是西汉之后，虽然历代统治者名义上都将儒家思想作为官方价值观，但在两千多年时间里，没有任何一个朝代的社会价值体系是真正按照这种价值观构建并真正以这种价值观为依据运行的。这应该说是中国历史的最大悲剧，也是传统社会中国人多灾多难的根本原因。

1. 传统价值观现实化的历程

在中国传统社会的五千多年历史中，只有三个时期的价值观大致上是真正现实化了的：一是“三皇五帝”时期；二是战国时期的秦国及后来短暂的秦朝（秦朝统治中国仅十多年）；三是秦国灭亡至汉武帝亲政前的六七十年。

历史文献记载的“三皇五帝”时期的价值观，基本上是统治者的价值观，或者说是他们言谈中体现的价值观，具体体现为他们治国安邦的思想。由于这些文献记载的是他们的日常谈话，因而是比较真实的。就是说，这种通过谈话表达的价值观是他们的真实想法，他们没有必要去说假话。而且，当时的社会基本上是部落或部落联盟，其成员之间有血缘关系，统治者就像家长一样，无须搞一套虚伪的东西。另外，他们的德性和人格高尚，因而言行一致，实事求是。也正因为如此，他们才被尊为圣人明君，受到后世普遍的尊敬和景仰。

战国时期的秦国及后来短暂的秦朝所采用的价值观是法家的价值观，这种价值观主张用严刑峻法来统治国家。战国时期的秦国这样做了，结果消灭了其他各诸侯国，统一了中国。法家的价值观严格来说只是一种政治价值观，价值观的许多应有内容都是缺乏的。运用它来统治具有一定血缘关系的小国也许有效，但统治一个没有多少血缘关系的大国，就会发生问题。秦朝统一中国后仍然采取这种价值观，加上秦始皇本人相当残暴，秦帝国的覆灭是不可避免的。

汉初鉴于秦朝覆灭的教训，采用黄老之学作为治理朝政的指导思想，统治者身体力行，实行无为而治，让人民休养生息。当时的统治者是真心想如此，因此，他们基本上是按照道家价值观实行统治的。

然而，自汉武帝掌权开始，统治者所宣称采用的价值观与社会的现实价值体系及真实的社会生活相去甚远。这也许是在人类历史上仅见的观念价值体系与现实价值体系分离长达两千多年的事例。那么，为什么会如此呢？原因极其复杂。剖析这些原因，对于今天进行传统价值观的当代转换、构建中国当代价值观有极其重要的启示意义。

2. 儒家价值观难以现实化的原因分析

中国传统社会存在的价值观有三种情形。一是那种旨在使社会美好而又与社会生活对接的价值观，如“三皇五帝”的价值观。这种价值观一般来说基本上可以现实化，并且不会导致多大的消极后果。二是那种可以现实化，但现实化会导致严重社会问题的价值观，如法家价值观和道家价值观。这两种价值观只要统治者接受就可以完全实行，但结果有很大问题。实行严刑峻法是统治者不难做到的，但长此以往的结果是人民反抗。实行无为而治更是统治者容易做到的。无为而治用今天的话说就是不作为的“懒政”，运用这种价值观进行统治，社会不能获得发展，共同体的共同善不能增加，长此下去的结果必然是社会落后、人民贫苦。

三是追求尽善尽美理想状况的价值观，儒家价值观就是这种价值观。假如能够使这种旨在实现完美社会的价值观比较好地变成现实价值体系，社会一定会非常美好，然而问题在于，绝大多数人做不到，甚至根本就不会这样去做，其结果是事与愿违，社会推行和倡导的是一套，人们实际信奉的是另一套。更可怕的是，在社会政治的压力下，人们不得不口头上称赞这种价值观甚至表示按其要求行动，而实际上根本不这样去做，于是，有许多人成为伪善者。所以，儒家价值观很难完全现实化，很难成为完全融入社会生活的制度和文化。

早期儒家构想了一种十分完美的社会，即“大同”社会。今天来看《礼记·礼运》和《孟子》中关于这种“大同”社会的描述，仍然令人神往。按孔孟的设想，这种社会的成员只能由君子和圣人构成，而不能有小人。然而，人虽然生来具有生长成为君子应具备的“善端”，但君子的人格不能自然形成，而只能通过修养形成。怎么修养？儒家设计了一个修养的路线图，即格物、致知、诚意、正心、修身、齐家、治国、平天下。这种图景和设计看起来十分完美，但难以变为现实。从总体上看，儒家价值观有两个非常大的漏洞。

第一，儒家价值观对修身可能性的问题考虑得很不充分。从儒家经典文献中，我们几乎找不到有关人们是否都愿意、都能够按照儒家价值观所设计的路径去修身的讨论。对于儒家来说，人性是善的，这种“善端”使人可以成为“圣人”，至少可以成为“君子”，再加上“道之以德，齐之以礼”，似乎就足以促使人自觉修身。然而，历史事实表明，仅此远远不够。孟子说“五百年必有王者兴”（《孟子·公孙丑下》），他的话实际上隐含了五百年才有王者兴的意思。他在谈到儒家的道统时说，由尧、舜至于汤，由汤至于文王，由文王至于孔子，其间间隔均为“五百有余岁”（《孟子·尽心下》）。他的意思隐含着大约五百年才出一个圣人。由此可见，这个世界出现一个圣人有多么难。如果大多数人都因为不愿意或者不能够按儒家设计的修身路径和方法去修身而成不了圣人，甚至也不能成为真正意义上的君子，那么儒家的价值观就不可能为人们普遍奉行，也就不可能现实化。特别是社会的统治者自己都不愿意这样做，那社会成员就更不会这样做。到目前为止，人类文明史表明，没有任何一个社会的大多数人愿意这样去做。儒家价值观的问题就在这里，其设计可能是不知其不可而为之，也可能是知其不可而为之。早在孔子的时代人们就已经明确意识到这一问题，当时就有人说孔子是“知其不可而为之者”（《论语·宪问》）。如果后儒接受孔子的教训，儒家价值观可能会少一些空想，从而增加从“乌托邦”变为社会现实的可能性，然而后儒并没有这样去做，反而更多地去设计人们不可能接受的实现理想人格的修身工夫。总之，儒家价值观过于理想化，无论是统治者还是老百姓，绝大多数人难以践行。这就是儒家价值观从来就没有在传统社会比较圆满地实现过的根本原因。事实表明，知其不可而为之，甚至不知其不可而为之，是价值观理论的大忌。这样的价值观不仅不能现实化，还会导致严重的社会问题。

第二，儒家价值观存在两方面的重要缺失：一是如何有效地防止“小人”生成和横行；二是如何防止权力滥用和误用。整体来说，儒家价值观是一种导向性的道德价值观，如果有严格的法治环境作为其基础，它还是很有意义的。然而，传统社会是一种以人治为基础的德治、礼治社会，根本就没有实行过真正意义上的法治，法律不可能真正成为国家的最高权威，不可能把至高无上的王权及国家的其他权力完全置于法律之下，并严格按照法律的授权依据法律运行。那么，一个社会怎样才能有法治环境呢？它需要价值观的设计，就是说，作为占主导地位的思想观念的价值观，必须有限制作恶者或“小人”的有效措施，有防止权力滥用、误用的制度安排和保障机制。在《论语》中很多地方都谈到了“小人”，并将“君子”与“小人”相对照。可以看出，孔子不仅否定小人，而且很讨厌小人。但令人遗憾的是，他没有讨论如何使小人转化为君子，如何有效地防范小人作恶，如何铲除小人生长的土壤。孔子之后的儒家思想家似乎忘记了“小人”，他们只谈君子、圣人而不怎么涉及小人的问题。对于君王，儒家只是讲他们应该怎样成为圣主明君，而闭口不谈如何防止他们滥用、误用权力作恶之类的问题。历史事实早已表明，防范小人和君王作恶的措施只能是法律。然而，儒家思想体系中虽然有礼治方面的内容，但礼治不等于法治，而且除了荀子，其他儒家思想家几乎都不怎么涉及法治的问题。法治不仅比礼治严格得多，而且它主要用于限制权力，而礼治仅仅用于维护权力。礼治的怀柔性、无程序性、不平等性等问题为人治留下了极大的空间。缺乏对有效社会控制机制的设计，是儒家价值观的根本性缺陷。

3. 儒家价值观的社会后果

由于存在上述两个致命的缺陷，当统治者用这种价值观作为意识形态来统治社会时，必然会导致一系列严重的社会后果。

其一，伪君子（伪善者）大量存在。统治者强力推行这种价值观时，人们实际上做不到，但又不得不表面接受它，其结果是表里不一、言行脱节。于是，伪君子大量涌现。实行嫡长子继承制和人治，而且社会精英大多是伪君子，在这种条件下选择的统治者（从皇帝到各级各类官吏）很难真正德才兼备。相反，有许多善于伪装的伪君子混入统治者的队伍，甚至成为皇帝。一般来说，统治者大多来自社会的精英阶层（所谓“学而优则仕”），他们更善于伪装自己。当他们成为统治者时，也更善于谋取私利，从而给国家造成严重危害。在伪君子大量存在，特别是统治者也多为伪君子的社会，善恶难辨，是非含混，诚信缺失，社会会逐渐不可控，并因而陷入混乱。

其二，统治者权力因缺乏有效制约而可以滥用。儒家价值观的重大缺陷表明，这种价值观实际上是不完整的，不可能完全依据它来进行社会治理。依据它来构建社会制度体系，必定会给统治者留下极大的“自由裁量权”空间。儒家价值观缺乏法治的设计，但社会治理需要法治这种控制机制。在缺乏法治的条件下，凭借不受法律制约的权力控制社会比凭借法律控制社会给以权谋私留下了大得多的空间。这样，统治者必然会选择运用权力来控制社会。由于这种权力不受制约，仅仅是统治者的意志力量，社会必定会走向人治。当然，在实行人治的过程中，统治者还可以将法律、道德、礼仪之类的东西作为手段，但这一切都不过是他们统治的工具，对统治者的权力不具有根本约束力。

其三，统治者内部争权夺利引起的相互倾轧给社会带来动乱。在没有严格法律制约的情况下，那些伪善者掌握的权力越大越会谋取更多的私利，君王则把整个国家和天下都视为自己的。清初思想家黄宗羲就曾明确指出，“古者以天下为主，君为客”，“今也以君为主，天下为客”，而且往往“视天下为莫大之产业，传之子孙，受享无穷”（《明夷待访录·原君》）。这样，统治者内部争权夺利的斗争就会极其激烈。王位是王室争夺的对象，其他官职特别是重要官职则是官员以及有可能成为官员的那些人争夺的对象。秦汉之后的传统社会历史，可以说就是一个争夺王位和官位的谋权篡位的历史。传统社会之所以会发生走马灯一样的朝代更替，社会长期动荡不安，其根本原因就在这里。

我们说儒家价值观存在重大缺陷，用它作为统治阶级的意识形态必然导致严重的社会后果，但并不由此否认它本身所具有的价值。儒家价值观作为一种理论价值观有许多合理的内容，问题是它不适合作为社会上占主导地位的意识形态，它现实化的历史事实，可以说血淋淋地证明了这一点。今天，有不少人主张用儒家思想取代马克思主义作为当代中国占主导地位的意识形态，这显然是对儒家思想的局限性缺乏正确认识的表现。

不过，这里需要特别指出两点。

一是被用来现实化的儒家价值观已经不是先秦儒家的价值观，而是被后儒改造过的儒家价值观。我们可以根据其现实化的情况大致上将儒家价值观划分为两种形态，即学术形态和官方形态。先秦儒家价值观是学术形态的价值观，虽然它也包含让其成为官方价值观的意图，但并不是为某个王朝、某位君王的需要而构建的。董仲舒以及汉儒的价值观则是为了汉王朝甚至是汉武帝而对先秦儒家思想进行改造的结果，从某种意义上可以说，它使儒家价值观的学术形态变成了官方形态，由“学”变成了“术”，所以汉武帝“独尊儒术”，而不是“独尊儒学”。不仅汉儒的价值观是官方形态的，后来的宋儒、明儒的价值观也都是官方形态的，因为它们也是为了统治者的需要而对先秦儒家价值观进行改造的结果。

二是即便是儒家价值观的官方形态，历代统治者也没有完全使之现实化，反而在统治的过程中使用了许多并不属于官方形态儒家价值观的东西。最为典型的是，即便是汉儒、宋儒、明儒，他们也都更倾向于实行德治，主张实行仁政，而不十分推崇礼治和法治，但历代统治者主要是实行礼治，并援礼入法，用严刑峻法惩治老百姓。当然，不可否认，对于历史上的宗法皇权专制主义而言，儒家价值观的官方形态确实对“助纣为虐”起到了至关重要的作用。这应是中国学术史上的深刻教训。

四　传统价值观的孕育与形成

传统价值观经历了一个漫长的孕育过程，一直到春秋战国时期才被系统化，并获得了它的理论形态，而这也标志着传统价值观的形成。在整个孕育、形成的过程中，传统价值观经历了不同的阶段，大致上可以划分为三个阶段：萌芽时期（“三皇五帝”时期）、雏形时期（夏商西周时期）、形成时期（春秋战国时期）。

1. 传统价值观的奠基（“三皇五帝”时期）

传统价值观在“三皇五帝”时期已经奠定了基础。“三皇五帝”，并不是真正的帝王，而不过是原始社会中后期出现的为中华文明做出过卓越贡献的部落首领或部落联盟首领。后人追尊他们为“皇”或“帝”，百姓则把他们敬为圣人甚至神灵，以各种神奇而美丽的神话传说来歌颂和宣扬他们的丰功伟绩。这些人德性高尚，能力卓越，功勋卓著，关于他们事迹的传说体现了传统价值观最初的元素。例如，伏羲氏“仰则观象于天，俯则观法于地，旁观鸟兽之文与地之宜，近取诸身，远取诸物，始画八卦，以通神明之德，以类万物之情，造书契以代结绳之政”（《补史记·三皇本记》）；神农氏“有圣德，以火德王，故号炎帝”（皇甫谧《帝王世纪》）；黄帝提出以德治国，“修德振兵”，以“德”施天下，一道修德，惟仁是行，修德立义，尤其是设立“九德之臣”，教养百姓九行。但是，这都是史籍记载的一些零散的传说，只有两部具有权威性的典籍对伏羲和尧舜禹的事迹或言论做了比较可靠而系统的记载。

一是起源于“河图”“洛书”[①]而成书于西周的《易经》以及由孔子等人所作的易经的解释性著作《易传》（两书合称为《周易》）。《易经》以“穷理尽性以至于命”[②]为宗旨，被认为涵盖万有，纲纪群伦，并被尊为群经之首。儒家、道家均奉之为经典。不过，这部经典并没有

---

① 传说在远古时代，黄河中浮出龙马，背负“河图”；洛水中浮出神龟，背驮“洛书”。即伏羲根据“河图”“洛书”画出了“先天八卦”。殷商末年，周文王被囚禁在羑里（今河南汤阴县北），又根据伏羲的“先天八卦”演绎出了“后天八卦”，即“文王八卦”，并进一步推演出了六十四卦，并作卦辞和爻辞。

② 崔波注译《周易》，中州古籍出版社2007年版，第415页。

说明其中的哪些内容为伏羲所作。《易经》被认为是先圣所作，它不仅是圣人智慧的结晶，而且是圣人智慧的宣示，或者说是人们认识圣人之伟大及其精蕴的通道。“圣人之精，画卦以示；圣人之蕴，因卦以发。卦不画，圣人之精不可得而见；微卦，圣人之蕴殆不可悉得而闻。《易》，何止五经之源？其天地鬼神之奥乎！”（周敦颐《通书·精蕴》，《周敦颐集》卷二）

二是记载中国远古时代历史事迹的《尚书》，其中的《虞夏书》记载了尧舜禹的统治思想，这些思想体现了他们的统治（官方）价值观。《周易》特别是其中的《易经》是中华文化的母体，而《尚书》则可称为中华民族的史诗，它们开创了中华文化，哺育了中国人的品格和精神。

《周易》和《尚书》的内容非常丰富。从价值观的角度看，它们至少在以下几个方面包含后来发扬光大的传统价值观元素，对于传统价值观的形成具有奠基性的意义。

一是阴阳八卦观念。在古代，人们用“卜筮”① 来对事态的走势进行预测。《易经》通过总结这些预测的规律系统阐述了八卦观念和理论。阴阳八卦理论包括两个部分。其一，伏羲的阴阳学说，即所谓无极生有极，有极生太极，太极生两仪（阴阳），两仪生四象（少阳、太阳、少阴、太阴），四象演八卦，八八六十四卦。② 此为伏羲八卦，也叫“先天八卦”。其二，周文王的乾坤学说，他认为先有天地，天地相交而生成万物，天即乾，地即坤，八卦其余六卦皆为其子女：震为长男，坎为中男，艮为少男；巽为长女，离为中女，兑为少女。这是文王八卦，又称“后天八卦”。六十四卦有一定的先后次序，而卦序包含深刻的道理。从价值观的角度看，其重要意义在于为“天人合一”的观念、“经常”与“权变”相辩证的智慧奠定了观念基础。

二是“道”与仁义观念。《周易·说卦传》说，圣人作《易经》就

① 卜筮是古代民间占问（推断）事态吉凶的两种方法，《礼记·曲礼上》曰：“龟为卜，策为筮。”卜筮是古代巫术的一种表现，远古时代主要用龟甲、筮草作为工具来预测事态的吉凶。不同时代使用的卜筮方法有所不同。据传，西汉时代的东方朔主要用特制的棋子和特殊的口诀来预测，这种方式是利用一些无生命的自然物呈现出来的形状来预卜吉凶（参见《灵棋经》）。

② 参见《周易·系辞上传》：“《易》有太极，是生两仪，两仪生四象，四象生八卦，八卦定吉凶，吉凶生大业。”

是要阐明天道、地道、人道及其相互关系。“昔者圣人之作《易》也，将以顺性命之理，是以立天之道曰阴与阳，立地之道曰柔与刚，立人之道曰仁与义，兼三才而两之，故《易》六画而成卦。分阴分阳，迭用柔刚，故《易》六位而成章。”（《周易·说卦传》）按《易传》的说法，《易经》的“道”已经达到极致，它本来就是圣人用来充实德性而扩大自己业绩的。“《易》，其至矣乎！夫《易》，圣人所以崇德而广业也。”（《周易·系辞上传》）在《易传》作者看来，《易经》是“道义之门”（《周易·系辞上传》），用它的道理来修身养性，可以成就人的仁义道德。一个人持续地涵养蕴存这种道德，就可以成为仁义之人。因此，“道”与仁义道德就联系起来了。

三是圣人君子观念。《周易》中有关于圣人特别是君子的十分丰富的论述，其丰富性可能超过了《论语》和《孟子》。从一定意义上可以说，《周易》是一本关于圣人和君子的专论。《周易》中关于君子的直接论述主要集中在《彖传》《象传》《文言传》三传中，而关于圣人的直接论述则多见于其中的《系辞传》和《说卦传》。

《周易》中有直接关于圣人的论述，其中有些关于先王、大人的论述所指的也是圣人，不过所指的是具体的人如伏羲。《周易》提出圣人观念的角度，主要是古代圣人如何通过作《易经》以阐明天道、地道和人道来博施济众、感化人心。在《周易》看来，圣人能看出天下事物的复杂多样性和变化，并模拟其形态，通过作卦象以明吉凶，“养贤以及万民”（《周易·颐卦·彖传》），“感人心而天下和平”（《周易·咸卦·彖传》）。圣人智慧过人，境界崇高，通天地古今之变，为天下人谋福利，因此，没有比圣人更伟大的了。“圣人以通天下之志，以定天下之业，以断天下之疑”，“备物致用，立成器以为天下利，莫大乎圣人”（《周易·系辞上传》）。

《易经》中直接谈及君子的内容并不多，而且大多只是从某一卦是否有利于君子占问角度提出的。例如，否卦中有“否：否之匪人，不利君子贞”。又如，谦卦中有“谦：亨。君子有终”。但是，作为《易传》的《彖传》、《象传》和《文言传》，对六十四卦每一卦的阐释几乎都包含一两条君子面对卦象时应采取的态度，所提出的实际上就是作为君子应具备的品格。例如，关于乾卦，《文言传》曰：“元者，善之长也；亨者，嘉之会也；利者，义之和也；贞者，事之干也。君子体仁足以长人，嘉会足以合礼，利物足以和义，贞固足以干事。君子行此四德者，故曰：‘乾：元，亨，利，贞。’”（《周易·乾卦》）意思是，元始，是众之首；亨通，是美的荟萃；有利，能使一切事物各得其宜，彼此和谐；正固，纯正而执着，为一切事物的骨干。君子行仁，以仁为本，足可以做人们的尊和长；荟萃众美，足以合乎礼义；能够使万物得到自身的利益，足以使道义达到和谐的状态；能够执着地固守纯正，足以干好各种事情。只有君子才能实践仁、义、礼、正这四种德性，所以说“乾：元，亨，利，贞”。[①] 在中国历史上有广泛影响的“天行健，君子以自强不息”（《周易·乾卦·象传》）和“地势坤，君子以厚德载物”（《周易·坤卦·象传》），就是通过这种方式提出并加以阐释的。

据考证，《易传》应为儒者所作[②]，因而《易传》中关于圣人和君子的论述所表达的主要是儒家的思想。但需要注意的是，这些思想在《易经》中已有萌芽，只是儒者站在儒家的立场上将其阐发出来。自古以来，人们都承认《易传》的权威性，可见其中的思想总体上是体现了《易经》精神的。

四是德治观念。《尚书·虞夏书》中对尧舜禹高度重视德治的事迹和言论做了记载，这些记载体现了当时统治者治国安邦方面的价值观。此类记载保存下来的不多，但从中也可以窥见传统价值观在萌芽时期的一些内容和特征，以及与后来的价值观之间的内在关联。《尚书·尧典》开篇就有对尧的赞美，说他恭敬职事，通达大道，而且善治天下。他之所以善治天下，是因为他实行德治。其具体做法是：“克明俊德，以亲九族。九族既睦，平章百姓。百姓昭明，协和万邦。黎民于变时雍。”（《尚书·尧典》）就是说，因为他实行德治，所以威名远扬，不仅家族团结，而且各族和睦，百姓安定幸福。这段记述表达的实质是对德治的充分肯

---

① 参见崔波注译《周易》，中州古籍出版社 2007 年版，第 28 页。

② 关于《易传》的作者有诸多不同的说法。一说为孔子所作（参见崔波注译《周易·前言》，中州古籍出版社 2007 年版）。这一说法有一个问题可能没法回答，即既然《易传》为孔子一人所作，那么孔子为什么要同时用《彖传》、《象传》和《文言传》三传来解释六十四卦，而不用一传来统一加以解释？从这三传同时存在看，它们至少应是三人所作。《易传》受道家、阴阳家思想影响相当多，儒家道德色彩很浓，应为多人所作，从整体思想倾向来看，应为孔子及其后的儒者所作。

定和颂扬。

《虞夏书》还表达了先人在用人方面应当重视德性的思想。其中记载了这样一个事例。有人跟尧说舜是一个人才，他用自己的孝行感化了愚顽凶狠的继母和傲慢骄纵的异母弟弟，使全家和睦相处，家境兴旺。尧通过考察授予舜官职，最后还将自己的帝位禅让给了舜。皋陶曾向禹进言，提出检验一个人的品行是否适合为官从政，要看他是否具备九种德性："宽而栗，柔而立，愿而恭，乱而敬，扰而毅，直而温，简而廉，刚而塞，强而义。"（《皋陶谟》）实际上，当时实行的禅让制本身不仅体现了统治者的高风亮节，而且是一种典型的德治实践。

《虞夏书》还通过三帝及其属下之口表达了德性的极端重要性，以及为政以德、善政在养民等重要思想。如"食哉惟时，柔远能迩，惇德允元，而难任人，蛮夷率服"（《舜典》）；"稽于众，舍己从人，不虐无告，不废困穷"（《大禹谟》）；"德惟善政，政在养民"（《大禹谟》）；"惟德动天，无远弗届"（《大禹谟》）；等等。尧、舜、禹本人因为崇高的德性和卓有成效的德治而被后世公认为圣王，他们的德行榜样和德治思想作为传统价值观和中国文化的基因，对后世产生了深远影响。后来，儒家大力弘扬这种德治思想，并使之理论化、系统化。儒家的德治思想虽然既遭到主张顺其自然、无为而治的道家反对，也遭到主张建立专制制度、实行法治的法家反对，但得到了社会的广泛认同，并在汉武帝时代成为占主导地位的统治思想。

五是"五伦"观念。《孟子·滕文公上》曰："圣人有忧之，使契为司徒，教以人伦，父子有亲，君臣有义，夫妇有别，长幼有叙，朋友有信。"这里所说的圣人指舜，舜任契为司徒教化人民，其内容就是按道德要求处理父子、君臣、夫妇、兄弟和朋友五种关系。孟子的说法应是有根据的，《史记》中也有记载："舜曰：'契，百姓不亲，五品不驯，汝为司徒，而敬敷五教，在宽。'"（《五帝本纪》）这里的"五品"指的是家庭五种主要角色"父、母、兄、弟、子"的品质，而"五教"指的是"五品"各自应具有的德性，即"父义，母慈，兄友，弟恭，子孝"（《五帝本纪》）。孟子的"五伦"应是对舜所说的家庭"五教"的扩展。孟子之后，"五伦"成为传统价值观中关于人与人之间伦理关系的重要概念。

2. 传统价值观的雏形初现（夏商西周时期）

夏[1]商西周时期一手的历史文献不多，主要是《尚书》。它是春秋时期以前历史文献和部分追述古代事迹著作的汇编，是我国最早的一部历史文献汇编。此外，还有《诗经》。《诗经》原本是中国最早的诗集，收集的是西周初年到春秋中叶五百多年间的305首诗。该书因重心灵、重情操、重意趣、重修养而被儒家尊奉为经典。特别是孔子，他高度重视《诗经》，其中有的说法在人们的生活日益功利化、单一化的今天似乎难以理解。如他说："兴于《诗》，立于礼，成于乐"（《论语·泰伯》）；"不学诗，无以言"（《论语·季氏》）；"《诗》，可以兴，可以观，可以群，可以怨。迩之事父，远之事君；多识于鸟兽草木之名"（《论语·阳货》）；等等。从孔子的这些言论中可以看出，《诗经》中含有与远古思想相承接的丰富价值观意蕴，所以它也是传统价值观在形成时期的重要思想源泉之一。

夏、商、西周三代统治者把天命论和宗法制作为维护其统治的主要工具。一方面，用由氏族社会末期父系家长制演变而来的宗法制协调统治集团内部的事务和权益，调整各诸侯之间的利害关系，以维护君王的绝对统治；另一方面，对于那些与王室无任何宗法血缘关系的异族人等，则利用从原始万物有灵论发展而来的天命论进行思想统治，并用不同家族内部的血缘亲情关系以及社会内部的共同利益关系来统治天下。对于宗法制的作用，《礼记·大传》做了这样的解释："亲亲故尊祖，尊祖故敬宗，敬宗故收族，收族故宗庙严，宗庙严故重社稷，重社稷故爱百姓，爱百姓故刑罚中，刑罚中故庶民安，庶民安故财用足，财用足故百志成，百志成故礼俗刑，礼俗刑然后乐。"统治者在充分利用宗法关系来维系统治的同时，还宣扬天命论，利用人们对上天的崇敬和畏惧心理，使人们相信人间的王权"受命于天"，其统治是上天意志的体现。君王就是以"天之子"的身份来沟通天与人之间的关系的。他代表上天的意志行使国家权力，统治天下，其统治因而是任何人都必须接受而不可抗拒的。《礼记·经解》云："天子者，与天地参。故德配天地，兼利万物，与日

---

[1] 史称夏代的第一位天子是禹，后人也称他为夏禹。禹又是中国古代传说时代与尧、舜齐名的圣王。所以，他可被视为尧舜禹时代与夏代之间的过渡性人物。

月并明，明照四海而不遗微小。”这就是说，天子如同神灵一般，作为天之子，他是天意的体现者和上天在人间的统治者。《尚书》中有多篇文章反映了夏、商、西周时期的天命观，其共同特点是主张以天命制人命。此“天”是掌管天地万物并主宰人间命运的“昊天上帝”，它不是自然之天，而是人格化的神。宗法制和天命论是三代统治者实行统治的主要手段，统治者正是凭借这两种手段让天下之人畏天命、敬宗主，从而达到内制本家贵族、外治异族大众的目的的。其所形成的统治格局，一方面是“溥天之下，莫非王土；率土之滨，莫非王臣”（《诗经·小雅·谷风之什·北山》）的天下归一的一统江山，另一方面是“天有十日，人有十等，下所以事上，上所以共神”（《左传·昭公七年》）的金字塔般的等级结构。

就价值观而言，夏商西周在弘扬“三皇五帝”特别是尧舜禹的基本价值观念的同时，为适应时代的发展和社会生活的复杂化，尤其是适应国家管理的需要，从多方面发展了传统价值观，初步显现出其体系性。

远古时期的基本价值观念在夏商西周时期得到充分弘扬。这主要体现在两个方面。一是进一步强调德政。如《诗经》中有这样的诗句：“矢其文德，洽此四国。”（《大雅·荡之什·江汉》）意思是，广施德政万民乐，协和天下四方安。二是进一步重视教化。舜帝时代，教化问题已经被提出来，并设立官职专教“五伦”。在夏商西周时代，教化问题受到进一步的重视。《尚书》记载，周成王明确要求设立司徒掌管国家教化，传播五教，安定民众。“司徒掌邦教，敷五典，扰兆民。”（《周官》）“五典”，即“五教”。

夏商西周时期对传统价值观的贡献更值得注意的主要有以下几个方面。

第一，明确提出了“五福”观念。远古时代虽然重视天下太平，人民安居乐业，但尚未有明确的幸福观。到了西周时代，中国先人已经有明确的幸福观念。《诗经》中已谈到福，“永言配命，自求多福”（《大雅·文王之什·文王》）。不过，这里没有对福的内容做出规定，但《尚书·洪范》对什么是福做出了明确规定，并且将福作为国家大法的重要内容之一。“洪范九畴”就是作为西周国家大法提出来的，其中的第九畴就是“五福”。“五福：一曰寿，二曰富，三曰康宁，四曰攸好德，五曰考终命。”（《尚书·洪范》）虽然《尚书》中说九畴是上天赐给禹的，但在《尚书》关于尧舜禹的记载中根本没有出现“福”的概念，因而，这种幸福观应是在商代或西周出现的。“五福”概念的提出表明，当时人们的幸福观是一种比较全面的幸福观，涉及人生活的各个主要方面。其重要意义在于，它给传统价值观提供了明确的终极价值目标，这就是人应该追求幸福。而这种幸福是整体生活的美好，不是今天许多人所理解的欲望的满足。

第二，必须实行德政，这是天命，而且是否顺从天命而实行德政关系到国家的兴衰存亡。商周两朝都是通过武力建立政权的。为了论证取得政权的合法性，同时为了保证统治的长治久安，两朝的统治者特别强调上天的奖惩作用，认为只有实行德政才能获得上天的保护，否则就会政息人亡。《尚书》中有许多这方面的论述。成汤宣称：夏朝之所以灭亡，是因为夏王桀假托上天旨意发布命令欺骗民众，上天不喜欢他，让商人取代他。“夏王有罪，矫诬上天，以布命于下。帝用不臧，式商受命，用爽厥师。”（《仲虺之诰》）因此，只有遵从上天的旨意，才能永久得到上天的保护。上天没有亲近的人，只有敬奉它才会得到它的青睐。对于君王来说，敬奉它就是要实行德政。“德惟治，否德乱。”（《太甲下》）“惟天降灾祥，在德。”（《咸有一德》）在商人看来，上天不仅掌握着君王的命运，而且监管着所有人包括他们的寿命。“惟天监下民，典厥义。降年有永有不永。”（《高宗肜曰》）

周朝也是通过武力推翻商朝建立的，所以周朝的文王、武王、周公更重视从上天寻求取得政权的合法根据。例如，周武王在举行讨伐商纣王的誓师大会上讲，“惟天地万物父母，惟人万物之灵”，真正聪明的人成为大王，就是人民的父母，然而，“今商王受弗敬上天，降灾下民，沉湎冒色，敢行暴虐，罪人以族，官人以世”，于是，上天授命于周文王，率领你们奉行天罚，“民之所欲，天必从之”，所以，希望你们辅助“我”，推翻商纣王，使天下永远清平（参见《尚书·泰誓上》）。《尚书·周书》中记载了许多武王和周公这方面的告诫，这里不一一列举。《尚书》中还谈到上帝根据什么判断君王有德与否的问题。根据在哪里？在民心。“天视自我民视，天听自我民听。”（《泰誓中》）就是说，上天所见，来自我们民众所见；上天所闻，来自我们民众所闻。

上述所有这些记载都表明，只有实行德政才能得到上天的保佑，而上天的看法来自民众，民众满意上天就保佑，所以只有得民心才能得天佑。这实际上就是对实行德政、德治合法性的一种论证。这种论证的理由虽然没有为后世所完全承认，但要实行德政、德治的观念和精神被传承下来。

第三，凸显了社会规范的作用，并建立了完备的礼制。在远古时代，统治者主要靠自己的威望来实施统治，随着国家范围的扩大和臣民成分的复杂化，君王开始重视规制的作用。《尚书》中有《洪范》篇，它被视为周朝的“统治大法”。周朝宣称，这个大法是上帝传授给禹的，禹按此常理治天下，井井有条。洪范由九畴构成：五行，五事，八政，五纪，皇极，三德，稽疑，庶征，五福（参见《尚书·洪范》）。

在《洪范》这部国家大法的基础上，西周还设立了掌管国家礼仪的官员[①]，建立了一整套礼制。传统的礼乐观念和礼制由来久远。《史记·五帝本纪》记载，舜曾命夔为典乐，“教稚子”，以“诗言意，歌长言，声依永，律和声，八音能谐，毋相夺伦，神人以和”。五帝时代只是礼乐文化的萌芽时期，到了夏、商、周三代特别是西周时期中国礼乐文化才形成。周朝伊始，为配合政治上维护宗周的分封制统治，周公旦搜集了上古至殷商的礼乐，加以整理、改造，并在此基础上制定了一整套具有可操作性的完整的礼乐制度，饮食、起居、祭祀、丧葬等社会生活的方方面面都被纳入“礼”的范畴，使礼成为系统化的社会典章制度和行为规范，成为孔子所景仰的“郁郁乎文哉”（《论语·八佾》）的礼乐文化。至此，礼乐成为一套遍及政治、教育、信仰等各领域的规范体系，统治者在其统辖范围内全面推行礼乐之治。

这套礼制系统记载于《周官》（后更名为《周礼》）。《史记·周本纪》载：“既绌殷命，袭淮夷，归在丰，作《周官》。兴正礼乐，度制于是改，而民和睦，颂声兴。”周公废黜殷祀，袭击淮夷以后，回到西周首都丰京，写下了《周官》。一般认为，《周官》并不是现存的《周礼》。[②]关于《周礼》何时成书、作者是谁学界存在争论，但其中所阐述的内容

① 《尚书·周官》记载，周成王任命宗伯掌管国家的礼仪，以处理上天和周人、上级和下级的关系：“宗伯掌邦礼，治神人，和上下。”

② 《周官》相传为周公所作，但实际上是在战国时期定型的。从书名来看，《周官》应该是记载周代官制的书籍，但其内容与周代官制并不相符，可能是一部关于政治制度与百官职守设想的书。在近世出土文物中，《周官》多与《周礼》所记职守和制度相合，这证明《周礼》的内容大多是可信的。

应是以西周的制度为参照的，而且与《周官》有密切关系。《周礼》的基本内容是讲设官分职的，其规范宏大，组织严密，是一套完整的礼制体系。周礼的目的是“经国家，定社稷，序民人，利后嗣”（《左传·隐公十一年》），而其作用是规范统一各族的礼乐内容，将周朝礼乐推行到各家族不同等级的人群中去，以加强周天下内部的血缘亲情联系，维护其宗法等级秩序。

《洪范》和《周礼》是我国最早建章立制的成文文件，为传统价值观制定了一个初步的规范体系，并为其进一步构建奠定了坚实基础，对后世有重要影响。然而，周礼在春秋战国时期遭到严重破坏，春秋被称为“礼崩乐坏”的时代，但在孔子看来周礼对于规范社会秩序和人们行为具有极其重要的意义，以至于他说“克己复礼为仁。一日克己复礼，天下归仁焉”（《论语·颜渊》）。从整个传统价值观来看，西周的礼制是中国人治条件下的规范体系，具有鲜明的中国特色。

第四，提出了一些新的价值观念。《尚书》中首次出现“大同”的概念：“汝则从，龟从，筮从，卿士从，庶民从，是之谓大同。”（《洪范》）显然，这里的“大同”与后来《礼记·礼运》中描述的“大同”不同，它指的是人们普遍赞同、意见一致。《诗经》通过对社会不公的不满揭示了王权的特点：“溥天之下，莫非王土；率土之滨，莫非王臣。”（《小雅·谷风之什·北山》）这一诗句表达了传统价值观的一个重要观念，即王权观念。《诗经》还提出了革新和开放观念，其中就有：“周虽旧邦，其命维新。”（《大雅·文王之什·文王》）“它山之石，可以为错。”“它山之石，可以攻玉。”（《小雅·鸿雁之什·鹤鸣》）这后一譬喻，成为至今流传的成语，可见其生命力。另外，《诗经》中不少地方表达了上帝的观念，如：“皇矣上帝，临下有赫。监观四方，求民之莫。”（《大雅·文王之什·皇矣》）这种上帝具有人格的特征：“帝谓文王，无然畔援。”“帝谓文王，予怀明德。”“帝谓文王，询尔仇方。”（《大雅·文王之什·皇矣》）以前有上天、神灵的观念，但没有这种上帝的观念。这种观念实际上表达了实行德政是上帝的要求。

3. 传统价值观的理论化（春秋战国时期）

到春秋战国时期，奠基于“三皇五帝”时代的传统价值观念进一步系统化为完整的价值观，并获得了理论形态。在传统价值观系统化理论化的过程中，先秦儒家的贡献最大，法家、道家、墨家等学派也做出了重要贡献。总体上看，这个时期的传统价值观在继承先前价值观念的基础上一方面进一步道德化，道德体系成为其核心内容，另一方面在价值观体系中增加了法律的内容，形成了以道德为主体、以礼制为规范体系、以法律为礼制补充的理论价值体系。

具体地说，传统价值观的系统化和理论化主要体现在以下几个方面。

第一，淡化了传统的上天观念，为价值观提供了“道论”和“性善论”的基础。道的观念在“三皇五帝”时代就有了萌芽。《周易·系辞上传》有“一阴一阳之谓道”的说法，而且认为天有天道，地有地道，人有人道。这虽然是后人对《易经》思想的解释和阐发，但无疑是有其根据的。如果完全是后人加塞进去的，做这种解释和阐发的《易传》也不会被后人视为经典。春秋战国时期的各家大多推崇道。《管子·白心》曰：“道之大如天，其广如地，其重如石，其轻如羽，民之所以，知者寡。”孔子在《论语》中较多地谈及道并极力推崇道，甚至说“朝闻道，夕死可矣”（《里仁》）。虽然墨子大量谈上天、天志，但谈及道的地方也不少，如：“君子莫若欲为惠君、忠臣、慈父、孝子、友兄、悌弟，当若兼之不可不行也。此圣王之道，而万民之大利也。”（《墨子·兼爱下》）当然，他这里说的是圣王之道，不是一般意义上的道，也不是天道，他实际上还是坚持传统的上天观念，肯定“天意”的存在。韩非也承认道的存在和作用。他说：“道者，万物之所然也，万理之所稽也。理者，成物之文也；道者，万物之所以成也。故曰：‘道，理之者也。’”（《韩非子·解老》）在诸子百家中，道家特别是老子对道的问题做了系统的哲学回答，并且明确将德与道联系起来，从而为德提供了道的基础。

关于道与德的关系，老子有很多论述，他的代表作《老子》因而也被称为《道德经》。其中，最典型的表述是“孔德之容，惟道是从”（《老子》二十一章）。意思是，大德的行止，是完全依循于“道”的。老子的基本观点是“德”乃物所得于“道”者，“道”寓于万物之中，其体现和作用就是“德”。不过，他也说过“失道而后德，失德而后仁，失仁而后义，失义而后礼”（《老子》三十八章）这样的话，这里所说的“德”应是指儒家所说的“德”，而非他所认为的真正意义上的“德”。他认为的真正意义上的“德”应是“上德不德，是以有德”（《老子》三十八章）中的“上德”。这种上德是“无为而无以为”，即不有意作为，因顺自然，它实质上就是对“道”的“得”，是“道”的体现。在春秋战国时期，还有一些思想家也用道解释德。《管子·心术上》云：“德者，道之舍。物得以生生，知得以职道之精。故德者得也，得也者，其谓所得以然也。以无为之谓道，舍之之谓德。”《韩非子·解老》也说，“德者，内也”，“德者道之功”。由此可见，将德奠基于道是先秦诸家的一种共识。

按照春秋战国以前的传统观点，道有天道、地道、人道这“三才”之道，且它们是相通的。根据儒家的解释，天道为阴阳，地道为刚柔，人道则为仁义。到战国的孟子那里，他将人道与人性联系起来，认为人性本身就有仁义礼智“四端”，人的德就是这“四端”保养和发挥的结果。这样，通过孟子，德不仅被理解为对一般意义的“道”的得，而且是人性本身所具有的，人性作为道的体现本来就是善的，德不过是这种与生俱来的善端的生长和外显。当然，这种善端并非必定发展成德，外在环境可能会对善端产生消极影响而导致恶的行为。正因为如此，德的形成需要“养”的功夫：“故苟得其养，无物不长；苟失其养，无物不消。”（《孟子·告子上》）这样，就将道德植根于人道、人性。春秋战国时期不同思想家提出了不同的人性论，如告子的人性无善无不善、荀子的性恶论，但只有性善论与当时将德置于道的基础上的主导观念相一致，因而性善论也就成了当时道德化的价值观的基础。

第二，将传统零散的道德观念系统化为完整的理论道德体系。春秋战国时期的诸子百家都有自己的道德思想观念，但只有儒家建立了完整的理论道德体系。从当时的几大家的情况看，道家讲道和德及其相互关系，重点是道，它可以被视为一种道德哲学，但没有提供一种完全的理论道德体系。法家提供的是一种法制体系，其中包含一些道德观念，但没有完整的道德体系。墨家的思想与其说是一种道德体系，不如说是一种政治体系，其所要解决的是社会政治问题。其中，兼爱原则主要也是一种政治原则，“故圣人以治天下为事者，恶得不禁恶而劝爱”（《墨子·兼爱上》）。儒家的思想体系与其他几家有很大的不同，它在主导观念和基本内容方面继承了传统的道德思想，并且在此基础上构建了一种以“成人”（成为君子、圣人）为指归的完整理论道德体系。儒家认为社会就应当按照这种体系构建，因此，它不是今天意义上的狭义的道德体系，而是一种理论上的广义社会价值体系，是一种价值观。

儒家道德理论的内容十分丰富，不同的学者对其有不同的概括。儒家仁义道德的主旨是“成人”，围绕成为什么样的人和如何成人问题，儒家构建起了一整套以“仁爱”为核心内容的完整理论道德体系。这套理论道德体系包括修己成人和经世致用两个层次或两个方面，其整个进路就是《大学》中所讲的“三纲领八条目”。修己成人要求通过修身来培养以“五常”为主要德目的德性品质，同时要养成推己及人、推人及物的思维方法。修己成人并不只是为了个人独善其身，而是要把个人修身形成的德性品质和人格体现在社会生活之中，扩展到天地万物，这就是经世致用。在儒家看来，修己成人首先要成为君子，但不能成为君子就止步，还要追求成为圣人。孟子宣称“人皆可以为尧舜”，荀子说“涂之人可以为禹”，于是儒家就将“明明德于天下”“以天下为己任”作为人生追求的最高境界。达到这一崇高境界之路，就是儒家所津津乐道的“内圣外王之道”。把养性与修身、成人与成圣、内圣与外王有机统一起来，使个人道德与社会伦理、天地大德融为一体，就是儒家为传统社会提供的独具中国特色的理论道德体系。

儒家道德思想发源于孔子的“仁学”思想。在孔子那里，传统的道德思想观念得到弘扬和更新，已经形成一套完整的理论体系。按韩非的看法，孔子之后儒家一分为八：“自孔子之死也，有子张之儒，有子思之儒，有颜氏之儒，有孟氏之儒，有漆雕氏之儒，有仲良氏之儒，有孙氏之儒，有乐正氏之儒。”（《韩非子·显学》）不过，后来孟子和荀子分别发展和阐发了孔子思想的两个基本方面，即“仁”的方面和“礼”的方面。孟子从仁中引申出义，并对义进行了充分的阐发和丰富，使仁义统一起来，形成了他的心性学说。同时，他将这种仁义道德应用于社会，形成了他的仁政思想体系，这是对传统德治思想的理论升华和系统化。荀子则对孔子的礼的思想进行丰富和完善，并补充了法家的法律思想，形成了“隆礼重法”① 的基本主张。他的这种思想经过汉代大儒董仲舒

① 荀子的原话是：“君人者，隆礼尊贤而王，重法爱民而霸，好利多诈而危。”（《荀子·大略》）

改造后为后世统治者所采用，对中国社会发展产生了深远的影响。

第三，在传统的德治观念基础上建立了一套“仁政”理论。春秋战国时期，各家都有自己的社会政治理论，但只有孟子提出的“仁政”理论与传统的德治思想相一致，并且后来成为一种正统的政治理论。“仁政”理论可以说是孔子的仁爱思想在政治领域的运用和阐发，其根基则在于性善论。孟子认为：“人皆有不忍人之心。先王有不忍人之心，斯有不忍人之政矣。”（《孟子·公孙丑上》）所谓“不忍人”，就是同情人、怜悯人。“仁政”的核心是“亲亲而仁民，仁民而爱物”（《孟子·尽心上》），即珍爱亲人而仁爱百姓，仁爱百姓而爱惜万物，所追求建立的是“老吾老以及人之老，幼吾幼以及人之幼”的大同社会。“仁政”的前提是“以民为本”[①]：“民为贵，社稷次之，君为轻。”（《孟子·尽心下》）“仁政”在经济上的体现就是“民有恒产”，让农民有一定的土地使用权，并减轻赋税。“仁政”理论是传统价值观的社会政治主张。不过，历代统治者虽然名义上信奉这种理论，但大多与此背道而驰，这是传统皇权专制主义悲剧的症结之所在。

第四，在将德和礼作为治国主要手段的同时，提出了法律的观念，并将法律作为一种维护礼制的重要手段，法律因而成为现实价值体系的重要组成部分之一。在春秋战国的诸家之中，作为显学的儒家、墨家[②]均崇尚“法先王”和“复古”，法家则反对复古，主张因时制宜。韩非根据当时的情况，提出重赏、重罚、重农、重战“四策”，明确主张皇权专制、中央集权、改革变法、改革图强、以法为本、依法治国、法不阿贵、以法为教，其政治主张基本上是与儒家相对立的。在法家的这些思想之中，皇权专制、中央集权的主张后来为统治者所实际信奉，并且变成了现实，其他大多数思想则被忽视或被否弃。值得注意的是，生活在孔子与韩非之间的荀子提出的“隆礼重法”思想，不仅成为儒家与法家之间的过渡，而且成为自西汉武帝开始的传统社会的主要统治思想。在这个漫长的历史时期，占统治地位的价值观实际上是孔子思想与荀子

① 这一术语出自杜甫的诗《送顾八分文学适洪吉州》：“邦以民为本，鱼饥费香饵。”但这一思想是孟子第一次明确表达的。

② 韩非称儒墨两家为春秋战国时期诸子百家中的“显学”：“世之显学，儒、墨也。儒之所至，孔丘也。墨之所至，墨翟也。”（《韩非子·显学》）

思想的混合，而荀子的思想是实质，孔子的思想则是外表。有研究者认为，传统皇权专制统治是外儒内法，这种看法值得商榷。我们认为，不是外儒内法，而是外孔内荀。正如梁任公所言："自秦汉以后，政治学术，皆出于荀子……二千年来，只能谓为荀学世界，不能谓之为孔学世界也。"[①] 谭嗣同也说："二千年来之政，秦政也，皆大盗也；二千年来之学，荀学也，皆乡愿也。"（谭嗣同《仁学》二十九）当然，在传统社会的统治者那里，荀子的思想实际上也并没有得到充分的贯彻，因为历代统治者隆礼而不重法，法不过是维护礼的补充手段，即所谓"援礼入法"。

春秋时期形成的儒家理论价值观，总体来说继承了传统的价值观念，传统价值观念被发扬光大。但是，传统价值观念中的一些有重要价值的内容被遗忘或被忽视的情形也存在，其中最重要的是幸福的观念。先秦三大儒家代表人物的著作中未见有"幸福"或"福"的概念，至少没有直接讨论幸福问题，只是在《礼记》中有所涉及，以至于谈到儒家思想，人们完全想不到幸福的问题。实际上，不只是儒家，道家、墨家和法家对幸福问题也没有什么讨论甚至涉及。这一观念被忽视、被边缘化或被遗忘，使传统价值观的价值目标在儒家那里由传统的综合性目标——幸福变成了单一性目标——道德人格（主要是君子和圣人）。

同时，这种后来占主导地位的价值观整体上被道德化，其后果是，法律观念及其作用虽然得到公认，但没有进入这种被道德化的价值观，因而使法律外在于价值观。因此，后来的传统社会出现了这样一种情形，即法家的政治价值观没有进入占主导地位的价值观，没有成为其中的一个有机组成部分。法律虽然是社会现实价值体系的一个重要组成部分，但没有进入占主导地位的价值观理论，法律的必要性、合法性、适用性及其在社会生活中的地位没有在主导价值观中得到理论上的阐明和论证，法律因而成为一种随意的东西。如此一来，统治者想制定法律就制定，不想制定就不制定；制定后想运用就运用，不想运用就不运用；想对谁运用就对谁运用，想在多大程度上运用就在多大程度上运用。这一重大

① 梁启超：《论支那宗教改革》，《饮冰室文集》（三），《饮冰室合集》（一），中华书局1989年版，第57页。

缺陷是后来儒家价值观在现实化过程中导致许多社会问题的真正根源。

五　传统价值观的演进与衰退

传统价值观形成后，经过几百年，作为传统价值观主要形态的儒家价值观被确立为国家的价值观。两汉时期是传统价值观最兴盛的时期。此后，传统价值观经历了极其复杂的演进过程，到辛亥革命爆发而最终退出历史舞台。在这个过程中，儒家价值观虽然最终被确立为传统社会占主导地位的价值观，但中间经受过玄学、道教、佛教的严峻挑战，其主导地位发生过动摇。到了唐代以后，儒家价值观在吸收融合各家思想的基础上得到了复兴，其统治地位得到了巩固。但到了明代以后，作为官方价值观形态的传统价值观基本上丧失了生机和活力，处于停滞不前状态，没有什么大的突破和创新。我们把这个漫长的历史时期划分为儒学意识形态化时期（秦汉时期）、儒道佛“三教”融合时期（魏晋至隋唐时期）、儒学复兴和深化时期（宋明时期）、儒学僵化时期（清代）四个阶段。

值得注意的是，元朝时期正是西方市场经济和文艺复兴运动兴起的初期，而在此时，西方价值观开始从传统向现代转换。从元朝建立到清政府被推翻的600多年间，中国传统价值观走向没落，逐渐丧失其生命力，而西方现代价值观正好完成从传统到现代的转换，现代价值观走向成熟。而到辛亥革命前后，西方现代价值观已经根深叶茂，而中国现代价值观才开始破土萌芽。两种现代价值观破土而出的时间相差整整六百年。

1. 传统价值观的意识形态化（秦汉时期）

在有系统价值观理论的四家（法家、道家、墨家、儒家）之中，除墨家之外，其他三家都发挥过国家意识形态的作用。法家是中国历史上主张实行法治的重要学派，它以富国强兵为己任，主张“不别亲疏，不殊贵贱，一断于法”[①]。今天看来，法家思想虽然有局限性和片面性，但其中的法治思想意义非凡。只是儒家德治和礼治思想看起来温情脉脉，

---

① 此语出自《史记·太史公自序》，其思想是战国时魏国的政治家、法家的代表人物李悝在《法经》中阐述的“理不护亲，法不阿贵，亲疏贵贱，一视同仁”。

充满人情味，因而传统社会普遍欣赏儒家，而不喜欢当然也不认同主张严刑峻法的法家。法家成型很早，但成熟很晚，战国末期的韩非是其集大成者，其理论曾在战国和秦朝时期得到全面实践。它为秦朝结束自春秋起五百年来诸侯混战的局面，建立中国历史上第一个以华夏为主体的多民族的统一的中央集权制国家提供了政治主张和理论依据。秦王朝的残暴及其灭亡宣告了法家从政治领域的淡出。

为了结束连年的战争和秦王朝的苛政，使人们得以休养生息，汉初的统治者将崇尚清静无为的道家黄老学派之学作为其统治思想，出现了中国历史上“文景之治”的盛世。到了汉武帝时代，为了削弱诸侯势力，巩固皇权，统治者开始将儒家思想作为国家的统治思想，建立了一种隐而不宣的内礼外儒体制。历代统治者都对外宣扬儒家伦理道德和仁政思想，以示朝廷的仁民爱物，而对内实际上采取的是严酷的礼制和刑法，用以约束官员和百姓的行为。儒学由于上升为主导意识形态而得到朝廷认可甚至鼓励和传播，从而对社会各个领域产生了广泛而持久的影响。可以说，儒家思想对民间和百姓的影响力远远大于对朝廷和官吏，也许可以从这种意义上将先秦儒家的价值观视作秦汉以后的传统价值观。

在秦汉之际传统价值观意识形态化过程中，西汉大儒董仲舒发挥了极其重要的作用。董仲舒（前179~前104），西汉著名思想家、政治家、教育家、今文经学大师，汉景帝时任博士，讲授《公羊春秋》。汉武帝元光元年（前134），武帝下诏征求治国方略，董仲舒在著名的《举贤良对策》中系统地提出了“天人感应”“大一统”学说，以及“诸不在六艺之科、孔子之术者，皆绝其道，勿使并进”“推明孔氏，抑黜百家”（《汉书・董仲舒传》）的主张。这些主张为汉武帝所采纳，使儒学成为汉代正统思想，而且经过他改造的儒学影响中国社会长达两千多年。董仲舒的思想是以儒家思想为中心，杂以阴阳五行说，使神权、君权、父权、夫权相互贯通的具有神学色彩的儒学思想体系。如果我们将先秦的儒学称为儒学的第一形态或“原儒”，那么董仲舒的儒学可称为儒学的第二形态或“汉儒”。概括地说，董仲舒在以下三个方面阐发并改变了先秦儒学。

第一，构建“三纲五常”的价值体系，并以天人感应说为之提供论证。孔孟的儒学以“仁”为出发点，荀子的儒学以“礼”为出发点，董仲舒的儒学则以“天”为出发点。董仲舒赋予“天”至高无上的神的性质，并认为人的形态、本质都是由“天”决定的，人间的道德规范则是“天”规定的。而人之所以区别于其他生物，乃是人得“天地之精”，“受命于天”之故。他的结论是：“天亦有喜怒之气，哀乐之心，与人相副，以类合之，天人一也。”（《春秋繁露·阴阳义》）虽然“天人合一”“人像天”，但“天”高于人，“天”的本质决定人的本质，人类的道德规范也应取决于“天”，而且“天”握有赏善罚恶的权力。即使是“受命于天”的天子，也必须“承天意”，否则就会受到惩罚。在董仲舒看来，天人相通，所以天与人之间能够相互感应，人们的行为如果不体现“天意之仁”，那么“天”要通过灾异来谴责，不听谴责则必遭“殃咎”；反之，若“人理”能“副天道”，则能“参天”，“天”也必将赐福于人。

根据天人感应说，董仲舒提出了“王道之三纲，可求于天”的著名结论。他根据其“阳尊阴卑”理论，在先秦儒家提出的“五伦”和法家代表人物韩非把“臣事君，子事父，妻事夫”作为“天下之常道”（《韩非子·忠孝》）的基础上，更明确地提出了君为臣纲、父为子纲、夫为妻纲的“三纲”思想。他说：“君臣、父子、夫妇之义，皆取诸阴阳之道。君为阳，臣为阴；父为阳，子为阴；夫为阳，妻为阴。”（《春秋繁露·基义》）“丈夫虽贱皆为阳，妇人虽贵皆为阴。阴之中亦相为阴，阳之中亦相为阳。诸在上者皆为其下阳，诸在下者皆为其上阴。”（《春秋繁露·阳尊阴卑》）董仲舒反复强调这种“贵阳而贱阴”的目的，在于使人们“知贵贱逆顺所在”（《春秋繁露·阳尊阴卑》）。正是基于这种阳尊阴卑的理论，董仲舒将君、父、夫规定为臣、子、妻的“纲”。他所谓的“纲”乃是指臣、子、妻要服从君、父、夫，前者要以后者的要求为根本准则。董仲舒在提出和论证“三纲”的同时，又在孟子所概括的“仁义礼智”“四德”之后加上了“信”，使之成为“五常”。他说：“夫仁谊礼知信五常之道，王者所当修饬也；五者修饬，故受天之祐，而享鬼神之灵，德施于方外，延及群生也。”（《汉书·董仲舒传》）他从治理国家的角度把“五常”视为实现“礼乐教化”的必由之路，归属于个人修身处世的行为规范，因而对于“三纲”来说它便处于从属地位。董仲舒提出和论证的“三纲五常”为统治者所接受，成为此后传统社会官方推行的基本道德原则和五条德性原则①。它们一起构成了传统社会官方价值观规范体系的理念，并通过礼制而具体化为各种具体规范。

第二，使大一统思想系统化。“大一统”是指天下皆统系于王朝，由王朝对社会实行全面的统治。《汉书·王吉传》称：“《春秋》所以大一统者，六合同风，九州共贯也。”唐人颜师古注：“一统者，万物之统皆归于一也。……此言诸侯皆系统天子，不得自专也。”（《汉书·董仲舒传》）唐人徐彦曰：“王者受命，制正月以统天下，令万物无不一一皆奉之以为始，故言大一统也。”（《春秋公羊传注疏·隐公元年》）后世因此称王朝统治全国为大一统。

中国王朝统治的观念起源于夏代，在氏族血缘关系基础上建立起来的王朝世系是靠嫡长子继承制来延续的。一个家族一旦占据中原地区的统治地位，便获得一种至尊的王权，就可以向周边地区发号施令，进行征伐。只要中原统治力量减弱，周边势力中的强者就会千方百计跻身中原，夺得中原统治权，赢得正统地位，商代夏、周替商莫不如此。不过，夏商西周时期的“大一统”观念还比较模糊。虽然当时已经有“溥天之下，莫非王土；率土之滨，莫非王臣”的说法，但天下“大一统”观念还没有系统化、理论化。这项工作是在春秋战国时期完成的，诸子百家不仅为“大一统”观念提供了论证，而且为这种观念增添了一些新内容。

《春秋公羊传·隐公元年》曰：“何言乎王正月？大一统也。”《吕氏春秋·执一》亦云：“王者执一，而为万物正。……一则治，两则乱。”管仲也对大一统做了不少阐述，如他说：“主尊臣卑，上威下敬，令行人服，理之至也。使天下两天子，天下不可理也；一国而两君，一国不可理也；一家而两父，一家不可理也。夫令不高不行，不抟不听。尧舜之人，非生而理也；桀纣之人，非生而乱也，故理乱在上也。”（《管子·霸言》）管仲甚至还对大一统做出了制度上的安排：“天子出令于天下，诸侯受令于天子，大夫受令于君，子受令于父母，下听其上，弟听其兄，

① 一般来说，道德包含道德价值、道德规范、道德品质、道德情感几个基本方面，一般意义上的道德原则贯穿于所有这些方面，它们在这些方面的体现分别为道德价值意义上的原则、道德规范意义上的原则、道德品质意义上的原则、道德情感意义上的原则。道德品质意义上的原则即德性原则，亦即通常所说的“德目”。

此至顺矣。衡石一称，斗斛一量，丈尺一缚制，戈兵一度，书同名，车同轨，此至正也。”（《管子·君臣上》）墨子也谈到过对大一统的看法。他说：“上之所是，必皆是之；所非，必皆非之。”“天下之百姓皆上同于天子。”（《墨子·尚同上》）。针对春秋时期“礼乐征伐自诸侯出”的乱局，孔子提出了“礼乐征伐自天子出”（《论语·季氏》）、“君君，臣臣，父父，子子”（《论语·颜渊》）的主张，力图建立一种“天下有道”（《论语·季氏》）的理想社会。孟子认为“天无二日，民无二王”（《孟子·万章上》），主张君仁臣义，君民同乐，天下“定于一”（《孟子·梁惠王上》）。荀子则把君王视为民之父母：“天地生君子，君子理天地。君子者，天地之参也，万物之总也，民之父母也。”（《荀子·王制》）韩非认为导致春秋战国祸难的原因就在于“一栖两雄”“一家二贵”“夫妻持政”（《韩非子·扬权》），一言以蔽之，就是没有实现大一统。正式提出“大一统”的李斯更是明确要求“灭诸侯，成帝业，为天下一统”（《史记·李斯列传》）。显然，虽然上述思想家对“大一统”的理解不尽相同，但他们都主张实行自上而下的政令统一。思想家们的这一共同主张最终由“海内为郡县，法令由一统”的秦朝通过武力征服并采取极端残暴的方式变成了现实，这就是《史记》记载的，从秦始皇开始，“天下之事无大小皆决于上”（《史记·秦始皇本纪》）。

汉初统治者信奉黄老之学，实行无为而治，经济发展很快，出现了文景盛世。但是，在景帝时代出现了吴楚七国之乱，统一的国家面临分裂的危险。这时汉朝掌管经学讲授的博士董仲舒认为，重要的问题是要巩固集中统一的政权，防止分裂割据的局面出现。在他看来，为了实现政治统一和长治久安，必须建立大一统的国家，必须有为这种大一统国家提供论证、辩护的理论依据即统一思想的理论。只有实现举国上下政治和思想统一，法制规章和号令才能畅行无阻。为此，他在吸取上述思想尤其是系统发挥《春秋公羊传》大一统思想的基础上，提出了他的大一统论。一方面，他极力主张建立大一统的国家，树立天子的绝对权威。在《对策一》中他阐述说：“臣闻天之所大奉使之王者，必有非人力所能致而自至者，此受命之符也。天下之人同心归之，若归父母，故天瑞应诚而至。”（《汉书·董仲舒传》）这就是说，“天”是主宰一切的神，“受命于天”的君王就是“民之父母”，“天下之人”都应“同心归之”。董仲舒在此借“天”威来维护中央集权和树立君威。另一方面，董仲舒又极力主张用儒学统一天下的思想。在他看来，要巩固和加强皇朝中央集权统治，最重要的是统一思想。因此，他向汉武帝提出了“推明孔氏，抑黜百家”（《汉书·董仲舒传》）的对策建议。他说：“《春秋》大一统者，天地之常经，古今之通谊也。今师异道，人异论，百家殊方，指意不同，是以上亡以持一统；法制数变，下不知所守。臣愚以为诸不在六艺之科孔子之术者，皆绝其道，勿使并进。邪辟之说灭息，然后统纪可一而法度可明，民知所从矣。”（《汉书·董仲舒传》）他的中心意思是说，大一统原本是天地古今之常道，不可改变，要坚守这一常道，就必须消灭各种异端邪说，统一全国思想。如果思想理论不统一，法制不断变化，百姓就无所适从。所以，他建议罢黜一切与孔子学说不一致的思想理论，推崇孔子学说。他认为，这样就可以有统一的规范法度，官员百姓就有所遵循了。

汉武帝采纳了董仲舒的大一统建议，采用了“罢黜百家，独尊儒术”的政策，儒学被确立为官方正统思想。从此，儒学开始在汉代思想中占据主导地位，产生了中国特有的经学以及经学传统。汉代立五经博士，明经取士，形成了经学思潮，董仲舒被视为“儒者宗”。董仲舒是中国历史上大一统思想的集大成者和积极主张者，他的思想以及汉武帝的政治实践，对后来的中国历史产生了深远影响，大一统成为中国的正统政治观念。

第三，主张施行仁政德治。董仲舒认为，“师申商之法，行韩非之说”，“非有文德以教训于下”，其后果是造成百官“外有事君之礼，内有背上之心”（《汉书·董仲舒传》），而这正是秦二世灭亡的重要教训之一。鉴于秦亡的教训，他力主实行儒家的仁政德治，并将其神秘化为发端于“天”的治国之道，即所谓“天道之大者在阴阳。阳为德，阴为刑”，“王者承天意以从事，故任德教而不任刑”（《汉书·董仲舒传》）。在他看来，施行仁政德治，就会出现这样的局面：“众圣辅德，贤能佐职，教化大行，天下和洽，万民皆安仁乐谊，各得其宜，动作应礼，从容中道。”（《汉书·董仲舒传》）不过，董仲舒并不反对刑法，主张“所贡不肖者有罚”，“刑罚以威其恶”（《汉书·董仲舒传》）。他的基本思想是，统治者应该主要用仁义来教化而不是用刑法来治理，用感化的方法征服不肖者之心，而刑法只能作为补充手段。董仲舒这种以“德治”为主、以“法治”为辅的主张成为后来历代统治者所遵循的基本统治方式。中国历代的统治方式在“德治”与“法治”之外还有一个“礼治”，对于这一点，董仲舒注意得不够。如果加上“礼治”，中国传统社会的治理方式就是一种以德治为主、以礼治为辅、以法治为补充的三元格局。

从传统价值观演进的角度看，秦汉时期特别值得注意的还有经学的兴盛和“五经”成为官方的经典。经学最初泛指研究春秋战国时期各家学说之要义的学问，在汉武帝独尊儒术后特指研究先秦儒家经典的学问，主要是解释儒家经典的字面意义，阐明其蕴含义理。儒家经典原本有《诗》《书》《礼》《易》《乐》《春秋》六经，其中《乐》据说因秦始皇“焚书坑儒”而失传。东汉在此基础上加上《论语》《孝经》，共七经；唐时加上《周礼》《礼记》《春秋公羊传》《春秋穀梁传》《尔雅》，共十二经；宋时加《孟子》，后有宋刻《十三经注疏》传世。[①]《十三经》的内容极为宽博，其中《易》、《诗》、《书》、《礼》、《春秋》（亦称《春秋经》）为“经”，《左传》《春秋公羊传》《春秋穀梁传》乃《春秋经》之“传”，《礼记》《孝经》《论语》《孟子》均为“记”，《尔雅》则是汉代经师的训诂之作。这十三种文献，以“经”的地位最高，“传”“记”次之，《尔雅》又次之。早期的儒家经典并不是这十三经，十三经是由汉朝的五经逐渐发展而来的，最终在南宋取得了“经”的地位。

汉武帝采纳了董仲舒“罢黜百家，独尊儒术”的建议之后，儒家地位陡然升高。公元前136年，汉武帝设“五经博士”官职。五经就是前文所说的《易》《书》《诗》《礼》《春秋》等五部儒家经典，不包括六经中的《乐》。《易》指《周易》，包括《易经》及其解释性著作《易传》。《易经》是由六十四卦、三百八十四爻的符号系统和卦辞、爻辞的文字系统构成的一个以天人整体观为思想基础的巫术操作系统；《易传》则使《易经》从巫术转变为哲学，从迷信转变为学术，它以《易经》框架结构为形式，提出了一个包括天道、地道和人道在内的关于自然和社会普遍法则的哲学思想体系。《书》即《尚书》或《书经》，它是尧舜至西周时期的政治历史文件以及追述这个时代君王事迹的部分文献的汇编。

---

① 参见李勇强《焚书坑儒的真相：秦朝儒学》，中州古籍出版社2014年版，第2~3页。

《诗》指《诗经》，它是中国最早的诗歌总集，收集的是西周初年至春秋中叶的诗歌。《礼》主要指“三礼”（《仪礼》、《礼记》和《周礼》）之中的《仪礼》，它是西周及春秋战国时期的礼制的汇编，记载的是周代的冠、婚、丧、祭、乡、射、朝、聘等各种礼仪，以记载士大夫的礼仪为主。《春秋》是编年体史书，记载了春秋时期的历史。司马迁有“文王拘而演《周易》，仲尼厄而作《春秋》”（《报任安书》）之说，但后世亦有不同说法。《诗经》、《尚书》和《春秋》相传都是孔子编订的，而《易传》则是孔子及其门徒或其他儒者为解释《易经》所作。在汉武帝时代，五经是官方的法定经典，被规定为士子必读的教材。汉代的儒生即以研习、解释五经为主业，经学自此正式诞生。此后五经一直是传统社会推崇并倡导的经典著作，并被历代王朝作为皇权专制统治的主要理论依据，对后来的传统社会产生了深远影响。唐以前的经学至唐孔颖达撰《五经正义》做了总结，统称为“汉学”。

总体上看，自西汉以后的各朝代实际上通行的国家治理体系是一种德治、礼治和法治互相补充，而又由统治者各取所需、随心所欲的皇权专制主义的治理体系。从这种意义上看，儒家价值观充其量只是一种形式上的统治（官方）价值观，而实际上通行的是似儒似法而又非儒非法的价值体系。这一历史事实告诉我们，一个国家不实行法治，其结果就是如此。国家可以不局限于法治，在法治之外，还可以有德治、礼治，但法治是其底线，德治和礼治必须建立在法治的基础之上。

2. 儒道佛“三教”融合（魏晋至隋唐时期）

儒家被汉武帝确定为官方意识形态（正统儒学）后，其思想统治地位并不是未动摇过。在两汉之后的三国魏晋南北朝时期，正统儒学受到魏晋玄学及其所弘扬的道家思想、佛教思想的严峻挑战。直到隋唐实现所谓“三教”合流后，儒家价值观的主导地位才重新被确立并逐渐巩固。

在魏晋时期，以王弼为代表的魏晋玄学家竭力突破汉儒的烦琐和神秘，建立了一种以思辨为特征的玄学。玄学家围绕三玄（《周易》《老子》《庄子》），就有无、本末、体用、动静、言意、孔老优劣、自然与名教（以正名分为中心的儒家礼教）等抽象论题展开形而上学的玄思，构建了风格各异的哲学体系，并以生命来体证和实践玄学精神。这些思想家试图会通儒道，协调自然与名教，这是中国历史上第一次儒道深层次的融合。

汉末的农民起义，不仅推翻了统治达四百多年的汉王朝，动摇了地主阶级对宗法皇权制度的信心，而且使人们对董仲舒以来的儒家正统思想产生了深刻的怀疑。社会的急剧变化使人们逐渐意识到，作为儒家正统思想文本的两汉经学，特别是其中的谶纬和经术，过于烦琐、迂腐、荒唐，而且无任何实际效用。于是出现了唾弃儒学而趋向老、庄的新走向。当时的一批名士把《老子》、《庄子》以及可供他们自由发挥的《周易》合而称为“三玄”，并以此为基础创立了一种新的思想体系，即“玄学”。玄学的中心议题是作为宇宙本体的“道”。玄学家对道本身的研究并没有多少新见，但他们利用老庄的辩证思想，对本与末、一与多、无与有、静与动等关系做了系统的阐发，并通过对这几对范畴及其关系的阐发构建起他们以“道”为中心的宇宙观。

从价值观的角度看，玄学出现的主要意义在于：它打破了董仲舒以来认为有意志的“天”决定人世间一切的观念，以“无名无形”的“道”来否定有意志的“天”；以“道常无为”而“顺自然”来否定人格神的“天”对人间的干预。玄学家在对“天”以及被视为“本于天”的正统伦理纲常进行批判的同时，主张“顺自然”而“无为”。他们认为，人生的丑恶和不幸都源自“有为”，只有做到“顺自然”而“无为”才能达到尽善尽美的境地。对于何为“无为”，玄学家有不同的理解。阮籍、嵇康等认为，“无为”就是要无君而弃仁义，“返朴归真”，退到人的自然状态；向秀、郭象一派则认为，君王制和等级制都是自然的，问题只在于要按天性所受，各守本分，如此便是“无为”。玄学家都标榜“蔑视礼法”，往往做出一些不合乎常情甚至荒诞不经的事，这是一种反对传统观念和礼俗的举动，与西晋末年门阀士族的裸体狂饮、戏弄婢妾之类的腐朽没落生活方式并不是一回事。

在魏晋玄学盛行的同时，中国本土的宗教——道教也逐渐得到发展和流传。作为正式宗教组织的道教，始于东汉末年的“太平道”和“五斗米道”（后改称“天师道”）。这两种道教的最初形态在魏晋南北朝时期获得较大发展，到隋唐时期，道教得到官方的青睐，因而发展很快，影响陡增。隋文帝、炀帝都信奉道教，唐高宗李渊和太宗李世民都尊重、运用道教。道教和道家的一些经典在唐代也受到前所未有的重视，玄宗甚至亲自注疏《道德经》，他命崇玄馆道士编纂的《开元道藏》成为中国最早的道藏。道教是以黄老道家思想为理论依据，以“道”为最高信仰，在继承中国古代鬼神崇拜观念、承袭战国以来神仙方术思想的基础上形成的中国本土宗教。道教把“道”看作天地万物的本源、万神的帝君、太上老君的化身。它的最高信仰是道，它崇拜的最高神是由“道”人格化的“三清”尊神（玉清、上清、太清）。道教认为，众生皆可通过修道得道成仙，长生不老。而成仙的修炼方法有很多，如服饵、导引、胎息、内丹、外丹、房中术等。道教继承和神化了道家学说，道家思想也依托道教的传播而得到广泛传播。道教积极探索道体与性体的根本特征、万物的有无动静、个体的生死祸福、社会的常变兴衰等问题，而且在生命的延展、自然的改造、历史的变革等多方面也有深入研究，所有这些方面都对传统价值观的丰富与发展做出了重要贡献。

例如，“天下太平”的理想就出自道家。最初这句话出自《吕氏春秋·大乐》：“天下太平，万物安宁。”《礼记·仲尼燕居》也说：“言而履之，礼也。行而乐之，乐也。君子为此二者，以南面而立，夫是以天下大（太）平也。”但是，它作为一种社会理想而被提出来，还得归功于东汉时期“太平道”的创始人张角。张角根据道家经典《太平经》创立“太平道”，在他起事时，就以“苍天已死，黄天当立，岁在甲子，天下大吉”为号召民众的政治口号。“太平道”组织的这次起义持续数十年，参与的教众有数十万人，给当时的东汉政权以毁灭性的打击。这次轰轰烈烈的起事无疑促进了这句口号的广泛传播，但真正促成它在中国人心中深深扎根的，还是这句口号反映了人们对清明政治的渴望和对幸福生活的追求。

两汉时期佛教开始传入中国。佛教当时只是对上流社会有些影响，到魏晋南北朝时，佛教得到发展，并逐渐盛行，一度成为国教，到隋唐时中国化，成为中国意识形态的组成部分。在最初两百年左右传播的过程中，佛教与当时的儒家、道家有长达数百年的碰撞融合。这是传统价值观从外来文化中吸取某些因素的时期。西晋时期，道士王浮作《老子化胡经》提出了所谓的老子化胡说，他认为老子隐退后进入印度教化佛陀，或者化身为佛，因此产生了佛教。对老子化胡说，南北朝时期的佛教界提出了反驳。这场争论被后世称为“夷夏之争”。这一争论历经隋、唐、宋，至元代至元十八年（1281），由于《老子化胡经》及其他道书被焚毁而结束。早期儒、佛争论的一个重要问题是礼制问题。晋成帝时期，庾冰执掌朝政，主张沙门见皇帝应该行跪拜礼，而佛教坚决反对。儒家坚持自古延续下来的礼仪制度，认为遵从忠君孝亲等伦理纲常是天经地义的，不可更改，而佛家则要求超越世俗，坚守佛家众生平等的原则。经过反复辩论，佛教徒取得胜利，突破了儒家的礼制。

佛教的基本观点是认为现实世界是个苦难的世界，其根源是有了生命，由生命而产生了贪欲、情爱和嗔恚（指仇视、怨恨和损害他人的心理）。人因为贪欲、情爱和嗔恚的因果轮回而陷入痛苦之中。要摆脱这种痛苦，进入尽善尽美的涅槃境界，就必须通过“戒”“定”“慧”等修行方式，断绝贪欲、情爱、嗔恚。佛教思想体系就是围绕这一基本观点建立起来的。佛教对传统价值观的影响是多方面的，其中重要的有三个方面。一是理想与现实的关系问题。对于佛教来说，理想的涅槃境界是尽善尽美的，现实却是丑恶的。佛教的这种观点与传统价值观并不一致，但佛教传入中国后，人们在思考理想和现实的问题时不能不面对佛学所提出的这一问题以及佛学在这个问题上提出的范畴、命题和思想。后来的宋明理学就大量吸收了佛学这方面的成果，虽然它反对佛学对现实的看法。二是心性与色相的关系问题。佛教的“心性”，指心的本性、实性，它是心本来具有、不会变易的性质、实体，或者说，是心的那种未被烦恼妄念遮蔽的本来面目，即禅宗所谓之“父母未生前本来面目”。心性说是中国化大乘佛学尤其是禅学的核心。佛教的“色相”，指物质的特征，可引申为人的声音容貌。《涅槃经·德王品四》云：“（菩萨）示现一色，一切众生各各皆见种种色相。”在佛教看来，同样的心性有不同的色相，而“凡所有相，皆是虚妄”。佛教不同的派别对心性本净或不净有不同的看法，但一般都认为，正是色相影响了心性的清净。三是修养与境界的关系问题。在佛教看来，凡夫有“苦、乐、忧、喜、舍”五种受；圣人则没有这五种受，圣人的受叫“正受”。所谓“正受”，就是把苦、乐、忧、喜、舍五种受都放下了。正受所依的是真实智慧（般若），而凡夫的受所依的是妄想、分别、执着，所以凡夫的境界里面有苦、乐，有忧、喜。要达到圣人的“正受”境界，就需要修行，要“转识成智”，而禅宗的修行方法尤其具有中国特色。禅宗强调自性是佛，平常即道，无念为宗，不立文字，当下自识本心。惠能的顿悟成佛之本心佛性说，肯定每一个人都可以成佛，都可以成就人格。在他看来，人们一旦见到自己的真性和本心，也就了解了终极实在，得到了菩提（智慧）。上述三个方面都与传统价值观的相关观念有相通之处。佛教传入中国后，在一定程度上影响了传统价值观，特别是对宋明理学产生了影响。

魏晋隋唐时期，虽然玄学和佛学相继成为时代思潮的中心，但并不是说儒学已经销声匿迹。面对佛、道的挑战，这个时期的儒家思想家努力从自身资源特别是先秦儒学中寻求学理滋养和内在根据，以图使儒学获得复兴。其中，有的人从批判佛道思想的弊端入手，有的人由挖掘儒家心性论出发，对先秦儒家的性情学说和道统思想做了系统梳理和阐发，直接承接孔孟的思想传统和学术理路，这为宋明理学提供了重要的启示。同时，这时的统治者也意识到，相比较而言，儒学仍然是最适合皇权专制统治需要的。所以，在这个时期朝廷设立的国子学里，儒家经典仍然是国子学学生修习的主要科目。与此同时，对于儒家经典的整理和注疏也取得了一些新成就，只是这期间儒学并未提出足以与玄学、佛学相抗衡的新思想、新理论。到了唐代，当统治者意识到佛教的出世思想与正统的入世思想有严重冲突时，开始迫切希望有一种理论来辟邪说、正人心，以维护和巩固宗法皇权制度。这时汉学已经陷入绝境，孔颖达《五经正义》之后，汉学不再有前进的可能，儒学要发展必须另辟蹊径。承担此重任的就是唐朝的韩愈和李翱。韩愈著《原道》《原性》等篇，李翱著《复性书》，他们两人合著《论语笔解》，相继提出“道统”与“性命”之说。韩愈在以激烈的态度批判道学和佛学的同时，试图重振儒家“道统”。他虽然没有为此提供多少新东西，其杜撰的圣人历代相授的儒家道统却表现出对民族文化传统的尊重。韩愈的道统说一提出，整个社会思潮为之一变，经学和儒学开始呈现中兴的局面。

儒、道、佛在互相批判和争论中也在相互学习。魏晋时期，由于玄学盛行，一些佛教徒试图用《般若经》教义迎合玄学，同时也用玄学来讲解《般若经》，甚至有的佛教僧侣还将《周易》《老子》作为自己辩论的依据。道教也从佛教借鉴了许多东西，道教的戒律及礼仪体系几乎都是从佛教那里模仿的。从早期佛教与儒家的关系来看，儒家对佛教调和少而排斥多，佛教对儒家则排斥少而调和多。[①] 经过长期的争辩和调和，到了唐代，出现了儒、佛、道三家鼎足而立的格局，形成互补、合流的态势。三家相互批判和争论的结果使佛教在中国立住了脚，满足了一部分人信仰的需要，因而有了一定的市场。但是，从价值观的角度看，佛教对传统价值观丰富与发展的贡献并不是很大，即便到了今天，我们都很难在传统价值观中找到多少佛教的因素。我们可以做出这样的判断，佛教自传入中国以来一直都有佛教自己的价值观，这是一种与以儒家思想为代表的传统价值观不同的价值观。

3. 儒学的复兴和深化（宋明时期）

宋明时期，以二程、朱熹、陆九渊、王阳明等人为代表的儒家思想家，以儒学为主干，融摄佛道两家的思想和智慧，综合创新了一种新的儒学形态，即“理学”。宋代理学创造于北宋，完成于南宋，在金元时期得到传播，并开始为官方所提倡。王阳明远承宋儒陆九渊心学建立的心学也一度广为流行。但明万历以后，在商品经济兴起和发展的新的社会条件下，宋明理学开始丧失影响力，再也无力控制社会人心。与此同时，陆续兴起了各种反理学的学说。明朝灭亡更使士人痛定思痛，指责理学空疏误国，意识到必须另辟治学新径，寻求救国真理，“一时诸说并立，名家辈出，思想界再次形成‘百家争鸣’”[②]。

理学在对传统儒学继承改造的基础上重建宇宙本体论和心性修养论，形成了一种与先秦儒学差别较大的完整道德形而上体系。南宋光宗绍熙元年（1190），当时的著名理学家朱熹在福建漳州将《大学》《论语》《孟子》《中庸》汇集到一起作为一套经书刊刻问世，并作《四书章句集注》。朱熹主张：“先读《大学》，以定其规模；次读《论语》，以立其根本；次读《孟子》，以观其发越；次读《中庸》，以求古人之微妙处。”他还把“四子”（四子之书，即“四书”）作为进入“六经”之阶梯（《朱子语类》卷第十四）。这一时期的思想家把汉代至唐代注疏“五经”（《诗经》《尚书》《礼记》《周易》《春秋》的合称）的传统，变为讲究“四书”（《论语》《孟子》《大学》《中庸》的合称）义理，即从汉唐的“五

① 参见郭齐勇编著《中国哲学史》，高等教育出版社2006年版，第182、242页。
② 参见蔡美彪等《中国通史》第十册，人民出版社2009年版，第460~461页。

经”时代转向了宋后的“四书”时代，同时也把讨论身心性命修养问题的传统由“周孔”并称变为“孔孟”并举。他们以民间自由讲学的书院和讲会活动为依托，并通过民间乡约、家礼的普及等途径，使传统精英文化进一步世俗化和普遍化。因此，宋明理学是对先秦孔孟儒学的复归，并在其基础上使之形而上学化，从而将儒学发展推向了新的高度和新的阶段。

宋明理学家普遍关注的主题是“性与天道”问题，而对这一问题的关注则是为了回应佛老特别是佛教思想的挑战。佛老通过一套系统完备的心性形而上学理论否定儒家的价值观念和原则。面对这种挑战，唐末至宋代的思想家认识到，仅局限于既有的礼法传统或仅停留于世俗性的社会道德层面来说明儒家观点和主张，根本无法抵挡佛老思想的攻击和挑战，所以必须在心性形而上学领域有所建树。只有这样，才能真正维护儒家的价值观。于是，理学的奠基人张载、程颢、程颐皆致力于“性与天道”问题的探讨。

他们以儒家经典为依据，重新发掘先秦心性形而上学资源，着重对孟子性善论进行了重构和阐发。他们将孟子的性善之性亦即仁义之性与天道、天理相贯通，强调性天不二、性道不二，仁义之性与天道、天理通而为一。在他们看来，天以“生”为“道”为“理”，此“生道”“生理”即“仁”就是宇宙的本体，人与万物皆秉此“生道”“生理”而生，人的“仁心”“仁性”就是天之“生道”“生理”在人身上的体现，所以天之“生德”与人之“仁德”相通，它们在本质上是相同的。如此，人之“仁心”“仁性”就具有了超越个人的生死而与天道、天理同在的绝对性、普遍性和恒常性，因而也就具有了形而上学意义。当人自觉其“仁心”“仁性”时，人就成为“仁者”。仁者依此“仁心”“仁性”而行会有两方面的表现：一方面，仁者之“仁心”“仁性”具有一种万物一体之情，因而能以天地万物为一体，把天下生民万物看成与自己息息相关的一部分而给予关切和关爱；另一方面，仁者之“仁心”“仁性”的发动、展开表现为“亲亲而仁民，仁民而爱物”这样一种自然的次第和条理，其在社会生活中则体现为“五伦”，其具体表现就是礼。[①] 经过

---

① 参见郭齐勇编著《中国哲学史》，高等教育出版社2006年版，第248页。

这样一番努力，儒家的仁爱原则以及仁义道德就具有了形而上学的意义，这是宋明理学对儒学的重大贡献，同时也为其自身成为一种新的儒学形态奠定了理论基础。

宋明理学不仅在应对佛老挑战的过程中为儒家价值观提供了形而上学的支撑，而且以这种形而上学为前提和出发点，对如何使人成为“仁者”进行了大量的研究，这就是他们的本体工夫论。宋明理学中各派理学家都有自己的本体工夫论，不过就其对本体工夫探讨的问题指向和解决问题的思路看，都不外乎理学与心学这两派。程朱理学基于“性即理”的理本论发展出了所谓“格物致知”“主敬涵养”“变化气质”的本体工夫论。其认为，尽管人皆禀本善的仁义之性即理，但“此理堕在形气之中，不全是性之本体矣”（朱熹《答严时亨》，《晦庵先生朱文公文集》卷六十一）。除了“气极清而理无蔽”（《答郑子上》，《晦庵先生朱文公文集》卷五十六）的圣人外，众人自身所本有的“性”或“理”则被所禀之昏浊偏驳之气质障蔽。因此，人要通过“格物致知”“主敬涵养”“变化气质”等工夫，才能达到“一旦豁然贯通焉，则众物之表里精粗无不到，而吾心之全体大用无不明”（《四书章句集注·大学章句》）的道德自由之境。陆王心学基于“心即理”的心本论发展出了“发明本心”的简易工夫。在他们看来，人的“本心”作为心、性、天为一之心，既是未发，又是已发；既是本体，又是发用；既是立法原则，又是践履原则。因此，人们只需致力于此“本心”的开启、彰显，此“本心”即能成为人的道德立法原则和践履原则，从而使人达到“由仁义行”的道德自由之境。而且，此“本心”亦理亦情，此情乃“本心”所具有的一种万物一体之情，所以“仁者”能视己与天地万物为一体，当其顺此一体之情去行动时，自能亲亲、仁民、爱物，而无须勉强，自然而然，简易直截。

理学研究有三种走向、三条路径：一是以张载为代表的“气”学路径；二是以程颐、朱熹为代表的“理”学路径；三是以陆九渊和王阳明为代表的“心”学路径。理学在推进儒学深化的过程中给传统价值观补充了不少新的内容，其中主要包括：第一，在天人观与境界论方面有关于天人合一、心理合一、诚、仁、乐等的新观点；第二，在人生论与心性论方面有关于性与命、心与性、性与情、天地之性与气质之性、未发已发、道心人心、天理人欲等关系问题的新见解；第三，在知行观和修养论方面有对知与行、格物与致知、德性之知与见闻之知、涵养与省察、主敬与主静等关系研究取得的新成果。① 不过，宋明理学是儒家思想家在传统社会对传统儒学的振兴做出的最后努力。在当时的条件下，它不可能克服儒学的局限，更不可能改变并非真正按照儒学价值观构建的皇权专制政治结构。而且，宋明理学也把先秦儒家思想推向了极端，主张“存天理，灭人欲”（《朱子语类》卷第十一），导致“以理杀人”（戴震《孟子字义疏证》）的消极社会后果。

戴震指出：“宋以来儒者，以己之见硬坐为古贤圣立言之意，而语言文字实未之知；其于天下之事也，以己所谓理强断行之，而事情原委隐曲实未能得，是以大道失而行事乖。孟子曰：‘生于其心，害于其政；发于其政，害于其事。’以自为于心无愧而天下受其咎，其谁之咎？……圣人之道，使天下无不达之情，求遂其欲而天下治。后儒不知情之至于纤微无憾是谓理，而其所谓理者，同于酷吏之所谓法。酷吏以法杀人，后儒以理杀人，浸浸乎舍法而论理，死矣，更无可救矣！……后儒冥心求理，其绳以理严于商、韩之法，故学成而民情不知，天下自此多迂儒。及其责民也，民莫能辩，彼方自以为理得，而天下受其害者众也！”“而及其责以理也，不难举旷世之高节，著于义而罪之，尊者以理责卑，长者以理责幼，贵者以理责贱，虽失，谓之顺；卑者、幼者、贱者以理争之，虽得，谓之逆。于是下之人不能以天下之同情、天下所同欲达之于上。上以理责其下，而在下之罪，人人不胜指数。人死于法，犹有怜之者；死于理，其谁怜之！”（《孟子字义疏证》）戴震的上述批判，主要是对宋明理学割裂理欲的批判，也是对传统宗法皇权专制主义纲常伦理的批判，但他并没有把整个宋明理学只是当作“以理杀人”的工具加以完全否定。戴震对理学的批判对辛亥革命和新文化运动产生了重要影响。

4. 儒学的僵化与没落（清代）

清朝统治中原后强力推行汉化政策，但清室内部也尽可能地保留本族的文化和价值观，以维持满文化与汉文化之间的平衡。入主中原以后，清朝所有的施政文书都用汉满两种文字发布。康熙年间，清朝大力推行以儒学为主要内容的汉文化，汉文化中的一些传统经典成为满人（包括

① 参见郭齐勇编著《中国哲学史》，高等教育出版社 2006 年版，第 247 页。

皇帝）的必修课。到乾隆中期，几乎所有满人都以汉语为母语，满文成为仅用于官方记载历史的纯书面文字。到了清末，官方文件的汉文已基本上取代满文。然而，就价值观而言，清朝统治者只是有选择地尊儒，儒家思想并没有为清朝统治者所完全接受。相反，满族传统文化中的一些糟粕被带进了汉文化，对传统价值观产生了消极影响，如君臣关系成为主奴关系，臣子自称“奴才”成为习惯。

据考证，“奴才”一词在春秋时期就已经出现，但那时只是对下人的一种称谓。明朝时期，太监被称为“厂臣”“内臣”，大臣统统自称为“臣”，并无“奴才”称谓。清朝前期，仍沿用明时的称谓，但后来清朝皇帝为了方便实行大一统管制，逐渐加大了禁锢民众思想的力度，强迫汉人改俗易服，“奴才”的称谓应运而生。起初，只有皇宫内的太监、侍女等自称“奴才”，后来一些皇室家臣也开始自称“奴才”，再后来朝中的王公朝臣为了显示自己对皇帝及其妃嫔的无限忠诚，在面对他们时也开始自称“奴才”。从此，“奴才”成为王公朝臣及下人自贬邀宠的专用名词，王公朝臣不称“臣”而称“奴才”，而“臣”一词只有在官方奏折上才能看到。自称“奴才”并不是自谦，而是为了讨好主子而有意贬低自己，以显示自己比别人对主人更忠诚，与主人的关系也比其他人更亲近。清朝全国上下皆“奴才”，这一事实表明清朝实行的是奴化专制统治，这种奴化专制将传统的宗法皇权专制推向了极端。

清初诸帝都提倡程朱理学，明确将其作为官方的意识形态，以巩固其集权统治。与此同时，程朱理学也因其官方学术的身份而在学术领域占据统治地位，但这个时期的理学家因循守旧，无多少创新。乾隆年间，古文经学派成为风靡一时的汉学，而考据学则成为显学。考据学注重研究历史典籍，考据学家对中国历史上的文本资源（从典籍文献到金石铭文）无一不反复考证。当时的考据学分成吴派和皖派两大派。吴派“博学好古”，恪守儒家基本原则，以辨伪辑佚等方法整理考订经文，不谈义理；皖派则以“实事求是”“无征不信”为宗旨，以音韵文字训诂疏解经义，他们“毕注于名物训诂之考订，所成就亦超出前儒之上”。这时还出现了清代文坛上最大的散文流派——桐城派，其主将姚鼐主张“义理、考据、词章，三者不可偏废”，曾国藩后来又把经济作为一科与义理、考据、词章并列起来。考据学到后来逐渐走偏，过分重视文本资料的琐碎探究，为学问而学问，知古不知今。针对这种情况，章学诚提出“六经皆史”的观点，强调要注重六经蕴含的义理，主张将其运用于政治上，以矫正此歪风。鸦片战争后考据学因西学大量流入中国而逐渐式微。到嘉庆年间，今文经学在沉没千余年后再次兴起，春秋公羊学代替已陷入绝境的汉学成为新兴学术，这为后来的变法思想产生开辟了道路。①

清朝统治中国两百多年，虽然其间出现过所谓的康乾盛世，但皇权专制主义已经走到尽头。清朝历任统治者为了有效控制思想和文化，实行了极其严厉的文化恐怖制度，即文字狱。文字狱在中国历朝历代几乎都程度不同地存在，但清朝将其推向了顶峰。为了防止汉人特别是文化人反抗清朝，清朝统治者从他们的作品中摘取某些避讳的字句，然后罗织罪名对汉人进行迫害。文字狱贯穿于整个清代，长达 250 年左右，其顶峰时期竟长达 140 年，历经顺治、康熙、雍正、乾隆四朝。清朝统治者通过文字狱对汉人的思想文化进行极其严厉的控制。文人学士作品的文字中稍露不满，或者官方怀疑文字中有避讳的内容，不但本人被投入监狱，家人及相关人士也常常受株连。据保守估计，清代的文字狱多达 200 余起，其中绝大多数是捕风捉影造成的冤杀。文字狱严重禁锢了思想，堵塞了言路，阻碍了科学文化的发展。这是皇权专制主义日趋腐朽、没落在思想文化领域的反映。清朝统治者通过文字狱，强化集权统治，造成了万马齐喑的局面。在这种社会环境中，不可能出现真正的思想家和创新性思想。清朝虽然出现了几位思想家，但就其思想而言，对传统价值观基本上没有什么新贡献。应该说，传统价值观的丰富和发展到明代即已终止，等待它的是随着皇权专制主义被推翻对其进行的激烈批判和一概否定。

清朝定鼎中原后，鉴于晚明政治腐败、内忧外患不断，宋明理学流于空泛虚伪，顾炎武、黄宗羲、方以智、王夫之等清初学者痛定思痛，排斥空谈心性的程朱理学与陆王心学，更多留心于经世致用的学问，实学思潮兴起。同时，他们研究历朝历代治乱兴衰的历史过程和经验教训，提出各种改革政治、振兴社会的理论方案，推动了清初实用主义学术风

① 参见蔡美彪等《中国通史》第十册，人民出版社 2009 年版，第 461 页。

尚的形成。清初，以民为主的思想也开始萌芽生长，黄宗羲、顾炎武、王夫之等一批学者大力提倡民权、法治。其中，黄宗羲被认为是中国近代民主主义思想的先驱。

黄宗羲认为，自古以来，天下应是主人，而君王则是为天下服务的“客人”。“古者以天下为主，君为客，凡君之所毕世而经营者，为天下也。”然而，“今也天下之人，怨恶其君，视之如寇仇，名之为独夫”，其原因在于后世之君颠倒了其与天下的关系。更有甚者，他们往往“视天下为莫大之产业，传之子孙，受享无穷”（《明夷待访录·原君》）。在黄宗羲看来，既然天下与君王是主客关系，那么君臣之间也应当是平等的、相互配合的关系，而不是主奴关系。把天下当成君王之“家天下”，正是社会动乱、天下不治的总根源。为了解决这一问题，黄宗羲提出“有治法而后有治人”的思想，认为好的法律、制度远远高于个人的作用，只有实行法治，才是走出人治社会种种怪圈的必由之路。黄宗羲的《明夷待访录》对君王专制制度进行了深刻的批判，他提出的天下为主君为客的观点，备受清末革命党的推崇。清初思想家唐甄也对皇权专制主义进行了尖锐的批判。他指出，皇帝是一切罪恶的根源，“自秦以来，凡帝王者皆贼也”（《潜书·室语》）。在他看来，专制君王至尊权势和专制集权统治是通过杀天下之人、掠天下之财的野蛮残暴行径实现的。他指出，两千多年的君王专制统治是一部“杀人如麻”“血流漂杵”的悲惨而苦难的历史。“周秦以后，君将豪杰，皆鼓刀之屠人。”（《潜书·止杀》）唐甄指出，“杀人者众手，实天子为之大手”（《潜书·室语》），也就是说，暴虐的君王是残害天下人的真正罪魁祸首，他们是导致国家动乱、民生涂炭的总根源。

黄宗羲等人的思想显然具有启蒙的意义，但这些思想因与传统价值观相冲突而不能纳入其中。

第二章　传统价值观的主要思想

传统价值观的内容极其丰富，这里选取传统社会较为广泛认同的十个方面的重要内容。它们都是在理论上得到比较充分论证的思想，同时对社会生活也有重要影响，是传统社会人们的深层价值意识。这十个方面的安排主要是从传统价值观的内在逻辑着眼的，即从作为价值观根基的天道、万物之性、人性入手，到根据人性所确立的理想人格，再到理想人格实现的要求、路径、方法等，最后到理想人格在经邦济世中得到体现，使理想社会得以实现的主要方略。具体而言，其中“道”“性”“诚”揭示的是传统价值观的思想根基，这些范畴本身也有价值的含义；“君子”与“圣人”是传统价值观的人格理想，也可被视为传统价值观的终极价值目标；“仁义礼智信”“中庸之道”“忠恕之道”是实现人格理想的主要路径，“内圣外王之道”则是将人格理想和社会理想统一起来加以实现的关键环节；“内圣外王之道”所追求的是从“小康”到“大同”的社会理想，“王道”与“仁政”、“五伦”与“三纲五常”、“其命维新”则是实现社会理想的主要路径和实现人格理想的社会条件。对传统价值观核心内容做这样的梳理只是笔者的一种处理方式，不排除对传统价值观核心内容还有其他更好的概括。

一　“道”“性”“诚”

“道”“性”“诚”是传统价值观的根基，整个传统价值观都建立在这三个概念之上。《说文解字》云：“道，所行道也。从辵，首声。一达谓之道。”道从“首”声，是声中有义的，“首”作动词，谓头之所向，故有引导、向导之义，正确的导向只有一个，故曰“一达谓之道”。[①]“道”作为一个学术的、哲学的概念是在春秋时代出现的，在道家和儒

① 参见齐冲天、齐小乎注译《论语·序言》，中州古籍出版社 2008 年版，第 8 页。

家那里其含义有区别。对于道家来说，道既是宇宙的本体，也是天地万物的始源，其本性是自然无为。道是统一的，没有天道、地道和人道之别，不体现为事物的本性（“性”），也无所谓“诚”的问题，它就是事物的本性和动力，其体现就是德（自然无为的大德）。道家的这种观点基本上反映了《易经》所体现的道的观念，也是春秋时期人们普遍接受的观念。先秦儒家对道的理解与道家有比较大的不同，他们把道视为事物由以存在发展而且可以并需要得到发挥的本性，大致上相当于今天所说的“法则”。正因为先秦儒家把道理解为法则，宋明理学家才有可能把汉儒确立的儒家“纲常”视为“天理”，即宇宙的普遍法则。不过，这种法则不是事物运动变化的法则，而是事物所具有的本性得以发挥和实现的法则。就事物的本性而言，这种发挥和实现不仅是自然的，而且是应当的甚至是必须的，如此，道就有了价值的意义，这就是德。《中庸》云：“天命之谓性，率性之谓道，修道之谓教。”这就是说，上天赋予的事物的本性叫作性，发挥和实现上天赋予的本性即为道，修养和化育道从而使之得到遵循就是教。在这里，“天命”大致上与“性”含义相同，“道”则是使本性得以发挥和实现的法则。按孔子的说法，天、地、人“三才”各有其道，天之道是阴阳，地之道是柔刚，而人之道是仁义，三种道实际上是不同的。为了解决这个问题，孟子提出“诚”的概念，把诚看作天道、地道、人道共同的性质，从而使不同的“三才”之道贯通起来，作为仁义道德的基础。

1. 道

楼宇烈指出，“道”在中国文化中的意义十分特殊，甚至可以说居于至高无上的地位，在某种意义上把中国文化称为“道文化”也不为过。中国传统文化追求的是明道、行道、传道，所倡导的人生境界则以求道、悟道、证道为根本。“离开‘道’，中国文化就失去了它的灵魂。”①楼先生的这些论述表明，“道”对于传统文化具有根本性的意义。道家、儒家和法家对道都有论述，而且都推崇道。按庄子的说法，孔子五十一岁了还没有领悟道，于是到沛地拜见老聃，通过两次面谈，终于在老子

① 楼宇烈：《离开“道”，中国文化就失去了它的灵魂》，中国孔子网，http://www.chinakongzi.org/dajiatan/201803/t20180313_174450.htm，最后访问日期：2019年5月9日。

的启发下得道了。如果这一记载是真实的，那么可见老子“闻道”在先。先秦各家对道的理解不尽相同，从道引申出来的思想体系也不同，其中道家对道的阐述最为丰富、最为系统，而且对传统文化和价值观有更广泛深入的影响。总体上看，传统的“道”不仅被看作宇宙和人类的本体、本根，而且具有善的意义，对它的认识是真理，顺应它行动就是善。正如张岱年先生指出的：“道兼赅真善：道是宇宙之基本大法，而亦是人生之至善准则。求道是求真，同时亦是求善。真善是不可分的。”①

《老子》二十五章云：“有物混成，先天地生，寂兮寥兮，独立［而］不改，周行而不殆，可以为天下母。”在老子之前，“天”被认为是最高的存在，而且“天”就是“帝”，即中国古代最高的神。老子则认为，在天地产生之先就已经有“道”存在，“道”是天地之母。在他看来，“道”的存在是空虚、深远、隐没无形的，而其作用永远不会穷竭，是“万物之宗”（《老子》四章）。就是说，“道”不仅是天地万物的始基，而且是天地万物的根基，用西方哲学的话语说，即世界的“本原”。在老子那里，“道”和天地都是自然、无为的，因而就没有了“帝”或“神”的地位，实际上也就否认了“帝”的存在。

《老子》云：“道可道，非常道；名可名，非常名。无名，（天地）［万物］之始；有名，万物之母。故常无，欲以观其妙；常有，欲以观其徼。”（《老子》一章）这段话中的“无名”和“有名”、“常无”和“常有”，都是指“道”。“此两者同出而异名，同谓之玄。”（《老子》一章）道原本是无形、无名的，但它并不是绝对的空无，而是潜含着无限的生机，所以它能够产生“有”。于是，“道”本身是“无”，但兼具“有”的潜能。“天下万物生于有，有生于无。”（《老子》四十章）因为道既是“无”又能“有”，是“无名”之“常名”，“无状之状，无物之象”（《老子》十四章），所以它是“众妙之门”（《老子》一章）。

在老子看来，“道”是世界的始源，即“道生一，一生二，二生三，三生万物。万物负阴而抱阳，冲气以为和”（《老子》四十二章）。就是说，道产生一（气），一产生二（天地），二产生三（天地之阴阳和合而成的和气），三产生万物。万物都包含阴阳两个对立面，阴阳二气交冲而成和

① 张岱年：《中国哲学大纲·序论》，中国社会科学出版社1982年版，第7页。

谐状态。[1]“道”是天地万物（包括人）赖以存在的根据、本性或本根，天地万物获得了它、体现了它就是老子所说的“德”。道先于万物且是无形的，它必须通过物的生成来显现，这就是“有”，即“德”。“道”=“无”，“德”=“有”。“道”生成万物，“德”养育万物，因此“道”主“生”，“德”主“养”。老子的“道”与“德”的关系，相当于宋明理学家讲的“理”与“性”的关系，即“理”寓于人、物之中就是“性”。《老子》二十一章云：“孔德之容，惟道是从。”就是说，“德”乃是物所得于“道”者，“道”寓于万物之中，其体现和作用就是“德”。

老子把“自然”“无为”当作“道”的根本属性。《老子》二十五章云：“人法地，地法天，天法道，道法自然。”人、地、天、道是递相效法的，而效法的根本是“自然”。这里所说的“自然”指的不是自然界意义的自然，而是自己如此、自然而然，因而也是无为的宇宙状态。这里所说的“效法”的结果则是“德”，德使道体现为事物的本性和因任自然的状态，因而德养育万物。这就是《老子》五十一章所说的：“道生之，德畜之，物形之，势成之。是以万物莫不尊道而贵德。道之尊，德之贵，夫莫之命而常自然。”在老子看来，“道”产生万物，“德”蓄养万物，万物因此莫不有其形，依其本性而自然成长、发展。所以，万物无不尊崇“道”而珍视“德”。更为道家称道的是，“道”与“德”虽然生养了万物，但对万物不加干涉，顺任万物自然生长、发展。宇宙万物都尊道而贵德，人作为其中的一部分当然亦应如此，而人尊道贵德，就是要效法道“自然”“无为”。

先秦各家大多“推天道以明人事”，老子亦如此，或者说开了先河。老子将其理想人格称为“圣人”，而圣人就是得“道”者，也就是有“上德”的人，他所能做到的就是“自然”“无为”。在老子看来，人类理想社会的执政者应当遵循“自然”原则，不对人们的生活加以干涉和控制。《老子》二十三章云：“希言自然。”“希言”就是少说，对于执政者来说，就是少发号施令，这样才符合“自然”的原则。在老子看来，“为无为则无不治”（《老子》三章）；“我无为而民自化，我好静而民自正，我无事而民自富，我无欲而民自朴”（《老子》五十七章）。顺其自然，无

① 参见李存山注译《老子》，中州古籍出版社2008年版，第101页。

为而治才是社会的常规，违反常规，轻举妄动，就会有凶灾。所以，“圣人处无为之事，行不言之教”（《老子》二章）；“虚其心，实其腹；弱其志，强其骨；常使民无知无欲，使夫智者不敢为也”（《老子》三章）；“去甚，去奢，去泰”（《老子》二十九章）。

《庄子》一书也多处论及“道”，坚持和发挥了老子关于道的思想。《庄子·知北游》中，庄子借黄帝之口，表达了对老子思想的赞同。有一个叫知的人问一个虚拟的得道之人无为谓，怎样才能认识道，如何行事才能坚守道，由何种途径才能获得道。问了好几次，无为谓不回答。知又去问一个叫狂屈的人这三个问题，狂屈说他知道，要说的时候却忘记了。后来，知又去帝宫问那三个问题。黄帝曰：“道不可致，德不可至。仁可为也，义可亏也，礼相伪也。故曰：‘失道而后德，失德而后仁，失仁而后义，失义而后礼。礼者，道之华而乱之首也。’故曰：‘为道者日损，损之又损之，以至于无为，无为而无不为也。’今已为物也，欲复归根，不亦难乎！其易也，其唯大人乎！”所以，黄帝得出了这样的结论：知道道的人不谈论道，谈论道的人并不懂得道，所以，“圣人行不言之教”。《庄子·知北游》中还记载了东郭子问庄子道的故事。东郭子问庄子道在哪里，庄子说“道”无始无终，无所不包，无处不在。东郭子希望庄子说出具体地方，庄子说道在蝼蚁之中，在稊稗里面，在砖头瓦片中，最后说在屎尿中。东郭子就再没出声了。庄子的意思无非是说，“道”无处不在，但人不能感知它。

大约在战国中期，道家出现了体现从老庄到黄老学派转变的《黄帝四经》一书，该书对“道”有丰富的论述，其中《道法》和《道原》两经可谓对道的专论。不过，其基本思想只是对老子思想的发挥，并无多大创新。根据《黄帝四经》的描述，天地混沌未开之时，道还只是一种太虚之气，无所谓天地，宇宙只是迷茫一团，无法辨其黑白。“恒先之初，迥同太虚。虚同为一，恒一而止。”（《道原》）但整个宇宙变化神妙，精光流洒。它无因而生，没有形状，不可描述。它无比博大，天覆盖不了它，地也容载不了它。道之体虚空无形，寂静深远，但万物从它产生，依赖于它。它满溢于四海之内外，在阴暗处不会霉烂，在烈焰中也不会枯焦。《黄帝四经》对道的描述颇有文学色彩，有助于人们对它的初步掌握。

《论语》中多处谈道，有两句话表达了孔子对道的极度重视。“朝闻道，夕死可矣。”“士志于道，而耻恶衣恶食者，未足与议也。”（《论语·里仁》）孔子关于道的思想主要是在《易传》中得到阐述的。《系辞上传》提出了“形而上者谓之道，形而下者谓之器”的著名命题，认为一切有形体的东西都是“器”，而超出一切形体的抽象的东西都是道。这可以说是“道”的一个一般性界定。孔子认为天有天道，人有人道，地有地道，他用这三道解释《易经》卦爻。在他看来，“三道”兼有天、地、人“三才”，而两相重复，故有了六爻。六爻就是指三才之道。三才之道是变动不居的，所以立“爻”以效法天地人变动。卦中六爻有上下贵贱的等次，这是象征阴阳物象的，因此称为物。物与物相杂有当与不当，于是吉凶就产生了。从前圣人创造的《易经》是顺应事物的本性和自然变化规律的，即“顺性命之理”，并为此确立了天道、地道和人道的含义，即“立天之道曰阴与阳，立地之道曰柔与刚，立人之道曰仁与义”（《说卦传》）。《系辞上传》说“一阴一阳之谓道”，显然这里所说的道不是一般意义的道，而是指天道。

《系辞上传》云：“《易》有太极，是生两仪，两仪生四象，四象生八卦。”这里所说的“太极”与“道”是相通的。正因为万物由“道”所生，因此万物变化均是由太极化成阴阳两仪、四象（四季）、八卦（乾、震、坎、艮、坤、巽、离、兑）。所以，在儒家看来，《易经》的卦象能够概括所有变化，因此能够成为筮卜的依据。《易经》正是用乾坤之广大与天地相配，以变化通达配四时，给阴阳交替配以日月，而易就以简单的完美性表达了至高无上的德性。这样，孔子就通过说《易》表达了道是如何产生万物的。

孔子还将天道与人道联系起来，为人伦道义提供根据。“有天地然后有万物，有万物然后有男女，有男女然后有夫妇，有夫妇然后有父子，有父子然后有君臣，有君臣然后有上下，有上下然后礼义有所错。”（《周易·序卦传·经下》）在人伦方面，孔子特别强调家道，认为家道正就可以定天下。他说：“男女正，天地之大义也。家人有严君焉，父母之谓也。父父、子子、兄兄、弟弟、夫夫、妇妇，而家道正。正家而天下定矣。”（《周易·家人卦·彖传》）孔子的这一思想为传统价值观“齐家、治国、平天下”的家国观念奠定了基础。

孔子将天道与人道贯通起来的思想，在朱熹那里得到了系统的阐发。朱熹将“天道”（道）与“天理”（理）等同起来，而把“理”解释为仁义道德。他首先将“道”解释为“理”，于是就有了“道理”的概念。他说：“道者，古今共由之理，如父之慈，子之孝，君仁，臣忠，是一个公共底道理。”他接着又将这种“道”与“德”沟通起来，认为得到此“道”就是“德”，“德”是“道”的必然体现。“德，便是得此道于身，则为君必仁，为臣必忠之类，皆是自有得于己，方解恁地。”（《朱子语类》卷第十三）在他看来，这个道理是亘古不易的通则。尧修此道成就了尧之德，舜修此道成就了舜之德，自伏羲、黄帝以降都是这个道理，不曾有异。他据此批评老子所说的“失道而后德”，认为老子不懂得这个道理，把道与德看作两个东西，这实际上使道变得虚无缥缈。他指出，与老子不同，儒家认为“道”和“德”本是一个东西，当它不体现在人身上时，它就是“道”，而如果一个人全得此道于己，它就是“德”。这样，朱熹就将“道”“德”“仁义”等同了起来。“若离了仁义，便是无道理了，又更如何是道！”（《朱子语类》卷第十三）

除老子和孔子外，先秦还有不少思想家谈及道。管子曰：“道之大如天，其广如地，其重如石，其轻如羽，民之所以，知者寡。”（《管子·白心》）韩非云：“道者，万物之始，是非之纪也。”（《韩非子·主道》）又曰：“道者，万物之所然也，万理之所稽也。理者，成物之文也；道者，万物之所以成也。故曰：‘道，理之者也。’”（《韩非子·解老》）荀子也说过“道存则国存，道亡则国亡”（《荀子·君道》）。这些思想家对道的直接论述不多，且看法不尽相同，但都承认道的存在及其对于人类的重要意义。由此看来，“道”确实是古代价值观中得到普遍认同的根本性价值观念。

2. 性与命

传统价值观中的“性”由于被视为上天赋予宇宙万物（包括人）的本性，因而也被视为“命”。因此，传统文化中也有“性命”的说法。孔子认为存在命，后来的儒家都主张有命。道家接受了儒家的命论，但更趋于极端。墨子则否认命的存在，即主张“非命”，《墨子》中有三篇讲“非命”。墨子说：“执有命者以杂于民间者众。执有命者之言曰：‘命富则富，命贫则贫；命众则众，命寡则寡；命治则治，命乱则乱；命寿则寿，命夭则夭；命虽强劲，何益哉？'"（《非命上》）墨子的这段话不仅表达了他认为承认存在命没有什么用，而且表明当时人们普遍相信命。命的观念原本是一种日常观念，人们把人力所无可奈何者视为命或天命。孔子大致上由这种日常观念导出了他的天命论。

孔子认为，天命对于人来说极其重要，决定了其道是否能通行。"道之将行也与？命也。道之将废也与？命也。公伯寮其如命何？"（《论语·宪问》）不过，天命又是难以把握的，他说他自己是在五十岁时才理解了天命，即"五十而知天命"。因此，他主张人一方面要敬畏天命，另一方面要知晓天命，顺应天命。他说："君子有三畏：畏天命，畏大人，畏圣人之言。"（《论语·季氏》）"不知命，无以为君子也。"（《论语·尧曰》）《周易》也表达了同样的观点："乐天知命故不忧。"（《系辞上传》）"穷理尽性以至于命。"（《说卦传》）《象传》亦云："火在天上大有，君子以遏恶扬善，顺天休命。""泽无水困，君子以致命遂志。"这是通过对卦象的解释来说明顺应天命是君子应取的态度。

孟子也讲命和性。他对命做了明确的界定："莫之为而为者，天也；莫之致而至者，命也。"（《孟子·万章上》）人之生死祸福皆由命，但命有正命和非正命之分。一个人的死如果非人力所致，乃是自然而然的，即正命，否则就是非正命。他说："莫非命也，顺受其正。是故知命者不立乎岩墙之下。尽其道而死者，正命也；桎梏死者，非正命也。"（《孟子·尽心上》）既然人的心性受于天，那么存心养性就是事天。因此，孟子要求人们存心养性，认为这就是顺应天命并从而立命。他说："存其心，养其性，所以事天也。夭寿不贰，修身以俟之，所以立命也。"（《孟子·尽心上》）

孔子和孟子都强调敬畏天命，顺应天命，荀子则主张控制和利用天命。荀子对待天命的态度比孔孟激进得多。荀子也承认有命，他把天命界定为"节遇谓之命"（《荀子·正名》）。这里说的"节遇"大致的意思是适然、适遇，有莫之致而致之意。对于天命，荀子主张人不应止于俟命，而应当设法控制它、利用它。他说："从天而颂之，孰与制天命而用之？望时而待之，孰与应时而使之？"（《荀子·天论》）荀子独有的这一思想与孔子解释乾卦的"天行健，君子以自强不息"观念相一致。

孟子之后，汉儒、宋儒、明儒对性和命多有研究，但大多是学理性的，似乎没有进入传统价值观。因此，对传统社会有影响的性命观主要还是先秦儒家的。

道家比儒家更重视命，不过与儒家有很大不同。儒道两家都认为命是人力所不能及的、所无可奈何的。然而，儒家虽讲命，但仍不废人事，实际上是以尽人事为重点，用孔子的话讲，即“知其不可而为之”；道家讲命时则不谈人事，只言天命，而且要求以心安理得的态度对待命的无可奈何性，并将其视为至德。庄子说：“知其不可奈何而安之若命，德之至也。”（《庄子·人间世》）“知不可奈何而安之若命，唯有德者能之。”（《庄子·德充符》）“达大命者随。”（《庄子·列御寇》）总之，对待命，随而已矣，不必努力作为。这就是道家的态度。道家的这种态度，并没有成为传统价值观对待命的态度，因此，在传统社会中信奉者不多。

3. 诚及其与道、性的关系

“诚”是传统价值观中联系“道”与“德”的一个重要范畴，是孔子之后的儒家为“仁义礼智信”提供的一种本体论基础，同时由于“诚”意味着天道，其也被视为人能够达到的最高人生境界。《周易》《论语》《老子》都讲道，但没有谈及诚，更没有将它视为道，而孟子和荀子谈到了诚，并给予它很重要的地位。《中庸》大大发挥了孟子和荀子的思想，其中有十几处系统论述了“诚”，并首次把“诚”提高到整个道德体系的核心地位，形成了一套儒家关于“诚”的思想。

《周易·乾卦·文言传》云：“修辞立其诚，所以居业也。”孟子说：“诚者，天之道也；思诚者，人之道也。至诚而不动者，未之有也；不诚，未有能动者也。”（《孟子·离娄上》）孟子所谓的“诚”，不仅仅有真实不欺之意，还有至德的意思。天是有至德的，这是天道；人追求至德，则是人道。在他看来，人达到至诚，就可以感动人。荀子则在孟子的基础上进一步阐明了诚的意义。在他看来，广袤无垠的天，如果不诚，就不能化育万物；圣人是有智慧的，不诚就不能感化万民；父子之间即使是亲近的，没有诚也会疏远；君王很尊贵，没有诚也会受到鄙视。由此他将诚看作君子的操守、政治的根本。“夫诚者，君子之所守也，而政事之本也。”（《荀子·不苟》）他认为，只有立足于诚，同类才会会聚到一起；有了诚，才会获得同类的信赖，也就容易感化他们。在这种环境中，人们就会养成真诚的品质。真诚的品质一旦养成，人们的才能就会充分发挥出来。如果能够永远使人们趋向于诚而不返到邪恶的本性，人就会成为有操守的人。因此，对于荀子来说，诚是贯穿于天地人的道，或者说是天道、地道、人道之中的道，也是人的道德的根基和根本。正因为如此，诚是君子修身养性的最有价值的内容，循环往复地坚持下去，人就可以获得“天德”。他说：“君子养心莫善于诚，致诚则无它事矣。唯仁之为守，唯义之为行。诚心守仁则形，形则神，神则能化矣；诚心行义则理，理则明，明则能变矣。变化代兴，谓之天德。”（《荀子·不苟》）

《中庸》在继承孟子和荀子思想的基础上，一方面将诚与性、道、教联系起来，使之贯穿其中，另一方面凸显了诚的道德意义。《中庸》在坚持孟子把诚视为天之道、把做到诚视为人之道的前提下，提出“天命之谓性，率性之谓道，修道之谓教”。《中庸》又把“自诚明”称为性，把“自明诚”称为教①，实际上是把天命与诚的自我阐明联系起来，把修道与主体对诚的把握联系起来，认为两者是一致的。因此，“诚者，自成也；而道，自道也”。诚不仅意味着成就自己，而且可以成就万物。成己就是仁，成物就是智。性的这两种德综合为成己成物之道，所以，任何时候用它们都是合时宜的。“故至诚无息。不息则久，久则征，征则悠远，悠远则博厚，博厚则高明。”广博深厚可以与地相配，高大光明可以与天相配，可以行之悠远而无边无际。所以，天地之道可以用一个字概括，那就是“诚”。

诚是“物之终始”，无诚就无物，因此，君子把诚视为最高贵的德性。但君子讲究从点滴小事做起，在点滴小事上做到诚，诚就会日益显著，就会大放光明，就会感动人心，如此，就会化育万民。天下只能通过至诚实现化育。至诚意义重大：“唯天下至诚，为能经纶天下之大经，立天下之大本，知天地之化育。”“唯天下至诚，为能尽其性；能尽其性，则能尽人之性；能尽人之性，则能尽物之性；能尽物之性，则可以赞天地之化育；可以赞天地之化育，则可与天地参矣。”“至诚之道，可以前

① 《中庸》云：“自诚明，谓之性；自明诚，谓之教。诚则明矣，明则诚矣。”这段话不好理解，张岱年先生的解释比较圆通，值得参考。他解释说：“本真实无妄，与道为一，而后始明其理，此是性之自然。先明其理，而后方能真实无妄，与道为一，此是教之功力。能诚则必明，能明亦必诚，先后原无大别。”参见张岱年《中国哲学大纲》，中国社会科学出版社 1982 年版，第 331 页。

知。国家将兴，必有祯祥；国家将亡，必有妖孽；见乎蓍龟，动乎四体。祸福将至：善，必先知之；不善，必先知之。故至诚如神。”（以上引文均见《中庸》）由此不难看出，《中庸》把诚的意义推到了极致。

到汉代，儒家思想被定为“独尊”后，春秋战国时期的百家争鸣局面不复存在，学者钻进了故纸堆，注释经典风行一时。“注不破经”成为这时经学家的学术准则，他们的思想严重僵化。“诚”原本就是春秋战国思想自由时代探讨的一个哲学问题，属于心性学的范畴，在思想禁锢的时代，“诚”的问题几乎无人问津，其也就不再是人们讨论的热点。黄百家在《宋元学案·濂溪学案上》中尖锐地指出了这一点：“孔孟而后，汉儒止有传经之学。性道微言之绝久矣。”直到唐代，儒佛思想之融合者李翱才对先秦儒家的心性学做了进一步的阐发。他以“复性”为使命，认为人之性本纯粹至善，但为情所昏，性乃不见，作圣之道就在于去情复性。如果能复其性，便能达到“诚”的境界。李翱说：“诚者，圣人性之也，寂然不动，广大清明，照乎天地。感而遂通天下之故，行止语默，无不处于极也。复其性者，贤人循之而不已者也；不已则能归其源矣。”（《复性书上》）他把诚看作尽性命之道，认为能尽性而复其天之本然，便是诚。在李翱看来，诚是至静而又至灵的内心状态，超乎动静之上，寂然不动，而无所不知。外物的变化，诚皆能洞悉，但泰然安定，不为所扰。所以，他说：“诚者，定也。”（《复性书上》）

李翱之后，宋明理学家也大谈心性之学，“诚”又成为他们谈论的焦点。其中比较突出的是北宋道学家周敦颐。正如黄百家所言：“若论阐发心性义理之精微，端数元公（周敦颐）之破暗也。”周敦颐在《通书》开篇即言：“诚者，圣人之本。‘大哉乾元，万物资始’，诚之源也。‘乾道变化，各正性命’，诚斯立焉。纯粹至善者也。”（《通书·诚上》，《周敦颐集》卷二）“圣，诚而已矣。诚，五常之本，百行之源也。静无而动有，至正而明达也。”（《通书·诚下》，《周敦颐集》卷二）在他看来，诚像万物一样源自乾，但一切道德皆源于诚，人唯循诚而行，才可成为圣人。圣人之所以为圣人，在于诚，仁义礼智信“五常”及一切德性皆以诚为基础。君子成圣人之前，不能自然而诚，勉力求诚，必克以迁善，长期坚持下去，就能达到诚的境界。那么，“诚”到底是什么呢？周敦颐说：“寂然不动者，诚也。”（《通书·圣》，《周敦颐集》卷二）“诚，无为；几，善恶。”（《通书·诚几德》，《周敦颐集》卷二）但什么是“寂然不动者”呢？他没有说，不过他说“诚”的状态特点是“无为”“无事”。朱熹说“无为”“无事”是一种自然状态，是“太极”。其没有善恶的区别，是一种无善恶的自然状态。要达到这种状态，需要做到“无妄”。什么叫“妄”？“不善之动，妄也。”克服了“妄”就是“无妄”，就是“诚”。“妄复，则无妄矣；无妄，则诚矣。”朱熹注曰：“程子曰：‘无妄之谓诚。’”（《通书·家人睽复无妄》，《周敦颐集》卷二）

在周敦颐看来，“诚”的意义重大：“诚，五常之本，百行之源也。”（《通书·诚下》，《周敦颐集》卷二）而且，达到诚还有很多好处。“诚精故明，神应故妙，几微故幽。”（《通书·圣》，《周敦颐集》卷二）“君子乾乾，不息于诚，然必惩忿窒欲，迁善改过而后至。”（《通书·乾损益动》，《周敦颐集》卷二）“至诚则动，‘动则变，变则化’。”（《通书·拟议》，《周敦颐集》卷二）概言之，“盖寡焉以至于无。无则诚立、明通。诚立，贤也；明通，圣也”（周敦颐《养心亭说》，《周敦颐集》卷三）。

不难看出，李翱与周敦颐所谓的诚已与《中庸》有所不同。《中庸》以诚为天之道，未尝以诚为人之性，以为至诚能尽性，而未以心性来定义诚。李翱乃以尽性或复性为诚，周敦颐更直接以诚为人之本原之性。李翱已异于《中庸》，周敦颐则离《中庸》更远了。不过，《中庸》讲率性又讲诚，由此推衍，必然达到性诚同一，而这正是周敦颐所做的工作。不过，李翱和周敦颐关于诚的基本观点还是儒家的，他们以诚来体现道的能动性和作为，而道家不讲道的能动性，因而在道家那里似乎无所谓诚的问题。既然诚就是天道，达到诚就是人道，那么很显然，儒家的道论就与道家的道论有很大的不同。道家道论的核心是自然无为，其根本动力是返璞归真；儒家道论的重点是成己成物，其根本动力是追求至诚。

二　“君子”与“圣人”

“君子”“圣人”是传统价值观的人格理想，这种人格理想有丰富的内容和内涵，突出体现了传统价值观的中国特色。在先秦，“君子”和“圣人”的概念为不少学派所使用，例如道家就使用这两个概念。《庄子·天下》云：“以天为宗，以德为本，以道为门，兆于变化，谓之圣人；以仁为恩，以义为理，以礼为行，以乐为和，熏然慈仁，谓之君子。”但是，圣人并不是道家的最高人格理想。例如，在庄子那里，摆在圣人之前的还有“不离于宗”的“天人”、“不离于精”的“神人”和“不离于真”的“至人”。在先秦诸子百家中，只有儒家明确把圣人作为最高人格理想。值得指出的是，如同孔子向往“大同”而并没有明确将其作为社会理想的目标一样，圣人虽然也是孔子所热切向往的，但他并没有明确将其作为最高人格理想。实际上，孔子真正的理想社会和理想人格，也许是“小康”和“君子”。不过，孔子之后，圣人逐渐成为儒家推崇的最高人格理想，儒家给人们指出了成为圣人的“内圣外王之道”，宋代周敦颐还提出了“希贤希圣”的路径：“圣希天，贤希圣，士希贤。”（《通书·志学》，《周敦颐集》卷二）

1. *君子*

在中国历史上，“君子”一词出现得很早，中国最早的几部典籍都使用过这一术语。《易经·乾卦》中有这样的表述：“九三，君子终日乾乾，夕惕若厉，无咎。”《易经·坤卦》中也说：“君子有攸往，先迷后得主，利。”《尚书·大禹谟》云：“君子在野，小人在位。”《诗经·周南·关雎》曰：“窈窕淑女，君子好逑。”春秋时期，“君子”为诸子百家所普遍接受，各家都对君子做出了自己的界定。而对“君子”研究和阐述最多的是孔子，他在《论语》以及他和其他儒者所作的《易传》中对“君子”做出了极其充分的界定和阐述。他对君子的论述得到后世广泛的认同，这些论述所表达的“君子”思想成为传统价值观的核心内容之一。

君子的含义非常丰富，“君子”一词可以在不同的意义上使用，但总体上看是指人格高尚、德才兼备之人。因此，君子人格，不只是道德人格，还是包含道德人格的完善人格。在传统社会，君子通常是相对于小人而言的，其区别在一定程度上超越了社会地位的差别，而以“德性”作为主要标准。从孔子和孟子的有关论述看，他们关于君子的思想主要有两个方面：一是君子是什么样的人，二是君子应当怎样。

关于君子是什么样的人或君子具备什么样的品格，《易传》中有所论述，但主要的阐述在《论语》中，《孟子》中也有一些这方面的言论。概括来说，儒家所说的君子品格有以下六个方面，这些方面是小人所不具备的。

第一，君子乐道尚德。荀子曰："心知道，然后可道。可道，然后能守道以禁非道。"（《荀子·解蔽》）在孔子看来，君子的首要品质就是知道、守道，从而获得德性品质。孔子曰："君子务本，本立而道生。孝弟也者，其为仁之本与！"（《论语·学而》）君子全心关注道，因而不在乎贫困。"君子谋道不谋食。耕也，馁在其中矣；学也，禄在其中矣。君子忧道不忧贫。"（《论语·卫灵公》）孔子认为，仁者爱人，君子学道，就会爱人，从而成为仁者。

天有天道，人有人道，君子有君子之道。君子就是具备了君子之道的人。关于君子之道，孔子多有论述。孔子说："有君子之道四焉：其行己也恭，其事上也敬，其养民也惠，其使民也义。"（《论语·公冶长》）"君子所贵乎道者三：动容貌，斯远暴慢矣；正颜色，斯近信矣；出辞气，斯远鄙倍矣。笾豆之事，则有司存。"（《论语·泰伯》）"'君子道者三，我无能焉：仁者不忧，知者不惑，勇者不惧。'子贡曰：'夫子自道也。'"（《论语·宪问》）

在孔子看来，君子对道是忠贞不贰的："君子贞而不谅。"（《论语·卫灵公》）由于乐道，因而君子与一般人不同，他们重礼而不在乎吃穿。"先进于礼乐，野人也；后进于礼乐，君子也。如用之，则吾从先进。"（《论语·先进》）所以，"君子不器"（《论语·为政》），"不以绀緅饰，红紫不以为亵服"（《论语·乡党》），"君子贵人而贱己，先人而后己"（《礼记·坊记》）。在孔子看来，君子在穷困的情况下仍然坚守道，小人穷困，就无所不为了。"君子固穷，小人穷斯滥矣。"（《论语·卫灵公》）

君子因为乐道而以道义作为自己的本质，以礼来约束自己的行为，以诚信来成就自己的事业。"君子义以为质。礼以行之，孙以出之，信以成之，君子哉！"（《论语·卫灵公》）因此，君子不会有一顿饭的工夫离开仁，即便是繁忙时也一定要和仁同在，颠沛流离之时亦如此。对于君子的道义本质，孟子做了进一步的阐述。他说："君子所性：虽大行不加焉，虽穷居不损焉，分定故也。君子所性：仁、义、礼、智根于心，其生色也睟然。见于面，盎于背，施于四体，四体不言而喻。"（《孟子·尽心上》）这段话主要是说君子安贫乐道，仁、义、礼、智都根植于他的内心，因此他就和颜悦色。在孟子那里，君子就是不同于小人的大人。他

认为，大人的志向就在于仁义，有了仁义，大人要做的事就完备了。“居仁由义，大人之事备矣。”（《孟子·尽心上》）

君子与小人不同：“君子喻于义，小人喻于利”（《论语·里仁》）；“君子怀德，小人怀土；君子怀刑，小人怀惠”（《论语·里仁》）；“君子之爱人也以德，细人之爱人也以姑息”（《礼记·檀弓上》）；“君子约言，小人先言”（《礼记·坊记》）。总而言之，“小人不耻不仁，不畏不义，不见利不劝，不威不惩”（《周易·系辞下传》）。小人之所以是小人，要害就在于缺仁乏义。虽然君子中也许有不仁的，但小人中绝不会有仁者。在孔子看来，仁义是其他一切优良品质的前提，没有这一前提，优良品质就不再是德性，反而可能是恶性。他以“勇”这一品质为例说明，君子都将仁义置于首位，小人则相反。“君子义以为上，君子有勇而无义为乱，小人有勇而无义为盗。”（《论语·阳货》）

孔子的上述思想对他的弟子产生了深刻影响。《论语》记载，司马牛因为别人有兄弟唯独他没有而忧虑，子夏劝导他说：“商闻之矣：死生有命，富贵在天。君子敬而无失，与人恭而有礼。四海之内，皆兄弟也。君子何患乎无兄弟也。”（《论语·颜渊》）意思是说，君子谨慎而没有过失，对人恭敬而有礼节，那么，四海之内都是兄弟，因而没有必要担心没有兄弟。

第二，君子安贫乐道，博学多才。在孔子看来，君子并不在乎吃饱穿暖，而特别在乎学习，认为学习可以闻道。他说：“君子食无求饱，居无求安，敏于事而慎于言，就有道而正焉，可谓好学也已。”（《论语·学而》）“君子之学也博，其服也乡。”（《礼记·儒行》）博学才能获得知识、增长学识，特别是通过学习可以知命、知礼、知言，而知命、知礼、知言对于人至关重要。“不知命，无以为君子也；不知礼，无以立也；不知言，无以知人也。”（《论语·尧曰》）“君子博学于文，约之以礼，亦可以弗畔矣夫！”（《论语·雍也》）有了这些知识，人就会用礼来约束自己，使自己不至于离经叛道。

学习是终生的，“学不可以已”（《荀子·劝学》）。学什么？在荀子看来，学习有起点，有终点，按次序应该从读经开始，至习礼的境界才算完成，而为人之道，要以士人为起点，以圣人为完善。“其数则始乎诵经，终乎读礼；其义则始乎为士，终乎为圣人。”（《荀子·劝学》）

荀子将君子与小人的学习做了一个比较，道明了君子学习的总体特征。他说："君子之学也，入乎耳，着乎心，布乎四体，形乎动静。端而言，蠕而动，一可以为法则。小人之学也，入乎耳，出乎口；口耳之间，则四寸耳，曷足以美七尺之躯哉！古之学者为己，今之学者为人。君子之学也，以美其身；小人之学也，以为禽犊。"（《荀子·劝学》）

在学习的过程中，君子注重思考，因为"学而不思则罔，思而不学则殆"（《论语·为政》）。在孔子看来，"君子有九思：视思明，听思聪，色思温，貌思恭，言思忠，事思敬，疑思问，忿思难，见得思义"（《论语·季氏》）。在思考的过程中，君子对天下的事和人都从道义的角度进行审视、比较，没有偏见地做出判断。"君子之于天下也，无适也，无莫也，义之与比。"（《论语·里仁》）君子与小人不同，其思考不局限于小事，而着眼于大局。"君子不可小知而可大受也，小人不可大受而可小知也。"（《论语·卫灵公》）孟子也持这种看法。公都子问孟子，同样是人，有的人成为君子，有的人却成了小人，这是为什么呢？孟子答曰："从其大体为大人，从其小体为小人。""先立乎其大者，则其小者不能夺也，此为大人而已矣。"（《孟子·告子上》）

在孔子看来，君子在学习和思考的过程中会充分发挥独立自主性，不会人云亦云，否则所学的东西就不牢固。"君子不重，则不威；学则不固。"（《论语·学而》）同时，君子也通过学习来增强实力、增长才干，而提高能力不是为了显摆、炫耀。"君子病无能焉，不病人之不己知也。"（《论语·卫灵公》）不过，儒家注重君子的德性，不怎么重视君子的能力。荀子甚至说："君子能亦好，不能亦好；小人能亦丑，不能亦丑。"（《荀子·不苟》）

君子博学多才，因而具有独特的气质和品格。君子"文质彬彬"（《论语·雍也》）；君子"主忠信，无友不如己者"（《论语·学而》）；"君子不以言举人，不以人废言"（《论语·卫灵公》）；"君子矜而不争，群而不党"（《论语·卫灵公》）。正因为君子具有这样的优良品质，所以君子心胸坦荡，从容自若，而不具备这些品质的小人则斤斤计较，患得患失。孔子将这种情形称为"君子坦荡荡，小人长戚戚"（《论语·述而》），"君子上达，小人下达"（《论语·宪问》）；孟子则称之为"君子有终身之忧，无一朝之患也"（《孟子·离娄下》）。

第三，君子言行一致。君子慎言，不会轻易发表自己的看法，君子对自己所不知道的事情，闭口不言，绝不会随意说话，但行动敏捷，说到做到。“君子于其所不知，盖阙如也。”（《论语·子路》）“先行其言，而后从之。”（《论语·为政》）“君子欲讷于言而敏于行。”（《论语·里仁》）孔子认为，君子的言论，无论合理与否，都会有广泛的影响，行为亦如此。言论和行动就是君子的“枢机”，一旦发动和旋转起来，就决定了对君子带来荣誉还是耻辱。孔子据此告诫君子：“言行，君子之所以动天地也，可不慎乎？”（《周易·系辞上传》）君子讲究名正言顺，对于自己所使用的词语，必须说清楚，而说出来的话，必须是可行的，其言行绝不会马虎了事。孔子曰：“名不正，则言不顺；言不顺，则事不成；事不成，则礼乐不兴；礼乐不兴，则刑罚不中；刑罚不中，则民无所措手足。故君子名之必可言也，言之必可行也。君子于其言，无所苟而已矣。”（《论语·子路》）君子视言行不一、说大话为耻辱。“君子耻其言而过其行。”（《论语·宪问》）孟子把言行一致称为“亮”（信用，即“谅”），认为君子没有信用，就没有操守。

第四，君子安定、乐观、豁达。在孔子看来，君子具备安其身而后动的德性，于己于人两全其美。先安定好自己然后才行动，先观察别人的心思然后才发表意见，先建立彼此间的友谊然后再向别人提出请求，君子做到这三个方面，与人相处，就不会有偏失。“君子安其身而后动，易其心而后语，定其交而后求。君子修此三者，故全也。”（《周易·系辞下传》）君子有良好的人际关系，但与小人不同，他们不是勾结在一起，而是志同道合，即所谓“君子周而不比，小人比而不周”（《论语·为政》）。孟子认为，君子也有自己的快乐，但这种快乐是因家庭和睦圆满、无愧于天地、广育英才而获得的，并不因成为君王而快乐。“君子有三乐，而王天下不与存焉。父母俱存，兄弟无故，一乐也；仰不愧于天，俯不怍于人，二乐也；得天下英才而教育之，三乐也。”（《孟子·尽心上》）

第五，君子敬畏有止。在孔子看来，君子有敬畏之心，绝不胆大妄为。孔子曰：“君子有三畏：畏天命，畏大人，畏圣人之言。小人不知天命而不畏也，狎大人，侮圣人之言。”（《论语·季氏》）君子注重做好自己的事情，不出格不僭越，更不会越位干预朝政。这就是孔子所说的“不在其位，不谋其政”（《论语·宪问》）和曾子所说的“君子思不出其位”

（《论语·宪问》）。儒家特别强调君子从政要有行为规范，举止有度。子张问孔子：怎样才可以从政呢？孔子答曰：“尊五美，屏四恶，斯可以从政矣。”子张又问：“何谓五美？”孔子又答曰：“君子惠而不费，劳而不怨，欲而不贪，泰而不骄，威而不猛。”（《论语·尧曰》）显然，这“五美”所体现的是孔子主张的无过无不及，即“中庸之道”。

第六，君子自助戒慎，内省修养。孔子在谈到君子与小人的差别时说：“君子求诸已，小人求诸人。”（《论语·卫灵公》）他的意思是，君子向内用功，严格要求自己，讲究自立自强；小人则自己不努力，依赖别人，要求别人，遇事求助他人。君子的一个重要特点是在任何时候都有所顾及，绝不随心所欲。“君子戒慎，不失色于人。”（《礼记·曲礼上》）君子一生的每一阶段都有所戒：“君子有三戒：少之时，血气未定，戒之在色；及其壮也，血气方刚，戒之在斗；及其老也，血气既衰，戒之在得。”（《论语·季氏》）对于儒家来说，自省修身既是成为君子之路，也是君子所具备的德性。司马牛问孔子何谓君子时，孔子答曰：君子不忧不惧。司马牛又问：不忧不惧的人就是君子吗？孔子回答说，君子没有什么愧疚于心的，当然心安理得，无所忧惧。而君子之所以能如此，是因为君子注重内省，“见贤思齐焉，见不贤而内自省也”（《论语·里仁》）。

《论语》关于君子的许多论述是与小人相比照做出的。孔子的这种比照可归纳为十个方面。一是看胸襟：“君子坦荡荡，小人长戚戚。”（《述而》）二是看交友：“君子周而不比，小人比而不周。”（《为政》）三是看利益：“君子喻于义，小人喻于利。”（《里仁》）四是看是非：“君子成人之美，不成人之恶。小人反是。”（《颜渊》）五是看言行：“君子和而不同，小人同而不和。”（《子路》）六是看气质：“君子泰而不骄，小人骄而不泰。”（《子路》）七是看志向：“君子上达，小人下达。”（《宪问》）八是看追求：“君子怀德，小人怀土；君子怀刑，小人怀惠。”（《里仁》）九是看人品：“君子求诸已，小人求诸人。”（《卫灵公》）十是看抉择：“君子固穷，小人穷斯滥矣。”（《卫灵公》）这一归纳有助于对孔子关于君子思想的理解。

对于君子，孟子特别强调应当具备大丈夫气概：“居天下之广居，立天下之正位，行天下之大道。得志，与民由之；不得志，独行其道。富贵不能淫，贫贱不能移，威武不能屈，此之谓大丈夫。”（《孟子·滕文公下》）“穷则独善其身，达则兼善天下。”（《孟子·尽心上》）要成为大丈夫，必须善养“浩然之气”：“其为气也，至大至刚，以直养而无害，则塞于天地之间。其为气也，配义与道；无是，馁也。是集义所生者，非义袭而取之也。行有不慊于心，则馁也。”（《孟子·公孙丑上》）这里所说的“善养”就是修身养性，即修养。

关于君子应当怎样行动，《易传》做了非常完整详细的阐述，其在对《易经》六十四卦的每一卦所做的解释中，都谈到君子应当如何面对这一卦象。从一定意义上可以说，《易传》就是一本阐述君子之道的书，它通过对六十四卦卦象的解释来说明君子应当如何面对天道、地道和人道，其中对君子应当何为的论述多达上百条。其中很多论述都具有针对性和现实性，所谈论的几乎都是人生中可能面临的各种问题。这是一笔宝贵的学术遗产。遗憾的是，自古以来人们对《易传》中有关君子的论述没有给予足够的重视，缺少这方面的专论。由于《易传》关于君子应当怎样的论述很多，这里不可能全面加以阐述，但所有这些论述的核心思想也许可以用《易传》中解释乾卦和坤卦的两句话加以表述：“天行健，君子以自强不息。”（《乾卦·象传》）“地势坤，君子以厚德载物。”（《坤卦·象传》）这两句话的意思是：天道刚健，运行无忒，君子要效法天道，终生自勉前进，不停地发愤图强；地德深厚，君子应当效法大地，如同大地包容万物又能承载万物的德性一样，将德性推广开来普施，以完成天赋予的使命。①

《中庸》中记述了孔子对君子的两个总体表述：“故君子尊德性而道问学，致广大而尽精微，极高明而道中庸。温故而知新，敦厚以崇礼。”“是故君子动而世为天下道，行而世为天下法，言而世为天下则。”这两句话从字面上看是对君子特点的描述，实际上在现实生活中君子很难做到这些。因此，孔子的这两句话表达了他心目中君子的理想状态，也是他为君子提供的应当怎样的理想标准。

《礼记·杂记下》论述了君子的“三患五耻”。“君子有三患：未之闻，患弗得闻也；既闻之，患弗得学也；既学之，患弗能行也。君子有五耻：居其位，无其言，君子耻之；有其言，无其行，君子耻之；既得

① 参见崔波注译《周易》，中州古籍出版社 2007 年版，第 27、43 页。

之而又失之，君子耻之；地有余而民不足，君子耻之；众寡均而倍焉，君子耻之。”“三患五耻”从反面表述了君子应当怎样。荀子还提出有六种情形是君子应特别谨慎的，而这六个方面是禹和桀的区别之所在：“公生明，偏生暗；端悫生通，诈伪生塞；诚信生神，夸诞生惑。”（《荀子·不苟》）

墨子也推崇君子，并且提出了“君子之道”。他认为，君子应该重视修身以培养德性。君子不通过修养提高自己的品行水平就会受人诋毁，为此君子应当经常自我反省，这样就会怨少且德性不断提升。君子应当做到谗害诽谤之言不入于耳，攻击他人之语不出于口，伤害人的念头不存于心。这样，即使遇有好诋毁、好攻击之人，他们想诋毁和攻击也无从施展。如此坚持下去，君子自身的力量就会与日俱增，志向也会不断远大，品行也会一天比一天完善。在他看来，君子品行端正而又能明察左右，周围的人也会受他的感染而注重修养自己的品行。他说：“君子之道也：贫则见廉，富则见义，生则见爱，死则见哀；四行者不可虚假，反之身者也。”（《墨子·修身》）也就是说，贫穷时注重廉洁，富足时讲究恩义，对生者体现慈爱，对死者表示哀痛。在墨子看来，这四方面就是君子之道。这四种品行不能是装出来的，而应是自身具备的见诸行的品质。他认为，对于君子来说，存在于内心的应无限慈爱，身体的言行举止应无比谦恭，嘴上所说的应无比雅致。他认为，假如一人让上述四种品质畅达于身心而到老不弃，他就会成为圣人。

2. 圣人

与“君子”一词不同，《易经》、《尚书》和《诗经》中都未见有“圣人”一词，这个词最早出现在孔子和老子的著作或言谈中。孔子等儒者所著的《易传》中使用“圣人”一词较多，而《论语》只谈君子，不谈圣人，唯一一次谈到圣人，孔子说的是他没有见过圣人，能见到君子就可以了①。孟子也很少谈圣人，但他明确把圣人视为在人伦方面达到最高境界的人。“圣人，人伦之至也。”（《孟子·离娄上》）他还认为圣人是唯一能够把内心之美体现在外在特征之中的人。他说：“形色，天性也；惟圣人然后可以践形。”（《孟子·尽心上》）《老子》一书使用“圣人”

① “子曰：‘圣人，吾不得而见之矣；得见君子者，斯可矣。’”（《论语·述而》）

一词相对比较多。春秋战国时期的其他思想家也谈论过圣人。孔子和老子谈论圣人的角度不同，孔子主要是把远古的贤明君王视为圣人，谈论他们的事迹，以显示他们的崇高和伟大；老子则主要是从在道和德方面所达到的境界来谈圣人的，他所说的圣人并不特指先王。从谈论的内容看，他们的思想具有互补性，但老子似乎并不认同孔子所说的圣人。不过，他们关于圣人的思想在中国历史上都具有影响，得到了比较广泛的认同。

从《易传》中的有关论述看，孔子和儒家所描述的圣人（先王）之圣主要体现在他们的杰出贡献之中，具体地说，体现在以下二个方面。

一是圣人目光敏锐，能顺应天地人之道。《易传》在对乾卦上九爻"飞龙在天，利见大人"进行解释时说："声调相同，产生共鸣；气息相同，相互吸引。水往低湿处流，火向干燥处烧，景云随着龙吟而出，谷风随着虎啸而生。圣人的所作所为，使万物自然而然地感应，真情得以显现。本来受气于天的动物随天体运动而动，故亲附于下。这就是万物各依其类别，相互聚合的自然法则。"① 孔子认为，圣人与众人以心相感通而使天下治，观察其相感应之道而明察天下万物的情状。"天地感而万物化生，圣人感人心而天下和平。观其所感，而天地万物之情可见矣。"（《周易・咸卦・彖传》）鼎卦的卦象与鼎之物象相像，以木放入火中，像烹饪食物。《易传》对这一卦象做了这样的解释："圣人亨以享上帝，而大亨以养圣贤。"（《鼎卦・彖传》）其寓意是圣人崇敬上帝，所以他谦逊而耳聪目明。

二是圣人智慧超凡，创制八卦以昭示吉凶。《易传》特别看重圣人的这一贡献，《说卦传》对此做了相当充分的阐述。《易传》认为，从前圣人制作《易经》，暗中得到神明的帮助，发明了用蓍草占筮的方法，以奇数代表天，以偶数代表地，从而确立卦爻之数；观察天地阴阳变化而设立了卦，发挥阳刚和阴柔而创制了爻，应和顺从于道德而显示义理，穷究万事万物的至理和本性，以至于通晓人与万物的先天禀赋。圣人创作《易经》来研究宇宙万物，顺应事物的本性和变化规律的普遍原理，将天的法则定义为阴与阳，将地的法则定义为柔与刚，将人的法则定义

---

① 参见崔波注译《周易》，中州古籍出版社 2007 年版，第 31 页。

为仁与义。圣人创制的八卦包括天、地、人三者的道理，后又将八卦两两组合，创制出六十四卦。每卦六爻，分为阴位和阳位，刚与柔交相迭用，于是就有了《易经》以六爻位而成文理。《周易·系辞上传》对圣人的这一贡献也做了多次阐述。其基本意思是，圣人模拟自然界的物象，根据卦象写下文字，来说明吉凶悔吝的道理。一卦六爻以阳刚、阴柔两类爻画的进退、升降、推移等现象来反映变化，并据此制定社会的典章制度，以告诉人们如何做出正确选择，趋吉避凶，并使他们依典章制度行事。

三是圣人德性高尚，顺应天道以德养民。《易传》认为，《易经》是用来揭示事物的规律以成就天下之事的，天下的道都包含在其中了。正因为如此，圣人用它来沟通天下人的意志，奠定天下人的事业，解答天下人的疑问。蓍占的性能圆通而神奇，卦体的性能方正而有智慧，六爻能通过变化告人吉凶。所以，圣人体察易理，用卜筮解除疑惑，将所占之事及其结果记录下来，退而藏于秘密之处，以供来日观其应验与否。圣人所占，事涉天下百姓，其吉凶是和人民的利害相一致的。究竟谁能达到这种境界，做出如此伟业呢？只有德性高尚、聪明智慧、不必以刑罚服人而人自服的古代圣王。而圣王之所以能如此，是因为圣人深明天道的阴阳变化，细察人民的生活变故，并借斋戒来进行反思，使自己的德性神奇英明。《易传》指出，《易经》的道理曲尽其妙，光照万物，关键在于人的运用，而运用取决于人的德性。①

总之，圣人有圣人之道，包括崇尚《易经》的卦辞、爻辞；决定行动时，仿效其中的阴阳变化，以趋吉避凶；制造器物时，重视其卦的象征关系；进行占筮时，重视大衍之数的推衍关系。“《易》有圣人之道四焉：以言者尚其辞，以动者尚其变，以制器者尚其象，以卜筮者尚其占。”（《周易·系辞上传》）由于圣人贡献巨大，所以其地位崇高，而这是对其地位不断持守的结果。对于这种崇高的地位及如何持守这种地位，《周易·系辞下传》做了阐述：“天地之大德，曰生。圣人之大宝，曰位。何以守位？曰仁。何以聚人？曰财。理财正辞，禁民为非，曰义。”

① 参见崔波注译的《周易》（中州古籍出版社2007年版）中《系辞传》《说卦传》的相关译文。

这就是说，天地的最大德性是化生万物，圣人的最大宝物是地位崇高。圣人怎样才能持守这种地位呢？那就是要有仁德。不过，圣人要使人民归聚，除了仁德之外，还需要一定的物质条件，那就是财物。圣人管理财物要颁布各项法令制度，使人民能分辨是非、善恶，不至于为非作歹，这就是道义。

需要指出的是，根据孔子的论述，圣人和君子都不是理想中的人物，而是在现实生活中有其楷模的。在他眼中，尧、舜就是圣人，而夏禹、商汤、周文王、周武王、周成王、周公则是君子。不过，孟子似乎降低了圣人的标准，“圣人，百世之师也”（《孟子·尽心下》）。根据这种标准，他把伯夷、伊尹、柳下惠、孔子都视为圣人，其中孔子是集大成者（金声而玉振之也）。荀子也大量谈圣人，他更注重圣人的德性，即所谓“圣也者，尽伦者也”（《荀子·解蔽》），因而能“化性而起伪”以“生礼义”“制法度”（《荀子·性恶》）。

《老子》中谈论圣人的地方很多，而谈论君子较少。老子谈圣人涉及的范围比孔子广泛得多，涵盖圣人对待天道、自然、人生的各个方面。圣人就是在所有这些方面都表现出卓越智慧并达到崇高境界的人。老子所谈的圣人似乎也指远古时代的先王，因为他在谈到圣人时，大多都是讲完一通自己的道理之后说所以圣人怎样怎样，以证明自己所说的道理的正确性和权威性。他诸如此类表述中的“圣人”似乎体现了尧、舜等圣王的人格特征。老子的圣人观与孔子的圣人观有很多方面是相通的，它们之间的最大区别在于，老子所说的圣人不是孔子所说的仁者，即“圣人不仁”（《老子》五章）。具体地说，老子所说的圣人有以下几层含义。

第一，圣人以无为实现有为。老子认为，圣人以无为来处事，以不言来行教，顺应万事万物的自然生长而不创制，有所作为而不自恃其力，有所成功而不居功。正是因为不居功，他的功绩才不会失去。在老子看来，圣人之所以要无所作为，是因为无所作为才真正可以引出好的结果。他说：“故圣人云：‘我无为而民自化，我好静而民自正，我无事而民自富，我无欲而民自朴。’”（《老子》五十七章）正是基于这种想法，圣人治理国家时就会净化人们的心灵，减弱其志向，强壮其筋骨。圣人相信，如果人民没有智巧，没有欲望，那么那些聪明人就不敢滋事妄为，国家就会治理好，天下就会太平。这即所谓“为无为则无不治”（《老子》三章)。由于圣人不作为，因而也就没有失败和过失。在老子看来，强力而为必然失败，加力把持必然丧失。“是以圣人无为，故无败；无执，故无失。”(《老子》六十四章)也因为如此，天下无人可与他竞争。“夫唯不争，故天下莫能与之争。”(《老子》二十二章)

第二，圣人不讲仁义，但“兼济天下”。在老子看来，天地没有所谓的仁爱之心，万物的生灭是一个自然的过程，圣人也是如此。圣人不讲仁义道德，把国家的运行看作一个自然的过程。但是，不讲孔子所说的仁义道德并不意味着圣人不管百姓的死活，相反，圣人由于把握了道的奥妙而善待百姓和事物。“是以圣人常善救人，故无弃人；常善救物，故无弃物。是谓袭明。”(《老子》二十七章)圣人是没有私心的，他们“以百姓心为心”(《老子》四十九章)。不过，圣人善待百姓不是用仁义道德这些东西去炫惑人的耳目，而是充实人的体腹，使人们过上丰衣足食的生活。

第三，圣人顺从自然，朴实无华。圣人以无欲为欲，不珍视那些稀有的财物；以不学为学，纠正众人所犯的错误。这样，圣人就能顺应万物的自然发展，而不会强力而为。圣人不把自己的意志强加于百姓，而是使百姓的心回归到淳朴的自然状态。百姓为了获得更多的利益，总会运用自己的聪明才智。针对这种情况，圣人要使他们都恢复到婴孩般的纯真质朴的状态。这就是老子所说的“圣人皆孩之”(《老子》四十九章)。在老子看来，天下是神圣的东西，不可强力而为，也不可加以把持。所以，圣人要去掉极端，去掉奢侈，去掉过分。老子认为，凡政治宽松的地方，那里的人民就淳朴；凡政治严苛的地方，那里的人民就狡诈。所以，圣人在这方面严格要求自己，做到“方而不割，廉而不刿，直而不肆，光而不耀”(《老子》五十八章)。

第四，圣人富有智慧，品质高尚。老子对圣人的人格做了诸多描述。在老子看来，圣人不出门就可以知道天下之事，不窥窗就可以认识天道。“是以圣人不行而知，不见而名，不为而成。”(《老子》四十七章)相反，一个人走得越远，所知越少。圣人不居功自傲、好大喜功，他有所作为而不自恃其力，成功了而不居功。当圣人居于治理和引导百姓的位置时，他就在言辞方面表示谦下，在利益方面先人后己。这样，圣人虽然居于上位，但百姓不会感到有负担；虽然处在前面，但人民不会感到有妨碍。

如此，天下人才乐于拥戴他而不是厌弃他，也“莫能与之争”（《老子》六十六章）。圣人“不责于人”（《老子》七十九章），而是与人为善，以德报怨。

“天道无亲，常与善人。”（《老子》七十九章）所以，圣人虽然不谋求个人利益，但能得到好报。圣人始终不做大事，更不自以为大，但是能够成就他的伟大。自然之道，是利物而不害物；圣人之道，则是帮助人而不与人争夺。圣人尽力帮助别人，自己不积蓄，而自己更富有；尽力给予别人，而自己得到的更多。他不自己炫耀，故而显著；不自以为是，故而彰明；不自夸，故而有功；不自傲，故能长进。圣人谦让退后，却能占先；置身度外，却能保存自己。这是由于圣人无私，无私能成全他自己。所以，圣人坚守天道，为天下楷模。老子认为，弱胜过强，柔胜过刚，所以圣人说：承受天下的屈辱，才称得上国家的君王；承受全国的灾殃，才称得上天下的君王。

虽然儒家和道家对圣人的具体含义的理解不同，但他们都认为圣人是德智兼优、尽善尽美的完善之人。后来朱熹对圣人做了这样一个界定：“圣人万善皆备，有一毫之失，此不足为圣人。”（《朱子语类》卷第十三）在他看来，常人终日为不善，偶有一毫之善，就能够产生相应的善心，圣人则具有完备的善，没有任何不善。舜之所以被人们尊为圣人，就是因为他无一毫厘的不是，不然，人们怎么会称他为圣人呢。儒道两家对这里所说的“善”的理解不同，儒家将善理解为他们所说的仁义道德，而道家则将善理解为他们所推崇的自然无为，但在认为圣人是全善的这一点上，则是完全一致的。儒道两家在这个问题上的共识使“尽善尽美”成为传统价值观理想人格的典型特征。

三 “仁义礼智信”

“仁义礼智信”是传统价值观的基本观念，它们主要是由儒家主张的，是儒家“人之道”的体现。[①] 虽然先秦诸子不一定都认同这些价值

① 儒家之外的一些思想家也谈到这样一些概念。例如，《韩非子·解老》中就讨论过仁、义、礼的含义。

观念，道家更是持否定的态度，但这些价值观念对传统社会的影响很大，因此后来和“三纲”一起被称为“三纲五常”，并成为传统社会的主导价值观念。

1.“五常”的由来

孔子曰：“知者不惑，仁者不忧，勇者不惧。”（《论语·子罕》）这里的“知”同“智”。知、仁、勇被孔子视为儒家倡导的三种德性，后来《中庸》明确将这三者称为“天下之达德”（简称为“三达德”），《史记·平津侯主父列传》又称“此三者天下之通德”。《中庸》中也有孔子谈论“仁义礼”的记载。“仁者人也，亲亲为大；义者宜也，尊贤为大；亲亲之杀，尊贤之等，礼所生焉。”在孔子看来，仁以爱人为核心，义以尊贤为核心，礼则是对仁和义的具体规定。实际上，孔子在《论语》中谈到了五种德性或价值理念，即仁义礼智勇，同时孔子也谈了不少“信”的问题，但没有将“信”与其他几种德性概念联系起来用。就是说，在孔子那里实际上已经有完整的“仁义礼智信”，只是未将五者联系起来。

孟子第一次将“仁义礼智”连用，将它们看作与生俱来的人性之四“端”（《孟子·告子上》），并称“君子所性：仁、义、礼、智根于心，其生色也睟然”（《孟子·尽心上》）。他还对四者的实质做了界定：“仁之实，事亲是也；义之实，从兄是也；智之实，知斯二者弗去是也；礼之实，节文斯二者是也。”（《孟子·离娄上》）

西汉时期的董仲舒在“仁义礼智”之后又加上了“信”，并把仁义礼智信说成与天地共长久的经常法则（“常道”），称之为“五常”。“夫仁谊礼知信五常之道，王者所当修饬也；五者修饬，故受天之祐，而享鬼神之灵，德施于方外，延及群生也。”（《汉书·董仲舒传》）董仲舒还将“五常”与“三纲”联系起来，并且认为“三纲”的根据在天道。他用阴阳的关系解释“三纲”，认为阴阳的关系是“阳尊阴卑”“阳贵阴贱”，因此，合乎天意的人间关系也是等级尊卑关系。他说：“是故仁义制度之数，尽取之天。天为君而覆露之，地为臣而持载之；阳为夫而生之，阴为妇而助之；春为父而生之，夏为子而养之，秋为死而棺之，冬为痛而丧之。王道之三纲，可求于天。”（《春秋繁露·基义》）在以“阳尊阴卑”来说明“三纲”的同时，董仲舒又把“五常”配入五行，以仁配木，以智配火，以信配土，以义配金，以礼配水。这样，“三纲五常”便与天道之阴阳五行联系起来了。自汉武帝接受董仲舒的建议“罢黜百家，独尊儒术”之后，董仲舒的这一套理论就成为西汉以后传统社会占统治地位的伦理纲常。

汉儒在神化《易经》的基础上形成了《易纬》，其中也论及“三纲五常”。“《易》者，所以经天地、理人伦而明王道。是故八卦以建，五气以立，五常以之行，象法乾坤，顺阴阳，以正君臣、父子、夫妇之义。”（《乾凿度》卷上）这段话中讲的君臣、父子、夫妇就是“三纲”中涉及的三种基本人伦关系。在《易纬》看来，只要正了君臣、父子、夫妇之义，就会达到百姓乃治、君亲以尊、臣子以顺、群生和洽、各安其性的良好社会状态。由此看来，君君臣臣、父父子子、夫夫妇妇的“三纲”确实被认为是古代社会赖以存在的基础。《易纬》还以大量的篇幅对“五常”的永恒合理性进行了论证。《乾凿度》卷上说：“人生而应八卦之体，得五气以为五常，仁、义、礼、智、信是也。夫万物始出于震；震，东方之卦也，阳气始生，受形之道也，故东方为仁。成于离；离，南方之卦也，阳得正于上，阴得正于下，尊卑之象定，礼之序也，故南方为礼。入于兑；兑，西方之卦也，阴用事而万物得其宜，义之理也，故西方为义。渐于坎；坎，北方之卦也，阴气形盛，阴阳气含闭，信之类也，故北方为信。夫四方之义，皆统于中央，故乾、坤、艮、巽，位在四维。中央所以绳四方行也，智之决也，故中央为智。故道兴于仁，立于礼，理于义，定于信，成于智。五者，道德之分，天人之际也。圣人所以通天意，理人伦，而明至道也。”《易纬》的这段话显然是用阴阳八卦来论证“五常”禀于五气、合于天。这段论述比董仲舒用五行论证“五常”更加系统而清晰，但神学色彩也更浓。

董仲舒及西汉时的儒者并没有把“三纲”和“五常”这两个词并提连称，首次将它们关联起来的是东汉经学家马融。将两词并提连称标志着宗法皇权专制主义的纲纪和贯彻纲纪的礼制已经结合为一个整体，它们一起构成了宗法皇权专制主义政治伦理的完整规范体系。到宋朝时期，朱熹在发展“二程”的天理说的基础上，明确阐述了“三纲”的具体内涵，即“君为臣纲，父为子纲，夫为妻纲”，而且对于他们来说“三纲五常”本质上就是“天理”，它们是天理的展开，是天理所采取的社会道德原则规范形式，是协调社会关系的永恒有效的灵丹妙药。从此，“三纲五常”的基础或依据就从牵强附会的具有神秘性质的天意转向了具有形而上学意味的“天理”。传统社会占统治地位的价值观构建至此完成，但与此同时也被极端化，并开始走向没落。

宋、明两代开始出现的蒙学读物《三字经》就有“曰仁义，礼智信。此五常，不容紊”的说法，“五常”由此通过《三字经》进入寻常百姓家，成为传统价值观中影响深广的核心理念。

2. 仁

“仁”的概念出现很早，在《尚书》里就有“虽有周亲，不如仁人”（《泰誓中》）的说法，意思是商纣王虽有至亲大臣，却不如周武王有道德之人。但使“仁”的地位凸显出来的是孔子，“仁”是他的思想体系中的核心概念，他的学说甚至被称为“仁学”。“仁在儒家伦理思想中是一个涵义极其丰富的概念，其内容有广狭之分。广义的仁是一个全德之辞，几乎可以概括所有的德目；狭义的仁即五常之一，主要是以人与人之间相亲相爱的道德情感为主要内涵的道德规范。”① 这里我们主要从“五常”的角度谈仁。

《周易・系辞上传》中就谈到仁，且是从与道的关系来谈仁的。“一阴一阳之谓道。继之者善也，成之者性也。仁者见之谓之仁，知者见之谓之知，百姓日用而不知，故君子之道鲜矣。”就是说，道的内容非常丰富，包含仁的方面，也包含智的方面，而且渗透于人们的日常生活之中。该传还认为，道可以显示诸仁，就是说，道是诸仁的终极根据。在这里，儒家没有对仁的含义做出明确解释。在《论语》中，孔子大量地谈论仁，对仁做了充分的阐释。

有研究认为，《论语》中有58章谈及仁，“仁”字出现105次。② 其中有九段对话是对仁做界定的。一是颜渊问仁。子曰：“克己复礼为仁。一日克己复礼，天下归仁焉。为仁由己，而由人乎哉？”颜渊曰：“请问其目。”子曰：“非礼勿视，非礼勿听，非礼勿言，非礼勿动。”（《颜渊》）二是仲弓问仁。子曰：“出门如见大宾，使民如承大祭。己所不欲，勿施

---

① 唐凯麟、张怀承：《成人与成圣——儒家伦理道德精粹》，湖南大学出版社1999年版，第168页。

② 沈善洪、王凤贤：《中国伦理学说史》（上卷），浙江人民出版社1985年版，第105页。

于人。在邦无怨，在家无怨。”（《颜渊》）三是司马牛问仁。子曰：“仁者，其言也讱。”曰：“其言也讱，斯谓之仁已乎?”子曰：“为之难，言之得无讱乎?”（《颜渊》）四是樊迟问仁。子曰：“爱人。”（《颜渊》）五是樊迟问仁。曰：“仁者先难而后获，可谓仁矣。”（《雍也》）六是子贡问仁：“如有博施于民而能济众，何如？可谓仁乎?”子曰：“何事于仁，必也圣乎！尧、舜其犹病诸！夫仁者，己欲立而立人，己欲达而达人。能近取譬，可谓仁之方也已。”（《雍也》）七是樊迟问仁。子曰：“居处恭，执事敬，与人忠。”（《子路》）八是子贡问为仁。子曰：“工欲善其事，必先利其器。居是邦也，事其大夫之贤者，友其士之仁者。”（《卫灵公》）九是子张问仁。孔子曰：“能行五者于天下为仁矣。”“请问之。”曰：“恭、宽、信、敏、惠。恭则不侮，宽则得众，信则人任焉，敏则有功，惠则足以使人。”（《阳货》）

从这九段话中可以看出，孔子所理解的仁主要有四层意思。

一是孟子后来所概括的“仁者爱人”（《孟子·离娄下》）。“仁”的基本含义是爱人。孔子明确将仁解释为爱人，他所说的爱人超出了血缘宗族的“亲亲”关系，指的是爱一般意义上的人。这就是孟子所说的“仁者爱人”、《中庸》所说的“仁者人也”。孔子提出的“泛爱众而亲仁”（《论语·学而》）、“博施于民而能济众”（《论语·雍也》），就是对这里所说的爱的对象的一个最好注脚。孔门弟子子夏说“四海之内，皆兄弟也”（《论语·颜渊》），明确表达了仁者爱人所指涉的范围。《吕氏春秋·爱类》云：“仁于他物，不仁于人，不得为仁。不仁于他物，独仁于人，犹若为仁。仁也者，仁乎其类者也。”这是符合孔子本人的思想的，我们从孔子所说的“鸟兽不可与同群，吾非斯人之徒与而谁与”（《论语·微子》），以及“厩焚，子退朝，曰：‘伤人乎?’不问马”（《论语·乡党》），就可看到这一点。但是，孔子并不主张爱一切人。他说：“唯仁者能好人，能恶人。”“我未见好仁者，恶不仁者。好仁者，无以尚之；恶不仁者，其为仁矣，不使不仁者加乎其身。”（《论语·里仁》）就是说，爱仁人是仁，恶不仁之人也是仁。真正的仁者，就得既能“好仁”，又能“恶不仁”。因此，所谓“爱人”亦可谓“爱人类”，即爱全人类的每一个人，除非这个人不是仁者。“仁者爱人”是孔子所说的仁的中心意思，以下几层意思都是“仁者爱人”的展开，或者说是实现仁的路径。

二是“克己复礼”。仁在于爱人，那么，如何爱人？爱人的外在体现就是按照社会的规范要求行动，即按照礼来行事。遵循礼制，社会就有秩序，否则社会就会陷入混乱。因此，礼是社会秩序的保障。一个人爱人，首先就不能不遵守礼制，破坏社会秩序。在传统社会，礼是社会的基本规范。早在西周时代我国就建立起了一整套礼仪制度，然而，春秋时代天下大乱，诸侯割据，原有的礼仪制度遭到了毁灭性的破坏，即所谓“礼崩乐坏”。礼仪是一种约束机制，一个人只有克己才能自觉地遵循礼仪。所以，孔子一方面要求恢复礼仪，另一方面要求人们克己。正是在这种意义上，克己复礼就是爱人的体现，属于仁的范畴。当然，也许是由于痛感礼仪被破坏的严重后果，孔子提出了过于苛刻的对待非礼的四项要求，即“非礼勿视，非礼勿听，非礼勿言，非礼勿动”（《论语·颜渊》）。

三是“忠恕之道”。爱人的内在体现则是成己成人和推己及人，这就是“忠恕之道”。忠恕之道由“忠”和“恕”两个方面的内容组成。所谓“忠”就是“己欲立而立人，己欲达而达人”（《论语·雍也》）。意思是自己想要站得住，就要启发别人，使别人站得住；自己想要发达，就要帮助别人，让别人也发达。这是爱人的积极方面的意义。所谓“恕”，就是“己所不欲，勿施于人”（《论语·卫灵公》）。这是说自己所不愿意要的，不要将其强加给别人。这是爱人的消极方面的意义。在《论语》中，提到“忠”字的有十五章，共十七处。① 其中只有两处谈“忠君”，其他的都是在更广泛的意义上谈忠，如：“主忠信”（《学而》）；“与人忠”（《子路》）；“为人谋而不忠乎？”（《学而》）；“忠焉，能勿诲乎？”（《宪问》）。不言而喻，子贡所说的“博施于民而能济众”更是忠的集中体现。《论语》所说的“忠”都含有“真心诚意、积极为人”的意思。就“恕”而言，包含“宽恕”“容人”的意思，这就是孔子所倡导的“以直报怨，以德报德”（《宪问》）、“不念旧恶，怨是用希”（《公冶长》）的德性。总之，孔子的“忠恕之道”是一种推己之心以爱人的精神。“忠”者，有诚恳为人之心也；“恕”者，无丝毫害人之意也。这两个方面相结合就是仁。②“忠恕之道”在孔子思想中的地位十分重要，曾子说：

① 沈善洪、王凤贤：《中国伦理学说史》（上卷），浙江人民出版社 1985 年版，第 110 页。
② 参见沈善洪、王凤贤《中国伦理学说史》（上卷），浙江人民出版社 1985 年版，第 112 页。

“夫子之道，忠恕而已矣。”（《论语·里仁》）

四是“修己以敬”。在孔子看来，一个人要成为仁者，他必须修养自己的德性品质。无论是“克己复礼”，还是“忠恕之道”，都要以德性为前提。在关于仁的对话中，孔子特别讲到了“恭、宽、信、敏、惠”，实际上《论语》中还谈到许多其他德性，如“三达德”“无怨”等。在所有这些德性中，孔子强调“中庸”，要求君子“惠而不费，劳而不怨，欲而不贪，泰而不骄，威而不猛”（《尧曰》）。德性品质不是与生俱来的，一个人需要经过教化和修养才能获得，所以孔子强调“修己以敬”“修己以安人”“修己以安百姓”（《宪问》），“友其士之仁者”（《卫灵公》）等。正是在这种意义上，孔子讲“仁者先难而后获”，认为真正的仁者必须通过艰苦努力培养德性，以使自己“成人”为前提条件。他还给人的“成人”画了一个路线图：“志于道，据于德，依于仁，游于艺。”（《述而》）

孔子对仁的阐述非常充分，在他之后的孟子和荀子等先秦大儒都没怎么专门讨论仁的问题。孟子对仁的含义做出了明确阐释：“仁也者，人也；合而言之，道也。”（《孟子·尽心下》）这里所说的“人”指的是作为“仁”的对象的人。“仁也者，人也”中的“仁”和“人”合起来，就是“仁人”即“爱人”，孟子称之为“道”，即“人之道”。他还对“仁”的含义做出进一步的概括，明确使用“仁者爱人”这一简洁的命题。显然，孟子对仁的这两种解释意思是一致的。孟子也像孔子一样强调仁对于人的意义，宣称“仁者无敌”（《孟子·梁惠王上》）。但是，他所主要关注的是“仁”和“义”的关系，并且进一步强调了“义”的意义。《中庸》认为仁就是要把人作为人来对待，来关爱，而爱人之中，以爱亲人最为重要。“仁者人也，亲亲为大。”（《中庸》）这里的“人”的意思是把人作为人对待，含有关爱的意思。“仁者人也”的意思实质上就是孟子所说的“仁者爱人”。《中庸》还强调修养的目的就是要达到仁，即“修道以仁”。

后来，宋明理学家及其他思想家也论及仁，特别是朱熹还专门写了《仁说》。周敦颐在《通书》中谈到仁，如他说：“天以阳生万物，以阴成万物。生，仁也；成，义也。故圣人在上，以仁育万物，以义正万民。”（《通书·顺化》，《周敦颐集》卷二）周敦颐的这一思想对朱熹产生了很大影响。程颐阐释了仁与公、恕、爱之间的关系。他说：“仁之道，要之只消道一公字。公只是仁之理，不可将公便唤做仁。公而以人体之，故为仁。只为公，则物我兼照，故仁，所以能恕，所以能爱，恕则仁之施，爱则仁之用也。”（《二程集·河南程氏遗书》卷第十五）朱熹则从本体论的角度解释仁，将仁与理联系起来。他认为“生”的意思就是仁。他说，“天地生这物时，便有个仁”，仁则“浑沦都是一个生意”。朱熹以“仁”说“生”，为的是说明万物的生气、生理都是天地仁爱和善意的体现，这就意味着天地生物是有目的的。他说：“仁者，生之理，惟其运转不息，故谓之心。”宇宙中的万事万物都源自天地之仁心。“仁者，天地生物之心。”“天地以此心普及万物，人得之遂为人之心，物得之遂为物之心，草木禽兽接着遂为草木禽兽之心，只是一个天地之心尔。”（均见《朱子语类》）在这里，朱熹实际上是用仁与生互释，生即仁，仁即生，于是，自然意义的“生”与道德意义的“仁”就贯通起来了。朱熹在论心之仁时还提出仁包含“四端”或“四德”。“四德”即仁义礼智，亦即“心之得”。所谓“心之德”，是从心之“全德”而言的，它包含仁义礼智四者。仁“偏言之”（狭义上）指四德中之一德，“专言之”（广义上）则包含其他各德。仁是四德的根本，义礼智是仁之用。他说：“仁是根，恻隐是萌芽。亲亲、仁民、爱物，便是推广到枝叶。”（《朱子语类》卷第六）朱熹用“心之德”来诠释“仁”所要说明的是，“仁”在心“未发时”已“自具”，“已发时”则“其用不穷”。

从上述朱熹对仁的表述可以看出，他对仁的理解有四个基本要点：其一，仁是爱之理；其二，仁是心之德；其三，仁体现为仁义礼智四德；其四，仁乃天地生物之心。如果仔细分析就会发现，第二个要点实际上包含第三、第四两个要点。因此，朱熹把他对仁的理解归结为这样一个命题：“仁者，爱之理，心之德也。”（《四书章句集注·论语集注》卷一）①经过朱熹的这番阐发和改造，仁已不再仅仅是人生来具有的那种恻隐之心，还是存在于宇宙万物的天地之心；仁的境界也不再单纯是自我与他人和谐的有限境界，还是小我与大我、人类与万物融通的无限境界。

儒家之外的一些思想家，也谈论仁的问题。例如，韩非对仁做了这样的解释：“仁者，谓其中心欣然爱人也。其喜人之有福，而恶人之有祸

① 参见陈来《朱熹哲学研究》，中国社会科学出版社1988年版，第127页。

也。生心之所不能已也，非求其报也。故曰：'上仁为之而无以为也。'"（《韩非子·解老》）清代思想家戴震对何谓仁做了自己的解释："仁者，生生之德也；'民之质矣，日用饮食'，无非人道所以生生者。一人遂其生，推之而与天下共遂其生，仁也。言仁可以赅义，使亲爱长养不协于正大之情，则义有未尽，亦即为仁有未至。言仁可以赅礼，使无亲疏上下之辨，则礼失而仁未为得。"（《孟子字义疏证》卷下《仁义礼智》）

以上这些论述从不同角度对孔孟关于仁的思想做了阐发，丰富了仁的内涵，更有助于今天我们对仁的全面理解。

3. 义

在汉语中，"义"字源自"義"，最早见于甲骨文，从我从羊。"羊"，祭祀牺牲，寓意吉祥；"我"，手持戈，征战义。"義"作为一种祭祀仪式指"我祈求征战大吉"。"义"的通义可以《礼记·中庸》所说为据："义，宜也。"韩愈也说："行而宜之谓义。"（《原道》，《韩昌黎全集》卷十一）"宜"即合适、适当、恰当。行为是适宜的，也就是正当的。[①] 孟子说："人皆有所不为，达之于其所为，义也。"（《孟子·尽心下》）由此看来，"义"在中国传统文化中既有"应当"的含义，也有"正当"的含义。因为它有鲜明的道德含义，因而也被称为"道义"。值得注意的是，虽然中国传统文化中的"义"也含有今天所说的"公正"（公平和正义）的意思，但其含义要更为广泛。[②]

《周易》中就已经使用"义"一词。"直其正也，方其义也。君子敬以直内，义以方外，敬义立而德不孤。"（《周易·坤卦·文言传》）其大意是，君子尊敬正直，以道义待人接物，尊敬正直、行为适宜，人就能立得住，行稳致远，因此不同的德性是相伴相随的。这里的"义"已经有道德的意义。《尚书》里也有"义"的概念。"同力度德，同德度义。"（《泰誓上》）意思是在选用人的时候，在能力相等的情况下，就看德性，

---

① 参见朱贻庭《中国传统道德哲学 6 辨》，文汇出版社 2017 年版，第 73 页。

② 需要注意的是，在传统典籍中，有不少人从礼仪的角度理解义，甚至将"义"视为"仪"。例如，《说文解字》："义者，己之威仪也。"《尚书大传》："尚考太室之义，唐为虞宾。"郑玄注曰："义，当为仪；仪，礼仪也。"颜师古注《汉书·高帝纪》："义，仪容也，读若仪。"（参见唐凯麟、张怀承《成人与成圣——儒家伦理道德精粹》，湖南大学出版社 1999 年版，第 115 页）所有这些注解都没有体现作为传统价值观的"义"观念的本质内涵。

而德性相同就看道义。“义”在这里大致上是指道义行为或德行，它不同于前面说的德性品质。到周朝，“义”常与“礼”联系起来，有了“礼义”的说法。《国语·周语》中有“行礼不疚，义也”之说，《左传·庄公二十二年》也说：“酒以成礼，不继以淫，义也。”而对违反“礼制”的行为，则谓“多行不义必自毙”（《左传·隐公元年》）。《说文解字》对上述思想做了概括，“义之本训则谓礼容各得其宜”，而“礼容得宜则善矣”。在这里，“义”的道德含义更为明显。[①]

在《论语》中，谈仁很多，但谈义不多，而且主要是讲君子如何对待义，如“君子喻于义”（《里仁》），“君子义以为质”（《卫灵公》），“君子义以为上”（《阳货》），“士见危致命，见得思义”（《子张》）。这些表述主要是讲君子把义视为自己的本质，看作最崇高的，因此谈义而不谈利，见到利时就会想到是否符合义。孔子没有说明义指什么，也没有谈及义与仁的关系[②]，他基本上是在日常道义的意义上使用义的。

孟子大大发展了孔子义的思想。他把“羞恶之心”说成义之端，是一种对恶性劣行感到耻辱的心理。所谓羞恶之心，是指善恶观念，它是对善的喜好和自觉遵循，对恶的否定和感到耻辱。在孟子看来，人有了羞恶之心，就会好善而恶恶，《大学》把它概括为“如恶恶臭，如好好色”。所以孟子说：“人不可以无耻，无耻之耻，无耻矣。”（《孟子·尽心上》）人不能没有羞耻感，只有去掉不知羞耻之心，才能不受羞耻、远离羞耻。朱熹在《四书章句集注·孟子集注》卷十三中对此解释说：“耻者，吾所固有羞恶之心也。存之则进于圣贤，失之则入于禽兽，故所系为甚大。”荀子也赞成孟子的这一思想，将义与荣联系起来，而把重利视为耻辱。他说：“荣辱之大分，安危利害之常体；先义而后利者荣，先利而后义者辱；荣者常通，辱者常穷；通者常制人，穷者常制于人；是荣辱之大分也。”（《荀子·荣辱》）

孟子还第一次将义与仁联系起来并从两者关系的角度阐述义的含义。孔子说“里仁为美”（《论语·里仁》），意思是居住在有仁的地方是很美的。孟子发挥了这一思想，称“夫仁，天之尊爵也，人之安宅也”（《孟

① 参见朱贻庭《中国传统道德哲学6辨》，文汇出版社2017年版，第73~74页。

② 《礼记·表记》记载，孔子说过“仁者人也，道者义也”，但《论语》中未发现孔子谈仁与义的关系。

子·公孙丑上》)。同时，他还将仁与义联系起来解释。他说："仁，人之安宅也；义，人之正路也。旷安宅而弗居，舍正路而不由，哀哉！"(《孟子·离娄上》) 意思是，仁是人们理想的安居之宅，义是人们的正确道路。空着理想的安居之宅而不去住，放弃正确的道路不走，那是可悲的。孟子在回答"何谓尚志"时说："仁义而已矣。杀一无罪非仁也，非其有而取之非义也。居恶在？仁是也；路恶在？义是也。居仁由义，大人之事备矣。"(《孟子·尽心上》) 孟子认为，尚志就是遵奉仁义。杀一个无罪之人是不仁的，拿不属于自己的东西是不义的。一个人应该住在哪里？应该住在仁之宅。一个人应该走什么样的路？应该走义之路。一个人住在仁的地方又顺着义的道路走，那就做了一个大人所要做的所有事。

孟子以推行王道于天下为己任，因而要求人们知义、求义、履义。他强调从仁出发，通过义来实现仁，唯义是从，而不是像孔子主张的那样通过克制自己来实现仁。孟子对梁惠王说："王！何必曰利？亦有仁义而已矣。……未有仁而遗其亲者也，未有义而后其君者也。王亦曰仁义而已矣，何必曰利？"(《孟子·梁惠王上》) 这是孟子劝告梁惠王要把仁义而不是利益放在治国的首位，他甚至还说过为了义不一定要讲信用，不一定要言行一致这样极端的话："大人者，言不必信，行不必果，惟义所在。"(《孟子·离娄下》) 在孟子那里，义所强调的是人对他人和社会应当承担的责任，将其内化为自觉的道德义务感则是人应当为自己确定的价值目标。孟子主张，一个人为了实现这一目标应当不惜牺牲自己的一切，甚至包括生命。所以孟子说："生亦我所欲也，义亦我所欲也；二者不可得兼，舍生而取义者也。"(《孟子·告子上》) 这样的人在孟子看来才"富贵不能淫，贫贱不能移，威武不能屈"(《孟子·滕文公下》)。

荀子将"义"看成人与水火、草木、禽兽的区别。因此，他认为义是人之大德的体现，强调义的至上性。他说："水火有气而无生，草木有生而无知，禽兽有知而无义；人有气、有生、有知，亦且有义，故最为天下贵也。"(《荀子·王制》) 在荀子看来，义是宜于礼的规定，而宜于礼的行为就是"正义"，即所谓"正义而为谓之行"(《荀子·正名》)。所以荀子将"礼义"并举，合为一词。他从义的功能对义做了这样的规定："夫义者，内节于人而外节于万物者也，上安于主而下调于民者也。内外上下节者，义之情也。"(《荀子·强国》) 因此，荀子强调义是行为取舍的最高标准。他说："从道不从君，从义不从父，人之大行也。"（《荀子·子道》）"义之所在，不倾于权，不顾其利，举国而与之不为改视，重死持义而不桡。"（《荀子·荣辱》）荀子对义的规范含义做了进一步阐述，把合乎礼制称为"义分"，同时又对对待不同身份的人的道义要求做了规定："遇君则修臣下之义，遇乡则修长幼之义；遇长则修子弟之义，遇友则修礼节辞让之义；遇贱而少者则修告导宽容之义。"（《荀子·非十二子》）其总的要求是"无不爱也，无不敬也"。后来，《礼记·礼运》对义的不同道德要求做了进一步概括，将父慈、子孝、兄良、弟悌、夫义、妇听、长惠、幼顺、君仁、臣忠称为"十义"。

先秦儒家的仁义思想，在后来的儒家思想家那里得到阐发。董仲舒认为，仁的实质是爱人、安人，而义的实质则是正我，"以仁安人，以义正我"。他说："仁之法在爱人，不在爱我。义之法在正我，不在正人。我不自正，虽能正人，弗予为义。人不被其爱，虽厚自爱，不予为仁。"（《春秋繁露·仁义法》）董仲舒道出了儒家仁义的实质，即正己才能正人，正己才能爱人。在董仲舒之后，许多思想家对义有所涉及，但主要是对先秦思想家的思想进行注释和阐发，无多少创新。例如，朱熹对义的含义做了明确的界定："义者，心之制、事之宜也。"（《四书章句集注·孟子集注》卷一）"义者，天理之所宜。"（《朱子语类》卷第二十七）朱熹实际上总结并阐明了自孔子以来儒家对义的基本理解。陆九渊也说："君子义以为质，得义则重，失义则轻，由义为荣，背义为辱。"（《与郭邦逸》，《陆九渊集》卷十三）

一些非儒家思想家也谈"义"。例如，《韩非子·解老》中曾对"义"的含义做解释："义者，君臣上下之事，父子贵贱之差也，知交朋友之接也，亲疏内外之分也。臣事君宜，下怀上宜，子事父宜，贱敬贵宜，知交友朋之相助也宜，亲者内而疏者外宜。义者，谓其宜也，宜而为之，故曰：'上义为之而有以为也。'"

4. 礼

"礼"是儒家"五常"之一，也是传统价值观中出现最早的一个核心理念。礼（禮），从示，从豊。"豊"是行礼之器，在字中也兼表字音。在日常生活中，礼有"礼物""礼仪""礼意"等意义，但在传统文化中，它有"规范"及相应的观念的意思。"礼，履也。所以事神致福也。"（《说文解字》）《左传·昭公二十五年》中也表达了当时人们对礼的理解：“夫礼，天之经也，地之义也，民之行也。”

孔子说：“殷因于夏礼，所损益可知也；周因于殷礼，所损益可知也。”（《论语·为政》）这就是说，夏代已有“礼”，夏、商、周三代的“礼”有继承关系，但也经过“损益”去掉了不合适的内容，增加了新的内容。《尚书》中也有类似的记载。《君奭》云：“殷礼陟配天，多历年所。”这里不但承认有殷礼，并指出其“配天”的特点。《洛诰》记载：“周公曰：王肇称殷礼，祀于新邑，咸秩无文。”这是说，在商的故土建立周的新邑时，还用殷礼来祭祀。《尚书》的解释性著作《尚书大传》将周公一生的功绩概括为：“一年救乱，二年克殷，三年践奄，四年建侯卫，五年营成周，六年制礼作乐，七年致政成王。”《礼记·明堂位》也谈到周公摄政的第六年“制礼作乐”。《礼记·表记》也说：“殷人尊神，率民以事神，先鬼而后礼。”“周人尊礼尚施，事鬼敬神而远之。”《诗经》中关于礼和仪的诗句也谈到礼仪对人的重要性：“人而无礼，胡不遄死？”“人而无仪，不死何为？”（《相鼠》）这两句诗是讲没有礼和仪，人活着就没有什么意义。《左传》中也大量地谈到礼，如“义而行之，谓之德、礼。无礼不乐，所由叛也”（《文公七年》）；“贵有常尊，贱有等威，礼不逆矣”（《宣公十二年》）；等等。所有这些文献表明，礼是与中华民族进入文明社会相伴随的，而到了周朝，则形成了一套十分完整而繁杂的礼仪体系。[①] 但是，完整的“礼”的理论观念是在春秋战国时期形成的。

春秋战国时期，道家反对以“仁义礼”对自然进行人为干预，墨家也不讲“礼”。法家虽然谈到礼，但对礼持否定态度。《韩非子·解老》中讨论了“礼”的含义，对“礼”做了两个界定：“礼者，所以貌情也，群义之文章也，君臣父子之交也，贵贱贤不肖之所以别也。”“礼为情貌者也，文为质饰者也。”但是，韩非认为“礼”实际上是人内心情感衰退的表现，在大家都讲礼的时候，别人还礼就欢喜，不还礼则责备怨恨。这样，礼在沟通人们的淳朴之心的同时又会引起人们之间的纷争，而有纷争就会产生混乱。韩非的最后结论是：“礼者，忠信之薄也，而乱之首

---

① 出现在春秋战国时期的“三礼”即《周礼》《仪礼》《礼记》，大致上记录了周朝的礼制，并对礼做了系统的理论探讨。

乎!”与其他各家不同，儒家对“礼”推崇备至。

儒家尚“礼”是因其创始人孔子向往周礼并推崇礼。在孔子之前，礼是一种广义的社会规范，包括各种社会制度，孔子则将“礼”的含义限定于道德，将礼与他所主张的“仁”联系起来，把“仁”视为“礼”的实质性内容。他说：“人而不仁，如礼何?”（《论语·八佾》）同时，他又把“礼”视为“仁”的前提和保障。他说：“克己复礼为仁。一日克己复礼，天下归仁焉。”（《论语·颜渊》）在他看来，礼也是德的前提条件。他说：“恭而无礼则劳，慎而无礼则葸，勇而无礼则乱，直而无礼则绞。”（《论语·泰伯》）正因为礼对于人来说如此重要，所以孔子强调“非礼勿视，非礼勿听，非礼勿言，非礼勿动”（《论语·颜渊》），要求“君使臣以礼，臣事君以忠”（《论语·八佾》）。在孔子生活的时代有“礼不下庶人”（《礼记·曲礼上》）之说，孔子主张实行“道之以德，齐之以礼”（《论语·为政》）的德治，实际上就打破了“礼不下庶人”的限制，把“克己复礼”看作实现仁的主要途径之一。孔子突出了礼对个人和治国安邦的极端重要性，并对人们提出了具体的要求。

孟子对礼并没有多少阐述，但他的重要贡献在于，在“礼”的规范意义之外又为它赋予“德”的意义，即“辞让之心”，并将“礼”与“仁义智”联系起来作为“四德”。他认为，人生来就具备“四德”之端，但要使之成为德，需要通过培育使之发扬光大。从理论上对礼进行系统探讨的，主要是《荀子》和《礼记》，《荀子》中有专门论礼的《礼论》。

《荀子》和《礼记》主要探讨和回答了以下几个问题。

第一，人为什么要有礼的问题。荀子认为，人之所以要有礼，是因为人有欲望，在人们的欲求与满足欲求的资源之间存在差距，就会发生纷争，导致社会混乱，人民贫穷。正是因为这种情况，圣人制礼来对人们的行为进行规范，从而使社会有序，使人们的欲望得到更好的满足。他说：“礼起于何也？曰：人生而有欲，欲而不得，则不能无求；求而无度量分界，则不能不争；争则乱，乱则穷。先王恶其乱也，故制礼义以分之，以养人之欲，给人之求，使欲必不穷乎物，物必不屈于欲。两者相持而长。是礼之所起也。”（《荀子·礼论》）荀子还说，礼对生死大事是相当谨慎的。“生，人之始也；死，人之终也。终始俱善，人道毕矣。”所以，君子讲究恭敬地对待人生的开端而慎重地对待人生的终结，“始终如一，是君子之道，礼义之文也”（《荀子·礼论》）。

《礼记》则主要从人的情感（包括欲望）的角度谈人为什么需要礼义，以及什么样的礼义才能使人弃恶从善。“何谓人情？喜、怒、哀、惧、爱、恶、欲，七者弗学而能。何为人义？父慈、子孝、兄良、弟弟、夫义、妇听、长惠、幼顺、君仁、臣忠，十者谓之人义。讲信修睦，谓之人利。争夺相杀，谓之人患。故圣人之所以治人七情，修十义，讲信修睦，尚辞让，去争夺，舍礼何以治之？饮食男女，人之大欲存焉；死亡贫苦，人之大恶存焉。故欲恶者，心之大端也。人藏其心，不可测度也。美恶皆在其心，不见其色也，欲一以穷之，舍礼何以哉？”（《礼记·礼运》）《礼记·哀公问》记述了孔子讲礼之重要性的一段话。他说：“民之所由生，礼为大。非礼无以节事天地之神也，非礼无以辨君臣、上下、长幼之位也，非礼无以别男女、父子、兄弟之亲，昏姻疏数之交也。”所以，君子在谈到礼的时候就肃然起敬，然后才尽其所能来教导百姓，使他们不失时节地按礼行事。

第二，礼的内涵问题。荀子说：“礼者，养也。”“礼者，人道之极也。”（《荀子·礼论》）他的意思是，所谓礼，就是人作为人需要遵守的最基本的规范，人们遵守礼可以通过确定人们之间的规矩和界限来更好地满足人们的欲望。“礼者，以财物为用，以贵贱为文，以多少为异，以隆杀为要。”（《荀子·礼论》）礼以钱财物品为工具，以尊贵卑贱之别为制度，以享受多少为尊贵卑贱之别，以隆重、简省为要领。这就是礼的特点。《礼记·仲尼燕居》以孔子之口表述了对礼的界定：“礼也者，理也。乐也者，节也。君子无理不动，无节不作。”“礼者何也？即事之治也。”这是说，所谓礼，就是道理，就是做事的理由、办法。君子要做事就必须有做事的理由和办法，没有理由和办法君子就不会做事。

第三，礼的功能和作用问题。在荀子看来，人们既希望满足物质欲望，又喜爱与别人不同，一个人要想兼得这两方面，就要一心一意遵守礼制，而如果一切听任性情，这两个方面都会丧失。这是礼对个人自己的作用，一个人守礼还有对他人的意义。荀子说：“礼有三本：天地者，生之本也；先祖者，类之本也；君师者，治之本也。无天地恶生？无先祖恶出？无君师恶治？三者偏亡焉，无安人。故礼，上事天，下事地，尊先祖而隆君师，是礼之三本也。”（《荀子·礼论》）这是说，天地是生命之源，祖先是种族之源，君师是政治之源，这三个方面即使部分残缺，人们也无法正常地生活。礼的意义就在于它可以使人上事奉天，下事奉地，尊敬祖先而推崇君师。《礼记·曲礼上》对于礼是用来干什么的有明确的说法："夫礼者，所以定亲疏，决嫌疑，别同异，明是非也。"《礼记》认为，作为人而不知礼，虽然能说话，也不过是禽兽而已。所以，圣人"为礼以教人，使人以有礼，知自别于禽兽"（《礼记·曲礼上》）。《礼记·礼器》中说，以礼为器，可形成"大顺"的局面，而这种局面乃是盛德的表现。礼可以消除邪恶，增进本质之美，用在人身上则无所不正，用到做事上则无所不成。"其在人也，如竹箭之有筠也，如松柏之有心也。二者居天下之大端矣，故贯四时而不改柯易叶。"（《礼记·礼器》）君子有礼也恰是如此，他不仅能与外部的人和谐相处，而且能与内部的人相亲相爱，所以，人们无不归心于他的仁慈，连鬼神也乐于消受他的祭品。

《荀子》和《礼记》还讨论了各种具体的礼，但与《仪礼》《周礼》不同，这两本书中谈的礼是体现礼的内涵和精神的礼仪原则，而不是纯粹制度层面的礼仪条文。

5. 智

"智"的本义为"知日"。知日，知太阳也。知太阳之阴阳也。太阳之阴阳者，见之则为阳，不见之则为阴，如日夜，日出后见日光为日，日没后不见日光为夜。所以，"智"之广义为明万物阴阳之本，知万物阴阳之变化，对事物的过去现在未来的变化胸有成竹，对答如流。在传统文化中，"智"和"知"通义，有知者才有智。智者，知也，无所不知也。明白是非、曲直、邪正、真妄，即人发为是非之心，文理密察，是为智也。黄石公云："贤人君子，明于盛衰之道，通乎成败之数。审乎治乱之势，达乎去就之理。故潜居抱道，以待其时。若时至而行，则能极人臣之位；得机而动，则能成绝代之功。"（《素书》）与其他四个价值理念相比较，儒家对智的思考较少，而且多是讲"知"的道德意义。在儒家看来，人是通过"知"得道并获得对仁义礼的知识的。因此，儒家更多地从工具的意义看待知，并不把知及其所获得的真理本身作为目的，而且只重视道德之知而忽视科学之知。这是儒家价值观以及传统价值观的一个重大缺陷，这一缺陷严重阻碍了中国科学技术的发展。

在儒家思想中，孔子非常重视知以及与之相关的学、思的重要性。他认为，有知识的智者的最大优势在于头脑清醒，心明眼亮，明辨是非善恶。他说："知者不惑，仁者不忧，勇者不惧。"（《论语·子罕》）孔子认为，人在知的方面天生就有差异，这些差异是不可改变的，而且每个人对待知有不同的态度。他说："唯上知与下愚不移。"（《论语·阳货》）在他看来，有的人生而知之，有的人学而知之；有的人遇到了困难才去学，有的人遇到了困难也不学。他把生而知之者看作层次最高的，而困而不学者是层次最低的，他们是普通百姓。因此，孔子特别强调学的意义。他说："好仁不好学，其蔽也愚；好知不好学，其蔽也荡；好信不好学，其蔽也贼；好直不好学，其蔽也绞；好勇不好学，其蔽也乱；好刚不好学，其蔽也狂。"（《论语·阳货》）

孔子还谈到多种学习方法或学习中值得注意的问题。他倡导学与思的结合，不能只学不思，也不能只思不学，"学而不思则罔，思而不学则殆"（《论语·为政》）；要求在学习的过程中"视、观、察"相结合，"视其所以，观其所由，察其所安"（《论语·为政》）；认为善于"温故而知新"（《论语·为政》）的人可以为人师表。他还特别强调对待知识要有诚实的态度，不能弄虚作假，贪图虚名，这样才能获得真正的知识。"知之为知之，不知为不知，是知也。"（《论语·为政》）

《孟子》中直接谈知的地方不多，但他明确将知对于仁的意义凸显出来。孔子在《论语》中谈到"里仁为美。择不处仁，焉得知"（《里仁》），强调不选择住在仁的地方是不明智的。孟子接着孔子的话说："莫之御而不仁，是不智也。"（《孟子·公孙丑上》）他的意思是，没有人控制你，你却做出不仁的事来，那是不明智的。他还进一步强调，不仁、不智、无礼、无义的人只能做别人的仆从。同时，孟子还明确为智赋予道德意义，他的"四端"说中，把"是非之心"视为智之"端"，并且认为它是与生俱来、人人皆备的。孟子相信人生来就具有良能、良知，而这种良能、良知就是与生俱来的四"善端"。"人之所不学而能者，其良能也；所不虑而知者，其良知也。孩提之童无不知爱其亲者，及其长也，无不知敬其兄也。"（《孟子·尽心上》）所以他强调："无是非之心，非人也。"（《孟子·公孙丑上》）在中国文化中，"是非"的意思不是真假，而是"对错"，用伦理学的语言来表达，就是"正当不正当"。所以，孟子这里所说的“是非之心”实际上是人的道德之心的一个方面。

荀子着重从知的主体讨论知。他认为，人具有知的能力。他说：“所以知之在人者，谓之知。”（《荀子·正名》）“凡以知，人之性也；可以知，物之理也。”（《荀子·解蔽》）在他看来，人作为知之主体，包括两个部分，即五官及心。五官接受印象，心则辨而知之。两者缺一不能成知。他说：“耳目口鼻形，能各有接而不相能也，夫是之谓天官。心居中虚，以治五官，夫是之谓天君。”（《荀子·天论》）“夫何以知？曰：心知道，然后可道。”（《荀子·解蔽》）

在孟子、荀子之后，许多儒家思想家都研究过知。《中庸》称“知、仁、勇”为“天下之达德”，把知作为“三达德”之首，要求人们首先获得道德认识，树立正确的是非善恶观念。《中庸》提出，君臣、父子、夫妇、兄弟、朋友这五伦是天下的准则。对于这五条准则，有的人生来就知道，有的人通过学习才知道，有的人碰了钉子才知道，不管怎么知道的，只要知道了，就是一样的。《大学》提出大学之道之首要任务在于“明明德”，就是要彰明仁义道德，而最终目的在于达到至善。只有知道了至善才能确定志向，然后才能毫无杂念，才能专心致志，才能虑事周详。《大学》为人们如何明明德于天下指出了一个路线图：首先致其知，然后依次为诚其意、正其心、修其身、齐其家、治其国，而致知在格物。《大学》特别强调知的重要性，指出“物有本末，事有终始，知所先后，则近道矣”。

程朱理学和陆王心学的共同特点是把天、理视为知的对象。二程认为，只要能尽心，便能知天，更不必外求。“以心知天。……只心便是天，尽之便知性，知性便知天。当处便认取，更不可外求。”（《二程集·河南程氏遗书》卷第二上）知之源在心，唯有心能获得普遍的天理。“人心莫不有知，惟蔽于人欲，则忘天理也。”（《二程集·河南程氏遗书》卷第十一）知分为非德性之知和德性之知，而德性之知不是源于感官，而是心所固有的。“知者吾之所固有，然不致则不能得之，而致知必有道，故曰‘致知在格物’。”“致知在格物，非由外铄我也，我固有之也。”（《二程集·河南程氏遗书》卷第二十五）朱熹发挥了二程的思想，认为致知和格物实即一物两面。“致知格物，只是一事，非是今日格物，明日又致知。格物以理言也；致知以心言也。”（《朱子语类》卷第十五）陆九渊、王阳明则把知与理统一起来，认为心就是理，心理不二。陆九渊说："人皆是有心，心皆具是理，心即理也。……所贵乎学者，为其欲穷此理，尽此心也。"（《与李宰二》，《陆九渊集》卷十一）王阳明发挥孟子的思想，把智说成人人先天固有的本心、良知。他说："良知只是个是非之心。是非只是个好恶，只好恶就尽了是非，只是非就尽了万事万变。""尔那一点良知，是尔自家底准则。"他还认为心、知、意与身、物是一回事。他说："只要知身、心、意、知、物是一件。"（《传习录》下卷）王阳明还进一步将知与行统一起来，主张知行合一。他说："未有知而不行者，知而不行，只是未知。……知是行的主意，行是知的功夫；知是行之始，行是知之成。若会得时，只说一个知，已自有行在；只说一个行，已自有知在。"（《传习录》上卷）他甚至认为"一念发动处，便即是行了"（《传习录》上卷）。

王夫之对智做过更为系统的研究。他认为善与恶具有相对性，而且有大小之别，需要理解蕴含于必然之理中的应然之则，把握其实质，以认识不同条件下善的大小之分、恶的轻重之别。他说："推其所以然之由，辨其不尽然之实，均于善而醇疵分，均于恶而轻重别。"（《读通鉴论》卷末）王夫之明确把智看作认识"五常"中其他四德的工具，将智视为人们道德自觉的前提。"是故夫智，仁资以知爱之真，礼资以知敬之节，义资以知制之宜，信资以知诚之实。故行乎四德之中，而彻乎六位之终始。"（《周易外传》卷一）当然，智也离不开四德，离开四德，智便不是德，人的知识脱离了仁义道德就会走向反面。"是故夫智，不丽乎仁则察而刻，不丽乎礼则慧而轻，不丽乎义则巧而术，不丽乎信则变而谲，俱无所丽，则浮荡而炫其孤明。幻妄行则君子荒唐，机巧行则细人捭阖。"（《周易外传》卷一）这里的"丽"即附丽。这段话的意思是，智没有仁就显得苛刻，没有礼就造就浅薄，没有义就流于巧和术，没有信就出现谲变，而没有四德，智巧愈高，离邪恶越近。

除儒家之外，道家、墨家对知也多有研究。老子是排斥知的，认为"为学日益，为道日损"（《老子》四十八章）。庄子虽然认为"有真人而后有真知"（《庄子·大宗师》），但总体上对人的认识能力持怀疑态度。他说："吾生也有涯，而知也无涯。以有涯随无涯，殆已；已而为知者，殆而已矣！"（《庄子·养生主》）墨家关于知识以及逻辑的思想很丰富，但基本上属于认识论的范畴，而不属于价值观的范畴，而且对传统价值观以及传统社会没有多大影响。

6. 信

信，从人从言。人的言论应当是诚实的，因而信的本义为“真心诚意”。“信”一词在《尚书》里就已经出现。《金縢》中有这样的记载：“二公及王乃问诸史与百执事。对曰：‘信。噫！公命，我勿敢言。’”意思是，二公和成王就这件事询问祝史和各执事之官，他们回答说：是这样的，但这是周公的命令，我们一直没敢说。《君奭》记载了周公说的一段话：“天不可信，我道惟宁王德延，天不庸释于文王受命。”周公的意思是，不可一味信赖老天，我们只能继承和发展文王的大德，老天才不会舍弃文王接受下来的大命。从这两段话可以看出，《尚书》中的“信”基本上是在日常的意义上使用的，有“相信”“信赖”“信任”之义。《左传·宣公二年》有关于信的记载：“麑退，叹而言曰：‘不忘恭敬，民之主也。贼民之主，不忠；弃君之命，不信。有一于此，不如死也。’触槐而死。”《左传》还谈到了信的重要性：“信，国之宝也，民之所庇也。得原失信，何以庇之？所亡滋多。”（《僖公二十五年》）《左传》也谈到了信与义的关系：“君能制命为义，臣能承命为信。”“义无二信，信无二命。”（《宣公十五年》）道家也讲信：“夫轻诺必寡信，多易必多难。”（《老子》六十三章）

把“信”作为一个重要道德概念和价值观念的是孔子。《论语》中谈及“信”的内容比较多，也相当丰富，为“信”进入儒家的“五常”定了基调。孔子首先强调做人要讲“信”。“人而无信，不知其可也。大车无輗，小车无軏，其何以行之哉？”（《论语·为政》）这里的“信”有信用、诚信的意思。孔子认为，如果做人不讲诚信，那就不知道他还可以做什么，如同大车没有车辕与轭相连接的木销子、小车没有车杠与横木相衔接的销钉就没法行走一样。孔子又说：“言忠信，行笃敬，虽蛮貊之邦，行矣。言不忠信，行不笃敬，虽州里，行乎哉？”（《论语·卫灵公》）他还谈到“言必信，行必果，硁硁然，小人哉”（《论语·子路》），这里的意思是讲信用是普通人最起码的要求。后来，孟子发挥了这一思想，说“大人者，言不必信，行不必果，惟义所在”（《孟子·离娄下》），他所强调的是言和行都必须以义为前提，不符合义的言行无所谓信用和良好效果的问题。

同时，孔子认为信是立国之本。他说：“自古皆有死，民无信不立。”（《论语·颜渊》）意思是，自古以来人都免不了死亡，民众对君王没有信任，君王就无法立足，国家就会走向灭亡。孔子还要求人们讲信用，做到言而有信，行而有信。《论语》中有“与朋友交而不信乎”（《学而》），“主忠信，无友不如己者”（《学而》），“信则人任焉”（《阳货》）等说法。这些话是讲，只有忠诚老实，言而有信，才能得到他人的信任，从而自己能顺利地行动，有效地实现自己的目的。相反，不讲信用，得不到他人的信任，那就会使自己的行为处处受到阻碍、抵制，无法实现自己的目的。所以，孔子在教育学生的时候，主要讲四方面的内容：“文，行，忠，信。”（《论语·述而》）《大学》发挥了孔子这一思想，指出：“君子有大道，必忠信以得之，骄泰以失之。”

孔子讲的信，主要是“忠信”，即忠实诚信。孔子的弟子有子又将信与义联系起来：“信近于义，言可复也。”（《论语·学而》）于是，有了“信义”的概念。孟子的重要贡献则在于把“信”与“诚”联系起来，强调“诚信”。他说：“居下位而不获于上，民不可得而治也。获于上有道，不信于友，弗获于上矣。信于友有道，事亲弗悦，弗信于友矣。悦亲有道，反身不诚，不悦于亲矣。”（《孟子·离娄上》）孟子在这里是将内在反思之“诚”植入外在的“信”中，这样“信”获于天，见于性，成为沟通“天道”与“人道”的一种纽带。孟子的这一思想在《中庸》中得到了阐发。《中庸》云：“在下位不获乎上，民不可得而治矣；获乎上有道：不信乎朋友，不获乎上矣；信乎朋友有道：不顺乎亲，不信乎朋友矣；顺乎亲有道：反诸身不诚，不顺乎亲矣；诚身有道：不明乎善，不诚乎身矣。”孟子还直接将“诚”和“信”结合起来使用，使“诚信”成为传统观念中的重要范畴和观念。他说：“故君子可欺以其方，难罔以非其道。彼以爱兄之道来，故诚信而喜之，奚伪焉？”（《孟子·万章上》）

孟子也使用孔子的“忠信”概念。他说：“有天爵者，有人爵者。仁义忠信，乐善不倦，此天爵也；公卿大夫，此人爵也。”（《孟子·告子上》）在这句话中，孟子认为“天爵”是人必修的最基本的道德，“忠信”是“天爵”的组成部分，是个体为人处世的根本。孟子还从信“道”的角度强调“信念”的重要性，认为朝廷不信道，国家就会灭亡。

所以，他告诫人们："上无道揆也，下无法守也。朝不信道，工不信度。君子犯义，小人犯刑。国之所存者幸也。"（《孟子·离娄上》）

《吕氏春秋》对先秦儒家有关信的思想做了详细论述："君臣不信，则百姓诽谤，社稷不宁；处官不信，则少不畏长，贵贱相轻；赏罚不信，则民易犯法，不可使令。交友不信，则离散郁怨，不能相亲；百工不信，则器械苦伪，丹漆染色不贞。夫可与为始，可与为终，可与尊通，可与卑穷者，其唯信乎！"（《离俗览·贵信》）这是说，一个社会的任何人群，从官员到百姓都不能不讲信用，否则社会秩序就会陷入混乱。这段话是对先秦儒家关于"信"的思想的一个总结。

四 "中庸之道"

"中庸"也是传统价值观的基本理念，是儒学的一个独有的价值范畴，在孔子之前的先秦诸子文献中未见有这一概念。"中庸"的概念在孔子那里才出现，但其观念相当古老。

1. 中庸观念的源流

《尚书·大禹谟》中记载了舜告诫禹的一段话："人心惟危，道心惟微，惟精惟一，允执厥中。"舜告诫禹，人心险恶，道心精微难测，只有精诚专一，秉执中正之道，才能治理好国家。允：诚信；执：秉执，遵守；厥：其；中：中正之道，中道。"允执厥中"是指言行不偏不倚，符合中正之道。《尚书·洪范》更是把中庸作为君王的统治准则："无偏无颇，遵王之义。无有作好，遵王之道。无有作恶，遵王之路。无偏无党，王道荡荡。无党无偏，王道平平。无反无侧，王道正直。"这段话所强调的是君王不要偏私，不要为非作歹，不要结党营私。

《周易》中有的卦辞或爻辞也表达了中道观念，如《夬卦》云："九五：苋陆夬夬。中行无咎。"意思是山羊在路上决然前进不息，居中行而必无咎害（没有风险）。《易传》也多次用"中"的思想解释卦象，表达对适中、中道的赞赏。《易经》对夬卦二爻（九二）用了这样的爻辞："惕号：'莫夜有戎。'勿恤。"从卦象上看，这一爻属于阳爻居阴位，阳刚之气稍减，并且居中而行，不会冒进，也不会做过分的事情，就算遇到危险，结果也不会失败，故不用担忧。《易传》在解释这一爻时说：

“‘有戎，勿恤’，得中道也。”（《夬卦·象传》）意思是深夜会发生战事，但是没有危险，不必担忧。这是因为九二爻处在下卦的中位，所以能够信守中庸之道，尽管会遭到小人的骚扰或遇到危险，但终究有惊无险，可以化险为夷。《易传》也从中道的观点对《易经》解卦中二爻（九二）的爻辞做出了解释。这一爻的爻辞是：“田获三狐，得黄矢，贞吉。”《易传》解释说：“九二‘贞吉’，得中道也。”（《解卦·象传》）这是说这一爻的“贞吉”在于得到中道。在对姤卦进行解释的时候，《易传》阐述了中庸的政治意义。这一卦的卦辞是：“姤：女壮，勿用取女。”意思是，女子健壮伤男，不要娶这样的女子。对此，《易传》做了这样的解释：姤卦，是相遇的意思，阴柔遇见阳刚，所以不要娶这样的女子，因为不能与她长久相处。天与地相遇，化育万物，盛大章明。这一卦中的“九五”（“以杞包瓜，含章，有陨自天”）则“刚遇中正，天下大行也”（《姤卦·彖传》）。意思是“九五”爻刚健中正，在中位，是这一卦的主体，它满怀正义与力量，故能大行于天下。①

清华大学受赠的2388枚战国竹简（简称“清华简”）之中的《保训》，记述了文王在弥留之际对武王如何治国以及中道、德治等内容的阐述。在位五十年的周文王得了重病，预感到自己将要离开人世，于是把太子发（后来的周武王）找来传授宝训。文王对太子说，我的病已经很严重，担心没有时间对你加以训告，所以我要把过去人们传承的“宝训”告诉你，你一定要把它背诵下来，你要根据“宝训”的要求，任何时候都恭敬做事，不要放纵自己。他所说的“宝训”就是：“昔舜旧作小人，亲耕于历丘，恐求中，自稽厥志，不违于庶万姓之多欲。厥有施于上下远迩，乃易位迩稽，测阴阳之物，咸顺不扰。舜既得中，言不易实变名，身兹备惟允，翼翼不懈，用作三降之德。帝尧嘉之，用受厥绪。”“宝训”的大意是，舜出身于百姓，从小参加劳动，但他求取“中道”，注意自我省察，努力将事情做好。舜获得了“中道”后，更加努力，毫不懈怠。舜的表现得到了尧的高度赞赏，尧最后把自己的君位禅让给了舜。

不过，真正使“中庸”成为重要道德概念和价值观念的是孔子。在

① 参见崔波注译《周易》，中州古籍出版社2007年版，第229～253页。

《论语》中，孔子不仅明确使用了这个概念，而且称它为“至德”。后来，子思发挥了孔子的思想写成《中庸》一书。[①] 这本书在北宋时期得到程颢、程颐的极力推崇，南宋朱熹还作了《中庸章句》，并将它和《大学》《论语》《孟子》一起并称为“四书”。宋元开始，《中庸》成为官定的教科书，并被作为科举考试的必读书，对后期传统社会产生了广泛的影响。

2. 孔子的中庸思想

“中庸”这个概念是孔子首先使用的，但他并没有对其做出明确的界定，而且这个概念不太好理解。“中”的含义相当丰富，在先秦古籍中常见的字义有三：一是指事物的中间、中等、两者之间；二是指行为、情感的适宜、合适、适度、得当；三是指品质的中正、正派，心态的平静、安宁、安详。“中庸”的“中”与上述三种含义都有关系，只有把这三方面的意思贯通起来理解，才能把握“中庸”的完整含义。中庸的“庸”字也有三义。一是“用”之义。《说文》云：“庸，用也。”中庸就是用中。《庄子·齐物论》说：“庸也者，用也；用也者，通也；通也者，得也。”意思是，唯用中而后方可通道、得道。二是“常”之义，指恒常，不易。程颐说：“不偏之谓中，不易之谓庸。”（《四书章句集注·中庸章句》）三是“和”之义。《广雅·释诂》云：“庸，和也。”中庸即中和，道中庸即致中和。庸的这三层意思都有经典依据，都说得通，而且都体现了儒家的精神。总体上看，儒家所说的“中庸”的一般含义是人所具有的用中、致中的品质，这种品质是德性的品质，而获得这种品质是一种价值和道德追求。

在《论语》中，孔子正式使用了“中庸”的概念，而且把“中庸”视为“德”，甚至是“至德”。针对当时战乱不已、争权夺利的混乱时局，孔子发出了这样的感叹：“中庸之为德也，其至矣乎！民鲜久矣！”（《论语·雍也》）孔子感叹民间缺少中庸这种德已经太久，而他之所以为此担忧，是因为在他看来中庸是极其重要的东西，是至高无上的大德。孔子还说：“不得中行而与之，必也狂狷乎！狂者进取，狷者有所不为

① 张岱年先生认为，《中庸》大部分是子思所著，个别章节是后人附益的，其中“诚”的思想应先于孟子。参见郭齐勇编著《中国哲学史》，高等教育出版社 2006 年版，第 64 页。

也。”（《论语·子路》）中庸作为至德，一般人难以达到。在做不到或还没有做到中庸的情况下，也一定要结交一些志高行狂的人或拘谨守节的人。因为前者有积极进取的一面，后者有行为谨慎规范的一面，他们各有所长。在孔子看来，中庸是一种至德，所以只有君子才能做到，小人不仅做不到，而且会违反中庸的要求；即使他们自以为做到了中庸，但实际上还是无所顾忌的。这就是《中庸》中所说的：“君子中庸，小人反中庸。君子之中庸也，君子而时中；小人之中庸也，小人而无忌惮也。”

虽然《论语》中有关“中庸”的直接论述不多，但中庸的思想贯穿全书，书中很多论述都体现了中庸精神。《论语·学而》云：“有子曰：礼之用，和为贵；先王之道，斯为美。”有子的这句话虽然是讲礼的作用贵在能够和顺、和谐，但实际上表达了“和”必须合适、适度，只不过达到这种“和”需要礼的调节。这就是《礼记·仲尼燕居》所说的“礼乎礼！夫礼，所以制中也”。荀子也说：“先王之道，仁之隆也，比中而行之。曷谓中？曰：礼义是也。”（《荀子·儒效》）孔子所说的“君子坦荡荡，小人长戚戚”（《论语·述而》），是指君子心态平和、从容、豁达，这种心态正是中庸已成为人的品质的自然流露。《论语》记载，孔子努力避免人身上会产生的四种弊病，即“毋意，毋必，毋固，毋我”（《论语·子罕》）。要避免这些弊病，就要防止发生偏差，使人生保持无过无不及的适度状态。《论语》中体现中庸精神的表述很多，这里不一一分析。子思正是深刻洞察孔子思想所洋溢的中庸精神，所以专门作《中庸》一书。

3.《中庸》对中庸思想的阐发

《中庸》的中心内容是阐发孔子的中庸思想，从一定意义上可以说它是以孔子的中庸思想为轴心对孔子思想进行的系统阐述。其突出的贡献体现在两个方面：一是对“中庸”的含义做出了明确的界定；二是将中庸与和谐联系起来，形成了“中和”的概念和“致中和”的意义及其价值和道德要求。这两方面的贡献集中体现在下面这段话中：“喜怒哀乐之未发，谓之中；发而皆中切，谓之和。中也者，天下之大本也；和也者，天下之达道也。致中和，天地位焉，万物育焉。”（《中庸》）这段话的意思是，人的喜怒哀乐情感不任其宣泄，而是得到无所偏倚的控制，这就是中庸；这些情感表现出来时符合规范，不会给他人带来伤害，影响人际关系，这就是和谐。中庸是天下的根本原则，是天下和谐的最重要基础；和谐则是天下的康庄大道，是社会美好的充分体现。因此，如果追求中和，天下就会各守本位，有条不紊，万物就会发育生长，繁荣茂盛。如此，“中和”就被《中庸》上升为宇宙的法则，追求“中和”也就成为实现宇宙和谐、天人合一的根本途径。于是，“中庸”就与“天之道”和“人之道”、“诚者”和“诚之者”贯通起来了。“诚者，天之道也；诚之者，人之道也。诚者，不勉而中，不思而得，从容中道，圣人也。诚之者，择善而固执之者也。”（《中庸》）正因为如此，后来人们将“中庸”与“道”联系起来，称为“中庸之道”。

根据《中庸》中记载的孔子之言可知，中庸之道所指的不是天之道，而是与人息息相关的人之道，特别是君子之道。孔子说：“道不远人。人之为道而远人，不可以为道。……故君子以人治人，改而止。忠恕违道不远，施诸己而不愿，亦勿施于人。”这段话的意思是，道不是远离人的，如果人所实行的道远离人，那就不可以视之为道了。所以，君子治人，即以其人之道，还治其人之身，有过能改，也就不再加以责备。对于“君子以人治人，改而止”这句话，朱熹做了这样的注释：“君子之治人也，即以其人之道，还治其人之身。其人能改，即止不治。盖责之以其所能知能行，非欲其远人以为道也。”[①] 朱子的解读是准确而深刻的。孔子接着还对君子之道做了进一步阐释。对于孔子来说，真正意义上的人即君子，他所说的“君子之道”，实际上就是“人之道”。

孔子所说的君子之道有四条：要求儿子对自己做的，自己应当先对父亲做到；要求下属对自己做的，自己应当先对国君做到；要求弟弟对自己做的，自己应当先对哥哥做到；要求朋友对自己做的，自己应当先对朋友做到。孔子自谦地说，这四条他都没有做到。由此他引出了中庸这样一种含义，实际上也是君子之道的一种要求，即一个人在日常生活中行善需要量力而行，这也就是朱子上述注释中后一句话所阐明的。孔子说：“庸德之行，庸言之谨，有所不足，不敢不勉；有余，不敢尽。言顾行，行顾言，君子胡不慥慥尔！”（《中庸》）孔子这是要求人们在平常的道德践行中，如果自己的能力还不足，就要努力自勉；如果自己的能

---

① 李慧玲、吕友仁注译《礼记》，中州古籍出版社2010年版，第253页注2。

力绰绰有余，也不要把能力使尽，而要使自己不过分张扬。如此，言与行相互照应，一个人就会成为言行一致的笃实君子，即中庸的践行者，他也就心安理得，“上不怨天，下不尤人”。孔子据此告诫人们，作为君子，无论处在什么地位都应当按照自己的身份行事，“素其位而行，不愿乎其外”（《中庸》）。

五 “忠恕之道”

《论语》中记载，有一次孔子对曾子说，他的思想之道是一以贯之的。曾子说是的。孔子出去后，学生们问曾子夫子说的话是什么意思，曾子回答说：“夫子之道，忠恕而已矣。”（《论语·里仁》）孔子之道就是忠恕之道，这话虽然是曾子说的，却是孔子及其门徒所认同的。这段记载给我们传达了两个重要信息。其一，忠恕之道是孔子之道（“夫子之道”）。忠恕是孔子独立提出并终生一以贯之地持守的思想和学说，所以被称为“夫子之道”。历史文献也表明，无论是春秋时期，还是传统社会的其他时期，没有人独立提出过与忠恕之道类似的思想。其二，忠恕之道是孔子思想之根本。如前所述，“道”在先秦思想中指的是宇宙万物（从天到地再到人）的根本法则。于是，天有天之道，地有地之道，人有人之道，孔子有孔子之道，老子有老子之道。这种“道”是决定某物（人）之为某物（人）的本性得以发挥和实现的法则。说忠恕之道是孔子之道，指的是它发挥和实现了孔子的根本思想。如果说孔子的根本思想是“仁者爱人”，那么忠恕之道就是实现这一根本思想的途径。而一个人要成为仁者，他就得践行忠恕之道。忠恕之道作为传统价值的理念与其说是儒家的，不如说就是孔子本人的。在孔子之后，没有其他儒家思想家对它的发展，只有对它的各种阐释。但是，忠恕之道在传统社会以至今天得到了极其广泛的认同，其影响至深且广，特别是其中的“恕道”更是为不少国外思想家所推崇。

1. 孔子的忠恕思想

关于什么是忠恕之道，《论语》中有四段话进行了明确的阐述。

第一，子贡曰：“如有博施于民而能济众，何如？可谓仁乎？”子曰：“何事于仁，必也圣乎！尧舜其犹病诸！夫仁者，己欲立而立人，己欲达而达人。能近取譬，可谓仁之方也已。”（《雍也》）这段话的大意是，子贡问孔子，如果有人能广泛地给人们好处，而且能够救济众生，他是否可以称为仁者。孔子回答说，这样做的人不仅是仁者，而且是圣人，甚至尧舜也还远远做不到这一点。仁者能做到的是，自己要安身立命，也要使别人安身立命，自己想兴旺发达，也要让别人兴旺发达。能够这样去做身边的事情，就是通往仁者的路径。

第二，子贡曰：“我不欲人之加诸我也，吾亦欲无加诸人。”子曰：“赐（子贡名赐——引者注）也，非尔所及也。”（《公冶长》）这段话的主要意思是，子贡说，我不想别人把他的意愿强加给我，我也不想把自己的意愿强加给别人。孔子说，子贡啊，这不是你所能做到的。子贡这里所说的话，大致上达到了“己所不欲，勿施于人”的思想，这种思想是孔子认可的，只是孔子认为子贡做不到这一点。

第三，仲弓问仁。子曰：“出门如见大宾，使民如承大祭。己所不欲，勿施于人。在邦无怨，在家无怨。”（《颜渊》）这段话的意思是，仲弓问孔子什么是仁。孔子回答说，出门在外总像见到了重要宾客那样谦恭，管理民众总像办理重大祭祀那样认真。就是说，自己不想要的东西，不要强加给别人。这样做了就可以在国家、在家庭都不会引起怨恨。

第四，子贡问曰：“有一言而可以终身行之者乎？”子曰：“其恕乎！己所不欲，勿施于人。”（《卫灵公》）这段对话的大意是，子贡问有没有可以终生加以实行的一个字，孔子回答说，大概只有“恕”这个字。这个字的意思就是自己不想要的东西，不要强加给别人。

这四段话中，学者通常认为第一段话中的“己欲立而立人，己欲达而达人”表达的是“忠”，也称为“忠道”；第三、四段话中的“己所不欲，勿施于人”表达的是“恕”，也称为“恕道”，而第二段话中的“我不欲人之加诸我也，吾亦欲无加诸人”大致上表达了“恕”的意思，应属于“恕道”的范畴。“己所不欲，勿施于人”是恕或恕道，这是孔子自己明确说的，但孔子并没有明确说“己欲立而立人，己欲达而达人”是忠或忠道。把这句话用“忠”加以高度概括，可能的根据是曾子的那句“为人谋而不忠乎”。这句话的语境是，曾子说他每天都要一再地反思自己，其中之一是要反思自己帮助别人是不是真心实意的。“忠”在这里的意思是真心实意地帮助别人。“己欲立而立人，己欲达而达人”

所表达的意思要比真心实意帮助别人丰富。它所强调的不是在别人需要的时候真心实意地帮助别人（这是“为人谋而忠”的意思），而是自己发现对自己有意义的东西、想追求的东西，也要想到别人，并让别人也去认识自己认为有意义的东西，追求自己所追求的东西。显然，这是一种很高的要求，而非一般意义上的真心实意地帮助别人，不过，其实质还是在于真心实意地帮助别人，是一种无所保留地真心实意地帮助别人。由此看来，称“己欲立而立人，己欲达而达人”为“忠”也是成立的。

《论语》中的“忠恕而已矣”和《中庸》中的“忠恕违道不远”，把“忠”和“恕”合在一起称为“忠恕”，于是后来就有了“忠恕之道”。把“忠道”和“恕道”合称为“忠恕之道”是有道理的。朱熹对两者之间的关系做了这样的概括：“尽己之谓忠，推己之谓恕。”（《四书章句集注·论语集注》卷二）“尽己之心为忠，推己及人为恕。”（《四书章句集注·中庸章句》）按照朱熹的解释，尽自己的心是忠，用自己的心推及他人就是恕。“忠”和“恕”是达到仁的两条路径，也是爱人的两种体现。“忠”是“爱人”的积极方面的意义，而“恕”是“爱人”的消极方面的意义，两者是统一的，统一于人们常说的将心比心、推己及人。朱熹说：“学者之于忠恕，未免参校彼己，推己及人则宜。”（《与范直阁书》）这里朱熹显然是在以“推己及人”释“忠恕”。

2. 对忠恕之道的阐释

《大学》讲“君子有絜矩之道”。所谓“絜矩之道”，意为“做出表率的法则”。郑玄说：“絜，犹结也，挈也。君子有挈法之道，谓常执而行之，动作不失之。”[①] 何谓“絜矩之道”?《大学》云：“所恶于上，毋以使下；所恶于下，毋以事上；所恶于前，毋以先后；所恶于后，毋以从前；所恶于右，毋以交于左；所恶于左，毋以交于右。此之谓絜矩之道。”显然，“絜矩之道”实质上也就是“忠恕之道”，只不过是“忠恕之道”在“平天下”方面的体现和要求。其所谓“所恶于”上、下、前、后等，就是“己所不欲”；所谓“毋以”使下、事上、先后、从前等，就是“勿施于人”。

① 参见李慧玲、吕友仁注译《礼记》，中州古籍出版社2010年版，第380页注4。

《大学》的这一思想在《韩诗外传》[1]中得到了阐发。《韩诗外传》卷三云：“昔者不出户而知天下，不窥牖而见天道，非目能视乎千里之前，非耳能闻乎千里之外，以己之情量之也。己恶饥寒焉，则知天下之欲衣食也；己恶劳苦焉，则知天下之欲安佚也；己恶衰乏焉，则知天下之欲富足也。知此三者，圣王之所以不降席而匡天下。故君子之道，忠恕而已矣。”这里所说的“以己之情量之也”，意思是圣王会根据己之所欲与不欲来体谅百姓：己不欲饥寒、劳苦、衰乏，则知天下民众欲衣食、安逸、富足。由此可见，从治国的角度看，己所不欲，勿施于民，就是要使百姓都能得到衣食、富足、安逸，所以圣王会“不降席而匡天下”。这就是孟子告诉梁惠王的：“以不忍人之心，行不忍人之政，治天下可运之掌上。”（《孟子·公孙丑上》）

晋代傅玄对忠恕之道与仁的关系做了系统的阐述。他说：“昔者圣人之崇仁也，将以兴天下之利也。利或不兴，须仁以济。天下有不得其所，若己推而委之于沟壑。然夫仁者，盖推己以及人也，故己所不欲，无施于人，推己所欲，以及天下。推己心孝于父母，以及天下，则天下之为人子者，不失其事亲之道矣。推己心有乐于妻子，以及天下，则天下之为人父者，不失其室家之欢矣。推己之不忍于饥寒，以及天下之心，含生无冻馁之忧矣。此三者，非难见之理，非难行之事。唯不内推其心，以恕乎人，未之思耳。夫何远之有哉。”（《傅子·仁论》）在这里，傅玄将孔子的“忠道”和“恕道”统一于“恕道”，统一于“推己以及人”。他认为，不但要“己所不欲，无施于人”，更要“推己所欲，以及天下”，也就是始终对他人充满关切，自己所想要做的事情也推动他人做或帮助他人做，也就是“推己以及人”。例如，自己孝顺父母，也希望并劝说那些不孝顺的人善待父母；自己不愿遭受饥寒，也要伸出援手去扶助那些处于饥寒困苦之中的人；自己追求兴旺发达，也要尽力促成周围的人成功。只有当一个人能够设身处地为他人着想并尽力帮助他人时，他才做到了“推己以及人”，真正践行了仁恕之道。“推己及人”这句成语就是由此而来的，意思是要将心比心，设身处地替别人着想。“推己所欲，以及天下”实际上与孔子的“己欲立而立人，己欲达而达人”的“忠

---

① 西汉初年记述前代史实、传闻的著作。

道”在本质上是一致的，只是用“推己以及人”的表述将两者有机统一了起来。

程颢第一次明确将“恕道”从人扩大到物。他说：“以己及物，仁也。推己及物，恕也。”（《二程集·河南程氏遗书》卷第十一）朱熹赞成以推己及人的方式解释“忠恕之道”。他说：“‘忠恕’一段，明道解得极分明。其曰：‘以己及物，仁也；推己及物，恕也，“忠恕违道不远”是也。’”（《朱子语类》卷第二十七）他也用这种方法解释“忠恕”：“尽己之谓忠，推己之谓恕。”（《四书章句集注·论语集注》卷二）实际上，“尽己”与“推己”并无实质的差别。“尽己之谓忠”，而“忠”实亦是推己所欲以及人；“推己之谓恕”，而“恕”之“推己”实亦是“尽己”之意。实际上，朱熹自己对两者没有做出严格的区分。他说：“学者之于忠恕，未免参校彼己，推己及人则宜。”（《与范直阁书》）实际上这里就是将“忠恕”都归结为推己及人。朱熹说“推己之谓恕”，而“推己”并没有把“恕”的意涵完全表达出来。“己所不欲，勿施于人”，包含如何“推己”的重要思想。也就是说，“恕”之推己及人，强调的是不要强加于人。《论语·公冶长》记载：“子贡曰‘我不欲人之加诸我也，吾亦欲无加诸人。’子曰：‘赐也，非尔所及也。’”这里的“加”就是侵加、强加之意。“己所不欲，勿施于人”，其初始的意思应当是：我不欲别人强加于我，我也不要强加于别人。朱熹还从道的角度对“忠恕”做了解释，把两者看作“道”之“体”与“用”的关系。他说：“忠者，尽己之心，无少伪妄。以其必于此而本焉，故曰‘道之体’。恕者，推己及物，各得所欲。以其必由是而之焉，故曰‘道之用’。”（《朱子语类》卷第二十七）朱熹还从其他方面对“忠恕”做了发挥，但其思想已经远远偏离孔子“忠恕之道”的初始含义。

3. 忠恕之道之评价

在中国思想史上，有一种似乎得到普遍认同的观点，即“忠恕”两者是可以相互包含、相互推衍的。在笔者看来，这种观点是值得商榷的。这种观点源自《中庸》。《中庸》云：“忠恕违道不远，施诸己而不愿，亦勿施于人。”根据此一说法，“忠恕”本是统一的，而“恕”亦可包含“忠”。也就是说，若真能做到“己所不欲，勿施于人”，则不仅可谓“恕”，亦可谓“忠”。如前文所述，朱熹的《四书章句集注·论语集注》

卷二对“忠恕”做了“尽己之谓忠，推己之谓恕”的解释。在他看来，“尽己”与“推己”并无实质的差别。清代的刘宝楠更是认为“恕”本身包含了“忠”的要求，一个人如果要遵循“恕道”就必须遵循“忠道”。他在《论语正义》中解释《颜渊》篇时说，孔子对仲弓问仁做出的“己所不欲，勿施于人”的回答，其意思是“己所不欲，勿施于人，则己所欲，必有当施于人”。

还有一种观点认为，“忠恕之道”本来就是一道，而不是两道。其理由是《论语》中的一段话：“子曰：‘参乎！吾道一以贯之。’曾子曰：‘唯。’子出，门人问曰：‘何谓也？’曾子曰：‘夫子之道，忠恕而已矣。’”（《里仁》）有学者根据这段对话提出，“忠”与“恕”实只“一”道，故孔子说“吾道一以贯之”。如果把“忠”与“恕”割裂开来，则“吾道”就成为两道了。在持这种观点的人看来，在孔子的“一”道中，包含“己欲立而立人，己欲达而达人”，“己所不欲，勿施于人”的统一而深刻的意涵。因此，“忠”与“恕”之间是相互补充、相互规定、相互包含的关系。只有把“忠”与“恕”统一起来，既做到“己欲立而立人，己欲达而达人”，又做到“己所不欲，勿施于人”，才是孔子“一以贯之”的仁道。笔者不否认“忠”与“恕”有相互补充的关系，但两者似乎不是相互规定、相互包含的。更为重要的是，孔子的“吾道一以贯之”说的是他的道（“忠恕”）是贯通他思想的始末和全部的，而没有说“忠恕”是一道还是两道。显然，按照汉语的习惯，“吾道一以贯之”的断句应是“吾道，一以贯之”，而非“吾道一，以贯之”。因此，以孔子的这句话为依据说“忠恕之道”就是一道是不能成立的。

实际上，“忠恕之道”虽然有“推己及人”这种方法论的基础，但它们是两道而非一道。忠道的意思是“成己成人”，即成就自己的同时成就他人；恕道的意思则是不要把自己所不想要的强加于他人。显然，恕道是任何人都可以做到的，当然人们是否这样去做则是另一回事；而忠道严格说来，是任何人也不可能做到的，至于要求人们这样去做则是一种理想。因为一个人不把自己所不想要的强加于人，完全取决于他自己，因而是他完全可以做到的。与此不同，一个人在成就自己的同时成就他人，则不完全取决于他自己，在更大的程度上取决于他人。其中有三个问题。

一是己之所欲立的、欲达的，并不一定是别人所欲立的、欲达的。例如，一个人想成为圣人，他就不能想要别人也成为圣人，因为别人可能根本就不想成为圣人，或者别人想成为圣人，但不像他那样有能力成为圣人，这是从正面讲的。从反面讲，如果一个人想成为小人（如果将这视为他所欲立的话），他同时也想别人成为小人，也许更多的人不会接受。“忠道”实际上是想把自己的意志强加给别人。这在今天看来显然人们不会接受，因为现代人是独立自主的，任何人都不想别人把他的意志强加于自己。即使是父母想把自己的意志强加于孩子，孩子也不会接受，更不用说没有这种亲情关系的人。即便在人格不独立的传统社会，人们也不可能做到这一点。因为历史事实证明，无论是圣人还是君王都不能使小人、臣民按照他们的意志行动，要不然，中国历史上就不会有那么多的小人，有那么多的宫廷政变和农民起义。

二是己欲立和欲达的人不可能使所有人立和达。这里所说的“人”并没有指明是谁，可以指某个人、某些人乃至所有的人。即使只是指一个人身边的人或所管辖的人，也不可能真正做到。一个人周围的人有很多，他怎么可能根据自己的欲立、欲达而立和达他们呢？即使这个人很愿意这样去做，他也顾不过来，更不用说别人不一定接受他的立和达。一个王子想成为国王，这是他欲立的，他有可能使他所管辖的无数臣民都成为国王吗？显然他没有能力这样做，也不愿意这样做。即使我们说这里所欲立、欲达的只是道德意义上的，一个欲立、欲达的人也不可能同时立和达周围所有人。因为他自己尚未成为一个道德之人，其他所有人不可能都听他的，别人至少会怀疑他所要立和达的是不是真正的道德之人。

三是即使人们普遍愿意接受别人的立和达，社会也会因此陷入混乱和纷争。如果在一定人群范围内只有一个人欲立、欲达并立于人和达于人，而且别人都愿意接受他的立和达，这当然不会出现什么问题。然而，孔子所要求的不是某一个人（如圣人或君王）而是仁者。在任何社会，仁者都不是个别的，即使不是大多数人，至少也是数量相当可观的。如此，问题就发生了。不同的仁者所欲立、欲达的目标不同甚至相互矛盾，那么他们周围的人或下属接受谁的立和达呢？而且就仁者彼此之间的关系而言，一个仁者是否需要接受自己以外的所有其他仁者的立和达呢？

显然，一方面，人们不可能同时接受所有仁者的立和达（因为所欲的立和达彼此不同甚至相互矛盾），所有这些立和达会使人们不知所措；另一方面，仁者为了实现他们所想立和达的不同目标，就会想办法争取所有其他人接受自己立和达的目标，由此群体、社会就会陷入彼此之间为实现对他人的立和达而导致的争斗甚至战争。

由以上分析可见，忠道和恕道存在重大的差异。忠道严格来说不能实现，它只是一种理想，而且就算能真正实现也未必是好事；恕道则不同，它可以通过推己及人、反躬自问的方式约束自己，从而坚守自己的道德底线。而且，两者虽然有共同的基础，但并不相互规定、相互包含，而是相对独立的价值和道德原则。由于忠道得不到理论上的合理性论证，这一原则似乎没有多少人接受；恕道则不仅有合理性根据，而且体现了人类的道德智慧，所以它得到不少外国思想家的赞赏和运用。例如，英国思想家霍布斯在谈到作为人类法律基础的自然法时，把他所列举的若干条自然法则归结为一条，即孔子的恕道。他说："为了使所有的人都无法找到借口起见，这些法则已被精简为一条简易的总则，甚至最平庸的人也能理解，这就是：己所不欲，勿施于人。"①

六　"内圣外王之道"

"内圣外王之道"是传统价值观把修身与治国平天下联系起来的主要通道，也是传统社会得到比较普遍认同的价值观念。梁启超说："'内圣外王之道'一语，包举中国学术之全部，其旨归在于内足以资修养而外足以经世。"② 冯友兰认为："在中国哲学中，无论哪一派哪一家，都自以为是讲'内圣外王之道'。"③"所以圣人，专凭其是圣人，最宜于作王。如果圣人最宜于作王，而哲学所讲的，就是内圣外王之道。"④ 所谓"内圣"，就是一个人追求通过长期全心修身养性成为圣人，而"外王"

① 〔英〕霍布斯：《利维坦》，黎思复、黎廷弼译，杨昌裕校，商务印书馆 1985 年版，第 120 页。
② 安继民、高秀昌注译《庄子》，中州古籍出版社 2008 年版，第 473 页注 12。
③ 冯友兰：《新原道·绪论》，《三松堂全集》第五卷，河南人民出版社 2000 年版，第 7 页。
④ 冯友兰：《贞元六书》，华东师范大学出版社 1996 年版，第 856 页。

则是一个人在成为圣人的时候可以成为君王。需要注意的是，“内圣外王之道”学说认为“内圣”者是最适宜成为“外王”者，但并不把“内圣”视作“外王”的必要而充分的前提，也不认定“内圣”必定会“外王”。就是说，“外王”者不一定是“内圣”者，“内圣”者不一定为“外王”者。“内圣外王”强调的是人要努力达到“内圣”并继续努力从“内圣”走向“外王”，认为人不能沉迷于平常的生活享受，而要追求自我实现和自身完善，在此过程中还应惠及江山社稷和黎民百姓，切实地承担社会责任，即所谓“兼济天下”“经邦济世”。因此，“内圣外王”不仅具有鼓励人们追求人格完善的意义，还具有鼓励人们有政治理想和社会责任的意义，体现了传统价值观既重视自我超越又追求社会贡献之崇高精神。

1. “内圣外王”思想的源流

“内圣外王”一词出自《庄子·天下》。庄子的原话是：“是故内圣外王之道，暗而不明，郁而不发，天下之人各为其欲焉以自为方。悲夫!”庄子的意思是，“内圣外王之道”幽暗不明，抑郁不发，天下人都各以自己的欲求为标准而自以为是。他认为，这实在是可悲的。庄子说：“圣有所生，王有所成，皆原于一。”（《庄子·天下》）此“一”即道。就是说，在古代，圣人获得智慧，君王成就功业，他们能够如此，皆因他们尊崇道。正因为如此，古代人在各个方面已经很完备，他们“配神明，醇天地，育万物，和天下，泽及百姓，明于本数，系于末度，六通四辟，小大精粗，其运无乎不在”（《庄子·天下》）。但是，现在天下大乱，贤圣不能明察，道德规范不能统一，天下的学者们大多以一己之见判定天地的大美，解析万物的常理，猜度古人的境界。所以，就出现了令庄子发出以上悲叹的情形。从以上分析可以看出，在庄子那里，“内圣外王”中的“内圣”是指有道于心，而“外王”则是以道经世。这两者是一致的，只有有道于心，才能以道经世。所以，“内圣外王之道”实即从圣人走向君王之道，也可以说是内圣与外王兼修之道。

虽然“内圣外王之道”的概念是庄子明确提出来的，但后世学者几乎无一例外地将“内圣外王”的观念归于儒家。这固然是因为儒家后来成为官方意识形态，更是因为儒家建立了完整的“内圣外王”学说。在孔子那里就已经奠定了“内圣外王之道”的基础。孔子很少直接谈论什么样的人是圣人，不过从他的谈论看，特别是从《论语》中的记载看，圣人就是仁者。他谈到一个人应当如何成为仁者，成为仁者后应当如何发挥仁者的作用。在孔子看来，一个人能否成为仁者，完全取决于他自己。他说："克己复礼为仁。一日克己复礼，天下归仁焉。为仁由己，而由人乎哉？"（《论语·颜渊》）就是说，一个人能不能成为品德高尚的仁人，关键在于自己。正所谓"我欲仁，斯仁至矣"（《论语·述而》）。一个人要成为仁者，就得加强修身，即所谓"修己"，修己指向"治人"，这就是孔子所说的"修己以敬""修己以安人""修己以安百姓"（《论语·宪问》）。在孔子看来，"修己"是起点，"治人"则是目的，是终点。在孔子的心目中，"内圣"和"外王"是相互贯通的，"内圣"是基础，"外王"是目的。一个人只有自觉地不断加强修身，才能成为"仁人""君子"，才能达到"内圣"，成为圣人；也只有在"内圣"的基础之上，才能够安邦治国，达到"外王"的目的；而一个人在成为圣人的过程中或成为圣人之后，要致力于"齐治平"，以明明德于天下。同样，"内圣"只有达到"外王"的目的才真正有意义，"外王"实现了，"内圣"才最终完成。

孔子的"内圣外王之道"充分体现了他要求道德与政治直接统一的主张。在孔子看来，政治必须以道德为指导才有正确的方向，道德则必须落实到政治中才能产生普遍的影响。没有以道德为指导的政治，乃是霸道和暴政，这样的政治不得人心，也难以长久。所以孔子说："为政以德，譬如北辰，居其所而众星共之。"（《论语·为政》）在孔子看来，政者应出自仁人，一个人只有先致力于圣人之道，成为仁人，才有资格成为政者，也才有可能成为天下拥戴的"圣王"。那么，如何成为仁人呢？那就是要做到"仁"。追求"内圣"，一个人才会做到仁即成为仁人。唯有如此，一个人才能成为一个合格的为政者。所以，道德与政治的统一实质上也就是由"内圣"到"外王"的过程。"内圣"是"外王"的基础和前提，"外王"则是"内圣"的应有选择和理想结果。"修己"才能"治人"，"治人"必先"修己"。孔子的上述思想影响深远。从先秦的学理儒学到汉代的政治儒学，再到宋明理学，以至现代新儒学，两千多年里，时代在变，儒学的思想旨趣和关注焦点也在变，但万变不离其宗，历代儒者始终都在"内圣外王"的思维模式里运思。

孔子的思想在《大学》中得到了集中阐发和提升，作为《大学》中心内容的“大学之道”实际上就是儒家的“内圣外王之道”。《大学》开篇就说明了大学之道是什么：“大学之道，在明明德，在亲民，在止于至善。”这句话的意思是，最高的学问有三个目标：一是彰明自身的高尚德性，二是培养新一代的民众，三是将前两件事做到尽善尽美的境界。

《大学》说明了确立这三个目标的理由，其同时也是确立这三个目标的意义，这就是：“知止而后有定，定而后能静，静而后能安，安而后能虑，虑而后能得。物有本末，事有终始，知所先后，则近道矣。”知道我们要达到的最后目标，我们才能确立坚定不移的志向，即所谓有“定力”；有了“定力”才能心无杂念，专心致志地朝着目标努力奋斗；专心致志才能把有关的事情考虑周详，做到万无一失。知道了应该先做什么后做什么，并按照事情本身的规律行事，我们就会达到目标，也就是接近“道”。

先秦儒家的“内圣外王之道”思想为后儒所继承。朱熹在对周敦颐的《通书·顺化》进行解释时说：“天下之本在君，君之道在心，心之术在仁义。”（《周敦颐集》卷二）这里讲的就是君王只有讲仁义才能抓住天下的根本。

2.“内圣外王”的实现路径

《大学》最有影响力的内容不是有关上述目标的论述，而是为实现上述目标规划的路线图。《大学》云：“古之欲明明德于天下者，先治其国；欲治其国者，先齐其家；欲齐其家者，先修其身；欲修其身者，先正其心；欲正其心者，先诚其意；欲诚其意者，先致其知。”《大学》讲了做出这一路线图的理由。为什么要先致知？这里所说的知，就是要知道什么是善恶凶吉，所以后来的儒者称致知为“致良知”。人是有理性的，一个人知道了什么是善恶凶吉，才会做出自己该如何行动的决定，才会去趋善避恶，求吉去凶，这就是诚意。意念端正了，他就会心无旁骛，一心一意地去趋善避恶，求吉去凶，这就是正心。从致知到正心的过程，就是修身的过程。这个过程不是一次性的，而是循环往复不断进行的，甚至是终生的。一个人只有不断修身，并且达到一定的程度，才能够处理好家庭的问题，使家庭处于和睦状态。家庭和睦了，他才有精力去参与或直接管理国家的事务，也才有能力这样做。如果连家庭这样一个小群体都管理不好，更谈不上治理国家。在古代，国家指的是诸侯所管辖的地盘，有大有小，是王朝的一部分区域，只有整个王朝所管辖的广大领域才是天下。能够治理国家才能够让天下太平。这里所说的是必要条件，而非充分条件。致知了才能正心，但致知了不一定能正心，如此类推。要使这些必要条件转变为充分条件，关键在修身。修身在这一路线图中是一个中心环节，而且是所有环节中的关键，从致知到平天下的所有环节都必须依赖修身，也都是修身的一个环节。就是说，这一个路线图就是修身的路线图，“内圣外王之道”在儒家这里就是修身之道，就是从致知到平天下之道。所以《大学》说：“自天子以至于庶人，一是皆以修身为本，其本乱而末治者否矣。”

儒家的“内圣外王之道”在孟子那里又得到了进一步的理论论证。孟子说：“人皆有不忍人之心；先王有不忍人之心，斯有不忍人之政矣。”（《孟子·公孙丑上》）“人皆有不忍人之心”的意思是人性都是善的，都有仁义礼智“四端”，如果“四端”能得到充分的弘扬光大，一个人就能成为圣人。孟子的人性皆善的性善论是其仁政主张的根据，也是儒家“内圣外王”说的基础和出发点。孟子的“内圣外王之道”更强调自内向外，首先注重内在仁义道德与崇高境界的修养，然后把通过修养获得的人格、境界同外在的事功密切结合起来，追求兼善天下。到了孟子这里，儒家的“内圣外王”说的理论构建任务已经基本完成，而其充分表达与系统论述则是由《大学》完成的。从孟子开始，儒家就“言必称尧舜”（《孟子·滕文公上》），以圣人为自己的理想追求，并且宣称“人皆可以为尧舜”（《孟子·告子下》）、“涂之人可以为禹”（《荀子·性恶》）。在孟子和大多数儒者看来，每个人都与圣人一样，生来就具有达到至善的本性，只要坚持不懈地进行修身，保持并扩充这一本性，就能够成为圣人。因此，道德修养就成为成就圣人从而成就圣王的根本途径。儒家相信，个人完善是社会完善的起点和基础，社会成员普遍成为圣人、君子，社会就会达到“大同”的理想境界。因此，修身绝不仅仅是道德品质的培养，不仅仅是保持善良的本性，更重要的是扩充本性，修身的过程就是一个人的善良本性由内向外发散的过程。这就是儒家所谓的“内圣外王之道”。《大学》把它概括为“格物—致知—诚意—正心—修身—齐家—治国—平天下”双向作用的连环过程。

然而，孟子的政治谋划并没有得到统治者的青睐，中国历史上从来没有一个统治者是按照儒家“内圣外王之道”的路线图行进的。孟子政治抱负的失败使他后期的学说逐步转向对心性的关注，重“内圣”而轻“外王”，“内圣外王”由此开始走向分离。董仲舒等汉儒及其后儒者关注的重心是“外王”而实际上忽视了与“内圣”密切相关的心性问题，直到宋明理学心性问题才重新回到儒家的视野。然而，宋明理学研究心性问题不是为了成就“内圣”，而是为了将经过汉儒改造的儒家伦理纲常内化于心，其旨趣已与孔孟大相径庭。而且，在宋儒这里，“内圣”虽然受到重视，但“外王”的问题尤其是经邦济世的“事功”问题又被忽视。明朝以后，黄宗羲、王夫之等儒学异端洞察到宋明理学之重心性修养而轻认识和改变社会的缺陷，并开始揭露传统社会所谓“君王”和“名教”的本质以冲决儒家传统罗网，但他们实际上关注的是“外王”腐朽，并非“内圣外王”之政治理想。他们较宋明理学家偏离儒家“内圣外王”传统更远。

七　“王道”与“仁政”

“王道”与“仁政”是传统价值观中治国安邦的一种政治理想和价值追求。“王道”一词，最早出自孟子，其本意是圣人成了君王，其统治就是王道，故也可说成“圣王之道”。王道的核心内容是实行“仁政”，实行“王道”就是君王以仁义治天下，以德政安抚臣民。清人唐甄指出：“虽有仁政，百姓耳闻之而未尝身受之。”（《潜书·梍政》）鲁迅也说：“在中国，其实是彻底的未曾有过王道。”（《且介亭杂文集·关于中国的两三件事》）虽然如此，但“王道”“仁政”一直是传统社会中国人的普遍期盼和追求，成为传统价值观的重要内容。

1. 王道

“王道”是一个古老的术语。《尚书·洪范》曰：“无偏无党，王道荡荡。无党无偏，王道平平。无反无侧，王道正直。”这里说的“王道”指的是君王治理之道，并无褒义。《史记·殷本纪》记载：“伊尹名阿衡。阿衡欲奸汤而无由，乃为有莘氏媵臣，负鼎俎，以滋味说汤，致于王道。”这里使用的“王道”已经有后来儒家使用这个概念时的意义。

《史记》记载，孔子不仅已经有明确的王道观念，而且劝告当时各国国君接受王道。“孔子明王道，干七十余君，莫能用。”（《十二诸侯年表》）

“王道”是相对于“霸道”而言的，这两个概念都是春秋时期出现的，孔子、孟子及墨子都使用过这两个概念。在先秦时期，王道最初是指尧舜禹等古代圣王的治国之道，即“先王之道”，经孔子、孟子、荀子等人总结归纳后逐渐成为儒家的政治理想。王道实质上是一种治世之道，所指向和追求的目标是完美的德化社会政治秩序。儒家所主张的王道以孔子主张的仁爱为基本精神，以孟子的仁政为基本主张，其基本内涵就是实行仁政。“霸”最初指诸侯之长。① 在周王室走向衰微的过程中，诸侯实力不断增强，各诸侯不再听命于周天子，而是纷纷采取措施实现富国强兵，并发动兼并战争，以求称霸于各诸侯国，成为霸主。春秋战国时期各诸侯的这种政治追求就是霸道的体现。与王道推行仁政不同，霸道推行力政，诉诸武力，追求以强大的政治、经济和军事力量为基础的强权政治，不考虑甚至公然反对仁义道德。

关于两者之间的区别，孟子做过明确的阐述。他说：“以力假仁者霸，霸必有大国。以德行仁者王，王不待大。汤以七十里，文王以百里。以力服人者，非心服也，力不赡也；以德服人者，中心悦而诚服也，如七十子之服孔子也。”（《孟子·公孙丑上》）根据孟子的界定，霸道与王道的区别在于是“以力假仁”“以力服人”还是“以德行仁”“以德服人”。王道真正地实行了他所讲的仁政，霸道则以仁义为标榜，但实际上是靠武力实行强权政治。在孟子看来，王道不一定需要广大的土地，也不太在意国家的大小，而霸道所追求的是成为大国，拥有足够多的人口和大量的土地。在古代，土地是国家实力的基础和保障。土地越多粮食就越多，也就可以供养更多的兵士，建立更庞大的军队，从而为实现霸权奠定坚实的基础。强兵与富国有紧密联系，富国才可以强兵，强兵必须国富，只有国家有充裕的财富，才会有经费来扩大军事力量和应付战争损耗。霸道除了靠兼并和战争来扩大土地之外，还通过财税聚敛增加国库财政收入，为对外扩张提供经济保障。所以，霸道主张通过加大税赋增加国家财政收入，把社会财富控制在国家手里。从“以德行仁”还

---

① “伯者，长也。言为诸侯之长。亦音霸。”（《孟子音义·离娄下·丁音》）

是“以力假仁”的意义上看，王道与霸道是对立的，这是孟子强调的重点。不过，孟子并不认为这种对立是绝对的。他说：“尧舜，性之也；汤武，身之也；五霸，假之也。久假而不归，恶知其非有也?”（《孟子·尽心上》）这是认为“以力假仁”胜于不假，因为他感到在他生活的时代诸侯们连“假仁”也做不到。[①]

2. 仁政

实行王道就是要施仁政。“仁政”的概念是孟子提出来的，他在继承和发展孔子“仁爱”思想的基础上建立了“仁政”学说。孔子的“仁”是一种含义极广的道德观念，其基本精神是“爱人”。孟子以“性善论”为基础，从孔子的“仁爱”思想出发，把它扩充发展成包括思想、政治、经济、文化等各个方面的“仁政”理论。

孟子把施仁政提高到极端重要的地位，认为它关系到天下的得失。他说：“三代之得天下也以仁，其失天下也以不仁。国之所以废兴存亡者亦然。天子不仁，不保四海；诸侯不仁，不保社稷；卿大夫不仁，不保宗庙；士庶人不仁，不保四体。”（《孟子·离娄上》）在这里，孟子把施仁政与不施仁政看作得天下与失天下的根本原因。在他看来，施仁政可以无敌于天下，即所谓“行仁政而王，莫之能御也”（《孟子·公孙丑上》）。他在引用孔子的话“仁不可为众也”之后说：“夫国君好仁，天下无敌。”（《孟子·离娄上》）施仁政还可以得民心，即得到民众的拥护，赢得百姓的忠诚。“君行仁政，斯民亲其上，死其长矣。”（《孟子·梁惠王下》）“当今之时，万乘之国行仁政，民之悦之，犹解倒悬也。”（《孟子·公孙丑上》）因此，孟子竭力主张“施仁政于民，省刑罚，薄税敛，深耕易耨”（《孟子·梁惠王上》）。

“仁政”在政治上要求以民为本。民本思想在孟子以前就已经存在，《尚书·五子之歌》中有“民可近，不可下。民惟邦本，本固邦宁”，《左传·桓公六年》里有“夫民，神之主也，是以圣王先成民而后致力于神”等。孟子系统地发展了古代民本观念，提出了“民贵君轻”的思想。他说：“民为贵，社稷次之，君为轻。是故得乎丘民而为天子。”

① 参见《论述〈孟子〉中王道与霸道的区别》，《百度文库》，https://wenku.baidu.com/view/39c258b0f12d2af90242e6fe.html，最后访问日期：2019年5月9日。

（《孟子·尽心下》）在孟子看来，只有以民为贵，才能得民心，也才可以得天下，否则即使得到天下也会失掉。而要得民心，就必须努力满足人民的需要和愿望。“桀纣之失天下也，失其民也；失其民者，失其心也。得天下有道：得其民，斯得天下矣；得其民有道：得其心，斯得民矣；得其心有道：所欲与之聚之，所恶勿施，尔也。”（《孟子·离娄上》）除了“所欲与之聚之，所恶勿施”，孟子认为得民心还需要做到以下几个方面。

一是保护和安抚人民，只要做到这一点就可以称王。他说：“保民而王，莫之能御也。”（《孟子·梁惠王上》）保护和安抚百姓就是要使百姓衣食无忧、老有所养、道德敦厚。孟子描绘了一种保民的理想图景，认为实现了这样的理想还不能称王，是不可能的：“五亩之宅，树之以桑，五十者可以衣帛矣。鸡豚狗彘之畜，无失其时，七十者可以食肉矣。百亩之田，勿夺其时，数口之家可以无饥矣。谨庠序之教，申之以孝悌之义，颁白者不负戴于道路矣。七十者衣帛食肉，黎民不饥不寒，然而不王者，未之有也。”（《孟子·梁惠王上》）“老吾老，以及人之老；幼吾幼，以及人之幼。天下可运于掌。”（《孟子·梁惠王上》）这两幅图景可以说是《礼记·礼运》中描绘的“小康”和“大同”的现实版。

二是与民同乐同忧，这样做的人没有不当王的。《孟子·梁惠王下》记载，孟子在与齐王谈论音乐时指出，国王如果能够与百姓同乐，就可称王于天下，而“为民上而不与民同乐者，亦非也”。他的结论是：“乐民之乐者，民亦乐其乐；忧民之忧者，民亦忧其忧。乐以天下，忧以天下，然而不王者，未之有也。”（《孟子·梁惠王下》）孟子的这一思想成为后来范仲淹“先天下之忧而忧，后天下之乐而乐”这一千古绝句的灵感源泉。

三是体察民意，可以为民之父母。孟子认为民心代表天意，他赞同《尚书·泰誓中》中的说法“天视自我民视，天听自我民听”，认为连老天都会观察百姓的情绪，倾听百姓的声音，更不要说君王。孟子在为梁惠王进言时说，判断一个人有没有才或者要不要杀一个人，不能听你左右的人，也不能听各位大夫的，而要听国人的。当国人认为一个人有才或应该被杀时，君王要进行考察，最后再做决定。“如此，然后可以为民父母。”（《孟子·梁惠王下》）

四是改革不合理的刑罚制度。春秋战国时期，各国连年征战，社会长期陷入战乱之中，社会秩序混乱，犯罪现象频发。各国为了维护基本社会秩序，大多采取严苛的刑罚制度。针对这种情况，孟子主张省刑罚、“罪人不孥”（《孟子·梁惠王下》），反对族诛连坐，强调治罪止于本人，不累及家属子女。

“仁政”在经济上要求“制民之产”。在孟子看来，对于普通百姓来说，没有固定的财产，人心就不会安定，因而也就会做各种坏事，甚至犯罪，因而英明的君王总是想着让百姓发家致富，安居乐业，有可靠的生存保障。他说：“无恒产而有恒心者，惟士为能。若民，则无恒产，因无恒心。苟无恒心，放辟邪侈无不为已。及陷于罪，然后从而刑之，是罔民也。焉有仁人在位罔民而可为也？是故明君制民之产，必使仰足以事父母，俯足以畜妻子，乐岁终身饱，凶年免于死亡；然后驱而之善，故民之从之也轻。”（《孟子·梁惠王上》）“民之为道也，有恒产者有恒心；无恒产者无恒心。苟无恒心，放辟邪侈，无不为已。及陷乎罪，然后从而刑之，是罔民也。焉有仁人在位罔民而可为也？是故贤君必恭俭礼下，取于民有制。”（《孟子·滕文公上》）

孟子提出多项具体措施来实现“制民之产”的目标，其中包括“正经界”即实行“井田制”“薄税敛”等政策，以及“不违农时”“深耕易耨”等主张。针对战国时期井田制已遭到彻底破坏，很多农民失去土地的严重现实情况，孟子特别关心解决农民的土地问题，把土地问题视为仁政的首要问题。“夫仁政，必自经界始。经界不正，井地不钧，谷禄不平，是故暴君污吏必慢其经界。经界既正，分田制禄可坐而定也。”（《孟子·滕文公上》）所谓“经界”，就是土地不同地块之间的边界。孟子根据孔子节用爱人的思想提出了轻徭薄赋、征发徭役要不违农时的主张。孟子多次谈到不违农时的重要性。“不违农时，谷不可胜食也；数罟不入洿池，鱼鳖不可胜食也；斧斤以时入山林，材木不可胜用也。谷与鱼鳖不可胜食，材木不可胜用，是使民养生丧死无憾也。养生丧死无憾，王道之始也。”（《孟子·梁惠王上》）他要求“薄税敛”，以减轻百姓的负担。为此，他痛斥奢侈挥霍不顾百姓死活的统治者是“率兽”之辈：“庖有肥肉，厩有肥马，民有饥色，野有饿莩，此率兽而食人也。”（《孟子·梁惠王上》）

“仁政”还包含“尊贤使能”的要求。孟子认为，治国必须善于用人，尤其要重用贤能之人。只有这样，才能使“天下之士皆悦，而愿立于其朝矣”，才能“无敌于天下”（《孟子·公孙丑上》）。因此，孟子要求君王“贵德而尊士”“尊贤使能”，使“贤者在位，能者在职”（《孟子·公孙丑上》）。如果不能对人才委以重用，将会导致国家灭亡，“士之失位也，犹诸侯之失国家也”（《孟子·滕文公下》）。孟子十分看重贤能之士，认为天子应当拜学识广博、品行高洁的贤者为师，要以礼相待，不能在需要时随便使唤他们。他还强调，国君喜爱贤能之人，不仅仅在于“能养”，更为重要的是“能举”。他说：“悦贤不能举，又不能养也，可谓悦贤乎？”（《孟子·万章下》）在孟子看来，尧对待舜的态度可以作为国君尊敬贤者、重用人才的范例。尧在发现和重用舜的过程中，既看重舜的人品和学问，又给予他生活上的周全照顾，还把他破格提拔到很高的职位上，最后还把王位禅让给他。“故曰，王公之尊贤者也。”（《孟子·万章下》）孟子也主张士人要积极参与和掌握政权，把为官视为自己的天职。不过，那种为了官职而不择手段的有损气节的行为是孟子所鄙弃的。

从“仁政”主张出发，孟子坚决反对任何暴政，把历史上的暴君斥为独夫民贼。“贼仁者谓之‘贼’，贼义者谓之‘残’。残贼之人谓之‘一夫’。闻诛一夫纣矣，未闻弑君也。”（《孟子·梁惠王下》）他肯定民众推翻暴君的行动，支持解民于倒悬的正义战争，把“汤放桀”“武王代纣”视为正义之举。但是，他痛恨给百姓带来无穷灾难的战争，尤其是春秋时期诸侯扩张称霸导致的战乱，他指斥“春秋无义战”（《孟子·尽心下》）。对于战国时期各国统治者不顾百姓的死活，频繁地发动战争，他憎恶至极并公开怒骂：“争地以战，杀人盈野；争城以战，杀人盈城。此所谓率土地而食人肉，罪不容于死。”（《孟子·离娄上》）从当时极其混乱的严峻社会政治现实，孟子清楚地看到了民心向背对于政权稳定和社会安定的致命性意义，特别强调“得其民，斯得天下”（孟子·离娄上》），并把它作为一种至关重要的经验教训反复告诫君王。

八　“五伦”与“三纲五常”

“五伦”是传统社会得到普遍认同的五种人际关系及处理这些人际

关系的基本伦理规范（原则）。“五伦”与前面所讲的“中庸之道”“忠恕之道”不同，它们不仅是社会倡导的道德要求，而且是社会规定的具有约束力的行为规范。“五伦”与“仁义礼智信”也不同，后者是社会倡导的人们应具备的个人品质，而前者是社会规定的伦理规范。传统价值观认为，“五伦”的存废事关个人和社会的福祸兴衰。《左传》在谈到五伦中君臣、父子、兄弟这三种关系时说：“夫贱妨贵，少陵长，远间亲，新间旧，小加大，淫破义，所谓六逆也；君义，臣行，父慈，子孝，兄爱，弟敬，所谓六顺也。去顺效逆，所以速祸也。”（《隐公三年》）总之，“五伦”是传统社会凭借德治、礼制和刑罚加以贯彻的基本道德原则，对于传统社会的秩序维护和长期存续有极其重要的作用。在“五伦”中，“君臣”“父子”“夫妻”之间的伦理要求自董仲舒开始被确定为社会最基本的伦理原则，即所谓“三纲”，任何违反“三纲”的行为都会受到道德谴责、礼制约束甚至刑法的惩罚。由于传统社会是德化的社会，因而这些伦理原则也就成为社会的基本价值原则。董仲舒还将“三纲”与“五常”联系起来，称为“三纲五常”。“五常”是传统价值观的核心价值理念。

当董仲舒完成“三纲五常”的论证的时候，也就完成了宗法皇权专制社会价值体系和道德体系的理论建构，其基本架构是：“五伦”是基本原则，“三纲”是最基本原则，而“君为臣纲”是最高原则；“五常”是核心价值理念，“仁”是核心价值理念之中的核心；“礼制”是规范体系，而“法”是礼制的补充和保障；“家天下”的长治久安是终极目标。其中的“三纲五常”以及“礼”（指礼制）通常被称为“伦理纲常”。由董仲舒构建的这一理论价值体系由于汉武帝的推行成为后来皇权专制社会的现实价值体系，这也就是后来影响传统社会的所谓“儒学”，而实际上是董仲舒等人发挥先秦儒学所形成的“儒术”。董仲舒为这一价值体系提供了神学的本体论论证，这种论证在遭到道教和佛教的冲击后逐渐丧失其力量，“伦理纲常”也因此面临合理性、合法性危机。在这种情况下，宋儒、明儒创立了理学，并取代了汉儒的神学，为“伦理纲常”提供了新的本体论论证，使之天理化，从而使“伦理纲常”摆脱了严重危机，直至最终随着宗法皇权专制制度被推翻而退出历史舞台。

1. 五伦

通常认为，“五伦”是儒家提出并倡导的伦理原则，这种看法值得商榷。实际上，“五伦”是贯穿整个传统社会的伦理原则和价值原则，在春秋时期之前已经存在一千多年，儒家只是赞同它并丰富其内涵，为它提供了理论上的论证，而且将其纳入自己的价值观之中。如果我们承认儒学是一种思想体系或价值观，那么“五伦”就是其中的价值原则。正是由于儒家的作用，“五伦”成为传统皇权专制主义价值体系和道德体系的基本原则。通常认为，皇权专制主义是以儒学为其意识形态和价值观的，而实际上它主要接受了其中经过儒家理论论证并丰富其内涵的“五伦”，并以礼、法为主要手段使之具体化从而得到贯彻和维护。正是从这种意义上，我们说皇权专制主义实际上并不是儒学的现实化，而主要是其中以经过儒家改造的“五伦”（特别是其中的“三纲”）为核心内容的规范体系的现实化。“五伦”集中体现了秦汉以前宗法封建主义和秦汉以后皇权专制主义一以贯之的伦理要求和价值要求，具有鲜明的中国文化特色，其中后来被确定为“三纲”的最基本道德原则和价值原则是今天需要特别加以反思和批判的内容。

有关历史文献资料记载，早在舜帝时代就已经有“五伦”的观念，并将其作为社会的基本伦理原则和价值原则。《尚书·舜典》中记载：“帝曰：‘契，百姓不亲，五品不逊。汝作司徒，敬敷五教在宽。’”这里说的“五品”“五教”指的是五种家庭伦理原则。《左传·文公十八年》称“父义、母慈、兄友、弟共（恭）、子孝”为“五教”。《尚书·舜典》还记载，在尧舜时代，舜摄政，尧让舜推行五种家庭伦常，舜推行得很顺利，即“慎徽五典，五典克从”。后来，舜又让禹用五刑来辅助五教的实施，即“明于五刑，以弼五教”（《尚书·大禹谟》）。《尚书·泰誓下》记载，周武王在起兵讨伐商纣王时发布的誓词中有“今商王受狎侮五常，荒怠弗敬。自绝于天，结怨于民”之语。这里说的“五常”就是前文所说的“五教”。武王这话的意思是，现在商纣王侮慢五种家庭伦常，荒废不敬，自绝于天，结怨于民众。正因为如此，他要率兵讨伐商纣王。由此可以看出，在周武王时代，“五教”已经成为人们的普遍共识，君王践踏“五教”可以成为民众推翻他的理由。也许正因为在儒学创立以前“五教”也被称为“五常”，后来经常将“五伦”称为“伦常”。

以上所说的“五教”或“五常”指的是家庭伦常，它们可视为“五伦”的雏形和基础。在《尚书·皋陶谟》记载的皋陶与大禹的谈话中，大量涉及五教或五典方面的内容：“天叙有典，敕我五典五惇哉；天秩有礼，自我五礼有庸哉；同寅协恭和衷哉；天命有德，五服五章哉；天讨有罪，五刑五用哉；政事懋哉懋哉。”关于这里说的“五礼”，郑玄注：“五礼，天子也，诸侯也，卿大夫也，士也，庶民也。”① 如果郑玄的注正确的话，那么在禹的时代“伦常”已经有了君臣之一伦。《孟子·滕文公上》记载：“圣人有忧之，使契为司徒，教以人伦，父子有亲，君臣有义，夫妇有别，长幼有叙，朋友有信。”需要注意的是，这时说的“五伦”不同以前所说的“五教”，它将原来的五教归结为“父子”和“长幼”两伦，另外增加了“君臣”“夫妇”“朋友”三伦，从而将伦常关系从家庭扩展到了国家。据说，契是殷人的始祖，如此看来，这段话记叙的是殷以前的时代。这表明，殷代以前的夏代就已经明确有儒家意义上的“五伦”观念，并已开始进行这方面的教化。也就是说，到了夏代，尧舜时代的“五教”转化成了完整意义上的“五伦”。

西周时期周公制定了完整的礼乐制度，即通常所说的“周礼”或“礼制”。这种礼乐制度既是“五伦”的具体化，又是“五伦”的制度化，为“五伦”的贯彻实行提供了制度保障。周礼分礼和乐两个部分。礼的部分主要是对人的身份进行划分并确定其相应的规范，最终形成了等级制度；乐的部分主要是基于礼制运用音乐来对人们进行教化，以使人们乐于接受礼制。前者是基本的社会制度规范，后者则是社会制度规范运行的形式和保障。记录周代礼制最为详备的著作是《周礼》（不同于流传下来的《周礼》一书）。《周礼》又称《周官》，讲政治制度、官制和礼制，系西周时期周公旦所撰。《史记·鲁周公世家》记载：“成王在丰，天下已安，周之官政未次序，于是周公作《周官》，官别其宜。作《立政》，以便百姓。百姓说。”《后汉书·百官志》亦载：“昔周公作《周官》，分职著明，法度相持，王室虽微，犹能久存。”周公制礼作乐，创建了一整套可操作的具体礼乐制度，包括饮食、起居、祭祀、丧葬等。社会生活的方方面面都被纳入“礼”进行规制，并通过“乐”的潜移默

① 参见顾迁注译《尚书》，中州古籍出版社2010年版，第47页注29。

化作用使礼内化于人们内心，以达到加强周王室内部的血缘联系，维护社会的宗法等级秩序的目的。《左传·隐公十一年》云：“礼，经国家，定社稷，序民人，利后嗣者也。”这句话阐明了制定周礼的目的。

儒家思想体系作为价值观，包括两个部分：一是关于仁义道德的部分（道德论），这一部分是儒家独创的道德理论；二是关于伦常礼仪的部分（规范论），这部分主要继承自西周，只不过经过了儒家道德论的洗礼，因而成为儒家思想体系的有机组成部分。作为儒家规范论的伦常礼仪部分包括关于“五伦”的思想和关于礼仪的思想。

就“五伦”而言，儒家基本上继承了传统的“五伦”观，但又为这种伦理观赋予儒家仁义道德的含义，并将其纳入儒家的思想体系，使其成为它的规范论和规范体系的核心内容。孔子论礼的语句有很多，而关于“五伦”的论述则不多。其中最有影响的就是他与齐景公的对话。齐景公向孔子请教如何从政，孔子回答说：“君君，臣臣，父父，子子。”（《论语·颜渊》）孔子的意思是，从政就是要使君真正成为君，臣真正成为臣，父真正成为父，子真正成为子。孔子的话一方面突出了“五伦”中君臣、父子这两伦对于政治的重要性，另一方面强调了恪守社会身份或角色即等级名分对于伦理纲常的重要性，“伦”的实质就在于社会赋予社会角色的意义以及这种意义对角色的要求。对于如何达到这种伦常要求，孔子在与鲁定公的对话中针对君臣关系做了说明。鲁定公问孔子，君使用臣，臣侍奉君，应该怎样做。孔子回答说：“君使臣以礼，臣事君以忠。”（《论语·八佾》）他的意思是说君要依礼用臣，而臣要忠诚奉君。

孔子特别重视等级名分，把它作为教化社会的重要内容。在他看来，为政首先必须“正名”，通过正名来做到“君君，臣臣，父父，子子”。这一思想对传统社会产生了深远的影响。后来，董仲舒倡导审察名号，以教化万民。在董仲舒的影响下，汉武帝把符合统治者利益需要的政治要求、道德规范等立为名分，定为名目，号为名节，制为功名，用这一套“名号”来规范行为，教化百姓。这一套“名号”的特点为“以名为教”，“三纲五常”是其中的核心内容。出现在魏晋时期的“名教”即来自“以名为教”，它被用来特指以孔子所要求“正名”的礼制为主要内容的教化，所以它实质上就是礼教。魏晋时期一大批士人围绕“名教”与“自然”的关系问题展开了长期论辩。王弼将老庄思想与儒家思想杂糅在一起，基于道家立场提出名教出于自然，嵇康提出了更为激进的主张——“越名教而任自然”，郭象则将名教与自然等同起来，主张名教即自然。在宋明时代，名教被天理化，名教实即天理，它成为禁锢人们思想和言行的桎梏。一个人一旦违犯了“名教”规定的伦理纲常，就被视为“名教罪人”。

孟子在孔子伦常思想的基础上做出了两大贡献。其一，将古代的“五教”改造成“五伦”，即“父子有亲，君臣有义，夫妇有别，长幼有叙，朋友有信”（《孟子·滕文公上》），将家族伦常扩展到君臣、朋友关系。从现有历史文献看，在孟子之前虽有孟子所说的“五教”或“五常”（父义，母慈，兄友，弟恭，子孝），但尚未见有孟子所说的“五伦”那样的明确表述，更没有像他那样的关于“五伦”的解释，因而可以认定孟子对古代“五教”或“五常”的内容进行了更新，从而确定了新的五种伦常，并明确赋予其含义。其二，进一步强调了伦常关系的对等性，而不像孔子那样过多地强调人的社会身份或角色的意义。《孟子·离娄下》记载，孟子在同齐宣王对话时，明确对齐宣王说：“君之视臣如手足，则臣视君如腹心；君之视臣如犬马，则臣视君如国人；君之视臣如土芥，则臣视君如寇仇。”显然，孟子这里不是强调不同人不同角色对于伦常的意义，而是强调对他人角色的尊重或者说人们之间角色的相互尊重。有资料说，孟子还用忠、孝、悌、忍、善作为“五伦”关系的准则，每一种关系都有一种准则与之相对应。在他看来，君臣之间有礼义之道，故应忠；父子之间有尊卑之序，故应孝；兄弟手足之间有骨肉至亲，故应悌；夫妻之间有挚爱而又内外有别，故应忍；朋友之间有诚信之德，故应善。

2. 从“五伦”到“三纲”

董仲舒根据他的天道“贵阳而贱阴”的阳尊阴卑论，对先秦的五伦观念做了进一步的发挥和改造，并在此基础上提出了“三纲”原则和“五常”（不同于以前家庭伦常的“五常”，它是五种价值理念，即仁义礼智信）之道。在他看来，在“五伦”关系之中，君臣、父子、夫妻三伦最为重要，而这三种关系都是天定的、永恒不变的主从关系：君为主、臣为从；父为主，子为从；夫为主，妻为从。这就是后来进一步明确的所谓“君为臣纲，父为子纲，夫为妻纲”。

这里所说的“三纲”并不是董仲舒提出来的，而是出自《礼纬·含文嘉》。“三纲”原本不是什么规范、原则，其本意为君为臣之表率，父为子之表率，夫为妻之表率。这即所谓“上有所好，下必甚之”。因此，“三纲”原本不过是人们对于社会秩序规律的一种认识，而不是一种主张。其所表达的是臣喜欢效法君的行为，子喜欢效法父的行为，妻喜欢效法夫的行为。但是，这三句话很容易引发人们做出规范的理解和解释。在古代汉语中，“纲者，张也”（《白虎通义·三纲六纪》）；“用民有纪有纲，一引其纪，万目皆起，一引其纲，万目皆张”（《吕氏春秋·离俗览·用民》）。《礼记·乐记》也是在这种意义上将“纲”理解为“纪纲”即原则的：“然后圣人作，为父子君臣，以为纪纲。纪纲既正，天下大定。”唐孔颖达疏曰：“《礼纬·含文嘉》云：三纲谓君为臣纲，父为子纲，夫为妻纲。”董仲舒以及其他汉儒正是从原则的意义上来解释“三纲”的。董仲舒认为，“三纲”皆取于阴阳之道，君、父、夫体现的是天的“阳”面，而臣、子、妻体现的是天的“阴”面；阳永远处于尊贵、主宰的地位，阴永远处于卑贱、服从的地位。董仲舒以此确立了君权、父权、夫权的统治地位，把宗法皇权专制主义的等级制度和政治秩序神圣化，使之成为宇宙的根本法则。在董仲舒那里，“五常之道”不过是“三纲”的具体化和体现。董仲舒不仅在孟子所说的“仁义礼智”之后加上了“信”，于是有了“五常”，而且用“五常”作为处理君臣、父子、夫妻上下尊卑、主从关系的基本规范，强调治国者应该对其给予足够的重视。在他看来，人不同于宇宙万物的重要特征之一就在于人有与生俱来的五常之道，只要坚持五常之道就能够维持社会秩序和人际和谐。

班固的《白虎通义》在阐发董仲舒上述学说及基本观点的基础上明确提出了“三纲”“六纪”的伦理原则和规范。“三纲者何谓也？谓君臣、父子、夫妇也。六纪者，谓诸父、兄弟、族人、诸舅、师长、朋友也。故《含文嘉》曰：‘君为臣纲，父为子纲，夫为妻纲。’又曰：‘敬诸父兄，六纪道行，诸舅有义，族人有序，昆弟有亲，师长有尊，朋友有旧。’何谓纲纪？纲者张也，纪者理也；大者为纲，小者为纪，所以张理上下，整齐人道也。人皆怀五常之性，有亲爱之心，是以纲纪为化，若罗网之有纪纲而万目张也。《诗》云：‘亹亹我王，纲纪四方。’”（《白虎通义·三纲六纪》）班固认为，“三纲法天地人，六纪法六合”，“六纪”

从“三纲”而来，是“三纲”之纪。这样，他就把皇权专制社会的伦理关系说成合乎天意的、永恒的自然关系，不可更改。《白虎通义》以董仲舒的学说为基础构建了一套便于操作的社会伦理规范体系，这套体系以“三纲五常”为核心并使之通过一系列具体制度充分体现出来，它实际上是东汉时期社会治理的钦定法典。

“三纲五常”联用是从朱熹开始的，但他以及宋明理学家的主要贡献并不在于此，而在于将“三纲五常”天理化，使之成为万古不易的“天理”。其目的是用理学取代汉儒的神学作为伦理纲常的理论根据，从而应对道教和佛教对伦理纲常的严峻挑战和严重冲击。“天理”一词是二程最先使用的。程颢曾自信地宣称：“吾学虽有所受，天理二字却是自家体贴出来。”（《二程集·河南程氏外书》卷第十二）在二程看来，“天理”是不为尧存、不为桀亡、大行不加、穷居不损的，具有绝对性、普遍性和恒常性。那么，“天理”的内容是什么呢？二程的回答是人伦，其主要内容当然是“三纲”，即所谓“人伦者，天理也”（《二程集·河南程氏外书》卷第七）。朱熹在发展“二程”的天理说的过程中进一步明确把“三纲五常”与“天理”联系在一起。他认为，“三纲五常”与“天理”本质上是相通的，“三纲五常”不过是“天理”的展开，是“天理”体现于社会之中的维护社会秩序的永恒法则。

关于“三纲”，朱熹认为其中的“父为子纲”是基础，而它所要求的社会规范就是孝。他所说的孝已不同于先秦儒家所说的孝，它是指子女对父母的绝对服从，即便父母有过错，子女也只能柔声以谏，不能触怒父母。根据“父子相隐，直在其中”的原则，子女还要隐瞒父母的罪责和过失，而这是符合天理人情的。对父母的孝延伸到兄弟关系上就是“悌”，悌和孝一起起着维系“父为子纲”家族伦理基本原则的作用。朱熹肯定“君为臣纲”是“三纲”之首，其对应的社会规范就是忠。“忠”就是对君王尽心竭力，全心全意，毫无保留和隐瞒。至于“夫为妻纲”，朱熹认为“节”是它的对应规范，他所赞同的“饿死事小，失节事大”正是这种行为规范的具体要求和体现。朱熹对三纲做了多方面的本体论论证。他以“理在事先”为依据论证君臣、父子、夫妇之间的关系，认为它们都和季节有春夏秋冬一样，是“天理使之如此”。天理“张之为三纲，纪之为五常”，“亘古亘今不可易”，“千万年磨灭不得”（《朱子语类》卷第二十四)。他以“理一分殊”为根据，引申出虽然万物皆有此理，但君臣、父子、夫妇之间各有其道，各有不同的礼，“如为君须仁，为臣须敬，为子须孝，为父须慈”(《朱子语类》卷第十八)。朱熹以“五常”作为处理各种社会关系的准则，并使它们体现“三纲”的要求。他在董仲舒的基础上进一步为“五常”赋予“三纲”的内涵，从而使两者内在地贯通起来。

朱熹在为“三纲”提供本体论论证的同时也使“五常”本体化，突出表现在他对其中的“仁”的理解上。他把“仁”看作“五常”中的核心，对“仁”做了充分的本体论解释，把它理解为“爱之理，心之德”(《四书章句集注·论语集注》卷一)。何谓“仁者，心之德”？朱熹的学生陈淳解释说：“盖仁是心中个生理，常流行生生不息，彻始终无间断。”(《北溪字义》卷上)就是说，作为“心之德”的仁，就是“生生不息”之理。在这一点上，朱熹与二程是完全一致的。他自己说：“仁者心之德，程子所谓心如谷种，仁则其生之性是也。”(《四书章句集注·孟子集注》卷十一)把“仁”解释为“生理”或“生之性”，也就使“仁”与“天理”贯通起来。所谓“仁者，爱之理”，则是说“仁”是本质，“爱”是它的表现，即“仁是体，爱是用”(《朱子语类》卷第二十)。他自己解释说：“仁者爱之理。理是根，爱是苗。仁之爱如糖之甜、醋之酸。爱是那滋味。”(《朱子语类》卷第二十)在这里，朱熹把“仁”与“爱”统一了起来。他还从“性”“情”的角度对“仁者，爱之理”加以解释，称“爱是仁之情，仁是爱之性”(《朱子语类》卷第六)。总之，朱熹认为“仁”是人心固有的“天理”，而“天理”的本性是“常流行生生不息”，因而也可称为“生理”，其实质是“爱”，而爱“发乎情”。

朱熹认为，理为天地、人物存在之本，是先于宇宙而存在的。他的这种观点遭到同时代的陆九渊的反对。陆九渊根据儒家天人合一的观念提出“心即理”，认为万事万物皆由心而生发。“四方上下曰宇，往古来今曰宙，宇宙便是吾心，吾心即是宇宙。”(《杂说》，《陆九渊集》卷二十二)陆九渊“心即理”的观点为王阳明所赞同并加以阐发。他说：“心即理也。天下又有心外之事，心外之理乎？”(《传习录》上卷)王阳明还进一步将理与“三纲五常”关联起来，将理等同于儒家的伦理纲常。他说：“理者也，心之条理也。是理也，发之于亲则为孝，发之于君则为忠，发之于朋友则为信。千变万化至不可穷竭，而莫非发于吾之一心。”（《书诸阳伯卷》，《王阳明集》卷八）虽然陆王心学与程朱理学在理是独立于人心而存在还是只存在于人心之中的问题上存在分歧，但他们都认为理是世界万物的终极本原，而且都将其理解为儒家的以“三纲五常”为核心内容的伦理纲常，他们都使“三纲五常”成为作为宇宙本原的“理”。

3. “三纲五常”与“以礼入法”

在传统文化中，礼制的礼不同于“五常”之中的礼。“五常”之中的“礼”是一种观念或理念，即礼观念。这种礼观念作为一种理论观念是孔孟确定的，体现了先秦儒家的仁爱思想。而礼制之礼是一种规范或制度，即礼制度。这种礼制度在夏朝就已经出现，而作为一种完整的制度规范体系是西周周公建立的，春秋战国时期儒家对这种制度有所修订，使之更加完善。显然，在中国历史上，礼是先出现的，而“三纲五常”在西汉才出现。但是，“三纲五常”中的一些观念在孔子修订《仪礼》（该书和《周官》被认为是周公损益三代制度而成的）时被注入该书之中，而儒家研究礼的著作《礼记》则贯穿了儒家“五伦”和“五常”观念。

作为儒家的两部礼仪方面的著作，《仪礼》侧重于记载礼仪和宗法制度，后来成为宗法专制制度的理论依据；《礼记》阐述的是礼仪的人文内涵与道德指向，旨在阐发礼的大义妙旨，是制订礼仪的依据。从经学的角度看，《仪礼》是礼的本经，《礼记》属于“记”，是对经义的解说，依赖于礼经而行。《仪礼》虽然源自西周，而且孔子也以恢复周礼为己任，但它毕竟已经不同于周礼。这主要体现在三个方面：一是儒家的礼仪为周礼赋予了时代内容，《仪礼》已不同于周礼；二是儒家的礼仪以早期儒家思想和《礼记》作为理论基础和依据，并使之得到理论上的论证，具有理论色彩；三是儒家的规范体系已经被儒家的道德思想（主要是孔子的仁学）濡化，被赋予许多仁义的内涵。

到西汉，董仲舒突出了“五伦”中的君臣、父子、夫妻三伦，并强调君、父、夫为臣、子、妻之“纲”，而且为“三纲”提供了神学的论证，即所谓“王道之三纲，可求于天”（《春秋繁露·基义》）。秦汉以及后来，礼制本身没有多大的发展，值得注意的是大约在西汉时期出现了《周礼》。关于《周礼》形成和出现的时间学界存在分歧，有人认为它出现在战国时期，有人认为它出现在汉初，有人说它出现在西汉末年。[①]即便《周礼》出现在汉代，它也是讲官职的，是一套完整的官制体系。该书的理想成分较大，现实成分较小，充其量只能算作对周礼中官制部分的完善化和系统化。除了《周礼》之外，秦汉之后未见有关礼制方面的系统性文献。在礼制方面值得注意的是，自汉武帝将儒家立为官方正统思想之后，开始出现董仲舒等汉儒确立的以纲常伦理为核心内容的礼制的法律化。这即所谓“援礼入法”或“以礼入法”。

“以礼入法”经历了一个漫长的过程。最初是儒者以法律章句注解现行法律，而把儒家精神贯彻其中。西汉前期，儒家思想还未成为正统思想，法律的规定多受法家思想影响。为了用儒家思想修改法律，儒生采取的是以儒家经义对律令进行解释的策略，并建立了专门的“律学”。到汉武帝时代，儒家思想成为正统思想后，“以礼释法”便正式开始了。《晋书·刑法志》记载：“叔孙宣、郭令卿、马融、郑玄诸儒章句十有余家，家数十万言。……天子于是下诏，但用郑氏章句，不得杂用余家。”此后，立法者和司法官都接受过严格的儒家思想教育，当遇到疑难案件或法律没有规定的案情时，他们便会自觉地用自己的儒学知识对法律的适用范围做出解释。统治者也认可这种解释的效力，这表明“援礼入法”的法律解释具有了合法的地位。

“援礼入法”不仅是一种观念，而且是在古代立法、司法、执法和守法过程中都有所体现的一种实践。它在法典制定方面的直接表现是“纳礼入律”，即统治者制定和修改法律以使其符合“礼”的要求。荀子是儒家中最重视法的，他称“隆礼至法则国有常”（《荀子·君道》）。但是，荀子认为，在法与礼的关系中，礼才是国家的根本，“礼者……强国之本也”（《荀子·议兵》），而“法者，治之端也”（《荀子·君道》）。显然法是实现礼的起点。在他看来，礼是“道”的体现。“故坚甲利兵不足以为胜，高城深池不足以为固，严令繁刑不足以为威。由其道则行，不由其道则废。”（《荀子·议兵》）“援礼入法”在司法方面的表现是“引经决狱”。其指两汉时代儒家学者在审理案件的过程中，在不能及时修改刑律和曲解刑律的情况下，在遇到疑难问题或法律冲突时，引用《春秋》

---

① 参见吕友仁、李正辉注译《周礼·前言》，中州古籍出版社 2010 年版。

等儒家经典作为依据审理案件。“引经决狱”反映了当法意与人情出现冲突、法律与道德产生矛盾时儒家选择道德的倾向。“援礼入法”在执法方面的体现是“原情执法”。中国古代社会是一个人情社会，完全依照犯罪的客观事实，依照法律来定罪量刑虽也是一种规定，但在实际的执行过程中还要兼顾情理与人情。所谓“原情执法”，就是要求在执法办案过程中不仅要考虑案件事实，还要考虑社会人情，实现天理、国法、人情的协调统一。“援礼入法”在守法上的表现是以德去刑。在儒家看来，守法不仅要求人们在社会生活中遵守法律，而且要求人们内心有德，守法即守德。儒家力图通过道德伦理的教化，使人们自觉遵守法律，以达到减少犯罪、消灭犯罪的目的。这即所谓“以德去刑”。根据这种主张，一个人遵守了道德的规范也就是遵守了法律的规范，对人们进行德化教育其实就是对人们进行守法的宣传。①

战国时期的秦国，在商鞅实行变法后，推行法家以法治国的主张，并一直延续到秦朝。西汉初年，汉承秦制，实行相对独立于传统礼法的法治。但是，汉武帝“罢黜百家，独尊儒术”之后，儒家思想开始贯彻于法律之中，到了魏晋时期，随着儒家参与制定法律过程的机会增加，儒家的礼学思想融入法律条文，开始了“援礼入法”的过程。到了唐代，《唐律疏议》充分体现了儒家的礼学精神，它被认为是礼法统一的法典。隋《开皇律》在“重罪十条”的基础上加以损益，确立了十恶制度。唐律承袭此制，将“十恶”列入名例律之中。《唐律疏议》即云：“五刑之中，十恶尤切，亏损名教，毁裂冠冕，特标篇首，以为明诫。”《唐律疏议》所谓“十恶”是隋唐以后历代法律中规定的严重危害统治阶级根本利益的常赦不原的十种最严重犯罪，渊源于北齐律的“重罪十条”。唐律中十恶包括谋反、谋大逆、谋叛、谋恶逆、不道、大不敬、不孝、不睦、不义、内乱。唐律中“十恶”制度所规定的犯罪大致可以分为两类：一是侵犯皇权与特权的犯罪，二是违反伦理纲常的犯罪。这两方面的内容都是违反礼的，这就是《四库全书总目提要》所说的“唐律一准乎礼”，而其中违反伦理纲常的犯罪更是属于日常生活中礼所规范的内容。唐律将这些犯罪集中规定在名例律之首，并在分则各篇中对这些

① 参见陈永峰《浅议儒家法律思想之“以礼入法”》，《人民论坛》2013年第20期。

犯罪相应规定了最严厉的刑罚。唐律还规定，凡犯十恶者，不适用八议等规定，且为常赦所不原。此即俗语所谓“十恶不赦”的渊源。这些特别规定充分体现了唐律的本质重点在于维护皇权、特权、传统的伦理纲常及伦理关系。

“援礼入法”的内容十分广泛，但仅从以上所述的一些方面看，“援礼入法”所遵循的基本原则是“三纲五常”，其根本目的是贯彻“三纲五常”的要求，维护皇权专制主义的等级制度，确保贵贱尊卑的社会秩序。

九　“其命维新”

“维新”是传统价值观推崇的动力源泉，也是传统价值体系应有的动力机制。维新的观念早在《易经》中就已经有所彰显，主要体现为“生生”、“日新”以及“自强不息”的精神。夏商周三代已经有明确的“维新”概念和观念，它既有自新的含义，也有更新的含义。前者指个人的洗心革面，重新做人，后者指社会的变旧法，行新政。自春秋战国时期开始，传统社会中发生的一些变法虽可称为维新，但由于儒学的影响，维新主要被理解为道德方面的自我完善，维新的其他含义逐渐被忽视。当儒学成为社会的主导意识形态后，人们按照儒家道德实现自我完善，但实际上难以普遍实现，维新观念也就从传统价值观中逐渐淡出，维新演变成不同王朝的更替和同一王朝内部的皇位争夺。这是传统社会后来长期停滞不前的根本原因。不过，古代中国文化中确实有维新的基因，而且自当代改革开放开始，古代的维新基因得到了接续和传承，并在一定意义上实现了突变，维新“突变”成改革创新，而改革创新成为时代精神的核心内容。①

1. 维新观念的源流

《易经》是中国最早最重要的典籍，相传最初是由中华民族人文始

① 中共十六届六中全会通过的《中共中央关于构建社会主义和谐社会若干重大问题的决定》提出了“建设社会主义核心价值体系”这个重大命题和战略任务。社会主义核心价值体系包括马克思主义指导思想、中国特色社会主义共同理想、以爱国主义为核心的民族精神和以改革创新为核心的时代精神、社会主义荣辱观。

祖伏羲氏所作，在中华思想文化史上占有极其重要的地位，其中充满了变化更新的精神。《周易·系辞上传》曰：“日新之谓盛德，生生之谓易。”《周易·系辞下传》云：“天地之大德，曰生。”生生，即生而又生，生生不息，绵延不绝。它推动万物生生不穷，苟日新，日日新，又日新，新事物层出不穷，万物森罗，如斯宏大，就是最盛大的德行。东汉经学大师郑玄对《易经》之“易”做了这样的解释：“易一名而含三义：易简，一也；变易，二也；不易，三也。”郑玄所说的这三个内涵概括了《易经》的伟大精神。生就是万物生长，就是创造生命。

简易，指大道至简，以简驭繁。《易经》所描述的天地万物内容广泛而丰富、复杂而深奥。“《易》与天地准，故能弥纶天地之道。仰以观于天文，俯以察于地理。是故知幽明之故。原始反终，故知死生之说。精气为物，游魂为变，是故知鬼神之情状。”“与天地相似，故不违。知周乎万物而道济天下，故不过。”“范围天地之化而不过，曲成万物而不遗。通乎昼夜之道而知，故神无方而《易》无体。”（以上均引自《周易·系辞上传》）这些话说明了世间事物之广泛及其复杂性。《易经》用64卦384爻囊括了天地变化之道及人生至理，就是因为它做到了以简驭繁。

变易，就是变动不居，周流六虚。《系辞传》在解释“易”时告诉我们，“刚柔相推，变在其中矣”（《系辞下传》），万事万物总是处在永恒变化之中。“一阖一辟谓之变，往来不穷谓之通。”“变化者，进退之象也。”“在天成象，在地成形，变化见矣。”“化而裁之谓之变，推而行之谓之通。”“变而通之以尽利。”“天地变化，圣人效之。”（均见《系辞上传》）“变通者，趣时者也。”“日往则月来，月往则日来，日月相推而明生焉。寒往则暑来，暑往则寒来，寒暑相推而岁成焉。”“《易》之为书不可远，为道也屡迁，变动不居，周流六虚，上下无常，刚柔相易，不可为典要，唯变所适。”（均见《系辞下传》）总之，变化就是一进一退，一阖一辟。既进而退，退而得进；既阖而辟，辟而复阖。易经讲求的就是变化，万事万物永远都处在变化之中，四方上下周流无碍，不停留在某一点上。所以，“变”是《易经》的精髓和灵魂。整个《易经》说的就是“变”，它告诉人们，作为具有智性的人类，不但要知变，而且要能适应这个变。“《易》，穷则变，变则通，通则久。”（《系辞下传》）变是人类保持活力和生机、不断进取的第一法门。

不易，则是说万变不离其宗。老子说："不知常，妄作，凶。"（《老子》十六章）一个人不知道常规，就会轻举妄动，最后只会落得一个字——凶。天地万物虽然看起来错综复杂，但不管它们是大还是小，都遵循阴阳之道，其规律是永恒不变的。所以，《系辞下传》曰："天下何思何虑，天下同归而殊途，一致而百虑。天下何思何虑？"

《易经》所说的变易是指宇宙万物运行刚健有为，日夜不停地运动，同时也隐含人要效法万事万物运行的态势，自强不息，不断自我更新，以顺应天道。乾卦爻辞九三曰："君子终日乾乾，夕惕若厉，无咎。"（《周易·乾卦》）君子终日勤劳耕作，即使到了晚上也保持警惕，有忧患意识，如履薄冰，谨防出错。这样，即使有灾害、人祸，君子也不会受到伤害。《系辞上传》曰："盛德大业至矣哉！富有之为大业，日新之谓盛德。生生之谓易。"《易经》的"生生""日新"精神就集中体现在对道的这段描述上。

《尚书》中也有关于维新观念的记载。《虞夏书·胤征》记载，夏朝第四任王仲康让胤担任司马之职，奉夏王之命去征讨当时掌管天文历法的羲氏、和氏的酗酒失职。胤侯在征战前聚众的誓词中说："火炎昆冈，玉石俱焚；天吏逸德，烈于猛火。歼厥渠魁，胁从罔治；旧染污俗，咸与维新。"这段话的意思是，烈火燃烧玉石山冈，导致玉石俱焚，掌管天文历法官员的过失行径的危害比猛火还要大，因此要歼灭那首恶的羲、和，对随从作恶的人不进行惩罚。对于过去染上污秽的旧人，也都要予以赦免并允许他们重新做人。这段话中"维新"的意思主要是悔过自新，有明显的道德含义。

《尚书》中另有记载，成汤灭夏，把夏桀放逐到南巢，心里有些惭愧。他的大臣仲虺作诰词以商汤所为合于天来加以宽慰，其中说："德日新，万邦惟怀；志自满，九族乃离。"（《仲虺之诰》）这句话的意思是，德性、德行日进，天下四方都会来归顺；心志自满，各个氏族就会背弃。这里的"德日新"指的是德性、德行与日俱进，所讲的就是道德的不断更新、提高。

《尚书·康诰》中还记载，周公在周王朝册封文王之子康叔于卫国时发表诰辞，其中借文王之口说，你虽然年轻，但担当的职务非常重要。周王已经承受上天的命令来保养殷民，所以，你要助王家落实好上天的要求，把这些殷民改造成新人。“汝惟小子，乃服惟弘，王应保殷民，亦惟助王宅天命，作新民。”这里所谓的“新民”，当然不仅仅是道德意义上的，还包括其他各个方面，特别是政治态度上的改变。

商代名君商汤在他洗澡的盆子上镌刻了自勉的铭文“苟日新，日日新，又日新”（《礼记·大学》）。这句话的意思是，如果每日都能够洗去身上的污垢，使身体焕然一新，就能够日日自新。其隐义是精神上的自新，即精神上的不断修养完善。商汤原是夏朝方国商国的君王，在伊尹、仲虺等人的辅助下陆续灭掉邻近的国家，十一征而无敌于天下，成为当时的强国，而后作《汤誓》，与桀大战于鸣条，最终灭夏。经过诸侯大会，汤被推举为天子，定都亳，定国号为“商”，成为商朝的开国君王。商汤吸取夏朝灭亡的经验教训作《汤诰》，要求其臣属有功于民，勤力乃事，否则就要受到惩罚。对那些亡国的夏民，则仍保留“夏社”，并封其后人。汤注意“以宽治民”，因此在他统治期间，国力日益强盛。《诗经·商颂·殷武》称：“昔有成汤，自彼氐羌，莫敢不来享，莫敢不来王，曰商是常。”商汤政治上的成功正是他不断开拓创新的结果。

《尚书》和商汤讲的“新”主要是从道德意义上讲的个人（包括君王）的自新，《诗经·大雅·文王》中讲的“周虽旧邦，其命维新”则讲的是社会制度的更新。这句话的意思是，西周时，周人把推翻商纣王荒淫无道的统治，建立新的周王朝看作天赋予周人的唯一使命。这里的“维新”意味着更新，即变旧法，行新政。研究《诗经》的著作《毛诗传疏》的作者陈奂解释说：“维，犹乃也；维新，乃新也……言周至文王而始新之。”陈奂诠释的意思是，维新就是更新，即今天所说的改革，这种更新或改革在周代是从文王开始的。周文王姬昌（前1152～前1056）是周朝的奠基者，中国历史上的一代明君，在位50年。周文王在位期间，“克明德慎罚”（《尚书·康诰》），勤于政事，重视发展农业生产，礼贤下士，广罗人才，拜姜尚为军师，问以军国大计，使“天下三分，其二归周”（《史记·齐太公世家》）；收附虞、芮两国，攻灭黎（今山西长治）、邘（今河南沁阳）等国；建都丰京（今陕西西安），为武王灭商奠定基础。旧传《易经》为其所演。除此之外，他创周礼，被后世儒家所推崇，孔子更是称文王为“三代之英”。他所做的这一切就是《诗经·大雅·文王》中所讲的周文王的维新。显然，这里所说的维新是社会的变革、更新，是变旧法，行新政。

2. 儒道对维新的共识

儒家经典《大学》对以上所述的《周易》、《尚书》和《诗经》所讲的维新思想给予了充分肯定，而且强调君子要在维新方面“无所不用其极”。但是，它对维新的内容做了道德意义上的解释，给不同人提出了不同的日进其德的目标：“为人君，止于仁；为人臣，止于敬；为人子，止于孝；为人父，止于慈；与国人交，止于信。”在儒家看来，实现这些道德目标的路径就是修身，而修身在正心，正心在诚意，诚意在致知，致知在格物。这就是《大学》给人们设计的达到道德完善目标的路线图。这种达到目标的过程，即修身的过程，就是日新的过程。《礼记·儒行》记载，孔子在回答鲁哀公的儒者行为有哪些特点这一问题时，列举了儒者的十五个特点，其中之一是“澡身而浴德”。就是说，儒者洁身自好，每天用道德来反思自己的言行，在品质方面不断弃旧图新，如同每天沐浴更衣一样。孔子的弟子曾参就是一个典型。曾子曰：“吾日三省吾身：为人谋而不忠乎？与朋友交而不信乎？传不习乎？”（《论语·学而》）

儒家认为，天地以“生”为道，“生”是宇宙的根本规律。因此，“生”就是“仁”，“生”就是善，朱熹将“仁”解释成“天地生物之心”和“爱之理”“心之德”。“天地以生物为心者也，而人物之生，又各得夫天地之心以为心者也。故语心之德，虽其总摄贯通无所不备，然一言以蔽之，则曰仁而已矣。请诚详之。盖天地之心，其德有四，曰元亨利贞，而元无不统。其运行焉，则为春夏秋冬之序，而春生之气无所不通。故人之为心，其德亦有四，曰仁义礼智，而仁无不包。其发用焉，则为爱恭宜别之情，而恻隐之心无所不贯。……盖仁之为道，乃天地生物之心，即物而在。情之未发而此体已具，情之既发而其用不穷。”（《仁说》，《晦庵先生朱文公文集》卷六十七）

无独有偶。儒家主张“澡身而浴德”，老子则要求“澡雪而精神”（《庄子·知北游》）。《庄子》记载，有一天，孔子悠闲无事，向老子请教至道是什么。老子说：“汝齐戒，疏瀹而心，澡雪而精神，掊击而知。”老子的意思是，道是深远莫测、难以言说的，你要了解道，就要先进行斋戒，疏通你的心灵，洗净你的精神，打破你的成见。于是，老子给孔子讲了一大通体悟大道的方法。从这一记载可以看出，虽然道家不赞同儒家以仁义道德为修养的对象，而是要“绝仁弃义”（《老子》十九章），但仍然主张修身养性。道家也把圣人作为理想人格，而圣人就是得“道”者。如何得“道”？那就是老子告诉孔子的方法，即除旧布新，返璞归真。在老子看来，“罪莫大于多欲，祸莫大于不知足，咎莫大于欲得”（《老子》四十六章）。对于道家来说，修身养性就是要知足，去掉贪欲。

由此看来，儒道两家在维新的问题上殊途同归，且在两个方面是完全相同的。一方面，儒道两家所主张的都是个人的自新，而不是社会的更新，尽管其中包含通过个人的自新来实现社会的更新的意蕴。他们都不主张对社会制度进行变革和创新，也不主张不断增强国力，通过改变社会环境来改变个人。儒家主张通过修身来齐家治国平天下，而道家则以无为、寡欲、不争等消极无为的方式来实现天下安宁。另一方面，儒道两家主张的自新，主要不是不断增强综合实力，以成为强者、成为创新性人才，而是不断提高精神境界，以成为圣人、成就完美性人格。圣人或者是道德高尚之人，或者是“去甚，去奢，去泰”（《老子》二十九章）之人，都不是全面发展之人，更不是实力强大之人，而是精神完美的圣洁之人。儒道两家的这种“维新”观对后来中国社会发展和中华民族个性塑造产生了深远影响。

正是在儒道两家的影响下，传统中国社会实际上并没有孕育出多少儒道两家所期待的圣人、君子，当然更不可能孕育大批实力强大之人、创新性人才和全面发展之人，倒是产生了不少的伪君子、伪圣人。在长达两千多年的皇权专制时代，中国没有出现多少伟大思想家、伟大哲学家、伟大科学家甚至伟大政治家，这与儒道两家改变了先秦以前的“变易”“维新”观念使之嬗变为单纯的心灵的自新有密切关系。这种状况一直到中国实行改革开放后才从根本上得到改变。近几十年来，中国致力于创新型国家建设和创新型人才培养，这不仅传承了奠基于《易经》、在夏商周即已形成的“变易”“维新”观念，而且使之得到全面的弘扬和创新性发展。

十　“大同”与“小康”

“大同”和“小康”是传统价值观的社会理想，也是传统价值观倡导追求的社会价值目标。它们是两个层次的理想和目标，“大同”是高级理想和终极价值目标，“小康”则是初级理想和过渡性或阶段性价值目标。虽然这两个目标在传统文明社会（尤其是春秋战国以降的社会）从来没有实现过，但它们是历朝历代统治者和老百姓所憧憬的美好社会图景。这两个目标在今天仍然有重要的借鉴意义，其中“小康”理想已经成为当代中国追求的“两个一百年”目标的第一个一百年的奋斗目标。

1. 大同

“大同”一词最早出现在《尚书·洪范》：“汝则有大疑，谋及乃心，谋及卿士，谋及庶人，谋及卜筮。汝则从，龟从，筮从，卿士从，庶民从，是之谓大同。”这里谈的是如何运用占卜决疑的方法，而不是社会理想。这段话的意思是，倘若有重大疑难问题，首先自己要反复考虑，然后再问大臣，再征求百姓的意见，最后再看卜筮的结果。如果你自己赞同，龟卜赞同，蓍卦赞同，大臣赞同，百姓也赞同，那就是“大同”。而达到这种大同，就大吉。这里的“大同”的基本含义是，对于某种重大问题各方形成赞成性共识，达到一致协和的美好状态。

把大同作为一种社会理论加以系统阐述的是《礼记·礼运》。当时，孔子针对鲁君的失礼发出这样的感叹：可惜他没有赶上他内心深深向往的大道之行时代（尧舜时代）和夏商周三代杰出君王在位的时代。于是，他首先就对大道之行的时代做出如下描述并冠之以从《尚书》借用的“大同”概念：“大道之行也，天下为公，选贤与能，讲信修睦。故人不独亲其亲，不独子其子，使老有所终，壮有所用，幼有所长，矜、寡、孤、独、废疾者皆有所养。男有分，女有归。货，恶其弃于地也，不必藏于己；力，恶其不出于身也，不必为己。是故谋闭而不兴，盗窃乱贼而不作，故外户而不闭，是谓大同。”显然，无论是大道之行的时代，还是夏商周三代杰出君王在位的时代，都没有达到这种理想的状态，孔子在这里不过是通过美化先王时代来表达他的社会理想。因此，“大同”不是一种事实的描述，而是一种理想的表达，是对儒家理想社会的一种阐述。

在孔子看来，大同社会是一种天下为公的社会。这里所说的天下为公，不是实行财产或生产资料公有制，而是把天下传给德才兼备的人而不是儿子，就是说，权力是公有的，而不是王族特有的。而且，德才兼备的人是大家推选的，社会任人唯贤、唯能，而非任人唯亲。《礼记正义》解释说："天下为公，谓天子位也，为公谓揖让而授圣德，不私传子孙，即废朱、均而用舜、禹也。"同时，在天下为公的社会，人们讲信用，注重营造彼此之间的和睦关系。正因为选贤与能，讲信修睦，社会才出现了"大同"的局面。

首先，人人都能得到全社会的关爱。每个人都是社会的一员，衣食有着，地位平等。用今天的话说，大同社会是共建、共享的社会。在大同社会，每个人都会推己及人，把自己奉养父母、抚育儿女的心意扩大到其他人身上，使全社会亲如一家；社会对各种年龄段的人群都会做出合适的安排，使他们各得其所，特别是弱者能够得到供养，有可靠的生活保障。整个社会人人敬老，人人爱幼，无处不均等，无人不饱暖。孟子对这种情境做了这样的描述："老吾老，以及人之老；幼吾幼，以及人之幼。"（《孟子·梁惠王上》）

其次，"男有分，女有归"，人人都能安居乐业。男有室，女有家。这里没有性别歧视，男女两性各有其位，各得其所。这里所说的"分"，是个人在伦理关系与秩序序列中所处的位置，用今天社会学的术语表述就是"社会身份"或"社会角色"。男子可以获得与自己的才能相应的社会地位，有机地镶嵌在社会体系之中。归，是说女子出嫁，《诗经·召南·江有汜》曰："之子归。"郑玄笺："妇人谓嫁曰归。"在大同社会，女性在通过婚姻依附具有特定社会身份的男性的同时，也可以获得相应的身份和角色，从而融入社会结构。男女之间的这种秩序安排是自然化成的结果。

再次，货尽其用，人尽其力。人们有高度的责任心，对社会财富十分珍惜，憎恶一切浪费现象，也反对任何自私自利的行为。人们在共同劳动中以不出力或少出力为耻，都爱岗敬业，各尽其能，高度自觉地全力做好分内工作，不计报酬，没有贪占的欲望和"多得"的念头。

最后，社会安定和谐，没有犯罪现象。人们高尚的德性和近乎完美的善举，使社会生活呈现出一种理想的景观：消除了人们彼此间可能存在的隔阂与权谋，争权夺利、钩心斗角没有市场，明抢暗偷、作乱害人的犯罪现象绝迹，因此人与人之间的提防戒备也就被消解于无形。社会秩序和谐，整合良好，人们夜里睡觉不用闩上门。

当然，这种理想社会不是自然而然形成的，而是人为构建的结果。周敦颐曾对此做出描述："古者圣王制礼法，修教化，三纲正，九畴叙，百姓大和，万物咸若。"（《通书·乐》，《周敦颐集》卷二）他特别重视乐的教化作用。"乃作乐以宣八风之气，以平天下之情。故乐声淡而不伤，和而不淫。入其耳，感其心，莫不淡且和焉。淡则欲心平，和则躁心释。优柔平中，德之盛也；天下化中，治之至也。是谓道配天地，古之极也。"（《通书·乐》，《周敦颐集》卷二）

"大同"理想描述了一种人性化、人道化、人情化的理想社会图景，自古至今都令人向往。而且，这种理想社会不像西方托马斯·莫尔等人虚构的"乌托邦"（乌有之乡），而是有现实原形的，或者说是对古代黄金时代的描述，只不过进行了美化，而且加入了孔子本身的理想成分。因此，大同社会看起来就更有实现的可能性，从而也更有吸引力。但是，这种理想的方案在今天看来也有很大的局限。根据孔子的描述，只要推选贤者能人，特别是推选出一个英明的君王，就可以实现大同理想。这种构想不仅过于简单，而且显然是一种人治的设计。这种理想社会也许在完全建立在血缘关系基础上的氏族部落中可以实现，而在突破了血缘关系的国家，人治不仅不能实现这种理想，相反可能会导致许多社会问题。正因为如此，尧舜禹之后的社会虽然在夏商周"三代"出现过贤明的君王，但大多数君王在位时都充满"血与火"的战争和争斗，总体上看，根本不可能重现"大道之行"时代的"大同"美景，充其量只能出现夏商周三代杰出君王在位时的"小康"社会。

不过，孔子的大同理想的确反映了人类对美好社会的希冀和企盼，具有超时代和国界的价值，也因此对后世产生了巨大影响。清末政治家、思想家康有为正是因为推崇大同理想而费时十余年写成了《大同书》。在《大同书》中，康有为以民主主义的平等精神和某些社会主义的空想，描绘了一幅理想的大同世界蓝图。根据梁启超《清代学术概论》一书中的概括，《大同书》的基本内容有：无国家，全世界置一总政府，分若干区域；总政府及区政府皆由民选；无家族，男女同栖不得逾一年，届期须易人；妇女有身者入胎教院，儿童出胎者入育婴院；儿童按年入蒙养院及各级学校，成年后由政府指派分任农工等生产事业；病则入养病院，老则入养老院；胎教、育婴、蒙养、养病、养老诸院，为各区最高之设备，入者得最高之享乐；成年男女，例须以若干年服役于此诸院，若今世之兵役然；设公共宿舍、公共食堂，有差等，各以其劳作所入自由享用；警惰为最严之刑罚；学术上有新发明者及在胎教等五院有特别劳绩者，得殊奖；死则火葬，火葬场比邻为肥料工厂。毛泽东曾指出："康有为写了《大同书》，他没有也不可能找到一条到达大同的路。"① 该书虽然存在这一根本性局限，但其进步意义和深远影响是不可否认的。梁启超对《大同书》做了较为公允的评价，称该书是"理想与今世所谓世界主义、社会主义者多合符契，而陈义之高且过之"（《清代学术概论》）。《大同书》广泛吸取了古今中外各种先进的思想，但主要还是源自儒家的大同理想，并从中汲取了丰富的养分。可以说，它是在新的时代对传统大同理想的弘扬和创新。中国资产阶级革命的先行者孙中山，更是把"天下为公"作为自己的理想追求，并明确指出"真正的三民主义，就是孔子所希望之大同世界"（《三民主义》）。他为"天下为公"赋予更深邃、更宽广的内涵，其核心是民有、民治、民享，它是这样一种社会：天下为人民所共有，政治为人们所共管，利益为人民所共享。

2. 小康

孔子描述了"大同"社会之后又阐述了次于"大同"社会的"小康"社会。"大同"社会是在大道之行时代（尧舜时代）出现的，而"小康"社会则是在夏商周三代杰出君王在位时出现的。

"小康"一词最早出现在《诗经·大雅·民劳》里。"民亦劳止，汔可小康。惠此中国，以绥四方。"意思是说，人民劳苦难当，应该让他们过上安康的生活。首先从京都做起，然后推广开来，以安定四方。《诗经》里"小康"的意思与孔子所说的意思相似，也许孔子就是从《诗经》中借用的"小康"这一术语。在孔子的眼里，小康社会是人类在追求最高理想社会过程中，由于各方面条件的限制，退而求其次的一种现实追求目标，是人类实现大同社会的一种过渡形式。小康社会虽与美好的大同社会有区别，但它是一种生活殷实、秩序良好的社会，即使"在势者"也得遵从社会秩序，否则会为社会所不容。康有为对孔子提出的小康社会理想做出了这样的评价："孔子生据乱世，而志则常在太平世，

① 毛泽东：《论人民民主专政》，《毛泽东选集》第四卷，人民出版社 1991 年版，第 1471 页。

必进化至大同，乃孚素志，至不得已，亦为小康。”① 这一评价是客观的。

按孔子的阐述，“小康”的出现及其图景是这样的：大道隐退了，大同社会的规矩被破坏了，天下为一家所有，人们各自亲其双亲、爱其子女，生怕财物不归自己所有，唯恐自己出力干活。天子、诸侯的宝座，时兴父传于子，兄传于弟。内城外城加上护城河，都被当作防御设施。礼义成了根本大法，用来规范君臣关系，用来使父子关系亲密，用来使兄弟和睦，用来使夫妇和谐，用来设立制度，用来确立田地和住宅，用来表彰有勇有智的人，用来把功劳写在自己的账本上。钩心斗角的事随之发生，兵戎相见的事也因此而起。夏禹、商汤、周文王、周武王、周成王、周公，是在这种情况下产生的佼佼者。这六位君子，没有一个不是把礼当作法宝的，他们用礼来表彰正义，考察诚信，指明过错，效法仁爱，讲究礼让，向百姓展示一切都是有规可循的。如有不按礼办事的，当官的要被撤职，民众都把他看作祸害。② 概言之，在孔子看来，小康社会是在大同社会选贤与能的规矩破坏之后，借助礼来进行管理的社会。

实际上，孔子在《论语》中虽然没有使用“小康”的概念，但描述了小康社会的图景。他在和他的弟子颜渊等人谈自己的志向时说：“老者安之，朋友信之，少者怀之。”（《论语·公冶长》）意思是，他的志向就是要让老年人生活安定，让平辈人之间彼此信任，对少年就关怀爱护他们。《论语·季氏》记载，季孙氏将要讨伐颛臾，冉有、季路拜见孔子，孔子说了一段话：“丘也闻：有国有家者，不患寡而患不均，不患贫而患不安。盖均无贫，和无寡，安无倾。夫如是，故远人不服，则修文德以来之。既来之，则安之。”意思是，我听说过，有国的诸侯，有家的大夫，不担心贫困，只担心贫富不均，不担心人口少，只担心社会不安定。若是财富平均，就无所谓贫富；大家和睦，就不会觉得人口少；社会安定，就不会有颠覆。做到了这些，远方的人还不归服，就再发扬礼义道德来使他们归服。已经来了的，就使他们安心住下。孔子的上述论述可看作他对小康社会理想的一种补充。

小康社会的理想因与现实接近而具有可能性，因而对后世产生的影

---

① （清）康有为：《孟子微》，中华书局 1987 年版，第 239 页。

② 参见李慧玲、吕友仁注译《礼记·礼运》，中州古籍出版社 2010 年版，第 92 页。

响更为深远。孟子曾根据他的实行井田制、为百姓置恒产使之安居乐业等主张，设计过一个小康社会，他对小康社会提出了一系列物质标准："五亩之宅，树之以桑，五十者可以衣帛矣。鸡豚狗彘之畜，无失其时，七十者可以食肉矣。百亩之田，勿夺其时，数口之家可以无饥矣。"（《孟子·梁惠王上》）东汉末年的何休受《礼记·礼运》中关于"大同"和"小康"描绘的启发，在《春秋公羊解诂》一书中提出了"三世说"。在他看来，历史是一个由"衰乱世"到"升平世"再到"太平世"的演进过程，这是社会由乱到治、由低级到高级、由野蛮到文明、由落后到进步的发展过程。他所说的"太平世"大致上相当于大同社会，而"升平世"则可视为小康社会。宋代洪迈在《夷坚甲志·五郎君》中提出的"然久困于穷，冀以小康"，也表达了人们摆脱贫困奔小康的愿望。同为宋朝人的朱熹对小康之世的出现更有信心，认为关键在于要有贤明的君王。假若有像禹、汤、文、武、成王、周公那样实行"王道仁政"的"贤王"，小康社会必定可以实现。在朱熹的眼里，汉朝的"文景之治"、唐朝的"开元盛世"等繁盛时期都算得上小康社会，具有典型性意义。东晋诗人陶渊明的《桃花源记》、南宋康与之的《昨梦录》等都以生动的笔调描画了以自给自足的小农经济为基础的农耕文明所特有的"怡然自乐""万民怡怡""计口授田，以耕以蚕""信厚和睦"的美好小康图景。21 世纪，中国人民在中国共产党领导下致力于全面建成小康社会，不仅赋予"小康"社会以现代含义，而且即将使小康社会变成现实。

第三章　传统价值观的主导观念

人是观念的动物。所谓观念，就是人的“先见”，也是人活动的心理定势。心理定势指心理上的“定向趋势”，即一种活动的准备状态，它是长期积累形成的，对以后的心理活动和行为活动起正向的或反向的推动作用。心理定势体现在不同方面，如运动定势、注意定势、思维定势等。观念定势与运动定势、思维定势不同，它不是指观念的定势，而是指观念本身就是一种定势。我们说人是观念的动物，不仅指人有其他动物所不具有的观念，而且指人是以观念作为心理定势活动的，就是说，人总是以一定的观念作为“先见”进行活动。观念是人在关于各种事物必然如此的各种观点或看法的基础上所形成的对这些事物必然如此的信念。观念具有强大的惯性或顽固性，它不仅会逐渐成为人们的信念，而且会深入潜意识，成为不自觉的、类似于本能的反应。

价值观念是观念的一种类型，通常是相对于事实观念而言的。“价值观念，简单地说，就是人们在关于各种事物所具有的各种价值的观点或看法的基础上所形成的对这些事物所具有的这些价值的信念。这些信念是人们进行价值判断的选择、确立价值取向和追求的范型和定势。”[①] 作为观念价值体系的价值观，其中有一些起主导作用的价值观念。它们规定一种价值观的性质，显示其特征，并且对其他价值观念具有规范和引导作用。因此，它们是民族个性的结晶，是一个时代公众的共识，我们可以把它们看作解读某种文化的钥匙。中国价值观历史悠久，其中的主导观念也处于不断流变的过程中，但传统社会也慢慢积淀了一些差不多贯穿整个传统社会的主导观念。总体上看，这些主导观念是传统文化中的精华。当然，传统价值观中的确存在一些糟粕，如“忠君”“三纲”“男尊女卑”等观念，但这些糟粕观念基本上都是传统价值观的主导观念的极端化。

---

① 江畅：《幸福与和谐》（第2版），科学出版社2016年版，第16页。

本章选取传统价值观中的十一种主导观念加以阐述，其根据主要是它们在传统社会生活中的影响、认同度和所具有的正面价值，其安排的顺序大致上与第二章相同，而其逻辑进路是从天道到人道，从爱亲人到爱百姓。

一　“阴阳五行”

“阴阳五行”观念包括“阴阳”观念和“五行”观念，前者出现时间大大早于后者，但两者之间存在内在关联。两者互为辅成，五行必合阴阳，阴阳必兼五行，因而常常被统称为“阴阳五行”观念。阴阳观念从表面上看是一种事实观念，实际上有丰富的价值意蕴，更为重要的是，它是传统价值观的基础，一些传统主导价值观念直接源自这一观念，如“天人合一”“和实生物”“自强不息”“厚德载物”等。因此，不了解“阴阳五行”观念就不能真正理解中国传统价值观。

1. 阴阳五行观念

阴阳观念是我国最古老、影响最大的观念。这一观念在夏朝就已有体现，因为《易经》八卦中的阴爻和阳爻已经出现在夏朝的占书《连山》中。《连山》，后亦称《连山易》，古多只称《连山》，据传为盘古开天地后第一代君王天皇氏所创（相传他还创制了天干地支历法）。其名初见于《周礼·春官宗伯·大卜》。《周礼》规定，大卜的职责之一是：“掌三易之法：一曰《连山》，二曰《归藏》，三曰《周易》。其经卦皆八，其别皆六十有四。”《连山》、《归藏》和《周易》被称为“三易”，它们都用“卦”的形式来说明宇宙间万事万物的循环变化。其中《连山》和《归藏》在两千多年来的历代典籍里鲜有记载，已经失传。《连山》以艮卦开始，如山之连绵，故名“连山”。根据史料记载，八卦的形成源于“河图”和“洛书”，为“三皇五帝”之首的伏羲所发明，他在天水卦台山始画八卦。八卦是表示事物自身变化的阴阳系统，八卦的出现表明中国先人已经有明确的阴阳观念。

八卦的“卦”，是一个会意字，从圭从卜。圭，一种十分古老、构造简单的计时仪器——土圭，这种仪器被用来观测太阳光投向用泥土做成的土柱所形成的阴影，可以根据阴影的长短和移动规律来确定冬至日和夏至日。卜，测度。因此，卦有借助圭来测量的意思，用以表示择时占卜所用的符号。八卦的图像就是对从竖立的八圭测到的日影加以记录和总结形成的，其基本单位是爻。爻原是记录日影变化的符号，被区分为阳爻和阴爻，表示阳爻的符号是“⚊”，表示阴爻的符号是“⚋”，这两个符号也被称为“爻形”“爻画”“爻象”“爻符”等。一般认为，阳爻“⚊”性刚属阳，表示阳光；阴爻“⚋”性柔属阴，表示月光。因爻代表阴阳气化，爻之动意味着卦之变，所以“爻”被认为是气化的始祖。天地万物皆由阴阳之气演化而来，根据宇宙的阴阳变化对阳爻和阴爻两种符号进行组合，就有了八种不同的组合形式，这就是八卦。八卦中的每一卦都由三爻组成，其次序自下而上，分别称为初爻、二爻和三爻。八卦中的每一卦形都代表一种基本物象：乾（☰）代表天，坤（☷）代表地，巽（☴）代表风，震（☳）代表雷，坎（☵）代表水，离（☲）代表火，艮（☶）代表山，兑（☱）代表泽。这八卦被称为经卦，把两个经卦组合成一组进行排列，就从八卦中衍生出六十四卦。《易经》就用六十四卦来象征宇宙中各种自然现象，而人类社会现象被视为和谐宇宙整体中的一种特殊现象存在于其中。

阴阳观念从起源至今已有几千年的历史，从炎黄时代起，阴阳观念就已有雏形，后来又形成了五行观念并与阴阳观念联系起来，经过先秦的演变和完善，至春秋战国时期，“阴阳五行”的概念已被诸子百家广泛应用。儒、墨、道、法、兵家等学说的形成，无不是建立在阴阳理论的基础上，阴阳理论不仅纵贯中国传统文化的整个脉络，而且是整个东方思想文化的根本性观念。孔子等人所作的解释《易经》的《系辞传》（《易传》中最重要的一种），第一次将阴阳与道联系起来：“一阴一阳之谓道。”（《系辞上传》）其基本含义是宇宙间每一事物都有阴有阳，阴阳相互对立和转化是宇宙的根本特征。《系辞传》还将阴阳与天地联系起来。“乾，阳物也；坤，阴物也。阴阳合德，而刚柔有体。”（《系辞下传》）《周易》中的这些思想使古老的阴阳观念第一次具有形而上学的哲学意义。差不多同时，老子也提出了类似的观念。他说：“道生一，一生二，二生三，三生万物。万物负阴而抱阳，冲气以为和。”（《老子》四十二章）这里也是讲万物都有阴阳两个对立面，阴阳二气交冲而成和谐状态，而其根源是“道”。荀子也讲阴阳：“天地合而万物生，阴阳接而变化起，性伪合而天下治。”（《荀子·礼论》）传统中医学著作也讨论阴阳问题。我国最早的医学典籍《黄帝内经》云：“阴阳者，天地之道也，万物之纲纪，变化之父母，生杀之本始，神明之府也。”“清阳为天，浊阴为地；地气上为云，天气下为雨；雨出地气，云出天气。”（《素问·阴阳应象大论》）这是以天地云雨的生成过程为例论述天地阴阳升降，从而交相感应的规律。正是由于阴阳的交感，才有天地阴阳之气的交流、结合，才有世间万物的化生。

阴阳八卦观念与太极观念有密切的联系。《周易·系辞上传》云：“是故《易》有太极，是生两仪，两仪生四象，四象生八卦，八卦定吉凶，吉凶生大业。”《系辞传》（西汉马王堆出土版本）记载有“古者伏羲氏之王天下也，仰则观象于天，俯则观法于地，观鸟兽之文与地之宜，近取诸身，远取诸物，于是始作八卦”的内容。这里都是讲的成卦过程，先是有太极，然后分化形成阴阳，用阴阳二爻表示，称作两仪；二爻相加，有四种可能的形象，称为四象；由它们各加一爻，便成八卦。太极生两仪，便是由太极的分化形成阴阳之气的过程，两仪，即表示阴阳的两种爻。《庄子》中也谈到“太极”：“夫道……在太极之先而不为高，在六极（指上下东西南北六个方向——引者注）之下而不为深，先天地生而不为久，长于上古而不为老。”（《大宗师》）古人对太极有不同的理解，其中有两种理解具有代表性。一是认为太极指宇宙最初浑然一体的元气。唐孔颖达的《周易正义》云：“太极谓天地未分之前，元气混而为一。”《易纬·乾凿度》称“有形生于无形”，并用“有太易，有太初，有太始，有太素”四阶段来说明“易有太极”。这种观点在两汉时期较为流行，如刘歆说过“太极中央元气”，王充也说“元气未分，混沌为一”，郑玄则用“淳合未分之气”来解释太极。二是以阴阳混合未分为太极。周敦颐在《太极图说》中说：“无极而太极。太极动而生阳，动极而静，静而生阴。静极复动。一动一静，互为其根；分阴分阳，两仪立焉。”（《周敦颐集》卷一）周敦颐以后，邵雍、张载、朱熹、王夫之又对太极做出了不尽相同的解释。不过，根据《系辞传》，太极应为天地未开、混沌未分、万物形成之前的元气，阴阳之气就是由太极元气分化而来的。

“阴阳”是一对对应概念而非对立概念。根据阴阳观念，宇宙万物根据其属性可分为阴和阳两类。“阳类”具有刚健、向上、生发、展示、外向、伸展、明朗、积极、好动等特性，“阴类”则具有柔弱、向下、收敛、隐蔽、内向、收缩、储蓄、消极、安静等特性。事物存在阳性事物和阴性事物的区别，但任何一个具体的事物都具有阴阳两重性，即阴中有阳，阳中有阴，区别是以阴为主还是以阳为主。许多学者将它们视为既对立又统一的，认为它们之间存在相生相克的关系。这种自古以来流行的看法实际上是不对的。阴阳不是相生相克的关系，而是共赢的关系。它们相互设定，相互依存，相互联系，相互支撑，相互促进，相互配合，相互包含，相反相成，相得益彰。阴阳的共赢是一个动态变化的过程，这一过程伴随事物的始终，决定事物发展变化的进程。

“阴阳”概念是创制八卦时提出的，乾、坤、巽、震、坎、离、艮、兑八卦本身就被设计为存在阴阳关系，它们由四种阴阳关系构成，即乾坤之阴阳、艮兑之阴阳、震巽之阴阳、坎离之阴阳。这四种关系所概括的是宇宙中存在的四种最基本的阴阳关系。这四种关系虽同属阴阳关系，但又有所区别，不可一概而论。乾坤的阴阳关系是一种互体关系，双方因为对方的存在而存在。就是说，有了“地”的概念才相对有了地之上的“天”的概念，反之亦然，天是指地上的天，没有这个天也就没有与之相对应的地。地因为天的存在而存在，天也因为地的存在而存在。艮兑的阴阳关系是一种化育关系。化育，即孕育、产生或创造新事物的能力。艮兑两卦相互作用就会孕育产生或创造出新事物。震巽的阴阳关系是一种同根关系。“同根”指的是震巽两卦有同一起源，它们都起源于震卦。坎离的阴阳是一种对立关系。这里的对立是指完全相反的两种作用，即既在外部对对方产生影响，也进入对方内部发生影响。这一切表明，八卦中的阴阳性质既有不同和对立，也存在相互依存、相互设定等复杂的关系。

自从《易经》赋予阴阳以本体论意义并与阴阳太极结合起来之后，阴阳被广泛用于表达各种性质相对的现象，于是，阴阳也有极其丰富的含义。其中，以下几种含义是今天所常见的：指山和水的北面和南面，山之北为阴，水之北为阳，“相其阴阳，观其流泉”（《诗经·大雅·公刘》）；指天地、日月、昼夜，如“日出于东，月生于西，阴阳长短，终始相巡”（《礼记·祭义》）；指君臣、夫妇、男女，如“阴阳配偶，天地之大义也”（归有光《贞女论》）；此外，还指生死、人间阴间、寒暑、春夏与秋冬、奇偶、动静、开合等。总而言之，传统价值观认为，世界上的任何事物要么是阴的要么是阳的，而且有一种阴就有一种阳，反之亦然。

五行观念虽然比阴阳观念出现得晚，但也很古老。五行原指古人认为构成宇宙万物的五种性质的事物，即木、火、土、金、水。《尚书·大禹谟》中记载，大禹在跟舜的对话中谈到过“火、水、金、木、土、谷惟修”，意思是请求舜对“六府”之事多修持经营。《尚书·洪范》中已有明确的“五行”表述：“五行：一曰水，二曰火，三曰木，四曰金，五曰土。水曰润下，火曰炎上，木曰曲直，金曰从革，土爰稼穑。润下作咸，炎上作苦，曲直作酸，从革作辛，稼穑作甘。”这是古代对五行最完整的表述。这里既将构成宇宙万物的共同物质元素进行了分类，也对每一类物质的性质与特征做了明确的界定。后来，人们根据对五行的进一步认识，又创立了五行相生相克的理论，认为存在“五行生克”的定律。五行的含义是阴阳演变过程中表现出来的五种基本形态：水代表润下，火代表炎上，金代表收敛，木代表伸展，土代表中和。五行理论在古代有广泛的运用，古代思想家主要用它来解释世界万物的构成及其相互关系。这一理论强调宇宙和事物的整体性，旨在描述事物的运动变化以及相互转化关系。五行理论与阴阳理论紧密相关，阴阳理论可以说是古代的对立统一理论，五行理论则是原始的系统论。

到战国时期，以邹衍为代表的阴阳家阐释的阴阳五行说广为流行，对道家和道教、儒家以及神仙方士等都产生过重要影响。西汉的董仲舒明确从阴阳中推出五行。他说：“天地之气，合而为一，分为阴阳，判为四时，列为五行。”（《春秋繁露·五行相生》）同时，他为维护皇权专制主义，强调“阳尊阴卑”“阳贵阴贱”，由此推论出人间的等级尊卑是合乎“天意”的。在民间，调阴阳、顺四时、序五行、以政令配月令①等，成为汉代人的普遍观念。道教早期经典《太平经》中也包含丰富的阴阳五行思想，它认为天地之性是由阴阳构成的，甚至宣称“以阴阳五行为家”，以奉天地、顺五行为本；《老子想尔注》讲阴阳之道，主张“和五

① 按照一年12个月的时令来记述朝廷的祭祀礼仪、职务、法令、禁令，并把它们归纳在五行相生的系统中，统治者以此来安排生产生活的政令，故名“月令”。

行，令各安其位”；《周易参同契》用《周易》卦爻匹配阴阳五行，用以说明修仙炼丹术；《老子黄庭经》以五脏配五行，主张用阴阳之气炼形养身。道教教义更是吸收阴阳五行说的义理并大量采用其中的名词术语，阴阳五行说成为道教内外丹学的重要理论依据。

五行观念把金、木、水、火、土看作构成物质世界和万事万物不可缺少的最基本物质，认为这五种最基本物质之间的相生相克和运动变化构成了宇宙万物。这个“行”就代表运动，有能动性。金的含义不是金属或黄金，而是坚固和凝固。木表示生的功能和根源。水代表流动，有循环和周流的含义。火则是一种热能。土则意味着地球本身，因而被放在五行方位结构上的居中位置。五行观念认为，五种物质是相互影响、相互转化的，体现为生和克。水生木，木生火，火生土，土生金，金生水；水克火，火克金，金克木，木克土，土克水。生克是相对存在的，它们相互依存、相互对立：没有生，就无所谓克；没有克，就谈不上生。有生无克，事物就会因无休止地发展而走向极端，导致物极必反；有克无生，事物就会因被过分压制而丧失元气走向衰败。在生克的对立与统一矛盾中，无论是过分的生还是过分的克都会因打破相对平衡或统一而使事物向一方倾斜发展，破坏事物的正常发展。要维护事物的相对平衡，就要使生与克相互牵制。当不能相互牵制时，平衡就会被打破，事物就会走向衰败。

2. 阴阳五行与八卦

自战国时代阴阳观念和五行观念相互影响并出现“阴阳五行”的合称之后，开始有一些将阴阳五行与八卦结合起来的尝试，但总体上看，这种结合并不成功。比较有影响的结合是太极八卦图的出现。它将八卦与阴阳、太极、五行关联起来，使之统一于同一个结构图之中。八卦图衍生自中国古代的“河图”与“洛书”，是伏羲根据燧人氏造设的这两幅星图所作的。“河图”后来衍化为先天八卦，“洛书”则衍化为后天八卦。八卦各由三爻构成，乾、坤、震、巽、坎、离、艮、兑分立八方，它们象征天、地、雷、风、水、火、山、泽八种事物和自然现象，象征世界的变化与循环，世间万物皆可分类归至八卦之中。为了说明八卦与阴阳、太极以及五行的关系，后来出现了八卦图。八卦图中阴阳两面方位的移动和变换会出现不同的图像，于是就有了所谓“先天八卦图”

“后天八卦图”“太极八卦图”，它们之间有传承和创新的关系。在北宋邵雍之前，八卦体系尚没有做出区分，邵雍首次区分了先天八卦和后天八卦。他把由一分为二而来的“天地定位”八卦位图称为先天八卦，把周易《说卦传》“帝出乎震”一段谈的八卦称为后天八卦。先天八卦又名“伏羲八卦”，后天八卦又名“文王八卦”。朱熹《周易本义》采用了邵雍的说法和图像，这使得两八卦的划分流行开来。

先天八卦亦称“先天八卦图”，相传是由距今约七千年的伏羲氏观物取象所作，其卦序是：一乾、二兑、三离、四震、五巽、六坎、七艮、八坤。先天八卦描述的是宇宙形成演变过程的顺序，首先是太极，其次是两仪，接着是四象，最后是八卦。《周易·系辞上传》说：“《易》有太极，是生两仪，两仪生四象，四象生八卦。”这是对先天八卦产生过程的描述。先天八卦重对峙，它把八卦代表的天、地、风、雷、山、泽、水、火八类物象分为四组，以说明八类物象的阴阳对峙关系。《周易·说卦传》云：“天地定位，山泽通气，雷风相薄，水火不相射。八卦相错，数往者顺，知来者逆，是故《易》逆数也。”这就是用两两对峙的八卦表示这些不同事物之间的对峙。其一，将乾坤两卦对峙，称为“天地定位”：乾南坤北，天居上，地居下，南北对峙，上下相对。从两卦爻象来看，乾由三阳爻组成，为纯阳之卦，坤由三阴爻组成，为纯阴之卦，两卦完全相反。其二，将艮兑两卦相对，称为“山泽通气”：艮为山居西北，兑为泽居东南；泽气于山，为山为雨；山气通于泽，降雨为水为泉。从两卦爻象来看，艮是一阳爻在上，二阴爻在下，兑是一阴爻在上，二阳爻在下，两卦成对峙之体。其三，将震巽两卦对峙，称为“雷风相薄”：震为雷居东北，巽为风居西南；“相薄”者，其势相迫，雷迅风益烈，风激而雷益迅。从两卦爻象来看，震是二阴爻在上，一阳爻在下，巽是二阳爻在上，一阴爻在下，八卦成反对之象。其四，将坎离两卦对峙，称为“水火不相射”：离为日居东，坎为月居西，不相射者；离为火，坎为水，水得火以济其寒，火则得水以制其热，不相熄灭。从两卦爻象来看，离是上下为阳爻，中间为阴爻，坎是上下为阴爻，中间为阳爻，两卦亦成对峙之体。从八卦卦爻图像可以明显看出，除乾坤两卦为纯阳纯阴卦之外，震、坎、艮卦都是由一阳爻两阴爻组成，而且爻画均为五，为奇数，为阳数，故此三卦为阳卦；巽、离、兑三卦都是由一阴爻两阳爻组成，而且爻画均为四，为偶数，为阴数，故此三卦为阴卦。按先天八卦，乾坤、艮兑、震巽、坎离两两对峙，每一对中都含有顺逆、奇偶、阴阳，即阴中含阳，阳中含阴，阴阳错综交变。八卦本着阴阳消长、顺逆交错、相反相成的宇宙生成自然之理，来预测推断世间一切事物，数不离理，理不离数。

后天八卦也称“后天八卦图”，是由先天八卦演变而来的，传说由周文王所绘，属于后天事象的八卦。后天八卦以震卦为起点，其位列于正东。按顺时针方向，依次的位置为巽卦在东南、离卦在正南、坤卦在西南、兑卦在正西、乾卦在西北、坎卦在正北、艮卦在东北。它们序数为：坎一、坤二、震三、巽四，五为中宫，乾六、兑七、艮八、离九。《说卦传》曰：“帝出乎震，齐乎巽，相见乎离，致役乎坤，说言乎兑，战乎乾，劳乎坎，成言乎艮。”后天八卦也用家庭关系来表示：以乾为父，坤为母，震为长男，巽为长女，坎为中男，离为中女，艮为少男，兑为少女。《说卦传》曰：“乾，天也，故称乎父。坤、地也，故称乎母。震一索而得男，故谓之长男。巽一索而得女，故谓之长女。坎再索而得男，故谓之中男。离再索而得女，故谓之中女。艮三索而得男，故谓之少男。兑三索而得女，故谓之少女。”邵雍解释曰：“乾统三男于西北，坤统三女于西南，乾、坎、艮、震为阳，巽、离、坤、兑为阴。”后天八卦重流行，认为万物流行如水，循环往复，生生不已，其寓意是阴阳之间互依、互根，五行相生相克。它主要是从四时流转、万物年复一年的春生夏长秋收冬藏变化引出的一般规律。

太极八卦图应是太极图与八卦图（后天八卦图）的结合，太极图是以黑、白两个鱼形纹组成的圆形图案（被称为太极图的还有五层图形、空心圆图形、黑白半圆图形等），俗称“阴阳鱼”。它再形象不过地表达了阴阳良性互动、相反相成乃万物生灭变化基本规律的道理，也展现了一种相互依存、适时转化、有机统一的和谐美。“阴阳鱼”形正是对六十四卦方位圆图的形象说明。太极图很早就已经出现，相传古太极图绘在3000多年前的夏商之际或更早的陶器上。太极图是什么时间、如何演变而来的，没有确切的历史资料。如今的太极图，一般认为是北宋周敦颐所制。现存文献中最早的一张太极图出自南宋张行成的《翼玄》，经明初赵谦改造（简化），定型于明末赵仲全。虽然古代典籍中有大量记载，但没有现在我们所见到的这种黑、白两色的太极八卦图案。太极八卦图案确凿可考的最早图式，是五代十国时期后蜀彭晓著《参同契分章通真义》中为注解东汉道士魏伯阳《周易参同契》所绘的水火匡廓太极图。

阴阳五行观念特别是阴阳观念是传统世界观，也是传统价值观的基础和重要内涵。它是中华民族和中华文明的根本理念，对中华文明和中国人有极其深刻而广泛的影响。阴阳观念认为，自然周而复始，阴阳的流转化生万物。世间万物无不是一阴一阳相对应，如刚与柔、天与地、乾与坤、日与月、寒与暑、男与女等，自然界遵循着一个统一的规律。所以中国道家思想认为人应当遵循道，自然无为，并追求“天人合一”的境界。直到今天，这种思想在社会经济、政治、军事、教育、家庭等方面也都有深远的影响。

阴阳五行观念深刻表达了中国人的时空观。中国人的时空观是四方八维时空观，而这种时空观源自阴阳观念。《周易》中讲“《易》有太极，是生两仪，两仪生四象，四象生八卦”，其中“两仪”即天地，即阴阳。“四象”从方位角度论即东、南、西、北，从时间角度论即春、夏、秋、冬。在方位上，从四象到八卦又细化为八方，这一系列演化形成了中国古代最早的时空观。中国古人将阴阳理论与五行理论以及星象的运行规律进行总结得出的天干地支，进一步组成了干支纪时法，这就完成了一套完整时间与空间交叠的格局。干支纪时法的发明者究竟是谁，最早出现于何时，始终是一个谜。据传，天干地支的发明者是四五千年前上古轩辕时期的大挠氏。干支纪时法是由十天干（甲、乙、丙、丁、戊、己、庚、辛、壬、癸）和十二地支（子、丑、寅、卯、辰、巳、午、未、申、酉、戌、亥）[①] 依次相配，组合而成六十个基本单位，用以计时。这六十个组合，从“甲子”起，到“癸亥”止，满六十为一周，称为“六十甲子”，亦称“六十花甲子”。又因起头是“甲”字的有六组，所以也叫“六甲”。

传统的天干地支都是与阴阳五行相匹配的，或者说是根据阴阳五行

---

① 子为23~1时，丑为1~3时，寅为3~5时，卯为5~7时，辰为7~9时，巳为9~11时，午为11~13时，未为13~15时，申为15~17时，酉为17~19时，戌为19~21时，亥为21~23时。

加以区分的。十天干中五阴五阳。阳天干包括甲、丙、戊、庚、壬，阴天干包括乙、丁、己、辛、癸。十二地支中六阴六阳。阳地支包括子、寅、辰、午、申、戌，阴地支包括丑、卯、巳、未、酉、亥。五行与天干的对应关系分别是：金——庚、辛；木——甲、乙；水——壬、癸；火——丙、丁；土——戊、己。五行与地支的对应关系分别是：金——申、酉；木——寅、卯；水——子、亥；火——午、巳；土——戌、辰、未、丑。

从干支与阴阳、五行及四时、五方的配合关系中可以看出，每个干支除了各自的阴阳、五行属性外，还各代表一种时空关系，即一个时空坐标。如“甲”属阳木，代表春季（时间）和东方（空间）；“子”属阳水，代表十一月（时间）和北方（空间）；“己”属阴土，代表四季中的六月、十二月（时间）和中央（空间）；“酉”属阴金，代表八月（时间）和西方（空间）。由此可以看出，干支两组符号所形成的时空坐标所反映的时空观是一个紧密结合在一起的、整体性的、辩证的时空观。这种时空观是中华民族独一无二的对时间和空间本质的阐释。传统价值观还将干支与人的寿命周期联系起来，根据六十甲子表来衡量年龄，并配以属相。

3. 阴阳五行观念的影响

源自阴阳五行观念的天干地支观念自古至今对中国人的日常生活产生了十分直接的影响。中国民俗文化中有十二生肖，又叫属相，它们就是与十二地支相配所形成的。十二生肖就是人出生年份的十二种动物，包括鼠、牛、虎、兔、龙、蛇、马、羊、猴、鸡、狗、猪。十二生肖的起源与动物崇拜有关。最早记载与今相同的十二生肖的传世文献是东汉王充的《论衡》。十二生肖是根据十二地支确定的，从一定意义上可以说是十二地支的形象化代表。两者之间的匹配关系是：子鼠，丑牛，寅虎，卯兔，辰龙，巳蛇，午马，未羊，申猴，酉鸡，戌狗，亥猪。随着历史的发展，十二生肖逐渐融合到相生相克的民间信仰观念中，表现在婚姻、人生、命运等方面。每一种生肖都有丰富的传说，它们构成了一种观念阐释系统，成为民间文化的一种形象表达，如婚配上的属相、抽签占卜、看相算命、本命年等。现代更多人把生肖作为春节的吉祥物，生肖成为娱乐文化活动的象征。作为历史悠久的民俗文化符号，生肖是中国人谈论和关注的不朽话题，古往今来，留下了大量描绘生肖形象和象征意义的诗歌、对联、绘画、书画和民间工艺作品。

阴阳五行学说和观念在中医领域得到了广泛的应用，在中医学理论体系中，处处体现着阴阳学说的思想。古代医学家借用阴阳五行学说来说明人体生理、病理的各种现象，并总结医学知识和指导临床经验，这形成了以阴阳五行学说为基础的中国中医理论体系。阴阳学说中的阴阳对立、阴阳互根、阴阳消长和阴阳转化等思想被用以说明人体的组织结构、生理功能及病理变化，并用于指导疾病的诊断和治疗。例如，就人体部位而言，上部为阳，下部为阴，体表为阳，体内为阴；就背腹而言，背部为阳，腹部为阴；就四肢而言，四肢外侧为阳，内侧为阴；就筋骨皮肤而言，筋骨在内故为阴，皮肤在外故为阳；就内脏而言，六腑传化物而不藏为阳，五脏藏精气而不泻为阴；就五脏本身而言，心、肺居于上焦故为阳，肝、脾、肾居于中焦故为阴。又如，中医根据阴阳理论将人的体质划分为阴虚体质、阳虚体质、阴阳两虚体质。中国最早的医学典籍《黄帝内经》中就说："故阳之动，始于温，盛于暑；阴之动，始于清，盛于寒。春夏秋冬，各差其分。"（《素问·至真要大论》）

阴阳五行观念不仅对人们的世界观和日常生活有广泛而深刻的影响，而且是传统价值观的重要理论依据。其中最典型的就是董仲舒用阴阳五行说来推论人间的等级尊卑关系合乎"天意"，"三纲五常""尽取之天"。他首先以阴阳观念推论三纲，对此他有不少明确的论述："礼者，继天地，体阴阳，而慎主客，序尊卑贵贱大小之位，而差外内远近新故之级者也，以德多为象，万物以广博众多历年久者为象。"（《春秋繁露·奉本》）"天下之尊卑随阳而序位。幼者居阳之所少，老者居阳之所老，贵者居阳之所盛，贱者居阳之所衰。藏者，言其不得当阳。不当阳者，臣子是也，当阳者，君父是也。故人主南面，以阳为位也。阳贵而阴贱，天之制也。"（《春秋繁露·天辨在人》）"是故仁义制度之数，尽取之天，天为君而覆露之，地为臣而持载之，阳为夫而生之，阴为妇而助之，春为父而生之，夏为子而养之，秋为死而棺之，冬为痛而丧之，王道之三纲，可求于天。"（《春秋繁露·基义》）据此，董仲舒得出了以下结论："君臣、父子、夫妇之义，皆取诸阴阳之道。君为阳，臣为阴；父为阳，子为阴；夫为阳，妻为阴。阴道无所独行，其始也不得专起，其终也不得分功，有所兼之义。”（《春秋繁露·基义》）他还强调：“丈夫虽贱皆为阳，妇人虽贵皆为阴。”（《春秋繁露·阳尊阴卑》）显然，董仲舒在这里根据他的阴阳说不仅将先秦儒家主张的相对平等的“五伦”关系推向了极端，而且将阳中有阴、阴中有阳的传统观念推向了极端。在以“阳尊阴卑”来说明三纲的同时，他又把五常配入五行。他以仁配木，以智配火，以信配土，以义配金，以礼配水。这样，五常便与天道之五行匹配起来了。董仲舒的上述做法显然是牵强附会，但由此可以看出，阴阳五行观念是传统价值观念的重要根据，几乎所有传统价值观念都可以在阴阳五行说中找到其或显或隐的根据。

二　“天人合一”

“天人合一”观念是中国最古老的价值观念。首次使用“天人合一”概念的是宋代张载。他说：“儒者则因明致诚，因诚致明，故天人合一。”（《正蒙·乾称》）其实，我国上古历史文献的许多记载或论述都体现了这种观念。《尚书》中就有这样一些记载：“皇天眷命，奄有四海，为天下君”（《大禹谟》）；“天叙有典，敕我五典五惇哉；天秩有礼，自我五礼有庸哉；同寅协恭和衷哉；天命有德，五服五章哉；天讨有罪，五刑五用哉；政事懋哉懋哉”（《皋陶谟》）；“徯志以昭受上帝，天其申命用休”（《益稷》）；等等。这些话的意思是，上天是有意志的，而天事由人代行，按照上天的意志行事就会得上天庇佑，否则就会受到上天的惩罚，因而天人是相通、相应、统一的。《诗经·大雅·烝民》中也有“天生烝民，有物有则。民之秉彝，好是懿德”的说法。《周易》则系统地表达了先民的“天人合一”观念。

1. “天人合一”观念的源流

《易经》在继承原始巫术文化传统的基础上，将当时以德配天的神学观念和卜筮相结合，构成了一个以天人整体观为思想基础的巫术操作体系，它体现了先民以卜问形式、卦爻结构解释客观事物变易规律的努力。《易传》则使《易经》从巫术转变为学术，从迷信转变为哲学，构建起了天道、地道和人道相统一的“天人合一”思想体系。这一思想体系奠定了作为中国传统价值观之根本的“天人合一”观念的基础，成为中国传统价值观的基因和“源码”。

春秋战国时期，道家和儒家从两种不同方向阐发了古人的“天人合一”观念。道家“天人合一”的“天”指的是自然，而自然是有其本根和运行规律的，这就是“道”，这种“道”是自然之道，而非人为之道。道家认为，人是自然的一部分，因而人应该回归自然并在精神和行为上与自然之道保持一致。所以，道家的“天人合一”以天为主体，强调的是天、地、人三者之间的生态平衡与和谐一致。儒家“天人合一”的“天”则主要指独立于人的上天（亦称“上帝”或“天帝”），天也有其“道”，但这种“道”的主要内涵不是自然规律，而是仁义道德。儒家认为，人认识了天道并按天道行事就有了“德”，即仁义道德。所以，儒家的“天人合一”以人为主体，强调人要通过修养不断加深对天道的认识，使自己成为道德之人（君子以至圣人），从而实现社会和谐与美好，这就是“天人合一”的境界。总之，道儒两家的“天人合一”观的主要区别在于：道家重视天之道，将天之道视为人之道，主张人要顺应天之道；儒家重视人之道，将人之道视为天之道，主张人要遵循人之道。因此，道家的“天人合一”是自然意义上的“天人合一”，而儒家的“天人合一”是义理意义上的“天人合一”。

春秋战国之后，儒家的“天人合一”观逐渐占据主导地位，并且得到越来越充分的阐发。在这个过程中，汉儒董仲舒发挥了重要作用，他为儒家的“天人合一”观提供了一种“道之大原出于天”的本体论论证。他首先将宗法等级的伦理道德赋予天地、阴阳、五行，将自然的天神秘化和义理化，然后通过“五（伍）其比，偶其类”即“天人合类”的类比方法，构架起一座由“天”到“人”的桥梁，赋予宗法等级道德纲常以崇高性和绝对性。宋明理学则否弃了董仲舒思想体系中的“天”或“天意”，代之以“理”或“天理”，即所谓“理便是仁义礼智”（《朱子语类》卷第八十三）。宋明理学在本体论上虽然有“气本”论和“理本”论的分野，但都持义理意义上的“天人合一”观。[①]

2. “天人合一”观念的含义

在中国传统观念中，“天”是一个多义的概念。有的指大自然的天

① 参见朱贻庭《中国传统道德哲学6辨》，文汇出版社2017年版，第32～33页。

（地）或天道，如“天道远，人道迩，非所及也”（《左传·昭公十八年》）、“天行有常”（《荀子·天论》）、“天与人交相胜”（刘禹锡《天论上》，《刘宾客文集》卷五）；有的指有意志的天，如“天志”（《墨子·天志》）、“天意”（《春秋繁露》）；有的指天然禀赋，如“牛马四足，是谓天”（《庄子·秋水》）；有的指非人之所为而为者、非人之所致而致者，即具有必然性的“天命”，如“天命之谓性”（《中庸》）；有的指义理之天，如宋明理学家的“天理”。[①] 传统“天人合一”观念中的“天”主要是在三种意义上而言的。一是指大自然的天地或天道。二是指主宰人间命运的人格化的“昊天上帝”。《尚书》所载的《甘誓》《汤誓》《多士》等所反映的夏、商、西周的天命观中的“天”就是这种意义的天。三是指具有必然性的天命，而且对这种天命做了义理的解释。在第一种意义上理解天所主张的“天人合一”，是要求人效法“道”那样自然无为，追求与“道”同体。在第二种意义上理解天所主张的“天人合一”，要求人听命于天，不过天的意志反映了民众的意志。在第三种意义上理解天所主张的“天人合一”，则要求人通过“尽心”“知性”达到“知天”，从而达到“从心所欲不逾矩”的圣人境界。

概括地说，传统价值观中的“天人合一”观念有以下几层含义。

第一，人在宇宙中有卓越或高贵的地位。天人关系特别是人在宇宙中的位置是中国古人很早就十分关注的问题。其基本看法是人在宇宙中占有优越的地位。《尚书·泰誓上》记载，周武王曾经说：“惟天地万物父母，惟人万物之灵。亶聪明作元后，元后作民父母。”

在中国传统思想史上，确有思想家认为人是渺小的，在宇宙中并无重要地位。庄子云：“吾在于天地之间，犹小石小木之在大山也。”（《庄子·秋水》）用今天的话说，人与地球相比，地球比个人不知大几千万倍，太阳系之大于地球又不知几千万倍，而从宇宙看太阳系，太阳系也微不足道。宇宙之大无穷，自宇宙观之，人不过蜗角上的微生物而已，无足轻重。而且，人毫无独立的地位，只是天地之附属品而已，即便是人的身体亦非人所有，皆非人所能主宰的。“舜曰：‘吾身非吾有也，孰有之哉？’曰：‘是天地之委形也。生非汝有，是天地之委和也，性命非汝

---

① 参见朱贻庭《中国传统道德哲学6辨》，文汇出版社2017年版，第25页。

有，是天地之委顺也。子孙非汝有，是天地之委蜕也。'”（《庄子·知北游》）人毫无所有，毫无所为，不过是天地间偶然形成的寄生物。

然而，大多数思想家并不赞成庄子的观点，而认为人虽在形体上微小，但在性质上有卓越的地位。老子最早对此做了明白的阐述。他说：“故道大，天大，地大，王亦大。域中有四大，而王居其一焉。人法地，地法天，天法道，道法自然。”（《老子》二十五章）老子的这段话把人看作宇宙中的四大之一，与天地同为一大，人非与自然事物同等，而是高于自然事物。而人之所以是四大之一，则在于人与天、地、道、自然相通。老子之后，荀子进一步阐明了人的高贵之所在。他说：“水火有气而无生，草木有生而无知，禽兽有知而无义；人有气、有生、有知，亦且有义，故最为天下贵也。”（《荀子·王制》）他的意思是，人不仅拥有宇宙间所有其他事物的优点，而且拥有其他事物不具有的优点，这种优点就是任何其他事物不可能具有的道义，因而是宇宙中最为高贵的。荀子的这种思想在《礼记·礼运》中得到进一步的阐发。“故人者，其天地之德，阴阳之交，鬼神之会，五行之秀气也。”“故人者，天地之心也，五行之端也，食味别声被色而生者也。”人是天地之间唯一有德者，因而其德乃天地之德；人是天地之间唯一有心（智）者，因而其心乃天地之心；人还是五行所成之物类之最高峰，因而可谓五行之端。人乃天地之德、天地之心、五行之端，故非其他种类的事物所能比拟。《孝经》中也有“天地之性，人为贵”（《圣治章》）的说法。

春秋战国以降，凸显人在宇宙中的卓越而高贵地位成为儒家的一种传统。汉代董仲舒极言人之卓越几近荒谬的地步。他说：“天地之精所以生物者，莫贵于人。人受命乎天也，故超然有以倚。物疢疾莫能为仁义，唯人独能为仁义。物疢疾莫能偶天地，唯人独能偶天地。”（《春秋繁露·人副天数》）这里所说的与荀子的看法大致相似，但以下所说的，则认为人似乎不仅是高贵的，而且拥有与天同等的尊贵地位：“天地人，万物之本也。天生之，地养之，人成之。天生之以孝悌，地养之以衣食，人成之以礼乐。三者相为手足，合以成体，不可一无也。”（《春秋繁露·立元神》）“天、地、阴、阳、木、火、土、金、水九，与人而十者，天之数毕也。……起于天，至于人而毕。毕之外谓之物，物者投所贵之端，而不在其中。以此见人之超然万物之上，而最为天下贵也。人，下长万物，上参天地。故其治乱之故，动静顺逆之气，乃损益阴阳之化，而摇荡四海之内。”（《春秋繁露·天地阴阳》）董仲舒在这里把人与天地一同视为万物之本，人是成万物的根基，无人则万物无以成，故人实超然万物之上，而最为天下贵。而人之所以贵，是因为人有道德和智慧。“人受命于天，固超然异于群生，入有父子兄弟之亲，出有君臣上下之谊，会聚相遇，则有耆老长幼之施；粲然有文以相接，欢然有恩以相爱，此人之所以贵也。生五谷以食之，桑麻以衣之，六畜以养之，服牛乘马，圈豹槛虎。是其得天之灵，贵于物也。故孔子曰：‘天地之性人为贵。’明于天性，知自贵于物。”（《汉书·董仲舒传》）宋明清的思想家对人在宇宙中的卓越地位也多有论及，但已无多少新意，这里不再赘述。

需要注意的是，主张人卓越而高贵的思想家并不都主张“天人合一”，如荀子主张“明于天人之分”“制天命而用之”（《荀子·天论》）。但是，主张“天人合一”论者一般都持人在宇宙中具有卓越而高贵地位的观点。这种观点认为，人的卓越性或高贵性就其实质而言就是人道，而人道是与天道、地道相通甚至相类的。正因为如此，人的卓越性或高贵性就为“天人合一”提供了可能性和基础。倘若人如同宇宙中其他万事万物一样不具有这种独特的优势，人与天不能统一于道，人也就不能实现与天相通或合一。

第二，人与天相通。就儒家的“天人合一”观念而言，其核心内容是天人相通。这里所说的相通，指在本性上是相同的或贯通的。“天人相通”的基本含义是天与人在本性上是一致的，甚至可以说是同一个东西。这种东西有不同的体现，在天地体现为道，在人体现为“命”“性”“心”等。张岱年先生说：“中国哲学之天人关系论中所谓天人合一，有二意义：一天人相通，二天人相类。”① 他认为，天人相通的观念发端于孟子，大成于宋代道学，天人相类则是汉代董仲舒的思想。实际上，天人相通与天人相类并无实质性差异，后者不过是前者的一种论证形式，其意思是因为天人相类所以天人相通。天人相通的观念并非发端于孟子，而是发端于《周易》，《周易》中就已经形成比较系统的天人相通的理论观念。

① 张岱年：《中国哲学大纲》，中国社会科学出版社1982年版，第173页。

《周易·系辞上传》认为，“《易》与天地准，故能弥纶天地之道”，它“开物成务，冒天下之道”，整个宇宙是由“天道”“人道”“地道”即“三才”所构成的一个和谐系统，称为“太和”。《周易·系辞下传》云：“《易》之为书也，广大悉备。有天道焉，有人道焉，有地道焉，兼三才而两之，故六。六者，非它也，三才之道也。”“六者”指卦象六爻，“兼三才而两之”即上、五两爻象天道，四、三两爻象人道，二、初两爻象地道。《周易》就是通过卦爻来描述宇宙“三才”的。《周易·说卦传》还对“三才”的属性做了规定：“昔者圣人之作《易》也，将以顺性命之理，是以立天之道曰阴与阳，立地之道曰柔与刚，立人之道曰仁与义，兼三才而两之，故《易》六画而成卦。分阴分阳，迭用柔刚，故《易》六位而成章。”根据所谓“一阴一阳之谓道”（《系辞上传》），地道之柔刚、人道之仁义都是天道之阴阳的体现。宋代张载对三者之间的关系做了这样的解释：“天地人一，阴阳其气，刚柔其形，仁义其性。”（《易说·说卦》）《易传》甚至将天与地以及夫与妻、君与臣定性为阳与阴的关系。显然，《周易》实际上已经从理论上阐明作为“天人合一”本质内涵的天人相通观。

孟子在《周易》的基础上着重探讨了个人如何通过努力实现自己的卓越而高贵的地位，从而达到“天人合一”的境界。孟子认为，每个人都可以成为像尧舜那样的圣人，而要成为圣人，关键是要尽心、知性、知天。他说：“尽其心者，知其性也。知其性，则知天矣。存其心，养其性，所以事天也。夭寿不贰，修身以俟之，所以立命也。”（《孟子·尽心上》）在孟子看来，天道与人心既在本质上相同，也在认识上相通。一个人把自己本有的善心加以充分发挥，就能认识到自己的本性，认识到自己的本性，也就知道天道了。保护好自己的善心，培养其本性，也就侍奉了天道，使天道发扬光大。因此，一个人不管活的时间长还是短，只要持之以恒地不断加强修养以弘扬天道，他的生命就具有意义。孟子在这里实际上给人们勾勒出一幅从“尽心”“知性”到“知天”，从而达到“天人合一”境界的路线图。《中庸》对孟子的这一思想进一步进行了简要的归纳：“天命之谓性，率性之谓道，修道之谓教。”这是说，性是天之所命，亦即道之根源。“道由性出，性由天授。究竟言之，天乃人道之原。”①

汉代董仲舒超越孟子的上述思想，提出天人相类、天人合一的思想。他认为，人之所以高贵而“异于群生”，是因为“人之性情”“人之德行”都“类于天”。他说：“人之形体，化天数而成；人之血气，化天志而仁；人之德行，化天理而义；人之好恶，化天之暖清；人之喜怒，化天之寒暑；人之受命，化天之四时。人生有喜怒哀乐之答，春秋冬夏之类也。……天之副在乎人。人之性情有由天者矣。”（《春秋繁露·为人者天》）按照董仲舒的看法，人从形体到性格，从道德到情绪，都是“类天”的，因而天人相通、天人合一，即所谓“以类合之，天人一也”（《春秋繁露·阴阳义》）。

孟子和董仲舒的天人相通观点在后世得到更进一步的发挥。宋代张载认为，天人非异，性道实一，天之本性即人之本性，天道与人性实通一而无二，而且人之性即一切物之源，并非仅仅为人之性。他说：“性者万物之一源，非有我之得私也；惟大人为能尽其道。”（《正蒙·诚明》）二程更进一步认为天人本来就是同一的，我之心便是天，不必向外求天，因而天与人无所谓合的问题。“人与天地一物也，而人特自小之，何耶?”（《二程集·河南程氏遗书》卷第十一）“天人本无二，不必言合。”（《二程集·河南程氏遗书》卷第六）天人只是一道，天道与人道只是谈论的角度不同，并非两回事。“道未始有天人之别，但在天则为天道，在地则为地道，在人则为人道。”（《二程集·河南程氏遗书》卷第二十二上）其针对把天道与人道加以区别的观点指出：“道一也，岂人道自是人道，天道自是天道?”（《二程集·河南程氏遗书》卷第十八）道与性也是同一的，只是在不同的情况下有不同的表现而已。“道与性一也……性之本谓之命，性之自然者谓之天，自性之有形者谓之心，自性之有动者谓之情，凡此数者皆一也。圣人因事以制名，故不同若此。”（《二程集·河南程氏遗书》卷第二十五）“心即性也，在天为命，在人为性，论其所主为心，其实只是一个道。”（《二程集·河南程氏遗书》卷第十八）二程之后，朱熹和陆九渊关于“天人合一”的思想并没有超出二程的范围，不过朱熹倾向于程颐，把性视为理；陆九渊倾向于程颢，把心视为理。前者认为人之性与宇宙之

① 张岱年：《中国哲学大纲》，中国社会科学出版社1982年版，第173页。

本性相同，人禀受宇宙之本性以为性，性在心中，但心并不就是性；后者认为人之心即同于宇宙之本根，人得宇宙之本根以为心，心性无别。两者虽然在心中含性而非即性与心即性上存在差异，但都认为人含有宇宙之本性，天人相通而不相隔。清代王夫之也谈到天人相通，认为天人虽异形离质，但“所继者惟道”（《尚书引义》），即天道与人道是统一的。

张岱年先生说：“天人相通的学说，认为天之根本性德，即含于人之心性之中；天道与人道，实一以贯之。宇宙本根，乃人伦道德之根源；人伦道德，乃宇宙本根之流行发现。本根有道德的意义，而道德亦有宇宙的意义。人之所以异于禽兽，即在人之心性与天相通。人是禀受天之性德以为其根本性德的。”①张先生的这一概括深刻地揭示了天人相通观念的实质和真谛。

第三，天人在道义上相通。天与人何以能相通？根据儒家的观点，天人之所以能够相通，是因为天与人有共同的本性和法则，这种本性和法则最终被归结为“义理”。这里所说的“义理”，究其实质，不过是儒家所主张的仁义道德。道家反对儒家将天道自然解释为仁义道德，认为天人之所以能够合一，是因为人、地、天都效法道，而道则是纯任自己、自然而然。就是说，“天人合一”的基础是道即自然。虽然今天看来道家对“天”以及“天人合一”的理解似乎更具有合理性，但儒家的“天人合一”观念在传统社会获得了更广泛的认同，成为传统价值观的主导观念。

儒家对天人相通根据的解释有一个不断强化的过程。

从《尚书》看，“天”虽然似乎具有自身独立的人格和价值取向，但所体现的是民意，因而实际上有道德的含义。如其中说：“天聪明，自我民聪明；天明畏，自我民明威。”（《尚书·皋陶谟》）“天视自我民视，天听自我民听。”“民之所欲，天必从之。”（《尚书·泰誓》）

《周易》虽然肯定天地人“三才”都存在道，或者说，在它们各自的道上是统一的，但为它们的道赋予了不同的含义。天之道是阴阳，地之道是柔刚，人之道是仁义。在这三种道中，天之道是根本，因为“一阴一阳之谓道”，但天之道本身并不是仁义，作为人之道的仁义不过是天

① 张岱年：《中国哲学大纲》，中国社会科学出版社1982年版，第173页。

之道在人这里的体现。而且，《周易》认为作为人之道的仁义是天道在运行过程中逐渐产生的，而不是天道一开始就具有的。《序卦传·经下》云："有天地然后有万物，有万物然后有男女，有男女然后有夫妇，有夫妇然后有父子，有父子然后有君臣，有君臣然后有上下，有上下然后礼义有所错。"这就是说，礼义是有天地、万物、男女、夫妇、父子、君臣之后才产生的，礼义虽然从源头上来看源于天地，但天地之道本身并不具有礼义的含义。《周易》对天人相通根据的理解比较合理，也符合人们的常识，但自孟子开始，对天人相通根据的解释越来越义理化，以至于完全偏离了人们的常识，难以为人们所接受。

在这个过程中，最关键的一步是孟子迈出的。他第一次将（人）心与性、性与天贯通起来，认为将心的善端（仁义礼智之端）发挥出来，就可以知性，并进而知天。心的善端发挥出来就是成为道德之人，道德之人的根本规定性是仁义礼智。既然"尽心"就可以知性、知天，而所尽之"心"是仁义礼智，那么仁义礼智也就是性和天的性质。如此，孟子实际上就将心的仁义道德性质赋予了天。如果说人与天有什么区别的话，那区别只在于仁义道德在人这里不是已然存在的，需要"尽心"才能现实存在，而在"性"和"天"那里则是已然存在的性质，不需要再加以打磨发挥了。孟子之后的儒家实际上并无大的突破，只不过是把孟子没有明说的含义加以阐明并进而推向极端。孟子主张"尽心""知性"以"知天"的目的是为道德修养提供根据，说明要实现"天人合一"，人必须对其善端加以呵护和发挥。然而，当程颐说"天人本无二，不必言合"时，孟子的这种意图已经完全失去意义。假若天人本无二，人像天一样具有仁义道德是已然，而非应然，那么"尽心"也就完全没有必要了。

孟子这里还只是"见微知著"，董仲舒则直接认为人的仁义道德来源于天。他说："人受命于天，固超然异于群生，入有父子兄弟之亲，出有君臣上下之谊，会聚相遇，则有耆老长幼之施；粲然有文以相接，欢然有恩以相爱，此人之所以贵也。……明于天性，知自贵于物；知自贵于物，然后知仁谊；知仁谊，然后重礼节；重礼节，然后安处善。安处善，然后乐循理；乐循理，然后谓之君子。"（《汉书·董仲舒传》）就是说，人受命于天而获得仁义道德，当人意识到这种天性时，他就能成为君子。

董仲舒还只是把天看作仁义道德的来源，宋明理学家则进一步明确地把天道、人道统一于“理”，而“理”就是仁义道德。二程说得明白，“理则天下只是一个理”（《二程集·河南程氏遗书》卷第二上），这个理，就是“父子君臣，天下之定理，无所逃于天地之间”，“为君尽君道，为臣尽臣道，过此则无理”（《二程集·河南程氏遗书》卷第五）。朱熹也说：“所谓天理，复是何物？仁义礼智，岂不是天理？君臣、父子、兄弟、夫妇、朋友，岂不是天理？”（《朱子文集》卷五十九）“理便是仁义礼智。”（《朱子语类》卷第八十三）最终，宋明理学家完成了儒家“天人合一”观的义理化过程，天人因为在本性上义理相通而应该且能够相合。

今天看来，儒家的上述观点在逻辑上是不能成立的。儒家“天人合一”说的逻辑是，先将人心与人性联系起来，进一步将性与命、命与道联系起来，最后将人心与天道、人与天相等同。在此基础上，再来一步步赋予天以义理：人心有善端，有仁义道德，而人心与性、道、天在本性上是相通甚至相同的；既然人心有仁义道德，那么与之相同或相通的天道、天就也有仁义道德。儒家这样做的目的是为人必须成为仁义之人寻求合理依据，既然天、天道的本性是义理，那么既具有与天相同潜质又追求与天合一的人就应当成为义理之人。儒家这种逻辑的问题很明显。从哲学的角度看，人和天（宇宙）以及万事万物具有共同的性质，这就是它们都存在，具有存在性，但是人除了具有存在性之外，还具有与生物相同的生物性，具有与动物相同的动物性。我们不能因为人与天有相同的存在性而认为它们是同一的，由于宇宙的进化，人逐渐获得丰富的内涵，这种内涵还在不断丰富，而这些内涵是自然之天以及其他自然事物不一定具备的。儒家的错误在于将在一定进化阶段上出现的人所获得的一些独特本性附会于宇宙本身，使整个宇宙人性化甚至人格化。也许正是在这种意义上，儒学也被一些人看作儒教。

第四，与天合一是人生追求的最高境界。儒家和道家的主导观念都肯定人在宇宙中拥有卓越或高贵的地位，人因为拥有这种地位才能与天相通或合一。但是，儒道两家都不认为人生来即自然而然地成为万物之灵。就是说，人的卓越性或高贵性不是生来即有的，其作为人与生俱来的潜质，需要通过锤炼才能得以实现。人生的意义就在于使人的这种卓越性、高贵性得以实现，只有当这种性质实现的时候，人才具有与天相通的性质，也才能与天合一。因此，传统价值观中的“天人合一”就具有人生境界的意义，被视为人生追求的最高境界，而非本然如此。当人真正实现与天合一的境界时，人也就成为真正意义上的人。这种人就是传统价值观所推崇的具有最高人格的圣人。如此，儒道两家就从关于“天人合一”的本体论和认识论结论引申出了价值论结论：人要成为人，或者说人要成为真正意义上的人，就要努力实现人所禀受的卓越或高贵的潜质，追求达到“天人合一”的最高人生境界。

不过，由于儒道两家对“天人合一”的理解不同，因此，他们虽然都主张追求“天人合一”，但追求的路径存在巨大的差异。

在儒家看来，虽然人有天赋本性的基础，但将这种本性发挥出来，需要通过如孟子所说的“尽心”“知性”，发挥心之“思”的功能，需要后儒如宋明理学家所说的“格物”“穷理”的工夫，包括“寡欲”甚至“窒欲”“灭欲”，其最典型的表述就是“穷天理，灭人欲”。“心”“性”也好，“天理”或“理”也好，它们都是相通的，其实质就是仁义礼智。一个人成为仁义礼智之人，也就实现了与天合一。在宋明儒家看来，达致“天人合一”境界的最大障碍是“惟蔽于人欲”（《二程集·河南程氏遗书》卷第十一）。程颐说：“大抵人有身，便有自私之理，宜其与道难一。”（《二程集·河南程氏遗书》卷第三）朱熹说得更极端：“人之一心，天理存，则人欲亡；人欲胜，则天理灭，未有天理人欲夹杂者。”（《朱子语类》卷第十三）正因为如此，儒家高度重视教化和修养，强调“自天子以至于庶人，一是皆以修身为本”（《大学》）。而整个修养过程，或曰“尽心”过程，就是要排除人欲的干扰。

与儒家不同，道家认为人的天赋本性才真正体现道的精神，实现天人合一，不是要有所作为，而是要复归人的本性。为此，老子主张“复归于朴”，庄子提倡“求复其初”。在老子看来，“五色令人目盲，五音令人耳聋，五味令人口爽，驰骋畋猎令人心发狂，难得之货令人行妨”（《老子》十二章），欲望是社会动乱的根源，也是人性堕落的原因。因此，他主张“见素抱朴，少私寡欲”（《老子》十九章），应以没有欲望为欲望（“欲不欲”），以没有学问为学问（“学不学”），一切都顺从“万物之自然”，而不要勉强作为，这样就可以复归到无知无欲的婴儿状态。进入这种状态，也就达到了“天人合一”的境界，成为自然无为、无知无欲、绝仁弃义的圣人。庄子认为人性即天下之“常然”，任其自然就是圆满的人性，亦即“性命之情”。假如用仁义道德去匡正它，那就是“削其性也”，“侵其德也”，其结果就会“失其常然”（《庄子·骈拇》）。在庄子看来，要顺从自然，人不仅要“无欲”，还要“无情”，因为人的好恶情感会损伤人自然淳朴的本性。所以，庄子主张“不以心捐道，不以人助天”（《庄子·大宗师》），要“形如槁木”“心如死灰”（《庄子·齐物论》），甚至把死亡看成“已反其真”。只有这样，人才能“复归于朴”，从而达到“天人合一”的境界，成为绝圣弃智、逍遥自在、麻木不仁的“真人”或“至人”。不过，无论是老子还是庄子，都不认为生活在现实中的人能够自然而然地“复归于朴”或“无欲无情”，要达到这种复归本性的境界也必须通过“绝仁弃义”“尊道贵德”“长德”“忘形”等修养工夫。

3. “天人合一”观念的意义

中国传统社会是以小农经济为基础的农耕社会。生活在这种社会中的中国先人靠天吃饭和生存，面对人生和社会的各种问题（如生老病死、吉凶祸福、善恶美丑以至社会更替等），他们无不从“天”那里求得最终答案和最高庇佑，努力把自己的命运与上天联系起来。可以说，中华民族从一开始就有“天人相通”的思维方式和价值观念。这种思维方式和价值观念在《尚书》和《周易》等最早的文献中就已经得到反映。自春秋时代开始，随着思想家出现，天人关系问题就进入他们的视野。他们站在不同立场，从不同角度思考和探讨天人关系问题，形成了关于这一问题的不同理论观点，特别是出现了儒道两家的分歧。所有这些理论观点都源自古老的天人相通观念，因而在古代各种观点之中存在某些共识，朱贻庭教授将这种共识称为“古今通理”①。在他看来，这种“通理”包括三个方面。

第一，人与自然和谐共生。如果扬弃儒家“天人合一”论的义理形态，那么我们不难发现，传统的“天人合一”即可还原为一种天、地、人相通、相依的宇宙结构形态。“天人合一”所表达的实质上就是天地

① “古今通理”这一概念是朱贻庭教授提出的，它是指中国自古以来思想家关于天人关系或“天人合一”观点中的共识。参见朱贻庭《中国传统道德哲学6辨》，文汇出版社2017年版，第53页。

与人相通、相依的宇宙秩序，在这种秩序中，人与天地构成一个“生命共同体”。其中，“天地”与“人”紧密相依，谁也离不开谁，谁也少不了谁。离开了谁，宇宙的生命都会断送，宇宙都不成其为宇宙。人因为“有义”而成为宇宙中最卓越、最高贵的存在，但也因此而被赋予“赞天地之化育”的责任。人是“三才”之中的能动者，人与天既合一又相“参”。传统“天人合一”观念的这一“通理”，就是《中庸》所表述的“唯天下至诚，为能尽其性；能尽其性，则能尽人之性；能尽人之性，则能尽物之性；能尽物之性，则可以赞天地之化育；可以赞天地之化育，则可以与天地参矣”。就是说，在人与自然之间，既“参”又“一”，既“赞”又“和”，既非以“人”为中心，也非以“天”（自然）为中心。

第二，对道德应有敬畏感。儒家的“天人合一”论虽然存在逻辑错误，但它论证了“道之大原”，并通过“天命之谓性”的性善论转换，为“人道”确立了必然性和崇高性。这种“人道”就是道德。虽然对于儒家赋予道德的含义不同学派有异议，但人应当有道德是所有思想家都充分肯定的。道德被公认为“天道”之必然，而非仅仅是社会的规定，与天相通的人应当对道德有敬畏感，并使之成为应当遵循的“当然之则”。这种传统“天人合一”观念的题中应有之义，也是得到普遍认同的一条“通理”。中国民间就有所谓“举头三尺有神明”“善有善报，恶有恶报”“不要给祖宗脸上抹黑”之类的说法，这些说法体现了老百姓心中的道德敬畏感。

第三，克制贪欲，提升人生境界。无论是儒家还是道家，都肯定与天合一是人生的最高境界，而达致这一境界的最大障碍是与“天道”“天理”相对立的“贪欲”。在儒家传统中确实存在简单地否认一切欲望的观点，如朱熹认为“灭私欲则天理明矣”，也即所谓“革尽人欲，复尽天理”，所以“圣人之心，浑然天理”，而无任何人欲。但是，早期儒家观点并非如此，他们并不一概否定满足物质欲望和过富贵生活，只是要求这种满足和生活必须以道义为前提。孔子说：“饭疏食饮水，曲肱而枕之，乐亦在其中矣。不义而富且贵，于我如浮云。”（《论语·述而》）“富与贵，是人之所欲也；不以其道得之，不处也。贫与贱，是人之所恶也；不以其道得之，不去也。”（《论语·里仁》）很明显，孔子的意思是合乎“义”的富贵还是可取的。儒家强调“义然后取”（《论语·宪问》）、

“义以为上”（《论语·阳货》）、“见利思义”（《论语·宪问》），并不是否认功利，不要功利，而是告诉人们不要为功利所奴役，而要超越功利，只有这样才能达到“天人合一”的崇高境界。道家主张“无欲”也不是要彻底消灭人欲，而是要人们安于自然赐予的生活，在他们所追求的“小国寡民”的理想社会中，“甘其食，美其服，安其居，乐其俗”（《老子》八十章），或者“独与天地精神往来，而不敖倪于万物”，“上与造物者游，而下与外死生无终始者为友”（《庄子·天下》）。如此，就可以达到“天地与我并生，而万物与我为一”（《庄子·齐物论》）的“天人合一”境界。

中国的“天人合一”传统价值观念虽然有其历史局限和错误，但作为中国特有的“天人合一”观念的内核和精髓，其中所包含的上述“通理”是中华民族智慧的结晶和中国传统文化的宝贵财富，也是人类任何时候都不可违背的“铁律”。

三 “自求多福”

习近平把“国家富强、民族振兴、人民幸福”概括为“中国梦”的实质内涵，在党的十九大报告中，他又进一步明确指出为中国人民谋幸福、为中华民族谋复兴乃中国共产党人的初心和使命。党的十八大以来，“幸福”成为我们时代的最强音和当代中国人津津乐道的最美好词语。古老的中华民族是一个崇尚幸福的民族，早在尧舜禹时代幸福观念就已经萌生，并成为中国人最古老的文化基因。然而，在两千多年的宗法皇权时代，这一观念淡出了占统治地位的思想意识形态，这一基因因为皇权专制主义的宰治而发生了变异。在与市场经济相伴随的资源占有幸福观和物质享受幸福观①盛行的现代条件下，特别是在中国特色社会主义走进新时代的今天，我们很有必要深入了解、发掘和弘扬古老的幸福观特别是“五福”观念，优化和重塑古典幸福观念这一中华文化传统的古老基因，使当代中国人的幸福观与古代中国人的幸福观相承接并根植于传统文化沃土。这无疑会有助于匡正当代中国人幸福观的偏执，凸显当代中国幸福观的民族特色和独特个性。

---

① 参见江畅《我们需要什么样的幸福观》，《光明日报》2017年1月23日。

1. 传统幸福观念的流变

“福”是中国最古老的观念之一。《尚书·洪范》记载，在周武王时代，周武王拜访商纣王的叔父箕子时，箕子谈道，他听说过去鲧用土堵洪水，把五行搞乱了，天帝大怒，就不把“洪范九章”传授给鲧。治理天下的常理遭到破坏，鲧被诛杀。禹继起，振兴大业，天帝就把“洪范九章”传授给禹，禹按此常理治理天下，出现了井然有序的局面。“洪范九章”的最后一章为“五福”，即“一曰寿，二曰富，三曰康宁，四曰攸好德，五曰考终命”[①]。按唐人孔颖达的解释，“五福者，谓人蒙福祐有五事也”[②]，即一个人获得的幸福所体现的五个方面。在《尚书·洪范》中，“五福”被看作上天传授给禹用以治理国家的，实际上就是禹为自己统治天下确立的人们应当追求的价值目标。

《尚书·洪范》中提出的“五福”幸福观，在《诗经》中得到了发展。《诗经·大雅·文王》云：“永言配命，自求多福。”意思是永远都要与天命相配，但要依靠自己的努力追求尽可能多的幸福。《孟子》中两次引用这句诗文，足见孟子对这一思想的高度重视以及这一思想在当时的广泛影响。《诗经·小雅·蓼萧》有“和鸾雍雍，万福攸同”。“和鸾”是古代车上的铃铛，“雍雍”意思是声音和谐。这是一句祝福语，意为铃铛声音和谐优美，祝愿大家同福多福。值得注意的是，这一诗句已经将幸福与和谐联系起来。《诗经·大雅·大明》还有“昭事上帝，聿怀多福”的诗句。“聿”是语助词，“聿怀”意为“笃念”，诗句讲的是周文王言行谨慎，正大光明地侍奉上帝，心中念念不忘的是为百姓谋更多福祉，德性高尚，所以各国归附和推崇他。这里所说的意思与前一句诗一致，只不过讲的是君王为百姓谋幸福。

《礼记·祭统》云：“福者，备也；备者，百顺之名也。无所不顺者之谓备。”对于这里所说的“无所不顺”，《礼记·祭统》做了进一步的解释：“内尽于己，而外顺于道也。忠臣以事其君，孝子以事其亲，其本一也。上则顺于鬼神，外则顺于君长，内则以孝于亲，如此之谓备。”

① 汉代桓谭将第五福“考终命”改成了“子孙众多”，于是“五福”就成了“寿、富、贵、安乐、子孙众多”（《新论·辨惑》）。显然，这一修改偏离了“五福”的原意，倒是体现了儒家“多子多福”的观念。

② （清）阮元校刻《十三经注疏·尚书正义》，中华书局 1980 年版，第 81 页。

《礼记》对幸福的阐述虽然有些许儒家的偏见，但注意到了幸福之完备百顺的性质，是对“幸福”概念的正确理解。其正确性在于，幸福被看作人的整体生活的完善。《礼记》将幸福理解为百顺的思想对后世有很大影响。如北宋张载就说：“至当之谓德，百顺之谓福。德者福之基，福者德之致，无入而非百顺，故君子乐得其道。”（《正蒙·至当》）

综而观之，在春秋战国以前，中国先民就已经有比较完整的“幸福”观念，包括什么是幸福以及如何获得幸福。有考察表明，在《诗经》现存的305首诗歌中，“福”字出现过53次，可见当时“福”观念的普及程度。[①]《尚书》中的“五福”观念、《诗经》中的“自求多福”观念，以及《礼记》中的“福者备也”观念，回答了“什么是幸福”和“如何获得幸福”这两个有关幸福的基本问题，因而表现了中国传统文化的核心幸福观念，构成了比较完整的中国传统幸福观。

中国传统幸福观内容丰富多彩，很难加以详述，但其基本内涵已包含在《诗经》“永言配命，自求多福”的诗句之中。这一诗句的两个关键词体现了中国传统幸福观两个层次的基本含义。一是“多福”，即追求尽可能多的幸福。如果联系《礼记》对“福”的解释，那么，“多福”实际上意味着完备的幸福生活，即整体生活的幸福。民间对这种“多福”有一种极致的形容，即“福如东海长流水，寿比南山不老松”。在中国传统价值观中，虽然“多福”并没有限度，但其中最重要的还是“五福”。二是“自求”，即幸福不会从天降，求助自己幸福来。民间有许多说法表现了这种观念，如“天道酬勤”“天冷不冻织女手，饥荒不饿苦耕人”“勤快勤快，有饭有菜”等。所有这些说法无非告诫人们，个人的幸福只能靠自己的不懈努力来追求，靠自己的辛勤劳动来创造。从前面的阐述可以看出，中国传统幸福观虽然包含上述两层基本含义，但“五福”仍然是其中的核心内容。这不仅因为“五福”系统地回答了对于中国古人来说什么是幸福的问题，而且因为这种对幸福的理解具有鲜明的中国文化特色和中华民族个性。

虽然早在春秋以前一两千年我国就有了“五福”观念，并且后来被

① 苏克明：《寿·寿礼·寿星——中国民间祈寿习俗》，四川人民出版社1994年版，第4～5页。

系统化为一种比较完整的幸福观，但是，自春秋一直到传统社会终结，思想家们似乎不怎么直接谈论幸福问题。不可否认，他们的思想中包含对幸福的理解，但都只是重视幸福的某一方面，如儒家重视仁义道德，道家重视人性回归，墨家重视社会治理，法家重视以法治国等。虽然诸子所重视的这些方面都与幸福有关联，但没有发现诸子中有人对幸福本身进行过专门探讨。例如，儒家和道家都谈圣人，但没有提出更没有回答圣人是不是福人的问题。从笔者所接触到的有限历史文献看，孟子、老子和韩非谈到过福祸问题，但并不是从研究幸福的意义上涉及的。

《孟子》中谈到福祸问题的有两处："祸福无不自己求之者。《诗》云：'永言配命，自求多福。'《太甲》曰：'天作孽，犹可违；自作孽，不可活。'此之谓也。"（《孟子·公孙丑上》）"爱人不亲，反其仁；治人不治，反其智；礼人不答，反其敬。行有不得者皆反求诸己，其身正而天下归之。《诗》云：'永言配命，自求多福。'"（《孟子·离娄上》）从字面上看，孟子的这两段话是对《诗经》和《尚书》中福祸思想的阐发和强调，并无多少新意，而且他在这里并不是从正面谈幸福问题，而是谈统治者的行为是否有好报，其原因在于自己。

《老子》五十八章云："祸兮福之所倚，福兮祸之所伏。孰知其极？其无正［也］。正复为奇，善复为妖。人之迷，其日固久。"老子这里的福祸思想确实对《诗经》诗句的思想有所发展，注意到了福祸相互依存、相互转化的关系，但这里也不是从正面阐述幸福问题，而只是要说明事物的发展存在向对立面转化的现象，即所谓"塞翁失马，焉知非福；塞翁得马，焉知非祸"。

韩非原本"喜刑名法术之学"，并不关心人生幸福问题，不过是在解释老子的思想时谈及祸福问题。他说："人有祸则心畏恐，心畏恐则行端直，行端直则思虑熟，思虑熟则得事理。行端直则无祸害，无祸害则尽天年。得事理则必成功，尽天年则全而寿。必成功则富与贵，全寿富贵之谓福。而福本于有祸，故曰：'祸兮福之所倚！'以成其功也。人有福则富贵至，富贵至则衣食美，衣食美则骄心生，骄心生则行邪僻而动弃理。行邪僻则身死夭，动弃理则无成功。夫内有死夭之难，而外无成功之名者，大祸也。而祸本生于有福，故曰：'福兮祸之所伏。'"（《韩非子·解老》）韩非对老子福祸思想的解释正确与否暂且不论，但他在这里并不是为了阐述他的福祸观这一点是可以肯定的。

先秦及其后的思想家没有关于幸福的完整理论，这种情形一直延续到辛亥革命爆发。有的学者认为，在传统社会中，儒家有德福一致的幸福观，道家有合于自然的幸福观，墨家有义利并重的幸福观。① 还有的学者认为，除以上所述者外，还有佛家的幸福观（“涅槃”幸福观或“追求解脱”的幸福真谛）。② 值得指出的是，这些学者所说的中国历史上思想家的幸福观，并不是他们的幸福理论，而只不过是他们的理论所体现的幸福观。从广义上说这些理论包含他们的幸福观也未尝不可，但这种幸福观不能说成他们的幸福思想或幸福理论。这些思想家并没有将他们的思想与幸福联系起来，甚至没有使用过“幸福”的概念，因而不能将他们的这些思想理论说成幸福思想和幸福理论。③ 注意到这一点十分重要，否则我们就可以把所有思想家的基本伦理思想或主张说成他们的幸福观。如果认同这一点，我们就可以得出这样的结论，即春秋以后的传统社会缺乏幸福理论，整体上看，中国传统社会是缺乏关于幸福的完整理论观念的社会。

不过，春秋之前的中国幸福观念虽然没有在后来的思想家那里获得理论阐述和发展，但在民间得到了非同寻常的弘扬和发挥，中国民间文化包含极其丰富的幸福观念。远古的“五福”后来发展成传统习俗，代表五个吉祥的祝福：寿比南山、恭喜发财、健康安宁、品德高尚、善始善终。传统习俗中，五福合起来就构成幸福美满的人生。后来，老“五福”更进一步世俗化为新“五福”，即福、禄、寿、喜、财。新“五福”分别代表了老百姓对幸福、升官、长寿、喜庆、发财五个方面的人生希望，它以朴素而直白的语言表达了百姓对生命的关注，对美满生活的向往，对自身社会价值的追求，所代表的是中国普通百姓的一种日常幸福观。

---

① 参见蒋颖荣《中国传统文化中的幸福观》，《思想政治工作研究》2011 年第 1 期。

② 参见吴迪、田照军《论中国传统文化中的幸福观思想》，《佳木斯大学社会科学学报》2010 年第 3 期；汤巧玲《中国传统文化中的幸福观浅析》，《时代教育》2013 年第 19 期。

③ 例如，我们不能将康德的“道义论”说成他的幸福观，他所理解的幸福只是感官的满足，他的“德性”概念不在“幸福”概念之内，他的幸福观也不在德性观之内，而他的“道义论”是包括这两个方面的，而且包括他的至善论。

“五福”是中华民族特有价值追求的最典型标志，反映了古老的中华民族对于幸福美好生活的热切追求和美好希冀，同时也体现了中国人对美好生活的宏观认识和总体把握。从这种意义上说，缺乏理论幸福观念的中国传统社会却拥有丰富的日常幸福观念或经验幸福观念。这也许是中华文化的一大特色，与西方思想家自古以来重视和研究幸福问题并产生诸多幸福理论形成了鲜明的对照。

2. “五福”内涵的解读

传统价值观认为，幸福是人的整体生活的完善，其中有五个方面是最为重要的，这就是“五福”：第一福是“寿”，第二福是“富”，第三福是“康宁”，第四福是“攸好德”，第五福是“考终命”。

（1）“寿”

在传统幸福观念中，“寿”被视为“五福”之首。据孔颖达对“五福”的解释，“寿”乃“年得长也”①，其基本意思是命不夭折而且寿数绵长。“寿”字最早见于周代青铜器铭文中，与它同时出现的还有“耆”“孝”“考”等字。更早的甲骨文中虽然没有“寿”字，但有与“寿”字同样表示年长的“老”“考”“耋”等字。这些文字的出现表明，早在殷商时期甚至更早，中国人就已经有长寿的观念，而且将寿作为福的首要内容。据笔者考证，《诗经》中使用的53次“福”字中，与寿、考相联系的词达21处之多。这种观念对传统社会特别是民间产生了广泛而深远的影响。

先秦儒家主张通过养生达到长寿，提出了身心共养和动静结合的养生观。孔子提出“仁者寿”（《论语·雍也》）和“故大德……必得其寿”（《礼记·中庸》）等命题，强调心理因素对健康的重要性。董仲舒对“仁者寿”这一重要命题做了这样的解释：“仁人之所以多寿者，外无贪而内清净，心平和而不失中正，取天地之美，以养其身，是其且多且治。”（《春秋繁露·循天之道》）在养身方面，孔子提倡注重饮食的方法，如“食不厌精，脍不厌细”以及凡“色恶”“臭恶”“失饪”“不时”“割不正”“不得其酱”者“不食”（《论语·乡党》）等。孔子还主张“动静以义”，认为养心的关键在于“静”，即所谓“知者乐水，仁者乐山。知者动，

① （清）阮元校刻《十三经注疏·尚书正义》，中华书局1980年版，第193页。

仁者静；知者乐，仁者寿”（《论语·雍也》）；养身的关键则是孔子教授学生的“动”，即“射”“御”等锻炼身体的方法。在养身和养心的关系上，先秦儒家主张以养心为上，而养心又以修养高尚的德性为上，即所谓“富润屋，德润身”（《礼记·大学》）、“君子坦荡荡，小人长戚戚”（《论语·述而》）、“仁者不忧”（《论语·宪问》）。正因为道德高尚的人“坦荡荡”“不忧”，所以他们一般都长寿。这种思想后来被概括为这样的忠告：“善必寿考，恶必早亡。”“要做长寿人，莫做短命事。要做有后人，莫做无后事。”（《增广贤文》）

道家也特别重视养生长寿，其根本在“道法自然”，认为养生方法莫过于顺应自然，与自然为一，达到“天人合一”的境界。为此，老子特别强调“少私寡欲”，不重财富、名位和权势。庄子则主张人生在世须“安时而处顺”（《庄子·养生主》），“齐万物”“一死生”，视生死一如，让形体健全，精神充足。他认为，只有这样，才不会被哀乐困扰，才能“达生”。

受道家思想影响的中医包含大量养生长寿的观念。例如，《黄帝内经》肯定知对于长寿的意义：“上知天文，下知地理，中知人事，可以长久。”汉代华佗弟子吴普在其《太上老君养生诀》中便将老子的“少私寡欲”具体化为“除六害”：“善摄生者，当先除六害，然后可以保性命延驻百年。何者是也？一者薄名利，二者禁声色，三者廉货物，四者损滋味，五者除佞妄，六者去妒嫉。”南北朝医学家陶弘景在其《养性延命录》中则主张讲究行为举止以长寿：“莫久行、久坐、久卧、久视、久听。莫强食饮，莫大沉醉，莫大忧愁，莫大哀思，此所谓能中和。能中和者，必久寿也。”

与几大世界宗教追求死后进天堂（基督教、伊斯兰教）或贵死（佛教）不同，源于道家思想的道教，追求长生不老，得道成仙。道教相信，人通过求神或修炼可以得道，一旦得道，不仅可以享受人间的幸福，而且可以返本还元，与道同体，肉体永远，白日升天，长存仙界。为了求得长生不老，道教还发明了许多“方术”，如炼丹术等。

中国传统社会流传的许多文学作品特别是蒙学读物中也包含长寿的思想。例如，《增广贤文》中有大量表达长寿观念的箴言。其中有的感叹人生苦短，有的表达对延年益寿的渴望，有的流露出向往年高长寿之情，有的甚至告诫人们亲情也不如寿命。

中华民族几千年来特别盛行祝寿，这也体现了中国人对长寿的期盼。童年做满月、周岁、十岁，自六十岁开始（有的地方从五十岁即开始）则每年做寿。[①] 做寿形式很多，包括办寿宴，吃长寿面，还有寿舞、寿乐、寿戏、贺寿诗文、寿幛、寿屏、百寿图、寿蜡、子孙万代图、寿山福海图、富贵耄耋图、八团图、龙凤图、松鹤长寿图等。人们对寿星有种种祝寿的表达，如“福如东海长流水，寿比南山不老松”“福寿双全”“群仙拱寿”“万寿无疆”等。

追求长寿，使养老敬老成为中华民族传统美德。《礼记·王制》中对春秋战国以前的上古敬老养老礼制习俗有明确的记载：“凡养老：有虞氏以燕礼，夏后氏以飨礼，殷人以食礼，周人脩而兼用之。”其中对五十岁以上的老人参加什么样的寿宴、吃什么样的食物、穿什么样的保暖衣服、丧葬准备时间等都做了明确规定。据记载，在秦汉时，皇宫每年三月都要举行养三老五更之礼，将选定的德高年长的三老五更迎接到太学，接受皇帝的款待。地方则仿照宫中的礼俗，也在每年春秋举行“乡饮酒”的敬老之礼。与此同时，朝廷还颁布法令，规定民间必须养老敬老。汉武帝就曾经发布百姓养老敬老命令，其中还提到“民年九十以上，已有受鬻法”（《汉书·武帝记》）。这种传统一直延续到今天，当代中国设立老年节，出台许多为老人提供优待和社会保障的政策，是对传统养老敬老美德的弘扬。

（2）“富”

“富”是传统五福观念中的第二种福，根据孔颖达的解释，“富”乃“家丰财货也”[②]。在传统文化中，“富”与“财”直接相关，称为财富，“富”意味着拥有财富。拥有财富意味着有钱、获得很多利益，因而“财富”又与“钱”“利”相关联。后来“富”还与“贵”特别是“禄”联系起来，称为“富贵”，因为社会地位尊贵意味着富有，而富有者也常常拥有尊贵的社会地位，特别是享受朝廷的俸禄。富贵的基本含义是钱财富足而且地位尊贵。

---

① 其中有一些特殊意义的寿，如“花甲寿”、“六六寿”、“古稀寿”、“过大寿”（从60岁开始，每逢十岁过寿为“过大寿”）。

② （清）阮元校刻《十三经注疏·尚书正义》，中华书局1980年版，第193页。

早期儒家虽然并不十分重视富贵，但还是肯定追求富贵是人的自然欲望。孔子说：“富与贵，是人之所欲也……贫与贱，是人之所恶也。”只是他接着强调，对于富与贵，“不以其道得之，不处也”（《论语·里仁》）。孔子的这一观点后来被概括为“君子爱财，取之有道”（《增广贤文》），成为自古以来中国人普遍坚守的基本财富观念。不过，在今天市场经济条件下，面对激烈的竞争，一些人忘记了这一祖训，为了达到致富发财的目的，不择手段，无所不为，根本不遵循取财之道。先秦儒家的道义财富观体现在“义利”关系上，就是强调“义以为上”“见利思义”“见得思义”，甚至认为“君子喻于义，小人喻于利”（《论语·里仁》）。《孝经·诸侯章》在谈到诸侯之孝时更是明确地表达了诸侯之孝的德性品质对于富贵的决定性意义：“在上不骄，高而不危；制节谨度，满而不溢。高而不危，所以长守贵也。满而不溢，所以长守富也。富贵不离其身，然后能保其社稷，而和其民人。”显然，儒家的观点与将“寿”“富”“康宁”放在“攸好德”之前的上古“五福”观念相去甚远，这是值得我们注意的。

与孔子不同，墨家把“国家富”和“人民众”作为治国的两个目标。墨子说：“今者王公大人为政于国家者，皆欲国家之富，人民之众，刑政之治。”（《墨子·尚贤上》）他更强调财富丰裕的意义，“食者，国之宝也”，“且夫食者，圣人之所宝也”（《墨子·七患》）。他还提出了实现天下富足和治理之道，即“兼相爱，交相利”。他说：“今天下之君子忠实欲天下之富而恶其贫，欲天下之治而恶其乱，当兼相爱，交相利。此圣王之法、天下之治道也，不可不务为也。”（《墨子·兼爱中》）

管仲学派更重视富国富民，认为“民足于产，则国家丰矣”（《管子·君臣上》），而“富上而足下，此圣王之至事也”（《管子·小问》）。在利与义的关系上，管仲学派虽然很重视道义的作用，把礼义廉耻称为“国之四维”，认为“四维不张，国乃灭亡”（《管子·牧民》），但更强调财富对于道义的基础作用，即所谓“仓廪实则知礼节，衣食足则知荣辱”（《管子·牧民》）。

传统民间的观念虽然也受到儒家思想的影响，一般也讲究“取之有道”，但总体上看受墨家和管仲学派的影响更大，人们对富贵的追求并非以“义”为先，而这并不意味着“不以其道得之”。① 汉代史学家司马迁有句名言：“天下熙熙，皆为利来；天下壤壤（攘攘），皆为利往。”（《史记·货殖列传》）司马迁的话也许更直白地道出了传统财富观念的实质。在传统社会，民间虽然也有人相信“钱财如粪土，仁义值千金”，但更通行的是“贫居闹市无人问，富在深山有远亲。不信但看筵中酒，杯杯先劝有钱人”；“人为财死，鸟为食亡”；“人穷志短，马瘦毛长”；“堂堂衙门八字开，有理无钱休进来”；等等。民间还流行“有钱走遍天下，无钱寸步难行”“无钱逼死英雄汉”“有钱能使鬼推磨”之类的说法。

更有一些落魄书生或隐士对中国人崇拜金钱的心理进行了生动的描写。西晋有位叫成公绥的人写了一篇《钱神论》，其中说：“路中纷纷，行人悠悠。载驰载驱，唯钱是求。朱衣素带，当涂之士，爱我家兄，皆无能已。”西晋的鲁褒也许是受成公绥的启发，写了一篇讥讽金钱崇拜的愤世嫉俗文章《钱神论》。这篇文章影响更大，尤其是以下这段话：“钱之为体，有乾有坤。内则其方，外则其圆。其积如山，其流如川。动静有时，行藏有节。市井便易，不患耗折。难朽象寿，不匮象道；故能长久，为世神宝。亲爱如兄，字曰‘孔方’。失之则贫弱，得之则富强。无翼而飞，无足而走。解严毅之颜，开难发之口。钱多者处前，钱少者居后。处前者为君长，在后者为臣仆。君长者丰衍而有余，臣仆者穷竭而不足。《诗》云：‘哿矣富人，哀此茕独！’岂是之谓乎？”这两篇《钱神论》中对金钱魔力的描绘虽然有些夸张，但在某种程度上反映了传统社会人们看待金钱的心态。

英国伟大剧作家莎士比亚在《雅典的泰门》中有对黄金魅力的描写，说这东西“可以使黑的变成白的，丑的变成美的，错的变成对的，卑贱变成尊贵，老人变成少年，懦夫变成勇士”。然而，莎士比亚的描写比鲁褒的描写要晚1000多年，而且在莎士比亚的时代，金钱作为资

① 先秦诸子百家之中，在富贵问题上，法家和道家的观点也有一定影响。法家反对富民政策，认为人的欲望无止境，永远不可能满足，财多要么会引起争财从而导致天下大乱，要么使人们转为懒惰，因而主张用各种方法使人们无财而贫，这样他们就会努力劳动，勤俭节约，也就易为君王所驱使。道家则对富贵持超脱鄙视态度，主张“小国寡民”“知足常乐”（老子），“无物累”“不与物交”“不食五谷，吸风饮露，乘云气，御飞龙，而游乎四海之外”（庄子）。不过，法家和道家的富贵观念无论在官方还是在民间都没有成为流行的观念。

本可以“生”钱，而鲁褒的时代还是自然经济的农耕时代。在中国这种历史情景中钱就有如此大的威力，可见中国传统观念中金钱所具有的特殊地位。过分看重拥有金钱和占有财富这种传统观念在今天仍然有深刻的印记，实行市场经济体制以来我国出现的大量贪腐官员就是典型的事例。

与财富在民间有特殊的地位而不为官方所称道不同，地位尊贵在传统社会则为官方和民间普遍推崇。在传统社会中，地位尊贵的主要体现是“禄”。据笔者考证，甲骨文中就有最早的“禄”字，《诗经》中这个字出现了28次，它与“福”连用14次，如“福禄申之”“福禄膍之”（《诗经·小雅·采菽》）。关于两者之间的区别，东汉的郑玄在《诗经·小雅·瞻彼洛矣》中诗句“福禄如茨”的注释中做了这样的解释：“古明王恩泽加于天下，爵命赏赐，以成贤者。……爵命为福，赏赐为禄。”郑玄的意思是，古代开明君王普施恩泽，用“爵命”和“赏赐”两种方式来褒奖那些贤良的大臣，接受爵位的便是福，而得到某种具体赏赐的便是禄。于是，“禄”后来有了“俸禄”的意思。在传统社会，拿俸禄的人只有官员，因而官员是传统社会所有职业中最为显贵的，一旦当了官就意味着成为“人上人”。而且，在物质匮乏的自然经济社会，当了官就会有旱涝保收、足以养家糊口的可靠俸禄。于是，“禄”对人们产生了极大的吸引力和诱惑力。

在古代很长一段时间，当官主要靠武力征服、君王家族的世袭以及荐举，当然也有一些其他方式，如捐官等。秦汉时代开辟的“博士进官”之途，使禄与读书人结下了不解之缘。隋朝开始实行科举考试，将地方荐举与中央考试相结合。唐承隋制，科举考试制度化并逐步完善。唐初科举分两种：常科，岁考一次，主要有秀才、明经、进士、明法、明书、明算等科目；制科，由皇帝主持，按形势需要临时下令举行。宋朝科举考试沿唐之旧制，但更为完备，其科目以进士为重，增加殿试，由皇帝亲策。一个人可以通过读书、考试做官，从而“高车驷马”，飞黄腾达，光宗耀祖，因而读书被人们普遍看重。于是，传统社会就形成了读书做官的观念，即“学而优则仕”（《论语·子张》）。反映这种观念的有种种耳熟能详的说法，如“万般皆下品，唯有读书高”；“满朝朱紫贵，尽是读书人”；“书中自有黄金屋，书中自有千钟粟，书中自有颜如玉”；等等。这种读书跳龙门、读书做官、读书出人头地的观念，在今天影响仍然很大。正是在这种观念的影响下，学校和家长不断给孩子增加学习负担和压力，使学生不堪重负，使读书成为学生讨厌甚至憎恨的事情。不言而喻，这是一些过时的旧观念，不能与现代生活相对接，亟待进一步更新。

（3）“康宁”

“康宁”是“五福”中的第三种福，孔颖达将“康宁”解释为“无疾病也”①，这种解释可能有些狭隘。唐初颜师古注：“康，安也。”根据这一注释，康宁的意思为“安宁”。“安宁”无疑含有“无疾病”的意思，但不仅仅如此。在传统观念中，“康宁”指健康安宁，包括身体无疾病，内心无纷扰，也包括社会安定有序，无战乱、无灾祸。《尚书·多士》中也使用过“康宁”一词：“予惟时其迁居西尔，非我一人奉德不康宁，时惟天命，无违。”这是周公代周成王向殷商旧臣宣布的诰词，他说他是奉天命强迫殷商遗民迁居的，不是他不让他们生活安定宁静，而是上天命令他这样做，不能违背。这里的“康宁”显然不是指无疾病，而是指生活安宁。《汉书·宣帝纪》中有“天下蒸庶，咸以康宁”的说法，《贞观政要·论政体》里有“数年间，海内康宁，突厥破灭”的记载。这里所说的“康宁”显然也都是指生活安定，社会有序。不过，就“五福”的本来含义而言，主要还是指个人的健康安宁，因为在《尚书·洪范》中“五福”是“洪范九章”中的最后一章，只讲个人幸福，其他八章（五行、五事、八政、五纪、皇极、三德、稽疑、庶征）都是讲实现“五福”的条件。

先秦儒家主张通过修养德性来达到康宁，而修养德性之要在于节情寡欲。孔子说君子有三戒：“少之时，血气未定，戒之在色；及其壮也，血气方刚，戒之在斗；及其老也，血气既衰，戒之在得。”（《论语·季氏》）孟子更明确提出了“养心莫善于寡欲”（《孟子·尽心下》）的主张。儒家还主张以礼修德。孔子认为“克己复礼为仁”，特别强调“非礼勿视，非礼勿听，非礼勿言，非礼勿动”（《论语·颜渊》）。孟子则更为积极地主张养生要善于保养“至大至刚”的“浩然之气”（《孟子·公孙丑

① （清）阮元校刻《十三经注疏·尚书正义》，中华书局1980年版，第193页。

上》)，以达到“富贵不能淫，贫贱不能移，威武不能屈”(《孟子·滕文公下》)的“大丈夫”境界。荀子注意到礼以修德需要老师的帮助：“凡治气、养心之术，莫径由礼，莫要得师，莫神一好。”(《荀子·修身》)此外，先秦儒家还提倡“存心养性”(《孟子·尽心上》)、“中庸之道”，以及“中和”“自省”“慎独”等诸多修养身心的方法。

在老庄看来，人生康宁的关键在“复归于朴”（老子）或“求复其初”（庄子）。在他们看来，宇宙的一切都是自然的，人的本性亦如此，它是非常淳朴的。然而，在现实社会中，人们却被自私多欲支配着，不得安宁。“五色令人目盲，五音令人耳聋，五味令人口爽，驰骋畋猎令人心发狂，难得之货令人行妨。”(《老子》十二章）针对这种现实，老子主张“见素抱朴，少私寡欲”(《老子》十九章)、“常使民无知无欲”(《老子》三章)；庄子倡导“不以心捐道，不以人助天”(《庄子·大宗师》)，一切顺从“万物之自然”，一切顺从天性。在他们看来，儒家极力主张的仁义道德与自然、人性是不相容的，因而要“抱朴”“复初”“无欲”，就必须“绝仁弃义”“绝圣弃智”。

后来的中国佛教高度重视“平常心”，认为有平常心才会有人生的康宁，甚至认为康宁就意味着拥有“平常心”，即所谓人生胜境平常心。“平常心”源自对生命的透彻体悟，体现为宠辱不惊，得失不计，化毁为缘，“少欲而知足，知足而长乐”，“万念归一，清心涤虑”。一方面，佛教主张平淡温和，心胸豁达，对生命尽心呵护，特别是出家人要看破红尘，淡泊名利。另一方面，佛教劝人宽容平和，随方就圆，“长养慈心，勿伤物命”。白居易用诗文对佛教的这种精神做了这样的表达：“谁道群生性命微，一般骨肉一般皮。劝君莫打枝头鸟，子在巢中望母归。”(《鸟》)在佛家看来，如此自能长寿康宁，好德善终。

正如“洪范九章”讲述的，个人的健康安宁需要一定的条件，特别是社会条件。自春秋时期开始，传统社会的思想家大多关注实现康宁的主客观条件。儒家讲“仁者爱人”，憧憬“大同”理想，所指向的是社会安定，人民安居乐业。特别是孟子谈到“恒产”与“恒心”的关系，认为如果老百姓没有固定财产，也就没有什么恒常之心，那就什么坏事都做得出来，哪里还会讲仁义呢。孟子所重视的是人们康宁的经济条件。法家主张富国强兵、以法治国，墨家讲“兼相爱，交相利”，归根结底都是为了营造安宁的社会环境。然而，老庄学派崇尚“自然”“无为”，向往“小国寡民”的理想社会，实际上所追求的就是个人心灵的宁静。佛教讲“四圣谛”“八正道”“十二因缘”，追求达到“涅槃”境界。佛教认为有生必有苦，要想消灭苦，就得消灭生，就要跳出轮回，渡过“苦海”，以求解脱，即达到涅槃寂静。由此看来，道家、道教和佛教都不关心个人健康安宁所需要的社会条件，与“洪范九章”中的“五福”思想偏离较远。

秦汉以后，传统社会受儒家思想影响很深，而儒家思想强调入世。虽然儒家强调修身，但修身不是为了心灵的安宁，而是谋求齐家、治国、平天下。正是在这种思想的影响下，中国百姓追求超脱的少，看破红尘的少，安贫乐道的更少，绝大多数人都终生勤奋努力，力求有所作为。这一点在广泛流传的蒙学读物中可以看得出来，如朱柏庐治家格言就要求子孙“读书志在圣贤，为官心存国君”。《增广贤文》中有“黄金未为贵，安乐值钱多”的名句，但类似的忠告在同类读物中很少见到，而且《增广贤文》中的这句话讲人们不要把金钱看得太重，并不意味着它否认人们追求政治上的作为。

儒家重入世的观念对后来的中国社会直至今天影响都很大，以至于人们常常称中华民族是勤劳勇敢的民族。当代中国建立市场经济体制之后，人们在市场经济法则的驱动之下，更是积极开拓进取，勇于竞争取胜，谋求发财成功。于是，很多人躁动不安，感到身不由己，生存压力大，其重要后果之一就是心理疾病流行。在这种情况下，弘扬古老“五福”中的康宁观，将康宁作为生活的追求之一就具有重要的现实意义。

（4）“攸好德”

对于五福中的第四种福“攸好德”，孔颖达解释为“性所好者美德也”①。这种解释大致上是对的。“攸”即“修”，此处意为“修养”。因此，“攸好德”的含义并不仅仅指有好的德性，还有注重德性修养，使德性不断完善，以达到更高的人生境界。什么是德？从商代卜辞到先秦文献，“德”都与“得”相通，即所谓“德者得也”，二字可以互训。“德者得也”这一命题是管子最早明确提出的。管子说：“德者，道之

① （清）阮元校刻《十三经注疏·尚书正义》，中华书局1980年版，第193页。

舍。物得以生生，知得以职道之精。故德者得也，得也者，其谓所得以然也。以无为之谓道，舍之之谓德，故道之与德无间，故言之者不别也。间之理者，谓其所以舍也。”（《管子·心术上》）这就是说，德是道的施舍，万物赖它得以生生不息，心智赖它得以认识道的精髓。所以，“德”就是“得”。所谓“得”就是掌握了事物的本原。由于无为叫作道，施道叫作德，所以道与德本来没有差别。非要说出一点差别的话，只能说德是道的实践。因此，“德”有获得、拥有之义，但并不是对财富或奴隶之类东西的获得和拥有，而是对道的获得和拥有，而使之内化于心，成为品质，即德性。显然，这种“德”是道德意义上的“德”。正是在这种意义上，后来将“道”与“德”连用，于是就有了“道德”的概念。

管子对“德”的理解显然受到了老子的影响，这里不予讨论，但这里需要指出的是，这种观点反映了上古人们对德的看法。《易经·益卦》九五云：“有孚惠心，勿问元吉。有孚惠我德。”“孚”即“诚信”。这两句话的意思是，有诚信、施惠之心，不必占问，开始即吉利。有诚信且惠施于人，我必有所得。显然，这是道德意义上的“德”。《尚书》中大量使用“德”，首篇《尧典》就谈到“克明俊德，以亲九族”，意为尧发扬他的大德，使各个氏族都和睦相处。这里的“德”显然是指德性。《梓材》中也说：“皇天既付中国民越厥疆土于先王，肆王惟德用和怿先后迷民，用怿先王受命。”意思是，上天已把中国臣民和广大土地付与我们先王，所以我王也要用德行使那些先后受了迷惑的殷顽心悦诚服，好完成先王所受的天命。《尚书》中的“德”大多是在道德意义上使用的。

自春秋时代开始，诸子百家对“德”做出了种种不尽相同甚至对立的解释。最典型的是儒家和道家。儒家所理解的“德”主要是指仁义道德，而道家则反对将仁义视为道德。在老子看来，上德之人不讲求“德”，因为他实际上有德；而下德之人拘守于“德”，则是因为他们无德。他的结论是，失去了“道”然后才有“德”，失去了“德”然后才有“仁”，失去了“仁”然后才有“义”，失去了“义”然后才有“礼”。因此，在他看来，仁义礼之类儒家倡导的道德并不是真正意义上的道德。虽然儒道两家存在上述分歧，但他们以及其他各家有三点是大致上相同的。

其一，他们一般都承认“德”是对“道”的“得”。老子的《道德经》就是阐述这个道理的。老子把“尊道贵德”作为其道德思想的根本原则。在他那里，“道”是宇宙的绝对本体，而德是从属于“道”的，即所谓“惟道是从”（《老子》二十一章）。所以，老子实际上是将“得道”视为“德”，也就是“尊道而贵德”（《老子》五十一章）。只不过这种德不是人为安排的，而是自然无为的状态。他说：“道之尊，德之贵，夫莫之命而常自然。”（《老子》五十一章）孔子也明白地说：“朝闻道，夕死可矣！”（《论语·里仁》）孔子的“道”与道家的“道”不同，它主要是指“人之道”，即“仁义道德”，其核心在“仁”。在孔子看来，一个人有志于“仁”，他就会终生践行，毫无怨恨，毫无遗憾，为了追求“仁”的最高境界，甚至不惜牺牲自己的生命。这就是他所谓的“笃信好学，守死善道”（《论语·泰伯》）。这样的人会把“仁”看作最高的道德追求，且置于生死之上。“志士仁人，无求生以害仁，有杀身以成仁。”（《论语·卫灵公》）

其二，他们一般都认为“德”是在施惠于人的实践中获得的德性品质，《说文解字》正是在这种意义上将“德”解释为“外得于人，内得于己”的。关于许慎的这一解释有多种不同的理解[①]，大致是说，“外得于人”的是施惠于或有益于人的德行，而“内得于己”的则是在践履德行的过程中内心逐渐积淀所形成的德性。儒家强调以“修身为本”讲的就是这种通过“外得”实现“内得”的过程。道家虽然不怎么讲施惠于人，但仍然重视德性修养，如主张“绝仁弃义”“绝圣弃智”“见素抱朴”“求复其初”等，只是其内容和方法比较消极。

其三，他们都认为既然“德”是获得的，而不是与生俱来的，那么就需要“攸好德”。儒家强调修身，其目的在于获得优良的品质，而且这是一个从小人到君子再到圣人的无止境的过程。在儒家看来，每一个人都可以成为尧舜，关键在于个人的自我修养。道家虽然认为人的本性就体现了“道”，就是说，人就其本性而言就是圣人，但人出生后由于受到欲望和外界引诱的干扰而丧失了本性。要回到本性本身，需要运用一定的方法（如“绝仁弃义”“不谴是非”“长德”“忘形”“坐忘”“守

① 参见阳泽《德之“外得于人，内得于己”辨》，《成都航空职业技术学院学报》2012 年第 1 期。

性”等）才能实现。运用这些方法的过程，实际上也就是人自身修养的过程。

所有这些共同的方面，实际上体现了传统价值观中将拥有“好德”并不断修养“好德”视为人生幸福的重要内容之一的价值观念。这种好德修德的传统一直延续至今，成为中华民族的基本精神和显著特征。

（5）“考终命”

作为“五福”最后一种福的“考终命”，按孔颖达的解释，意为“成终长短之命，不横夭也”①。孔颖达的解释似有所偏离原意，这里的“考”是“老”的意思，“考终命”的字面意思是“老而得善终”，解释为“尽享天年，长寿而亡”“善终”更好。适当加以深究便可以发现，“考终命”的“终”，隐含着“始”，隐含着到达“终”的生命过程。就是说，这里的“善死”意味着“善生”，意味着一生都活得有价值，活得好，活得圆满，因为只有好活，才会有好死。假如一个人一生作恶多端、恶贯满盈，即使他活到一百岁且无痛苦地自然老死，我们也不能说他是“考终命”。

关于“善始善终”，《论语·学而》中有一个影响极大的说法：“慎终，追远，民德归厚矣。”有学者对这句话做了这样的阐释：“慎重地考虑到事情的结局，追究它的长远影响，都能这样，民间的道德风尚就可趋于厚实而不轻薄了。”② 这一阐释是从字面上考虑的，实际上，如果我们联系《尚书·洪范》中讲的“五福”就不难发现这句话的意思大致是：一方面，要慎重对待死，要死得心安理得、无怨无悔，死得光鲜、荣耀，甚至“死而不朽”（“重于泰山”），而要做到这一点就必须珍惜生命，让生具有价值（甚至“生得伟大”）；另一方面，要生得有价值，就要追念先辈，特别是那些先贤，以他们为榜样，向他们学习。如果能做到这两点，社会的道德风尚就淳朴厚道了。可以看出，曾子所说的“慎终追远”实际上讲的是一种道德要求或忠告：我们要想死得体面、光荣，就要活得体面、光荣，我们着眼于死而活，或者说，要一以贯之地善始善终。曾子的“慎终”忠告有点像德国存在主义者海德格尔所说的“向

① （清）阮元校刻《十三经注疏·尚书正义》，中华书局1980年版，第193页。

② 齐冲天、齐小乎注译《论语》，中州古籍出版社2008年版，第39页。

死而在”。当我们着眼于死而生存时，我们才会意识到人生的真谛，才会真正按人的本真状况来活，追求人性的自我实现。不仅儒家主张善生善死，道家也主张这种观点。庄子说：“故善吾生者，乃所以善吾死也。”（《庄子·大宗师》）就是说，善待我的生，也就是善待我的死。

关于慎终，《贞观政要》中有专门的篇章《论慎终》对其进行讨论，认为善始容易，善终难。贞观十二年（638），唐太宗对侍臣说，他虽然做了很多努力，但国家治理的结果仍然不如三皇五帝。他问侍臣这是什么原因。魏征这样回答：“今四夷宾服，天下无事，诚旷古所未有。然自古帝王初即位者，皆欲励精为政，比迹于尧、舜；及其安乐也，则骄奢放逸，莫能终其善。人臣初见任用者，皆欲匡主济时，追踪于稷、契；及其富贵也，则思苟全官爵，莫能尽其忠节。若使君臣常无懈怠，各保其终，则天下无忧不理，自可超迈前古也。”[①] 魏征的意思是，现在四境外族顺从入贡，天下平安无事，的确是从古至今没有过的盛况。然而，自古以来，凡是刚登上宝座的帝王，都想振奋精神治理好国家，效法尧、舜；等到太平安乐时，就骄奢放纵，不能把好事做到底。凡是刚刚被任用的臣子，都想辅佐君王挽救时局，赶上稷、契的功绩；等到他们富贵了，就只图苟且保住官职爵位，不能把忠诚节操保持到底。假如君臣不松懈懒惰，各人都能坚持始终，就不用忧虑不能治理好天下，也就自然可以超过古人了。魏征这里所说的也是要求君王和臣子都要善始善终。

曾子的“慎终追远”是针对所有人而言的，对于一般人来说，“慎终”做到临终时心安理得、无怨无悔就可以了。但是，传统价值观对社会精英提出了更高的要求，对于他们来说，“慎终”意味着要为社会、为人类做出卓越贡献。最早的也最典型的表述就是“三不朽”。《左传·襄公二十四年》记载，二十四年春，穆叔（叔孙豹）去晋国。范宣子迎接他，问他说：“古人有言曰‘死而不朽’，何谓也？”穆叔在对什么叫“死而不朽”做了辨析之后说：“‘大上有立德，其次有立功，其次有立言。’虽久不废，此之谓不朽。”唐人孔颖达在《春秋左传正义》中对德、功、言三者分别做了界定：“立德谓创制垂法，博施济众”；“立功

---

① （唐）吴兢撰，葛景春、张弦生注译《贞观政要·论慎终》，中州古籍出版社 2008 年版，第 373 页。

谓拯厄除难，功济于时”；“立言谓言得其要，理足可传”。[①] 在后人对“三不朽”的解读中，“立德”系就道德操守而言，“立功”乃就事功业绩而言，而“立言”指的是把真知灼见形诸语言文字，著书立说，传于后世。

在所有的解读中，宋代张载做了一种创造性的发挥，提出了“四为句”（冯友兰先生称之为“横渠四句”），即“为天地立心，为生民立命，为往圣继绝学，为万世开太平”[②]。这四句话是张载为自己书写的座右铭，其意思是，他活在世界上，要为社会建立一套以“仁”“义”等道德伦理为核心的精神价值体系；为民众选择正确的命运方向，确立生命的意义；恢复儒家中断了的学术传统，并且继承创新；为万世开拓太平之基业。显然，在他看来，如果这样活着，那么死得就有价值，就伟大。“横渠四句”主要也是对于社会精英特别是政治家和思想家而言的，不过它将生之刚健有为、积极入世的处世态度推到了顶点。

“三不朽”也好，“四为句”也罢，它们都意味着我们的生命是有终结的，但我们可以追求某种“身后之名”“不朽之名”，这些不朽的东西使我们的精神永远存在下去。这种对身后不朽之名的追求，正是古圣先贤超越个体生命而追求永生不朽、超越物质欲求而追求精神满足的独特形式。孔子说：“君子疾没世而名不称焉。”（《论语·卫灵公》）屈原的《离骚》讲：“老冉冉其将至兮，恐修名之不立。”司马迁在《报任安书》中云：“立名者，行之极也。”在古希腊，超越个体生命而追求永生不朽、超越物质欲求而追求精神满足的独特形式是哲学。“柏拉图和苏格拉底对身体和具身生活的脆弱性的全面揭示正证明了实践一种哲学生活的必要性。人的具身性存在本身即意味着有限性和脆弱性，人的完善和幸

① （清）阮元校刻《十三经注疏·春秋左传正义》，中华书局1980年版，第1797页。

② 关于“四为句”，《张载集》中有两种不尽相同的说法：“为天地立志，为生民立道，为去圣继绝学，为万世开太平。”（《张子语录·语录中》）“为天地立心，为生民立道，为去圣继绝学，为万世开太平。”（《拾遗·近思录拾遗》）而冯友兰所说的“横渠四句”则出自黄百家在其父黄宗羲《宋元学案·横渠学案》中所加的按语：“百家谨案：先生（张载——引者注）少喜谈兵，本跅弛豪纵士也。初受裁于范文正，遂翻然知性命之求，又出入于佛老者累年，继切磋于二程子，得归吾道之正。其精思力践，毅然以圣人之诣为必可至，三代之治为必可复。尝语云：‘为天地立心，为生民立命，为往圣继绝学，为万世开太平。’自任之重如此。”

福在某种程度上是通过转化这种脆弱性而获得的。既然身体是人作为人的宿命，而灵魂是更具可塑性的，那么通过持续地锻炼逻各斯，检查和抵制由身体的欲望和感觉而引起的错误意见、信念，就可以使灵魂变得更有德性，进而获得幸福。而这个过程本身就构成了哲学生活的主要内容。”[①] 对死后不朽之名的追求，可以激励个体生命释放出无比巨大的能量，拼搏奋进，建功立业；而置个人身后名誉于不顾的人，则难免流于酒囊饭袋、行尸走肉，甚或沦为恶棍暴徒、独夫民贼。历史上，功勋卓著的拿破仑生前总担心自己在10世纪后的世界史上连半页纸都占不到，结果名垂千古；而生前放言“死后哪怕它洪水滔天”的法国君王，则遗臭万年。同时，对不朽之名的追求是要付出非凡代价的，被历史大书特书的旷世伟人都是经过艰苦卓绝的努力、做出巨大的个人牺牲并放弃凡俗的某些物欲与私利，而后才功成名就的。被后世称为“至圣先师”的孔子“知其不可而为之”，周游列国，讲学传道，结果畏于匡、困于蔡、厄于陈，“累累若丧家之犬”。司马迁因说真话而遭受宫刑，仍能忍辱负重，发愤著书，遂留下被誉为“史家之绝唱，无韵之离骚”的《史记》。当然，历史上也有些人借名求利，名利双收，但浪得的虚名不会长久。

因此，传统价值观认为，生命价值并不只在于长寿，还在于有价值。为了实现某种重大的人生价值，一个人甚至可以牺牲生命。孔子和孟子都有这方面的明确表述。孔子说：“志士仁人，无求生以害仁，有杀身以成仁。”（《论语·卫灵公》）孟子说：“生亦我所欲也，义亦我所欲也；二者不可得兼，舍生而取义者也。生亦我所欲，所欲有甚于生者，故不为苟得也；死亦我所恶，所恶有甚于死者，故患有所不辟也。”（《孟子·告子上》）孔子和孟子主张的“杀身成仁”和“舍生取义”成为传统价值观中长期激励中华儿女为了大仁大义而不惜牺牲自己最宝贵生命的强大精神力量。正是在这种精神力量的激励下，中国历史上涌现出一大批仁人义士，如屈原、岳飞、文天祥、谭嗣同等。

由此可以看出，在“五福”中“考终命”是对“寿”的一种限定。一般来说，长寿是福，但长寿的生命要有意义，它必须以慎终为前提。

---

① 于江霞：《“灵魂的医生”与身体——再论苏格拉底的临终之言》，《文化发展论丛》2017年第2卷（总第14卷），社会科学文献出版社2017年版，第123页。

这种前提包含两个方面。一是一个人在有可能的情况下，要尽力为国家、民族乃至人类做出贡献，而不能满足现状，得过且过。也就是说，一个人要通过自己的努力使身后的世界比出生时的世界更美好。二是当他者（他人、国家、民族或人类）的某种重大利益与个人的生命发生不可调和的冲突时，一个人要勇于牺牲自己的生命，以成全他者的重大利益。

3. 传统幸福观念的现代价值

中国传统幸福观以“五福”“福者备也”“自求多福”为基本内容，但其核心是“五福”。以“五福”为核心内容的传统幸福观，兼顾了人一生纵向和横向或历时和共时两个维度，涵盖了人的生理和心理、物质生活和精神生活、代内和代际等各个方面。它是一种完整的幸福观，是一幅“好生活”的立体图景。党的十九大报告提出，全党同志要永远把人民对美好生活的向往作为奋斗目标。这里所说的“美好生活”是中国特色社会主义新时代幸福观的体现，这种幸福观不是把幸福等同于占有资源（金钱、财富、权力等）的资源占有幸福观，也不是把幸福视为感性欲望（物质欲望）满足的物质享受幸福观，而是追求整体的生活美好的全面而自由发展幸福观。在我国资源占有幸福观和物质享受幸福观流行的情况下，构建人民美好生活所需要的全面而自由发展幸福观，需要弘扬优秀传统幸福观。从优秀传统幸福观中吸取合理内容，是构建新时代中国特色社会主义幸福观的必由之路，其重要性自不待言。

传统幸福观内容十分丰富，其中许多观念都值得今天吸收和借鉴，而以下四个方面尤其值得今天继承和弘扬。

第一，幸福是作为整体的生活的美好。传统的“五福”实际上并不是五种福，而是同一种福的五个方面。由以上阐述可见，“五福”存在密切的内在联系。假如一个人寿命很长而不能考终命，那长寿就不是福，甚至是祸。一个人富有高贵，但没有好的德性，其生活就不可能康宁，而且富贵也难以维持下去。一个人只注意修德，而不追求必要的财富，他生活在贫困之中，当然也没有幸福可言。如果我们把“五福”看作一个整体，或者说，看作“好生活”的五种基本规定性，那么它就是一种完整的幸福观。

正是在这种意义上，《礼记》把这种作为生活整体上美好的幸福明确表述为“福者备也”，而“无所不顺者之谓备”。当然，这种“备”是儒家意义上的完备，主要是指“孝亲忠君”等仁义道德，并不重视人的全面发展。不过，我们如果将这里所说的“备”与“五福”联系起来，将“五福”融入儒家所说的“备”之中，“备”的含义就十分丰富了，可视之为“人的全面而自由发展”的古典形态。

由此看来，古人将“五福”放在一起实际上就是要人们把幸福作为整体的生活美好来追求，不能顾此失彼或彼此妨碍和伤害。弘扬这种古典幸福观无疑有助于纠正当下流行的种种幸福观的偏颇，形成对幸福的正确理解和对美好生活的整体把握。

第二，求福以避祸为基本前提。根据传统幸福观，福与祸相对立，而且可能相互转化，求福必须避祸，促进祸向福转化，防范福向祸逆转。

传统的“五福”是与“六极”相对立的。《洪范》在提出“五福”的同时，提出了“六极”：一曰凶、短、折（“遇凶而横夭性命也”），二曰疾（“常抱疾病”），三曰忧（“常多忧”），四曰贫（“困乏于财”），五曰恶（“貌状丑陋”），六曰弱（“志力尪劣也”）。[①] 孔颖达称“六极谓穷极恶事”[②]，后人相对于“福”称“极”为“祸”。与“五福”是一个整体不同，“六极”是作为整体的生活的某一个方面发生了问题，而其中任何一个方面都足以损害或破坏作为整体的生活的幸福。上述六种祸患都有可能破坏幸福，因而幸福是相当脆弱的，需要精心呵护。

而且，传统文化中还有“福无双至，祸不单行”的说法。这种说法告诫人们，福是一点一点地积累起来的，不可能出现“双至”的情形，而祸患常常有“扎堆”的效应。例如，一个人身患重病，他就身体虚弱，家庭就有可能因病致贫，他本人还有可能夭折短寿。当然，祸也不完全是消极的，人有可能因为陷入祸患而奋发努力克服祸患从而获得幸福。老子最清楚地意识到了这一点，他所说的“祸兮福之所倚，福兮祸之所伏”（《老子》五十八章），就是对这种福祸可能相互转化的经典表述。《韩非子·解老》对老子的这一思想做了精到的阐释。韩非认为，人遇到灾祸时心里畏惧惶恐，心里畏惧惶恐行为就会端正，行为端正就会深思熟虑，深思熟虑就能明白事理。行为端正就没有祸害，可以得享天年

① （清）阮元校刻《十三经注疏·尚书正义》，中华书局1980年版，第193页。
② （清）阮元校刻《十三经注疏·尚书正义》，中华书局1980年版，第193页。

而全寿，而明白事理则必定会成功，必定富贵。这就是幸福。“必成功则富与贵，全寿富贵之谓福。”所以说，幸福源于灾祸。另外，人有了福，富贵就会到来，富贵到来就有好衣好食，随之就会产生骄奢之心，进而会导致邪恶行为，举动就违背事理。行为邪恶会招致死亡，而举动违背事理则不会成功。内有死亡的危难，外又没有成功的名声，这就是大祸。所以说“祸本生于有福”。

在复杂多变的现代社会生活中，出现各种祸患的可能性极大，如何有效防范各种祸患对幸福的破坏，在出现某种祸患的情况下如何努力使之朝着有利于增进幸福的方向转化，传统幸福观既提供了应特别加以防范的那些“穷极恶事”，也给予了如何对待福祸的方法论指导，充满了生活智慧。

第三，福祸由善恶所致。孔颖达在对“五福”“六极”所作的注疏中指出：“五福六极，天实得为之而历言此者，以人生于世有此福极。为善致福，为恶致极。劝人君使行善也。”[①] 他这是在告诫人们，只有积德行善的人才会有福，而作恶犯奸之人必遭祸患。在“五福”观正式提出之前，《尚书·汤诰》中就有“天道福善祸淫”的说法，意思是天道会赐福给善良的人而惩罚邪恶的人。春秋时期晋国政治家范文子对此有过经典的表述。他说：“天道无亲，唯德是授。”“夫德，福之基也，无德而福隆，犹无基而厚墉也，其坏也无日矣。”（《国语·晋语六》）他的意思是，天意并不特别亲近哪一个人，只授福给有德的人。德是福的基础，没有德而享的福太多，就好像地基没有打好，却在上面筑起高墙，不知道哪一天就倒塌了。

对于什么是善、什么是恶，春秋以前的文献并没有做出明确的界定，但诸子各家对善恶有不尽相同的理解，其中儒家的观点对传统社会影响最大。孟子对于什么是善做出了明确的回答。他说：“恻隐之心，人皆有之；羞恶之心，人皆有之；恭敬之心，人皆有之；是非之心，人皆有之。……仁义礼智非由外铄我也，我固有之也。”（《孟子·告子上》）“无恻隐之心，非人也；无羞恶之心，非人也；无辞让之心，非人也；无是非之心，非人也。恻隐之心，仁之端也；羞恶之心，义之端也；辞让之心，礼之端

① （清）阮元校刻《十三经注疏·尚书正义》，中华书局1980年版，第193页。

也；是非之心，智之端也。人之有是四端也，犹其有四体也。”（《孟子·公孙丑上》）这“四端”就是人与生俱来的“四善端”，经培育就会形成四种善，即“四德”。显然，孟子把“仁义礼智”理解为善。

荀子进一步从行为后果的角度对善和恶做出了界定。他说：“凡古今天下之所谓善者，正理平治也；所谓恶者，偏险悖乱也。是善恶之分也已。”（《荀子·性恶》）荀子认为，“正理平治”的关键在于“正权”。“权不正，则祸托于欲，而人以为福；福托于恶，而人以为祸；此亦人所以惑于祸福也。”（《荀子·正名》）而正权在于“道”，离开了“道”就会弄不清楚到底什么是祸什么是福，灵魂也就无所依托了。“道者，古今之正权也；离道而内自择，则不知祸福之所托。”（《荀子·正名》）

先秦思想家所理解的善恶的具体内容，也许我们今天不能接受，但福祸由善恶所致的观念向人们昭示了为善得福、作恶生祸这一颠扑不破的古今通则，同时也暗示了社会应当建立一种“以德配福”的公正制度和良性运行机制。

第四，是福是祸主要取决于个人自己。传统幸福观认为，福也好，祸也好，都不是与生俱来的，而是“自求”的。《诗经》中提出，在不违背天命的前提下，一个人是可以通过自己的努力获得更多幸福的，即所谓“永言配命，自求多福”。换言之，一个人福的有无和多寡，主要是他自己谋求的结果，而不是任何外在力量所能完全决定的。

孟子在肯定这一观点的基础上进一步提出，一个人的祸也是他咎由自取的，即“祸福无不自己求之者”（《孟子·公孙丑上》）。《孟子》中两次引用《尚书·太甲》中“天作孽，犹可违；自作孽，不可活”这句话，就是要说明，不仅福是自求的，祸也是自求的。若一个人自己作孽糟践自己，那谁也拯救不了他。对于这个道理，孟子做了这样的阐释：“夫人必自侮，然后人侮之；家必自毁，而后人毁之；国必自伐，而后人伐之。”（《孟子·离娄上》）唐代名相魏征也表达过相同的思想：“祸福无门，唯人所召。”（《贞观政要·论慎终》）

这种传统幸福观念告诉我们，个人对自己生活的福祸负有直接而主要的责任，个人不能因为生活艰难困苦怨天尤人，也不能指望外在的给予或施舍给自己带来真正的幸福。幸福之路只能自己走，不能由别人代替你走，而且只有不畏艰辛的人才能走向更美好的未来。用习近平的话说就是，“幸福都是奋斗出来的”①。

中国古人主张的“五福”“福者备也”“自求多福”等幸福观念与古希腊德性伦理学将幸福理解为人的作为整体生活的兴旺繁荣有异曲同工之妙，尤其值得沉醉于感性欲望满足的当代人类反思和借鉴。但是，我们也应该清醒地意识到，中国古代的幸福观毕竟产生于几千年前的宗法封建时代，不可避免地会具有其历史局限性，其中也会包含某些消极落后的东西。例如，它只重视长寿，而缺乏生活质量的视野；它只重视个人在道德人格上的不断完善，基本上忽视了个人在职业上奋斗与幸福的关系这一重要维度，较少谈及职业上的成功对于幸福的重要意义；它较多地着眼于个人的好生活本身考虑问题，而不太重视个人幸福所必需的社会环境和条件；它的践行产生了过分看重金钱、财富、功名、官职的庸俗化后果；等等。因此，即使是对优秀的传统幸福观念也需要进行创造性转化和创新性发展。今天，我们所要构建的新时代中国特色社会主义幸福观，不只是对传统幸福观的继承和弘扬，更不是简单地照搬照抄，复古倒退，而是要在新时代中国特色社会主义思想的指引下，根据当代中国的实践发展和人类文明的总体趋势，构建能够指导中国人民过上美好生活的现代幸福观。

四　“修身为本”

以修身作为人生存和成人之根本，这是传统价值观中富有中国特色的价值观念。成人是传统价值观关注的终极问题，成人就是要使自己成为真正的人，即成为君子以至圣人，而成人只有通过修身才能实现。宋代周敦颐明确提出的“圣希天，贤希圣，士希贤”（《通书·志学》，《周敦颐集》卷二）实际上指明了传统价值观修身不断进步的目标：士人（君子）效法贤人，贤人效法圣人，圣人效法天道。这里所说的“希”即效法，实质上就是修身的过程。传统价值观所说的“修身”指的是修养身心，既指修养身体，也指修养心灵。传统价值观尤其重视修心，而修心又重在陶冶心性，涵养道德。在春秋战国时期之前的思想观念中，统治

① 《国家主席习近平发表二〇一八年新年贺词》，《人民日报》2018年1月1日。

者重视教化，但修身问题似乎并没有被明确提出来。但是，到了春秋战国时期，由于社会动荡不安，战乱不已，许多思想家把目光转向人自身，试图从人的品质、人格寻求解决社会问题的路径，于是修身问题被提出来，而且受到高度重视，儒家、道家、墨家几大学派都对修身问题进行过相当充分的讨论。这些学派都重视修身，但只有儒家明确提出“修身为本”，而且这种观念随着儒家思想社会地位的提升产生了广泛的影响。“自天子以至于庶人，一是皆以修身为本。”《大学》提出的这一命题成为此后传统社会妇孺皆知的安身立命的准则。春秋战国以后，除了儒家继续深化修身问题的研究之外，道教和佛教也十分重视修身问题，各自形成了自己颇具特色的修身理论。传统社会各派思想家提出的修身理论由于修身的目的、内容和方法不同而各不相同，但它们也有许多相通甚至相同的因素，这些因素共同构成了传统价值观的修身观念。

1. 先秦儒家的修身观念

在传统社会各个学派中，儒家对修身问题最重视，研究得最多，取得的成果最大，对传统社会以至现代社会产生了广泛而深刻的影响。儒家修身思想最初由孔子提出，孟子和荀子对孔子的思想进行了阐发和创新，《大学》则对早期儒家修身思想做了一个概括性总结。到宋明时期，周敦颐、张载、二程和朱熹，以及陆九渊和王阳明等理学家又对《大学》中提出的“三纲领八条目”的修身思想进行了新阐释和发展。至此，儒家修身思想基本上完成了它的建构和丰富发展，后来儒家再没有多少有影响、有创意的修身思想观点。

孔子不仅重视教化，而且特别重视修身。他明确指出不注重德性修养，不能及时纠正自己道德上的缺点是他所忧虑的事情。他说：“德之不修，学之不讲，闻义不能徙，不善不能改，是吾忧也。”（《论语·述而》）在他看来，一个人要成为君子，关键是要修己，因为修己有三个重大意义：一是“修己以敬”，即修己可使人认真对待人生的一切问题，以在世上安身立命；二是“修己以安人”，即修己可以使人善待他人，建立良好的人际关系；三是“修己以安百姓”，即修己可以使人给百姓带来安定，造福民众。孔子所说的修身包括身心两个方面，强调身心共养和动静结合。在养身方面，孔子既注重饮食方法，如他主张“食不厌精，脍不厌细”（《论语·乡党》），也重视教授学生“动”（“射”“御”等）的锻炼身体方法。在养心方面，孔子主张“动静以义”，认为养心的关键在于“静”，即所谓“知者乐水，仁者乐山。知者动，仁者静；知者乐，仁者寿”（《论语·雍也》）。在养身和养心的关系上，孔子更重视养心，尤其重视修养高尚的德性和人格。对于孔子来说，德性和人格修养的中心内容是“仁爱”，而其具体内容主要是各种德性，如仁义礼智信和“恭、宽、信、敏、惠”（《论语·阳货》）等，其目标就是成为“仁者”（包括君子和圣人两个层次）。

在孔子看来，学习是修身的前提和基础，修身必须好学。孔子曰：“君子食无求饱，居无求安，敏于事而慎于言，就有道而正焉，可谓好学也已。”（《论语·学而》）他要求把学当作乐趣，他说：“学而时习之，不亦说乎！”（《论语·学而》）孔子的得意门生颜回是孔子树立的修身典范，孔子曾多次对他大加赞赏。他说：“贤哉，回也！一箪食，一瓢饮，在陋巷，人不堪其忧，回也不改其乐。贤哉，回也！”（《论语·雍也》）他还向鲁哀公推举颜回，称：“有颜回者好学，不迁怒，不二过。”（《史记·仲尼弟子列传》）他还提出了多种学习的方法。如“学而不思则罔，思而不学则殆”（《论语·为政》）；“君子博学于文”（《论语·雍也》）；“多闻，择其善者而从之”（《论语·述而》）；“敏而好学，不耻下问”（《论语·公冶长》）；“学而不厌，诲人不倦”（《论语·述而》）；等等。孔子还提出了多种修养方法，如“克己复礼”的方法。孔子把克己复礼视为实现仁的主要途径，相应地提出了“非礼勿视，非礼勿听，非礼勿言，非礼勿动”（《论语·颜渊》）的方法。又如“见贤思齐”的方法。孔子要求他的弟子都能见贤思齐，见不贤而内自省。还有“不怨天尤人”的方法。他说：“不怨天，不尤人，下学而上达。”（《论语·宪问》）

孟子在继承孔子修身思想的基础上，着重论述了修养心性的问题，对修养心性的重要性、内容、方法和所要达到的境界提出了自己独到的见解，其突出特点是存心养性和反省内省。他关于修养心性的思想对后来的陆王心学产生了直接影响，并且成为传统价值观中的修身观念的重要组成部分，对后世产生了深远影响。

关于修身的重要性，孟子指出：“君子之守，修其身而天下平。”（《孟子·尽心下》）在孟子看来，古人都非常注重修德，追求崇高的道德境界。“有天爵者，有人爵者。仁义忠信，乐善不倦，此天爵也；公卿大夫，此人爵也。古之人修其天爵，而人爵从之。”（《孟子·告子上》）“人皆有不忍人之心”，体现为人生而具有“仁义礼智”的“善端”，修身的使命就是使这些善端“扩而充之”（《孟子·公孙丑上》）。他认为，“善端”虽然生而具有，但只是端倪，如果不求就不能得，就会失去。他说：“求则得之，舍则失之，是求有益于得也，求在我者也。求之有道，得之有命，是求无益于得也，求在外者也。”（《孟子·尽心上》）所以，人生在世，必须保存和扩充所有这些善端，因为它们“若火之始然，泉之始达。苟能充之，足以保四海；苟不充之，不足以事父母”（《孟子·公孙丑上》）。保存和扩充的过程就是修身的过程，而修身就是“尽心知性”“存心养性”（《孟子·尽心上》）。“尽心知性”可以知天，而“存心养性”可以事天。修身是一个终其一生的过程，长此以往，人就可以安身立命了。他也将“存其心”称为“求其放心”，称“学问之道无他，求其放心而已矣”（《孟子·告子上》）。孟子指出，存心（放心或养心）的关键是寡欲。他认为心性本有善端的丧失，根源在于人的欲望多，所以存心养性要从减少欲望开始。他说：“养心莫善于寡欲。其为人也寡欲，虽有不存焉者，寡矣；其为人也多欲，虽有存焉者，寡矣。”（《孟子·尽心下》）就是说，修养心性没有比减少欲望更好的了。欲望少，心性虽有所失，但失的不多；而欲望多，心性虽有所存，但存的不多。不过，孟子所说的“寡欲”并不等于要禁欲或绝欲，而是要合理节制欲望，以保证其不损害心性。孟子认为，“养性”更为重要，他自称“我善养吾浩然之气”，在他看来，养性的关键就是要养这种“浩然之气”。他对这种气进行了详细描述：“其为气也，至大至刚，以直养而无害，则塞于天地之间。其为气也，配义与道；无是，馁也。是集义所生者，非义袭而取之也。行有不慊于心，则馁矣。”（《孟子·公孙丑上》）这是一种用道义培养、体现道义的至大至刚的充盈于天地之间的浩气。这种气是通过“直养”聚积而成的。所谓“直养”，就是“必有事焉，而勿正，心勿忘，勿助长也”（《孟子·公孙丑上》），也就是要持之以恒地以道义来涵养，既时刻不忘，从不中断，也不能心浮气躁，急于求成。他以“耘苗”为喻，耘苗就是养，不耘苗就是忘，拔苗助长就是害。他的这种“勿助长”的主张表明他吸收了老庄顺其自然的无为精神。

孟子还继承和发挥了孔子“为仁由己”（《论语·颜渊》）、“我欲仁，斯仁至矣”（《论语·述而》）的思想，提出了反身而诚的修养方法。关于这一修养方法，孟子说：“万物皆备于我矣。反身而诚，乐莫大焉。强恕而行，求仁莫近焉。”（《孟子·尽心上》）孟子的意思是，天人相通，人具有与万物相同的本性，这种本性就是“诚”，即“德”。只要人去反躬自认，就会认识到自己“诚”的本性，而以“恕”的方式推己及人，就会接近仁德。这种反躬自认的结果就是“自得”，即自得其道，君子就是这样做的，而这样做就能使人从容安居于世。所以，孟子说：“君子深造之以道，欲其自得之也。自得之，则居之安；居之安，则资之深；资之深，则取之左右逢其原。故君子欲其自得之也。”（《孟子·离娄下》）孟子还指出人们在什么情况下应该反身而诚：“爱人不亲，反其仁；治人不治，反其智；礼人不答，反其敬。行有不得者皆反求诸己。其身正而天下归之。”（《孟子·离娄上》）这里所说的“反”，意思是反思。如果一个人“爱人不亲”“治人不治”“礼人不答”“行有不得”，那么就要反思自己的德性。只要真正做到“诚”，一个人就能赢得天下的认同。

存心养性不仅要反身而诚，还要身体力行，有所作为。孟子认为，“人皆可以为尧舜”（《孟子·告子下》），成为尧舜，就会担当大任。一个人要成为担当大任的人，“必先苦其心志，劳其筋骨，饿其体肤，空乏其身，行拂乱其所为，所以动心忍性，曾益其所不能”（《孟子·告子下》）。只有这样，他才能成为“富贵不能淫，贫贱不能移，威武不能屈”的“大丈夫”（《孟子·滕文公下》），才能“生于忧患而死于安乐”（《孟子·告子下》）。当然，由于种种因素，并不是每一个人都能得志，都能够成为“天将降大任于斯人”的“大丈夫”，更不是每个人都能成为尧舜。在孟子看来，即便如此，反身而诚和身体力行仍然很重要。在这种情况下，就要向古人学习：“古之人，得志，泽加于民；不得志，修身见于世。穷则独善其身，达则兼善天下。”（《孟子·尽心上》）

荀子也非常重视修身的问题，不仅《荀子》中有专论“修身”问题的篇章，而且书中其他地方也多有论及。他对修身的重要性、内容、方法等问题都做了阐述，不过，他的修身思想多是经验总结性的东西，并无多少新意，也无多大的理论深度。他对为什么要修身进行了分析：“争之则失，让之则至；遵道则积，夸诞则虚。故君子务修其内而让之于外，务积德于身而处之以遵道。如是，则贵名起如日月，天下应之如雷霆。”

（《荀子·儒效》）他认为，德性修养具有多方面的重要意义。《荀子·君道》中记载："请问为国？曰：闻修身，未尝闻为国也。君者，仪也；仪正而景正；君者，盘也；盘圆而水圆。"荀子这里是强调，对于治国来说，君王修身至关重要。他还认为修身可以使人长寿，可以使人成为英王。他说："扁善之度，以治气养生，则身后彭祖；以修身自强，则名配尧、禹。"（《荀子·修身》）修身也可以使人轻视富贵和权力。他说："志意修则骄富贵，道义重则轻王公；内省而外物轻矣。"（《荀子·修身》）在荀子看来，一个人外表恭敬而内心忠敬，遵守礼义而又有仁爱精神，苦活累活抢着干，有利而享受的事却让给别人，即使困厄在周边少数民族地区，人们也没有不敬重和信任他的。相反，外表傲慢固执而内心狡猾诡诈、灵魂深处驳杂污秽、享受在前吃苦在后的人，无论到什么地方，即使飞黄腾达了，人们也没有不鄙视他、抛弃他的。要成为前一种人，就要注重修身。他说："必先修正其在我者，然后徐责其在人者。"（《荀子·富国》）

关于修身的内容，荀子像孟子一样主张以"诚"为要，因为有了诚心，一切问题就都解决了。"君子养心莫善于诚，致诚则无它事矣。"（《荀子·不苟》）致诚的关键在于守住仁德，奉行道义。真诚地守住仁德，就会在行为上显得圣明，也就可以感化他人；真诚地奉行道义，就会变得明察事理，也就能改造别人。改造和感化轮流起作用，就是循环有常的"天德"。荀子还提出一些修身的基本方法，如"见善，修然必以自存也，见不善，愀然必以自省也"（《荀子·修身》）。他还设计了各种有针对性的"治气养心之术"："血气刚强，则柔之以调和；知虑渐深，则一之以易良；勇毅猛戾，则辅之以道顺；齐给便利，则节之以动止；狭隘褊小，则廓之以广大；卑湿重迟贪利，则抗之以高志；庸众驽散，则劫之以师友；怠慢僄弃，则照之以祸灾；愚款端悫，则合之以礼乐，通之以思索。凡治气、养心之术，莫径由礼，莫要得师，莫神一好。"（《荀子·修身》）荀子认为，修身不是一件容易的事，无论圣人、君子还是士人，要达到完满的境界，都必须不休不辍。在这个过程中，深明法度真义基础，依法度行事才能体现出修身的魅力，而教师的作用也是不可忽视的。他说："礼者，所以正身也；师者，所以正礼也。无礼何以正身？无师，吾安知礼之为是也？礼然而然，则是情安礼也；师云而云，则是知若师

也。情安礼，知若师，则是圣人也。”（《荀子·修身》）

先秦儒家的修身思想在《大学》《中庸》中得到阐发、创新和系统化。《中庸》直接谈修身的内容不多，但也重视修身。书中以孔子的名义说：“好学近乎知，力行近乎仁，知耻近乎勇。知斯三者，则知所以修身；知所以修身，则知所以治人；知所以治人，则知所以治天下国家矣。”这里已经明显有在《大学》中得到充分阐发的“修身为本”思想，并力图以此将事亲与知人、知天打通。“故君子不可以不修身；思修身，不可以不事亲；思事亲，不可以不知人；思知人，不可以不知天。”《中庸》还把修身作为天下国家之“九经”之一，认为“修身则道立”。《中庸》开篇所说的“天命之谓性，率性之谓道，修道之谓教”不仅可视作教化的指向，也可以视作修身的目标。其中的“修道之谓教”之说也适用于修身，修身即修道。从《中庸》全书来看，它实际上是以“诚”与“中庸”为修身之总纲，以“礼”与“和”为修身之关键，同时把“三达德”（知、仁、勇）、“五达道”（君臣、父子、夫妇、兄弟、朋友）的具体德目作为修身的内容。《中庸》中有不少关于君子的描述，它实际上是告诉人们要成为君子应该怎样去做。如：“故君子尊德性而道问学，致广大而尽精微，极高明而道中庸。温故而知新，敦厚以崇礼。”“博学之，审问之，慎思之，明辨之，笃行之。”“是故君子动而世为天下道，行而世为天下法，言而世为天下则。”所有这些论述都从不同方面为人们的修养提供了范例和指导。

《大学》进一步强化了修身的重要性，提出了修身的目的和目标、过程和方法，从而完成了先秦儒家修身思想的理论建构。这个理论体系的主要内容是“三纲领”（明明德，亲民，止于至善）和“八条目”（格物、致知、诚意、正心、修身、齐家、治国、平天下），而其核心或要旨就是“修身为本”。虽然孔子、孟子、荀子都重视修身，但其思想并未达到将修身视为个人和社会治乱之根本并主张个人和社会都要以修身为本的高度，至少“修身为本”这种思想观点没有被明确表达出来。《大学》则揭示了以“修身”为核心的“三纲领八条目”就是实现社会理想的根本路径，即“内圣外王之道”。从此，“内圣外王之道”就成为儒家的根本遵循。

《大学》规定修身的根本目的就是作为大学宗旨的“三纲领”，即彰明自身的光明之德，亲爱民众，使自己在这两个方面达到极致，即追求至善。认识到这一点非常重要，因为知道了要达到的目标是至善的境界而后才能确定志向，然后才能心无杂念，才能专心致志，才能虑事周详，最后才能达到至善。这就是从知止而达到至善中间的五个环节：一是“定”：确立目标，定力如磐；二是“静”：内心宁静，动机纯正；三是“安”：身心安详，从容淡定；四是“虑”：思虑周到，去除偏见；五是“得”：合理选择，心安理得。如此，就知道了应该先做什么、后做什么，就可以朝着目标不断前行。实现“三纲领”的根本路径就是“八条目”。它们是一种相互关联、前后相继的关系：“古之欲明明德于天下者，先治其国；欲治其国者，先齐其家；欲齐其家者，先修其身；欲修其身者，先正其心；欲正其心者，先诚其意；欲诚其意者，先致其知；致知在格物。”这里排列的是从明明德于天下目标开始下行到格物的先后八个环节。接下来，又从格物这个环节开始，从相反的方向排列了到明明德于天下目标的上行的八个环节的先后顺序：“物格而后知至，知至而后意诚，意诚而后心正，心正而后身修，身修而后家齐，家齐而后国治，国治而后天下平。”在接下来的解释中，分别阐述了后面七个环节，没有谈到“格物”这个起始环节，而格物成为后来宋明理学关注的一个重点环节。

《大学》认为，致知，就是知本。无论是就社会治理而言，还是就个人人生而言，治本才能治末，本乱末就不可能治。那么，这个“本”是什么呢？这个“本”就是修身，即“自天子以至于庶人，一是皆以修身为本”。只有认识到了本的重要性，才算具有最高的智慧。“此谓知本，此谓知之至也。”诚意，就是不要自己欺骗自己，即“毋自欺也”。做到诚意，关键是要“慎独”，即在独处时要特别谨慎，不做坏事。“此谓诚于中，形于外，故君子必慎其独也。”而且，诚意可以使人身心舒泰，对人有益，因而君子也会按德的要求去做。“富润屋，德润身，心广体胖，故君子必诚其意。”何谓“修身在正其心”？就是要做到“心不在焉，视而不见，听而不闻，食而不知其味”。而在以下四种情况下，心则不得其正：“身有所忿懥”，“有所恐惧”，“有所好乐”，“有所忧患”。“齐其家在修其身”之理由在于，人们通常都是偏爱亲人和敬畏的人，而厌恶自己轻视和讨厌的人，很难做到去看亲近的人的缺点和厌恶的人的优点。这就是修身做得不好，而这样也就不能齐家。“治国必先齐其家”，则是因为“君子不出家而成教于国：孝者，所以事君也；弟者，所以事长也；慈者，所以使众也”。这主要是就君王而言的。君王一家讲仁爱，整个国家就会讲仁爱；君王一家讲谦让，整个国家就会讲谦让；君王一人贪暴，全国百姓就会作乱。事实就是如此，君王一人做到齐家就能使国治。“其为父子兄弟足法，而后民法之也。此谓治国在齐其家。”所谓“平天下在治其国”，是因为只要君王尊敬老人，国人就会孝顺成风；只要君王尊重长者，国家就会悌道成风；只要君王体恤孤幼，国人就不会遗弃他们。这就是君王和君子做出表率和示范的“絜矩之道”。这里的根本就在于道，君王要通过自己的行为体现道，从而使民众由此识道、得道、行道：“道得众则得国，失众则失国。”

2. 儒家修身观念的发展

春秋战国之后，董仲舒运用他的“天人感应说”将儒学改造成适合宗法皇权专制主义需要的新形态，而使儒学成为西汉的官方意识形态。这种新形态注重先秦儒学的规范内容，特别是“纲常”，而实际上摒弃了其中的“心性”及修心养性方面的内容。不过，董仲舒仍然十分重视修身问题。他在《春秋繁露·循天之道》中说：“循天之道以养其身，谓之道也。……是故能以中和理天下者，其德大盛，能以中和养其身者，其寿极命。”他认为，能够遵循天道以养其身，就是“道”，而能否做到这一点的衡量标准则在于“中和”的实现。在他看来，达到“中和”的“养气”功夫，同时也是一个“养心”的过程。他说：“凡气从心。心，气之君也，何为而气不随也？是以天下之道者，皆言内心其本也。”（《春秋繁露·循天之道》）所谓“天下之道”就是“义”，所以养心在于“得义”。“天之生人也，使人生义与利。利以养其体，义以养其心。心不得义不能乐，体不得利不能安。义者心之养也，利者体之养也。”（《春秋繁露·身之养重于义》）他还将“养身”与治国联系起来。他说：“气之清者为精，人之清者为贤。治身者以积精为宝，治国者以积贤为道。身以心为本，国以君为主。精积于其本，则血气相承受。贤积于其主，则上下相制使。血气相承受，则形体无所苦。上下相制使，则百官各得其所。形体无所苦，然后身可得而安也。百官各得其所，然后国可得而守也。”（《春秋繁露·通国身》）

汉儒占统治地位约八百年，在道佛二教的冲击下，到唐代韩愈才开始试图承继并修复自远古（韩愈以及许多儒者把尧舜禹作为他们的至圣先师）至先秦的儒家传统，重谈心性问题，由此开启了其后宋明理学家对修身问题的关注和研究之先河。宋明理学的开山鼻祖周敦颐对《大学》中“诚”的思想进行了阐发。他说：“诚者，圣人之本。‘大哉乾元，万物资始’，诚之源也。‘乾道变化，各正性命’，诚斯立焉。”（《通书·诚上》，《周敦颐集》卷二）他又将“诚之者，人之道也”解释为：“圣，诚而已矣。诚，五常之本，百行之源也。”（《通书·诚下》，《周敦颐集》卷二）在他看来，诚是纯粹至善的东西，寂然不动，没有善恶的对立。善恶皆起源于“几”，即人心萌发之微。“诚，无为；几，善恶；德，爱曰仁，宜曰义，理曰礼，通曰智，守曰信。”朱熹注曰：“几者，动之微，善恶之所由分也。”（《通书·诚几德》，《周敦颐集》卷二）那么，区分善恶的标准是什么呢？周敦颐认为这个标准就是“中正仁义”。他说：“圣人定之以中正仁义，而主静，立人极焉。”（《太极图说》，《周敦颐集》卷一）“圣人之道，仁义中正而已矣。”（《通书·道》，《周敦颐集》卷二）圣人之所以以“中正仁义”为标准，是因为“惟中也者，和也，中节也，天下之达道也”（《通书·师》，《周敦颐集》卷二）。在他看来，仁义既是道，又是“圣德”，即“人极”。为了达到人极状态，进入“诚”的境界，周敦颐提出了许多道德修养方法，主要有“思”“虚静无欲”“纯心”。他认为，思是一种可能“通微”的智慧。所谓“通微”，就是在“几”即“善恶”之际避恶而趋善，避凶而趋吉，使静止时“诚”的本性转化到行动中去。由此看来，周敦颐所说的“思”是对“诚”的本性的反思。他认为，恶的产生就是“欲”在作怪，因此修养要“窒欲”以达到“无欲”。只要“无欲”，心便“静虚”，而“静虚则明”，即见得道理、明白通透、湛然纯一。如此，人就可以达到圣贤领域，成为圣人。周敦颐所说的“纯心”就是在动中“复其本善”。在他看来，纯心是治天下之本，“心纯则贤才辅。贤才辅则天下治”（《通书·治》，《周敦颐集》卷二）。纯心即诚心。他说：“治天下有本，身之谓也；治天下有则，家之谓也。本必端。端本，诚心而已矣。”（《通书·家人睽复无妄》，《周敦颐集》卷二）他把“诚心”作为一切伦理教化和政治统治之根本，也视为修身的关键。

周敦颐之后，张载进一步从“心”“性”的角度提出了他的修身说。他认为，世界上一切有形的物体和无形的虚空均由“气”构成，都是“气”的不同表现形态，所以人与万物的本性有相通之处。但是，人与物、人与人所禀受的“气”有清浊不同，因而有“天地之性”和“气质之性”之别。“天地之性”是至高无上的、至善的，是“天理”“天性”，是天地万物和人的共同属性，是人的本性；而“气质之性”是人形成之后才有的，是与人的身体特别是生理条件结合在一起的，是“气”的阴暗面的特性。“气质之性”常障蔽“天地之性”的正常表现和顺利发展，因此要回复到“至善”的“天地之性”就必须加强道德教育和道德修养。只有这样，才能矫正“气质之性”的偏浊，通其塞，复明至善的“天地之性”。在他看来，这也是一个“大其心”的过程。他所说的“心”不仅超然于太虚、天、气、道、性、知觉，而且主宰万物，宇宙万物的有无、存亡都由心决定。只要此心存在，万物就能成立，否则万物也就不存在了。人要能“大其心”，即扩充此心，就能“体天下之物”，也就能“合天心”，就能达到“天下无一物非我”（《正蒙·大心》）之境界。张载认为，复明天地之性、大其心就是要有仁爱以及以之为本的礼、义、智、信，从而成为“贤人”（张载不主张追求成为“圣人”，因为在当时的社会条件下，人们很难成为“圣人”）。为此，他提出了一系列教育和修养的原则和方法，其中最重要的是“集义养气”“大其心”“立志与践履相结合”“养正于蒙”“穷理尽性”等。“集义养气”就是去恶、集义，以养浩然之气。“大其心”就是要“虚心”，存养此心。“立志与践履相结合”就是要树立起远大志向后付诸力行。“养正于蒙”就是要让孩童从小就接受正确的教育。“穷理尽性”是张载最基本的方法。“穷理”，即穷尽体现在万事万物中的“天理”；“尽性”就是尽人性，即穷尽人所禀受的仁义本性，以达到与“天性”合一。张载的这种方法是对《中庸》思想的发挥，同时对程朱理学和陆王心学产生了直接影响。

二程在继承孟子性善说的基础上将其推至极端，提出了“性即是理”和“道即是性”，认为性不是可以为善的善之端，而本身就是善之全体，不需要再进行什么扩充。为了解决何以会存在恶的问题，他们继承张载将性区分为“天命之性”与“气质之性”，以此来说明善、恶的来源。不过，他们没有采纳张载“心统性情”的观点，认为心与性是一致的，即所谓“心即性”，只不过性与情不同，情有善有恶。这样，理、性、心就被视为在本质上是同一的，只是称谓不同而已。由于情有善有恶，所以他们并不赞成复性灭情，但他们认为人欲（私欲）会导致恶，危害天理，所以他们提出“存天理，灭人欲”的口号。[①] 他们说：“人心私欲，故危殆。道心天理，故精微，灭私欲则天理明矣。”（《二程集·河南程氏遗书》卷第二十四）“无人欲即皆天理。”“不是天理，便是人欲。”（《二程集·河南程氏遗书》卷第十五）在他们看来，天理即仁义礼智信，即所谓“人伦者，天理也”（《二程集·河南程氏外书》卷第七），“礼即是理也”（《二程集·河南程氏遗书》卷第十五）。

对于如何存天理、灭人欲，二程有不尽相同的修养方法。程颢认为关键是“识仁”，然后“诚敬存之”，以达到“以天地万物为一体”。他说：“仁者，以天地万物为一体，莫非己也。”（《二程集·河南程氏遗书》卷第二上）“学者须先识仁。仁者，浑然与物同体。义、礼、智、信皆仁也。识得此理，以诚敬存之而已，不须防检，不须穷索。”（《二程集·河南程氏遗书》卷第二上）程颐则着重阐发了《大学》里的“八条目”中没有得到阐述的“格物致知”。他说：“格犹穷也，物犹理也，犹曰穷其理而已也。穷其理，然后足以致之，不穷则不能致也。格物者适道之始，欲思格物，则固已近道矣。是何也？以收其心而不放也。”（《二程集·河南程氏遗书》卷第二十五）就格物的对象而言，“非是要尽穷天下之物”，“能穷者，只为万物皆是一理”，“至如一物一事，虽小，皆有是理”（《二程集·河南程氏遗书》卷第十五）。在做了这些训释之后，他又将“格物致知”当作一种道德修养工夫。他说：“知者吾之所固有，然不致则不能得之，而致知必有道，故曰‘致知在格物’。”“‘致知在格物’，非由外铄我也，我固有之也。因物有迁，迷而不知，则天理灭矣，故圣人欲格之。”（《二程集·河南程氏遗书》卷第二十五）“格”的方法就是“敬”。他说：“涵养须用敬，进学则在致知。”（《二程集·河南程氏遗书》卷第十八）关于“敬”的含义，他做了具体的解释：“所谓敬者，主一之谓敬。所

① 在他们看来，饮食男女之类的欲望来自天性，在所难免，所以不能绝民之欲，但要灭绝无限膨胀的“私欲”，因为它与天理是绝对对立的。

谓一者，无适之谓一。且欲涵泳主一之义，一则无二三矣。”（《二程集·河南程氏遗书》卷第十五）“敬只是主一也。主一，则既不之东，又不之西，如是则只是中。既不之此，又不之彼，如是则只是内。”（《二程集·河南程氏遗书》卷第十五）由此可见，程颐所说的“敬”就是专心于一处，无三心二意，无任何偏向，而专心于一处又并非专心于某种具体事物，而是使心不外纵，不放逸，不走作。在他看来，“存此涵养，久之自然天理明”（《二程集·河南程氏遗书》卷第十五）。

朱熹以二程理学为宗，吸收融会了周敦颐、张载、邵雍等人的思想，承继孔孟道统，构筑起一个博大精深的理学体系。这个体系以太极论、理气论、性理论（心性论）为核心，强调“无极而太极”、理气浑然一体的理学观，通过对未发、已发、中和及仁学等问题的讨论，对心性情等范畴做了细致的分析，以“心统性情”发展了传统的心性论，肯定了“气质之性”对人性善恶之辨的意义。在此基础上，朱熹继承了程颐“涵养须用敬，进学则在致知”的观点，既重“尊德性”亦重“道问学”的两全之道，发展出他的“居敬穷理”论。他说：“程先生所以有功于后学者，最是‘敬’之一字有力。”“‘敬’之一字，真圣门之纲领，存养之要法。”（《朱子语类》卷第十二）朱熹所说的“居敬”有收敛、谨畏、惺惺、主一、整齐严整等含义。这种涵养工夫要求人身心并重，内外交修，做到内无妄想、外无妄动，但又并非断念息虑而入寂的“枯木禅”。[①] 他认为，《大学》之要在于“格物”。关于“穷理”，朱熹与程颐的观点类似。他说：“格，至也。物，犹事也。穷至事物之理，欲其极处无不到也。”（《四书章句集注·大学章句》）所谓“穷理”，其重心乃在于穷至事物“所当然之则”（“如事亲当亲，事兄当兄”）与“所以然之故”（“此事此物当然之理，必有所从来”）（《朱子语类》卷第十七）。他认为，人只有通过格物致知、居敬涵养、存心养性，才能使自身之心光明纯洁，仁心仁性发辉朗照，从而做到“吾心湛然，天理粲然，无一分着力处，亦无一分不着力处”（《朱子语类》卷第十二），从而树立起人之本，完成生命的净化和升华。

南宋陆九渊与朱熹的理学分庭抗礼，大启心学门径，明朝王阳明首

① 参见郭齐勇编著《中国哲学史》，高等教育出版社2006年版，第280页。

度提出“心学”二字，并提出其宗旨在于“致良知”，至此心学开始有清晰而独立的学术脉络。陆王心学将天理内在化，提出“心即理”，并在此基础上提出一整套修养理论。陆九渊在继承杨简将孟子的“四端”视为“本心”的基础上，提出“心即理”。他说：“‘四端’者，即此心也。‘天之所以与我者’，即此心也。人皆有是心，心皆具是理，心即理也。”（《与李宰二》，《陆九渊集》卷十一）他认为，人能“先立乎其大者”，也就是能先立乎其“心即理”之心，即“本心”。所以，他将启迪和唤起人们“发明本心”作为其使命。“发明本心”即孟子的“求其放心”，也就是觉悟此“本心”、体认此“本心”。他认为，“发明本心”首先要有志于良心善性，“须是有智识，然后有志愿”（《语录下》，《陆九渊集》卷三十五）。这种志是大志，即志于“大者”——“良心善性”。在他看来，“发明本心”须经历一番“剥落”工夫。“剥落”就是清除障蔽人之“本心”之害，即“欲”或“物欲”。他说：“人心有病，须是剥落。剥落得一番即一番清明；后随起来又剥落，又清明；须是剥落净尽，方是。”（《语录下》，《陆九渊集》卷三十五）他认为，人只有在大疑大惧、“深思痛省”的基础上，才能真正剥落一切私意私见，从而使“本心”彰明。陆九渊认为，“发明本心”除以上工夫之外，还需要人“存养本心”并依“本心”践履实行。“存心”，即对本心长存不放，一方面要使本心不被“戕贼放失”，另一方面要使本心真正主宰人生并显现于人生的一切方面。他说：“只‘存’一字，自可使人明得此理。……明得此理，即是主宰。真能为主，则外物不能移，邪说不能惑。”（《与曾宅之》，《陆九渊集》卷一）存养本心的目的是使人真正依“本心”践履实行。他说：“要常践道，践道则精明。一不践道，便不精明，便失枝落节。”（《语录下》，《陆九渊集》卷三十五）

王阳明在继承陆九渊“心即理”说的基础上提出“知行合一”说，并进而提出“致良知”说。他指出：“‘知行’二字亦是就用功上说。若是知行本体，即是良知良能。”（《传习录》中卷）基于这种观点，王阳明提出了“致良知”说。王阳明所谓的“良知”，也就是孟子所说的“良知”“良能”，王阳明亦称之为“心之本体”。他说：“知是心之本体，心自然会知。见父自然知孝，见兄自然知弟，见孺子入井自然知恻隐，此便是良知，不假外求。”（《传习录》上卷）“良知”是无善无恶、没有私心物欲的遮蔽的心，即天理。“良知”在“未发之中”，没有善恶的区分，故无善无恶。但当人们产生意念活动的时候，把这种意念加在事物上，这种意念就有了善恶的差别，这就是他所说的“已发”。在“已发”之时，事物就有中和不中，即符合天理和不符合天理，中者善，不中者恶。在王阳明看来，一切学问和修养归结到一点，就是要“致良知”。他说：“致吾心之良知者，致知也。”（《传习录》中卷）就是说，“致良知”不是扩充关于客观对象的知识，而是“致吾心之良知”，其目的是使“良知本体”得到“明复”。王阳明认为“致良知”要有“心上工夫”和“克己工夫”这两种工夫。所谓“心上工夫”，指的是“反身而诚”的直观内省，即“自明本心”的本体证悟工夫。他说：“君子之学，以明其心。其心本无昧也，而欲为之蔽，习为之害，故去蔽与害而明复，非自外得也。”（《别黄宗贤归天台序》，《王阳明集》卷七）所谓“克己工夫”，就是去除昏蔽良知的“私欲”，使“天理”复明。他说：“若不用克己工夫，终日只是说话而已，天理终不自见，私欲亦终不自见。”（《传习录》上卷）王阳明的“知行合一”和“致良知”思想被概括为“王阳明四句教”：“无善无恶心之体，有善有恶意之动，知善知恶是良知，为善去恶是格物。”（《传习录》中卷）这里说的“格物”就是“致良知”。

3. 道家和墨家的修身观念

重视修身是传统文化的突出特点，除了儒家之外，中国古代历史上其他多个学派也有丰富的修身思想观念。其中比较重要的有墨家、道家、道教、佛教四家的修身观。考虑到这些观念大多并没有成为传统社会的主导价值观念，其内容也比较单一，我们在这里只做简要介绍。当然，这些修身观念中的一些内容或因素在后来的历史进程中被吸收到儒家的修身观中，或者在传统社会的一定范畴有其影响。

与儒家修身基于“仁爱”，重在构建和谐社会关系不同，老庄有关修身的思考基于“道法自然”，侧重自身生命精神的营建和守卫，以及认识“道”的能力的提升。老庄在修身养性问题上强调对淳朴天性的持守。老子说：“化而欲作，吾将镇之以无名之朴，（无名之朴，）夫亦将（无欲）［知足］。”（《老子》三十七章）这是说，人欲因为原始生存状态的改变而膨胀，因此必须以淳朴的天性去抗御、矫正。老子多次将“朴”比作无知孩童：“载营魄抱一，能无离乎？专气至柔，能婴儿乎？”（《老子》十章）“常德不离，复归于婴儿。……常德乃足，复归于朴。”（《老子》二十八章）“含德之厚［者］，比于赤子。”（《老子》五十五章）庄子用老子的话论“卫生之经”：“能抱一乎？……能儿子乎？儿子终日嗥而嗌不嗄，和之至也；终日握而手不掜，共其德也；终日视而目不瞬，偏不在外也。行不知所之，居不知所为，与物委蛇，而同其波。”（《庄子·庚桑楚》）老庄所说的“婴儿”“赤子”“儿子”的“常德”即指天然浑全本真的“一”“朴”，“抱一”“归朴”就是对未被世俗欲求干犯、操作之天性的护持和回归。鉴于战国纷乱局势，庄子近乎彻底失望而疏远时政，更注重修身养性问题，所考虑的主要问题是如何让世人卸除世俗观念的枷锁，回归真实自我，营建和守卫本真之生命精神。因此，《庄子》中修身养性的言说很多，其中《养生主》《达生》《至乐》等篇，创造了“养生”“达生”“卫生”“尊生”等一系列新概念。他明言反对“残生损性”（《骈拇》），主张“体性”“能体纯素”（《刻意》），要求“不失其性命之情”（《骈拇》）而“常自然”（《缮性》），倡导“反其性情而复其初”（《缮性》）；推崇“忘年忘义”（《齐物论》），即淡忘对年寿有限和是非的忧惧；推介“缘督以为经”（《养生主》）的养生法则；要求气守神全；等等。

老庄修身思想的核心概念是“虚静”，其要义在于提升自身境界和思维能力，从而从人文世界中超脱出来，回归到自然而然的无为自然境界。《老子》十六章云：“致虚极，守静笃。万物并作，吾以观复。夫物芸芸，各复归其根。归根曰静，是谓复命。”这是说自己在“虚”“静”的至境中观察万物生成运行的往复循环。这里的“致”“守”与“吾以观复”“归根曰静”的“观”“归”都是主观努力。可见，“虚静”也是修身所得。老庄认为，面对纷繁复杂的外部世界，人们只有使自己的精神和心理处于“虚静”的状态，才能充分感知、敏锐体察、中肯把握事物的本质和规律。“虚”是涤除杂念和成见的虚怀若谷，是思维自由空灵的博大空间。庄子说的“虚乃大”（《天地》）、“尚大不惑”（《徐无鬼》）指的就是虚的博大。而且，“虚”则灵动，有涵养，而“为天下谷，常德乃足，复归于朴”（《老子》二十八章）。《老子》三章要求“虚其心”，就是要求把主观的、有偏颇的“心”消解掉。这里还要求“常使民无知无欲”（《老子》三章），此“知”和“欲”都是违反自然的、由主观的

“心”导致的欲求。将所有这些东西归于无“知”，不为“欲”所扰，人才能“致虚极，守静笃”，才能清静无为。在老子看来，“静”是摆脱了浮躁和世俗干扰的澄明闲静、寓动于内的精神状态，万物纷纭万状，但最终都将回归于根本的清静。清静无为可为宗旨和正道，这是因为“静为躁君”（《老子》二十六章），“清静为天下正”（《老子》四十五章），“（不欲）［知足］以静，天下将自定”（《老子》三十七章）。要克服各种社会弊端，唯一的出路在于以静驭动，无为而治。当人达到无欲清静的状态时，人也就恢复了自然朴素的本原。

庄子还根据实现他的理想人格的需要提出了“心斋”“坐忘”等修身方法。庄子提出的人格理想是“逍遥无待”之境，即“至人无己，神人无功，圣人无名”（《庄子·逍遥游》）。要实现这种人格理想，庄子认为要“退仁义，宾礼乐”，绝圣弃智以“通乎道，合乎德”（《庄子·天道》）。在他看来，自虞舜开始标榜的仁义扰乱天下的思想，致使外物扰乱人的本性，造成良莠不分、残生伤性的恶果。直到至人否弃这一套，情况才有所改变。“退仁义，宾礼乐，至人之心有所定矣。”（《庄子·天道》）。为了“通乎道，合乎德”，必须对“道”和“德”进行修持和体认。“道”是“德”的本根，“德”是“道”的体现，所以真正体认了“道”也就体认了“德”。庄子认为，体认道德的根本方法是“心斋”和“坐忘”。关于“心斋”，庄子说：“若一志，无听之以耳而听之以心，无听之以心而听之以气，听止于耳，心止于符。气也者，虚而待物者也。唯道集虚。虚者，心斋也。”（《庄子·人间世》）由此可见，“心斋”就是排斥感觉和思虑之后的一种空明澄澈的心境。何谓“坐忘”？庄子说：“堕肢体，黜聪明，离形去知，同于大通，此谓坐忘。”（《庄子·大宗师》）显然，“坐忘”实际上是一种修持的境界，即遗忘自己的躯体的存在，抛却耳目等感官的功能，使形体和思维都归于寂灭，与混冥的大道融通为一。“心斋”和“坐忘”实际上都是讲的使人摆脱感官世界的干扰，排除心灵的一切欲念，使自己进入一种物与我无差别的境界，也就是庄子所追求的“齐万物”“一死生”“逍遥无待”的自由境界。庄子认为，一旦进入这种境界，就能“朝彻”（心灵澄澈，豁然开朗），而后“见独”（体认那独立而不改的“道”，以至于“德”）。

老庄之后，道家根据老庄思想形成了一整套道家养生理论。道家养生理论实际上是一种以老庄道家思想为宗旨，以太极八卦阴阳五行学说为指导，以调阴阳、和气血、保精神的方法达到性命双修、身心和谐健康的目的的养生观。它从维持人的正常状态出发，把减少消耗、加强再生、保持顺畅、维持稳定作为养生的重要环节。道教养生理论注重现实的存在，重人贵生，认为“我命在我不在天”，重视修德悟道、顺应自然，主张天人合一、清静无为，贵柔守雌、返璞归真、以元气为根本。它主张调和阴阳、五行生克、流通气血、培补精气、节欲保精、形体运动、谨和五味、防止病邪。这八条是它的基本原则。

在道家养生理论中，精气神被视为人体生命活动的原动力和基本要素。自然界的运动变化离不开太阳、月亮和星星，人体生命离不开精气神。所以道家有“天有三宝日月星，地有三宝水火风，人有三宝精气神”之说。中医则认为精气神是人体生命活动的根本。精气神亦称为“三宝”“三奇”“三业”，是内丹修炼的大药，是养生的操作目标。道家认为，天地万物及人体生命皆生于混沌之气，“气生精，精生神，神生明”，养生治身则要循此自然之道：炼精化气，炼气化神，炼神还虚。《太平经圣君秘旨》说：“本于阴阳之气，气转为精，精转为神，神转为明。故欲寿者当守气而合神，精不去其形。念此三合以为一，久即彬彬自见，身中形渐轻，精益明，光益精，心中大安，欣然若喜，太平气应矣。修其内，反应于外。内以致寿，外以致理。非用筋力，自然而致太平矣。”

一般所说的精指的是人体的真阴或元阴，它不但具有生殖功能，能够促进人体的生长发育，而且能够抵抗外界各种不良因素的影响而免于发生疾病。道家所说的“精”与中医理论讲的“精”有所区别。中医讲的“精”专指构成人体生命和维系生命活动的各种精微物质，如精液、血液、津液等，而道家把“精”理解为肾脏之精，它是具有生殖功能和促进人生长发育功能的性生理和性能量物质，对于人生具有宝贵的作用。《养性延命录》说：“道以精为宝，施之则生人，留之则生身。生身则求度在仙位，生人则功遂而身退。”

道家把气看作构成人体生命活动的基本物质。在道家看来，人体的呼吸吐纳、新陈代谢、营养流布、血液运行、津流濡润、抵御外邪等一切生命活动，无不依赖于气化功能来维持。《难经》说：“气者，人之根本也，根绝则茎叶枯矣。”《抱朴子》也说：“人在气中，气在人中，自天地至于万物，无不须气以生者也。”因此，“身劳则神散，气竭则命终。根竭枝繁，则青青去木矣。气疲欲胜，则精灵离身矣”。《寿亲养老新书》中称：“人由气生，气由神往；养气全神，可得其道。”该书中还归纳出了古人养气的七种经验：“一者少言语养内气；二者戒色欲养精气；三者薄滋味养血气；四者咽精液养脏气；五者莫嗔怒养肝气；六者美饮食养胃气；七者少思虑养心气。”此七者要求“慎养”，但人体也要适当地运动，因为气是流行于全身、不断运动的，适当的运动能够促进脏腑气流的升降出入，维持机体的正常生理功能。因此，阴精充盛不仅生长发育正常，而且抗病能力也强。

道家认为，神的强弱兴衰对人体生命的存亡有直接影响。神散则生命枯萎，神衰则生命羸弱，神亡则生命死亡，所以养神乃养生之至要。“神为气之母，气为神之子”，养神可养气，养气亦可养精，神凝气聚，气聚精生，所以，一个人蓄精养气，就必须以养神为先。神乃精神、意志、知觉、运动等一切生命活动的最高统帅，包括魂、魄、意、志、思、虑、智等。因此，道家特别重视人的神。《素问·移精变气论》说：“得神者昌，失神者亡。”中医治病时，也用观察病人的“神”来判断病人的身体状况。

精气神三者之间互相依存，缺一不可，共同承担维护生命的责任。在道家看来，“精”是人生命的起源，“气”是维持生命的动力，而“神”的活动乃生命的体现。所以，精充气就足，气足神就旺；反过来说，神旺说明气足，气足说明精充。古人有“精脱者死，气脱者死，失神者死”的说法，这表明精气神三者是人生命存亡兴衰的根本。所以，精气神在古代被视为人身“三宝”，保养精气神是健身、抗衰老的主要原则。关于精气神三者，崔希范在《入药镜》中有一个集中的阐述，值得我们重视。他说：“神也，气也，精也，更相为体者也。何以言之？精者至生之物，而无形焉，藉气而为形，在身而为气，过乎尾闾而为精。精能定于自然，则形何自而衰耶！故曰：精者，人之命也。彼能无漏者，是补乎天年之寿而已尔。如其用造化之理，则真精存矣，真形固矣，真神定矣，此长生之道也。”

墨家的经典《墨子》中有专篇论修身，但其思想基本上是经验性的，没有多少理论深度。《墨子》关于修身的基本思想可概括为以下几方面。第一，视修身为立身行事之本。墨子认为，无论是做人还是做事，都应当分清本末，抓住根本，培根固本。如果根本不牢固，枝节便无从谈起。“是故置本不安者，无务丰末。”“本不固者末必几。”“原浊者流不清。”（《墨子·修身》）墨子告诫人们，一个人要想成圣成贤，就应当志向高远、追求道义，而最根本的便是努力修身。第二，强调践行是修身的根本途径。墨子非常重视实践，视实践为检验言论和思想的标准。墨子说：“言足以迁行者，常之；不足以迁行者，勿常。不足以迁行而常之，是荡口也。”（《墨子·贵义》）“名不可简而成也，誉不可巧而立也。君子以身戴行者也。”（《墨子·修身》）第三，重视反省和反求诸己的方法。墨子说：“君子之道也，贫则见廉，富则见义，生则见爱，死则见哀。四行者不可虚假，反之身者也。”“功成名遂，名誉不可虚假，反之身者也。”（《墨子·修身》）君子的四种德行以及功名都不能是虚假的，要经常反省自己是否做到了，是否名副其实。一个人“见不修行见毁”，反省自己，就有可能改进自己的德性，“此以怨省而行修矣”（《墨子·修身》）。第四，认为环境对修身有重要影响。《墨子》中的《所染》篇以染丝为例集中阐述了环境和交往对修身和成功的重要意义：“染于苍则苍，染于黄则黄。所入者变，其色亦变；五入必而已，则为五色矣。故染不可不慎也！”因此，一个人要养成良好的品德，就必须谨慎地选择朋友和交往对象。第五，把“天志”作为修身的基本法则。墨子认为，做任何事情都应该遵循一定的法则，否则什么事情都干不成，道德修养亦如此。这个法则便是“天志”。“我有天志，譬若轮人之有规，匠人之有矩。轮、匠执其规、矩，以度天下之方员，曰：‘中者是也，不中者非也。’”（《墨子·天志上》）“天志”如同工匠衡量方和圆的器具，是人判断是非善恶的标准，其一般原则就是“兼相爱，交相利”。“曰：‘顺天之意何若?’曰：‘兼爱天下之人。’”（《墨子·天志下》）人们必须遵循“兼爱”“交利”的道德原则，这都是天的意志的体现。同时，墨子认为，“天”还有赏善罚恶的作用，是道德的外在约束力量。人做事顺应天意，天就会赋予人富贵利禄等想要的东西作为回报；反之，如果忤逆天意，他必定会受到天的惩罚。

4. 道教和佛教的修行修心观念

道教以“道”为最高信仰，其主要宗旨是追求长生不死、得道成仙、济世救人。道教追求修炼成仙，因而非常注重修炼方法。道教修炼方法的理论基础是魏晋南北朝时道教思想家葛洪（283～363）奠定的。他以道家为主，兼综儒、墨、名、法各家之言构建了一种道教神仙理论体系，其思想对后世道家产生了重要影响。他把长生和成仙作为人生追求的最高目标。他说：“《仙经》曰，服丹守一，与天相毕，还精胎息，延寿无极。”（《抱朴子·对俗》）“仙人居高处远，清浊异流，登遐遂往，不返于世，非得道者，安能见闻？”所以，“不见仙人，不可谓世间无仙人也”（《抱朴子·论仙》）。就是说，《仙经》所说的长生之道和肉体成仙，应该是真实可信的。对于如何才能长生和成仙的问题，葛洪主张性命双修，生活应节制有度。在他看来，长生和成仙的关键在于保性命之真，即性命双修，修性即修炼自己的德性，修命即修炼自己的生命。而修性与修命之要在于“积善立德”和“服丹守一”。对于后者，他说：“子欲长生，守一当明。”“定一存真，乃能通神。”（《抱朴子·地真》）“守一”是一种仙道长生的内修方法，也指在静修时达到神气混在的境界。葛洪认为，服丹乃是为了成仙。丹是指由铅汞等矿石药物配制、用炉鼎烧炼而成的所谓“金丹”。葛洪认为，金丹烧之愈久，变化愈妙，百炼不消，毕天不朽，人若服用便不老不死，羽化尸解、肉身成仙。他还提出：“欲求长生者，必欲积善立功。”（《抱朴子·微旨》）积善立功要以忠孝和顺仁信为本。“欲求仙者，要当以忠孝和顺仁信为本，若德行不修，而但务方术，皆不得长生也。”（《抱朴子·对俗》）葛洪认为，天地间有“司命”之神，如玄天上帝、文昌帝君、城隍等。这些神时刻窥视着人的过失，并根据人的过失大小分别予以惩罚。道教的修炼方法有很多，如行气、导引、内观、存想、服食、辟谷、外丹术、内丹术等，其要在于动静结合、少思寡欲，其旨在于保持健康、长生不老，其核心内容是讲求“精气神”。

古印度的佛教于两汉时期传入中国。佛教反对婆罗门教的种姓制度，主张众生平等、有生皆苦，以超脱生死为理想境界。佛，意译为觉、觉者、觉悟者，含有觉悟真理者之意。佛教高度重视人的心灵和道德的进步和觉悟，而在佛教看来进步和觉悟靠修行、修心，因此修身的问题是佛教的关键问题。佛教信徒修习佛教就是要依照悉达多（佛祖释迦牟尼）所悟到的修行方法，发现生命和宇宙的真相，最终超越生死和痛苦，断尽一切烦恼，得到最终解脱，进入涅槃。在佛教看来，修身包括修行和修心，其关键就是培养人的柔软心、慈悲心、清净心、菩提心，而慈悲是佛法之根本，所以修身要抓住这个根本。《佛说观无量寿佛经》说："诸佛心者，大慈悲是。"《十住毗婆沙论》卷第十七说："诸佛法无量无边无尽如虚空，悲心是诸佛法根本。能得大法故，名为大悲。"《华严经·普贤行愿品》说："诸佛如来以大悲心而为体。因于众生而起大悲，因于大悲生菩提心，因菩提心成等正觉。"佛教的修行内容极其丰富，而且各个不同的教派还存在重大分歧。不过，有研究者将其主要观点归结为以下五个方面。

第一，心外求法迷失生命价值，修治身心成就智慧人生。在佛教看来，世界上任何一种存在形式，都有生、住、灭无常变化的特点。人都有痛苦和快乐的感受，所有人都希望得到快乐，祛除痛苦。那么，怎样让我们在变化的过程中越来越快乐呢？佛教认为，那就需要大智慧，即般若。而要获得智慧一方面要阅读和研究古籍，另一方面要靠老师的传授，要跟随老师学习。通过这两方面的学习，古圣先贤的智慧就能够转变成我们的智慧，转变成我们对客观事物的观照力以及行动力。有了行动力，我们的生命就会发生改变。

第二，以"戒"修身，以"定""慧"修心，依靠"三学"超越现世苦乐。佛教既讲修身，也讲修心，修身在"戒"，修心在"定""慧"。戒、定、慧是学佛者必须修持的三种基本学业。"戒"就是规范人身心的行为，"定"就是内心的专注力，"慧"就是对事物能够做出正确的判断。佛教关于人身心行为的规范，最基本的就是五戒十善。"五戒"，即不杀生、不偷盗、不邪淫、不妄语、不饮酒戒。如果从中国传统文化的角度加以理解，"不杀生"是"仁"，"不偷盗"是"义"，"不邪淫"是"礼"，"不妄语"是"信"，"不饮酒"是"智"。"十善"就是"十善业"，即不杀生、不偷盗、不邪淫、不妄语、不两舌、不恶口、不绮语、不贪、不嗔、不痴。如果我们身、口的造作都是善良的，做好事、说好话，意业（意念所起的心念的善恶的造作）也就容易善良。也就是说，通过持戒修身，可以提升内心的境界。《大宝积经》云："依戒得三昧，三昧能修慧，依因所修慧，逮得于净智；已得净智者，具足清净戒。"这就是戒、定、慧三者的关系。

第三，心正身健促进社会和谐，行善修道成就人身大义。佛教讲，人的身体是由地水火风四大因素和合而成的，四大因素不调，就会发生各种各样的疾病。佛教非常讲究尊重生命，爱护生命，慈悲为怀，普度众生。佛对众生无缘慈悲，平等看待，没有任何条件。佛门中有句话叫“扫地不伤蝼蚁命，爱惜飞蛾纱罩灯”。从佛教的角度讲，人的生命非常珍贵，其他有情的生命也非常珍贵，所以这种慈悲心不仅仅针对人，还包括其他有情物。有了这种大慈大悲的精神，我们不仅可以克服烦恼，摆脱痛苦，而且可以促进社会和谐，这就是人身大义。

第四，因戒修定获无我慧灭烦恼，依师发心树圣贤志利众生。人因为日常生活中种种琐事，内心不能寂静，要断烦恼，首先要靠持戒的力量。如果没有戒和定，智慧就开不了。释迦牟尼佛来到世间，在人间成佛、说法，目的就是调伏众生的烦恼。佛教并不是出世的，并不是同现实世间没有什么关系，实际上它既超越现世，又是现实的。它正是面对人们在现实生活中的种种问题，从信仰的角度帮助人们摆脱痛苦，获得超越。佛教告诉人们，要靠佛教修为的力量不断认识内心的烦恼，并且去根治它，这样人们对自己的生命才会有体验，对世间万物才能够了知它的本性是空。做到这一点，就可以达到无我境界。无我是平等的、无私的、大公的，而有私、不平等就很难做到无我。

第五，律己躬行修身要以心为本，修身实践勿以善小而不为。佛教特别强调修身要以修心为本。为什么我们常常在修心方面做不好呢？因为智慧的力量和观照的力量不足，不能革除自己的物欲。我们的内心被无明烦恼——贪欲、嗔恚、愚痴所蒙蔽。佛教徒要皈依三宝，三宝是指佛宝、法宝、僧宝。佛宝指圆成佛道的本师释迦牟尼佛及诸佛；法宝指佛的一切教法，包括三藏十二部经、八万四千法门；僧宝指依佛教法如实修行、弘扬佛法、度化众生的出家沙门。佛教徒只有皈依三宝，才能真正修得解脱之道。很多人日常生活中都在念佛。为什么要念佛呢？念佛时，心里都是佛的光明、智慧、慈悲，这样就能够超越人与人之间、人与物之间、人与事之间的种种障碍。佛教讲三心不可得。《金刚经》讲：“过去心不可得，现在心不可得，未来心不可得。”这三种心都是人们妄想中的影子，修行的目的就是要达到三心不可得的境界。达到这种境界，就能悟到空性（佛性）的道理，也就能从根源上断除物欲，断除烦恼。佛教还强调修心要与躬行实践结合起来，从小事做起。只有身体力行才能真正把德行内化到自己的身心上来。①

佛教和道教一样非常注重养生。其主要观念有以下十个方面：慈悲为怀，即以善立世的人生理念；素食文化，即低热量的清淡饮食；禅茶一味，即清火降脂的益寿饮品；农禅并举，即一张一弛的禅院生活；晨钟暮鼓，即有规律的作息制度；六和共住，即和谐的生活圈子；深山古寺，即优良的居住环境；人天师表，即受人尊重的高尚职业；心无挂碍，即与世无争的空灵心性；习书作画，即养神静气的业余爱好。这些养生的道理和做法非常有价值，值得发扬光大，传承开新。②

5. 传统修身观念的普适价值

传统价值观中注重修养身心特别是修心养性的修身观念，是传统文化中最具中国特色且早在春秋战国时代就得到各主要学派普遍推崇的价值观念。通过先秦诸子百家以及后来的道教、佛教的著述、讲学和其他途径，修身观念深入中国人（主要是士人）的心灵深处，逐渐成为中华民族的文化基因和中国人的潜意识。在整理、研究和反思传统修身观念时，笔者惊奇地发现，这种观念的产生是人类发展史上一项具有标志性意义的事件，它标志着中国人至少在公元前 500 年前后就已经有普遍觉醒的主体意识，而且积淀在这种观念之中的诸多内容具有超越时空的普遍意义，值得人类永远珍视和发扬光大。而对这两个方面我们过去相当缺乏意识，其中有价值的丰富思想被忽视、被遗忘，甚至被嘲笑、被唾弃，这也许是当代世界面临的种种严重问题的真正源头。

在诸多传统价值观念中，修身观念不是最早的，但它在春秋时期一出现就得到当时各主要学派的认同和运用，当然也有可能是当时各派不约而同地意识到这一问题的重要性而基于不同的学术立场确立了这一观念。其中必定有值得认真反思和总结的深刻原因或充足理由，这就是中国先人早在远古时代就已经注意到人与宇宙中的万事万物不同，即便是

---

① 参见《修身与修心》，网易，http://foxue.163.com/15/0705/17/ATPDG45603240LQR.html，最后访问日期：2019 年 5 月 9 日。

② 参见《佛教长寿的奥秘》，360 个人图书馆，http://www.360doc.com/content/16/0621/21/31552718_569634051.shtml，最后访问日期：2019 年 5 月 9 日。

与在宇宙进化中相近的动物也存在巨大的差异。动物到一定的时间节点，就会自然而然地在生理上和心理上成熟，然而人到一定的时间节点即使生理上能够自然成熟，心理上也不能自然成熟。人在心理上成熟需要化育。正是在这种意义上，笔者曾经提出："人不像动物植物那样是自然生长之物，而是人为的'成为'之人。"① "化育" "成为"的过程也是"造就"的过程。这种"造就"包括两个方面：一是社会环境的影响，特别是教化；二是个人自我的学习践行，特别是修身。随着人类的进化，后一种化育的作用日益突出。从中国历史来看，至少在尧舜时代，中国先人已经注意到人的生成需要教化并且开始进行教化活动。《尚书·舜典》记载，尧曾经让舜推行"五典"（"五伦"），舜推行得很顺利。当时，个人的学习践行实际上已经存在，但并没有引起人们的高度重视。到春秋战国时代，思想家在对社会动乱进行反思的过程中逐渐注意到，个人修身对教化的实现以至对家庭、国家和天下有序和谐有根本性作用。这一发现是一种个人主体性及其实现的根本路径的发现，其重大意义在于，它使人类清醒地意识到，人最终只有通过自己的修身才能真正成为人。没有基于主体性的修身，人就不可能成为自己想成为的人，而有了这种主体性而不能发挥出来，人也不能成为个人所期望成为的人。这种作为主体性体现的修身不仅仅是中国人必需的，还是所有人应自觉进行的，因而雅斯贝尔斯所说的"轴心时代"（公元前500年前后）中国的这一发现是一件具有世界性意义的事情。② 修身，古代人需要，当代人需要，未来人也必不可少。可以断言，人只要是人，只要真正想成为人，修身就是必由之路。

从前文的简要梳理就可以看出，传统修身观念内容极其丰富，而且不同派别学者的观点存在不少分歧，但其中确实有很大一部分是得到相当多学者普遍认同的观点。这些共同观点当然更具有合理性，但那些并没有得到普遍认同的观点中也有相当一部分在今天看来也是合理的、有

① 江畅：《"成人"与人之为人》，《南国学术》2017年第4期。

② 古希腊人在差不多的时代也意识到了这一点，但他们更强调对人自身的反思，苏格拉底提出的"人应当过什么样的生活？"问题，以及他提出"未经省察的人生是没有价值的"命题是其典型的表述。他们没有明确提出修身问题，更没有像中国古代那样几乎所有重要思想家都重视此问题。

价值的。也有相当多这样的观点虽然没有得到其他学派明确的赞同，但实际上是得到普遍认可的，至少没有遭到激烈的反对。这样的观点往往也是具有合理性和传承价值的。儒家所主张的“修身为本”观点就是这种并未见有其他学派响应，但他们大多实际上默认或部分默认的观点，而且历史影响巨大。传统修身观念中有很多内容具有合理性和普适意义，其中一些还具有现实针对性，尤其值得弘扬。这里择要阐述四个方面。

第一，修身对于个人以及家、国、天下具有不可替代的根本重要性。修身就其实质而言，就是通过个人主观努力及相应的工夫使人性（无论被视为善的还是恶的）朝着有利于个人生存发展及其所必需的家庭和社会的方向发展，最终的指向是使个人作为好人生活在好的家庭和好的社会环境之中。因此，只有通过修身，个人才能成为自我实现的好人，只有通过修身，所有社会成员才能都成为好人，于是才会有好家庭和好国家、好天下（今天的好世界）。没有修身，人性就不一定甚至可以说必定不会朝着有利于人生存发展的方向发展，也就不会有真正意义上的好人，当然也就不会有好家庭和好社会。这就是修身对个人和对社会的重要性之所在。传统修身观念充分认识到修身的这种极端重要性，并且对这种极端重要性做了深入细致的阐述。

传统修身观念主要是从“天人合一”这一更根本的观念来认识和谈论修身对于个人的重要意义的。传统修身观念认为，人是宇宙中的事物，人要遵循天道；而人又与宇宙中其他任何事物都不同，人有与天道相贯通的人道，这种人道的体现就是人性。人性就其实质而言就是对“道”的获得即“德”，因而道德就是人之性。然而，人自然禀受的“德”还是潜在的善端，需要发挥出来。只有将善端发挥出来了，人才能真正成为人，也才可以“与天地参”。而这个发挥的过程，就是修身的过程。显然，没有修身，善端这粒种子就不会发芽，更不会生根、长成大树并开花结果。这就是说，修身就是人从潜在的人成长为现实的人、成熟的人、真正意义上的人的必由之路。没有这一路径，人即便具有人的形体，也不一定能成为真正的人。这种看法看起来似乎只是孔子和孟子的看法，实际上先秦思想大家老子、墨子、庄子、韩非，以及后来的禅宗、宋明理学基本上都持这种观点，只是他们论证的角度、方法不同，赋予人性的含义也不尽相同而已。

传统修身观念充分认识到修身的过程实质上是一个人社会化的过程。人作为社会性动物，是在社会中成长的。社会是由个人构成的，而社会中一代人或几代人的成长又构成了下一代人或几代人成长的环境。在传统社会，家庭是社会的细胞，国家是社会的范围。一方面，人能不能按照其本性之潜能长成，或者说能不能按照其可能且应该长成那样长成，直接关系到由人组成的家庭和国家的状况。人成长为好人，才会有好家庭、好国家；人成长为不好的人甚至坏人，那就只会有坏家庭、坏国家。另一方面，作为环境的家庭和国家的好坏又直接对人的成长发生影响，直接决定个人修身不修身，努力修身与否，朝着哪种价值指向修身。这是一个互为因果的循环问题。对于这样一个循环问题的破解，传统修身观念十分明确，那就是从使人成为好人入手。使人成为好人当然需要教化，更需要修身，因为教化最终要通过修身才能达到目的。正是在这种意义上，传统修身观念把修身作为“齐治平”之本。

第二，修身要身与心兼修，重点是修心养性。传统的修身观念注重修养身体和心灵两个方面。人的身体是灵魂的寓所和载体，没有好的身体就难有好的心灵。然而，人的身体本身并不是自然天成的，需要呵护，尤其要注重营养、锻炼、保健和良好心态。只有这样，身体才能强健且能有效抵御疾病，能使人精力充沛且富于力感和美感。这就需要修养身体。传统修身观念包含这方面的丰富内涵和要求。孔子要求人们学习要广博，重点是礼、乐、射、御、书、数，其中的“射、御”就属于锻炼身体方面的要求。道教养生术中的大多数养生方法也是为了使身体保持内在平衡和协调，以达到身体健康、精力充沛、延年益寿的目的。几乎所有传统思想家都主张寡欲、节欲、禁欲以至灭欲[①]，固然重点是为了涵养德性，但防止欲多伤身也是目的之一。不过，传统修身观念更重视修养人的心灵，这就是修心养性。

修心养性，就是通过自我反省体察、呵护本心、节制欲望、提高精神境界等途径，使心灵纯洁，本性不受损害，从而使心灵和人格达到完美的境界。传统修身观念在这方面积累了极其丰富的思想和主张，其中

① 他们所说的“欲”主要是指私欲、情欲、贪欲，而非人的正常欲望，尤其不是指人追求成为君子、圣人的欲望。当然，对于正常欲望，传统修身观念也反对纵欲。

有三个方面在今天看来不仅合理，而且意义重大。

一是人的本性是善良的，使这种善的本性转变成人的品质和人格，既是必需的，也是可能的。总体上看，传统修身观念把人性看作善良的，它是天道或天理在人身上的体现。这种善良的人性可以发展为现实的心灵，然而它本身只是“种子”，只有让“种子”转变为没有发生质变的现实心灵，人才能与宇宙万物和谐共生，也才能与他人、社会和平共处。修身就是在保持“种子”的性质不变的情况下使种子长成现实的心灵，或者对已经长成但存在疾病或变质的心灵进行诊治，恢复其善良本性。

二是人性包含丰富的内涵，由人性长成的心灵同样内容丰富，包括认识、情感、意志、言行等能力和活动，以及观念、品质、习惯等心理定势。修养心灵不是其中的某一个方面，而是包括所有这些方面。传统修身观念已经充分地注意到这一点。孔子既重视修德也重视修智，作为修养主要内容的“五德”也涉及心灵的主要方面；孟子强调修心要保护和培养“四端”，而“四端”实际上包含知情意等心灵的主要方面；老庄主张的“复归于朴”“求复其初”讲的是对人性的整体回归，而不是某个方面；道教的修炼更注重身心健康和谐，提升人的精气神；佛家主张通过修养“转识成智”进入涅槃境界。当然，在各家之中，儒家更重视人的德性修养，以致后来走向了主张“存天理，灭人欲”的极端。

三是人心成长的过程是人性开发与发挥的过程，并非如老庄所认为的那样是向原初本性回复的过程。传统价值观认为，修心并非消极被动的，而是可以积极主动的。在开发和发展原初人性的过程中，能够“造就”心灵、人格，使原初的人性得到升华，从而使人从常人走向君子、圣人，而这在很大程度上取决于修心养性的工夫。传统修身观念特别是儒家的修身观念深刻地认识到这一点，并提出一系列超越原初人性的主张和方法。孟子的“人皆可以为尧舜”的观点和“养吾浩然之气”的主张，荀子的“涂之人可以为禹”的看法，就是肯定人性能够并且应该得到升华的典型表述。

第三，修身应当遵循一般规律和逻辑程序。修身既是自我造就的复杂活动，又是自我造就的漫长过程。作为复杂活动和漫长过程，它需要处理一些基本的关系，如身心关系、知情意行的关系、学习与思考的关系、知识与践行的关系、智德的关系、不同年龄段的关系、修身与教育的关系、修身与环境（包括家庭、朋友、国家等）的关系等，还需要揭示修身的一般路径或逻辑程序，包括它的起点和终点、终极目标和阶段性目标、目标与路径等。能否处理好这些关系，是否重视和遵循一定的逻辑程序，直接关系到修身的成败。传统修身观念在所有这些方面并不都是完整系统的，但有许多思想揭示了人通过自我造就成人的一般规律，具有合理性和普遍意义。

就所涉及的各种关系而言，传统修身观念中有许多今天仍然为人们所津津乐道的富有哲理的表述。例如：就身心关系而言，有庄子的“形全者神全”（《庄子·天地》）、“其形化，其心与之然”（《庄子·齐物论》），有道教讲究的“精气神”；在学与思方面，有孔子的“学而不思则罔，思而不学则殆”（《论语·为政》）；在知与行方面，有孔子的“诵《诗》三百，授之以政，不达；使于四方，不能专对；虽多，亦奚以为?”（《论语·子路》），有王阳明的“未有知而不行者，知而不行只是未知”（《传习录》上卷）；在智德关系上，有《中庸》的“尊德性而道问学，致广大而尽精微，极高明而道中庸”；等等。在所有这些关系中，修身需要特别重视的是“精气神”。“精气神”观念在传统中医学中得到了充分体现。在中医学看来，人的生命起源是“精”，维持生命的动力是“气”，而生命的体现就是“神”的活动。精充气就足，气足神就旺；精亏气就虚，气虚神也就少。反过来说，神旺说明气足，气足说明精充。中医评定一个人的健康情况，或是疾病的顺逆，都是从这三个方面考虑的。因此，古人称精气神为人身“三宝”。宋代陈直的《寿亲养老新书》中说：“人由气生，气由神往；养气全神，可得其道。”古人有“精脱者死，气脱者死，失神者死”的说法，这表明精气神三者是人生命存亡兴衰的根本。因此，维护和保养精气神是修身的第一要务。

在修身所要达到的目标以及达到目标的一般路径或逻辑程序方面，历史上不同思想家有不同的看法。例如，老子的目标是“圣人”，其路径是“复归于朴”；庄子的目标是“至人”或“真人”等，其路径是“求复其初”；墨子的目标是众生平等的大同世界，其路径是“兼相爱，交相利”。

在传统各家之中，最典型、影响最大的是儒家提出的目标和实现目标的进路，即“三纲领八条目”。“三纲领”就是修身所要达到的目标，其中根本的是“明明德”（彰明自身的光明之德）。要达到这一目标需要经过八个步骤，其起点是“格物”，终点是“平天下”，达到“天下平”，也就可以“明明德”了。“八条目”实际上包括“内修”和“外治”两大方面：前面四个环节“格物、致知、诚意、正心”是“内修”，后面三个环节“齐家、治国、平天下”是“外治”。而中间的“修身”一环，则是联结“内修”和“外治”两方面的枢纽，它与前面的“内修”项目连在一起，是“独善其身”；它与后面的“外治”项目连在一起，是“兼善天下”。“三纲领八条目”的合理性是显而易见的，因为它符合人认知的规律和程序，而且历史上许多事实已经证明它是卓有成效的。正因为如此，它影响了中国历史上一代又一代学人乃至常人的人格心理，成为传统修身观念中最有影响的观念。今天中国人的这种观念已经大大淡化。这是今天中国人整体素质特别是道德素质偏低的重要原因之一。将“三纲领八条目”传授给学生和国人，应是今天弘扬传统文化的紧迫任务。

第四，修身要讲究方法，尤其要重点解决好节欲、慎独、虚心的问题。传统修身观念极为重视修身方法，几乎每一位研究阐述修身的思想家都提出了一套自己的修身方法。因此，传统修身观念中包含十分丰富的修身方法。《尚书》记载，舜曾对禹说：“人心惟危，道心惟微，惟精惟一，允执厥中。”（《大禹谟》）舜的意思是，人心险恶，道心精微难测，只有精诚专一之人，才能守住中道。这里讲的就是一种具有普遍意义的修身方法。儒家的博学、审问、慎思、明辨、笃行、慎独、尽心、存心、求其放心、内省、智德双修以及格物、致知、诚意、正心等，道家的致虚、守静、坐忘、心斋、以明等，道教的守一、存思、导引、吐纳等，佛教的戒、定、慧、转识成智等，所有这些方法一般不存在正确不正确的问题，只存在合适不合适的问题，它们适用于不同的人，适用于不同的时间、地点和情景，在运用时要根据实际情况做出恰当的选择。这些方法彼此之间也不存在冲突，它们大多可以相互补充、相互支持，一个人修身可以选择不同方法进行。因此，丰富多彩的传统修身方法大多不存在过时、陈旧的问题，今天仍然可以运用和借鉴。当然，这些方法本身也需要根据时代和社会历史条件的变化更新改进，但切忌简单地加以否定和丢弃。

传统修身观念非常重视修身过程中的一些重点问题，并且提出了相应的对策，这对于今天修身也具有重要启示意义。修身过程中面临的问题很多，除了以上所述各种关系问题之外，还有一些关键性的问题。传统修身观念直面这些问题，并提出了对这些问题的应有态度。其中最为重要的有三个问题：一是如何对待欲望的问题；二是在无人知晓的情况下应如何行动的问题；三是减少外在的、内在的东西对心灵的干扰问题。如何对待欲望，是修身中最难以处理的问题。传统修身观念并不否定欲望，但对私欲是持基本否定态度的，而且即便是对正常欲望也提倡节制。我们可以将这种观念称为“节欲”观念，这种观念包含对私欲要抑制、对正常欲望要节制这两个方面。在今天人们的私欲普遍膨胀的情况下，传统的节欲观念特别值得弘扬。在无人知晓的情况下能够像有人知晓的情况下一样不作恶，即在任何条件下都不作恶，这需要定力，培养这种道德定力是修身所要解决的另一个重要问题。传统修身观主张“慎独”就是要求人们有道德定力，在任何情况下都为善而不作恶。这在任何时代都是修身所必须达到的要求。“虚心”的概念最早见于《庄子·渔父》。庄子假借孔子之口说：“丘少而修学，以至于今，六十九岁矣，无所得闻至教，敢不虚心！”孔子的意思是，他从小就修习学问，直到现在，六十九岁了，没有聆听过至理的教诲，怎么敢不虚心呢。实际上，不只是孔子，许多古代思想家都主张人要虚心，但其含义不限于谦虚，而强调人在修身的过程中既要排除内在的私心杂念的干扰，也要抵御外在的各种诱惑，保持内心的安宁和纯洁，以弘扬本心之善性。“节欲”、“慎独”和“虚心”实际上是相通的，它们都强调在修身的过程中要不断增强自己的定力，追求人性圆满实现，使自己成为全面发展之人。这种基本精神应是为人处世的通则，也是修身所要着力追求的目标。

从上述内容可以看出，传统价值观所讲的修身绝不仅仅是道德修养，还包括人性修养、智慧修养、人格修养，是谋求人自我实现、全面发展、整体提升的修养。当然，我们不能否认传统修身观念的重点是道德修养。传统修身观念特别重视道德修养也是有充分理由的。这是因为道德体现的是人的社会本性，是使人从自然人走向社会人的规定性，因而与人的其他方面（如身体、智力、兴趣、爱好等）相比，道德与人的自然本性存在更大的冲突。同时，传统社会特别是春秋战国时期，长期战乱不已，民不聊生，人们丧失了起码的道德。正因为如此，传统社会思想家特别重视道德问题，把道德问题作为修身的重中之重。还值得注意的是，传统社会存在各种不同的思想派别和无派别归属的独立思想家，他们也并不都像儒家那样把道德修养视为修身的最重要问题。道家、墨家也好，道教、佛教也好，都不是只重视道德修养，而是重视身心整体的修养。如果我们不把传统修身观念仅仅理解为儒家修身观念，那么我们就可以发现传统修身观念的全面性和合理性。总之，传统修身观念充满了智慧的光辉，是人类思想史上取之不尽、用之不竭的思想宝库和灵感源泉。在人们普遍重视教育不重视修身、重视资源占有不重视人性实现、重视欲望满足不重视心灵呵护的当代，重温并在此基础上弘扬、创新传统修身观念不仅十分必要，而且刻不容缓。

修身以及教化，实质上是要把人类文明积累下来的有利于人类生存的那些观念、知识、能力、品质等传递给后代，使之内化为人格。但是，在传递的过程中需要进行创造性的更新和发展。对于这个方面，传统修身观念重视得不够，今天我们在弘扬传统修身观念的时候要克服这一局限，倡导人们在进行修身和教化的过程中增强能动性和创造性，通过修身和教化推进个人自身的完善和人类文明的进步。

在整理、检视和反思传统修身观念的时候，我们发现传统价值观中还有一个特别值得注意的现象：传统社会的思想家都非常重视修身，而且有极其丰富的思想，但是未见有关于教育、教化的完整思想。中国的私学教育早在春秋时代就已经很发达，孔子就有“弟子三千”。官学至少在西周就有了。那时的官学分为国学和乡学两种，其中国学又有大学和小学之分。周天子的大学称作“辟雍”，诸侯的大学称作“泮宫”。乡学又称作“庠”“序”，由乡官掌管。春秋战国时期官学废弛，私学兴起，到西汉时期，全面恢复了官学，汉武帝时成立了太学。这说明早在思想家重视修身之前，教育就已经存在而且比较受统治者的重视。但是，古代思想家特别是春秋时代的思想家特别重视修身而不怎么谈及教育，这一现象至少表明，在古代思想家看来，修身比教育重要得多。与古代思想家不同，今天的中国思想家几乎只谈教育，不谈修身，即使谈也不充分。如果说在科学技术以及社会科学、人文科学的专业方面（这在古代已经存在，只是门类没有今天齐全）重视教育不重视修身尚情有可原的话，那么在思想品质教育方面今天也只重视教育而不重视修身就是有问题的。今天这方面的教育也主要是灌输式教育，而不是启发式教育，更没有与践行结合起来。这样的教育没有把学生当作自己造就自己的主体，而是当作别人塑造的对象，难怪今天的思想政治教育课学生不感兴趣，而且教育的结果往往适得其反，偏离教育目标甚远。在这种情况下，认真思考一下古代思想家为什么如此高度重视修身，也许对于我们改进思想政治教育不无启发意义。

五　“转识成智”

人们通常认为，“转识成智”是一种佛教观念，特别是大乘佛教瑜伽行派和法相宗认同的一种修行观念，但这种观念在中国传统价值观中有久远的思想渊源和深厚的观念基础。佛教传入中国后，这种观念因与此前传统价值观的智慧观念相契合并被佛教阐发和传播而成为传统价值观中一种得到普遍认同的价值观念。如果不考虑“转识成智”在佛教中的特殊宗教含义，那么我们可以把这种观念理解为要求人们通过修养使自己获得的各种具体知识和聪明才智（可视为日常生活中的小智慧）转化为对宇宙、社会和人生真谛的领悟（大智慧），并以这种大智慧不断完善自己的人格并提升自己的人生境界。因此，“转识成智”不仅是一种认识论观念，更是一种深刻的价值论观念，具有深刻的本体论意蕴。传统价值观认为，确立了这种观念，一个人就不会满足现状，而会关怀终极，追求人生的大彻大悟，以天人合一为最高目标。一个人实现了这种目标，在儒家看来就成为圣人，在道家看来就成为圣人、神人、至人，在佛家看来就会达到“无上正等正觉”（彻悟一切宇宙之奥妙圆融圆通无滞无碍之觉）的境界。传统价值观的“转识成智”观念对于克服现代社会人们只追求欲望满足而无视人生境界提升导致的种种人生问题和社会问题具有重要启示意义，值得大力弘扬和创新。

1. 智慧观念和“转识成智”观念的形成与发展

传统价值观的一个显著特点，是对人生智慧的关注和思考。今天的人们都知道古希腊人爱智慧，他们建立哲学学科来探究智慧，古希腊神话中还有智慧女神雅典娜。中国古代文化虽然没有像希腊文化那样把智慧叫得那么响亮，却饱含智慧，其哲学智慧也许比希腊更有深度，更有本体论意味。正如郭齐勇教授所言："中国的智慧，不是雕虫小技，而是泱泱大国堂堂正正的大智大慧。"[①]

传统价值观中的智慧观念可追溯到《周易》。《周易》是中国最早最重要的典籍之一，也可以说是中国最早的一部智慧之书，它探赜索隐、玄思宇宙的深奥哲学和象数图式，在世界思想文化史上也是独树一帜的。《周易》作为中华古代先民的智慧结晶，其大化"流行"、阴阳"对待"、日新"生生"的哲学观念，以及"崇德广业"的开拓意识、"居安思危"的忧患意识、"顺天应人"的开新意识等凝聚成了中华民族智慧的基本元素。《周易》的核心内容是八卦以及由两个八卦上下组合而成的六十四卦。六十四卦有一定的先后次序，卦序包含了深刻的哲理，其中否泰、剥复、损益、鼎革、既济未济等卦，从卦名上即可看出其有对立统一的关系；每卦六爻，又组成一套独立的系统，内部存在贞悔、三才、比应、承乘、互体、旁通等关系。[②]

《周易》分为《易经》和《易传》两个部分。《易经》继承了原始的巫术文化传统，将当时"以德配天"的天命神学观念与卜筮相结合，构成了一个以天人整体观为理论基础的巫术操作体系，反映了先民以卜问形式、卦爻结构解释客观事物变化规律和寻求宇宙因果关系的努力。《易传》作为《易经》的解释性著作，根据《易经》架构创立了一个以阴阳之道为主线，包括天道、地道和人道在内的自然、社会和人生相贯通的哲学思想体系。它继承和发展了取象说、取义说，提出了包含当位、应位、中位、趋时、承乘、消长、卦变等多种形式的爻位说，以此解释卦爻辞的吉凶休咎，系统阐释了《易经》内容及其精要，并使之逻辑化和系统化。《易传》以"阴阳"为自然界普遍联系的基本范畴，阐释卦爻图像及事物的根本性质，揭示了天地万物包括人类存在的吸引和排斥、对立和统一、复杂性与变动性等关系。它提出的"阴阳""太极""两仪""道""器""神""几""言""意""象"等概念成为后世哲学的基本范畴。它所主张的"自强不息"和"厚德载物"构成了中华民族生

① 郭齐勇：《中国人的智慧·自序》，中华书局2018年版，第1页。

② 参见崔波注译《周易·前言》，中州古籍出版社2007年版。

存繁衍的文化基因。

由以上简要分析可见，传统智慧观念在《周易》中已经基本形成，并开启了中国哲学智慧传统。几千年来，《周易》和阐述它的易学的精深义理和奇妙象数在中华文化史上一脉相承，不断丰富发展，形成了浩瀚的易文化思想海洋，渗透到传统文化的方方面面。它对曾定于一尊、统治中国思想文化两千多年的儒家思想有深刻的影响，在道家、法家以及道教、佛教思想中也打下了或深或浅的烙印。其中所包含的丰富而深刻的智慧观念在后来也得以发扬光大，形成了中华文化的智慧传统。在《周易》之后，传统价值观的智慧观念经历了三个发展高峰：一是春秋战国时期以儒家和道家为代表的诸子百家所阐发的多元理论智慧观念；二是两汉至隋唐时期佛学家根据佛教经典阐释的佛教智慧观念特别是“般若”观念；三是宋明理学家所体现和阐发的理学智慧观念。这三个高峰时期有代表性的思想家本人也都是传统智慧观念的信奉者和践行者，他们有关智慧的思想既是传统智慧观念的体现，也丰富和创新了传统智慧观念。

春秋战国时期是我国历史上社会动荡不安的时代，也是睿智思想大家辈出的时代。这个时期诸子百家无论其学术观点如何，其思想都充满智慧。他们可以说是时代智慧的代表和化身，其思想极大地丰富了先前的传统智慧观念，特别是从不同角度、不同立场、不同视野使传统智慧观念理论化、系统化、个性化。这个时期的智慧观念不是一种而是多种，甚至可以说是一个智慧观念的巨大宝库，为后来智慧观念的发展和人们从传统价值观中吸取智慧观念提供了丰富的滋养和不同的灵感。在诸子百家中，特别引人注目的有儒家、道家、墨家、法家、兵家、名家的智慧。

关于先秦儒家和道家智慧的各自特色，郭齐勇教授在《中国人的智慧》中做过一个精辟的概括。他赞同儒家的智慧是人文主义的，而道家的智慧是自然主义的这一观点。在他看来，说儒家的智慧是人文主义的，是说儒家的智慧重视社会伦理秩序的构建。儒家善于继承传统文化、典章制度而又趋时更新，因革损益，凝聚社会人心，积极有为地推展社会事功。儒家所主张与推行的伦理教化，大体上与民众的要求，特别是社会的秩序化、和谐化，缩小贫富差距，端正人心，淳化风俗的要求相适应。说道家的智慧是自然主义的，是说道家回归自然而然的状态，对社会伦理进行解构。道家所理解的“自然”并不是与人相对的自然界，更不是机械论的必然性或因果律，它是自然而然，没有任何目的或意志的意思。在道家看来，“道”使万物生长，“德”使万物繁殖。它们使万物生成、发展、成熟、结果，爱养、保护万物。“道”统领、管理万物而不对万物强加宰制、干预。社会的伦理生活、文明制度，按自然条理生成并无害处，而人为作用的强化，或执定于各种区分，将其固定化、僵化，则会破坏自然之道。“儒家建构人文，道家解构人文。儒家在人伦中，同时也在天、地、人、物、我的相互关系之中安顿生命，而道家回归自然，更是在天地自然中安顿生命。”[①]“儒家的人文主义中有自然主义，道家的自然主义中有人文主义。儒家的道德智慧中有自然智慧，道家的自然智慧中有道德智慧，两者相济相参，并举互动。儒道之间有批评有争论，同中有异，异中有同，正因此而能‘和而不同’，互为体用，成为中国文化的主流。兼顾儒家儒教与道家道教之‘两行’，才合乎中国之‘道’的流行的妙谛。”[②]

春秋战国时期儒道两家之外的墨家、法家、兵家、名家对传统智慧观念也各有贡献。

墨家的贡献主要体现在提供了一个以“兴天下之利，除天下之害”为主旨、以“兼爱”为中心、以十大主张（尚贤、尚同、节用、节葬、非乐、非命、兼爱、非攻、天志、明鬼）为主要内容的救治当时列国社会病的政治哲学体系，这是一种典型的政治哲学智慧。墨家在认识论和逻辑学上的贡献也丰富了传统智慧，所取得的科学技术成就则是传统智慧的结晶。墨家提出的“三表法”和构建的“名”“辞”“说”“辩”的墨辩逻辑学体系凸显了中国传统智慧的成就和特色。

法家智慧突出体现在政治方面，它既包含深刻的政治哲学思想，更提供了强硬的政治实践主张。韩非在弘扬李悝、吴起、申不害、慎到、商鞅等人的政治思想基础上构建了一个以“法”为中心，“法”“术”“势”相结合的君王专制主义法治思想体系。法家思想虽然存在只讲功

---

① 郭齐勇：《中国人的智慧》，中华书局 2018 年版，第 51 页。

② 郭齐勇：《中国人的智慧》，中华书局 2018 年版，第 55 页。

利，过分看重暴力专制、严刑峻法的作用，主张以赏罚二柄驱使人民，不讲道德价值和终极追求等偏颇，但确实从政治和法治方面极大地丰富了传统智慧观念，其智慧元素为后来历代专制主义君王不同程度地吸取，也为现代法治国家建设提供了滋养。

春秋战国时期长期战乱，在战争中取胜需要智慧，智慧水平的高低直接关系到战争的胜败。春秋战国时期兵家提供的军事智慧并不是一种单纯的军事智慧，而是具有一般智慧意义的军事智慧。其不仅从军事方面丰富了传统智慧观念，而且已成为人类智慧宝库中的重要内容。《孙子兵法》和《孙膑兵法》中的许多思想闪耀着永恒的智慧光芒，如“不战而屈人之兵”“知彼知己，百战不殆”“因敌制胜”“出其不意”等。所有这一切思想睿智、深刻、机智、灵活，是大智大慧的精到运用，具有广泛的应用价值。

自春秋时期开始，先秦思想家围绕“名”的性质、内容、相互关系等问题展开了长期的辩论并对“辩”本身进行了研究，形成了所谓“名辩思潮”。战国时期出现的名家虽然有一些烦琐的名辩论证，围绕概念问题提出了一些奇谈怪论，但许多看起来是诡辩的命题实际上充满了逻辑智慧和深刻哲理。名辩大家惠施提出的“至大无外，谓之大一；至小无内，谓之小一”“天与地卑，山与泽平”“日方中方睨，物方生方死”“南方无穷而有穷”“泛爱万物，天地一体”等十大著名命题，强调世界的整体性和普遍性联系，而在概念上既承认确定性又肯定相对性，既看到了差别性更看到了同一性，尤其重视空间、时间概念的相对性、流动性和转化。公孙龙的“白马非马”“坚白石三”等著名命题和指物论、名实论更是开创了真正的逻辑学和语言分析哲学的研究，只不过这种逻辑学和语言分析哲学方面的智慧后来没有得到应有的传承和发展。

从一定意义上可以说，佛教是一种智慧的宗教，印度佛教中的智慧与我国传统智慧相融合形成了中国的佛教智慧，为我国智慧观念增添了道教之外的宗教内容。佛教智慧及其观念极其丰富，就其对传统价值观的贡献而言，最重要的一个方面也许就是“转识成智”的思想。“转识成智”的思想最早包含在《易经》之中，《易经》及其阐释性著作《易传》的主旨就是告诉人们不要局限于日常的知识，而要将人生与宇宙万物联系起来，着眼于生生不已、运行有常的宇宙来考虑人生。它所追求的就是把我们日常生活中的小智慧转化为万物一体的大智慧。儒家和道家从不同角度传承和发展了《周易》中的大智慧思想，儒家侧重于弘扬天地万物那种自强不息、厚德载物的精神，主张走出一条与天道不尽相同的人道之路，并为人们指出了“三纲领八条目”的积极进取的路径；道家则侧重于强调人类与天地万物的相通性，主张人类摒弃文明回归自然，这种回归当然不是自然而然的，而是需要人的努力的。儒家的“圣人”是最有智慧的人，道家的“圣人”“真人”“神人”等也是最有智慧的人，这些不同智慧之人都需要有知识，更需要将知识转化为智慧，而儒道两家所做的一切实际上就是为人们指出这种转化的必要性和有效路径。佛家追求的理想人格或人生境界与儒道两家不同，但都强调要将日常知识或聪明才智转化为达至人生境界的哲学智慧，在这一点上它们是相同的。

在佛教中，“识”是“心识”，“智”是“智慧”。这里的智慧不是平常的小智慧或聪明才智，而是大智慧，佛教称之为“般若”。般若就是阿耨多罗三藐三菩提（译为“无上正等正觉”），意为彻悟一切宇宙之奥妙圆融圆通无滞无碍之觉。达到这种境界的人，大彻大悟，明心见性，证得了最后的光明的自性，也就达到了涅槃的程度。在佛教看来，凡夫的“心识”是“有分别”的，佛的“智慧”是“无分别”的。凡夫与圣人的分界，就在“有分别”与“无分别”。有分别妄念的是凡夫，无分别智慧的是圣人。佛教认为“识”有“八识”，“智”有“四智”。八识是佛法的基本正知见，正知指真正理解什么是善的、什么是恶的，正见指心里的念头是善的。佛教认眼、耳、鼻、舌、身、意为前六识，第七识为意根（又名“末那”），第八识为如来藏（又名“阿赖耶”“真如”等）。《增一阿含经》卷二十八曰：“云何名为识？所谓识：识别是非，亦识诸味，此名为识也。”《入楞伽经》卷八亦云：“所谓八识，何等为八？一者阿梨耶识，二者意，三者意识，四者眼识，五者耳识，六者鼻识，七者舌识，八者身识。”佛教认为，世间的正知见只能转向善道，但不能出世。要出世，就得转识成智。

所谓转识成智，就是要转有漏的（有烦恼的）八识为无漏的（无烦恼的）四智。第一，眼等前五识转至无漏时，得“成所作智”。此智为欲利乐诸有情，故能于十方以身、口、意三业为众生行善。第二，转第六识成“妙观察智”。此智善观一切境界之自相、共相而无障碍，能摄一切陀罗尼门三摩地门，在大众会中说法自在，能断一切疑惑。第三，转第七末那识，得“平等性智”。此智观一切法，恒与大慈悲相应，随诸有情所乐，示现受用身土。第四，第八阿赖耶识转至无漏时，可得“大圆镜智”。此智离诸分别，所缘、行相微细难知，不妄不愚，一切境相，性相清净，离诸杂染，如大圆镜之能现众色相。凡夫的“八识”，是能分开、有分别的。如果将能分开的、有分别的识，转变成无分别的智，那就是“转识成智”，亦即“转凡成圣”。

转识成智也有其方法。凡夫个人是“小我”，由小我扩大至一家一村一乡一国一世界等，是为“大我”。佛教告诉众生要“观理”和“修行”，由“有我”（无论是“小我”还是“大我”）变成“无我”。观理是正，修行是助。然后用《圆觉经》的方法，把皮肉骨节分归于地，洟唾津液分归于水，热气分归于火，呼吸分归于风。地、水、火、风在佛教中被称为“四大假合”（释迦牟尼佛说，我们的身体是由地、水、火、风四大假合而成的）。把四大假合的东西分散之后，你再去找一个实在的“我”。到哪里去得呢？关键是要破“我执”，“我执”一破，修行就能顺利进行。所谓“修行”，就是要修“六度”法门（修行者的入道门径），通俗地说，就是要迈过六道门槛：先用“布施”度悭贪的“我”，舍了财物的“我执”；次用“持戒”度毁犯的“我”，舍了眷属的“我执”；再用“忍辱”度嗔恚的“我”，舍了高慢的“我执”；继用“精进”度懈怠的“我”，舍了劳苦的“我执”；进用“禅定”度散乱的“我”，舍了心念的“我执”；终用“般若”度愚痴的“我”，最后舍了法相的“我执”。

在佛教看来，转识成智对于人生有极其重要的意义。佛教讲“转依”。转依有二：一转染成净，二转识成智。转染成净为涅槃，转识成智为菩提。涅槃即自性清净，菩提即觉悟，能证得菩提是般若（依中观宗讲），或称正智即无分别智（依唯识宗讲）。凡夫与凡夫都差不多，你有贪心，我也有贪心；你有嗔心，我也有嗔心；你有爱心，我也有爱心；你被染污，我也被染污；你有漏，我也有漏。全世界的凡夫都如此。假如其中有一个人能由贪到不贪，由嗔到不嗔，由染污到清净，由有漏到无漏等，那他就不再是凡夫而是非凡夫了。这就是转识成智，转识成智说到底就是要通过得“般若”而转生死成涅槃，转染污为清净，转有漏为无漏。

进入唐代以后，我国的思想文化界出现了儒、佛、道三教鼎足而立的局面，儒学的正统地位受到严峻的挑战。正是在这种历史背景下，宋明理学家为振兴传统儒学做出了巨大努力。他们以儒家为主干，融摄道教的生命论和心性说，佛教的终极关怀、佛性论和成佛境界说等因素，重建宇宙本体论和心性修养论，构建了庞大的道德形而上学体系，并使其成为占统治地位的思想文化。与此相应，传统智慧观念从哲学的角度看达到了一个新的高度，无论是在思辨智慧还是在实践智慧方面都达到了精微细密的地步，但是从整个社会的角度看，智慧观念开始走向僵化和封闭，并由此逐渐走向落后和保守。

宋明理学并不是一个完整的思想体系，不同理学家的理论主张不尽相同，但是他们的主旨大致上相同。这种主旨包括两个相互联系的方面：一是为受到佛道两教冲击的传统儒家的伦理纲常提供本体论的论证和辩护，使之天理化、性命化；二是以这种本体论为根据，提供使儒家伦理纲常转化为人们的知和行并使之成为人们的内心信念和行为准则的路径和方法。任何人都不能否认以周敦颐、邵雍、张载、二程、朱熹为代表的理学派和以陆九渊、王阳明为代表的心学派在上述两个方面所做的工作，其深刻性、严密性、精致性不仅是前无古人的，甚至至今仍然未被超越。他们所建立的哲学本体论将中国的思辨理性、思辨智慧推向了高峰，他们所建立的道德修养论则使中国的实践理性、实践智慧达到了无以复加的程度。从这种意义上看，宋明理学确实丰富和发展了传统智慧观念。

但是，有一点是常常被研究者忽略或者说研究者注意不够的。这就是宋明理学家致力于为之提供本体论支持和修养论引导的主要内容，是传统儒家的伦理纲常，特别是董仲舒为适应皇权专制主义需要而加以改造过的极端化纲常，尤其是“三纲”，除此以外并没有增加多少新内容。这就导致传统智慧观念发展走向两个极端：一是哲学智慧观念发展到极致，建立了中国历史上绝无仅有的庞大而严密的道德形而上学体系；二是这种得到极致发展的哲学智慧由于它的魅力和力量，使陈旧的皇权专制主义伦理纲常成为制约人们思想观念的桎梏，包括统治者和被统治者的整个社会成员的智慧日益僵化、保守，其源泉日益枯竭，日常智慧观念走向衰退。

通观传统社会的历史发展，我们不难发现，传统价值观中的智慧观念到宋明理学时代在被推向顶端的同时也跌入了深谷，直至传统社会终结。中国传统思想文化经历了一个从一元走向多元，再从多元走向一元，又从一元走向多元，再从多元走向一元的过程。春秋战国时期之前的思想文化是一种以天命观为基础、以德治为中心、以礼制为主要保障机制的思想文化。这种思想文化一统的局面在春秋战国时期被打破，形成了诸子百家争鸣的格局，出现了以儒、道、墨、法为主要代表的迥然各异的多元思想体系。这种百家争鸣的局面因为秦始皇统一中国而结束，到汉武帝时代确立了儒家独尊的地位。但是，儒家的独尊地位伴随着道教的兴起和佛教的传入逐渐受到威胁，到唐代出现了儒佛道三足鼎立的多元思想文化格局。宋明理学的出现结束了这种三足鼎立的格局，中国的思想文化走向了一家独统的专制时代。传统智慧观念的发展演进是与时代相伴同行的。它从春秋战国时期前混沌未开的孕育阶段，到春秋战国时期快速生长并形成百花齐放的繁荣局面，再到秦汉之际走向一家独大的局面。这是传统智慧观念发展的一个否定之否定过程。道教的兴起和佛教的传入打破了一家独大的局面，出现了多种智慧观念并立的多元格局，宋明理学再次使这种多元格局走向大一统的局面。这是传统智慧观念演进的又一个否定之否定过程。这次的否定不再是上升性的否定之否定，而是最终完全否定了自己。也许可以说，宋明理学出现之后，传统智慧观念丧失了活力，没有什么新的发展。好在智慧可以凝聚在物态的文本特别是文献之中，传统智慧观念虽然走完了它由兴到衰的过程，但它得到丰富发展的内涵可以通过挖掘整理文献来发扬光大。

2. 智慧观念的含义与意趣

在传统文化中，虽然智慧观念在《易经》中已经有相当充分的体现，但“智慧”这个词出现得比较晚。据考证，“智慧”一词最早出现在《老子》十八章：“大道废，有仁义；智慧出，有大伪；六亲不和，有孝慈；国家昏乱，有忠臣。”这句话的意思是，大道荒废了，才有了仁义；智巧出现了，才有了诈伪；六亲不和睦，才有了孝慈；国家昏乱，才有了忠诚。这里的“智慧”指聪明才智，即日常的小智小慧，而不是指大智大慧。老子对这种小智慧是持否定态度的，但他对圣人所体现的大智慧则充分肯定，并极力推崇。

《墨子》中也使用了“智慧”一词：“若使之治国家，则此使不智慧者治国家也。国家之乱，既可得而知已。”（《尚贤中》）墨子这里是针对当时的王公大人在用人方面任用亲戚、暴富者或帅气的人而言的。他指出，如果让这些人来治理国家，那就是让不具有智慧的人来治理国家，国家的混乱也就可想而知了。在墨子看来，治理国家的人应是贤者。他说：“古者圣王甚尊尚贤而任使能，不党父兄，不偏宝贵，不嬖颜色。”（《墨子·尚贤中》）这里说的“尊尚贤而任使能”指的是尊崇贤人而用其所能。显然，这里的贤人就是有智慧的人，包含德才两个方面。就是说，在墨子看来，贤人不仅是德行高尚的人，而且是才能卓越的人，或者说是德才兼备的人。墨子的这种思想与传统的智慧观念相一致。

在中国传统社会，思想家虽然很少使用“智慧”一词，但都重视对人生智慧的关注和思考，其智慧的思想极其丰富。传统智慧观念特色鲜明，突出体现在认识和处理人与自然、人与人、人与自我的关系方面。儒、道、佛三家从不同角度对此进行了阐释，为传统智慧观念提供了一个完整的图景。儒家重入世，主张自强不息、刚健有为、厚德载物、修身成人、经邦济世、内圣外王、以天下为己任；道家重忘世，追求返璞归真、清静无为、精神超脱、安时处顺、以柔克刚、无为无不为；佛家重出世，强调万物皆空、排除烦恼、福慧双修、自度度人、愿行菩提心。儒、道、佛三家在智慧问题上有所差异，各有特色，又互补相融，共同凝练出传统智慧观念的人与自然和谐的价值取向、人对他人关爱的定位取舍、人之自我高尚境界的深邃追索。“以佛修心，以道养身，以儒治世”（南宋孝宗赵眘《原道论》），可以说是传统智慧观念的集中表达。

关注天人关系是传统价值观和智慧观念的显著特点。中国最古老典籍《易经》表达的就是对天人关系的关注，主张“顺乎天而应乎人”。受这种元典的影响，从先秦到明清，我国大多数思想家都有自己的天人观。其中影响比较大的有《易传》提出的天人和谐说，老子的“见素抱朴”“回归自然”的“顺天说”，荀子的“制天命而用之”的“制天说”。总体上看，在天人关系上虽然百家争鸣，百花齐放，各家观点各有差异，但主张天人和谐是一致的，形成了“天人合一”的主导观念。在他们看来，天与人、天道与人道、物性与人性本来就相类相通，它们是作为天地万物之根本的“道”的体现。

在天人关系上，《易传》提出了一系列富有智慧的精辟思想，其要旨是主张天人和谐。《易传》认为，人生的理想应当与天地相合，达到天人和谐的最高境界。《易传》认为，自然养育了万物包括人类，所以天有德、有善，有“无穷极之仁”（《春秋繁露·王道通三》）。其“仁”集中表现在大自然生生不已的永恒创造力之中，“天地感而万物化生”（《咸卦·彖传》），“天地之大德，曰生”（《系辞下传》）。这里的“生”字，概括了天地以仁爱之心普惠万物，整个宇宙于是充满了生机、活力，从而生生不息、日新月异的大化流行过程。因此，人作为宇宙中的特殊组成部分，要自觉融入这个大化流行的过程，使生命始终流畅不滞，“与天地合其德，与日月合其明，与四时合其序，与鬼神合其凶吉”（《乾卦·文言传》）。

《易传》认为，要达到天人和谐的境界，首先要解决“穷神知化”①的问题。“夫《易》，圣人之所以极深而研几也。唯深也，故能通天下之志；唯几也，故能成天下之务。”（《系辞上传》）“深”，指万物变化之神妙；“几”，指事物运动变化的苗头；极深研几，即“穷神知化”。就是说，无论天地万物怎样幽深难测，怎样变化细微，都要穷研而知之。唯其如此，方能通天下之志，成天下之务，而人在处理与自然的关系时才能做到“不违”“不过”。《易传》认为，人要达到天人和谐的境界，既要认识和遵循自然法则，又要自强不息，有所作为。为此，《易传》一方面提出像天那样刚健有为、自强不息，像地那样包容万物、承载万物，另一方面提出“裁成辅相”，使自然为我所用。“天地交，泰。后以财成天地之道，辅相天地之宜，以左右民。”（《泰卦·象传》）“后”，指君王；“财”，同“裁”。就是说，要实现万物通泰，必须在认识自然规律的基础上，对自然适当加以辅助、节制或调整，使其更加符合人类的需要。

传统天人和谐的智慧观念，既强调天地人的有机统一，也肯定人的特殊性，将人与天地的关系定位在一种积极的和谐关系上，既不主张回

---

① 出自《周易·系辞下传》，原文是：“过此以往，未之或知也，穷神知化，德之盛也。”“穷神知化”意为穷究微妙之理，探知变化之道。“穷神知化，德之盛也”这一命题集中体现了儒家的智慧与道德合一的特点。

归自然，也不主张对自然的野蛮征服。它肯定天地之创造力和仁爱充塞宇宙，认为人也应该像天地那样将仁爱的精神推广至天下，泽及草木禽兽有生之物，达到天地万物一体的境界，天、地、人合德并进，圆融无间。这种天人和谐的思想虽然是在《易传》中得到明确而充分的表达的，但其基本精神与道佛及其他诸家的主张深度一致。

传统智慧观念关于人与人的关系有更丰富的思想和更卓越的建树。人不是孤零零地生存在世上的，而是跟他人一起生存在世上的社群之中。在对待人与人关系或者说自我与他者关系的问题上，传统社会各家的主张差别较大，但主导的智慧观念是儒家主张的“修己以敬”“修己以安人”“修己以安百姓”（《论语·宪问》）。孔子的意思是，人们要通过修养自己来使身边的人安乐，使所有的百姓安乐。儒家这方面的智慧极其丰富，其中特别值得注意的是仁爱、中和的思想。

仁爱思想是传统主导价值观的核心内容，突出体现了先秦儒家的人文主义哲学智慧。仁爱的核心是爱人，即所谓“仁者爱人”（《孟子·离娄下》）。在孔子那里，爱人是从爱亲人扩展到爱众人即陌生人。用孔子自己的话说，就是“入则孝，出则弟，谨而信，泛爱众，而亲仁”（《论语·学而》）。孟子将爱人进一步扩展到爱万物，而作为统治者则要爱百姓。他主张：“亲亲而仁民，仁民而爱物。”（《孟子·尽心上》）“国君好仁，天下无敌。”（《孟子·离娄上》）《孝经》揭示了儒家仁爱的实质，那就是“博爱”。“先王见教之可以化民也，是故先之以博爱而民莫遗其亲，陈之于德义而民兴行。”（《三才章》）在儒家看来，人们真正实践了仁爱，就可以构建起“老吾老，以及人之老，幼吾幼，以及人之幼”，“不独亲其亲，不独子其子”的“天下为公”的美好“大同”社会。

“爱人”并不是儒家特有的主张。在西方基督教讲“博爱”，在中国墨家讲“兼爱”。应该承认，主张通过爱人来实现社会和谐本身就是一种哲学的实践智慧，它是解决人与人之间利益冲突的一条根本出路。儒家的爱人思想与基督教和墨家的爱人思想又有不同，这不仅表现在儒家揭示了爱人的人性论基础，提供了一整套实现爱人的价值体系，更在于它为爱人提供了一条由近及远的人道化、人情化路径。这条路径就是从爱亲人扩展到爱陌生人、从爱家庭扩展到爱天下、从爱人扩展到爱物，而这种爱的拓展是通过修身成人、成己成人、推己及人、推人及物实现的。正因为如此，仁爱思想成为中国传统价值观乃至整个中国文化的内核，而且得到了当代西方影响甚广的关怀伦理学的呼应。

构建人与人之间的和谐关系，既需要仁爱之心，也需要中庸之道和忠恕之道。中庸之道是传统价值观处理人际关系的一种实践智慧和行为准则。“中庸”的概念是孔子首次使用的，但中庸的观念远古即已有之，《尚书·大禹谟》中“人心惟危，道心惟微，惟精惟一，允执厥中”的说法，表达的就是中庸观念。孔子视“中庸”为至德。“中庸之为德也，其至矣乎！”（《论语·雍也》）儒家还作《中庸》一书专门讨论中庸，主张“极高明而道中庸”。这一切表明，中庸在儒家思想中占有特殊的重要地位。中庸的含义十分丰富，但其基本含义是中和，而“道中庸”即“致中和”。“致中和”就是要不偏不倚，公道正派，按照“中庸”的标准行事，追求达到一种“和”（和谐）的状态。“致中和”还有“权”的含义。“权”的本义是秤锤，其可随物体的轻重在秤杆上左右移动后达到平衡，可引申为变通，因此“权”指“权变”。孟子说：“执中无权，犹执一也。”（《孟子·尽心上》）意思是保持中庸而不知权变，就是执于一端。儒家提出“权”的概念作为“中”的补充，为的是使人能通权达变，以利于“执中”。“忠恕”也是孔子提出的实现仁爱的重要途径之一。曾子说：“夫子之道，忠恕而已矣。”（《论语·里仁》）朱熹将两者之间的关系概括为“尽己之谓忠，推己之谓恕”（《四书章句集注·论语集注》卷二），就是说，尽自己的心是忠，用自己的心推及他人就是恕。“忠”是对他人的表现，而“恕”是对自己的要求，两者共同指向“爱人”这一目的。中庸之道也好，忠恕之道也罢，它们之所以为“道”，就是因为它们都深刻揭示了正确处理人际关系的深刻道理，因而成为传统价值观和传统文化智慧的重要体现和突出特色。

传统智慧观念在处理人际关系上强调中和、和谐，“和”是基本原则，也是人际交往所追求的目的和效果。但是，这种“和”并不是“同”。和谐是有差异的、多样化的秩序，而不是同一的、清一色的秩序。因此，关于人际关系的传统智慧观念认为“和”与“同”之间有区别。在孔子看来，这种区别是极其重要的原则性区别，所以他说“君子和而不同，小人同而不和”（《论语·子路》）。这里的“同”与“和”的区别在于，就两个人的主张而言，求同是一方放弃自己的主张附和另一方的主张，而求和则是一方在坚持自己的主张的前提下寻求与另一方的共识，使两种主张趋于完善而非完全同一。因此，“和而不同”否定随声附和、绝对盲从，强调事物多样性和个体独立主体性的意义。传统价值观还从本体论方面为这种“和而不同”的观点提供了论证，提出了“和实生物，同则不继”的命题。其意思是，不同事物之间实现了和谐，万物即可生长发育繁荣；如果不同事物变成了完全相同、无任何差别的东西，那么事物就无法发展，也就无法继续存在下去。

在个人与自我的关系上，传统智慧观念也包含丰富的内容，但其根本点在于认为人是造就的结果，而造就者就是人自己。人不是自然生长的，而是教化和修身共同作用的结果，而与教化相比较，修身更为根本，因为教化需要通过修身更好地发挥作用。教化可以使人成为正常人，但要成为优秀者就需要修身。所以传统价值观特别强调修身，这就是《大学》所要求的“自天子以至于庶人，一是皆以修身为本”。传统智慧观念在个人与自我关系上所突出强调的是修身养性或修养身心。

修养身心首先要能够认识自己。传统智慧观念强调做人要自知。老子讲：“知人者智，自知者明。”（《老子》三十三章）就是说知道别人的人是聪明的，认识自己的人才是高明的。在老子看来，人了解别人不易，了解自己更难。老子选择一个“明”字，有其深意。他这里所说的“明”，是相对于“暗”而言的，亦是相对于“盲”而言的。“明”是目明，就是眼力好，不明就是盲，盲就是丧失了视力。看得见别人，看不见自己，这就是自我的盲区。老子这里说的是，只有看得见自己的人才是眼明的，也才会心亮，才是智者。《韩非子·喻老》中以一个故事对老子的思想做了明白的阐释。楚庄王想讨伐越国，谋臣杜子认为他缺乏自知之明，于是劝谏说，智慧就像眼睛一样，能看见百步以外的东西，却不能看见自己的睫毛。楚国的弱小和混乱不在越国之下，却想要讨伐越国，这智慧就像眼睛一样。楚庄王听从了劝谏，停止了讨伐。韩非感慨说：“故知之难，不在见人，在自见。故曰：‘自见之谓明。’”他的意思是，认识的困难不在于了解别人，而在于了解自己，所以能够认识自己才算高明。传统智慧观念要求我们走出盲区，进入自我明察中去。只有这样，才不会怨天尤人，才会向内用功，加强自己的修养，否则我们

就会胸无大志，穷困潦倒。这就是荀子所说的："自知者不怨人，知命者不怨天。怨人者穷，怨天者无志。"（《荀子·荣辱》）

认识自我的目的是认识自己的不足和缺点，从而追求刚健有为、自强不息。

《周易·象传》将乾卦解释为"天行健，君子以自强不息"，就是告诉人们要像天一样自强有为。《周易·系辞下传》说"天地之大德，曰生"，也是要求人们像天体运行一样奋发有为，生生不已。孔子十分重视"刚"的德性品质。他说："刚、毅、木、讷，近仁。"（《论语·子路》）二程解释说："'刚毅木讷'，质之近乎仁也；'力行'，学之近乎仁也。"（《二程集·河南程氏遗书》卷第四）在孔子看来，刚健有为、自强不息需要有坚定的意志。所以他说："三军可夺帅也，匹夫不可夺志也。"（《论语·子罕》）。孟子要求人们成为"富贵不能淫，贫贱不能移，威武不能屈"的"大丈夫"（《孟子·滕文公下》）。而要做到这一点，需要经过艰苦的磨炼，即像孟子所说的那样"苦其心志，劳其筋骨，饿其体肤，空乏其身，行拂乱其所为，所以动心忍性，曾益其所不能"（《孟子·告子下》）。只要努力，一个人就会有所作为，就可以担当大任。《中庸》要求人们"博学之，审问之，慎思之，明辨之，笃行之"，而且"人一能之，己百之；人十能之，己千之"，并断定"果能此道矣，虽愚必明，虽柔必强"。

传统智慧观念认为，自强不息是有目标的，其终极目标就是天人合一，在社会中则是成为圣人。这就是周敦颐在《通书·志学》中讲的"圣希天，贤希圣，士希贤"。传统智慧观念考虑到人们由于种种因素而不可能在成人的过程中整齐划一，为人们的修身设计了不同的人生境界。得到普遍公认的理想人格是圣人，在圣人之下还有贤人、君子和小人等层次。先秦诸子百家曾大量地谈论圣人。"圣人"无论是对于儒家、道家来说，还是对于当时其他各家来说，都是智慧的化身，都是一种理想人格。在朱熹看来，"圣人万善皆备，有一毫之失，此不足为圣人"（《朱子语类》卷第十三）。这就是说，圣人在人格、人生各个方面都是完善的，而且达到了至高无上的程度。圣人之所以能够获得完善人格、过上完善生活、做出完善作为，就是因为他有最高的智慧。圣人的智慧也就是佛教中所说的"般若"。"般若者，一切诸智慧中最为第一，无上无比无等，更无胜者，穷尽到边。”（《大智度论》卷四三）圣人的智慧是最完善的智慧，正是以圣人的智慧为尺度，传统价值观把人格划分为圣人、贤人、君子和小人。小人是完全不具备智慧的人，君子是具备基本智慧的人，贤人则是具备较高智慧的人，而圣人则是具备完善智慧的人。在孔子、墨子等思想家看来，贤人就可以为官从政了，夏商周三代英王就是贤人，而只有尧舜才能称为圣王，因为他们是圣人。儒家主张经邦济世，而基础就在于修身，通过修身成人走上内圣外王之道。于是，儒家为人们设计了一条通往圣王的路线图，即修身、齐家、治国、平天下，而修身则要通过格物、致知、诚意、正心来实现。

传统智慧观念并不要求人们成为不食人间烟火的神灵或神仙，而是较为注重人生的乐趣。传统智慧观念认为，修身养性也包括享受人生欢乐的情趣培养，只是这种欢乐不是由物质欲望获得尽情满足产生的，而是由精神追求得以实现或在不断追求更高人生境界的过程中获得的。孔子本人就是享受这种人生乐趣的典型。孔子说：“饭疏食饮水，曲肱而枕之，乐亦在其中矣。不义而富且贵，于我如浮云。”（《论语·述而》）对于孔子而言，吃着粗粮，饮着白水，弯着胳膊当枕头，这也充满乐趣。而假如用不义的手段得到富贵，那富贵对于他就好像转瞬即逝的浮云那样无足轻重。他在看到颜回吃一小碗饭，饮一瓢清水，住在狭小的巷子里却始终乐在其中时，称赞他贤明。这就是历史上有名的“孔颜乐处”故事。孔子并不是说贫穷本身就是一种幸福快乐，颜回所处的恶劣条件本身并无乐处可言，然而孔颜却化解了身处逆境或物质匮乏所引起的外感之忧而自得其乐，这是一种在“圣希天，贤希圣，士希贤”过程中意识到自我与天道合其德、同其体所产生的精神上的愉悦。所以，这种快乐并不是目的本身，而是在追求理想人格过程中获得的一种人生乐趣。这是一种圣贤情怀：“圣人安贫乐道，不以欲伤生，不以利累己。”（《文子·上仁》）除了安贫乐道外，我们也应该看到，传统价值观中还包含极其丰富的善待自己、颐养生命、增强体质、预防疾病，从而实现延年益寿的养生乐生思想，这些思想也是传统智慧观念的重要体现。

3. “转识成智”与“福慧双修”

从传统智慧观念对智慧的理解可以看出，智慧的含义中包含实现

“转识成智”路径的思想，这就是重视个人的道德修养。传统智慧观认为，“转识成智”的修养过程，并不是单一的智慧修养过程，而是“福慧双修”的过程。“福慧双修”最初出现在唐代慧立的《大慈恩寺三藏法师传》第五回中：“菩萨为行，福慧双修，智人得果，不忘其本。”这是佛教的一种根本教法和基本观念。唐代法藏法师的《华严五教章》卷二有云：“此终教中论其实行，从初发意即福慧双修，故成佛时无别修也。”民间还流传不少有关“福慧双修”观念的说法，例如：“修慧不修福，罗汉供应薄；修福不修慧，大象挂璎珞。”“修慧不修福，不是大智慧，修福不修慧，不是真慈悲。”“孤阴不长，单阳不生，福是德之现，慧是道之用，慧是功德，福是缘起福德，五福临门。”这些说法一方面反映了佛教“福慧双修”对民间的影响，另一方面对这一观念做了通俗的阐释。

在佛教看来，修福就是断恶修善，而在断恶修善的过程中不执着就是修慧，也就是不“着相”。所谓“着相”，就是执着于外相、虚相或个体意识而偏离本质。关于“福慧双修”，佛教有“六度”之说。所谓六度，就是六个度到彼岸的殊胜妙法，包括布施、持戒、忍辱、精进、禅定、般若。在佛教看来，布施是修福，持戒是修福，忍辱也是修福，精进、禅定都是修福，而般若是修慧。但是，如果离开了前面五种，“般若”就不可能存在，它就是一个抽象的概念，不起任何作用，般若一定在前面五种修福当中。布施不着布施的相，布施里面有般若，就是有智慧了，这就是福慧双修。持戒不着持戒的相，这也是福慧双修。同样，忍辱、禅定、精进，只要不分别、不执着，那就是慧，也就能够福慧双修。因此，福慧是可以双修的。佛教认为，福慧本来就是不离的，福在慧中，慧在福中，福慧是一桩事。如果着相，就只有福，没有慧，而这种福就是有漏的福报。“有漏”指修福的心不清净。一旦有漏，修福的心就有烦恼、妄想、分别、执着。所以，佛教要求“离相修福”。这正是《涅槃经》卷二十七所说的“二种庄严”：“一者智慧，二者福德。若有菩萨具足如是二种庄严者，则知佛性。”

“六度”虽然针对的是人断恶修善的不同方面，但有其不容紊乱的顺序，即“修行”要先由“布施”“持戒”入手。“布施”“持戒”两度通乎“世间”“出世间”，两者都是利他的，但布施是积极的，持戒则是消极的。由此入手努力向善向上，如同爬楼梯，如同登高山，拾级而上，方能成就智慧。《佛说吉祥经》中佛陀提出的忠告就是先从“远避愚痴者，亲近智慧人”入手，渐次谈到“居住适宜地”“广学长技艺”“善能养父母”“帮助众亲眷”“邪行须禁止”等世间善法，然后进入“参访众沙门，适时论信仰”“克己净生活，觉知四圣谛”“了悟于涅槃，世事不动摇”的出世间“福慧”善法。由此看来，佛教重“实行”而非“玄想”，重“利世”而非仅“自利”，重渐次修行而非一蹴而就。佛教还认为福慧双修有主有次。无论是世间福慧还是出世间福慧，都是以“智慧”为主导的。出世间福慧讲究“空慧”（悟入空理的智慧），世间福慧讲究“黠慧”（机敏聪慧），以种种善谋求财富的积累。佛教反对通过不正当手段一夜暴富，所以屡屡劝人要有“营生之业”，要“始学功巧业”。即便是想要成就世间的“福业”，那也必须遵循“正道”才可以，否则就只是成就“财业”，自己并不能享受财富带来的“福报”、生活的便利、社会的声誉等。遵循“正道”求财需要智慧抉择，其实质和出世间的福慧一样，都以成就无偏无执之利他道德行为为归宿。佛教认为，在积累了一定的世间“福业”之后，如果不以佛教提倡的出世间智慧为主导，不以道德之追求为终极，则鲜有不骄奢淫逸、败德丧家者。

德福双修的观念并不是佛家独有的智慧观念，而是传统价值观中由来已久的一种主导观念。《尚书・洪范》把寿、富、康宁、攸好德、考终命作为终极价值追求。“五福”中的“攸好德”讲的就是要修养德性，这就是将幸福与德性联系起来，既把修养德性视为幸福的重要内容，作为个人获得幸福、避免灾祸的实践途径。《诗经・小雅・蓼萧》中的“和鸾雍雍，万福攸同”，把幸福与和谐、个人幸福与百姓幸福联系起来，实际上也有德福相互关联、不可分割的含义。在继承前人的德福思想的基础上，儒家做了三方面的贡献：一是更加强调德福的一致性，甚至将德与福等同起来；二是将“智”[①] 作为一种德纳入幸福之中同时作

① 在儒家那里，甚至在佛教传入中国之前的传统文化中，“智”和“慧”并无明显区别，一般都用“智”，其中含有“慧”的意思。佛家明确地将“智”和“慧”加以区别，认为明白一切事相叫作智，了解一切事理叫作慧；决断曰智，简择曰慧；俗谛曰智，真谛曰慧。《大乘义章九》曰：“照见名智，解了称慧，此二各别。知世谛者，名之为智，照第一义者，说以为慧，通则义齐。”从佛家对两者加以区分的角度看，儒家重“智”，而佛家重“慧”，而将两字联系起来，可以说两家都重视智慧。

为致行的途径；三是突出强调修身的意义，修身直接指向德，而德与智和福在本质上是一体的，其中包含智，而修养本身也是一种智的体现。总体上看，在儒家那里，德与福、德与智、智与福是紧密地缠绕在一起的，很难清晰地加以区分，儒家所特别重视的修身可以说是德福智三修，其重点在于德智双修，而福隐含于其中。这一点显示了儒家智慧观念不同于佛家的特色，即佛家重福慧双修，德隐含于其中，而儒家重德智双修，福隐含于其中。

总体上看，儒家谈德极多，而直接谈福不多，但在儒家早期的文献中，实际上已经将德与福明确地联系起来。德即福，这对于儒家来说，似乎是不言而喻的。《礼记·祭统》称“福者，备也”，而“备”乃“百顺之名”，“无所不顺”。所谓“无所不顺”就是“内尽于己，而外顺于道也”。《礼记》还对这里所说的“备”做了明确的界定：“上则顺于鬼神，外则顺于君长，内则以孝于亲，如此之谓备。”（《祭统》）显然，儒家这里就是用德释福，福实际上就是德。如果两者之间有所区别的话，那就是福是一种至德、全德，即所谓“备”，而“德”可以指至德、全德，也可以指某一种具体德性，如“勇”。对于这一点，北宋张载如此解释：“至当之谓德，百顺之谓福。德者福之基，福者德之致，无入而非百顺，故君子乐得其道。”（《正蒙·至当》）从“孔颜乐处”的故事看，福在儒家那里是德的伴随物，有德必有福，无德必无福。在无德的情况下，即便有荣华富贵也不能称为福，那不过是孔子所说的“浮云”而已。据此看来，儒家把圣人作为理想人格，视圣人为至德至智的化身，不言而喻，圣人也就是儒家的至福之人。也正因为如此，《大学》中把大学的终极目的确定为“在明明德，在亲民，在止于至善”。这里讲的实际上就是“内圣外王”的终极目标：“明明德”强调的是弘扬德性，“亲民”讲的是治国平天下，两者达到最高境界就是“内圣外王”。当一个人达到这种人生的至善大德境界时，他也就达到了人生的至福境界。

在德福的关系问题上，儒家还有一种以荣华富贵配德性的思想。《中庸》记载，孔子说：“舜其大孝也与！德为圣人，尊为天子，富有四海之内。宗庙飨之，子孙保之。故大德必得其位，必得其禄，必得其名，必得其寿。”孔子这是说，历史上的圣王舜因为有大孝大德而成为圣人，并因而成为天子，拥有江山社稷，家族兴旺，子孙满堂。他由此主张像舜这样有大德的人必须有相应的官位、俸禄、名誉，必须颐养天年，享有长寿。按照孔子的这种主张，福不仅在于德带来的精神愉悦，而且在于德所应匹配的功名利禄寿等物质享受。至此，儒家的德福统一观就完备了。

儒家所说的“德”不是今天纯粹道德意义上的德，而是包含“智”的德，用后来王阳明的话说，是一种“知行合一”之德。在早期儒家经典中，在谈到德时，几乎无不谈到智。孔子说的“仁”就明确包含智德。《论语·阳货》记载，子张问仁于孔子，孔子说能行五者于天下为仁，这五者就是“恭、宽、信、敏、惠”。“敏”就是敏捷、聪明，也就是“智”，它能使人办事有效率，所以孔子说“敏则有功”，即智敏能出功绩。而“惠”通常被理解为“慈惠”或“仁爱”，但在古文中“惠”同“慧”，把这里的“惠”理解为“慧”也许更符合孔子的原意，因为他说“惠则足以使人”，意思是有智慧处理好人际关系，可以调动人。假如我们做这样的理解，孔子所说的“敏”和“惠”，合起来的意思就是“智慧”。如此，智慧就被视为作为总体德性的“仁”的重要构成部分。传统智慧观念认为，不仅德性中包含智慧，智慧也是获得德性的途径。《中庸》认为，不具有“至德”，“至道”也就不能实现，而要获得至德，就需要智慧。“故君子尊德性而道问学，致广大而尽精微，极高明而道中庸。温故而知新，敦厚以崇礼。”这里的“尊德性”和“道问学”、“致广大”和“尽精微”、“极高明”和“道中庸”，以及“温故”和“知新”、“敦厚”和“崇礼”，讲的就是学与知、智与德如何有机结合起来，成为智慧，以成就至德，最终实现至道。

既然德与福是一致的，德福与智慧一体，那么传统价值观所讲的修身虽然名义上重视的是德性，实际上却包含福和智在其中。因此，儒家强调“修身为本”实际上意味着德福智三修，由于德与福、智与慧是一体的，因而德福智三修也可以说是德智双修或福慧双修。儒家关于修身的思想极其丰富，本书前面已有专题论述，这里要特别提出的是《大学》中“八条目”所集中体现的德智双修的重要思想。《大学》讲，大学的目的是明明德、亲民，直至至善，也就是最终要成就内圣（明明德）外王（亲民）。做到了内圣外王也就是达到了至善。在儒家看来，这种至善就是大德。这种大德如何获得？其根本在修身，修身是内圣之路。如何修身？那就是格物、致知、诚意、正心。这四个环节显然就是修养智慧的过程。智慧与聪明才干最大的不同在于，它是德化了的，浸润了德性，而聪明才智则不尽然。格物、致知、诚意、正心的过程实际上就是从知到智、从智到德的过程，也就是转识成智的过程。圆满地实现了这个过程，人就修成了内圣。但是，在儒家看来，这是修养身心的终点（明明德），同时又是济世安邦的起点，还要治国、齐家、平天下（亲民）。只有圆满地完成这个过程，就是说只有在成为内圣的基础上进一步成为外王，才能达到至善，从而达到至德、至福的统一。在这整个过程中，智慧始终伴随左右，并发挥决定性的作用，成就内圣的过程实际上也就是形成智慧的过程，而成就外王的过程，则是智慧的运用。因此，至德与至福的统一，是统一在智慧的基础上的，也可以说德福智是有机统一的。

从以上考察和阐述中可以看出，传统价值观的智慧观念是由五个紧密相关的基本观念构成的有机整体。它们是德福一致、德包含智、智慧相通、福慧双修、转识成智，而其关键是转识成智。这不仅是一种完整的智慧观念体系，而且具有鲜明的中国特色，它是传统价值观中宝贵的历史遗产和观念资源。在我们生活于其中的现代社会，人们普遍重视物质欲望的满足，把幸福理解为资源占有和尽情享受，重视知识不重视智慧，技术理性、工具理性盛行，而道德理性、价值理性淡出。这种现代文明的物化之风导致了许多现代社会病，其中最为突出的表现是人们为了占有更多资源和尽情享受而疲于奔命，缺乏闲适时光和终极关怀，忽视修身养性和陶冶情趣，不追求人格完善和高尚境界，以及由此导致的精神空虚、情感冷漠、心理疾病流行。在这些严重的问题面前，重温、弘扬传统智慧观念，必定会给我们诸多教益和启示。

六 “仁者爱人”

“仁者爱人”① 是传统价值观的核心观念。在传统文化中，“仁”是

① “仁者爱人”之爱，通常简称为“仁爱”。语出《淮南子·修务训》：“尧立孝慈仁爱，使民如子弟。”《史记·袁盎晁错列传》：“仁爱士卒，士卒皆争为死。”

基础性、总体性的个人之德，“仁者”是具有“仁”这种德的人，即道德之人。第二章我们考察和阐述了作为传统价值观德目的“仁”（“五常”之一）。在长期的传统社会中，它原本是思想家提出的德目，即传统价值观的“五常”之首，后来逐渐演变成一种得到普遍公认的价值观念。“仁”这个词至少在西周就已经出现，并且有道德或善的含义，但对它的道德含义进行系统阐发并为其赋予新的道德意义的是孔子。“仁”是孔子思想的核心范畴，他的整个思想体系就是围绕这个核心构建起来的。孔子的“仁”含义十分丰富，但其基本的含义是“爱人”，即由对亲人的爱扩展到对所有人乃至物的有亲疏远近的爱。孟子深刻地洞察到这一点，将“仁”的主体“仁者”与“爱人”联系起来，于是就有了“仁者爱人”这一命题。“仁者爱人”观念虽然为儒家所主倡，但也得到了其他学派的响应。例如，法家代表人物韩非曾对这一命题做肯定性解释。他说：“仁者，谓其中心欣然爱人也。其喜人之有福，而恶人之有祸也。生心之所不能已也，非求其报也。故曰：‘上仁为之而无以为也。’”（《韩非子·解老》）实际上，墨家所讲的“兼爱”也与儒家的“爱人”相通，只是爱人的方式不同而已。后来先秦的“爱人”思想在逐渐得到认可的过程中成为传统价值观的基本观念。

“仁者爱人”虽然是传统价值观以至今天中国人的一种价值观念，但在自秦汉开始的宗法皇权专制社会，这一观念并没有在理论上获得多少丰富和发展。在儒家后来的演变中，“仁者爱人”的思想并没有得到足够的重视，后儒在相当大的程度上偏离了孔孟的原初儒学（原儒）。荀子虽然被公认为是先秦儒学的集大成者，但在《荀子》一书中，没有一篇专门讨论“仁”，而且全书几乎都不怎么谈“仁”，此后的儒家似乎也如此，他们谈及“仁”时主要是把它作为“五常”之一，而不是把它作为原儒价值观的核心和实质。从荀子“隆礼重法”开始，后儒都更关注伦理纲常以及社会规范，即“礼制”，以及作为“礼制”根据的“道”（宋儒将其改造为“理”），而对原儒的“道”的根本含义“仁者爱人”重视不够。不可否认，这种偏离有其社会历史根源，但从理论上看具有悲剧性，其体现在，虽然后来的宗法皇权专制时代打着尊孔、尊儒的旗号，但实际上一直偏离或者说丢掉了原儒的基本精神，使“仁”及“仁者爱人”成为空洞的说教，甚至成为实行残酷专制统治的遮羞布。

1. 仁爱观念的含义

何谓“仁者爱人”？儒家虽然有许多关于“仁”和“仁者”的界定和阐述，但未见有对“爱人”的明确规定。前文已明确指出“仁”的基本含义在于“爱人”，因而“仁”实质上与“爱人”相通，在一定意义上可以说“仁”即“爱人”。许慎在《说文解字·人部》中将“仁”训为“仁，亲也，从人从二”。就是说，二人之间的亲爱之情、人与人之间的亲爱之情，就是“仁”，“仁”字本身的基本含义是相亲相爱。孔子在“仁”的这种原初含义的基础上，第一次对人与人之间的亲爱关系加以系统阐述，赋予它道德的含义，并以“爱人”来表述它。正因为如此，学界通常将这种“爱人”的“爱”与“仁”联系起来，称之为“仁爱”。在孔子那里，“仁爱”的含义体现在三个方面：其外在体现是按照社会规范（在传统社会即为“礼”）行动，这就是孔子所说的“克己复礼”；其内在体现则是成己成人和推己及人，即行“忠恕之道”；其前提是具有仁德的人，即仁者必须以具有德性为前提，而德性是通过修养获得的，即“修己以敬”。“仁爱”的这三层含义从外到内，从思（思维）到心（品质），层层递进，体现为内得于己、外显于行的仁德，其核心是人要充满爱心。

在儒学中，仁者爱人涵盖的范围非常广。在孔子那里，爱人的对象从亲人扩展到众人即陌生人。他教导弟子们说：“弟子入则孝，出则弟，谨而信，泛爱众，而亲仁。行有余力，则以学文。”（《论语·学而》）这句话集中表达了孔子所确定的“爱人”进路，及其爱人在人生中的地位。其“爱人”的进路是：在家要尽孝，爱亲人；出门对待接触到的人要像对待兄长一样尊重、友爱他们，处事谨慎、守信；不仅如此，还要对众人有广泛的爱，亲近仁者。这是做人的基本前提，在此前提下，如果还有余力，再学习文化知识。显然，孔子的爱人指爱包括陌生人在内的所有人，只是这种广博的爱人要从爱亲人出发，必须包括爱亲人，由近及远。爱人必须包括爱亲人在《孝经》中得到了明确的强调。《孝经》认为爱他人而不爱亲人是违反仁义道德的：“不爱其亲而爱他人者，谓之悖德；不敬其亲而敬他人者，谓之悖礼。”（《圣治章》）

孟子明确将孔子的仁爱思想概括为“仁者爱人”（《孟子·离娄下》），强调仁爱是相对于人而言的，而非指物，但可以从爱亲人进而爱百姓，进而爱惜万物。“君子之于物也，爱之而弗仁；于民也，仁之而弗亲。亲亲而仁民，仁民而爱物。”（《孟子·尽心上》）孟子还将孔子的仁爱思想扩展到政治领域，提出了“仁政”思想。所谓“仁政”，其实质就是统治者爱臣民百姓。荀子也主张对所有人都要爱，都要敬，不与人争，这样就可以像天地那样包容万物。他说：“无不爱也，无不敬也，无与人争也，恢然如天地之苞万物。”（《荀子·非十二子》）《礼记》强调仁爱之爱着眼于德性，凸显了仁爱之“仁”。“君子之爱人也以德，细人之爱人也以姑息。”（《檀弓上》）《孝经》中在谈到先王的德性时，还使用了“博爱”的概念，认为先王应爱护所有臣民，对他们加以教化。“先王见教之可以化民也，是故先之以博爱而民莫遗其亲，陈之于德义而民兴行。”（《三才章》）

董仲舒认为，仁爱是指向他人的，“仁之法在爱人，不在爱我”（《春秋繁露·仁义法》）。而要做到这一点，必须具备一些仁的品质。“何谓仁？仁者憯怛爱人，谨翕不争，好恶敦伦，无伤恶之心，无隐忌之志，无嫉妒之气，无感愁之欲，无险诐之事，无辟违之行。故其心舒，其志平，其气和，其欲节，其事易，其行道，故能平易和理而无争也。如此者谓之仁。”（《春秋繁露·必仁且智》）与董仲舒不同，扬雄肯定仁爱包含自爱，甚至将自爱看作最重要的。“人必其自爱也，而后人爱诸；人必其自敬也，然后人敬诸。自爱，仁之至也；自敬，礼之至也。未有不自爱敬而人爱敬之者也。”（《法言·君子》）韩愈认为，仁爱就是博爱。“博爱之谓仁，行而宜之之谓义，由是而之焉之谓道，足乎己无待于外之谓德。”（《原道》，《韩昌黎全集》卷十一）张载进一步发挥了孟子将仁爱扩展到物以及大同社会的思想，提出了“民胞物与”的主张，并描绘了一幅仁爱世界的图景。他说：“民吾同胞，物吾与也。大君者，吾父母宗子；其大臣，宗子之家相也。尊高年，所以长其长；慈孤弱，所以幼其幼。圣其合德，贤其秀也。凡天下疲癃残疾、茕独鳏寡，皆吾兄弟之颠连而无告者也。于时保之，子之翼也；乐且不忧，纯乎孝者也。违曰悖德，害仁曰贼。”（《正蒙·乾称》）

朱熹进一步从本体论的意义上阐释了仁与爱的关系。他说：“‘仁者爱之理’，理是根，爱是苗。仁之爱，如糖之甜，醋之酸，爱是那滋味。”“仁是体，爱是用。又曰爱之理，爱自仁出也。然亦不可离了爱去说仁。”“‘仁者爱之理’，只是爱之道理，犹言生之性，爱则是理之见于用者也。”（《朱子语类》卷第二十）所以，仁就是性，而性只是理而已。爱是情，情发于用。性指其未发，所以说“仁者爱之理”；情乃指已发，所以说“爱者仁之用”。仁与爱的体用关系也就是“未发”与“已发”的关系，“未发”是“已发”的根据，“已发”出自“未发”。所以朱熹说：“所谓‘爱之理’者，则正谓仁是未发之爱，爱是已发之仁尔。”（《朱子语类》卷第二十）朱熹又形象地将仁与爱的体用关系比喻为根与苗的关系：“理是根，爱是苗。……不可便唤苗作根。然而这个苗，却定是从那根上来。”（《朱子语类》卷第二十）不过，仁与爱又是不可分离地密切联系在一起的，仁因爱而存在，爱则是仁的根本表现。在朱熹这里，仁爱不再是人类特有的，而是宇宙万物普遍具有的共性。

如此，传统儒学广大之爱的图景就最终形成了。就其范围而言，一是爱亲人，即“亲亲”；二是爱亲人之外所接触的人，“出门如见大宾”；三是爱所有的人，即“四海之内皆兄弟”“亲亲而仁民”“无不爱也”；四是作为统治者爱臣民，“使民如承大祭”，“博施于民而能济众”，实行“王道仁政”；五是由人扩展到天地之间，爱宇宙万物，即“仁民而爱物”“博爱”“民胞物与”。就其层次而言，一是“孝悌”，二是“兼善天下”，三是“老吾老，以及人之老，幼吾幼，以及人之幼”，四是“民吾同胞，物吾与也”的“天人合一”境界。关于儒家“仁爱”图景的结构关系，朱熹有一个概括性的归纳：“仁是根，恻隐是萌芽。亲亲、仁民、爱物，便是推广到枝叶处。”（《朱子语类》卷第六）从这一幅图景不难发现，儒家的“仁者爱人”超出了墨子的“兼爱”和基督教的“博爱”。墨子的“兼爱”局限于人与人之间，基督教“博爱”的对象只是上帝的子民，包括自己和“邻人”，即所谓“爱人如己”。

儒家所说的爱是没有条件的。人们之所以会爱，儒家之所以要求人们相亲相爱不是因为爱能够获得利益，不是为了获得自己心理上的满足，更不是出于某种外在力量（如上帝）的迫使，而是因为人性使然。孔子认为人的天性原来是相接近的，后来的相异都是由习俗的影响造成的。这就是他所说的“性相近也，习相远也”（《论语·阳货》）。正因为人性相近，所以人与人之间会产生相亲相爱的关系。孟子进一步把孔子的这种相近性界定为善性，即所谓“善端”。“无恻隐之心，非人也；无羞恶之心，非人也；无辞让之心，非人也；无是非之心，非人也。恻隐之心，仁之端也；羞恶之心，义之端也；辞让之心，礼之端也；是非之心，智之端也。人之有是四端也，犹其有四体也。”（《孟子·公孙丑上》）在这方面，儒家的爱人也不同于墨家和基督教。墨家也讲“天下之人皆相爱”（《墨子·兼爱中》），但他所说的“兼相爱”以“交相利”为目的，而不是出自本性。基督教的“博爱”也是有功利考虑的。人们之所以要爱邻人是因为邻人是上帝之所爱，爱上帝之所爱正是爱上帝所要求的，而爱上帝是为了得到上帝的青睐，以便死后进天堂。由此看来，儒家的仁爱比墨家的“兼爱”、基督教的“博爱”更纯洁，更有合理性根据。

学界长期以来流行这样一种看法，即认为先秦儒家主张的“爱人”是有差等的，即所谓“爱有差等”。这也许是一种误解，孔子一贯主张“爱人”应从“孝悌”开始，然后由近及远，把对亲人的爱推广到其他人。孔子以及后来的儒家并没有主张对其他人的爱应当与对亲人的爱不同。的确，《中庸》中明确说过“仁者人也，亲亲为大”，但这种观点在孔孟那里找不到依据，而且后来似乎也没有主张者。我们倒是可以找出儒家主张爱无差等的表述。其中表述得最明确的是孟子。孟子说的“老吾老，以及人之老；幼吾幼，以及人之幼”，显然主张要像对待自己的老人和孩子一样对待别人的老人和孩子。孟子还根据《诗经》中的“刑于寡妻，至于兄弟，以御于家邦”诗句，提出：“言举斯心加诸彼而已。故推恩足以保四海，不推恩无以保妻子。古之人所以大过人者，无他焉，善推其所为而已矣。”（《孟子·梁惠王上》）在他看来，《诗经》所说的就是把自己的这份善心也施于别人。孟子由此推论，把自己的爱心恩惠推而广之，四海之内都可以安定；如果不这样，那连自己的妻子儿女也不能保护好。而古人之所以有那么多的过人之处，没有什么其他原因，主要是由于他们能够把自己的善行推而广之。显然，孟子这里的意思是希望人们像爱自己的亲人一样爱其他人，有点像基督教说的“爱人如己”。不过，这里说的不是“己”，而是“己之亲人”。他还强调了推广这种爱的极端重要性，认为它关乎身家性命。

孔孟主张爱无差等，也可以从孟子关于人与人之间的爱也应该是对等的、相互的论述中看出。孟子告诉齐宣王说：“君之视臣如手足，则臣视君如腹心；君之视臣如犬马，则臣视君如国人；君之视臣如土芥，则臣视君如寇仇。”（《孟子·离娄下》）孟子还说：“君子所以异于人者，以其存心也。君子以仁存心，以礼存心。仁者爱人，有礼者敬人。爱人者，人恒爱之；敬人者，人恒敬之。有人于此，其待我以横逆，则君子必自反也：我必不仁也，必无礼也，此物奚宜至哉？其自反而仁矣，自反而有礼矣，其横逆由是也；君子必自反也，我必不忠。自反而忠矣，其横逆由是也，君子曰：‘此亦妄人也已矣。如此，则与禽兽奚择哉？于禽兽又何难焉？’”（《孟子·离娄下》）这些论述显然是讲人与人之间的爱应该是平等的、相互的，只不过由于人们的身份不同，他们的爱的实际含义并不相同。

爱有无差等的问题最早是在《孟子·滕文公上》中提出的。其中记录了墨家的门徒夷之与孟子之间的一段通过徐子传话进行的对话，对话中夷之说了这样一句话：“儒者之道，古之人若保赤子，此言何谓也？之则以为爱无差等，施由亲始。”这句话的意思是，按照儒家所宣扬的道理，古代圣人像保护婴儿那样善待百姓，爱人不能分等级，只是实行的过程从自己的亲人开始。这里夷之表述的是儒家的观点，而不是他本人的观点。就是说，在他看来，儒家所说的“若保赤子”实际上是讲爱是没有差等的，只是其起点是自己的亲人而已。然而，学界不少人都把后面一句话看成夷之表述的墨家的观点，这显然是不对的。夷之后面说的“爱无差等，施由亲始”，是他本人对“若保赤子”意蕴的理解。既然连墨家都承认儒家讲无差等的爱，那就没有理由认为儒家主张爱有差等。

2. 仁爱观念的价值要求

先秦儒家认为，仁爱是所有人都应该做到的，而为官从政者因其身份特殊尤其要做到这一点。《礼记·哀公问》中记载，孔子明确说：“古之为政，爱人为大。不能爱人，不能有其身。不能有其身，不能安土。不能安土，不能乐天。不能乐天，不能成其身。”孔子的这种思想到孟子那里发展成了“仁政”学说。仁政的实质在于统治者关爱臣民，并出于这种关爱为臣民谋福祉。

孔孟认为，爱人是从爱亲人开始的，对亲人的爱在孔子那里包含在“孝悌”之中，孔子将这种爱视为爱人的根本内容。在《论语》中，有子阐述了孔子将“孝悌”作为仁爱之根本的原因。他说：“其为人也孝弟，而好犯上者，鲜矣；不好犯上，而好作乱者，未之有也。君子务本，本立而道生。孝弟也者，其为仁之本与!”（《学而》）有子着眼于社会的治乱角度来论述孝悌的重要性，并进而指出它在仁爱中的根本性地位，充分体现了孔子重视孝悌的意图。孔子自己也说：“君子笃于亲，则民兴于仁；故旧不遗，则民不偷。”（《论语·泰伯》）他的意思是，君子用深厚诚恳的态度对待亲人，民众就会趋向仁德；君子不抛弃故人，社会的人情就不会淡薄。

春秋时代，君不君，臣不臣，父不父，子不子，人伦关系颠倒混乱，诸侯割据，战乱不已。面对这种严峻的局面，孔子认为问题的根子在家庭伦理关系，因而从解决家庭内部伦理关系问题入手。他强调，家庭成员都要各守其道，各安其分，用孝悌来规范自己的行为、协调家庭内部人际关系。孝作为子女对父母的德性，要求子女对父母尊敬服从。扩展开来，孝就成为家族系统中处理上下关系的道德规范，旨在维系子辈对父辈的隶属关系。悌是弟弟对兄长敬重亲爱的德性，扩展开来就成为处理家族系统中同辈关系的道德规范。孔子根据历史经验和自己的观察发现，一个人在家孝敬父母，尊敬兄长，他就不会做出悖逆师长的事，能够尊敬师长的人就不会生事捣乱。“慎终，追远，民德归厚矣。”（《论语·学而》）他据此认为，只要人人做到孝敬父母，敬爱兄长，友爱兄弟，他们就不会犯上作乱，社会就会道德淳朴，天下就会太平无事。

在“孝悌”之间，孔子更重视孝道。之所以如此，是因为他认为“教民亲爱，莫善于孝”（《孝经·广要道章》）。他认为，一个人要尽孝道，就要做到以下三点。一是无违礼节 。“生，事之以礼；死，葬之以礼，祭之以礼。”（《论语·为政》）孔子强调，父母生前或死后都要严格按照礼节的规定行孝，绝不允许“违礼”。二是关心牵挂。“父母之年，不可不知也。一则以喜，一则以惧。”（《论语·里仁》）孔子要求，要将父母的年龄时刻记在心中，一则为其高寿而“喜”，二则为其年迈而“惧”。三是恭敬真诚。“今之孝者，是谓能养。至于犬马，皆能有养；不敬，何以别乎?”（《论语·为政》）在孔子看来，孝敬父母的根本不在于赡养，而在于是否真心诚意。如果孝敬父母只有物质奉养而无精神慰藉，赡养父母就与饲养犬马之类的动物没有什么差异。对孔子来说，孝最重要的是“养”和“敬”，而“敬”是最难能可贵的。

孔子孝的思想也有其局限性。他认为，父母有不对的地方，做儿女的可以用婉转的语气加以劝止，这就是“事父母几谏”，但如果父母不接受劝止，做儿女的只得“又敬不违，劳而无怨”（《论语·里仁》）。孔子还要求“三年之丧”（《论语·阳货》），“三年无改于父之道”（《论语·里仁》）。显然，孔子的这两种主张失之偏颇。按照他的意思，孝敬父母可以无原则，为了孝敬父母可以放弃做人的起码准则。这种孝无疑有愚孝之嫌。此外，孔子提出了“亲亲相隐”的主张。这是一个更为复杂的问题，今天关于这个问题有诸多讨论，需要稍加分析。

在先秦时代，人们有一种容隐观念，即亲属之间尤其父母血亲之间有罪应当互相隐瞒，不要告发，也不要做证，这就是所谓“讳”。讳从韦声，韦，违避之也。《春秋公羊传·闵公元年》记载：“《春秋》为尊者讳，为亲者讳，为贤者讳。”《春秋穀梁传·成公九年》也载：“为尊者讳耻，为贤者讳过，为亲者讳疾。”这里所说的“疾”不是指病，而是指恶。孔子在《论语》中不仅将这种“违避”观念发展成“亲亲相隐”的容隐观念，而且为之提供道德的辩护，称之为正直的行为。他的原话是：“父为子隐，子为父隐，直在其中矣。”（《论语·子路》）孔子的这种思想对后世影响很大。汉宣帝于地节四年（公元前66）下诏明确规定：“父子之亲，夫妇之道，天性也。虽有患祸，犹蒙死而存之。诚爱结于心，仁厚之至也，岂能违之哉！自今子首匿父母，妻匿夫，孙匿大父母，皆勿坐。其父母匿子，夫匿妻，大父母匿孙，罪殊死，皆上请廷尉以闻。”（《汉书·宣帝纪》）据此，卑幼隐匿有罪尊长，不追究刑事责任；尊长隐匿有罪卑幼，死罪上请廷尉决定是否追究罪责，死罪以下也不追究刑事责任。《唐律疏议》则进一步对“亲亲相隐”原则做了具体规定，其内容主要有两点。一是亲属有罪相隐，不论罪或减刑；控告应相隐的亲属，要处刑。二是有两类罪不适用“亲亲相隐”原则：一类是谋反、谋大逆、谋叛及其他某些重罪，另一类是某些亲属互相侵害罪。此后历代立法者多肯定“亲亲相隐”的原则，一直到民国《刑法》，仍规定藏匿犯罪的亲属可减轻处罚。

在孔子那里，“亲亲相隐”出自《论语·子路》中的一段记载，讲的是未受文化教育的素朴之人向乡长告发其父“顺手牵羊”（攘邻里之羊）。从这一情境看，其父所犯的只是日常生活中的小过错，而基于其受教育水平以及我们对情境的判断，其告发行为很难得到我们道德直觉的认可，其动机更可能是为了博取道德之名，并且是以伤害亲情为代价。因此，在这样的情境中，孔子主张的“亲亲相隐”可能是更恰当的选择，是不以小害大。显然，孔子不是将之作为一种原则而提出的，相反，在另一种情境中他的主张是“大义灭亲”。《左传》中记载，孔子称赞鲁国叔向正直，是“古之遗直”，因为其叔父犯法，他秉公处理而治其死罪。这两种截然不同的选择是由于情境因素的变化，后者是在重大的政治领域发生的，而且叔向是国家重臣，身处高位，当以相应的政治职责为重，而且应该具备相应的道德自觉。说到底，儒家所注重的是基于自身德性的选择，而不是外在的原则，因而随情境的不同当有不同的表现。这种两难的情境，需要个人基于对情境因素的权衡而做价值排序，进而出于自身的道德理解而做出恰当的选择，而不是拘于一定之法。因此，这种观念虽然后来在一定程度上得到了法律的肯定，但并没有在道德上得到进一步的发扬光大。相反，为适应维护统治的需要，与“亲亲相隐”对立的“大义灭亲”观念实际上成为统治者倡导的道德观念。

《尚书·洪范》云：“无偏无党，王道荡荡。无党无偏，王道平平。无反无侧，王道正直。”“大义灭亲”的意思是，为了维护正义，对犯罪的亲属不徇私情，使其受到应有惩罚，即所谓“赏不避仇雠，诛不择骨肉”（《资治通鉴·汉纪十四》）。当然，大义灭亲的行为主体通常是掌握权力的官员。“大义灭亲”一词出自《左传·隐公四年》：“石碏，纯臣也，恶州吁而厚与焉。‘大义灭亲’，其是之谓乎！”这里记述的是这样一个故事。春秋时卫国大夫石碏曾经劝谏卫庄公，希望他加强对溺爱的儿子卫州吁的管教。卫庄公死后，卫桓公即位，卫州吁与石碏之子石厚一起谋害桓公篡位。石碏恨儿子大逆不道，定计让陈国陈桓公除掉了卫州吁与石厚。石碏的这种做法史称“大义灭亲”。此后，此类不徇私情、不避亲故的做法被视为道德高尚的义举，比较有影响的还有子文执法不私亲、叔向断狱不隐亲、汉武帝行法无所假贷等千百年来传颂的美谈。显然，这种道德观念是与“亲亲相隐”的法律观念完全冲突的。今天，“亲亲相隐”的观念在道德上得到了比较广泛的认可，但是人们还是普遍要求公职人员特别是司法人员公正无私、秉公执法。因此，这两种观念都是基本合理的，只是各有不同的适用范围。

在孔子那里，“孝”既具有道德规范的意义，即“礼”的意义，也具有道德情感的意义，即关心牵挂、恭敬真诚的意义，而且他更强调道德情感的意义。这种道德情感的意义体现了“仁者爱人”的要求。孟子主张实施“仁政”也具有道德情感的意义。但是，后来的儒家，除了张载有明确表达爱人的思想之外，“爱”的道德情感意义在思想家那里逐渐淡出，他们更强调“礼”的道德规范意义并为之提供根据（“道”或“理”）。更为重要的是，“爱人”的观念没有真正转变为社会普遍的爱人行为，特别是没有转化为爱他人的行为。普通人对亲人、熟人一般是有仁爱之情的，但对亲人、熟人之外的人一般缺乏这种情感。有些统治阶级在正常情况下也会有一些体恤百姓甚至爱民如子的举措，但大多数统治者不能够真正做到这一点。特别是当统治阶级的利益与百姓的利益发生冲突时，他们通常最终会牺牲百姓的利益以保全统治者的利益。由此可见，仁者爱人的观念即便在今天看来仍然具有合理性，是一种值得发扬光大的正确观念，但它在传统社会并没有真正深入人心，没有得到普遍的认同，没有真正转化为国民的内心信念。它局限于很小的范围，主要限于亲友，而且层次很浅，只作为欣赏的对象，而没有内化于心，外化于行。从这种意义上看，这种观念只是一种理想意义上的观念，而不是已经成为人们行为定势的观念，或者说还不是人们的实践观念。

孔子虽然较多地谈论孝亲，但对“爱人”的其他方面（“出则弟”“泛爱众”“四海之内皆兄弟”等）只是谈及而没有多少直接的论述。他的仁爱思想中的“克己复礼”“忠恕之道”“修己以敬”等内容所回答的是如何做到爱人，而没有回答“爱人”（特别是爱亲人以外的人）意味着什么、为什么要爱人、爱人是否可能等“仁者爱人”观念的基本问题。孟子回答了统治者如何爱人的问题，并且从性善论的角度为“仁者爱人”提供了依据，但没有对上述问题提供系统的回答。他描述“老吾老，以及人之老，幼吾幼，以及人之幼”这种理想的仁爱图景，实际上也不是正面阐述的，而是作为一种统治手段谈到的，即这样做了就“天下可运于掌”（《孟子·梁惠王上》）。因此，“仁者爱人”观念在理论上的论证是不充分的，而这正是这种观念没有被普遍践行的重要原因。

“仁者爱人”提出后之所以没有在传统皇权专制时代转化为人们的实践观念和行为准则，主要在于皇权专制社会是一种人与人之间极其不平等、社会资源分配极其不公正的社会。这种社会缺乏儒家倡导的“爱人”所需要的人与人之间平等互利的起码条件。皇族之外的所有人都不是社会的主人，而是皇家的臣民甚至奴才。他们虽然不一定爱皇帝或皇族，但必须无条件地接受皇帝的政治压迫、经济剥削和思想控制，至于皇帝是否爱臣民那完全取决于他的兴趣或利害关系。在这样一种社会结构中，臣民在皇权的严酷统治之下艰难地生存，除了家庭、家族以及乡亲之间尚存在微弱的温情之外，人与人之间特别是陌生人之间是有隔膜的，彼此之间也没有多少联系，无所谓相互之间的关爱。皇族内部更是因为皇权争夺导致的明争暗斗而充满血雨腥风。“仁者爱人”及其思想体系不过是身处乱世的早期儒家的一种美好期盼和并不十分完整的社会设计方案。它在乱世之中产生尚有其理由，但当进入体系完整的皇权专制社会之后，这种思想观念不仅没有再获得发展的可能，而且没有发挥作用的余地。可以说，在秦代至清代的两千多年时间里，“仁者爱人”只是作为思想观念而存在，虽为有识之士所推崇，但从未转化为实践原则，真正进入人们的生活。这段漫长的时间可以说是“爱人”的历史空白期。

人们通常认为，西汉董仲舒提出“罢黜百家，独尊儒术”之后儒家就成为此后的皇权专制社会占统治地位的意识形态和指导思想。由前面的分析我们不难发现，这种看法值得商榷。“仁者爱人”是孔孟儒学思想的核心内容和关键命题。这一儒家根本性主张是与皇权专制主义根本对立的，完全没有也完全不可能为历代皇权专制统治者所接受。因此，可以说历代统治者所尊崇的儒学都不是原本意义上的儒学，或者说只不过是儒学中的某些非本质性的因素。这些因素主要是通过儒家濡化的礼制。孔子在创建儒学的过程中，用他的仁学思想对周礼进行了改造，赋予其“爱人”的内涵。我们前文谈及的“孝”的三层含义中第二、三两层含义就是孔子赋予传统的作为礼的“孝”的“爱人”的内涵。然而，当儒学被尊崇为官学之后，儒家赋予礼的所有道德情感内涵逐渐被剔除掉，仁爱因素被以“三纲”为核心的专制主义因素所取代。

另外，由于将“礼”视为“天道”或“天理”的体现，礼的正确性及其合法性得到了哲学的、理论的论证。董仲舒开始重视“三纲五常”并将其与“天道”紧密联系起来，宋明理学更为“礼义”提供了一整套“天理”的体系。他们说的天道也好，天理也好，都是无所谓情感的，更谈上爱的情感。就如同我们今天不能说地球绕着太阳转这一自然规律对某种对象有爱的情感，既然所有礼义都源自“天道”“天理”，当然就无所谓情感了，其只是冷冰冰的僵硬的对人的约束和规范。如果说儒家的“仁爱”思想对传统社会有所影响的话，那也只是存在于百姓和极少数明君的行为中。

当然，儒家毕竟被尊为官方思想，人们可以完全不受限制地读《论语》《孟子》等经典，从中接受“仁爱”思想，也会出现许多宣传儒家“仁爱”思想的蒙学读物之类的得到广泛流传的文本。正是这种有利条件使“仁者爱人”这一儒家的主导观念能够在极度专制的皇权时代广泛流传。

3. 仁爱观念的意义

“仁爱”是儒学以至传统文化中最有价值且最有生命力的价值观念，它与当代西方流行的关爱伦理学（亦译为“关怀伦理学”）的“关爱”观念有异曲同工之妙。关爱伦理学反对传统伦理学只重视以公正为核心的德性品质，而忽视以关爱为核心的德性品质，因而主张弘扬关爱德性。另外，关爱伦理学认为关爱并不同于博爱，它不是对所有人相同的爱，而是如同儒家主张的那种由近及远的爱，也许在由近及远的过程中爱存在强度减弱的问题，或者说存在亲疏问题。不难看出，关爱伦理学的“关爱”观念在实质上是与原初儒家的“爱人”观念完全一致的。

在先秦诸子百家中，儒家和墨家都讲爱人。虽然儒家的“仁爱”观念后来成为传统价值观的主导观念，但墨家的“兼爱”思想也融入传统价值观之中，对中国传统社会一直发生着影响。墨子认为，当时社会的动乱起源于人们只是自爱而不相爱，社会出现了“子自爱，不爱父”“弟自爱，不爱兄”“臣自爱，不爱君”，以及父、兄、君自爱而不爱子、弟、臣的乱局。在墨子看来，这种乱局的出现“皆起不相爱”（《墨子·兼爱上》）。既然天下混乱的局面是由不相爱导致的，那么就要鼓励爱别人。墨子相信，只要天下的人相爱社会就会治理好，而相互憎恶社会就会混乱。这种爱别人并不是一种纯粹的爱，而是一种与互利相关联的爱，即所谓“兼相爱，交相利”。“兼相爱”与“交相利”密切相关，人们彼此相爱的结果是彼此都会得到好处：“诸侯相爱，则不野战；家主相爱，则不相篡；人与人相爱，则不相贼；君臣相爱，则惠忠；父子相爱，则慈孝；兄弟相爱，则和调。天下之人皆相爱，强不执弱，众不劫寡，富不侮贫，贵不敖贱，诈不欺愚。”（《墨子·兼爱中》）墨子认为，他所说的“兼相爱，交相利”是“圣王之法”“圣王之道”“天下之治道”。按照此法此道行事，人们就会“视人之国，若视其国；视人之家，若视其家；视人之身，若视其身”（《墨子·兼爱中》）。如此，王公大人就会得以平安，万民衣食也会得以满足，是“万民之大利也”（《墨子·兼爱下》）。所以，墨子要求“君子莫若审兼而务行之”：“为人君必惠，为人臣必忠；为人父必慈，为人子必孝；为人兄必友，为人弟必悌。”（《墨子·兼爱下》）

由以上所述可见，墨家的“兼爱”思想与儒家的“仁爱”思想实质上是相通的，差异主要在于如前所述的，墨家着眼于爱人会给人们带来的实际好处，这种好处并非物质上的功利，而最主要体现在不会导致社会混乱，人人自危；儒家着眼于爱人能更好地实现人的善良本性，而且会带来人性化、人道化、人情化的“大同”社会。两者所针对的都是现实社会的动乱，一个以人性善为根据，一个以解决现实问题为根据；一个为了建立一种美好社会，一个为了建立一种有序社会。相比较而言，儒家“仁爱”思想更具有理想的色彩，墨家“兼爱”思想则比较务实。当然，在皇权专制社会，不单单儒家的“仁爱”是乌托邦，墨家的“兼爱”即便成为主导观念也不可能真正实现。其根本原因在于，在皇权专制时代，专制和等级制度根本不允许人们之间有自由平等，当然也就不可能有建立在自由平等基础上的人与人之间的爱。

孔子把“仁”理解为基础性、总体性的个人之德，而又将这种德的基本内涵概括为爱人，是有其历史局限性的。其中有两点比较明显。其一，个人之德包括道德观念、道德品质、道德情感、道德行为等多个不同方面，爱人是一种道德情感，可称之为“情德”，但不能作为个人之德的全部。如果将“仁”理解为个人之德的基础和总体，就不能将其仅仅理解为爱人，至少还要包括道德观念和道德品质。应该肯定，孔子之后，儒家将“义礼智信”归入德目，有一定的纠偏意义，但“仁者爱人”这一命题本身还是失之偏颇的。其二，在小人尤其是邪恶之人大量存在的现实社会，不考虑对象而抽象地谈论爱人确实存在爱憎不分的问题。孔孟讲要爱亲人、爱他人、爱百姓以至爱万物，这本无错，但他们没有回答仁者要不要爱小人和邪恶之人。但从他们的论述中可以看出，爱人是爱所有人，而无所谓好人坏人之分的。这种爱憎不分的爱既不现实，也会导致对邪恶的纵容。

正因为仁者爱人观念存在上述历史的和理论的局限性，所以需要对它进行批判性的继承和弘扬。首先，如果我们认同“仁”指的是个人之德，那么就不能将其仅仅归结为爱人这种道德情感，而要全面理解个人道德。就当代中国而言，个人之德至少还包括造就全面而自由发展的理想人格和追求全体人民过上幸福美好生活的社会理想，以及社会主义核心价值观所倡导的爱国、敬业、诚信、友善等道德品质和行为准则。其次，就道德情感而言，今天一个人不仅要爱亲人、他人、百姓以至万物，而且要爱自己生活于其中的家庭、家乡（社区）、祖国以及自己的职场等。最后，在今天这种罪恶尚存的社会，爱的对象应当有所选择，不能不加分别地爱每一个人。对于那些邪恶之人，我们不仅不能爱，而且要厌恶、反感，并勇于与之做斗争，通过斗争使他们弃恶从善。

传统价值观的“仁者爱人”观念虽然有其历史局限性，但其中确实包含精华，从总体上看是一种合理的价值观念，尤其值得今天弘扬和发展。今天，中国社会已经进入自由、平等、民主、法治的现代社会，过去的那种皇权专制主义已经被推翻，原儒倡导的“仁者爱人”这一根本主张终于获得了得以践行的社会条件。当然，我国尚处于社会转型时期，传统的皇权专制主义残余还有影响，而且市场经济的“利益最大化法则”也会阻碍甚至损害“仁者爱人”观念的践行。但是，只要我们对这种障碍和威胁有清醒的认识，全面推进社会主义现代化进程，经过创造性转化和创新性发展的“仁者爱人”观念将会成为中国当代价值观的主导观念和实践原则。

七　“义以为上”

重义轻利是传统价值观中的一种重要观念，其所涉及的是“义”“利”关系问题。这里所说的“义”指的是“道义”，尤其指公共利益（国家社稷天下的利益），因而这里的“义”也可以说是“公利”或“公义”；这里所说的“利”指个人利益，包括满足基本需要的物质资源，也包括功名利禄、荣华富贵等物质的和精神的资源。传统价值观认为，义和利是人生的两大基本问题。荀子说："义与利者，人之所两有也。"（《荀子·大略》）对于人来说，天下重要的事都可以归结为义利两个方面。程颢说："天下之事，惟义利而已。"（《二程集·河南程氏遗书》卷第十一）朱熹也说："事无大小，皆有义利。"（《朱子语类》卷第十三）人们在处理义利关系的过程中形成了不同的义利观，不同义利观体现了对待义利的不同价值取向和态度。对于义利关系问题，自春秋时期起出现了所谓"义利之辨"，传统社会的不同学派形成了不同的回答和争辩。其中主要观点有四种：第一种是儒家主张的重义轻利的义利观；第二种是墨家以及杂家主张的贵义重利的义利观；第三种是道家不言利只崇义的义利观；第四种是法家的多言义而只重利的义利观。儒家最为重视义利问题，有所谓"义利之说乃儒者第一义"（《与延平李先生书》，《晦庵先生朱文公文集》卷二十四）的说法。儒家的义利观是传统社会占主导地位、影响深远的价值观念，因而是传统价值观的基本观念。儒家的重义轻利观念有诸多不同表达形式，我们可以用孔子的"义以为上"命题作为其典型的表达。

1. *义利之辨*

春秋时代以前，中国古人就已经有"重义"的观念。《尚书·泰誓上》中"同力度德，同德度义"的记载表明，在当时，"义"就被看作比德更重要的东西。但在当时未见有谈及义与利关系问题的文献。《左传》中有把"义"与"德""礼"联系起来的思想。"义而行之，谓之德、礼。"（《文公七年》）意思是合于道义而又实行它们，叫作德、礼。《左传》中还有关于义利关系的论述："信载义而行之为利"（《宣公十五年》）；"信以守器，器以藏礼，礼以行义，义以生利，利以平民，政之大节也"（《成公二年》）；等等。《左传·昭公四年》记载，郑国相子产（？～前522）曾用"苟利社稷，死生以之"表达他为了国家利益将个人生死置之度外的决心。清末名将林则徐受其影响还写下了著名诗句："苟利国家生死以，岂因祸福避趋之！"（《赴戍登程口占示家人》）明确将"义"与"利"联系起来，并强调"义"高于"利"的是儒家，特别是孔子和孟子。有人统计，《论语》中提到"义"字达24次，对"利"论述只有

10处；《孟子》中使用“义”字次数更多，达108次。[①] 在这两本书中，义常常与利联系在一起。

孔子在继承传统观念的基础上进一步弘扬公义，而贬低私利，奠定了儒家重义轻利观念的基调。孔子生活在动乱的春秋时代，当时人们对利的疯狂追求造成了人与人之间的怨恨和矛盾，社会动荡不安。在他看来，“放于利而行，多怨”（《论语·里仁》）。正因为如此，“子罕言利，与命，与仁”（《论语·子罕》）。孔子十分重视义利关系的辨析，有不少关于两者之间关系的明确表述。其中最典型的有：“君子喻于义，小人喻于利。”（《论语·里仁》）“不义而富且贵，于我如浮云。”（《论语·述而》）“君子义以为质。”（《论语·卫灵公》）“君子义以为上，君子有勇而无义为乱，小人有勇而无义为盗。”（《论语·阳货》）“士见危致命，见得思义，祭思敬，丧思哀，其可已矣。”（《论语·子张》）“因民之所利而利之。”（《论语·尧曰》）孔子虽然推崇义，但也肯定利的意义，未见有否定利的思想。他明确说过：“富与贵，是人之所欲也；不以其道得之，不处也。贫与贱，是人之所恶也；不以其道得之，不去也。君子去仁，恶乎成名？君子无终食之间违仁，造次必于是，颠沛必于是。”（《论语·里仁》）他的意思是，富贵是人人想要追求的东西，而贫贱是人人想要摒弃的东西，关键在于获得它们必须符合道义。后来《增广贤文》将孔子的这一思想概括为“君子爱财，取之有道”，是很准确的。有研究者将孔子的这一思想概括为“以义生利”也颇有道理。[②]

孟子则发挥了孔子的重义思想，在将“义”推到至高无上的地位，将其视为人生最高价值的同时，将利贬到了更低的位置，甚至主张为了义可以不顾一切，乃至牺牲生命。

孟子认为“义”是“人之正路”，并两次明确要求人们“居仁由义”（《孟子·离娄上》）。《孟子·离娄上》说：“仁，人之安宅也；义，人之正路也。旷安宅而弗居，舍正路而不由，哀哉！”他的意思是，仁是人们理想的安居之宅，义是人们正确的行走之路。假如空着理想之宅不住，放着正确之路不走，那是非常令人悲哀的。《孟子·尽心上》记载的齐王

---

① 参见罗国杰主编《中国传统道德》（简编本），中国人民大学出版社1995年版，第8页；邵喆静《孔子的义以生利的思想浅析》，《科学与财富》2013年第3期。

② 参见邵喆静《孔子的义以生利的思想浅析》，《科学与财富》2013年第3期。

之子垫与孟子的对话，再次要求人们应当“居仁由义”。垫问孟子士应当崇尚什么，孟子回答说，崇尚志向。垫又问什么是志向，孟子说，就是尊奉仁义。于是，他对仁义做了这样的解释：杀害一个没有罪过的人是不仁的，拿不属于自己的东西是不义的。接着他强调了仁义对于人们成人、成为“大人”的重要性：“居恶在？仁是也；路恶在？义是也。居仁由义，大人之事备矣。”孟子认为，在人的一切选择中，义是最为重要的，在义的面前，其他一切都是无足轻重的。“大人者，言不必信，行不必果，惟义所在。”（《孟子·离娄下》）他甚至主张，为了“义”可以放弃生命：“生亦我所欲也，义亦我所欲也；二者不可得兼，舍生而取义者也。”（《孟子·告子上》）

孟子不言利的思想在他与梁惠王的对话中表达得十分充分。梁惠王见到孟子时问他，老先生不远千里前来想必会给我们国家带来利益吧。孟子马上对答道：“何必曰利？亦有仁义而已矣。……未有仁而遗其亲者也，未有义而后其君者也。王亦曰仁义而已矣，何必曰利？”（《孟子·梁惠王上》）在他看来，有仁义就足够了，仁义无敌于天下，即所谓“仁者无敌”（《孟子·梁惠王上》）。孟子的这种说法确实有些极端，不过情有可原。《史记·魏世家》记载，魏惠王执政期间，频频攻伐，穷兵黩武，然而东败于齐，西丧地于秦，损兵折将，国力空虚，被迫迁都大梁，因而被称为“梁惠王”。在这种困局面前，梁惠王“卑礼厚币以招贤者”，想以高待遇延请贤能的人来帮助他。见到孟子时，他还说：“寡人不佞，兵三折于外，太子虏，上将死，国以空虚，以羞先君宗庙社稷，寡人甚丑之。叟不远千里，辱幸至弊邑之廷，将何以利吾国？”这番话表明，在如此惨痛的教训面前，梁惠王仍然没有认识到自己穷兵黩武的错误，没有认识到国君的责任首先在于敬天保民、仁民教民。他所谓“利吾国”，并非指有利于国富民丰、人民安居乐业，而是指希望国富兵强，继续征战以开疆拓土，为他的“先君宗庙”洗刷“羞”辱，为他这个“寡人”遮“丑”，给他带来更多的财富和享受。在孟子看来，他这不是要求“利吾国”，而纯粹是欲利他的一己之私。主张“仁政”的孟子对他的论调自然反感，所以当即斥曰：“王！何必曰利？”实际上，孟子所否定的是私利，对公利他还是充分肯定的，他所说的公利就是相对于私利而言的公义，即义。例如，他主张制民之产，认为这样做可以“仰足以事父母，俯足以畜妻子，乐岁终身饱，凶年免于死亡”，“黎民不饥不寒”，“使民养生丧死无憾”，“七十者衣帛食肉”（《孟子·梁惠王上》）。

孟子对私利的否定尤其是对道义的过分推崇确实也有偏颇之处，所以在历史上除少数的民族英雄之外，人们通常难以做到这一点，他所表达的实际上是可敬难为的观念。宋代李觏就曾经对孟子的“何必言利”提出异议。他说：“利可言乎？曰：人非利不生，曷为不可言？……孟子谓‘何必曰利’，激也，焉有仁义而不利者乎？”（《李觏集·原文》）应该说，正是从孟子开始，儒家思想逐渐走向过分推崇道义的极端，到程朱理学和陆王心学达至极致。

与孟子过分推崇义相比，荀子更是把义看作人之所以为人的原因。不过，他把孔子重义轻利的思想发展成先义后利的思想，并凸显了孔子以义取利的意蕴。荀子认为好利恶害是人的自然本性，但人亦有义。在荀子看来，好利之心是出于情欲之性，好义之心则出于知能之性。他肯定人皆生而有欲，认为欲具于性，不可去除。他说：“性者，天之就也；情者，性之质也；欲者，情之应也。”（《荀子·正名》）应该正视欲望，不要将求“利”的行为看成洪水猛兽，加以禁止，而要对“欲”采取积极的、正面的态度，充分肯定“欲”存在的必然性。但是，荀子也注意到，不加节制地顺着人的自然本性发展，势必导致“物不能澹”（《荀子·王制》），从而产生争夺冲突，影响社会的稳定繁荣。“义胜利者为治世，利克义者为乱世。”（《荀子·大略》）因此，应该以礼义引导欲望，使之合理，以礼义节制欲望，使之合度。而且，在荀子看来，在义利关系上，统治者的选择具有关键性的意义。“上重义则义克利，上重利则利克义。”（《荀子·大略》）荀子这里的“重”字是指何为“先”、何为“优”的价值权重，目的是确定义优先于利的次序。既然“好义”和“欲利”都不可“去”，那就得在“义”和“利”之间确定孰为先、孰为优。荀子这里实际上提出了社会治理的一个根本性问题，而做出何种选择取决于统治者。[①]

荀子认为，君子和小人一样，都喜欢荣誉厌恶耻辱，爱好利益而憎恶损害，他们之间的不同在于获得荣誉和利益的手段不同。他说：“好荣

① 参见朱贻庭《中国传统道德哲学6辨》，文汇出版社2017年版，第83页。

恶辱，好利恶害，是君子小人之所同也，若其所以求之之道则异矣。”（《荀子·荣辱》）这种区别就在于，君子会先义后利，以义制利，以利取义或以利为义，绝不会为了利而损害义，小人则相反。荀子虽持性恶论，但与法家不同。法家认为人性的本质是自私自利的，并以追求功利为人生要务；荀子则重义，认为虽然追求名利是人之所欲，但人亦知礼义，能够做到先义后利。荀子认为，“义”的意义就在于规定和调节“利”。因为对于人类而言欲多物寡，若放纵人的本性，顺着人的情欲，人与人必然发生争夺，导致社会秩序的破坏。因此，荀子主张用义来规定和调节“利”，“以义制利”（《荀子·正论》），通过礼义来调节人们的欲望。他还主张以义为利，兼利天下。“以义为利”一词，源自《大学》：“此谓国不以利为利，以义为利也。”荀子赞成这种观点，提出“先义而后利者荣，先利而后义者辱”（《荀子·荣辱》）的主张。荀子反对一味追求私利而不顾公利，认为所追求的“利”必须在遵循“义”的前提下才能实现，此利绝非个人一时的私欲，而是最大多数人的利，是天下之利。

后世儒家受荀子的义利观影响比较深。董仲舒认为人天生就需要利和义两个方面，缺一不可。他说：“天之生人也，使人生义与利。利以养其体，义以养其心。心不得义不能乐，体不得利不能安。义者心之养也，利者体之养也。体莫贵于心，故养莫重于义，义之养生人大于利。”（《春秋繁露·身之养重于义》）但是，董仲舒仍然强调义重于利。他说：“夫人有义者，虽贫能自乐也。而大无义者，虽富莫能自存。吾以此实义之养生人，大于利而厚于财也。”（《春秋繁露·身之养重于义》）更为今人诟病的是，他还有“不谋其利”的说法。《春秋繁露·对胶西王越大夫不得为仁》云：“仁人者正其道不谋其利，修其理不急其功，致无为而习俗大化，可谓仁圣矣，三王是也。”《汉书·董仲舒传》则记述为：“夫仁者，正其谊不谋其利，明其道不计其功。”在这两个文献中，“不谋其利”一句是相同的。由此看来，董仲舒不仅认为义高于利，而且有为了义可以不考虑利的思想。当然，他这里所说的“利”指私利。董仲舒明确区分了公利与私利，在他的著作中曾经赞扬“圣人之为天下兴利也”（《春秋繁露·考功名》）。

不过，经过《汉书》的宣扬，“正其谊不谋其利，明其道不计其功”产生了广泛的影响，进一步彰显了儒家重义轻利的观念。正因为如此，这一观念受到了非正统思想家的批评。南宋的叶适曾针对董仲舒的言论明确指出："仁人正谊不谋利，明道不计功，此语初看极好，细看全疏阔。古人以利与人，而不自居其功，故道义光明。后世儒者行仲舒之论，既无功利，则道义者乃无用之虚语尔。"（《习学记言序目》卷二十三）清初的儒家思想家颜元更尖锐地批评道："世有耕种而不谋收获者乎？世有荷网持钩而不计得鱼者乎？……这不谋不计两不字，便是老无释空之根。……盖正谊便谋利，明道便计功，是欲速，是助长，全不谋利计功，是空寂，是腐儒。"（《颜习斋先生言行录》卷下）他甚至建议将这两句话改为"正其谊以谋其利，明其道而计其功"（《四书正误》卷一）。

宋明理学虽然认为人世间无非义利两件事，但认为两者是不相容的。程颐以为义利之别即公私之别。他说："义与利只是个公与私也。才出义，便以利言也。"（《二程集·河南程氏遗书》卷第十七）陆九渊认为为学就是为了辨识义利，最终不过是为了成为仁义道德之人，而非在功利方面有所作为。"凡欲为学，当先识义利公私之辨。今所学果为何事？人生天地间，为人自当尽人道，学者所以为学，学为人而已，非有为也。"（《语录下》，《陆九渊集》卷三十五）

先秦墨家也讲义。墨子说："万事莫贵于义。""必去喜、去怒、去乐、去悲、去爱，而用仁义。手足口鼻耳，从事于义，必为圣人。"（《墨子·贵义》）但是，墨家以"利人""利天下"为"义"，"以亏人自利"为"不义"，故曰："义，利也。"（《墨经·经上》）就是说，墨家所讲的利是公共利益，而非私人利益，即"国家百姓人民之利"（《墨子·非命上》）。《墨子·经说上》云："义，志以天下为芬，而能能利之，不必用。"墨子不考虑个人的私利，反对自私自利，如"亏父而自利""亏君而自利""亏子而自利""亏臣而自利"（《墨子·兼爱上》）。他宣称："仁人之所以为事者，必兴天下之利，除去天下之害，以此为事者也。"（《墨子·兼爱中》）儒墨都反对私利，这是一致的，但墨家认为最高的道德原则是公利，而儒家的道德原则不仅仅有公利，还有其他道德原则，如"忠""孝"等，而最高的道德原则是仁爱。程颐说："仁之道，要之只消道一公字。公只是仁之理，不可将公便唤做仁。公而以人体之，故为仁。只为公，则物我兼照，故仁，所以能恕，所以能爱，恕则仁之施，爱则仁之用也。"（《二程集·河南程氏遗书》卷第十五）显然，程颐这里所说的“公”并不是指墨子意义上的“公利”，而是指“天理”，即仁之实质，而体现这种“公”的仁爱不是以利益包括公利而是以“天理”为基础的最高道德原则。

墨家“贵义”“重利”的义利观为战国末至汉初出现的杂家所继承和发挥。杂家对义谈得很多：“义也者，万事之纪也。君臣上下，亲疏之所由起也；治乱安危，过胜之所在也。”（《吕氏春秋·论威》）“义者，百事之始也，万利之本也。”（《吕氏春秋·无义》）“君子之自行也，动必缘义，行必诚义。”（《吕氏春秋·高义》）从这些谈论就可以看出，杂家与墨家在基本观点上是一致的。杂家认为义本身就是“万利之本”，而行义“莫大于利人”（《吕氏春秋·尊师》）。杂家注意到，义利之间会发生矛盾，主要是“大义”与“私利”、“大利”与“小利”、“长利”与“今利”之间的矛盾。对于前一种矛盾，杂家主张“忘利”“行义”，“临难而不失其德”（《吕氏春秋·慎人》）；对于后面两种矛盾，杂家主张“去小取大”“舍今取长”，反对“竭泽而渔”“焚薮而田”（《吕氏春秋·义赏》）。

表面看起来既不重利也不崇义的道家，尤其反对儒家的仁义道德，这使人们认为道家并不看重道义。道家不重利是事实，但实际上是重义的，只是他们所理解的“义”不同于儒家的“义”，或者说他们反对儒家所理解的“义”，而倡导他们所理解的“义”。道家的人生目标是使自己成为圣人、神人，以至至人，而达到这些人生理想境界的途径可视为道家的“义”。如果我们像孟子那样把“义”看作正确的道路，即“人之正路”，那么，道家主张的“自然无为”“少私寡欲”“复归于朴”“求复其初”等，就是道家的“义”。道家非常重视这种“义”，《老子》《庄子》两部道家经典实质上就是要给人们指明不同于儒家的通达人生理想境界的正确道路。而且，在道家看来，行义不仅是为了通达理想境界，而且是因为有实在的好处（利益）。老子说的“天道无亲，常与善人”（《老子》七十九章），“无为而无不为”（《老子》四十八章），实际上讲的就是重义的好处。道家之所以重义，是因为义体现了天道的要求：“天之道，不争而善胜，不言而善应，不召而自来，繟然而善谋。”（《老子》七十三章）总体上看，道家虽然几乎不使用“义”“利”的概念，也不做义利之辨，但实质上是只重义而不言利的。道家在义利关系上甚至可以说比儒家更极端，对于道家来说，只有义才是人生真正有意义的东西，利则不那么重要。当然，道家也并不完全否认利和求利的意义，但强调无论在为他人求利的过程中还是在为自己求利的过程中，都要避免伤害和争斗，求利不能伤害自己和他人，不能导致纷争，并认为这是道之体现。老子所说的“天之道，利而不害；圣人之道，为而不争”（《老子》八十一章）充分地表达了这一思想。

与道家相反，早期法家虽然也谈义，但实质上只重利，以义求利，后期法家则从根本上否认义的作用，以法作为实现利的保障。以管子为代表的早期法家完全从利益的角度解释道义，把道义看作实现利益的手段。他把礼义廉耻视为“国之四维”，认为“守国之度，在饰四维”，并断定“四维张则君令行”，“四维不张，国乃灭亡”（《管子·牧民》）。在“四维”中，“礼”是根本，“义”是循“礼”而“不自进”，至于“廉”“耻”则是守身的情操，从属于“礼义”。他还提出了“义”的“七体”即“义”的七个方面的行为准则。但是，管子认为礼义廉耻都以物质需要满足为前提，缺乏物质基础就无从谈起。他著名的“仓廪实则知礼节，衣食足则知荣辱”的论断讲的就是这个意思。不仅如此，他还认为，对于人们来说，道义也不过是实现目的的手段，尤其是为了“治国”与“得天下”。他说：“夫无土而欲富者忧，无德而欲王者危，施薄而求厚者孤。”“夫欲用天下之权者，必先布德诸侯。”（《管子·霸言》）到韩非那里，法家完全走向了非道德主义。在韩非看来，自古以来，道义就没有什么作用，不仅对社会治理没有意义，也无益于获利。他说：“是以古之易财，非仁也，财多也；今之争夺，非鄙也，财寡也。轻辞天子，非高也，势薄也；争土橐，非下也，权重也。”（《韩非子·五蠹》）他认为，“仁义用于古不用于今”，今天要“以法为教”，“以吏为师”（《韩非子·五蠹》）。仁义不仅过时，而且危害法治。“行义示则主威分，慈仁听则法制毁。”（《韩非子·八经》）当然，韩非虽然对仁义持完全否定的态度，但仍然强调要维护君王的、国家的“公利”“大利”，而且要公私分明，只不过公利、大利只能用法制来维护。

从以上对传统“义利之辨”的简要考察可以发现，虽然古代思想家在对“义”和“利”及其关系的理解上存在众多不一致和分歧，但其中也有一些共识，这些共识构成了传统价值观的基本内容，并融入传统文化之中，成为中华民族基本精神的重要组成部分。这些共识虽然可以用孔子的“义以为上”命题粗略地加以表达，而且基本内涵是由孔子奠定的，但它们并不仅仅是儒家的思想观念，还包含道家、墨家、法家等春秋战国时期诸子百家以及后来非儒家思想家的贡献。我们可以将传统价值观的“义以为上”观念概括为“崇义”“知义”“思义”“由义”“好义”五个基本方面或五种观念，这些观念是已融入中华民族精神和中国人生活的价值共识。

2. 崇义的含义和践履

推崇道义是中国传统社会一以贯之的道德观念，也是传统价值观的突出特点。中国的思想家历来推崇道义，儒家、墨家、法家（韩非除外）以至道家莫不如此，虽然他们崇义的目的、根据和对“义”的理解不同，但他们都推崇道义，肯定道义对于人生和治国的重要性。所谓“崇义”，概括地说，就是把道义看作对人们的日常生活和社会秩序、对人生理想和社会理想的实现具有最重要意义的东西加以推重和崇敬，加以提倡、弘扬并努力践行。传统价值观崇义的含义很丰富，其中以下三个方面尤其重要，这些方面也体现了传统价值观崇义的理由或根据。

首先，把义作为人之所以为人的根本规定性。人与动物乃至宇宙中万事万物存在许多区别，而传统价值观认为，人与其他事物的根本区别在于人有义。这种观念的典型表述是荀子那段著名的话：“水火有气而无生，草木有生而无知，禽兽有知而无义；人有气、有生、有知，亦且有义，故最为天下贵也。”（《荀子·王制》）这里所说的“义”指的是儒家所说的“道义”，即仁义道德，其精髓是“仁”。虽然传统社会不同学派的思想家对“义”有不尽相同的理解，但一般都视“义”为区别于动物和其他事物的人之所以为人的根本规定性。孟子提出“舍生取义”，正是以义是人的根本规定性为前提的，“舍生取义”实质上就是要求人们无论在什么情况下都要努力实现人的根本规定性，从而成就人的价值。这种价值就是成为圣人，而圣人实际上就是道义化的人，或者说是道义人格。

其次，把义看作人达到最高境界的正确道路，甚至是唯一道路。人是有目的的，不仅在日常生活中每一种自觉的活动有目的，而且有终极目的，实现了这种目的，人生就达到了最高境界。如果这种终极目的或最高境界就是道义人格，那么如何造就这种人格？传统价值观认为，义就是造就这种道义人格的方式，或者说就是通往这种最高境界的道路。这就是孟子的“义，人之正路也”之意味。“正路”即正确的道路，对于到达目的地来说，正确的道路具有唯一性。从这种意义上看，传统价值观认为，义不仅具有目的的意义，而且具有手段或工具的意义，是目的和手段的有机统一。于是，义这种观念就意味着人生到达义的目的只能循义而行，也可以说，人生就是循义而行的过程，只要如此，到了生命的终点也就成就了道义人格。

最后，把义作为是非善恶的标准。既然义是人的根本规定性，是人生的终极目的和实现目的的正确道路，那么它就成了人的一切行为乃至思想观念正确与否、善恶与否的基本标准。义作为目的和实现目的的手段，包含对规范的要求。在传统社会，体现这种要求的就是“礼”，因此，礼既是义的体现（“礼，体也”），也是履行义的规范（“礼者，履也”）。如果说义是基本的道德要求，那么礼就是具体的道德标准。传统价值观特别强调体现义的礼作为标准的意义，最极端的表述就是孔子所说的“非礼勿视，非礼勿听，非礼勿言，非礼勿动”。礼义在传统文化中是一种道德标准，作为道德标准，它理应用于判断事物的善恶和行为正当不正当，但在传统价值观中比较少涉及真假的真理标准问题，在许多问题上是真假与善恶不分的。因此，传统的道德标准也具有真理标准的意义。这是中国传统价值观的突出特点之一。同时，作为道德标准，礼义在传统价值观中既是判断的标准，也是评价的标准。这两种意义的标准通常是统一的，但是，它们并不一定就是人们的选择标准。在传统社会，人们往往根据仁义来判断和评价人及事物，但由于种种因素，许多人并非根据这种判断和评价做出自己的价值选择，甚至会做出与判断相反的选择。这正是传统价值观现实化过程中的一个问题，其典型表现就是表里不一的伪善者的存在。

正因为传统社会人们普遍推崇道义，所以人们也普遍重视认识道义（知义）。孟子认为，人生来就具有是非之心，但这种“智之端”要通过培育才能够成为人的“良知”“良能”，即所谓“求则得之，舍则失之”。这种“良知”“良能”就是人们认识道义的能力。有了这种能力还不够，还需要运用，这就是《大学》提出的要“明明德”，要通过“致知”止于至善，也就是王阳明所说的“致良知”。所有这些主张都是要人们重视对道义的认识和掌握，中国传统社会重教化，其目的也主要在于使人们知义。人们认识和掌握道义，不是为了获得这方面的知识，而是为了将知转化为行。传统社会思想家在知行问题上存在意见分歧，但主导观念是知行合一，其最典型的表达是王阳明的“知行合一”说。他所说的知主要指人们的道德意识和思想意念，而“行”主要指人们的道德践履和实际行动。王阳明认为，知和行是紧密关联、缺一不可的：“知行原是两个字说一个工夫。”“知之真切笃实处，便是行；行之明觉精察处，便是知。”（《答友人问》，《王阳明全集》卷六）“只说一个知，已自有行在；只说一个行，已自有知在。”（《传习录》上卷）知行各有自己的功能，在人的生活中发挥着不同的作用。“知是行的主意，行是知的功夫；知是行之始，行是知之成。”（《传习录》上卷）在他看来，未有知而不行者，知而不行，只是未知。他甚至认为，“一念发动处，便即是行了”（《传习录》下卷）。这种知行合一观念体现在道义的问题上，就是要求人们将知义与行义统一起来，不能只知不行，也不能只行不知。具体地说，就是要在获得利益时思考得之是否符合道义（思义），要通过道义的方式获得利益（由义），以至于达到喜好道义、追求道义、献身道义（好义）的崇高境界。

八　“隆礼由礼”

“礼”是传统社会的道德规范，“礼”中相当大的部分被确立为社会制度（包括法律），这就是礼制。从价值观的角度看，“礼”是传统价值体系中的规范体系，包括规则系统和制约系统。作为规范体系，“礼”主要用来规定人们尊卑、贵贱、长幼的社会身份及相应的权利和责任，从而维护宗法等级制度、人伦关系和社会秩序；从更广泛的意义看，“礼”也用于“定亲疏，决嫌疑，别同异，明是非”（《礼记·曲礼上》），以满足人多方面辨识的需要。其主要功能是“别异”（《礼记·玉藻》）或“辨异”（《礼记·乐记》），而“名位不同，礼亦异数”（《左传·庄公十八年》）。用荀子的话说，“礼者，养也”，“贵贱有等，长幼有差，贫富轻重皆有称者也”（《荀子·礼论》）。“礼”的主要目的则在于“经国家，定社稷，序民人，利后嗣”（《左传·隐公十一年》）。在传统社会，基于礼观念的礼制主要通过礼教由外在的制约转化为人们内在的制约，礼制和礼教在对传统社会秩序起保证作用的同时，也严重束缚人们的思想和行为自由，以至于清代思想家戴震称“酷吏以法杀人，后儒以礼杀人”（《孟子字义疏证》）。

1. 礼观念的源流

在传统文化中，“礼”常常与“仪”相关联。“礼”是社会规范的内容，而“仪”则是社会规范的形式，是依据“礼”的规定和内容形成的程序。一般来说，“礼制”的“礼”包含了“仪”的方面，许多具体的礼有与之相应的仪，但并非所有的礼都有仪相伴。孔子把“父母在，不远游，游必有方”（《论语·里仁》）作为孝的一种要求，显然这种作为礼的“孝”就没有与之相应的仪。礼也与法（主要是刑法）关系密切，礼中的一些特别重要的规范受到法律的保护，违反这些规范的行为被视为“罪”，刑法要对其加以惩罚。孝在传统社会被视为诸德之本，因而在传统社会被制度化，可以说孝是传统社会的基本制度，其社会地位极为重要。值得注意的是，传统社会的法律主要是惩罚性的刑法，其目的只是惩罚破坏社会伦理秩序的犯罪行为，而不是保护国民个人的权利，量刑的随意性也很大，没有程序法，没有程序公正的观念。从严格意义上说，传统社会没有法治，只有礼治，刑法只不过是实现礼治的一种极端手段。除这种手段之外，礼治更多地通过宗法制度和教化来实现。

规范形态的“礼”以观念形态的礼作为前提。没有礼观念，是不可能有“礼”这种社会规范的。传统社会长期将“礼”作为社会治理的规范体系，正是因为传统价值观中有重视礼、推崇礼、遵循礼的价值观念。这种观念可以用《礼记·经解》中的“隆礼由礼”（意为重视礼、遵循礼）加以表达。正是这种观念及其践行，使中华民族被称为“文明古国”“礼仪之邦”。

礼源自原始社会后期规定氏族内部伦理关系的需要，而礼的形式则是通过祭神仪式体现出来的。礼最初用于处理氏族内部人与人的关系，因而孝是礼的根本和基点。所以孔子的学生有若说：“孝弟也者，其为仁之本与！”（《论语·学而》）《孝经·五刑章》更明确规定：“五刑之属三千，而罪莫大于不孝。”中国进入文明社会后保留了原始社会以血缘关系为基础的宗法制，因而孝在传统礼观念和礼制中始终具有基础性的地位。

按照孔子的说法，中国早在夏朝就已经有礼，当然也就有礼观念，但夏礼、殷礼并不是完善系统的，而且是不确定的，没有成为成文的礼制。《庄子·天运》说："故夫三皇五帝之礼义法度，不矜于同而矜于治。故譬三皇五帝之礼义法度，其犹楂梨橘柚邪！其味相反而皆可于口。""故礼义法度者，应时而变者也。"在庄子看来，在三皇五帝的远古时代，建立礼义法度只重视治理有效而不重视内在一致性和稳定性，礼义法度都是因时而变的。《礼记·表记》说："至殷人尊神，率民以事神，先鬼而后礼。"崇拜鬼神，是殷人精神世界最显著的特点，而殷人主要通过礼器与祭器来表达对神明的崇拜，尚处于"器以藏礼"时代。殷人认为天必佑之，神必助之，因而为所欲为，腐败至极。可是，上天并没有眷顾他们，武王伐纣，殷一朝灭亡。周取代殷，不是以暴易暴，而是以一种理念全新的政权替代一个腐朽的王朝，这就是史称的"周革殷命"，其标志就是"周公制作礼乐"。鉴于殷亡的教训，周人认识到了"天命靡常"，有德者有其位，得民心者得天下的道理。周公摄政的第六年就"制礼作乐"（《礼记·明堂位》），在利用和改造前代旧礼的同时为其注入富于人文内涵的新礼，中国文化也由此进入"则以观德"（《左传·文公十八年》）的全新时代。[①]

周公制礼作乐，究竟制定了哪些礼，因文献不详今天很难确定。不过，周代对贵胄子弟的教授以礼乐为主要内容，应该是可以肯定的。《礼记·王制》说："乐正崇四术，立四教，顺先王诗、书、礼、乐以造士。春秋教以礼、乐，冬夏教以诗、书。"可见，孔子之前就有较为系统的礼与乐，这些礼乐应是周公礼制作乐所定下的。从有关历史文献看，周公所制的"礼"包括维护当时宗法王权制社会的道德规范、政治准则以及各项典章制度，可以说是西周社会的一整套社会规范和制度体系；周公的"乐"则是为王宫贵族举行礼仪活动而制作的音乐，其内容与礼相一致。与以前夏礼、殷礼相比较，周公制定的礼更加完备、更加系统，把从前的礼制发展到了"郁郁乎文哉"的完善程度，令孔子赞不绝口，以至于宣称"吾从周"（《论语·八佾》）。

---

① 参见彭林注译《仪礼·前言》，中州古籍出版社2011年版，第4页。"则以观德"的意思是制作礼仪来观察德性。

西周以礼治天下，周人以“尊礼”闻名，但到了春秋时代，周王室衰微，陪臣执国命，封建等级制度遭到严重破坏，礼乐征伐自诸侯出，统治者内部任意僭用礼仪，出现了礼崩乐坏的局面。所以司马迁说，“孔子之时，周室微而礼乐废”（《史记・孔子世家》）。但是，周代礼制非常规范、完善、周密，所以仍为春秋时期士大夫阶层所向往，其中有人还力图恢复周礼。在春秋时期，孔子以前的师服、内史过，与孔子同时的叔向、晏婴、游吉等人，就对礼有很多论述，但复礼态度最坚决、论礼最多且自成体系的是孔子。《论语》中“礼”字出现74次[①]，一些其他著作（如《礼记》）还有此类记载，他不仅首次从理论上阐明了礼的重要性，认为立身治国都非礼不可，而且一生以礼乐及诗书教授弟子。

孔子对之前的礼制和礼观念所做的贡献，主要在于他把仁学注入礼中，在礼与仁之间建立起了内在联系，使礼具有仁爱的道德情感意义，从而使之人性化、人道化、人情化，不再单纯是一种冷冰冰的外在约束。孔子说：“人而不仁，如礼何？”（《论语・八佾》）这表明孔子对当时人们只是把礼视为外在行为规范很是不满，认为人们的礼应体现仁爱之心，仁应该成为礼的实质和内涵。在他看来，仁是人的道德品质、道德情感，礼只是仁的表达方式和行为体现。孔子在谈到作为礼的孝时说：“今之孝者，是谓能养。至于犬马，皆能有养；不敬，何以别乎？”（《论语・为政》）这就是说，孔子认为人们对父母行孝时只有具备了虔诚、尊敬之心才能与犬马区别开来。他认为，仁是礼的根本，失却了仁，只追求礼，礼也就流于形式，不过是虚情假意、装腔作势而已。所以，当林放问礼之本时，孔子才赞扬地说：“大哉问！礼，与其奢也，宁俭；丧，与其易也，宁戚。”（《论语・八佾》）孔子说林放问的是一个大题目。在他看来，礼与其奢侈铺张，不如节俭些，丧事与其办得简易，不如使悲痛的气氛浓重些。《礼记・仲尼燕居》说：“薄于德，于礼虚。”就是说，如果德浅薄，礼就不过是空架子。

孔子之后，孟子重义而对礼少有涉及，只是把礼界定为“辞让之心”，并视之为人性的“善端”之一。荀子则不仅重视礼，而且在发挥孔子礼思想的基础上对礼做了系统研究，著有《礼论》，而且《荀子》

① 参见杨伯峻译注《论语译注》，中华书局1980年版，第311页。

一书的其他篇章也广泛地谈论礼。《礼论》是中国历史上唯一一篇由一位思想家独立完成的研究礼的专门著作，它从理论上系统回答了礼的重要性、根源、内涵、作用等基本问题。其礼学思想不仅直接影响了《礼记》及后儒的礼学，而且对中国传统社会产生了深远影响，是传统社会礼治的重要理论根据。

春秋战国时期先后出现过有关“礼”的三本书，即《仪礼》《礼记》《周礼》，虽然对《三礼》的作者是谁历来存在意见分歧，但它们都与周公所制定的“礼”有关，应无异议。

古文经学家根据《礼记·明堂位》的记载认定，周公所制的“礼”，就是《仪礼》及《周官》等书，它们是周公损益三代制度而成的。今文经学家则认为，《仪礼》是孔子慨叹周室的衰微、礼崩乐坏而追迹三代之礼而作。今天一般认为《仪礼》是公元前 5 世纪中期到公元前 4 世纪中期的一百多年中由孔门弟子及后学陆续撰作。《仪礼》所记载的是先秦礼仪制度，包括古代宫室、车旗、服饰、饮食、丧葬之制，以及各种礼乐器的形制、组合方式等。其材料来源甚古，内容丰富可靠，涉及面广，从冠婚飨射到朝聘丧葬，无所不备，是中国宗法制度的最为权威的记载。①

《礼记》是孔子弟子讨论礼制和礼义的文集，旨在阐发礼的大义妙旨。其中有些篇章是与《仪礼》相关篇章直接对应或间接对应的，也有一些是孔子弟子的后学对儒家政治理想、治国方略、典章文物、嘉言懿行，以及礼的学理、规则等的议论和发挥。从经学的角度看，《仪礼》是礼的本经，《礼记》是对经义的解说，依附于本经。

《周礼》最初的名字是《周官》，后西汉刘歆为区别于《尚书》的《周官》而改为《周礼》。《周礼》并非周公所作的《周官》，但作者是谁并无定论，亦无法确定其准确的出现时间，可能出现于战国晚期。与《仪礼》讲先秦的礼仪制度不同，《周礼》是规定周朝设官分职的一整套方案，所记载的官职规模宏大，组织严密。在这个方案中，至高无上的是君王，即天子。天子之下的国家职能包括“邦治”“邦教”“邦礼”“邦政”“邦刑”“邦事”等六个方面。在六个职能部门之下又各自分别

① 参见彭林注译《仪礼·前言》，中州古籍出版社 2011 年版，第 5 页。

设置了六十个左右的机构，每个机构都有其固定的编制与官职设置及其职守。机构和官职之间既有上下级的领导与被领导的关系，也有平级的分工协作关系。《周礼》所记述的是一个大国的完整严密的官僚机构（官制），而这种体系很难变成现实，周代实际上没有做到，后来空前统一的秦王朝也没有做到，在中国历史上从来就没有真正实行过。因此，《周礼》的理想成分较大，现实成分较小，可把它视为一套官制的设计方案，而非官制的现实描述。①

2. 礼观念的含义与意义

也许因为《三礼》完成了传统社会礼的思想体系和礼制的整体建构，《三礼》之后传统社会再未见这方面有影响的著述。根据《左传》、《论语》、《荀子》以及《三礼》等历史文本，我们可以将传统价值观的“隆礼由礼”观念概括为以下几个方面。

第一，礼是区别贵贱、尊卑、长幼、亲疏以维护社会秩序的治理手段。传统社会是一种等级制社会，为了维护这种社会秩序，传统价值观要求人们的生活方式和行为应当与他们在家族内的身份和社会政治地位相一致，不能僭越。在传统社会的人际关系中，存在贵贱、尊卑、长幼、亲疏几种基本的区别，这些区别决定了不同的人有不同的身份。不同的身份有不同的行为规范，人们应遵循与身份相应的规范，这就是礼。礼是行为规范，但并非普遍性的行为规范，而是与不同身份相应的行为规范。礼的基本功能就在于“别异”（《礼记·玉藻》）或“辨异”（《礼记·乐记》）。这里的“异”就是不同的身份，礼与不同身份相匹配，不能过度，也不能不足，更不能僭越。《左传·哀公十一年》云：“君子之行也，度于礼：施取其厚，事举其中，敛从其薄。”这里说的“度”就是人们的言行举止适宜、合理、恰到好处，而“礼”就是这种“度”。所以，《礼记·仲尼燕居》曰：“礼也者，理也。”礼就是根据人们的不同身份之“理”对人们提出的要求，目的是使家庭和社会处于有序状态。从这种意义上看，礼既是治理的标准，也是治理的工具，就是说，礼即治。“礼者何也？即事之治也。”（《礼记·仲尼燕居》）所以礼就有治理的意义，是治理国家的手段，于是有了传统社会的礼治。

① 参见吕友仁、李正辉注译《周礼·前言》，中州古籍出版社2010年版，第6页。

几乎所有古代论礼的思想家都肯定礼的别异性、辨异性或差异性。荀子对此说得最为明白、充分："人道莫不有辨。辨莫大于分，分莫大于礼。"（《荀子·非相》）"故先王案为之制礼义以分之。使有贵贱之等，长幼之差，知愚、能不能之分，皆使人载其事而各得其宜。"（《荀子·荣辱》）"礼者，贵贱有等，长幼有差，贫富轻重皆有称者也。"（《荀子·礼论》）《礼记》中也有不少论述。例如："礼者所以定亲疏，决嫌疑，别同异，明是非也。"（《曲礼上》）"亲亲之杀，尊贤之等，礼所生也。"（《中庸》）董仲舒亦说："礼者……序尊卑、贵贱、大小之位，而差外内远近新故之级者也。"（《汉书·董仲舒传》）《白虎通义》中说，礼所以"序上下、正人道也"。甚至不主张礼治的法家代表人物韩非也注意到了礼的这一特性。他说："礼者……君臣父子之交也，贵贱贤不肖之所以别也。"（《韩非子·解老》）总之，礼是因人而异的差别性行为规范，"名位不同，礼亦异数"（《左传·庄公十八年》）。传统社会通过不同的礼来规定家族内和社会上各种人的身份和行为，并对其加以制约，使人人各尽其本分。"君臣上下父子兄弟非礼不定"（《礼记·曲礼上》），说的就是礼的这种作用。同时，传统社会又要求每个人都必须按照与他自己的社会、政治地位和身份相应的礼行动。如此做了为有礼，否则就是非礼，就要受到谴责甚至惩罚。

《左传》中有关于何谓礼的系统表述。"君令臣共，父慈子孝，兄爱弟敬，夫和妻柔，姑慈妇听，礼也。君令而不违，臣共而不贰；父慈而教，子孝而箴；兄爱而友，弟敬而顺；夫和而义，妻柔而正；姑慈而从，妇听而婉：礼之善物也。"（《昭公二十六年》）从这里显然可见，礼都是相对人的不同身份而言的，君有君的礼，臣有臣的礼，普通人家庭的姑嫂都有与身份相应的各不相同的礼，其目的在于维护传统社会的"五伦"关系。

在传统社会，按照人们的爵位、品级、有官、无官等身份制定了冠、婚、丧、祭、乡饮酒等各种不同的礼，对于仪式、衣饰、所用器物亦有详细而烦琐的规定，不能僭用。家庭中父子、夫妇、兄弟各有其礼，王族成员、官员和庶人统统受礼的约束。虽然当时有"礼不下庶人"的说法，但这并不意味着庶人无礼，只是说庶人因财力、物力和时间有限，礼仪可以简化，尤其强调民间不能使用王公贵族士大夫的礼仪，否则就会被视作犯上作乱。礼不仅具有约束力，而且十分神圣、庄严，任何人违反了礼，都会受到谴责。《论语·八佾》中记载了两件引起孔子愤怒的违礼故事。八佾是当时宫廷的一种乐舞制，八人一行为一佾，八佾则是八八六十四人，六佾是四十八人，四佾是三十二人。按照周礼规定，天子八佾，诸侯六佾，卿大夫四佾，士二佾。季孙氏是春秋末期鲁国三桓之首，属于新兴的地主阶级，而不在贵族之列。鲁昭公应用六佾，周朝天子才可用八佾。季孙氏却故意打破老规矩，偏要设置六十四人的大型舞乐队。孔子认为这是非礼，很气愤地表示："八佾舞于庭，是可忍也，孰不可忍也！""树塞门"（在家室设照墙、屏风之类的东西）和"反坫"（饮宴后放回酒具的地方）是国君所用的礼，作为卿相的管仲却也使用这些东西。当弟子问孔子管仲知不知礼时，孔子举了管仲使用这两个东西的例子然后生气地说："管氏而知礼，孰不知礼！"

第二，作为治理手段的礼可以使个人安身立命、国家长治久安。传统价值观认为，礼是人在家庭和社会中生活的行为准则，也是个人德性和人格高尚的可靠保证。《左传·昭公七年》云："礼，人之干也。无礼，无以立。"孔子甚至把礼视为人生存于社会之根本。他认为"不知礼，无以立也"（《论语·尧曰》）。他教育儿子孔鲤说"不学礼，无以立"（《论语·季氏》），告诉自己最得意的弟子颜渊"非礼勿视，非礼勿听，非礼勿言，非礼勿动"（《论语·颜渊》）。一般看来，恭、慎、勇、直都是德性品质，而孔子认为，这些品质如果离开了礼，就不仅仅不是优秀品质，还会走向反面。他说："恭而无礼则劳，慎而无礼则葸，勇而无礼则乱，直而无礼则绞。"（《论语·泰伯》）在孔子看来，恭敬而不懂礼就会辛苦，谨慎而不懂礼就畏惧胆怯，勇敢而不懂礼就会作乱，正直而不知礼就会纠缠不清。孔子在答鲁哀公问时全面阐述了礼对于个人的极端重要性。他说："民之所由生，礼为大。非礼无以节事天地之神也，非礼无以辩君臣、上下、长幼之位也，非礼无以别男女、父子、兄弟之亲，昏姻疏数之交也。"（《礼记·哀公问》）所以，他要求："生，事之以礼；死，葬之以礼，祭之以礼。"（《论语·为政》）荀子说得更清晰、明确："故人无礼则不生，事无礼则不成，国家无礼则不宁。"（《荀子·修身》）他认为，礼是"人道之极"，不遵循礼、不充分地掌握礼的人是无原则的平民，而遵循礼、充分地掌握礼的人则是有原则的贤士。《礼记·冠义》说："凡人之所以为人者，礼义也。礼义之始，在于正容体，齐颜色，顺辞令。”所以，“服于有礼，社稷之卫也”（《左传·僖公三十三年》），“无礼必亡”（《左传·昭公二十五年》）；“坏国、丧家、亡人，必先去其礼”（《礼记·礼运》）。

《礼记·礼运》中谈到，人有喜怒哀惧爱恶欲七种“人情”，人还有十种“人义”，即父慈、子孝、兄良、弟悌、夫义、妇听、长惠、幼顺、君仁、臣忠。要疏导这七种人情，维护这十种人义，崇尚谦让，避免争夺，除了礼之外没有更好的办法。饮食男女是人的最大欲望所在，而死亡贫苦是人的最大厌恶所在，它们构成了人日思夜虑的两件大事。要处理好这两件大事，除了礼之外也没有什么别的办法。《礼记》还对以礼为治理手段的好处进行了充分的阐述。“礼器，是故大备。大备，盛德也。礼释回，增美质，措则正，施则行。其在人也，如竹箭之有筠也，如松柏之有心也。二者居天下之大端矣，故贯四时而不改柯易叶。故君子有礼，则外谐而内无怨，故物无不怀仁，鬼神飨德。”（《礼器》）正因为礼有如此多的好处，所以人要崇尚礼、遵循礼。

传统价值观认为，每一个人遵守与其地位和身份相符合的礼，“礼达而分定”，就可以达到孔子所期盼的“君君，臣臣，父父，子子”的理想社会秩序，尊卑、贵贱、长幼、亲疏有别的良好社会等级秩序就可以维持下去，国家的长治久安也就有了可靠的保障。反之，“礼不行则上下昏”（《左传·僖公十一年》），弃礼而不用，或僭越、滥用礼，社会秩序就无法维持，国家也会混乱。因此，传统价值观高度重视礼对于治理国家的重要作用，要求实行礼治。《左传》中就有一系列这方面的论述：“礼，经国家，定社稷，序民人，利后嗣者也。”（《隐公十一年》）“夫名以制义，义以出礼，礼以体政，政以正民。”（《桓公二年》）“礼，国之干也。敬，礼之舆也。不敬则礼不行，礼不行则上下昏，何以长世?”（《僖公十一年》）“礼，所以守其国，行其政令，无失其民者也。”（《昭公五年》）“礼，王之大经也。”（《昭公十五年》）“礼，上下之纪，天地之经纬也，民之所以生也，是以先王尚之。故人之能自曲直以赴礼者，谓之成人。大，不亦宜乎！”（《昭公二十五年》）“礼之可以为国也久矣，与天地并。”（《昭公二十六年》）

孔子和儒家继承并进一步发挥了前人的礼治思想，从而确立了传统价值观的礼治观。孔子讲“为国以礼”（《论语·先进》），认为“安上治民，莫善于礼”（《孝经·广要道章》）。荀子云：“故人之命在天，国之命在礼。人君者，隆礼尊贤而王，重法爱民而霸，好利多诈而危，权谋倾覆，幽险而亡。”（《荀子·强国》）《礼记》云：“礼者，君之大柄也……所以治政安君也。”（《礼运》）“为政先礼，礼其政之本与！”（《哀公问》）从这些话里可以看出，在儒家看来，礼与政治关系密切，为政要推行礼治，国之治乱系于礼之兴废。所以荀子说：“礼者，治辨之极也，强国之本也，威行之道也，功名之总也。王公由之，所以得天下也；不由，所以陨社稷也。”（《荀子·议兵》）《礼记》云：“礼之于正国也，犹衡之于轻重也，绳墨之于曲直也，规矩之于方圜也。……是故，隆礼由礼，谓之有方之士；不隆礼、不由礼，谓之无方之民。敬让之道也。……孔子曰：‘安上治民，莫善于礼。’此之谓也。”（《经解》）《礼记》认为，治国以礼，则“官得其体，政事得其施”，无礼治国，则“官失其体，政事失其施”（《仲尼燕居》）。其基本结论是：“礼之所兴，众之所治也。礼之所废，众之所乱也。”（《仲尼燕居》）在儒家看来，缺乏或放弃礼制和礼治，他们心目中的那种理想社会便无法实现。

第三，援礼入法，用刑法辅助礼治。传统社会实行礼治的途径很多，如宗法制度、考试制度等。法是其中的重要手段之一，传统价值观主张“援礼入法”或“以礼入法”。“援礼入法”是指儒家思想成为居主导地位的官方意识形态之后，先前按照法家精神制定的中国古代成文法不断渗入儒家思想，儒家所维护的社会等级秩序以及相应的礼制规范和伦理纲常，逐渐成为凌驾于法律之上的最高准则。援礼入法实质上是将传统皇权专制主义的伦理纲常贯彻到法律之中，依据人们的身份地位与社会关系来断案量刑。

传统社会的“法”并非现代意义上的法律，而是刑罚。“法者，刑也”“王者之政莫急于盗贼”“律始于《盗》、《贼》”（《法经》）等说法再清楚不过地表明了这一点。与法家以同一性的行为规范即法作为维持社会和政治秩序工具的法治主张相对立，儒家主张实行礼治，以礼这种差别性的行为规范作为维护政治统治和维持社会秩序的主要治理方式。一般而言，儒家并不否认法的作用，但在儒者心中，礼的地位是优于法的，法不过是为礼服务的。礼所体现的是德，而德才是目的。所以，儒家主张“德主刑辅”“重德轻刑”“重礼轻法”“援礼入法”。孔子所说的“道之以政，齐之以刑，民免而无耻；道之以德，齐之以礼，有耻且格”（《论语·为政》），意思就是德、礼优于政、刑，对人们要注重道德的教化，严刑峻法虽能达到威吓的效果，使人不敢轻易犯罪，却不能够防恶于未然，不能期望以严苛的刑法来达到家治国安的目的。法家则完全否认德和礼对于治国安邦的意义，而认为法律才是真正有利于统治的强制性工具，因而主张以法治国。在先秦百家争鸣的时代，儒、法两家各自坚持自己的主张，彼此抨击，互不相让。秦汉时期的法律基本上是根据法家思想制定的，法律具有相对于礼的独立性。商鞅的秦法源自魏国李悝的《法经》，西汉萧何定汉律又承秦制，所体现的是法家精神，成为与法家一脉相承的法治正统。

自汉武帝实行“罢黜百家，独尊儒术”后，法家逐渐丧失其正统地位，汉儒开始努力将儒家思想贯彻于法律制定和实施之中。不过，援礼入法的过程实际上始自魏、晋，历南北朝至隋、唐而集其大成。魏以后儒家参与制定法律，更有机会将儒家礼学思想杂糅在法律条文里，使法律发生了重大变化，影响深远。例如，《周礼》有“八议”之说，即一议亲，二议故，三议贤，四议能，五议功，六议贵，七议勤，八议宾。曹魏《新律》开始正式将“八议”载于律文。“八议”律文规定，权贵人物犯罪以后，“大罪必议，小罪必赦”，享受特殊优待，司法机关不得擅自处理。自魏、晋、宋、齐、梁、陈、北魏、北齐、北周直至隋、唐、宋、明，皆将“八议”载于律，到了清代才不复引用。又如，《孝经·五刑》云：“五刑之属三千，而罪莫大于不孝。”北齐将不孝列为十条重罪之一，犯者不在八议论赎之限。因袭隋律而修订的唐律更完整地引入礼的内容，其中不少条文来源于礼。所以，《四库全书总目提要》云：“唐律一准乎礼。”

援礼入法实质上是法的道德化，它使礼成为法律的重要组成部分，形成了法律为礼、为道德所支配的局面。虽然援礼入法发生在儒家成为传统社会占主导地位的意识形态之后，而且许多入法的礼的内容来自儒家主张，但这种观念由来已久。《尚书·大禹谟》中就有“明于五刑，以弼五教”的记载。孔子主张以“齐之以礼”取代“齐之以刑”。荀子修正了孔子的思想，将礼与刑相提并论。他说：“治之经，礼与刑，君子以修百姓宁。”他主张“明德慎罚”，认为这样可以“国家既治四海平”（均见《荀子·成相》）。到董仲舒那里，确立了对中国后来社会产生重要影响的“德主刑辅”观念，即“刑者德之辅”（《春秋繁露·天辨在人》）。“德主刑辅”是与“明刑弼教”完全一脉相承的，其实质是以法律制裁的力量来维持礼，加强礼的合法性和强制性。礼认为对的，就是法认为合法的；礼所不容许的，也就是法所禁为、所制裁的。所以，东汉廷尉陈宠疏中说：“礼之所去，刑之所取，失礼则入刑，相为表里者也。”（《后汉书·陈宠传》）明丘濬的《大学衍义补》亦云：“人心违于礼义，然后入于刑法。”

总之，在传统社会，礼与法二者同源，犹如车之两轮，鸟之两翼，都以维护统治者利益和社会正常秩序为最终目的。“礼”是主动的规范，禁恶于未然；“刑”是被动的处罚，惩恶于已然。凡“法”所禁止的行为，必为“礼”所不容，法合于礼，礼入于法，两者是相通、互补的。“援礼入法”是中国传统价值观的重要观念、主要特征和基本精神，对传统社会和文化产生了重大而深远的影响。

第四，人有礼需要教化。传统价值观认为，礼不是自然天成的，而是通过教化才能获得。孔子十分重视教化对于人们有礼的意义。《礼记·经解》记载，孔子说，进入一个国家，只要看看那里的风俗，就可以知道该国的教化如何了。就礼而言，如果那里的人是端庄恭敬的，那是礼教的结果；如果那里的人端庄恭敬不陷入烦琐，那说明那里的人真正把礼学好了。在他看来，礼需要长期学习、反复演练，连举手投足都不能轻易放过。因此，孔子把礼乐当作一项非常重要的教学内容向学生传授。在他看来，仁必须通过遵循礼的规定来实现，礼是培养仁德之器。所以，子贡问如何培养仁德时，孔子回答：“工欲善其事，必先利其器。”（《论语·卫灵公》）孔子所说的“克己复礼为仁。一日克己复礼，天下归仁焉”，更能说明孔子认为仁的培养离开礼的学习实践是不可思议的，一个人不经过礼化的过程就不可能具备仁。孔子还用“恭而无礼则劳，慎而无礼则葸，勇而无礼则乱，直而无礼则绞”（《论语·泰伯》）来强调只具备仁不学习礼的危害。颜渊也曾昭然叹曰：“夫子循循然善诱人，博我以文，约我以礼。”（《论语·子罕》）这样看来，孔子主张塑造人要仁与礼相统一，仁与礼不可偏废。

如何对人们进行礼的教化？儒家非常重视乐的作用。在儒家看来，礼和乐是紧密地联系在一起的。礼是天之经、地之义，是天地间最重要的秩序和仪则；乐是天地间的美妙声音，是道德的彰显。礼序乾坤，乐和天地。“礼”规范人的行为，“乐”则调和人的性情，人的喜怒哀乐之情，都可以通过乐来表达，同时人也可以得到陶冶。对于这种关系，《礼记·乐记》阐述得很明白：“乐者，天地之和也；礼者，天地之序也。和，故百物皆化；序，故群物皆别。”“大乐与天地同和，大礼与天地同节。”所以，应当将礼与乐结合起来对人们加以教化。孔子说：“兴于《诗》，立于礼，成于乐。”（《论语·泰伯》）荀子说：“且乐也者，和之不可变者也；礼也者，理之不可易者也。乐合同，礼别异。礼乐之统，管乎人心矣。穷本极变，乐之情也；著诚去伪，礼之经也。”（《荀子·乐论》）在他看来，乐“可以善民心，其感人深，其移风易俗”（《荀子·乐论》），所以古圣王就用礼制来引导百姓，百姓也因此而和睦相处。《礼记·经解》还谈到对人进行礼的教化要从看不见的地方开始，使人在不知不觉中日积月累地弃恶扬善：“故礼之教化也微，其止邪也于未形，使人日徙善远罪，而不自知也，是以先王隆之也。”

3. 礼观念的影响

由以上考察不难发现，传统价值观“隆礼由礼”的礼观念源远流长，它通过礼制和礼教对传统社会生活和社会成员以至今天的社会产生了深远影响。

礼制在西周得以完备。《三礼》使之理论化后，西汉董仲舒为其注入了“三纲”的原则，后又经过“援礼入法”的方式使之得到法律的保障，成为宗法皇权专制社会维护统治秩序的最重要制度保障。宗法皇权专制时代两千多年，历经无数次的改朝换代和皇帝更替，但礼制的地位没有发生过根本性的动摇，它始终发挥着维护以宗法关系为基础的王权制及其尊卑等级秩序的作用。传统社会王权至上的专制政治结构和社会统治，以及与之相适应的男性对女性专制、老人对后辈专制、熟人对陌生人专制的社会结构和社会统治，均源自礼制。以礼制为依据实行的礼治，讲究建基于等级制之上的“亲亲尊尊”，讲究“亲亲相隐”，讲究“非礼勿视，非礼忽听，非礼勿言，非礼勿动”，于是自然导致“为尊者讳，为亲者讳，为贤者讳”（《春秋公羊传·闵公元年》）的尊卑、贵贱、亲疏原则的产生和通行。这一切虽合于礼，却忽视了社会成员同样具有自由平等权利。

礼制之所以在传统社会能够长期发挥作用，是因为礼教发挥了重要作用。所谓“礼教”，其本义是指礼的教育或教化，也常常作为各种礼的一种统称。尧舜以降，传统社会历来重视教化，教化的形式和途径多种多样，教化的力量十分强大，能够使教化的内容深入人心，成为人们的信念和准则。传统教化的目的不是今天教育所追求的德智体美劳全面发展，而主要是使人们成为心悦诚服地接受君王统治的臣民。为此，教化的内容虽然也包含仁义道德，但主要是礼制、礼仪、礼节以及隐含在其中的礼观念，因此，传统的教化也被人们视为礼教。礼教最重要的作用是使统治者驯服百姓，这为礼制的实行提供了社会基础。但是，历史事实证明，自宋开始，礼教暴露出鲁迅所说的“吃人”的一面：它瓦解人的主体性，使人自觉不自觉地接受和维护礼教，成为礼教的“卫道士”；麻痹人的创造性，使之成为愚弱的被统治者，放弃人的基本自由权利；摧残人的本真性，使人成为表里不一、道貌岸然的伪君子，人格发生扭曲甚至分裂。总而言之，礼教导致了鲁迅所谓的“国民劣根性”（专制性和奴性）。宋明清时期大量出现的“愚忠”“愚孝”事例，一方面表明了礼教的巨大教化作用，另一方面也显示了礼教的巨大消极作用。

对孝观念的考察表明，中国人自进入文明社会开始就已经对人的社会身份或角色有清醒的意识，并根据人们的不同身份来规定人们的权利和责任，运用权利和责任的规范来约束人们。“礼”就是中国人发明的这种规范。从道德的意义看，礼对于维护社会秩序、促进人的社会化具有重要的意义。但是，如果将这种礼作为政治规范、法律规范，使之成为社会的基本制度，就会导致等级制甚至专制。因为礼的根据虽然是人的社会身份，但根据的只是人的社会身份的差异方面，而忽视了人的身份的共性方面。对于一个社会的所有人来说，没有共同的礼，只有不同身份的礼，如父亲的礼、君王的礼等。

然而，人作为社会成员除了各自不同的社会身份之外，还有两种所有人共同的身份，这就是所有人都是一个国家的社会成员和人类的成员。在人类成为共同体之前，人没有真正获得人类成员的身份，因而在传统社会所有人只有一个共同的社会身份，即一个国家的社会成员。如果我们肯定这一点，就会发现，传统的礼实际上没有这种身份意识，因而没有能够约束所有社会成员的共同的礼。有君王之礼，有臣子之礼，但没有两者共同的社会身份之礼。当然，两者之间也有某些共同的礼，如儿子之礼、父亲之礼，但没有所有人共同的礼。

由于在所有社会身份中统治者历来重视的是政治身份，当人们缺乏共同的基本政治身份时，人与人之间就不会有平等，在礼的基础上建立起来的制度就是等级制，根据礼制定并以维护礼制为目的的法律也就不会是平等适用的，这种以礼制为主要控制手段的社会就不可能有平等。因为它没有肯定人们普遍具有的独立社会成员身份，人们也就没有自由。正因为如此，传统的礼治社会不可能是民主社会，而且因为不能将统治者尤其是最高统治者当成普通社会成员加以制约，必然会是专制的、独裁的社会。这就是传统社会实行礼治而不是法治、人治而不是民治的等级制和专制制度的重要原因。

九 “忠孝两全”

“忠孝两全”是传统价值观中影响最广泛、最深入人心的主导价值观念之一。“忠孝两全”的基本含义就是既对国家尽忠又对父母尽孝。这一命题作为一种价值理念既表达了一种道德观念，又表达了一种道德要求。从历史渊源看，“孝”观念更久远，可追溯到尧舜时代；“忠”观念则要晚得多，大约出现于春秋时期，形成于汉代；而“忠孝两全”的观念出现得相对较晚，但至少在《孝经》中已经形成。《孝经》首次将“孝”与“忠”联系起来，认为“忠”是“孝”的发展和扩大，并把“孝”的社会作用推而广之，通至国家甚至神明。中国自古以来就有“忠孝难两全”的说法，但实际上这表达了人们对忠孝两全的追求，彰显了忠孝两全的大义。历史事实也表明，一般来说，“忠孝两全”是和平时期大多数人生活的常态，而“忠孝难两全”主要是战争时期人们生活的特殊情形。因此，“忠孝两全”才真正表达了传统价值观的家国观念。

1. 忠孝两全观念的形成

“忠孝两全”与“忠君孝亲”关系密切，但并不是同一观念。与“孝亲”大致等同于“孝”不同，“忠君”的含义比“忠”的含义狭窄得多，而“忠君”也绝不就是“君要臣死臣不得不死”的愚忠。也许是由于对于统治者来说“忠君”比“孝亲”重要得多，在将两者联用时把比“孝亲”出现晚得多的“忠君”放在了前面。所谓“忠君”，就是对君王忠诚或忠于君王，含有服从君王、顺从君王、服务君王、为君王尽忠甚至为君王献身等意，其极端即所谓“愚忠”，那就是“君要臣死臣不得不死”，乃至以自愿献身表达尽忠。显然，“忠君”与“忠孝两全”中的“忠”含义不同。后者包含前者，在“家天下”的传统社会，君王往往是国家的代表甚至化身，对国家的忠诚含有对君王的忠诚。不过，两者毕竟不同。一般来说，对国家的忠是无条件的，而对君王的忠则是有条件的，即君王的所作所为必须符合君王的身份。所谓“孝亲”，就是孝敬父母，含有赡养父母、照料父母、顺从父母、敬重父母等意，其极端即所谓“愚孝”，那就是“父要子亡子不得不亡”。显然，“孝亲”与“忠孝两全”中的“孝”含义是相同的。在传统社会，国由家组成，“家是国的缩小，国是家的放大”，“家国同构”，于是就有了“忠孝一体”的结构和观念。传统的“忠孝两全”观念奠基于“忠孝一体”，最终根源是“家国同构”。

“忠孝两全”最早见于唐代白居易的《除程执恭检校右仆射制》：“业传将略，名在勋籍；蕴天爵以修己，忠孝两全。”意思是被夸奖的人继承了将军的谋略，其功勋和名声被记录在案；他蕴有天生的气质而又注重修炼自己，做到了既忠又孝。后来，“忠孝两全”“忠孝双全”被广泛使用，如宋代无名氏《沁园春》词云：“正归班玉笋，花袍方卸，彩衣亟著，忠孝双全。”元代秦简夫的杂剧《晋陶母剪发待宾》第一折有戏词：“那个不说儿文章亏杀了娘针线，学成了诗云子曰，久以后忠孝双全。”清代无名氏小说《说呼全传》第四回：“朝野肃清，可称栋梁柱石，却是忠孝两全，朕亦深信，卿何奏他歹意，觉狠了些。”其中元代高明的《琵琶记·高堂称寿》明确将“忠孝两全”作为人生的追求：“人生须要忠孝两全，方是个丈夫。”这些历史文献的记载告诉我们，“忠孝两全”是传统社会普遍流行的价值观念。

2. 忠观念

忠，《说文解字》解释为“敬也，尽心曰忠”，《玉篇》解释为“直也”，《增韵》解释为“内尽其心，而不欺也”。忠的含义很丰富，有忠心、忠诚、忠贞、忠实等意思，有“忠义”“忠魂”“忠言”“忠告”“效忠”等常见的表述。其基本含义是“诚心尽力”，后延伸为忠诚和忠君。忠诚，对己是一种通过自我修养、自我约束、自我完善形成的德性，对他人、对人民、对民族、对国家、对事业则是一种道德责任感。忠君，即忠于君王一人，忠于家天下，“专心于事主者为忠臣”（《韩非子·忠孝》）。先秦时期，“忠”主要被看作人的一种德性，含有对人或事诚心诚意、忠心耿耿、忠贞不贰、大公无私等意思。东汉马融所著《忠经》将“忠”的含义概括为：“忠者，中也，至公无私。”这应是自东汉开始对“忠”的权威解释。

春秋时期以前的历史文献中少见有“忠”字。在我国较早的历史文献中，《左传》比较多地谈及“忠”，其中提到“忠”多达72次。[①] 例如：“忠之属也，可以一战”（《庄公十年》）；“进思尽忠，退思补过”（《宣公十二年》）；“无私，忠也”（《成公九年》）；“临患不忘国，忠也”（《昭公元年》）；“忠以成之”（《成公九年》）；等等。《左传·桓公六年》谈到“忠”时甚至不是把“忠”作为臣子的德，而是作为君王的德：“所谓道，忠于民而信于神也。上思利民，忠也；祝史正辞，信也。”后来的《周礼》中规定，大司徒要以乡学中的三门课程教育万民，其中第一门课程是六种德性，即“六德”：“知、仁、圣、义、忠、和。”《地官司徒·大司徒》也是明确在德的意义上使用“忠”的。这些文献记述主要是把“忠”作为一种德性看待，这表明这时中国人已经有了“忠”的观念。“忠”的观念在这时产生有其特殊的时代背景和深刻的历史根源。春秋战国时代臣子谋权篡位、背信弃义、卖国求荣等臣对君不忠的问题十分严重，受朝廷影响，民间人们之间不讲忠信的问题也非常突出。“忠”观念的出现反映了“忠”的问题成为一个时代突出的问题。

在先秦诸子百家中，孔子谈“忠”最多。《论语》中18次论及忠。[②] 例如：“为人谋而不忠乎”（《学而》）；“孝慈，则忠”（《为政》）；“子以四教：文，行，忠，信”（《述而》）；“主忠信，徙义，崇德也”（《颜渊》）；

---

① 参见魏良弢《忠节的历史考察：先秦时期》，《南京大学学报》（哲学社会科学版）1994年第1期。

② 参见魏良弢《忠节的历史考察：先秦时期》，《南京大学学报》（哲学社会科学版）1994年第1期。

“忠告而善道之，不可则止，毋自辱焉”（《颜渊》）；“居处恭，执事敬，与人忠”（《子路》）；“言忠信，行笃敬，虽蛮貊之邦，行矣。言不忠信，行不笃敬，虽州里，行乎哉？”（《卫灵公》）。《礼记》中也记述了孔子关于忠的谈论，例如：“夏道尊命，事鬼敬神而远之，近人而忠焉……周人尊礼尚施，事鬼敬神而远之，近人而忠焉”；“其君子尊仁畏义，耻费轻实，忠而不犯”；“君天下，生无私，死不厚其子；子民如父母，有憯怛之爱，有忠利之教”（均见《表记》）。这里所使用的“忠”的意思大致与《论语》中“忠”的意思相同，并无新意。孔子的弟子曾子更明确地指出“忠”就是一种德。他说：“夫孝，德之始也；悌，德之序也，信，德之厚也；忠，德之正也。”（《曾子·子思子》）

孔子不仅大量地在德的意义上谈论忠，而且将“忠道”和“恕道”作为他“仁爱”思想的基本原则。曾子曰：“夫子之道，忠恕而已矣。”（《论语·里仁》）虽然孔子自己没有对曾子所说的“忠”做出明确的界定，但从《论语》中的相关论述看，朱熹“尽己之心为忠”的解释是正确的。“忠”和“恕”一样是“夫子之道”即孔子的根本思想，也是实现他仁爱理想的必由之路。这种必由之路不是为臣子规定的，而是为所有人指出的。因此，在孔子那里，忠不仅有德性品质的含义，而且有德性规范的含义，更为重要的是，孔子将其视为一条普遍适用的原则，而非仅适用于臣子的原则。

孟子也谈论“忠”。在他看来，“教人以善谓之忠”（《孟子·滕文公上》），因而“忠”是一种忠诚正直的品格与尽心尽力的责任感。孟子认为，在君臣关系之中，尤其要大力提倡忠。他说：“责难于君谓之恭，陈善闭邪谓之敬，吾君不能谓之贼。”（《孟子·离娄上》）君王的地位高，权力大，威严盛，难以听取不同的意见，而臣属之人也慑于各种利害而不敢提出不同意见，更不用说据理力争地批评与责难。孟子还谈到“惠”“忠”“仁”三者之间的关系：“分人以财谓之惠，教人以善谓之忠，为天下得人者谓之仁。”（《孟子·滕文公上》）这实际上把德性分成了三个层级，“仁”是最高境界，而“忠”则要高于“惠”。

从以上的引证可见，“忠”当时被视为适用于所有人的一种德（有德性品质和德行规范双重含义）。春秋时期也有人把忠与臣联系起来。《左传》中的“忠”就已经包含“忠臣”的成分，例如：“君薨不忘增其名，将死不忘卫社稷，可不谓忠乎？”（《襄公十四年》）“今罪无所，而民皆尽忠以死君命。”（《宣公十二年》）这些表述与后世的忠君思想已有相同之处。《战国策·秦一》中说：“昔者子胥忠其君，天下皆欲以为臣；孝己爱其亲，天下皆欲以为子。”《晏子春秋》中有这样的记载。齐景公问晏子：“忠臣应怎样对待他的国君？”晏子说：“君王有难他不替他去死，君子流亡，他不出去送他。”景公听后不悦，说：“我给他封了地，给了他爵位使他显贵。可我有难，他不为我死，我流亡，他不来送我，这样的人可以称作忠臣吗？”晏子说：“臣子的进言君王能够采纳，君王终生都不会蒙难，还用得着臣子为他送死吗？臣子出的谋略君王能够择善而从，君王就终生不会遭到流亡，臣子当然也用不着为他流亡而送他了。假若臣子的话不听，蒙了难，臣子还为他死，那是不明事理，是白白送死；臣子的谋略不理睬，遭到了流亡臣子还去送他，那不过是臣子的虚情假意。所以忠臣能为君王出好主意，使君王管理好国家，而不能与君王一同遭难。”这个故事后来被概括为“忠臣不死君难”。《史记·田单列传》记载，战国时期齐国名士王蠋，不愿被入侵的燕军利用而自杀，留下了名言：“忠臣不事二君，贞女不更二夫。”

以上这些引证虽然都把忠与君联系了起来，但没有把“忠”作为臣这一种特殊身份的德，而只是说明作为臣子的忠应该是一种什么样的忠。第一次明确把“忠”作为臣这种特殊身份的德性的是孔子。他不仅将“忠”作为臣对君的特有德性，并且提出了规范的要求。鲁定公问孔子：“君使臣，臣事君，如之何？”孔子回答说：“君使臣以礼，臣事君以忠。”（《论语·八佾》）从此以后，就有了“忠君”之说。这里的“忠”不仅有德性品质的含义，更有德行规范的意义。当然，从前面的大量论述和引证可以看出，孔子并不认为“忠”是臣子的独特德性，而其他人是否具备这种德性无所谓。但是，从他的论述可见，他显然把“忠”看作臣这种身份的最重要德性，如同他把“孝”看作子女这种身份的最重要德性一样。孔子的这种思想在董仲舒那里伴随着“三纲”的提出而被强化到了极端。

《荀子》一书中有《君道》和《臣道》两篇谈论君臣问题，其中直接谈到臣忠的问题，这一问题在该书的其他地方也有谈及。他直接谈论忠的内容并不多，但丰富和发展了孔子忠的思想，儒家忠的观念在他这里基本形成。他通过对“忠”与“篡”加以对比对忠进行了界定：“从命而利君谓之顺，从命而不利君谓之谄；逆命而利君谓之忠，逆命而不利君谓之篡。”（《荀子·臣道》）他还把臣之忠分为大忠、次忠和下忠，下忠之下则为国贼。他说：“以德覆君而化之，大忠也；以德调君而补之，次忠也；以是谏非而怒之，下忠也；不恤君之荣辱，不恤国之臧否，偷合苟容，以之持禄养交而已耳，国贼也。”（《荀子·臣道》）就是说，大忠是以德熏陶君王而感化他，次忠是用德来调养君王而弥补他的不足，下忠是以劝谏君王触怒了他，而国贼不顾君王的荣辱，不顾国家的得失，只是苟且迎合，以此来保住自己的俸禄。荀子还举了几个例子，如周公对周成王是大忠，管仲对齐桓公是次忠，伍子胥对夫差是下忠，曹触龙对于商纣王来说则是国贼。尤其重要的是，荀子充分认识到忠君是有条件的，这个条件就是君遵循“道”。他说：“入孝出弟，人之小行也；上顺下笃，人之中行也；从道不从君，从义不从父，人之大行也。”（《荀子·子道》）荀子的这种思想后来被自董仲舒开始的官方正统儒家所严重背离。当然，荀子的思想中已经包含忠君的思想。

除儒家之外，春秋战国时期的各家都不推崇忠，甚至根本不把它当作德。道家未见言过忠，墨家也只是谈及何谓忠君。《管子》中《君臣上》《君臣下》两篇，几乎没有涉及忠，讲的是君臣都要守各自的礼，而君的礼是仁，臣的礼是信。“君人者制仁，臣人者守信，此言上下之礼也。”（《君臣下》）《韩非子》中虽然谈到忠，并且将忠与孝联系起来，其中有《忠孝》篇，但对忠孝持否定态度。韩非说：“天下皆以孝悌忠顺之道为是也，而莫知察孝悌忠顺之道而审行之，是以天下乱。”（《忠孝》）在他看来，“臣事君，子事父，妻事夫”是天下常道，三者顺则天下治，三者逆则天下乱。为了维护这种常道不能讲道德，崇尚贤能，而要诉诸法律。他说，尧作为君王把君位让给了臣子，舜也是如此，商汤和周武王做臣子却杀害了自己的君王并“刑其尸”，而天下却赞誉他们。这就是天下到现在还没有治理好的原因。这说明，废弃常理、崇尚贤能，国家就会混乱；舍弃法律，运用智慧，君王就会危险。所以，要“上法而不上贤”。

董仲舒适应西汉武帝建立“大一统”皇权专制统治的需要，把对君王的忠提高到了神学和哲学层次来对待，为从理论上论证“忠君”的合理性做出了独特贡献。在董仲舒看来，“忠”是道德的根本，臣民对君王尽忠是天经地义的、确定不移的、绝对的、无任何条件的。董仲舒的忠君思想，特别是关于“王道之三纲”的思想为后世“愚忠”行为盛行开了先河。

东汉著名古文经学家马融鉴于人们经常将“忠孝”联系起来，然而当时有《孝经》而无《忠经》，故作《忠经》来补缺。《忠经》是传统社会对忠及忠君所做的最系统完整的阐述。《忠经》全篇共十八章，开篇的《天地神明章》就把忠说成天地间的至理至德。“昔在至理，上下一德，以征天休，忠之道也。天之所覆，地之所载，人之所履，莫大乎忠。”忠的基本含义是“至公无私”，而其本质在于“一其心”。“忠”是“为国之本”：“忠能固君臣，安社稷，感天地，动鬼神，而况于人乎。”（《天地神明章》）《忠经》对不同等次的人提出了不同的忠的要求，上至君王，下至平民，须各尽其忠，且尽忠有君子与小人之分：“君子尽忠，则尽其心；小人尽忠，则尽其力。尽力者则止其身，尽心者则洪于远。”（《尽忠章》）《忠经》提出了许多对后世忠德观念有深远影响的重要原则。如“邪则不忠，忠则必正”（《广为国章》）；“善莫大于作忠，恶莫大于不忠”（《证应章》）；“仁而不忠则私其恩，知而不忠则文其诈，勇而不忠则易其乱”（《辩忠章》）；等等。由此可见，《忠经》不仅反映了东汉时期忠德的主要内容，而且标志着春秋时期所产生的忠德观念已发展成为较系统完整的忠德学说。

值得注意的是，《忠经》并不是仅仅把忠作为臣子的首德，而是作为所有人的首德。这种观念在某种意义上回到了先秦时期普遍认同的“德”观念，与之不同之处有三：一是赋予忠以本体论的意义，将其作为宇宙万物至理至德；二是以此为根据对社会不同身份的人提出了不同的忠的要求；三是在前两者的基础上将忠德系统化理论化，使之成为中国历史上的一种关于忠的完整学说。也许正是由于《忠经》没有像董仲舒那样将“忠”看作臣特有之德，没有强调“忠君”，而且对君王也提出了忠的要求，所以在传统社会《忠经》远远没有《孝经》影响大。后来的正统“忠君”观念实际上绕过了《忠经》而直接承接董仲舒并成为传统社会占主导地位的观念，《忠经》也没有像《孝经》那样被列入儒家的经典。当然，这并不会完全阻止其中的一些有价值的观念（如以上提及的观念）对后来传统价值观产生影响。

通过以上考察我们不难发现，作为传统价值观的“忠”观念就其得到普遍认同的含义而言，实际上有两个方面：一是对于所有身份而言的“忠”，这里说的“所有身份”包括君王和臣子，也包括其他各种身份，每一种身份都有相应的忠之德（忠的德性和忠的道德要求）；二是即使把忠仅看作臣子对君王而言的“忠”，这种“忠”也并不是后来发展到极端的愚忠，而是以君王具备其身份应具备的德性和符合其身份应符合的道德要求为前提，没有这个前提，臣子可以不尽其忠。

就第一方面而言，传统价值观念认为所有不同的身份有某些共同的“忠”之德，这种德就是真心实意、尽心尽力、没有二心。《左传》中讲的“进思尽忠”、“无私”（帮助别人时没有为自己考虑）、“临患不忘国”，《论语》中讲的“为人谋而不忠乎”“主忠信”“与人忠”，《礼记》中讲的“近人而忠”等都是在这种意义上讲的。这是“忠”作为德的一般性要求，它体现在不同身份上，《忠经》分别做了概括。例如，君王之忠是“上事于天，下事于地，中事于宗庙，以临于人”。君王必须尽“圣君之忠”，只有这样，才能“扬于后代，以保社稷，以光祖考”（《圣君章》）。冢臣之忠与其说是“奉君忘身，徇国忘家，正色直辞，临难死节”，不如说是“沉谋潜运，正国安人，任贤以为理，端委而自化”。冢臣这样做了，就有“天地之大，日明之明，阴阳之和，四时之信，圣德洋溢，颂声作焉”（《冢臣章》）。统军之帅之忠是“仁以怀之，义以厉之，礼以训之，信以行之，赏以劝之，刑以严之”，他们能“尽其心，竭其力，致其命”，则“攻之则克，守之则固”（《武备章》）。《忠经》要求所有人都要尽其忠，无论是君子还是小人。其中当然包含臣之忠，这种意义上的臣之忠不仅包括臣对君的忠，而且包括臣对江山社稷和黎民百姓的忠，如以上所说的冢臣之忠，不仅包括“奉君忘身”，而且包括“正国安人”。

就第二方面而言，忠是臣对君的忠。第一种意义上的忠可以说是一种广义的忠君，其中包括狭义的忠君，而臣对君的忠是一种严格意义上的忠君。这种意义是孔子赋予它的，但孔子讲的是君臣有对等的德，即“君使臣以礼，臣事君以忠”（《论语·八佾》）。臣尽心去做君王所任命的分内之事的前提是君王能以礼待臣。子路问事君，孔子说：“勿欺也，而犯之。”（《论语·宪问》）意思是，忠臣不欺瞒君王，但君王做错事，可以不惜犯颜诤谏。孟子也认为能勇敢地指出君王的过错才是忠臣的恭，能导君明德，避免不好的行为，才是忠臣的敬，即“责难于君谓之恭，陈善闭邪谓之敬”（《孟子·离娄上》）。荀子在《臣道》中所说的“逆命而利君谓之忠”也是这个意思。墨子也主张忠臣应能正君王的偏邪，实行兼爱，不结党营私等。《忠经》认为对于忠君而言，“忠谏”最重要。“忠臣之事君也，莫先于谏，下能言之，上能听之，则王道光矣。”（《忠谏章》）而且强调英明的君王治国“必先辨忠”，并指出：“君子之言，忠而不佞；小人之言，佞而似忠而非，闻之者鲜不惑矣。”（《辨忠章》）

由此可见，传统价值观中的“忠”并非单指忠君，更不是无原则的臣对君忠，即所谓“愚忠”。传统观念认为，君王是“天子”，但“天子”上面还有“天”。君王并非永远正确，所以才需要设立谏官指出其过失，同时按中国的信史制度，史官要记录君王的一言一行。士大夫可以“为帝王师”，君王做得好与不好是用君德来衡量的。按照传统价值观，臣事君所采取的原则应取决于君是明君还是昏君。在昏君无道的时候，传统价值观甚至认为可以起来去推翻他，一如成汤伐桀、武王伐纣。这不是不忠，不是大逆不道，而是替天行道。传统社会历代儒家士大夫正是据此抵制帝王违反道统的行为，践行忠臣“从道不从君”（《荀子·臣道》）的原则的。正是传统价值观的“忠”和“忠君”观念激励着千百年来中国人民与昏君、暴君、庸君做斗争，在民族危难之际保卫国家和朝廷不惜牺牲自己的性命。屈原、苏武、诸葛亮、魏征、范仲淹、包拯、岳飞、文天祥、于谦等忠臣就是历代践行忠德和忠君之德的典范，为世代中国人所景仰。

3. 孝观念

《说文解字》解释篆体“孝”字云：“善事父母者。从老省，从子，子承老也。”我国现存最早的汉字文献资料殷商甲骨卜辞之中已有“孝”字，但孝的观念产生要早很多。《尚书·尧典》中记载，舜“父顽、母嚚，象傲；克谐以孝，烝烝乂，不格奸”。所谓“顽”是指“心不则德义之经”，所谓“嚚”是“口不道忠信之言”。虞舜面对这么复杂、各色的家庭成员，却能极尽孝道，把家庭关系搞得十分和谐。尧帝因此把帝位禅让给了舜。《尚书》还有不少关于“孝”的表述，如“不孝不友，子弗祗服厥父事”（《康诰》）；“肇牵车牛远服贾，用孝养厥父母”（《酒诰》）；“用会绍乃辟，追孝于前文人”（《文侯之命》）。《易经·蛊卦》也涉及“孝”的问题。蛊卦初六爻辞说：“干父之蛊，有子，考无咎。厉，终吉。”意思是匡正父亲的过失，有这样的儿子，父亲无灾祸，虽有危厉，最终得吉。《诗经·小雅·蓼莪》云：“父兮生我，母兮鞠我。拊我畜我，长我育我。顾我复我，出入腹我。欲报之德，昊天罔极。”这里讲的就是要报答父母的养育之恩，已有鲜明的孝观念。《诗经》中有很多关于“孝”的诗句，如“假哉皇考，绥予孝子”（《周颂·雍》）；“永言孝思，孝思维则”（《大雅·下武》）；“威仪孔时，君子有孝子”“孝子不匮，永锡尔类”（《大雅·既醉》）；“於乎皇考，永世克孝”（《周颂·闵予小子》）；等等。所有这些“孝”的表述中，有一部分是对在世父母的孝，即对“活人”的孝；有一部分是对去世的父母、祖先的孝，即对“死人”的孝。

孔子首次对传统的孝观念做了系统的阐述，形成了关于孝的学说。在他看来，“孝”是“仁”的根本内容。孔子的学生有若说：“君子务本，本立而道生。孝弟也者，其为仁之本与！”（《论语·学而》）意思是，君子抓住这个根本，实行“仁”的基础就建立起来了。孔子的社会政治理想，是建立一个“老者安之，朋友信之，少者怀之”（《论语·公冶长》），使百姓安居乐业的社会。实现这一理想，要从“孝悌”开始，从爱自己的亲人开始，上对君王尽忠，下在朋友之间建立信任关系，从而扩大到去爱众人，使社会达到和谐状态。孔子的弟子有若把孔子的这一思想表述为：“其为人也孝弟，而好犯上者，鲜矣；不好犯上，而好作乱者，未之有也。”（《论语·学而》）

关于什么是“孝”，孔子认为孝就是“事生”和“事死”。鲁国大夫孟懿子有一次问孝于孔子，孔子回答说，不违背孝礼的规定。孔子又将他的这个回答告诉弟子樊迟，樊迟不明白他的回答是什么意思，孔子就说：“生，事之以礼；死，葬之以礼，祭之以礼。”（《论语·为政》）孔子这话的意思是，父母在世时要以“事生”的礼来侍奉他们；父母死后要以“事死”的礼来安葬他们，安葬以后还要祭祀他们。

“事生”的基本要求是“奉养”，即不仅要保证父母吃饱穿暖，而且要尊敬父母，后一点更为重要。弟子子游向孔子请教“孝”时，孔子对这一点做了明确的阐述。他说：“今之孝者，是谓能养。至于犬马，皆能有养；不敬，何以别乎？”（《论语·为政》）在回答子夏问孝时孔子再次强调了这一点：“色难。有事，弟子服其劳；有酒食，先生馔，曾是以为孝乎？”（《论语·为政》）在他看来，“孝”之所以难，就在于对父母要有发自内心的尊敬，如说话要和气，面色要和悦，行为要谦恭。假如只让父母吃饱穿暖而对父母不敬，即便每一顿都给他们美味佳馔，也不能算尽到了孝心。此外，不给父母增添忧愁，让父母担惊受怕，也是孝的要求。鲁国大夫孟武伯向孔子请教孝，孔子回答说：“父母唯其疾之忧。”（《论语·为政》）朱熹对这句解释说：“言父母爱子之心，无所不至，惟恐其有疾病，常以为忧也。人子体此，而以父母之心为心，则凡所以守其身者，自不容于不谨矣，岂不可以为孝乎？”（《四书章句集注·论语集注》卷一）此外，“孝”还要求“父母在，不远游，游必有方”（《论语·里仁》）；兄弟之间互爱互助，“孝乎惟孝，友于兄弟，施于有政”（《论语·为政》）。要言之，“孝”就在于“事父母，能竭其力”（《论语·学而》）。

“事死”既包括葬之以礼，也包括祭之以礼。孔子对葬之以礼的要求是“三年之丧”，并称此为“天下之通丧”。弟子宰我一次对孔子说，“三年之丧”的时间太长了，一年就够了吧，其理由是“君子三年不为礼，礼必坏；三年不为乐，乐必崩”（《论语·阳货》）。宰我一出门，孔子就骂他是一个不仁之人，说他竟然忘记了他出生后父母给他的三年精心呵护。孔子的意思是服丧三年与父母对子女的关怀相比根本算不了什么。孔子强调：“丧礼，与其哀不足而礼有余也，不若礼不足而哀有余也。”（《礼记·檀弓上》）“丧，与其易也，宁戚。”（《论语·八佾》）在他看来，办理丧事时与其把礼仪办得隆重而不悲哀，还不如倒过来，多表达悲哀之情。孔子视祭祀为治国的四件大事之一，强调祭祀要严格按照“礼”的规定进行，其关键是要做到“敬”，感到“哀”，即所谓“祭思敬，丧思哀”（《论语·子张》）；其体现是“事死如事生”（《中庸》），“祭如在，祭神如神在”（《论语·八佾》）。《中庸》将这一思想概括为：“践其位，行其礼，奏其乐，敬其所尊，爱其所亲，事死如事生，事亡如事存，孝之至也。”孝还有这样一种要求，即如果一个人自己不能亲自祭祀父母和祖先，那也不能让别人代替他。这就是孔子说的“吾不与祭，如不祭”（《论语·八佾》）。孔子提倡的“慎终追远”也含有重要的孝的意义。“老死曰寿终。”（《释名·释丧制》）“慎终追远”要求人们着眼于死而生，通过善生实现善死，也就是不仅要始终以恭敬的态度祭祀去世的父母和祖先，而且一辈子都要勉力做到光耀门庭、光宗耀祖，不可给祖先脸上抹黑。如此，离开人世方可谓寿终正寝。在孔子看来，如果大家都这样做，民众的德性就会自然归于忠厚。

关于“孝”，孔子还谈了不少其他问题，他考虑得十分深入细致。他指出，既要对父母高寿感到高兴，也要因此有所恐惧，因为父母年龄大了，随时有可能生病，也随时有可能死亡。因此，父母年龄大了更应该多关心父母。他说：“父母之年，不可不知也。一则以喜，一则以惧。”（《论语·里仁》）孔子还把继承父志看作“孝”的一个重要内容。他说：“父在，观其志；父没，观其行；三年无改于父之道，可谓孝矣。”（《论语·学而》）其中后一句话在《里仁》篇中又一字不差地重复了一次，由此可见，孔子的弟子知道老师对此高度重视。

《礼记》进一步强调了“孝”的重要性，将“孝”推到了极致，认为“孝”放之四海而皆准。“夫孝，置之而塞乎天地，溥之而横乎四海，施诸后世而无朝夕，推而放诸东海而准，推而放诸西海而准；推而放诸南海而准，推而放诸北海而准。”（《礼记·祭义》）之所以要行孝，《礼记》认为是因为自己的身体乃是父母的遗体。以父母的遗体来做事，敢不对父母敬养吗？所以，“伤其亲，是伤其本。伤其本，枝从而亡”（《礼记·哀公问》）。

对于什么是孝和不孝，《礼记》也做了界定。被视为孝的有：“生则敬养，死则敬享，思终身弗辱也”；“孝有三：大孝尊亲，其次弗辱，其下能养”；“父母全而生之，子全而归之，可谓孝矣”；“不亏其体，不辱其身，可谓全矣”；“不辱其身，不羞其亲，可谓孝矣”（以上引文均见《祭义》）；“从命不忿，微谏不倦，劳而不怨，可谓孝矣”（《坊记》）；等等。有五种情形被列为不孝：“居处不庄”“事君不忠”“莅官不敬”“朋友不信”“战陈不勇”（引文均见《祭义》）。《礼记》认为，这五个方面做不到，表面上看是自身会受到惩罚，实际上会殃及父母的遗体，能对这些不忌讳吗？《礼记》认为，岁时用美味佳肴来祭祀不能算作敬，只能算作养。“小人皆能养其亲，君子不敬，何以辨？”（《坊记》）真正的孝是所有人都会称羡喝彩的，他们会说：“幸哉有子如此！”这里已经把孝的含义从对父母的敬养扩展到做每一件事都要光宗耀祖了。《礼记》

还谈到了一些行孝的途径，认为“孝子之事亲”有“三道”：“生则养，没则丧，丧毕则祭。养则观其顺也，丧则观其哀也，祭则观其敬而时也。尽此三道者，孝子之行也。”（《祭统》）

孟子谈孝不多，但很有影响。孟子也高度评价孝。孝可以成就个人，尧舜之所以成为圣人，就是因为他们讲孝悌。“尧舜之道，孝弟而已矣。”（《孟子·告子下》）孝还可安天下。“人人亲其亲、长其长，而天下平。”（《孟子·离娄上》）在他看来，在所有的事情之中，“事亲”是最重要的，而其前提是“守身”。“事，孰为大？事亲为大；守，孰为大？守身为大。”（《孟子·离娄上》）“事亲”与“守身”是密切相关的，现实中存在没有失掉自己身躯然后服侍自己父母的，不存在失掉自己身躯还能服侍的。孔子及其弟子谈孝讲“敬”，而孟子则讲“诚”。他说：“信于友有道，事亲弗悦，弗信于友矣。悦亲有道，反身不诚，不悦于亲矣。诚身有道，不明乎善，不诚其身矣。”（《孟子·离娄上》）孟子还列了五种不孝的情形：“世俗所谓不孝者五：惰其四支，不顾父母之养，一不孝也；博弈好饮酒，不顾父母之养，二不孝也；好货财，私妻子，不顾父母之养，三不孝也；从耳目之欲，以为父母戮，四不孝也；好勇斗狠，以危父母，五不孝也。”（《孟子·离娄下》）在所有的不孝之中，没有后代是最大的不孝。“不孝有三，无后为大。”（《孟子·离娄上》）

《吕氏春秋·孝行》把行孝看作做事的纲纪、治国的根本：“夫孝，三皇五帝之本务，而万事之纪也。夫执一术而百善至，百邪去，天下从者，其惟孝也！”因此，必须注重亲疏、本末关系，“故论人必先以所亲，而后及所疏；必先以所重，而后及所轻”。先王就是因其孝行而治天下的。《吕氏春秋·孝行》明确阐述了行孝与治国的关系，认为凡为天下而治国家，必须务本而后末，而本就是人；务其人，亦必须务其本，而务其本莫贵于孝。孝的基本要求在于爱亲、敬亲，“故爱其亲，不敢恶人；敬其亲，不敢慢人”。《吕氏春秋·孝行》对不同身份的人的孝做出了规定：“人主孝，则名章荣，下服听，天下誉；人臣孝，则事君忠，处官廉，临难死；士民孝，则耕芸疾，守战固，不罢北。”对天子的孝要求最高，“爱敬尽于事亲，光耀加于百姓，究于四海，此天子之孝也”。《吕氏春秋》是在秦国丞相吕不韦主持下集合门客编撰的一部杂家名著，成书于秦始皇统一中国之前。它以儒家学说为主干，以道家理论为基础，兼有多家流派的思想。《吕氏春秋·孝行》成书表明，以上所述的许多观点和观念在当时是已形成普遍共识的。

出现于秦汉之际的《孝经》，对儒家孝思想进行了总结概括，因而成为儒家十三经之一。《孝经》明确提出："夫孝，德之本也，教之所由生也。"（《开宗明义章》）"孝"之所以为德之本，是因为它是天地人"三才"普遍适用的法则。"夫孝，天之经也，地之谊也，民之行也。"（《三才章》）它视孝为诸德之本，认为"人之行，莫大于孝"（《圣治章》），君王可以用孝治理国家，臣民能够用孝立身理家。《孝经》首次将孝与忠联系起来，认为"君子之事亲孝，故忠可移于君"（《广扬名章》）；"夫孝，始于事亲，中于事君，终于立身"（《开宗明义章》）。《孝经》甚至将"孝"的社会作用推至万能，认为"孝悌之至，通于神明，光于四海，无所不通"（《感应章》）。《孝经》主张把"孝"贯穿于人的一切行为之中："身体发肤，受之父母，不敢毁伤"，是孝之始；"立身行道，扬名于后世，以显父母"（《开宗明义章》），是孝之终。孝被看作一个人从养生到事死的过程，"生事爱敬，死事哀戚，生民之本尽矣，死生之义备矣，孝子之事亲终矣"（《丧亲章》）。其具体要求是："居则致其敬，养则致其乐，病则致其忧，丧则致其哀，祭则致其严。"（《纪孝行章》）《孝经》还根据不同人的身份差别规定了行"孝"的不同内容：天子之"孝"要求"爱敬尽于事亲，然后德教加于百姓，刑于四海"（《天子章》）；诸侯之"孝"要求"在上不骄，高而不危；制节谨度，满而不溢"（《诸侯章》）；卿大夫之"孝"要求"非法不言，非道不行。口亡择言，身亡择行"（《卿大夫章》）；士阶层的"孝"要求"忠顺不失，以事其上""保其爵禄，而守其祭祀"（《士章》）；庶人之"孝"要求"因天之时，就地之利。谨身节用，以养父母"（《庶人章》）。《孝经》认为，不孝是罪恶之首。"五刑之属三千，而罪莫大于不孝。"（《五刑章》）《孝经》还特别强调教与孝的关系，明确提出"教民亲爱，莫善于孝"（《广要道章》）；"教以孝，所以敬天下之为人父者也"（《广至德章》）。

《孝经》是此前各家孝思想尤其是儒家孝思想的集大成者，此后传统社会再也没有出现有影响的孝思想。但是，为了适应皇权专制统治的需要，强调和倡导忠君，汉代经学家提出了系统的"家国同构"理论，他们把君臣关系等同于父子关系，将在家尽孝推广为为国尽忠，即所谓

“求忠臣必于孝子之门”（《后汉书·韦彪传》）。这是一种通过将忠孝观念整合为一体来实现由孝致忠的方法，其实质是把忠君作为孝亲的目的，而把孝亲作为忠君的手段。在传统社会，统治者率先身体力行以推行孝道。史载汉高祖六年，为表示孝道，高祖尊太公为太上皇，便公开下诏说：“人之至亲，莫亲于父子，故父有天下传归于子，子有天下尊归于父，此人道之极也。……今上尊太公曰太上皇。”（《汉书·高帝纪下》）为了大力弘扬孝、鼓励人们践行孝，从汉惠帝开始，汉朝还在选人制度上设置了“孝弟力田”科。《汉书·惠帝纪》记载，四年“春正月，举民孝弟力田者复其身”。《汉书·高后纪》记载，元年春二月，“初置孝弟力田二千石者一人”。在汉高祖之后，汉朝皇帝（光武帝除外）的谥号也都被冠以“孝”字。《汉书·惠帝纪》注云：“孝子善述父之志，故汉家之谥，自惠帝已下皆称孝也。”秦汉之前的孝的思想和忠的思想一样后来逐渐被发展到极端，出现了许多愚孝的典型，其中“二十四孝图”就是影响深远的一例。

传统社会关于“孝”的思想资源非常丰富，其中大多数数千年来得到了普遍认同。从传统价值观的角度看，“孝”观念实际上就是人们常说的“孝道”，它是德，但不只是品德，还是道德，至少包含德性品质和德行规范两个方面，甚至还包括道德情感的要求。从所有这些方面看，传统价值观的“孝”观念至少有以下六个基本内涵。

一是敬养父母。这是对于前辈而言的。中国人讲孝，主要是指对父母，对父母既要重赡养，更应给予心理关怀，使他们内心愉悦。无论在历史上还是在现实中，总有一些人以为，在父母年迈不能自食其力的时候，做子女的养活他们，使他们吃穿不愁、衣食无忧，就算报答了生育之恩。传统价值观坚决反对这种观点，认为如果是这样，对待老人与对待牲畜没有什么区别。传统价值观认为仅仅“能养”是不够的，还必须“敬”，而“敬”必须以“诚”为前提。就是说，敬不是表面上的客套，而是诚心诚意地关心、尊敬父母，以自己的生活和工作及各方面的表现让父母放心、开心。所以，孝敬父母应在既养又敬上下功夫。传统价值观认为，敬养父母双亲是人类的天性。《孝经·圣治章》云：“父子之道，天性也。”《汉书·宣帝纪》云：“父子之亲，夫妇之道，天性也。”意思是说，父母之间、夫妻之间的关系是天然的亲情关系，父母培养教育子女，子女奉养父母，这是人类天性使然。所以，对待父母要“居则致其敬，养则致其乐，病则致其忧，丧则致其哀，祭则致其严”（《孝经·纪孝行章》）。

二是生育后代。这是对于后代而言的。繁衍后代是动物乃至所有生物的本能，也是人类延续和家庭兴旺的前提条件。在传统自然经济社会，老人是靠子女养老送终的，一个人没有子女，当他不能自食其力的时候，他会无法生存，相反，子女多他的生活就有更充分的保障。而且，老人有子女晚年就不会寂寞，生活就会充满乐趣，尤其是有争气的子女，他们能够光宗耀祖，会给父母带来光荣和心理满足。因此，传统价值观把生育后代视为一个人最重要的责任和义务，把没有子女视作最大的不孝。由这种孝的观念引申出了“多子多福”、追求“四世同堂”的观念。

三是推恩及人。这是对于他人而言的。孝道除了要求养亲、敬亲外，还强调“推恩”，即由孝亲开始逐渐恩泽他人。孔子要求弟子“入则孝，出则弟，谨而信，泛爱众，而亲仁”（《论语·学而》），就是要求弟子不仅要孝敬父母，而且要将对父母之爱推向更多的人。孟子说：“古之人所以大过人者，无他焉，善推其所为而已矣。”（《孟子·梁惠王上》）他认为，先王之所以有过人之处，就在于他们能够推恩于他人，最后把外人当亲人，最终达到“老吾老，以及人之老；幼吾幼，以及人之幼”（《孟子·梁惠王上》）的境界。传统价值观认为，在人与人相处中，推己及人，推恩及人，才能使孝道得以升华，形成充满友爱和温情的和谐社会。

四是忠孝两全。这是对于国家而言的。传统价值观念不仅强调推恩及人，而且要求推恩及自己生活于其中的基本共同体。传统社会基本共同体是国家，国家是个人及家庭的大家庭，它为其成员提供基本的安全保障和生活保障。因此，传统价值观要求将对亲人的孝扩展到国家和作为国家“家长”的君王，这就是“忠”。为此，传统价值观将孝与忠紧密地联系起来，认为孝忠相通，孝始忠结。这就是《孝经》中说的“夫孝，始于事亲，中于事君，终于立身”（《开宗明义章》）。传统价值观认为，孝德是一种行为倾向和定势，一旦形成，在对待其他人和事物时也会发生作用。所以《孝经》说：“君子之事亲孝，故忠可移于君。”（《广扬名章》）曾子也说：“孝子善事君，悌弟善事长。君子一孝一悌，可谓知终矣。”（《曾子·养老》）曾子认为“大孝即忠”。传统忠孝观念认为，孝与忠有内在关联和共同本质要求，因而要求把对父母的孝心转化为对国家和君王的忠心，把对家的责任感延伸至对国家的责任感。自古忠臣多出自孝子的事实似乎也表明，尽孝与尽忠相辅相成，小家与大家本质相通。

五是缅怀先祖。这是对于已故的若干代祖先而言的，要求祭祀先祖，感念先祖，为先祖和宗族争光。《诗经·大雅·文王》中就有“无念尔祖，聿修厥德”的诗句，意思是始终都不要忘了先祖的功德，要努力将他们的功德发扬光大。可见缅怀先祖是传统价值观中十分古老的观念。传统价值观要求，父母健在时，要能够始终孝敬；父母死后，要能够感念他们，并光宗耀祖。缅怀先祖，不只是在过年过节的时候祭祀先祖，更要保全自己，谨言慎行，不给父母带来恶名；同时还要追求功名，争取扬名于后世，以显父母英名。

六是教化孝德。这是对于孝者而言的。传统价值观并不认为人生来会自然形成孝之德，认为必须通过教化人才会具备孝德。正因为如此，早在《尚书》中就有德教的记载，其中包括孝德。后来许多文献阐述了这方面的要求。例如，《周礼·地官司徒·师氏》中对掌管辅导王室、教育贵族子弟以及朝仪得失之事的“师氏”做了这样的规定：“以三德教国子：一曰至德，以为道本；二曰敏德，以为行本；三曰孝德，以知逆恶。”还要求教三行：“一曰孝行，以亲父母；二曰友行，以尊贤良；三曰顺行，以事师长。”由此可见，孝德教育在当时就是王公贵族子弟的重要必修课。《孝经》明确指出：“夫孝，德之本也，教之所由生也。”（《开宗明义章》）它还特别强调了进行孝德教育的重要意义：“教以孝，所以敬天下之为人父者也。教以悌，所以敬天下之为人兄者也。”（《广至德章》）

4. 忠孝两全观念的意义

从以上考察不难发现，“忠孝两全”的观念由来已久，也许是传统价值观中最古老的价值观念。它可以追溯到尧。尧已经意识到，舜在家尽孝，必定会为国尽忠，所以他选择了舜作为接班人。这一观念在孔子那里就已经形成并得到强有力的阐述，而在《孝经》和《忠经》中得到了理论上的系统论证，并作为一种规范被明确地提出来。从此以后，它成为中华民族的共同信念、基本遵循和显著特色，真正体现了中国人的“家国情怀”。这种观念自董仲舒之后逐渐走向极端，适应皇权专制主义需要而演化成“愚忠”“愚孝”，并使忠孝两者对立起来，使人们对它有所诟病。但是，就其原初含义和意义而言，它是基本合理的，并且有旺盛的生命力。需要特别指出的是，后来流行的所谓“忠孝难两全”“自古忠孝难两全”“忠孝不能两全”等说法，表明在传统社会也许确实存在忠孝不能兼顾的情形，但这并不是传统价值观的主导观念导致的，而实际上只不过是皇权专制时代的必然产物。在皇权专制时代，皇帝是国家家长，拥有对所有下属的生杀予夺大权。若一位皇帝随心所欲地想处死某人，那是只需下令就能得到执行的事，于是有了“君要臣死臣不得不死”的说法。例如，当皇帝为了自己的利益甚至某种兴趣要发动战争时，他一般不怎么考虑参战的人的孝的问题，忠就压倒了孝。在传统社会，“忠孝难两全”的问题实际上根本就不存在，因为任何时候忠都是大孝，它与作为孝的小孝比较起来，都应摆在首位，任何人在两者冲突的时候都必须毫不犹豫地选择忠而不能考虑孝。“忠孝难两全”的前提在于个人是独立自由主体，个人有选择自己生活的权利，在忠孝冲突的情况下，往往难以兼顾。然而，在皇权专制时代，个人并不是独立自由主体，而是整体的一部分，一切都唯皇帝之命是从，根本没有发生这种冲突的前提条件。所以，“忠孝难两全”在传统社会实际上是一个伪命题。

十　“和而不同”

“和”也是传统价值观中最古老、最富有民族特色的价值观念。传统文献中关于这种观念有诸多不同的表述，这些表述从不同角度和层面阐明了“和”的含义，因而很难从中选择某一个命题来标示这种观念。近些年，人们比较多地用孔子所说的“君子和而不同，小人同而不和”（《论语·子路》）中的“和而不同”代表传统的“和”观念。朱贻庭教授不同意这种看法，认为西周末史伯[①]提出的“和实生物，同则不继”（《国语·郑语》）中的“和实生物”更体现了“和”之“生”的辩证法实质，因而更为精深，更能体现中国智慧。[②] 朱贻庭教授的看法是有说服

① 史伯，生卒年不详，西周末年王朝太史伯阳父，亦称史伯。在西周，太史掌管起草文告、策命诸侯、记录史事、编写史书，兼管国家典籍、天文历法等，为朝廷重臣。

② 参见朱贻庭《中国传统道德哲学6辨》，文汇出版社2017年版，第128页。

力的。在笔者看来，“和而不同”表达的是处理人际关系的一种道德忠告或建议，有这样做更好的意味，因为君子这样做，而小人不这样做。该命题不是给“和”做规定，而是给它划界限。这里讲的是，“和”意味着人们之间有所不同，如果人们是完全相同的，就无所谓“和”的问题。这意味着“和”是不同的人之间的和，不同是前提。与“和而不同”不同，“和实生物”不只是指人，而是指所有事物，当然包括人，它说的是不同的事物达到和谐状态可以产生新的事物或状态。所以它不仅仅有道德含义，还有更广泛的价值含义，并且有本体论的意蕴。“和而不同”作为一个道德命题，有明显的说教意味，“和实生物”则没有这种问题。这里我们从“和实生物”的阐述来揭示“和”的深厚价值意蕴。

1. 和观念的由来

“和”在汉语中是一个多义词。据考证，“和”字最早出现在甲骨文中，其本字为“龢”。“龢，调也。”（《说文解字》）“谐”的本字为“龤”。“龤，乐和谐也。”（《说文解字》）由此可见，“和”“谐”两字在中国古代是同义的。《广雅》更是将“和”解释为“谐”：“和，谐也。”因为“和”有“谐”义，所以这两个字常常联系起来用。《说文解字》把“谐”解释为“洽也”，因而“和谐”有相互协调、匀称适当、友好相处等意思。用今天的话说，和谐是事物之间的一种有序协调状态，它们彼此之间和平共处，相辅相成，相得益彰，良性互动。①

我国“和”的观念产生很早。《尚书》中有关于尧的“百姓昭明，协和万邦”（《尧典》）的记载，说的是尧向百姓明示彰显百官的职守，然后又协调其他部落之间的关系，使之和睦相处。《尚书》还记载了舜说的一段话：“诗言志，歌永言，声依咏，律和声，八音克谐，无相夺伦，神人以和。”（《舜典》）这说的是诗、歌、声、律各自发挥自己的功能而又协调一致、不相互干扰，就能使人和神达到和谐状态。这里的“和”显然已有今天所说的“和谐”的含义。《易经·中孚》：“鸣鹤在阴，其子和之；我有好爵，吾与尔靡之。”意思是，雌鹤在树荫下鸣叫，雄鹤随叫应和；我盛满了美酒，愿与你同享共乐。上述内容表明，早在尧舜时

---

① 参见江畅《幸福与和谐·引言》（第2版），科学出版社2016年版。

代至少在西周时代（《易经》相传系周文王姬昌所作）中国已经有和谐的观念。

后来的先秦古籍中已经大量使用“和”的概念。《诗经》中有“倡予和女”（《郑风·萚兮》）、“和鸾雍雍”（《小雅·蓼萧》）等诗句，其中“和”的意思都是不同事物或人之间的呼应协调。“倡予和女”的意思是一人首唱，他人相和，互相应答。后来《礼记·乐记》中有“倡和清浊”的说法，孔颖达疏：“先发声者为倡，后应声者为和。”于是有“倡和”一词。“和鸾”是古代车上的铃铛，挂在车前横木上称“和”，挂在轭首或车架上称“鸾”，古人将这两个词连用就是表示两种铃铛声音和谐。后来“和”的概念应用得更为广泛，如“和五声”（《礼记·乐记》）、“政是以和”（《左传·昭公二十年》）、“与秦交和而舍”《战国策·齐一》等。

“和”作为一种思想观念，源自《易经》。《易经》提出阴阳和谐平衡是事物存在和发展的根据，认为太极是两仪即阴阳的对立统一，并用卦画即阳爻（“⚊”）与阴爻（“⚋”）及其派生的卦（八经卦和六十四别卦）解释宇宙中的天道、地道、人道。它所体现的基本观念是中和、平衡，防止过度与不及。特别是其中的乾卦充分体现了古人的和谐思想。乾卦的卦辞为：“元亨，利贞。”《彖传》对这一卦辞做了这样的解释：“大哉乾元，万物资始，乃统天。云行雨施，品物流形，大明终始，六位时成，时乘六龙以御天。乾道变化，各正性命，保合大（太）和，乃利贞。首出庶物，万国咸宁。”正是这一解释阐发了乾卦的和谐思想。在《彖传》看来，蓬勃盛大、充塞整个宇宙的乾元之气，乃万物所赖以创始化生的物质基质和动力源泉，这种丰盈无限、取之不竭的物质基质弥漫于天地之间，刚健有力、生生不息的动力源泉贯彻万物演化的整个过程之中，而乾元之气本身为天道所统率涵摄。“天所赋为命，物所受为性。”（《程氏易传·乾卦》）天道生生不息的万千变化使得万物各秉承其性命，万物由此而获得各自的禀赋和潜能，成就各自的品性和独具的形态，呈现出一幅仪态万方、绚丽多姿的宇宙图景。这幅图景所显示的并不是混乱无序、矛盾冲突的混沌状态，而是万物和睦共处、协调并济、竞相争艳所形成的最高的和谐状态，即“太和”。天道的变化长久保持“太和”状态，而万物各彰显其性命以自全，这就是“利贞”。天地无心而成化，育万物而不与圣人同忧，无思虑，无目的，通过万物按天道运行来“保合太和”。[1] 天能生物而不能辨物，地能载人而不能治人，天、地与人各有不同的职分。但人类只有遵循天道之大德，顺其自然而变通，阴阳协调，刚柔兼备，仁义彰扬，而不逞强好胜，这样来“保合太和”，方会有天下太平，万国安宁，人类康泰。

《易经》的思想在老子的《道德经》中得到了充分发挥和升华。“道生一，一生二，二生三，三生万物。万物负阴而抱阳，冲气以为和”（《老子》四十二章），就是指和谐乃阴阳二气相互激荡而产生的状态，而这种状态是阴阳相互对立、冲撞、激荡的结果。后来的《淮南子·天文训》也说：“道始于一，一而不生，故分而为阴阳，阴阳合和而万物生。”《彖传》对乾卦所做的解释为程颐所阐发。他说：“元亨利贞谓之四德。元者万物之始，亨者万物之长，利者万物之遂，贞者万物之成。”（《程氏易传·乾卦》）程颐这里描述了自然万物生成的全过程，此过程是一种贞下起元、周而复始的运动过程，所以也可以解释为春、夏、秋、冬的四季流转。“元”相当于春时万物之发生，“亨”相当于夏时万物之长养，“利”相当于秋时万物之成熟，“贞”相当于冬时万物之收藏。支配这一运动过程的机制，是阴与阳的和谐统一。“元亨利贞”作为乾之四德，是天道的本质，其核心是“生”。《系辞下传》说：“天地之大德，曰生。”生是一个动态的过程，这个动态的过程发展到贞的阶段并未终结，而是“贞下起元”，因而生生不息，变化日新，永葆蓬勃的生机。

西周末年郑国的思想家史伯对《易经》中包含的和谐思想进行了阐发，提出了“和实生物，同则不继”的著名命题。如果《彖传》是孔子所作[2]，那么，史伯的“和”思想可视为对乾卦和谐思想的最早系统阐述。西周末年，周幽王当政时，王朝衰败，有识之士无不考虑退路，郑伯就是其一。郑伯名友，周宣王庶弟（周幽王之叔），封于郑（今陕西华县东），爵位伯，故称为郑伯友。郑伯友谥号为桓，为后来的郑国开国之君，史称郑桓公。周幽王命郑伯友为王朝司徒，主管教化。郑伯友考虑到自己家庭和郑地子民的安全，想进行大规模的搬迁。为此，他找史伯商量，讨教办法。在与郑伯友的对话中，史伯详细分析了天下形势，

---

① 参见崔波注译《周易》，中州古籍出版社 2007 年版，第 25 ~ 26 页。

② 参见崔波注译《周易·前言》，中州古籍出版社 2007 年版，第 7 页。

为郑伯友指明了落脚之地。记录郑国历史的《国语·郑语》记载了这一段重要的历史性对话。在对话中，针对周幽王排斥与他自己意见不一致的正确主张，采纳与他自己相同的错误说法，史伯指出："夫和实生物，同则不继。以他平他谓之和，故能丰长而物归之；若以同裨同，尽乃弃矣。故先王以土与金木水火杂，以成百物。是以和五味以调口，刚四支以卫体，和六律以聪耳，正七体以役心，平八索以成人，建九纪以立纯德，合十数以训百体。出千品，具万方，计亿事，材兆物，收经入，行垓极。故王者居九垓之田，收经入以食兆民，周训而能用之，和乐如一。夫如是，和之至也。"

在史伯看来，把不同事物加以协调平衡叫作和，使不同事物相和才能生成新的事物，如此就能使事物丰富发展而归于统一，所以先王把土和金、木、水、火相混合，以生成万物。这就是"和实生物"。如果使不同的事物变成相同的就不能发展，把相同的东西相加就不会有新的东西产生，"声一无听，物一无文，味一无果，物一不讲"。这就是"同则不继"。史伯认为，明白这一点意义极其重大。先王就是因为懂得这个道理，所以调配五种滋味以适合人的口味，强健四肢来护卫身体，调和六种音律使它动听悦耳，端正七窍来为心服务，协调身体的八个部分使人完整，设置九脏以树立纯正的德行，合成十种等级来训导百官。于是产生了千种品位，具备了上万种方法，计算成亿种事物，经营万亿的财物，取得万兆的收入，采取无数的行动。据此，史伯提出，如果君王能够拥有九州辽阔的土地，取得收入来供养万民，用忠信来教化和使用他们，使他们协和安乐如一家人，那么，和就达到了顶点。

在史伯之后，齐国著名思想家晏婴对"和"与"同"做了仔细的辨析。《左传·昭公二十年》记载，齐景公打猎回来，景公的宠臣梁丘据驱车前来迎接。齐景公说，还是梁丘据与我和谐呀。侍立在那里的晏子对答说，梁丘据只不过是与您相同罢了，哪里算得上和谐呢。齐景公问和谐与相同有区别吗，晏子回答说有区别。这种区别就在于："和如羹焉，水、火、醯、醢、盐、梅，以烹鱼肉，燀之以薪，宰夫和之，齐之以味，济其不及，以泄其过。君子食之，以平其心。"这段话的意思是，和就像用多种调料做肉羹一样。厨师调配调料，烧柴火来烹制食材，使肉羹味道恰到好处。味道太淡就增加调料，味道太重就减少调料。君子吃了这美味的肉羹，就会惬意愉悦、心平气和。晏子以此例说明，国君和臣下的关系也是如此。国君认为可以做的事情，其中难免包含一些不可以做的方面。如果臣下进言指出那些不可以做的方面，国君就要接受进言，避免不可以做的方面，而把可以做的方面做得更加完善。国君认为不可以做的事情，其中也许包含某些可以做的方面，如果臣下进言指出那些可以做的方面，国君就要接受进言去做可以做的方面，放弃不可以做的方面。只有这样，政局才会平衡而不违背礼制，百姓也就不会争利好斗。这也就是《诗经·商颂·烈祖》中说的“亦有和羹，既戒既平。鬷嘏无言，时靡有争”。意即调和味美可口的羹汤敬献给神明享用，国家上下就会和睦而不争斗。先王正是用调和五味和五声来平和人们的心性，以实现政治抱负的。晏子进一步以音乐为例来阐述这个道理。他说，像调和味道一样精心调配出来的健康和谐音乐，君子听了可以平和心性，协调行为。这则是《诗经·豳风·狼跋》所说的“德音不瑕”。即和美的音乐无瑕疵。最后，晏子言归正传，尖锐地指出，梁丘据这个人就不是这样，他随声附和地取悦国君，国君说可以他也说可以，国君说不可以他也说不可以，这不就如同用水来调和水一样没有任何意义吗？同样，总是用琴瑟弹一个音调也没人有耐心听下去。

源自《易经》而在史伯和晏子那里得到阐发的具有本体论意义的传统“和”思想，在后来的思想家那里得到了进一步的发展。《老子》四十二章从阴阳关系的角度对和做了明确界定：“道生一，一生二，二生三，三生万物。万物负阴而抱阳，冲气以为和。”老子的意思是，万物是由道产生的，而万物都包含阴阳两个对立面，和谐就是阴阳二气相互激荡而产生的状态，而这种状态是阴阳相互对立、冲撞、激荡的结果。在这里，老子把和谐视为宇宙中各种不同事物存在的基本状态，而每一事物都是阴阳交互作用的。就是说，和谐既是宇宙的状态，也是事物内在的状态，而这种状态是不同的东西形成的有序状态。《淮南子》顺着老子的思路进行了阐发：“天地之气，莫大于和。和者，阴阳调，日夜分而生物。”（《泛论训》）“道始于一，一而不生，故分而为阴阳，阴阳合和而万物生。”（《天文训》）这是讲，天地之气因其阴阳协调而和谐，因其和合而产生万物，使天地万物共存共荣，生生不息，成为一个伟大的和谐整体。荀子也表达过类似的观点：“天地合而万物生，阴阳接而变化起”

（《礼论》）；“万物各得其和以生”（《天论》）。明清之际的王夫之对上述观点进行了概括总结。他说：“自太和一气而推之，阴阳之化自此而分，阴中有阳，阳中有阴，原本于太极之一，非阴阳判离，各自孳生其类。故独阴不成，孤阳不生，既生既成，而阴阳又各殊体。其在于人，刚柔相济，义利相载，道器相需，以成酬酢万变之理，而皆协于一。”（《张子正蒙注》卷一）在王夫之看来，“太极之一”即“太和一气”，内含阴阳，分而不离，阴中有阳，阳中有阴，如此才能化生万物。总之，“和”就是“生”，就是生命。①

儒家接受了前人本体论意义上的“和”思想，并将其运用于社会人生，赋予“和”以价值论意义。《论语》中记载的孔子弟子有子的话就是在这种意义上讲“和”的。有子曰：“礼之用，和为贵；先王之道，斯为美。小大由之，有所不行；知和而和，不以礼节之，亦不可行也。”（《学而》）意思是，运用礼，贵在达到和，对于先王来说，这就是礼的美好之所在。虽然大事小事遵循礼以达到和谐状态并非总能做得到，但一个人知道和而追求和，却不用礼加以调节，也是行不通的。孔子自己进一步在道义上肯定了和的意义。他说：“君子和而不同，小人同而不和。”（《论语·子路》）这里的“和”指和谐、协调，是追求不同事物之间的协调和谐；这里的“同”指同一、相同，是追求不同事物走向相同或同一。历史上许多名家对这句话进行了解释：“君子心和然其所见各异，故曰不同；小人所嗜好者同，然各争利，故曰不和。”（何晏《论语集解》）“君子与君子以同道为朋，小人与小人以同利为朋。”（欧阳修《朋党论》）“君子论是非，小人计利害。”（申居郧《西岩赘语》）这些解释基本上是对的，但没有注意到这句话的更深层含义。这就是：“和”和“同”都是以各种不同事物并存为前提的，但对不同事物并存的态度不同，“和”追求它们之间的协调和谐，而“同”追求它们的相同、同一。孔子在这里讲的是做人的不同态度，君子的态度是追求不同事物之间协调和谐而不苟且求同，小人的态度则是苟且求同而不追求事物之间的协调和谐。

后来，孟子进一步强调人际关系和谐的重要意义，提出了“天时不如地利，地利不如人和”（《孟子·公孙丑下》）这一影响极为深广的命题。

---

① 参见朱贻庭《中国传统道德哲学 6 辨》，文汇出版社 2017 年版，第 131 页。

孔孟重视“和”的道德意义，荀子则侧重阐述其功利意义，认为“和”的功能和作用在于可以由“和一”到“多力”以“胜物”。他说：“和则一，一则多力，多力则强，强则胜物，故宫室可得而居也，故序四时，裁万物，兼利天下，无它故焉，得之分义也。”（《荀子·王制》）就是说，唯有“分”得合宜（“义”），实现社会和谐，社会才能统一、强大。所以《周礼》规定大宰之职掌管“邦之六典”，其中“礼典”的内容就是“以和邦国，以统百官，以谐万民”（《天官冢宰·大宰》）。

孔子讲“和”，也讲“中”。他推崇“中庸”之道。《中庸》将“和”和“中”合为一词——“中和”，突出了“中”对“和”的意义。《中庸》云：“喜怒哀乐之未发，谓之中；发而皆中节，谓之和。中也者，天下之大本也；和也者，天下之达道也。致中和，天地位焉，万物育焉。”“中”即不偏不倚，无过无不及，恰到好处；“和”是“中”之用，也就是中“用”，即“中庸”。《说文解字》曰：“庸，用也。”朱熹《四书章句集注·论语集注》卷三云：“庸，平常也。”所谓“中庸”，即“用中以为常道也”[①]。就是说，以“中”为体达致不偏不倚，无过无不及，恰到好处，也就达到了“和”。南宋理学家陈淳说：“那恰好处，无过不及，便是中。此中即所谓和也。”（《北溪字义·中和》）

2. 和观念的含义

从以上的简要考察中不难发现，作为传统价值观的“和”观念内容极其丰富而深刻。概括地说，传统的“和”观念至少包含“保合太和”“和实生物”“和如羹焉”“和而不同”“中庸”五大观念，这五大观念是历史与逻辑相统一的，记录了中国古人随着时间推移而对和的认识不断深化的历程，构成了一个完整的“和”观念体系，“和实生物”是其中最有代表性、最富于辩证性的独创观念。

中国先人最先注意到宇宙万物处于整体的和谐状态，所有事物都是自然产生的，产生后按照各自的“职分”运行而又不脱离天道即“乾道”，宇宙万物遵循天道运行，就形成了整个宇宙及其变化极其协调的“太和”即宇宙整体和谐的景象。这种景象的形成有两个条件。一是每一事物都不相同，它们各有其本性和功能，独立运行并在运行过程中通

① 见刘宝楠《论语正义》注“中庸”。

过相互作用形成新事物。如此，宇宙万物就生生不已，千变万化，这就是“太和”的景象。其中隐含后来阐发出来的“和实生物，同则不继”观念。二是每一事物的产生、存在、运行和交互作用看起来是任其自然的，实则背后有天道在发生作用。这种天道就是今天所讲的宇宙中的那些普遍规律。这种规律并不是独立存在的东西，而是“乾元”，即宇宙的本原。它体现在各种事物生灭、兴衰的变化之中，但它主宰着这个世界，即“统天”。自然事物不会偏离“乾元”而存在，自然而然地就能“保合太和”，但有独立自主性的人类则可能偏离“乾元”，所以人类要像自然事物那样“各正性命”，即按照由“乾元”天道赋予人的命运行动，才能“保合太和”，这样才是对人类有利的。如此，“保合太和”观念就从本体论的结论引申出了价值论的原则，即“各正性命，保合太和”。正因为早在远古时代中国人就确立了这样一条基本价值原则，所以传承下来就逐渐形成人和、家和、国和、天下和、天地人和等各个方面的和谐观念，并因而使中华文化成为一种渗透着和谐精神的“和”文化。

如果说和谐是宇宙的总体图景和普遍现象，那么这种和谐的图景或现象（简称“和谐状态”）本身是一种什么样的结构和功能呢？传统“和”观念认为，和谐状态是由不同事物构成的一种结构，其功能则是产生新事物，而这种新事物能够使世界更美，而从人的角度看则能给人带来美好的感受。

晏子说“和如羹焉”，讲的就是，假如说羹是一种和谐的事物状态，那么这种状态的形成有两个基本条件：其一，它不是由单纯的鱼或肉这两种羹的主材之中的一种构成的，也不是水、火、醯、醢、盐、梅等某种单一的配料构成的，而是由所有原料和配料构成的；其二，所有这些构成和谐状态的因素中有些是构成和谐状态的个体事物（如羹中的鱼、肉等主材），有些则是作为使系统和谐的介质或媒介而存在的（如羹中的火、醯、醢、盐等配料）。如果把和谐状态视为一个系统，那么这些“主材”就是构成系统的基本单元，而“配料”则是系统中维持系统存在和运行的动力、信息、能量以及存在方式等因素。因此，传统“和”观念认为，一方面，和谐不是由任何一种单一事物因素构成的，凡和谐必意味着多种多样的因素存在；另一方面，和谐也不是一些“主材”和

“配料”的堆积，就是说，即使做羹的所有主材和配料都存在，并且放在一起，若不按一定的方式构建，没有一定的动机，也不会和谐。

史伯说的“和实生物，同则不继”讲的主要是和谐的功能，这种功能就是和谐能够通过不同事物的相互作用而产生新事物，而同一种东西在量上增加再多也没有可能产生新事物。例如，夫妻和谐就会怀孕生子，而无论多少个男人在一起或多少个女人在一起，也不可能生出孩子。传统“和”观念认为，这是一条普遍真理，适用于整个宇宙中的万事万物。实际上，以上所说的羹也是一种“和实生物”的例子。羹就是由所有主材和配料通过加工而形成的新事物，它既不是鱼，也不是肉，更不是水、火。这主要是一种物理变化。今天看来，不仅有物理变化，而且有化学变化、生物变化，这些变化都是不同事物之间的和谐变化，会引起新事物的产生；不管是在宏观上，还是在微观上，不同事物在一起发生和谐变化，就会形成新的东西或新的情形。人类社会也是如此。虽然国土、人民、历史文化都没有发生变化，但当所有这一切从混乱状态变成和谐状态时，社会虽然还是那个社会，但它是人民安居乐业的和谐社会，已经在本质上不同于过去的那种社会。

既然“和”与“同”的前提都是不同事物同时存在，当这样的事物是有意识的人的时候，就存在一个人对他人的态度问题：是选择或追求在肯定自己的独立人格和主见的前提下建立与他人和谐融洽的关系，还是为了和谐融洽的关系而放弃自己的独立人格和主见？孔子主张，一个道德的人（君子）应当选择前一种，因为这是“和”；相反，一个不道德的人（小人）会选择后一种，即求“同”不求“和”。他这里的一个前提是把“和”看作道德的标准，而把“同”看作不道德的标准。他之所以这样看，是因为他接受了前人把“和”看作宇宙万物以及宇宙整体的本来状态，是事物出自本性（“命”）按天道运行（“各正性命”）的结果。相反，“同”则不是事物出自本性按天道运行的结果。天地人“三才”各有其道，但地道和人道归根结底是天道的体现，而在孔子看来人道就是仁义道德。对于人而言，“和”就是人遵循仁义道德，这是人应该追求的，其前提是人有独立自主的人格。就是说，具有独立人格的人追求仁义道德就是“和”。与此不同，如果一个人不去追求仁义道德，而去追求与别人的人格及其行为表现相同，那么显然这只是“同”，而不是“和”。可见，孔子的“君子和而不同，小人同而不和”是隐含了深刻的本体论前提的，而不只是一般的人生哲理。他的这一表述看起来不过是一种描述性判断，实际上却是一种规范性忠告，至少隐含了规范性的含义，即人们应当像君子那样求和而不求同，而不要像小人那样求同而不求和。如此，孔子就将以前关于“和”的本性论和价值论观念引入人际关系和道德生活，给人们提出道德忠告。需要注意的是，这一道德忠告不仅适用于个人对他人，也适合个人对社群、社群对个人、社群对社群，具有普遍的道德规范意义。

在处理人际关系问题上，传统价值观要求求和不求同，那么如何求和？传统价值观认为，求和就是讲究中道。《尚书》中讲的“允执厥中”、孔子讲的“中庸之道”实质上就是求和之道。中庸之道，首先要求无过无不及，即要适度、适中。有一次子贡问孔子：“师与商也孰贤？”孔子回答说：“师也过，商也不及。”子贡问：“然则师愈与？”孔子说：“过犹不及。”（《论语·先进》）师指颛孙师，即子张；商指卜商，即子夏。他们都是孔子的学生。孔子的意思是子张过度了，子夏则不及，而这两种情形都不好，都不符合中道原则。中道也指相称、恰当或恰到好处。孔子说：“质胜文则野，文胜质则史，文质彬彬，然后君子。”（《论语·雍也》）孔子这里讲的就是适度的道理。质朴超过文采就会粗野，而文采超过质朴就会华丽虚浮，只有既质朴又有文采，两者相称和谐，才是我们要追求的。孔子称赞《诗经》中的《关雎》“乐而不淫，哀而不伤”（《论语·八佾》），讲的也是这个道理。《中庸》记载孔子说：“君子之中庸也，君子而时中；小人之中庸也，小人而无忌惮也。”君子与小人的区别就在于，君子总是恰如其分，而小人总是肆无忌惮。《中庸》云：“喜怒哀乐之未发，谓之中；发而皆中节，谓之和。”这句话讲的也是要适度。今人杨树达的《论语疏证》对这句话做了这样的解释：“事之中节者皆谓之和，不独喜怒哀乐之发一事也。和今言适合，言恰当，言恰到好处。”

传统的中道观念、和观念并不是不讲原则，而是以原则（“礼”）为前提的，和是基于原则的和，不是无原则的一团和气。对于这一点，孔子讲得很清楚。他在讲到礼的作用在于使人际关系和谐时接着强调：“有所不行；知和而和，不以礼节之，亦不可行也。”（《论语·学而》）

孔子这是要求不能单纯地为和谐而去和谐，不用礼来节制和谐，那是不行的。

3. 和观念的意义

由以上考察分析可以看出，传统价值观中的和谐观念是传统价值观中最古老、最完善的价值观念。它源自尧舜时代，经由《周易》、史伯、晏子和孔子的丰富发展，成为一种体系完整的思想观念。其中特别值得注意的是《周易・彖传》在解释乾卦卦辞时提出的“各正性命，保合太和”这一价值要求。正因为早在远古时代就确立了这样一条得到普遍认同的基本价值原则，所以传承下来，就逐渐形成丰富多彩的和谐观念。如“和为贵”“和而不同”“协和万邦”“以和为美”“和气生财”“家和万事兴”“天人合一”等观念，“太和”“中和”“和生”“和处”“和立”“和达”“和正”“和合”等说法。故宫里还有中和殿，殿中间悬挂的匾额就是“允执厥中”，和谐观念对中国文化影响之深可见一斑。所有这一切表明，中华文化确实是一种渗透和谐精神的和谐文化，这是世界上任何一个民族和国家都无可比拟的。

概括来说，传统和谐观念所理解的和谐，是人自身、人与人、人与社会、人与自然、天地万物之间全面而内在的和谐。所谓全面和谐，包括人和、家和、国和、天下和、天地人和等各个方面；所谓内在和谐，则是指所有这些和谐都源自“乾道”，和谐是万物存在和人类生存的本真状态和应有追求。周敦颐站在儒家的立场上对此做了一个概括：“阴阳理而后和，君君、臣臣、父父、子子、兄兄、弟弟、夫夫、妇妇，万物各得其理，然后和。”（《通书・礼乐》，《周敦颐集》卷二）即便在今天看来，中国的和谐观念也是一种十分正确的观念，它深刻揭示了宇宙万物特别是人类社会以及单个个人存在或生存的普遍法则，同时它又将这种普遍法则转化为人类的崇高理想、追求，并把它确立为任何时候都不可违背的价值原则。

十一　“民惟邦本”

把人民看作国家之根本，根本牢固了，国家才会长治久安，即所谓“民惟邦本，本固邦宁”，这也是传统价值观中古老而影响深远的价值观念。这一价值观念通常被简称为“民本”思想或观念。民本观念主要是中国古代思想家和老百姓对统治者的期待和要求，历史上也有不少统治者以此观念作为治国的基本信念，但从总体上看，传统社会的统治者治理国家归根结底是为了统治者自身的利益，很难真正做到这一点。不过，这一观念在传统社会是得到普遍认同的，也是思想家和老百姓用以衡量统治者的统治是否合理合法、统治者的治理行为是否正当的主要依据和根本标准。今天看来，民本观念是传统价值观中合理的观念，属于优秀传统文化的重要内容，值得发扬光大。

1. 民本观念的形成

民本观念在《尚书》中就有了明确的表述：“皇祖有训：民可近，不可下。民惟邦本，本固邦宁。”（《五子之歌》）这句话的意思是，祖先早就传下训诫，人民是用来亲近的，不能轻视与低看。只有人民才是国家的根基，根基牢固，国家才能安定。《史记·夏本纪》记载，大禹之孙太康，沉溺游乐，去洛南打猎时被有穷国国君羿阻挡在黄河北岸，不能回国，太康的五个弟弟苦等百日，不见太康，于是追述大禹的告诫而作《五子之歌》，表达对太康不修德性而丧失帝位的指责和怨恨。《尚书》中还有一些类似的表述民本观念的记载，如：“天视自我民视，天听自我民听。”（《泰誓中》）“古人有言曰：‘人无于水监，当于民监。’”（《酒诰》）前一句话的意思是民心即天意：上天所见，来自我们民众所见；上天所闻，来自我们民众所闻。后一句话的意思是民心就是镜子：要观察自己，不必对着水照，应该对着民心向背去照。西周时代，周公提出“敬德保民”[①] 的著名政治主张。“敬德”，是因为“皇天无亲，惟德是辅”（《尚书·蔡仲之命》），有德才会得到上天的保佑。“保民”，是因为

① “敬德保民”这一表述未见于史料，主要是根据周公先后给卫康叔（卫国第一代国君）的《康诰》《酒诰》《梓材》三篇文告中的思想概括出来的。商朝灭亡是由于纣王酗于酒，淫于妇，以至于朝纲混乱，诸侯举义。周公嘱咐卫康叔，到殷墟后，首先要求访那里的贤人长者，向他们讨教商朝前兴后亡的原因；同时务必要爱民。周公又把这些嘱言写成上述三篇，作为法则送给卫康叔。这三篇可以看作周公对新征服地区的施政纲领。三篇的主旨是“敬天保民”“明德慎罚”，目的是使殷民在连续两次大动荡之后安定下来，使殷民从事正常的农业生产和商业活动，但又不应一味迁就，对饮酒成风、不孝不友应毫不客气。卫康叔到殷墟后，牢记周公的叮嘱，生活俭朴，爱护百姓，使当地吏民安居乐业。

“民之所欲，天必从之”（《尚书·泰誓上》），“保民”实际上就是保社稷、保国家。周公提出“敬德保民”，是夏商以后中国思想观念从敬鬼神到重人事的一大转变。

《左传》也有不少记载表达了民本思想。例如，《桓公六年》中说：“所谓道，忠于民而信于神也。上思利民，忠也；祝史正辞，信也。”“夫民，神之主也，是以圣王先成民而后致力于神。”这是讲国君要把百姓作为神灵的主宰，首先要为百姓谋福祉，使百姓安居乐业，然后再祭祀神灵，这才是忠。又如：“国之兴也以福，其亡也以祸。”“国之兴也，视民如伤，是其福也；其亡也，以民为土芥，是其祸也。”（《哀公元年》）这是讲国家兴旺是因为福分，国家的衰亡则是由于祸患。国君对待臣民如同对待受伤害的人，国家就会兴旺，这是国家的福分；国君对待臣民如同泥土草芥，国家就会衰亡，这就是它的祸患。

在中国古代的政统里，天下从来不是一家一姓永久拥有的，而是“有德者居之”（《六韬·武韬·顺启》）。判断统治者是否“有德”的标准，即在于人民是否安居乐业。先秦时代，管仲已经意识到，政权要稳定长久，就必须推行顺乎民心的政策。“政之所兴，在顺民心；政之所废，在逆民心。民恶忧劳，我佚乐之；民恶贫贱，我富贵之；民恶危坠，我存安之；民恶灭绝，我生育之。”（《管子·牧民》）政权之所以兴盛，在于顺应民心；政权之所以废弛，则因为违逆民心。这是对民心对于政权兴衰的意义所做的更明确的阐述。《晏子春秋·内篇问下》也谈到这一点。叔向问晏子曰：“意孰为高？行孰为厚？”对曰：“意莫高于爱民，行莫厚于乐民。”又问曰：“意孰为下？行孰为贱？”对曰：“意莫下于刻民，行莫贱于害身也。”在晏子看来，最高尚的意愿莫过于爱民，最宽厚的行为莫过于让民众安乐；而最卑劣的意愿莫过于刻薄百姓，最低贱的行为莫过于戕害百姓。

孔子继承了前人的民本思想，并加以阐发。《论语·颜渊》记载，子贡问孔子怎样治理国家。孔子说：“使粮食充足，使军备充足，使老百姓信任执政者。”子贡说：“如果不得不去掉一项，那么在三项中会先去掉哪一项呢？”孔子说：“去掉军备。”子贡说：“如果不得不再去掉一项，那么这两项中去掉哪一项呢？”孔子说：“去掉粮食。自古以来人总是要死的，如果老百姓对统治者不信任，那么这个国家就不能存在下去了。”在这里，孔子明确表达了他的著名命题“民无信不立”。在孔子看来，得到百姓的信任比什么都重要。孔子据此要求：“道千乘之国，敬事而信，节用而爱人，使民以时。”（《论语·学而》）既然百姓的信任如此重要，一个拥有上千辆兵车的诸侯国，就要办事认真、守信、节约开支、爱护百姓，调用民役要安排好时间。

孔子的民本思想着重体现在要求爱民方面，《礼记》对此有诸多记述。例如：“古之为政，爱人为大。……是故君子兴敬为亲，舍敬是遗亲也。弗爱不亲，弗敬不正。爱与敬，其政之本与。”“古之为政，爱人为大。不能爱人，不能有其身。不能有其身，不能安土。不能安土，不能乐天。不能乐天，不能成其身。”（《哀公问》）孔子认为，从前的三代贤明天子为政，尊敬他们的妻子、子女以及自身，而自身、妻子、子女这三者也是百姓的象征。如果国君能够做到由尊敬自身推广到尊敬百姓，由尊敬自己妻子推广到尊敬百姓的妻子，由尊敬自己的孩子推广到尊敬百姓的孩子，那么，他就会得到普天之下的人的尊敬。孔子还认为，一个好的国君，应当是“民之父母”，而要做到这一点，“必达于礼乐之原，以致‘五至’而行‘三无’，以横于天下，四方有败，必先知之”（《孔子闲居》）。所谓“五至”，指有爱民之心至于百姓，有爱民的诗歌至于百姓，有爱民的礼至于百姓，有爱民的乐至于百姓，有哀民不幸之心至于百姓。“三无”即无声音的音乐、无形式的礼仪、无丧服的服丧，而“三无”的集中体现就是“夙夜基命宥密”（《诗经·周颂·昊天有成命》），即日夜谋政，志在安邦。

到孟子那里，传统的民本思想发展成了完整的思想体系，其核心是主张“民贵君轻”。孟子这方面的言论有很多，这里略举几端加以说明。孟子说：“民为贵，社稷次之，君为轻。是故得乎丘民而为天子。”（《孟子·尽心下》）“桀纣之失天下也，失其民也；失其民者，失其心也。得天下有道：得其民，斯得天下矣；得其民有道：得其心，斯得民矣；得其心有道：所欲与之聚之，所恶勿施，尔也。”（《孟子·离娄上》）这里所说的“民为贵”，指的是人民很重要；而“君为轻”，则是说君与人民相比，其重要性要小一些。这里没有把“民”看得比“君”还高贵的意思。孟子的得民心者得天下、失民心者失天下的思想，既是对历史经验教训的总结，也是对春秋战国时代诸雄争强，“民溃”“民变”不断发生的现实的亲身感受。

怎样才能得民心呢？关键在于“保民”。孟子说：“保民而王，莫之能御也。”（《孟子·梁惠王上》）在孟子看来，通过爱护人民来称王，就没有什么东西能够阻挡得了。中国古代政治有“王道”与“霸道”之分。霸道者，武力征伐，权势倾轧，以“威”使人“畏”。王道者，顺乎民心，使民有道，以“道”使人“服”。要行王道，就要知道百姓喜欢什么，顺从民心，“乐以天下”；知道百姓忧虑什么，并且和他们有一样的忧虑，再努力创造条件，让他们消除这些忧虑，“忧以天下”。所以孟子指出：“乐民之乐者，民亦乐其乐；忧民之忧者，民亦忧其忧。乐以天下，忧以天下，然而不王者，未之有也。”（《孟子·梁惠王下》）统治者乐于做民众喜爱的事情，民众也会与统治者同乐；统治者担忧民众担忧的事情，民众也会为统治者分忧。孟子认为，民众快乐，是统治者享乐的前提。若人民生活困苦、妻离子散，统治者却酒池肉林、穷奢极欲，那就不是“乐”，而是败亡的征兆。

孟子还十分重视“民意”，赞同传统的“天视自我民视，天听自我民听”的观点。虽然他也讲“天意”“神授”，但最终还是认定起决定作用的因素是“民意”。他在与梁惠王的对话中以如何用人为例讲述了这个道理。他对梁惠王说，你左右的人都说这个人有才，还不能任用；各位大夫都说此人有才，也还不能任用；等到一国之人都说他有才，再对他加以考察，如果真有才，这才可以任用。在判断一个人是否有才，或者判决一个人该不该杀的时候，也要根据民意。在孟子看来，如果能做到这些，一个人才可以“为民父母”。相反，那些只管自己花天酒地而不管人民死活的国王根本不配“为民父母”。他当着梁惠王的面指出：“庖有肥肉，厩有肥马，民有饥色，野有饿莩，此率兽而食人也。兽相食，且人恶之；为民父母，行政，不免于率兽而食人，恶在其为民父母也？”（《孟子·梁惠王上》）孟子把桀纣之类的不仁不义的昏君、暴君称为“残贼”，而“残贼”之人不过是“独夫”（“一夫”），杀害这些“残贼”孟子认为并不是弑君，而是“诛独夫”。

荀子进一步丰富和发展了前人的民本思想。在他看来，治国的君王，如能得到百姓为他卖力，他就富足；如果百姓为他拼死卖力，他就强大；若能得到百姓的称赞颂扬，他就荣耀。假如能够得到这所有的东西，天下的人就会归附于他；而如果三种东西都没得到，那就是天下人叛离了他。只有天下的人都归附于他，才可以说他是王，否则他就会灭亡。荀子说：“用国者，得百姓之力者富，得百姓之死者强，得百姓之誉者荣。三得者具而天下归之，三得者亡而天下去之。天下归之之谓王，天下去之之谓亡。”（《荀子·王霸》）他指出，历史上的商汤、周武王等人遵循这条路线，奉行这种义理，兴办天下人的共同福利，除掉天下人的共同祸害，于是天下就是他们的了。如果君王骑在人民头上作威作福，用非法手段搜刮民膏民脂，就是危害国家的“大灾”。所以，“君人者爱民而安，好士而荣，两者无一焉而亡”（《荀子·强国》）。在荀子看来，得到民众的欢迎和拥护可以感动上苍，得到老天的庇佑，即所谓“得众动天，美意延年”（《荀子·致士》）。荀子认为，君王就像人民的源头，源头清澈，则下游的流水也清澈；源头混浊，则下游的水也混浊。如果掌握国家政权的君王不能够爱护人民，让民众获得利益，却要求他们对自己亲近爱戴，那是不可能的。“君者，民之原也；原清则流清，原浊则流浊。故有社稷者而不能爱民，不能利民，而求民之亲爱己，不可得也。”（《荀子·君道》）如此，要想让民众为自己所用，为国牺牲，从而使国家兵力强大，城防巩固，那也是不可能的。他进一步指出，当君王的想要获得安宁，最好勤于政事，爱护百姓；想要获得繁荣，最好用隆重的礼节对待士子；想要获得功名，最好尊崇和任用贤能的人。这是关系到统治者安危存亡的大事。

《荀子·王制》中，荀子用生动的事例阐述了统治者与老百姓之间的关系，强调得民心的极端重要性。他首先以拉马车的马与坐车人之间的关系加以阐述。他说，如果拉马车的马受了惊扰，那么马车上的人就不能安安稳稳地坐车；同样，如果老百姓受了惊扰，君王就不能安于政位。与其让马受惊，不如使马安静；与其让百姓受惊，不如给他们实惠。选拔贤能的人，推举忠厚恭敬的人，提倡孝敬和友爱，收养孤寡之人，补助贫穷之人，如果这样做了，那么百姓就会安于政事，君王也就会安于政位。接着，荀子举了一个影响深远的水与船的例子说明这个道理：“君者，舟也；庶人者，水也。水则载舟，水则覆舟。”（《荀子·王制》）君王好比是船，百姓好比是水，水可以使船行驶，也可以使船翻倒。

在《荀子·哀公》中，荀子在讲述孔子与鲁哀公的一段对话时又进一步阐述了“水则载舟，水则覆舟”。鲁哀公告诉孔子，他生长在后宫，衣食无忧，从来不知道何谓悲哀和忧愁，也从来不知道何谓劳苦、恐惧和危险。孔子说，您所谈的一切，正是圣明君王所应关心的问题。当您走进宗庙的大门看见所有的器物都在，可祖先的牌位不见了，这时您想想，悲哀之情还会不产生吗？如果您上朝听政时发现某事处理不妥就会导致祸乱，这时您想想，忧愁之情不会不袭来吧？您看到各国逃亡来的诸侯子孙正在朝堂外等着您去解救他们，不会还没有劳苦的感觉吧？您站在鲁国国都的四方城门瞭望郊外的亡国废墟，然后想想，恐惧之情岂会不来呢？于是，孔子说他曾听说过这样的话：“君者，舟也；庶人者，水也。水则载舟，水则覆舟。”他最后对鲁哀公说，您从这个方面多考虑一下，岂有不产生危险感的道理？荀子这是借这个故事重申民众对于君王生死攸关的意义。

传统的“民惟邦本”观念到荀子这里已经形成，并且被论述得相当透彻，从而产生了广泛的影响。清朝的万斯大在《周官辨非》中也对这一观念做过阐述：“圣人之治天下，利民之事，丝发必兴；厉民之事，毫末必去。”意思是，圣人治理天下，凡是于民有利的事，一丝一发也要推行；凡是于民有害之事，一毫一末也必须革除。历史上河南南阳内乡县衙有副对联更是把这种思想表达得淋漓尽致：“吃百姓之饭，穿百姓之衣，莫道百姓可欺，自己也是百姓；得一官不荣，失一官不辱，勿说一官无用，地方全靠一官。”这副皇权专制时代官吏所写的对联，深刻揭示了地方官员在传统社会民间应有的定位与责任。虽然地方官吏名为“父母官”，但百姓才是官吏真正的“衣食父母”。当然，“郡县治，天下安”，地方官也承担着代表朝廷治理基层的重任，只有“为官一任，造福一方”才算“遂了平生意”，如此，也才能得到百姓的拥护和称道。

2. 民本观念的含义与意义

“民惟邦本”这一早在夏代就已形成的观念，其基本内涵今天并不难理解。“民惟邦本”中的“民”指的是一个国家的百姓或民众；“邦”在古代指封国或领域，实际上就是基本共同体，相当于今天的国家；“本”的意思是根本，即树之根，无本即无木，本对于木的意义不言而喻；“惟”在这里既有“唯一”的意思，同时也有“为”的意思。由此看来，在传统价值观中，民众是作为基本共同体的国家的根本，无民众绝不可能有国家，无民心则无国家的安定，民众是决定国家兴亡的主要力量。这就是“民惟邦本”的基本含义。

“民惟邦本”观念首先肯定天地立君是为了人民，君王必须以民心向背为本。天生蒸民，作之君，作之相，是为了管理和服务民众，君相因民众而立，而不是相反。“天之生民，非为君也。天之立君，以为民也。故古者列地建国，非以贵诸侯而已；列官职、差爵禄，非以尊大夫而已。”（《荀子·大略》）没有民众，国将不国；离开了民众，君王就成了真正的孤家寡人。汉初的贾谊曾对荀子的这一思想做过详细的阐发，全面论述了以民为本的理由。他说：“闻之于政也，民无不为本也。国以为本，君以为本，吏以为本。故国以民为安危，君以民为威侮，吏以民为贵贱。此之谓民无不为本也。闻之于政也，民无不为命也。国以为命，君以为命，吏以为命。故国以民为存亡，君以民为盲明，吏以民为贤不肖。此之谓民无不为命也。闻之于政也，民无不为功也。故国以为功，君以为功，吏以为功。国以民为兴坏，君以民为强弱，吏以民为能不能。此之谓民无不为功也。闻之于政也，民无不为力也。故国以为力，君以为力，吏以为力。故夫战之胜也，民欲胜也；攻之得也，民欲得也；守之存也，民欲存也。”（《大政上》，《新书》卷九）在贾谊看来，民众是国家安危、君王荣辱、官吏贵贱之所系。民众决定着国家的存亡命运、君王的明昏、官吏的贤佞。民众是一切政治活动的目的，国家的兴衰、君王的强弱、官吏能力的大小，都必须以民众的利益是否得到满足来检验。民众是政治生活的主要力量，战争的胜负、政治斗争的输赢，都是民众力量的反映。一言以蔽之，民为国家之本，亦是历史万世之本。

历史事实再清楚不过地表明，政治腐败、连年征战、横征暴敛、鱼肉百姓所导致的民不聊生、官逼民反，是中国历史上王朝更迭不断的主要原因。得民心者得天下，失民心者失天下，这一历史真理任何时候都颠扑不破。我们看到，从管子、老子，再到孔子、孟子、荀子，无论是推崇权谋机变的法家，还是崇尚自然无为的道家，抑或倡导积极入世的儒家，他们虽有诸多理论观点上的分歧与论争，但在政治主张上有一点是共识，那就是民心向背乃社会治乱、兴衰、存亡之本。他们都深深懂得民众的力量之伟大，所以都非常强调依靠和利用民众力量的极端重要性。他们的这一闪耀着真理光辉的共识，对于历代统治者不得不尊重民情民意发挥了相当大的警示和震慑作用。

要得民心，必须敬畏民众，善待百姓，爱民如子，这是“民惟邦本”观念的进一步要求。老子说：“圣人（无常）［常无］心，以百姓心为心。”（《老子》四十九章）老子讲的是圣人从来没有私心，以民心为自己的心，背后隐含的意思则是内圣外王之人应当如此。老子所说的那种“治大国若烹小鲜”的举重若轻，其核心就在于“与民同心”。孟子说：“老吾老，以及人之老；幼吾幼，以及人之幼。天下可运于掌。”（《孟子·梁惠王上》）孟子这一论述的中心意思是治理国家要实行仁政，要把“人之常情”推而广之，使之普惠天下民众。汉代刘向认为，善治国者对待民众如同父母善对孩子、兄长爱护兄弟，他们会为民众的饥寒感到不安，为民众的劳苦感到伤悲。“善为国者遇民，如父母之爱子，兄之爱弟，闻其饥寒为之哀，见其劳苦为之悲。”（《说苑·政理》）后来王充则要求统治者深入民间，体察民情。“知屋漏者在宇下，知政失者在草野，知经误者在诸子。”（《论衡》）《史记·殷本纪》记载了商代明君商汤与一代名相伊尹的一段意思类似的对话。汤曰：“予有言：人视水见形，视民知治不。”伊尹曰：“明哉！言能听，道乃进。君国子民，为善者皆在王官。勉哉，勉哉！”这段对话的大致意思是，人可以从水中照见自己的样子，君王可以从民众的情绪看出国家治理的状况。君王自己说好不算好，民众说好才是真的好。镜子从不会说谎，同样，民众的嘴巴也不会说谎。民众能安居乐业，就不会违心地批评朝政；否则，民众也不会曲意地加以粉饰。即便使用各种手段“防民之口”，民众也会以“道路以目”的方式表达不满甚至愤怒的情绪。明代清官张居正将这一思想概括为：“治理之道，莫要于安民；安民之道，在于察其疾苦。”（《答福建巡抚耿楚侗》）

3. 民本观念的影响

“民惟邦本”，特别是荀子的“水则载舟，水则覆舟”观念影响深远。《贞观政要·论政体》记载，唐太宗时，名臣魏征就引用了这一观点：“臣又闻古语云：‘君，舟也；人[①]，水也。水能载舟，亦能覆舟。’”唐太宗正是听从了魏征的忠告，才最终实现了中国历史上著名的“贞观之治”。唐贞观后期，魏征又在著名的《谏太宗十思疏》中说：“怨不在

① 魏征为避唐太宗李世民讳，以“人”代“民”。

大，可畏惟人。载舟覆舟，所宜深慎。”意思是，怨恨不在于大小，可怕的只在于人心背离；水能载船也能翻船，所以应该高度谨慎。“水能载舟，亦能覆舟”从此也就成为中国历史上的名言警句，“载舟覆舟”亦成为汉语成语。正是在这种民本精神的激励下，在传统社会历朝历代的官员中，有不少人心系民众，时刻关心百姓疾苦安康。清代著名书画家、文学家郑板桥在一首诗中就充分表达了这种爱民情怀：“衙斋卧听萧萧竹，疑是民间疾苦声。些小吾曹州县吏，一枝一叶总关情。”（《潍县署中画竹呈年伯包大丞括》）郑板桥是以画竹名垂青史的，但在这首诗里，与他一般画竹、咏竹取其“直而有节”有所不同，他所描述的竹是另外一种常常为人所忽视的形象，它在凄冷的风雨中摇曳着、飘荡着，发出如泣如诉的凄凉声音。他在这里以物喻人，借竹子在风雨中的遭遇表达了他这位小县官如同诗人杜甫那样的忧民之情思：“安得广厦千万间，大庇天下寒士俱欢颜！风雨不动安如山。呜呼！何时眼前突兀见此屋，吾庐独破受冻死亦足！”（杜甫《茅屋为秋风所破歌》）。

第四章　传统价值观的基本精神

“精神”是一个含义极其复杂的概念。在马克思主义哲学中，“精神”是相对于“物质”而言的，如同“意识”相对于“存在”而言一样。在这种意义上，“精神”与“意识”似乎是同义的，但仔细考察会发现并非如此。最大的差别在于，“存在”和“意识”都既有名词的含义，又有动词的含义，而“物质”和“精神”只有名词的含义，没有动词的含义。马克思主义哲学意义上的“精神”大致上是指一切心理现象。本章所讲的“精神”不是上述广义的“精神”，而是狭义的“精神”，主要指传统价值观所体现的意义。这种意义隐蕴在传统价值观的含义中，但只通过字面含义是读不出来的，需要阐释方能显现。

著名古文献学家张三夕教授曾对“精神”的含义做过富有启发意义的阐释。他认为，“精神”这个概念属于那种很难用一两句话简明而确切定义的概念，较为可取的定义方法是从若干语用关系的描述中抽象、概括或逼近“精神”的主要含义。根据这种定义方法，他对“精神”做出了如下界定。

首先，“精神”是人的思想和思想活动。从这种意义上讲，思想和思想活动的外延或范围大于“精神”，思想和思想活动包括“精神”性的东西，也包括“非精神”性的东西。两者有时可以置换，有时不可以。如“人是要有点精神的”，一般不能说成“人是要有点思想的”；西方的“精神现象学”似乎也难译作“思想现象学”。

其次，“精神”是人依照一定观念所形成或创造的文本的意义显现或言说。这里的“文本”概念是广义的，一本书是一种文本，一件雕塑是一种文本，一种价值观也是一种文本。文本的形成或创造，是人有意识地依照一定的观念劳作的结果。文本一旦形成，就自然而然地凝结着制作者的某种观念，从而为文本的意义提供部分来源。同时，文本形成后，也自然而然地脱离制作者进而独立存在，从而使文本具有自身独立的意义。文本的意义显现为精神，一般是以两种方式进行的。一是文本自身向人们显现意义或言说精神。比如一首诗，无论你看没看它，它自身都在默默地永久地向人们显现某种意义或言说某种精神。精神就在文本之中。正是从这种意义上讲，文本之“物”显现精神，如罗丹的雕塑“思想者”，无论放在哪个国家的博物馆，无论有没有人参观，都在显现意义，言说精神。二是人们对文本意义的阐释。在这种意义上，精神是阐释的结果。当一个批评家说一部文学作品或一件艺术品具有或表现某种精神时，实际上他是在做阐释。阐释就是精神的存在方式，也是精神活动的本质。

最后，“精神”是与人的生理、心理、心灵等相关的状态。生理方面的状态，大多是就神经系统而言的，比如人们常说“某人精神不正常”。心理方面的状态，主要是指人的心理、情绪、感觉等方面的状态，比如“我今天精神很好”。这里的“精神”可替换为“情绪”。心灵方面的状态通常是指支撑人们行为的信仰状态。这里的信仰可能是宗教的，也可能是非宗教的；既是个人的，又是非个人的或社会的。比如，“人总是要有点精神的”“基督教精神”“民族精神”等都是在心灵意义上讲精神。①

我们这里讲的传统价值观的基本精神是第二种意义上的精神，它是传统价值观作为“文本”所隐蕴的意义。在这种意义上，传统价值观的基本精神，既是传统价值观的本质内涵，也是其价值要求，它凝聚成了中华民族精神的核心内容和精髓，是民族的脊梁、文化的命脉。作为中华民族之精神，它对于中国人既有内心信念的意义，也有心理激励的意义，还有行为规范的意义，因而特别值得当代中国人传承、弘扬和发展。

传统价值观文本所隐蕴的意义是中国古人特别是思想家有意识地依照他们的价值观赋予他们所创作的文本之中的。它们不是通过某一“文本”体现出来的，而是我们通过对各种相关文本解读、综合整理和探讨阐释出来的，因而主要是我们对文本进行阐释所言说出来的意义。当然，这种意义原本是包含在传统价值观的主要内容和主导观念之中的，我们对它们做出的阐释，不过是从我们的视野、依我们的阐释水平等所做的

① 张三夕：《什么是精神?》，《在路上》，南方出版社 2017 年版，第 113～116 页。

言说，而并非它们自然而然显现出来的。我们希望能够把传统价值观所蕴含的基本精神准确而充分地表达出来。本章的逻辑进路与前两章大致相同，体现了传统价值观从尊崇天道到修养德性，再到蕴育天下情怀的价值期待。

一　“尊道贵德”

“尊道贵德”（尊崇道、珍视德）这一命题出自《老子》五十一章，它典型地表达了传统价值观的基本精神。这一命题虽然是道家提出的，但观念久远，其最初源头是对天、上帝（神明）的信仰。中国远古就形成了对天和上帝的信仰，这种信仰具有约束人们行为的巨大威力。这就是清代叶存仁（1710～1764）所说的：“头顶三尺有神明，不畏人知畏己知。”后来有人又将其表述为：“举头三尺有青天。人可欺，天不可欺。”道家将这种对外在力量的信仰转为对存在于宇宙万物本身之中的内在力量的“道”的信念。道家的“尊道贵德”命题提出后，得到了古代其他思想家的普遍认同。他们站在各自的学术立场，从不同角度对这一观念做出了自己的解释，从而丰富和发展了这一观念，并使之凝聚到传统文化之中，成为传统价值观的首要基本精神。道家提出的“尊道贵德”命题之所以会得到普遍认同，一个重要原因在于它表达了传统价值观的最本原精神，这种本原精神最初是在《易经》中得到体现的。《易经》所表达的就是天地人“三才”之道，以及通过占卜问卦的方式对“三才”之道特别是天道的顺应。不过，《易经》并没有明确提出和阐述“道”的概念。老子第一次明确提出“道”的概念并对“尊道贵德”这一传统价值观的基本观念做了明确表达和系统阐述，并由此引起了春秋战国时期多家的重视和研究。“尊道贵德”这一古老传统观念含义深刻，意蕴丰富，影响深远，体现了中国传统文化的基本精神，需要深入挖掘和整理，值得大力弘扬和发展。

1. 尊道贵德观念的形成

在中国历史上，“道”的概念比“德”的概念出现得晚。“德”字早在商朝的甲骨文中就已经出现，《尚书》中大量使用了“德”的概念。《尧典》一开始就谈到尧的“俊德”，《舜典》中有“玄德升闻，乃命以位”以及“五典”[①] 的说法，《大禹谟》有“惟德动天”的表述，《皋陶谟》还列举了“九德”（“宽而栗，柔而立，愿而恭，乱而敬，扰而毅，直而温，简而廉，刚而塞，强而义”），《周书》中更将“三德”（“一曰正直，二曰刚克，三曰柔克”）作为九章的第六部分列入作为西周“统治大法”的《洪范》。《尚书》中也有“天道”的说法，如“天道福善祸淫，降灾于夏，以彰厥罪”（《汤诰》）。但在《尚书》及春秋以前的历史文献中未发现有对“道”的含义的界定和阐释，更没有将“道”与“德”联系起来。《周易》在解释恒卦时，谈到“天地之道”和“道”，“恒‘亨，无咎，利贞’，久于其道也。天地之道，恒久而不已也”（《周易·恒卦·彖传》）。但这是《彖传》的言论，而《彖传》一般认为出自春秋时期或之后。

“道”的概念应该是春秋时期思想家一方面为宇宙万物寻求本原，以解释宇宙的变化与和谐，另一方面为给德这一价值论观念提供本体论依据而提出的。老子说“尊道而贵德”，实际上已经将“道”与“德”联系起来了，而《荀子·劝学》中首次将“道”与“德”连用：“故学至乎礼而止矣。夫是之谓道德之极。”春秋时期，道家、儒家、墨家、法家诸家都重视“道”，讨论“道”，这表明中国传统思想实现了从过去对“上天”（或“上帝”）崇拜、以上天意志解释“德”到从宇宙本体解释“德”的重大转变。人们也开始由贵德而敬天转向由贵德而尊道，从此也就有了“道德”的概念和观念。

虽然儒道两家对道和德的理解不尽一致，但他们都从本体论上把道视为万物的本原，而把德视为道的体现，视为对道的“得”（所谓“德者，得也”）。更为重要的是，他们都认为人作为宇宙的高贵者应该识道、得道、行道，使自己成为有德（得）之人，而要做到这一点就要尊崇道、珍视德。具体而言，人之所以要尊道贵德，在儒道两家及古代思想家看来主要有以下几方面的理由。

第一，万物都尊道贵德，人作为万物之“贵”更应该如此。老子说：“道生一，一生二，二生三，三生万物。”（《老子》四十二章）“道生之，德畜之，物形之，势成之。是以万物莫不尊道而贵德。”（《老子》五

① 据《左传·文公十八年》，“五典”指“父义、母慈、兄友、弟恭、子孝”。

十一章）老子的意思是，万物莫不由“道”产生，莫不由作为道之体现的“德”蓄养，于是万物才有其形并依各种形势而成长和发展，所以万物都尊道贵德。《中庸》还对道进行了崇高的赞美：“大哉圣人之道！洋洋乎发育万物，峻极于天。优优大哉！”这里所说的“圣人之道”指的就是“道”，即由圣人所体现的道。《黄帝内经·素问·阴阳应象大论》记载：“黄帝曰：阴阳者，天地之道也，万物之纲纪，变化之父母，生杀之本始，神明之府也。治病必求于本。”黄帝的话是讲，作为天地之道的阴阳，是认识万物之纲领，是事物发生、发展和衰退、消亡的根本，所以医生在诊治疾病时，就必须尊崇并追寻阴阳变化之本。

第二，维护人类社会秩序的一切规范都源自天道自然。老子认为，宇宙间有四种可以称为“大”的东西，即道、天、地、人。它们都遵循一定法则生存和运行，而这些法则的产生源自天道自然，即所谓“人法地，地法天，天法道，道法自然”（《老子》二十五章）。按老子的理解，这里所谓的“法”即效法，应是对“道”的“得”，因而人的“德”来自自然，来自“道”，所以人应该尊道贵德。《周易·序卦传·经下》云：“有天地然后有万物，有万物然后有男女，有男女然后有夫妇，有夫妇然后有父子，有父子然后有君臣，有君臣然后有上下，有上下然后礼义有所错。”这里说的也是社会的礼义规范源自天地，它们实际上就是“道”之“德”，不尊道贵德，整个社会人伦秩序就会陷入混乱。

第三，能否遵循道与德关系到人的吉凶福祸。《周易·系辞下传》云：“《易》之为书也，广大悉备。有天道焉，有人道焉，有地道焉，兼三才而两之，故六。六者，非它也，三才之道也。道有变动，故曰爻。爻有等，故曰物，物相杂，故曰文。文不当，故吉凶生焉。”这里所说的“三才之道”分别是“天之道曰阴与阳”“人之道曰仁与义”“地之道曰柔与刚”（《周易·说卦传》）。这段话的意思是，《易经》这部书，至广至大，无所不包，无所不具，有天道的阴阳，有人道的仁义，有地道的柔刚。兼有天地人“三才”而两相重复，故成六爻。六爻就是三才之道，道变动不居，所以立爻以效法。爻有上下等级之别，这就是物。不同物之间相互关联，于是有了秩序，秩序有当与不当，于是就有吉凶产生。这实际上是说，人类遵循人道（仁义），而且人道只有与地道、天道相一致、相协调，社会才会和谐，个人生活才会吉利，否则社会就会陷入混乱，个人生活就有凶险。《周易·系辞上传》又曰："一阴一阳之谓道。继之者善也，成之者性也。"这也是说阴阳是天道，如果天人相继，天降人受，人道承继天道，就是善的，就会有和谐美好，人依天道而成就事业乃是人之本性。

《中庸》记载，在孔子看来，有德必定会有功名利禄，概言之，即有福。有小德有小福，有大德有大福，人们要得福就得有德。孔子说："舜其大孝也与！德为圣人，尊为天子，富有四海之内。宗庙飨之，子孙保之。故大德必得其位，必得其禄，必得其名，必得其寿。故天生之物，必因其材而笃焉。故栽者培之，倾者覆之。"孔子在这里以舜为例说明，舜一生荣华富贵、高车驷马，就是因为他有大德。所以，培育德性就能得到优厚的待遇，败坏德性就会遭到覆败。

此外，古代思想家尊道崇德，也因为在他们看来，远古的圣人都是如此做的。他们如此做，所以才成为圣人，如今我们要成为圣人也必须像圣人那样做。老子说："天之道，其犹张弓与？高者抑之，下者举之；有余者损之，不足者补之。天之道，损有余而补不足。人之道则不然，损不足以奉有余。孰能有余以奉天下？唯有道者。是以圣人为而不恃，功成而不处，其不欲见贤。"（《老子》七十七章）这是说，"天之道"原本是对有余的就减损些，对不足的就增补些。"人之道"则不是这样，它减损不足的而增补有余的。人早已忘却了"天之道"，现行的"人之道"，有利于富者而有损于贫者。就是说，"天之道"有利于贫者，给他们带来宁静与和平，"人之道"则相反，它是富者手中的工具，使贫者濒于绝境。那么，谁能够把有余的奉献给天下呢？只有有道之人，这就是圣人。圣人才能做到有所作为而不自恃其力，成功了而不居功，不想表现自己的贤能。老子又说："是以圣人处无为之事，行不言之教；万物作焉而不（辞）［始］，（生而不有，）为而不恃，功成而弗居。夫唯弗居，是以不去。"（《老子》二章）这也是讲圣人尊德崇道的表现，即以无为处事，以不言来行教，顺应万事万物的自然生长而去创始，有所作为而不自恃其力，有所成功而不居功。孔子也说："朝闻道，夕死可矣。"（《论语·里仁》）"士志于道，而耻恶衣恶食者，未足与议也。"（《论语·里仁》）在孔子看来，圣人为了追求道，生死都可以不顾，何况衣食的好坏，如果有志于道的人却很在意自己的衣食，那就不值得和他谈道了。

正是因为圣人历来崇道重德，所以其他人都应该向他们学习。

2. 尊道贵德观念的主要含义

传统价值观认为，“道”包括天道、地道、人道，三者之间既有派生、包含、体现的关系，又有本性相通的关系。一方面，天道是根本之道，地道和人道从天道而来，其中贯穿天道，体现天道，但又与天道有所不同，地道和人道包含、体现天道，而人道还包含和体现地道。另一方面，天道、人道、地道之中有一种共同的道，天地人“三才”都包含、体现道，它们在道上是相通的。这种道体现为天道就是阴阳，体现为地道就是刚柔，体现为人道就是仁义道德。传统意义的道实际上是天道、地道、人道和一般意义的道的有机统一体，其核心是包含、贯穿、体现于“三才”之中的一般意义的道，即《老子》中所讲的道。正是在这种意义上，我们不能把传统价值观的道仅仅理解为一道，无论是天道、地道还是人道，尤其不能仅仅将人道理解为仁义。因为人道离开了一般意义的道，就像无源之水、无本之木，就是形同枯朽之木的无生命的东西。这样来理解道，我们才能理解《周易·象传》所倡导的“自强不息”和“厚德载物”精神。

“尊道”的“尊”含有尊敬、尊崇之意义，而尊崇又有崇尚、崇敬以至崇拜等意义。传统意义的“尊道”实际上意味着尊敬、尊崇天道、地道、人道以及一般意义的道，而核心是一般意义的道。这种道就是中国人眼中的终极实在，是中国人认识追求的终极真理和价值追求的终极价值。人们常说中国人没有信仰，这种说法是完全错误的。道就是中国人的信仰对象，至少在传统社会是如此。这种信仰不是宗教信仰，而是哲学信仰，它应高于宗教信仰。

传统价值观所说的“德”是指对道有所得，即“得”。这种“得”不只是人在生命的过程中对道有所领悟、体认和践行的那种“心得”意义上的“得”，而首先是并主要是生命对作为天地万物本根之道的获得，或谓之“天赋之德”。人在孕育的过程中生命就禀受了道，有生命就有这种“得”，人的生命本身就意味着这种“得”，它是人人俱有的，与生俱来的，不可剥夺的。人正是在这一点上是完全平等的，也因为有这种先天的禀赋，所以人后来才有可能对道有所领悟以至得道。相对于这种“天赋之德”，那种对道的领悟、体认和践行之“得”，可称为“人为之德”。

如此看来，传统的“德”既指人性中禀受的道，也指当人成为自主的人以后对这种道的自觉领悟、体认和践行。人的这种“天赋之德”，在传统价值观中被视为“性”。万物都禀受了道，所以万物都有“性”，在其他事物那里为物性或兽性，而在人这里为人性。万物中的性的本质内涵又被归结为“诚”，而“诚”在人这里就体现为仁义礼智信，特别是仁义。虽然古代有些思想家并不如此看，但这是主导观念。

“贵德”的“贵”含有贵重、珍贵、尊贵之意义，作为动词，它有珍视、尊崇的含义，因而与“尊道”的“尊”含义大致相同。传统意义的“贵德”指的就是珍视、尊崇对道的得，包括“天赋之德”以及“人为之德”。在这两种德之中，前者是更为根本的，它是道的天然体现，或者说就是人之道。

由以上分析可见，“尊道贵德”的本原含义就是尊敬、尊崇“道”与“德”。将“道”与“德”联系起来，就有了“道德”的概念，“尊道贵德”于是就有了尊敬、尊崇道德的含义。这里的“道德”，一方面有本体论的含义，即宇宙中万事万物本来都有道德，因而它们各自独立运行而整体和谐有序，否则宇宙就会处于混乱无序的状态；另一方面又有价值论或伦理学的含义，即人本来都有道德，因而人类也可以独立自主活动而又能使社会和谐有序。

然而，人和其他万事万物存在一个重大差别，这就是后来萨特所说的万事万物都“是其所是”，它的本质（规定性）就是其本性的体现，而且不会发生与本性的分离，而人“是其所不是”，这是因为人有自主性而其本质并不一定体现其本性，可能会发生与本性的分离。如此一来，万事万物的道德因为其本质与本性不会发生分离而不会发生问题，人的道德则由于其本质与本性会发生分离而会发生问题。这种分离就体现在，人的那种“天赋之德”可能没有通过人的努力（修养）转化为“人为之德”，其结果是“天赋之德”被湮没甚至被损毁、被泯灭。这种分离一旦发生，就意味着人的活动必定偏离道，偏离人的本性。如此，人就因为不具有道德而不得安定，人生活于其中的社会也就不会和谐有序，宇宙也会因为社会的混乱从而整体陷入混乱（今天表现为生态平衡的破坏）。

既然人偏离道必定会发生道德问题，那么就必须直面并解决这一问题，否则人类就无法生存，至少不能生存得好。古代思想家提出解决这一问题的总体方案是，要么尊敬、尊崇道德，使人回归本性、回归人道；要么以本性、人道或作为其体现的道德来规范引导人的生活和行为，使人成为具有道德人格并自觉按道德行事的人。

在对道德的理解上，古代分歧最大的是儒家和道家的道德观。道家的道德观是一种顺其自然的消极道德观，主张“无为而无不为”。老子说：“道之尊，德之贵，夫莫之命而常自然。故道生之，德畜之：长之育之，亭之毒之，养之覆之；生而不有，为而不恃，长而不宰。是谓玄德。”（《老子》五十一章）老子在这里说明了“尊道贵德”的理由，这就是“道”和“德”不对万物加以干涉，顺任万物之自然。他这里把“道”和“德”这样的品质视为“玄德”，即它产生万物而不据为己有，养育万物而不自恃有功，使万物成长而不为其主宰。这里所说的“玄德”，大致上是指深奥而常人不易理解的德，实际上指的是至德。

“玄德”一词最早见于《尚书·舜典》：“玄德升闻，乃命以位。”说的是舜有常人不易理解的深奥之德，这种德上闻于朝廷，尧帝于是授他以官位。老子可能是借用《尚书》中的“玄德”一词指道的那种不易为常人理解的深奥之德。《庄子·天地》将这种“玄德”以隐含的方式用于说人。他认为，使万物从“混一”状态中产生的东西就是德，人善于修身养性就会返回这种德。这种德达到了完美的境界就同于太初之时的状态，这时心胸无比虚静，能够包容万物，与天地融合而共存。这种混同合一是那么不露形迹，好像蒙昧又好像昏暗，这就是“玄德”，即它返回了本真而一切归于自然。

与道家不同，儒家的道德观是一种自强不息的积极道德观，主张“知其不可而为之”。先秦儒家对道德的起源的看法与道家有些类似，孔子、孟子以及《中庸》都从道、性那里寻找道德之根源。在孔子那里道和性还没有被有机地联系起来，但到了孟子那里，他为性赋予“仁义礼智”的含义，而且认为人的德不是要返回到这种性，而是要发扬这种性，使之充分发挥出来从而致圣。后来董仲舒更把“仁义礼智”以及他增加的“信”视为“出于天”者，并牵强附会地将“五常”与“五行”匹配起来。这样虽然增强了“五常”的权威性，但同时使之更偏离了先秦儒家所认为的作为其根源的道和性。正因为如此，儒家不会主张至德在于回归自然，顺任万物。儒家关于至德有种种不同的表述。孔子的“主忠信，徙义，崇德也”（《论语·颜渊》）应是儒家所主张的至德的典型表述之一。显然，这一表述看不出任何返璞归真的意味。

先秦道家和儒家都认为，德来自道，是对道的得，而分歧在于，人的德是回归到作为道之体现的性，还是要使性所体现的道发扬光大。他们的出发点都是对现实社会人们的道德状况不满和忧虑。关于这一点，孔子多有论述。他说：“天下之无道也久矣，天将以夫子为木铎。”（《论语·八佾》）他这话的意思是，天下无道已经很久，所以老天要让他来宣传教化，使人们尊崇和践行道。在孔子看来，不仅天下无道，而且天下丧德，人们为情欲驱使而不在乎道德。所以他说：“吾未见好德如好色者也。”（《论语·子罕》）老子也认为，当时人们特别重视礼，正说明这是失道的后果。所以他说：“故失道而后德，失德而后仁，失仁而后义，失义而后礼。夫礼者，忠信之薄而乱之首。”（《老子》三十八章）

正是针对社会“无道”“失道”导致的各种社会乱象，儒道两家都想找到一种解决这一问题的路径。在道家看来，现实道德问题的根源在于人们现实的德（老子所谓的“人之道”）偏离了一般意义的道，所以解决现实道德问题的出路是回归到道。对于儒家来说，现实道德问题的根源在于作为道之体现的人的本性没有充分发挥出来，或者被遮蔽，或者被歪曲，于是解决现实道德问题的路径只能是让那种潜在的善良本性充分健康生长，从而克服其被遮蔽和被歪曲的问题。

这一分歧与儒道两家还存在另一深层的理论分歧直接相关。儒道两家都承认人有人之道、人之德，但对这两者的理解存在重大差别。道家的人之道（人性）是与万物之道完全一致的，德也是与宇宙之德完全一致的，而且人生来就秉承了这种道和德，只是人的欲望、情感使之被遮蔽或污染，因而必须通过修养“复归于朴”或“求复其初”。而儒家将仁义礼智这些人为的东西赋予人性或人之道，只是这些东西尚处于萌芽状态，需要通过修养使之发扬光大，使之成为人现实的德性和人格。儒道两家都把“圣人”作为理想人格，但道家的圣人是充满欲望、情感的成人返回到孩童的本真的淳朴状态，而儒家的圣人则是孩童秉承道的本性得到充分发挥所达到的成熟的成人状态。两种圣人都是尊道贵德的结果，但道家圣人所崇尚的道是万物的自然之道即天之道，所珍视的德是对天之道的得，通过对这种道的崇尚和对这种德的珍视使自己回归到与万物一体的自然无为状态，从而成就自己的圣人人格；而儒家的圣人所崇尚的道是人之道，所珍视的德是对人之道的得，他通过尊道贵德使自己尚处于萌芽状态的道和德得到最充分的发挥，集中体现为达到至德的状态，从而使自己成为圣人。

儒家的这种倾向在孔子那里就已经很明显。他虽然说过“朝闻道，夕死可矣”（《论语·里仁》），“君子谋道不谋食”“君子忧道不忧贫”（《论语·卫灵公》）之类的话，但并没有说明这里所说的是不是一般意义的道。而他在其他地方谈的道几乎都是指“天下之道”，即人道。如他说：“天下有道，则庶人不议。”（《论语·季氏》）“天下有道，丘不与易也。”（《论语·微子》）“道不远人。人之为道而远人，不可以为道。”（《中庸》）

关于这一点，荀子说得更明白：“先王之道，仁之隆也，比中而行之。曷谓中？曰：礼义是也。道者，非天之道，非地之道，人之所以道也，君子之所道也。”（《荀子·儒效》）荀子的意思是，古代圣王的道，是仁的最高体现，因为他们是顺着中正来实现的。而所谓中正，就是礼义。因此，所谓道，既不是天道，也不是地道，而是人道。这种道就是君子所讲的道。后来的宋明理学，将仁义礼智信赋予天理或理（天道或道），那种天理显然不是天之理，充其量不过是人之理，已经与传统意义的天道完全是两回事。

3. 尊道贵德观念的精神隐蕴

的确，儒家的道德观对道的理解逐渐人道化，实即仁义化，使道演变成了天下之道，而不考虑作为万物本原的道，不考虑人道与天道（道）的内在关联，也不考虑对这种道的得。但是，从前面的阐述可以看出，在“尊道贵德”或者在推崇道德这一点上，儒家是与道家高度一致的，正是在这一点上体现了传统价值观推崇道德的基本精神。这种精神至少体现在以下几个方面。

第一，传统价值观相信道是宇宙、社会、人生的本原和主宰，是人的神灵，因此必须尊敬它、尊崇它。传统中国是崇道的国度，如同古希腊推崇“逻各斯”一样。人们相信，万物有本原，本原就是道；万物有本性，本性就是道的体现；万物有德，德是对道的得。正因为如此，《中庸》对“道”赞美有加：“天地之道，博也，厚也，高也，明也，悠也，久也。”只不过这种道神秘玄妙，平常人通常无从知晓。“道之大如天，其广如地，其重如石，其轻如羽。民之所以，知者寡。”（《管子·白心》）宇宙有道，万物才自然生长发展而和谐有序。尤其是，天下有道，不同国家、不同人群、不同家庭才能共同存在而和睦共处。《管子·白心》云：“道者，一人用之，不闻有余。天下行之，不闻不足，此谓道矣。小取焉，则小得福，大取焉，则大得福。尽行之，而天下服，殊无取焉，则民反，其身不免于贼。”一般而言，宇宙万物因其本性源自道，而且自然而然地遵循道而有德，因而不存在问题。但是人与万物不同，人有意识和意志，会按自己的意愿行事，因而可能发生失道、丧道的问题。因此，人必须尊敬道，维护道，践行道，否则国将不国，人将不人。“天下有道，小德役大德，小贤役大贤；天下无道，小役大，弱役强。斯二者，天也。顺天者存，逆天者亡。”（《孟子·离娄上》）

第二，传统价值观相信道德不只是人为规定的社会规范，还是对“道”的“得”，是道的体现，其源头在道而不在人的意志，更不是统治者的意志，因此德必须体现道。先秦各家对道的理解存在较大差异。例如，法家就不赞成儒家主张的以仁为道，而主张以法为道。韩非说：“故法之为道，前苦而长利；仁之为道，偷乐而后穷。圣人权其轻重，出其大利，故用法之相忍，而弃仁人之相怜也。”（《韩非子·六反》）但是，他们都相信道是宇宙、社会乃至人生的根本，道德不过是通过对这种道的“得”所形成的体现这种道的社会价值体系。道是道德的根据和本质，因而道德也应该体现道的要求。如果我们将道德理解为社会的价值体系（包括规范和导向两个方面），那么道就是元道德。

道德任何时候都不能偏离道，道是评判道德正确与否的终极标准和尺度，任何与道不相一致的道德都不是真正意义上的道德。传统中国人之所以信奉道德、推崇道德，重要原因之一，就是相信道德体现了道。所以，古代思想家要求人们不仅要知德，而且要知道，以得道、行道。正因为传统的德被认为体现了道，所以道德在传统中国社会具有至高无上的地位，法律以至礼制都不能与之相提并论，它们都要体现道德的要求，为道德的实现服务。当然，这种对道德的信念也常常被统治者所利用，他们有时打着道德是道之体现的旗号把自己人为规定而并没有体现道的所谓道德强加给人们。这是传统社会后期道德被视为虚伪的而为人们所唾弃的重要原因。这种情况的发生实际上也表明，在人们的心目中道德应是道的体现，应有元道德作为它的支撑。

第三，传统价值观相信道是客观的，需要人来识道，识道才能得道，得道才能行道，如此才能成圣，因此做人重在识道、得道、行道。在宇宙中，只有人才能认识道，且由于人有自主性而可能偏离道，人还需要通过认识道来掌握道、获得道。孔子所说的“人能弘道，非道弘人”（《论语·卫灵公》）讲的就是这个道理。荀子认为，圣人知道人难免在认识上有许多问题，并看到了蔽塞的祸害。所以，他们不偏爱，不憎恶；不只看到开端，也不只看到结果；不光看到近处，也不光看到远处；不贪求广博，也不安于浅陋；既不只信传统，又不一味颂今。他们总是同时考虑天地万物中的各种因素，用一定的标准对它们进行权衡，所以他们能理清复杂事物的关系、条理，而不会使它们相互遮蔽。他们为什么能够权衡呢？原因就在于他们知“道”。所以他得出结论说：“故心不可以不知道。心不知道，则不可道而可非道。”（《荀子·解蔽》）他还进一步指出知“道”的重要意义：“心知道，然后可道。可道，然后能守道以禁非道。”（《荀子·解蔽》）

传统价值观认为，人得道才能在人生中获得成功，即所谓“知道，胜……不知道，不胜”（《孙膑兵法·篡卒》）。在荀子看来，“精于道者也，精于物者也。精于物者以物物，精于道者兼物物”（《荀子·解蔽》）。所以君子专心于道并用道来帮助自己考察天地万物。专心于道就能端正心灵，端正的心灵能洞察万物并得出正确的结论，如此也就可以掌控天地万物。荀子认为，古代的舜就是懂得道的人，所以他治天下不事必躬亲，但天下治理得很好。所以荀子提出：“治之要在于知道。”（《荀子·解蔽》）传统价值观认为，人生最大的成就是成为圣人，按照“内圣外王”的路线图，成为圣人也就能够成为圣王，至少就具备了王者风范。而圣人也好，圣王也好，都是识道、得道、行道之人，他们都是因道而圣。

第四，传统价值观相信尊敬和尊崇道就是要按道的要求行事，因此人在任何时候都不能偏离道，更不能违背它。在古代思想家看来，道的体现就是“德”，而这种体现就是实现了道的要求。“德”有自然万物之德，即道的要求在万物上的体现，就是自然万物自发按照道生长、存在、运行；“德”有人类之德，即道的要求在人类身上的体现，就是人类追求成就的目标。人类之德包括两个方面：一是作为人的品质的德性，二是作为人的行为规范的德行准则。古代思想家对“德”的内涵理解不同，儒家将“德”理解为对人道的遵循，而人道包括“仁义礼智信”等，道家则将德理解为对道（主要是指天道自然）本身的遵循，而把儒家的“仁义礼智信”等视为“失道”的结果。

但是，古代思想家一般都要求按照德之根本——道行动，不能有所违背或背离。孔子对此多有论述：“富与贵，是人之所欲也；不以其道得之，不处也。”（《论语·里仁》）“笃信好学，守死善道。危邦不入，乱邦不居，天下有道则见，无道则隐。邦有道，贫且贱焉，耻也；邦无道，富且贵焉，耻也。”（《论语·泰伯》）“邦有道，谷；邦无道，谷，耻也。”（《论语·宪问》）这些论述都是讲道对人和社会极其重要，人必须按道的要求行事。在老子那里，圣人就是得道者，圣人的所作所为就是按道行事的典范。老子这方面的论述很多。他说：“天下神器［也］，不可为也，［不可执也］。为者败之，执者失之。……是以圣人去甚，去奢，去泰。”（《老子》二十九章）“天之道，利而不害；圣人之道，为而不争。”（《老子》八十一章）所有这些论述讲的都是圣人为什么会按道的要求行事。这些论述也告诉人们，圣人是常人的榜样，常人应当像圣人那样为人处世。

道不是常人所能觉察和获得的，因而对于常人来说，所要注重的是按德的要求行事。只有忠实地修养和践行道德，才能逐渐识道、得道、行道。所以《中庸》云：“苟不至德，至道不凝焉。”

第五，传统价值观相信体现道的德即道德，是人之所以为人的根本，人必须通过道德修养来维护人之本性、人之道，而这也就是维护人的尊严。在孔子看来，德不仅对于人来说最为重要，对于牲口来说也最为重要。他说：“骥，不称其力，称其德也。”（《论语·宪问》）荀子在谈到人与万物的区别时所说的“人有气、有生、有知，亦且有义，故最为天下贵也”（《荀子·王制》），充分表达了人的道德对于人之为人的根本性、决定性意义。

对于社会通行的道德，人们是不难认知的，但要使之成为自己的德性品质和行为准则那就需要修养。根据传统尊道贵德观念，人要通过道德修养来维护人之本性、人之道，从而维护人的尊严，其重要体现是有节操，有气节，有骨气。尊道贵德观念认为，一般的道德修养只能使一个人成为君子，而一个人要成为圣人，则需要对道的修养（修道）。通过修道，才能知道、得道、行道、传道，以至殉道。道家讲的修养，其目的所指就是道，或者不如说是回归于道，进入自然无为状态，而不是像儒家那样为了弘扬道而重视使道转化为德性和德性的修养。当然，儒家也谈修道。例如，荀子说："人何以知道？曰：心。心何以知？曰：虚一而静。"（《荀子·解蔽》）他这里讲的就是修道的方法。除了儒道之外，春秋战国时期还有其他思想家也重视修道。例如，管子也论及修道问题。他认为，为什么道离人那么近，却没有人能够实行呢？问题在于人们往往舍近求远。要解决这个问题，我们要关注我们自身，通过观察万物来反思自身，从而体悟道、践行道。他说："欲爱吾身，先知吾情。君亲六合，以考内身。以此知象，乃知行情。既知行情，乃知养生。左右前后，周而复所。执仪服象，敬迎来者。今夫来者，必道其道，无迁无衍，命乃长久。和以反中，形性相葆。一以无二，是谓知道。将欲服之，必一其端，而固其所守。"（《管子·白心》）

4. 弘扬尊道贵德精神

尊道贵德既是传统价值观的根本观念，也是传统价值观的基本精神，它充分显现了中华文化传统的民族特色。虽然秦代以后在对道和德以及道德的理解上发生过"以理杀人"（戴震语）以及"愚忠""愚孝"等走向极端的重大偏差，但就尊道贵德这一古老观念本身而言，其基本含义和主要精神是合理的，它已经积淀为中华文化的真正基因和深层信念。辛亥革命后，尊道贵德观念随着传统文化被否弃而逐渐被淡化、被遗忘，这导致了中华优秀传统文化根脉的严重损害。在我国进入大力弘扬优秀传统文化的中国特色社会主义新时代的今天，我们要守住优秀传统文化的根脉，就必须大力弘扬尊道贵德观念这一中华文化的根本。丢掉这一根本，从一定意义上说，传承和创新中华传统文化就会成为一句空话。

一个多世纪以来，我国社会发展曾遭遇到诸多挫折，走过不少弯路，社会生活也曾长期处于混乱和无序状态。时至实行改革开放四十年后的今天，我国虽然已经成为世界第二大经济体，正在走近世界舞台中央，但仍然存在道德严重滑坡、人们精神家园荒芜、社会生活乱象不时发生等社会问题。一百多年来我国社会发展过程中发生的各种问题的原因十分复杂，而忽视尊道贵德这一古老文化基因的传承和弘扬应是其中重要的原因之一。

改革开放以后，面对我国道德滑坡的严重局面，许多学者以至普通人都认为，这是放松了思想道德教育导致的，因而不断呼吁要加强思想道德教育。四十年来，我国在加强思想政治教育（包含道德教育）方面做出了巨大努力，党中央出台了一系列加强思想道德建设方面的文件并不断采取强有力的举措。如思想政治教育队伍不断充实，思想政治教育的手段和方法不断改进，学校思想政治教育课课时也增加到了最大限度，等等。应该说，我国在思想政治教育方面所做出的努力是今天世界各国绝无仅有的。不可否认，这些努力加上社会治理的加强取得了显著的成效，我国的道德状况有了明显的好转，许多突出的社会问题得到了遏制甚至被消除。但是，要从根本上改善我国的道德状况，还必须弘扬传统尊道贵德观念和精神，改革和完善我国现行的道德体系，使之植根于天道人性这一坚实的本体论基础。

我国现行的道德体系主要是根据我国现实需要确立的，当社会现实发生变化时，道德体系就会不适应变化的现实，也就会丧失规范力和指导力。社会现实需要是不断变化的，因而道德总是落后于现实，这种状态应及时改变。显然，对于那种长期落后于现实的道德，人们是很难信奉和遵循的。反观辛亥革命后的历史不难发现，我国的道德观念和道德体系如同政治一样，处于不断更替的过程之中，而且彼此之间常常没有关联性，甚至彼此对立，不同的道德观念和道德体系之间没有一以贯之的内在之魂。就是说，一百多年来我国的道德不是对道的得，不是根据对道的得确立的，而只是对现实需要的反映，是应景式的社会控制措施。这样一种不断变化的道德，只能从外面规范人们，而不可能扎根人心。传统尊道贵德观念给我们的重要启示在于，我们要从根本上改善我国的道德状况，必须弄清作为道德之根的道，并立足于道来理解德，使道德真正成为有道的德。这种道是天人相通、天人合一之道，这种德则是对这种道的得，是道的体现，两者的有机统一就是道德。道德就是如何使人生（包括外在的行为和内在的品质）具有体现道的德的那种要求。只有这样的道德才能赢得人心、扎根人心，才能一点一点地达至完善，才能克服现行道德存在的问题：今天的与昨天的不一样，明天的与今天的又会不一样。

不少人将当代中国出现的各种社会问题，归结为中国人缺乏信仰，而他们所说的缺乏信仰指的是缺乏宗教信仰。说中国自古以来大多数人缺乏宗教信仰，这是事实，但这并不意味着中国人自古以来缺乏信仰。实际上，中国古代人普遍具有信仰，只不过这种信仰不是宗教信仰，而是道德信仰，这种道德信仰就深深蕴含在尊道贵德的观念之中。在远古时代，中国先民信奉上天和神明，但同时也推崇上天和神明背后的天道。先秦思想家揭示了作为上天和神明之根本的“道”，实现了世界本体从“天”到“道”的转变。于是，自春秋战国起，“道”实际上就成为中国人的信仰，它是中华民族崇敬的宇宙本体，也是中国人民的精神寄托。楼宇烈先生在2014年4月16日为北京大学学生做的题为《中国文化中的道与艺——由艺臻道，以道统艺》的演讲中指出，“道”在中国文化中具有特殊意义，甚至居于至高无上的地位，在某种意义上将之称为“道文化”也不为过；中国传统文化的任务是明道、行道、传道，其人生境界以求道、悟道、证道为根本。“离开‘道’，中国文化就失去了它的灵魂。”[①] 实际上，传统价值观认为，天与道是不可分的，天是道的载体，而道是天的本体，信仰道实际上隐含着信仰天。不过，信仰天相对而言比较朴素、直观，而信仰道更体现了中国信仰的哲学意蕴，更显示出中国文化的民族特色和个性。

道在宇宙万物中的体现就是德，道需要德来显现，否则人就无法识道，因此道与德是不可分离的。正是在这种意义上，传统价值观将道与德联系起来，称为“道德”。如此一来，对道的信仰实际上就是对道与德的信仰，也就是对道德的信仰。道德并不是完全外在于人的，而是在人这里达到统一并达至完美。这就是将体现道的人性充分发挥出来，对道有得。传统价值观认为，天道与人心是一致的、贯通的。对道德的信仰本质上就是对人应有的道德的信仰，是对自己人生价值的信仰。道德就是中国人所应确立的信仰，信仰道德就是信仰作为宇宙本体的道，就是信仰作为道之载体的天，就是信仰与天道相通的人性，就是信仰充分体现人性的道德。因此，中国人信仰的是道德，它隐含着天、道及其在

① 楼宇烈：《离开“道”，中国文化就失去了它的灵魂》，中国孔子网，http://www. china-kongzi. org/dajiatan/201803/t20180313_174450. htm，最后访问日期：2019年5月9日。

人身上体现的人性，它是天、道、性、德的有机统一，概而言之就是道德。传统价值观特别重视道德信仰，认为如果没有这种信仰，人不仅会没有精神家园，无以在世上安身立命，甚至人就不是真正意义上的人。传统价值观强调“修身为本”，强调“成性成人”，强调“内圣外王”，实际上都是以对道德的信仰为前提和基础的。说自古以来中国人都没有信仰是不正确的，因为古人有对天、道、道德的信仰，但说当代中国人信仰存在动摇甚至缺失的问题应是符合事实的。在这种情况下，如何解决中国人的信仰问题是一个事关中国人民精神生活乃至整体生活幸福的根本性问题。解决这个问题的重要途径之一甚至可以说根本途径，就是从传统文化和传统价值观中汲取灵感和养分，而最为直接、最为重要的就是要弘扬古老的“尊道贵德”观念。

大力弘扬传统尊道贵德观念，并不是简单地把传统的道、德及道德观念照搬到今天，而是“要使中华民族最基本的文化基因与当代文化相适应、与现代社会相协调”[①]。今天要尊崇的道是中国特色社会主义之道，是不断满足人民日益增长的美好生活需要之道，是推动人类命运共同体建设从而为世界谋大同之道；今天要珍视的德是体现这种道的社会主义核心价值观之德，它既是个人的德，也是国家和社会的大德；今天要尊崇、珍视的道德作为社会的价值体系则是实现上述道与德的社会保障机制。

二 “自强不息”

“自强不息”这一命题出自《周易·乾卦·象传》，原文是：“天行健，君子以自强不息。”这是《象传》对乾卦的解释，其本意为天道刚健，运行无忒，君子要效法天道，终生自勉前进，不停地发愤图强。孔颖达说：“此谓天之自然之象。‘君子以自强不息’，此以人事法天所行，言君子之人，用此卦象，自强勉力，不有止息。”（《周易正义》卷一）如果认定《象传》为孔子所作，那么这一命题提出的时间与老子提出“尊

① 习近平：《提高国家文化软实力》，《习近平谈治国理政》，外文出版社2014年版，第161页。

道贵德”命题的时间大致相同。但是，这一命题是对《易经》中的乾卦卦辞的解释，就是说，乾卦卦辞本身就包含这种观念和精神，那么，这种观念和精神的起源就非常古老，也许可追溯到伏羲氏。因此，自强不息可以说是传统价值观本原的精神之一。这种精神是泱泱中华文明的精髓所在，是人生昂扬向上的力量源泉，是中华民族绵延万代、永远屹立的精神支柱。

1．“自强不息”观念的提出

儒家之所以会对《易经》之乾卦做自强不息的解释，除了乾卦本身包含这种精神外，实际上还因为儒家认同和倡导这种精神。从先秦儒家早期的经典可以明显地看出这一点。孔子就是“知其不可而为之”（《论语·宪问》）的人。《论语》中也有很多有关自强不息的表述，如“君子求诸己，小人求诸人”（《卫灵公》）；“不怨天，不尤人，下学而上达”（《宪问》）；“不患无位，患所以立。不患莫己知，求为可知也”（《里仁》）；“三军可夺帅也，匹夫不可夺志也”（《子罕》）；等等。孟子的那段著名的话，即“天将降大任于是人也，必先苦其心志，劳其筋骨，饿其体肤，空乏其身，行拂乱其所为，所以动心忍性，曾益其所不能”（《孟子·告子下》），最明白不过地表达了自强不息的精神。荀子更为自信，认为只要通过修身实现自强，就可以像三代英王那样成为圣人。“以修身自强，则名配尧、禹。”（《荀子·修身》）他所说的“锲而舍之，朽木不折；锲而不舍，金石可镂”（《荀子·劝学》）生动表达了自强不息精神的精髓。如果从整个儒家思想体系来看，则它不仅充满了自强不息的精神，而且其本身已经是一个阐述为什么要自强不息、自强不息意味着什么、自强不息追求什么目标、如何做到自强不息的理论与实践相结合的思想体系。从一定意义上可以说，传统价值观的自强不息精神主要是通过儒家阐释、宣传、教化而在整个中华民族得到弘扬的，它能够成为中华民族精神的重要组成部分，儒家特别是先秦儒家做出了不可替代的贡献。

儒家阐发的《易经》所包含的自强不息精神得到了古代思想家的广泛认同和阐发。在墨子看来，“强必治，不强必乱”；“强必宁，不强必危”；“强必贵，不强必贱”；“强必荣，不强必辱”；“强必富，不强必贫”；“强必饱，不强必饥”；“强必暖，不强必寒”（《墨子·非命下》）。所以他主张“强力从事”，而“不敢怠倦”。韩非说：“故知之难，不在见人，在自见。故曰：‘自见之谓明。’”“是以志之难也，不在胜人，在自胜也。故曰：‘自胜之谓强。’”（《韩非子·喻老》）在韩非看来，君王应当具备的一项品质便是“为无为”，即“无为而治”。人们通常认为，道家与儒家不同，道家主张消极无为，顺任自然，而儒家主张积极有为，经邦济世。实际上这种看法并不全对。道家不同于道教，道家不是要人看破红尘，消极遁世，而是要人通过“复归于朴”“求复其初”达到圣人或至人境界。显然，达到这种境界像达到儒家所追求的圣人境界一样，是需要自强不息精神的。老子自己已经讲得很明确，追求无为才能做到无不为。所以，道家与儒家一样主张追求人生和社会的最高境界，其区别只在于对最高境界的理解不同，追求的方式不同，而在强调通过自强不息来追求最高境界的实现这一点上是完全相同的。“自强不息”是《周易·象传》中提出的，是儒家对乾卦所做的解释，但《周易》也被道教奉为经典，当然包括《易传》及其中的《象传》。道教是以道家思想为主导建立起来的宗教，自强不息并不是与道家精神相对立的，否则信奉道学的道教不可能接受《周易》作为其经典。

实际上，道家也推崇自强不息精神，道家创始人老子就有这方面的明确表述：“知人者智，自知者明。胜人者有力，自胜者强。知足者富。强行者有志。不失其所者久。死而不亡者寿。”（《老子》三十三章）老子在这里实际上表达了三层意思：一是战胜自己，克服自己的惰性，奋发有为，才是刚强的；二是靠自己的志气和力量强大，才是真正的强大；三是坚持不懈，不忘初心，建功立业，才能持久保持刚强、强大。庄子在传承老子的这些思想的基础上更从积极方面将其发扬光大。庄子力图在精神上将人从俗世提高到“道”与“天”的高远境界。庄子认为生命的意义在于逍遥绝尘地神游，而不在于庸俗地活着。这种精神的遨游就是“乘天地之正，而御六气之辩，以游无穷”（《庄子·逍遥游》），“乘夫莽眇之鸟，以出六极之外，而游无何有之乡”（《庄子·应帝王》）。这是一种超凡脱俗的状态，一种妙不可言的绝对自由境界。庄子把达到这种自由境界的人称为真人或至人。这种人的人生显然是一种向上的、清灵的、潇洒飘逸的积极人生，而不是向下的、令人窒息的、拘束灰暗的消极人生。

2. 自强不息观念的基本含义

“自强不息”之所以会成为传统价值观和中华民族的基本精神，最重要的原因在于这种精神渗透于作为中华文化母体的《周易》之中，是其中的主旋律或主格调。

自强不息精神主要体现在乾卦卦辞中，为《易传》所阐发。乾卦在“八卦”中占有特别重要的地位，它是第一卦，而且所体现的是被传统社会认为具有尊贵地位的阳、男、父。“乾”卦在六十四卦中也是第一卦。其卦画由八卦的两个乾卦（八个经卦的第一卦）符号即两个☰构成，主卦和客卦都是乾卦，三条爻当位，三条爻不当位，不存在有应关系[①]。主卦和客卦都很强健，主卦和客卦的阳数比是1∶1，是二个最大阳数之比，主客双方势均力敌，双方都有强大的力量，也都有同样的高亢缺点，可以是强健的竞争者，也可以是双赢的合作者，关键在于主方如何巧妙地处理。乾卦的卦象为天，为刚，“乾下乾上”；卦辞为“元亨，利贞”。乾卦的六条爻辞是：“初九[②]：潜龙勿用。九二：见龙在田，利见大人。九三：君子终日乾乾，夕惕若厉，无咎。九四：或跃在渊，无咎。九五：飞龙在天，利见大人。上九：亢龙有悔。用九[③]：见群龙无首，吉。”（《周易·乾卦》）卦辞总的意思是说，乾卦象征天道伟大、崇高、阳刚、健美。它是宇宙的开始、生命的元气，生成并统率着宇宙万物。它云行雨施，使万物具有各自的形体，生生不息，亨通无阻。天的伟大和光明贯彻始终，无穷无尽。

对于乾卦的卦辞，《彖传》、《象传》和《文言传》都做了解释。其中《象传》的解释中提出了“天行健，君子以自强不息”的著名论断。对于六条爻辞，《象传》分别做了解释。它将“潜龙勿用”解释为“阳

① “有应”，指有阴阳相应的关系，是分析易的六十四卦结构使用的术语。别卦的主卦与客卦的相应的爻，如果是一阴一阳，就说这一对爻有应，否则就是不有应。所谓“别卦”，指《周易》六十四卦中的每一卦，“别”指类别，别卦中爻的顺序由下往上，爻的名称是爻的位置加阴或阳（“六”或“九”）。一个“别卦”展示的是主客双方关系形势下各种变化的可能性。

② 每一卦第一爻皆称为“初”。六四十卦凡阳爻称“九”，阴爻称“六”。一卦六爻，由下向上排列，象征事物由低向高、由微向著的发展过程。一卦六爻自下而上凡阳爻为“初九”“九二”“九三”“九四”“九五”“上九”，凡阴爻为“初六”“六二”“六三”“六四”“六五”“上六”。这里的“初九”，也称爻题（爻名），表明爻位和爻性。

③ 用九，由于乾卦六爻皆九，坤卦六爻皆六，不能满足占筮时两卦六爻全变时对比的需要，故乾、坤两卦各增加一条爻，即乾卦增加用九的爻辞，坤卦增加用六的爻辞。用九、用六两条爻辞没有相应的爻位，所以又称为有象无位之爻。

在下也”，意即“因阳气初生故而居位低下，并要隐居不出”；将“见龙在田”解释为“德施普也”，意即“以德行感化，普施于万物，使民间广受泽惠”；将“终日乾乾”解释为“反复道也”，意即“反反复复均合于正道”；将“或跃在渊”解释为“进无咎也”，意即“已经做好准备，进退有据，即使勇往直前，也不会有过失和灾难”；将“飞龙在天”解释为“大人造也”，意即“具有才德之人居于高位，应奋起大展雄才”；将“亢龙有悔”解释为“盈不可久也”，意即“因盈难以持久，满则招损”；将用九解释为“天德不可为首也”，意即“循环发展，遵循天的德性，顺其自然而变通，不可逞强好胜，只有刚柔兼备，才能安全吉祥”。[①] 概括地说，《象传》对乾卦所做的解释是要告诉人们：上天（自然）刚劲强健，运转不息，君子应效法上天，刚毅坚卓，发愤图强，进德修业，永不停止。显然，“君子以自强不息”，是《象传》作者从描述上天的乾卦的卦辞中阐发出来的一种价值要求，但它体现并弘扬了《易经》乾卦卦辞的基本精神：自立自强，永不停息。这一《易经》的本原精神是中国古人赋予上天的，这种赋予实质上是为自己所推崇的这种精神找到一种本体论的根据。其深刻的含义在于，既然自然万物如此，人作为其中的一部分亦应如此，而且作为具有自主性和创造性的主体，人更应如此。《象传》作者的伟大之处正在于，其将《易经》作者的这种意图加以阐明，从其本体论的含义引申出价值的要求，从而给人以指导和启示。

自强不息的精神并非只体现于乾卦中，整个《易经》六十四卦所表达的就是宇宙万物自强不息的精神，以及对每一个人都具备这种精神的期待。《序卦传·经上》对六十四卦之间的关联及其所表达的自强不息精神做了系统的阐述。

在《序卦传》作者看来，乾为天，坤为地，有天地，然后万物才产生，盈满天地之间的，唯有万物，表现为屯卦，屯有盈满、创始之意；万物刚创生时必定都是蒙昧、幼稚的，故接着是蒙卦，蒙的意思是蒙昧；万物在幼稚的时候，不可以不养育，所以接着是需卦，需就是需要饮食；解决饮食问题必定有争讼，故接着是讼卦；争讼必定要纠集众人，引动众人的奋起，于是有师卦，师是众多的意思；众人参与其事必定有所比

① 参见崔波注译《周易》，中州古籍出版社 2007 年版，第 26～27 页。

较，比卦就出现了，比卦的意思就是比较；比较以后亲近的人亲密互助，力量必定有所蓄存集聚，这是小畜卦；人和物蓄聚多了，要有礼仪制度，以便组织与管理，所以接着是履卦，履即礼仪；有了礼仪则安泰，这就有了泰卦，泰有通畅、安泰的意思；万物皆不可能长久通泰，发展到极点就向反面转化，因而接着是否卦；不能让阻塞持久，要异中求同，不计较小异而重视大同，所以接着是同人卦；和谐共处，万物必归顺，这就是大有卦；有很伟大的成就的人，不可以盈满自负，必须谦虚，所以有谦卦；成就伟大而又谦虚谨慎的人，必定安逸快乐，这就是豫卦，豫的意思是安闲；使民安逸快乐必定有众追随，所以接着是随卦；因私心所好而随从他人的人，终会起祸端，所以有蛊卦，蛊即腐败生事之意；发生了事端才可以由乱而治，创造大业，所以接着是临卦，临即君临；创造大业以后，就有观摩的条件，所以接着是观卦；可观而后使人敬仰，可以使上下融合，所以有噬嗑卦，噬嗑的本意为上下颚咬合；万物都不可以苟且求合，这就是贲卦，贲就是修饰；修饰到极点，必生弊端，亨通也就到了尽头，所以有剥卦，剥就是剥落；万物不可能终久地剥落，剥落至极则必定返下而生，这就是复卦；回复了以后就不会虚妄了，所以接着是无妄卦；不虚妄，才会大量积蓄，因而接着是大畜卦；万物既已蓄积，那就可以颐养，所以接着是颐卦，颐是养的意思；不养就不能有所作为，这就有了大过卦；事物不可能总是顺延发展，所以接着就是坎卦，坎是陷险的意思；坎坷过去了必然是光明艳丽，所以接着是离卦，离就是以源源不断的光明照临四方。

《易经》的六十四卦特别是其中的乾卦不仅体现了自强不息的精神，而且是自古以来中国人自强不息精神的不竭源泉和充足理由。当人们抬头看到上天的时候就会想到乾卦，想到阴阳八卦图，想到人作为“天下最为贵”者更应当发扬上天以至整个宇宙“气化流行，生生不息”（戴震《孟子字义疏证·道》）、“万物生生，而变化无穷”（《太极图说》，《周敦颐集》卷一）的精神。乾卦的这种象征意义对于信奉《易经》的中国人具有极大的激励作用。同时，也正因为上天以至整个宇宙都是生生不已、自强不息的，因为《易经》以至整个《周易》充分地揭示和阐释了这种宇宙精神，人们才有充足的理由相信它、信奉它、践行它，自强不息也就成为人们坚定不移的信念和坚持不懈的追求。

3. 自强不息观念的精神隐蕴

“自强”即自身强健，“不息”为永不停止。自强不息，就是使自己强健有力而永不停息。在汉语里有许多词语表达这一精神，尤指男性精神，如“阳刚之气”“英雄气概”“大丈夫”“男子汉”等。在传统价值观中，自强不息既是一种内心信念，也是一种价值要求，因而它是一种激励人们奋发图强、不断进取的强大精神力量。华夏民族诞生之始，自强不息精神就已经萌芽，至《易经》出现其已经得到富于寓意的表达，此后逐渐为先民普遍认同和信奉。数千年来，自强不息已经成为充盈于传统价值观、传统文化乃至世世代代中华儿女的言行、血液和灵魂之中的一种精神。今天，我们已经很难用有限的语言对其加以表达和阐述。不过，经过对传统文化文本的挖掘和梳理，我们认为，至少以下九种精神是自强不息精神的重要体现。

（1）“矢志不渝”

传统价值观认为，自强不息首先要求人应当有“三志”：一是志向，二是志气，三是志趣。志向是人们的努力方向，也就是一个人为自己所确立的理想和目标。志气是指实现理想或目标的决心和勇气。志气如此重要，以至于墨子认为“志不强者智不达”（《墨子·修身》）。志趣则是对志向有强烈的兴趣，不仅有决心有勇气去追求理想和目标，而且喜爱、钟情于这种追求本身，因而志趣也是一种情趣。陆游《七月二日夜赋》诗云：“鄙人志趣在渔樵，四十年来负圣朝。”可见志趣的威力之大。

在“三志”中，志向是首要的，确立志向，就是所谓的“立志”。朱熹说，“学者大要立志”，“学者须是立志”，而且“立志要如饥渴之于饮食”，而立志“只是直截要学尧舜”。他指出：“为学，须思所以超凡入圣。”（以上均见《朱子语类》卷第八）显然，在古人看来，不仅学习必须立志，为人处世也必须确立志向。有志向的人才有目标和理想，也才有奋斗的方向，因而才能成就事业，才能造就理想人格。这就是所谓的“有志者，事竟成”（《后汉书·耿弇传》）。确立了志向，还需要下定决心和有不畏艰险、努力奋斗的勇气，这就是我们下面所要讲的锲而不舍的精神。如果有了志向和志气之后，能使两者成为自己的志趣之所在，那么人就对追求的目标和追求本身有了喜爱之情，人干事创业的热情就更高，力量就更大，行动就更自觉自愿。

中国文化中有“三趣”：兴趣，指不论一个人对这件事情是否有感觉，是否想去做，都可以在做的过程中产生做事的冲动；乐趣，指一个人能去做，并能把它做好，且在做的过程中产生快乐；志趣，指一个人不仅能把它做好，还能把它做到最好，在做的过程中产生成就感，并能持续为之努力和奋斗。显然志趣是“三趣”中的最高境界。“三志”可统称为“志”，有人这样形容“志”的威力：“志之所趋，无远弗届；穷山距海，不能限也。志之所向，无坚不入；锐兵精甲，不能御也。”（金缨《格言联璧》）

正因为“志”的意义如此重大，所以传统价值观强调人不仅要立志，有志气和志趣，而且要长期坚持下去，不达目的誓不罢休。这就是“矢志不渝”，语出《晋书·谢安传》：“安虽受朝寄，然东山之志始末不渝，每形于言色。”历史上有许多表达“矢志不渝”的经典名言，如：“三军可夺帅也，匹夫不可夺志也。”（《论语·子罕》）“老骥伏枥，志在千里；烈士暮年，壮心不已。”（曹操《龟虽寿》）“生当作人杰，死亦为鬼雄。”（李清照《夏日绝句》）所有这些表达所体现的就是矢志不渝精神、自强不息精神。

（2）“夙兴夜寐”

一个人只有勤奋努力才能自立自强，也只有将勤奋努力长期坚持下去，一息尚存，奋斗不止，才能永远立于不败之地。自强不息，需要勤奋努力，也就是要“夙兴夜寐”。夙，早；兴，起；寐，睡。“夙兴夜寐”，通俗地说就是早起晚睡，形容非常勤奋努力。这一命题出自《诗经》：“夙兴夜寐，靡有朝矣。”（《卫风·氓》）“夙兴夜寐，洒扫廷内，维民之章。”（《大雅·荡之什·抑》）后来这一命题被许多文献引用，如：“夙兴夜寐，洒扫庭内。”（《韩诗外传》卷六）“皇帝躬圣，既平天下，不懈于治，夙兴夜寐，建设长利，专隆教诲，训经宣达。”（李斯《泰山刻石》）“夙兴夜寐，自强不息。”（徐铉《巫马大夫碑铭》）实际上，勤奋努力的观念和精神在《易经·谦卦》的卦辞中就有明确的表述：“劳谦，君子有终，吉。”意思是有勤劳而又谦逊的君子，将会有好的结果。《象传》解释说，勤劳而又谦逊的君子（君王），民众都会对他心服口服。由此看来，勤奋努力的精神，不仅源远流长，而且深入人心，已经成为中国人的一种性格。

古典文献中有关这种精神的表述有很多："路漫漫其修远兮，吾将上下而求索。"（屈原《离骚》）"绳锯木断，水滴石穿。"（罗大经《鹤林玉露·乙编》卷四）"三更灯火五更鸡，正是男儿读书时。黑发不知勤学早，白首方悔读书迟。"（颜真卿《劝学》）"盛年不重来，一日难再晨，及时当勉励，岁月不待人。"（陶渊明《杂诗》）"莫等闲，白了少年头，空悲切。"（岳飞《满江红》）"宝剑锋从磨砺出，梅花香自苦寒来。"（《警世贤文》）明代钱福的《明日歌》则从反面警示人们，要珍惜大好时光，把握好今天，今天的事情务必不能拖到明天："明日复明日，明日何其多？我生待明日，万事成蹉跎。"所有这些表达的一个共同意思就是，人活在世界上要勤奋刻苦，开拓进取，只有这样，才能实现人生价值和获得幸福。正是在这种精神的长期激励之下，中华民族成为世界上最勤劳的民族，勤扒苦做、吃苦耐劳成为中国人民的优秀品质和个性特征。

（3）"节用储蓄"

勤奋努力是"开源"，而节俭是"节流"。开源固然重要，节流也不可轻视。自强不息的基础是自立，而自立的基础是必要的物质条件。物质条件可以通过勤奋努力创造，但创造出来的财富被浪费也会动摇自立的基础。特别是在小农经济社会，人们的生产能力十分有限，而且严重受制于自然条件，只有节约才能勉强维生，何况还要有所积累，好年防备荒年。因此，传统价值观在强调"夙兴夜寐"的同时也强调"节用储蓄"。这一命题出自《后汉书·肃宗孝章帝纪》："节用储蓄，以备凶灾。"这里讲的意思就是要节俭省用，以防治天灾人祸。"岁丰仍节俭，时泰更销兵"（白居易《太平乐词》）讲的也是这个意思。

传统价值观认为，节俭是为了防止灾荒，也可以增加财富，因为省吃俭用可以减少对财富的消耗。所以《资治通鉴·晋记十一》说："仁以厚下，俭以足用。"意思是，仁德可以厚爱下属，节俭可以积蓄财富。传统价值观还认为节俭也是安邦定国的法宝。《史记·平津侯主父列传》说："盖闻治国之道，富民为始；富民之要，在于节俭。"传统价值观甚至已经注意到节俭有利于防止腐败。"俭，德之共也；侈，恶之大也。"（《左传·庄公二十四年》）这是说，有德行的人有一个共同的特质，那就是节俭；所有作恶之人也有一个特质，那就是奢侈，而且奢侈到最后控制不了自己，会导致腐败。

节俭的观念和精神历史悠久。《尚书·大禹谟》就有“克勤于邦，克俭于家”的说法。《周书·韦孝宽传》也讲：“俭为德之恭，侈为恶之大。”许多古代思想家谈论过节俭。例如，晏子说：“法其节俭则可，法其服，居其室，无益也。”（《晏子春秋·谏下》）《论语》记载，孔子的学生林放问孔子礼之本，孔子说：“大哉问！礼，与其奢也，宁俭；丧，与其易也，宁戚。”（《论语·八佾》）孔子认为，一般来说，礼节仪式与其奢侈，不如节俭；就丧事而言，与其仪式上治办周备，不如内心真正哀伤。韩非在谈得国失国问题时指出：“常以俭得之，以奢失之。”（《韩非子·十过》）这类表述还有：“上节下俭者则用足，本重末轻者天下太平。”（林逋《省心录》）“有德者皆由俭来也。”“以俭立名，以侈自败。”（司马光《训俭示康》）

但是，传统社会民间节俭精神更为突出和鲜明。我国民间至今仍然流传着许多节俭方面的谚语和名言警句，它们往往将节俭与勤劳联系起来。如：“勤，锄头上的黄金；俭，米缸里的白银。”“勤俭好似燕衔泥，浪费好似水冲堤。”“光俭不勤无源水，光勤不俭水断流。”“增产不节约，金碗也打破。”“克勤克俭粮满仓，大手大脚仓底光。”“创业不可不勤，居家不可不俭。”“家有良田万石，也要粗茶淡饭。”“勤是摇钱树，俭是聚宝盆。”勤俭是中国优秀文化传统，与市场经济相伴随的消费主义使这一传统受到严重冲击，导致了严重的社会后果，今天值得我们深刻反思。

（4）“事上磨炼”

一个人要自强不息必须有坚强的意志和相应的才能，这就需要通过实践来锻炼，即“事上磨炼”。此语出自王阳明的《传习录》：“人须在事上磨炼，做功夫乃有益。”它的意思是人要在具体事务上锻炼才干，磨炼意志。传统文化中包含丰富的事上磨炼思想资源。孟子所讲的“故天将降大任于是人也，必先苦其心志，劳其筋骨，饿其体肤，空乏其身，行拂乱其所为，所以动心忍性，曾益其所不能”（《孟子·告子下》），正是这种磨炼的最经典表述。

这里讲的是磨炼意志，传统价值观还特别重视专业上的磨炼，韩愈《师说》中的“闻道有先后，术业有专攻”，说的就是要在专业上下功夫深入钻研，只有这样才能使专业达到炉火纯青的程度。磨炼的前提是积极作为，消极无为也就无所谓磨炼，当然也不可能自立自强。所以古人说："天下事有难易乎，为之，则难者亦易矣；不为，则易者亦难矣。"（彭端淑《为学》）积极有为的前提是要学习，学习可以攻克难题，提高能力，所以传统价值观也特别重视学习知识以及知识的应用。

"事上磨炼"就是下功夫，中国人在各方面都讲下功夫、讲用功。特别是武术方面，"中国功夫"是享誉世界的。它讲究刚柔并济、内外兼修，既有刚健雄美的外形，更有典雅深邃的内涵。功夫，蕴含先哲们对生命和宇宙的参悟，是世界上独一无二的"武化"，它作为中华民族智慧的结晶，是中华传统文化的体现，也是传统价值观自强不息精神在武术上的生动写照。中国功夫在世界上影响广泛，不仅出现了大量中国功夫题材的中外影视作品，更有少林、太极、咏春拳等中国功夫在全球广泛传扬。

（5）"穷则思变"

在漫长的历史长河中，人类一直处于恶劣的自然环境之中，贫穷始终与人类相伴随。面对这种恶劣的环境和贫穷的处境，中华民族为了生存、自立、强大，逐渐形成一种与天奋斗、穷则思变的民族精神。穷则思变这种观念和精神最初是在《周易·系辞下传》中得到明确表述的。神农氏死后，黄帝、尧、舜相继兴起，他们都能够因势利导地改变人民的生产方式，使人民不感到厌倦，人民能够比较容易地适应它。他们之所以能这样做，是因为他们懂得《易经》所讲的这样的一种道理，即"穷则变，变则通，通则久"。就是说，事物发展到了穷尽之点就要变化，变化了就能通达，能通达就可以长久存在下去。这句话讲的道理类似于《易经》中的"否极泰来"，即逆境达到极点，就会向顺境转化，用于指人，就是坏运到了尽头好运就来了。

这里讲的是宇宙万物的自然法则，当人们发现这种法则时，就会主动地运用它去改变恶劣的生存环境，使环境朝着有利于人类生存的方向转变，从而解决人类面临的贫困问题。于是后来就有了这样一种说法："凡人之情，穷则思变。"（陆贽《论左降官准赦合量移事状》）这里的"穷"已经有引申义"贫穷"或"一穷二白"。后来毛泽东领导中国人民闹革命就是在这种意义上理解"穷则思变"的——因为一无所有，所以要改变生存环境，包括社会环境，以使自己自立自强。在社会环境极为恶劣，不反抗就无法生存更无法自立的情况下，就需要斗争、革命。

传统社会爆发过很多次大规模的农民起义，这些起义正是在“穷则思变”精神的激励下发动的。每当人民生活极度贫困而无法生存下去的时候，革命、造反就成为改变现状的出路。不过，在中国历史上，穷则思变的路不止革命一条，还有改革或改良（维新），即通过和平的方式改变贫穷落后的面貌。这种方式是一种少流血或不流血的更好方式，但在这种方式不能采取或不能奏效时，就不得不采取革命的方式。

穷则思变并非只就国家、民族而言，传统价值观也倡导个人应有这种精神。生活在贫穷状况下的人，不能逆来顺受，而要艰苦奋斗，努力改变自己的现状。“愚公移山”的故事所表达的就是“穷则思变”的不畏艰险、不懈奋斗精神。

（6）“学而不厌”

人要自强，就要不断武装自己、充实自己，这就需要学习。古代思想家已经清楚意识到人始终处于成长的过程中，人要成人，要自强，要成为君子和圣人，需要终生修养，同时也需要不断学习。因此，不断学习是古代思想家所极力倡导的一种人生内容和生活方式。孔子的“学而不厌”（《论语·述而》）反映了古代思想家的共同期待，也体现了自强不息的精神。古代思想家特别强调学习的重要性，认为“玉不琢，不成器；人不学，不知道”，“学然后知不足”（《礼记·学记》），而且只有通过学习，人才能不断提升自己的境界，因而强调“学不可以已”（《荀子·劝学》）、“学无止境”（刘开《问说》）。孔子非常喜欢和尊重爱学习的人，而看不起甚至鄙视不学习的人，称“困而不学，民斯为下矣”（《论语·季氏》）。

学习是一个积累的过程，要通过长期的学习达到知识的博与专的结合。传统价值观认为，只有广见博识才能择其精要者而取之，只有积累丰厚才能得心应手为我所用，因而要求学习做到“博观而约取，厚积而薄发”（苏轼《稼说》）。传统价值观还强调学习一定要与思考相结合，这样学习才有成效。所以孔子说：“学而不思则罔，思而不学则殆。”（《论语·为政》）荀子强调学习的重要性：“吾尝终日而思矣，不如须臾之所学也。”（《荀子·劝学》）韩愈则更重视思考：“业精于勤，荒于嬉；行成于思，毁于随。”（《进学解》）学习获得的是书本知识，书本知识还得运用、践行，只有这样，从书本获得的知识才能转化为才能，转化为智慧。这就是陆游所说的“纸上得来终觉浅，绝知此事要躬行”（《冬夜读书示子聿》）。

（7）“择善而从”

强者不一定是善者，因而自立自强存在价值取向的问题，传统价值观特别重视这个问题，认为强者必须是君子以至圣人。古代不同学派思想家虽然构建了多种理想人格，但它们都是道德高尚的人格，这充分体现了传统价值观所主张的自强首先要在道德上自强。

人的道德修养离不开他人和社会，一方面要接受社会的教化，另一方面要向他人学习。古人相信“它山之石，可以攻玉”（《诗经·小雅·鹤鸣》），认为每一个人都应当采“它山之石”来武装自己，所以要求“舍己从人”（《尚书·大禹谟》）。古代思想家提出了诸多向他人学习的方法，这些方法今天仍然具有重要意义。其核心就是孔子所说的“三人行必有我师焉，择其善者而从之，其不善者而改之”（《论语·述而》）。这一方面要求人们向他人学习，另一方面要求人们学别人好的东西，特别是道德的东西。孔子还要求：“敏而好学，不耻下问。”（《论语·公冶长》）意思是，那些天资聪明而又好学的人，不应以向地位比自己低、学识比自己差的人请教为耻。这实际上也是一种择善而从的要求。在孔子看来，地位低、学识差的人可能德性高尚，德性并不以地位和学识为前提。相反，那些聪明而好学的人可能在品质方面会存在这样那样的问题。因此，他们应该向那些德性高尚的人学习，以完善自己。

传统价值观还特别强调人要虚心，不能骄傲自满，认为只有谦虚谨慎才能向他人学习，也才能择善而从。这就是《尚书·大禹谟》中所说的“满招损，谦受益，时乃天道”。

（8）“同心断金”

人生活在社会中，一个人的自强不息离不开他人，因而在追求自强不息的过程中存在如何处理与他人的关系问题。一般来说，有两种处理与他人关系的基本方式：一是个人奋斗，把他人看作竞争对手；二是与人合作，与他人团结互助。传统价值观采取的是第二种价值取向，认为只有与他人建立和睦关系，合作共赢，才能实现自立自强。

周武王在总结商灭亡而周兴起的经验教训时说：“受有亿兆夷人，离心离德。予有乱臣十人，同心同德。”（《尚书·泰誓中》）意思是，商纣王灭亡的原因是，他虽然有亿万臣民，却离心离德；周武王的人虽然不多，却能战胜商纣王，则是因为大家信念一致，思想统一，齐心协力。《周易·系辞上传》中更是阐明了团结合作的重要性：“二人同心，其利断金；同心之言，其臭如兰。”意思是，齐心协力的人，他们的力量足以把坚硬的金属截断，同心同德的人发表一致的意见，说服力强，人们就像嗅到芬芳的兰花香味，容易接受。这句话不仅包含要合作的意思，而且要同心，即心往一处想，劲往一处使。

在传统社会，人生活在世界上，要自强，涉及三个基本外部条件：一是是否风调雨顺，二是所处的地理环境是否土地肥沃，三是人际关系是否和睦友好。孟子对人自强所需要的各方面条件进行对比后提出：“天时不如地利，地利不如人和。”（《孟子·公孙丑下》）他这里所强调的是人际关系和睦对于人生及其自强是最为重要的。

(9)“锲而不舍”

在人生中，尤其在人追求自立自强的过程中，会遇到各种困难、障碍、阻力和挫折。一般来说，每一个人都有上进心，都希望自食其力，希望自己强大、成功。但为什么有的人的希望得以实现，而有的人则没有实现呢？重要的原因在于，在面对不可避免的各种困难、障碍、阻力和挫折时，以什么态度对待这些否定性力量。传统价值观主张勇敢面对，坚忍不拔，百折不挠。这就是“锲而不舍”的精神。

荀子在谈学习时讲人应该有这种精神，认为做事情半途而废，再容易的事也不能做成，而坚持不懈则最终会取得成功。他说：“骐骥一跃，不能十步；驽马十驾，功在不舍。锲而舍之，朽木不折；锲而不舍，金石可镂。”（《荀子·劝学》）传统价值观认为，一个人要做到锲而不舍，最重要的是要克服自身的惰性。人最大的敌人是自己，人常常不是被困难等否定性力量击倒的，而是被自己的意志薄弱或追求感官满足所击倒的。所以《尚书·旅獒》告诫人们：“不役耳目，百度惟贞。玩人丧德，玩物丧志。”这里所讲的意思是，不沉湎于声色之欢，万事才会顺利。醉心于玩弄别人，会使自己的德性丧失；而醉心于物欲，会使自己丧失意志和斗志。要做到锲而不舍，关键在于人要有坚忍不拔的意志。在苏轼看来，“古之立大事者，不惟有超世之才，亦必有坚忍不拔之志”（《晁错论》）。

当然，一个人要做到坚忍不拔，自信和博大的胸怀是十分必要的。只有具备了郑板桥所描绘的竹石精神，即“千磨万击还坚劲，任尔东西南北风”（《竹石》），一个人才能达到如毛泽东所言“不管风吹浪打，胜似闲庭信步”（《水调歌头·游泳》）的那种高度自信和从容。

在上述所有这些精神中，“夙兴夜寐”的勤劳精神，是最能体现中华民族个性的民族精神。这一精神的形成和世代传承，不仅因为中华文明是农耕文明，而且与传统的天道观念有关。传统价值观相信“天道酬勤”，认为一个人只要付出了努力，上天就会按照他的付出给予相应的酬劳，而且多一分耕耘，会多一分收获。虽然世事难料，努力了不一定能成功，但不努力肯定不会成功，而且努力了一定会有所收获。

“天道酬勤”出自《尚书·大诰》：“尔知宁王若勤哉！天閟毖我成功所，予不敢不极卒宁王图事。”周公以周成王的名义说，你们知道文王多么勤政吗？现在上天已经把成功的道理交给我，我实在不敢有丝毫的懈怠。这里讲的勤劳是完成上天的使命所必需的，但隐含着只要勤劳，就一定有所收获的意思，而这就是上天对勤劳的酬劳，文王统治时期天下太平，那就是上天对他勤政的酬劳。后来，韩愈根据这里的意思题词“天道酬勤”，以勉励后来者，这一观念于是就有了明确的表达。“天道酬勤”正是传统价值观自强不息精神的深层信念。

三　“厚德载物”

“厚德载物”这一命题出自《周易·坤卦·象传》，原文是：“地势坤，君子以厚德载物。”这是《象传》对坤卦的解释，其原意为大地的气势宽厚和顺，君子应效法大地，修养厚实的德性，能包容万物又能载养万物，以完成上天赋予的使命。这一命题作为《易传》对《易经》中坤卦卦辞的解释，像“自强不息”一样，其起源同样可追溯到伏羲氏。它也是传统价值观本原的精神之一。与“自强不息”侧重于强调个人和民族自立自强不同，“厚德载物”这种精神侧重于强调个人和民族宽厚待人接物。这一精神最直接地体现了传统价值观的“尊道贵德”精神，是中国获得“礼仪之邦”美称的实质内涵，也是中华民族“协和万邦”的内在根据和动力。“厚德载物”与“自强不息”相互支撑、相互推动、相互激励，共同构成了中华民族精神的两大支柱。

1. 厚德载物观念的形成

儒家对六十四卦中的坤卦做出“地势坤”的解释，并引申出“君子以厚德载物”，除了坤卦本身有做这种解释的空间外，主要是因为先秦儒家特别是孔子的思想核心是仁者爱人，即仁爱。“厚德载物”实质上就是“仁者爱人”（仁爱）的另一种表述。前文已论及，在儒学中，仁者爱人涵盖的范围非常广。在孔子那里，爱人的对象从亲人扩展到众人即陌生人，即所谓“入则孝，出则弟，谨而信，泛爱众，而亲仁”（《论语·学而》）。孟子进一步阐发了孔子的仁爱思想，认为仁爱虽然是相对于人而言的，但可以从爱亲人进而爱百姓，进而爱惜万物，用孟子的话说就是：“亲亲而仁民，仁民而爱物。”（《孟子·尽心上》）孔子对仁爱之“仁”有诸多阐释，其中有几段话尤其直接体现了“厚德载物”的思想。其一，樊迟问仁。子曰：“居处恭，执事敬，与人忠。”（《论语·子路》）其二，子张问仁于孔子。孔子曰：“能行五者于天下为仁矣。”“请问之。”曰：“恭、宽、信、敏、惠。恭则不侮，宽则得众，信则人任焉，敏则有功，惠则足以使人。”（《论语·阳货》）其三，子贡曰：“如有博施于民而能济众，何如？可谓仁乎？”子曰：“何事于仁，必也圣乎！尧舜其犹病诸！夫仁者，己欲立而立人，己欲达而达人。能近取譬，可谓仁之方也已。”（《论语·雍也》）其四，仲弓问仁。子曰：“出门如见大宾，使民如承大祭。己所不欲，勿施于人。在邦无怨，在家无怨。”（《论语·颜渊》）从这四段话中可以看出，在孔子看来，“厚德”就是要“厚”“恭、宽、信、敏、惠”“敬”“忠”等德，而“厚德”的主要途径就是“忠恕之道”，即“己欲立而立人，己欲达而达人”和“己所不欲，勿施于人”。儒家所说的仁爱是无任何条件的，所体现出来的就是“无私奉献”精神。

与孔子差不多同时，老子实际上也提出了类似的思想，即“上善若水”。老子不是根据《易经》的坤卦而是根据他敏锐的日常观察提出这一思想的，但思想内容就其实质而言与坤卦的精神是一致的。他说：“上善若水。水善利万物而不争，处众人之所恶，故几于道。居善地，心善渊，与善仁，言善信，正善治，事善能，动善时。夫唯不争，故无尤。”（《老子》八章）“上善”，即最高的善，类似于孔子所说的“厚德”。在老子看来，最高的善像水那样不争、柔弱。水的善性体现在使万物都得到益处，而又不与万物相争，处于众人所厌恶的低处，所以水几乎就是“道”。具有这种德性的人，善于选择居住之所，善于保持心灵宁静，善于友好待人，善于治理国家，善于发挥能力，善于随顺时机。其最大的特点是不争，不争所以就没有过失。老子特别看重“不争”的德性，他说：“夫唯不争，故天下莫能与之争。”（《老子》二十二章）“不争”并非不想争、不能争，而在于其本性之“柔”可以柔克刚。“老耽贵柔。”（《吕氏春秋·不二》）他以柔弱、柔顺为最高价值，所以他高度称赞水的品格。他说：“天下莫柔弱于水，而攻坚强者莫之能胜，其无以易之。弱之胜强，柔之胜刚，天下莫不知，莫能行。”（《老子》七十八章）老子所推崇的水的品格与周易推崇的大地的品格何其相似！它们共同表达了中华民族对“善”“德”的高度认同、信奉和追求。

“厚德载物”之所以会成为传统价值观的基本精神，最重要的原因在于这种精神渗透于作为中华文化母体的《周易》之中，它与“自强不息”相互补充、相互支撑、相互促进，共同构成其中的主旋律或主格调。“厚德载物”和“自强不息”一样，自提出后就得到广泛认同，逐渐成为中华民族的核心精神。之所以会如此，其原因非常复杂。从与“自强不息”的关系角度看，强调厚德载物就是因为自强不息需要主客观的保障条件。自强不息所张扬的是个人和民族要充分发挥自己的自主性、能动性、创造性，不仅要使自己在世界上安身立命，而且要使自己不断强大，只有这样，才能真正使自己过上最好的生活。然而，使自己强大首先需要主观条件，这就是良好的品质，即德性。有德性才能战胜自己的弱点，使自己的能力得到充分发挥，也才能营造良好的人生存所必需的人际关系。使自己强大也需要客观条件，其中最重要的是社群，在中国特别指家与国。而家庭和睦，国家和谐，都需要个人具备好的德性品质。所以古人认为，“唯圣人能无外患又无内忧，讵非圣人，不有外患，必有内忧”（《国语·晋语六》）。传统价值观重视个人德性，要求人们厚德载物，从根本上说，是为了使人能够真正自立自强，过上幸福生活。对于这一点，至少在春秋时代古人已经有清醒的认识。早在孔子之前，晋国大夫范文子（？～前574）就说过：“吾闻之，唯厚德者能受多福，无德而服者众，必自伤也。”（《国语·晋语六》）范文子的意思是，厚德和有福是一致的，厚德者才能服众。一个人没有德而得了福，本来就不合情理，如果还得到很多人的服从，情况就更加不正常，最终会受到伤害。

《周易·象传》的作者从《易经》的乾卦和坤卦精神中悟出了这一深刻的道理。他提出的“厚德载物”以及“自强不息”，实际上体现了他所深刻洞察的它们之间的内在关系：厚德—载物—自强—不息。就是说，人修养好了德性，就既可以使自己内心强大，又可以促进自然和社会和谐，内心强大的人生活在和谐的社会中就会整体上强大；而一个国家的所有成员都如此，国家也就会强大起来，无敌于天下；人们持续地涵养德性，个人和社会就能够持续强大。《象传》提出的这两大命题由于深刻揭示了人类生存之道而为中国人普遍认同和奉行，因而逐渐凝聚成一种民族的核心精神。

“厚德载物”精神主要体现在坤卦之中。在八卦中，坤的卦象为地，在先天八卦中为第八卦，正好与乾卦相对应。坤卦明柔，地道贤生，厚载万物，运行不息而前进无疆，有顺畅之象。在六十四卦中，坤卦是第二卦。其卦画为八卦的两个坤卦符号即☷构成。坤的意思是地。阴性形体，最大莫过于地。大地是人类的母亲，包容和滋养万物，显现出母亲般的慈爱和女性的柔顺。这个卦用地的形象说明主方（下部三爻）与客方（上部三爻）关系的状态。地是静止的，代表主客方关系是静止状态，变化较小；地是广大的，地上万物生长，象征主客方关系宽松而悠闲。静止与广大两个方面结合在一起，就会形成一种比较稳定而宽松的关系。主方应当珍视这种关系，顺应形势，努力维持这种稳定而宽松的状态。但也要注意，静止是暂时的，所以主方应当做好应对变化的准备。

坤卦，“坤下坤上”；卦辞为：“元亨，利牝马之贞。君子有攸往，先迷后得主，利。西南得朋，东北丧朋。安贞，吉。”坤卦的六条爻辞是：“初六：履霜，坚冰至。六二：直方大，不习无不利。六三：含章可贞。或从王事，无成有终。六四：括囊，无咎，无誉。六五：黄裳，元吉。上六：龙战于野，其血玄黄。用六：利永贞。”（《周易·坤卦》）坤卦静、柔、顺，以顺从为主，其性柔弱。象征天地间生息之气始于天，其形生于地。天是所施之本源而地是承载之基。它与乾卦分开来看，各有自己的特点和性质，合起来又是无法分开的整体。三画卦乾的性质是健，六画卦乾的性质是至健；三画卦坤的性质是顺，六画卦坤的性质是至顺。乾与坤相互依存，相互支撑，互为前提，对立统一，有健才有顺，有顺才有健，犹如天地、阴阳、男女之两两不可分割、不可分离。《序卦传》说的“有天地然后有万物”，正是把天地生万物与乾坤成诸卦看成一回事。天与地是同步的，乾和坤也是同步的。天地是万物之首，乾坤是六十四卦之首。《周易》首乾次坤，六十四卦生于乾坤，如同有天地然后有万物一样，把乾坤是“易之门”“易之蕴”的思想完整、深刻地表达出来了。

对于坤卦的卦辞，《彖传》、《象传》和《文言传》都做了解释。其中《象传》的解释中提出了“地势坤，君子以厚德载物”的著名论断。对于六条爻辞，《象传》分别做了解释。它将“履霜坚冰”解释为：“阴始凝也。驯致其道，至‘坚冰’也。”意思是阴气开始与阳气结合，凝结而成霜，随着阴气的伸长，阳气逐渐消失，直至坚冰产生。它对六二做了这样的解释：“六二之动，直以方也。‘不习无不利’，地道光也。”这是说代表阴气的六二，其运动凝聚为大地，平直且方正；“不习无不利”，这正是大地法则的光明伟大。关于六三，它说：“‘含章可贞’，以时发也。‘或从王事’，知光大也。”意思是它按照时令的变化发扬大地之美质，如果体现在治国上，其智慧则随着时机的变化而广大。它将六四“括囊无咎”解释为“慎不害也”，意思是谨慎小心就不会有祸患。它将六五“黄裳元吉”解释为“文在中也”，意为含蓄、谦和，文采居中而不外露。它把上六“龙战于野”说成“其道穷也”，意为坤卦发展到上位，已至终极。对于用六“永贞”，它的解释是“以大终也”。用六“利永贞”表明，只要始终不违背坤卦柔顺性质，守其贞正永不变志，则事事得其宜，可获得圆满的结果。在《象传》的作者看来，到了这个时候，就达到了一个最光辉的结局。概括地说，《象传》对坤卦所做的解释从本体论的阐述引申出了价值要求：坤卦象征地（与乾卦相反），依天顺时，性情温顺，承载和生养万物，以德服众，人应效法大地，厚养德性，容载万物。

2. 厚德载物观念的精神隐蕴

《象传》作者根据《易经》坤卦提出“厚德载物”这一命题之后，儒家以及其他各派对坤卦所体现的精神以及《象传》所概括的“厚德载物”精神又做了很多阐发，最终形成了作为整个中华民族精神支柱的“厚德载物”精神。其中比较重要的有：儒家的“杀身成仁”“舍生取义”“先天下之忧而忧，后天下之乐而乐”精神；道家的“因任自然”“无为而无不为”“大丈夫处其厚，不居其薄；处其实，不居其华”精神；墨家的“兼相爱，交相利”“兴天下之利，除天下之害”精神；等等。法家主张法治而不主张德治，而且明确反对儒家的仁义道德，但主张人应有“德”，应成为有博大胸怀的“全大体者”“大人”。韩非说：“古之全大体者：望天地，观江海，因山谷，日月所照，四时所行，云布风动；不以智累心，不以私累已；寄治乱于法术，托是非于赏罚，属轻重于权衡；不逆天理，不伤情性；不吹毛而求小疵，不洗垢而察难知；不引绳之外，不推绳之内；不急法之外，不缓法之内；守成理，因自然；祸福生乎道法，而不出乎爱恶，荣辱之责在乎己，而不在乎人。”又说：“上不天则下不遍覆，心不地则物不毕载。太山不立好恶，故能成其高；江海不择小助，故能成其富。故大人寄形于天地而万物备，历心于山海而国家富。上无忿怒之毒，下无伏怨之患，上下交朴，以道为舍。故长利积，大功立，名成于前，德垂于后，治之至也。”（《韩非子·大体》）显然，韩非这里所说的“全大体者”和“大人”都体现了“坤卦”的“厚德载物”精神。

通过对传统文献的梳理和挖掘，以及中华儿女的切身感受，我们认为经过数千年积累的“厚德载物”精神至少体现在以下十个方面。所有这些方面既是针对个人而言的，也适用于民族、国家、家庭和各种组织。需要特别指出的是，“厚德载物”精神更体现了中国女性的特色，只是女性长期以来的卑下地位使她们的这些优秀品格和精神被忽视了。

（1）“兼容并蓄”

传统价值观的“厚德载物”精神首先体现在要有博大的胸怀。如何“厚德”？“厚德”需要有容纳有价值事物包括德性的心胸。假若一个人或一个民族心胸狭隘，目光短浅，它就不可能发现可以吸取的有价值的东西，即使发现了值得吸取的好物，心胸也容纳不下，甚至会产生抵触心理。如此，就不可能积善成德，使德性丰富完善。所以古人都主张人必须有兼容并蓄的精神。“兼容并蓄”字面的意思是指以宽广的胸怀把各种不同内容、不同性质的观念、观点、知识、看法、意见等接受下来，积聚起来，以丰富自己、完善自己。在汉语中，有多种表达这种观念和精神的词语，如“兼收并蓄”“海纳百川”“方寸海纳”“从善如流”等。

“兼容并蓄”概念最早见于明代方孝孺的《复郑好义书》：“所贵乎君子者以能兼容并蓄，使才智者有以自见，而愚不肖者有以自全。”这里是讲兼容并蓄无论对才智者还是对愚不肖者都有意义，可以使前者认识自己，反思自己，也可以使后者丰富自己。但是，这种精神在我国源远流长。在《尚书·君陈》中就有这样的记载：“尔无忿疾于顽，无求备于一夫。必有忍，其乃有济；有容，德乃大。”意思是说不要愤恨冥顽不灵的蠢人，不要对每个人都求全责备。有所忍耐，才能有所成就；有所包容，德性才会扩大。后来晋代袁宏在《三国名臣序赞》中讲：“形器不存，方寸海纳。”唐代李周翰注：“方寸之心，如海之纳百川也，言其包含广也。”近代民族英雄林则徐将这种传统精神写成了一副自勉联：“海纳百川，有容乃大；壁立千仞，无欲则刚。”这副联的意思是，大海可以容纳千百条河流，因为它有广阔的胸怀所以是世间最伟大的；悬崖绝壁能够直立千丈，是因为它没有过分的欲望，不向其他地方倾倒。其寓意是告诫自己心胸宽广才能变得伟大，节制欲望才能变得刚强。

传统的“兼容并蓄”精神，不单纯指把所见所闻获得的信息积累起来，而是有十分广泛的含义。除了上述字面含义之外，至少还包含以下几层含义。一是尊重他人（通常是说话者）的说话权利和他人的思想成果，特别是尊重与自己的观点意见不相同的人的说话权利和思想成果，给别人说话的机会。二是在吸收来自他人信息的过程中反思自己已有的思想观点，通过比较分析保留那些正确合理的东西，无论是自己的还是他人的，特别是对于他人合理的东西要勇于吸收，做到“从善如流”。三是在吸收别人东西的过程中找到自己存在不足、局限和偏颇的原因，举一反三，提高自己的学习和思考能力。真正做到兼容并蓄会遇到许多障碍，如自我感觉良好，自己位高权重资深，他人与自己敌对等。兼容并蓄的核心内容是从善如流，而要做到这一点非常不容易。所以，这种精神不是自然形成的，它需要涵养锻炼。

（2）“厚积薄发”

兼容并蓄的直接目的就是厚积薄发。这个观念最早由苏轼明确提出，他在《稼说》中说：“博观而约取，厚积而薄发。”这里的“约取”，不单指少取，主要指慎取、精取，取其精华，去其糟粕。所谓“取”，就是对书中所言之事、所论之理、所抒之情的认可和接受。“取”不贵其多，而贵其精，应以“少少许胜多多许”。苏轼这里是讲人们读书要广泛但只需从中汲取精华，积累要丰厚敦实但同时要消化，使之成为自己的东西，必要时能够精要地运用。

“厚积”，顾名思义，就是要厚厚地积累，大量地、充分地积蓄。就传统价值观而言，它是指要在德性、能力、知识、观念乃至人格等各个方面通过兼容并蓄做到积累深厚。“薄发”字面上的意思是喷薄而出，而传统价值观认为，它是指要将厚积的东西消化成自己的东西，使之变成精华，如同蜜蜂采花酿蜜一样，在需要使用的时候能够信手拈来。厚积薄发就是长期广泛地汲取思想文化方面的营养，使自己综合实力增强，而在需要运用这种实力时得心应手，从容自如。这就是我们常说的“读书破万卷，下笔如有神”“熟读唐诗三百首，不会作诗也会吟”。在传统文化中，“厚积”和“薄发”都有一些程度或高度的表述。何为厚积？有所谓“学富五车”“才高八斗”的说法。何谓薄发？就是运用厚积的知识使所创造的东西达到“炉火纯青”“出神入化”的程度。

在传统文化中，“厚积薄发”有时与“隐忍不发”“隐忍以行”联系在一起。这也体现了传统文化的内敛特点。传统文化所讲的“隐忍”即“隐忍之道”。它是厚积薄发的一条重要路径。“隐忍之道”由来已久，老庄淡泊名利，无欲无求，他们采取的是一种天然隐忍之道，而历史上许多人（如历史上的隐士）采取的是人为隐忍之道，人为隐忍之道的意义更大。采取人为隐忍之道的隐士并不是甘愿默默无闻，不问江湖世事，而是让自己烦躁不安之心平静下来，以便调整心态，平和情绪，静养修炼，以求综合实力的积累和人生境界的提升。这种人为隐忍的状态，需要自觉，需要定力，更需要修养。所以，隐忍本身就是一种境界，并不是任何一个人都可以做到的。姜子牙渭水之滨的默默等待，孙膑魏国狱中的装疯卖傻，勾践十年的卧薪尝胆，司马迁受宫刑而终成《史记》。这些人在功成名就之时都会感谢那段不堪回首的岁月对自己的砥砺，为自己百折不挠的隐忍精神叫好称赞。正是隐忍让他们学会了做人，学会了以一颗平常心来对待发生的事，学会了韬光养晦，聚集了东山再起的力量。

(3)“任劳任怨”

“任劳任怨”就是做事不辞劳苦，不计较个人得失，也不怕别人不理解和埋怨。这种精神也是传统价值观厚德载物精神的重要体现，它尤其体现在我国传统社会的女性身上。中国自古以来绝大多数母亲为子女、丈夫、家庭操碎了心，吃尽了苦，还要默默承受来自各方面的抱怨、指责。民间流行的“慈母手中线，游子身上衣”（孟郊《游子吟》）、“儿行千里母担忧”等说法充分体现了中华民族伟大的母爱精神。中华文化历来歌颂母爱的伟大，母爱之伟大就在于它最典型地体现了坤卦的大地精神和情怀与任劳任怨精神和情怀。任劳任怨精神体现在干事创业上就是“老黄牛精神”。“老黄牛精神”包含忠诚执着、吃苦耐劳、稳重踏实、忘我付出、忍辱负重、无怨无悔、始终如一等精神。中国的母爱精神和“老黄牛精神”是传统价值观厚德载物品格和精神的典型代表。

“任劳任怨”这一命题出自清代颜光敏的《颜氏家藏尺牍》：“惟存一矢公矢慎之心，无愧屋漏，而闱中任劳任怨，种种非笔所能尽。”但这种精神源远流长。孔子在谈到别人不理解他的时候，明确表示他既不怨天，也不尤人。他说：“不怨天，不尤人，下学而上达。”（《论语·宪问》）孔子这里所说的不怨天尤人就是一种任劳任怨的精神。《孟子·公孙丑下》记载，孟子在去齐国的路上，充虞问道，先生好像有点不高兴，过去曾听您说过“君子不怨天，不尤人”，今天为什么这样呢？孟子非常自信地回答，如果想得到太平的局面，当今之世，除了他之外再没有其他人了，所以他没有理由不高兴。孟子这里表达的意思与孔子是相同的，强调要有豁达的胸怀，不能斤斤计较。后来，还有“夫食万人之力者，蒙其忧，任其怨劳”（桓宽《盐铁论·刺权》）、“诚不能以一躯称快万众，任天下之怨”（《汉书·石显传》）等说法。这一切表明，“任劳任怨”也是一种得到普遍认同和推崇的民族精神。

（4）“与人为善”

人要像大地一样默默奉献自己的德性，人自身得有德性。人德性的重要来源之一，就是向他人学习，像别人行善那样行善。这种精神就是传统价值观所倡导的“与人为善”精神。“与人为善”出自《孟子·公孙丑上》：“孟子曰：‘子路，人告之以有过，则喜。禹闻善言，则拜。大舜有大焉，善与人同，舍己从人，乐取于人以为善。自耕稼、陶、渔以至为帝，无非取于人者。取诸人以为善，是与人为善者也。故君子莫大乎与人为善。’”这段话的大意是，子路这个人，如果别人把他的错误指出来，他反而会高兴。大禹听到善言，也会向那个说善言的人行礼。伟大的舜更是了不得，他行善不区分自己和别人，抛弃自己的错误而接受人家的正确意见，以听取别人的意见行善为乐。从耕种庄稼到制作陶器，以及做渔夫乃至做天子，没有一样不是吸收了别人的优点做成的。吸取别人的优点来行善，那就等于和别人一起行善。所以，君子的德行没有比和别人一起行善更大的了。后世学者对孟子的“与人为善”做出了不同的阐发。周敦颐说：“仲由（子路）喜闻过，令名无穷焉。今人有过，不喜人规，如讳疾而忌医，宁灭其身而无悟也，噫！”（《通书·过》，《周敦颐集》卷二）程颐曰：“夫与人为善，君子所乐；乱国之聘，夫子亦往。”（《论礼部看详状》，《二程集·河南程氏文集》卷第七）朱熹云：“与，犹许也，助也。取彼之善，而为之于我，则彼益劝于为善矣，是我助其为善也。能使天下之人皆劝于为善，君子之善，孰大于此！此章言圣贤乐善之诚，初无彼此之间，故其在人者有以裕于己，在己者有以及于人。”（《四书章句集注·孟子集注》卷三）

与人为善的基础是善与人同，即吸取别人的善以行善。“善与人同”是孟子提出的。朱熹解释说：“善与人同，公天下之善而不为私也。己未善，则无所系吝而舍以从人；人有善，则不待勉强而取之于己，此善与人同之目也。”（《四书章句集注·孟子集注》卷三）“善与人同”与孔子所说的“择善而从”类似，不过它更强调像别人那样去行善。什么是“公天下之善而不为私”呢？一方面是“舍己从人”，放弃私人的见解，遵从天下的公理，实践别人的善言、善行，如此“舍己从人”，别人受到鼓励，自然更加为善了。另一方面是“乐取于人以为善”，不仅广泛地向他人学习，将所有可吸取的善汇聚到自己身上，而且以此为乐。作为乐之源泉的“为善”，意味着互相帮助以使大家共同为善。“乐取于人以为善”是“舍己从人”的扩大和提高，这在孟子看来是最高的德。孟子所说的闻过则喜的子路和闻善则拜的禹是“舍己从人”的典型；舜则不仅能“舍己从人”，而且达到了“乐取于人以为善”的境界。由此看来，“善与人同”和“乐取于人以为善”即“取诸人以为善”，就是“与人为善”，这就是舜的伟大之处，也是人能够达到的最高道德境界。

（5）“乐善好施”

“与人为善”是像别人那样为善，“乐善好施”则是对他人行善。

“乐善好施”就是乐于对他人行善，给他人以恩惠。

作为厚德载物精神体现的乐善好施，不同于施舍。施舍是出于怜悯、同情或积德，把财物、时间或爱心送给需要的人比如穷人、乞丐，或送给寺庙。它往往是强者给予弱者、富人给予穷人的恩惠，隐含施主与受惠人之间在人格和地位上的不平等，因而具有贬义。乐善好施不同，它是人的道德修养达到一定程度后乐于给他人以帮助和支持，被帮助的人不被视为弱者、穷人或被同情、怜悯的对象，而被视为自己的同胞或兄弟姐妹。乐善好施与施舍的另一个重要不同点是，乐善好施不仅援助那些需要援助的人，而且援助那些并非处于窘困之境的人。就是说，乐善好施可以是“雪中送炭”，也可以是“锦上添花”。用我国著名社会学家费孝通的话说，就是“美人之美，美美与共”。此外，乐善好施与施舍还有一个不同点，施舍或慈善常常包含获得名声、影响等利益的动机，而乐善好施是一个已经成为德性品质的无意识善良动机，无任何功利的考虑，它是一种爱好、兴趣和行为方式。乐善好施大致上与乐于助人或助人为乐同义。它包括两个层面：一是慈善，包括矜贫救厄、矜贫恤独、救灾恤患、救苦济贫、济困扶危等；二是“美人”，包括画龙点睛、增砖添瓦、“扶上马，送一程”等。

“乐善好施”的观念和精神同样源自《易经》坤卦及其阐释的“厚德载物”精神。司马迁《史记·乐书》中第一次使用这一概念：“闻徵音，使人乐善而好施；闻羽音，使人整齐而好礼。”宋代张君房也谈及“使人乐善好施，恭孝以修仁，则心和而神全也”（《云笈七签》）。传统文化中有许多表达乐善好施精神的名言，如“君子贵人而贱己，先人而后己”（《礼记·坊记》）、“病人之病，忧人之忧”（白居易《策林》）等。

（6）“以德报怨”

与人为善讲像别人那样行善，然而别人可能作恶，也可能对自己作恶，在这种情况下存在如何面对的问题。在人类历史的早期盛行的是以眼还眼、以牙还牙的报复性做法，然而中国进入文明社会以后就主张改变这种野蛮的做法，倡导“以德报怨”。以德报怨就是在别人伤害了自己的时候，不记别人的仇，反而以真诚的态度给他好处或帮助。“以德报怨”是比“乐善好施”层次更高、更难做到的一种“厚德载物”精神。以德报怨显然与以怨报德或恩将仇报相反，但也与逆来顺受不同。逆来顺受是指对恶劣的环境或对自己受到的不公或伤害采取顺从和忍受的态度，以德报怨则是在不计较别人对自己的伤害的前提下给人以恩惠，以自己的德行感化他，促使他改正错误和过失。所以，逆来顺受是消极的，它可能在客观上导致助纣为虐；以德报怨则是积极的，它通常会化解矛盾，减少冲突，甚至可以化敌为友，促进社会和谐。以德报怨和与人为善相互补充，与人为善是个人主动从别人那里学习善，以德报怨则是个人主动让别人从自己这里学习善。所以，“以德报怨”精神也是“厚德载物”精神的具体体现。

“以德报怨”精神是以兼容并蓄、海纳百川精神为前提的，但它的要求更高，是一种更高的精神境界。作为传统价值观的基本精神之一，“以德报怨”精神也隐含在“厚德载物”精神之中。但其作为一种明确的命题则是由孔子和老子差不多同时提出的。“或曰：‘以德报怨，何如?’子曰：‘何以报德？以直报怨，以德报德。’”（《论语·宪问》）孔子的意思是用公平正直来报答怨恨，而用恩德报答恩德。“直”也是德，因而孔子在这里实际上是表示自己赞同以德报怨。老子对这一点讲得更直接、更明白。他说：“为无为，事无事，味无味。大小多少，报怨以德。图难于其易，为大于其细。天下难事，必作于易；天下大事，必作于细。是以圣人终不为大，故能成其大。夫轻诺必寡信，多易必多难。是以圣人犹难之，故终无难矣。”（《老子》六十三章）老子在这里是讲对立事物之间的辩证关系。他告诉人们，把无为当作为，把无事当作事，把无味当作味，而在德行与怨恨之间，则要以德回报怨恨。在老子看来，正是因为圣人能够做到这一点，所以对于他们来说就没有难事了。传统价值观明确反对以眼还眼、以怨报德，认为“以怨报德，不仁”（《国语·周语中》）。

在传统社会，“以德报怨”不仅成为普通人的信念，也深深地体现在国家对外关系的政策之中。中国历史上的“和亲”政策就充分体现了这种“以德报怨”精神。和亲是中国历史上中原王朝与周边少数民族之间出于各自需要而结成的一种政治联姻。它作为历朝历代民族总政策的一个组成部分、汉民族与少数民族之间民族关系的一种表现形态，差不多贯穿于整个中国古代历史，对传统社会发展有或隐或显的积极影响。和亲可以追溯到春秋战国时期，而典型意义上的和亲始于汉代，自汉代一直到清代，几乎所有的朝代都有缘由各异、次数不等的和亲。虽然不同朝代和亲的目的不尽相同，但往往是在中原遭到周边少数民族的侵略或骚扰后采取的以德报怨措施。这些措施对于感化少数民族兄弟，促进中华民族的大融合发挥了重要作用。当然，它也是以牺牲不少汉族少女为代价的。

（7）“无私奉献”

“无私奉献”也是“厚德载物”精神的一种重要体现。在人类生活中，教师勤勤恳恳地培育学生，清洁工人不畏酷暑严寒日夜为人们守护家园，军人背井离乡为国戍边，这些都是被人们普遍称道的无私奉献的典范。什么是奉献？奉献就是不求回报的给予，因而奉献本身已经包含无私的含义。这里说的“无私”，也是中国传统文化意义上的“无私”，并不是指没有或不要作为必要生存条件的个人收入和财产，而是指没有私欲，即没有与公义对立的自私欲望或不正当欲望。一般来说，那种不是出于个人私欲的行为都可称为无私。无私是奉献的前提，但并不等同于奉献，奉献必须在无私的前提下不求回报地为他人或社会做出贡献。无私奉献的突出特点在于，它不是同私欲做斗争产生的行为，而是已经成为人们品质的行为，是人们的一种行为定势或习惯。正因为如此，社会精英可以无私奉献（如科学家献身于科学事业、政治家献身于民族解放事业），普通百姓也可以做到这一点（如清洁工每天无怨无悔地工作）。因此，它既是一种高尚的情怀，也是一种平凡的情操；就其精神境界的层次而言，所有无私奉献是相同的，而就其主体的社会身份而言，其差别可以是巨大的；它可以表现在关键时刻挺身而出，也可以渗透在人们日常的工作和生活中。

在传统文化中尚未发现“无私奉献”这一表述，但传统文化中有许多表达这种精神的话语。其中最典型也最有影响力的表达是唐代诗人李商隐的诗句“春蚕到死丝方尽，蜡炬成灰泪始干”（《无题》）。其他还有诸葛亮的“鞠躬尽瘁，死而后已”（《后出师表》），宋代政治家王安石的诗句“朝耕及露下，暮耕连月出。自无一毛利，主有千箱实”（《和圣俞农具诗》），晚清思想家龚自珍的诗句“落红不是无情物，化作春泥更护花”（《己亥杂诗》）等。所有这些表达都是对“无私奉献”充满诗意和深情的写照，其基本精神可以用现代著名教育家陶行知的名言来加以表达：“捧着一颗心来，不带半根草去。”

（8）“兼善天下”

“无私奉献”精神虽然自古以来得到广泛认同和赞颂，但与传统社会占主导地位的儒家价值观并不完全一致。“无私奉献”侧重于无私地给予，而不考虑奉献者本身的自我完善和人生作为的提升。儒家价值观则侧重于后者而不是前者，它更倡导和引导人们通过修身不断完善自我，在此前提下再谋求齐家、治国、平天下。在一个人没有条件谋求“齐治平”时，他可以专注于修身。这里所说的“条件”可能是个人修身没有达到一定的程度，也可能是不具备外在的条件（如出身、机会、资历等）。因此，儒家不是一般地要求人们无私奉献，而是要求有条件地奉献，这就是孟子所说的“穷则独善其身，达则兼善天下”（《孟子·尽心上》）。

《孟子·尽心上》记载，孟子对宋句践说，你喜欢游说各国的君王吗？我告诉你游说的态度：别人理解也安详自得，别人不理解也安详自得。宋句践问怎样才能做到安详自得。孟子说，尊崇道德，喜爱仁义，就可以安详自得了。所以士人穷困时不失去仁义，显达时不背离道德。穷困时不失去仁义，所以安详自得；显达时不背离道德，所以老百姓不失望。他举例说：“古之人，得志，泽加于民；不得志，修身见于世。穷则独善其身，达则兼善天下。”就是说，古代的人，得志时将恩惠施于百姓，不得志时修养自身以显现于世，即穷困时独善其身，显达时兼善天下。孟子在这里不是要求人们无论是“穷”还是“达”都要无私奉献，而是要求人们把个人修身完善看作第一要务。显然，他把独善其身看作比无私奉献更为重要的事情，由此可以看出孟子及整个儒家价值观的精英主义倾向。唐代诗人白居易曾对孟子的这一主张提出质疑。他在诗中说：“丈夫贵兼济，岂独善一身。”（《新制布裘》）在白居易看来，大丈夫贵在以天下人的利益为重，绝不能够仅仅为了满足私欲而不顾别人。很明显，白居易的这种倾向是一种与孟子精英主义倾向对立的平民主义倾向。

（9）“民胞物与”

“民胞物与”精神完全体现了坤卦所代表的大地的德性和精神，即厚养德性，容载万物。这是这样一种精神：视天下苍生为自己的血肉同胞，亲近关爱他们；视天下万物为自己的同辈同类，爱护保护它们。“民胞物与”的命题出自北宋张载的《正蒙·乾称》：“民吾同胞，物吾与也。”但这种精神源自《易经》，在《易传》特别是其中的《象传》中得到阐发，并被概括为“厚德载物”。“民胞物与”与“厚德载物”之间的不同点在于，后者主要从本体论意义上阐述大地的价值和德性，前者则主要根据这种本体论意义从价值观意义上给人类提出价值要求。而这种价值要求的思想最早在孔孟那里就已经得到明确的表达，只是没有用张载的术语。这就是孔子所说的“入则孝，出则弟，谨而信，泛爱众，而亲仁”（《论语·学而》），孟子所说的“亲亲而仁民，仁民而爱物”（《孟子·尽心上》）。

在儒家看来，“民胞物与”精神是人所能达到的最高精神境界。具有这种境界的人，用冯友兰先生的话说，就是达到了“天地境界”的人，而达到这种境界的人冯友兰先生认为就是孟子所说的“天民”（《孟子·尽心上》）。冯先生对这种境界做了这样的描述：“一个人可能了解到超乎社会整体之上，还有一个更大的整体，即宇宙。他不仅是社会的一员，同时还是宇宙的一员。他是社会组织的公民，同时还是孟子所说的‘天民’。有这种觉解，他就为宇宙的利益而做各种事。他了解他所做的事的意义，自觉他正在做他所做的事。”①

（10）“宠辱不惊”

“民胞物与”是儒家价值观根据“厚德载物”精神提出的最高价值追求，也是人生应追求的最高境界。与儒家不同，道家根据“厚德载物”精神提出的最高价值追求是庄子提出的“逍遥自由”，所达到的境界是无已、无功、无名的“物我两忘”境界，达到这种境界的人是“至人”或“真人”。与儒家的追求不同，道家对这种境界的追求与其说是追求，不如说是后退或回归，即回归到人性与自然浑然一体的自然境界，回归到人的本真状态。道家把“厚德载物”精神，或者更准确地说把《易经》精神理解为一种对世俗的一切功名利禄都淡然的超然精神。这种精神就是我们这里所说的传统价值观的另一种最高境界和崇高精神：宠辱不惊。

“宠辱不惊”出自《老子》十三章：“宠辱若惊，贵大患若身。何谓宠辱（若惊）？宠为下［也］。得之若惊，失之若惊，是谓宠辱若惊。何

① 冯友兰：《中国哲学简史》，北京大学出版社 1996 年版，第 292 页。

谓贵大患若身？吾所以有大患者，为吾有身，及吾无身，吾有何患？故贵以身为天下，若可寄天下；爱以身为天下，若可托天下。”老子是说，受宠若惊，受辱也若惊，看重祸患就像看重自己的身体。什么叫“宠辱若惊”？地位卑下的人得宠若惊，失宠也若惊，这就叫“宠辱若惊”。什么叫看重祸患就像看重自身？人之所以有祸患，是因为人有自身，若把自身置之度外，已经“无身”，就不会有什么祸患了。所以，若有人以贵自身、爱自身的态度去为天下，就可以把天下寄托给他。晋代文学家潘岳在《在怀县》一诗中将老子的思想表述为“宠辱易不惊，恋本难为思”。这句诗告诉人们，那些经历过大宠大辱的人就变得不易心惊肉跳，迷恋事物本质的人就不会多虑彷徨。后来明代还初道人洪应明在所著的《菜根谭·闲适》中进一步把道家的思想概括为一副对联：“宠辱不惊，闲看庭前花开花落；去留无意，漫随天外云卷云舒。”这是告诫人们为人处世要能视宠辱如花开花落般平常，如此才能在遇到大宠大辱时从容自若；视职位去留如云卷云舒般变幻，如此才能在遇到利害冲突时超然淡泊。

这是别有洞天的理想境界，它看起来与“民胞物与”完全不同，但两者并不相冲突。实际上，它们分别表达了人同时应有的两种心态，即进取心态和超然心态。人要积极进取，追求成功，通过自己的实际行动“仁民爱物”，同时又要以适度超然的态度对待追求的结果，从容面对成功、顺利、挫折、失败，追求毛泽东所说的“不管风吹浪打，胜似闲庭信步”的崇高境界。

四　“成性成人”

传统价值观把人视为“成为”的结果，或者说真正意义上的人是“成为之人”，而“成人”的过程就是实现人性、成就人性的过程。传统价值观认为，人性与物性是相通的，它们都是天道的体现，因而成就人性归根结底是实现天道的要求。成性与成人不仅是相互贯通的，而且实际上就是同一个过程，是一个“成为”的过程，只是从逻辑上看，成性的目的是成人，而成人是通过成性实现的。从“性”的角度看，就是从“性”成为“德”；从“人”的角度看，就是从自然人成为社会人，从

"赤子"[①] 成为"君子""圣人"。传统价值观强调人是"成为"的结果，人的"成为"就是其性的"成为"，即由"性"成为"德"，而"成为"需要通过教化和修身实现。因此，传统价值观特别重视教化和修身。成性成人是传统价值观的一种重要观念，也是传统价值观的基本精神之一。这种精神主要是由儒家阐发的，儒家思想的实质或核心内容就是关于成性和成人的思想体系。

1. 成性与成人之间的内在关联

成性[②]，就是成就人性特别是人的本性，使人性得以实现，用今天的话说就是实现自我。在中国古代历史上，思想家对人性有多种不同的理解，如性善论、性恶论、性无善无恶论、性超善恶论、性有善有恶论、性三品论等。即便同属儒家，不同思想家对人性的看法也不尽相同。不过，儒家以及道家一般把人性视为天道和道的体现。两者之间的区别在于，对于道家来说，天道的道与体现为人性的道是同一个道，成性就是要回归到道本身；儒家则认为人性虽然是天道的体现，但体现在人这里是"人道"，具有天道所不具有的特殊规定性（仁义等），只有宋儒和明儒明确将仁义与天理（道）等同起来。因此，对于儒家来说，实现人性就是实现人道，就是要使人性所具有的仁义等道德属性充分体现出来，从而实现人的价值和意义。对此，孟子说得十分清楚："存其心，养其性，所以事天也。"（《孟子·尽心上》）就是说，把自己本有的善心充分发挥出来，就能体察到自己的本性，而这样也就能体察到天道了。这种"本有的善心"在他那里就是"仁义礼智""四端"。孔子、孟子、荀子、《中庸》也把"天命""诚"视为天道，后来的宋明理学家又将"仁义礼智"视为"理"或"天理"。虽然儒家对"道"或"理"以及人性、人道的理解不尽相同，但一般都认为人性、人道是与天道、天命相通甚

① "赤子"的概念在《尚书·康诰》中就已经出现："若保赤子，惟民其康乂。"意思是，只要像保育婴孩那样爱护民众，民众就自然会因安乐而被治理得很好。后来，孟子用"赤子之心"指人生来具有的善良本性，认为大人之所以成为大人，就在于始终保持这颗"赤子之心"。他说："大人者，不失其赤子之心者也。"（《孟子·离娄下》）

② 历史文献中并没有"成性"的概念，但有实现人性和成就人性的观念。对于这种观念，唐凯麟、张怀承教授用"成性"一词加以表达，很准确，这里我们就引入这一概念。参见唐凯麟、张怀承《成人与成圣——儒家伦理道德精粹》，湖南大学出版社 1999 年版，第 98 页。

至相同的。“成性”就是要通过修身把体现天道的人性发挥出来，使潜在的人性成为现实的人性。

显然，在儒家那里，成性的过程就是成人的过程，成性就是成人。在儒家看来，人刚来到世界上，有了形体，也禀受了人性，但这时的人只有人的雏形，还不是真正意义上的人。人要真正成为人，一方面需要生理上的成长和成熟，另一方面也需要心理上的成长和成熟。儒家似乎不关心人的生理上的成长、成熟，也许认为这不是他们所要关心的事，而是朝廷要关心的事。当然，孟子主张仁政实际上也是为了解决这个问题。儒家所特别关心的是心理上特别是道德的成长、成熟，他们所说的“成人”指的就是道德上、人格上的成人，成为他们所期望的那种人，即君子以至圣人。这种道德上成长、成熟的过程，并不是把外在的道德强加给人，或者用今天的话说，把社会道德“灌输”给人，而是让人把生来具有的本性中的那些对天道的禀赋发扬光大，使之变成德性，从而使人成为君子以至圣人。对于儒家来说，人的德性就是“得”，是对人性的获得，也是对人道的“得”、对天道的“得”，而实质上就是对仁义道德的“得”。这种“得”既包括知，也包括行。“知”就是知道仁义道德，而“行”就是按照仁义道德行动。这两者不是分开的，而是统一的，即“知行合一”。当人能够自觉地这样行动时，人就真正成人了，而到了“从心所欲不逾矩”的程度也许就能像孔子那样成为圣人。使人性成为德性、德行，就是成性，而这种成性也就是成人，或者说，通过这种成性，人就成人了。因此，两者是完全统一的，是一而二、二而一的关系。它们之间只有逻辑的先后，而没有事实的先后。从逻辑上看，是通过成性而成人，成人是目的，成性是途径；而实际上两者是完全同一的，成性即成人，成人即成性，无法将两者区分开。

2. 由性到德

把人看作“成为”的结果，而又视“成为”为由“性”到“德”的过程，这表明儒家深刻洞察到人不同于动物以至万物的两种根本性质，即自为性和社群性。自为性指人的主体性，包括使自己人性得以实现的自主性、能动性和创造性等；社群性则是指人的社会性，包括依赖性、合作性、利他性等。人的自为性是通过社会性实现的。儒家虽然没有使用这两个概念，但他们已经有这种意识。对这两种性质的意识是他们将成性与成人统一起来的基本前提。传统价值观所倡导的德性是个人基于自为性形成的有利于社群（主要是家庭和国家）及其成员的善良品质要求。因此，从性到德的过程，实际上就是将个人人性中体现社群性的“善端”转化为有利于社群的德性和人格的过程。这是一个成人的过程，也是人社会化的过程。

在儒家的眼中，有三种社群（共同体）：一是家庭（家族），二是国家，三是天下。在儒家看来，人就生活在这三种社群之中。家庭是儒家看得最重的。儒家认为，人都生活在家庭里，处于亲属的关系之中，要有良好的家庭环境，每一个家庭成员必须具备使家庭和睦的德性。所以，儒家根据人在家庭中的身份或角色提出了相应的德性。重视家庭伦理及家庭成员的德性，在中国历史上源远流长。《史记·五帝本纪》云：“举八元[①]，使布五教于四方，父义，母慈，兄友，弟恭，子孝，内平外成。”这是说，在五帝时代，统治者就十分重视不同家庭角色各自的德性。儒家在继承传统观念的基础上，从理论上对家德进行了阐述和论证，而且凸显了家德对于人生和社会的极端重要性。孔子着重论述了孝、悌两种最重要的家庭成员德性，孟子在此基础上进一步提出父慈子孝、兄友弟恭、夫义妇顺，明确了家庭六种基本角色各自的德性。不同儒家思想家对家庭不同角色的德性有过不尽相同的规定，而孟子的规定最具权威性，影响也最大。儒家所重视的家德，实际上就是人的社群性在家庭不同角色身上的体现。

对于儒家来说，人不仅生活在家庭中，也生活在国家中，人作为国家成员的社群性就体现在人作为国家成员的德性。对于这种德性，孔子之前的历史文献谈得不多，孔子则提出了大量的相关德目。从《论语》看，孔子在知、仁、勇为“三达德”的基础上提出礼、忠、恕、恭、宽、信、敏、惠、温、良、俭、让、诚、敬、慈、刚、毅、直、克己、中庸等一系列德目。在孔子看来，所有这些德目都是国家成员应该具备的德性。孟子从君臣关系的角度明确提出了“君惠臣忠”这两种基本社会角色的德性，更为重要的是，他将孔子提出的多而杂的德性归结为

---

① 黄帝曾孙高辛氏的“八才子”，称“八元”。《左传·文公十八年》记载：“高辛氏有才子八人，伯奋、仲堪、叔献、季仲、伯虎、仲熊、叔豹、季狸，忠、肃、共、懿、宣、慈、惠、和，天下之民谓之八元。”

“仁义礼智”四个基本方面。后来董仲舒再加上“信”，于是就有了“五常”。这“五常”是儒家认为每一个国家成员都应具备的德性。它们实际上就是儒家眼中人的社群性的体现。上面所说的德目有些也是家庭成员应具备的一般意义上的德性，如“礼”，家德也都属于礼的范畴。

儒家思想家经常谈及天下，但天下在他们那里似乎不是一个明确的社群。天下的原初含义是“天底下所有土地”。在商代以前“天下”的观念就已经存在。《尚书·禹贡》对夏代疆域“东渐于海，西被于流沙，朔南暨，声教讫于四海”的记述，以及《左传·哀公七年》中“禹合诸侯于涂山，执玉帛者万国”的描写，都反映了尧舜时代人们对地域方位的认识。商人心目中则已经有一个比较完备的“天下”概念，并将天下分为“中央”和“四方”两个部分，把黄河中下游的商民所居之地称为“中央”，这里为王朝所统治，周围林立的方国也是其疆域的组成部分。周朝继承了商人的这一天下模式，周武王伐纣后为“抚东土”“定天下”而“封邦建国”就是商人天下观的一种体现。西周人还在此基础上制定了许多管理边疆的具体制度，这表明周朝对天下管理的进一步完善。秦始皇统一中国后，夏商周三代那种松散的天下“共主”格局为大一统的皇权专制统治所取代。

古人的“天下”是一个没有边界的概念，包括“中国”和“周边”，而周边是可以无限延伸的，实际上相当于今天的整个世界。不过，这一“天下”被认为是在“共主”统治之下的。《诗经·小雅·北山》中的“溥天之下，莫非王土；率土之滨，莫非王臣”就典型地说明了早期中国文化对天下的基本共识。但是，这种传统天下观中的“天下”并没有严格的边界，虽然有“天下一体”之说，但实际上“天下”及相关概念（如“溥天之下”“九州”“四海”）都是一些宏大空泛的概念。

总体上看，根据这样的天下观，汉王朝作为天下的中心是相对稳定的，但它的边缘是不确定的、无限开放的。正是基于这种“天下观”最终形成了以汉王朝为中心的华夷体系和朝贡制度。因此，对于中国古人来说，“天下”是一个伸缩性很大的不确定概念，而不是一个严格的共同体概念。但是，所有人都生活于“天下”，古人在这一点上是明确的。由于“天下”是一个不确定的概念，而不是一个有明确疆域的共同体，传统价值观似乎没有对作为天下成员的人们提出德性要求。

3. 成性成人观念的精神隐蕴

成性成人观念告诉人们，人是成为的结果，这种结果也就是人性的实现，但这种“成为”或“实现”不是像天地万物那样自然而然地生长、成熟，而是需要主体性的发挥，需要人自己和社群的作为。传统价值观认为，这种作为从社会的角度看就是教化，从个人自己的角度看就是修身。而在儒家看来，修身比教化更为根本。因此，“成性成人”观念隐含着对教化和修身的重视，洋溢着自我实现、自我超越的精神。

古代政治家和思想家大多重视对人的教化，尤其重视个人自己的修身，这是他们对人的自为性有清楚意识的表现。“自为”借用的是法国哲学家萨特的概念。他将存在分为两类：一类是自在存在（being in itself）；另一类是自为存在（being for itself）。自在存在的特点在于它是其所是，其存在与本质是同一的，如石头；自为存在则与自在存在不同，它是其所不是，其存在先于本质，本质是通过自己自由选择获得的，如人。两类存在的根本区别在于有没有自我意识和能力，作为自为存在的人能够自为，能够使自己成为自己。古代思想家特别是儒家高度重视人的修身，而修身对于人来说就是“自为”的活动，是最典型的“自为”。这种活动能使人从既定的、现在的状态成长为或转变为可能的、理想的状态。用儒家自己的话说，人能够通过“修身”从只具有“仁义礼智”“四端”的无知孩童成长为人格完善的“君子”以至成为人格高尚的“圣人”，或者从“小人”转变为“君子”“圣人”。对于这一点儒家有极其丰富的论述，儒家的修身论就是回答如何实现这种“成长”或“转变”的，其主旨就是要求人不断完善自己，包括使自己从好（君子）变得更好（圣人），也包括使自己从不好或者坏（小人）变好（君子）。儒家、道家、墨家都讲修身，但只有儒家强调“自天子以至于庶人，一是皆以修身为本”（《大学》）。这里所强调的“以修身为本”隐含“自为”为人之根本或人之本性的意思。只有当人是“自为”的时，他才能修身；而当人以修身为本时，他就最充分地体现了他的本性——“自为性”。所以，修身既是成人的过程，也是成性的过程，即使人自己的本性——“自为性”充分地体现出来。如果如同儒家将“自为”的内容理解为“仁义礼智”的话，那么，成性和成人就都是要使自己成为具有“仁义礼智”的人（成人），使“仁义礼智”成为自己的德（成性）。显然，两者是完全同一的。

将成人与成性统一起来，而统一的途径是修身，这是传统价值观的突出特色，而且从人类思想史的角度看，这一思想至今仍然没有被超越。笔者曾经指出："人因生来是'未确定的'而需要完成，真正的人不是自然生长的，而是人为造就的，人即是'成为之人'。人必须成为，不得不成为，真正的人无一不是成为的，不成为无以成人。真正的人是成为之人，而且是应成为之人。"[①] 这并不是笔者本人的看法，而是中西自古以来的一种普遍共识。早在古希腊时期，一些思想家就注意到人必须成为自己、造就自己，必须选择和决定自己的生活。苏格拉底提出："不是活着，而是活得好。"[②] 尼采认为，人类是某种必然要被超越的东西——人类是一座桥梁，而不是目的。[③] 目的是超人，"超人是大地的意义"[④]。他据此提出："生成吧，成为你所是者！"[⑤] 在海德格尔看来，"此在总是从它所是的一种可能性、从它在它的存在中随便怎样领会到的一种可能性来规定自身为存在者"[⑥]。这种可能性是人自身就具有自己发展的可能性，人可以随意处置它。由此看来，认为人需要"成为"、人是"成为"的结果，并不是中国传统价值观独创的观点和独具的特色。当然，"成人"是中国古代思想家更为关注的焦点问题，中国传统价值观从一定意义上可以说就是围绕"成人"以至"成圣"展开的。

如前文所言，传统价值观认为，人的本原在人性，而人性是天道的体现，成人就在于实现人性。当一个人实现了自己的人性时，他就成人了，而当他真正成人时，他就得道了，就实现了道（天命）。这是一种本体论意义上的描述。如果将其转化为价值论的要求，那就意味着，人

---

① 江畅：《"成人"与人之为人》，《南国学术》2017 年第 4 期。

② 〔古希腊〕柏拉图：《克里托篇》，《柏拉图全集》第一卷，王晓朝译，人民出版社 2002 年版，第 41 页。

③ 参见《尼采全集》第四卷《查拉图斯特拉如是说》，杨恒达译，中国人民大学出版社 2011 年版，第 201 页。

④ 《尼采全集》第四卷《查拉图斯特拉如是说》，杨恒达译，中国人民大学出版社 2011 年版，第 6 页。

⑤ 《尼采全集》第四卷《查拉图斯特拉如是说》，杨恒达译，中国人民大学出版社 2011 年版，第 241 页。

⑥ 〔德〕海德格尔：《存在与时间》，陈嘉映、王庆节译，熊伟校，三联书店 1987 年版，第 54 页。

应该追求成人，人要追求成人就要追求成性，而追求成性就要追求得道（实现道或天命）。这实际上就是《孟子·尽心上》所说的“尽心”、“知性”、“知天”（用孔子的话说就是“得道”）的递进而又内在统一的过程，而这一递进的目的的实现和这个过程的完成主要靠个人的修身。传统价值观认为，一个人只有通过修身才能“尽心”，而“尽心”了，也就“知性”“得道”了，人也就真正成为人、成为真正意义上的宇宙的一员了。不过，这种真正意义上的宇宙成员不是如同动物或其他无生命事物那样的一员，而是成为在宇宙中应该成为的特殊成员。这种特殊成员就是老子所说的“四大”（道大、天大、地大、人大）之一，人与道、天、地的地位并列，而高于宇宙万物，也是荀子所说的“最为天下贵”（《荀子·王制》）者。

成人在于实现人性，而人性与天道密切相关，这种思想在西方也存在，但并没有将成性与成人贯通起来。苏格拉底、柏拉图认为人由灵魂和肉体两个部分构成，灵魂是决定人之为人的东西，是神性的体现，人生在世的意义就是要实现灵魂的善，从而成为善人，过上好生活。亚里士多德把人看作“理性的动物”，认为把人的这种特殊本性充分实现出来就是完善的德性，人就真正成为人了，这种人就是幸福的人。亚里士多德并没有将人性与天道或神之类的东西联系起来。20 世纪西方人本主义心理学家马斯洛提出的自我实现论，从心理学的角度充分论证了自我实现对于成人、成为优秀的人的重要意义。他不是哲学家，不谈人性之类的抽象东西，而是重视经验，把自我实现的对象看作人的潜能。他所说的“潜能”实际上大体相当于哲学所讲的人性。因此，他所说的“自我实现”就是人性的自我实现。当然，他作为科学家更不会将人的潜能与某种具有神秘性质的天道联系起来。西方基督教认为，人是上帝创造的，上帝创造人的时候为人赋予神性，因而人高于宇宙万物。基督教主张人应具备信仰、希望、爱这三种神学德性，但它并不认为这三种神学德性是人性或神性的体现。更大的问题是，基督教严格说来，并不要求人们实现自己的人性（因为人有原罪，上帝创造时赋予的自由本性因亚当和夏娃而堕落），而是鼓励人们进入天国，使自己沐浴在上帝的光辉之中。由此看来，西方思想家并没有真正将成人与成性、得道融通起来，在成人与成性之间、成性与得道之间存在断裂现象。

如果说中国和西方都认同人是“成为”的结果，并对成人、成性和得道相统一的过程也有某种共识的话，那么传统价值观将修身视为成人、成性、得道有机统一的根本途径，并因而特别重视修身，则是中国特有的，是独具中国特色的。《大学》中的一句“自天子以至于庶人，一是皆以修身为本”，充分表达了传统价值观对修身的高度重视。然而我们检视西方思想史，很少见有思想家谈论修养身心的问题，即便有也是零碎的，甚至今天在英语中都很难找到一个与汉语中“修身”或“修养”对应的词。从古代希腊看，对于苏格拉底和柏拉图而言，成为善人的过程就是把灵魂的原有善性“接生”出来，或者“回忆”起来；对于亚里士多德来说，成人，或者成为有道德德性的不完善幸福之人，或者成为有理智德性的完善幸福之人，而前者就是“合乎德性的现实活动”①，后者则是“合乎理智的生活”②。显然，“接生”“回忆”也好，“合乎德性的现实活动”“合乎理智的生活”也好，虽然都是使人成为真正意义上的人的活动，但都不是严格意义上的修身活动。苏格拉底强调“认识你自己”，但这只是一种理性认识活动，虽然这种活动也能够获得德性，但它不是一种德性修养活动，而只是单纯的德性认识活动。亚里士多德认为，道德德性不是先天的，而是在践行中获得的习性，但这种习性的获得主要是通过在“正确理性”（主要是遵循“中道”原则）的指导下的持续践行。亚里士多德所说的“理智的生活”实际上就是思辨的“沉思”活动。这两种活动并不是，在西方也并不被认为是人的一种修身养性的活动，而是一种日常的实践和认识活动。西方中世纪、近代以至当代，思想家几乎不谈修养、修身，相比较而言，他们更重视教育，教育也许就是他们认定的人得以成为人的主要途径。

五 “知行合一”

“知行合一”出自王阳明的《传习录》下卷：“我今说个知行合一，

① 〔古希腊〕亚里士多德：《尼各马科伦理学》，苗力田主编《亚里士多德全集》第八卷，中国人民大学出版社 1992 年版，第 16 页。

② 〔古希腊〕亚里士多德：《尼各马科伦理学》，苗力田主编《亚里士多德全集》第八卷，中国人民大学出版社 1992 年版，第 228 页。

正要人晓得一念发动处便即是行了。发动处有不善，就将这不善的念克倒了，须要彻根彻底，不使那一念不善潜伏在胸中，此是我立言宗旨。”王阳明在他的其他著述中也有关于“知行合一”的论述。传统文化非常重视知行关系问题，《尚书·说命中》中就有“非知之艰，行之惟艰”的说法，意思是知道不难，付诸行动才真难。自春秋时期开始，思想家围绕上述命题展开了长期讨论，一直到今天。关于知行的关系，有主张知易行难的（《尚书》），有主张知难行易的（孙中山）；有主张知先行后的（程朱理学），有主张行先知后的（王夫之、颜元）。虽然存在上述分歧，但他们都认为知和行是紧密联系、不可分割的。在中国历史上没有像古希腊亚里士多德推崇与行为无关的纯粹思辨知识（哲学智慧）那样的思想家。因此，知行统一或知行合一是古代思想家的共识。这种共识在王阳明那里得到了系统的阐述。他的观点虽然有些偏激，但总体上体现了中国传统的思维方式，表达了传统文化和传统价值观的基本精神，即良知应见于善行。

传统文化中所讨论的知行关系问题并不是一个纯粹的认识论问题，甚至主要不是一个认识论问题，而是一个价值论问题。因为传统文化所说的“知”是指在对仁义道德认识的基础上形成的道德意识和思想意识，“行”则是指对仁义道德的践履活动。在儒家看来，人的道德修养是一个知与行相统一的过程，不仅要通过认识掌握仁义道德方面的知识（“知”），而且要将这种知识付诸实践（“行”），只有把“知”和“行”统一起来，才能称得上“善”。所以，“知行合一”不是一般的认识与实践的关系，而主要是一种道德意识与道德践履的关系，当然也包括一些一般意义上的思想意识和实际行动的关系。从一定意义上可以说，“知行合一”命题并不是一般认识论命题，而是道德认识论或价值认识论命题。这个命题有点类似于古希腊苏格拉底的“认识你自己”，它不是一般意义上的认识你自己，而是要认识你的德性本质。这种德性本质是作为人的本体的灵魂的善性，这种善是与宇宙本身的善相通的。“知行合一”命题之真谛就是要求人们在认识到自己的仁义道德本性（理）的同时让这种本性得到充分弘扬，使之充分体现出来，并实现两者之间的高度一致和良性互动。

1. 知行合一观念的形成

许多学者认为，中国传统文化是伦理型或道德型文化。① 冯天瑜先生就持这种观点，他从“法祖尊统”“教民追孝”“人文史乘”“德治主义”“灵肉不二”“取义成仁”“‘五伦’‘三纲’分梳”等七个方面阐明了传统文化的伦理性或道德性实质。在他看来，在传统文化中，道德论与本体论、知识论、认识论互摄互含，德与智是一体的，因而传统文化是一种不同于西方“智性文化”的“德性文化”。② 传统文化讲的“知”所指的主要不是科学、理论知识，而是道德、实践知识。当然，它不仅仅指道德实践知识，还包括政治、经济、军事等方面的实践知识，只不过道德知识是在传统社会最受重视的知识。所有这些方面的知识的一个共同特点是实践性或践履性，就是说，当一个人说他具有了这方面的知识，而不会运用它，甚至完全不去运用它时，那他实际上并不真正具有这方面的知识。道德知识尤其如此。

道德行为直接涉及他人和整体的利益，而道德行为是以道德知识为前提的。这就涉及两个方面的问题。一方面，道德知识越多越渊博，道德行为就有可能会越多或层次越高，道德知识与道德行为呈正相关，所以传统文化强调通过“学习”“致良知”，即获得道德知识。另一方面，道德知识必须见诸行为，道德知识见诸行为，才能对他人和整体产生效益。相反，如果一个人宣称自己有道德知识，而不见相应的行为，特别是其行为与之相背离，他的那种知识就不仅对社会无益，而且有害，尤其是会形成欺骗性的效果。所以，这样的知识不能称为知识。这就是传统价值观特别看重知行合一，强调要将两者结合起来的根本原因。

传统文化重视知行合一，是因为传统文化是伦理道德型文化，而其根源在于中国社会长期是宗法社会。冯天瑜先生指出：“影响中国人生活方式、思维方式至远至深的，莫过于绵延数千年的宗法结构。”③ 这种宗法结构是以血缘宗族为纽带，以父系为中心，兼及母系及姻亲关系组成

① “伦理”和“道德”是两个相互关联而又不尽相同的概念，但大致上可以说，“道德”涵盖了“伦理”。参见江畅《中华民族精神的道德意蕴及其弘扬与创新》，《武汉科技大学学报》（社会科学版）2017 年第 4 期。

② 冯天瑜：《中国文化生成史》（下册），武汉大学出版社 2013 年版，第 499 ~ 530 页。

③ 冯天瑜：《中国文化生成史》（下册），武汉大学出版社 2013 年版，第 468 页。

的。它实行嫡长子继承制，这种制度不仅是一种家庭、宗族的制度，而且与朝廷政治相一致、相衔接，因而事关国家的安稳。从人类文明演进的大致趋势看，社会组织是由血缘向地缘、业缘转变，古希腊是其典型。古希腊在跨入文明社会的过程中，逐渐挣脱了氏族社会的血缘纽带，以地域或财产关系为基础的城邦组织取代了以血缘关系为基础的宗法组织。与希腊不同，中国在从原始社会向文明社会演进过程中，作为宗法制基础的血缘纽带几乎没有发生像古希腊那样的解体，宗法制依然存在，不但没有遭到破坏，而且与王权制结合起来了。两者相互依靠、相互凭借，一直延续到王权制退出历史舞台。中华先民栖息于东亚大陆辽阔的原野，很早就聚族而居，以农事耕作为主要生活来源，并由此产生了对土地的深深眷恋，这使中华先民养成了“固土重迁”的习惯。他们终生固着于土地上，男耕女织，安居乐业，“日出而作，日入而息”。这就是宗法制度在中国数千年不衰的原因。这样一种宗法社会的存在和维系，主要不是靠基于所有人都是陌生人的法律，而是靠基于人们之间存在血缘关系的道德。于是，道德在中国就具有了至高无上的地位，而使人们的道德知识和道德行为相一致。防止人们缺乏道德知识以及有道德知识而不践行，就成为传统文化最为关切的问题。

墨家十分重视知行统一，只不过与儒家不同，他们所说的知行并不完全局限于伦理道德，而是泛指生产和生活中的知行。墨子提出过著名的判断言论是非真伪的标准——“三表”。他说：“故言必有三表。”何谓三表？“有‘本之’者，有‘原之’者，有‘用之’者。于何‘本之’？上本之于古者圣王之事；于何‘原之’？下原察百姓耳目之实；于何‘用之’？废以为刑政，观其中国家百姓人民之利。此所谓言者有三表也。”（《墨子·非命上》）墨子这里除了重视前人的间接经验之外，还十分重视直接经验和社会实际效果。实际上，他所关注的是知识的行为效果。墨子还要求认识必须成为实践的指针，“言必迁行”，反对空谈理论的“荡口”之言。他说：“言足以迁行者常之，不足以迁行者勿常。不足以迁行而常之，是荡口也。”（《墨子·贵义》）“言足以复行者常之，不足以举行者勿常。不足以举行而常之，是荡口也。”（《墨子·耕柱》）言论足以付诸行动的，就崇尚它；不足以付诸行动的，就不要推崇它。不足以付诸行动而推崇它，那就是信口胡说了。后期墨家还提出“为”这个概念作为认识的目的和验证方法。"为"包括两个方面：一是"志"，即行为的主观动机；二是"行"或"功"，即行为的客观效果。"为"是二者的统一。《墨子·经上》把"为"分为六种："存、亡、易、荡、治、化。"它们是六种改造自然和社会的行为。墨子注重行为的实际效果，也没有忽视其动机，曾经提出"合其志功而观焉"（《墨子·鲁问》）的主张，后期墨家则更加自觉地认识到人的一切行为都是有目的的，是动机和效果的统一。

但是，从道德意义上对"知行合一"进行长期深入研究的是儒家。孔子是中国历史上第一个系统讨论道德知行的思想家。他虽然在一般意义上讨论过生而知之和学而知之、如何学习书本知识和向他人学习等问题，但所关注的学的内容重点是"六经"（《诗》《书》《礼》《乐》《易》《春秋》），而"六经"都是人文知识，主要是道德知识。正因为如此，他所谓的"学"包括"行"在内。对此，他有不少论述。他说："贤贤易色；事父母，能竭其力；事君，能致其身；与朋友交，言而有信。虽曰未学，吾必谓之学矣。"（《论语·学而》）在孔子看来，一个人能做到尊重贤者、侍奉父母、效力君王、说话守信这四条，那就意味着他学过了，虽然可能并没有学习书本知识。他的意思是衡量有没有学习或有没有知识的标准在于德行，只要一个人有德行，那就意味着他有知识。他还说："君子不重，则不威；学则不固。""君子食无求饱，居无求安，敏于事而慎于言，就有道而正焉，可谓好学也已。"（《论语·学而》）孔子的这些话，实际上强调的就是言行一致、知行合一，而且是德知与德行的合一。

孟子认为人生来就有良知良能，而这些良知良能就是道德知识和道德能力。他下面的这段话对此阐述得清清楚楚："人之所不学而能者，其良能也；所不虑而知者，其良知也。孩提之童无不知爱其亲者，及其长也，无不知敬其兄也。"（《孟子·尽心上》）当然，这些天赋的"善端"需要修养，而修养的过程主要是实践的过程。荀子对学、知、行的问题做过十分系统的研究，但与孔孟有所不同。他认为人性方面的东西是天生的，不可学，可学的东西是人为的（所谓"伪"），而这些东西主要是礼义道德，也包括一些生活知识。他说："凡性者，天之就也，不可学，不可事。礼义者，圣人之所生也，人之所学而能，所事而成者也。不可学，不可事而在人者谓之性；可学而能、可事而成之在人者谓之伪；是性、伪之分也。”（《荀子·性恶》）在学、知、行的关系问题上，荀子更明确地重视行，并论述了其理由。他说：“不闻不若闻之，闻之不若见之，见之不若知之，知之不若行之。学至于行之而止矣。行之，明也，明之为圣人。圣人也者，本仁义，当是非，齐言行，不失毫厘。无它道焉，已乎行之矣。故闻之而不见，虽博必谬；见之而不知，虽识必妄；知之而不行，虽敦必困。”（《荀子·儒效》）

《大学》中格物、致知、诚意、正心、修身、齐家、治国、平天下等“八条目”，所描绘的就是儒家实现道德上知行统一的路线图。程颐在肯定这一路线图的前提下，一方面将知内在化，使之成为“我固有之”的东西；另一方面阐明了知与行的先后关系。他和张载一样，也把知识分为“闻见之知”和“德性之知”，而这两种“知”都是人固有的东西。他说：“知者吾之所固有，然不致则不能得之，而致知必有道，故曰致知在格物。”“致知在格物，非由外铄我也，我固有之也。因物有迁，迷而不知，则天理灭矣，故圣人欲格之。”（《二程集·河南程氏遗书》卷第二十五）就是说，人心中本来就具有天赋的完备知识，但这是一种潜在的知识（良知），需要发掘、发扬，否则就不能获得，这种发掘发扬的工夫就是“格物”，有了这种工夫，才能达到对良知的自我认识。在知与行的关系上，程颐进一步阐明了“八条目”，并提出了“先知后行”的顺序。

“先知后行”的思想由来已久。孔子说过“盖有不知而作之者，我无是也”（《论语·述而》）；老子反对“不知而作”，认为“不知常，妄作，凶”（《老子》十六章）；董仲舒提出“先规而后为之”（《春秋繁露·必仁且智》）。程颐以更明确的语言把这一思想表达出来。他说：“须以知为本。”（《二程集·河南程氏遗书》卷第十五）“君子以识为本，行次之。”（《二程集·河南程氏遗书》卷第二十五）“须是识在所行之先。譬如行路，须得光照。”（《二程集·河南程氏遗书》卷第三）程颐的意思是，人做任何事，都必须有知的指导，以对那件事的认识、了解为基础，然后才去行动。知对于行来说，就是那照路的明灯。程颐在重视知的同时还针对“非知之艰，行之惟艰”的传统观念提出行难知亦难的观点。他说：“故人力行，先须要知，非特行难，知亦难也。《书》曰：‘知之非艰，行之惟艰。’此固是也，然知之亦自艰。”（《二程集·河南程氏遗书》卷第十八）

朱熹基本上继承了程颐的知行学说，不过他也做了一些重要的补充和修正。他更强调知与行之间的密切关联。他说：“知、行常相须，如目无足不行，足无目不见。论先后，知为先；论轻重，行为重。”（《朱子语类》卷第九）“致知、力行，用功不可偏，偏过一边，则一边受病。如程子云：‘涵养须用敬，进学在致知。’分明自作两脚说，但只要分先后轻重。论先后，当以致知为先；论轻重，当以力行为重。”（《朱子语类》卷第九）朱熹对程颐的补充和修正，使儒家的知行学说更加系统、更加全面。

王阳明进一步发挥了朱熹“知、行常相须”的观点，将行融合于知之中，在人的“良知”中实现了“知行合一”。王阳明“知行合一”说的基础是“心即理”。“心即理”不是王阳明的独创。唐朝和尚大照（李慧光）就说过：“心是道，心是理，则是心外无理，理外无心。”（《大乘开心显性顿悟真空论》）程颢也说过“心是理，理是心”（《二程集·河南程氏遗书》卷第十三）。陆九渊更加自觉地在“心即理”的基础上建立自己的思想体系。他说：“人皆有是心，心皆具是理。心即理也。”（《与李宰二》，《陆九渊集》卷十一）王阳明则在前人的基础上进一步将理内在化，认为“无心外之理”（《传习录》上卷）。他说：“心之体，性也。性即理也。”（《传习录》中卷）

既然心即理，万事万物都在吾心之中，那么就根本不需要一个向外求知的过程，人心中就有良知。“知是心之本体，心自然会知。见父自然知孝，见兄自然知弟，见孺子入井自然知恻隐。此便是良知，不假外求。”（《传习录》上卷）良知即天理。“吾心之良知，即所谓天理也。”（《传习录》中卷）“良知是天理之昭明灵觉处，故良知即是天理。”（《传习录》中卷）“天理在人心，亘古亘今，无有终始。天理即是良知。”（《传习录》下卷）而良知就内涵而言则是“知善知恶”，即孟子所说的“是非之心”。

在王阳明看来，这个先天具足的“良知”发用流行，即贯彻到各种事物中去，就是“致良知”，就是行。知则必行，无有知而不行者。他比喻说：“知犹水也，人心之无不知，犹水之无不就下也，决而行之，无有不就下者。决而行之者，致知之谓也。此吾所谓知行合一者也。”（《书朱守谐卷》，《王阳明集》卷八）知即良知，致良知就是行，所以两者完全不可分离。他说：“行之明觉精察处，便是知；知之真切笃实处，便是行。”（《答友人问》，《王阳明集》卷六）“知是行的主意，行是知的功夫；知是行

之始，行是知之成。若会得时，只说一个知，已自有行在；只说一个行，已自有知在。”（《传习录》上卷）

王阳明认为，对于一般人来说，除了良知还有私欲，私欲会遮蔽良知，使之不能自然发用流行。只要心之本体不被私欲蒙蔽，行就是自然而然的了。因此，“致良知”归根结底就是要“去人欲，存天理”。“去得人欲，便识天理。”“只要去人欲、存天理，方是功夫。”（《传习录》上卷）所以，他的结论是：“良知之外更无知，致知之外更无学。”（《传习录》中卷）

王阳明提出知行合一说是有明确的针对性的，他尤其不同意朱熹认为理在心外的观点。他认为，如此一来，“顾物理吾心，终判为二，无所得入”（黄宗羲《明儒学案·姚江学案》）。在他看来，承认理在心外，就有一个向外求知的过程，求知以后才能去行，“此知行之所以二也”。“只说一个知，已自有行在；只说一个行，已自有知在。古人所以既说一个知，又说一个行者，只为世间有一种人，懵懵懂懂的任意去做，全不解思惟省察，也只是个冥行妄作，所以必说个知，方才行得是。又有一种人，茫茫荡荡悬空去思索，全不肯着实躬行，也只是个揣摸影响，所以必说一个行，方才知得真。……某今说个知行合一，正是对病的药，又不是某凿空杜撰，知行本体原是如此。”（《传习录》上卷）“知之真切笃实处即是行，行之明觉精察处即是知。知行工夫本不可离，只为后世学者分作两截用功，失却知行本体，故有合一并进之说。”（《传习录》中卷）

2. 知行合一观念的基本含义

王阳明将儒家知行观乃至整个古代知行观推向了顶峰，此后也有一些有一定影响的知行学说（如王夫之的行先知后说），但再无多少新意。王阳明的知行合一说虽显极端，但在吸收儒家传统知行观的基础上有所超越，其中包含儒家知行观的基本观点。因此，从一定意义上可以说，王阳明的知行合一思想是儒家思想之集大成者，并体现了传统价值观强调知行统一的基本精神。这种精神之精要就是强调知中有行，行中有知，以知为行，知决定行，知行不可分离。具体地说，以王阳明知行观为典型代表的传统知行合一观念包含以下基本含义。

第一，知虽然并不直接包含行，却包含“必能行”这一性质，因此知行合一要求追求能见之于行的真知。知行合一的“知”主要指道德认识或道德意识，不同于一般意义的认识；“行”指道德践履，不同于一般意义的实践。王阳明认为，“真知即所以为行，不行不足谓之知”（《传习录》中卷），所以，“未有知而不行者，知而不行只是未知”（《传习录》上卷）。在王阳明看来，真知之所以必能行，是因为人自身本具作为“知行本体”的“良知良能”或“心即理”之心。“心即理”之心所表明的是此“知行本体”自身即立法原则，因为此心就是理，无须“外心以求理”，“求理于吾心”（《传习录》中卷）即可。“良知良能”所表明的是此“知行本体”本身还兼为判断原则和践履原则。这既是因为“知是心之本体，心自然会知。见父自然知孝，见兄自然知弟，见孺子入井自然知恻隐。此便是良知，不假外求”（《传习录》上卷），也是因为知则必能行，作为“知行本体”的“心即理”之心本身即具有实践自身所立道德法则的力量。当见孺子入井，人当下即起恻隐之心，当下即去援手相救，此乃人所本具的作为“知行本体”的“心即理”之心的自然显露和发用，就如同见好色时自能好、闻恶臭时自能恶一般。[①] 在这种意义上，王阳明认为“知当孝弟，而不能孝弟”的人就不是知而不行，而根本是“未知”。

第二，真知即所以为行，不行不足谓之知，知行合一要求知行统一。“知是行之始，行是知之成。”（《传习录》上卷）知行不能分离，能见于行的知才是真正的知。“就如称某人知孝、某人知弟，必是其人已曾行孝、行弟，方可称他知孝、知弟，不成只是晓得说些孝、弟的话，便可称为知孝、知弟？”（《传习录》上卷）对不行孝悌的人不能使用知孝知悌，所以知必然联系、包含行。在王阳明看来，知行原本是一回事，不能分为“两截”。“知行原是两个字说一个工夫。”（《答友人问》，《王阳明集》卷六）他认为，道德意识离不开道德行为，道德行为也离不开道德意识。二者互为表里，不可分离。知必然要表现为行，不行不能算真知。道德认识或道德意识必然表现为道德行为，如果不去行动，不能算是真知。因此，他极力反对道德教育上的知行脱节及“知而不行”，强调良知无不行，而自觉的行，也就是知。

第三，知行合一并不是说二者完全是一回事，而是强调二者是不能割裂的。知中有行的因素，行中有知的因素，两个范畴是互相包含的。

---

① 参见郭齐勇《中国人的智慧》，中华书局2018年版，第352页。

没有什么独立的、先于行或与行割裂的知，要达到知就必须通过行。同时，行也要有知作为指导。所以，行不能无主意，故行不离知；知不能无手段，故知不离行。知与行是不可分离的。王阳明针对朱熹的先知后行说以及当时士风中知而不行的弊端指出："今人却就将知行分作两件去做，以为必先知了然后能行。我如今且去讲习讨论做知的工夫，待知得真了方去做行的工夫，故遂终身不行，亦遂终身不知。"（《传习录》上卷）他举例说，就如同说某人知孝、某人知悌，必定是其人已经行过孝行过悌，这样才能说他知孝知悌。我们不能因为他只晓得说些孝悌的话就说他知孝知悌。道德活动不同于一般的认识活动，它必须见诸行，而一般认识活动不一定见诸行。王阳明只是从道德角度出发讨论知行关系，所以他强调知必须表现为行，能知必能行，就是说在道德实践中知与行相即不离。而且，在他看来，知行不仅是合一的，而且是同一过程的不同方面。他说："行之明觉精察处，便是知；知之真切笃实处，便是行。若行而不能精察明觉，便是冥行，便是'学而不思则罔'，所以必须说个知；知而不能真切笃实，便是妄想，便是'思而不学则殆'，所以必须说个行。元来只是一个工夫。"（《答友人问》，《王阳明集》卷六）这段话表明，在王阳明看来，知与行相互包含、相互促进，是同一个过程的两个不可分割的方面，不论是知的过程还是行的过程，都必须同时具备这两者。因此，对于他来说，知行合一在道德实践中意味着且知且行，即知即行。

第四，"知行合一"要求将道德认识和道德行为统一于道德修养。在王阳明看来，既然只有人之自身所本具的"心即理"之心才是"知行本体"，那么被物欲私欲所蒙蔽和隔断的心就不是"知行本体"。所以，他要求人"复那本体"，不能让此本体被蒙蔽和隔断。因此，人要静坐修养，使自己摆脱物欲私欲的纠缠，使"心之良知更无障碍，得以充塞流行"（《传习录》上卷）。这就是他所说的"致良知"。"致良知"一方面是要使人生而具有的良知至其极，也就是扩充良知本体至全体呈露、充塞流行，"无有亏缺障蔽"，另一方面是要按良知指导而行，将良知之所知贯彻落实到日常的道德践履中。[1] 所以，"致良知"即"吾所谓知行合

① 参见郭齐勇《中国人的智慧》，中华书局 2018 年版，第 357 ~ 358 页。

一”。[①] 在王阳明看来，致良知也好，知行合一也好，都要通过修养的工夫才能实现，而其关键是要长存善念。“善念存时，即是天理。此念即善，更思何善？此念非恶，更去何恶？此念如树之根芽。立志者长立此善念而已。”（《传习录》上卷）有了善念而发动善念，即把善念落实为为善的行动，就是行。正是在这种意义上，王阳明强调“一念发动处便即是行了”。他认为，一念发动为善就是行善，一念发动不善便是行恶。所以，从为善的方面来说，有行才是知；从去恶的方面来说，有不善的念便是行了。王阳明认为，不善的念不仅不是由作为“知行本体”的“良知良能”或“心之本体”所发，而且使它们被障蔽和隔断，所以只有将此不善之恶念彻底根除，才能“复那本体”，真正做到知行合一。

3. 知行合一观念的精神隐蕴

“知行合一”作为传统价值观的一种基本观念，已经不再局限于程朱理学和陆王心学所关心的知行关系，而是扩展到传统社会中国人生活的各个领域并影响到今天。知行合一不仅成为中国人的一种价值认识方式和思维方式，而且成为一般意义上的认识方式和思维方式，进而成为一种实践方式和存在方式。因此，它已经凝聚成为传统价值观的一种既重知又重行且将两者有机统一起来的践履精神。这是一种将知中有行、行中有知、知行交融指向价值创造的实践精神、价值精神。这种精神既体现为对格物致知的要求，也体现为对躬行践履的要求，还体现为将行与知有机统一起来的知行合一要求。这种精神中对中国人的心理和生活特别有影响的有以下几个方面。

（1）“格物致知”

知行合一首先存在一个知从何来的问题。儒家思想家强调要“格物致知”。“格物致知”是《大学》中首次提出来的，后来宋明理学家对此做了深入的阐发。“格物致知”的真正意涵，已是儒学思想史上的千古之谜。从最早为《大学》作注的东汉郑玄，一直到现代的儒学学者，对此已经争论近两千年，至今仍无定论。其中朱熹的解释也许更符合原意。他说：“格，至也。物，犹事也。穷至事物之理，欲其极处无不到也。”“所谓致知在格物者，言欲致吾之知，在即物而穷其理也。盖人心之灵莫

① 陈来：《有无之境——王阳明哲学的精神》，人民出版社1991年版，第181页。

不有知，而天下之物莫不有理，惟于理有未穷，故其知有不尽也。是以《大学》始教，必使学者即凡天下之物，莫不因其已知之理而益穷之，以求至乎其极。至于用力之久，而一旦豁然贯通焉，则众物之表里精粗无不到，而吾心之全体大用无不明矣。此谓物格，此谓知之至也。”（《四书章句集注·大学章句》）“故致知之道，在乎即事观理，以格夫物。”（《四书或问》卷一）简言之，格物致知，就是运用人的认识能力穷究事物之理，直至知识达至极致。

在儒家看来，事物之理就是仁义道德（作为天之道体现的人之道），宋明理学称之为“理”或“天理”。所以，格物致知不是一般意义上的探究事物原理，从中获得真理性知识，而是探究事物以获得有关天道或天理的知识，从而成为圣人。儒家的这种主张，实际上是在强调人必须通过接触事物来获得本原性的道德知识，而非一般的道德常识。在他们看来，格物致知之“知”就是这种知识。不言而喻，儒家的这种道德认识论隐含一般认识论的道理。人的认识就是一个格物致知的过程，不接触事物，不深入事物，是不可能获得真知的。

（2）“实事求是”

“实事求是”出自《汉书·河间献王刘德传》：“修学好古，实事求是。”颜师古注：“务得事实，每求真是也。”明代张居正也说：“其所以振刷综理者，皆未尝少越于旧法之外，惟其实事求是，而不采虚声。”（《辛未会试程策二》）“是”，即事物的本质、真理，用宋明理学家的话说，就是事中之“理”。其基本含义是指从事物实际情况入手，探求事物的内部联系及其变化的规律性，认识事物的本质。如果说“格物致知”是儒家特有的在道德意义上的求知方法和精神，那么“实事求是”作为传统价值观的一种精神则具有更广泛的意义，得到了更广泛的认同。

班固在《汉书·河间献王刘德传》中使用“实事求是”这一表述，原本是专门为河间献王刘德立传的。作为皇子的刘德受封为河间王时，儒学还未成为官方正统。秦末的战争使先秦典籍遭到极大损毁，留存下来的很少，刘德意识到了这一点，随即应时而起，以收集儒学经典为己任，“于灰烬之余，拓纂亡散，篇卷仅而复存”（《旧唐书·经籍志下》）。在为王26年中，刘德始终没有卷入王朝争权夺利的政治旋涡，全力收集与整理古代文化典籍。刘德整理古籍的态度极为严谨，经过长期艰苦的努力，收集整理校勘出了一大批正本古籍，满足了当时典籍之所需。令人遗憾的是，一心扑在古籍整理上的刘德最终还是因遭汉武帝猜疑忧悒成疾而死。为此，班固在《汉书》中专门为他立传，在传首就称他“修学好古，实事求是”。班固称颂刘德，是因为在他看来，刘德的治学精神充分体现了传统价值观的“实事求是”精神。

“实事求是”作为传统价值观的基本精神之一，影响巨大。毛泽东1938年10月在中共扩大的六届六中全会上的政治报告中，第一次使用了“实事求是”这个概念。他指出：“共产党员应是实事求是的模范，又是具有远见卓识的模范。因为只有实事求是，才能完成确定的任务；只有远见卓识，才能不失前进的方向。”① 在1940年1月发表的《新民主主义论》中，他又强调“科学的态度是‘实事求是’”②。1941年5月他在《改造我们的学习》一文中对“实事求是”做了明确阐释：“‘实事’就是客观存在着的一切事物，‘是’就是客观事物的内部联系，即规律性，‘求’就是我们去研究。我们要从国内外、省内外、县内外、区内外的实际情况出发，从其中引出其固有的而不是臆造的规律性，即找出周围事变的内部联系，作为我们行动的向导。”③ 同年12月底，他又为中共中央党校题写了“实事求是”的校训。这既是党校的校训，也是全党的党训。毛泽东不仅使传统的“实事求是”精神发扬光大，而且为这一中国古语赋予时代内容，使其成为马克思主义的基本命题，成为中国共产党思想路线的核心内容。在改革开放和现代化建设的新历史时期，邓小平重新为我们党确立了实事求是的思想路线。

（3）“见微知著”

怎样才能做到格物致知和实事求是？传统价值观十分重视“见微知著”。这一命题出自《韩非子·说林上》：“圣人见微以知萌，见端以知末。故见象箸而怖，知天下不足也。”“见微知著”是告诉我们在看到微小的苗头时，就要认识到可能会发生显著的变化，即以小见大。这一术语有原始见终、一叶知秋、窥一斑而知全豹等含义，有明察秋毫、未雨

---

① 毛泽东：《中国共产党在民族战争中的地位》，《毛泽东选集》第二卷，人民出版社1991年版，第522~523页。

② 毛泽东：《新民主主义论》，《毛泽东选集》第二卷，人民出版社1991年版，第662页。

③ 毛泽东：《改造我们的学习》，《毛泽东选集》第三卷，人民出版社1991年版，第801页。

绸缪等引申义。传统价值观倡导这种认知精神，要求人们的认识要有前瞻性、全局性和深刻性。因此，传统文化一般认为只有圣人才能做到这一点。汉代班固《白虎通义·情性》说：“智者，知也。独见前闻，不惑于事，见微知著也。”这是说，有智慧的人才能做到见微知著。汉人袁康则认为，只有圣人才能做到这一点：“故圣人见微知著，睹始知终。”（《越绝书·越绝德序外传记》）如何做到这一点？要具有这种深邃的目光，需要多方面的条件。宋代苏洵认为，关键是要心静。他说：“惟天下之静者乃能见微而知著。”（《辨奸论》，《嘉祐集》卷九）

（4）“自知不知”

“自知不知”出自《论语·为政》：“知之为知之，不知为不知，是知也。”最后的“知”通“智”。这句话的字面意思是，知道就是知道，不知道就是不知道，这才是真正有智慧。这句广为流传的孔子名言，被后世用来提醒人们用老实的态度对待知识问题，养成踏实认真的学习态度，避免鲁莽虚荣的风气。实际上，孔子的这句话还有常常被忽视的更深层的含义，那就是要求人们经常反思自己，通过反思，认识自己知道什么和不知道什么。在这一点上，孔子与古希腊的苏格拉底有异曲同工之妙。苏格拉底特别强调认识自己，把“认识你自己”作为自己的根本信条。认识自己的什么呢？苏格拉底告诉我们，就是认识自己知道什么、不知道什么。在他看来，能够认识自己正是一个人有智慧的体现。“智慧就是关于我们知道什么和不知道什么的知道。”① 苏格拉底之所以强调智慧在于认识自己，一方面是因为认识自己对于人的成功和幸福具有决定性意义，“拥有这种知识的人会更加容易地学会任何他要学习的东西，一切事物对他显得更清晰”②，另一方面是因为现实生活中很多自以为有知识的人并不具有智慧，其原因就在于没有认识自己，不了解自己不知道什么，因而不能真正获得幸福。孔子的论述虽然没有苏格拉底的充分，但他的观点是与苏格拉底基本相同的。这一事实表明，知道自己不知（或无知），是古代先贤的共识，也体现了传统价值观的普适意义。

---

① 〔古希腊〕柏拉图：《卡尔米德篇》，《柏拉图全集》第一卷，王晓朝译，人民出版社2002年版，第162页。

② 〔古希腊〕柏拉图：《卡尔米德篇》，《柏拉图全集》第一卷，王晓朝译，人民出版社2002年版，第161页。

（5）“转识成智”

这是佛教的一种观念，但对中国产生了广泛的影响，也体现了传统价值观对知的基本看法和价值取向。转识成智的“智”不是通常意义的智慧（wisdom）。在佛教看来，通常所说的智慧是世智辩聪、聪明才智、用智慧解决问题，其实这些都是“识”，是表层意识。从现实社会中学习得到的知识、能力、经验乃至智慧，仍然是由“根尘”产生的“法尘”①。佛教所讲的“智”是“般若”，般若是内心光明的智照，并不与万法为侣。正觉就是正确的觉受——“五蕴皆空”，保持一颗“廓然大公”的本心。既然五蕴皆空，其心态就是憨憨的一直心，犹如赤子。佛教讲“八识”，即眼识、耳识、鼻识、舌识、身识、意识、末那识、阿赖耶识。法相宗要求“转前五识为成所作智，转第六识为妙观察智，转第七识为平等性智，转第八识为大圆镜智”。这样，第六识就变成了很好的工具，“真（性）空妙有”，识不离智了。识、智本来不二，端在“转处不留情”，不留情识，汇归佛性，而得“繁兴永处那伽定”。转识成智的“智”是内心正觉产生的真慈悲，而后才能善用“识”来服务社会，捐私见、去私欲，光风霁月。识是生命活动的基础，不能被灭掉，没有识，人就形同枯木岩石，不知不觉地被物化了！识本身没有什么过错，它依靠人的取执或取般若而有不同内涵，关键是要使之转化为智。

在传统价值观中，佛教的“转识成智”已经转义为将智力以及作为智力成果的知识上升为智慧。智慧（亦作“智惠”）包含聪明才智，但含义更为广泛。智慧被认为是人特有的一种综合调控机能，是感知、直觉、理性、情感、欲望等能力，以及知识、能力和德性品质在经验基础上达到的有机统一。智慧能使人深刻地理解人、事、物、社会、宇宙及其过去、现状、将来，它能使人思考、分析、探讨、追求、获得真善美。智慧与智力不同，智力是人的认识能力，而智慧则是人灵性的综合体现，是人获得成功和幸福的最佳途径；智慧与“形而上者谓之道”有异曲同工之妙，智力则是“形而下者谓之器”。智慧不是与生俱来的，而是修

---

① 佛家谓眼、耳、鼻、舌、身、意为六根，色、声、香、味、触、法为六尘。色之所依而能取境者谓之根，根之所取者谓之尘，合称“根尘”。“法尘”是意根所缘的境界，意根对前五根所缘的境界，分辨好丑，而起善恶诸法，是名“法尘”。如人日常动作，虽已过去，而前尘影事，忆念不忘，就是法尘的作用。

养锻炼的结果，传统价值观主张将人的智力和知识转化为智慧这种综合调控机能。一些传统文献谈到过智慧，但直接谈及的不多。《墨子·尚贤中》云："若使之治国家，则此使不智慧者治国家也。国家之乱，既可得而知已。"三国时期"竹林七贤"的精神领袖嵇康的《大师箴》说："下逮德衰，大道沉沦，智惠日用，渐私其亲。"北宋诗人梅尧臣的诗《桃花源》中有谈智慧的诗句："英雄灭尽有石阙，智惠屏去无年华。"但是，传统文化和传统价值观饱含智慧，倡导人们"转识成智"。

（6）"力行求至"

"力行求至"出自程颐《颜子所好何学论》："君子之学，必先明诸心，知所养，然后力行以求至。"原意是，君子为学首先要明确目标和方向，然后要为实现理想而努力实践，直至达到极致之境。程颐在这里不仅要求学以致用，身体力行，而且要求行为达到最佳效果，因而这是一种很高的要求。传统价值观之所以把圣人作为人生的理想人格，其重要原因是圣人皆具有这种"明心知往，力行求至"的精神。"力行求至"的前提是"躬行践履"，即亲自实行、亲自去做。古人对此特别重视。《周易》云"履，德之基也"（《系辞下传》）；孔子倡导"先行其言，而后从之"（《论语·为政》）；墨子提出"士虽有学，而行为本焉"（《墨子·修身》）；孟子要求"强恕而行"（《孟子·尽心上》）；荀子说"道虽迩，不行不至"（《荀子·修身》）；汉代扬雄强调"君子强学而力行"（《法言·修身》）；等等。陆九渊认为，重行是中国人的传统。古时候的人们内心实在、朴实，为人处世不推崇智取讨巧。他们往往嘴上说的还不是很具体详细，却已经把事情先办好了。他说："古人质实，不尚智巧，言论未详，事实先著。"（《与朱元晦三》，《陆九渊集》卷二）南宋诗人陆游将这一传统精神用诗词形象地表述为："古人学问无遗力，少壮工夫老始成。纸上得来终觉浅，绝知此事要躬行。"（《冬夜读书示子聿》）

（7）"言行一致"

言是知的体现，知行合一，也要求言与行一致。言行一致是知行合一的一种外显形式或实现方式。一般来说，知行合一不一定体现为言行一致，但言行不一则肯定知行不一。因此，传统价值观在主张知行合一的同时，强调言行一致、表里如一。"言行一致"出自宋代赵善璙《自警篇·诚实》："力行七年而后成，自此言行一致，表里相应，遇事坦然，常有余裕。”在传统文化中，“言行一致”有不少类似的表达，如“言而有信”“心口如一”“表里如一”等。其基本意思是，说的和做的完全一样，而不是说一套做一套。古人十分推崇言行一致，孔子要求弟子“讷于言而敏于行”（《论语·里仁》），认为“君子耻其言而过其行”（《论语·宪问》）。《礼记·杂记下》亦云：“有其言，无其行，君子耻之。”

传统价值观主张言行一致、言而有信，“人而无信，不知其可也”（《论语·为政》），但这种信是有条件的，而不是无条件的，“信”存在通权达变的问题。孔子说过“言必信，行必果，硁硁然小人哉”（《论语·子路》），意思是言信行果是一种小信，层次比较低，仅此还不够，更高的有孝亲和有羞耻之心等。孟子进一步发展了孔子的这一思想，使信果变成一个可以权变因顺的要求。他说：“大人者，言不必信，行不必果，惟义所在。”（《孟子·离娄下》）孟子的意思是，“大人”说话不一定要讲信用，做事不一定要有结果，一切都以是否符合道义为原则。这就是说，我们不能拘泥于“信”而不知道适当变通，而变通的标准就是道义。儒家的这种言行观虽然有一定道理，但它过分强调信的可变性、权变性，因而会在现实生活中产生消极影响。言行必须一致、知行必须一致，这是原则。这种原则是不能动摇的，只是我们在掌握和运用这种原则的过程中要注意它所适用的范围，在适用的范围内，则不可变通。

（8）“才高行厚”

“才高行厚”出自汉代王充《论衡·命禄》：“或时才高行厚，命恶，废而不进；知寡德薄，命善，兴而超逾。”王充还用了另一个类似的表达——“才高行洁”：“才高行洁，不可保以必尊贵，能薄操浊，不可保以必卑贱。”（《论衡·逢遇》）“才高”，才智高超；“行厚”，德行敦厚；“行洁”，德行高洁。“才高行厚”和“才高行洁”的意思是人既要追求才智高超，又要追求德行敦厚、高洁。这可以说是传统价值观在德才方面的理想境界。知行合一，就是要达到这种境界。才高行厚的前提是德才兼备。“德才兼备”出自《元史·臧梦解传》：“乃举梦解才德兼备，宜擢清要，以展所蕴。”德才兼备要求既具备德性，又具备才智，这是一个人作为人的基本要求。传统价值观除德才兼备的要求之外，还有一种更理想的追求，这就是“德艺双馨”。它是指一个人的德行和艺术（技艺）都具有良好的声誉。“德艺双馨”出自《国语·周语》：“其德足以昭其馨香。”但它通常指从事艺术的人，这一精神的一般性表述就是“才高德厚”。“才高德厚”是知行合一所追求达到的最高境界，也是人们应当具备的基本精神。

六 “从容中道”

“从容中道”出自《中庸》，原文是：“诚者，天之道也；诚之者，人之道也。诚者，不勉而中，不思而得，从容中道，圣人也。诚之者，择善而固执之者也。”第一句是讲“道”，天之道、人之道。后两句是讲人应当怎样循道：圣人就是诚者，他不用勉强就能做到中道，不用思考就能认识到中道，就是说行为举止能够自然而然地做到无过无不及；而要做到诚则要择善而从，并坚定不移。“从容中道”是诚的最高境界，是对圣人达到诚境界的描述，而圣人是普通人的榜样和追求的楷模，因而具有示范和引导意义。“从容中道”概念虽然出自《中庸》，但“中道”的观念在《易经》中已经出现，其精神在《易经》中已经体现出来。“从容中道”的观念和精神不仅十分古老，而且在传统社会得到普遍认同，追求“从容中道”也是传统价值观和中华民族的基本精神。

1. 从容中道观念的提出

“从容中道”之所以能成为传统价值观和中华民族的基本精神，其主要原因有以下几个方面。

首先，这种精神集中体现了《尚书》《周易》《保训》等中华文化元典的核心观念。早在《尚书》中，就已经有很多关于古代圣王执中、行中的记载。在《大禹谟》中，有被宋儒称为“十六字心传”的著名箴言：“人心惟危，道心惟微，惟精惟一，允执厥中。”《洪范》记载的“洪范九章”第五章“皇极”（君王的统治准则）更明确要求统治者持守中道：“无偏无颇”“无有作好”“无有作恶”“无偏无党”“无党无偏”“无反无侧”。提出《洪范》的箕子认为，这些是君王统治准则的至理名言，以此为师，才算顺从了上天的旨意。《周易》中也有大量有关中道观念的表述，如“中行无咎”（《夬卦》）；“‘贞吉’，得中道也”（《解卦·象传》）；“‘有戎，勿恤’，得中道也”（《夬卦·象传》）；“刚遇中正，天下大行也”（《姤卦·象传》）。尤其值得注意的是，清华简《保训》记载的周文王给太子发传授的“宝训”充分表达了“中道”具有极其重要的意义。在周文王看来，舜之所以会得到尧的赏识，以至于获得帝位，就是因为他求取“中”、获得了“中”并努力践行“中”。清华大学李学勤教授认为，《保训》里所含的“中”观念，或称“中道”，是《保训》全篇的中心，它与儒家后来所说的“中庸之道”有内在的联系。黄德宽教授认为，《保训》蕴含的思想关涉到中国传统文化的“中道”和“阴阳和谐”观念，这些观念都是长期影响中国主流文化的核心元素。①

其次，“从容中道”精神被作为传统社会主导意识形态的儒学所推崇。如前文所述，远古的“中道”思想为儒家所极力推崇。孔子不仅大量地阐述“中”的思想，而且第一次提出“中庸”的概念。所谓“中庸”，就是“不偏”“不易”，通俗地说，就是无过无不及。孔子把“中庸”视为至德：“中庸之为德也，其至矣乎！”（《论语·雍也》）《中庸》记载，子路向孔子请教什么是强，孔子说有四种情形可称为强，其中之一是“中立而不倚，强哉矫”。孔颖达疏：“中正独立，而不偏倚，志意强哉，形貌矫然。”“中立而不倚”，指的就是中正独立而不偏不倚。唐代白居易以竹子来形容君子的这种中立不倚品格：“竹性直，直以立身，君子见其性，则思中立不倚者。”（《养竹记》）孟子说：“中道而立，能者从之。”（《孟子·尽心上》）不过，孟子这里的“中道”意思是站立在“道”之中，如此，有能力达到道的人就会跟从。荀子更是将“中道”视为“先王之道”：“先王之道，仁之隆也，比中而行之。”（《荀子·儒效》）就是说，先王之所以能达到仁德的最高境界，就是因为他们顺着“中道”而行。《中庸》一文将“中庸”“中道”思想系统化，并为其提供了本体论的论证，其中所阐发的“中和”和“致中和”的思想观念对传统社会影响深远。《中庸》所说的“中也者，天下之大本也；和也者，天下之达道也”，充分表达了儒家对“中道”的高度重视。《论语》《中庸》等著作所阐述的中道思想，由于儒家思想在汉代成为主导意识形态而受到广泛重视，这两部著作与《孟子》和《大学》后来被朱熹作为“四书”加以推崇，并被官方作为学校教材和科举考试内容，中道精神

---

① 参见《“清华简”首揭周文王临终遗言　“中”的思想影响深远》，凤凰网，http://news.ifeng.com/gundong/detail_2012_01/04/11748822_0.shtml，最后访问日期：2019年5月9日。

也因而融入传统社会生活，成为一种民族精神。

最后，“从容中道”精神与古人视居住地为“中国”或“中华”的观念相一致。据冯天瑜先生考察，由“中”与“国”组成“中国”，以整词出现，较早见于周初，其初义是“中央之城”，后来多指四夷万邦环绕的中原核心地带。中华先民心目中的世界，形态为“天圆地方”，所谓“中国”，是以王城为核心，以王服（甸、侯、宾、要、荒）或九服（侯、男、甸、采、卫、蛮、夷、镇、藩）为外缘的方形领域，作“回”字状向外逐层延展，中心明确而边缘模糊。“中国”原指华夏族活动的地理区域并具政治中心义，由此派生出了文化中心义。战国赵公子成驳斥赵武灵王推行“胡服骑射”时即如此论“中国”：“臣闻中国者，盖聪明徇智之所居也，万物财用之所聚也，贤圣之所教也，仁义之所施也，《诗》《书》《礼》《乐》之所用也，异敏技能之所试也，远方之所观赴也，蛮夷之所义行也。”（《史记·赵世家》）晚清记名海关道志刚说得更为极端：“中国者，非形势居处之谓也。我中国自伏羲画卦已来，尧、舜、禹、汤、文、武、周公、孔、孟所传，以至于今四千年，皆中道也。”[①] 他这是将“中国”释为“中道”，凡不符合中道者即非中国。[②]

“中华”是“中国”与“华夏”复合词之简称，其意可上溯至汉朝的“中国诸华”一语，意谓中国诸圣的后代。华夏先民生活于黄河流域一带，居四方之中，文化、科技发达，历史悠久，故称该地为“中华”。[③] 最早出现“华”“夏”二字并称的，是《左传·定公十年》：“裔不谋夏，夷不乱华。”孔颖达疏曰：“夏，大也。中国有礼仪之大，故称夏；有服章之美，谓之华。华、夏一也。”意即因中国是礼仪之邦，故称“夏”，“夏”有高雅的意思；华夏族的服饰很美，故称“华”。久而久之，“中华”便成了“中国”“华夏”的同义词。在漫长的历史发展过程中，各民族逐渐形成以汉族为主体的大杂居、小聚居的局面。“中华”，原意与“中国”相通，又与“华夏”相系。《资治通鉴·唐纪十四》记载，唐太宗云：“自古皆贵中华，贱夷狄，朕独爱之如一，故其种落皆依朕如父母。”“中国百姓，实天下之根本，四夷之人，乃同枝叶，扰其根

---

① （清）志刚：《初使泰西记》，岳麓书社 1985 年版，第 376 页。

② 参见冯天瑜《中国文化生成史》（上册），武汉大学出版社 2013 年版，第 48 ~ 52 页。

③ 参见冯天瑜《中国文化生成史》（上册），武汉大学出版社 2013 年版，第 61 页。

本以厚枝叶，而求乂安，未之有也。”（《贞观政要·论安边》）《唐律名例疏议释义》云：“中华者，中国也。亲被王教，自属中国，衣冠威仪，习俗孝悌，居身礼仪，故谓之中华。”

2. 从容中道观念的含义

由以上考察可见，无论是“中国”还是“中华”，都不仅指地理政治的中心，而且蕴含“中道”（礼仪之根本）这一中国人所推崇的根本性精神。可以说，对中道的推崇是古代先民称自己的居住地为“中国”或“中华”的理由，同时称自己的祖国为“中国”“中华”也包含推崇和践行“中道”精神的含义。

“从容中道”的含义不仅在于某一行为举止做到中道，而且在于任何行为都能自然而然地做到中道。这样，“从容中道”就是一种成为行为定势的“德”。在孔子那里，“中”“中道”“中庸”是意义大致相同的概念，不过，“中庸”这一概念已经不只是指某一行为做到中道，而是指中道已经成为人们的品质，即“德”。所以，孔子的“中庸”与“从容中道”同义，这也许是子思在《中庸》中用“从容中道”对孔子“中庸”概念做诠释的理由。

前文我们已经对“中”的含义做过分析，古人常常在不同意义上使用这一概念。从传统价值观的角度看，“中”有两种基本含义：一是和，即中和；二是正，即中正。《说文解字》云：“中，和也。”许慎做这种解释的意思是，“中”是一种状态，即事物的和谐状态，所以“中”即“和”。宇宙处于和谐状态是“中”，社会处于和谐状态是“中”，个人身心和谐也是“中”。《中庸》对“中”和“和”做了界定：“喜怒哀乐之未发，谓之中；发而皆中节，谓之和。”这一界定阐明了“中”与“和”的联系，于是有随后的“中和”连用。根据这种理解，《中庸》把追求达到和谐状态，称为“致中和”。“致中和”就是追求统合，追求稳定，追求和谐。“中”又有适当、适度、公平、准确、不轻不重、不偏不倚等含义，这即“和”之“正”义。正，意为端正、公正、合规矩。“不偏之谓中，不易之谓庸。中者天下之正道，庸者天下之定理。”（《二程集·河南程氏遗书》卷第七）“中”的这种含义更侧重于人事，讲为人处世要端正、公正。“中”的上述两层含义实际上是相互关联的，和谐的基础是公正，至少就人事而言没有公正就无所谓和谐。从这种意义上看，

“中”之“正”义有“致中和”的意义，就是说“中”既有实然的含义（和谐的状态），也有应然的含义（致中和的要求）。“中道”所讲的就是这种“人之道”，包含理想境界和达到这种理想境界的道路。“中道”实质上就是“中庸之道”，两者是完全同义的，因为“中庸”之“庸”的基本意思就是“不易”，即恒常。“中庸”就是恒常之中，实际上就是中之道或中庸之道。因此，可以将“中道”视为“中庸之道”的简称。

“从容”在古代既指行为举止适度，也指行为举止自然而然、悠闲舒缓。《礼记·缁衣》云：“长民者衣服不二，从容有常。”孔颖达疏：“从容有常者，从容，谓举动有其常度。”《楚辞·九章·怀沙》云：“重华不可遻兮，孰知余之从容！”王逸注：“从容，举动也。”“从容”的这些用法都是从行为举止意义上讲的。“鲦鱼出游从容，是鱼之乐也。”（《庄子·秋水》）这则是讲的自然而然、悠闲舒缓。实际上，这两种含义是一致的，从容谈的是行为举止，而这种行为举止是自然而然、悠闲舒缓的。正是在这种意义上，我们可以说“从容中道”讲的是无所勉强、无所做作地做到中道。

如果我们将“中”理解为“和”和“正”的话，那么《尚书·君陈》中有一段话对“从容”与“中道”的关系说得更清楚。《尚书·君陈》记载，周公死后，周成王命君陈接管殷民迁住地东郊成周，临行前对他说：“君陈！尔惟弘周公丕训！无依势作威，无倚法以削。宽而有制，从容以和。殷民在辟，予曰辟，尔惟勿辟；予曰宥，尔惟勿宥：惟厥中。”周成王的意思是要君陈弘扬周公的伟大教导，不要倚仗权力作威作福，不要倚恃刑法行苛政。要宽容而有节制，从容而又和谐。殷民有罪当处罚，但不能由我说了算。我说惩罚，你不要轻易惩罚；我说宽赦，你也不要轻易赦免：一切以公正为准则。

3. 从容中道观念的精神隐蕴

传统价值观的“从容中道”精神体现在许多方面，这些方面也就是这一精神的具体体现。具体地说，传统的“从容中道”精神主要体现在要适中、执中、用中、时中、守中等方面。

（1）“适中”

古代思想家历来都有一个共识，就是在对待人和事物、认识和处理问题时，都要做到恰到好处，不偏不倚，无过无不及。这就是适中精神。

“适中”与“适衷”通，指在两个极端或矛盾双方之间把握好度或寻求最佳的平衡点，介于过度与不及之间，站在中正的立场上，不偏向哪一边，因而适中也就是适度。“致中和，天地位焉，万物育焉。”《中庸》中的这句话把“中”与“和”的含义及其关系，以及“致中和”的理由表达得淋漓尽致。董仲舒说：“高台多阳，广室多阴，远天地之和也，故圣人弗为，适中而已矣。”（《春秋繁露·循天之道》）他这里是讲人要遵循天地之和，而这就是适中，不能因为过分或不及而破坏了天地的和谐。《北齐书·杜弼传》云：“奚取于适衷，何贵于得一。”这是讲处理问题要适度，不要走极端。在古代思想家看来，适中不仅应该成为人的一种处理问题的方式，而且要成为人的一种生活方式，只有确立了这种生活方式，才能在世界上安身立命。这就是宋代龚鼎臣《东原录》讲的“是知天下巨细事，惟适中可以久而不废”。明代胡应麟说：“自汉而后，历代史臣，一规班氏，讵皆聋聩，要在适衷。”（《少室山房笔丛·史书占毕》卷一）这里是讲，中国历史上的许多掌管记录历史的官员之所以能秉笔直书、青史留名，其关键就在于他们在取舍、梳理历史事实的过程中能够做到不偏不倚、刚正不阿。

在古人看来，做到适中，就是做到恰到好处，而关键在于做到不偏不倚、无过无不及，不要走极端。朱熹说：“中者，不偏不倚、无过不及之名。”（《四书章句集注·中庸章句》）“不偏不倚”主要涉及对待他人时的态度，指中立或公正。它要求人们在评价人或物、发表意见或表达态度，特别是分配财物和机会等方面公正无私、一视同仁，不偏袒任何一方。与之对立的是畸轻畸重、厚此薄彼、偏听偏信。“无过不及”则不仅涉及对待他人和自己，而且包括处理事情，它要求在任何时候都既要积极有为，又不能无所顾忌。这就是《周易》所讲的“自强不息”和“厚德载物”。就对待他人而言，传统价值观要求言行举止恰当，既要热情大方，又要和蔼谦逊，做到孔子所倡导的“恭、宽、信、敏、惠”；就个人自己而言，传统价值观则要求能够控制好欲望、情感，特别是要少欲甚至灭掉私欲。在处理事情方面，要努力把事情理顺，使之有序顺畅。《孔子家语·辩乐》云：“故君子之音，温柔居中，以养生育之气。”“居中”就是“适中”，这就是讲，处理音乐时要适中，以达到陶冶性情的目的。

（2）“执中”

古代思想家高度重视“执中”。西汉刘向把执中视为君子之根本。他说：“南者生育之乡，北者杀伐之域，故君子执中以为本。”（《说苑·修文》）刘向的这种看法与孔子将中庸视为至德相一致。《史记·五帝本纪》更将执中看作圣人的一种品格：“帝喾溉执中而遍天下，日月所照，风雨所至，莫不从服。”帝喾是华夏民族的人文始祖、“五帝之一”，在司马迁看来，他就是执中的典范。《韩诗外传》卷二云：“夫辟土殖谷者，后稷也；决江流河者，禹也；听狱执中者，皋陶也；然而圣后者，尧也。”皋陶是与尧、舜、大禹齐名的“上古四圣”之一，其主要功绩是帮助尧、舜和大禹推行“五刑”“五教”。他用独角兽獬豸治狱，坚持公正，主张刑教兼施，要求父义、母慈、兄友、弟恭、子孝，以使社会和谐，天下大治。这里讲皋陶之所以被古代尊为圣人就是因为他在治狱的时候实行中道。

“执”，有拿着、掌握、坚持、实行、执着等含义。“执中”就是实行中道，贯彻中道，坚持中道，执着于中道。执中的目的在于“致中和”（或“致和”）。传统价值观认为，执中是为了致和，执中可以致和，执中才能致和。“执中”最早见于《尚书·大禹谟》：“惟精惟一，允执厥中。”意思是只有精诚专一的人，才能守住中正之道。“执中”的关键在于“用中”，即“执两用中”。《中庸》记载，孔子曰：“舜其大知也与！舜好问而好察迩言，隐恶而扬善，执其两端，用其中于民，其斯以为舜乎！”孔子的意思是，舜是最明智的人，他不耻下问且善于审察常人的言论，别人说错的加以掩盖，别人说对的加以表扬，能够抓住过与不及两个极端，取其中道而使百姓都实行，这就是舜之所以为舜的道理。在孔子看来，尧、舜、禹都把“执两用中”作为世代相传的治国基本要求，他们自己也始终坚持根据中道原则来治理国家。

孔子在全面继承中道思想的基础上，又根据典籍记载把虞舜的治国经验概括总结为“执其两端，用其中于民”（《中庸》）。这一表述将“执两”与“用中”有机统一起来，不仅进一步丰富了中道的内容，同时增加了它的理论含量。在孔子看来，只有做到“执两”，才能准确地“用中”。正是基于这一看法，孔子又提出了“过犹不及”的重要命题。“不及”是离“中”还有距离，没有达到“中”，其原因也许是太拘谨和保守，也许是努力不够。“过”则是走得太远，超过了“中”，过分或过度，其原因也许是太放纵和激进或者力度过大。两者虽然截然相反，但都是失中的结果，它们都偏离了中道而走向了极端。这就是“过犹不及”的原意。孔子所谓的“执其两端，用其中于民”，就是告诉人们要把握住事物进程中“过”与“不及”两种偏向使之不走向任何一个极端，只有这样，才能达到最佳的预期效果，统治者才能有效地治理国家，为百姓造福。这就是“执两用中”的原意。将“执两用中”与“过犹不及”综合起来看，就是要求人们坚持“中道”，戒其“过分”，免其“不及”。孔子这里是通过舜的事例告诫人们，办任何事情都要注意掌握好分寸，遵循事物的客观规律把事情做到最适当的程度。这个最适当的程度就是“中道”。

（3）“时中”

时中也是从容中道观念隐含的一种精神。传统价值观中的“时中”精神主要有两方面的含义：其一，合乎时宜；其二，随时变通。传统价值观倡导这种精神，是因为古人早就已经注意到同样的言行会因时间、地点、情景不同而产生十分不同的效果和影响。于是，合乎时宜和随时变通成为人们的信念和原则。“时中”是与“执中”紧密关联的，也可以说它是“执中”的权变。《孟子·尽心上》特别强调“执中”的时候要坚持“时中”原则。孟子说：“子莫执中。执中为近之。执中无权，犹执一也。”孟子认为，子莫这个人执着于中道，而中道接近于圣人之道。所以东汉经学家赵岐注曰：“执中和，近圣人之道。”不过，孟子这里所说的执中需要讲究权变。如果不讲权变，仍然会有固执一端的问题。这样一来，反而有害于道，只抓住一点，其他方面就会都废弃了。宋代杨时在解释以上所引孟子“执中无权，犹执一也”时说：“禹稷三过其门而不入，苟不当其可，则与墨子无异。颜子在陋巷不改其乐，苟不当其可，则与杨氏无异。子莫执为我兼爱之中而无权，乡邻有斗而不知闭户，同室有斗而不知救之，是亦犹执一耳，故孟子以为贼道。”（朱熹《四书章句集注·孟子集注》卷十三）杨时的这一段话，充分地阐发了时中对“合时”“变通”的要求。朱熹《中庸章句序》也讲：“‘君子时中’，则执中之谓也。”（《四书章句集注·中庸章句》）

在传统价值观中，“合时”作为“时中”的一种要求，不仅被视作个人行为实践和道德修养应遵循的一条基本准则，也被推广为治国安邦的一条重要原则。古代思想家从农业生产对天地变化的密切依赖中深切体会到“合时”对于国计民生的极端重要性，因此把“使民以时”（《论语·学而》）、“不违农时”（《孟子·梁惠王上》）等确定为治国的基本要求。草木开花结果时应禁止砍伐，鱼鳖怀卵时应禁止撒网下毒，春耕夏耘秋收冬藏应不失其时。荀子把这些要求称为“圣王之制”，他根据“养长时则六畜育，杀生时则草木殖”的道理做了这样的推论：“政令时则百姓一，贤良服。”（《荀子·王制》）在他看来，国家的政令必须合乎时宜，只有这样，老百姓才会拥护、服从，他们的步调才会一致。荀子这里讲的道理虽然直接而朴素，但意蕴深刻，直至今天仍然具有广泛的实际意义。

“时中”一词最早见于《周易·彖传》对“蒙”卦的解释：“蒙，亨。以亨行，时中也。”其本意很简单，说的是蒙卦通达、畅达，所以以通达来行事才是符合蒙卦要求的。《诗经·小雅·裳裳者华》也有诗句表达“时中”的意思：“左之左之，君子宜之。右之右之，君子有之。维其有之，是以似之。”这就是说，君子在任何情况下都能做到恰如其分，并能在坚持原则的前提下根据情况的变化做出相应调整，灵活应变。

“时中”作为一种思想理论是儒家最早提出的。《论语·宪问》中有这样一则记载。一天，孔子向公明贾打听公叔文子的为人。孔子问，听说公叔文子沉默寡言，不苟言笑，也不轻易接受别人的东西，是这样吗？公明贾回答说，这完全是误传。“夫子时然后言，人不厌其言；乐然后笑，人不厌其笑；义然后取，人不厌其取。”公明贾这是告诉孔子，公叔文子这个人是该说话时才说话，高兴时才笑，该拿的东西才拿，所以人们都不讨厌他。孔子听后大为赞赏，连连追问是否真是这样。在孔子看来，公叔文子的言、笑、取，都是合乎“时中”原则的。

荀子则特别强调君子要能够“与时屈伸”“与时迁徙”。他说：“与时屈伸，柔从若蒲苇，非慑怯也；刚强猛毅，靡所不信，非骄暴也。以义变应，知当曲直故也。《诗》曰：‘左之左之，君子宜之，右之右之，君子有之。’此言君子能以义屈信变应故也。”（《荀子·不苟》）荀子这段话是告诉人们，如果一个人能屈能伸，能随机应变，那么他的表现即使像蒲苇编的席子那样柔顺、能卷曲，那也不表明他懦弱畏惧；即使他刚强勇猛无敌于天下，那也不是他凶暴骄横的表现。之所以这样说，是因为这个人是在坚持原则的前提下随机应变，他懂得在什么情况下应柔顺权变，在什么情况下应刚强正直。

传统价值观看到了事物在自发运动中往往会向不平衡的方向发展的现象，于是提出了“中”和“时”的原则，用以防止和克服思想和行为方面的各种片面和极端，并在综合对立两方不同性质的情况下，求得某种平衡和全面。不过，传统价值观的“执中”和“时中”原则，在实际运用中常常被滥用，演变为“见风使舵”的代名词。这种人因而也就成了为孔孟所痛斥的那种“乡愿”式的人。这正是我们在弘扬传统价值观的“从容中道”精神时特别需要注意和警惕的问题。

(4)“守中”

“守中”的概念是老子提出来的，讲的是人的一种修养方法。在老子那里，“守中”就是保持内心的虚无清静，在他看来，如此就能“复归于朴”。他说：“天地之间，其犹橐籥乎？虚而不屈，动而愈出。多言数穷，不如守中。”(《老子》五章）王纯甫注：“中也者，中也；虚也，无也，不可言且名者也。”老子的意思是，天地之间就像个风箱，空虚而不会穷竭，愈鼓动就愈能生出风来，生生不息。人说的话多，往往会使自己陷入困境，还不如保持虚静沉默，把话留在心里。老子之后，也有人论及“守中”思想。例如，唐代司空图《二十四诗品·劲健》说：“饮真茹强，蓄素守中。喻彼行健，是谓存雄。”《云笈七签》卷十也将守中作为自然之法：“夫守中自然之法，不能晓知天地人物所从出，不能知道之根源变化所由。”

“多言数穷，不如守中”这句话是告诫人们，要修养诚敬中和之德。诚是真诚，敬是恭敬。内心真诚，外面言行就会表现得恭敬，敬人、敬事、敬物。自己中和，必定能够跟人和谐相处，这是仁德。有这种诚敬中和的德性，自然就能够敏于事而慎于言。不用人教，不用刻意，言语自然就会谨慎。所以，这句话实际上是从处事的角度来告诉我们存养本性。要做到“守中”，需要有智慧。什么时候该说，什么时候不该说，这个分寸的把握就要凭智慧。智慧从哪来？在老子看来，心地清净就有智慧了。人们之所以常常没有智慧，就是因为人有私欲和私情，欲望和情感妨碍了人对本性的持守。《大学》云：“有所好乐，则不得其正。”

讲的就是让我们心正，即放下私欲和私情。

七　“推己及物”

“推己及物”是程颢在概括孔子的“忠恕之道”及相关思想的基础上提出的，原文是：“以己及物，仁也。推己及物，恕也。”（《二程集·河南程氏遗书》卷第十一）程颢这里的“仁”实际上指“忠”。他这句话的意思是，我们施惠于他人或事物就是忠，而我们由自己推想他人和事物或设身处地替他人或事物着想就是“恕”。“推己及物”与“推己及人”相一致。“推己及人”是朱熹概括孔子的“忠恕之道”并借鉴了程颢的“推己及物”命题提出来的。[①] 朱熹的表述是：“学者之于忠恕，未免参校彼己，推己及人则宜。”（《与范直阁书》）朱熹这里讲的意思是，孔子讲的“忠恕之道”就是要人推己及人，即要用自己的心意去推想别人的心意，设身处地地替别人着想。两者的关系，从逻辑上来讲，“推己及物”是对“推己及人”的推广，而从时间上来讲，前者在后而后者在前。“推己及物”直接源自“忠恕之道”，同时也包含孟子的“亲亲而仁民，仁民而爱物”的思想。对于孔子来说，“忠恕之道”是他独立提出并终生持守的思想和学说，更为重要的是，这一学说对于他的思想来说具有根本性的意义。孔子的根本思想是“仁者爱人”，而“忠恕之道”就是实现这一思想的根本途径。孟子进一步将“仁者爱人”扩展为“仁者爱物”，这一扩展得到了后世儒家的普遍认同，其典型表述就是张载的“民胞物与”。“推己及物”观念源自《周易》《尚书》等远古文献，《尚书·武成》就明确谴责商纣王“暴殄天物，害虐烝民”，它更体现了《周易·坤卦》的“厚德载物”精神。孔子、孟子第一次从哲学的高度对这种观念进行了概括。其通过后儒的弘扬以及儒家在传统社会的主导地位而得到广泛社会认同，成为传统价值观和中华文化的基本精神之一。

1. 推己及物观念的形成

“推己及物”之所以成为传统价值观的基本精神，是因为这一精神

---

① 朱熹使用这一术语，可能是从张载那里受到启发。张载说过这样的话：“仁道有本，近譬诸身，推以及人，乃其方也。”（《正蒙·至当》）

充分体现了传统价值观的天人合一观念，可以说是天人合一观念的实践路径。前文谈到，天人合一观念是中国最古老的观念，《易经》就是以天人整体观为思想基础构建的巫术操作系统，《易传》则将巫术转变为学术，构建起了天道、地道和人道相统一的天人合一思想体系。《易传》所体现的是儒家的思想，这种思想并不为其他各派认同。例如，道家并不主张将道区分为天道、地道和人道，更反对将人道理解为“仁义礼智”，而认为天道即道，人性即道的体现，天道、人道是同一个道，而不是两种不同的道。虽然先秦各家对道的理解存在分歧，但有一点是相同的，即他们都把道看作万事万物的根本，宇宙万物归根结底都统一于道，正是在道的基础上宇宙万物形成了一个“生生不已”的整体。人类是这个整体中的一部分，天人原本是相通的，是合一的。然而，人又是宇宙万物中的一个特殊部分，具有理智和自主性，正是这种特殊性使人类有可能彼此伤害并祸及自然万物，从而败坏人性，破坏社会和宇宙的和谐。既然天人原本是合一的，而人特有的能动性会破坏这种合一，导致人类生存危机，那么就必须解决这一问题。于是，各家提出了各自的主张，其中从天人合一的角度提出和解决这一问题的主要有儒、墨、道三家。

道家解决这个问题的思路最为简单，那就是放弃人的能动性，放弃人的作为，以无为和顺从自然来解决天人不合一的问题。然而，人类已经有所作为，而这种作为会导致很多危害人类生存和宇宙和谐的问题。鉴于这种情况，道家主张“复归于朴”“求复其初”，以至达到“见素抱朴，少私寡欲”的孩童状态，或“齐万物”“一死生”的逍遥状态。因此，对于道家来说，不存在爱的问题，既无亲人之爱的问题，也无众人之爱的问题，当然也无万物之爱的问题。既然如此，道家也不要求推己及人、推己及物，它的唯一要求是“返朴归真”。与道家不同，墨家不怎么讲天道，但肯定有上天存在，而这种“天”是有意志的。“天欲义而恶不义。”（《墨子·天志上》）要解决人类社会的战乱等各种问题，就必须顺应天意。这种天意就是“兼相爱、交相利”，顺从天意者会得到好报，而违反天意者必定会受到惩罚。“顺天意者，兼相爱，交相利，必得赏；反天意者，别相恶，交相贼，必得罚。”（《墨子·天志上》）墨家虽然讲人与人之间兼相爱，但把这种“兼爱”视为天意，因而不需要孔子所讲的“忠恕之道”，不需要推己及人，只需要顺从天意即可。显然，道家和墨家都是承认天人合一的，但他们的主张都是人合于天，要么复归于天，要么听命于天。所以，对于道、墨两家来说，实现天人合一，并不需要推己及人、推人及物。然而，儒家要实现天人合一，则必然会提出推己及物的要求。

儒家天人合一观的基础是把人道赋予天道，或者说从人道推衍出天道（包括地道）。人道是仁义道德，于是天道也是仁义道德。做了这种推衍后，儒家又反过来从天道推出人道，认为人道来自天道。道在人身上体现为“性”，而性即仁义礼智“四端”。这样，对于儒家来说，天人合一的基础实际上是人道，即仁义道德。在儒家看来，人性的“善端”并不能自然生长，而且人由于具有能动性常常破坏或损害“善端”的生长，因此就需要教化和修身。教化和修身的内容就是掌握仁义道德，其核心内容就是仁爱。这种仁爱是人的本性，而这种本性作为人道是对天道、地道的分享。把这种仁爱之情表达和体现出来，就是人的自我实现，也是人对天地之道分享的回报。因此，有了这种仁爱，人就真正成为人，即君子以至圣人。

仁爱是有对象的，这些对象是与施爱者具有共同本性的人和物。人出生于家庭，最初所接触的也是亲人和家庭，后来接触的范围逐渐扩大，从亲人扩大到朋友以至人类和万物，从家庭扩大到国家以至天地。然而，仁爱不会自然形成，也并不会自然而然地就投射到所有这些对象。仁爱是一种大德，要具有这种大德就得修身，通过修身来不断提高自己的境界。只有不断修身，一个人才能获得仁爱之情，才能将仁爱之情从亲人、家庭播撒到人类和万物、天地。人达到了这种境界，就成了“天民”，就成了圣人，也才真正成为人，或者说，才成为完全意义上的人。这样，儒家就把仁爱之心推向了天地万物，在爱人的基础上不断向外扩展爱心，将仁爱的精神和情感灌注到自然万物，用爱心将人与自然联结为一体，倡导人们追求与天地万物为一体的崇高境界。“推己及物”成为传统价值观的基本精神，与儒家一以贯之地推崇这种精神直接相关。儒家思想的核心是“仁爱”，这种仁爱的对象最初是他人，后来进一步扩展到万物，即由己推人，然后推人及物。

“仁爱”思想是孔子明确提出来的，其基本含义是“仁者爱人”。在孔子那里，爱人就要爱所有的人，只不过爱的进路是从亲人扩展到众人即陌生人。孔子虽然没有关于“仁爱”包含推己及物的明确表述，但他已经有这种思想，而且他本人也对自然界的生命充满了怜悯、关怀的情感。《论语·述而》记载：“子钓而不纲，弋不射宿。”意思是，孔子只钓鱼，不用大网捞鱼，用弋射鸟，但不射已归巢之鸟。孔子的这些做法表明孔子爱物及取物有节的崇高境界与高尚情操。《孔子家语·曲礼子夏问》记载，孔子家的看门狗死了，他让弟子子贡去安葬它。他说：“路马死，则藏之以帷，狗则藏之以盖，汝往埋之。吾闻弊帏不弃，为埋马也；弊盖不弃，为埋狗也。今吾贫无盖，于其封也与之席，无使其首陷于土也。”对死了的狗、马等动物，孔子都要把它们包裹起来埋葬，这充分显示了他对动物的怜爱之情和仁爱精神。

孟子深懂孔子“仁爱”思想的意涵，并且对其加以发挥和创新。一方面，他赞同孔子的主张，对待别人要将心比心，推己及人，从爱亲人到爱众人；另一方面，他又进一步主张推人及万物，提出“亲亲而仁民，仁民而爱物”，认为“君子之于物也，爱之而弗仁；于民也，仁之而弗亲”（《孟子·尽心上》）。根据朱熹《四书章句集注·孟子集注》卷十三中的解释，这里的“物”是指“禽兽草木”，而“爱”谓“取之有时，用之有节”。“爱物”即爱惜禽兽草木。孟子将爱区分为亲爱、仁爱、珍爱三个不同层次。亲爱指爱亲人，仁爱指爱同胞，珍爱则指爱万物。这三者之间的关系并非截然对立，而是一种递推式的不同形式的爱之间的关系。在孟子那里，“爱物”由亲亲、仁民推衍而来。一个人只有爱自己的亲人，然后才有可能将爱推及百姓；只有爱百姓，然后才有可能将爱推及万物。虽然爱有亲有疏、有远有近，但这些差别不是质上的，甚至也不是量上的，而只是因为爱的对象本身与自己的距离远近而对爱之对象（被爱者）进行有差异性的对待，使爱呈现出不同形式：对亲人的亲爱、对他人的仁爱、对万物的珍爱。爱的不同形式并不代表爱的质和量有根本性的差别。一个人可以将距离最远的对万物的珍爱之情转变为为了保护环境而毕生从事环保事业，一个人也可以为了国家的和平安宁而奉献青春和热血。因此，无论是亲爱、仁爱、珍爱，还是自爱，实质上都是人类对自身、对生命、对天地关怀的不同情感体现，在本质上是相通的、一致的。然而，只有当人意识到自己的爱人本性并掌握了推己及人、推人及物的方法时，才能将这种本性的爱人情感扩展开去。在孔孟看来，这就需要修身。

董仲舒也像孟子一样，将孔子“爱人”的主张引申到爱生物，将爱他人延伸到对自然的爱护。他说：“质于爱民，以下至于鸟兽昆虫莫不爱。不爱，奚足谓仁?”（《春秋繁露·仁义法》）在他看来，一个人如果号称爱百姓，却连鸟兽昆虫都不爱，那算不上有仁爱之心。所以，他强调要泛爱一切有生命的事物，善待它们而不是虐待它们。“泛爱群生，不以喜怒赏罚，所以为仁也。”（《春秋繁露·离合根》）董仲舒这样就把仁爱的范围从人扩展到一切生物，表现出了儒家关爱生命、生灵的高尚情操和博大胸怀。张载将孔子到董仲舒的“仁爱”思想表述为“民吾同胞，物吾与也”。这一命题告诉人们万民是我们的同胞，万物是我们的朋友，我们要把人类当作同胞，也要把万物当作同胞。我们既要善待人类，也要善待万物。这就给我们描绘了一个万物和谐、天人合一的理想宇宙图景，人作为其中充满仁爱精神的佼佼者，作为具有自主性、能动性和构建性的主体，应该通过把仁爱从亲人推广到百姓、万物来使这种美好理想变成自然和谐的现实。至此，张载就将先秦儒家的仁爱思想推向了顶峰。在董仲舒之后，宋明理学家在哲学上把“仁爱”之“仁”本体化，将仁解释为“天地万物一体之仁”（《传习录》中卷）。“学者须先识仁。仁者，浑然与物同体。”“仁者，以天地万物为一体，莫非己也。认得为己，何所不至？若不有诸己，自不与己相干。如手足不仁，气已不贯，皆不属己。故‘博施济众’，乃圣之功用。”（《二程集·河南程氏遗书》卷第二上）“仁者，以天地万物为一体”，说的是仁者能够把天地万物视为与自己息息相关的生生不已的整体，视为自己生命的一部分，所以仁者能够把自己与他人以至万物视为不可分割的整体。朱熹对儒家“仁”的思想做了进一步的本体论阐释，以“生物之心”释“仁”，从而开辟了儒家仁学的新方向。他说：“天地以生物为心者也，而人物之生，又各得夫天地之心以为心者也。故语心之德，虽其总摄贯通无所不备，然一言以蔽之，则曰仁而已矣。”他认为，此心“在天地则块然生物之心，在人则温然爱人利物之心”（以上见《仁说》，《晦庵先生朱文公文集》卷六十七），并最终把“爱物”解读为“取之有时，用之有节”（《四书章句集注·孟子集注》卷十三）。与朱熹同时代的心学开创者陆九渊根据孟子的“万物皆备于我”（《孟子·尽心上》）思想，提出“宇宙便是吾心，吾心即是宇宙”（《杂说》，

《陆九渊集》卷二十二）。王阳明根据陆九渊的这一思想将“圣人之心”“大人”与天地万物联系起来释“仁”。他说：“圣人之心以天地万物为一体，其视天下之人，无外内远近：凡有血气，皆其昆弟赤子之亲，莫不欲安全而教养之，以遂其万物一体之念。”（《传习录》中卷）“大人者，以天地万物为一体者也，其视天下犹一家，中国犹一人焉。若夫间形骸而分尔我者，小人矣。”（《大学问》，《王阳明集》卷二十六）王阳明这里讲的“天下犹一家”“中国犹一人”，指人与人、人与社会、人与天地万物原本就是和谐一体的。

值得特别注意的是，宋明理学家虽然讲“仁”，但通常把“仁”理解为仁义道德特别是“三纲五常”，不太讲先秦儒家赋予“仁”的爱的内涵。这是宋明理学家理解的“仁”与先秦儒家理解的“仁”之间存在的重大差别。不过，从总体上看，儒家思想是以“仁爱”为中心的，并将“仁爱”一层层扩展，从爱亲人最后扩展到爱万物，主张人们既要培育爱亲人、朋友和同胞的高尚道德品质，又要有爱护天地万物的广阔道德情怀。儒家的“仁民爱物”主张对于中华民族推己及物精神的形成起到了重要的推动作用。明代吕坤在《呻吟语·谈道》中说：“己欲立而立人，己欲达而达人，便是肫肫其仁，天下一家滋味。然须推及鸟兽，又推及草木，方充得尽。若父子兄弟间便有各自立达、争先求胜的念头，更那顾得别个。”吕坤这里凸显孔子“己欲立而立人，己欲达而达人”的“忠道”，实际上是主张将成己成人转换为成己成物，至于人与人之间的关系则因每一个人都追求成为自己而不必在这方面多下功夫。吕坤不属于儒家，但他看到了儒家仁爱思想的局限，特别是成己成人的不可能性。由此看来，吕坤的上述思想具有某种纠偏的意义，对于我们今天正确认识儒家仁爱思想不无启发。

2. 推己及物观念的含义与精神隐蕴

推己及物包括推己及人和推人及物两个层次。推己及人，就是通过反思，把对自己的关爱，扩展到对所有人以及由不同人群构成的共同体的关爱，从关爱亲人到关爱朋友以至关爱整个人类，从关爱自己生活在其中的家庭到关爱祖国以至关爱整个世界。推人及物，就是在推己及人的基础上，把关爱人类扩展到关爱自然万物，扩展到关爱人类生活的地球，以至扩展到关爱地球所在的整个宇宙。这是一种极其广阔而又崇高的道德情怀，对于人生不断完善、人生境界不断提升具有极其重要的引导和启发作用。因此，推己及物是一种无疆之大爱，所体现的是一种人类精神和宇宙精神。具有了这种精神，人就可以超越个体和家庭，达到与天地同体的天人合一圣境。

推己及人和推人及物之间存在密切的关联。推己及人是推人及物的前提，推人及物是推己及人的扩展。两者的实质内涵是“仁爱”，没有这种内涵，两者都既无必要也无可能。一个人没有仁爱之心，他就不会推己及人、及物，而只会考虑他自己，考虑如何将别人的关爱吸引到自身，甚至只考虑如何通过损人来利己，当然也不可能做到推己及人。“推己”是两者的共同基础，没有推己及人也就无所谓推人及物。两者在逻辑上是同一个过程的两个不同阶段。一个人反思自己，会意识到自己对自己的关爱，同时他还会意识到，自己是家庭、国家、人类、地球、宇宙的一员，与所有这些他者存在水乳交融的关系。一方面，自己要生活得好，仅有自己对自己的关爱是远远不够的，还需要得到他者的关爱；另一方面，他者像自己一样也需要得到关爱。有了以上这两种意识，一个人就会进一步意识到，要得到他者的关爱，就必须对他者付出关爱。而他者是一个从亲人、家庭到人类、宇宙的序列，由于人本身的局限，关爱的对象得从亲人扩展到他人、人类，然后再从人类扩展到万物。这整个过程以反思自己之后意识到自己需要关爱、他者也需要关爱为起点，然后把对自己的关爱扩展到对他者的关爱。这里的“推己”就是从反思自己的需要出发推衍他者的需要，是整个推衍过程的起点。由此看来，推己及物实际上是一种只能与仁爱或道德的意图相联系的道德思维模式或方式，它不能运用于不道德的意图。

推人及物作为一种仁爱的道德思维方式，它的目的和实质是仁爱精神。仁爱精神体现为三种基本精神：“亲爱”精神，包括爱亲人、爱家庭、爱祖国；“泛爱”精神，包括爱路人、爱同胞、爱人类（世界）；“博爱”精神，包括爱万物、爱地球、爱宇宙。对于所有这些精神，传统价值观并不一定都有明确的理论表达，但它们都可以从推人及物这一基本精神中推衍出来，都是仁爱精神的题中应有之义。

（1）爱亲人

爱亲人是推己及物得出的第一个结论，它与人的自然情感直接相关联，因而也是人们最容易接受的一种仁爱精神。在中国历史文献中，关于爱亲人有许多不同的表述，其中最权威的是《礼记·礼运》中的表述："何谓人义？父慈、子孝、兄良、弟弟、夫义、妇听、长惠、幼顺、君仁、臣忠。"在传统价值观中，爱亲人主要体现为孝悌的要求，而其中的孝又特别受到重视，它被儒家视为最重要的仁爱精神或德性，即所谓"百善孝为先"（王永彬《围炉夜话》）。在先秦的文献中，父子、兄弟、长幼、夫妇之间爱的关系基本上是对等的，尽管不同的身份有不同的具体要求。

传统的爱亲人的要求在传统社会发生了两个重大偏差。第一，亲人之间的亲爱关系被确定为道义关系，亲爱成了家庭成员的义务或责任。传统社会之所以要以道义的形式来约束亲爱关系，是因为在现实生活中，家庭成员之间自然的亲爱关系会由于种种因素遭到破坏或损害，常常会发生子弑父、兄弟手足相残的情形。从这种意义上看，将亲人之间的亲爱关系转化为道义关系，有助于维护这种亲爱关系。但是，在皇权专制时代，为适应专制统治的需要，亲爱关系逐渐淡化，演变成了纯粹的道义关系。第二，亲人之间的平等道义关系演变成了不平等的关系。在皇权专制时代，为了强化皇权，统治者利用宗法制度不断强化父权、夫权，导致了"父为子纲""夫为妻纲"的不平等家庭关系，甚至出现了"父要子亡，子不得不亡"的家庭父权专制局面。这两大偏差的发生，严重破坏了爱亲人的那种亲爱关系，实际上也就破坏了家庭的和谐。

正因为传统社会爱亲人的精神受到了严重的扭曲，所以今天我们不能简单地弘扬传统的孝悌观念和精神，而要剥离其中的专制因素，使亲人之间的亲情回归到它本身的内涵，即亲人之间的关怀、爱护、帮助、支持。亲人之间的道义必须服务于这种亲情关系，而不能为了道义关系牺牲亲情关系。

（2）爱家庭

中国人自古习惯宗族群居，流动性差，传统上又讲究"传宗接代""养儿防老"，追求"四世同堂"之福。这一切造成中国人的家庭观念特别强，习惯于在一种关系网中生存。更为重要的是，传统社会是一种宗法社会，家国一体，家庭是国家的缩小，国家是家庭的扩大。家庭是组成国家的基本单位，每个人都必须依附家庭而存在，因而有所谓"家国天下”之说。家庭是由亲人组成的，对亲人的爱可扩展到对家庭和家族的爱，因而爱家庭也属于亲爱之情。但实际上，传统社会不怎么讲对家庭的爱，而讲“齐家”，把“齐家”作为治国平天下的前提。“齐家”的意思是使家族成员能够齐心协力、和睦相处，因而“齐”字有治理、整理的意思。为什么要“齐”家？因为传统社会讲究“家和万事兴”，只有把家庭治理好了，才会有家庭的和睦，也才会有家庭的兴旺。显然，“齐家”是一种家庭的道德要求，是家庭成员应尽的家庭义务。为了履行这种义务，在家庭成员个人的利益与家庭的利益发生冲突时，个人必须牺牲自己的利益保全家庭的利益。因此，爱家庭虽然是一种亲情的体现，但在传统社会，这种亲情被湮没在道义要求之中，爱家庭的精神发育不充分、不成熟。

（3）爱祖国

祖国是指祖先开辟的生存之地。在传统社会，人们一般都崇拜、爱惜和捍卫生生不息世代相传的土地，对它有归属感，而这种归属感来自对民族文化的认同和家族的传承。严格来说，祖国才真正是家庭的扩大，它是人们生于斯死于斯的生存家园。在这种意义上来理解祖国，对它的爱才属于亲情的范畴。当一个人这样来理解祖国并热爱它时，那么他就有了爱祖国之情。《孔子家语·礼运》中有：“圣人能以天下为一家，以中国为一人”，说的就是古代圣人能够把天下当成一家，把中国境内的人都看成像自己一样的人。在传统文化中，爱祖国的内容十分丰富，其中最为重要的是对国家主权、大好河山、灿烂文化以及骨肉同胞的热爱之情。在中国历史上有许多可歌可泣的爱国英雄，他们都对祖国充满深沉的爱恋，并将这种情感转化为捍卫祖国主权和大好河山、通过自己的艰苦努力使祖国强大的崇高行动。

不过，传统文化在爱祖国问题上也存在偏颇。在宗法主义封建制和专制时代，祖国与王权意义上的国家之间、国家与君王之间很难加以区别。在这种情况下，一部分人把对祖国的爱转化成对国家的义务，而又进一步把对国家的义务转化成对君王的忠。“忠君”和“孝亲”于是就成了传统社会相互支撑的两大道德支柱。所以，在传统社会，只有在外敌入侵的情况下，才会有人表现出对作为生存家园的祖国的热爱之情，而在人们的日常生活中，这种情感被湮没在对君王之忠的道义约束中。

当然，祖国并不是完全抽象的，它总是以政治国家的形式呈现在人们面前。但是，不能以对政治国家特别是君王的忠取代对祖国的爱，不能把政治义务与祖国之爱混为一谈。

（4）爱路人

“路人”指亲人以外的人，包括陌生人。在传统文化中，爱路人是得到比较广泛认同的一种精神。孔子说的“出则弟，谨而信”，就是指对路人特别是年长的人要尊敬顺从，对他人要谨慎守信。如果我们把孔子所说的孝悌理解为爱的形式，那么他这里所说的就是对路人的爱。墨子讲的“兼爱”更是一种路人之爱，即天下之人彼此相爱。其对象不仅涵盖亲人、熟人，甚至包括陌生人，就是说，其对象指自己之外的所有人。这就是他所说的“兼”的范围。应该说，在传统文化中，墨子是对爱路人最为重视的，把它视为治国安邦之道。他说：“故兼者，圣王之道也，王公大人之所以安也，万民衣食之所以足也。”（《墨子·兼爱下》）他还要求君子细察“兼”的道理并努力地践行它。不过，墨子所讲的爱的内容还是仁义道德一类的东西，并非真正意义上的关爱。他说：“为人君必惠，为人臣必忠；为人父必慈，为人子必孝；为人兄必友，为人弟必悌。故君子莫若欲为惠君、忠臣、慈父、孝子、友兄、悌弟，当若兼之不可不行也。此圣王之道，而万民之大利也。”（《墨子·兼爱下》）看来传统文化将爱与义混同起来是一个共同的局限。今天看来，道德情感和道德要求之间虽有关联，但存在重大区别。出于道德情感行事比出于道德要求行事在道德上更有价值，具有道德情感就可以一以贯之地行德行，而出于道德要求行事却并非一定如此。

（5）爱同胞

这里所说的“同胞”不是指个别人，而是指天下或国家的百姓，大致上相当于张载所说的“民胞物与”中的“民胞”。在传统文化中，爱同胞主要是就统治者而言的，因为只有统治者才有这种可能性。传统文化中爱同胞的内容比爱路人丰富得多。《尚书》中就有很多这方面的记载。开篇的《尧典》就讲尧“克明俊德，以亲九族。九族既睦，平章百姓。百姓昭明，协和万邦”。这里讲的就是尧怎么爱护自己的同胞。孔子讲的“泛爱众”就是讲广施爱心，所指的就是爱同胞。孟子主张施“仁政”，所体现的就是爱同胞的情怀。历史文献中还有许多有关统治者爱同胞的故事，它们记载的是爱同胞情感的践行。

《晏子春秋》记载的“景公衣狐白裘不知天寒晏子谏”的故事，所歌颂的就是晏子和齐景公爱同胞的精神。齐景公在位的时候，雪下了几天不放晴。景公披着白色的狐皮大衣，坐在朝堂一旁的台阶上。晏子进去朝见，站立了一会儿，景公说：“奇怪啊！雪下了几天，但是天气不冷。”晏子回答说：“天气真的不冷吗？”景公笑了。晏子说：“我听说古代贤德的国君，自己吃饱却知道别人的饥饿，自己温暖却知道别人的寒冷，自己安逸却知道别人的劳苦。现在的君王不知道这一点。”景公说：“好！我听从您的教诲吧。”于是，他就拿出衣物和粮食，发放给那些挨饿受冻的人，而且要求发放时不论对象的身份。在路上遇见的，不用问他们是哪个乡的；在巷道碰见的，不用问他们是哪一家的；在国内巡视，只统计这些人的数目，不用记下他们的姓名。对景公的这些善举，孔子十分称赞。他说：“晏子能明其所欲，景公能行其所善也。”（《晏子春秋·内篇谏上》）他的意思是，晏子能阐明他的愿望，景公能实行他认识到的德政。

对于漫长的传统社会历史来说，这个故事只是沧海一粟。但它足以表明，爱同胞是传统社会普遍信奉的一种推己及人精神，这种精神在许多明君那里得到了践行和体现。

（6）爱人类

整个人类的共同体就是世界，爱人类就是爱世界。中国古人受认识水平的限制，误以为中国位于天下的中心，想象中国四周被大海环绕着，其他国家都在大海之外。这种根深蒂固的观念直到明末外国传教士利玛窦到中国来才开始改变。中国人这时才从利玛窦带来的世界地图上知道中国之外还有广大的世界，中国不是世界的中心，而不过是处于世界一隅的一国。但即便在这时，还有许多中国人不认可中国偏于世界全图一隅的画法，以至于利玛窦不得不修改他的世界地图，把中国调至地图的中央。直到清末思想家魏源在《海国图志》[①] 中才使用了“海国”这一

① 该书于1842年完成50卷，到1852年又扩充为百卷本。全书达500卷之多。这是中国有史以来最早的一部由国人自己编写的介绍世界各国情况的巨著。书中征引中外古今近百种资料，系统地介绍了西方各国的地理、历史、政治状况和许多先进科学技术，如火轮船、地雷等新式武器的制造和使用。所记载的各国气候、物产、交通贸易、民情风俗、文化教育、中外关系、宗教、历法、科学技术等，都超过了以前的书。

概念。不过，在他看来，世界各国不是“海岸之国”就是“海岛之国”，唯有中国例外，它处于世界的中心。所以，在中国历史上的相当长时期，中国人似乎一直没有完整的“人类”概念和“世界”概念，人们心中的世界大致上就是天下，天下之人就是人类，人类都被视为同胞，因而爱人类实际上也就是爱同胞。

对于这种天下的理想状态，孔子和孟子都做过论述。孔子认为，这种天下就是“大道之行也，天下为公”（《礼记·礼运》）的“大同社会”。在孔子心目中，这种大同社会就是尧舜时代的社会，是一种充满了仁爱的社会。孟子的理想是“老吾老，以及人之老；幼吾幼，以及人之幼”（《孟子·梁惠王上》）的社会，这种天下也是一种人与人之间相互仁爱的德化社会。而且，他所说的“天民”就是“达可行于天下而后行之者也”（《孟子·尽心上》）的爱人类之人。孔孟虽然没有明确提出爱人类和爱世界，但他们所描述的理想世界（天下）实际上就是一种其成员彼此相爱的社会。实际上，从推己及物的道德思维模式完全可以推出，世界（人类）共同体的每一个成员都应该爱这个共同体及其中的其他成员，将其视为自己的同胞。今天中国致力于推进人类命运共同体建设，正是这种推己及物道德思维模式的现代运用。

（7）爱万物

爱万物就是爱我们周围的所有事物，特别是自然事物。爱万物的精神虽然已经包含在“厚德载物”的精神之中，但第一次运用推己及物的道德思维方式从己推至人再由人推至物的是孟子，爱万物即他所说的“亲亲而仁民，仁民而爱物”（《孟子·尽心上》）。孟子不仅提出了爱万物的主张，而且努力贯彻这种仁爱精神。《孟子·梁惠王上》记载，齐宣王看见被赶去用作祭祀的牛可怜兮兮的样子就动了恻隐之心，于是下令用一只羊去代替它。孟子肯定齐宣王不让那头牛被送去用作祭祀是出于一种仁爱之心，但以羊代替牛去做“牺牲”是不对的，所以他说齐宣王这样做是“见牛未见羊”。于是，他说了这样一段话：“无伤也，是乃仁术也，见牛未见羊也。君子之于禽兽也，见其生，不忍见其死；闻其声，不忍食其肉。是以君子远庖厨也。”（《孟子·梁惠王上》）在孟子看来，礼仪需要宰杀牛羊作为祭品是可以理解的，但君子看见活着的禽兽就不会忍心看着它们被杀死，听到它们的哀叫更不会忍心去吃它们的肉，因此，君子应远离屠杀禽兽的厨房。传统文化的爱万物精神在张载那里得到了典型表达，他的“民吾同胞，物吾与也”，最终确立了爱万物作为中华民族基本精神的不可动摇的地位。

（8）爱地球（地）

也许在整个传统社会，中国人都没有“地球”的概念。但是，中国人很早就有“天地”的概念，如果说保存到今天的《易经》的基本思想是伏羲氏确立的，而“乾”（“天”）和“坤”（“地”）是其中的最基本概念，那么可以肯定早在伏羲氏的时代就有了“地”的概念和观念。八卦中除了乾卦和震卦之外，其他六卦都是涉及大地的（除坤为地外，艮为山、离为火、坎为水、兑为泽、巽为风，它们都是地上的自然现象），这表明当时对地的认识更充分，对地也更重视。《易经》中的坤卦及其他涉地的卦中的“地”虽然指的不是作为星体的地球，但它们指的是大地，而不是地球上的个体事物。到了春秋时期，思想家们更是肯定天有天道，地有地道，这表明他们实际上已经把地看作和天一样的实体。从现有的历史资料看，传统文化虽然未明确表达过对大地的热爱之情（未见有“爱大地”之类的字眼），但有对大地像对上天一样十分崇敬的感情。正因为如此，才有《周易·象传》的“地势坤，君子以厚德载物”之说。这一说法实际上表达了古人对大地及其德性的无比崇敬之情。如果我们认同传统文化把“孝”作为亲爱的形式，那么也可以说古人要求人像大地那样“厚德载物”就是一种对大地珍爱的形式。今天人类意识到应当热爱地球，这是从地球是人类的生存家园的角度考虑的，而古代崇敬大地则是从大地所具有的品格出发的，实际上古人对地球的崇敬比今人对地球的热爱更少了功利的成分。因此我们不得不说，这不仅是难能可贵的，而且其中有不少东西值得认真弘扬和发展。

（9）爱宇宙（天）

与缺乏明确的“地球”概念不同，古代很早就有了“宇宙”的概念。《文子·自然》云：“往古来今谓之宙，上下四方谓之宇。”《庄子·庚桑楚》也说：“出无本，入无窍。有实而无乎处，有长而无乎本剽。有所出而无窍者，有实。有实而无乎处者，宇也；有长而无本剽者，宙也。”后来《尸子》和《淮南子》重述了《文子·自然》的宇宙观，这表明当时（春秋战国时期）的人在宇宙问题上达成了基本共识，它是包含天地万物、日月星辰及其生灭变化的。对于这种宇宙，古人似乎没有表达出崇敬之情，而当时的宇宙观多少是对事实的客观描述。不过，这种宇宙观源自古老的天地（乾坤）观念，自春秋时期以来，中国古人对天地是崇敬的。前文已谈了对大地的崇敬，实际上当时对上天的崇敬远远超过对大地的崇敬。当时人们之所以特别崇敬上天，是因为在他们看来上天如《周易·象传》对乾卦的解释所言的那样“自强不息”。这种崇敬像对大地的崇敬一样，是当时爱上天的一种特殊形式。这表明，爱宇宙也是传统价值观的一种基本精神，从根本上说，这种精神也源自推己及物这种道德思维模式。

八　“见义勇为”

“见义勇为”出自《论语·为政》：“见义不为，无勇也。”孔子这句话的原意是，眼见合乎道义的事也不去做，就是缺乏勇敢的品质。“见义勇为”就是从孔子的这一否定性命题引申出的肯定性命题，其基本含义就是见到合乎道义的事就勇敢地去做。虽然在古籍中未见有多少关于这一命题的阐述和发挥，但几千年来它一直是激励中国人为他人、民族、祖国不懈奋斗甚至抛头颅洒热血的强大精神动力，是中华民族精神的重要体现，也是传统价值观的基本精神之一。

1. 见义勇为观念的由来及基本含义

见义勇为之所以自古以来得到广泛认同和普遍推崇，从根本上说是因为中华民族和中国人民历来高度重视道义，把道义视为人之为人的根本，把做符合道义的事视为人的价值的体现。

在传统文化中，“见义勇为”的“义”并非现代意义的义务，而是道义。在传统社会早期，道义就是“德”及其践行，而“德”是对“道”的“得”，也就是认识到了“道”，并在此基础上使之成为自己的品质，即德性，这才真正得到了“道”。然而，这种“道”相对于人而言，并不是完全外在的，而是内外相通的。就是说，外在的天地以及万事万物之“道”与人的“道”是同一个“道”，至少是同一个道的不同表现形式，它在万事万物以及人身上体现为“性”。因此，人得到了“道”，实际上就是人认识到了自己的本性并使之成为自己的品质。把这种品质在自己的一切行为中体现出来，就是“义”，这就是孟子说的“居仁由义”（《孟子·尽心上》）。这里的“仁”就是德，而“义”就是使德见于行的路径。既然“义”是实现人之本性和“道”的根本路径，那么人就要努力地实现“义”，在任何可能实现“义”的情况下都要勇敢地站出来，奋不顾身地追求“义”的实现。

春秋战国时代，孔子将传统的“德”概括为“仁”，并赋予其“爱人”的含义，于是“仁爱”成为一种总体性的德性。孔子谈“义”不多，也没有将“义”与“道”联系起来。他所说的“义”主要是一种规范范畴，大致上是将其作为“礼”的内容看待，体现为“仁”的总体性要求。“义”具体化为各种“礼”。不过，孔子继承了前人将“德”作为人之为人的规定性的思想，把“仁”视为人的根本。正是在这种意义上，他要求人们“杀身以成仁”（《论语·卫灵公》）。因为在他看来，既然仁是人之根本，成为仁者（最高体现是“圣人”）是人生价值的充分体现，那么，当人能够实现仁的时候，即使牺牲性命，也不能为了求生而损害“仁”。在孔子那里，“仁”是内在的德性品质，它需要在行为中体现出来，即按“仁”的要求去做，这种要求就是“义”，具体体现为各种礼。所以，孔子所说的“杀身以成仁”，包含“见义勇为”和后来孟子所主张的“舍生取义”。

孟子在接受孔子“仁爱”思想的基础上凸显了“义”的意义。在他看来，“仁爱”必须通过“义”来实现。一方面，他把“义”视为实现“仁”的路径，即所谓“居仁由义”；另一方面，他又将“义”本身置于人的本性，认为人的本性就有“义”之“善端”。这样，孟子实际上提升了“义”对于人的意义，认为它像“仁”一样是人的本性，而不只是实现人的本性的路径。当然，他的这种做法存在内在矛盾，而且与孔子的思想也有较大出入。不过，孟子非常重视“仁”，其重要体现就是将“仁”运用于治理国家，提出了系统的“仁政”思想。孟子与孔子还有一个重要的不同，这就是他不怎么重视礼。虽然他也把“礼”作为人本性的“善端”之一，但他似乎并不认为“礼”是实现“仁”的具体路径，也没有把“礼”与“仁”联系起来。这样，初看起来，他重视礼，也把礼作为人本性的“善端”之一，但实际上他不仅割断了礼与仁义的联系，而且使礼从他的思想体系中淡出了。[1] 正因为孟子一方面明确了“义”是实现“仁”的路径，另一方面又将“义”视为人的本性之一，所以他很自然地就从孔子的“杀身以成仁”引申出了“舍生取义”的价值要求。“舍生取义”更充分体现了见义勇为的精神，也许正是从孟子开始，这一精神得到了更广泛的民族认同。

如前文所言，见义勇为的基本含义是见到符合道义的事就勇敢地去做。这个命题的字面意思很明白，但对于其中的“义”和“勇”两个字，人们的理解可能差别很大，需要做进一步的诠释。

“见义勇为”的“义”，指“道义”，即道德意义上的“义”。这是确定的，但自古至今，人们对“道义”有不尽相同的理解。总体上看，传统社会的“道义”以儒家观点为主流，其基本含义就是儒家所主张的“仁义礼智信”，即通常所说的“仁义道德”。然而，儒家的仁义道德本身内容繁杂，在儒家内部也没有形成一个共识，即使在孔子那里，他也在不同场合谈到很多“德”。到董仲舒那里，儒家的仁义道德基本上被限定于“三纲五常”。然而，值得注意的是，“五常”本身也并非并列关系，其中存在交叉关系（如信与义）、上下位关系（如仁义礼）。这是中国传统文化和价值观的一个共同特点：既不重视概念的清晰性和外延，也不重视概念之间的逻辑关系。

不过，从中国文化历史源头进行考察，传统价值观“见义勇为”精神中的“义”，应是实现体现“道”的“德”的那些要求，其核心内容就是“自强不息”和“厚德载物”。这种“德”既体现了天道，也体现了人性，是天道化、人性化之“德”。在传统社会，这种“德”有一些融入了传统的宗法制度和礼制，还有一些是以惯例和习俗来体现的。传统社会中有不少宗法制度和礼制以及惯例并没有体现这种“德”，而是与这种“德”相违背，鲁迅所说的“吃人”的“礼教”（《狂人日记》）就是如此。显然，见此类“义”而勇为，今天是不能弘扬的。即便在今天，我们所要“为”的“义”也必须是体现“道”的“德”的要求的“义”，而非仅仅体现某种意志的“义”。

---

① 孟子在这一点上与荀子形成了鲜明的对照，他不怎么谈“礼”，而大量谈“义”和“仁政”，荀子则大量谈“礼”，很少谈“仁义”。

“见义勇为”的“勇”，通常指的是“勇敢”。《说文解字》释“勇”为“气也”，所以有“勇气”之说。《左传·昭公二十年》把“勇”解释为勇往直前，不畏生死：“知死不辟，勇也。”《墨子·经上》云：“勇，志之所以敢也。”于是有了“勇敢”一词。“勇”和“敢”在这里同义，“勇”被解释为“敢”，即有胆量、大胆。传统文化十分重视勇敢，《诗经·小雅·巧言》有“无拳无勇，职为乱阶”的诗句。这句诗的意思是，没有力气，也没有勇气，这是造成祸患的缘由。

勇敢通常被认为是一种德性。在古代希腊，“勇敢”就是“四主德”之一。但是，在中国传统文化中，“勇”虽然被视为实施仁义道德的重要条件，但它本身并不是像“仁义礼智信”那样的基本德性，而是一种从属德性或派生德性。也就是说，它作为德性是有条件的。在孔子看来，勇敢就是不畏惧：“知者不惑，仁者不忧，勇者不惧。”（《论语·子罕》）然而，好人不畏惧可以行大仁大义，坏人不畏惧则必然会行大罪大恶。所以，孔子说：“仁者必有勇，勇者不必有仁。”（《论语·宪问》）就是说，仁人一定勇敢，但勇敢的人不一定是仁人。在他看来，勇敢必须以道义为条件，否则就会出现问题，即便是君子亦如此。子路问孔子，君子是不是崇尚勇敢，孔子回答说：“君子义以为上，君子有勇而无义为乱，小人有勇而无义为盗。”（《论语·阳货》）孔子的意思是君子最崇尚道义，君子没有道义而有勇敢会作乱，小人有勇敢而无道义就会当盗贼。由此看来，传统价值观一方面推崇勇敢，因为有勇敢才会行大义，另一方面又只推崇进行了限定的勇敢，这种限定就是它必须是为“道义”而实施的。

由此看来，作为传统价值观基本精神的见义勇为，所推崇的是那种为道义而勇敢的行为和品格。就是说，见义不勇为，不行；不见义而勇为，也不行。而且，这种“义”也不是任何意义上的道义，而是与天道和人性相一致并体现其要求的道义，即前文所说的“天道化、人性化之‘德’”。

2. 见义勇为观念的精神隐蕴

见义勇为精神的核心内容是“勇敢”，勇敢就是无所畏惧，勇往直前。但是，见义勇为不仅包括在面对急难险重的时刻（如对敌作战、面对敌人的严刑拷打、身临重大灾难和危险的时候）临危不惧，而且包括在日常生活中见到符合道义的事情能够勇敢地站出来，伸出援手，即所谓“该出手时就出手”。因此，见义勇为精神不仅体现在危难时刻，而且体现在日常生活中。传统的经史子集文献少有这方面的论述，但汉语中有许多此类成语。这些成语更表明传统的见义勇为精神已经进入中国人的心灵，成为中国人生活的重要组成部分。这里我们主要根据汉语成语以及相关文献，将传统价值观的见义勇为精神概括为以下八个方面。其中，前四个方面存在层次的不同，“扶危济困”层次最低，而“义无反顾”层次最高；后四个方面都属于高层次的见义勇为，是“义无反顾”在不同情景中的不同体现。

（1）“扶危济困”

语出《水浒传》第五十五回：“素知将军仗义行仁，扶危济困，不想果然如此义气。”其基本意思是，扶助有危难的人，救济处于困苦中的人。在现实生活中，由于种种因素，任何人都有可能遇到危难或陷入困苦之中。在这样的情况下，如果有人伸出援手，就能使人尽快走出危困境地。传统的“扶危济困”精神，就是要求人们在这样的时候及时伸出援手，尽力帮助处于危困境地之人。这是任何一个人都能程度不同地做到的。然而，在现实生活中，常常会发现在别人处于窘困境地的时候，有人却冷眼旁观，甚至趁火打劫、落井下石。正因为如此，传统文化颂扬那些扶危济困的行为，称这种行为为慈善行为，而称具有这种精神和德性的人为善人或菩萨。“扶危济困”是见义勇为精神的最低层次要求，是每一个人都能够而且应当具有的品质和精神。

（2）“急公好义”

出自汉代刘向《新序·节士》：“楚昭王有士曰石奢，其为人也，公正而好义。”清代钱谦益《钱牧斋尺牍》中明确使用了这一术语：“使急公好义者信从，而吝啬顾钱者不得不听。”“急公好义”的基本意思是热心公共事务，喜好帮助他人。人类不仅是群居性动物，而且是社会性动物，除极个别的情况外，人总是生活在人群、社群中。有人群就有各种公共事务。在传统社会，许多公共事务都没有纳入国家管理的范围，也没有多少商家有偿提供服务，因而公共事务大多需要热心人来办理。况且在日常生活中，人们常常会遇到急难险重之事，需要有人帮助，即使无此类困难，也希望得到别人的帮助和惠赠。正是鉴于这种情况的普遍存在，传统价值观才倡导“急公好义”精神。

“急公好义”比“扶危济困”层次要高，主要体现在三个方面。一是它不仅像“扶危济困”一样，在别人需要帮助的时候“雪中送炭”，而且会在别人不一定急需帮助的时候“锦上添花”。二是它不仅针对个人、家庭问题或重大公共问题，而且关心并热心处理日常的或常见的公共事务，其中许多公共事务是可以不处理的，但及时处理会惠及公众。三是具有这种精神的人已经养成“急公好义”的品质，这样做已经成为他们的习惯或行为定势，而“扶危济困”的行为常常只是出于道义的要求，这样做的人并不一定就具有相应的品质和习惯，也许仅仅是发扬一种“精神”而已。因此，“急公好义”精神在传统社会以至今天更为人们所称道。

清光绪十七年（1891），户部主事沈绍远还在广东省潮州市潮安县彩塘镇塘东桥边建了“急公好义牌坊”。清光绪年间，花翎员外郎衔户部主事沈绍远捐棉衣1200件给直隶灾民，并述其已故祖父二品封职沈学全、已故祖母二品命妇庄氏在日常以济贫救灾为急务，遗命后世子孙须恪守祖训，遇有灾歉尽力拯救。为彰其善行，直隶总督李鸿章上疏光绪皇帝，请俯准沈绍远为其已故祖父母于故里自行建坊，并赐“急公好义”题额。牌坊为四柱三间三楼石牌坊，通面阔约6.8米，高约8米。坊额面、背皆刻“急公好义”四字。直隶总督李鸿章、两广总督张之洞等在牌坊书写楹联。整座牌坊雕刻十分精细，至今保存完好，1987年被潮州市人民政府公布为文物保护单位。

（3）“临危不惧”

出自《邓析子·无厚》：“死生自命，贫富自时。怨夭折者，不知命也；怨贫贱者，不知时也。故临难不惧。”《韩非子·说疑》也有类似的说法：“夫见利不喜，上虽厚赏，无以劝之；临难不恐，上虽严刑，无以威之，此之谓不令之民也。”以上所说的“临难不惧”“临难不恐”与“临危不惧”同义，其意思是面临危险从容不迫，毫不畏惧。无论是在个人生活中还是在社会生活中，发生险情总是难免的，尤其是在战乱和自然灾祸不断、个人安全缺乏可靠保障的传统社会，险情发生的概率更高。险情是对人们勇气最直接的考验。面对险情通常只有两种选择：或者临危不惧，勇敢面对；或者恐惧惊慌，畏缩不前。前一种选择有可能求得生存，甚至有胜利的希望，而后一种选择结果往往是万劫不复，甚至死路一条。传统价值观倡导人们面临险境破釜沉舟，百折不挠，直到化险为夷，劫后重生，柳暗花明。

历史上有许多记载临危不惧的故事。《庄子·秋水》记载了一件孔子临危不惧的故事。孔子周游列国路过匡邑，卫国人把他们层层包围起来，孔子却弹琴唱歌不止。孔子的学生子路冲进来，对孔子说："先生怎么还有这样的兴致啊?"孔子答道："我跟你说，在水中来去，不怕蛟龙的，是渔夫之勇；在野外来去，不怕虎豹的，是猎人之勇；面对刀光剑影，视死如归，是战士之勇；懂得困穷是由于命运，知道通达需要时机，临大难而不惧者，圣人之勇也！你放心吧！我的命运是由老天定的。"在孔子看来，临大难而不惧是圣人所具有的勇敢德性。他自己就在努力践行这种精神，这体现了他"勇者不惧"的坚定信念。中国历史上还有"狭路相逢勇者胜""勇者无敌"等说法，这些说法体现了传统价值观对"临危不惧"精神的充分肯定和高度称颂。

（4）"义无反顾"

出自汉代司马相如《喻巴蜀檄》："触白刃，冒流矢，义不反顾，计不旋踵。"其基本意思是在道义上只有勇往直前，毫不犹豫、彷徨。义无反顾包含临危不惧的含义，但其意思更进了一层，它所强调的不是面临危险无所畏惧，而是为了道义的事情（特别是正义的事业）奋不顾身、矢志不渝地努力奋斗。一个人并没有面临现实的危险，但意识到某项事业有利于国家社稷，能够造福人类，而实现这项事业会极其艰难，但他认定这项事业是值得自己为之奋斗的正义事业，并心无旁骛、无怨无悔地为之奋斗，这就是义无反顾。义无反顾常常意味着不甘于现状，努力改变现实并因而自找苦吃。它一般都是源自对祖国、对同胞、对人类的大爱和高度责任感、使命感，因而是一种更为高尚的精神。历史上"杨门女将"的故事，反映的就是本无参军参战义务的以穆桂英、佘太君为代表的杨门女将，为了保卫祖国疆土而主动请缨出征的那种义无反顾的精神。

郭沫若1920年写过一首《凤凰涅槃》，表达了凤凰涅槃、浴火重生的精神。作品中的凤凰并非中国古代传说中的凤凰，而是西方传说中的不死鸟菲尼克斯（Phoenix）。他在《凤凰涅槃》前言中说："满五百岁后，集香木自焚，复从死灰中更生，鲜美异常，不再死。"其引申的寓意是：凤凰乃人间幸福之使者，每隔五百年，它就会自愿代人类受过，背负人间的所有积怨投身于熊熊烈火中自焚，以结束自己的生命来换取人间的祥和与安宁。与此同时，它本身也在肉体经受了巨大的痛苦和磨炼后获得永生，其羽翼更丰，其声音更亮，其神情更清，成为美丽而辉煌的火凤凰。此故事所蕴含的是这样一种精神：为了人类大义而不畏艰险，同时在追求人类大义的过程中成就自己。凤凰的这种经历在佛教中被称为“涅槃”。“涅槃”是梵语的音译，字面意思为灭、灭度、寂灭、安乐、无为、不生、解脱、圆寂。在佛教中，“涅槃”指熄灭了生死轮回、除尽了烦恼后达到的不生不灭、永久安全和平、快乐宁静的境界。郭沫若这里是借用佛教的“涅槃”表达凤凰所达到的那种境界，即“凤凰涅槃”。“凤凰涅槃”“浴火重生”所体现的正是义无反顾的精神以及通过这种精神所达到的崇高境界。

（5）“大义凛然”

出自宋代曹辅《唐颜文忠公新庙记》：“大义凛然，奋裾首倡。”其基本意思是由于胸怀大义和憧憬理想而神态庄严、无所畏惧，令人肃然起敬。在汉语中，表达这种精神的词还有“正气凛然”“视死如归”“宁死不屈”等，这些词所表达的都是大义凛然精神。大义凛然通常是一个人在面临生死抉择的时候体现出来的崇高精神。在敌人的屠刀面前，在歹徒围攻的场合，在权力的淫威之下，一个人如果屈服或顺从，就能苟活，否则就会死亡。在这样的情况下，一个人毅然决然地选择死亡而不是卑躬屈膝，所体现的就是大义凛然精神。

中国历史上曾涌现出许多仁人志士，他们以自己的英雄壮举彰显了大义凛然的精神，明代大臣和学者方孝孺就是其中的著名代表。方孝孺是明朝建文帝朱允炆的近臣，视建文帝为知遇之君，对他赤胆忠心。明成祖朱棣起兵反叛建文帝后，接受了谋士姚广孝的求情，答应不杀方孝孺。南京被朱棣攻陷后，方孝孺闭门不出，明成祖派人强迫他来见自己，他当众号啕，声彻殿庭。成祖让人把笔给方孝孺，要他起草自己即位的诏书，并称：“诏天下，非先生草不可。”方孝孺投笔于地，且哭且骂：“死即死耳，诏不可草。”成祖强压怒火说：“即死，独不顾九族乎？”方孝孺用更大的声音答道：“便十族奈我何？”朱棣气急败坏，恨其嘴硬，便叫人将方孝孺的嘴角割开，撕至耳根。同时，又大捕其宗族门生，每抓一人，就带到方孝孺面前，但方孝孺根本无动于衷，头都不抬。明成祖彻底绝望了，横下一条心，把方孝孺的朋友门生列作一族，连同宗族合为“十族”，总计873人全部被凌迟处死！方孝孺一介书生，手无缚鸡之力，却抱定“士为知己者死”的坚定信念，面对叛逆君王的屠刀视死如归，抗节不屈，可谓感天地泣鬼神，受到后人的无限敬仰和赞颂。由此，我们也可以看到大义凛然精神的巨大力量。

（6）“坚贞不屈”

出自《荀子·法行》：“坚强而不屈，义也。”《后汉书·王龚传》也有类似表述：“王公束修厉节，敦乐艺文，不求苟得，不为苟行，但以坚贞之操，违俗失众，横为谗佞所构毁。”“坚贞不屈”的原意是，坚定而有尊严，绝不向邪恶势力屈服。孔子有“三军可夺帅也，匹夫不可夺志也”（《论语·子罕》）的名言，“不可夺志”，指的就是坚贞不屈。与大义凛然通常在生死抉择时视死如归所体现出的从容镇定、泰然自若精神不同，坚贞不屈通常是人在身陷囹圄而遭受各种严刑凌辱时忠贞坚定所体现出的坚忍刚毅、痴心不改的精神。

中国历史上有许多坚贞不屈的英雄，他们信念坚定，意坚如钢，将生死置之度外，表现出崇高的气节。明朝末年，清豫亲王多铎率军攻打扬州，清顺治二年（1645）四月，多铎兵围扬州。扬州城里兵力相当薄弱。多尔衮劝降，镇守扬州的明臣史可法致《复多尔衮书》拒绝投降。后多铎派明朝降将李遇春劝降史可法，遭到严词拒绝。多铎多次用书信劝降，也被史可法回书痛骂。清兵攻陷扬州，史可法自杀未遂，被清兵俘虏，他坚贞不屈，慷慨就义。清军占领扬州以后，多铎以不听招降为由，下令屠杀扬州百姓。屠杀延续了十天，死亡逾八十万人，史称“扬州十日”。扬州尸骨堆积如山，史可法遗体难以辨认，不知下落。史可法殉国后，南明赠谥“忠靖”；清乾隆三十七年（1772），清廷亦赠史可法谥号“忠正”。可见，忠贞不屈的精神足以使苍天和大地为之感动，壮士的敌人也不得不拳拳服膺其力量。

（7）“舍生取义”

出自《孟子·告子上》：“生亦我所欲也，义亦我所欲也；二者不可得兼，舍生而取义者也。”原意是说，活着是我所欲求的，道义也是我所欲求的，二者不能同时得到，那就舍弃生命而选择道义。孟子的这段话是对“舍生取义”精神的最精确阐释。在他看来，并不是在任何情况下都要舍生取义，而是在义和生之间发生冲突而不可兼顾的时候才做出这样的选择。在两者可以兼顾的情况下，那就没有必要为了道义而不顾一切地牺牲生命。“舍生取义”涵盖了坚贞不屈、大义凛然、义无反顾、临危不惧这几种见义勇为精神，不过它更突出的是在“生”与“义”之间发生冲突的情况下应做出选择“义”的决定。“义”有大义与小义之别，在孟子那里，至少有两种意义的“义”，即实现仁的义和与生俱来的义。其中实现仁的“义”就有许多种，孟子并没有明确“舍生取义”是哪一种，这就给后来统治者和御用文人留下了阐释空间。历史上有学者提出“饿死事极小，失节事极大”（《二程集·河南程氏遗书》卷第二十二下），其理论依据也许就是孟子命题留下的可填充的空间。不过，孟子注意到，“舍生取义”需要一定的条件，所以他提出要养“浩然之气”，要成为“富贵不能淫，贫贱不能移，威武不能屈”的“大丈夫”（《孟子·滕文公下》）。也许在他看来，只有存养“浩然之气”，成为“大丈夫”，才能真正做到“舍生取义”。

虽然孟子的“舍生取义”命题导致了误解、误用的问题，但它确实为自古以来无数志士仁人所信奉和践行，为普通人所普遍称颂。宋代的抗元名臣文天祥就是其中的杰出代表。文天祥兵败被俘后被关押在燕京三年，元世祖忽必烈多次劝降并拟委以重用，均被他拒绝，最后决定处死他。行刑前，元廷召见文天祥并问他：“汝何愿?”文天祥回答说：“天祥受宋恩，为宰相，安事二姓？愿赐之一死足矣。”文天祥临上刑场时特别从容，对狱中吏卒说：“吾事毕矣。”他向南跪拜后被处死，终年四十七岁。几天以后，他的妻子欧阳氏收拾他的遗体，发现他的衣服中有赞文说：“孔曰成仁，孟曰取义，惟其义尽，所以仁至。读圣贤书，所学何事，而今而后，庶几无愧。”（《宋史·文天祥传》）

文天祥以自己的实践，为孟子的“舍生取义”做了最完整的注解，也充分践行了他“人生自古谁无死，留取丹心照汗青”（《过零丁洋》）的崇高志向。他在狱中写的五言古诗《正气歌》，根据自己的实践和感受对自古以来推崇的“浩然正气”做了至今未被超越的阐释：“天地有正气，杂然赋流形。下则为河岳，上则为日星。于人曰浩然，沛乎塞苍冥。皇路当清夷，含和吐明庭。时穷节乃见，一一垂丹青。”

(8)“杀身成仁”

出自《论语·卫灵公》：“志士仁人，无求生以害仁，有杀身以成仁。”其意思是为了成全仁爱之德甚至可以牺牲自己的生命。孔子原话的意思是，志士和仁人，绝不会为了自己活命而做出损害仁爱原则的事情，宁可牺牲自己的生命也要坚守仁爱原则。这里的“仁”的基本含义就是“仁者爱人”，即仁爱。在孔子那里“仁爱”不是行为原则，而是德目，即德性原则。仁爱是人之为人的根本，也是人的价值的根本体现，损害了仁爱原则也就是损害了做人的根本原则，与其这样，还不如坚守仁爱原则牺牲自己的生命以成就人生的价值。

需要注意的是，孔子所说的“仁爱”不是某种具体的德性或实现仁的义。就是说，孔子的话并没有为了某种具体的道义而去牺牲生命的意思，如他并不认为可以为了他所提倡的“恭、宽、信、敏、惠”（五德）中的某种德性而牺牲自己的生命。这是他的“杀身成仁”不同于孟子的“舍身取义”的关键之点。正是这一点使孔子的思想更富有人情味。

在孔子那里，仁爱的对象主要是亲人、路人和众人（可统称为他人）。按孔子的意思，“杀身成仁”就是假如需要在伤害他人与牺牲自己之间做出选择，那宁可牺牲自己也不能伤害他人。曹操说过：“宁教我负天下人，休教天下人负我。”显然，曹操的这种观点是与孔子完全对立的，孔子的观点应是“我在任何情况下都不能负天下人”。所以，孔子的“杀身成仁”实际上讲的是做人的底线，即在任何情况下人都不能为了保全自己的性命而损害或牺牲别人的性命。

孔子“杀身成仁”的思想在传统社会产生了广泛的影响，但人们通常是在不同意义上理解和利用这一思想的。其中“宁为玉碎，不为瓦全”也许是这一思想的比较准确的表达。这句话的意思是，宁愿为了正义事业和人格尊严牺牲自己的生命，也不愿丧失气节，苟且偷生。语出唐代史学家李百药的《北齐书·元景安传》。该传记述，北朝东魏时代，丞相高洋在逼迫孝静帝退位自己篡夺了皇位后，为了不留后患杀死了孝静帝和他的三个儿子，但事后心里很害怕。于是，他就问亲信，西汉末年光武帝刘秀为什么能夺回被王莽篡夺的刘家天下。亲信说是因为王莽没有斩草除根。心狠手辣的高洋信以为真，竟然杀掉了东魏的全部宗室近亲，连小孩也没有放过。当时东魏的远房宗族很害怕，担心灾祸会降临到自己头上，于是聚在一起商量对策。时任县令的元景安提出宗族改姓，由元改姓高。这个建议被他的堂兄元景皓断然拒绝。元景皓愤慨地说："岂得弃本宗，逐他姓，大丈夫宁可玉碎，不能瓦全。"元景安为了保全自己，出卖了自己的堂兄元景皓，导致元景皓被杀害。元景皓以他的言行诠释了孔子"杀身成仁"的精神。

当然，从这一历史记述也可以看出，元景皓的言行实际上发展了孔子的思想，即不仅为了仁爱可以牺牲自己的生命，而且牺牲自己生命的同时也要维护自己的人格尊严。孔子一味讲仁爱，不讲人应有的人格尊严，这是他的重大局限。仁爱只有以人格尊严为前提才是真正体现天之道、人之性的，否则仁爱就可能成为愚爱，如同忠孝不以忠孝者的人格尊严为前提就会成为愚忠、愚孝一样。

九 "为政以德"

"为政以德"出自孔子的《论语·为政》："为政以德，譬如北辰，居其所而众星共之。"孔子这句耳熟能详的话集中表达传统价值观在治国方面的核心理念和基本精神。"为政以德"，就其实质而言，就是要求以德治国，即实行"德治"，其目的是实现社会政通人和、民众安居乐业。传统文化和传统价值观重视以德治国，以至于传统中国被视为不同于西方法治国家的德治国家。传统中国严格来说并不是真正意义上的以德治国的德治国家，而是以礼治国的国家，而礼最终并非以德为依据。问题在于是应将德仅转化为礼，还是也要转化为法，就是说，法是否应直接以德为依据，而不是"援礼入法"。国家应实行德治还是应实行法治，在春秋战国时期就出现了意见分歧，但占主导地位的意见是国家治理应体现德，应依据德，应追求德的实现。一言以蔽之，必须"为政以德"。这是传统价值观的突出特点和基本精神。

1. 为政以德观念的源流

"为政以德"的命题虽然是孔子提出的，但这种观念由来已久。《尚书》中就有大量体现这种思想的记载，其开篇的《尧典》就谈到尧之所以能使氏族和睦相处，使天下百姓快乐幸福，就是因为他"克明俊德"。大禹多次表达德对于政治的重要性。他说："德惟善政，政在养民。”（《大禹谟》）意思是，德就体现在政治清明，为政的目的是让百姓生活得好。大禹在谈到量刑的时候说，与其误杀无罪之人，不如放过不守正道的人，这种“好生之德”会深深合于民心，如此，老百姓也就不会触犯刑法。他还说：“惟德动天，无远弗届。”（《大禹谟》）“届”，意为到达。这句话的意思是，只要君王的道德能够感动天地，百姓无论多么远都能归顺。《盘庚上》中还明确提出“施实德于民，至于婚友，丕乃敢大言，汝有积德”，认为统治者只有把真正的实惠给百姓，以至于亲戚朋友，这样才敢说自己积累了德行。《蔡仲之命》记载了周成王册封蔡叔之子胡到蔡地延续蔡叔的宗祀的册封命辞，其中说：“皇天无亲，惟德是辅；民心无常，惟惠之怀。为善不同，同归于治；为恶不同，同归于乱。尔其戒哉！”这段话是告诫年轻的胡，老天没有特别的亲疏之见，只佑护有德之人；民心也不是固定不变的，只归属爱护他们的君王。行善的方式各不相同，但都能使社会安定；作恶的方式也不一样，却都会造成混乱。《尚书》中的这些思想在《左传》和《国语》等先秦文献的记载中也有充分体现。统治者应当实行德治，在春秋之前已经形成共识。是否实行德治被认为是事关江山社稷存亡兴衰的决定性因素，尧舜及夏商周三代英王的德治实践也充分证明了这一点。这些共识和经验为“为政以德”成为传统价值观的基本精神提供了有力的理由。所以，孟子得出了“仁者无敌”（《孟子·梁惠王上》）、“行仁政而王，莫之能御也”（《孟子·公孙丑上》）的结论。

传统价值观重视德治，要求统治者实行德治，从根本上说，是因为充分认识到了臣民对于国家的极端重要性，“为政以德”是“民惟邦本”的必然要求和逻辑结论。《尚书·五子之歌》中就提出了“民惟邦本，本固邦宁”的命题。这表明，最晚在夏代，我国的统治者就已经意识到民对于国家非常重要，只有得民心，才能得天下，才能巩固统治者的地位。夏代之后，历代的统治者和思想家不断地从不同角度重申这一观点，其中最典型的表达是将统治者与老百姓的关系比作水与舟的关系。既然百姓对于统治者至关重要，那么统治者就必须善待百姓。何谓善待？就是要关爱百姓，保护百姓，为百姓排忧解难，为百姓造福。在儒家看来，所有这一切就是仁爱在治理国家中的体现，就是实行仁政。仁是德之总体，仁爱则是德之体现。实行仁政就是实行德政，以仁爱为根本原则来统治就是实行德治。实行德治的优越性在于可以赢得民心，而民心事关国家的存亡兴衰。“政之所兴，在顺民心；政之所废，在逆民心。”（《管子·牧民》）“为政之道，以顺民心为本，以厚民生为本，以安而不扰为本。”（《河南程氏文集》卷第五）“用国者，得百姓之力者富，得百姓之死者强，得百姓之誉者荣。三得者具而天下归之，三得者亡而天下去之。”（《荀子·王霸》）所以，老子强调：“圣人（无常）［常无］心，以百姓心为心。”（《老子》四十九章）

重视德治与传统文化重视王道也有密切关联。《尚书·洪范》中对王道做出了明确的阐述，认为王道“无党无偏”“无反无侧”，因而是治国之平坦宽广之道，也是统治的长治久安之道。王道之所以平坦宽广，则是因为王道是正直之道，即德治之道。后来孔子和孟子在总结历史经验教训的基础上将王道解释为“先王之道”，以与春秋时期盛行的“霸道”相对立，倡导王道而反对霸道。“先王之道”实行德政或仁政，而霸道实行力政，即诉诸武力获得统治权和实行统治。孟子总结三代兴亡的经验教训时指出：“三代之得天下也以仁，其失天下也以不仁。国之所以废兴存亡者亦然。”（《孟子·离娄上》）霸道的根本问题在于眼中只有“力”而没有“仁”，在不讲仁这一点上，霸道与历史上昏庸残暴的君王实行的统治之道在实质上是一致的。推行霸道的结果是各国之间混战不断，导致生灵涂炭，民不聊生。荀子说：“威有三：有道德之威者，有暴察之威者，有狂妄之威者。此三威者，不可不孰察也。”“道德之威成乎安强，暴察之威成乎危弱，狂妄之威成乎灭亡也。”（《荀子·强国》）显然，荀子这里讲的“道德之威”就是王道，而“暴察之威”和“狂妄之威”就是霸道。在他看来，只有“道德之威”才可以使国家安定强大，而“暴察之威”和“狂妄之威”则会使国家危弱以至灭亡。孔子和儒家根据先王实行王道的历史经验彰扬和推崇王道而反对霸道，对于塑造传统价值观的为政以德的观念和精神发挥了极其重要的作用。

需要注意的是，从广义上看，礼治属于德治，因为礼治的内容大多是伦理规范，而伦理规范一般是道德的体现。但是，礼治并不总是体现真正意义上的道德要求，它作为规范可能只是统治者意志的体现，而实际上偏离了道德。例如，《仪礼·丧服》对丧服做了规定：“斩衰裳，苴绖，杖，绞带，冠绳缨，菅屦者。”意思是，丧服“斩衰裳”配以束丧服的粗麻带、粗糙的竹杖和用粗麻编成的绞带，丧冠以绳为缨带，鞋是用菅草织成的。显然，这种礼的规定没有什么道德的含义，它不过是某位或某些统治者意愿和意志的体现。不过，礼总体上是以德为基础的，是德的具体体现。礼与法不同，法一般只是道德中个人社会行为方面的规范的体现，而礼的规范涉及人生活的各个方面，甚至超出了道德规范的范围。因此，严格来说，礼治并不等于德治，礼治的范围比德治的范围更广。不过，为了方便起见，我们还是将礼治划入德治的范围，以与法治相对应。

在传统社会的长期治国实践及其总结概括的过程中，政治家和思想家给为政以德（德治）赋予了十分丰富的内涵。总体上看，先秦时期主要有四种相关但不尽相同的德治含义。

第一，春秋德治和礼治相辅相成的实践。夏商周三代就已实行德礼相互补充的国家治理方式。随着社会的日益复杂，礼的作用日益凸显，到了西周实行的基本上是礼治。这个时期的德治思想主要体现在统治者的实践及相关的谈论之中，没有完整系统的德治思想。

“德”在商代的卜辞中就已出现，最初与周人对“天命”的怀疑有直接关系。周取代殷后，对为什么过去“天”授命于商现在又收回而改授于周为地上的统治者感到困惑。他们最终发现接受“天命”是有条件的，这个条件就是“德”。商代的“先哲王”是有德的，所以“天命”归于商，统治了很多年。后来的商君“不秉德”“不敬厥德”，于是“早坠厥命”，“天命”就转移到了周。周初的统治者在认真总结夏商两代兴亡教训的过程中，意识到“我不可不监于有夏，亦不可不监于有殷”，而其结论是“不可不敬德”（《尚书·召诰》）。在西周时期，虽然“天命”仍然是国家治理的主要依据，但“德”的地位得以凸显，统治者必须“以德配天”。所以，《庄子·天下》中说，周人“以天为宗，以德为本”。应该说，西周已经有比较自觉的德治。

在先秦文献中，“德”既有经济的含义也有道德的含义。就经济的含义而言，“德”有获得、占有之意，主要指占有财富。《周易·益卦》说：“有孚惠我德。”这里的“德”，即获得、占有分配给我的一部分俘获的战利品。《尚书·梓材》也说：“皇天既付中国民越厥疆土于先王，肆王惟德用和怿先后迷民，用怿先王受命。”这里说周天子的“德”，一是统治“中国民”，二是占有“疆土”，即所谓“受民受疆土”。当时“德”的道德含义更为丰富。从《尚书·周书》看，“德”有两方面的含义。一是对“民”的，指“保民”“惠民”。这种德具体体现在：惠及鳏寡，如“怀保小民，惠鲜鳏寡”（《无逸》）；教诰，即对征服的部落进行教训、告诫，如“惟天不畀，不明厥德。凡四方小大邦丧，罔非有辞于罚”（《多士》）；慎罚，即慎于用刑、正确用刑，引导百姓去敬德，如“爰制百姓于刑之中，以教祗德”（《吕刑》）。二是对“己”的，指修养个人自身的品性。周公旦提出了几个个人德性高尚的典范，“自殷王中宗及高宗及祖甲，及我周文王，兹四人迪哲”（《无逸》）。这四个王都是圣明天子，其中以周文王为最。“文王卑服，即康功田功；徽柔懿恭，怀保小民，惠鲜鳏寡；自朝至于日中、昃，不遑暇食，用咸和万民。文王不敢盘于游田，以庶邦惟正之供。”（《无逸》）这就是周公旦要人们效法文王的原因。以上两个方面就是周人对“德”的“外得于人”和“内得于己”的要求，也是其德治的主要内容或者说是治理之德的主要内容，对后世产生了广泛影响。

德治主要是用道德感召人民，在社会治理中仅仅依靠德治是不够的，所以自夏代开始，统治者在运用德治的过程中，亦以体现德的礼作为规范进行社会管理。因此可以说，中国一进入文明社会，德治即与礼治相伴随，有德治就有礼治。《论语·为政》说，“殷因于夏礼”，“周因于殷礼”，但都有所“损益”。“礼”源自祭祀，祭祀便是政治。祭祀是向“上帝”祈祷，听从其指示，从而决定“国之大事”，礼器也就成为国家政权的象征。从周公旦“制礼作乐”开始，“礼”从神器转化成为一套规范制度。“礼”于是对国家存亡兴衰就具有极其重要的意义。“礼所以守其国，行其政令，无失其民者也。”（《左传·昭公五年》）“礼，经国家，定社稷，序民人，利后嗣者也。”（《左传·隐公十一年》）“礼”成为判断是非善恶的具体标准。符合“礼”的言行就是善的，反之就是恶的。维护“礼”就是“顺”，破坏“礼”就是“逆”。从《周礼》、《仪礼》和《礼记》等历史文献看，西周礼的内容极其丰富，涉及社会不同阶层、不同身份的人，涵盖人们生活的各个方面。不过，其核心内容是“五伦”（君臣、父子、夫妇、兄弟、朋友），周礼以“五伦”来维持社会的基本秩序。总体上看，西周的礼虽然体现了德的要求，可以视为德治的一种实现方式，但礼制已经超出道德规范的范围，并取代了道德规范体系而成为社会的主要规范体系。

第二，孔子的德主礼辅治理思想。孔子生活在“礼崩乐坏”的春秋时代，对当时的乱局痛心疾首，力图改变现状。他敏锐地觉察到三代先王之所以能把国家治理好，并成为英王，其原因就在于他们既重视德治，也重视礼治，而现在的问题则在于各国诸侯不讲德，也不讲礼，唯独诉诸政治的力量。所以，他深刻地提出：“道之以政，齐之以刑，民免而无耻；道之以德，齐之以礼，有耻且格。”（《论语·为政》）他从两方面展开他的工作：一方面，他认为西周的礼制是好的，所以他以复兴周礼为使命，强调礼的重要性，主张以礼治乱；另一方面，他也意识到周礼的内容已经过时，需要赋予其新的时代内涵，于是他提出仁爱学说。在这两者之中，孔子的重点是后者，而不是前者。实际上，他关于礼的论述并不多，但关于仁的论述十分丰富。他所做的工作实际上是在建立仁爱学说的同时，试图使仁渗入礼。他说：“人而不仁，如礼何?”（《论语·八佾》）这表明他试图为“礼”赋予“仁”的内容。当然，他也说过：“克己复礼为仁。一日克己复礼，天下归仁焉。”（《论语·颜渊》）“不知礼，无以立也。”（《论语·尧曰》）这又表明他试图把“礼”视为“仁”的前提和保障。正是在这种意义上，他强调“非礼勿视，非礼勿听，非礼勿言，非礼勿动”（《论语·颜渊》）。所以，孔子的“礼”实际上已经不是西周意义上的制度，而是具有更广泛意义的规范含义。

孔子关于德治的论述很多。当鲁哀公问他怎样才能使百姓服从时，孔子回答说：“举直错诸枉，则民服；举枉错诸直，则民不服。”（《论语·为政》）孔子的意思是，要使百姓服从，就要提拔正直的人，否则民众就不服从。季康子问怎样使民众恭敬、忠诚并受到鼓励时，孔子答曰：“临之以庄，则敬；孝慈，则忠；举善而教不能，则劝。”（《论语·为政》）孔子这句话的意思是，你对民众庄重、孝顺父母、爱护幼小、提拔好人、教育无能的人，民众就会对你恭敬和忠诚，他们也就会受到鼓励。叶公问孔子如何为政，孔子说：“近者悦，远者来。”（《论语·子路》）这是说境内的人使他喜悦，境外的人使他来投奔。孔子的弟子子夏担任莒父宰后问孔子怎样处理政事，孔子答曰：“无欲速，无见小利。欲速，则不达；见小利，则大事不成。”（《论语·子路》）孔子的主张是，不要图快，不要只顾小利；图快就不能达到目的，而只顾小利则办不成大事。孔子还说："盖均无贫，和无寡，安无倾。夫如是，故远人不服，则修文德以来之。"（《论语·季氏》）"宽则得众，信则民任焉，敏则有功，公则说。"（《论语·尧曰》）孔子对统治者自身也提出了明确的德性要求。他说："其身正，不令而行；其身不正，虽令不从。"（《论语·子路》）"苟正其身矣，于从政乎何有？不能正其身，如正人何？"（《论语·子路》）所有这些关于为官从政的谈论表明，孔子是主张德治的，德治是他为政思想的主要方面，礼治只是德治的实现手段和途径。当然，他的重要贡献之一就是将德治与礼治有机地统一起来，主张德主礼辅，通过礼治来实现德治。

第三，孟子的仁政思想。孟子着重发挥了孔子的德治思想，并在此基础上提出了系统的"仁政"学说，他的"仁政"学说实际上就是孔子以仁爱为核心内容的德治思想的具体化。与孔子不同，孟子不怎么谈礼。在礼的问题上，孟子与孔子有几点不同。一是他不像孔子那样重视礼的治理作用。他没有谈过要齐之以礼，更没有强调克己复礼。也许他意识到，在他生活的战国时代，复兴周礼已经完全不可能了。二是孔子没有将礼视为与生俱来的，孟子则把它与仁义智一起作为与生俱来的"善端"，礼于是就成为人的本性之一，做到有礼是人性的要求。三是孟子把仁义礼智摆在了同一个层次，这也不同于孔子。在孔子那里，仁义礼智对于人来说是有层次区别的，仁不仅是最重要的，而且是义礼智的源头，因而四者并不是同一个层次的概念。但是，在孟子这里四者都是本性的"善端"，它们各司其职，各有功能，但都是"德"，似乎不存在派生与被派生的关系。从这些方面看，孟子的思想体系并没有孔子严谨。不过，他确实将孔子的德治思想发展成为仁政思想，使德治思想更具有典型意义。

孟子深刻认识到，夏商周三代得天下是因为仁，失天下则是因为不仁，因此，仁与不仁直接关系到国家的兴废存亡。于是，他提出了一系列政治如何做到仁的思想，即仁政思想。当然，孟子的思想实际上纯属空想，因为他根本没有考虑用什么保障措施来保证统治者实施仁政，他不谈礼，也不谈法。因此，他的仁政的实行只能靠统治者的良知良能。然而历史事实表明，靠统治者的德性来实施仁政是完全不现实的。就此而言，孟子的仁政思想相对于孔子的德主礼辅的治理思想是历史的倒退，也许正因为如此，他的仁政思想在中国历史上没有真正实现过。当然，我们不否认历史上有某些统治者在某些时候实行过仁政。

第四，荀子的礼治思想。与孟子不同，荀子则发展了孔子的礼治思想，而忽视甚至丢掉了以仁爱为核心内容的德治思想。从一般意义上讲，荀子似乎也讲德治，但他所重视的是君王个人要德性高尚，讲究仁义道德，而不是像孟子那样讲仁政。他说："国者，天下之利用也；人主者，天下之利势也。得道以持之，则大安也，大荣也，积美之源也。不得道以持之，则大危也，大累也，有之不如无之。……故人主，天下之利势也，然而不能自安也，安之者必将道也。故用国者，义立而王，信立而霸，权谋立而亡。""汤以亳，武王以鄗，皆百里之地也，天下为一，诸侯为臣，通达之属莫不从服。无它故焉，以济义矣。是所谓义立而王也。""故齐桓、晋文、楚庄、吴阖闾、越勾践，是皆僻陋之国也，威动天下，强殆中国。无它故焉，略信也。是所谓信立而霸也。"（《荀子·王霸》）在这几段话中，荀子讲的是君王讲道、义、信对治国的重要性，这些思想与孔子的思想基本上是一致的。他还明确指出"以德兼人者王"："凡兼人者有三术：有以德兼人者，有以力兼人者，有以富兼人者。……故曰：以德兼人者王，以力兼人者弱，以富兼人者贫。古今一也。"（《荀子·议兵》）在他看来，"全道德"是君王所要做的重要事情之一："全道德，致隆高，綦文理，一天下，振毫末，使天下莫不顺比从服，天王之事也。"（《荀子·王制》）

但是，从荀子的整个治国思想来看，他更重视礼。他说："人之命在天，国之命在礼。"（《荀子·强国》）"国无礼则不正。"（《荀子·王霸》）他把礼视为国家之命脉和纲纪，显然他的这种看法已经突破孔子所主张的礼在国家治理中的作用。不仅如此，荀子还明确把礼看作人之道中最重要的东西。他说："礼者，人道之极也。"（《荀子·礼论》）他的这种说法，不仅与孔子不同，而且超越了孟子把礼视为人性之"善端"的观点，把礼对于人的重要性推向了极致。在荀子那里，礼与德（主要是"义"）基本上是同义的，德就是礼，礼就是德，他甚至把礼看作德的极致。他在《劝学》中说："《礼》者，法之大分，类之纲纪也，故学至乎《礼》而止矣。夫是之谓道德之极。"所以，荀子所主张的礼治，实际上就是德治，不过他所说的德主要是义而非仁。同时他还注意到了法治对于实行礼治的意义，主张“隆礼重法”。在荀子看来，人的天然本性是追求利欲的，礼的作用在于限制人对利欲的无限追求，两者之间不免有冲突。为了调解这种冲突，确保社会正常有序，礼的遵循需要诉诸强制性，也就是要将礼转为法。他提出的“隆礼尊贤而王，重法爱民而霸”的著名命题充分表达了他的这种政治主张：礼法并举、王霸统一；礼高于法，礼为法之大本。荀子的这种治理思想奠定了传统社会后来社会治理的基本架构，在儒学被尊为主流意识形态之后，对中国传统社会产生了极其深刻的影响。甚至可以说，从那时起，中国又回到了春秋前西周的礼治，而其理论依据主要是荀子提供的。

2. 为政以德观念的精神隐蕴

无论是侧重于仁爱，还是侧重于礼义，“为政以德”已经成为传统价值观的一种基本信念和基本精神，它对国家及其治理者提出了许多明确的要求。这些要求既得到了统治者的认可，也得到了民众的认同。虽然传统社会历代统治者大多没有达到这些要求，甚至反其道而行之，但他们在思想上仍然认为这些要求是合情理的。概括地说，“为政以德”作为传统价值观的基本精神，具体体现在以下若干方面。

（1）“以民为本”

出自《穀梁传[①]·桓公十四年》：“民者，君之本也。”刘安的《淮南子·主术训》有类似的说法：“食者民之本也，民者国之本也，国者君之本也。是故人君者上因天时，下尽地财，中用人力。”唐代杜甫的诗《送顾八分文学适洪吉州》中也有“邦以民为本，鱼饥费香饵”的诗句。其思想则出自《尚书·五子之歌》：“民惟邦本，本固邦宁。”后来孟子的“民为贵，社稷次之，君为轻”（《孟子·尽心下》）使这一思想产生了广泛的影响。

在孟子之前，管子提出过类似的命题——“以人为本”。《管子·霸言》：“夫霸王之所始也，以人为本，本理则国固，本乱则国危。”实际

① 《穀梁传》为《穀梁春秋》《春秋穀梁传》的简称，是儒家的经典之一。与《左传》《公羊传》同为解说《春秋》的三传之一。它的记载起于鲁隐公元年，终于鲁哀公十四年。传说孔子的弟子子夏将这部书的内容口头传给穀梁俶（亦名穀梁赤，字元始），穀梁俶将它写成书记录下来，实际上这部书的口头传说虽然早已经存在，但其成书时间是西汉。

上，“以民为本”与“以人为本”是有区别的。在传统文化中，“民”是相对于“君”而言的，相当于君王之“臣民”或“百姓”，它不包含君王以及统治者。因此，传统价值观的“以民为本”讲的是君王要以百姓为本。孔子对君与民的关系做过深刻的阐述：“民以君为心，君以民为体。心庄则体舒，心肃则容敬。心好之，身必安之。君好之，民必欲之。心以体全，亦以体伤；君以民存，亦以民亡。”（《礼记·缁衣》）荀子等人讲的“水”与“舟”的关系，则再清楚不过地阐明了民与君的关系。管子讲的“以人为本”，其中的“人”并不仅仅指“民”，还包括“君”，指所有国民。不过，传统价值观推崇“以民为本”。据说，在唐朝以前，人们只知道“以民为本”，不知有“以人为本”。唐太宗李世民当了皇帝之后，为避皇帝之讳，“世”改称“代”，“民”改称“人”。于是，“以民为本”后来就成了“以人为本”，但意思并没有变，“以民为本”主要是对国家及其统治者特别是君王的要求。

几千年来，关于如何“以民为本”有极其丰富的论述。其中有几点是得到普遍认同的。其一，国家和君王以民众为国家和社会的主体，以为民众服务为目的。荀子说：“天之生民，非为君也；天之立君，以为民也。”（《荀子·大略》）秦以后，董仲舒虽然立“三纲”之说，但重复了荀子的话：“天之生民，非为王也；而天立王以为民也。”（《春秋繁露·尧舜不擅移、汤武不专杀》）其二，不仅君王要以民为本，官吏、国家机构也要以民为本。汉初政论家贾谊明确表达了这一点：“闻之于政也，民无不为本也。国以为本，君以为本，吏以为本；故国以民为安危，君以民为威侮，吏以民为贵贱，此之谓民无不为本也。”“故夫灾与福也，非粹在天也，必在士民也。”（《新书·大政》）其三，民不是某一朝代之本、之基，而是万世之本、之基。对此，贾谊也有明确的阐述：“夫民者，万世之本也……故夫民者，大族也，民不可不畏也。故夫民者，多力而不可适也。”（《新书·大政》）其四，国家治理既要以民众为本，也要高度重视精英的作用。《黄石公三略·上略》对此做了比较充分的阐述：“英雄者，国之干，庶民者，国之本。得其干，收其本，则政行而无怨。”“夫为国之道，恃贤与民。信贤如腹心，使民如四肢，则策无遗。”“夫将者，国之命也。将能制胜，则国家安定。”这些都是讲国家治理要以民为本，但不能忽视社会精英的重要作用。这一点是传统文化的一个重要方面，过去谈以民为本时常常被忽略。实际上，传统文化十分重视社会精英的作用，否则传统社会怎么会高度评价和推崇圣贤呢?

（2）“事神保民”

“以民为本”不只是一种理念，更应该变为制度措施，而最基本的或最起码的措施就是要保民。“事神保民”出自《国语·周语上》：“至于武王，昭前之光明而加之以慈和，事神保民，莫弗欣喜。”同一思想在《尚书·梓材》中也得到了表达：“欲至于万年，惟王子子孙孙永保民。”这是周成王说的话。他说，上天已把中国臣民和广大的土地赋予我们先王，所以我王也要用德行来使那些先后受了迷惑的殷民心悦诚服，以完成先王所受的天命。如果想我们的国祚绵延万年，唯一的选择就是永远保有我们的民众。在西周，事神与敬天的意义大致相同。德是天的至善性，敬天也就是敬德。有研究认为“敬德保民”是周王朝的政治路线，但历史文献中未见有这一表述。不过，这一表述与“事神保民”在含义上大致相同。这两种表述的共同之精要在于保民。《孟子》记载，齐宣王问孟子，具备什么样的德才可以行王道，孟子曰：“保民而王，莫之能御也。”（《孟子·梁惠王上》）孟子的意思是，爱护百姓，行王道统一天下，就没有谁能够抵御他。孟子的这句话阐明了保民的重要性。

保民有两层基本含义。一是安民、养民，即让民众安居乐业，休养生息，避免贫困饥寒。韦昭注“事神保民”曰：“保，养也。”《汉书·匡衡传》：“盖保民者，‘陈之以德义’，‘示之以好恶’，观其失而制其宜，故动之而和，绥之而安。”颜师古注：“保，养也；陈，施也。”二是保护民众，即给民众提供安全保障，避免战乱灾荒。《左传·昭公十八年》记载：“子大叔曰：‘宝，以保民也。若有火，国几亡。可以救亡，子何爱焉?’”宋曾巩《与孙司封书》也说：“盖先事以为备，全城而保民者，宜责之陈拱，非宗旦事也。”这两段话讲的都是在战争中如何保全城池，保护百姓。在战争和大灾来临的时候，传统价值观要求统治者有保护百姓的胆识和能力，临危不惧，勇于担当，绝不能在大敌当前时卑躬屈膝，未战先降，割地赔款，甚至丢下受难百姓自己逃命。

（3）“爱民如子”

出自《周书·裴侠传》：“裴侠字嵩和，河东解人也。……除河北郡守。侠躬履俭素，爱民如子，所食唯菽麦盐菜而已。吏民莫不怀之。”这是讲河北郡守裴侠自己艰苦朴素，德行高尚，爱护百姓像爱护自己的孩子一样。《中庸》也有将民众视为自己的孩子的表述："子庶民也。"汉代刘向在《新序·杂事一》中做了这样的阐述："良君将赏善而除民患，爱民如子，盖之如天，容之若地。"传统文化要求统治者爱护百姓，要像爱护自己的子女一样。今天，我们常常要求领导干部对待百姓就像对待父母一样去爱，说法不同，意思一样。

爱民如子，首先是一种感情，就是说，统治者要像对待自己的孩子一样给百姓以关怀、呵护、珍爱，通俗地说，统治者要对百姓有深厚的情感，即今天所说的"情为民所系"。但是，就统治者而言，爱民不只是一种感情，它要体现于各种爱民的措施之中。措施多种多样，在传统社会特别强调的是节用裕民、使民以时、轻徭薄赋、取民有度等方面。荀子说："足国之道，节用裕民而善臧其余。"（《荀子·富国》）就是说，使国家富足的方法，是节省国家费用，让老百姓富裕起来，并善于储藏剩余的资财。这就是"节用裕民"。裕民的前提是"恤民"，即体恤百姓，把百姓的冷暖、疾苦放在心上。"使民以时"出自《论语·学而》："道千乘之国，敬事而信，节用而爱人，使民以时。"这是讲一个有上千辆兵车的国家的统治者，要敬业守信，节约开支，爱护百姓，调用民众要安排好时间，避开农忙时节。"轻徭薄赋"出自东汉班固《汉书·昭帝纪》："海内虚耗，户口减半，光知时务之要，轻徭薄赋，与民休息。"意思是要减轻徭役，降低赋税，让百姓休养生息，生活富足。"取民有度"出自《管子·权修》："故取于民有度，用之有止，国虽小必安；取于民无度，用之不止，国虽大必危。"意思是对老百姓收赋税要控制在一定限度内，各种花费要有节制。这一命题虽然与前一命题含义相近，但管子特别强调了"取于民有度，用之有止"，指出"取于民无度，用之不止"会导致严重的社会后果。历史事实证明管子的这一论断是正确的。我国历史上很多王朝都是因为统治者取民无度而在农民起义的风暴中走向灭亡的。所有这些方面体现了一个共同的要求，即对民之爱要建立在敬畏的前提下，不只是一般意义的关爱，而是要敬爱，不可亵渎。

（4）"与民同乐"

出自《孟子·梁惠王下》："齐宣王见孟子于雪宫。王曰：'贤者亦有此乐乎？'孟子对曰：'有。人不得，则非其上矣。不得而非其上者，非也；为民上而不与民同乐者，亦非也。乐民之乐者，民亦乐其乐；忧民之忧者，民亦忧其忧。乐以天下，忧以天下，然而不王者，未之有也。’”这段话记述的是，齐宣王在雪宫接见孟子，宣王问贤者是否也有这种快乐，孟子回答说有。如果得不到就怨恨在上位的人，这也是不对的。当然，作为百姓的“父母官”却不能与民同乐，那也不对。以百姓的快乐为快乐，那百姓也以他的快乐为快乐。忧虑百姓所忧虑的，百姓也忧虑他所忧虑的。在孟子看来，这样的人不能王天下，在历史上还从未有过。从这段话可以看出，“与民同乐”的原意是指君王施行仁政，与百姓休戚与共，同享快乐。“天下之治乱，不在一姓之兴亡，而在万民之忧乐。”（黄宗羲《明夷待访录》）与民同乐才知民之忧乐，才会乐民之所乐，忧民之所忧。

“与民同乐”的基本要求是官员要与民众同甘共苦，乐民众之所乐，忧民众之所忧。实际上，只有当官员能够与民同乐时，他们自己也才能享受到真正的快乐；而残暴的统治者穷奢极欲，不顾民众的死活，其结果是自己也得不到真正的快乐。历史事实表明，殷纣王造酒池肉林，秦始皇建阿房宫，隋炀帝修迷楼，宋徽宗筑艮岳，慈禧太后建颐和园等，他们大兴土木，原本都是为了享受快乐，但由于贪婪残暴，劳民伤财，不顾人民死活，结果是民怨鼎沸，几乎没有一个人有好的结局，也没有一个人享受到了真正的快乐。相反，《诗经》记载，周文王虽然用民力来修筑灵台池沼，但百姓心甘情愿地过来效力，百姓是快乐的。与爱民如子相比较，与民同乐更充分体现了为政以德的精神，它要求官员与民众同甘苦、共患难，同心同德，率领民众过上好的生活。具备了这种精神，官员就会赢得民众的衷心拥护和爱戴，从而真正造福于民众。

（5）“为民请命”

出自《史记·淮阴侯列传》：“因民之欲，西乡为百姓请命，则天下风走而响应矣，孰敢不听！”“为民请命”原意通常是指下层官员代表百姓向当权者陈述百姓的困难，提出解决困难的要求。在中国历史上有许多具有为民请命精神的人，他们不畏权贵，不惜牺牲个人的官位乃至生命，拼死为百姓说话，以解其忧患。

明朝海瑞一生十分清廉，心中始终装着老百姓，担任淳安县知县时，采取丈实田亩，大大减轻农民负担，始终以为民请命为己任，从而获得

“海青天”之誉。明朝青文胜的为民请命事迹更具有典型性。他在担任龙阳县典史期间，毗邻洞庭湖的龙阳，每年遭遇水灾，拖欠赋税几十万石，受鞭笞之刑而死的老百姓接连不断。青文胜为解除百姓疾苦，再三上书，皇帝都不答复。洪武二十四年（1391），他又一次准备了奏章，敲击登闻鼓要上诉，最终在鼓下上吊自尽。皇帝听闻此事后十分惊讶，同情他为了百姓而牺牲自己，下令宽贷龙阳赋税二万四千多石。家乡人感恩戴德，为他立祠城东。监察御史莫抑巡视至龙阳，为祠题联“一点丹心全赤子，九重红日照青祠”。万历十四年（1586），皇帝下诏为青文胜做春秋祭奠，名其祠曰“惠烈”。

鲁迅先生对传统文化多持批评态度，但对为民请命的人给予高度赞扬，称其为“中国的脊梁”。他说：“我们从古以来，就有埋头苦干的人，有拼命硬干的人，有为民请命的人，有舍身求法的人……虽是等于为帝王将相作家谱的所谓‘正史’，也往往掩不住他们的光耀，这就是中国的脊梁。”（《中国人失掉自信力了吗》）由此可见为民请命精神之价值和可贵。

（6）“公正清廉”

出自清代昭梿《啸亭杂录·金元史》：“劾其贪酷诸款，而后又言其公正廉洁、惜名器、重士节诸语。”“公正清廉”的本意为公道正派、廉洁奉公、不徇私情，其关键在于“正”。《论语·颜渊》记载，季康子向孔子请教为政，孔子回答说：“政者，正也。子帅以正，孰敢不正？”孔子的意思是，“政”字的意思就是公道正派。如果领导人公道正派，谁敢不公道正派？传统社会法制不健全，给官员贪污受贿、徇私舞弊提供了大量机会，因此无论是君王还是民间都十分推崇公正清廉的官吏，把具有这种精神的官员称为“清官”（又称“循吏”“良吏”“廉吏”）。用宋代周敦颐的话说，这些人“出淤泥而不染，濯清涟而不妖”（《爱莲说》，《周敦颐集》卷三）。

历史上有不少这样的清官，其中最著名的是春秋战国时期魏国的西门豹，西汉时期的赵广汉、黄霸，唐朝的徐有功、狄仁杰，北宋时期的陈希亮、包拯，明朝的况钟、海瑞，清朝的汤斌。他们当中最有名的当数包拯。包拯从小立志报效国家，“竭忠死义”。他先后担任过多个地方官职位，也担任过监察御史、户部副使、都部署等军政要职，并作为使节出使辽邦，而最有影响的是他做过的天章阁待制、龙图阁直学士。他一生清廉自律，刚直不阿。在端州任知州时，他采取的整顿吏治、打击贪腐措施深受百姓欢迎，离任时当地特地为他精制了一方好砚相送，他婉言谢绝，并表示“不持一砚归”。他一生铁面无私，执法如山，不避权贵，使许多冤案得以昭雪，皇亲国戚、官吏权贵犯法也一律绳之以法。包拯在生前和身后都享有盛名，既得到君王的赏识，也受到普通百姓的广泛拥护和爱戴，被尊奉为“包青天”。包拯曾作诗表达他自己的这种公正廉洁襟怀：“清心为治本，直道是身谋。秀干终成栋，精钢不作钩。仓充鼠雀喜，草尽兔狐愁。史册有遗训，毋贻来者羞。”（《书端州郡斋壁》）

明代诗人于谦有两首诗充分表达了公正廉洁的精神风采。“千锤万凿出深山，烈火焚烧若等闲。粉骨碎身浑不怕，要留清白在人间。”（《石灰吟》）“手帕蘑菇与线香，本资民用反为殃。清风两袖朝天去，免得闾阎话短长。”（《入京诗》）诗中的“要留清白在人间”和“清风两袖朝天去”就是传统价值观所倡导的“清官”形象的生动写照。

（7）“富而后教”

出自《论语·子路》中孔子与冉有的一段对话：“子适卫，冉有仆。子曰：‘庶矣哉！’冉有曰：‘既庶矣，又何加焉？’曰：‘富之。’曰：‘既富矣，又何加焉？’曰：‘教之。’”孔子的话有两层含义：一是使人民经济生活水平提高的同时，还要教化人民；二是只有在人民生活富足的前提下，才有更好地教化人民的条件。对“富而后教”的思想，孟子、荀子均有所发挥。孟子说：“是故明君制民之产，必使仰足以事父母，俯足以畜妻子，乐岁终身饱，凶年免于死亡；然后驱而之善，故民之从之也轻。”（《孟子·梁惠王上》）人民生活得到保障，才容易教而为善。荀子更明确地说：“不富无以养民情，不教无以理民性。故家五亩宅，百亩田，务其业而勿夺其时，所以富之也。立大学，设庠序，修六礼，明十教，所以道之也。诗曰：‘饮之食之，教之诲之。’王事具矣。”（《荀子·大略》）他认为，富民教民应成为王事不可缺少的工作。

孔子的“富而后教”思想，后世多有论述，并与民本治国相联系。《说苑·建本》记载：“河间献王曰：管子称‘仓廪实，知礼节；衣食足，知荣辱’。夫谷者，国家所以昌炽，士女所以姣好，礼义所以行，而人心所以安也。《尚书》五福，以富为始。子贡问为政，孔子曰：‘富之，既富，乃教之也。’此治国之本也。”从管仲到孔子，都以富民教民为立国之本。《潜夫论·爱日》也说：“孔子称庶则富之，既富则教之。是礼义生于富足，盗窃起于贫穷；富足生于宽暇，贫穷起于无日。圣人深知力者乃民之本也，而国之基，故务省役而为民爱日。”在这里，富而后教被提到民本国基的高度来加以评价。

所有这些论述都表明，传统价值观既重视物质文明建设，又重视精神文明建设，要求官员在富民的基础上教民，提高民众的教养和道德水平。

（8）“鞠躬尽瘁”

对于一个人来说，在一生中的某一时段做到自强还是比较容易的，但要做到一辈子如此，直到生命终止，那则是极难的。所以，传统价值观讲自强，还讲自强不息，讲毕生尽心尽力，无怨无悔。传统价值观关于这种思想有很多经典性的表述。诸葛亮所说和所终生践行的“鞠躬尽瘁，死而后已”（《后出师表》），李商隐的诗句“春蚕到死丝方尽，蜡炬成灰泪始干”（《无题》）等，都充分表达了要一辈子勤勤恳恳、竭尽心力的生命不息、奋斗不止的精神和情怀。

“鞠躬尽瘁”的另一表述是“精忠报国”，意思是为国家和民族竭尽忠诚，牺牲一切。“精忠报国”出自《北史·颜之仪传》：“公等备受朝恩，当尽忠报国，奈何一旦欲以神器假人！”历史上有很多这样的典型事例，而最典型的是岳飞。在民族危亡之际，岳飞为抗击金国入侵而积极报名参军，立志为国报仇雪耻。岳飞参军后始终战斗在抗金的最前线，率领“岳家军”不畏强敌，勇往直前，先后多次战胜金兵，“岳家军”成为威震敌胆的正义之师、猛虎之师。然而，昏君赵构和奸臣秦桧为向金兵求和，以“莫须有”的罪名将岳飞送入监牢，后来又残忍地杀害了岳飞和他年仅23岁的儿子——少年将军岳云，以及部将张宪等人。岳飞崇高的爱国主义精神和情操，以及他的悲剧性遭遇，永远铭刻在中华民族的历史丰碑上，铭记在世代中国人的心中。

（9）“修心治身”

语出王安石《洪范传》：“修其心治其身，而后可以为政于天下。”“修齐治平”是传统价值观为人们提供的一条人格完善的途径。《礼记·大学》中对此有完整的论述：由内及外，从个体修身到齐家、治国、平天下，个体人格在修养和外化过程中不断得到充实、完善和提升，最终达到“明明德于天下”的最高境界。所有这一切都取决于个体的修身。传统价值观认为，修身乃一个人成人和为政之基，任何一种政治体系，无论它多么宏伟神圣、精细严密，都是人设计出来的，设计出来后需要人来构建、掌控。无论是设计者、建设者，还是掌握者，他们的德与能都直接关系到政治体系的完善程度。而他们的德与能的水平全在于修心治身。修身并不是一次性的，而是人一生持续的过程。人只有达到一定的修养水平才能成为政治体系的设计者、构建者和掌控者，承担了这样的职责后，还需要与时俱进，不断提高德才水平，只有这样才能达到传统价值观“苟日新，日日新，又日新”的要求。这也是《诗经·大雅·文王》中“其命维新”所表达的对为官从政者的期待。

“慧者心辩而不繁说。”（《墨子·修身》）修身的道理许多人都懂，有的人甚至能说得头头是道，但有智慧的人少说多做。在修心治身的过程中，要有审慎而积极的态度。一方面，要尽量减少犯错误，在任何时候都要谨慎，所以传统价值观要求人们始终“如临深渊，如履薄冰”（《诗经·小雅·小旻》）；另一方面，也不要怕犯错误，犯了错误，要知道错在哪里，并及时加以改正，所以传统价值观要求“君子检身，常若有过”（《亢仓子·顺训道》）。同时，在修心治身的过程中也要积极进取，与时俱进，日新其德，不断提高人生境界。

十 “以教祇德”

“以教祇德”出自《尚书·吕刑》：“三后成功，惟殷于民。爰制百姓于刑之中，以教祇德。”讲的是古时候蚩尤以酷刑对待苗民，遭到了苗民的强烈反抗。上帝知道后命令三位方国君主下到人间，抚恤民众，建立功业。三位君主大功告成，给予民众的好处多且长远。以后对人民只用适度的刑罚，通过教化来引导人们敬德。这里明确表达了两层意思：一是要对人们进行教化，二是教化的目的是使人们敬德，以成为有德之人。“以教祇德”表明传统社会的教化实质上就是德教（善教）。传统价值观认为，“以教祇德”既有可能性，也有必要性。传统价值观相信“人皆可以为尧舜”（《孟子·告子下》）、“涂之人可以为禹”（《荀子·性恶》），因而人在道德和人格上有很大的提升空间，可以从小人成长为君子以至圣人。然而，君子也好，圣人也好，不是自发长成的，而是教化以及在教化作用下个人修身的结果。教化具有极其重要的作用，没有教化，人无以成人，更不用说成为圣人。从中国历史看，早在尧舜禹的时代，就高度重视德教，自此开始统治者就将道德教化作为社会治理的主要手段和基本途径，形成了传统价值观高度重视道德教育教化的“以教祇德”精神。

1. *以教祇德观念的产生*

将“以教祇德”作为传统价值观的基本精神，直接的原因在于自尧舜禹时代开了重德教之先河以后，传统社会不仅一直十分重视教化，而且这种传统有不断强化的趋向。《尚书·舜典》记载，尧让舜谨慎地推行“五典”，即父义、母慈、兄友、弟恭和子孝五种伦常。这实际上就是在自觉地推行教化。禹对舜也说过：“德惟善政，政在养民。火、水、金、木、土、谷惟修；正德、利用、厚生惟和；九功惟叙，九叙惟歌。戒之用休，董之用威，劝之以九歌，俾勿坏。”（《尚书·大禹谟》）这里所讲的“九功”也包括“正德”。西周特别重视德教。《尚书·毕命》记载，周康王对毕公高说：“资富能训，惟以永年。惟德惟义，时乃大训。不由古训，于何其训？”意思是，资财富足而能接受教化，才能长久；施行德义，才是最重要的教诲；如果不遵循古人的教诲，民众就不会顺从。这里讲的是统治者要以身示范。

孔子也十分重视这一点。《论语·颜渊》记载，季康子问政于孔子：“如杀无道，以就有道，何如？”孔子回答说：“子为政，焉用杀？子欲善而民善矣。君子之德风，小人之德草，草上之风必偃。”孔子告诫为政者：“其身正，不令而行；其身不正，虽令不从。”（《论语·子路》）孔子这里是讲为政者要身正，要有高尚的道德，要以道德感化百姓。孔子还特别强调对民众进行道德教化。《论语·子路》记载，孔子到卫国去，冉有驾车。孔子说，这里人口好多啊。冉有问，人口多了后再做什么呢，孔子说那就让他们富裕起来。冉有又问，富裕起来之后再做什么呢，孔子说教育他们。

《礼记》中也有不少关于教化的记述：“君子以此之为尊敬然，然后以其所能教百姓，不废其会节。”（《哀公问》）“鹦鹉能言，不离飞鸟；猩猩能言，不离禽兽。今人而无礼，虽能言，不亦禽兽之心乎？夫唯禽兽无礼，故父子聚麀。是故圣人作，为礼以教人，使人以有礼，知自别于禽兽。”（《曲礼上》）荀子也重视统治者的示范作用，“以善先人者谓之教，以善和人者谓之顺”，但他更强调教师的重要性。他说：“礼者，所以正身也；师者，所以正礼也。无礼何以正身？无师，吾安知礼之为是也？”（《荀子·修身》）“人之生，固小人。无师无法则唯利之见耳。……人无师无法，则其心正其口腹也。”（《荀子·荣辱》）《孝经》从应重视孝的教育的角度对教化的重要性做了较为系统的阐述。“教民亲爱，莫善于孝。教民礼顺，莫善于悌。移风易俗，莫善于乐。安上治民，莫善于礼。礼者，敬而已矣。故敬其父，则子悦；敬其兄，则弟悦；敬其君，则臣悦；敬一人，而千万人悦。所敬者寡，而悦者众，此之谓要道也。”（《广要道章》）

东汉初年，古文经学与今文经学之间的门户之见日益加深，各派内部因师承不同，对儒家经典的解说不一，章句歧异。为此，东汉汉章帝建初四年（公元79），朝廷召开白虎观会议解决意见分歧，会议的成果由班固写成了《白虎通义》。其中有一篇《三教》阐明了官方规定的教化内容，即“三教”。为什么要设立“三教”？“承衰救弊，欲民反正道也。三王之有失，故立三教，以相指受。夏人之王教以忠，其失野，救野之失莫如敬。殷人之王教以敬，其失鬼，救鬼之失莫如文。周人之王教以文，其失薄，救薄之失莫如忠。继周尚黑，制与夏同。三者如顺连环，周而复始，穷则反本。”汉儒认为，夏代崇尚忠，商代崇尚敬，周代崇尚文，它们各有偏颇，所以应当将三者统一成“三教”。所谓“三教”，就是“法天、地、人，内忠外敬，文饰之，故三而备也”。而所谓教，就是上行下效。“教者，何谓也？教者，效也。上为之，下效之。民有质朴，不教而成。故《孝经》曰：‘先王见教之可以化民。’《论语》曰：‘不教民战，是谓弃之。’《尚书》曰：‘以教祗德。’《诗》云：‘尔之教矣，欲民斯效。’”《三教》还规定了实施“法天、地、人”的措施：“忠法人，敬法地，文法天。人道主忠，人以至道教人，忠之至也；人以忠教，故忠为人教也。地道谦卑，天之所生，地敬养之，以敬为地教也。”《三教》的上述规定成为传统社会道德教化的主要依据，最终奠定了传统价值观“以教祗德”的基本内涵和精神。

传统社会“以教祇德”的重要体现是重视儿童的道德教育。传统社会为了加强教育教化，注重从儿童抓起，组织学者编写蒙学读物，这些读物在道德教化中发挥了重要作用。蒙学读物很多，比较流行的有近20种，如《三字经》《弟子规》《幼学琼林》《朱子家训》《百家姓》《千字文》《千家诗》《古文观止》《唐诗三百首》《声律启蒙》《文字启蒙》《增广贤文》等，其中最著名的是“三百千”，即《三字经》《百家姓》《千字文》。它们一般被私塾用作儿童的启蒙读物。每个私塾所使用的读物不尽相同，但“三百千”几乎是所有私塾开蒙的必读书。蒙学读物虽然不都属于道德教化的教材，有一些属于识字类、韵语类、典故类和知识类，但大多是训诫类的，其他类型的读物一般也都包含道德方面的内容，读起来也能起到教化或感化的作用。

传统社会不仅重视社会教化，而且十分重视家庭教化，通过家训来教育家庭成员，特别是儿童。其中最有影响的是《颜氏家训》，史上有“古今家训，以此为祖”（王三聘《古今事物考》）之说。颜之推出身于世代精于儒学的仕宦之家，早年得到家庭儒学的熏陶，又博览群书，学识渊博，通晓古今。晚年为了告诫子孙尊奉儒家传统，注意道德修养，写了《颜氏家训》二十篇。他吸收了董仲舒人性分为三品的观点，认为“上智不教而成，下愚虽教无益，中庸之人，不教不知也”。《颜氏家训》首先从家教的特殊作用出发，充分肯定家教的重要性。颜氏认为，少年儿童对自己父母、长者十分信任，并愿听其教诲，顺其指令，长者与子女的亲情可以增加教育的感染力，而且长者易为子女所服，所以家教可以收到事半功倍的效果。颜氏主张“礼为教本，敬者身基”（《颜氏家训·勉学》，以下只注篇名），以“孝仁礼义，导习之矣”（《教子》）。他还提出了一系列家教的方法。一是家教要及早进行。“人生小幼，精神专利，长成已后，思虑散逸，固须早教，勿失机也。”（《勉学》）二是将严格要求与关心慈爱相结合，反对偏宠。“父母威严而有慈，则子女畏慎而生孝矣。”（《教子》）颜氏还指出了“偏宠”的危害：“人之爱子，罕亦能均，自古及今，此弊多矣。贤俊者自可赏爱，顽鲁者亦当矜怜，有偏宠者，虽欲以厚之，更所以祸之。”（《教子》）三是长者要注意以身作则、潜移默化。“夫风化者，自上而行于下者也，自先而施于后者也。是以父不慈则子不孝，兄不友则弟不恭，夫不义则妇不顺矣。”（《治家》）颜氏还注意到道德教育不能一蹴而就，而是一个不断反复、不断加深的过程。①

传统社会的突出特点是“为政以德”即“德治”，德治归根结底就是诉诸统治者和老百姓的“德”，包括德性、德行和德情（道德情感，如“爱人”）。无论是统治者还是老百姓，他们的德都不可能与生俱来，通常也不能完全在家庭和社会环境的影响下自然而然形成，而需要通过教育获得。当然，这种教育可能是自发的、不系统的（如家长的日常教诲），也可能是自觉的、系统的。无论在哪个民族都是如此，中华民族与其他许多民族不同之处在于，中华民族一进入文明社会就意识到了道德教化的重要性，就开始确定教化的内容并采取措施实施教化。后来，这种自觉的系统教化成为中国文化传统和民族精神，一直传承到今天。传统的中国社会以道德立国，此诚如学者王国维所论：“古之所谓国家者，非徒政治之枢机，亦道德之枢机也。”（《殷周制度论》）也正因如此，古人极为关注社会道德问题，甚至视之为国家生死存亡的生命线。宋代苏轼在上书反对王安石变法时，说出了这样一番有名的话：“国家之所以存亡者，在道德之浅深，不在乎强与弱；历数之所以长短者，在风俗之厚薄，不在乎富与贫。”正是基于这样的认识，在中国古代，道德教化一直是一个长盛不衰的主流话题，并形成了自身鲜明的历史特点。

2. 以教祇德与道德教化

总体上看，传统价值观重视德教有一个重要前提，即“善政不如善教”（《孟子·尽心上》）。传统价值观认为道德教化在个人成人和国家治理方面有无可替代的重要意义与作用，孔子所谓的“举善而教不能，则劝”（《论语·为政》）就表明了这种重教化的思想倾向。传统价值观认为，与朝廷的行政管理和刑罚的威逼高压相比，道德教化起着更为持久、强大、深远的作用。正如管子所说：“凡牧民者，使士无邪行，女无淫事。士无邪行，教也；女无淫事，训也。教训成俗而刑罚省，数也。”（《管子·权修》）孟子则明确宣称“善政不如善教之得民”。他说：“仁言不如仁声之入人深也，善政不如善教之得民也。善政，民畏之；善教，民爱之。善政得民财，善教得民心。”（《孟子·尽心上》）在孟子看来，“善教”能使统治者得到人民的爱戴而不是敬畏，因而能得到人民的衷心拥护，

① 参见罗炽等《中国德育思想史纲》，湖北教育出版社1998年版，第230～235页。

从而赢得民心。从道德与法律关系的角度看，传统价值观认为道德在社会生活中起着比法律更为基本和决定性的作用。法家主张任力而不任德，即德厚不足以止乱；儒家则力主任德而不任力。孔子的名言“道之以政，齐之以刑，民免而无耻；道之以德，齐之以礼，有耻且格”（《论语·为政》），就充分显示了对“政、刑”的疑虑，对“德、礼”的倚重。孟子后来进一步强调以德更能服人：“以力服人者，非心服也，力不赡也。以德服人者，中心悦而诚服也。”（《孟子·公孙丑上》）后儒循孔、孟而大多看重德治的效能。《吕氏春秋·上德》说：“为天下及国，莫如以德，莫如行义。以德以义，不赏而民劝，不罚而邪止。”汉儒王符也持相近的看法：“是故上圣不务治民事而务治民心……导之以德，齐之以礼，务厚其情而务明其义，民亲爱则无相害伤之意，动思义则无奸邪之心。夫若此者，非律之所使也，非威刑之所强也，此乃教化之所致也。”（《潜夫论·德化》）儒家所谓的德治就是通过“教化”实现的。[①]

传统道德教化的内容极其丰富，不过主要有两个基本方面。其一，从远古时代就开始重视的“五伦”即君臣、父子、兄弟、夫妇、朋友五种人伦关系。“五伦”的内涵，早在舜时代就已经确定。这就是《孟子·滕文公上》所说的“使契为司徒，教以人伦，父子有亲，君臣有义，夫妇有别，长幼有叙，朋友有信”。《史记·殷本纪》亦记载：“帝舜乃命契曰：‘百姓不亲，五品不训，汝为司徒而敬敷五教，五教在宽。’”“五品”同“五伦”。后来，不同时期赋予“五伦”不尽相同的含义，但与其本义偏离得不是太远。其二，远古时代就已经提出德（德目），但对于人有哪些德以及它们的含义是什么从来没有形成定论。有研究表明，可信度比较高的《今文尚书》28 篇中有 22 篇出现了“德”字，总计 100 次，其内容存在族德、政德、己德三个互生互摄的维度。[②]《皋陶谟》就谈到“行有九德”，即“宽而栗，柔而立，愿而恭，乱而敬，扰而毅，直而温，简而廉，刚而塞，强而义”。《左传》中也记载了大量的德目，其中《昭公二十八年》也谈到“九德”：“心能制义曰度，德正

① 参见胡发贵《试论中国古代道德教化的特点》，《江苏大学学报》（社会科学版）2009 年第 2 期。

② 参见马士远《〈尚书〉中的“德”及其“德治”命题摭谈》，《道德与文明》2008 年第 5 期。

应和曰莫，照临四方曰明，勤施无私曰类，教诲不倦曰长，赏庆刑威曰君，慈和遍服曰顺，择善而从之曰比，经纬天地曰文。”《管子·牧民》讲“四维”。四维即礼、义、廉、耻。后人又将四维与传统文化所推崇的八种德性联系起来，称为“四维八德”。八德即忠、孝、仁、爱、信、义、和、平。实际上，“四维八德”都是德。《论语》中也大量地使用“德”，而且是在不同意义上使用的，大致上说有三种主要意义：一是恩惠之德，如“以德报德”；二是行为之德，如“君子之德风”；三是品质之德，如“温、良、恭、俭、让”。到了孟子那里才把目光集中于“仁义礼智”，后来董仲舒将其与“信”并称为“五常”。于是，“五常”和“三纲”一起成为后来德教的基本内容。

传统道德教化的方式独具中国特色，它们在以下三个方面的作用尤其突出。

一是“选贤与能”。传统社会权力集中于朝廷，道德教化之职也主要是由朝廷来承担的。其推行道德教化的一大方式，就是将官职授予那些品行高尚的人。孔子所说的“学而优则仕”，其中的“优”，实际上也有道德上的含义。因此，对于孔子来说，入仕的条件有二——才能与德性，即《礼记·礼运》中所说的“选贤与能”。《尚书·尧典》记载，尧选舜主要是依据他的德性。据清代顾炎武的研究，“三代之时，民之秀者乃收之乡序，升之司徒，而谓之士”（《日知录》）。在隋朝实行科举制以前，朝廷人才的选择尤其重视社会的推荐和公选，推荐和选拔的对象就是那些操守卓越、有较好社会声望和口碑的人。汉武帝时还实行举孝廉制度，这是一种由下向上推选人才为官的制度。孝廉是察举制的最主要、最重要科目。所谓孝廉，就是孝顺父母、办事廉正。西汉元帝则发明“四行举人”。所谓“四行”，即四种德性——“质朴、敦厚、逊让、有行义”。有此四种德性的人，就会受到举荐，有机会到朝中做官。在这种风气的影响下，举人以德，蔚然成风。传统社会“奖善”的方法五花八门，一般有诏令嘉奖、封爵号、赐予物品、晋升官爵、免赋役等。“旌表”也是历代王朝经常采用的一种表扬有德之人的做法。旌表的一般做法是“旌其门闾”，即在受表彰者的大门上留下特殊的标记，如挂上匾额或树起牌坊等，以示嘉奖。

二是“宣化承流”。除朝廷外，地方官也扮演了道德教化的重要角色。传统社会“学而优则仕”，实行精英治理，官吏大多是社会上的杰出人才，他们不仅是权力的象征，也是知识与品德的表率，自然也就肩负了教育民众的责任。汉儒董仲舒的“宣化承流”说，主张官员奉君命教化百姓，认为这样可使文化流传，百姓更有教养，国家更加兴旺。他说：“臣愿陛下兴太学，置明师，以养天下之士，数考问以尽其材，则英俊宜可得矣。今之郡守、县令，民之师帅，所使承流而宣化也；故师帅不贤，则主德不宣，恩泽不流。”（《汉书·董仲舒传》）汉儒贾谊则认为，移风易俗并不是“俗吏”所能为的，而是英俊之士才可担当的重任，“夫移风易俗，使天下回心而乡道，类非俗吏之所能为也”（《汉书·贾谊传》）。他这里是主张将教化天下作为官员之大任。受孟子“仁政”思想中“为民父母”观念的影响，后世的英俊之士不仅在道义上自觉地教民礼义，而且在责任上也有这种义务。根据传统价值观，为官一方，就是“为民父母”，理应“使天下回心而乡道”。

三是“表劝节义”。传统社会的道德教化还重视实物教育，以“表劝节义”，达到彰德扬善的目的。宋绍熙五年（1194），光宗诏令：“五岳四渎，名山大川，历代帝王，忠臣烈士，载于祀典者，委所在长吏，精洁致祭，近祠庙处，并禁樵采；如祠庙损坏，令本州支系省钱修葺。”朱熹闻此消息非常欣喜，写下了《潭州约束榜》一文，提议为一些前代的忠臣烈士建庙。他自己从《长沙图志》中发现本朝绍兴年间在抗金斗争中为国捐躯的一些英雄，觉得这些“忠节显著”的人，“祠像不立，无以慰答忠魂，表劝节义”，于是提议为这些英烈“合于城隍庙别置一堂，塑像奉安，永远崇奉”。传统社会为一些德操卓著的人题名、画像、建庙、塑像、立碑、树牌坊等十分流行，如关公庙、张飞庙，以及各种贞节牌坊等，而其背后的旨意，正如上面朱熹所说是为“表劝节义”，客观上这也为移风易俗的社会教育树立了一种价值楷模，起着引导和激励的作用。[①]

3. 以教祇德观念的局限

传统价值观的“以教祇德”精神总体上是合理的，其中的一些要求

---

① 参见胡发贵《试论中国古代道德教化的特点》，《江苏大学学报》（社会科学版）2009年第2期。

也值得传承和弘扬，如“道之以德”“以身作则”“选贤与能”“宣化承流”“表劝节义”等。但是，传统价值观“以教祗德”观念中包含的礼教内容则有很大的局限性。孔子提出的德教要“齐之以礼”，实际上是把“礼”作为社会的唯一规范，而完全没有考虑到法律的问题。荀子虽然重视法律问题，但强调无礼不能“正身”，实际上也是把礼视为人安身立命的根本，法不过是实施礼的手段。儒家的这一局限由于儒家思想后来成为传统社会占主导地位的意识形态而对中国传统社会产生了深刻的消极影响。实际上，传统文化资源中不乏法教的思想资源，其中最值得重视的是“以法为教”“以吏为师”。韩非说：“故明主之国，无书简之文，以法为教；无先王之语，以吏为师；无私剑之悍，以斩首为勇。”（《韩非子·五蠹》）意思是，在明君的国家里，没有学术的文献典籍，而以法律来教导人们；没有先王的言论，而以官吏为老师；没有游侠剑客的凶悍，而只以杀敌立功为勇敢。韩非这里说得很极端，认为治国可以不用文化，也不需要老师。没有文化，怎么会有法律？没有老师，哪里有制定和执行法律的官吏？但是，他注意到了不能仅仅靠道德治理国家，也不能仅仅依靠礼来治理国家，治理国家还需要法律。历史事实证明，韩非的这种观点是对的，一个德治的国家不可能有真正的秩序和长治久安，而一个法治的国家则有可能做到这一点。当然，一种完善的国家治理体系，必须以法治为基础，确保社会稳定有序，然后加上德治，以使社会更美好，更富有人情味。

十一　“协和万邦”

“协和万邦”出自《尚书·尧典》：“克明俊德，以亲九族。九族既睦，平章百姓。百姓昭明，协和万邦。黎民于变时雍。”“亲九族”就是首先把自己的宗族治理好；“平章百姓”就是继而把自己的国治理好；而使各国团结起来，就是“协和万邦”。孔颖达疏：“能使九族敦睦，百姓显明，万邦和睦。”（《尚书正义·尧典》）这段话说的是，古代的帝尧尽职尽责，通达大道，善治天下，深谋远虑，温和宽厚。他严谨不懈，举贤让能，道德名望充溢四方，至于天上地下。尧发扬他的大德，使各个氏族都和睦相处，而后又辨明彰显朝廷百官的职守，进而又团结其他部落，于是天下老百姓都快乐和睦起来。这段话是《尚书》第一篇中的文字，而《尚书》是中国有历史记载以来的第一部纪实性政治著作，这足以表明“协和万邦”的思想和观念在中国进入文明之初就已经形成。这里所说的“万邦”从地理意义上看涵盖的范围大致上与后来所说的“天下”相同，而“天下”就是古代中国人心目中的“世界”。因此，用今天的话说，“协和万邦”就是协和世界各国，或协和世界。虽然先秦的这种“协和万邦”观念后来没有得到多少直接阐发，但其精神对中国历史发展产生了深远影响。自进入文明社会以来，中国历来对周边国家和民族以及后来更遥远的国家和地区都是和平而友善的，没有任何侵略掠夺的行为。可以说，中国社会发展的整个历程都渗透了先祖尧所奠定的“协和万邦”精神。今天中国提出推动构建人类命运共同体和人类共同价值、建设“一带一路”经济带的倡议等，都是“协和万邦”精神在当代的发扬光大和创新性发展。

1. 协和万邦观念的源流

与世界上不少民族侵略掠夺成性不同，中华民族不仅反对侵略，爱好和平，而且睦邻友好，乐善好施。中华民族的这种性格特征和精神特质，无疑与中华文明是农耕文明和中国人的安土重迁观念有密切的关系，但更主要的则是根源于中国先人在漫长的历史过程中所形成的“天人合一”观念，以及与之相应的“四海之内皆兄弟”观念及其扩展的“民胞物与”观念。这三大观念奠定了中华民族协和万邦、美美与共精神的基础，并塑造了这种精神。

传统的“天人合一”观念源自中国最早的先民，最初体现在《易经》之中。《易经》用阴阳八卦解释整个宇宙及其中的万事万物，并将其视为一个生生不已的有机整体。每一种事物都是独立的个体，有其存在的根据、权利和价值，同时又存在于和谐的宇宙整体之中，它们彼此相互作用，协调变化。在中国的传统价值观中，万物彼此之间共生共荣，不存在你死我活的关系。《周易·象传》对乾卦的“自强不息”和坤卦的“厚德载物”之解释，既充分表达了传统本体观，也充分表达了传统价值观。就是说，传统观念认为，宇宙中的每一种事物（当然包括人）就其本性而言都具有自强不息和厚德载物的精神，因而它们也应该如此。显然持守这种观念的人不仅要努力让自己生存得好，而且要对他人以及万事万物友好并施惠。把《易经》作为自己经典的儒道两家虽然在理论观点上存在严重分歧，但他们都推崇宇宙万物的道，把识道、得道作为自己的神圣使命，努力使个人存在的意义统一于天道的要求。这种天道不是希伯来人的耶和华，只庇佑希伯来人，而是所有人和宇宙万物共有的本质和法则。统一于它的要求就是要使人像万物一样独立自存而又善待他者（人和物）。墨家和法家虽然不怎么讲道，但他们要么讲兼爱交利，要么强调依法办事。就是说，他们都反对唯利是图、不择手段、肆意妄为。这四大家的思想都是肯定“天人合一”的，“协和万邦”这一古老观念伴随着“天人合一”观念变化发展而变化发展。

春秋时期以来，思想家们在弘扬传统的阴阳八卦观念和“天人合一”观念的基础上，提出了更明确体现“协和万邦”精神的重要思想。《左传·隐公六年》说：“亲仁善邻，国之宝也。”孔子的“仁者爱人”，虽然爱人的起点是亲人，但终点是众人。他的弟子子夏将其“泛爱众”思想表述为“四海之内皆兄弟”（《论语·颜渊》）。既然天下所有的人都像兄弟一样，那么他们就都有“手足之情”，他们彼此之间的爱就是亲人之爱，彼此之间的伤害就是手足相残。如此，天下的人就不仅要和睦相处，而且要相互珍重、关怀。孔子称赞“博施于民而能济众”（《论语·雍也》）为圣人的作为，主张人与人之间、国与国之间“和而不同”，和平相处。墨子认为，国与国之间的战争、人与人之间的争夺是当时社会的“大害”“巨害”，而其根源则是人们的不相爱。为了结束这种局面，墨子主张无论是人与人之间，还是国与国之间，都应当“兼相爱，交相利”。他说：“今天下之君子忠实欲天下之富而恶其贫，欲天下之治而恶其乱，当兼相爱，交相利。”（《墨子·兼爱中》）从“协和万邦”的角度看，墨子思想在两方面比孔子的思想更为完善：一是他不仅谈天下的所有人要兼爱，而且谈国与国之间要兼爱；二是他指出现实社会中普遍存在的贫穷和混乱现象的根源在于人与人、国与国之间不相爱。孟子认为“春秋无义战”（《孟子·尽心下》），对春秋战国时期诸侯“以强陵弱，以众暴寡”（《庄子·盗跖》），“争地以战，杀人盈野；争城以战，杀人盈城”（《孟子·离娄上》）的现实提出严厉批判，称“今之所谓良臣，古之所谓民贼也”（《孟子·告子下》）。为此，孟子将孔子“仁爱”的对象从“众人”拓展到万物，要求人们不仅要“仁民”而且要“爱物”。显然，当一个人对与人异类的事物都会珍爱时，对于自己的同类就更会如此。孟子的思想实际上就是在孔子和墨子思想的基础上，又将关爱的视野投向宇宙万物，在一种更高的层次上复归到远古的“天人合一”思想。张载的“民胞物与”思想实际上是对孔子和孟子思想的概括、提炼和总结。他认为，“凡天下疲癃残疾、茕独鳏寡，皆吾兄弟之颠连而无告者也”（《正蒙·乾称》）。张载把天地当作一个大家园，天下的人都是兄弟，天下万物都是伙伴，自己是这个大家庭中的一分子，有应尽的责任与义务。上述这些人都是中国历史上有重要影响的思想家，他们对远古“协和万邦”思想的阐发和论证对这种民族精神的形成与发展发挥了重要作用。

需要特别指出的是，儒家明确把“大同”作为追求的理想，主张通过修身来实现齐家、治国、平天下。儒家在《礼记·礼运》中描绘的“大同”社会，实际上就是当时思想家所理解的理想世界。这种理想世界是“天下为公”的社会，是“老吾老，以及人之老，幼吾幼，以及人之幼”的人性化、人道化、人情化的人间天堂。在儒家看来，这一世界在远古的尧舜时代就存在过，后来遭到破坏，现在的任务就是要重建这样的社会。可以这样说，这样的社会就是今天中国首创建设的人类命运共同体，即和平、安全、共建、共赢、共享的幸福而美好的世界。儒家不仅提出了这种美好的构想，而且提供了实现这种理想的基本路径，即通过每一个社会成员“修身”来实现家齐，通过家齐来实现国治，通过国治来实现天下平。“天下平”的基础不是武力，而是德性，每一个社会成员都通过道德修养成为有德性的人，天下就太平、安宁。“天下平”或“平天下”的意思并不是用武力平定天下，而是德性高尚的君王安抚天下黎民百姓，消除一切苦难和罪恶，使他们能够丰衣足食、安居乐业，达到“有田同耕，有饭同食，有衣同穿，有钱同使，无处不均匀，无人不饱暖”（洪秀全《天朝田亩制度》）的“天人合一”境界。虽然历史事实证明，儒家的理想确实有空想的成分，但它至少表达了中华民族和中国人渴望世界和平美好、人类幸福安宁的强烈愿望。

我们说“协和万邦”是中华民族和传统价值观的基本精神，更为重要的理由在于中华民族在几千年的文明史上恪守“协和万邦”的古老理念，不断致力于维护和构建和谐天下（世界）。在几千年的文明史上，中国经历过多次民族内部的斗争和融合，但就汉民族而言，未见有多少对外掠夺、扩张、侵略的历史记载。如果说有的话，那也许只有元朝灭宋后对邻近诸国发动了一系列侵略战争。但是，这时的元朝统治者并没有接受多少中华文化影响。

在漫长的历史中，中华民族有许多对外经济贸易、文化交流、政治解决边界武力冲突的活动和努力，这些活动和努力的目的在于与其他国家和地区建立友好关系，促进国际交往和合作，是“协和万邦”的实际努力。这些努力促进了相关国家经济社会发展，推动了人类世界化、一体化进程。这些活动和努力不计其数，其中最有影响的是四大事件，即和亲，张骞出使西域，唐玄奘去印度取经，郑和七下西洋。其中，“丝绸之路”的开辟和两千多年的运行不辍更是具有特别重要的意义。

和亲最早可以追溯到春秋战国时期，但兴盛于汉代。自汉以后一直到清代，几乎所有的朝代都有缘由各异、次数不等的和亲。和亲的功能和性质大概可分为七个类型：一是安边型，如汉朝与匈奴的和亲；二是结交军事同盟型，如汉与乌孙的和亲、魏晋南北朝时期的多数和亲以及辽夏之间的和亲；三是分化瓦解少数民族政权型，如隋唐与突厥、隋与铁勒的和亲；四是借兵及酬恩报德型，如唐与回纥的多次和亲；五是发展关系型，如唐与吐蕃、唐与契丹及唐与奚的和亲；六是巩固盟好型，如辽夏之间的和亲；七是政治联盟型，如满蒙之间的联姻。和亲的对象主要是我国的少数民族，但那时的少数民族都具有民族独立性，并不属于中原王朝，因而双方之间的关系属于中原王朝与域外地区之间的关系。因此，和亲是中原王朝“协和万邦”精神的一种具体体现和生动实践。它以有力的历史事实告诉我们，“协和万邦”的理念能促进民族的融合，弘扬这种精神，也必将强有力地推进人类命运共同体建设。

汉武帝想联合大月氏共击匈奴，派张骞出使西域。张骞于建元三年（前 138）、元狩四年（前 119）两次任使者，先后到过大月氏、大宛、康居、乌孙、大夏。汉朝还曾派使者前往中亚、西亚和南亚的安息、身毒（印度）、奄蔡（在咸海与里海间）、条支（安息属国）、犁轩（附属大秦的埃及亚历山大城）。安息等国的使者也多次来到当时的国都长安进行访问和贸易。从此，中西之间的陆路交通继续向西延伸，一直到奄蔡、条支等国。张骞出使西域原本是为了贯彻汉武帝联合大月氏抗击匈奴的战略意图，但出使的过程中促进了汉夷文化的频繁交流，也推动了中原文明通过“丝绸之路”迅速向西亚和欧洲传播。因此，张骞出使西域便具有了特殊的历史意义，尤其是对开辟从中国通往西域的“丝绸之路”做出了卓越贡献，至今举世称道。

玄奘（602～664），俗家姓名陈祎，法名“玄奘”，被尊称为“三藏法师”，后世俗称“唐僧”。他是唐代著名高僧，法相宗创始人，与鸠摩罗什、真谛并称为中国佛教三大翻译家。玄奘为探究佛教各派学说的分歧，于贞观元年（627）一人西行五万里，历经艰辛到达印度佛教中心那烂陀寺取真经。前后十七年学遍了当时的大、小乘佛教的各种学说，共带回佛舍利 150 粒、佛像 7 尊、经论 657 部，并长期从事翻译佛经的工作。玄奘及其弟子共译出佛典 75 部 1335 卷。玄奘的译典著作有《大般若经》《心经》《解深密经》《瑜伽师地论》《成唯识论》等。《大唐西域记》（共十二卷）记述了他西游亲身经历的 110 个国家及传闻的 28 个国家的山川、地邑、物产、习俗等。吴承恩的小说《西游记》就是以唐僧取经事迹为原型创作的。玄奘以无我无人无众生无寿者相和不畏生死的精神，西行取佛经，其足迹遍布印度，影响远至日本、韩国以至全世界。玄奘被誉为中外文化交流的杰出使者，他的思想和精神既体现了大乘佛法菩萨度化众生的真实事迹，更体现了传统价值观“四海之内皆兄弟”“仁民爱物”“民胞物与”的“协和万邦”精神。

明朝初年，蒙古的势力已被驱逐到漠南以外，明朝的皇权统治十分牢固，加上社会经济的恢复和发展，国势日趋强盛，使中国向海外发展成为可能。明太祖登基后要用功绩来证明自己，于是设立旧港宣慰司、吕宋总督，并在马六甲、苏门答腊设中转基地。到了永乐年间，明成祖为了向异域显示中国的富强，改变明朝初期对海外的消极政策，派宦官出使海外，召各国来朝，以提高其威望。郑和下西洋就是为了在国外显耀兵力，向海外各国夸示中国的富强，宣扬明朝的威德。郑和下西洋的时间之长、规模之大、范围之广都是空前的。1405 年之后的 28 年间，郑和七次奉旨率船队远航西洋，航线从西太平洋穿越印度洋，直达西亚和非洲东岸，途经 30 多个国家和地区，最远曾达非洲东海岸、红海、麦加（伊斯兰教圣地），并有可能到过今天的澳大利亚。他的航行比哥伦布到达美洲大陆早 87 年，比达·伽马绕好望角通航印度早 92 年，比麦哲伦环球航行早 114 年。郑和下西洋虽然主要是为了彰显中国的实力，而不是为了促进中国与海外各国的文化交流和经济贸易，更不是为了“协和万邦”，但也没有任何扩张、侵略、掠夺的意图和行为。郑和下西洋与差不多同时期西方冒险家的海外探险和后来的海外掠夺、海外殖民行径形成了鲜明的对照，是中国人所特有的和平与友好使者形象的重要体现。

先秦时期，连接中国与东西方交流的通道就已经存在，丝绸正式西传始于西汉，“丝绸之路”至西汉张骞出使西域真正形成。传统的“丝绸之路”，起自中国古代都城长安，经中亚国家、阿富汗、伊朗、伊拉克、叙利亚等地而达地中海，以罗马为终点，全长 6440 余公里。这条丝路是亚欧大陆和古代东西方文明的交会之路，而丝绸则是最具代表性的货物。1877 年，德国地质地理学家李希霍芬在其著作《中国》一书中，把“从公元前 114 年至公元 127 年，中国与中亚、中国与印度间以丝绸贸易为媒介的这条西域交通道路”命名为“丝绸之路”①，这一名称很快被广泛接受。随着时代的发展，“丝绸之路”成为古代中国与西方所有政治经济文化往来通道的统称。“丝绸之路”包括西汉张骞开辟的通往西域的官方通道“西北丝绸之路”，北向蒙古高原再西行至天山北麓进入中亚的“草原丝绸之路”，西安到成都再到印度的山道崎岖的“西南丝绸之路”。丝绸之路也包括从广州、泉州、杭州、扬州等沿海城市出发，从南洋到阿拉伯海，甚至远达非洲东海岸的海上贸易的“海上丝绸之路”，以及由中国向东到达朝鲜半岛和日本列岛的东海航线。“海上丝绸之路”是古代中国与外国交通贸易和文化交往的海上通道，它主要以南海为中心，所以又称“南海丝绸之路”。“海上丝绸之路”形成于秦汉时期，繁荣于唐宋时期，是已知的最为古老的海上航线。绵延一两千年、长达万余里的“丝绸之路”，无论是“陆上丝绸之路”，还是“海上丝绸之路”，都是和平友好之路，路上多为交流合作，少有血雨腥风。它所凝聚成的“丝路精神”，不仅是传统价值观“协和万邦”精神最充分、最有力的体现，也是对“协和万邦”精神坚强有力、积厚流光的实践论证和诠释。今天，中国政府提出“一带一路”倡议，就是在新的历史时代创造性地传承“丝路精神”、推进人类命运共同体建设的重大举措，是对传统价值观的“协和万邦”精神的弘扬和发展，必将发挥传统“丝绸

① 参见《“一带一路”的科技支点》，《科学新闻》2016 年第 6 期。

之路”无可比拟的造福人类的作用。

“协和万邦”的本义是使世界协调融洽。传统价值观认为，使世界协调融洽的实质是仁爱，其起点是和平共处，其途径是交流合作，其目的是互助共赢，而其理想是“天下大同”。古代思想家并没有对所有这些传统价值观的内容做出明确的阐述，但他们思想中隐含这些内容，更为重要的是，中国长期的历史实践不断弘扬这种精神，也充分体现了这种精神，并使之内化为一种民族精神。

2. 协和万邦观念的精神隐蕴

传统价值观的“协和万邦”思想，就其实质而言，就是仁爱。《尚书·尧典》提出的这一命题，所讲的就是尧以他的“大德”来实现“亲九族”“平章百姓”“协和万邦”的目的。传统的“德”内容极其丰富，后来孔子将这种“德”概括为“仁爱”即“仁者爱人”。“仁爱”实际上就是“德”之总体，大致上可以理解为《尚书·尧典》所说的“大德”。相对于“仁爱”而言，传统文化中包含的各种具体的德则是“小德”。对于一个人、一个国家来说，各种不同的小德可能比较容易形成，但要形成大德则要求修养达到一定的境界。更为重要的是，一个人要形成对亲人的大德比较容易，而要将这种大德扩展到国家和民族，扩展到天下和世界则难度很大。同样，一个国家的君王对自己的臣民形成这种大德比较容易，但要形成对不属于自己管辖的外族、外国的民众的大德，则同样很不容易。古代思想家清楚地意识到这一点，所以他们要求民众、君王养成和运用这样的德性。这也许就是孔子要求“泛爱众”、孟子主张“仁民爱物”、张载强调“民胞物与”的初衷。

仁爱的前提是把他人及其所属的群体看作与自己平等的，他们不仅是自己的同类，而且是自己的同胞。所以，每一个人对待他人、他国都要像对待亲人、自己的国家一样，给他们以仁爱。整个人类都要和睦相处、交流合作、互利共赢，但这一切都建立在同胞之间的仁爱的基础上。这与西方现代价值观不同，西方现代价值观也讲人与人之间的和睦共处、交流合作和互利共赢，但其不是建立在人与人之间存在同胞关系及仁爱关系的基础上，而是以个体具有与生俱来的不可剥夺、不可转让的权利为前提，而对个体的这种权利需要尊重。所以，不能伤害他人，必须和平共处。而且，西方现代价值观所主张的交流合作、互利共赢是一种基于纯粹利益需要的交易关系。传统价值观的这种基于非纯粹利害关系（仁爱关系）的国际交往，在以上所述的事例中都有甚为充分的体现。张骞两次出使西域不是为了联合西域民族去侵略匈奴，而是为了抵御匈奴对中原的进犯。玄奘千辛万苦、九死一生去印度取经，终极目的是普度众生。郑和七下西洋，诚然是为了炫耀中国的强大，但更是为了显示中国的威德。至于绵延千年万里的“丝绸之路”，虽然主要是用于贸易往来，但充分体现了中国传统价值观的“君子爱财，取之有道”之原则。这个“道”实际上就是“德”，就是“仁爱”。西方近代殖民者也做贸易，其贸易也有其“道”，但这个“道”不是“王道”，而是“霸道”，其所奉行的是“力”和“残酷无情”，毫无“德”和“仁者爱人”可言。

“协和万邦”的理想是建立“大同天下”。“大同天下”原本是孔子对尧舜时代社会状态的描述，其中不乏猜想和附会的成分。但是，它表达了孔子以及古代思想家对这种社会理想的高度认同和憧憬，而且中国世代先贤都对“大同天下”孜孜以求。东晋陶渊明在《桃花源记》中以文学的形式再现了先秦经典中的“大同天下”，他以生动的笔触描绘了一个理想世界——“世外桃源”。在这个“世外桃源”中，没有剥削和压迫，人们自食其力，自给自足，和平恬静，过着淳朴安宁、衣食无忧的幸福生活。清末思想家康有为在其所撰的《大同书》中，以民主主义的平等精神并吸取了某些空想社会主义的思想，勾画出一幅人类未来社会的美景——“大同世界”。他不仅进一步细化了传统“大同天下”的理想图景，而且提出了建设“大同天下”的纲领和一系列措施，如消灭国家、建立世界总政府，以及总政府及区政府组成人员皆由民选等。中国传统社会以“天下为公”为主要特色的“大同天下”是基于对人与人、人与自然关系的深刻思考，以个人完善和社会美好为指向构想的，饱含传统价值观积极的现实主义精神和浪漫的理想主义情怀，它也是古老中华民族为实现人类美好社会图景提供的中国方案。“大同天下”的美好夙愿，不仅可以作为人类美好社会的应然“图景”来引导人们的行动方向，而且能够作为人类社会的理想模式不断用来检视现实社会，进而调整人们的行动。“所以说，大同‘朴素’而不失‘理想’之应然‘情怀’，谓之‘期许’而不失‘现实’之实然‘批判’，以其不可磨灭的心性之力表达着人们不断‘逼近’美好社会的生命张力。”①

传统价值观的“协和万邦”精神在费孝通先生的“各美其美，美人之美，美美与共，天下大同”十六字箴言中得到了精要的表达。这十六字箴言是费孝通先生在八十寿辰聚会上意味深长地讲的，体现了他对传统价值观“大同”理想和“协和万邦”精神深刻而独到的见解。这样的文明共处之道，是中华文明大地上源远流长的优秀传统观念，值得高度重视。

“各美其美”就是各民族要尊重、守护本民族的文化传统和现实文化，不能妄自菲薄，搞民族文化虚无主义，要致力于发展本民族文化，使之成为人类文化“百花园”中鲜艳的文化花朵；同时，各民族要耕耘自己的土壤，收获自己的果实，不侵略他人的家园，不把自己的耕种法则强加给别人，不搞文化沙文主义。在一个民族的历史与现实中，民族文化是本民族的精神家园，是本民族生存与发展的精神根基，对本民族起着维系社会生活、维持社会稳定的重要作用，因此必须把本民族文化发展好，使之繁荣昌盛。传统价值观认为，各美其美的关键在于要把国家治理好，把本民族文化发展好，这就是《礼记·大学》中所讲的“絜矩之道”：“所谓平天下在治其国者：上老老而民兴孝，上长长而民兴弟，上恤孤而民不倍，是以君子有絜矩之道也。”意思是说，平天下的前提在于治理好自己的国家。只要君王尊敬老人，国人就会孝顺成风；只要君王尊重长者，国人就会遵循悌道；只要君王体恤孤幼，国人就不会遗弃孤幼。所以君子有“絜矩之道”。《礼记·大学》又云：“所恶于上，毋以使下；所恶于下，毋以事上；所恶于前，毋以先后；所恶于后，毋以从前；所恶于右，毋以交于左；所恶于左，毋以交于右。此之谓絜矩之道。”“絜矩之道”有一个要求，就是自己所厌恶的别人的行为，就不要再用来对待别人，也就是以推己及人为标尺和人际关系法则，它要求内心公平中正，做事中庸合德。

“美人之美”是说各民族要在保持自己民族文化的个性，培育好、发展好本民族文化的同时，尊重、借鉴其他民族文化。这正是传统价值观在个人与他人的关系上所倡导的君子应同时具备的两种基本精神。一

① 刘占虎：《大同，协和万邦的价值信念》，《中国纪检监察报》2017年5月19日。

方面，君子要成人之美，而不掠人之美，这就是孔子所说的“君子成人之美，不成人之恶。小人反是”（《论语·颜渊》）；另一方面，君子要和而不同，而非越俎代庖，这就是孔子所说的“君子和而不同，小人同而不和”（《论语·子路》）。传统价值观倡导君子应具备的这两种精神，同样适用于处理民族之间的关系。在文化交流中，要尊重差异，加强交流，互学互鉴，共同促进世界文化的繁荣。

“美美与共，天下大同”，就是百花齐放、百家争鸣，实现文化的个性化和多样性的有机统一。有文化的多样性才有文化的繁荣，才有不同民族文化的共同发展。尊重文化多样性，在尊重的前提下加强文化交流和文化互学互鉴，是实现世界文化繁荣的必然要求。“美美与共”要求各民族都树立双赢、多赢、共赢的理念，摒弃我赢你输、赢者通吃的传统思维方式。文化是民族的也是世界的，发展本民族文化就是为世界文化做出贡献。尊重文化多样性，学习和借鉴其他民族文化则是民族文化繁荣之路，因而也是发展本民族文化的内在要求。各民族文化都要以其鲜明的民族特色丰富世界文化，共同推动人类文明的发展和繁荣。只有保持世界文化的多样性，世界才会更加丰富多彩，充满生机和活力。“天下大同”，就是人类文化共同繁荣，就是全人类和睦相处，互助友爱。四海之内皆兄弟，关爱他人，亲如一家，人与人之间这样彼此相亲相爱的处世之道，其实也就是不同文明之间彼此理解、尊重、互鉴的繁荣之道。

十六字箴言的真义在于，世界上各民族要珍视和欣赏自己创造的历史文化之美，也要尊重和欣赏其他民族创造的历史文化之美，如此，世界各民族的文化之美就会共存共荣、相得益彰、相映生辉，从而实现人类千百年来理想中的“天下大同”之美。而究其本质，“天下大同”之美就是包容、融合不同民族文化之美而达到的一种基于文化多样性的世界和谐之美。坚持和发展民族文化之美与追求和构建“天下大同”之美之间并不矛盾，相反，“各美其美”与“美美与共”能够相辅相成、相互促进，前者是后者的前提和基础，后者则是前者的目标和保障。因此，世界上每一个民族都应对本土历史文化有高度自觉，有清醒认识，有自知之明，有充分自信，且有文化创新能力，不断追求本民族文化的完美个性和独特魅力。各民族首先要善于发现、欣赏自身历史文化之美，然后要善于发现、欣赏别国历史文化之美，以求实现世界各民族彼此欣赏、赞美其他各民族历史文化的之美，并借此促进本民族历史文化的发展，最后在世界各民族历史文化互学、互补、互鉴、融合和创新中形成百花争艳的世界文化“百花园”。这就是费孝通先生所倡导的“各美其美，美人之美，美美与共，天下大同”。

国家社科基金
GUOJIA SHEKE JIJIN HOUQI ZIZHU XIANGMU
后期资助项目

中国传统价值观及其现代转换

（下　卷）

Chinese Traditional Values and Their Modern Conversion (Vol.2)

江畅　著

社会科学文献出版社
SOCIAL SCIENCES ACADEMIC PRESS (CHINA)

目 录

上 卷

Contents

Volume 1

Volume 2

下　卷

第五章　传统价值观的实践体现

传统价值观形成和发展的根基在于中华民族的独有地理环境，也与中华文化从野蛮社会进入文明的独特方式（以血缘关系为基础的宗法制）、农耕文明及其不断和游牧文明冲突与整合密切相关。但是，文化及其价值观并不是在地理环境及与之相应的物质文明中自发形成的，而是生活在这种地理环境和物质文明中的人自觉创造的结果。自中国远古时代开始，一代又一代的中国人的思想创造和实践创造，使传统价值观的理论体系早在“轴心时代”就得以形成，此后又随着历史和文明的演进而不断得到丰富、更新和发展。传统价值观的形成和发展植根于地理环境和农耕文明，更是中国先人特别是思想家和政治家（他们可被视为“社会精英”）智慧的结晶，但也离不开传统社会的社会实践。传统价值观是传统社会实践的产物，同时又在传统社会实践中得到体现，而传统价值观的社会实践体现呈现出十分复杂的情形。其中的某些方面被强化，某些方面被弱化，某些方面发生了变异甚至异化。作为观念价值体系的价值观固然可以显示一个民族的特色，但它毕竟还只是这个民族的“想法”，只有在这种观念价值体系转化为现实价值体系过程中才表现出这个民族的“做法”。“想法”由于主客观条件的限制和人为因素的影响在成为“做法”的时候肯定会发生变化，而这种变化正好体现了传统价值观与文化传统和社会现实融合的真实情形，显示了传统价值观在可行性、合理性和优劣性等方面的实际状况。正是基于这种考虑，我们这里专门考察传统价值观的实践体现，并着重从九个方面加以阐述。传统价值观的实践体现是我们在传承和弘扬传统价值观的过程中需要特别予以重视的。

一　安土与尚农相一致

传统价值观是在中国传统农耕文明的社会条件下形成的，同时又对这种文明的生成、成熟和绵延发挥着引导和规范作用。传统价值观本身是这种文明的一个特殊的组成部分，是这种文明的灵魂和精髓，但在其发挥引导和规范作用的过程中又受到这种文明的制约，导致价值观中的不同价值观念对这种文明发挥的作用有很大的区别。就是说，传统价值观与传统农耕文明并不是一一对应的关系。其中，有些价值观念更靠近这种文明，对这种文明发挥着直接作用，甚至规定着这种文明的性质和特色，与之相互生成、相互依存、相互支撑；有些价值观念则不然，它们力图改造或更新这种文明以使之更完善，体现了对这种文明繁荣发展的期待；还有些价值观念则更有普适性的意义，反映的是人类共性的问题，并不受特殊的文明形态限制。我们这里要讨论的“安土”和“尚农”[①] 就是传统价值观中与中国传统农耕文明相互生成、相互依存、相互支撑的那一类价值观念，与传统农耕文明血肉相连。因此，这两种价值观念是传统价值观的最基本价值观念，也是生活在传统农耕文明中的中国人的最基本生活和实践信念。这两个观念本身又是相互关联、不可分割的，共同显现了传统价值观的底色，这种文明的优势和局限在这两种价值观念中得到了充分体现。

1. 安土尚农观念及其影响

“安土”，即“安土重迁”。“安土重迁”的意思是安居于本乡故土，不愿轻易迁移，对故乡有深厚的留恋之情。这一命题出自《汉书·元帝纪》：“安土重迁，黎民之性；骨肉相附，人情所愿也。”这是把安土重迁视为黎民百姓的本性，认为安土重迁，亲人就能生活在一起，是人出自情感的一种愿望。安土重迁是传统社会百姓所固有的一种价值观念。《周易·系辞上传》称：“安土敦乎仁，故能爱。”这句话为安土赋予了道德的意义，认为它有助于形成敦厚的风气，使人们之间相亲相爱。《礼记·哀公问》更是假借孔子之言在道德意义上对安土的重要性做出阐述：“古之为政，爱人为大。不能爱人，不能有其身。不能有其身，不能安土。不能安土，不能乐天。不能乐天，不能成其身。”在孔子看来，古人

① 传统文献中并没有“尚农”这一概念，只有“崇本抑末”的概念，而“崇本”实际上就是崇尚农业。冯天瑜先生在《中国文化生成史》中用“尚农”一词来表达中国传统文化“崇本”观念［参见冯天瑜《中国文化生成史》（上册），武汉大学出版社 2013 年版，第 389 页］，我们借用这一概念来明示传统“崇本”的实质。

为政，把爱人看得最重要。如果不能爱人，人就会害己，因而就不能保护自身。不能保护自身就不能在本乡本土安居乐业。这样，就难免会怨天尤人，也就不能成就自身，即不能成人，不能做到凡事都不做错，也就不能有所作为。由此看来，在传统文化中，安土重迁不仅是一种人们对故乡的自然情感，而且是一种价值观念，是人安身立命、成就自我的根本。

安土的一个重要后果就是“重迁”，即对故乡一往情深，不愿意轻易迁移。在传统文化中，有许多诗词深情地表达了对故乡的热爱和留恋。李白的《静夜思》自古至今妇孺皆知：“床前明月光，疑是地上霜。举头望明月，低头思故乡。”此外还有：“谁家玉笛暗飞声，散入春风满洛城。此夜曲中闻折柳，何人不起故园情。”（李白《春夜洛城闻笛》）“乡书何处达，归雁洛阳边 。”（王湾《次北固山下》）“客舍并州已十霜，归心日夜忆咸阳。无端更渡桑干水，却望并州是故乡。”（刘皂《旅次朔方》）“入春才七日，离家已二年。人归落雁后，思发在花前。”（薛道衡《人日思归》）这种对故乡的热爱还迁移到故乡的物和人身上。直到今天，民间仍然有许多说法表达了对故乡故土的依恋，如“月是故乡明”“美不美，家乡水；亲不亲，故乡人”“在家千日好，出门一日难”等。传统文化甚至把“他乡遇故知”视为人生四大喜事之一，这里的“故知”虽然不限于故乡的人，但这里的“他乡”显然有“独在异乡为异客”（王维《九月九日忆山东兄弟》）的意味。

与“安土重迁”观念紧密关联的另一种观念是“崇本抑末”或“重本抑末”。“崇本抑末”的字面意义是注重根本，轻视枝节，但在传统文化中它被赋予特定的含义，即重视、崇尚农业，而轻视、贬抑其他产业特别是商业。这一命题出自《三国志·魏书·司马芝传》：“王者之治，崇本抑末，务农重谷。”这是说，王者圣君治理国家，重视根本而轻视枝节，而根本就是农业。所以，传统价值观的“崇本”实际上就是“尚农”。尚农观念如同安土重迁观念一样由来已久。《周易·无妄卦·象传》对无妄卦六二（“不耕获，不菑畲，则利有攸往?”）做了这样的解释：“‘不耕获’，未富也。”本爻辞的字面意思是不耕而有收获未必真能富足，也含有不要在刚开垦荒地、刚耕作时就期望立即变成良田、立即获得丰收的意思。这里主要强调耕种的重要性，认为只有耕种土地才会有真正的富足。《尚书·无逸》记载了周公关于君王应当重视农业的话语。他说："呜呼！君子所其无逸！先知稼穑之艰难乃逸，则知小人之依。"意思是，君王不能贪图安逸享乐，如果他事先知道耕种和收获的艰难，那才会明白百姓的疾苦。关于农业与工商业之间的关系，《齐民要术·序》说："舍本逐末，贤哲所非。"以下这一记载对此做了十分清楚的阐述："农为天下之本务，而工贾皆其末也……市肆之中多一工作之人，即田亩之中少一耕稼之人。"（《清世宗实录》）几千年间，华夏的汉族聚居区如果不是出现大灾荒、大战乱，民众很少流徙，其生活方式与"朝山阴、暮山阳"的游牧民族和漂泊海角天涯的海洋—商业民族殊异。

尚农的观念在传统社会落实为治国安邦的实践，其影响极其深远，尤其是对几千年来的政治和社会发展影响特别大，历代统治者都把发展农业作为治国安邦的第一要务。汉文帝刘恒曾下诏："农，天下之大本也，民所恃以生也，而民或不务本而事末，故生不遂。""力田，为生之本也。"（《汉书·文帝纪》）汉昭帝刘弗陵诏曰："天下以农桑为本。"（《汉书·昭帝纪》）唐太宗李世民也非常重视农业："凡事皆须务本。国以人为本，人以衣食为本，凡营衣食，以不失时为本。"（《贞观政要·论务农》）元世祖忽必烈在统治初期颁布诏令："国以民为本，民以衣食为本，衣食以农桑为本。"（《元史·食货志》）正是由于历代统治者对农业的重视，农业成为传统中国社会的经济基石。这种观念一直影响到当代，农业一直被看作国民经济的命脉和基础，2018 年的国家公务员面试甚至以"农业农村农民问题是中华民族的根本性问题"作为考题。党的十九大报告也明确指出："农业农村农民问题是关系国计民生的根本性问题，必须始终把解决好'三农'问题作为全党工作重中之重。"

尚农的观念也是传统社会普遍持守的基本信念，对社会生活也有深刻的影响。汉族的重要传统节日几乎都源自农事，如清明节、中秋节，以及最隆重的春节。它们大多由农业的节气发展而来，而不像其他一些民族那样，节日多源自宗教。今天的中国到处还能看到"民以食为天"的标语。这句话出自《史记·郦生陆贾列传》："王者以民人为天，而民人以食为天。"这句话阐明了食与民、民与王的关系，强调了粮食对于统治至关重要。粮食是农业产品，没有农业也就没有民以之为天的食、王以之为天的民了。这种逻辑关系不言自明。

2. 安土尚农观念的基础

对于传统价值观来说，不仅“安土”观念和“尚农”观念根深蒂固，影响深远，而且这两种观念紧密地联系在一起，不可分离。两者相互包含、互为因果：安居乡土是因为崇尚农业，而崇尚农业则是因为农业能够给人提供生活必需的粮食；崇尚农业是因为安居乡土，而安居乡土则是因为乡土为人需要的粮食提供了基本条件。两种观念之间的相互作用，为古来中华儿女追求在故土从事周而复始的自产自给的农业生产提供了所必需的安宁和稳定。中国传统社会多次出现“执其兵刃毒药水火，以交相亏贼”（《墨子·兼爱下》）的“天下大乱”时期，但农耕民族向往的是安居乐业，是“饥则得食，寒则得衣，乱则得治，此安生生”（《墨子·尚贤下》）。这种向往所体现的正是“安土”“尚农”观念。这两种观念之间实际上是一种可以相互推衍的一而二、二而一的关系，可以将它们合称为“安土尚农”观念。“安土”与“尚农”之间的内在一致性，突出反映了传统价值观不同于其他奠基于农耕文明的价值观的个性特征。

“安土尚农”观念的基础是中华民族悠久而发达的农耕文明。农耕文明作为人类历史上的第一种文明形态，是一种由长期的农业生产和农民生活，以及以之为基础形成并与之相适应的习俗、制度、文化等要素构成的文明。原始农业和原始畜牧业的发展、远古人类的定居生活等，使人类从食物的采集者或狩猎者变为食物的生产者，由此引起了人类历史上的第一次生产力飞跃，人类于是进入了农耕文明。早期农耕文明地带主要集中在北纬20°~40°的人类早期文明发源地域。在西方一些国家，农耕文明一直延续到工业革命之前，而在其他一些地域这种文明延续至今。

农耕文明是有别于欧洲游牧文明的一种文明类型，在其中起决定作用的是农业、农村、农民。生活在农业文明中的农民，居住在分散的乡村，主要从事农业生产，也有一些满足吃穿住行需要的手工业。其基本生产方式是男耕女织，分工简单，生产规模小，产品一般不用于交换。在农耕文明条件下，人们的基本生活方式是顺天应命，守望田园，辛勤劳作。传统农耕文明并不是田园牧歌式的生活，而是充满争斗和战乱，但农民“蚤出暮入，强乎耕稼树艺”（《墨子·非命下》）。农耕文明中劳作的农民是世界各种职业中最追求稳定和安宁的人群。农耕文明的民族有一种适应农业生产、生活需要的国家制度、礼俗制度、文化教育制度，一般实行君王制，社会呈现为金字塔形的等级结构。从人类历史看，农耕文明主要集中在亚非欧三大洲，尤其是亚洲。目前国际学术界公认的古代农耕文明的发源地有古巴比伦、古埃及、古希腊、古印度、古中国。它们是五大文明古国，也是农耕文明的典型代表。其中，最发达、持续时间最长、对人类影响最大的农耕文明国家是古代中国。

与其他四大古代农耕文明相比，中国传统农耕文明环境最封闭、地域最广阔、条件最艰苦。其他四大古代农耕文明在地理上基本上是相互连通的，而且是对外敞开的，基本上无险可守。这种地理环境导致这些区域的主体民族因为历史上经常爆发的战争而不断发生变化，这些区域的农耕文明大多没有一代一代地传承下来，而是发生了文明的断裂。与其他古代农耕文明不同，中国传统农耕文明是一种封闭的、受外界影响较小的文明。青藏高原和帕米尔高原把中国古文明跟另外四大古文明以及西亚、欧洲、非洲隔离开来，而中国的东南方是古代几乎无法跨越的广阔无垠的太平洋，东北方虽然没有高山峻岭的阻挡，但地处寒冷地带，人口非常稀少。生活在这里的一些少数民族虽偶尔成功入主中原，但由于人口太少、文化落后而无法取代中原文明，反而总是被中原文明所同化。中华民族首先在黄河流域生活，形成了早期的农耕文明，包括社会制度和文化，后来逐渐扩展到长江流域和珠江流域。黄河流域和长江流域供养了世界上最多的人口，也孕育了具有鲜明特色的中国传统农耕文明。在广袤的华夏土地和庞大的人口面前，无论是外敌入侵还是自然灾害，所有那些威胁民族生存的问题都完全不足以动摇中华文明的根基。在形成中国古文明的四条大河中，另外三条河都比较平缓地从源头流入大海，唯独黄河是一条非常暴虐的河流。黄河上游从黄土高原地区穿过，所携带的大量泥沙使中下游的河床逐渐上升，导致黄河在历史上无数次改道和决口。有数据表明，从公元前 602 年至 1938 年的 2500 多年间，黄河发生大的改道 26 次，下游决口 1590 次。中国远古时代的大禹治水故事，所反映的就是黄河沿岸的原始部落不断跟水患战斗的历史事实。所以，中国传统农耕文明虽然起步相对较晚，但最艰苦的农耕环境造就了中华民族独特的民族个性和文化特征，使中华文明延绵五千多年而不曾中断，中国古代在思想文化、社会组织和政治文明等方面走到了整个世界的前列。

在这样特殊的农耕文明环境中，汉族作为一个农业民族，生产主要采用的是农业劳动力与土地自然力相结合的自给自足的方式。他们在此基础上建立的是自然经济社会，是一种区域性的、与外部世界处于隔离状态的狭小社会，即所谓“鸡犬之声相闻，民至老死不相往来”（《老子》八十章）。农民世世代代固守在土地上自给自足，起居有定，耕作有时，周而复始地从事简单再生产，过着平淡而简朴的生活。这就是著名的古谣《击壤歌》所描写的那种典型的农民生活方式：“日出而作，日入而息，凿井而饮，耕田而食。”（皇甫谧《帝王世纪》）这样的简单再生产方式和平淡简朴的生活孕育了“安土”“尚农”的价值观念。先民们安居而又热恋故土，重视、崇尚农业，并在此基础上努力构建“耕读传家”的理想家庭模式。这是一种既要有“耕”来满足家庭基本生活需要，又要有“读”来提升家庭的社会地位的农耕文明生活方式。以这种方式生活的人们敬畏天命和祖先，崇尚自然和谐，知足常乐，小富即安，但一些读书人则追求乐天知命的人生最高境界。乐天是对天地万物以及历史兴替的奥秘感兴趣，知命则是思考和探索生命的价值和真谛。“锄禾日当午，汗滴禾下土，谁知盘中餐，粒粒皆辛苦”（李绅《古风二首》）的诗句，生动反映了广大农民劳作和生活的艰辛不易。北周庾信的“兴文盛礼乐，偃武息民黎”，充分表达了诗书礼乐等高雅文化在衣食温饱有了基本保障之后的重要意义。“朝为田舍郎，暮登天子堂”（汪洙《神童诗》），则深刻刻画了读书人对功名富贵和自我实现的不懈追求。中国自远古以来持续发展的农业历史，创造了源远流长、博大精深而又长盛不衰的中华传统文化。同时，辉煌灿烂的中华传统文化又不断丰富农业的内涵，赋予中国传统农耕文明以独特的魅力。

3. 安土尚农观念的意义

在传统价值观中，内在一致的“安土”和“尚农”观念是最为基本的价值观念。正因为如此，这两种观念没有太多地进入思想家的视野，这种情形就如同自从有人类以来空气对于人类就具有生死攸关的意义，但在漫长的人类历史中，空气却没有引起人们的任何注意一样。但是，这种价值观念在传统价值观中具有极其特殊的重要性，这主要体现在以下几个方面。

第一，安土尚农观念直接为农耕文明提供了观念保障，而传统价值观中的其他价值观念并非都如此。传统价值观是一种价值观念体系，其中有许多价值观念是思想家构想的，具有理想性甚至空想性，它们不可能真正被践行，历史事实也证明确实如此。这些观念并不是适应农耕文明需要产生的，因而对于农耕文明来说，有没有它、它被践行与否并不是十分重要。安土尚农观念则不同，它是完全适应农耕文明需要产生的，有了这种观念农耕文明才能维持下去，否则农耕文明就会没落。其他一些价值观念被践行会使农耕文明更繁荣，但不被践行也不至于使农耕文明难以为继，而没有安土尚农这一价值观念提供保障，中国的传统农耕文明就会崩溃，或者说就不再是具有中国特色的农耕文明。我们不难想象，如果生活在传统社会的一代又一代的中国人都不安居故土，都不重视农业，中国的传统农耕文明就不可能一直存在。在中国大多数地区地理环境恶劣的情况下，没有安土尚农观念提供信念，自然经济乃至整个农耕文明都难以为继。

第二，安土尚农观念是传统价值观中得到最广泛认同和最普遍践行的价值观念，其形成不是教育和修养的结果，而主要是农耕文明环境熏染的结果。从前面的叙述不难看出，安土尚农观念为传统社会各个层次的不同人群所普遍认同，统治者也好，文人也好，普通百姓也好，都把安土重迁、崇本抑末视为自然而然的事情，几乎所有人都以这种方式生活。当然，在某些大的战乱、大的自然灾害发生的时候，这种生活格局可能会被打破，但在正常的情况下人们都习惯如此生活。与之形成对照的是，传统价值观中的不少价值观念并没有得到普遍认同，更不用说付诸实践。例如，“仁政”观念虽然在孟子那里就被明确提出并有充分的理论论证，但是历代统治者真正认同这种观念的相当少，即使有认同的，也未能真正实行。当统治者与老百姓发生严重利益冲突时，大多数统治者不会维护老百姓的利益而牺牲自身利益。在传统社会中，老百姓的生活之所以在总体上是贫穷的，其主要原因就是统治者实际上不认同、不践行“仁政”的价值观。在农耕文明的背景下，人们会自发地形成安土尚农观念，不需要社会进行教育，也不需要个人修养。所以，在儒家倡导人们应具备的德目中没有这一德目，在流行甚广的各种蒙学读物中也未见有这方面的内容。

第三，安土尚农是传统价值观中其他所有价值观念的基础或母体，其他价值观念必须与之相一致，否则就不可能成为主导的价值观念，也不会得到普遍认同。安土尚农观念是与农耕文明靠得最近的一种价值观念，它直接反映了中国传统农耕文明的要求。如果把一种文明形态的价值观念根据其与这种文明形态的远近划分为不同层次，那么我们可以认定安土尚农观念是中国农耕文明最低层次的观念。按照现代德国伦理学家尼古拉·哈特曼的观点，层次最低的或最基本的价值强度最大，它直接关涉价值主体的生存。价值观念的情形亦如此。安土尚农对于中国古代农耕文明来说就是这种最低层次然而强度最大的价值观念。它实际上充当着其他价值观念能否成为主导价值观和得到普遍认同的标准。传统社会不同时期的不同思想家提出过许多不同的价值观念，为什么有的成为传统社会的主导价值观念并得到广泛的认同，而有的则不是这样？一个直接的原因就在于它们是否与安土尚农这种最基本的价值观念相一致。例如，法家建立了系统的法治价值观，但这种价值观的实质在于严刑峻法，而这与安土尚农观念的重亲情、重乡情、重人情是相冲突的。所以，法家价值观虽然为秦国所强行采用，但很快就随着秦朝的灭亡而失去了主导地位。如果一种价值观基于安土尚农价值观念来构建，在它的基础上提出其价值观念，那么，这种价值观就能成为中国农耕文明社会的主导价值观。儒家价值观正是这样一种价值观。这种价值观的核心是仁爱，而仁爱一方面与安土尚农相一致，重视道德教化和礼制，而不是强制性的法律，另一方面把亲亲作为首要的要求，甚至在法律上主张“亲亲相隐”。所以，儒家价值观成为传统社会的主导价值观。虽然历代统治者并没有真正践行这种价值观，但它深得民众认可并为他们所普遍信奉。

由以上阐述可见，安土尚农观念对于中国农耕文明社会具有极其重要的意义，是传统价值观的最基本观念。今天，中国正在从传统的农耕文明转向工业文明①，从传统社会转向现代社会，而且这个转变过程很快就会完成。因此，安土尚农的观念总体上已经过时。但是，这种观念

① 今天中国社会所处的文明已经不是典型的工业文明，总体上看正在转向后工业文明，但目前没有称谓这种文明的公认术语。有人称之为“生态文明”，有人称之为“共享文明”，总之，它已不是近代西方意义上的工业文明。

的过时并不意味着它完全没有价值，更不意味着它不会对今天和今后的中国社会产生影响。

就安土尚农观念的现代价值而言，至少有三点值得注意。其一，在现代社会实际上还存在“安土重迁”的问题。目前中国运动式的“城镇化”丢掉了农耕文明的本色，使农民在漂泊中逐渐消逝。其二，现代人普遍感到身心疲惫，一个重要原因是成天四处奔波而无法停息：一些人为了赚到更多的钱，从一个地方迁移到另一个地方，从一个单位转向另一个单位。因此，要解决身心疲惫问题，需要弘扬传统的“安土重迁”精神，尽量使自己的身心安顿平静下来。其三，在市场经济条件下，传统价值观的重农抑商观念确实已经过时，但有两点值得重视。一是“本”的问题。根据传统价值观，一个国家要“重本”，那么今天中国的“本”还是农业或“三农”问题吗？如果进入现代文明的我国还是以农为本，那么似乎与传统农耕文明没有根本区别。根据传统价值观的思维方式，现代文明应该有自己的“本”，如果还是农业，那是需要认真论证的。二是对商业这样的非生产性的产业，虽然不能像传统社会那样去“抑”，但如果其比“本”更发达，那也有很大问题。前些年中国流传有“十亿人民九亿商，还有一亿人民在观望”的说法。如果没有实体性产业的发展，流通性产业有物品流通吗？实际上，从传统价值观的思维方式来看，当代中国提出以实体性产业为本，也许更合适。

安土尚农在中国已经有几千年的历史，根深蒂固，融入了中国人的血液之中，成为人们不自觉的观念定势和思维定势。这种影响当然有积极的方面，如重视亲情，重视家园，重视安身立命，还有务实、求稳等，但有更多的与现代文明不相应的消极影响。其中比较突出的有以下三个方面。一是重经验、重习惯，轻科技、轻规范，做事只讲过得去，不追求精益求精。二是即使在竞争如此激烈的现代社会，也还有相当一部分人满足现状，消极无为，懒散怠惰。目前中国的情形是，越有所作为的人负担越沉重，而越无所作为的人越轻松。三是狭隘保守，讲求实惠，对个人得失斤斤计较，我行我素，不愿合作共事。这些消极影响普遍存在，今天还程度不同地影响着每一个中国人，对此我们必须有清醒的认识，并通过不断深刻反省和自我批判加以克服。

二　个人与整体相融合

传统价值观强调整体性、统一性与和谐性，后来又由强调整体性进而强调统一性而忽视和谐性，从而由对整体性的强调走向了强调统一性的极端。传统价值观强调整体性的用意实际上是要构建就人类而言的整体（家庭、国家、天下）。其隐含的前提是这种整体（共同体或社群）并不是天然存在的，而个体则是天然存在的，强调整体性就是要使个体意识到整体对于个体的重要性并自觉地将自己融入整体之中。传统价值观主张构建整体，强调个体要自觉融入整体，其根据是由来已久的这样一种观念：宇宙万物是一个和谐的整体，人类作为宇宙的一部分亦应融入宇宙这个整体。这种整体观念最早在《易经》中得到了系统的表达，在春秋战国时期的思想家那里则得到了理论上的升华和论证。它认为整体先于个体，整体比个体更重要，强调个体修养德性以自觉融入整体，以促进整体繁荣与和谐，这也是传统价值观的重要特色，其在实践中不断面临挑战。

1. 整体观念与天人合一观念

传统价值观的整体观最初体现为和谐的宇宙整体观。这种整体观在《易经》里得到了系统的表达。虽然《易经》表达的宇宙整体观在《易传》中有所解释，但对它做出明确而系统阐述并加以发挥的是《乾凿度》[①]。《乾凿度》主要是论述宇宙生成的，从宇宙的生成就可以看出宇宙的统一性、和谐性以及以之为基础的整体性。《乾凿度》云："文王因阴阳，定消息，立乾坤，统天地，夫有形者生于无形，则乾坤安从生？故曰有太易、有太初、有太始、有太素。太易者，未见气，太初者，气之始，太始者，形之始，太素者，质之始。气形质具而未相离，故曰浑沦，言万物相浑沦而未相离。视之不见，听之不闻，循之不得，故曰易也。……一者，形变之始，清轻上为天，浊重下为地。"如果我们将《乾凿度》的宇宙生成论图式化，那就是：太易→太初→太始→太素→

① 《乾凿度》，亦称《周易乾凿度》《易纬乾凿度》，是中国西汉末纬书《易纬》中的一篇，融道家、大易（周易）、数术于一体，是纬书中保存完好的作品。

浑沦→天地→万物。《乾凿度》认为，“太易”是“寂然无物”的状态，从“太易”到“太始”，是一个从无形到有形的过程。“太易”是一种“未见气”的虚无寂静状态。郑玄注《乾凿度》说：“以其寂然无物，故名之曰太易。”“太初”是“气之始”，到了“太始”才有形可见。形变而有质，这是“太素”。“太素”是指最原始的物质。《列子·天瑞》云：“太素者，质之始也。”气、形、质三者浑然一体，而未分离，这就是“浑沦”。“浑沦”是道家、道教术语，意为“混沌”“太极”“无极”等，形容道之初始状态。“浑沦”由于是未分离的一体状态而又被称为“一”，也就是“太极”。由“太极”一分为二，“清轻上为天，浊重下为地”，再由天地产生万物。显然，《乾凿度》从宇宙生成的角度将宇宙描述为一个统一于阴阳的有机整体。阴阳就是“道”，即所谓“一阴一阳之谓道”（《周易·系辞上传》）。宇宙中的万物作为个体是从太极逐渐分化出来的，它们最终又复归于这个整体。这样，《乾凿度》根据《易经》表达了宇宙中整体与个体之间关系的观念，即整体是个体的母体，整体先于并且高于个体。

关于宇宙整体与社会整体的关系，《易传·序卦传·经下》云：“有天地然后有万物，有万物然后有男女，有男女然后有夫妇，有夫妇然后有父子，有父子然后有君臣，有君臣然后有上下，有上下然后礼义有所错。”这里就阐述了作为整体的宇宙与作为整体的人类之间的关系。作为宇宙一部分的人类，阴阳之道体现为男女之道，人类是统一于男女的有机整体。从男女到夫妇，再到父子，再到君臣，再到上下，而所有这些关系最后由“礼义”来设置和维持，于是就有了社会整体，包括家庭（夫妇）、国家（君臣）、天下（上下）。当然，在人类这里，男女已经不是阴阳那种事物的本质及其规律，而是个体事物。作为个体事物的男女本身也是阴阳的统一体，只是其各自分别更多地体现了阳或阴。人类社会是以作为个体的男女为起点构成的，而人是有理智、有能动性的，因而如此构成的社会整体就会不可避免地与宇宙整体之间存在差异。宇宙整体是基础，个人以及社会整体必须统一于宇宙整体，因此，个人和社会整体就存在实现与宇宙整体统一的问题。这就是使人与天相合，因而这个问题也就是传统文化中的“天人合一”问题。

对于这个问题，先秦各家有自己不同的回答，但主要分歧存在于儒家与道家之间。在儒家看来，实现“天人合一”，必须知道人以及万物的本性（知性），从而知道天道（知天），而要做到这一点，就要将体现本性之心发挥出来，即孟子所说的“尽心”。他说：“尽其心者，知其性也。知其性，则知天矣。”（《孟子·尽心上》）在孟子看来，如此，作为个体的人不仅可以与社会一体，而且能够与宇宙（天）一体。对于这种“性”或“天”（“性”是“天”的体现）是什么的问题，孟子认为“性”或“天”就是人具有的“仁义礼智”之“善端”所体现的仁义道德，他有时称之为“诚”。《中庸》遵循孟子的思路，进一步阐述了如何实现人与天的合一。《中庸》说：“唯天下至诚，为能尽其性；能尽其性，则能尽人之性；能尽人之性，则能尽物之性；能尽物之性，则可以赞天地之化育；可以赞天地之化育，则可以与天地参矣。”“是故诚者，天之道也”（《孟子·离娄上》），就是仁义道德，所以人只要能扩展仁义道德，就能实现与人性、物性、天道以至于整个社会和自然的合一。在儒家看来，社会整体最重要的规定性就是“公”。《礼记·礼运》把大同社会描述为“大道之行也，天下为公”。后来周敦颐对这一思想做了阐发，认为圣人治国之道就是追求“至公”。“圣人之道，至公而已矣。或曰：‘何谓也？’曰：‘天地至公而已矣。’”（《通书·公》，《周敦颐集》卷二）

道家则不同意儒家的看法，认为人只有“绝圣弃智”“绝仁弃义”以“复归于朴”或“求复其初”，才能真正实现“天人合一”。道家也认为，实现“天人合一”就是要复归人的本性，而人的本性与天道相同。但与儒家不同，道家认为人性和天道并不是儒家所赋予的仁义道德，而是“自然无为”。老子以“人法地，地法天，天法道，道法自然”的公式，说明它们之间存在共同的本质，这就是“自然”。道不依赖于任何外力，也没有任何外力可以左右它，完全是自己成就自己，也就是它顺应事物的自然本性而为，这就是“无为”。这种无为不是消极的，而是积极的，即所谓“道常无为（而无不为）[也]”（《老子》三十七章）。在道家看来，人性原本就是这种道的体现，即自然无为的。然而，人为的五色、五味、五音、田猎、奇货等，损害了“淳朴”的人性。因此，要实现“天人合一”，就必须复归人的自然本性，也就是要“见素抱朴，少私寡欲”（《老子》十九章），“不以心捐道，不以人助天”（《庄子·大宗师》），一切都顺从“万物之自然”（《老子》六十四章）。

从以上简要阐述可以看出，儒家和道家都主张人要主动与“天”合一，实际上都承认“天”先于人，“天”决定人，而人的价值取决于人能否合于“天”。但是，他们之间存在以下几个重大差别。

其一，他们在对“天”和“天道”的理解上存在差别。儒家的“天”实际上一种人为的“天”，而不是自然的“天”，“天道”的那种“诚”的性质（仁义道德）实际上是儒家根据社会存在的需要而赋予“天”的。道家的“天”则是自然的“天”，而不是人为的“天”，且“天道”的那种“自然无为”的性质是自然本身的性质，与人类社会的特殊性无关。人类要实现“天人合一”，必须去除人类的作为，使人返璞归真。

其二，他们对人是否存在于社会整体之中的看法存在差别。儒家将仁义道德赋予“道”和“性”，是为了给他们所主张的人在社会中生活应具备的道德（包括个人的德性及其见诸行为的德行和社会的道德规范等）提供本体论的依据。他们之所以努力为道德提供本体论依据，是因为春秋时期前的思想文化有这种传统，即从天道中寻求道德的根据。他们提出的人在社会生活中应具备的道德，隐含着社会整体（包括家庭、国家、天下等共同体）的存在。因此，对于儒家来说，个人不仅存在与“天”这个宇宙整体的关系问题，而且存在与社会整体的关系问题。而这两种整体对于人来说实际上社会整体是第一位的。因为虽然从宇宙整体的生成来说，“有天地然后有万物，有万物然后有男女”，但是就个人的生成而言，则是先接触家庭，然后扩展到国家，再扩展到天下和自然万物。而儒家赋予“天”和“道”的道德正是为人存在于社会中的这种远近次序设计的。

与儒家不同，道家的“道”和“性”完全是自然的，人回归于“性”和“道”就是复归于自然整体。如此看来，按道家的想法，人实际上只存在与自然整体的关系问题，不存在与社会整体的关系问题。当然，他们也肯定自然整体先于和高于个体。虽然老子讲到过“小国寡民”，但这种“小国”并不具有整体的意义，更不具有政治的意义，它不是人类生活于其中的自然人群，因而也不需要仁义道德。老子是这样描述“小国寡民”的：“使有什伯之器而不用，使民重死而不远徙；虽有舟舆，无所乘之；虽有甲兵，无所陈之；使人［民］复结绳而用之。

甘其食，美其服，安其居，乐其俗。邻国相望，鸡犬之声相闻，民至老死不相往来。”（《老子》八十章）在这样的“国”中，实际上没有人际关系，也不需要什么仁义道德，它不是整体，只不过是生活在一起的自然人群而已。因此，在道家看来，对于人而言，实际上不存在儒家所说的社会整体。

其三，与上一差别相应，他们在对个体与整体关系的处理上存在差别。儒家承认社会整体的存在，因而就存在如何处理个体与社会整体的关系问题。儒家的一整套思想体系正是为了处理这种关系而提出的，其目的是使个体通过融入不同层次的社会整体来实现“齐家、治国、平天下”。虽然儒家也承认个体与宇宙整体关系的存在，并且要求“仁民爱物”“民胞物与”，但这不是他们关注的重点。宇宙整体实际上对于儒家是虚幻的，没有实际的意义，他们充其量只是要求个体珍爱并非作为一个整体的万事万物。

道家的情形则与儒家有重大不同，他们实际上消解了社会整体，认为社会整体如果存在，其作用也是负面的。因此，他们所关心的是人如何摆脱社会整体对人回归自然的束缚以及对人性的损害。在他们看来，人越是脱离社会整体就越能返璞归真，越能达到人生的理想境界。另外，他们实际上强调的是宇宙整体特别是作为其本原的“道”对于人的意义。在宇宙中，人和万物一样，严格来说不是作为个体而存在，而是作为其中的一部分而存在，即人是作为“道”的体现存在的。庄子说：“与其誉尧而非桀也，不如两忘而化其道。夫大块载我以形，劳我以生，佚我以老，息我以死。”（《庄子·大宗师》）意思是，与其称颂尧的圣明而非议桀的暴虐，倒不如把它们都忘掉而同化于“道”。自然以形为我的托载，以生为我的劳作，以老为我的闲逸，以死为我的安息。庄子推崇“圣人”“神人”“至人”三种人格，而三种人格的特点是“至人无己，神人无功，圣人无名”（《庄子·逍遥游》）。这三种人格中，至人是最高层次的，而至人的特点就是能顺乎天地万物的自然本性，应乎阴阳、风雨、晦明的自然变化，而逍遥于广袤的天地之间。如此看来，道家眼中的人与“道”“自然”的关系，就有点像斯宾诺莎所说的人与“神”（自然）的关系，人不过是自然的“偶性”而已，没有自己真正意义上的独立自主性和个性。

2. 个体与整体之间的融合

先秦儒家关于个体与整体的观念，由于先秦儒家思想后来成为占统治地位的意识形态而成为传统价值观的主导观念。这种观念的突出特点就是致力于个体与整体之间的融合，而这种特点体现了传统价值观主张个体与整体相融合的个性特色。对于先秦儒家个体与整体相融合的观念，以下几点值得注意。

第一，先秦儒家肯定个体独立存在并具有充分的自主性、能动性、自构性[①]。先秦儒家肯定个体是独立存在的，虽然未见他们有这方面的明确论述，但这一点体现在他们的一系列主张之中，隐含在他们承认个体具有自主性、能动性、自构性的观点背后。这里我们只以修身成人、中庸之道、忠恕之道为例加以说明。先秦儒家修身成人的观点是在《大学》的“三纲领八条目”中得到最为系统表达的。“三纲领”是人为学修身的目标，而“八条目”是实现修身目标的八个步骤。这是一个成就“内圣外王”的路线图，但并不意味着一个人必然会沿着这一路线图成长，它只是给人们指出了一条在先秦儒家看来最好的道路。这就肯定了人的自为性。如果一个人选择了这条道路而且通过修身走上了这条道路，那就意味着他是自为的，并可以通过自为构建家庭、国家和天下。孔子所极力推崇的“中庸之道”就是要人们在过度与不及的两端之间做出既无过度又无不及的选择，这种选择无疑是以人的自主性和能动性为前提的。孔子的被世人称为“道德金律”的恕道，肯定人在完全没有外力的作用下，通过自己“推己及人”的反思可以不将自己不想要的、不想做的强加给别人。在这一过程中人的自主性和能动性是不言而喻的前提。至于忠道，虽然这种要求人们不可能完全做到，而且一个人这样做别人也不一定喜欢和接受，但这种主张本身是肯定了人的自主性、能动性特别是自构性的。因为一个人没有自主性和能动性，他就不可能去成就他人，即使想这样去做也达不到目的。而一个人实际上这样去做了，那就意味着他在通过自己的努力构建他人（成就他人就是构建他人）。孟子主张的“求其放心”“养吾浩然之气”，宋明理学主张的“存天理，灭人欲”等都有十分明显的个体自主性、能动性和自构性的含义。具有这几

① 人的自主性、能动性、自构性可统称为自为性。

种特性的主体无疑是独立的个体，因此先秦儒家思想是预设了个体独立存在的。

第二，先秦儒家认为个体必须存在于整体之中，而不能独立于整体之外。先秦儒家肯定个体独立存在并具有自主性、能动性和自构性，那么它就面临是让个体独立于整体存在还是让个体融入整体之中的问题。先秦儒家的态度是十分明确的，那就是个体必须融入整体之中。先秦儒家虽然没有这方面的明确表述，但从《大学》所主张的“自天子以至于庶人，一是皆以修身为本”可以明显看出。这里所说的修身，主要是修养德性，而这种德性正是齐家、治国、平天下所需要的。先秦儒家之所以强调要以修身为本，正是因为在他们看来，只有修身才能使个体具有融入整体所需要的德性，而个体具有这种德性才能融入整体之中。先秦儒家强调修身为本，意味着人就其本性而言可以修身也可以不修身，可以以修身为本也可以不以修身为本，就是说人原本是能够自主选择的。而先秦儒家主张修身为本，是因为在先秦儒家看来，人只有选择修身并以修身为本才能在整体中生活，也才能过上人应该过的生活，成为人应该成为的人。因此，先秦儒家修身为本的主张隐含人除了自为性之外还应具有社会性（社群性）。在先秦儒家看来，这种本性并不是与生俱来的——只是具有这种潜质，即孟子所说的“善端”——而是后天获得的，这种潜质只有生活在社会之中才能变成现实的规定性，从而使人成为真正的人。因此，人必须生活在社会中才能成为真正的人，而生活在社会中就必须具有相应的德性，这些德性通过修身才能获得。如此，修身对于人来说，就是事关自己能否真正成为人的根本性问题。这就是先秦儒家的基本逻辑。

第三，个体要融入整体之中，必须具备整体所需要的德性。个体融入整体既需要社会外在的作用，也需要个体自己的作用，而促进这种融合的主体和根本动力是个体，因为个体只有通过这种融合才能使自己成为真正的人，从而实现自己的人性。在先秦儒家看来，促进这种融合就是要修养整体所需要的德性，当个体通过修身具备了这些德性的时候，他就能够融入整体之中。

对于先秦儒家来说，人生活于其中的整体有三种类型，即家庭、国家和天下。三种类型的整体实际上是以个体为中心的三个不同范围的整体，它们是以同一个个体为中心的三个大小不一的同心圆。家庭是最小的圆，国家是中等的圆，而天下是最大的圆。在这三个整体之中，先秦儒家重视的是家与国，因为这两个整体是有确定边界的，而且它们可以为个体提供基本的生存保障和发展空间，天下的边界则是不确定的，不能为个体的生存发展提供基本保障。因此，个体要获得整体所需要的德性，就是要获得家庭和国家所需要的德性。对于这样的德性，先秦儒家做了具体的规定：家庭的德性体现为对待家庭成员的德性，即父子、夫妇、兄弟各种角色应具备的德性。国家的德性则包括两个方面：一方面是作为社会角色的德性，如君臣的德性，还有对待各种角色的社会成员的德性，以及对所有人应具备的德性；另一方面则是将国家作为一个整体来对待所应具有的德性，最主要的是“忠”。传统社会的国家是君王的国家，因此对国家的忠主要被理解为对君王的忠。需要注意的是，传统的家也好，国也好，都是以其至高无上的权威为标志的。家以家长为标志，国以君王为标志。对家和国的德性主要体现为对家长和君王的德性。

中国从原始社会进入文明社会并没有完全打破原始的宗法血缘关系，因而国家从氏族部落发展演化而来，而氏族由于存在血缘联系原本就具有家族、家庭的性质。正因为如此，在中国古代国被看作家的扩大，而家被看作国的缩小，家国一体，家国同构。先秦儒家清楚地意识到了这一点，所以当他们规定两种整体所需要的德性时注意到了它们之间的这种内在联系，他们要求在家对家长尽孝而在国对君王尽忠。这就是所谓“忠孝两全”。忠孝在本质上是相通的，其对象虽然有小家长和大家长之别，但都是家长。大家是从小家派生的，因而小家更具有根本性。所以先秦儒家认为，一个人如果在家尽孝就一定会为国尽忠，因而孝更具有根本性的意义。这就是《孝经》中说的“夫孝，始于事亲，中于事君，终于立身”（《开宗明义章》），“君子之事亲孝，故忠可移于君”（《广扬名》），亦即所谓“百行孝为先”。就是说，忠孝是个人融入整体的两种最重要德性，而孝更为根本。“君子务本，本立而道生。孝弟也者，其为仁之本与！”（《论语·学而》）

第四，个体修养整体所需要的德性并不是要使个体成为整体的附庸，而是为了使个人成为整体的主人，促进整体的和谐或营造和谐的整体。

先秦儒家主张人们修养德性的目的是使人促进整体的和谐，而对于那些修养达到圣贤层次的人来说，则还要“经邦济世”，营造和谐的整体。无论是促进整体的和谐还是营造和谐的整体，最终的目的都是构建和谐的生活环境。

孔子在谈修身时勾画了三个不同的层次：第一个层次是“修己以敬”，即敬重他人；第二个层次是“修己以安人”，即使别人安乐；第三个层次是“修己以安百姓”（《论语·宪问》），即使百姓安定。修养第一个层次德性的目的是敬重他人的人格、权利、利益等，用今天的话说，就是要无损于人；修养第二个层次德性的目的是给他人带来利益，用今天的话说，就是有益于人；修养第三个层次的德性的目的是使整体的成员安居乐业、幸福安康，用今天的话说，就是造福社会。按孔子的想法，前两个层次应为君子可以做到的，而后一个层次则要达到圣贤的水平才能做到。孟子后来将孔子的这种思想概括为“穷则独善其身，达则兼善天下”（《孟子·尽心上》）。“独善其身”相当于孔子的“修己以敬”，“兼善天下”则含有“修己以安人”和“修己以安百姓”两层意思。《大学》中的“八条目”实际上把“兼善天下”明确为三个不同的层次，即“齐家”“治国”“平天下”。这三个层次并不要求所有人都做到，而是因人而异，最低层次的修身要达到独善其身，然后依次兼善家、国和天下。只有修身达到了圣人境界，才能够成为兼善天下的人，亦即成为能够“平天下”的人。

从上述经典论述可以看出，先秦儒家主张人们修养德性确实是要使人社会化，从而融入整体，但融入的目的不是像基督教要求人们成为基督徒那样臣服于上帝，成为上帝的奴仆，而是要人融入整体从而成为真正的人。先秦儒家认为，人由于先天和后天的条件不同以及人的作为不同，其修养会存在差异，于是有的人成为君子，有的人成为圣人，但是，无论达到君子层次还是达到圣人层次，他们都是具有独立人格的社会主体，即社会的主人，而且他们的作为会促进社会的和谐发展。而在这两个层次的人格中，圣人肩负着更重要的社会责任，那就是“安百姓”“兼善天下”。先秦儒家的这种认识不仅是实事求是、合情合理的，而且在强调个体与整体融合必要性和重要性的同时，充分肯定了个体的独立性、自为性。今天看来，先秦儒家的个体与整体融合的思想，实际上就是现代社会学的个人社会化思想，不过现代社会学远未达到先秦儒家思想的深度及其丰富性。

3. 从个体与整体相融合观念走向“大一统”观念和现实

从前面的分析可以看到，先秦儒家实际上是肯定人的独立自主性的，只是强调人要发挥这种独立自主性以使自己通过修养形成整体所需要的德性，一方面使自己成为真正的人，另一方面也使不同层次的整体都能和谐。但是，这种思想到汉儒董仲舒那里发生了变化，他所重视的是使个体臣服于作为整体象征的“家长”，而否定了个体的独立自主的主体地位。他的这种大一统思想在当时就变成了维护大一统统治的重要理论根据，此后的中国传统社会就成为比较完全意义上的大一统的宗法皇权主义社会。大一统的原初意义是万物统归于一。这里的“大”不是形容词“大”，而是名词“大”，指一切；“一”的意思是归一；“统”是始、本原。大一统就是万物（包括政治社会）统归于本原。因此，“大一统”不同于“大统一”，“大一统”不是单纯就地域统一而言的，而是天地万物统归于同一本原。这一具有本体意义的“大一统”后来被引申到社会政治领域，主要是指国家政治上的整齐划一，经济制度和思想文化上的高度集中，整个社会统系于至尊的君王。简言之，大一统的政治意义是消灭对手，由帝王一人统治天下。

在传统文化中，“大一统”由来已久。《易经》中就有万物统一于阴阳之道的观念，源自《易经》的道家有以“道”为本的观念。老子认为，“道生一，一生二，二生三，三生万物”（《老子》四十二章），而道本身就是一。这表明“大一统”观念在传统文化中可以找到其本体论根据，但这并不表明由此必然会引出“大一统”的结论。“大一统”作为一种政治观念，源自夏商周三代，“溥天之下，莫非王土；率土之滨，莫非王臣”的说法，包含了“大一统”观念，但这时人们只有一种模糊意识，尚未形成大一统的思想理论体系。

春秋战国时期，社会分裂动乱的局面使思想家意识到国家统一的重要性，于是他们主张加强国内政治秩序的统一，大一统的观念开始清晰，并得到理论的阐述和论证。当时的各家除道家之外几乎众口一词地主张建立君王集权统治下的一统天下。孔子针对“礼乐征伐自诸侯出”的混乱局面，提出了“礼乐征伐自天子出”（《论语·季氏》），主张建立“君君，臣臣，父父，子子”（《论语·颜渊》）的“天下有道”（《论语·季氏》）社会。孟子主张君仁臣义、君民同乐以使天下“定于一”（《孟子·梁惠王上》），提出“天无二日，民无二王”（《孟子·万章上》）这一为君王集权进行论证的主张。荀子说：“天地生君子，君子理天地。君子者，天地之参也，万物之总也，民之父母也。”（《荀子·王制》）他的这一说法明确了国是家之扩大、君王乃家国之长的观点，对后世产生了深远影响。韩非从反面指出不实行君王的独一统治，就会导致“一栖两雄”“一家二贵”“夫妻持政”（《韩非子·扬榷》）的局面，而这种局面就是当时社会祸乱丛生的原因。此外，还有不少主张确立君王权威、建立一统天下的观念。墨子说：“上之所是，必皆是之；所非，必皆非之。”“天下之百姓皆上同于天子。”（《墨子·尚同上》）《吕氏春秋·审分览·执一》云：“王者执一，而为万物正。……天下必有天子，所以一之也；天子必执一，所以抟之也。一则治，两则乱。”管仲说：“主尊臣卑，上威下敬，令行人服，理之至也。使天下两天子，天下不可理也。一国而两君，一国不可理也。一家而两父，一家不可理也。夫令不高不行，不抟不听。尧舜之人，非生而理也，桀纣之人，非生而乱也，故理乱在上也。”（《管子·霸言》）管仲甚至还提出了具体制度上的统一，即“天子出令于天下，诸侯受令于天子，大夫受令于君，子受令于父母，下听其上，弟听其兄，此至顺矣。衡石一称，斗斛一量，丈尺一綧制，戈兵一度，书同名，车同轨，此至正也”（《管子·君臣上》）。显然，所有这些都是关于建立以君王为首的大一统国家的不同表述和论证，其共同之点在于主张建立自上而下政令统一的君权制国家。

上述思想实际上已经充分表达了“大一统”的思想，但正式提出“大一统”这一概念的是《春秋公羊传·隐公元年》：“何言乎王正月？大一统也。”唐人颜师古解释说：“一统者，万物之统皆归于一也。……此言诸侯皆系统天子，不得自专也。”（《汉书·董仲舒传》）徐彦疏曰：“王者受命，制正月以统天下，令万物无不一一皆奉之以为始，故言大一统也。”（《春秋公羊传注疏》）《汉书·王吉传》称：“《春秋》所以大一统者，六合同风，九州共贯也。”这里的“大”，指重视、尊重；一统，指天下诸侯皆统系于周天子。受上述思想影响，秦朝政治家、思想家李斯提出了实现大一统的具体途径，这就是消灭诸侯。“灭诸侯，成帝业，为天下一统。”（《史记·李斯列传》）经过春秋战国时期各家长期讨论形成的“大一统”观念，最终由“海内为郡县，法令由一统”的秦朝变成了现实。从此，“天下之事无小大皆决于上”（《史记·秦始皇本纪》），直至清朝灭亡。

为《春秋》“大一统”思想提供系统理论论证并为汉武帝开始的“大一统”实践提供论证的是汉代的董仲舒。他说：“《春秋》大一统者，天地之常经，古今之通谊也。”（《汉书·董仲舒传》）在董仲舒看来，“大一统”乃天地古今之道，任何时候都不可改变。针对当时的情况，他感到即使建立了“大一统”的国家，也不能真正实现大一统，还要构建与“大一统”国家相一致的统一思想文化，只有全天下思想文化高度统一，才能行为一致，保证法制规章号令的贯彻。他特别强调“大一统”，强调“一”，而实现“大一统”则要依靠君王。为此，他还对“王”字做了这样的解释：“古之造文者，三画而连其中，谓之王。三画者，天、地与人也，而连其中者，通其道也。取天地与人之中以为贯而参通之，非王者孰能当是?”（《春秋繁露·王道通三》）他这是把天、地、人看作一个统一整体，而需要“王”将它们贯通、整合起来。只有这样，社会政治生活才会“以人随君，以君随天”（《春秋繁露·玉杯》）。正是出于这种指导思想，董仲舒向汉武帝提出了“推明孔氏，抑黜百家”（《汉书·董仲舒传》）的建议，而汉武帝接受了他的建议，决定“罢黜百家，表章六经”（《汉书·武帝纪·赞》）。于是，在中国历史上开启了“罢黜百家，独尊儒术”的、与政治“大一统”相一致的文化“大一统”时代。需要指出的是，这时所说的“儒术”，已不完全是先秦时期的儒家思想，而掺杂了道家、法家、阴阳五行家的一些思想，可视其为汉代儒家思想。汉儒以维护专制主义的大一统秩序为目的，将专制王权神化，其思想受到此后历代统治者的推崇，成为两千多年传统社会的真正正统思想和价值观。

虽然今天中国人对“大一统”多有微词，但在历史上有许多名人热爱、推崇“大一统”。唐朝的李白赞叹道：“秦皇扫六合，虎视何雄哉。”（《古风》）北宋的周敦颐讲“天下之众，本在一人”（《通书·顺化》，《周敦颐集》卷二）。明朝的李贽在《藏书》中尊秦始皇为“千古一帝”。“大一统”观念及其所派生出来的许多观念的广泛流行使得大一统扎根于中国人的心灵，中国人因此而对大一统形成了某种深层的精神依赖。

4. 个体与整体相融合观念的合理性及其现代价值

人是群体性、社会性动物，因此自人类出现开始就客观上存在个体与整体的关系问题。但是，在漫长的原始社会时期，个体的人虽然存在，却并没有完全从整体中分离出来。个人与整体的关系问题是在人类有了自我意识之后产生的。《尚书·舜典》记载，尧曾经让舜在部落联盟推行父义、母慈、兄友、弟恭和子孝五种伦常礼教（“五典”）。这表明那时个人已经有独立自主性，否则就不必要求个人具备“五典”以维护家庭整体的和睦。当个人有了独立自主性时，个人与整体的关系问题就逐渐凸显出来。从人类历史看，无论古代中国还是古代希腊、罗马，占主导地位的观念都是整体优先于个人，个人需要通过养成整体所要求的德性而融入整体。但是，西方近代兴起的个人主义运动把个人视为完全独立自主的，把整体视为附属于并服务于个人的“受托人”，因而整体被虚化，如此也就不再重视个体对整体的融入。西方近代的个人主义思潮随着西方现代文化的强势影响对整个世界产生了广泛影响。然而，这种极端个人主义导致许多无视家庭、国家、社会等共同体的严重社会问题，如个人本位、自我中心、极端利己、不择手段等。痛定思痛，为了克服近代以来的极端个人主义的偏颇，我们需要在坚持维护个人的自由和权利的前提下弘扬传统价值观主张个人与整体相融合的观念。

与西方古代进入中世纪后不再重视个人融入整体而引导人们信仰上帝不同，主张个体融入家庭、国家和天下整体，是中国传统价值观一以贯之的观念、精神和显著特色。辛亥革命以来，受西方现代价值观的影响，国人对这种传统特色进行了诸多批评，甚至完全加以否定。今天看来，过去的做法可能过于简单，有不少问题需要澄清。

第一，秦汉以前的个体与整体相融合主张并不否定个体的自由和权利，更不否定个人的个体性（主要是独立自主性）。从前面我们的历史考察不难发现，秦汉以前的传统价值观强调个体要融入整体，并对融入意味着什么以及如何融入做了系统规划，但是我们没有发现否定个体自由和权利的主张。当然，那时的古人确实没有人权意识，没有想到个体权利问题，这当然是他们思想理论的局限和不足，但他们也没有明确否认它们。如前文所言，他们强调个体要通过修身融入整体，这充分表明他们是承认个体的独立存在的，也承认个体具有自主性、能动性和自构性等。而且，传统价值观还肯定个人的自由，只是规定个人的自由不能妨碍其他人的自由，个人的自由必须符合社会规范。孔子说他“七十而从心所欲，不逾矩”（《论语·为政》），这里的从心所欲无疑就是自由。所以，传统价值观的自由是指规矩内的自由，是跟整体的规范相统一的自由。当然，传统社会的规矩特别多，各种礼的规范无所不及，人们很难真正做到从心所欲。孔子这样的圣人至七十岁才获得自由，一般人也许一辈子也无法获得自由。从总体上看，我们只能说传统的个体与整体观有其局限，但不能说它是否定个体和个体性的，相反，它是以个体存在、个体具有个体性为必要前提的。

第二，传统价值观所主张的个体要融入整体是合理的，反映了人社会化的必然性。亚里士多德说：“人天生就是一种政治动物。”[①] 他这里所说的“政治”不是今天意义上的政治，而是具有更广泛的社会意义。在他看来，人即便不需要其他人的帮助，照样要追求共同的生活，共同的利益也会使他们聚集起来，各自按他们自己应得的一份享有美好的生活。要共同生活，就必须具备共同体所需要的德性品质。中国古代思想家对此也有明确的意识，他们所提出和阐述的人应具备的德性品质比古希腊更完备、更系统。对于人必须生活在社会中，因而人必须社会化这一问题，19 世纪兴起的社会学从科学的角度提供了得到公认的论证。传统思想家对人的各种德性要求，充分体现了他们对人必须社会化的认识，也是他们为人如何社会化提供的方案。

传统思想家重视个人对整体的融入还有深厚的由来已久的民间常识观念根源。中国自古以来都要求人生在世不能只考虑自己，还要考虑到家庭、社稷，要上对得起祖先，下对得起子孙。中国民间至今骂人最恶毒的一句话还是“断子绝孙”。按民间常识观念，个体不能离开整体，人不是孤立存在的，没有父母哪里会有自己，没有自己的祖父母，哪来自己的父亲，我们不正直为人怎么对得起自己的子孙后代。个人是漫长历史整体一个环节中的一员，个人必须融入这个整体，否则就不能进祠

---

① 〔古希腊〕亚里士多德：《政治学》，颜一、秦典华译，苗力田主编《亚里士多德全集》第九卷，中国人民大学出版社 1994 年版，第 85 页。

堂，不能入族谱，不能葬在祖坟山。所以，传统社会的整体不仅有空间结构，而且有时间结构。在这种时间结构中，一个人与先人和后人相衔接，而衔接的黏合剂就是德性。

传统社会丰富的德性要求中，有些也许在今天看来不太合适，有些后来甚至走向了极端，但是其中大多数是合理的，尤其是对个体要自觉融入整体的强调，更反映了人必须社会化的客观要求和中国悠久的文化传统，其基本精神值得发扬光大。

第三，主张个体与整体相融合并不是主张“大一统”，两者之间有联系但并不相同。传统价值观主张个体与整体相融合，其目的之一是使整体的所有成员具有统一性，而且作为融合结果的整体无疑会具有统一性。这种统一性的要求本身并不意味着所有社会成员在任何方面都要达到一致。传统价值观承认“人皆可以为尧舜”“涂之人可以为禹”，但也意识到了这种可能性并不能都变成现实。传统价值观把人格划分为小人、君子、贤人、圣人等不同层次，这足以表明传统价值观并不是要求整体的成员清一色、大一统。而且，通过个人的“融入”使整体具有统一性，这本身是合理的。整体没有统一性就根本无法存在。如果没有语言的统一，每个人都说各自的语言，成员之间就无法交流，整体就不成其为整体。没有度量衡的统一，整体也无法运行。同样，在品质及其行为体现方面也必须有统一性，否则社会就不会有基本的秩序。当然，传统社会后来将这种统一性发展到了极端，试图将人的一切行为举止、一切思想观念都完全统一起来，扼杀每一个人的个性和追求，这不仅是极端错误的，实际上也完全不可能做到。今天，我们应该从总体上否定传统社会后期的这种做法，但不能因此而否定传统价值观的个体应与整体相融合的正确主张。

第四，对“大一统”观念也不能简单地加以否定，“大一统”在维护社会秩序方面具有极其重要的作用。我国自远古开始就是一个多民族杂居、人口众多的大国，而且传统社会的经济基础是分散的自给自足的小农经济。在这样一种国度，维持社会的基本秩序是一个极其复杂的难题。传统价值观强调整体，强调整体特别是国家、天下的大统一，不仅是必要的，而且是合理的、理智的，至少是可以理解的。即便是秦朝统一中国后实行“大一统”的统治，也有其历史的必然性和合理性。在当时的历史条件下，如果不实行这种过激的统治方式，很难维持如此一个大国的基本秩序。如果没有这种基本秩序，国家就会陷入混乱，人民的生活更会水深火热。中国历史上的分裂时期，都是社会秩序极其混乱的时期，差不多都可以用饿殍遍野、尸骨成堆来形容。欧洲传统社会从来没有建立起大一统的国家，战乱的情形实际上也从未停止过。相比较而言，大一统比大混乱更具有历史合理性。就当时的人类治理水平而言，要维持这么大一个国家的秩序，除了“大一统”这个办法，真还没有什么更好的招数。

源自西方的现代化运动是以冲破一切束缚个体的外在力量来获得个体的解放和自由为初衷的。这种外在力量主要来自整体，因而以个体主义为主要特征的现代化运动所针对的主要是整体，特别是统治基本共同体的宗教教会和政治国家。而这种对奴役和压迫个体的强大外在力量的否定，反映了人性的要求，也反映了现代市场经济的要求。当中国进入现代化的轨道之后，中国人也意识到传统皇权专制主义“大一统”的奴役和压迫性质，因而也反对传统的皇权专制主义死灰复燃。但是，在实行改革开放之后，特别是市场经济兴起之后，我国也存在过分突出个体，过分张扬个体性和个体自由和权利，而否定个体融入整体的必要性的倾向和问题。家庭认同、国家认同因此发生严重危机，一些人甚至对国家统一也持否定的态度，民族分裂主义有一定的市场。在这种严重情况下，弘扬和发展传统价值观强调个体与整体相融合的传统，对于国人认识到整体对于个体的先在性、优先性，自觉融入整体，增强家庭和国家的认同感，具有极其重要的意义。

同时，中国强调“大一统”和注重个体与整体相融合的传统，也可以给人类命运共同体建设和人类共同价值体系构建提供智慧资源和思想启迪，从而增强世界各国人民对人类共同体的意识和认同感。今天的人类世界存在的种种问题，其重要根源之一就是世界缺乏统一性，特别是缺乏基本规范的统一性。既缺乏适用于世界各国和全人类的共同规则，更缺乏使这种共同规则得到有效遵循的控制机制。世界和平与安全、人类幸福与安康，离不开人类共同体的形成与完善，而人类共同体存在的基础就是基本规范的统一性。这是一种比中国范围更大的“大统一”，没有这种全人类、全世界的“大统一”，人类共同体、人类的幸福和安康就是一句空话。而人类要这样做，确实需要在中国传统价值观中寻找灵感和依据，需要根据当代世界的新情况弘扬和创新中国传统的个体与整体相融合观念。当然，构建“大统一”的世界共同体，必须避免中国皇权专制时代的那种“大一统”统治，但需要从中国先秦思想家的那种个体自主而整体和谐的思想主张中寻找灵感。

三　君子与大同相贯通

通常认为，传统社会所公认的理想社会就是儒家所追求的“大同”社会。“大同”社会原本是孔子对“大道之行”时代的描述，“大道之行”时代指的是夏商周三代之前的时代，大致上是尧舜时代。孔子生活的时代离尧舜时代有一千多年，他没有亲眼见到“大同”社会，历史上也似乎没有多少记载，他只是通过对传说加以想象对大同社会进行了描述，不过这种描述表达了他的社会理想。此后，儒家似乎并没有对“大同”社会做过进一步的明确阐述和论证，但从不同角度丰富了孔子“大同”社会的内容。总体上看，传统价值观是以“大同”为社会理想的，其包括孔子对“大道之行”时代描述的内容，也包括其他儒家思想家所丰富的内容。传统思想家提出的理想人格有多种，就儒家而言，至少有两种，即“君子”和“圣人”（中间也许还可以加上“贤人”，但并无充足的学理根据），它们可被视为传统价值观的理想人格。在两种理想人格中，君子是每一个人都应该成为的人，成为不了君子那就是小人，而且圣人也是君子，不过是君子中的佼佼者而已。传统价值观认为，理想社会就是由具有君子人格的人构成的社会。这就是周敦颐所说的“善人多，则朝廷正，而天下治矣”（《周敦颐集·通书》卷二）。

1. 大同社会的成员构成

任何完整系统的价值观都有理想人格和理想社会，但这两者并不一定相互贯通。例如，对于基督教价值观来说，理想的社会应是“天堂”，但天堂并不是因为可能进入其中的人的素质（主要是德性）而成为最美好的，而是上帝直接统治使然。因此，我们不能说基督教价值观的理想人格和理想社会是相贯通的。“天堂”不是人为构建的，严格地说它与人的素质没有什么关系。按基督教的逻辑，即使没有一个人进入天堂，天堂也是存在的，而且是最美好的国度（“天国”）。与基督教价值观以及其他许多价值观不同，中国传统价值观的理想社会是由具有理想人格的人构成的，是其成员通过修养身心特别是德性而人为构建起来的。传统价值观认为，理想人格和理想社会是相贯通的，即理想社会是由理想人格构建起来的，而理想人格主要是由修身造就的（教化也有一定的作用），因而修身对于理想人格的形成和理想社会的构建具有根本性的意义。这也就是《大学》中“三纲领八条目”所描述的理想人格与理想社会相贯通的“修齐治平”路径，它充分体现了传统价值观的基本特色。

前文已指出，传统价值观的理想社会是一种人性化、人道化、人情化的社会，在那里，“天下为公”，人人都能安居乐业、得到关爱，货尽其用，人尽其力，社会安定和谐，没有犯罪现象。显然，这种理想社会只能由君子构成，其成员都是君子，而不是小人，甚至根本没有小人。按照传统价值观的观点，君子有许多人格特征，如安贫乐道、博学多才、言行一致、乐观豁达、敬畏有止、自助戒慎等，而其根本特征就是“自强不息”和“厚德载物”。不言而喻，如果社会成员都是这样的君子，大同社会无疑就会从理想变为现实。相反，不用说社会成员都是小人，即便只有小部分人是小人，大同社会也无法实现。传统价值观认为，小人不仅不具备君子的这些人格特征，而且其人格特征与君子正好相反。在《论语》中，孔子具体列举了君子与小人的各种区别，其中特别重要的有：“君子喻于义，小人喻于利”（《里仁》）；“君子成人之美，不成人之恶。小人反是”（《颜渊》）；“君子和而不同，小人同而不和”（《子路》）；“君子固穷，小人穷斯滥矣”（《卫灵公》）；等等。在一个社会中，有一些人“喻于利”，就不会形成“货，恶其弃于地也，不必藏于己；力，恶其不出于身也，不必为己”（《礼记·礼运》）的局面；有一些人“成人之恶”，“老吾老，以及人之老；幼吾幼，以及人之幼”（《孟子·梁惠王上》）就不会成为风尚；有一些人“同而不和”，人与人之间“讲信修睦”就是一句空话；有一些人“穷斯滥矣”，社会就不可能“谋闭而不兴，盗窃乱贼而不作，故外户而不闭”（《礼记·礼运》）。由此看来，一个社会只要有小人存在，即使占总人口的比例很小，也不可能达到大同的理想境界。

实际上，在人类历史上的各种不同社会，其成员大多数是君子，小人只是少数。小人人数虽少，但负面效应极大，即中国民间所说的“一粒老鼠屎，坏了一锅粥”。正是因为有少数小人，所以人类社会始终都没有进入理想的境界。传统价值观对此有清醒的认识，因而为新一代人成为君子以及让已经成为小人的人转变为君子设计了“三纲领八条目”的完整方案。这个方案架起了从非君子到君子、从君子到大同的桥梁，《大学》称之为“大学之道”。《大学》所讲的“大学”不是今天所说的高等学府，而是说的大人之学、君子之学，是走向人生大道的学问。能开始研习“大学”，就意味着开启了“学以成人”的航程。《大学》没有说明主要是针对未成年人还是针对已成年的小人，但从内容看其适合所有非君子（包括小人、常人和未成年人）。

《大学》开篇就指出：“大学之道，在明明德，在亲民，在止于至善。”这是讲“大人之学”的宗旨或者说所要达到的目标，这个目标是一个从修养身心到仁爱他人、从起步到顶点的立体目标。“明明德”，就是要彰明、弘扬人内心的光明德性，这种德性不只是单纯道德意义上的，还是源自“道”的“德”的意义上的。儒家主导观点认为，人性是善良的，其主要体现就是人生而具有“恻隐之心、羞恶之心、辞让之心、是非之心”四种“善端”，它们是“仁义礼智”的萌芽，这就是“明德”。大学的目标就是使这种“明德”显明、彰扬，使这种尚处于萌芽状态的“四端”成长为以“仁义礼智”为核心的枝繁叶茂的完善德性品质，形成完善的人格。对于“亲民”，各家有不同的解读。朱熹认为“亲”即“新”，“亲民”通“新民”，即使人弃旧图新、去恶从善。这种解释适用于小人，即通过明明德而使小人变为君子，包括学习者自己和他人，即要使作为小人的自己和他人成为君子。如果将“亲”理解为“亲爱”“亲近”，那么，“亲民”就是亲爱他人，即爱人，扩而言之，就是“亲亲而仁民，仁民而爱物”（《孟子·尽心上》）。这样理解不仅适用于那些小人，也适用于未成年人，即使不是君子的人成为爱人的君子。这种解释也许与孔孟的思想更一致。就是说，一个人明明德不仅是为了自己具有德性品质，而且是为了爱人，两者是一致的。当一个人具有了德性品质时，他也就能够爱人了。爱人正是明明德的体现。“止于至善”是说无论是明明德还是亲民都要达到最高的程度。德性的品质和爱人的行为，都是善的，“止于至善”是要求这两个方面都达到完美境界。这里的“至善”强调的是德性品质和爱人行为都达到完善的程度。综而观之，“大学之道，在明明德，在亲民，在止于至善”作为“大人之学”的目标，就是要求有志于成为君子的人在德性和德行方面都达到尽善尽美的程度，这样就可以达到《大学》中后面说的“明明德于天下”，即使彰显的“明德”见诸行为，扩展开来，“亲亲而仁民，仁民而爱物”。“明明德于天下”是“三纲领”的概括性表达，也道出了“大学之道”的终极目的。

2. 君子与大同相贯通的基础

社会的每一个成员都能“明明德于天下”，这个社会就能够实现大同的理想。《大学》没有讲明这一点，但根据儒家的思路，这应是顺理成章的，因为《大学》为了实现这一终极目的提出了“自天子以至于庶人，一是皆以修身为本”。这就意味着“明明德于天下”不只是某个或某些圣人的事，而是所有社会成员的事，所有社会成员都应通过修身而成为“大人”或君子，从而“明明德于天下”。

《大学》设计了君子与大同相贯通的路线图，这就是“八条目”。“八条目”以修身为中心，包括两大步骤：一是如何修身以成为君子，包括格物、致知、诚意、正心和修身五个条目，它们可被视为“成为君子的条目”；二是君子如何“明明德于天下”以构建大同社会，包括齐家、治国、平天下三个条目，它们可被视为“成为圣人的条目”或“构建大同社会的条目”。

第一大步骤的目标是成为君子。要成为君子，就要先修其身，即修养其身心，只有修身才能成为君子；要修其身，就要先正其心，即端正其内心，只有正心才能修身；要正其心，就要先诚其意，即使意念真诚，只有诚意才能正心；要诚其意，就要先致其知，即认识是非善恶美丑吉凶，只有致知才能诚意；要致其知，就要先格物，即穷究事物的真相，掌握事物的真理，只有格物才能致知。格物是修身必要条件的起点，格物然后致知，致知然后诚意，诚意然后正心。正心是修身必要条件的终点，心正了修养就有了必要前提，修养者也就具备了成为君子的基本条件。这里有两点值得注意。

其一，正心、诚意、致知、格物这几个条目都是修身的必要条件，而非充分条件。“欲修其身者，先正其心”（《礼记·大学》），讲一个人要想修其身，就必须先正其心。正心是修身的必要条件，而非充分条件。就是说，一个人不正其心，就不能修其身，但不能反过来说，一个人正其心，就能修其身。在这里，正其心不等于修其身，修其身除了必须正其心外还应该包括其他内容。这些内容《大学》中没有具体谈，但如果联系先秦儒家的其他著作就可以发现，修身在正心的前提下还有许多工作要做，包括养身和养心两个方面，而养心更为重要。养心主要是修养德性品质，这些品质很多，最重要的是孔子所说的“仁爱”，孟子将“仁爱”的含义扩展为“仁义礼智”，而且从爱人扩展到爱物，即“亲亲而仁民，仁民而爱物”。在先秦儒家看来，一个人只有正了心，才能修养所有这些德性，当然也才能修养身体。正心不等于修身，修身不等于修养德性。这是讲修身与正心的关系，正心与诚意、诚意与致知、致知与格物的关系也都是如此。这样理解五个基础条目也许更符合先秦儒家的本意。

其二，这里讲的修身不等于修心，传统价值观认为，修心就是修养心性，而其主要内容是修养德性。到《大学》问世时，在学者们的心目中，修身与养生、养心（性）已经有明确的区别。《大学》用修身而不用养心，应该是有其考虑的。从“八条目”中构建大同社会的齐家、治国、平天下的要求看，仅仅具有单纯道德意义上的德性也是不够的，还需要能力，只不过人成为君子应具备的其他条件通常也被理解为德性。如“仁义礼智”中的“智”就被视为德性。《大学》中对于这一点实际上也有明确的表述。在提出“三纲领”之后，《大学》紧接着说：“知止而后有定，定而后能静，静而后能安，安而后能虑，虑而后能得。物有本末，事有终始，知所先后，则近道矣。”这两句话表明，修身的内容包括思考并获得知识、真理，而这也就意味着知道事物（事情）的本末、始终和先后，也就接近了“道”。显然，这不完全是单纯道德方面的内容，还是认知、思考、判断方面的内容，齐家、治国、平天下则是践行这些方面的内容。因此，修身实际上包含道德、知识、实践三方面的内容，而不只是单纯道德方面的内容。

第二大步骤的目标是构建大同社会。要构建大同社会，就要“明明德于天下”，要“亲亲而仁民，仁民而爱物”，只有每一个人都做到亲亲、仁民、爱物才能构建起大同社会；要“明明德于天下”，就要先治其国，即治理好自己的国家，只有治其国才能“明明德于天下”；要治其国，就要先齐其家，即整顿好自己的家庭，只有齐其家才能治其国；而齐家的前提是修身，通过修身成为君子。这一大步骤的每一个“先”与前一大步骤的每一个“先”大致相同，讲的是必要条件，而非充分条件。就是说，只有每一个通过修身成为君子的人明明德于家庭，家才能整顿好；只有每一个家庭整顿好了，每一个君子再明明德于国家，国家才能治理好；只有每一个国家治理好了，每一个君子再明明德于天下，天下才能够太平和谐，也才会进入大同社会。如此，君子与大同就可以贯通起来了，通过修身成为君子，而君子渐次明明德于家庭、国家、天下，大同社会从理想变为现实就具备了必要条件。《大学》中这三个步骤虽然主要是针对君王讲的，强调君王要做出表率，但也适用于每一个君子。任何一个社会的成员不可能都是君子，即使在大同社会，也有未成年人要通过修身才能成为君子，而且年龄相同的人也会由于主客观条件不同而成为君子的时间有先有后，因此已经成为君子的人要为未成为君子的人做出表率和示范。君子应发挥这种表率和示范作用，这就是《大学》里所讲的君子的“絜矩之道”。

先秦儒家认为，一个社会的每一个人都通过修身成为君子，并且每一个人都齐家、治国、平天下，明明德于天下，这就为大同理想的实现提供了必要条件。而且，他们认为这种条件是构建大同社会所需要具备的最重要的条件，所以他们高度重视如何创造这种条件，并提出了以上所说的“三纲领八条目”以及其他各种不同的方案。但是不能由此断定，具备了这样的条件大同社会就必然会实现。在先秦儒家看来，大同社会的实现还需要圣人来当王，这就涉及他们的“内圣外王之道”的主张。先秦儒家认为，担当构建大同社会君王的人必须是圣人，只有内在人格是圣人（内圣）的人才适合担任君王（外王），有这样的君王才能实现天下大同。孔子正是因为尧舜是这样的君王，才称他们统治的时代是大同社会。然而，先秦儒家虽然认为每一个人都应该成为尧舜禹那样的圣人，但也意识到，并不是每一个人都能成为圣人，而只有很少数人才能成为圣人。同时，他们知道，即便有圣人，圣人也未必能当君王。孔子是他们公认的圣人，但他在政治上很失意，做过的最大的官也只是鲁国大司寇（并代行鲁相），当了几个月就被撵下台。由此看来，“内圣外王”之王很少见，孟子甚至认为五百年才有一位“内圣外王”之王者出现。不过，先秦儒家一直在努力寻找“内圣外王之道”。孔子说的修己“以敬”“以安人”“以安百姓”、“学而优则仕”是这样的路；孟子所说的“养吾浩然之气”、勇为“大丈夫”也是这样的路；《大学》所说的“三纲领八条目”更是这样一条路的完善设计。这条路归结到一点，就是“内圣外王”，就是“经世致用”。这是一条追求通过使人格完善来实现现实生活完善的入世之路。它既不同于道家的以自然心态面对社会生活，通过无为而达到无不为的目的的避世之路，也不同于佛家的以出世的心态入世，在现实中追求超越的彼岸世界的出世之路。

传统价值观将君子与大同相贯通的主张，在传统社会从来都没有变为现实。秦汉以后的传统社会既没有出现过作为主体的社会成员都是君子的局面，也没有一位真正意义上的“内圣外王”之皇帝。因此，君子与大同相贯通的主张对于传统社会来说实际上是一种空想。但是，这种主张不能贯彻落实，并非因为这种主张本身有多大的问题，而主要是由传统社会的小农经济和宗法皇权制度相结合的社会历史条件导致的。

3. *君子与大同相贯通的意义*

在小农经济的条件下，社会的绝大多数成员生活在水深火热之中，成天为生计奔波，而且基本上没有接受什么教育，他们没有时间、精力来修身，也缺乏修身的意识。他们中的绝大多数人不可能通过修身成为君子。同时，在宗法皇权专制的政治条件下，“溥天之下，莫非王土；率土之滨，莫非王臣”，皇室关心的主要是自身的利益，特别是皇朝的长治久安，根本无心让百姓成为儒家所希望成为的君子，也不可能让生活如煎如熬的百姓都去修养身心。至于统治者，皇帝也不是通过“三纲领八条目”等路径产生的，开国皇帝多是通过战争夺得的天下，而后继的皇帝通常是按嫡长子继承制的宗法传统继位的。通过这样的途径产生的皇帝，根本不可能是圣人，而皇帝任命的官僚也无不是根据皇室利益选拔的，至少他们是不是真正的君子并不是皇室用人的主要依据。传统社会读书也是为官从政的重要通道，即所谓“学而优则仕”，但这里的“优”只是书本知识“优”，而不是真正在修身方面优秀。一旦优者入仕，很快就会成为皇室利益的维护者，否则就无法立足。因此，在宗法皇权专制制度之下，根本没有可能达到传统价值观所主张的社会主体成员是君子而统治者是圣王的要求，因而大同社会也就无从谈起。

然而，我们不能因为传统价值观的君子与大同相贯通的主张在传统社会未实现过而简单地否定它的合理性和价值。从理论上看，这种主张至少有以下几方面的合理性和价值。

第一，它将好人格与好社会紧密地联系起来，清楚地意识到了好人格与好社会之间的互动关系，其基点是好人格。无论从历史事实看还是从理论上看，好社会都由好社会成员（简称为“社民”）构成，而好社民又受好社会的制约。在这种相互作用的关系中，其基点是好社民。好社民之好在于有好人格，有好人格才有好社民、就有好社民。因此，好社会与好社民的关系实质上是好社会与好人格的关系。传统价值观清楚地意识到了这一点，认为只有有了好人格，才会有好家庭、好国家、好天下。这一点从理论上看应是自明的，而从历史上看，传统社会之所以不是好社会，是因为没有好社民，而没有好社民的关键在于没有好人格。人类的理想社会就应当是这种好社会与好人格的统一，而这正是传统价值观所揭示的。古希腊的柏拉图和亚里士多德也承认好公民与好城邦之间的根本一致性，而好公民就是具有好德性（好人格）的公民。由此可见，将好人格与好社会联系起来是古典思想家的共识。

第二，它将好人格与修身紧密地联系起来，认为修身对于好人格（君子人格）有决定性作用。传统价值观认为，好人格不是与生俱来的，与生俱来的是自然人，不具有真正意义上的人格，更不具有好人格。好人格是人在社会生活中根据自己在社会中产生的需要，通常是在教育的引导下通过修养身心获得的。这一点已经为“狼孩”的发现所证明。没有社会环境，人就不能获得人格，就不是真正的人，而没有自身的修养，人就不能获得好人格，不能成为好社民。今天的教育学强调养成教育，养成教育就其实质而言就是要通过教育使受教育者养成好习惯、好品质以至好人格。传统价值观不仅重视修身，而且对为什么要修身、修身修什么、如何修身做出了系统的回答，这些理论成果本身实际上就是给人们提供的教材，而对修身的强调就是要增强人们修身的意识，引导人们走上修身之路，这本身就是养成教育。只是在传统社会学校教育不发达，因而这种教育常常是通过家庭、私塾以及蒙学读物来实现的。只有在现代学校教育发达的条件下，修身才能与教育有机地结合起来。然而，发达的学校教育常常湮没甚至遗忘了修身，导致人格问题普遍发生。

第三，它将修养与践行结合起来，构建了一个起点是格物、终点是平天下的完整修身过程。“八条目”的结构形式表面看起来是两个阶段，即前面所说的修养品性阶段和构建大同社会阶段，似乎格物、致知、诚意、正心是修养品性的环节，而齐家、治国和平天下是成为君子后践行的环节，两者之间是前后相继的两大环节。但是，如果将这八个环节看作不是一次性完成的，而是人生不断进行的周而复始的过程，它们实际上就是一个知与行相互作用、相互促进的永无止境的知行统一、知行合一过程。这个过程的起点是格物，即穷究事物以获得真理，经过致知、诚意、正心，到修身，即完成了品性修养的单程，修身后就进行齐家、治国、平天下，即完成了构建大同社会的单程。但完成了平天下，又会成为格物的起点，这一整个单程并不意味着修养过程的结束，而又会在构建完大同社会的新起点上，再从格物开始进行第二个单程。人生就在循环往复地进行这种过程。当然，这个单程也不是机械的，而是大致上的过程，其中可能会有几个环节相互纠缠在一起，也可能会停滞、重复。不过，如果一个人一生都注重修身，他就会不断重复这个过程，不断提升自己的人生境界，不断为构建大同社会做贡献，直至生命的终结。这个不断重复的完整过程，在今天看来，仍然是无可挑剔的，不同环节环环相扣，具有严格的内在逻辑性，符合人的认识和实践规律，也符合人的品性养成规律。

为贯通君子与大同所设计的“三纲领八条目”，虽然在传统社会没有被普遍贯彻，但以上简要分析表明，它本身具有合理性和科学性，我们不能简单地否定它。我们可以设想，假如社会历史条件不是自给自足的小农经济，不是宗法皇权专制制度，而是建立在大生产基础上的现代经济，是建立在尊重和保障每一个社会成员的权利和权益基础上的民主法治社会，那么，传统价值观的君子与大同相贯通的主张，也许能得到普遍贯彻，成为构建现代意义上的大同社会的基本路径。

四 宗法与王权相补充

传统价值观中有些观念是显现的，有些观念是隐含的。那些显现的观念通常是有文字记载的，今天人们会给予关注，那些隐含的观念却常常被人们所忽视。在传统价值观所体现的制度中，王（皇）权制因为是历史上显现的制度且历史上思想家多有论述而更引人注目，而宗法制则因为是历史上隐含的制度并且似乎是天经地义的或不言而喻的而历史上的思想家少有谈及，后世也对此重视不够。然而，中国传统社会的结构实际上是一种宗法制与王权制紧密纠缠在一起的社会政治结构。虽然宗法制常常并未进入古代思想家的视野，但它在历史上的重要作用和深远影响表明，它在传统价值观中有深沉的观念作为支撑。宗法制与王权制、宗法观念与王权观念紧密纠缠在一起，正是传统价值观复杂性的重要体现。谈传统价值观而不谈宗法观念及其与王权观念的错综复杂关系，就根本谈不上对传统价值观的准确把握。传统社会的宗法制与王权制及其观念形态宗法观念与王权观念相互冲突而又相互补充，构成了传统价值观的鲜明特色，也使传统价值观现实化呈现出极其复杂的情形。

1. 宗法与王权的关系及其历史演进

“宗法”一词既指宗法关系，也指宗法观念，还指宗法制度。在这三层含义中，宗法关系是基础，从历史的角度看这种关系是在中华民族形成过程中自发形成的一种社会关系。随着中国人自我意识的形成，中国人逐渐形成对宗法关系的认识和确信，于是就有了宗法观念。为了维护甚至强化宗法关系，从宗法观念逐渐衍生出习惯、惯例、礼仪等伦理意义上的规范，宗法制度（宗法制）也就出现了。因此，宗法制隐含了宗法观念和宗法关系，它是在宗法观念的影响下维护和强化宗法关系的控制和保障措施。宗法制是以血缘关系为基础、以父系家长制为内核、以大宗小宗为准则、按尊卑长幼关系形成的惯例（包括习惯和礼仪）。中国的宗法制从来都不是现代意义上的制度，而主要是世代相传因袭的惯例，因而它实际上是一种非文本性的制度。不过，中国进入文明社会后，宗法制中的许多规范被纳入礼制甚至法律，与礼制和法律混合在一起。

据冯天瑜先生考证，宗法之“宗”，其字形表示屋宇内置祖先神主牌位，可会意成祭祖之处，引申为尊崇祖宗。“宗者，何谓也？宗，尊也，为先祖主也，宗人之所尊也。”（《白虎通义·宗族》）“宗”与“法度”“法式”之“法”连用成词较晚，出自张载的《经学理窟·宗法》：“宗法不立，则人不知统系来处。……宗子之法不立，则朝廷无世臣。”这里的“宗法”和“宗子之法”同义，前者是后者的省称。所谓“宗子”，指宗族的嫡长子，因被认作宗族始祖的嫡系继承人，为族内兄弟所共宗（尊），故称“宗子”或“宗主”，即世袭族长。宗子之法则是族长的确立、继承、权利的行使等制度，其意义在于规范嫡庶系统，实行嫡长子继承制，以定亲疏、别统绪。[①] 按宗法制规定，同一始祖的嫡系长子一系为大宗，其余子孙为小宗。清代凤韶说：“先王为大夫士立有宗法，义取尊祖收族也。《大传》（指《礼记·大传》）曰：‘别子为祖，继别为宗，继祢者为小宗’……宗法皆然。继祖，继曾高祖，亦统谓之小宗。大宗惟一，小宗无数。”（《凤氏经说·宗法》）

“王权”一词像“宗法”一样，也有关系、观念、制度三层含义，其中关系的含义也是其基础。无论从上述三层含义的任何一种含义看，王权都比宗法出现得晚。作为宗法制核心内容的父权家长制，原本只是以血缘为纽带的家庭和氏族的制度。但是，在氏族以及以氏族为基础构成的部落之间的战争中，一些战败的氏族部落沦为被统治的氏族部落，甚至沦为奴隶。随着被统治者的范围扩大，仅仅凭借维护氏族部落宗法关系的宗法制已难以统治与日俱增的被统治者，于是王权制就出现了。胜利的氏族部落就成为统治者，其内部的关系还是宗法关系，因而实际上还维持着宗法制。而统治者与被统治者之间的关系已经不是宗法关系，而是君王与臣民的关系，即王权关系。为了维护和强化这种关系，就确立了王权制。在中国广大的土地上，统治者不可能仅仅依靠王权来统治分布在华夏各地的被统治者，他们必须利用被统治者原有的用宗法制维护的社会组织来维护整个社会的安定和秩序。于是，宗法制就成为王权制的重要补充。当然，宗法制也只有在中国特殊的历史背景中适应王权

---

① 参见冯天瑜《中国文化生成史》（下册），武汉大学出版社 2013 年版，第 468、469 页。

统治的需要才长期存在。

从历史发展看，虽然宗法早于王权产生，但王权出现后就紧密地与宗法纠缠在一起而密不可分。总体上看，传统社会制度有两大基本形态，即宗法封建制和宗法皇权专制。这两种制度的共同规定性和特点就在于它们是宗法性的王权政治，宗法性是王权政治的基础和保障。在传统社会，宗法比王权有更深厚的基础，因而才会出现这样的情形：王权制度既发生从封建制到皇权制的变化，又不断发生朝代变化，而宗法没有什么大的变化。因此，当宗法与王权相结合时，宗法关系、宗法观念和宗法制度就与王权关系、王权观念、王权制度纠缠在一起，很难完全分离。就是说，宗法有其独立性，而王权则不具有独立性，它始终依赖宗法，并仿效宗法来构建和运行，而且其深层观念与宗法观念是相通的。从这种意义上看，王权关系、王权观念、王权制度都具有宗法性，可以称之为宗法王权关系、宗法王权观念、宗法王权制度。也许正是在这种意义上，冯天瑜先生把秦代以前的社会制度称为“宗法封建制”，而把秦代至清代的社会制度称为“宗法皇权专制”。[①] 根据他的看法，两者的共性就在于它们都是宗法性的。

宗法建立在宗族的基础之上，宗族由若干个同血缘的家族集合而成，由家庭而家族，再集合成宗族，而在地域上就结成了村社。父系家族内部容纳若干个个体家庭，传统家庭的结构是以父子、婆媳为主轴的典型的父母子女型家庭。家庭关系以亲子的血统关系与夫妻的婚姻关系为基本结构，受制于血缘亲情关系，姻缘关系则决定着家族的绵延。因此，娶妻须由家族中主要成员决定，以确保家族血缘世系的纯洁性。在同一家族，无论个体家庭有多少，都必须保持同姓一家的纯洁性。在血缘（家族血亲）、地缘（农村村社）、业缘（农耕经济）的共同作用下，同一家族的成员长期生活和劳作于同一地区，世代繁衍，家族本位成为根深蒂固的群体意识。在家族中拥有父权和夫权的家长拥有掌握家族所有财产和支配家族所有成员的绝对权力。在宗法制度中，家族—宗族是以血缘关系为纽带、以统治和服从为内核的经济和道德的共同体，而村社就成为社会结构和国家结构的基层单位。血缘纽带在中国长期无法割断

① 冯天瑜：《“封建”考论》（修订版），中国社会科学出版社 2010 年版，第 411 页。

的根本原因在于农业型的自然经济。小农经济占统治地位的生产方式，使基于血缘纽带的宗法宗族制具有强大的生命力，从而使宗法的家族社会成为我国传统的社会。

在宗法制度之下，家族有四大共同观念。一是血缘观念。重视巩固血缘关系，维护世系血缘的纯度。传统宗法观念认为，“同姓则同德，同德则同心，同心则同志”（《国语·晋语四》），这里的同姓就是同血缘。重视家谱、族谱，反映了古代中国人“万世一系”的血缘观念。二是整体观念。宗法制度以家族为本位，重家族而轻个人，重群体而轻个体，重人治（礼治）而轻法治。三是人伦观念。宗法制度维护社会的君臣、父子、夫妇、兄弟、朋友这五种基本关系，要求他们各守其伦理规范：父慈、子孝、兄友、弟悌、夫义、妇听、长惠、幼顺、君仁、臣忠。在所有这些人伦规范中，孝悌被视为最根本的伦理规范，而且孝亲与忠君被联系起来，对父辈的道德与义务被推演为臣民对君王的绝对服从。提倡孝道既可以强化血缘亲情观念，从而加强家庭、家族内部的凝聚力，又可以移孝于忠，以维护等级制度和专制主义的中央集权。四是门第观念。“门第”是指传统宗法王权制社会家族或家庭在社会中的等第地位，以族姓、门户、地望为标志，存在高低贵贱之别。显贵之家被称为“世族”“世家”“高门”等，卑庶之家则被称为“寒门”。门第观念就是基于门第社会现实形成的以门第来判断人们贵贱尊卑的观念。门第观念在传统社会对政治生活和社会交往有直接影响，起着维护贵族特权的重要作用。

宗法关系和制度源自中国原始社会后期的父权家长制。父权家长制家庭普遍实行“一夫多妻制”，并在诸妻中分嫡和庶。正妻一人即嫡妻，正妻以外其他配偶都是庶妻。嫡妻所生子女为嫡子女，而庶妻所生子女为庶子女。宗法制的核心是嫡长子继承制，即正妻所生的长子为家长或族长的继承人。在夏商周时代，宗法制是与相信存在主宰人间命运的“昊天上帝”的天命论紧密相关的，统治者运用天命论和宗法制让天下之人敬宗主、畏天命，内制本家贵族，外治异姓大众，以实现其“天有十日，人有十等，下所以事上，上所以共神”（《左传·昭公七年》）的金字塔般的封建等级制统治。宗法关系和制度在原始社会后期并没有完全延伸到氏族部落，否则不会有尧舜“禅让”王位的传说。但是，当中国进入文明社会后，真正意义上的君王制国家即夏朝产生，尧舜时代王位禅让制被王位世袭制所取代，宗法与王权开始交织在一起。当时的世袭制还有“父死子继”和“兄终弟及”的区别。商代前期王位继承传子与传弟并重，后期则以传子为主，到商朝末年才完全确立了嫡长子继承制。殷商时期，政治统治的主要手段是通过宗族进行统治，宗族是宗法关系的基本社会组织，宗法制的雏形随着巩固王权制度的实际需要逐渐完善。西周一开始就确立了“立嫡以长不以贤，立子以贵不以长”的嫡长子继承制，周公则通过制礼作乐进一步完善了宗法制度。西周王朝建立后，由原始社会父权家长制发展而来的以宗族为中心的族权与王权密切结合的社会政治制度——宗法王权制逐渐完善，并成为西周社会贵族等级阶梯的基础。

周公在完善宗法制方面发挥了重要作用。他所完善的宗法制，其内容主要包括三个方面。其一，嫡长子继承制。嫡长子继承制作为一种王位继承方式，是宗法制的核心。周王室从建立开始就推行固定的嫡长子继承制。嫡长子继承制的优点在于“定名分”。根据这种制度，王位已预先归属于嫡长子，嫡长子只有一个，只有他有权占据王位，这就杜绝了君王儿子之间为争王位而造成祸乱。嫡长子继承制把嫡长子继承王位看作天经地义的，不考虑他的贤与不贤、能与不能。当然，当嫡长子不贤或不能时，必定会导致其他兄弟的不满甚至叛乱。其二，封邦建国制。封邦建国制，简称“封建制”，即今天所说的分封制。分封制是由宗法制度直接衍发出来的一种巩固政权的制度，由周人创立。其出发点和目的是“封建亲戚以蕃屏周”（《左传·僖公二十四年》）。实行分封制本来是企图以血缘纽带巩固政权，但结果往往是诸侯割据，最后导致连年战乱不止。其三，宗庙祭祀制度。在传统社会，宗庙是包括天子在内的各宗族供奉祖先神位、举行祭祀活动的场所，通常供奉和祭祀几代祖宗。宗庙祭祀制度是为了维护宗族团结而发展起来的一种制度，其核心是强化尊祖敬宗、家族本位。尊祖与敬宗是相通的：“尊祖故敬宗，敬宗，尊祖之义也。”（《礼记·大传》）宗庙祭祀制度的主要内容包括以下三点。第一，亲亲、尊尊的规则。亲亲、尊尊是以嫡长子为中心，敬其所尊，爱其所亲。第二，大宗、小宗的划分。嫡长子为全宗族的大宗，旁系庶子为小宗，大宗与小宗的关系是小宗从属大宗的从属关系。第三，礼制。周公制礼作乐，使礼制发挥规范人们言行以维护等级次序的作用。根据这种宗法制度建立的西周王权体系是一个亲疏严明、系统分明的血缘实体，而其统治则是一种政治、经济与血缘关系高度统一的宗法王权政治。

西周统治者之所以要维护和完善宗法制，其目的在于维护君王在国家中的宗主地位，并使各级贵族的爵位以及所辖土地臣民持续不坠，以达到维护巩固封建统治的目的。这就是《诗经》中所谓的“文王孙子，本支百世”（《大雅·文王》），“大邦维屏，大宗维翰。怀德维宁，宗子维城”（《大雅·板》）。西周以降，由血缘纽带维系的宗法制及其遗存和变种长期延续。不过，三千年间宗法社会亦有流变，其大走势是宗法组织从贵族走向庶人，民间过去存在的宗法关系逐渐得到官方认可。商周宗法制限于王室及贵族，君统和宗统合二为一。战国秦汉以军功论权位，与宗法承袭相互交错。魏晋南北朝隋唐形成了士族宗法。宋元明清在保持皇统宗法承袭的同时，宗法下移至庶人，普遍建立以祠堂、宗谱、族田为纽带的民间宗法组织。不过，在土广民众的中国，基层社会的宗族制保留状况并不整齐划一。总体上看，在传统社会，宗族性的血缘组织与非宗族性的地缘组织并存，两种组织的实际作用力彼此消长，但始终没有一方全然取代另一方。①

需要指出的是，嫡长子继承王位制历来都不十分严格。春秋时宋、吴等国亦有兄终弟及的，秦朝以后，也有过兄死弟及，唐武宗李炎、唐昭宗李晔、宋太宗赵匡义、金太宗吴乞买、元仁宗等，均是以君王之弟的身份继承皇位的。这种情形的出现也表明传统社会制度并不十分严格。不过，无论是“父死子继”还是“兄终弟及”，都是王位世袭制，都是宗法制与王权制及相应的官僚制的结合。

2. 宗法王权制与传统社会

宗法王权制对传统社会产生了深刻影响，中国传统社会由此形成了独特的政治社会结构特征。

第一，家天下与家长制。宗法王权制的本质是家族制度的政治化，一部中国政治史就是一部家族统治天下的兴衰更替史。在中华民族五千

---

① 参见冯天瑜《中国文化生成史》（下册），武汉大学出版社2013年版，第469～470页。

年历史中，战争、动乱时有发生，而其结果都一样，即一个旧统治家族（王朝）灭亡和随之而来的新统治家族（王朝）诞生。家天下的主要特点是一姓家族统治一个朝代，只要这个朝代不灭亡，这个家族就一直统治下去。家天下的另一个特点是实行家长制统治。“家长”是最高权威和最高统治者，也是家族成员的保护者，他控制着家族的财产，掌握着家族成员的生杀予夺大权。他的喜怒哀乐直接关系到家族的兴衰存亡。《礼记·内则》要求，子女之于父母，“父母怒、不说，而挞之流血，不敢疾怨，起敬起孝”。这种要求体现在生活的各个方面，如子女不能到官府状告父母，因为“父子将狱，是无上下也”（《国语·周语中》）。因此，家长之治是人治，家天下则是人治的天下。

第二，家族制。宗法王权制主要是通过家族制体现的。动荡不安一直都在困扰着中国传统社会，但作为传统社会基石的以血缘纽带联系起来的家族的统治地位始终非常稳固，而这也与家族制所特有的结构和功能有关。家族制度有三个主要标志，即祠堂、家谱、族权。祠堂是宗族的祭祀场所，其中供奉祖先的牌位。崇拜祖先是我国的文化传统，对祖先的祭祀是最重要、最严肃、最隆重的礼制。“礼有五经，莫重于祭。”（《礼记·祭统》）祠堂也是向宗族成员灌输家规、族规的地方，族长利用祠堂强化家族意识、维系家族团结，通过训导和惩罚等方式对家族成员实施教化。家谱是家族谱系的历史档案，也包括经典、家族法规等，其作用主要是防止战乱、流动所导致的血缘关系混杂，维护家族的血统纯正性和整体利益。家族制的最主要标志是族权。族权就是族长对家族的支配权。族权在传统社会作用非常大，对中国历史影响非常深。毛泽东说：“这四种权力——政权、族权、神权、夫权，代表了全部封建宗法的思想和制度，是束缚中国人民特别是农民的四条极大的绳索。”①

族权对中国历史的影响主要表现在三个方面。其一，族权具有独特的维护伦理、执行礼法功能。族长与家族成员存在血缘亲情关系，所以族长比官吏更贴近家族成员，因而他可以对家族成员毫无顾忌地施加教

① 毛泽东：《湖南农民运动考察报告》，《毛泽东选集》第一卷，人民出版社1991年版，第31页。

化，可以对违犯族规的成员实行严厉处罚。因此，族权在强化伦理、贯彻礼法方面的威力往往在地方官员之上。其二，族权在很大程度上承担着维护社会秩序、巩固王权统治的地方政权职能，具有家族自治性质。传统社会是自然经济社会，生产力极其落后，百姓的税赋不可能支撑庞大的官僚机构。为了降低行政成本，王朝就充分利用民间家族自治来维护地方的秩序和安定。这就是传统社会将行政层级设置到郡县、享受朝廷俸禄的官员极少的重要原因。其三，族权能够发挥以血缘亲情关系掩盖政治上压迫与被压迫关系的作用。在封闭的传统社会，人们一般只知道家族统治而对朝廷的统治知之甚少，王权的专制统治经过家族的过滤，就不那么容易被人们感受到。因此，家庭具有重要的缓解阶级对立和阶级矛盾的作用。传统社会事实上由一个个独立自治的乡土社会构成，这就是古代所言的“山高皇帝远，村落犹一国”。在通常情况下，各种矛盾和冲突都能够在家族内部消化，不会引起社会震荡。

第三，封王制。封王制源自分封制。分封制作为由宗法制度直接衍生的政治制度，原本是西周为了维护政权而创立的，后因引起春秋战国时期诸侯割据的长期战乱，到秦汉时期为郡县制所取代。但是，分封制在皇权专制时代一直都没有绝迹，历代皇帝通常把自己的家族和亲戚成员分封到某个地区当王做官。秦统一后，“废封建，立郡县”，确立专制集权制度，但皇帝之子、之弟一般还会封王，这一惯例一直延续到明清。分王子弟，以为屏藩，是历代分封皇族子弟的主要理由。最开始封王都有封地，封地上的出产、税收都归王所有，王享有封地的军政大权，中央只有监察权。汉朝藩王作乱削藩后，就很少给“王”实际封地了，其只是一个荣誉称号。王可以住在皇都，享受荣誉称号和俸禄，也可以住在封地，但是对地方没有管辖权，反而要受到地方官的监控，以防止作乱。这种制度带有安抚的性质，主要是为了防止未成为皇帝的兄弟、儿子因为不能登上皇位而心理不平衡导致各种问题，特别是叛乱。但历史事实证明，这种封王制度并不能完全杜绝皇室内部谋权篡位导致的祸乱。

第四，家国天下同构。家与国、国与天下结构同一是宗法王权制社会最鲜明的结构特征，这种家国天下同构模式在中国传统社会被长期保留下来。这里所说的“天下”在先秦指中原王朝统治地区及以外地区，但秦汉开始可以视之为现代意义上的“社会”，它与国家在外延上基本相同，但内涵不同。“国家”是政治概念，“天下”是社会概念。在现代意义上，前者只是后者的一个层面，其特殊性只在于它负责管理社会，而不等同于社会。所谓家国天下同构，是指家庭或家族与国家、国家与天下在结构上基本相同，实行的是父权家长制和嫡长子继承制。家国天下同构体现为“家是小国，国是大家”，国家就是天下，天下就是国家。在家庭或家族内，父亲地位至尊，权力最大；在国内、天下，君王地位至尊，权力至高无上。所以，家长在家庭中就像君王在国家中一样，而君王就是国家和天下民众之父，即所谓“夫君者，民之父母也”（《新书·春秋》），各级行政长官也被百姓视为父母。《孝经·广扬名章》说：“君子之事亲孝，故忠可移于君。事兄悌，故顺可移于长。居家理，故治可移于官。是以行成于内，而名立于后世矣。”所以，《礼记·大学》讲“欲明明德于天下者，先治其国；欲治其国者，先齐其家”，或者说“家齐而后治国，国治而后天下平”。于是，也就有了“求忠臣必于孝子之门”（《后汉书·韦彪传》）之说。家国天下同构表明宗法关系渗透到社会生活各个方面，掩盖了社会的阶级关系、等级关系，直接导致家庭或家族成员与国家民众在德性品质上的高度统一，这就是忠、孝同义。忠的内容和孝一样都是对权力的绝对服从，其极端表述是“君要臣死，臣不得不死；父要子亡，子不得不亡”①，所不同的仅仅在于他们所顺从的对象不一样。于是，忠和孝也就成为传统社会的道德本位。宗法观念及家国天下同构观念自古至今对中国人都有深刻影响，成龙、刘媛媛演唱的《国家》② 就充分体现了这一点。

---

① 儒家经典里没有这一句话或类似的说法，但是在明清时期的小说、戏曲中有大量表述。例如，明代吴承恩的《西游记》中有这样的一段话。八戒道：“师父，你是怎的起哩？专把别人棺材抬在自家家里哭。不要烦恼！常言道：‘君教臣死，臣不死不忠；父教子亡，子不亡不孝。’他伤的是他的子民，与你何干！”又如，清代钱彩的《说岳全传》也用过类似的表述。岳爷道：“贤弟休如此说！自古道‘君要臣死，臣不敢不死’。你我已经食过君禄，况为人在世，须要烈烈轰轰做一番事业，显祖扬名。”

② 《国家》的歌词是：一玉口中国 一瓦顶成家/都说国很大 其实一个家/一心装满国 一手撑起家/家是最小国 国是千万家/在世界的国 在天地的家/有了强的国 才有富的家/国的家住在心里 家的国以和矗立/国是荣誉的毅力 家是幸福的洋溢/国的每一寸土地 家的每一个足迹/国与家连在一起 创造地球的奇迹/……国是我的国 家是我的家/我爱我的国 我爱我的家/……我爱我 国家。

第五，男尊女卑。在宗法制度下，女性不仅没有财产继承权，而且地位极为低下卑微。宗法制度强调“父权统制，男尊女卑”。“男尊女卑”的观念由来已久。《周易·系辞上传》就有“天尊地卑”的说法。天是乾，地是坤，而“乾道成男，坤道成女”。这就是说，男尊女卑是天道决定的。孔子也有著名的“唯女子与小人为难养也”（《论语·阳货》）的说法。《列子·天瑞》更直截了当地说：“男女之别，男尊女卑。”《仪礼·丧服》明确提出妇女的“三从”：“妇人有三从之义，无专用之道，故未嫁从父，既嫁从夫，夫死从子。故父者子之天也，夫者妻之天也。”《礼记·郊特牲》亦言：“妇人，从人者也；幼从父兄，嫁从夫，夫死从子。”汉代统治者为加强家庭中丈夫的统治地位，还提出“夫为妻纲”并将之与“君为臣纲”“父为子纲”相并列。《女诫》云：“夫有再娶之义，妇无二适之文，故曰夫者天也。天固不可逃，夫固不可离也。行违神祇，天则罚之；礼义有愆，夫则薄之。”《女诫》的作者是东汉才女班昭，连作为女人的班昭也称丈夫为“天”，反对妇女改嫁，主张从一而终，可见当时男尊女卑的观念已深入人心。

传统社会给予妇女许多极其不公正甚至是歧视的待遇。妇女出嫁后连姓氏都要随夫，而且不能继承娘家的财产，即所谓“嫁出去的女儿泼出去的水”。进入婆家后，婆家家族的财产也不允许娘家家族成员染指且不传给女儿。中国历史上唯一的女皇帝武则天在历史上一直不被看作正统，遭到满朝官吏的非议、史家的谴责，其主要原因就在于此。在专业技艺、技巧方面也有歧视女性的家规行规，如“传子不传女”。《仪礼·丧服》有“出妻”之说。所谓“出妻”即触犯“七出”而被休弃的妻子。唐代贾公彦《仪礼义疏》曰：“七出者：无子，一也；淫佚，二也；不事舅姑，三也；口舌，四也；盗窃，五也；妒忌，六也；恶疾，七也。”《大戴礼记·本命》也谈到休弃妻子的七种理由，即“七去”：“妇有七去：不顺父母去，无子去，淫去，妒去，有恶疾去，多言去，窃盗去。不顺父母去，为其逆德也；无子，为其绝世也；淫，为其乱族也；妒，为其乱家也；有恶疾，为其不可与共粢盛也；口多言，为其离亲也；盗窃，为其反义也。”这些休弃妻子的理由中有一些是极其不合理的，如“无子”“多言”“恶疾”等。后来唐律还规定，妻无“七出”及义绝之状而出之者，处徒一年半；虽犯“七出”而有“三不去”① 的情况而出之者，杖一百，追还合。但如犯恶疾及奸者，即使有“三不去”的条件，仍可径行出之，不受上面规定的限制。

传统社会还有许多控制妇女思想和行为的措施，将妇女约束在家庭相夫教子或者将妇女作为附庸和玩物。就思想观念而言，如宣扬“女子无才便是德”，特别是为贞节妇女立贞节牌坊。“贞节”最早指有纯正高洁的道德观念的女性，后特指“贞节牌坊”。它是为了表彰一些死了丈夫不改嫁或自杀殉葬的女性而兴建的牌坊建筑，是忠贞不贰的标志。贞节牌坊从明清时期开始盛行，到了晚清时，更加泛滥。安徽的歙县在传统社会曾是一个贞节牌坊之乡，光是贞节祠堂就有六千座之多，贞节牌坊更是不计其数。其中有几多辛酸之泪，恐怕只有那些冤魂才知道。让妇女裹脚也是控制妇女的重要措施之一。裹脚也叫缠足，即把女子的双脚用布帛缠裹起来，使其变成又小又尖的“三寸金莲”。“三寸金莲”一度成为古代中国社会妇女美丽的标志，如同容貌美丽、身材苗条是今天女性之美的标志一样。据说裹脚源自那位吟唱“春花秋月何时了”的南唐后主李煜，他的嫔妃们用布把脚缠成新月形，在用黄金做成的莲花上跳舞。李后主认为这种被缠的小脚是至美，于是后宫中就兴起了缠足之风，后来又流传到民间。缠足之风盛行，除了统治者的意志之外，还有文人对社会风俗的影响。传统社会的文人有很多对小脚的赞美之词，如“金莲”“三寸金莲”“香钩”等。苏东坡的《菩萨蛮·咏足》词云：“纤妙说应难，须从掌上看。”他甚至还制定出小脚美的七个标准——瘦、小、尖、弯、香、软、正，总结出小脚的“七美”——形、质、资、神、肥、软、秀。这一切都至少表明，在男尊女卑的传统社会，妇女不过是没有独立人格及尊严的男性的玩物而已。缠足这种与吸食鸦片、男子留辫子齐名的陋俗，曾被列为近代中国人在世界上最可耻或最野蛮的三桩丑事。然而，男权社会崇拜小脚的畸形风尚却在传统社会一代又一

① “三不去”，指古代法律规定的不能休弃妻子的三种条件。《大戴礼记·本命》：“妇有三不去：有所取无所归（无娘家可归的），不去；与更三年丧（曾为公婆守孝三年的），不去；前贫贱后富贵，不去。”这种礼制的规定后来被写入法律。《唐律疏议·户婚》规定：“有三不去而出之者，杖一百，追还合。若犯恶疾及奸者不用此律。”明、清法律也有类似规定。凡有“三不去”条件之一者，妻虽有“七出”的情况，夫也不得休弃。

代女性的痛苦挣扎中千年不衰。

3. 宗法王权观念的意义与影响

宗法制与王权制相结合、相补充，对专制统治秩序的维系、专制政体的巩固、等级关系的维护起到了重要作用。分散的宗族组织是封建专制政体赖以存在的基础。村社构成中国社会的单元群。村社中由家庭而家族，再集合为宗族，组成社会。族长、宗长往往既是庶民的家长，又是乡村基层行政单元的治理者，集族权与政权于一身。宗法制强调尊卑有别、贵贱有等，不仅与父权家长制政治模式吻合不悖，甚至可以说这种政治模式就是宗法制的政治化。更为重要的是，地广民众的中华民族能够作为一个整体绵延几千年而不分裂、崩溃，至今仍然充满生机和活力，主要得益于宗法制与王权制之间的血肉联系，得益于深厚的宗法观念。在传统农耕文明的社会条件下，两者相互作用，相互支撑，缺一不可。在宗法关系基础上产生的对同一宗族人的强烈认同，即“视一宗族为一体”，使宗族内部形成了强固的亲情凝聚力，这种亲情凝聚力在历史长河中又汇聚成了中华民族强大的同胞凝聚力。

宗法制使中国人格外注重血缘关系，其突出表现之一是亲属称谓系统的庞杂和精细。中国的亲属称谓系统纵向须分辈分，横向也有严格、细致的规定。例如，英文中的 uncle 在中国称为伯父、叔父、舅父、姨父、姑父等，英语中的 brother - in - law 在汉语中分为姐夫、妹夫、大伯子、小叔子等。将亲属和亲戚的称谓区分得如此清楚，其目的无非是强调血缘亲疏的关系以及系列。宗法造就了中国人血脉相连的亲情凝聚力，它在注重血缘关系的同时，特别强调孝亲。孝亲一方面体现为对在世的长辈的赡养、顺从、孝敬，另一方面表现为尊祖敬宗，体现为对去世的先祖的隆重祭祀，以祈求他们的保佑。这种“敬宗尊祖”“敬天法祖”的做法基于祖宗是血缘之本的观念。这种观念认为，后代子孙所享有的一切都是祖宗积累盛德和在天保佑的结果，所以要求人们供奉祖先神主牌位，“绍祖德”“遵祖训”，光宗耀祖，为宗族争光，使祖先显耀。正是这种孝亲观念对社会的深厚渗透，使中华民族形成了非宗教性的文化特征，绝大多数中华儿女很难成为“六亲不认”“无父无子”的宗教信徒。

今天，传统王权制早已被摧毁，宗法制亦已被破坏殆尽。但是，传统宗法观念和王权观念仍然普遍存在。总体上看，王权观念多是糟粕，而宗法观念的精华相对较多。就两种观念对当代中国的影响来看，则呈相反的趋势：王权观念影响更大，而宗法观念日益淡化。

王权观念是与中国王权制的两种基本形态——宗法封建专制主义和宗法皇权专制主义——密切关联、相互作用的。这两种制度的共同特点是专制主义，而专制主义已经因其与传统的小农经济、农耕文明相适应并且违反人性被人类历史彻底否定，取而代之的是基于市场经济、现代文明（从工业文明进至后工业文明），以自由平等为核心内容的民主主义。作为王权制指导思想和理论基础的王权观念，由于与现代的民主观念尖锐冲突而在整体上已经成为过时而有害的东西，其中已无多少值得传承和弘扬的东西。

与王权观念不同，传统的宗族观念中的一些有价值的内容日益淡化，最突出的是亲情观念淡薄。今天中国社会相当一部分后辈对前辈缺乏顺从、孝敬的观念和行为，相反，子女对父母多有逆反心理，“啃老”更是成为盛行的社会风气。同时，“尊祖法祖”由于长期不断地被人为扫除而几乎完全从人们的生活中淡出，近年来虽有所恢复，但不仅没有普遍进入人们的生活，人们在这样做时也仅仅是做做样子，缺乏应有的虔诚和敬畏的态度。传统文化中的祖与天相通，敬祖就是敬天。这就是朱熹所说的“万物本乎天，人本乎祖，故以所出之祖配天地”。传统中国人不信宗教，没有宗教信仰，但这并不意味着传统中国人没有信仰。在传统社会，中国人的信仰就是“天”和“祖”，它们就是神明（天是神、祖宗也是神）。关于这一点传统社会有许多说法。如：“头顶三尺有神明，不畏人知畏己知。”“举头三尺有青天。人可欺，天不可欺。”“为人莫做亏心事，举头三尺有神明；善恶到头终有报，只争来早与来迟。”当我们完全否弃亲情观念后，我们对神明的信仰也就被破坏了。有不少人说今天的中国人没有信仰，这是事实，而其根本原因就是丢掉了传统社会的信仰，而其根源是丢失了亲情。没有宗教信仰，也没有宗法信仰，中国人就真正成为无信仰之人，而无信仰之人是无所顾忌的。亲情普遍淡薄，从民族国家来说，就是人民对民族国家缺乏归属感、认同感。在传统社会这个问题几乎不存在，但在今天的中国这个问题仍然十分突出。

五　民本与官贵相反衬

传统价值观的民本观念源远流长。《尚书》记载，在尧舜时代就已经有这种观念，到孟子那里这种观念在理论上被系统化，但差不多自孟子的时代开始，在民本（民贵）观念流行的同时逐渐出现官贵（官本）的观念。随着宗法皇权制的确立和不断强化，民本观念逐渐退隐，而官贵观念逐渐凸显，成为主导观念。从某种意义上可以说，民本日益成为官贵的陪衬，两者之间形成了巨大的反差。民本观念主要存在于一些开明统治者的心目中，而官贵观念则是在百姓中普遍流行的价值观念。官贵观念在民间流行是现实生活官贵事实的反映。在宗法皇权专制时代，在占统治地位的意识形态中确实还存在民本观念，但这种观念只是形式上的、表面的，仅仅是某些统治者的愿望，而社会现实是官员尊贵显达，普通民众则卑微贫贱。这实质上是民贵的异化。正是发生了这样的异化，普通百姓实际上忘却了自己的国之本位的地位，感受到的是与官贵形成鲜明反差的民贱，因而在他们的头脑里只有官贵民贱的观念，而再无民贵官轻的观念。传统价值观的这种从民本观念走向官贵现实，并由官贵现实使官贵成为主导观念，是传统价值观的实践体现的一种值得高度重视和认真反思的历史现象。

1. 从民本观念走向官贵现实

本书第三章已经考察过传统价值观的民本观念的形成过程和基本内涵。《尚书》中就有“民惟邦本，本固邦宁”（《五子之歌》）、“民之所欲，天必从之”（《泰誓上》）、“天视自我民视，天听自我民听”《泰誓中》等说法。到春秋时代这一观念成为普遍共识，为儒家所系统化和理论化。孔子明确表达了“民无信不立”的主张，认为得到百姓的信任比什么都重要，他还特别强调为政要爱民，称“古之为政，爱人为大”（《礼记·哀公问》）。孟子第一次将传统的民本思想发展成完整的思想体系，他的“民为贵，社稷次之，君为轻”（《孟子·尽心下》）成为千古名言。差不多同时，荀子又以拉马车的马与坐马车的人和水与船的例子生动地说明了民众对于君王的极端重要性。至此，传统的民本观念完成了它的理论构建，成为一种完整系统的价值观念。儒家民本思想的实质在于“内圣外王”，这一说法虽然出自《庄子·天下》，却被儒家发扬光大，成为儒家的真精神。对于儒家来说，外王就是让作为内圣的仁爱外化为“王道”，使老者衣帛食肉，黎民不饥不寒，以至实现天下大同。然而，差不多就在儒家完善民本思想的同时，民本思想非但没有为统治者所接受，反而逐渐走向反面——官本，民贵变成了官贵。官贵的现实形成了与民本观念鲜明的反差，可谓民本的异化，是对民本的一种反衬。

在孔孟时代，天下大乱，民不聊生，根本谈不上民本、民贵的问题。正是在这种乱世，孔孟怀抱起死回生的善良愿望，而天下又有垂死欲生之民，所以到处周游，遍行诸国，力图使自己的“内圣外王之道”变成现实，以至于孔子弟子亦不免侍奉季氏。“内圣外王之道”，落实到现实中就是士人（读书人）必须入仕做官。当然，不是所有士人都能够做官，而是“学而优则仕”（《论语·子张》）。士人之所以必须做官，从先秦儒家的观点看，是因为只有这样才能兼善天下，实行王道。正如唐代柳宗元所言，“官也者，道之器”，士人出仕才能满足“生人（民）之意”。在儒家思想的影响下，出仕是读书人的主要目的。即使是那些隐士、逸民，尽管他们远离官场，然此隐居行为原本也不过是怀抱一种被君王征召入仕的期待。

按照儒家的主张，士人入仕并不是为了追求自身的利益，儒家的忧乐观表明，士人应怀抱一种“孔颜之乐”的理想情操。所谓“孔颜之乐”，就是孔子“疏食饮水”，乐在其中；颜渊身处陋巷，箪食瓢饮，不改其乐。这并不是说孔子以“疏食饮水”为乐，而是孔子将“不义而富且贵”视为轻如浮云。而颜渊之乐，则是身处陋巷而不失自己的本心，即使身处富贵，也仍然能坚守自己的节操。宋儒周敦颐首次提出“孔颜之乐”的概念。他说：“夫富贵，人所爱也。颜子不爱不求，而乐乎贫者，独何心哉？”“天地间有至贵至爱可求，而异乎彼者，见其大，而忘其小焉尔。”“见其大则心泰，心泰则无不足。无不足则宝贵贫贱处之一也。处之一则能化而齐。故颜子亚圣。”（《通书·颜子》，《周敦颐集》卷二）朱熹则对这一概念进行了阐发，在他看来，“孔颜之乐”包括三个方面或三个层次的境界：“鸢飞鱼跃”境界、“无一夫不得其所”境界和“万物各得其所”境界。三种境界的共同之精要在于不同范围的事物（从动物到所有人再到万物）都各得其所、各享其乐。“孔颜之乐”就是指达到这些不同境界所获得的欢乐，而其核心内容则是忧万民之忧、乐万民之乐，即宋人范仲淹所说的“居庙堂之高则忧其民，处江湖之远则忧其君”。

先秦儒家提出“孔颜之乐”的理想，针对的正是当时士人做官不是为百姓、为天下，而是为了自己的私利。在春秋战国时期，社会上就产生了重官的思想。韩非指出：“今之县令，一日身死，子孙累世絜驾，故人重之。”（《韩非子·五蠹》）“絜驾”，乘车。韩非描述的是当时的情形：县令一旦死去，子孙几代都有车子乘坐，所以人们都很看重当官。孔子曾尖锐地指出：“古之学者为己，今之学者为人。”（《论语·宪问》）他的意思是，古时的学者将其所学用来实现自我、成就高尚人格，即为修身而学，而今天的学者只将所学的东西拿来炫示于人，让人知道他高明，他自己却不肯实行，即为夸耀而学。对于这句话，《荀子·劝学》就做这样的理解。荀子把古之学者之学称为“君子之学”，而把今之学者之学称为“小人之学”。他说：“君子之学也，以美其身；小人之学也，以为禽犊。”古代多用“禽犊”作为馈赠他人的礼物，这里用“禽犊”比喻小人之学不过是为取悦于人。所以，朱熹对此做了这样的解释：“为己，欲得之于己也；为人，欲见知于人也。”（《四书章句集注·论语集注》卷七）然而，这种入仕为己的情形并没有因为先秦儒家倡导而改变，反而随着宗法皇权专制制度的确立和演进日益严重。孔子的“学而优则仕”倒是给人们指明了入仕做官的通道，只是入仕的目的不再是“先天下之忧而忧，后天下之乐而乐”，而是追逐一己私利，使社稷苍生委质于自己。

传统社会的官本观念发轫于春秋末期“士”阶层的崛起，秦大一统之后正式成型。隋唐以降，科举制的盛行导致的“科举病”与“官场病”交互影响，使官本观念产生了广泛影响。在长达两千多年的漫长宗法皇权专制时代，朝廷赋予官员的权力、荣耀以及随之而来的财富，导致从普通民众到官员本身无不对官位具有一种崇拜意识，且将获得官位或更高的官位视为一生追求的终极目标。辛亥革命后，随着宗法皇权专制制度被推翻，官本观念失去其赖以生存的社会基础，但仍然潜存于人们的内心深处，延续至今而未停息。[①] 在春秋时代，中国社会开始发生

① 参见陈宝良《中国官本位意识的历史成因》，《中州学刊》2014 年第 2 期。

重大变迁，一方面是从门第社会向士大夫社会的转变，另一方面是随后的从分封制向郡县制的转变。官本观念正是在这一过程中萌生并逐渐强化的。春秋时期以前的社会，实行的是分封采邑制度，官位和禄位世袭。在这种制度下，普通百姓因为门第的限制根本没有机会成为官员，因而也不会有追求官位的念头。春秋末年，随着士人阶层的崛起，出身于平民的士人得以在政治舞台上施展各自的抱负和才能。出于保土和扩张的需要，当时各诸侯国纷纷擢用非贵族出身之人，由他们领兵征战或管理国家政务，在分封世袭之外，一个非贵族出身的领薪官吏阶层随之形成，分封世袭制社会开始向士大夫社会转变。秦始皇统一中国之后，废除分封制，推行郡县制，自中央乃至郡县，官员主要实行选任，传统社会的官僚体制得以最终确立。官僚制的确立与发达使平民入仕为官成为可能，普通民众由此产生由做官而走向富贵的念头。

隋唐以后，随着科举制盛行，官本观念被进一步强化。在科举制下，读书不再是为了个人道德完善和“仁民爱物”，而是一种“鱼跳龙门”“蟾宫折桂”的“及第登科”之路。读书人所追求的绝不仅仅是关乎一己的荣耀，所承担的更是门楣光耀的重任。于是，民间有了“万般皆下品，唯有读书高”，书中自有“黄金屋”“千钟粟”“颜如玉”，以及“三年清知府，十万雪花银”等诸多表达当官好处不尽的说法。当然，通过读书获取功名也是十分艰苦的道路，但一旦成功就会飞黄腾达，光宗耀祖，可谓“十年寒窗无人问，一朝成名天下知”。所以人们把“金榜题名”作为人生四大幸事中最为重要的一件幸事。科举选人制度的实行，以及借此途径入仕官员的特权及其荣耀，致使中国的官本位观念得到极度强化。唐朝著名诗人孟郊的《登科后》描述了及第登科后思绪沸腾、极度欢快的心情：“昔日龌龊不足夸，今朝放荡思无涯。春风得意马蹄疾，一日看尽长安花。”明朝吕坤的《官府来》更是对官员外出排场及民间百姓对官员的崇拜心态做了入木三分的描摹：官员身穿锦袍，头戴金冠，脚蹬珠履，坐轿两旁有“百卒”随从，华盖翩翩，锣鼓喧天，道旁迎头之人拥簇如蚁，百姓惊为“天上人”。

当然，传统社会的官本观念的形成与百姓对官员有崇拜敬畏心理有直接关系。传统社会是小农社会，百姓无不安土重迁，只考虑百里之内的桑梓之邦，不知千里之外的世界。在这样一种“乡土社会”[①] 中生活的百姓对官员存有一种天生的崇敬心理，进而产生“生我父母，养我明府”（无名氏《德兴邑廨石刻》）的想法，把地方官员看作“生我养我”的“父母官”。至于皇帝，那更是被百姓视为神圣威严的“真命天子”。由于传统政治制度固有的缺陷，百姓无不将公正、正义一类的希望寄托于清官、循吏身上。“包青天”“海青天”等说法得到广泛认同表明，百姓内心深处无不存有一种“青天”期盼。百姓的这种对官员崇敬和对“青天”企盼的心理是官贵民轻的重要心理基础。在百姓看来，他们自己不过是一介草民，完全不能与官员相提并论。他们也许根本就不知道古人有“民贵君轻”之说，即使知道也会认为那不过是读书人异想天开的笑谈而已。

2. 官贵的历史必然性及其弊端与负面效应

从历史事实看，几乎自入仕为官开始实行起，官贵就成为社会生活的现实，后来实行的科举制则使官贵特别是读书做官成为社会的普遍观念。在传统社会，官属于统治者的范畴，是真正意义上的“王臣”，而民属于被统治者的范畴。在传统社会官民对立的格局中，官贵民必贱，因为贵官是以贱民为前提的。民贵还是官贵，不仅是一个民与官尊卑贵贱的社会地位问题，而且是一个以民为本还是以官为本的重大社会问题。这里所说的“本”，既有“根本”“基础”义，更有“主体”“中心”义，所涉及的是社会两大基本人群——官员和平民的地位问题。传统社会的以官为本、以官为贵、以官为尊通常也被称为“官本位”。“官本位”是这几种观念的凝练性的表述，而其基本含义是以“官”的意志为转移的利益特权，“唯上是从”的制度安排，以“官”为本的价值取向，以是否为官和官职大小作为衡量和评价社会成员社会地位的标准。

在中国历史上，最先将“官本位”思想明确表达出来并为之提供论证的是战国时期秦国政治家和思想家商鞅。在《商君书·开塞》中，商鞅将人类历史划分为“亲亲而爱私”、“上贤而说仁”和“贵贵而尊官”三个时代。商鞅认为上世爱私、中世尚贤、下世尊官，而这是“民道弊

① “乡土社会”概念是费孝通先生提出的，他对这种社会做过具体的描述。参见费孝通《乡土中国》，北京大学出版社 1998 年版，第 54 ~ 58 页。

而所重易”的结果。在他看来，远古时代人们爱自己的亲人而喜欢私利，中古时代人们推崇贤人而喜欢仁爱，近世人们则推崇权贵而尊重官吏。崇尚贤德的人，所遵循的原则是推举贤人，可是君王地位的确立使崇尚贤人的准则没有用了。亲近亲人，是以自私自利为原则，而奉行不偏不倚的公正之道使自私自利行不通了。在商鞅看来，这三个不同时代，不是做的事情互相违背，而是人们遵循的规则改变了，所以人们原来重视的东西更改了。这是因为社会形势发生了变化，人们所施行的标准也就不一样了。商鞅所要说明的是，统治天下的原则是有规律的，当时的“贵贵而尊官”是历史之必然。

商鞅主要是从政治的角度来分析当时社会“官本位”观念与现实的历史必然性的。从马克思主义的观点看，这种历史必然性是经济基础、上层建筑相互作用的结果。春秋战国以降，中国传统社会的“官本位”现实有两千多年的历史，它是与皇权专制时代共始终的。在这漫长的历史时期，传统社会在经济基础和生产关系方面推行土地分封制，皇帝任命官员，官员按照级别分封土地。与皇帝同父的男子都被封为亲王，拥有皇帝分给他们的大量土地。土地分封制度是皇权专制制度的核心。传统社会制度是中央集权制，从州、郡、县到中央，通过官僚统治集权，实行金字塔式的统治结构，以皇帝为首的官僚统治集团是社会的主体和中心。传统皇权专制社会皇权至上，普天之下皆为皇土，国家统属皇室，一切皆由皇帝说了算。皇权专制把“官本位”推向极致，而“官本位”的土壤则是中国进入文明社会以后的传统农耕文明。

传统社会从民本的观念走向官贵的现实有其历史的必然性，也有某种积极的意义。关于这一点，至少有三个问题值得注意。

一是民本的观念是春秋时期前英明政治家和春秋战国时期思想家的一种愿望或理想，但并没有真正实行过。民本观念自古有之，尧舜和“三代英王”都已有明确的“民惟邦本”观念，春秋战国时期的思想家更是系统地阐述了“以民为本”的思想，但在整个中国传统社会，并没有真正的以民为本的实践。即使是夏商周的“三代英王”，实行的也都是世袭制政治统治，没有真正实行以民为本。从现实看，不是从民本走向官贵，而是从官世袭走向官吏选任。官贵只是传统社会官吏选任制度和实践的一种消极后果。

二是官贵观念的产生与传统世袭制的破除和百姓有机会入仕为官关系十分密切，而破除世袭制和给百姓为官机会是一种历史的进步。在中国进入文明社会后，夏商西周三代的官员基本上都是从王族中选派，通常的方式是实行分封制。进入春秋时代，周朝王室势力衰退，诸侯割据，各诸侯国为了称霸，不得不起用士人（知识分子）作为幕僚或臣子，于是形成了士人阶层。士人阶层的崛起，标志着朝廷官员开始从世袭制走向世袭制与选任制相结合。显然，从民间选任官员比官员由王朝家族垄断和世袭具有进步意义，因为这种制度或做法至少为普通平民提供了入仕的机会，而这种机会在夏商西周时代是没有的。在这方面中国比欧洲要早得多。中国从秦朝开始实际上已经没有贵族，皇族以外的人具有相对的平等性，至少形式上都有机会入仕，而欧洲一直到资产阶级革命后才消灭贵族，实现人人平等（当然更为彻底，王族在权利上也与平民一样）。

三是秦始皇统一中国、实行郡县制后，从普通百姓中选任官员并导致官贵的现实具有必然性。在如此广阔的国土上，仅靠皇亲国戚管不过来，而且他们大多没有能力管，因此不得不从民间选贤任能。古代选择的官员基本上都是有知识的士人，就其主体而言，他们是社会的精英人群。朝廷选任官员原本无官贵的意图，只是在小农社会生活极其艰苦且没有充分保障的情况下，除了为官从政，没有其他途径可以获得可靠的生活保障和高贵的社会地位，而且寒门弟子也有机会入仕为官，于是，入仕为官不可避免地成为人们追求的目标，即使自己无望也会千方百计给后代创造机会。

虽然在中国传统社会官贵具有某种必然性，但不可否认的是，官贵的弊端很多，其中最大的弊端有三个。

其一，做官是为自己谋富贵而非为民谋福祉。在重本（农）抑末（工商）的传统社会，人们单靠农耕不仅很难致富，而且频发的自然灾害常常致使农业歉收，因此绝大多数人的衣食都很难得到起码的保障。在这种社会条件下，很多人寄希望于通过读书入仕为官。一旦入仕，不仅衣食无忧，而且有很多走向富贵的机会。传统社会民间流传很广的所谓“读得书多胜大丘，不需耕种自然收”，就充分表达了人们对于读书做官的心态。这种心态产生的重要原因就是整个社会都以官为贵，以官为荣，这不仅是人们的看法，而且是制度的安排。社会制度在资源分配方面给官员以任何普通农民都无法比拟的报酬，这是人们看得见摸得着的现实。在这种情况下，人们读书就是为了做官，而做官则是为了养家糊口以至光宗耀祖。于是，人们读书做官的价值取向就不会是为民谋福祉，而是解决个人的生存保障和生活得更好的问题。当然，也不排除在这种环境下有把为民摆在为己之前的所谓“清官”“青天”，但这只是个例，不是常态。正因为这样的官员只是个例，所以在两千多年的宗法皇权专制时代百姓都渴望有“清官”“青天”。

其二，利用手中的权力大捞一把，即以权谋私。在以官为贵的社会，当官就有权，有权就有一切。这样，一个人当官本来就是为了谋取私利，那么他一旦当官就会运用自己的权力贪污受贿，为了个人的蝇头小利而不惜牺牲国家和人民的重大利益。特别是在传统社会，官位资源十分有限，一个人需要通过极其艰苦的努力、极其激烈的竞争、极其昂贵的代价才能获得官位。在这种情况下，许多人一旦获得官位就会想方设法地好好利用好不容易获得的官位来收回成本，偿付自己的努力，回报自己所取得的成就。贪欲是一种心理疾病，官员有了这种心理后就会贪心不足，只要有可能就不择手段地敛财，而不考虑聚敛的钱财用来干什么。有“史上头号巨贪”称号的清代和珅，就是有这种心理疾病的贪官。他初为官时，精明强干，后来攫取了大权，而且成为皇亲国戚。随着权力的增长，他的私欲日益膨胀，利用职务之便，结党营私，聚敛钱财，打击政敌，还亲自经营工商业。在二十多年的时间里，聚敛的财富约值八亿两至十一亿两白银，所拥有的黄金和白银加上其他古玩、珍宝的价值，超过了清政府十五年财政收入的总和。他最后成为权力之争的牺牲品，若非如此，他再活三十年，其财富不知还会增加多少。和珅这样的贪官产生，有制度的问题，但以官为贵的社会现实和思想观念无疑是重要原因之一。

其三，为了谋取更多的私利而投机钻营，跑官要官。在以官为贵、以官为尊的情况下，社会上就会形成以官职大小衡量人的价值、成就、地位的风气。这种风气必然导致两个问题。一是尚不是官而可能当官的人会拼命挤进官员行列。所以，在中国历史上有的人为了谋取功名而考了一辈子试，更不乏范进中举之类的极端事例。二是那些已经有官位的人则不仅要保住官位，而且要努力提升自己的官位，或者争取一个权力更大的官位。于是，他们会采取各种手段巴结、讨好上级以及管官的那些官员，不仅请客送礼行贿，牺牲老百姓的利益，甚至卑躬屈膝，卖身投靠，出卖自己的肉体、良心、人格。前面说的和珅既在文治方面无甚建树，也无显赫武功，而且不是科举出身，但特别擅长揣摩圣意，迎合君旨，玩弄权术，还会为皇上聚敛银钱，供皇上支付各种不便公开动支国库的费用。所以他受到特别宠信，成为乾隆帝的唯一心腹和代理人。有了皇上的宠信和庇护，和珅身兼多职，位极人臣，掌握了用人、理财、施刑、“抚夷”等方面大权，并利用手中掌握的权力肆无忌惮地揽权索贿，乱政祸国。

以官为贵的观念存在诸多弊端，会导致许多负面效应，产生恶劣的社会影响。例如，败坏社会风气，影响王朝公信力，动摇王朝执政基础；损害民众利益，导致百姓无法生存，引发农民起义；阻碍市场经济兴起和科学技术发展，使国家闭关自守，停滞不前。中国两千多年王朝更替不断，大规模农民起义时有爆发，市场经济没有生长的土壤，社会发展缓慢以至停滞不前，百姓生活长期困苦，民众的基本人权得不到起码保障等诸多问题，无不与以官为本相联系。官本就像生长在传统社会身上的一颗毒瘤，毒害了社会的机体及其中的成员，导致社会的全面异化和深度腐败。

3. 民本走向官贵之反思

传统社会官贵并非社会有意为之，而是传统社会制度安排的不可避免的结果，其实质是民本的异化。在传统历史文献中有“民贵”“民本”，而无“官贵”“官本”的说法。相反，来自官方和学者的声音都是民贵君轻、官轻。不用说先秦时期民本官轻已经成为普遍共识，即便是后来，社会的主导观念也无官贵之说，所强调的仍然是民本。例如，唐太宗曾经明确说：“《书》云：‘可爱非君，可畏非民。’天子者，有道则人推而为主，无道则人弃而不用，诚可畏也。”（《贞观政要·论政体》）明末清初的黄宗羲亦指出：“盖天下之治乱，不在一姓之兴亡，而在万民之忧乐。”（黄宗羲《明夷待访录》）这一切都表明“官贵”“官本”并非正统的价值观念。但是，这种观念自秦代开始逐渐深入人心，成为传统社会人们实际奉行的价值观念，其影响远非主流声音所能匹敌。

考虑到官贵观念在当今中国社会还有相当广泛的影响，反思传统社会从民本观念转化为官贵的现实，对于克服尚存在的官贵残余影响十分必要。这种转化的原因十分复杂，但其根本原因是民本观念本身有问题。

“民本”的基本含义是以人民（民众、百姓）为国家的根本或基础。这里所说的“人民”并不是指社会的所有成员，而是相对于统治者而言的老百姓。从中国历史文献看，“人民”一词有三种不尽相同的含义。一是指相对于动物而言的一般意义上的人。例如，《韩非子·五蠹》云：“上古之世，人民少而禽兽众。”这里的“人民”就是指一般意义上的人，并不是指特定社会的全体社会成员。二是指一定社会共同体（通常是国家）的社会成员。《周礼·地官司徒·大司徒》在谈到大司徒官职的职责时规定：“掌建邦之土地之图与其人民之数，以佐王安扰邦国。”这里的“人民”是指国家的所有成员。三是指相对统治者或官员而言的民众或百姓。《孟子·尽心下》云：“诸侯之宝三：土地、人民、政事。”这里的“人民”显然是指相对于诸侯而言的民众。在传统文化中，“民众”就是这种意义上的人民。《春秋公羊传·昭公二十五年》记载“季氏得民众久矣”，《史记·龟策列传》记载“诸侯宾服，民众殷喜”，表明民众的含义都是不包括统治者的。在传统文化中，与“民众”相应的词还有“百姓”“庶民”“子民”“平民”“苍生”① 等。传统“民本”观念之“民”指的就是民众或百姓意义的人民。《尚书·五子之歌》讲的“民惟邦本，本固邦宁”，其中的“民”指的就是相对于夏朝统治者而言的百姓。孟子讲“民为贵，社稷次之，君为轻”（《孟子·尽心下》），这里的“民”显然也是相对于君而言的，不包括君。以上内容表明，传统的民本观念指的是“君”以民为本，这意味着君与民是不平等的，君是高于民的，君才是社会的主人。

以民为本是君王以民为本，而不是社会所有成员以自己为本，这是民本观念的第一大缺陷。民本观念还有第二个缺陷。从理论上看，在任何制度下统治者都可以以民为本。在中国历史上，夏商周的开国之君一般是以民为本的，但在这样的宗法封建制（分封制）社会条件下，三代的其他君王都没有做到这一点。同样，在漫长的宗法皇权专制时代，李

① “苍生”也指一切生灵，但通常指百姓。《文选·出师颂》云：“苍生更始，朔风变楚。”李善注：“苍生，犹黔首也。”

世民、康熙等皇帝能够以民为本，秦始皇、隋炀帝等则不能，他们残暴、荒淫，置人民死活于不顾。由此看来，是否实行民本与制度没有必然联系，封建制可以，皇权制亦可以。就是说，以民为本可以与经济上剥削和政治上压迫人民相容。一个英明的专制统治者，会放水养鱼，让百姓休养生息，从而使国库更丰盈，王朝更巩固。不仅如此，民本也可以与官贵相对接。宗法皇权专制时代也有一些黄金时期，如文景之治、贞观之治、康乾盛世等。这些治世和盛世的出现，重要原因之一是统治者在一定程度上实行了以民为本的政策，而这些时期同样以官为贵。

民本观念的第三个缺陷是，它只是在道义上要求君王应当以民为本，缺乏法制保障。这实际上意味着它承认君王是可能而且可以不以民为本的。对于不以民为本之君传统价值观没有相应的制约措施。传统价值观对于君是否以民为本只诉诸道德，而道德的约束力是有限的。特别是当统治者从一个君王变成一个统治集团时，道德几乎没有任何强制力，中国历史上贪官层出不穷就是明证。在“民惟邦本”提出的时候，统治者基本上就是君王（夏启）一人，孟子提出“民为贵”“君为轻”时，一国（诸侯国）的统治者也基本上就是一人或几人。然而，秦始皇统一中国后，建立了庞大的国家机器，从中央到郡县官吏无数。如果说一人或少数几人统治尚容易受道德约束的话，那么庞大的官僚队伍则不可能完全受制于道德。实际上，即使是君王一人统治，君王也常常不受道德的约束。夏商周三代也只有开国之君才是真正的道德之君，而其他君王并非都如此，更有桀纣之类的暴君、昏君、庸君。传统价值观主张内圣外王，如果所有的君王都是内圣的，那么他们至少会以民为本，但事实证明中国历史上成为君王的人除尧舜禹之外几乎没有一个圣人。如此一来，儒家的“内圣外王之道”实际上不过是空想，而指望内圣之王来以民为本当然也就没有任何可能性。

民本观念的三个缺陷表明，民本观念是一种君与民不平等的观念，是可以与封建制、皇权制以及官贵相融的观念，也是统治者可信奉可不信奉的观念。就其实质而言，它是与王权制相一致的观念，所体现的是使王朝长治久安的要求。因此，民本观念与民主观念是完全不同的两种观念。其根本区别在于，民本观念是君（官吏）以民为本，在这种关系中，君（官吏）是主人、统治者，民是仆人、被统治者；民主观念是官员和所有其他社会成员都是社会的主人、主体，在这种关系中，官员与人民不仅在人格、权利上完全平等，而且在社会身份上官员是为人民服务的。由于民本与官贵可以相容，在某些情况下还可以互补，因而要改变官本观念和现实，靠确立民本观念和建立相应制度是不能解决问题的，而必须确立民主观念和建立民主制度。

官本的观念和现实是王权制的必然产物，不仅在皇权制条件下是如此，在封建制条件下亦如此。在封建制下，官同样是贵的，甚至比皇权制下更为尊贵，只是百姓不可能成为官吏。在现代真正意义上的民主制条件下，官员只是社会的一种职业，与其他职业的不同之处在于，官员是管理国家和社会生活的，因而其手中拥有权力。但是，这种权力是受到严格限制的，其限制至少有三个方面。一是法律的限制。官员的权力是法律授予的，行使权力必须在法律允许的范围之内，而且必须依据法律。二是权力的制衡。承担不同职能官员的权力彼此之间有制约关系，特别是立法权力、行政权力和司法权力分立且相互制约。三是舆论的监督。在现代媒体高度发达的情况下，媒体本身可以对官员权力的行使起到监督作用，社会公众也可以通过媒体对官员权力的行使进行监督。在权力受到这样制约的情况下，拥有权力的官员只是一种职业，这种职业不可能像传统官吏那样成为实现富贵的途径。当然，现代社会的民主政治基本上是精英政治，官员就其主体而言是社会的精英人群，因而会成为许多人向往的职业，但这与传统意义上的“以官为贵”完全是两个概念。现代社会不仅有政界精英，还有商界精英和学界精英，成为政界精英并不是人们成功和实现富贵的唯一路径。而且，实现富贵也不能靠巧取豪夺或贪污受贿，而只能靠自己的实力。

前些年，鉴于我国“官本位”问题比较突出，一些学者认为要解决这一问题，关键是要从“官本位”转向“民本位”，并认为这是从人治社会向法治社会转型的必然选择。[①] 这种观点把我国官本位的破除，甚至法治化的实现，寄希望于以民为本，这是很成问题的。前文已经指出，民本是可以与官本相容的，也可以与人治、王权制相一致，因而即使实

① 任中平、郜清攀：《从“官本位”到“民本位”：人治社会向法治社会转型的必然选择》，《求实》2015 年第 7 期。

现了以民为本，我们所希望解决的问题也不能解决，所希望实现的目标也不能实现。诉诸“以民为本”解决当代中国问题的观点，其主要问题是望文生义，将“以民为本”理解为以全体社会成员为本，但它实际上是君王以人民为本。历史事实反复证明，中国既不能寄希望于君王以人民为本来解决官本位问题，更不能以此来实现现代法治，而只能依靠民主政治的建立，依靠法律对权力的制约。

六　孝亲与忠君相衔接

“忠孝两全”是传统价值观的基本观念。“忠”原本主要是对国家的忠，也包含对君王的忠，但自战国时期开始，“忠”开始侧重于对君王的忠，后来越来越将“孝亲”与“忠君”相贯通、相衔接，于是有了“忠君孝亲”的观念。这一观念由于与自秦代确立的宗法皇权专制制度更相适应而成为历代统治者大力倡导的主导价值观念，并因而为人们所普遍信奉。“忠君孝亲”观念可以理解为先秦“忠孝两全”观念的明确化、具体化。传统社会是家国同构的家天下，国是家的扩大，家是国的缩小。家实行家长制，国实行王权制，而王权制本质上就是家天下范围的家长制。因此，在家对父亲的孝可以延扩为在国家对君王的忠，而这种延扩的目的归根结底是使臣民忠君。

家国同构源自远古，但自秦朝开始获得了它的充分发达的典型形态。其主要标志就是君王（皇帝）至高无上的权力被确定并得到普遍公认，而家长在家庭的最高权力则早已被认定。在这个时代，天下不再为公，而是为私，即君王的私家天下，它不过是君王家族的无限扩大而已。如此一来，忠于国家就是忠于君王。而对于官吏和民众来说，忠于国家是虚的，而忠于君王才是实的，如同传统社会不讲孝家，而讲孝亲（主要是孝父）一样。在传统社会将孝亲与忠君紧密地衔接起来的过程中，孝和忠的含义本身也逐渐发生变化。其最主要的体现是孝和忠更具有专制主义的色彩，这使它们成为无条件的。也就是说，在“忠君孝亲”的观念中，再也不重视君对臣和父对子的德性和责任。在这样一种专制主义演进的过程中，“忠君孝亲”也走向了极端，成为“愚忠”“愚孝”。将孝亲与忠君衔接起来，使两者相互一致、相互促进，是传统价值观显著的实践体现。

1. 孝亲观念的演进及其极端化①

传统的孝亲观念在先秦逐渐孕育生成，以孔子为代表的儒家学者对传统孝亲观念进行了理论总结，形成了完整的孝亲理论观念。孔子的孝亲观念明确了孝亲在个人道德修养和家庭伦理中的作用，认为孝是“德之本也，教之所由生也”（《孝经·开宗明义章》）。他还阐述了孝亲的养、敬、祭三个层面即物质上“谨身以养”、精神上竭诚以“敬”和丧祭“以礼”，并提出了孝事父母的具体做法，从而形成了完整的孝亲观念。两汉时期，孝亲观念虽然继承了孔子孝亲观念的基本精神，但由于统治阶级对孝亲文化的有意倡导和利用，原本建立在“父慈子孝”基础上、侧重于家庭伦理和个人德性的孝亲观念发生了异化。两汉时期孝亲观念异化主要体现在三方面。一是父权至高无上。到了两汉时期，先秦时期的“父慈子孝”逐渐异化为子女对父母的单方面义务，具体体现为父权的至高无上。父权的至高无上，意味着子女对人身自由权、家庭财产权等的被动放弃。二是亲丧后哀毁骨立与庐墓而居。对父母之丧，孔子认为要“葬之以礼，祭之以礼”，即一切以不逾“礼”为原则。而古代丧礼虽严格但有度，并未有“以死伤生”之嫌。但是，汉代孝礼要求哀毁骨立、庐墓而居这样的丧礼。哀毁骨立，本形容旧时孝子为父母守丧期间因过度悲伤而瘦损得只剩一把骨头的样子，此处借指两汉时期子女守丧期间过度损毁自身健康的逾礼行为。两汉时期，一些人为了获得孝名，三年守丧期间一直独居在父母坟墓旁搭建的简陋小屋中，粗衣陋食，不茹荤腥。这种三年甚至终生庐墓而居的行为，不仅对孝子的身体健康造成了一定损害，也对孝子的正常生活产生了不良影响。这种严重违背古人制礼初衷和人之本性的礼俗，在两汉时期却一直被视为孝行的外在表现之一。三是父母之仇不共戴天。子女为父母复仇，是源自远古社会的一种血亲复仇习俗，春秋战国时仍有流传。如《礼记·曲礼上》说“父之仇，弗与共戴天”。郑玄解释说：“父者子之天，杀己之天，与共戴天，非孝子也。行求杀之，乃止。”（《礼记正义·曲礼上》）两汉时期血亲

① 本小节部分观点参见范兴昕、李宏香《论孔子孝亲观在两汉时期的异化》，《东方论坛》2014 年第 6 期。

复仇观念获得较高的认同。这个时期的史书记载了众多为亲复仇的案例，如李敢为报父亲李广自杀之耻而公然攻击大将军卫青等。即使官吏是按律法而杀人，被杀者的子女也会为报仇而攻杀官吏或其家人。由此可见，这种畸形的血亲复仇之风在两汉时期极其盛行。

以上所述是先秦孝亲观念在两汉时期的三种主要异化现象。这些异化现象产生的原因很复杂，但最根本的是统治阶级以孝治国的政策。以孝治国，是两汉时期的基本国策。至汉武帝时，在董仲舒等儒家学者的积极推动下，先秦孝亲观念已演变为统治阶级治理天下的有效工具。两汉时期的以孝治国策略主要在以下方面对孝亲观念的异化产生了影响。

一是通过对儒家孝治思想正统思想的确认，促进孝亲观念的政治化。在将先秦儒家孝思想确立为正统思想的过程中，主张“罢黜百家，独尊儒术”的董仲舒首倡其端。他用五行说重新阐释《孝经》，在其《春秋繁露》的《五行对》《五行之义》《阳尊阴卑》等篇中提出了忠孝合一的以孝治国理论。之后，汉宣帝在甘露三年（公元前51）的石渠阁会议上，亲自“称制临决”（《汉书·宣帝纪》），借助众多学者对五经异同的辩论，确立了儒家典籍“经”的地位和两汉的丧葬礼仪，其中对丧葬礼仪的规范其实也是对以孝治国施政方针的进一步确认。东汉章帝于建初四年（公元79）召开的白虎观会议通过对五经异同的再次辩论，肯定了以“君为臣纲”为首的“三纲六纪”，使两汉时期的以孝治天下思想走向极端。

二是汉代统治者对举孝廉制、丁忧制的大力推行，使孝亲观念制度化。随着“以孝治天下”施政方针的确立，以孝选官用官评官的制度也开始形成并逐渐发展成熟。这些制度充分显示了统治者对官吏孝亲品德的重视，也有力促进了孝亲文化在民间的传播与兴盛。首先，举孝廉制的产生和发展成熟，使得“孝”成为两汉官府选拔任用官吏的最基本准绳。发端于先秦居丧之制的官吏丁忧制，也是两汉尤其是东汉官府以孝评官治官制度的具体体现。到汉哀帝时“三年之丧”被正式纳入国家法律。西汉绥和二年（公元前7）六月，汉哀帝封河间王刘良为万户侯，因为“河间王良丧太后三年，为宗室仪表”，即刘良能为太后守三年之丧；稍后，又命令“博士弟子父母死，予宁三年”（《汉书·哀帝纪》）。这就以国家律法形式将主管国家教育的博士、弟子等官吏要为父母守丧三年的制度明确下来。

三是借助律法手段对孝亲内容进行明确规定，保障孝亲观念法律化。两汉官府以孝入律，即以法律形式对孝亲的内容进行规定，使孔子孝亲观念中建立在“父慈子孝”基础上的双向道德要求发展成为畸形的“唯父独尊”，成为单向、无条件的道德要求，进而使原本平等和谐的父子关系异化为尊卑分明的上下级关系。两汉官府的以孝入律，首先体现为将“不孝”列入刑法，并规定了对不孝者的严厉惩处。[①] 而且，两汉律法规定，“不孝”之罪一般不得赦免，如东汉光武帝于建武二十九年（公元53）时大赦天下，命“天下系囚自殊死已下减本罪各一等”，却特地指出：“不孝不道，不在此书。”（《后汉纪·光武皇帝纪》）这些对于“不孝”的明确规定和严厉惩处，震慑了“不孝”行为，对孝亲文化的传播、推广与强化都起到了很大作用。两汉官府以法律手段推动孝治，还体现在法律规定和执法中对孝亲行为的倡导和奖励。汉律制定了一系列奖励孝子的措施，包括免除孝子租役或刑罚、赏赐孝子钱物、给予“巨孝”“大孝”“至孝”之类的荣誉称号、赦免孝子罪行等。尽管两汉律法均遵循“杀人者死”的传统，但对为亲复仇而杀人的孝子、孝女，汉律给予了最大限度的宽容。即使父母犯有十恶不赦之罪，子女也应隐瞒、包庇，而且不会受到国家律法的任何制裁。相反，如果子告父，即使父所犯之罪属实，子女也要受到极严厉惩处。

四是通过正史及文人作品中的孝子传、孝妇传等，孝亲观念被典型化。在两汉孝亲文化发展繁荣的过程中，《史记》《汉书》《后汉书》这三部官方正史以及刘向的《孝子传》《列女传》等作品树立了一系列孝亲典型，对两汉时期孝亲观念的异化起到了推波助澜的作用。两汉官方正史中记载的孝子、孝女故事，为传统孝亲文化的发展繁荣树立了正面典型。这样的典型不计其数。因为至孝，他们不仅获得了官方职位与其他物质奖励，而且获得了极高的声誉，实现了青史留“不朽”之名的理想。这些官方正史树立起来的至孝典型，对民间孝亲文化的刺激作用不言而喻。

孝的愚化在汉代已经完成，到宋明时期，随着父权的强化，也受宋

① 刘厚琴、田芸：《汉代“不孝入律”研究》，《齐鲁学刊》2009年第4期。

明理学的影响，出现了“天下无不是底父母”（《宋元学案·豫章学案》）的观念。于是，对待父母“不论曲直”都必须绝对顺从。这种无条件绝对顺从的愚孝被普遍视为德性后，不少人又竞相以惊人之举相互攀比，以显示自己的孝行超过他人，于是愚孝更愚，越发畸形，出现种种怪诞、野蛮以至残忍的行为。有人为疗父母之疾而自残肢体，有人为疗母疾竟然杀子祀神，更有甚者，为了尽孝道竟随父同死。明代因明英宗“北狩”绝食殉君的周敖，其子周路便是这么一位孝子。当他“闻父死，恸哭奔归”，到家后竟“以头触庭槐”（《明史·孝义传二》）而死。

2. 忠君观念的演进及其极端化[①]

传统的忠君观念的基本含义是忠于君王，即竭心尽力以事君，为君效死，不事二主。它要求臣民唯君是从，成为君王的奴仆和工具。根据这种观念，任何有悖于君王意旨的言行都被视为不忠不敬的反叛行为，必须受到谴责以至惩罚。即使君王是暴君、昏君，也得奉行“君要臣死，不死不忠”的信条。因此，传统的忠君实际上是愚忠，是一种愚民之忠。在皇权专制主义时代，是否忠君是评价人好坏善恶特别是政治上可靠不可靠、可用不可用的绝对标准。在中国历史上，多少英雄豪杰、风流人物无一能跳出其樊篱。任何一种政权要维护其统治地位，都势必要树立一种至高无上的权威。在传统社会，这种权威便是君王。君王乃国家、政权、天下的象征，是统治阶级的集中代表。忠君即忠于国家、忠于整个统治阶级。

忠君观念的产生以及作为衡量一个人好坏善恶、可靠不可靠、可用不可用的绝对标准，有其历史的必然性。在原始社会，无君无臣，自然也无所谓忠君观念。夏商西周三代，统治者凭借宗法制和天命论就可以让天下之人敬宗主、畏天命，以实现内制本家贵族，外治异姓大众。到了春秋战国时期，王室衰微，礼崩乐坏，诸侯争霸，大国称雄，人们开始对“天”有所怀疑，加上士大夫觉醒，百家争鸣，收徒讲学，著书立说，士大夫对曾经敬畏有加的“天”开始有理性上的新认识。天命论发生动摇，而统治阶级又需要某种理论和思想作为其维护统治的舆论工具。

---

① 本小节部分观点参见雷学华《试论中国封建社会的忠君思想》，《华中师范大学学报》（哲学社会科学版）1997 年第 6 期。

于是，在诸子百家学说中便产生了“忠”的概念。战国时期，小国渐为大国所并，大国则争雄以图统一之业，王权专制的趋势日益明显。在这种历史背景下，“忠”的观念逐渐向“忠君”的特定含义延伸。荀子进一步发展了“忠君”思想，提出臣子不仅应向国君尽忠，也要向国君尽“顺”。他说：“事人而不顺者，不疾者也；疾而不顺者，不敬者也；敬而不顺者，不忠者也；忠而不顺者，无功者也；有功而不顺者，无德者也。”（《荀子·臣道》）显然，这样的臣子已无自己独立的人格，所思所欲只是如何向国君效忠纳顺，而绝不再仅仅是“敬”“尽心”而已。

荀子的学生韩非将老师的忠君观更向前发展了一大步，形成了较为完备的“忠君”思想体系，完成了忠君观念的理论构建。在韩非看来，君臣之间的关系是为“利”而用“计”相结合，利同则臣忠，利异则臣奸。他说：“明主在上，则人臣去私心行公义；乱主在上，则人臣去公义行私心。故君臣异心，君以计畜臣，臣以计事君，君臣之交，计也。”（《韩非子·饰邪》）“君臣之利异，故人臣莫忠，故臣利立而主利灭。”（《韩非子·内储说下》）在他看来，只有加强和抬高君权，才是最好的统治防范措施。他说：“万物莫如身之至贵也，位之至尊也，主威之重，主势之隆也。”（《韩非子·爱臣》）“事在四方，要在中央。圣人执要，四方来效。”（《韩非子·扬権》）韩非进一步把君臣、父子、夫妻的对等关系转换为“三事”的主从关系并予以论证。他说：“臣之所闻曰：‘臣事君，子事父，妻事夫，三者顺则天下治，三者逆则天下乱。’此天下之常道也，明王贤臣而弗易也。则人主虽不肖，臣不敢侵也。”（《韩非子·忠孝》）显然，这种君臣关系犹如主奴一般，君王以利驭臣，臣有功则归己，臣有过则罪之。只要摆正了君臣关系并以“法”作为保证，君王便可为所欲为，即使是暴君、昏君，臣子也不敢稍有异词，更不得反叛。臣子应该做忠臣，“尽力守法，专心于事主者为忠臣”（《韩非子·忠孝》），而且要做大忠之臣，“无有二心”，“顺上之为，从主之法，虚心以待令而无是非也”，“有口不以私言，有目不以私视，而上尽制之”（《韩非子·有度》），甚至还要有“临难必死，尽智竭力”（《韩非子·饰邪》）的为君尽忠效死的精神。韩非这完全是站在君王的立场上确定的“忠臣”标准，要求臣子无条件地绝对听命于君王，而不必论君王之贤愚。如果臣子有所不忠，韩非主张杀无赦，不应有丝毫之宽恕余地。他说：“为人臣不忠，当死；言而不当，亦当死。”“大王斩臣以徇国，以为王谋不忠者也。”（《韩非子·初见秦》）韩非称不忠之臣为“奸臣”，“奸臣”就是“擅主之臣”，“欲顺人主之心，以取信幸之势者也”（《韩非子·奸劫弑臣》）。“擅主之臣”危害极大，“国有擅主之臣，则群下不得尽其智力以陈其忠，百官之吏不得奉法以致其功矣”（《韩非子·奸劫弑臣》），最后会发展到弑君亡国。

由上述内容可见，韩非集春秋以来忠君思想之大成，为封建帝王提出了一套完整的“忠君”理论体系。一方面，他希望君王高踞众人之上，树立至高无上的权威，拥有神秘莫测的权力，保持唯我独尊的地位，运用其强大的君权不断打击危害君权的奸臣势力，以建立专制统一的霸业。另一方面，他要求臣子尽心竭力地事君，毫无条件地忠君，分君忧，为君谋，代君过，替君死，忠贞不贰，至死方休。韩非子的君臣观念标志着正统忠君观念的形成，适应了战国末期要求结束诸侯割据局面、建立统一的皇权专制中央集权国家的历史需要。无怪乎胸怀大志、谋求一统的嬴政读了韩非之书后拍案叫绝：“嗟乎，寡人得见此人与之游，死不恨矣！”（《史记·老子韩非列传》）嬴政秉祖先之余烈，倡忠君之思想，终于建立起中国历史上第一个王权专制的中央集权封建国家。但法家思想太过霸道，刑名之学和“督责之术”会使唯我独尊的专制帝王大行暴政，使得“杀人众者为忠臣”，“法令诛罚日益刻深，群臣人人自危，欲畔者众”（《史记·李斯列传》）。其结果是，残暴的秦王朝最终为农民起义所推翻，忠君思想亦挽救不了秦皇帝的命运。

西汉王朝建立后，统治者总结了秦亡的历史教训，弃刑名之学而崇“无为而治”的黄老思想，使天下得以粗安。但汉代统治者出于自身的需要也并未放弃法家的尊主贵君、效死以忠的忠君思想，而是继续倡导之。自“独尊儒术”后，统治者和思想家继续对“忠君”思想进行补充和修改，力求使之落实于世人的行动中。《白虎通义·三纲六纪》把“三纲”学说、忠君思想、专制统治的合法性解释得更为明确：“三纲者何谓也？谓君臣、父子、夫妇也。六纪者，谓诸父、兄弟、族人、诸舅、师长、朋友也。故《含文嘉》曰：‘君为臣纲，父为子纲，夫为妻纲。’又曰：‘敬诸父兄，六纪道行，诸舅有义，族人有序，昆亲有亲，师长有尊，朋友有旧。’”汉安帝时，著名经学家马融著《忠经》十八章，对忠君思想和行为做了较系统的归纳和总结。马融高度肯定了忠君的地位和意义。他说："昔在至理，上下一德，以征天休，忠之道也。天之所覆，地之所载，人之所履，莫大乎忠。"（《天地神明章》）他还通过把忠孝打通对老百姓的忠君做了具体的要求和说明。他说："是故祇承君之法度，行孝悌于其家，服勤稼穑，以供王赋，此兆人之忠也。"（《兆人章》）《忠经》对忠君观念的传播起到了一定的作用。

初唐时，武则天为了拉拢臣民效忠于己，召文学之士周思茂等撰《臣轨》二卷，宣扬忠君思想。其基本内容与《忠经》所述大体相似，只是在忠君的基础上补充了慈惠于民的思想内容。《臣轨·至忠章》曰："夫事君者以忠正为基，忠正者以慈惠为本。故为臣不能慈惠于百姓，而曰忠正于其君者，斯非至忠也。"这种补充是初唐时政治较为清明、民本思想较为浓厚的反映。但是，唐朝统治者还通过更为完备的法律来确保其君王专制制度。唐律虽"尽削大业所用烦峻之法"，却完全照搬了隋代的"十恶"之法："一曰谋反，二曰谋大逆，三曰谋叛，四曰谋恶逆，五曰不道，六曰大不敬，七曰不孝，八曰不睦，九曰不义，十曰内乱。其犯十恶者，不得依议请之例。"（《旧唐书·刑法志》）根据唐律，凡是危害君王专制统治的言行，均在十恶不赦之列。唐朝统治者既推崇忠君思想，又以法律作为后盾，从而强化了君王专制统治。

到了宋代，统治者极力加强中央集权，其政权、军权、财权、法权等无不统于中央，归于皇帝。正是在这种历史背景下，以皇权专制制度卫道士自居的程朱理学应运而生，成为此后中国社会的官方意识形态。元仁宗曾曰："儒者可尚，以能维持三纲五常之道也。"（《元史·仁宗纪》）程朱理学对皇权专制主义和"忠君孝亲"观念的最大贡献是把专制纲常天理化，使之成为不可动摇的信念。"父子君臣，天下之定理，无所逃于天地之间。"（《二程集·河南程氏遗书》卷第五）程颐提出："臣而弑君，天理灭矣，宜天下所不容也。"（《程氏经说》卷四）他将忠君也抬高为"理"，认为忠君是"理"的体现，谁违背此"理"，则为天下所不容。朱熹对忠君思想做了进一步的发挥，并将忠亲与孝亲关联起来。他说："君臣父子之大伦，天之经，地之义，而所谓民彝也。故臣之于君，子之于父，生则敬养之，没则哀送之，所以致其忠孝之诚者，无所不用其极，而非虚加之也。"（《戊午党议序》，《晦庵先生朱文公文集》卷七十五）又说："三纲五常，礼之大体，三代相继，皆因之而不能变。”（《四书章句集注·论语集注》卷一）他不仅将君臣之礼视为天经地义之“理”，绝对不可变更，而且提出臣民还有为君复仇、为君殉死的义务。朱熹还把封建君王专制统治秩序的“天理”与大众生存需要的“人欲”完全对立起来，主张用天理以克制人欲，要世人皆“去人欲，存天理”（《与刘共父》，《晦庵先生朱文公文集》卷三十七），完全遵循“三纲五常”的道德规范，心甘情愿地做专制君王的奴仆。自程朱理学家提出忠臣不事二主、为主殉死等忠君主张后，这种思想便成为一种固定的模式用于衡量每个臣子，成为臣民们必须遵循的道德标准和必尽的义务。程朱理学使忠君思想更加规范化，历宋、元、明、清四代而不改，成为套在中国人民头上的精神枷锁，其毒害之广不言而喻，这也是君王专制高度发展的必然反映，导致了封建制度的衰落。

自宋代开始，随着君主专制的中央集权不断强化，君权日益神圣，忠君不仅成为臣子和民众的最高德性，而且成为他们的德行追求。在这一时期（特别是到明代），对君主的忠渐由臣扩大到民，“主辱臣死”发展为“主辱”民也死。不仅“食君之禄”的臣理当殉君，连未曾“食君之禄”的普通民众也当自觉殉君。1449 年发生了历史上著名的“土木堡之变”。在与塞北瓦剌的战争中，明英宗在土木堡被俘。事变发生后，“河州卫军家子”周敖闻变，失声大哭不止，竟“不食七日而死”（《明史·孝义传二》）。周敖系底层民众，但他竟因“主辱”而自尽。这类事例在明亡时更多。1644 年李自成军攻占北京，崇祯帝自缢于煤山（北京景山）。北京的一位塾师汤文琼闻变竟自缢，并“书其衣衿曰：位非文丞相之位，心存文丞相之心”（《明史·忠义传七》）。一些京外民众也有殉君者。苏州人许琰，“闻京师陷，帝殉社稷，大恸”，先是在胥门外投河，获救后又绝食。待“哀诏至”，“稽首号恸”（《明史·忠义传七》）而死。在这一时期，忠君观念业已深入社会底层，普及民间。至于后来谭嗣同所说的“君为独夫民贼，而犹以忠事之”（《谭嗣同集·仁学》），在这一时期则更为普遍。

3. 对“忠君孝亲”的反思

以上分别从忠君和孝亲两个方面考察了它们的演进及其极端化，这只是叙述的需要，实际上两者是紧密地联系在一起的。在大约三千年的历史上，“忠君孝亲”以维护和促进宗法王权专制主义为指向，经历了从双向的“忠孝两全”到单极的“忠君孝亲”，再从“忠君孝亲”到“愚忠愚孝”的演进，从而最终走向它的历史尽头。在整个演进过程中，“忠君孝亲”观念与“忠君孝亲”行为互为因果，思想家的极力鼓吹与统治者的大力推行相互促进，展示了人类历史上绝无仅有的宗法皇权专制主义一统天下的史诗性历史画卷，同时显示了宗法皇权专制统治从兴到衰的悲剧性历史过程。“忠君孝亲”观念从萌生到形成，再到成为传统社会的主导观念，随之走向极端化，最终在外力作用下被终结，是一个纯然的历史过程，似乎无可厚非，更不能做出假设。“历史不容假设”这一命题曾经盛行于中国学术界，若果然如此，研究历史除了有知识意义外还有什么意义呢？

“历史不容假设”隐含历史发展有其规律，这种规律是不可抗拒的，更是不可改变的。1945 年 7 月，黄炎培在延安同毛泽东谈到“其兴也勃焉，其亡也忽焉”时，称历朝历代都没能跳出兴亡周期律。他问毛泽东中国共产党能否跳出历史周期律，毛泽东回答说可以。显然，毛泽东认为历史是可以假设的，因为他相信人民可以创造历史。人民创造历史就需要在总结历史经验教训的基础上构建未来发展的康庄大道，而这就需要假设。这种假设就是在反思批判基础上的构想、设计。今天我们研究传统价值观，就是要在对传统价值观进行反思批判的基础上构建现代价值观。显然，我们要构建的现代价值观不会是传统价值观自然发展的结果，而只能是对它的创造性转化和创新性发展。今天我们要开新，最值得反思和批判的内容之一就是传统价值观的“忠孝两全”是如何走向“愚忠愚孝”的。弄清楚这一历史教训才不会重蹈历史覆辙。

第一，“忠君孝亲”的极端化导致了悲剧性历史后果和深远的消极影响。以孝亲为本位，以忠君为目的的观念在春秋战国时期形成后，为大一统的宗法皇权专制制度的确立摇旗呐喊，提供论证，起到了舆论导向的作用，助了新兴地主阶级和新生专制政权一臂之力。在这一点上，“忠君孝亲”观念起到了重要历史作用，因而秦始皇对韩非学说大加赞赏也就不足为怪了。“忠君孝亲”观念作为一种影响中国封建社会近三千年的统治观念，其中当然包含某些合理的因素。“忠君孝亲”观念所倡导的是忠于君王，在“家天下”的君王制社会，君王即国家和社稷。一旦民族矛盾上升为社会的主要矛盾，忠君便往往与忠于国家、忠于民族相等同，它就会成为一种抵御异族的号召力，历史上的勤王之师、忠义之民皆借此而抗争，反对民族压迫。从这种意义上看，“忠君孝亲”观念包含一定的爱国主义的思想因素。正如《金史·忠义传·序》所说：“公卿大夫居其位，食其禄，国家有难，在朝者死其官，守郡邑者死城郭，治军旅者死行阵，市井草野之臣发愤而死，皆其所也。故死得其所，则所欲有甚于生者焉。”但是，我们更应该看到，“忠君孝亲”对于宗法皇权专制主义来说是具有核心意义的精神支柱，它使皇权专制统治和等级秩序合法化。它不仅直接导致许多骇人听闻的扼杀个性甚至残害生命的事件，更应对宗法皇权专制主义一切衰败及消极后果负责，它还对中华文明和中国文化产生了难以消散的恶劣影响。

从中国历史看，在唐代，中国的皇权专制主义走向辉煌的顶点，到五代十国时期，皇权专制主义实际上已经走到尽头。然而，在宋代，皇权专制主义又得以复兴，宋代是中国历史上商品经济、文化教育、科学创新高度繁荣的时代，其民间的富庶与社会经济的繁荣实际上远超盛唐。宋代的繁荣得益于政治比较开明，科技发展迅速，且没有严重的宦官专权和军阀割据，兵变、民乱次数与规模在中国历史上也相对较少和较小。但是，宋朝统治者极力加强中央集权，在这种背景下产生的宋明理学也使儒学得到复兴，为高度集权的皇权专制主义提供了理论依据和舆论支持，为宋明理学所高度推崇的“忠君孝亲”观念及其践行得到了前所未有的强化。在中央集权与宋明理学的相互作用下，宋代以后宗法皇权专制主义在中国的统治又延续了600多年，直到辛亥革命。

这600多年正是西方商业革命爆发、市场经济开始兴起的时期，而中国自这时开始得到极度强化的“忠君孝亲”观念，作为皇权专制主义最有力的思想武器为其苟延残喘发挥了极其重要的支持和维护作用。应该看到，“忠君孝亲”观念自宋代起就已经开始对中国社会历史的发展起阻碍作用。这种观念所维护的皇权专制主义，阻碍了宋代已经萌生的市场经济的发展，阻碍了科学技术的进一步发展，从而阻碍了近代以追求个人自由和平等为核心内容的启蒙运动的爆发。这种皇权专制主义最终没有孕育民族的自我变革力量，反而被西方列强的“坚船利炮”所摧毁。这应该是中国皇权专制主义的悲剧性结局。其悲剧性在于，它原本可以按照它的内在逻辑和历史惯性长期存在下去，然而它的僵化、保守、封闭，特别是它的反人性，使它不断走向腐朽和落后，以至于它自身再无更新的力量，最终不得不在外力的强制作用下退出历史舞台。

当"忠君孝亲"观念走向愚忠愚孝之后，它给中国人带来了巨大而直接的灾难，其突出的表现就是许多人因为愚忠愚孝而破坏了个人的正常生活甚至牺牲了自己的宝贵生命。对此，前文已经谈及，这里要特别谈一个与"忠君""孝亲"观念相联系的"从夫"观念。与这三种观念对应的是传统社会推行的"三纲"。在"三纲"涉及的臣子、儿子、妻子中，妻子最为悲惨。妻子终生从人，"未嫁从父，既嫁从夫，夫死从子"（《仪礼·丧服》）。更为可悲的是，与"忠君孝亲"观念紧密相关的妇女"贞节"观念成为残害历代妇女的"软刀子"。

随着宋明理学的兴起，"三纲"上升为"天理"，特别是程颐提出"饿死事极小，失节事极大"（《二程集·河南程氏遗书》卷第二十二下）之说后，"从一而终"的"贞节"观念遂急剧强化。寡妇本人以守节为荣，社会舆论也普遍以守节为荣、以改嫁为耻。在这种社会氛围中，寡妇除终生守寡外几乎无路可走，于是社会上出现了越来越多的愚贞、愚节现象，其愚昧、野蛮、残忍、不近人情的程度令人发指。许多青年寡妇为拒绝改嫁、坚持守节而采取各种方式毁容，如"自刺其面""自割其耳"等，更有甚者竟自杀殉夫。元代有女子竟在丈夫病危时即"命匠制巨棺"，"夫殁即自经死"，与夫"同棺敛葬"（《元史·列女传一》）。明代有人因怕被迫改嫁，在夫死后"举火自焚"以殉夫（《明史·列女传一》）。清代自杀殉夫的事例更多，不少人分别采取"绝食""吞金""仰药""自缢""投水"等不同方式殉夫，甚至还有一些少女殉未婚之夫。与"从一而终"观念的畸形强化同步，"男女授受不亲""贞女不出闺阁"等观念也畸形强化，引发了很多惨剧。[①]

"忠君孝亲"观念在中国流行了两千多年，不仅深深扎根于中国文化，而且已经成为观念基因一代又一代地被复制。"忠君孝亲"依附于

① 参见张锡勤《论宋元明清时代的愚忠、愚孝、愚贞、愚节》，《道德与文明》2006年第2期。

宗法皇权专制制度，它的产生、形成和极端化主要是宗法皇权专制制度所倡导、推行的结果，当然，它也是宗法皇权专制制度的观念基础和精神支柱。然而，“忠君孝亲”作为一种观念有其相对独立性，它不仅可以成为个人的心理定势，而且可以成为民族的心理定势，即所谓文化基因。因此，当宗法皇权专制制度被推翻以后，“忠君孝亲”观念并没有随之从中国人心里消逝，而是因与新的制度不相适应潜藏在人的内心深处，常常以无意识的方式不自觉地表现出来，影响人们的思想、言论和行为。特别是当这种观念有助于满足人的利益需求特别是重大利益需求的时候，它就会从休眠状态苏醒过来发生作用，至少为人们的自觉选择提供一种可能。在当今中国，假如一个人想要被提拔的愿望十分迫切，而他的德才并不十分出色，这时他对上级表达忠心的想法就会产生并可能付诸行动。这种想法并不是在任何文化背景下都会产生，它在当代中国产生的重要原因之一是有“忠君孝亲”的文化传统和基因，当然与当代制度也有一定的联系，因为当代制度为这种想法付诸行动并获益留有空间。

辛亥革命以后，中国家庭、家族已经发生根本性变化，传统的“孝亲”观念遭到比“忠君”更为彻底的破坏。这不仅是因为传统家庭和家族完全解体而“孝亲”观念没有了存在的依据，更为重要的原因是没有了类似于传统专制制度的强力推行。传统社会统治者是为了人们“忠君”而推行“孝亲”，现代“忠君”不再被强调，因而“孝亲”也就没有了来自官方的推动力。与此相应，今人即使在“孝亲”方面做得再好，也不可能像传统社会那样得到重大的名利（如担任官职或树碑立传）。与“孝亲”不同，“忠君”（具体体现为对上级利益相关者效忠，特别是投其所好）观念运用得当，可以给人们带来巨大的利益。在我国现实生活中，如果某人被领导视为心腹，他就很有可能从领导那里得到其他人得不到的好处和机会。这样一种现实就使得“忠君”观念长期阴魂不散。要最终消除“忠君”观念的消极影响，既需要人们进行深层的自我反思和批判，更需要建立让“忠君”观念没有任何发生作用可能的完善制度。

第二，忠君与孝亲相衔接并联手走向极端化具有某种历史必然性，但统治者和思想家的推动起到了至关重要的作用。关于历史必然性，学界有所谓“交互作用论”与“合力论”之争①，但有一点是可以肯定的，历史发展的必然性是通过人们在现实中进行选择的主动性和可能性实现的。忠君与孝亲相衔接并逐步走向极端是多种因素相互作用的结果，而自主选择以及在此基础上的人为推进是其中的决定性因素。其具体表现主要有三个方面。

其一，从“三事”到“三纲”及其神化和“理”化，为君、父、夫三权强化，臣、子、妻的地位卑下提供了理论观念的支持。韩非首次提出“臣事君，子事父，妻事夫”之“三事”，董仲舒在此基础上提出“三纲”并将其神化，宋明理学则为“三纲”的神圣性提供了精致的理论论证。根据宋明理学，“未有君臣，已先有君臣之理；未有父子，已先有父子之理”（《朱子语类》卷第九十五），一切人际关系和社会秩序都是按这种先验之理建立起来的，由它所规定。“三纲”一旦被上升为“天生自然，不待安排”（《朱子语类》卷第四十）的“天理”，它就更加神圣、永恒，其统摄力、控制力就更加强大。理学家们不仅从理论层面神化“三纲”，而且提出了一些具体的严苛要求，最典型的是“饿死事极小，失节事极大”（《二程集·河南程氏遗书》卷第二十二下），这就使“三纲”落到实处有了保证。正是有上述理论提供论证、支撑以及谋划，君主专制的中央集权不断强化，“三纲”也从理论原则变成实践原则，臣、子、妻的地位不断下降，完全成为君、父、夫的附属品，失去了自己的独立人格。

其二，宗法皇权专制主义教化不断强化与普及。如前文所述，为适应宗法皇权制建设和巩固的需要，汉代统治者采取了一系列措施强化对“三纲”的贯彻实施和宣传教育，如推行举孝廉、丁忧制度，举行白虎观会议等。魏晋至隋唐，道教和佛教的传播和流行对作为主导意识形态的儒家思想产生了巨大冲击。针对这种情况，宋明时期的统治者更是高度注重对百姓的教化。朝廷大兴学校，地方广建书院，并在乡镇广泛建立社学、村塾，将教化普及于广大农村。朝廷还大力推广乡规民约和家范、家训、家规，使道德教化落实到基层乡里和千家万户。同时，戏剧、小说、说唱艺术在这一时期的发展、繁荣，为传统道德在广大民间的普

① 参见刘曙光《社会历史的必然性、偶然性及其复杂性》，《湖湘论坛》2009 年第 3 期。

及开辟了更为广阔的通道。明太祖朱元璋还亲自颁发《教民六谕》，清初康熙、雍正年间又形成了较《教民六谕》更为详备的《圣谕广训》，使对民众的教化有了一个全国性的统一纲领，并通过官府运用行政手段有效地予以推行。宋元明清时期教化的加强与普及使以“三纲”为核心的一套正统道德观念对社会的影响大大增强，忠、孝、贞、节越来越被普遍视为至高德性和德行，并由此引发了种种愚忠、愚孝、愚贞、愚节行为。[①]

其三，朝廷对忠、孝、贞、节大力表彰、提倡。汉代就已经采取一系列措施表彰忠、孝行为，到了宋元明清时代力度更大。为了倡导忠君，清高宗竟将那些曾经帮助清朝打江山、有大功于清的明朝降臣、降将列入《贰臣传》，予以羞辱、谴责。为了倡导孝亲，宋至明初朝廷对于不合正道的“割股”“刲肝”等愚孝行为亦予以褒赏、表彰。朝廷与官府宽容为报父母之仇而杀人的违法行为。这种不合法律的宽贷一直延续到明代。明朝对贞、节的表彰也更甚于前代。仅明代“著于实录及郡邑志”的贞女节妇就“不下万余人”（《明史·列女传一》）。崇尚忠、孝、贞、节既已成为社会风气，则势必相互攀比，竞相以“至奇至苦为难能”，遂“忽庸行而尚奇激”（《明史·列女传一》），愚忠、愚孝、愚贞、愚节现象日甚一日。早在北宋时苏轼就曾指出：“上以孝取人，则勇者割股，怯者庐墓。上以廉取人，则敝车、羸马、恶衣、菲食，凡可以中上意者无所不至。”（《宋史·选举志一》）显然，这一时期愚忠、愚孝、愚贞、愚节现象之所以如此普遍且不断增加，与朝廷对忠、孝、贞、节的表彰有很大关系。

以上所述表明，春秋战国后中国走向宗法皇权专制主义具有某种历史必然性，但不可否认的是，在价值观从“忠孝两全”走向“忠君孝亲”，最后走向“愚忠愚孝”的演进过程中，思想家和统治者的确起了极其重要的作用。在总结历史经验教训的过程中，我们不能将中国实行宗法皇权专制统治以及“愚忠愚孝”给中华民族带来的沉重灾难，完全归结为历史的必然性，而不考虑人为因素的作用，那是无视历史事实。

---

① 参见张锡勤《论宋元明清时代的愚忠、愚孝、愚贞、愚节》，《道德与文明》2006年第2期。

这种无视对中国未来发展非常不利。唐贞观十七年（643），直言敢谏的魏征病死了，唐太宗很难过，他流着眼泪说："夫以铜为镜，可以正衣冠；以古为镜，可以知兴替；以人为镜，可以明得失。……今魏征殂逝，遂亡一镜矣！"（《旧唐书·魏征传》）"以古为镜，可以知兴替"，就是要通过了解历史，发现作为历史主体的人在历史选择过程中的能动作用，从而在人可能作用于历史发展的时候吸取历史教训，跳出"历史周期律"，使历史始终朝进步的方向发展。中国的宗法皇权专制主义的历史是悲剧性的历史，其中"愚忠愚孝"是悲剧中的重要主题。这一主题归根结底是中国人自己选择和表演的，而非某种历史必然性所强加。如果我们对此缺乏清醒的意识，历史的悲剧将会重演，虽然主题不一定完全相同。

第三，"忠君孝亲"走向极端化的根本原因是唯上是从的思维模式。从理论上看，"忠君孝亲"极端化的原因在于它违背了先秦价值观的中庸精神。孔子讲"过犹不及"（《论语·先进》）。"无过无不及"要求人们把握"中庸"，做到不偏不倚，即适度。与任何事物皆有度一样，道德要求也必须有度。一旦过了度，就势必使原有的道德要求变质，甚至走向反面。这就是古人所谓的"天下事，过则有害"（黄宗羲《明儒学案·浙中王门学案》）。在宗法皇权专制制度之下，不少人以"至奇至苦"的"奇激"行为为荣、为高，竞相做惊人之举，以为这样才算更忠、更孝、更贞、更节，其结果势必走向反面，成为畸德、愚德。实际上，不论是哪一种自残、自杀行为都有悖于先秦儒家仁爱的精神宗旨，实为大不仁。正因为如此，这类愚德行为在当时即受到有识之士的非议、否定。早在宋代，有人便指出割股、封肝行为"非孝道之正"。针对明初发生的杀子祀神事件，当时的礼部官员指出，"人子事亲，居则致其敬，养则致其乐，有疾则医药吁祷"才是孝的正道，"至卧冰割股，上古未闻"，而人子若因割股、封肝、卧冰而死，"反为不孝之大"（《明史·孝义传一》）。辛亥革命后，鲁迅、吴虞等人控诉"礼教吃人"，某些文字言辞虽有偏激、片面之处，但基本结论是正确的。

然而，无论是古人对愚忠愚孝行为的非议，还是今人对这类行为的指责，都没有触及其根本原因。我们认为，产生愚忠愚孝行为的根本原因是中国自古以来养成的唯上是从的思维习惯。在传统社会，"上"是相对于臣子的君王，相对于百姓的官吏，以及相对于子的父，相对于妻的夫。唯上是从，就国家而言，就是臣子对君王、百姓对官吏的绝对服从。这种服从不只是听话，更经常地表现为揣摩上方的意图，并根据所揣摩的意图去行动以讨上方的欢心，从而获得好处。传统社会的愚忠愚孝行为，正是根据君王和官方所倡导的“忠君孝亲”而揣摩其隐含的意思做出的种种“奇激”行为。这种唯上是从的思维方式对于中国人来说，是一种中国文化几千年变中之不变的潜意识，属于邓晓芒教授所称的那种中国人的“集体无意识”，它已经成为中华民族长期“习焉而不察”的生活态度。邓晓芒教授认为，这种潜意识在先秦诸子百家身上的体现是“所有各家各派虽然皆有自己的学术研究，但其实目的并不在于发展学术，而在于影响力，希望被上面当权的人注意到，最后得遇求贤若渴的君王‘礼贤下士’地纳入麾下”①。邓晓芒教授的这种看法揭示了传统社会从“忠孝两全”走向“忠君孝亲”最后导致愚忠愚孝的根本原因。假如我们反思一下今天的中国社会，不难发现，这种集体无意识至今还在相当大的程度上发生着作用，值得我们认真反思和批判。

七　人德礼法治相协同

任何一种系统的社会价值观都包括规范体系部分，这部分主要用于对社会进行治理或控制。一个社会如果没有这种规范体系就无法维持正常秩序。传统价值观这方面的内容非常丰富，而且考虑到了所有可能运用的手段，当这种价值观现实化为社会实际的价值体系时情形变得极其复杂。从传统社会历史发展的角度看，最初重视人治和德治，后来有了礼治和法治。其中人治和德治是贯彻传统社会始终的；礼治在西周达到了最完善的程度，此后没有多少发展，但一直发挥着作用；法治在春秋战国时代自楚国有成文法和李悝撰写《法经》开始逐渐获得发展，《唐律疏议》标志着传统社会的法治达到了最完善的形态。这四种治理方式在传统社会协同发生作用，共同维持传统社会的秩序和中华文明的延绵。在人类历史上，人治、德治、法治在别的国家和民族都存在过，礼治，

① 邓晓芒：《儒家文化的最大遗毒就是“习惯虚伪和集体无意识”》，《同舟共进》2016 年第 2 期。

特别是完善的礼治体系或礼制，也许是中国特有的，而人治、德治、礼治和法治自远古以来就结合在一起，这是传统价值观在现实化过程中体现出的一大鲜明特色，也有许多经验教训值得总结。

1. 人治与德治

人们对“人治”有种种不同的理解，通常把它理解为“贤人政治”，这种理解并不准确。从人类历史看，“人治”主要是指君王一个人的统治，而这种统治用中国传统文化的语言来表达有两种基本形态，即“王道”和“霸道”。“王道”是君王主要诉诸道德或道义的力量来教化百姓，使他们能够贯彻自己的治理意图；“霸道”则是君王主要凭借武力或强权来强制百姓按自己的意志行事。主张这两种人治的思想家在中国和西方都有。西方主张“王道”的典型代表是古希腊的柏拉图，他所主张的“哲学王”就是认为只有哲学王才能诉诸德性的力量实现社会的善治；赤裸裸主张“霸道”的是意大利的马基雅维里，他主张为了达到政治目的君王可以不择手段。中国主张“王道”的主要是早期儒家，他们主张君王通过修养德性来实现齐家治国平天下，只有“内圣”才能“外王”；主张“霸道”的典型代表是法家的韩非，他主张君王应该运用“法、术、势”来实现自己的政治意图。但是，从中国远古开始，人们普遍认同的是“王道”，儒家思想继承和弘扬了这种传统，使“王道”思想深入人心，其影响直至今天。

传统价值观所主张的“人治”是一种“王道”之治，是“圣人”之治，是道义之治。因此，传统价值观的“人治”就与“德治”联系起来了。或者说，传统价值观主张的“人治”体现为“德治”。关于这一点，中国历史文献多有记载和表述。《尚书》开篇曰“克明俊德，以亲九族”（《尧典》），讲的就是尧以德性和德行治理天下。《周易》讲的“君子以厚德载物”（《周易·坤卦·象传》），也是讲君子包括君王要以德仁民爱物。

孔子非常赞同尧舜以德治天下，尊称他们为“圣人”，而且对他们的思想进行了理论上的阐述。一方面，他要求君王对民众要导之以德，齐之以礼，认为只有这样民众才会因知耻而守规矩。另一方面，他又要求君王本人德性高尚，像尧舜那样成为圣人，认为只有这样，对民众导之以德才能有效实施统治。这就是他所说的：“政者，正也。子帅以正，孰敢不正？”（《论语·颜渊》）

孔子的这两方面思想在孟子那里都得到了发挥。孟子进一步强化君王自身必须仁义的意义。他说："君仁，莫不仁；君义，莫不义；君正，莫不正。一正君而国定矣。"（《孟子·离娄上》）同时，他大大发挥了孔子以德治国的思想，提出了一系列影响深远的观点和系统的仁政学说。如他说："三代之得天下也以仁，其失天下也以不仁。国之所以废兴存亡者亦然。""尧舜之道，不以仁政，不能平治天下。"（《孟子·离娄上》）

孔子、孟子都明确主张，只有德性高尚者才能当君王。孔子说："其人存，则其政举；其人亡，则其政息。人道敏政，地道敏树。夫政也者，蒲卢也。故为政在人，取人以身，修身以道，修道以仁。"（《中庸》）孔子这里是讲，政治的成功关键在圣贤之人，有这样的人政治就兴旺，否则就会衰败。因为民众对政治非常敏感，所以为政者要像蒲卢（一种土蜂）取桑虫之子以为己子那样，化养他民以为己民。在他看来，要做到这一点，就要修身以成仁。孟子更明确提出"是以惟仁者宜在高位"（《孟子·离娄上》）。在他看来，如果不仁之人当上君王，会导致一系列后果："不仁而在高位，是播其恶于众也。上无道揆也，下无法守也。朝不信道，工不信度。君子犯义，小人犯刑，国之所存者幸也。"（《孟子·离娄上》）

儒家思想家关于人治应为德治的论述有很多，从以上所述就已足见其基本精神，而这种基本精神充分体现了自远古以来的人治即德治的传统主导观念。从这种基本精神可以看出，传统价值观的人治观念就是德治观念，两者是完全一致、相互依赖的。两者之间的基本关系是，德治是人治的内容，人治是德治的载体，它们谁也离不开谁。从这种意义上看，我们不能将传统价值观的人治观念理解为"力"治，更不能将其理解为君王可以随心所欲、无法无天。但是，我们也必须看到，这样一种人治虽然可能在中国远古时期存在过，但自中国进入文明社会以后，实际上并没有存在过。一般认为，中国进入文明社会的标志是夏朝的建立。夏朝的第一位天子是大禹，大禹是一位与尧舜大致上齐名的圣王，但他以后的历朝历代君王再也没有成为真正意义上的圣王。夏商周三朝的开国君王虽然为孔孟所尊崇，但在孔孟看来，他们并未达到尧舜那样的圣王高度。至于以后一直到清朝被推翻，甚至再也没有出现像夏禹、商汤、文王那样的贤王，更不用说尧舜那样的圣王。

这种情况出现的一个重要原因是传统社会的政治结构是一种宗法制与王权制相结合的结构，王位实行的是嫡长子继承制。根据这种制度，无论君王之长子有德无德、有才无才，都必须由他来继承王位。那些无德无才的长子继承王位后会导致各种严重的社会问题，以致“家天下”的王朝统治受到威胁。在这种情况下，那些非嫡长子的嫡出或庶出兄弟就有了抢夺嫡长子王位的理由或口实。这些抢夺王位的兄弟也并非因为自己德能超群而大多是出于权欲才抢夺王位的，他们一旦将王位抢夺到手马上又会面临与嫡长子同样的挑战。中国历史上的宫廷政变频发与此关系甚大。

这种情况出现的另一个重要原因是王族外部的人通过武力夺得王位。这又有两种情形，一种是外族入侵，如我国的元朝和清朝就是外族通过战争取胜而建立的王朝；另一种是农民起义导致王朝的更替，如汉朝和明朝的建立都与农民起义直接相关。通过这两种途径夺得王位的君王，由于受教育程度较低或所在民族落后而综合素质低，因而他们的德才都是低层次的，他们的优势在于军事力量强大，能征善战。他们夺取了王位后面临合法性的问题，因此往往打着“替天行道”的名义为自己篡夺王位辩护。在春秋时期前，他们在“替天行道”的名义下号称“君权神授”。例如，周武王在讨伐商纣王时发表的誓词中历数了商纣王种种罪行之后说：“天佑下民，作之君，作之师，惟其克相上帝，宠绥四方。”（《尚书·泰誓上》）意思是上帝佑助民众，为他们立了君王，选了百官，所选的君王能够辅助上帝，爱护他们的百姓。秦汉开始，各朝代打着“替天行道”的旗号夺取王权后，再也不能以“君权神授”为自己辩护，于是他们一方面靠武力维护自己的统治，另一方面基本沿用旧制旧例，开始新一轮的从兴到衰的恶性循环。传统社会的宗法皇权专制主义就是在这种恶性循环中延续了两千多年。

无论是通过上述两种途径中的哪一种途径夺得王权，他们在占据王位后实行的都是人治。但是，他们的人治并不是传统价值观所谓的德治，而基本上是前面所说的那种力治，实行的实质上是霸道，而不是王道。当然，在历代君王中也不乏像刘恒、李世民、康熙那样的开明睿智君王，但大多是昏君、庸君、淫君、懒君、暴君。他们既不以德治理天下，自己也无多少君德、人德可言，即便是那些开明睿智的君王，也不充分具备传统价值观对君王所要求的德与才。从这种意义上看，传统价值观的作为人治的那种德治方案并没有真正变成现实，与之形成对照的是这样一种人治：随心所欲，各行其是。虽然他们也可能会受到惯例、礼制的限制，可能会运用礼制、法制以及道德来治理国家，他们自己想成为一个什么样的君王却是随心所欲。那些对他们原本有一定约束作用的礼制、惯例、道德等，一旦他们不想遵循，通常便没有真正的约束力，一般不能通过一定的规制按程序更换君王。任其发展下去，等待他们的往往是被家族内部的人废黜、谋杀丧失王位，或者被家族外部的人推翻。历史事实证明，传统社会人治的结果是社会动荡不已，战乱周期性地发生，民众在王朝内部的相互倾轧和周期性的王朝更替中苦煎苦熬地挣扎，而最直接的悲惨结果往往是君王及其家族的毁灭。

传统价值观的作为德治的人治虽然看起来仁爱有加，温情脉脉，但实际上它在传统社会中不可能现实化为起实际作用的价值体系，取而代之的是另一种人治，即力治。不可否认，君王嘴上讲仁义道德，讲仁政，也总有些人“仁民爱物”，表面上重视对民众的道德教化，但最致命的问题是他们虽然从小就读圣贤之书，一开始也许立志要成为“内圣”之王，但真正登基后，由于种种因素，特别是出于维护王位的压力，他们的志向会慢慢消退。他们本来就不是因为是圣人而是因为其他各种因素登基的，他们登基时本来就不是“内圣”的，登基后也没有可能再成为“内圣”的，最终他们中相当一些人连君子都不是，而是处于王位的常人甚至是小人。他们难以持之以恒地实施真正的德治、仁政，环境不允许他们这样做，他们也没有这样做的能力。这就是传统价值观的德治观念在国家治理过程中不能真正实行的症结之所在。

2. *礼治与法治*

礼治和法治是传统社会人治的两种主要方式，但法治完全不是现代意义上的法治，而是用刑法进行治理。这种法治不过是礼治的一种补充，是礼治的一个部分，是使礼治得以实现的一种主要保障措施（其次的保障措施是教化）。礼治和法治可以是德治前提下的，也可以不是德治前提下的，就其实质而言，两种治理方式在传统社会都纯粹是工具，不像现代法治那样具有目的意义，成为高于权力的最高权威。从中国历史看，所谓圣王会运用这两种治理措施，而非圣王之君王通常也会运用它们。

一般而言，传统的礼治和法治只是在相当有限的意义上起着维护社会秩序的作用，充其量只能维护一个朝代的稳定，并不能确保社会的长治久安。因为决定社会治乱的主要力量来自君王，而君王是不断变更的，且这种变更常常不是通过规定的合理程序，其变数极大。不过，朝代变更和君王易位后通常还是实行礼治和法治，但这里的顺序不是礼法规定君王，而是君王决定是否采取礼法和采取何种礼法，尽管实际上采取的都是源自夏商周时代的礼法传统。

从有关历史文献看，传统社会只有传说中的尧舜禹三位圣王真正实行过德治。在他们实行德治的过程中就已经有“礼”和“法”。《尚书·舜典》中谈到“慎徽五典”“修五礼”，表明那时已经有“典”（典章制度）和“礼”。至于法，舜曾表扬皋陶说，你作为掌管刑狱的官员，“明于五刑，以弼五教”（《尚书·大禹谟》），合于我的统治。这表明那时已经有刑法。不过，刑法在治理中只起次要作用，是为德治服务的。如舜明确说：“刑期于无刑，民协于中。”（《尚书·大禹谟》）他的意思是，使用刑法的目的是不使用刑法，这样民众才能走上中正之道。这些圣王推崇的是德，主要是通过进行“典”（德）教化使民众认同君王及其治理，只是在德教的过程中辅之以礼和法。他们之所以能够实行德治，而没有实行后来日益复杂的礼制和法制，社会治理却达到孔子最推崇的“大同”理想，原因有三个。一是他们成为君王不是通过继承或武力，而是因他们已经成为“圣人”而被民众推选出来，他们担任君王是众望所归，百姓对他们有基本的信任。二是他们在位期间，其言行举止表明他们的德性和人格高尚，他们严格要求自己，以身作则，率先垂范，以自己的崇高德性和人格感召天下，公众不仅认同，而且十分称道和推崇他们。三是他们实行王道仁政，勤政为民，不辞辛劳，深切关怀百姓疾苦，全心全意为民众谋福祉。如大禹就明确说：“德惟善政，政在养民。”（《尚书·大禹谟》）正是这三方面的条件有机统一成就了传说中的尧舜禹的黄金时代。这三个条件之所以能同时具备，君王个人的作为固然十分重要，但也与当时的社会基本上是氏族部落社会有重要关系。虽然当时的社会已经超出部落，但这些圣王以仁爱之心对待本部落之外的部落，因而赢得了统治范围内民众的一致赞颂。但是，自大禹之子夏启自行袭位而开启世袭制之后，传统社会的黄金时代就终结了，此后再也没有这样的机缘，德治因而实际上亦不复存在，只有非德治的人治。

一旦君王不再具备尧舜禹那样的实行德治的条件，他就得寻求维护统治和秩序的措施。前面所说的尧舜禹时代的德治只是传说，并无确切的史实来证明，而且那时统治者也认为自己受命于天。如《尚书·大禹谟》中伯益就谈到皇天让尧为天下的君王："皇天眷命，奄有四海，为天下君。"自夏启开创世袭制先河以后，历代君王为了论证自己王权的合法性和维护自身的统治，都宣扬"君权神授"，并自西周开始自称"天子"。他们宣称，自己受上天派遣，于凡间管治世人，是天神在人间的代表，民众只可遵从自己的指示去做，不能反抗。《尚书·召诰》云："有夏服天命。"这是"君权神授"最早的记载。商王成汤在灭夏返回首都亳邑之后大告天下四方说："上天孚佑下民，罪人黜伏。天命弗僭，贲若草木，兆民允殖。"（《尚书·汤诰》）意思是，上帝的确真心护佑天下民众，将罪人夏桀废黜放逐了；天命不会有差错，从此天下繁荣如草木，民众因此也安居乐业。商汤这是打着天命的旗号为自己获得王位辩护。周武王伐纣时也同样宣称受命于天。他说："天佑下民，作之君，作之师，惟其克相上帝，宠绥四方。"（《尚书·泰誓上》）周代的铜器"毛公鼎"铭文还有这样的记载："丕显文武，皇天宏厌厥德，配我有周，膺受天命。""君权神授"观念在汉代董仲舒那里被系统化、理论化。他根据"天人感应""天人相与"理论，认为天和人间是相通的，天是有意志的，是自然界和人类社会的最高主宰，人应按天的意志来行动。他指出，君王就是上天的儿子，是奉天之命来统治人世的，民众应该绝对服从他们。董仲舒的"君权神授"理论，进一步论证了君权的天然合理性和神圣不可侵犯性，对中国产生了深远的影响，历代帝王无不假托天命，自称"奉天承运"，而造反的农民领袖则称"替天行道"，把自己的活动说成受上天的指使，从而使自己的统治合法化。

但是，随着文明的进步，君王仅仅靠宣扬"君权神授"已不足以维护自己的统治地位和社会秩序，于是他们还借助礼和法来为统治和秩序提供保障。从前文所述可见，礼法在尧舜禹时代就已经出现，但那时的君王"克明俊德"，能够实行德治，礼法不过是起辅助作用。但自夏代开始，君王不再能够实行德治，因此除了宣称"君权神授"外，更主要的是靠礼法实行统治和维护秩序。于是在"君权神授"的影响力不断弱化，以至于最后只不过是一种名义的情况下，礼法的力量逐渐得到强化，传统社会也逐渐走上以人治为前提的礼治和法治道路。

孔子说："殷因于夏礼，所损益可知也；周因于殷礼，所损益可知也。"（《论语·为政》）孔子的意思是，尧舜时代也许有礼，但不可知，而夏商周三代有礼是有证据的，而且它们之间有继承和发展的关系。虽然夏商都用礼作为统治的手段，但直到西周它才真正成为一种制度，而使之制度化的人是周公。武王灭商后，天子分封诸侯，把同姓宗亲和异姓功臣分封到各地做诸侯，以屏周室，形成以周天子为中心的宗法封建统治秩序。正是为了维护这种统治秩序，周公姬旦在总结前人经验和周人具体实践的基础上，制定了各种典章制度，即所谓"制礼作乐"，以确保周王朝的长治久安。这里说的"礼"是维护传统社会贵贱尊卑等级秩序的道德规范、政治准则和各项典章制度的总称，它强调的是"别"，即所谓"尊尊"；"乐"则是配合各贵族进行礼仪活动而制作的音乐，其规模必须同享受的尊贵等级保持一致，其作用是"和"，即所谓"亲亲"。在周公看来，有别、有和是巩固周人内部团结的两个基本方面。

到了东周时期，"礼崩乐坏"局面的出现，实际上证明礼是不适合作为统治手段的。然而，孔子没有看清这一点，他倒因为果，以为当时天下大乱是礼崩乐坏的结果，而没有意识到如果不实行强有力的专制统治，实行礼治必然导致天下大乱。正是基于这一错误认识，孔子一生致力于恢复西周时期的礼乐制度。不过，他在追求"复礼"的过程中，实际上赋予了周礼他所主张的"仁"的内容。所以，他所说的"礼"已经不是西周纯粹制度层面的礼，而有了道德的含义，可以视之为道德规范。孟子基本上也是在这种意义上来理解礼的，所以他把礼作为人生而具有的"善端"之一。但是，到荀子那里则不同了，他剔除了孔孟赋予礼的仁爱含义，强调礼划分身份等级的意义。因此，他所理解的礼实际上又回到了周礼。他的这种思想为董仲舒所发挥，董仲舒突出了所有礼中的君臣、父子、夫妇之礼，并且将以前认定的相对对等的"五伦"中的这三对人伦关系转变成主从、贵贱、尊卑关系，即所谓"三纲"，并运用"天人感应"理论将其神圣化。他在这样做的过程中，实际上就使先秦儒学变成了维护君王统治的统治之术，即所谓"儒术"。董仲舒的这种理论及其实践在汉代以后受到道教、佛教的冲击。到了宋明时期，宋明理学家又将董仲舒神圣化的“三纲”及其他礼天理化，使之得到了哲学本体论的论证。从传统社会后来发展的历史看，宗法皇权专制时代用于统治的礼，实际上已经不是孔孟意义上的礼，而是西周意义上的礼，不具有孔孟所赋予的仁爱内涵。也正是因为有皇权专制制度作凭借，所以在漫长的历史时期，只有“王崩”，而基本上没有发生“礼崩”的问题。

前文说过，在中国古代，有礼时就有法，即刑法。但是，法作为一种制度到春秋时期才开始成熟。西周周公“制礼作乐”，但没有“立法”。当时有一部记述法律原则和赎刑规定及一般司法制度的《吕刑》。它是周王朝接受大臣吕侯的建议制定的一部重要法典，该法典废止严酷的旧法，以“明德慎罚”为指导原则，“作修刑辟”。但是，周公亲自“制礼作乐”表明，这部法典在当时并没有礼制重要。到了春秋战国时期，一些思想家意识到仅仅靠礼以及作为礼之基础的仁义道德并不能解决社会的治乱问题。韩非在总结前人法治思想的基础上，把商鞅的法、申不害的术和慎到的势融为一体，形成了以法为中心的法、术、势相结合的政治思想体系。在这三者之中，他最强调的是法，主张实行法治。他说：“故明主之道，一法而不求智，固术而不慕信。故法不败，而群官无奸诈矣。”（《韩非子·五蠹》）韩非十分鄙薄仁义道德，极力反对儒家“德主刑辅”“以德去刑”的主张，认为仁义道德势必助长奸邪犯罪。他说：“故文王行仁义而王天下，偃王行仁义而丧其国，是仁义用于古不用于今也。”（《韩非子·五囊》）“夫严家无悍虏，而慈母有败子，吾以此知威势之可以禁暴，而德厚之不足以止乱也。”（《韩非子·显学》）所以，他指责主张德治的儒家，说“儒以文乱法，侠以武犯禁”（《韩非子·五蠹》）。

以韩非为代表的法家为后来建立的秦朝的中央集权制提供了有效的理论依据，后来的汉朝继承了秦朝的中央集权制以及法律制度。法家的法治主张对于法律制度的完善起到了重要的推动作用。在春秋早期，楚国最早制定了成文法，晋国先后三次制定成文法；春秋后期，郑国子产有“铸刑书”，晋国赵鞅、荀寅有“铸刑鼎”，郑国邓析有“竹刑”等。特别是李悝还制定了中国历史上第一部比较系统的成文法典《法经》，它成为以后历代法典的蓝本。此后，法律制度不断完善。汉朝有《九章律》《越宫律》《朝律》，曹魏有《新律》，西晋有《泰始律》，北朝有

《齐律》《名例律》，唐朝有《唐律疏议》，宋朝有《宋刑统》，明朝有《大明律》《明大诰》，清朝有《大清会典》等。单纯从刑法的角度看，到清代的《大清会典》，传统社会的法律已经比较完善，不仅有完善的刑法典，还有行政法典，如《大清会典》。当然，从现代法制来看，传统社会只有实体法，没有程序法。传统社会法治最大的问题是没有贯彻法家所强调的以法治国的思想，它不过是礼治的一种补充和保障，即所谓"援礼入法"或"以礼入法"。

3. 传统治理方式异化之根

由以上分析可见，传统价值观的社会治理方式是人治、德治、礼治和法治四种治理方式的有机统一。不过，严格来说，这四种方式可归结为德治、礼治和法治三种方式，因为这三种方式都是人治的方式，而其中的礼治和法治实质上是一种非德治的方式，因为它们后来没有了孔孟仁爱道德的内涵。当然，如果不是从孔孟仁义道德的意义上，而是从广义上理解道德，传统的社会治理方式就是德治、礼治和法治的有机统一。在这三者之中，德治是根本，礼治是为了实现德治，而法治则是为了实现礼治。当然，德治并不等于礼治和法治，仅就治理而言，它还包括教化。教化是德治的最具广泛性的治理方法，它不仅可以渗透人们的言行举止，而且可以深入人的内心。教化还是实现礼治和法治的重要辅助手段，因为人们接受了教化后，会更自觉自愿地遵礼守法。教化在任何文明社会都存在，它并不是传统价值观的独特之处，传统价值观的独特之处在于将礼治和法治纳入德治的范围，使它们为德治服务。从这种意义上看，传统价值观归根结底主张的是德治，礼治和法治是实现德治的手段。

从传统价值观的漫长实践过程看，德治从中国文明社会早期一出现就有它的三种实现形态，即教化、礼治和法治，后来它通过四次重大变化达至充分形态。第一次是周公"制礼作乐"，实现了礼的系统化、制度化，但借这种礼制实行的礼治没有了从前德治的内涵，礼成为纯粹外在的规范，这一点可以从《周礼》《仪礼》中明显地看出来。第二次是孔子为德治提供了一个系统的"仁学"体系，这个体系为传统礼制注入了仁爱的内容，这一点在《论语》、《孟子》和《礼记》中得到了充分体现，而且这个体系还使社会教化落实到修身问题上，将德治的希望寄托于他们所设计的"内圣外王之道"上。第三次是董仲舒使先秦儒学变成

“儒术”，实际上剔除了先秦儒学的仁爱内容，使传统的“五伦”转化为礼制之“三纲”，从而使“儒术”变成国家礼制的原则并使其融入法律成为可能。第四次是从《法经》的制定到《唐律》的制定，实现了礼与法的融合，从而完善了礼治的整个结构。这就是传统价值观的社会治理观念现实化过程中发生的四次重大变化。在这四次重大变化中，只有孔子的工作真正推进了德治的进程，而其他几次则促进了德治走向礼治，从而使德治的方向偏离了原先的轨道，最终走向非本原意义德治的礼治。这四次重大变化的基本轨迹是：周公的工作，使德治走向礼治；鉴于礼治的失败，孔子使礼治又回到德治；为适应宗法皇权主义的需要，经过董仲舒的工作，德治又回到礼治；礼治借助法治得到充分实现。

历史事实已经充分证明，传统价值观的治理方式实际上是失败的。其失败主要体现在它从作为人治的德治，逐渐走向作为人治的非德治（礼治）。尧舜时代的德治无疑是人治，因为这种德治依赖于君王自身的德性及其治国过程中的德行，当然德治的前提是君王有德才能成为君王。在这种条件下，礼治和法治都是德治的辅助手段。然而，从周公开始实行的实际上已经不是德治，而是礼治，这种礼治是将过去作为德治辅助手段的礼治上升到德治之上，君王的德性和德行已经不再重要，更不用说君王是凭其有德而成为君王。毫无疑问，这种礼治仍然是人治，因为这种礼是完全根据君王统治的需要规定的，而且君王想要制定什么样的礼制和礼制如何实行也完全取决于君王个人的意志和情绪。要不然，怎么会在周公“制礼作乐”后几百年发生“礼崩乐坏”的春秋战国局面呢？孔子所做的工作从理论上看是有意义的，但从治国的角度看，它并没有多少现实意义。董仲舒搞的那一套，实际上是跳过了孔孟之道，直接承接了春秋前的“五伦”和礼制，并使之变成适应宗法皇权专制统治需要的“三纲”和礼制。此后治理方式基本上是沿着董仲舒开辟的道路传承下去的。显然，传统价值观从德治走向了非德治的礼治，这不能不说是传统价值观的治理方式的失败。

传统价值观的这种失败不仅在于它走向了自己的反面，或者说它发生了异化，而且在于这种异化的发生导致了传统社会的诸多问题。我们今天可以历数的传统社会的种种问题都与这种异化的治理方式有密切关系，或者说都是由这种异化的治理方式导致的。传统社会的问题很多，其中最为突出的有以下几个方面。一是人的生存得不到起码的保障。在传统治理方式治理之下的社会每隔若干年就会有宫廷政变或改朝换代导致的战乱，在战乱中民众无以安生，甚至会丧失其生命。即使没有战争，百姓也会因为贫穷落后而吃不饱穿不暖，挣扎在死亡线上。二是普通百姓经济上受剥削，政治上受压迫，更不用说自由和平等权利。传统社会百姓生活在社会最底层，他们只有为朝廷做出贡献的义务，而不能享受国家的福利，更谈不上成为国家的主人。三是民众的积极性不能被充分调动起来，因而经济落后，社会发展迟缓。中华文明起步早，综合实力在历史上也曾处于世界的领先地位。但是，自清朝开始，中国闭关锁国，实行文化专制主义，极大地抑制了人们的积极性、主动性，使中国迅速走上了衰退之路。当然，我们还可以列举更多的问题，但仅仅这几个问题就足以表明传统的治理方式存在弊端和问题。

传统价值观治理方式发生异化的原因很复杂，有客观原因也有主观原因，我们认为其根源在于人治这种治理方式。传统价值观所主张的治理方式是德治。由前面的分析我们已知德治本身不过是一种人治，它取决于君主必须是圣人。然而，从历史事实看，中国历史上无数君王中实际上只有传说中的尧舜禹才是圣王，而以后的历史上再未出现过圣王。不可否认，先秦儒家针对历史上的经验教训提出了一整套产生圣王的方案，即《大学》概括的“三纲领八条目”。这个路径从理论上看似乎很完整，而且这套方案由于儒家在中国历史上的特殊地位也广为人知，但是，事实却是在中国后来的历史上从未产生过一位这样的君王，因而以圣王为前提的德治不可能真正实行。如果说因为没有产生过圣王而不能实行德治，那么尚且不十分要紧。问题在于主张德治就是主张人治，这就意味着为实行人治提供了一个通道，人们就有可能打着实行德治的旗号而实行非德治，这虽然还是人治，但这种人治不是德治而是非德治，而且常常是打着德治旗号的非德治，具有很大的欺骗性。如果我们检视中国的历史就会发现，在传统社会德治这个旗号始终存在，正是在这个旗号之下，德治变成了根据君王个人意志治理的非德性治理，而且借助礼制和法制来实现，从而使之披上了合法的外衣。

历史事实严峻地告诉我们，仅仅将德治作为国家基本治理方式是无效的，其结果必定会走向反面，因而是不合适的，是根本错误的。道理实际上很简单。任何一个人都不可能真正成为圣人，因而想让圣人来担任君王是幻想。即使有人能够成为圣人，如果没有一种完善的用人机制，他同样当不了君王。如果我们承认孔子是圣人，那么历史事实已经证明他没有成为君王，反而遭到很多人的嘲笑和讥讽。即使一个人是圣人，而且真的成为君王，他当上君王后能否持之以恒地保持其健康的圣人之身，这仍然是一个很大的问题。从人类历史经验看，要解决德治导致的各种问题必须从根本上改变这种治理方式，变德治和人治为现代意义上的法治。这种法治既不是德治，也不是人治，而就是法治本身。

根据现代法治的要求，法律具有最高权威，而且它不是用道德及其体现——礼制来实现治理，而是以自身的力量来实现治理。当然，它需要以道德为基础和依据。一方面，现代意义上的法律是以德入法，但入法的只是德中的那些涉及社会行为的德，而且是有关社会行为中会危害他人和整体的道德规范部分。另一方面，现代法律不只有规范行为的部分，还包括社会的一些基本制度，如国家性质、人民在国家中的地位、政府与社会的关系等。因而现代法律实际上包括行为规范和制度规定两个基本方面，已经不包括传统社会的礼制。当然，即使是现代法律也有“恶法”与“良法”之别，而良法有三个要件：真正体现全体社会成员的意志，以得到普遍公认的正确价值观为依据，具有法律专业知识和能力的立法家根据前两个要件具体制定法律。

对于社会公民而言，现代法律和现代道德已经有明确的分工。法律主要负责防范和惩罚那些可能损害他人和共同体的行为；道德则主要负责指导人们做什么样的人和过什么样的生活，其中也包括对行为的规范。法律和道德是社会控制体系的两个基本方面，除此之外，还有一些其他社会控制措施，如政策等。所有这些控制措施有共同的依据，那就是社会的主流价值观。有了这些根据社会主流价值观构建的社会控制措施，才能确保社会的长治久安，而不会发生传统社会中那种由君王和朝代更替所引起的社会动荡和战乱。

八　经常与权变相辩证

传统价值观既讲“经常”，也讲“权变”。“经”指根本原则，它是常住不变的；“权”指对原则的灵活运用，这种运用是可以变化的。当把“经”理解为道时，它与“权”的关系就是朱熹所说的：“经者，道之常也；权者，道之变也。”（《朱子语类》卷第三十七）“经”与“权”两者之间的关系就是“常”与“变”的关系。所以，“经”与“常”、“权”与“变”经常联系在一起。在历史上也存在将“经”与“权”、“常”与“变”联系起来使用的，即“经权”“常变”。如此使用，“经权”“常变”两词的意义大致相同。在传统价值观中，“经常”与“权变”既是价值观念，也是实践智慧。传统价值观念认为，“经”与“权”不可偏废，但“权”是人世生活中最难把握的方法，是价值实践的最高境界。“权”是一门艺术，是融入共同体日常生活的实践智慧，不能够熟练地掌握这种实践智慧，实际上就是没有真正把握“经”与“权”辩证关系的价值观念。用柳宗元的话说：“经也者，常也。权也者，达经者也。皆仁智之事也。离之，滋惑矣。经非权则泥，权非经则悖。……知经而不知权，不知经者也；知权而不知经，不知权者也。”（《断刑论下》）“经常”与“权变”相辩证充分体现了中国人练达而成熟的实践智慧，也是传统价值观现实化体现的一种十分复杂的情形。

1. “经权”观念的形成与演进

“经权”思想在春秋时期被明确提出，在此前的历史文献中并无此说。这一思想最早见于《春秋公羊传》。《春秋公羊传》有“反经合道”的说法。“权者反于经，然后有善者也。权之所设，舍死亡无所设。行权有道，自贬损以行权，不害人以行权。”这就是说，“权”是可以违反“经”的，但必须求得善的结果，而且只能在生死的关键时刻才能行使。这里的“行权有道”，含有行权可以合道和应该合道的意思。这个道就是“自贬损以行权，不害人以行权”。所以，“杀人以自生，亡人以自存，君子不为也”（《桓公十一年》）。这里所说的“经”被视为“道”之“常”的体现，而所谓“常”就是后来汉儒所尊奉的儒家经典之“经”，所指的是仁义道德。在道德生活中人们不时会遇到“非常”的状态，此时如果简单地按“经”而行，则会违背“道”的要求。在这种情况下，只有违背社会视为“经”的一般性要求，才能符合“道”，才会有真正的“德”，因而“权”虽然反“经”，却是在特殊情境中对遵循“道”的一种更高要求。不过，使“经权”成为一种受到重视的价值观念则是自孔孟开始的。

孔子非常坚守“经”，他的诸多说法都体现了这一点，如他说：“尔爱其羊，我爱其礼。”（《论语·八佾》）“义然后取。”（《论语·宪问》）但是，他也非常重视“权”，甚至把“权”放在超越“经”的位置之上。他说：“可与共学，未可与适道。可与适道，未可与立。可与立，未可与权。”（《论语·子罕》）他的意思是，与学习知识、实践道、成功相比，“权”才是人世生活中最难把握的方法，它是人实践的最高境界。在他看来，有知识并不一定能够付诸实践，能够付诸实践，并不一定能够使人成功，而即使成功了也难以保证在任何特殊情境下都能够妥善处理所遇到的问题。由此看来，对于孔子来说，“权”是一种能够从容应对任何难题的实践智慧。后来有人将孔子的这一思想概括为“权”是一个人成为圣人后才能善于运用的。“权者，圣人之大用。未能立而言权，犹人未能立而欲行，鲜不仆矣。”（《四书章句集注·论语集注》卷五）

孟子在继承孔子“经权”思想的基础上形成了自己非常独特、精辟的见解。《孟子·离娄上》记载的孟子与淳于髡的一段著名对话，充分表明了孟子“经权”思想的精要。淳于髡问孟子：“男女授受不亲，礼与？”孟子回答说：“礼也。”又问：“嫂溺，则援之以手乎？”答：“嫂溺不援，是豺狼也。男女授受不亲，礼也。嫂溺，援之以手者，权也。”显然，在孟子看来，“权”超越了礼，但又不离开礼，是礼的原则在实际情境中的一种灵活运用。这就是柳宗元所说的：“知经者，不以异物害吾道；知权者，不以常人怫吾虑。”（《柳宗元集》卷三）孟子认为，“权”对于礼的运用极其重要。他说：“权，然后知轻重；度，然后知长短。”（《孟子·梁惠王上》）孟子运用“权”的思想对当时的杨朱、墨子和子莫三人的主张提出了批评，认为他们都是在“权”的问题上没有把握好。他说：“杨子取为我，拔一毛而利天下，不为也。墨子兼爱，摩顶放踵利天下，为之。子莫执中。执中为近之。执中无权，犹执一也。所恶执一者，为其贼道也，举一而废百也。”（《孟子·尽心上》）这里是说杨朱过于利己，没有一点天下情怀，是不可取的；墨子又太无我，显然不符合人性的自利倾向；相比之下子莫的执中是可取的，但执中而无“权”也会走向极端，而一旦走向极端就会误入歧途，祸患无穷。

董仲舒对孔孟的“经权”思想进行了更为系统的阐发，不过没有像孟子那样重视“权变”。他用“常变”“经权”的方法解读《春秋》经典，把“经权”观念总结、提升为君王为政的一般方法，特别是以天道运行的客观法则为基点阐释“经权”是天和人共有的规律，从而为“权”的正当性、合法性做了哲学论证。如同将天道的阴阳之气与政事的德刑相比附，他也把阴阳与“经权”“常变”一一对应起来，并认为从阴气之行的轨迹可以演绎出“权变”的法则，而阳气之行的轨迹可以推证“经常”的定律。由于“天以阴为权，以阳为经”，“先经而后权，贵阳而贱阴也”，因而“经用于盛，权用于末”（《春秋繁露·阳尊阴卑》）。在他看来，天道运行和社会存在在绝大多数情况下还是取法于“经”，而只有在万不得已的应急情形下才采取“权”。董仲舒实际上已经意识到，在现实生活中人们往往会打着“权”的旗号、以“权”的名义行否弃“经”之实，而这样会导致不堪的后果。所以，他强调：“夫权虽反经，亦必在可以然之域。不在可以然之域，故虽死亡，终弗为也。”（《春秋繁露·玉英》）他所说的“在可以然之域”指的是为“经”所允许的范围内，而“不在可以然之域”则是指根本目的、主观意图、行为动机及实际效果等方面都已背离“经”的基本要求的范围。他要求，在“经”的范围内，即使面临死亡，也不可以行“权”，因为说到底，“权”不是为了“权”而“权”，而是为了“经”而“权”。离开了“经”，没有“经”约束，那“权”就不是“权”，不是与“经”相对而言的“权”。董仲舒的这种思想，后来朱熹表述为：“经是万世常行之道，权是不得已而用之。”（《朱子语类》卷第三十七）这就是说，“权”不应该被滥用、被庸俗化。“权”必须以“经”为原则、为基础，不是情势急迫、万不得已的时候，不可以轻易用“权”。

宋明理学也十分重视“经权”问题，但他们不同意汉儒认为“行权”必然意味着“反经”的观点。程颐认为，“权”和“经”是相互一致的，而并非彼此对立的，“权”就是“经”，二者统一于“义”。“古今多错用‘权’字，才说权，便是变诈或权术。不知‘权’只是‘经’所不及者，权量轻重，使之合义，才合义，便是‘经’也。今人说‘权’不是‘经’，便是‘经’也。”（《二程集·河南程氏遗书》卷第十八）不但“经”合于“义”，正当的“权”亦合于“义”。如果“权”与“义”发生了背离，“权”便流于权术或变诈。从这个意义上说，“权”

同“经”一样，都是“义”的体现，因此行权应以合乎“义”的要求为前提。既然“权”合乎“义”，就不能被视为“反经”。在他看来，在道德选择中，作为“大纲大法”的“经”虽然是常道，却无法涵盖复杂社会生活的方方面面，“权”作为“经”的补充，能够使“经”所不能尽的曲折精微处的行为符合道德的要求。从这个意义上看，“权”和“经”不是相反而是同一的关系。

朱熹对程颐的“经”与“权”统一于“义”的思想进行了进一步的阐发。他认为，“权”能够在道德选择中切合“时中”的标准，正是因为它符合“义”的要求。“以义权之，而后得中。‘义’似称，‘权’是将这称去称量，‘中’是物得其平处。”（《朱子语类》卷第三十七）在朱熹看来，“义”是比“经”和“权”高一层次的范畴，是“经”和“权”的合理性依据之所在。他说：“‘义’字大，自包得‘经’与‘权’，自在‘经’与‘权’过接处。如事合当如此区处，是常法如此，固是‘经’；若合当如此，亦是‘义’当守其常。事合当如此区处，却变了常法恁地区处，固是‘权’；若合当恁地，亦是‘义’当通其变。”（《朱子语类》卷第三十七）在朱熹看来，“权”同“经”都属于“义”，受“义”节制。它们既非游离于“义”之外，更不是“义”的对立面。二程和朱熹引进“义”作为沟通“经”和“权”的桥梁，克服了“经”和“权”的对立，使二者真正统一起来了。在这里，“义”对于两者的关系，大致上相当于《春秋公羊传》中所说的“道”对于两者的关系。

但是，朱熹不同意程颐“权即是经”的观点。他指出：“经与权，须还他中央有个界分。”（《朱子语类》卷第三十七）不过，他也不赞成汉儒“反经合道”之说，批评他们“他意却是横说，一向不合道理，胡做了”（《朱子语类》卷第三十七）。他提出“常则守经，变则行权”的主张，认为“经是已定之权，权是未定之经”；“经是万世常行之道，权是不得已而用之，大概不可用时多”（《朱子语类》卷第三十七）。因此，“权”不可离开“经”，“虽是权，依旧不离那经，权只是经之变”（《朱子语类》卷第三十七）。在朱熹看来，“经”是具有普遍约束力的道德准则，这一点是不容有异议的，但生活中又会出现“非常”的情境，使得无法遵照“经”这一万世常行之道而做出选择，只是在这种“不得已”的情况之下才需要“权”来加以补充。朱熹曾经以生病服药做比方说：“如人之病，热病者当服凉药，冷病者当服热药，此是常理。然有时有热病，却用热药去发他病者；亦有冷病，却用冷药去发他病者，此皆是不可常论者。然须是下得是方可。若有毫厘之差，便至于杀人，不是则剧。然若用得是，便是少他不得，便是合用这个物事。既是合用，此权也，所以为经也。”（《朱子语类》卷第三十七）由此看来，朱熹虽然不赞同程颐将“经”和“权”直接等同起来，但还是认为应当以“权”来济“经”之所不到之处。他认为“经”和“权”都是“正当”的道理，因而他与二程的观点是相通的。同时，尽管程朱都认为“合道”的行权不应“反经”，但他们在以下这一点上与汉儒是相通的，即“经”和“权”都属于道。“经者，道之常也；权者，道之变也。道是个统体，贯乎经与权。”（《朱子语类》卷第三十七）朱熹甚至认为，汉儒的“反经合道”之说“亦未十分有病”（《朱子语类》卷第三十七）。他所担心的是，如果“反经合道”说流行，将会为权诈、权变等不道德行为提供理论依据。

明代高拱还提出了一种“经”和“权”统一的观点。他认为，“经”和“权”不是直接同一的关系，也不是“常”和“变”的关系，更不是汉儒所主张的相反相成的关系，而是一种体和用的关系。他说：“经也者，立本者也，犹之衡也。权也者，趋时者也。经以权为用，权非用于经无所用之者也。”（《问辨录》卷六）“夫物各有则，经之谓也；称物而使当其则，权之谓也。”（《问辨录》卷六）它们是统一的，并非两种完全不相干的东西。“经乃有定之权，权乃无定之经。无定也而以求其定，其定乃为正也。”（《问辨录》卷六）“经”和“权”统一于道德选择的实践之中，不存在所谓“守常”和“处变”之分。“经”是常行的，“权”也是在日常道德选择中具有普遍意义的审慎要求。因此，“正理所在莫非经，称之而使得轻重之宜者莫非权”（《问辨录》卷六）。这样，“权”也就成了一个具有普遍意义的方法论范畴。他的这一观点既承认“经”具有普遍道德准则的意义，又强调“权”对于根据每一个道德情境的特殊性做出判断的必要性。因此，有学者认为，“高拱的经权说，在中国经权说的发展史上，是一次理论的概括和总结”①。

① 赵清文：《道义与结果在道德生活中如何统一——经权观与儒家规范伦理思想的性质》，《道德与文明》2015 年第 4 期。

2. “经常”“权变”与“有执”“无执”

传统价值观的“经权”观念与“有执”“无执”观念密切相关，从一定意义上可以说，后者是前者的另一种表述。所谓“有执”，是有所坚执，是坚定不移，是对“经”“常”的执着坚守，不允许对“经”“常”有任何形式的偏离或突破。所谓“无执”，并非“有执”的反面，它并不意味着无所坚执，而是在有所坚持的前提下允许根据不同的情景、不同的时候、不同的对象对“经”“常”进行适当的变通，放弃对“经”“常”的严格遵守。一般来说，“有执”是相对于“经常”而言的，是“经常”的要求，而“无执”实际上就是“权变”。因此，对“经常”的“有执”与“权变”即“无执”之间是负相关关系：“无执”的程度越高，“有执”的程度越低，反之亦然。因此，问题的关键在于“无执”。如果我们用0和1来表示“有执”与“无执”的区间，那么有执可视为“无执”的最低程度，即0，1则是“无执”的最高程度。所以，我们可以集中讨论“无执”问题。

“无执”对“经常”的变通可能是微小的，可谓之“偏离”；也可能是重大的，乃至根本性的、全局性的，可谓之“背离”。孟子所说的“嫂溺，援之以手”是对“男女授受不亲”的变通，这是一个小的变通。清朝大贪官为了满足私欲，贪得无厌地搜刮民膏民脂，就是对做人根本原则的重大变通，实际上背离了做人的根本原则。在任何情况下都坚持“男女授受不亲”，这是“有执”，而除此之外的男女任何直接接触、言谈或授受物件都属于“无执”。同样，在任何情况下都坚持“不贪不占”原则，这是“有执”，而任何违反这一原则的行为都是“无执”。从实践的角度看，“有执”是一，即只有一种选择，坚持原则；“无执”则是多，即除了“有执”之外的多种选择，从对这一原则的一点点偏离，到完全背离这种原则。由此看来，“无执”并非完全无所坚执，而是涵盖“有执”之外的广大领域，从最小的“无执”到最大的“无执”。这才是传统价值观的“无执”观念。在“无执”的无数可能选项之中做出何种选择，这就涉及人的智慧问题。传统价值观主张人们在“无执”的诸多可能选项中做出合适的选择，这在传统价值观看来就是智慧。

从总体上看，传统价值观虽然不反对“有执”，但更倾向于“无执”。《周易》对宇宙变化不居的描述，从本体论上为“无执”观念提供了根据。“范围天地之化而不过，曲成万物而不遗，通乎昼夜之道而知，故神无方而《易》无体。”（《系辞上传》）这是说《易》广大悉备，包括天地万物的化育而无所逾越，懂它的人可以适时而变，可以通过它认识万物而无所遗漏。所以，造物之天神变化莫测而没有定规，描述它的《易》因而也随着天神的变化而变化，没有自己的独立体系。“《易》之为书也不可远，为道也屡迁，变动不居，周流六虚，上下无常，刚柔相易，不可为典要，唯变所适。”（《系辞下传》）这里也是谈道是不断变化的，其流转变易、上下往来、阳刚阴柔都无常法可循。

《易经》的“无执”精神在老子那里得到了明确的阐述和进一步强化。他主张人们要使心灵虚静到极点，并坚定地守住这种虚静的状态，这样就复归到了本性。复归到本性就叫作“常”，知道“常”就叫作“明”，而“知常容，容乃公，公乃全，全乃天，天乃道，道乃久，没身不殆”（《老子》十六章）。就是说，知道了“常”就可以宽容大度，也就可以公正无私，可以做到周全，也就符合自然、合于道，也就能长久而终生没有危险。老子这里所说的“常”实际上就是一种自然状态，从实践的意义上看就是要求人顺其自然。既然顺其自然，当然也就无所谓坚执了。所以，他指出，“天下神器也，不可为也，不可执也。为者败之，执者失之”（《老子》二十九章）。在他看来，天下是神圣的东西，不可强力而为，也不可加以把持，强力而为的，必然失败；加以把持的，必然丧失。老子后来又进一步指出：“为者败之，执者失之。是以圣人无为，故无败；无执，故无失。”（《老子》六十四章）在他看来，正因为“为”和“执”会适得其反，所以圣人才会“无为”“无执”。

老子的这种思想产生了广泛的影响。黄老学派就主张君王应无为，不过，他们提出用“法”作为君主无为的补充。《经法》云：“故执道者之观于天下也，无执也，无处也，无为也，无私也，是故天下有事，无不自为形名声号矣。形名已立，声号已建，则无所逃迹匿正矣。”《十大经》（《黄帝四经》的第二部，其他三部为《经法》《称经》《道原经》）也说：“欲知得失，请必审名察形。形恒自定，是我愈静，事恒自施，是我无为。”法家很重视“无执”也许是受到了道家的影响。商鞅认为，“治世不一道，便国不必法古”，只要利国利君，符合当下实际情况，怎样做都行。他说：“三代不同礼而王，五霸不同法而霸。故知者作法，而愚者制焉。贤者更礼，而不肖者拘焉。”三代、五霸遵循的道法并不相同，但都能有效地成就王霸大业。智者贤人总是道法的创造者，而只有那些愚者和不肖者才一直固守既定的道法。所以他说：“伏羲、神农教而不诛；黄帝、尧、舜诛而不怒；及至文、武，各当时而立法，因事而制礼。礼、法以时而定，制、令各顺其宜，兵、甲、器备各便其用。”（《商君书·更法》）三国时期魏国阮籍在《达庄论》中就说：“自是者不章，自建者不立。守其有者有据，持其无者无执。”南朝时期梁国慧皎的《高僧传·义解三·慧远》亦云：“是故负荷大法者，必以无执为心。”但是，老子的这种“无执”实际上是一种极端的“无执”，因为对于他来说，没有什么东西需要“有执”。如果说存在“有执”，那“无执”就是“有执”，如同“无为”即“有为”一样，因为“道常无为而无不为”（《老子》三十七章）。老子及道家的“无执”实际上是否定“执”，而强调“任”，即因任自然。老子的这种“无执”“无为”思想因与儒家的“权变”思想相左而没有成为主导观念，倒是黄老学派提出的“君无为而臣有为”观点对后世王权观念有较大的影响。

儒家不用“无执”一词，而用“权变”，但如前所说，两者基本上是同义的。与道家的“无执”观念不同，儒家的“权变”是以“有执”为前提的。也就是说，儒家的“无执”不是最高程度的“无执”，而是对“经常”“有执”的“无执”。这样，对于儒家来说，就面临一系列道家所不会面临的问题，如：在什么样的情境中应该坚持“有执”，在什么样的情境中可以选择“无执”？在可以选择“无执”的情况下选择多大程度的“无执”才是正确的或恰当的？“无执”肯定是对“有执”的挑战，那么在选择了“无执”的情况下，怎样才不至于威胁对“经常”的“有执”？这些问题是儒家提出“经权”概念后回避不了的实质性问题。儒家用“中庸”学说来解决这些问题，认为能否合理地行权，关键在于能否把握中庸之道。

从“权变”或“无执”的角度看，中庸实际上是在对“经常”“有执”的前提下，在“无执”的广大范围内的无限可能性中做出适中的选择，即正确的选择。朱熹对“中庸”做了这样的解释：“中者，不偏不倚、无过不及之名。庸，平常也。”（《四书章句集注·中庸章句》）按朱熹的解释，中庸的基本含义就是“不偏不倚、无过不及”。这里的“偏”与

“倚”以及“过”与“不及”实际上是相对于“经常”与情境关系而言的。也就是说，中庸就是要在“经常”与情境之间找到一个合适的点，这个点不能破坏“经常”，破坏了就是“过”；这个点还要尽可能照顾到情境，照顾得不充分就是“不及”。如果一个选择既保证不动摇“经常”又充分考虑到情境的需要，那这个选择就是适中的。所以，对适中的选择本身就是一种“权变”，没有“权变”是不可能做到适中的。孟子深刻地洞察到了这一点，所以他才说“执中无权，犹执一也”（《孟子·尽心上》）。

对于儒家来说，中庸是极其高明的学问和极其高超的智慧，只有当一个人修养和学问达到极高的境界时，才能谈论和践行中庸。这就是《中庸》中所说的“故君子尊德性而道问学，致广大而尽精微，极高明而道中庸”。正因为如此，孔子把中庸视为一种最高的道德境界，并发出了“中庸之为德也，其至矣乎！民鲜久矣”（《论语·雍也》）的感慨。《论语》也淋漓尽致地描述了在日常生活中究竟应该如何恪守中庸之道：“子温而厉，威而不猛，恭而安”（《述而》）；“敬鬼神而远之”（《雍也》）；“乐而不淫，哀而不伤”（《八佾》）；“君子和而不同”（《子路》）；“我叩其两端而竭焉”（《子罕》）；等等。这些生动的表述从方法论层面对中庸之道做了极有力的诠释和说明，也是孔子通过不同途径对中道精神的总结和提炼。①

值得特别指出的是，自秦汉开始，经学家们不再怎么谈“中庸”，也不怎么谈“权变”。董仲舒虽然谈到“权变”，但特别强调“经”对“权”的约束，“权”必须以“经”为原则，因而对于他来说，“权”是“经”中之“权”。一直到宋明时期，中庸问题才再次受到重视，而在这个过程中，“经”特别是“三纲五常”成为绝对不可动摇之“经”。对于这种“大纲大经”根本不存在“权变”的问题。当然，这种文化专制主义实际上只是表面的，在这个表面之下，“权变”“无执”“中庸”等观念广泛深入人心，成为具有鲜明民族特色的文化传统和价值观念。

3. “经”“权”观念的局限与问题

由前文分析可以看出，“经常”与“权变”的关系问题，实际上就

① 参见余治平《经权、常变的智慧——中庸之道的哲学根据》，《中山大学学报》（社会科学版）2008年第1期。

是“权变”的问题，即我们可以将“经常”（有执）视为“权变”（无执）为0的特殊情形。“权变”在任何社会都存在，而且不只是涉及法律、道德、政策等社会控制手段，在日常生活中也普遍存在，人们时常会面临它。即使在举世公认的严格实行法治的西方国家，法官和行政管理人员也有“自由裁量权”。“自由裁量权”实际上就是相对于“经常”而言的“权变”。西方自由主义者极为推崇实行严格法治，但他们也不能不承认“自由裁量权”的客观存在，不能否定“自由裁量权”。英国新古典自由主义者哈耶克指出：“任何人都不会否认这样一个事实，即政府为了有效地运用它所拥有的手段或资源，就必须行使大量的自由裁量权。”“的确，行政机构在法治下行事，也常常不得不行使自由裁量权，正如法官在解释法律时要行使自由裁量权一般。”①“权变”存在的根本原因在于，“经常”总是普遍适用的刚性要求，而它应用的情境（包括时间、地点、环境和对象等）总是不相同的，许多情境会对“经常”的运用提出严峻的挑战，使“经常”的运用不能不考虑这种挑战并常常不得不做出让步。传统价值观的中国特色不在于它承认“权变”的存在，它的实践运用允许“行权”，而在于它重“权变”、轻“经常”，而且“行权”的空间较大。

不可否认，“行权”的空间大使社会控制显得更有人情味，更合情理。正如孟子在谈到“男女授受不亲”这一原则时说，面临嫂子溺水仍然坚守这一原则而不伸出援手，那太不近人情，而这种不近人情与禽兽何异？显然，在嫂子溺水时不顾“男女授受不亲”的原则而伸出援手更富有人情味。同样，“亲亲相隐”亦如此。当至亲犯罪时，你不为他隐瞒而去举报，在人们看来很不近人情。正因为传统价值观和传统文化都容忍甚至主张此类“权变”，所以中国被举世公认是一个讲人情的温情脉脉的国度。

但是，如果反观和检视中国传统社会的发展，我们也许会发现，重“权变”、轻“经常”是中国传统社会存在的种种弊端如生产力和科学技术落后的重要原因之一。传统社会重“权变”、轻“经常”给人们带来的好处或恩惠只限于个别人、个别家庭，而这些个别人获得的好处是以

① 〔英〕哈耶克：《自由秩序原理》（上），邓正来译，三联书店1997年版，第271页。

损害许多人乃至整个国家、民族利益为代价的。更为重要的是，重“权变”、轻“经常”为君王提供了为所欲为的巨大空间，君王有可能利用这种空间干出对国家造成极大危害的事情。明朝崇祯帝即位后，对文臣多有疑忌，对武将任意杀戮，屡斩败将，导致统治集团长期动荡，上下官员贪贿成风，军兵日益虚溃。显然，明朝的灭亡是崇祯帝瞎折腾的结果，而这种瞎折腾正是以“权变”为崇祯帝提供的可能性为前提的。

传统价值观的“权变”观念及其实践运用存在三个明显的问题。

第一，“经常”多而杂，无法实现基本的坚执。传统价值观的“经常”就是今天所谓的社会规范体系，社会的规范体系必须是明确清晰的，不能无所不包，而只能规范人们的社会行为。然而，在传统社会发挥作用的“经常”有多种，其中主要的是道德要求（包括德性规范、伦理规范）、礼制、刑法。在传统社会发挥规范作用最广的是道德，而道德就其规范而言包括各种德性规范（品质规范）和伦理规范（行为规范）。传统社会的德性规范体现为各种德目。自远古开始政治家和思想家提出许多德目，虽然后来明确为“仁义礼智信”，但实际发挥作用的远不止这五大德目，而且这五大德目本身在逻辑结构上很混乱，特别是其中的礼实际上是行为规范，而非德性规范。就行为规范而言，传统社会最初重视的是“五伦”，后来将其中的“君臣、父子、夫妇”确定为“三纲”，而实际上发挥作用的是礼制。整体上看，传统社会道德规范体系十分杂乱，不明确、不清晰。传统社会的礼制是十分完整而系统的，但它不是道德规范（德性规范和伦理规范）的具体化，而是一种包含道德规范、政治规范、日常生活规范的社会控制体系。它主要是行为规范，但它不只是社会行为规范，而是所有行为的规范。这种无所不包的规范根本无法充分发挥规范作用，而且弹性极大，给“权变”留下了极大的空间，根本无法做到对它们坚执。一个人如果完全按照礼的要求行事，不仅会完全丧失自己的独立自主性，而且会被沉重的“礼”压倒。至于刑法，它是传统社会“经常”中较为明确的行为规范，但是刑法是实体法，没有配套的程序法，这就为法官（在地方通常就是行政官员）判案留下了极大的自由裁量空间，在很多情况下是法官一个人说了算，甚至存在所谓“葫芦僧乱判葫芦案”的情形，更不用说普遍存在的徇私枉法问题。在“经常”如此纷纭复杂的情况下，人们根本不可能对“经常”做到起码的坚执。

第二，“经常”所体现的是王权统治的需要，而非民众的意志。传统社会极其复杂的“经常”是在不同时代根据不同需要自发形成或自觉确立的，但从总体上来说其是适应王权统治需要的产物，根本不可能考虑它们所适用的不同共同体中的成员的意志。从传统社会的历史看，“经常”最初源自家庭伦理，体现的是家长的意志，后来家庭扩大到家族，并在家族的基础上形成国家，“经常”体现的就是族长、君王的意志。不能否认，家长、族长、君王的意志中包含维护家庭、家族、国家整体的利益，但是，他们在谋求这种整体利益的过程中，不可能不考虑他们自己的利益，特别是在家天下的情形下，君王更要考虑自己家族的利益，在家族利益与国家利益、天下利益相冲突的情况下，君王首先必须保证家族利益的实现。因此，根据家长、族长和君王的意志形成的“经常”所体现的只能是整体的利益和大小“家长”自身的利益，而不会是所有不同层次共同体成员的共同利益，更不会充分考虑每一个共同体成员的利益。在这种情况下，对“经常”的坚执，对于那些不在大小“家长”利益范围的人来说，就是纯粹外在的，没有体现他们的愿望和意志，甚至是以牺牲他们的利益为代价的。显然，这些人不会自觉自愿地“有执”，即使被迫“有执”，一有机会也会走向“无执”。例如，“三纲”对于臣民、子女、妻子来说就是对自己利益乃至人格的损害，他们不可能真心诚意地对“三纲”“有执”。

第三，无“权变”之定规，掌控者有近乎无限的自由裁量空间。在“经常”贯彻执行的过程中无论是对其掌控者而言还是对其执行者而言都存在“权变”的问题，绝对“有执”实际上不是常规，而是例外。要使“经常”得到贯彻执行，“经常”掌控者的掌控极其重要，特别是在“经常”所体现的是大小“家长”利益而非不同共同体所有成员利益的情况下，尤其如此。传统社会有实体规则而没有程序规则，掌控者在根据“经常”判断人们的行为在多大程度上发生了偏离或背离的时候，就存在极大的自由裁量空间。在最极端的情况下，皇帝一怒之下可以在朝堂之上将一个悖逆其意志的大臣赐死。哈耶克认为，自由裁量权不纳入法律的范围，不受到法律的有效限制，法治国家就可能名存实亡。自由裁量权不受限制或限制的范围和力度很小，这正是法上治理国家（权力在法律之上的人治国家）的实质性特征。[①] 传统社会的自由裁量权就是没有任何定规制约的，更不用说纳入法律的范围。自由裁量权无限制，是导致传统社会各种弊端的重要根源。传统社会普遍存在的官员贪污受贿、徇私枉法的问题就是自由裁量权不受限制的必然结果，也正是由于大小“家长”有无限制的生杀予夺大权，才有所谓“君要臣死，臣不得不死；父要子亡，子不得不亡”的现象。

九　教化与修身相促进

高度重视教化是传统社会的突出特征，历朝历代的君王都力图通过社会教化的途径使传统价值观和官方意识形态进入人们的心灵和生活。从历史事实看，这种教化并没有真正实现其意图和目的，但它对人们的心灵和生活的影响无疑是极其巨大的。为适应社会教化的需要，历史上的思想家注意到修身对于教化和传统价值观进入人们心灵和生活的重要意义，并提供了多种不尽相同的修身方案。修身理论和方法对社会的一部分成员（主要是士人以至官员）产生了一定的作用，从而对社会教化也有促进作用。不过，与社会教化相比较，思想家倡导的修身在国家治理中发挥的作用十分有限，几乎可以忽略不计。在整个传统社会，只有春秋战国时期的思想家和宋明时期的少数思想家才重视修身问题，虽然《大学》中明确提出了“自天子以至于庶人，一是皆以修身为本”，但并未引起统治者的重视。在整个传统社会，修身问题并没有真正进入君王的视野，未见有君王采取什么措施推动人们注重修身。教化是任何国家都存在的，相对而言，在中国传统社会，教化更受重视、更完备、更兴旺发达，但重视修身更具有中国的文化个性，而注重修身与教化相互促进则体现了中国传统价值观及其现实化的民族特色和个性。

1. 传统社会既重教化又重修身

为了使民众普遍接受社会倡导的价值观和道德规范，促进人们扬善弃恶、从善避恶，传统社会既十分重视教化，也很重视修身。中国古人把对民众进行道德教育称为“教化”。教化主要是通过道德教育化道德

① 参见江畅《西方德性思想史》（现代卷上），人民出版社 2016 年版，第 75 页。

规范为德性，化“他律”为“自律”。自中国进入文明社会开始，统治者就重视教化。《尚书·舜典》记载，尧就很重视对民众进行教化，他曾让舜推行“五典”，即父义、母慈、兄友、弟恭和子孝五种伦常道德。舜也谈到过“明于五刑，以弼五教”（《尚书·大禹谟》）。这里的“五教”同前面的“五典”。《孟子·滕文公上》云：“圣人有忧之，使契为司徒，教以人伦，父子有亲，君臣有义，夫妇有别，长幼有叙，朋友有信。”契是殷人的始祖，“司徒”是当时管理土地和人民的官职。这说明在殷商时代就已经将教化作为官员的一项职责。此后，历代统治者和社会都把教化作为提高人们道德素质和维护社会和谐秩序的最重要措施。不仅统治者和社会采取多种多样的形式进行教化，思想家对此也有许多明确的论述。《周易·蛊卦·象传》对蛊卦做了“君子以振民育德”的解释。孟子更把教化作为治国安邦的根本。他明确提出：“仁言不如仁声之入人深也，善政不如善教之得民也。善政，民畏之；善教，民爱之。善政得民财，善教得民心。”（《孟子·尽心上》）荀子对此亦有共识：“不富无以养民情，不教无以理民性。……《诗》曰：‘饮之食之，教之诲之。’王事具矣。”（《荀子·大略》）《礼记·学记》亦云：“玉不琢，不成器；人不学，不知道。是故古之王者，建国君民，教学为先。”传统社会对修身高度重视，其最典型的体现就是《大学》中的那句“自天子以至于庶人，一是皆以修身为本”。对此前文多有论述，这里不再赘述。

传统社会的教化和修身在内容上是相通的，从根本上说就是要使人们“识道”“得道”。《中庸》云：“天命之谓性，率性之谓道，修道之谓教。道也者，不可须臾离也，可离非道也。”这里明确指出了“道”是修身和教化的根本内容。汉代贾谊则明确指出“道”为教之本及其意义。他说：“教者，政之本也。道者，教之本也。有道然后教也。有教，然后政治也。政治，然后民劝之。民劝之，然后国丰富也。”（《新书·大政下》）对“道”的得就是“德”，因而“道”的体现就是“德”，后来具体化为仁义道德，并进一步明确为“伦理纲常”。传统社会的教化和修身又是互补的。传统社会的教化形式多种多样，可以对人们构成一种无孔不入的立体影响，力量很大。传统社会人们的道德素质主要是受教化的影响而形成的。也许绝大多数普通民众并没有自觉修身。但是，修身对于传统社会的士人仍然意义重大，许多士人都是通过修身而成为国家的栋梁之材的。历史上有许多注重修身的记载和故事，如国内有学者编撰了《中国人必读的300个修身故事》（中国言实出版社2013年版），就是古代名人注重修身的生动写照。

虽然历史上教化与修身在内容上有相通的方面，而且在士人中两者之间也发挥了相互补充、相互促进的作用，但它们在历史上确实存在比较大的差异。

第一，在历史上受重视的程度不同，教化历来受到统治者的重视，但未见有统治者重视修身的记载。自有历史记载开始，教化就受到统治者高度重视，并大力加以推行。前文谈到，在尧舜时代就已经有官员专门负责教化，教化的内容也十分明确。此后，历朝历代的统治者都重视教化，从未中断过，而且形式日益多样化，从官方到民间，从国家到家族、家庭都采取措施不断加强对人们的教化。修身的情形则不同，从有关历史文献看，未见有统治者重视修身的记载。《尚书》中也有关于修身的记载，如《皋陶谟》谈到"慎厥身修，思永"，《伊训》也谈到"与人不求备，检身若不及"，但这些记载并不是官方的倡导和要求，而只是臣对于君王的一些劝告，并不是君王的指令和训诫。从整个中国历史看，只有春秋战国时期部分思想家倡导修身，从秦汉时期一直到宋代以前，甚至思想家也不重视修身，朝廷基本上不谈修身问题。其间道家、道教和佛教重视修身，但修身的主要内容并不是主导价值观，而主要是一些养生长寿以及行善积德的方法。宋明时期，一些理学家针对道教和佛教对占主导地位的儒家思想冲击的现象，弘扬先秦思想注重修身的传统，又重新重视修身的问题，对《中庸》所提出的"三纲领八条目"做了深入的阐释。尤其是王阳明提出了"知行合一"以及"致良知"的思想，使传统的修身理论得以弘扬和完善。

第二，倡导者不同，教化的倡导者主要是官方，而修身的倡导者主要是思想家。传统社会教化的倡导者和推行者是多元的，有统治者（包括朝廷及地方官员）、村社、家族和家庭、宗教团体等。其中最主要的是统治者。统治者不仅通过办学（包括中央官学、地方官学）、对民间学校渗透、督学直接教育、颁发圣谕等方式传播官方价值观，而且通过倡导和推广各种道德典型等形式为民众树立学习和模仿的榜样。与教化不同，修身的倡导者主要是思想家和宗教组织，而且主张修身的思想家也并不多。特别值得注意的是，主张修身并以伦理学道德为其主要内容的，主要是儒家的部分思想家。具体地说，一是先秦儒家，主要是孔子、孟子、荀子及其部分门徒，如《礼记》的作者；二是汉代经学家，如董仲舒等；三是宋明理学家，主要是二程、朱熹、陆九渊、王阳明等。历史上其他学派和宗教团体虽然也倡导修身，但修身的内容主要不是仁义道德，目标也不是齐家治国平天下。道家所讲的修身，其主要内容是因顺自然，其目标是返璞归真；道教修身的内容是道教教义，其目标是得道成仙；佛教修身的内容是佛教教义，其目标是进入涅槃境界。对于这些学派和宗教团体来说，修身指向自身，而不是指向他人和社会，纯粹是为了修身养性，而不是为了家国兴旺繁荣。

第三，对象不同，教化的对象是民众，而修身的对象主要是士人。无论是官方的教化、民间的教化，还是家族、家庭的教化，所面向的都是全体社会成员。王族也讲教化，普通百姓家也讲教化。这里所说的面向全体社会成员，并不是每一种教化活动，而是每一类教化形式都是可以面向全体社会成员的。例如，宗教教化面向的主要是本宗教的教徒，但所有人都可以加入宗教。每一个家庭教化的对象是本家庭的成员，但所有人都在家庭中生活。因此，教化在一个人的社会生活中普遍存在，一个人所接受的教化通常是立体的、全方位的。在传统社会，修身的对象，或者更准确地说，能够进行修身的人很少，主要是士人，特别是有志于入仕的士人。教化的对象基本上是被动的，你生活在家庭中就不可避免地会接受家庭的教化，如此类推。在传统社会，无论男女老少时刻都会受到各方面、各种形式的教化影响。但是，按修身倡导的内容和方法修身需要接受教育，而在传统社会能够接受教育的人极少，因而能够进行修身的人也极少。当然，宗教团体可以通过布道以及事功的方式引导目不识丁的人修养身心，但以仁义道德为主要内容，以成为君子、圣人为主要目标的修身，如果没有学习“四书五经”中的一些内容，几乎没有任何可能性。因此，传统社会中能够修身的人极少。

第四，内容侧重点和目标不同，教化的侧重点主要是规范行为（特别是礼），其目标是成为良民，而修身的侧重点主要是培养德性和造就人格，其目标是成为君子以至圣人。传统社会的各种教化，就其内容而言主要是社会的道德要求，教化的任务是使这些社会道德要求转化为个人的品质、观念和行为准则，其目标则是使人们成为社会所需要的良民或善人。因此，教化的要求并不高，为的是培养“道德常人”，而不是“道德精英”①。与教化不同，思想家所倡导的修身侧重于培养一个人的德性品质，以造就其高尚人格。这种高尚人格，就低层次而言是君子，就最高层次而言是圣人。因此，修身的目标是君子以至圣人。在倡导这种人格的儒家看来，具有这样人格的人不是“道德常人”，而是社会的“道德精英”。他们不仅是社会的道德楷模，而且是社会道德标准的制定者，是社会道德发展变化的先知者；他们的意义不仅在于推进人们的道德完善，而且在于齐家治国平天下，在于“经邦济世”、实行“王道仁政”。

第五，效果不同，教化具有广泛的社会影响，使传统价值观的基本要求深入人心，而修身只对少数人起作用，其效果往往走向反面，培养出许多伪君子。传统社会的教化如同空气，生活在社会中的人时时刻刻都会感受到教化的影响。由于这种影响十分强大，生活在其中的普通百姓会自然而然地、不自觉地受其影响，成为被驯服的良民百姓。他们视朝廷和家庭家族统治为天经地义的事，除非确实无法生存下去，否则绝不会起来反抗。应该承认，中国传统社会的教化是极其成功的，正是在这种教化的长期影响下，中国人形成了善良、淳朴、顺从等性格特征。与教化不同，修身只是少数士人才能够进行的活动，因而它也只能对这些少数人发生作用，而绝大多数普通民众则缺乏修身的意识和能力。就其效果而言，由于传统儒家所设计的修身路径、方式士人很难做到，其君子以至圣人的目标很难达到，而朝廷常常以正人君子作为士人入仕、为官从政以及提拔重用的重要条件甚至标准，因而传统社会许多士人和官员表面上以正人君子的面目出现，实际上并不是正人君子。于是传统社会就出现了许多表里不一、言行不一的道貌岸然的伪君子。这些人没有通过修身成为君子，甚至根本没有进行修身，但他们要在激烈的功名利禄的竞争中取胜，不得不丢掉从小受社会教化影响形成的那些善良、淳朴的优秀品质和“道德常人”的良民人格，形成“满嘴仁义道德，一肚子男盗女娼”的双重人格。大量具有这种人格的人掌握着国家权力，

① “道德常人”和“道德精英”的概念是笔者在《全面理解道德和道德教育》（《中国德育》2017 年第 1 期）中提出的。

这是导致传统社会种种弊端的直接根源。

2. 丰富多彩的教化形式

所谓社会教化，就是社会通过一定的途径对百姓进行教育感化，它是社会促进其成员形成价值共识、提高道德素质的主要方式之一。自西周始，社会教化在形式、途径、实现手段等多方面逐渐得到丰富和发展。就教化的主要形式而言，主要有官方教化、乡规民约教化、家族家庭教化、艺术感化、“神道设教”、通俗读物浸染和旌表激励七种，其中前三种形式是教化的主要形式和主渠道，而后四种形式对于教化具有补充或强化作用。①

（1）官方教化

中国古代的学校教育即古代官学，分为中央官学和地方官学两类，它除了传授知识、传承文化和培养官吏等职能，还有一项重要任务就是社会教化，它是社会教化的主要载体和基本方式。官学出现得很早。孟子有“夏曰校，殷曰序，周曰庠”（《孟子·滕文公上》）的说法，夏代已有学校教育，到西周时代已有从中央到地方的学校教育制度。在西周时代，培养天子的学校称为“辟雍”，培养诸侯的学校称为“泮宫”，塾、庠、序等地方学校统称为乡学。这些官学“皆所以明人伦也”（《孟子·滕文公上》）。春秋战国时期，中央官学逐渐衰落，私学兴起。自汉代起，官学得到了恢复和发展。汉代大儒董仲舒特别重视教化，认为“养士之大者，莫大乎太学。太学者，贤士之所关也，教化之本原也”，于是，他向汉武帝提出“兴太学，置明师，以养天下之士”（《汉书·董仲舒传》）的建议。朝廷接受了他的建议，为博士置弟子 50 人。这是汉代中央官学建立的标志，也表明社会教化的经学化和官方化。此后，朝廷的太学规模不断扩大。到明清时期，教化被视为为政之本，而学校乃是教化之源，因而广设官学，形成了发达的社会教化系统，教育内容则皆以程朱理学为主。

在传统社会，中央官学的教化范围毕竟十分有限，为了实现化民成俗的教化目的，历代统治者重视通过设立专司教化的官员和机构，并通过办社学、村塾、义塾等途径对底层民众进行教化。与目标在于为国家

① 本部分内容可参见王司瑜《中国古代教化思想及方式研究》，博士学位论文，黑龙江大学，2013。

培养治国安邦人才的太学不同，地方学校面向普通百姓，因而其“教化乡里”“移风易俗”的社会教化功能得到了更充分的体现。在古代教育系统中，官办学校之外的书院也发挥了重要的社会教化作用。唐宋时期，书院兴起并成为颇有影响的民间社会教化机构。在北宋初期，号称“六大书院”的石鼓书院、应天府书院、岳麓书院、白鹿洞书院、嵩阳书院、茅山书院先后建立。当时办书院的主要意图是读书著述、阐发学术思想，与官府无多少直接联系。但随着书院规模扩大和社会影响增大，官方逐渐参与书院的活动。与官学相比，书院具有相对较大的自由度、灵活性和针对性，它以培养学生仁义道德为宗旨，通过教学、讲学、祭祀活动在民间传播儒家思想，在普及儒家道德观念、教化民众、改善民风乡俗等方面发挥了重要作用。

圣谕在古代也发挥了重要的社会教化作用，可视为一种独特的社会教化方式。所谓圣谕，就是皇帝训诫臣下的指示或诏令。皇帝通过发圣谕来教化民众是明清时期官方采取的一种重要教化方式。圣谕教化的内容非常广泛，几乎涵盖社会生活的方方面面，包括培养百姓家庭孝悌、宗族和睦的观念，重农务本、勤俭节用的品行，黜邪崇正、讲法明礼的风气，息诬戒逃、交纳钱粮的自觉性等。在清代，康熙在丰富完善“圣谕六言”的基础上颁布了《圣谕十六条》：“敦孝弟以重人伦，笃宗族以昭雍睦，和乡党以息争讼，重农桑以足衣食，尚节俭以惜财用，隆学校以端士习，黜异端以崇正学，讲法律以儆愚顽，明礼让以厚风俗，务本业以定民志，训子弟以禁非为，息诬告以全良善，诫窝逃以免株连，完钱粮以省催科，联保甲以弭盗贼，解仇忿以重身命。”雍正后来亲自撰写了万余言的《圣谕广训》，对《圣谕十六条》进行了诠释和阐发，作为圣谕宣讲的主要依据。凭借皇帝在民众中的崇高威望和一系列有效措施，圣谕在社会教化中发挥了不可替代的特殊作用。

（2）乡规民约教化

费孝通先生把传统社会视为人们“生于斯、死于斯”的“乡土社会”，其“常态的生活是终老是乡”。[1] 在传统社会，对于君王和官僚来说，国家是他们的社会，而对于广大的百姓来说，“乡土社会”才是他

---

① 费孝通：《乡土中国　生育制度　乡土重建》，商务印书馆2011年版，第9页。

们真正意义上的社会。乡土社会是以乡规民约为主要形式对人们进行教化的。这里所说的乡规民约，是指“乡土社会”的那些德高望重的乡绅乡贤主持制定的社会行为规范。在清代中期，民间兴起一股“立约之风”，乾隆年间，乡规民约已“相当普及，而且涉及的内容更广泛更具体”①。中国古代的各种乡规民约是传统的、中国式的教化方式，为提高百姓的道德素质和教养水平，增进乡里团结互助，协调人际关系，培养良好社会风尚，特别是为先秦儒家思想观念深入人心发挥了官学及其教化途径所不可能发挥的作用。

（3）家族家庭教化

家族和家庭教化源远流长，它萌芽于西周，成型于西汉，成熟于隋唐，繁荣于宋元，明清达到鼎盛并由盛转衰。就家族教化而言，族规发挥着主要作用。族规在有家族的时候就已经存在，成文的形式最晚在东汉末年已经出现。族规涉及宗族关系、家庭生活乃至社会生活的诸多方面，其内容主要是道德劝导，也包括对违禁行为的规定及处罚措施。不少族规对族中人的过恶做出了明确规定，轻则罚银、笞杖，重则捆绑示众、送官治究、逐出家族，以至处死。与家族教化相比较，家庭教化的形式要丰富得多，如家道、家约、家风、家规、家法、家诫、家劝、户规等，通常统称为家训。所谓家训，就是家长垂训子孙后代如何为人处世的训诫。家训的内容涉及人生的方方面面，如立志、修养、德行、处世、治学、从政等，其中不少内容是与族规交叉的。在传统社会最有影响的是《颜氏家训》，这是南北朝时期著名文学家、教育家颜之推撰写的史上第一部内容丰富、体系庞大的家训。此后，每一朝代都有对后世发生影响的一些家训问世。不少家训（如《朱柏庐治家格言》）通俗易懂，好读好记，因而在民间得以广泛流传，成为家庭教化的教科书和范本。家训像族规一样具有承继性，家庭、家族越兴旺，家训、族规就保持得越久远，并会逐渐成为一种世代相传、因习沿袭的家风。

（4）艺术感化

重视艺术感化在社会教化中的作用，是传统社会教化的另一重要特色。在先秦时期，艺术感化的主要形式是音乐。《吕氏春秋·古乐》云：

①　张广修：《村规民约的历史演变》，《洛阳工学院学报》（社会科学版）2000年第2期。

“乐之所由来者尚矣，非独为一世之所造也。”史书记载，远古的尧、舜统治的时代均有自己的音乐，到西周，周公在前人的基础上“制礼作乐”，使礼乐制度系统化。在古人看来，乐与德、礼相通，即所谓“乐者，通伦理者也”，“声音之道，与政通矣”（《礼记·乐记》）。《礼记·乐记》主要谈何谓乐及乐的意义等问题，明确提出“礼乐皆得，谓之有德”，并且指出“是故先王之制礼乐也，非以极口腹耳目之欲也，将以教民平好恶而反人道之正也”。儒家特别推崇乐的教化作用。孔子说：“兴于《诗》，立于礼，成于乐。”（《论语·泰伯》）荀子称：“乐者，圣人之所乐也，而可以善民心，其感人深，其移风易俗，故先王导之以礼乐而民和睦。”（《荀子·乐论》）然而，自春秋“礼崩乐坏”之后，乐教逐渐式微以至消亡。不过，到了唐宋时期，戏剧、说唱等新型艺术形式逐渐兴起，它们颂扬忠臣、孝子、贞女、节妇，勉励人们为善去恶，具有较为广泛的教化作用。说唱艺术起源很久，到唐代中叶成为一种独立的艺术形式。这种艺术形式包括平话、弹词、鼓词等，其特点是通俗易懂，使社会价值和伦理观念在无法接受正统教育的广大平民阶层得到传播，甚至目不识丁的底层民众也能接受并喜爱这种艺术。

（5）“神道设教”

“神道设教”也是传统社会长期实施教化的重要途径之一。“神道设教”就是利用上天、天命、鬼神之道对普通百姓进行道德教化，使民众因畏惧而认同君王统治的合法性、权威性和神圣性。在中国古代，夏商周三代皆“事鬼敬神”，上天和鬼神都被视为至高无上、主宰一切的神秘力量。古人之所以看重“神道设教”这种教化方式，是因为他们认为这种教化方式有双重效果：一方面，它能使人们相信伦理纲常和道德秩序乃天命所定，不敢违反；另一方面，人们相信上天对人事的干预以其言行是否符合道德为转移，按上天的意志行事，会得到好报，这就是所谓“皇天无亲，惟德是辅”（《尚书·蔡仲之命》）、“鬼神非人实亲，惟德是依”（《左传·僖公五年》）。在传统社会，“神道设教”有三种主要形式。一是以天命设教。孔子在谈到君子的三畏时，其首畏就是“畏天命”（《论语·季氏》）。传统社会人们普遍相信天命，用天命设教是统治者最常用的形式。二是以报应设教。佛教传入中国后，其因果报应、三世轮回等学说对中国人产生了广泛影响，历代统治者也利用佛教教化民众。三是以祖先设教。传统社会人们普遍敬畏祖先，慎终追远，因而以祖教民也是统治者所采取的一种重要社会教化形式。后来随着道教和佛教的盛行，古代的“神道设教”得到进一步发展，产生了更大的影响，以至于有所谓“以儒治世，以佛治心，以道治身”之说。从南北朝始，佛道两教便成为统治者“神道设教”的主要工具，其中佛教的作用和影响最大。

（6）通俗读物浸染

通俗读物在传统社会的教化中也发挥了巨大作用。这里所说的通俗读物包括蒙书、善书、通俗小说等。蒙书即蒙学读物，古已有之，到宋元明清时期高度繁荣。蒙书种类繁多，其中包括重在灌输儒家伦理纲常的《三字经》《千字文》《二十四孝》《名贤集》《增广贤文》等。儿童可塑性大，对其进行教化的效果最好，因而历代王朝都特别重视作为基础教育的蒙学，以此作为培养人们道德素质的基础。传统社会广泛流行的“善书”在民众教化方面也发挥了重要作用。善书又叫劝善书，主要是以道教和佛教的因果报应的说教劝人从善去恶，宣传伦理纲常。善书以《太上感应篇》等的问世为标志，正式形成于宋代。善书包括大量道德事例、道德故事、道德箴言等，由于通俗易懂而广泛传播于民间，具有明显的教化作用。此外，宋明时期兴起的通俗小说，如《京本通俗小说》《三国演义》《醒世恒言》等，也以民众喜闻乐见的方式宣扬社会主导价值观，描绘道德生活百态，使得孝、悌、忠、信等观念深入广大民众的心灵。

（7）旌表激励

旌表也是传统社会一种重要的教化方式。秦、汉以后，历代王朝都对所谓义夫、节妇、孝子、贤人等大加颂扬和推崇。其方式通常是由地方官申报朝廷，获准后则赐以匾额或立牌坊，以彰显其名声气节。秦始皇为巴寡妇清筑怀清台①，可为旌表之始。旌表的目的是导民向善、淳

① 秦时，巴郡有寡妇名清，其夫得丹穴（朱砂矿）而致富，夫死，妇能守其业，终生守寡不再嫁，以财自卫，人不敢犯。秦始皇以为“贞妇”，为表彰其贞节，不仅命令巴郡的郡守在她生前为她修建“怀清台”，在其晚年，邀请其到都城咸阳安享晚年，而且特许她“合法”拥有一支庞大的私人武装，直到离世。台址在今重庆市长寿区江南镇龙山寨。

化风俗，它作为扬善、彰善的制度化方式，在传统社会发挥了重要的社会教化作用。《史记·货殖列传》："清，寡妇也，能守其业，用财自卫，不见侵犯。秦始皇以为贞妇而客之，为筑女怀清台。"此后，东汉重孝道，明清加强对妇女的束缚，大力表彰节烈，皆属旌表的范畴。旌表制度是传统官方"激扬风化敦率人伦"（《册府元龟·帝王部·旌表》）观导向的"风向标"，它使君王意志有效渗透到民间，从而促进了百姓对统治意图的了解和认同，起到了引导风俗、安定民心、稳定秩序的重要作用。

3. 修身的主要方法

在传统社会，修身主要是指修养身心，而在身心两方面传统社会更重视修心，即修养德性。传统社会的许多思想家提出了具有个性的修养方法，其中儒家的修养方法更具有代表性。为了成为君子以至圣人，儒家提出了许多修养方法，其中以下五种方法比较重要，而且彼此之间存在递进的逻辑关系。

（1）立志

就道德修养而言的立志，是指一个人追求道德境界的自信心及成为君子以至圣人的志向。儒家十分重视"志"，把立志作为修养的第一步。孔子、孟子及后来大多数儒家所说的"志"，就其内容而言，主要是志于道、志于仁义、志于成君子圣贤的道德人格。他们认为，对道德人格的追求是不可或缺的使人真正成为人的东西，而功名利禄权势等都是身外之物，可有可无。立志，一要志于学，即所谓"志学"。"为学之要，存乎立志。"（程端蒙《性理字训·学力》）"人而不学，虽无忧，如禽何！"（扬雄《法言·学行》）"学者，所以求为君子也。"（扬雄《法言·学行》）就志学而言，第一，志要笃，即求学的意志要坚定，不能半途而废；第二，志要大，志小则容易自满，不求上进，志大则学无止境。志笃、志大，才能学有所成。二要志于道。在儒家看来，立志不是为了美衣美食，而是为了得"道"。儒家所说的"道"主要是指人之道或为人之道，实际上就是儒家所说的仁义道德。道体现了人生意义，其价值高于物质欲望的满足，高于功名利禄，甚至也高于自己的生命。

（2）为学

对于道德修养来说，为学是一个不可或缺的步骤，而且必须伴随修养过程的始终。儒家始终都持有圣人生而知之的观念，认为圣人不需要经过学习，天生就具有各种知识。在儒家看来，自天子以至于庶人，只有通过学习才能获得知识，提升德性水平。儒家对为学有三个基本要求。其一，好学。好学首先要勤奋。君子可以“食无求饱，居无求安”（《论语·学而》），但绝不能忘却学习。其次要多问，遇到不知道、不理解的东西，要虚心向他人请教，甚至向不如自己的人、自己的下级请教，做到“不耻下问”。最后要“时习”，即学习了新知识之后，还要时常温习，以使之得到巩固。其二，博学。所谓博学，就是广泛地学习各种相关知识。在儒家看来，博学可以开阔人的视野，从而免于孤陋寡闻，博学还要求使人们的思考趋于深刻缜密，以从纷纭复杂的现象中总结出一些规律。其三，为己。孔子首创学者当为己之说，孟子以降，历代儒者多有申说。孔子说：“古之学者为己，今之学者为人。”（《论语·宪问》）这里“为己”的意思是为了在道德上提高自己，“为人”则是说将所学的知识用于炫耀于人，而不注重自己人格的培养。

（3）存养

所谓“存养”，有时亦称“涵养”，就是在修养的过程中要“存其心，养其性”（《孟子·尽心上》）。先秦儒家虽然提出了各种存养方法，但有关存养的论述在先秦儒家思想中并不占主要地位，也未形成比较统一的存养理论。汉代至唐代，虽然儒家思想在社会的正统地位已经被确立，但在相当长的时间内关于存养问题的论述并不多，思想家更多地依赖外在的“礼”来调节人们的行为。为回应道教和佛教对占统治地位的儒家思想的挑战，宋代以后，情况发生了根本性的变化。理学家要求人们通过内心对“理”的体认来提高道德自觉的思想，逐渐成为主导观念，思想家的著作、语录中充满有关存养方法的详细、认真探讨。他们继承和发展了孟子关于存养的思想，对道德存养工夫进行了多方面的探索和实践。存养是修养的核心环节和根本方法，内容十分丰富，其中“养气”“集义”“持敬”“节欲”是其主要环节或基本方法。“养气”就是孟子所说的养“浩然之气”（《孟子·公孙丑上》）。“浩然之气”是一种充满了道德意识和情操的精神境界。“集义”指不断地积累培养自己的道德意识。这就是张载所说的“养浩然之气须是集义，集义然后可以得浩然之气”（《张载集·经学理窟·学大原上》）。“持敬”就是持守恭敬之心。二程特别提倡“主敬”“持敬”。他们所说的“敬”有庄整严肃、主一无适

（心念志一不散乱）等意思。朱熹为“敬”赋予收敛、谨畏的含义，认为“敬”如同田地需灌溉一样，是存养的一个重要工夫。“节欲”或称“寡欲”，在古代既是一种修养方法，也是一条重要的修养原则。老子已明确提出“少私寡欲”（《老子》十九章），孟子认为“养心莫善于寡欲”（《孟子·尽心下》）。其后，董仲舒、王弼、王通、周敦颐、二程、朱熹等学者都主张节欲。他们认为物质欲望会干扰良心的活动，导致不道德的行为，所以他们主张以理或礼来节制欲望，甚至提出要做到无欲、灭欲。

（4）克治

克治就是经常警惕心有违仁义道德或天理的不正当欲望发生，它们一旦出现，就要用理性的力量加以克服。克治与存养相辅相成。存养是积极地保护、培养人性本有的善，克治则是努力克服、去除各种私欲和习气带来的恶。自宋代开始，理学家把这两方面的内容统称为“克治”，认为克治了私欲，人善的本性就能够彰明，即所谓“私欲净尽，天理流行”（《四书章句集注·论语集注》卷六）。克治的重要前提是“疾恶”。朱熹说：“人未说为善，先须疾恶。能疾恶，然后能为善。”（《朱子语类》卷第十三）克治有几种主要方法。一是慎独。慎独的意思是在一个人独处的时候也要谨慎地注意自己的内心和行为，防止有违道德的意念和行为产生。《诗经》中就已经有慎独的思想：“相在尔室，尚不愧于屋漏。”（《诗经·大雅·抑》）意思是你一个人独自在室内，也应无愧于良心。《大学》和《中庸》都明确提出了“慎独”的概念。宋明理学对此做过细致的讨论。朱熹认为，慎独是对一个人喜怒哀乐情感及思想未发作时的一种警觉，它要求人们在道德上防患于未然。二是自省。自省指人的自我反省、自我省察，它要求人经常反省自己的思想和行为，辨察自己意识和行为中的善恶是非，严于自我批评，及时改正过错。《周易·震卦·象传》中有“洊雷震，君子以恐惧修省”，《论语·学而》中的“吾日三省吾身”影响十分深远，孔子自己也讲过“见不贤而内自省”，孟子则提出过“反求诸己”“责己”的说法。宋明理学家更用“省察”表述上述自省的意思。三是改过。改过是指改正错误和过失。孔子指出，改过是“善”的一种体现，有过不改才是真正的过。他还以颜回为例指出，有道德的人并不在于不犯错，而在于有过就改，不会重犯。后来的思想家还提出知过、思过、补过等。四是以公克私。在中国历史上，“公”一般指公义，而“私”指私利。以公克私，就是要自觉地克制私心私欲，以维护公利公益。《尚书·周官》云：“以公灭私，民其允怀。”荀子也说：“并己之私欲，必以道夫公道通义之可以相兼容者，是胜人之道也。”（《荀子·强国》）王夫之云：“私欲净尽，天理流行，则公矣。”（《思问录·内篇》）

（5）力行

力行就是努力实践，竭力而行。在中国古代，力行的观念产生得很早。《尚书·泰誓中》中就已经出现“力行”一词：“今商王受力行无度，播弃犁老，昵比罪人。”古人非常重视力行对于道德修养的意义。《尚书·说命中》中有“非知之艰，行之惟艰”的说法，《左传·昭公十年》中也有类似的说法：“非知之实难，将在行之。”孔子将力行与仁联系起来：“好学近乎知，力行近乎仁，知耻近乎勇。”（《中庸》）荀子甚至认为“学至于行之而止”（《荀子·儒效》）。宋明理学尤其重视道德实践对于道德修养的意义。王阳明为了纠正知行畸轻畸重的偏失，提出“知行合一”和“致良知”的著名学说，强调行的重要性，认为推致“良知”的过程就是道德践履的过程。根据传统价值观，力行首先要求躬行与笃行。躬行与笃行意思相近，前者强调亲身实践，后者要求一心一意实行。这是儒家所谓的“五事”（“学问思辨行”）的“笃行之”（《中庸》）。“五事”与“三纲领八条目”同为士君子修身的重要项目，历代思想家对此都有论述，而宋明理学家讨论最多。他们对躬行、笃行的多方面含义说得最为真切，对知行先后、知行轻重、知行合一等问题的研究都超过了前人。宋明理学家提倡“极高明而道中庸”，更把事上磨炼作为道德修养的根本途径。特别是朱熹，《朱子语类》卷第十三专门讨论“力行”，对力行的意义、内涵和如何做到力行做了前所未有的充分而深入的阐述。他指出：“学之之博，未若知之之要；知之之要，未若行之之实。”“善在那里，自家却去行他。行之久，则与自家为一；为一，则得之在我。未能行，善自善，我自我。”（《朱子语类》卷第十三）他举例说，如果不躬行，只是说说而已，那么孔子的弟子跟随他，只需用两三天说说就行了，无须追随他多年而不离去。因此，力行是工夫。“这个事，说只消两日说了，只是工夫难。”（《朱子语类》卷第十三）明清之际实学思潮兴起，反对空疏讲论，提倡经世致用，更给事上磨炼增加了新的内容。

4. 教化与修身并重的启示

传统价值观既重视教化又重视修身的观念和实践不仅具有鲜明的民族特色，而且对于今天具有重要的启示和借鉴意义。中国传统社会教化与修身并重，从伦理学的角度看，其实质在于关注人应该过什么样的生活和人应该成为什么样的人的问题。在这方面它与古希腊思想家有异曲同工之妙。古希腊哲学家苏格拉底第一次提出“人应当过什么样的生活”[①] 的问题，而与这个问题直接联系的是另一个问题，即“我们应该成为什么样的人”。这个问题从此成为整个西方古代思想家关注的焦点问题，形成了在西方乃至世界有重大影响的德性伦理学流派。中国古代思想家关注的也是同样的问题，而且对这个问题的研究更为充分，尤其是特别重视修身对于人成为有德性的人的根本性意义，从而凸显了中国价值观的民族特色和优势。中国古代思想家在修身的目标方面存在过于理想化的问题，中国传统社会在成就人格方面存在过分倚重外在的“纲常”而对内在的修养有所忽略的问题，但传统教化与修身并重的历史经验，对于克服近代以来忽视“我们应该成为什么样的人”这一对于人类而言的根本性重大问题的偏颇，具有极其重要的启示和借鉴意义，应该引起我们对今天流行的价值观的认真反思和深刻检讨。

我们认为，传统价值观的理论与实践在以下三个方面的经验值得重视。

第一，传统价值观教化与修身观念与实践的一个基本前提是将人看作“成为”的结果，因而全力解决如何使人“成人”的问题。传统社会既重视教化又重视修身的一个重要前提是，人来到世界上并不像动物来到地球上那样在适当的环境中就会自然成长为动物个体，而是需要人为造就的，人是人为作用成长为人的。这样一种观念深刻认识到了人不同于万物的根本特性。“人不像动物植物那样是自然生长之物，而是人为的‘成为’之人。”[②] 这里所说的“成为”是一个过程，也就是一个造就的过程。这种造就体现了某种意图，“成为”的过程就是这种意图的体现。

① 〔古希腊〕柏拉图：《高尔吉亚篇》，《柏拉图全集》第一卷，王晓朝译，人民出版社2002年版，第392页。

② 江畅：《“成人”与人之为人》，《南国学术》2017年第4期。

造就者可能是自己，也可能是他者（他人和社会），当然也可能是两者。在人的自我意识还没有觉醒或者自我意识不强的情况下，他者就在“成为”的过程中发挥着主要作用；在人有了自我意识的时候，自我的作用就会增强，他就会按自己的意图“成为”，甚至有可能走向与他者意图相反的方向。传统价值观认为这两者都应该发挥作用，尤其强调个人在“成为”自己的过程中应该发挥主要作用。传统价值观强调这一点的用意在于，人只有充分发挥自己的主观能动性，才能使自己充分成长，不仅成为君子，还可以成为圣人。只有当人达到了圣人境界时才算实现了自己的本性和价值，而单纯的外在作用虽然可以使人成为人，但所成为的人不可能是充分成为的人。

总结人类发展的历史经验，认识到人是人为的“成为”之人是极其重要的，因为只有认识到这一点，共同体（包括家庭、国家等）才会有意识地造就其成员，个人也才会有造就自己的意识并努力去造就自己。人只有通过这种双重的“造就”才能成为人，成为应该成为之人。没有这种双重的“造就”，人就会按照人的自然欲望生存，既不能充分地实现其本性，也不能在社会中生活。近代以来人类发展的历史事实表明，当社会和个人忽视对人的这种造就时，人的生长和生活就会发生问题。其集中体现是，人们只会将自己局限于生存需要满足的层次，追求物质资源的占有和感性欲望的满足，而忽视发展需要的满足，不去追求人性的充分实现，不去追求人格完善。结果是社会成为物欲横流的“单向度”物化社会，个人成为为物质欲望所奴役而不考虑自我完善的“单向度”的异化个人。传统价值观将人视为“成为”的结果，强调社会和个人都应该在“成为”的过程中发挥应有的作用。今天，根据这种观念反思和检视现代社会生活，我们能够深刻意识到现代社会生活存在的问题，发现其偏颇所在。

第二，传统价值观深刻洞察到人“成人”既需要教化又需要修身，而修身具有更为根本的意义。在古代思想家看来，使人成为人的那种“人为作用”就是教化和修身。教化的作用在于通过各种途径和形式对人发生作用，使人朝着作用者的意图成长，而修身则在外在作用的影响下意识到自己的能动作用并发挥这种能动作用来自觉地造就自己。传统价值观十分清晰地意识到了这两种作用的不可或缺性。没有教化的作用，肯定不会有修身的作用，因为人修身的意识以及修身的方法都是教化提供的，当然个人对修身方法也可能有所更新和创造。但是，有教化的作用并不一定就会有修身的作用。传统社会的历史事实表明，人们完全可以在没有修身的情况下根据教化成为人。传统社会中的人绝大多数不是在教化的影响下通过修身成为人的，而单纯是教化的结果。

古代许多思想家清醒地意识到了这种没有修身参与的人“成为”过程的局限性。这种局限性主要在于，人只是成为社会所需要的人，并不一定成为实现自己的本性的人。如果教化只是告诉人们应该成为什么样的人以及应该怎样行动，而不告诉人们修身的重要性以及修身的方法，人们就只可能按照教化的要求去造就自己和行动，而不可能意识到修身的重要性，当然也不可能通过修身实现自己的本性。在儒家思想家看来，没有这种修身人就会停留在“道德常人”的层次，不可能在道德境界上不断提升。因为人的境界提升需要人的艰苦努力，按孟子的看法，需要“苦其心志，劳其筋骨，饿其体肤，空乏其身”等磨炼过程。没有这种过程，人不可能成为“大人”，更不可能成为圣人。正是深刻地意识到了修身对于人成为人的极端重要性，儒家思想家才强调“自天子以至于庶人，一是皆以修身为本”。

第三，传统价值观基于人性以至天道寻求人应该成为什么样的人的根据，形成了对于人及其价值追求的整体理解。如果我们承认真正意义上的人是成为之人，那么就存在成为什么样的人的问题。从伦理学的意义上说，这个问题也就是人应该成为什么样的人的问题。那么，人应该成为什么样的人呢？在人类思想史上，对这个问题有种种不同的回答，如基督教认为人应该成为虔诚信仰上帝并最终与上帝同在的人，道教认为人应该成为“得道成仙”的仙人。传统价值观认为，人应该成为将自己的善良本性充分开发出来并使之得到充分发挥的人。传统价值观认为，人的本性就是善良的，或者有善良的潜能即“善端”，教化也好，修身也好，其目的就是使这种善的种子长成参天大树。

这里存在教化与修身的关系问题。常识观念是，教化是将对个人外在的要求转化为内在品质和行为准则，使之从“他律”走向“自律”。如此看来，教化实际上就是一个将本来不属于个人的某些东西转化为个人的有机组成部分的过程。在这个过程中，如果有修身的参与，其作用也不过仅仅在于使这样的教化从外在的要求转变为内在的需要，也就是从对个人自己的自发过程变成对自己的自觉过程。这种常识观念有两个问题。一是一些纯然外在于人的东西变成人内在的东西何以可能，这些外在的东西是否像营养一样是人自身所需。这是一个很难说清楚的问题。在现实生活中，许多人认为这些外在的东西并不是他们需要的，更不是他们喜欢的。二是这些纯然外在的东西是从哪里来的，或者说把它们作为对于人而言类似于营养的东西的根据何在。如果否定了它们归根结底来自人的共同本性，那么就有可能将它们视为上天意志、某种神意或君王意志的体现。关于教化的这种常识观念理论上不能自圆其说，而在实践上是非常有害的，因为人们常常因为教化是将外在的东西强加给自己而抵制教化。

传统价值观完全不赞同上述常识观念，认为教化用以影响人们的外在要求归根结底源自所有人的共同本性，社会的伦理纲常和各种礼法都是人的共同性的体现。教化的意义主要不在于将外在的东西强加给人，而在于启发人们意识到自己本性的善性并努力去发挥这种善性，且在这个过程中给人们提供各种帮助。因此，从根本上说，教化的意义在于激发人们修身的意识和热情，并为修身提供服务。而当人们将本性的善端发挥出来的时候，他的品质和行为就会自然而然地与外在社会要求相契合，因为教化用以影响人们的外在要求本身就是根据人性确定的。传统价值观为了使本性的要求与作为教化内容的社会伦理纲常对接起来，将人本性的要求本体论化，使之与天道相贯通，同时又将伦理纲常赋予天道。如此一来，人本性的要求、社会的伦理纲常最终统一于天道或者作为天道之体现的人道。传统价值观的这种做法在理论上是很难为自己辩护的，但是，它把修身的要求与教化的要求统一于人的本性，从人的本性引申出社会的伦理纲常是合理的，可以克服以上所述的关于道德教化的常识观念存在的两个问题，使教化与修身相统一、相促进。

当然，传统价值观的教化观和修身观也存在不少局限，甚至是错误的。忽视“常人”与“精英”之间的区别就是传统价值观的一个重大理论局限。传统价值观的一种重要思想是认为任何一个正常人都可以成为圣人，即所谓“人皆可以为尧舜”“涂之人可以为禹”。而传统价值观又将圣人人格视为尽善尽美的。如此一来，传统价值观就面临一个巨大的风险：所有的人都能够成为尽善尽美的人吗？从中国历史来看，除了传统社会公认的尧舜禹以及孔子之外，几千年来似乎再也没有圣人出现，连孟子也只是“亚圣”，而不是地道的圣人。这样的历史事实已经证明并非人人都可以成圣，甚至根本没有人能够成圣。传统价值观的问题主要在于，它没有在“道德常人”与“道德精英”之间做出区别。道德教化和道德修养的意义主要在于使每一个人成为一个普通的道德之人，即“道德常人”，而不是要使每个人都成为“道德精英”。只有极少数人（例如孔子、孟子等先贤）才能成为“道德精英”，实际上社会也只要极少数人成为“道德精英”就可以了。要使每个人都成为“道德精英”（圣人）既不可能，也没有必要。硬性要求所有人成为圣人的结果，历史事实已经证明，那就是“伪善者”（“伪君子”“假圣人”）丛生。

第六章　传统价值观的现代转换

鸦片战争爆发后，传统中国面临有史以来最为严峻的外族入侵的挑战，正在走向没落的传统价值观的官方形态开始陷入严重危机。经历过七十年的激荡，至辛亥革命推翻清朝帝制，结束中国传统社会，传统价值观的官方形态最终退出了中国政治舞台，随后又在新文化运动中受到激烈批判。传统价值观在其官方形态退出中国政治舞台的同时，实际上就正式开启了它的现代转换历程。经过长期的论战以至战争，马克思主义的社会主义价值观成为中国占主导地位的价值观。

改革开放以后，我国出现价值观多元化的格局。为了坚持社会主义价值观的主导地位，同时使之与优秀传统文化对接并融入全球化时代，中共十六届六中全会提出建设社会主义核心价值体系（以下简称“核心价值体系”），中共十八大提出培育和践行社会主义核心价值观（以下简称“核心价值观”），中共十九大进一步把坚持核心价值体系作为新时代坚持和发展中国特色社会主义的基本方略之一。自中共十八大起，传统价值观现代转换过程与核心价值观建设、当代价值观建设过程统一起来，核心价值观的建设过程实际上也就是对优秀传统价值观实行创造性转化和创新性发展的过程。这一过程尚在进行中，正在形成的当代价值观在弘扬优秀传统价值观的同时又在对其进行创新。如何深入弘扬和创新优秀传统价值观仍然是我国当代价值观建设面临的重大时代课题。

一　传统价值观现代转换的历史际遇

19 世纪下半叶是人类历史上一个十分特殊的时期。西方现代价值观及其文明形态基本完成了它的构建，这一构建过程同时也是它向世界各地扩散和冲击的过程。西方文明对古老中华文明的冲击，最终导致宗法皇权专制主义的彻底崩溃。但西方的冲击只是起到了让古老中国这头

“东方雄狮”① 惊醒的“触媒”作用，真正让中国这头“东方雄狮”站立起来的是辛亥革命前后开始的一系列启蒙运动和革命，直至中华人民共和国建立。“中国人民从此站起来了！”这一表达了历经艰难困苦的中华民族获得新生的无比自豪、自信、自强的口号，不仅是“东方雄狮”真正站立起来的标志，也是传统价值观现代转换及其现实构建的里程碑。

1. 现代文明的兴起与扩散

现代文明是以市场经济为经济基础并适应其要求形成的一种相对于传统文明而言的文明形态。人类现代文明发轫于中世纪末期现代城市和市场经济的同时兴起。

西欧中世纪早期的社会实行的是封建庄园制，这种制度源自罗马帝国。原始游牧部落的日耳曼民族取代罗马帝国后，发现原先已经存在的罗马帝国庄园经济和自给自足的城堡有许多适应自己游牧部落的生产方式和生活方式，从而将庄园经济和城堡保留了下来。其高层军事领袖分封部属为某地区的管理者，他们也就同时成为这里的庄园主和城堡主，负责城堡的军事和行政事务，组织庄园的农业生产。这种庄园由庄园主拥有，它是一种经济上自给自足、政治和宗教上大体独立的社会实体，而庄园经济的基本特点是在庄园中使用无人身自由的农奴、雇佣自由农民（由破产的有人身自由的农民和破产市民等组成）进行自给自足的农业生产。

到了中世纪晚期，在意大利地中海沿岸市场经济开始兴起，随后向西欧其他国家扩展，市场经济的急剧发展和渗透，使自给自足的以自然

---

① 把中国比为“东方睡狮”，出自拿破仑之口。在汪康年（字穰卿）汇编的《汪穰卿笔记》（上海书店出版社 1997 年版，第 219 页）卷八《琴瑟寄庐类稿》中，有“睡狮”条曰：“西人言中国为睡狮。狮而云睡，终有一醒之时。以此语质之西人，西人皆笑而不答，于是乎莫知其何取义矣。后见驯狮者，叩其解，驯狮者曰：‘此义遥深。吾辈从前习驯狮之术，皆捕小狮子使母狗乳之，及其长成则狮形而狗性矣，易训之以为戏。后有人与之戏，至张狮口数狮齿，时适狮饥甚，乘势一口，将人之头颅咬下。观者震骇，咸咎吾术之未精。因复深思，乃得一法，以生鸦片抹于牛肉以饵狮，初仅少许，继则渐加，鸦片之量既广，狮则终日昏昏皆在睡梦中，尽人调戏。虽能张拳开口，发声嗥吼，不过如梦谵而已，实不能咬人。盖有狮之形，无狮之质，并前之狗性亦无矣。殆将长睡，永无醒时。贵国之大，犹狮之庞然也，受毒之深，奚止于鸦片耶！以此为譬，庶乎近之。’噫，可惧哉！吾愿中国人憬然悟之。”中国人常常以为拿破仑的意思是说，睡狮一旦苏醒，其作用和影响可了不得，而据《汪穰卿笔记》中的说法并非如此，实乃贬斥中国有狮形而无狮质。

经济为基础的农奴制开始瓦解，封建庄园制逐渐走向衰落。中世纪初期的欧洲，罗马时代的城市因日耳曼人的入侵和破坏，多已衰败，有的已经成为废墟，在经济上与农村无甚差别。10～11世纪的欧洲，铁犁等先进农具的广泛使用，使农业生产有了长足的发展，从而为手工业和商业提供了基础。为了便于购买原料，组织生产和销售产品，手工业者和商人自发聚集到行政中心、交通枢纽、寺院、城堡、港湾、河口附近，建立手工作坊或从事商贸活动，这些地方后来逐渐演变为中世纪的城市。一些封建领主在经济利益的诱惑下，同意在自己的领地上建造城市，或者以不同方式直接参与中世纪城市的复兴活动。后来，商人们为了便于处理货币和货币交换、债务与破产、契约等，一般通过经济赎买的办法从国王或封建领主那里取得特许状，建立拥有自治权的城市，威尼斯、佛罗伦萨等大城市更是成为城市共和国。到中世纪后期，几乎所有的欧洲城市都不同程度地摆脱了封建主义的束缚。城市是适应市场经济需要兴起的，而城市的兴起又大大促进了市场经济的兴起和发展。它使欧洲出现了一个新兴的市民阶层，为市场经济发展提供了社会力量；同时促使基于自然经济的领主庄园制度走向没落，使对领主有依附关系的农奴变成有人身自由的佃农或雇佣工人，为市场经济准备了廉价的劳动力；城市与王权结盟，促使封建王权加强，为打破封建庄园壁垒创造了条件；市民参与政治也促进了议会制度的出现，推动了适应市民日常生活需要的世俗文化和世俗教育的产生，为日后的文艺复兴和宗教改革做了准备。

14～19世纪的六百年间发生的一系列事件推动了市场经济的发展和现代文明的形成，其中最为重要的有五个方面。

一是新航路开辟、地理大发现以及随之而来的海外冒险、海外掠夺、海外殖民（这一系列行为可统称为“海外扩张”），以及由此导致的商业革命。最早寻求新航路的主要原因是寻找获取香料的新航线，以取代受政治因素影响而随时可能停止供应的陆地贸易。最早的海外冒险可追溯到13世纪的马可·波罗，此后持续几个世纪的海外冒险、海外掠夺、海外殖民运动，对欧洲乃至世界的经济生活产生了巨大影响，商业革命即其中之一。其主要表现是世界市场的拓展、商品种类的增多、商业经营方式的变化、商业贸易中心的转移、商业强国的崛起和价格革命。西欧国家的海外扩张和商业革命不仅为这些国家提供了资本原始积累，而且为市场经济发展开辟了世界市场。

二是封建专制主义的灭亡。在城市和市场兴起的过程中，封建贵族阶级趋于没落，资产阶级兴起，在两个阶级势均力敌的时候，君主充当着两个对抗阶级的仲裁者和保护者，从而取得了他们的支持，确立了专制统治。君主打着“君权神授”的旗号，在与罗马教廷的权力角逐中将民族国家的立法、行政、司法三权集于一身，并且依靠官僚制度和常备军，对全国实行集权统治。君主为了维持国家庞大的行政开支，不得不在依仗新兴资产阶级支持的同时采取奖励工商业发展的重商主义政策和殖民扩张，同时采取严厉措施打击封建割据势力，这在客观上起到了促进市场经济发展的作用。但是，君主是封建贵族阶级利益的代言人，必须维护贵族阶级的特权和封建秩序。资产阶级在其势力得到进一步发展后，势必与专制王权彻底决裂。同时，王权专制制度和等级制严重限制了人的自由和平等，成为市场经济进一步发展的严重障碍，因而成为启蒙运动攻击的主要目标和资产阶级革命的对象。

三是文艺复兴、宗教改革以及随后的启蒙运动。市场经济在引起经济基础、生产方式和上层建筑深刻变动的同时，也引发了思想文化日益强烈的反应。思想文化的反应几乎伴随整个现代文明形成的过程，一直到19世纪作为西方现代文明核心内容的西方现代价值观形成。市场经济需要给人们提供充分的自由，以满足自由的市场主体和劳动力需求，也需要人们大胆地追求世俗生活，以为商品提供销路，而这两个条件新兴市场经济刚刚兴起的欧洲均不具备。正是适应市场经济的这种需要，西欧14世纪初兴起了长达三四个世纪的文艺复兴运动。当时的人文主义者打着“复兴”希腊和罗马古典文化的旗号，针对天主教教会和基督教神学，提出以人为中心，肯定人的价值和尊严，倡导个性解放，主张追求世俗的幸福生活。文艺复兴是一场波澜壮阔的思想文化运动，它为西方市场经济发展和现代文明兴起做了重要的思想观念的准备。为了打破当时天主教罗马教廷的专制和等级制统治，受文艺复兴运动的影响，欧洲16世纪开始又发生了一场基督教内部的宗教改革运动。这场运动不仅瓦解了从罗马帝国颁布基督教为国家宗教以后由天主教会所主导的政教合一体系，促进了欧洲民族国家的形成，而且打破了天主教会的统治和天主教的精神束缚，解放了人们的思想。文艺复兴运动和宗教改革运动为规模更大、影响更深刻的启蒙运动做了重要的思想和舆论准备。启蒙运动肇始于17世纪的英国，在18世纪的法国达到高潮，到19世纪的德国结束，长达三个世纪。启蒙运动将批判的矛头直接指向天主教教会、基督教神学、封建专制和等级制，彻底打破了当时欧洲人身体和精神上的各种枷锁，使人从各种奴役和压制中解放出来，获得空前的自由。更为重要的是，在启蒙运动过程中最终形成了作为西方现代文明内核和灵魂的西方现代主流价值观。西方现代主流价值观萌生于文艺复兴和宗教改革运动，培根、霍布斯、洛克奠定了其基本原理，中经孟德斯鸠、亚当·斯密等人的发展，康德、黑格尔、约翰·密尔等人最终完成了现代西方主流价值观的建构。在启蒙运动过程中，不仅形成了作为现代西方主流价值观的自由主义，还形成了共和主义和社会主义。西方现代主流价值观虽然形成于近代，但它至今仍然在西方占据主导地位。整个西方现代文明就是根据这种价值观构建起来的，可被视为现代西方价值观的现实化。

四是资产阶级革命。在文艺复兴、宗教改革和启蒙运动的推动下，西方国家爆发了一系列资产阶级革命。1566年尼德兰爆发了反对西班牙统治的人民起义，即尼德兰革命。这是历史上通过民族解放战争的形式完成的第一次成功的资产阶级革命，它标志着西方资产阶级革命时代的到来。此后，17世纪爆发了英国资产阶级革命，18世纪爆发了美国独立战争和法国大革命。资产阶级革命不仅使西方资产阶级登上历史舞台，而且使西方现代价值观开始现实化为制度和文化。

五是工业革命。在资产阶级革命时代，西方又发生了持续约一个半世纪（18世纪60年代至20世纪初）的两次工业革命。第一次工业革命于18世纪60年代发源于英格兰中部地区，是以机器取代人力、以大规模工厂化生产取代个体工场手工生产的一场生产与科技革命。钢、铁、煤、蒸汽机是当时促成工业革命加速发展的四项主要因素。18世纪中后期英国人瓦特改良蒸汽机引起了一系列技术革命，促进了从手工劳动向动力机器生产转变的重大飞跃。随后机器生产方式向英国全国乃至整个欧洲大陆传播，19世纪传至北美洲。1870年前后，科学影响工业的力度加大，批量生产的技术得到改善和应用，此后几乎所有工业都受到科学的影响，批量生产的技术也获得空前的发展，各种新技术、新发明层出不穷，并被应用于各种工业生产领域。发电机被发明并被运用，电力逐渐被应用，成为补充和取代蒸汽的新能源；以煤气和汽油为燃料的内燃机相继诞生，内燃汽车、远洋轮船、飞机等得到迅速发展，同时也推动了石油开采业和石油化工工业的发展，电话和无线电报的发明为迅速传递信息提供了方便，等等。这就是第二次工业革命。第一次工业革命标志着人类开始进入蒸汽时代，第二次工业革命则标志着人类开始进入电气时代，并在后来的信息革命、资讯革命中达到顶峰。

资产阶级革命引起的资本主义制度和文化的建构、两次工业革命引起的生产力和科学技术的迅速发展，使西方现代文明获得了它的完整形态。西方现代文明的优势在19世纪末20世纪初就已经显现，经历了两次世界大战的调整，到第二次世界大战结束时，适逢以原子能技术、航天技术、电子计算机技术的应用为代表，还包括人工合成材料、分子生物学和遗传工程等高新技术的第三次工业革命，西方现代文明走向繁荣。当然，第三次工业革命的发生与两次世界大战有直接关系，战争的需要催生了多种现代科学技术。

西方市场经济兴起和发展的过程就是西方文明从西方走向世界的过程。市场经济是一种追求利益最大化的经济，为了追求尽可能多的利润，西方在不断完善国内市场的同时不断向海外扩张，寻求并扩大海外市场。在资本的力量不足以打开那些仍然停留于传统农业经济的封闭国家时，西方国家就利用“炮舰”力量开路。新航路开通后，西方列强以坚船利炮迫使非西方国家签订割地赔款条约、向海外殖民、围剿土著人、进行黑奴贸易、发动鸦片战争，所有诸如此类的罪恶行径铺平了西方资本和文明走向全世界的道路。当然，西方市场经济和现代文明在实现自己的资本扩张和谋求暴利的同时，确实也将其价值观扩散到了世界各地。现代西方价值观客观上促进了非西方国家的觉醒，这些国家可能是被迫地（如中国）也可能是主动地（如日本）吸取西方价值观，它们痛定思痛，力图改变被动挨打的局面，自觉参与现代文明的世界进程，从而加速了西方现代文明走向世界的进程。就中国而言，如果说鸦片战争是西方文明强制性地进入中国的话，那么辛亥革命则标志着中国的觉醒和自觉借鉴西方价值观来更新自己的传统价值观的开始。

2. 辛亥革命的爆发及其意义

在中国农历辛亥年（1911 年至 1912 年初）爆发了旨在推翻清朝专制帝制、建立共和政体的辛亥革命。这是在西方文明借“炮艇”力量强制进入中国，而中国当权者清政府无力应对的背景下发生的一次民族民主革命。它推翻了统治中国几千年的君主专制制度，建立起了共和政体，而且结束了传统价值观官方形态的统治地位，正式开启了传统价值观现代转换的历史进程。

1840～1842 年的鸦片战争打开了古老中国的大门，中国从此进入半殖民地半封建社会。两次鸦片战争以及一系列不平等条约的签订，深刻改变了中国社会，国家的领土和主权遭到严重破坏，中华民族陷入被动挨打、任人宰割的险境。面临这种空前的民族危机，清朝官僚中部分有识之士开始认识到西方坚船利炮的威力。为了解除内忧外患，实现富国强兵，以维护清朝统治，他们开始学习西方先进技术和文化，这样一部分人被称为洋务派。此前，已有学者提出要学习西方国家的长处，以增强国力，抵御外敌侵略。例如，魏源在《海国图志》中主张“师夷长技以制夷”，冯桂芬在《校邠庐抗议》中提出要“以中国之伦常名教为原本，辅以诸国富强之术”。洋务运动的最根本目的是“自强”“求富”，其主旨是“师夷制夷”“中体西用”。“师夷制夷”的意思是学习西方的“长技”用以抵制西方的侵略；“中体西用”的意思是中学为体，西学为用。“师夷制夷”“中体西用”实际上也成为当时洋务派处理中外国家关系及中外文化交流的基本原则。从冯桂芬的“以中国之伦常名教为原本，辅以诸国富强之术”，到薛福成的“今诚取西人器数之学，以卫吾尧、舜、禹、汤、文、武、周、孔之道”，都是为了服务于“求强”“求富”这一洋务运动的目的。

在洋务运动前期，洋务派打着“自强”的旗号，从西方引进先进生产技术，建立北洋海军，并创办了一批军事工业。在洋务运动后期，洋务派则打出了“求富”的旗号，主要是为了解决军事工业面临的资金、燃料、运输等方面的困难，兴办了一批民用工业。中国近代矿业、电报业、邮政、铁路等行业相继出现，轻工业得到大力发展。中国民用工业的迅速发展，为中国近代工业奠定了基础。然而，甲午中日战争中北洋海军的全军覆没，不仅标志着清朝海军实力的完全丧失，也标志着持续

35年的洋务运动的破产。

鸦片战争后，西方殖民主义者纷纷在上海、武汉、广州、青岛等地开设租界，抢夺资源，强迫清政府签订了一系列丧权辱国的条约，掀起了瓜分中国的狂潮。在民族危亡的紧要关头，以康有为、梁启超等人为代表的资产阶级改良派（又称“维新派”）发起了旨在救亡图存的变法维新运动（戊戌变法运动，又称“百日维新”“维新变法”“维新运动”等）。维新派幻想在不触动传统自然经济和不推翻清朝皇权主义专制统治的前提下，通过实行变法维新实现民族自强，走日本明治维新的资本主义道路。1898年6月11日，光绪帝颁布“明定国是”诏书，标志着变法正式开始实施。变法包括一系列措施，其中主要的有改革政府机构、任用维新人士、鼓励私人兴办工矿企业、开办新式学堂培育人才、创办报刊、开放言论、训练新式陆军海军，以及中止科举考试、废除八股文等。变法严重损害了以慈禧太后为首的守旧派（顽固派）的利益，他们对变法进行了强烈抵制与全力反击，于1898年9月21日发动了戊戌政变。其结果是光绪帝被囚，康有为、梁启超分别逃往法国、日本，谭嗣同等戊戌六君子被杀。历时103天的戊戌变法虽然失败了，但其意义重大。它是中国从传统社会向现代社会转换过程中的一次重要政治改革，打破了几千年宗法王权制的坚冰，开启了中国现代化的征程；它也是在皇权专制主义条件下发生的一次思想启蒙运动，促进了中国人的思想解放，有力地推动了中国现代思想文化的兴起和发展。更为重要的是，戊戌变法的失败坚定了资产阶级革命派以革命的手段推翻清政府、建立民主共和政体的决心。

1895年2月，资产阶级革命派领袖孙中山在香港建立兴中会总部时提出了“驱除鞑虏，恢复中华，建立合众政府”的誓词，该誓词成为中国资产阶级民主革命的第一个纲领。1905年8月，在作为全国革命领导中心的中国同盟会成立大会上确定了“驱除鞑虏，恢复中华，创立民国，平均地权”的16字纲领。同年11月，孙中山在同盟会机关报《民报》的发刊词中首次提出以“民族”“民权”“民生”为核心内容的三民主义。与此同时，革命派积极发动了多次武装起义，力图以武力推翻清王朝的统治，但起义都失败了，中国同盟会的精华因此遭到重创。黄花岗起义失败后，以文学社和共进会为主的革命派决定把目标转向长江流域，准备在以武汉为中心的两湖地区发动一次新的武装起义。1911 年 10 月 10 日（农历辛亥年八月十九）在湖北武昌发生了一场旨在推翻清朝统治的兵变，即武昌起义。起义军掌控武汉三镇后，成立了湖北军政府，黎元洪被推举为都督，改国号为中华民国，并号召各省民众起义响应。武昌起义是辛亥革命的开端，在中国腹心地区打开的缺口成为对清王朝发动总攻击的突破口，引燃了全国的燎原烈火。武昌起义胜利后的短短两个月内，湖南、广东等十多个省纷纷宣布脱离清政府独立。1912 年 1 月 1 日，中华民国临时政府在南京成立，孙中山被推举为临时大总统。1912 年 2 月 12 日，清帝溥仪退位，清朝灭亡。以此为最后标志，两百多年的清王朝专制统治、两千多年的皇权专制统治、近四千年的宗法王权制统治终于被彻底推翻，中国历史向现代社会迈进了一步。

辛亥革命在中国历史发展上的重大意义是举世公认的，从中国价值观演进的角度看，其重大意义至少有以下几个方面。

第一，辛亥革命结束了儒家价值观官方形态在中国历史上长达两千多年的统治地位，正式开启了中国价值观从传统向现代转换的历程。汉武帝“罢黜百家，独尊儒术”之后的两千多年，儒家价值观虽然遭到过道教和佛教的严重冲击，更经历过无数次改朝换代、少数民族入主中原和大规模农民起义的震荡，但其统治地位从未在根本上动摇过。辛亥革命将儒家价值观赶下了政坛，此后虽然有过一些复辟的闹剧，再后来也有一些儒者主张将儒家重新确立为官方意识形态，但是至少到目前为止，儒家价值观都没有重新登上政治舞台的迹象。辛亥革命实际上宣告了以儒家价值观为代表的传统价值观已经成为历史，它必须现代化，必须为一种现代形态的价值观取而代之。

第二，以孙中山为代表的革命派所构建的价值观从一定意义上可以说是一种具有中国特色的资本主义价值观，他们的这种努力给后来的共产党人将马克思主义价值观与中国实际相结合提供了宝贵启示和经验。孙中山等革命派在否定传统价值观的官方形态的过程中，努力构建一种现代价值观取代传统价值观。革命派特别是孙中山在这方面做出了艰苦努力，他在借鉴和吸收西方现代价值观的基础上，结合中国的国情和传统文化提出了一系列新思想、新理论、新观点，初步形成了一种具有中国特色的资本主义价值观。这种价值观主张“人民有权”（包括“选举、罢免、创制、复决”四项），“立法、行政、司法、考试、监察”五权分立，并称之为“五权宪法”，召开国民大会制订宪法，还政于民，实行多党竞争的现代政治制度等。这些主张显然是借鉴了资本主义价值观的基本主张。孙中山提出的以“民族”“民权”“民生”为核心的三民主义，以及同盟会所确立的“驱除鞑虏，恢复中华，创立民国，平均地权”的16字纲领，显然具有鲜明的中华民族特色。将西方的先进价值观与本国实际相结合构建适合本国国情的现代价值观，革命派的这种理论构建的努力为中国共产党提供了重要的经验。

第三，孙中山等革命派既重视对不同于传统价值观的现代价值观的理论构建，与此同时又通过大胆的实践探索努力将这种价值观现实化为国家制度。这也为中国共产党在构建中国现代价值观的过程中始终注意把所信奉的马克思主义价值观与中国实际相结合提供了重要借鉴。孙中山的一系列理论观点几乎都是在革命斗争的实践过程中提出来的，他始终注重把先进的西方现代价值观与中国国情和实际相结合，并不断根据实践的变化来修正和完善理论，使所提出的理论方案具有很强的可操作性。同时，他又躬行践履，通过自己的革命活动和影响力不断推进这种理论方案的实施。在辛亥革命后的十几年里，孙中山以自己艰苦卓绝的努力和非凡的政治智慧使革命派的价值观在相当大的范围内和程度上变成制度安排，并得到社会公众的普遍认同。在世纪之交这一特殊历史时期，中国价值观从传统到现代的转换几乎没有什么理论准备，而传统价值观随着皇权专制政权被推翻而被否定。在这种情况下，为了适应新社会构建的需要，现代价值观的构建就既面临理论构建又面临实践构建。孙中山等革命派在这方面积累了经验，开辟了价值观理论构建与实践构建同时进行的双重构建之先河。

3. 十月革命与马克思主义在中国的传播

辛亥革命后，西方启蒙思想特别是西方现代价值观在中国进一步传播，与此同时，北洋军阀推行尊孔复古，民主共和观念与尊孔复古逆流势不两立。北洋军阀首领袁世凯在全国各省纷纷宣布脱离清政府独立的形势下，逼迫清帝溥仪退位，以和平的方式推翻了清朝，并就任中华民国临时大总统，随后又建立中华帝国并称帝。他刚登上总统宝座就搞尊孔祭天，还大力提倡尊孔读经。他于1913年6月亲自发表“尊孔令”，鼓吹“孔学博大”，1914 年又发布《祭圣告令》，通告全国举行“祀孔典礼”。为支持袁世凯帝制复辟活动，复古派掀起了一股尊孔复古逆流。1912 年起他们在全国各地先后成立了“孔教会”“尊孔会”“孔道会”等，出版《不忍杂志》和《孔教会杂志》等。康有为还要求定孔教为“国教”，宣扬“有孔教乃有中国，散孔教势无中国矣”，甚至还说：“中国民不拜天，又不拜孔子，留此膝何为?”袁世凯称帝 83 天后在全国人民的一致反对和多种势力讨伐下被迫宣布退位，但他的称帝闹剧引起了人们的反思。先进的知识分子深刻认识到，尊孔复古逆流出现的根源在于国民头脑中缺乏民主共和意识，因此必须从思想文化上破除王权思想和王权意识，通过普及共和思想来实现真正的共和制。

正是在这样的历史背景下，胡适、陈独秀、李大钊、鲁迅、钱玄同等一批受过西方教育的知识分子发起了一场“反传统、反孔教、反文言”的思想文化革新和文学革命运动，他们大张旗鼓地宣传资产阶级民主思想，同封建尊孔复古思想展开了激烈的斗争。1915 年 9 月 15 日陈独秀任主编的《青年杂志》（后改名《新青年》）在上海创刊拉开了这场运动的序幕。《青年杂志》一问世就提出“打倒孔家店”的口号，大张旗鼓地倡导新思想、新文化、新道德，反对旧思想、旧文化、旧道德，并宣称：“所谓新者无他，即外来之西洋文化也；所谓旧者无他，即中国固有之文化也。……两者根本相违，绝无折中之余地。”[①] 陈独秀作为一名激进民主主义者，仇视当时的封建军阀统治，激烈批判传统社会制度和伦理观念，强烈要求在中国实现真正的民主，并认为只有消灭封建宗法制度和道德规范，才能建立民主制度。李大钊则强烈反对尊孔复古，极力主张思想自由，号召青年摆脱旧观念的束缚，努力创造青春的中国。《青年杂志》1916 年 9 月迁往北京并改名为《新青年》后，团结了一大批进步的知识分子。他们高举“民主”和“科学”两面大旗，从思想、文化、政治、道德、生活方式等各个方面向宗法王权制度和传统伦理纲常以及当时的复古势力展开了猛烈的攻击。他们将攻击的目标聚焦于维护皇权专制统治的孔子学说，提出了“打倒孔家店”的口号。他们还主张个性解放，男女平等。1917 年起他们又举起“文学革命”的大旗，提

---

① 陈独秀：《今日中国之政治问题》，《新青年》第 5 卷第 1 号，1918 年。

倡白话文和新文学，反对文言文和旧文学。

1917 年俄国爆发的十月社会主义革命，震动了全世界。“十月革命一声炮响，给我们送来了马克思列宁主义。”[①] 十月革命的胜利给中国带来了巨大影响，使中国先进的知识分子看到了民族解放和民族复兴的希望。宣传十月革命和马克思主义，成为新文化运动的新内容。《新青年》以大量篇幅发表了宣传俄国十月革命的经验和社会主义理论的文章。十月社会主义革命把一批中国先进分子的目光从西方吸引到了东方的俄国，从对资产阶级民主主义的向往转向了对社会主义的追求。十月革命中俄国布尔什维克广泛发动工人、农民和士兵群众并通过暴力革命赢得胜利的事实和经验，不仅给一批中国先进分子以信心，而且给他们以新的革命方法的启示，推动他们去研究引导这次革命胜利的马克思列宁主义。

十月革命爆发后，新文化运动的旗手李大钊在 1918 年 7～11 月短短几个月的时间内，先后在《新青年》上发表了《法俄革命之比较观》《庶民的胜利》《布尔什维主义的胜利》《新纪元》四篇文章。这些文章不仅热情歌颂和宣传俄国十月革命，而且在中国大地上率先举起马克思列宁主义旗帜，开启了马克思列宁主义在中国传播的历程。李大钊在文中明确指出，十月革命是“立于社会主义之上的革命”，俄国布尔什维克党所信奉的主义就是革命的社会主义。他还充分肯定十月革命的伟大意义，认为“俄罗斯之革命，非独俄罗斯人心变动之显兆，实二十世纪全世界人类普遍心理变动之显兆”，这一胜利“是世界革命的新纪元，是人类觉醒的新纪元”，“是二十世纪中世界革命的先声”。他信心十足地宣称：“由今以后，到处所见的，都是布尔什维主义战胜的旗。到处所闻的，都是布尔什维主义凯歌声。”“试看将来的环球，必是赤旗的世界！”1919 年 5 月李大钊又在《新青年》“马克思主义专号”上发表了《我的马克思主义观》，该文全面系统地介绍了马克思主义的基本观点，初步阐述了马克思主义的三大组成部分，并指出三个部分之间“有不可分割的关系，而阶级竞争说恰如一条金线，把这三大原理从根本上联络起来”。李大钊在此期间还在《新潮》《少年中国》《国民月刊》《新生活》《晨报》等刊物上发表了宣传马克思主义的一系列文章，在社会上

① 毛泽东：《论人民民主专政》，《毛泽东选集》第四卷，人民出版社 1991 年版，第 1471 页。

特别是在青年知识分子中产生了广泛的影响。与此同时，他还在北京发起了中国最早的一个学习和研究马克思主义的团体——马克思学说研究会，通过研究会把一大批优秀青年组织起来学习和研究马克思主义学说。很多青年在他的教育和感召下接受了马克思主义，并成为当时传播马克思主义的重要力量。

胡适1919年7月在《每周评论》上发表的《多研究些问题，少谈些主义》一文，在当时思想文化界引起了“问题”与“主义”之争。在这篇文章中，胡适基于杜威的实用主义立场向人们提出，要多研究这个问题如何解决，那个问题如何解决，不要高谈这种主义如何新奇，那种主义如何玄妙。其矛头所指向的是马克思主义传播。8月，李大钊在《每周评论》上发表《再论问题与主义》给予回应，系统地批驳了胡适的观点。他宣称自己的文章是一个马克思主义者“对社会的告白”，并旗帜鲜明地宣布“我是喜欢谈谈布尔什维克主义的”，并阐述了传播马克思主义的重要性。他说：“布尔什维克主义的流行实在是世界文化上的一大变动。我们应该研究他、介绍他，把他的实象昭布在人类社会。”他在号召宣传马克思主义并在马克思主义的指导下进行实际的行动的同时，运用唯物史观提出了必须从根本上寻求解决中国问题的革命主张。他指出，对于中国这样一个没有生机的社会，“必须有一个根本解决，才有把一个一个的具体问题都解决了的希望”，因此必须以马克思主义的阶级斗争学说为指导通过革命斗争实现经济结构的改造。“问题”与“主义”之争扩大了马克思主义对中国社会的影响，对人们进一步思考和探索中国社会的未来也起到了促进作用。

1919年5月4日，以中国在巴黎和会上外交的失败为导火索，北京爆发了一场以青年学生为主，广大群众、市民、工商人士等中下阶层共同参与的，通过示威游行、请愿、罢工、暴力对抗政府等多种形式进行的爱国运动。

1919年1月18日，第一次世界大战战胜国在巴黎召开“和平会议”。中国以战胜国身份派代表团参加，提出了取消西方列强在华的各项特权、取消袁世凯政府与日本订立的“二十一条”等不平等条约、归还第一次世界大战期间日本从德国接手的在山东的各项权利等要求。然而，巴黎和会不但拒绝了中国的合理要求，反而把德国在山东的特权全部转交给日本。北洋政府竟然准备在“对德和约”上签字，这种丧权辱国之举激起了全中国人民的强烈反对，最终引发了青年学生的五四运动。中国在巴黎和会上的外交失败，打破了许多中国人对资本主义的幻想，大批青年学生倏然一变而倾向于社会主义，其中一些人经过比较开始在马克思主义的旗帜下集合起来。五四运动促进了马克思主义在中国知识界的广泛传播，也推动了马克思主义与中国工人运动的结合。正是在五四运动的推动下，陈独秀最早在上海建立了共产党的早期组织，此后共产党的组织迅速在北京、武汉、长沙、济南、东京等地先后建立。这些后来被统称为“共产主义小组”的组织的建立为中国共产党的正式诞生准备了充分条件。

辛亥革命后，中国封闭的国门被打开，古今中外的各种思潮纷至沓来，出现了思想理论百家争鸣和价值观多元化的格局，马克思主义只是其中的一种并不引人注意的思想理论。辛亥革命的果实被尊孔复古派窃取，许多人丧失了对革命派所主张的三民主义的信心，并因而对作为其思想基础的西方现代价值观持怀疑的态度。正是在这样的历史背景下，俄国十月社会主义革命取得胜利，使相当多的中国知识分子意识到马克思列宁主义的巨大威力，并从中看到了中国的希望，因而纷纷关注、推崇和宣传马列主义。马列主义在中国的传播对传统价值观的现代转换产生了两方面的重要影响。

一方面，它使人们意识到马列主义价值观可以作为传统价值观现代转换的一个新方向和理论指导。辛亥革命后，虽然各种思潮竞相在中国登台，但最主要的还是三派观点：一是立宪和革命派所主张的西方现代价值观特别是共和理念；二是与立宪派和革命派针锋相对的保守派，他们主张传统的价值观；三是并未引起人们足够重视的与西方现代价值观直接对立的马克思主义价值观。当时西方价值观为比较多的人所主张，他们根据这种价值观在西方的成功认为它是价值观重构的唯一选择。然而，戊戌变法的流产和辛亥革命的失败（相对于复辟保守派的失败）使人们逐渐对这种价值观是否适合中国国情产生了怀疑。尊孔复古派虽然暂时取得胜利，但他们还没有来得及将儒家价值观尊为正统，就以袁世凯被迫退位和郁郁而死收场。这时，十月革命的胜利，使人们特别是知识分子开始注意到马列主义，并逐渐认识到它可能比西方现代价值观更适合中国。当时的俄国国情与中国相近，俄国仍处于沙皇统治之下，资产阶级弱小，资本主义不发达，人民贫穷困苦，“土地、和平和面包”是当时俄国的时代主题。社会主义能够在这样的国家取得胜利，当然也可以在中国取得胜利。于是，社会主义就成为人们认同的传统价值观现代转换的新方向，马列主义也就相应成为现代价值观的基础。历史事实证明，事情就是如此发展的。

另一方面，马列主义以更为激进的态度批判传统，不仅有理论上的批判，而且诉诸“武器”的批判，后来以它为指导思想的共产党长期批判、否定传统与此有直接关系。马克思主义特别强调现代价值观要同传统实行最彻底的决裂。马克思和恩格斯在《共产党宣言》中明确提出：“共产主义革命就是同传统的所有制关系实行最彻底的决裂；毫不奇怪，它在自己的发展进程中要同传统的观念实行最彻底的决裂。”[①] 这种“实行最彻底的决裂”的观点产生了十分广泛而深刻的影响，中国共产党从成立直至实行改革开放一直对传统价值观持批判的态度。

4. 传统价值观现代转换的不同路向及方案

鸦片战争以后，中华民族陷入日益深重的民族危机。拥有五千年文明的泱泱大国何去何从？出路何在？面对这一历史之问、时代之问，面对国家任人宰割、百孔千疮，人民多灾多难、苦不堪言的严酷现实，当时有责任、有担当的中国各学术派别、各种政治力量都在苦苦思索探求。他们大多承认必须变法图强，从其实质内涵看，也就是都承认传统价值观需要改革更新。但是，各派别的主张相去甚远。

改良派（洋务派）以“师夷长技以制夷”为主要宗旨，以“中学为体，西学为用”为原则，主张学习西方的先进技术，但不改变清朝的制度。维新派主张在不触动皇权专制经济基础和不推翻皇权专制统治的前提下，学习西方，实行变法维新，通过改良主义道路来达到参与政治和进行一些社会改革的目的，取得日本明治维新那样的效果，使中国走上资本主义道路。维新派的主张具有鲜明的改良主义特点，因而也常被称为改良派。革命派则针对清政府投降卖国、已经变成“洋人的朝廷”的

① 〔德〕马克思、恩格斯：《共产党宣言》，《马克思恩格斯文集》第二卷，人民出版社2009年版，第52页。

现实，主张推翻清政府及其皇权专制制度，建立民主共和政体。他们提出了一整套三民主义的理论和方案，并努力通过革命行动使之付诸实践。尊孔复古派不是一种严格意义上的派别，而是一曲过眼烟云的尊孔复古闹剧。它在皇权专制制度被推翻的形势下，用皇权专制主义抵抗由西而入的民主思想、法治秩序与人权观念，试图恢复历史上皇权专制传统，因而是逆历史潮流而动的。其中袁世凯则更是以尊孔为名行复辟帝制之实。保皇派从维新派蜕变而来，形成于资产阶级革命运动蓬勃兴起、清政府已经完全变成西方列强统治中国的工具之时。它虽然仍然主张在中国实行君主立宪制，但站在维护清政府的立场上主张维护清朝皇权，维护君主专制统治，并且激烈攻击民主革命派，反对革命运动，其言行与清朝反动当局的自救活动遥相呼应，成为阻碍革命发展的一种反动势力。

鸦片战争后各种救国方案先后失败，孙中山以西方近代天赋人权、自由平等等学说为依据，以美国、法国的民主模式为参照，结合中国当时的国情，提出了三民主义的理论和纲领，用以指导中国资产阶级革命的实践。三民主义是孙中山为他所领导的民主革命制定的基本纲领，是他的民主思想的精髓和高度概括。1919 年 10 月 10 日，孙中山将中华革命党改组为中国国民党时，虽然在国内还存在北洋军阀残余势力，但孙中山的三民主义主张得到了广泛认同，他所领导的国民党也一直致力于三民主义的实践。

根据孙中山的设想，通过三民主义的实施，“人能尽其才，地能尽其利，物能尽其用，货能畅其流”①，进而实现国富民强、天下为公的大同社会。三民主义由民族主义、民权主义和民生主义组成。民族主义反对清朝的皇权专制和西方列强的侵略，主张推翻与西方列强相勾结的军阀统治，实现国内各民族之间的平等，承认各民族的自决权。民权主义主张建立普通平民所共有的民主政治，人民拥有管理政府的政权，包括选举、罢免、创制、复决四权；政府则拥有治理国家的治权，包括立法、司法、行政、考试、监察五权。民生主义则以平均地权（实行耕者有其田）和节制资本（私人不能操纵国民生计）为其基本原则。

孙中山并没有停留在单纯理论的探索上，而是更多地将他的三民主

---

① 孙中山：《上李鸿章书》，《孙中山全集》第一卷，中华书局 1981 年版，第 17 页。

义理论付诸实践，并且在实践中不断对三民主义加以修正，使之日趋成熟完善。他依据中国革命实践的实际，在民族、政治、经济、文化、外交等诸方面均提出了系统而具体的实施方针。在民族方面，把“驱除鞑虏，恢复中华”修改为“五族共和”，克服了过去的“大汉族”主义倾向。在政治方面，提出以革命确立民主政制，通过军政、训政、宪政三个步骤循序渐进地实现民主建政，然后以三民主义、五权宪法作为建设国家的方略，“把中国造成一个新世界”①。在经济方面，认为“建设之首要在民生”，主张政府当与人民协力满足全国人民之衣食住行四大需要：共谋农业之发展，以足民食；共谋织造之发展，以裕民衣；建筑大计划之格式屋舍，以乐民居；修治道路、运河，以利民行。在文化方面，主张“发扬固有文化，且吸收世界之文化而光大之”，即主张批判地继承中华民族传统文化，扬弃地借鉴外来文化。在外交方面，主张世界各国应在独立自主的基础上和睦相处，不恃强凌弱，并主张联合世界平等待我之民族共同奋斗。

在俄国十月革命和五四运动的强有力推动下，马列主义在中国得到广泛传播。中国的一批先进分子（如李大钊、陈独秀、毛泽东等）接受了马列主义，并把它与中国正在兴起和发展的工人运动结合起来。各地先后成立了一些后来统称为共产主义小组的早期党组织。以此为基础，1921 年 7 月中国共产党召开了第一次代表大会。大会通过的纲领确定了党的奋斗目标，这就是以无产阶级革命军队推翻资产阶级的政权，消灭资本家私有制，由劳动阶级重建国家，承认无产阶级专政，直到阶级斗争结束，即直到消灭社会的阶级区分等。1922 年 7 月，中国共产党召开了第二次代表大会，分析了国际形势和中国社会的半殖民地半封建性质，明确了中国革命的性质、动力、对象、前途和纲领等。大会认定当时的中国革命性质是民主主义革命。大会确定无产阶级、农民和其他小资产阶级是革命的动力，民族资产阶级也被视作革命的力量之一。大会指出革命的对象是帝国主义和封建军阀，而革命的前途是向社会主义革命转变。这次大会还制定了中国共产党的最低纲领和最高纲领。党的最低纲

① 孙中山：《在桂林军政学七十六团体欢迎会的演说》，《孙中山全集》第六卷，中华书局 1985 年版，第 8 页。

领，即党在民主革命阶段的纲领是：消除内乱，打倒军阀，建设国内和平；推翻国际帝国主义的压迫，达到中华民族完全独立；统一中国为真正的民主共和国。党的最高纲领是：组织无产阶级，用阶级斗争的手段，建立劳农专政的政治，铲除私有财产制度，渐次达到共产主义社会。

中国共产党的两次代表大会通过的纲领，虽然没有明确提出以马列主义为指导思想，但实际上是马列主义与中国实际相结合的产物。它所规定的最高纲领就是马列主义的共产主义理想，而它的最低纲领实际上是解决中国当时的问题，为建立共产主义社会准备条件。中国共产党的成立，实际上标志着在孙中山领导的国民党之外的一种新的政治力量的形成，而它的基本纲领则为中国价值观从传统向现代的转换提供了一种新的路向和方案。在以孙中山为首的革命派击败了维新派、尊孔复古派、保皇派的各种主张和方案后，中国共产党的主张一提出，就与中国国民党的主张形成了对照和张力。所以，当中国进入 20 世纪 20 年代的时候，对中国向何处去、传统价值观现代转换转向何方，实际上存在两种不同的主张和方案。

中国共产党的最低纲领与孙中山的三民主义纲领基本相契合，而其最高纲领则是超越了三民主义的，体现了它不同于资本主义的社会主义（共产主义）性质。正因为有以上所说的这种契合，国共两党才有了合作的基础。中国共产党成立之初，其力量十分弱小，而国民党领导的辛亥革命和历次反军阀斗争也屡屡受挫。国民党终于接受了共产国际和中国共产党的帮助，在认真总结革命斗争的经验教训之后，决定学习俄国革命的经验和方法改组国民党，以重振国民党进而振兴国家。1924 年国民党召开了对党进行全面改组、实行国共合作的第一次全国代表大会。大会确立了反帝反封建的新三民主义：民族主义主张“一则中国民族自求解放”，即反对帝国主义，“二则中国境内各民族一律平等”，即废除国内的民族压迫；民权主义主张“把政权放在人民掌握之中”，实行民主政治；民生主义主张平均地权，节制资本，反对“土地权之为少数人所操纵”，反对私有资本“操纵国计民生”。大会还通过了接受共产党员和社会主义青年团员以个人身份加入国民党的决定。改组后的国民党实际上成为工人、农民、城市小资产阶级和民族资产阶级四个阶级组成的民主革命联盟。这次大会标志着第一次国共合作正式形成，共产党实际上成为革命派的组成部分。经过此次大会，联俄、联共、扶助农工三大政策成为国民党的基本政策。

然而，1925 年孙中山去世后，蒋介石先后夺取了国民党的党政军大权。他视共产党为国民党的心腹大患，遂先后制造了“中山舰事件”“整理党务案”，打击共产党和革命势力。随着北伐的胜利进军，他决定清党反共，并进行了精心的反共策划。1927 年 4 月 12 日，以蒋介石为首的国民党新右派在上海发动了反对国民党左派和共产党的武装政变，大肆屠杀共产党员、国民党左派及革命群众。这就是著名的“四一二反革命政变”。政变发生后，武汉国民党中央迫于压力发表命令，宣布开除蒋介石的国民党党籍，免去其本兼各职。然而，1927 年 4 月 18 日蒋介石凭借手中掌握的军权在南京另立国民政府，与保持国共合作的武汉国民政府相对抗。1927 年 7 月 15 日，汪精卫领导的武汉国民政府召开分共会议，公布《统一本党政策案》，正式与共产党决裂，封闭武汉的工会、农会，疯狂屠杀共产党员和革命分子，提出“宁可枉杀一千，不可使一人漏网”的口号。这就是“七一五反革命政变”，标志着第一次国共合作破裂。针对国民党清党反共的一系列暴行，中共中央政治局于 1927 年 8 月 7 日在汉口召开了紧急会议，即著名的“八七会议”。会议确定了土地革命和武装斗争的总方针，并把领导农民进行秋收起义作为当时党的最主要任务。毛泽东出席了这次会议，并提出了著名的“枪杆子里面出政权”的论断。这次会议后，中国共产党走上了以“武装的革命反对武装的反革命”①、农村包围城市、武装夺取政权的革命道路，也开始了传统价值观现代转换的独立实践探索，这一探索至今持续了九十余年。

二　从革命价值观到核心价值观的发展

中国共产党成立后领导中国人民开始了现代价值观的探索，这种探索逐渐成为中国价值观现代转换和构建的主流。中共在长达二十余年的革命战争年代，形成了革命价值观。中华人民共和国成立以后，在革命

---

① 毛泽东：《〈共产党人〉发刊词》，《毛泽东选集》第二卷，人民出版社 1991 年版，第 604 页。

价值观的基础上建立起了社会主义价值观。实行改革开放后，特别是实行市场经济体制后，社会主义价值观面临严峻的挑战。面对这种挑战，中共中央决定建设核心价值体系和核心价值观。这是辛亥革命以来第一次在党和政府领导下自觉进行的现代价值观构建。总体上看，中国共产党领导下的现代价值观的构建实际上经历了三个阶段：革命价值观构建，社会主义价值观构建和核心价值观构建。而最后一个阶段不仅是一次在“价值观”名义下更为自觉、更为积极主动的构建，而且是一种面向世界、面向未来、面向现代化的真正意义的现代价值观构建。

1. 革命价值观的形成和意义

革命价值观是指中国共产党在领导中国人民从事解放事业的革命斗争过程中形成的，以革旧世界的命为主旨的价值观。中国革命事业是在革命价值观指引下一代又一代革命先烈英勇奋斗、前仆后继、用鲜血凝成的壮丽事业，因此，革命价值观也可称为红色价值观。从中国共产党的历史发展看，革命价值观是传统价值观现代转换的第一种形态，也是其第一阶段。从中国共产党成立之日起，革命价值观即已开始孕育，其核心内容体现在中共一大和二大的纲领之中。在中共独立领导武装斗争的长期革命过程中，革命价值观逐渐丰富发展并付诸实践。大致上到延安整风时期，革命价值观完成了它的构建，成为在中国特殊历史条件下形成的一种独特价值观。革命价值观是中国现代价值观的基因，它在此后的社会主义价值观和核心价值观中得到了传承和发扬光大，可谓之为“红色种子”。

革命价值观有两个追求的目标，一个是近期目标，一个是长远目标（终极目标）。中共二大确定，中共的近期目标是消除内乱，打倒军阀，建设国内和平；推翻国际帝国主义的压迫，达到中华民族完全独立；统一中国为真正的民主共和国。中共的长远目标是组织无产阶级，用阶级斗争的手段，建立劳农专政的政治，铲除私有财产制度，渐次达到共产主义社会。这两个目标是中共为自己确定的领导中国人民追求的目标，实现这两个目标是一个长期的过程，近期目标就是革命价值观的目标，而长远目标则是后来社会主义价值观和核心价值观的目标。革命价值观的目标，后来更为明确地表述为推翻帝国主义、封建主义和官僚资本主义这三座压在中国人民头上的大山，使中国人民获得翻身解放，并建立民主主义共和国。当年毛泽东把帝国主义、封建主义、官僚资本主义形象地比喻为压在中国人民头上的“三座大山”。这是老一辈中国共产党人深刻洞察近代以来中国国情并总结长期革命实践经验教训得出的正确结论。

鸦片战争后，中国实际上已沦为西方列强的附庸，只是由于中国还保留着本国政府的统治，具有一定的独立性，所以与西方国家直接治理的殖民地有所不同，是一种半殖民地。辛亥革命以后，中国的皇权专制主义已不再占据统治地位，但在中国社会仍具有广泛的影响力。与此同时，洋务运动中民族资本主义工商业兴起，1927 年蒋介石、宋子文、孔祥熙、陈立夫“四大家族”在掌握国家政权后，利用民族资本主义的基础建立了买办的封建的国家垄断资本主义。从此开始，中国逐步形成帝国主义、封建主义、官僚资本主义三位一体、共同统治的局面。在 20 世纪上半叶的中国，这“三座大山”是束缚生产力发展、阻碍社会进步的主要力量，人民大众同“三座大山”的矛盾是社会的主要矛盾，中国革命就是要推翻这“三座大山”。在中共二大召开的时候，中国的官僚资本主义尚未形成，所以所确定的最低纲领规定中国革命就是要推翻封建主义和帝国主义“两座大山”。毛泽东在 1925 年 12 月 1 日写的《中国社会各阶级的分析》中谈到了“买办阶级”：“一切勾结帝国主义的军阀、官僚、买办阶级、大地主阶级以及附属于他们的一部分反动知识界，是我们的敌人。”① 这里的“买办阶级”可以说是“官僚资本主义”的前身。在中共七大的闭幕词里，毛泽东则明确提出“现在也有两座压在中国人民头上的大山，一座叫做帝国主义，一座叫做封建主义”②，并且指出中国共产党早就下了决心，要挖掉这两座大山。1948 年 4 月，毛泽东《在晋绥干部会议上的讲话》中首次把官僚资本主义同帝国主义、封建主义一起列为中国革命的对象。毛泽东明确指出：“无产阶级领导的，人民大众的，反对帝国主义、封建主义和官僚资本主义的革命，这就是中国的新民主主义的革命，这就是中国共产党在当前历史阶段的总路线和总政策。”③

---

① 毛泽东：《中国社会各阶级的分析》，《毛泽东选集》第一卷，人民出版社 1991 年版，第 9 页。

② 毛泽东：《愚公移山》，《毛泽东选集》第三卷，人民出版社 1991 年版，第 1102 页。

③ 毛泽东：《在晋绥干部会议上的讲话》，《毛泽东选集》第四卷，人民出版社 1991 年版，第 1316 ~ 1317 页。

鸦片战争后，反帝反封建反官僚资本主义是中国发展面临的主要任务。为挽救民族危亡，中国人民曾掀起太平天国运动、维新运动、义和团运动、辛亥革命等大规模的反帝反封建斗争。五四运动是一场更彻底的反帝反封建运动，它把斗争的矛头直接指向帝国主义和封建主义这两个中国现代社会早期的最大敌人。1927 年南京国民政府建立后，以蒋、宋、孔、陈为代表的“四大家族”，凭借国家政权，依附英美帝国主义，采取强制掠夺的方法，逐渐垄断全国的经济命脉，形成了国家垄断资本主义，即官僚资本主义。中国共产党领导中国人民进行的新民主主义革命不仅反对帝国主义、封建主义，而且反对依附于帝国主义和封建主义剥削中国人民的官僚资本主义，因而是鸦片战争之后最彻底的革命。

中国人民在中国共产党领导下，为推翻“三座大山”浴血奋战二十多年，在这个过程中凝练出了一些重要的价值理念。这些价值理念是奋斗目标的具体体现和实践要求，是革命者和中共领导地区人民的共同信念。对此，我们还没有做深入研究，但以下六大理念应是可以得到公认的：解放、信仰、奋斗、牺牲、忠诚、平等。

翻身求解放是整个革命战争年代革命者和人民群众的共同信念。解放既意味着民族和国家从帝国主义、封建主义和官僚资本主义的统治之下解放出来，也意味着人民群众从“三座大山”的压迫之下，从地主老财的剥削之下解放出来。国家、民族和人民的解放是所有革命者一切奋斗的目标和追求。

信仰主要是指革命者对共产主义的信仰，对旨在最终实现共产主义目标的革命事业的信仰。信仰是生活在艰苦而险恶的战争年代的革命者的精神支柱，许多革命者之所以有“砍头不要紧”“砍头只当风吹帽”的大无畏革命情怀，就是因为他们对共产主义和民族解放事业有坚定而忠贞不贰的崇高信仰。

奋斗是革命者的个性、生活，无疑也是他们的价值理念。革命者参加革命就是为了民族振兴、人民翻身得解放，奋斗就是他们的使命、他们的事业、他们的追求。他们也许见不到他们奋斗取得的最终成果，但他们锲而不舍，无怨无悔。

“要奋斗就会有牺牲。”革命战争年代的奋斗，主要是对敌斗争，在长期敌强我弱的极其严酷的环境中，每一位革命者随时都有牺牲的可能。

革命者具有如毛泽东所言的那种崇高信念："我们为人民而死，就是死得其所。"[①] 一个人将生死都置之度外，更不用说功名利禄，因此革命者拥有的大无畏英雄气概足以"惊天地，泣鬼神"。勇于牺牲就无所畏惧，正是因为有这种无所畏惧的牺牲精神，中国革命事业才从无到有、从小到大、从弱到强，最后取得彻底的胜利。

忠诚是对信仰和信念宁死不屈的坚守，它也是革命者共同信奉的价值理念和行为准则。革命者的忠诚是对革命事业的忠诚，是对革命事业所追求的目标的忠诚。忠诚是一个人气节的体现。有了忠诚，革命者才会在极其艰苦的战争年代舍生取义、义无反顾，才会在对敌作战前线无所畏惧、冲锋陷阵，才会在敌人的屠刀面前坚贞不屈、大义凛然。

革命队伍中的每一个人，都是平等的，都是同志。军民平等、官兵平等、人人平等也是革命价值观的重要理念。军队是一种令普通人望而生畏的武装力量。在人类历史上，军队欺压老百姓司空见惯，甚至被视为天经地义。革命价值观彻底颠覆了这种传统观念，不仅将军民关系看作平等的关系，而且强调军队的人民性质，即如毛泽东所言："我们这个队伍完全是为着解放人民的，是彻底地为人民的利益工作的。"[②] 不仅在军民之间人人平等，在军队内部也人人平等；军官和士兵之间不仅在人格、身份、地位上平等，在生活待遇上也平等。

在革命战争年代的不同时期，革命（红色）价值观在每一个革命者身上体现为不同时期的共同精神。这些精神今天被称为"红色精神"，它们是革命价值观的集中体现和高度凝练。在中共九十多年的历史中，是什么使共产党能克服艰难险阻而奋斗不息？是什么使其在内忧外患的多重压力下突破险境绝处逢生？一位记者找到的答案是：红色精神。红色精神最早表现为 1919 年的"爱国、进步、民主、科学"的"五四精神"，其核心是爱国主义。当朱德和毛泽东领导的工农革命军会师井冈山，建立了井冈山革命根据地后，军民团结一心，经过连续艰苦的战斗，多次粉碎了国民党的"围剿"，形成了井冈山精神。在中国革命历史上，最撼人心魂的要数工农红军翻雪山，过草地，不畏艰难险阻的长征精神。

---

① 毛泽东：《为人民服务》，《毛泽东选集》第三卷，人民出版社 1991 年版，第 1005 页。
② 毛泽东：《为人民服务》，《毛泽东选集》第三卷，人民出版社 1991 年版，第 1004 页。

1941年前后，针对日本帝国主义的“扫荡”和国民党反动派的封锁包围及严重的自然灾害造成的极端困难局面，八路军三五九旅响应中共中央“发展经济，保障供给”的号召，开进南泥湾屯垦，使南泥湾变成了陕北的“江南”，从而诞生了著名的南泥湾精神。1942年12月，毛泽东在陕甘宁边区高级干部会议上，第一次提出延安精神，这是中国共产党在延安整风运动和大生产运动中形成的革命精神。新中国成立后，还有北大荒精神、“两弹一星”精神、改革开放精神等。[①] 所有这些精神都是革命者在几十年践行革命价值观过程中艰苦卓绝创造的宝贵财富，是不断激励中国人民奋斗前行的强大精神动力。

从革命价值观的内容和精神不难看出，它既是一种马克思主义价值观，又饱含优秀传统价值观的内涵，是两者在20世纪上半叶中国革命面临的问题和革命实践基础上的有机融合。革命价值观追求民族、国家的独立和解放，最终使人民摆脱各种压迫、奴役和剥削，以及以人民为中心等方面，体现了马克思主义追求人类解放和自由的主旨。革命价值观中的以“武装的革命反对武装的反革命”[②]、坚持共产党领导革命事业，以及将革命过程划分为民主主义革命、社会主义革命，最终的目标是实现共产主义，也是创造性地将马克思主义的科学社会主义学说运用于中国实践所形成的革命原理。而作为革命近期奋斗目标体现的解放、信仰、奋斗、牺牲、忠诚、平等等理念，则在诸多方面并且在很大程度上体现了传统价值观的精神。其中的奋斗、牺牲、忠诚等理念直接体现了传统价值观的“自强不息”“杀身成仁”“舍生取义”“至公无私”“先天下之忧而忧，后天下之乐而乐”“上思利民，忠也”等精神。革命价值观将马克思主义价值观和传统价值观统一于革命年代所要集中解决的推翻“三座大山”问题上，统一于实现革命目标所要回答的诸如革命的对象、力量、动力、手段、路径、阶段等一系列重大问题上，统一于从理论到实践、从实践到理论的不断循环往复而又与时俱进的探索过程之中。革命价值观的形成不是一帆风顺的，而是艰难曲折的，曾经付出沉重而惨

---

① 参见顾时宏《解读中国共产党的“红色精神”》，中国新闻网，http://www.chinanews.com/2001-06-07/26/96366.html，最后访问日期：2019年5月9日。

② 毛泽东：《〈共产党人〉发刊词》，《毛泽东选集》第二卷，人民出版社1991年版，第604页。

痛的代价。它是中共在中国革命过程中不断纠正各种错误路线（教条主义、“左”倾机会主义、右倾机会主义等）以及各种错误倾向和行为而最终形成的。历史事实已经有力地证明，革命价值观是中国革命成功的可靠思想观念保证。

2. 社会主义价值观的初步确立与认同

从辛亥革命到中华人民共和国成立，国民党试图使具有中国特色的资本主义价值观——三民主义成为中国占主导地位的价值观，但由于两次国内战争和抗日战争，国民党的努力最终宣告失败。中国共产党领导中国人民推翻“三座大山”成立新中国后，特别是社会主义改造完成后，中国共产党客观上确立了社会主义价值观的基本框架，但由于种种因素，对社会主义价值观的理解发生了偏差，导致社会主义实践出现严重后果。

社会主义价值观并不是在中华人民共和国成立以后同时确立的，而是在经过了新民主主义阶段并在这个阶段进行了社会主义改造以后才确立的。新中国成立时所确立的社会制度是新民主主义，而不是社会主义，严格来说，社会主义制度是在 1956 年社会主义改造完成时才正式确立的。于 1949 年 3 月召开的中共七届二中全会为新中国成立做了思想理论准备和制度设计。这次会议的《报告》虽然指出了由新民主主义社会转变为社会主义社会的发展方向，但当时确立的政治制度是无产阶级领导的以工农联盟为基础的人民民主专政。社会主义性质的国营经济、半社会主义性质的合作经济、私人资本主义经济、个体经济，加上国家和私人合作的国家资本主义经济，构成了新民主主义的经济形态，而当时所采取的经济体制是计划经济体制①。在新中国成立前夕（1949 年 9 月 29 日）召开的中国人民政治协商会议第一届全体会议通过了起临时宪法作

① 我国计划经济体制萌生于 1949 年 10 月至 1950 年 6 月，这时没收了官僚资本主义工业企业，建立了国营工业，掌握了国民经济命脉，开始建立社会主义公有制；初步形成于 1950 年 6 月至 1952 年 8 月，这时开始在全国范围内创造有计划地进行经济建设的条件；基本形成于 1952 年 9 月到 1956 年 12 月，这时为了实现毛泽东提出的“10 年到 15 年基本上完成社会主义”的目标，计划经济体制进一步健全并得到法律的确立，其重要标志是国家计划委员会的成立（1952 年 11 月）和编制五年计划纲要草案工作小组的成立（1954 年 4 月）。而 1954 年我国制定和颁布的第一部宪法做了“国家用经济计划指导国民经济的发展和改造”的规定，这表明计划经济体制已成为我国法定的经济体制。

用的《中国人民政治协商会议共同纲领》，它宣告了封建主义和官僚资本主义在中国统治的结束和人民民主共和国的建立，并确认中国人民民主专政是中国工人阶级、农民阶级、小资产阶级、民族资产阶级及其他爱国民主分子的人民民主统一战线的政权，政权以工农联盟为基础，以工人阶级为领导。1954 年 9 月召开的第一届全国人民代表大会通过的第一部宪法——《中华人民共和国宪法》宣称：中国人民结束了长时期被压迫、被奴役的历史，建立了人民民主专政的中华人民共和国。中华人民共和国的人民民主制度，也就是新民主主义制度，保证我国能够通过和平的道路消灭剥削和贫困，建成繁荣幸福的社会主义社会。以上三次重要会议通过的文件的基本精神是完全一致的，即新中国建立的制度是新民主主义制度。

1952 年年底，中共中央根据毛泽东的建议，提出了党在过渡时期的总路线，其核心内容后来规定为“要在十年到十五年或者更多一些时间内，基本上完成国家工业化和对农业、手工业、资本主义工商业的社会主义改造”，它指明了中国新民主主义过渡到社会主义的任务、途径和步骤。1953 年 6 月召开的中共中央政治局会议明确指出：“这条总路线是照耀我们各项工作的灯塔，各项工作离开它，就要犯右倾或‘左’倾的错误。”1954 年 2 月，中共七届四中全会通过决议，正式批准过渡时期总路线，其内容于同年 9 月载入《中华人民共和国宪法》。其间（1953 年 6 月），中共中央根据统战部的调查起草的《关于利用、限制、改造资本主义工商业的意见》，实际上启动了社会主义改造。所谓社会主义改造就是新中国成立初期中共在全国范围内组织的对农业、手工业和资本主义工商业进行的社会主义改造。其中，对资本主义工商业的社会主义改造是重点。三大改造于 1956 年上半年基本完成，在不到三年的时间内完成了总路线规定的十到十五年完成的任务。

1956 年 9 月召开的中共八大分析了社会主义改造基本完成以后，中国阶级关系和国内主要矛盾的变化，确定把党的工作重点转向社会主义建设。大会提出，生产资料私有制的社会主义改造基本完成以后，国内的主要矛盾不再是工人阶级和资产阶级之间的矛盾，而是人民对于建立先进的工业国的要求同落后的农业国的现实之间的矛盾，是人民对于经济文化迅速发展的需要同当前经济文化不能满足人民需要的状况之间的矛盾。在中国社会主义制度已经建立的情况下，这一矛盾的实质，也就是先进的社会主义制度同落后的社会生产之间的矛盾。解决这个矛盾的办法是发展社会生产力，实行大规模的经济建设。为此，大会做出了党和国家的工作重点必须转移到社会主义建设上来的重大战略决策。中共八大召开表明中国确立了社会主义制度，从新民主主义社会进入了社会主义社会。

然而，在社会主义制度尚未完全建立起来的情况下，1956 年 11 月召开的中共八届二中全会决定，从 1957 年起开展党内整风运动，由此引发了波及社会各阶层的群众性大型反击右派分子进攻的反右运动。在反右斗争扩大化的影响下，毛泽东在中共八届三中全会上提出，无产阶级和资产阶级的矛盾，社会主义道路和资本主义道路的矛盾，仍然是当时中国社会的主要矛盾，这实际上从根本上改变了中共八大的方针。在 1962 年召开的中共八届十中全会上，毛泽东进一步指出，在整个社会主义社会，始终存在无产阶级和资产阶级之间的阶级斗争，存在社会主义和资本主义两条路线的斗争，阶级斗争和资本主义复辟的危险性，必须年年讲、月月讲。在 1963 年 2 月的中央工作会议上，毛泽东在总结湖南、河北等地的社会主义教育运动经验时，提出“阶级斗争，一抓就灵”。他还号召全党千万不要忘记阶级斗争。这些思想后来被概括为“以阶级斗争为纲”。自 1957 年之后，全党全国的各项工作从根本指导思想上说均“以阶级斗争为纲”，并成为后来“无产阶级专政下继续革命”理论的核心内容。正是在这一思想指导下，发生了给党、国家和各族人民带来严重灾难的“文化大革命”。

从以上简要回顾可以看出，新中国成立以后，中国并没有进行社会主义价值观的建设。社会主义制度确立后，此项工作仍然没有被提上议事日程。但是，社会主义制度的确立实际上隐含着社会主义价值观。从中共八大的精神看，社会主义价值观以建立先进的工业国家、满足人民对于经济文化迅速发展的需要为目标，并主张通过发展社会生产力、进行大规模经济建设实现上述目标。虽然它只是一个基本框架，并没有具体落实到党和国家的各项制度、政策和具体工作中，因而是一种不完整、不系统的价值观，但它的基本价值取向是社会主义的，基本立场是以人民为本位、以人民为主体、以人民为中心的，因而它实际上还是马克思主义价值观。特别是当时实行的以公有制为基础的计划经济体制虽然是照搬苏联的模式，但它基本上是马克思、恩格斯所设想的社会主义经济形态。问题在于，这种社会主义价值观的框架不仅没有被细化，从而贯彻落实，反而逐渐误入歧途，成为一种激进的“继续革命”价值观。“继续革命”价值观导致了一系列严重的社会后果，尤其是“文化大革命”这场长达十年的内乱，直到党的十一届三中全会召开，这种价值观才得到纠正。

3. 核心价值观的自觉构建

新中国成立后，中共缺乏领导社会主义事业的经验，中共的主要领导人对形势的分析和对国情的认识有主观主义的偏差，再加上搞“阶级斗争扩大化”，特别是“文化大革命”，所有这些原因以及其他一些历史原因，曾使中国经济一度走向崩溃的边缘，人民生活穷困贫苦。1978 年 12 月召开的中共十一届三中全会拨乱反正，做出了把全党工作重点和全国人民的注意力转移到社会主义现代化建设上来的战略决策。十一届三中全会在新的历史条件下开启了沿着中共八大路线构建中国特色社会主义价值观的探索。用邓小平的话说就是：“中国在历史上对世界有过贡献，但是长期停滞，发展很慢。”[①] 为了拨乱反正，谋求发展，改变中国贫穷落后的面貌，中共十一届三中全会决定把全党工作重点转移到社会主义现代化建设，开始实行对内改革、对外开放的基本国策，后来又用市场经济体制替代了计划经济体制。改革开放和市场经济以及与之相伴随的思想解放和观念更新使中国社会面貌发生了深刻变化，正是在这样的历史背景下，中共中央提出了构建核心价值体系和核心价值观。

我国的改革从经济体制改革开始逐渐扩展和深化，中共十八届三中全会审议通过的《中共中央关于全面深化改革若干重大问题的决定》标志着我国在新的历史起点上开始进行全面深化改革。逐渐全面深化的改革使“中国特色社会主义制度更加完善，国家治理体系和治理能力现代化水平明显提高，全社会发展活力和创新活力明显增强”[②]。全社会发展

① 邓小平：《实行开放政策，学习世界先进技术》，《邓小平文选》第二卷，人民出版社 1994 年版，第 132 页。

② 习近平：《决胜全面建成小康社会　夺取新时代中国特色社会主义伟大胜利——在中国共产党第十九次全国代表大会上的报告》，人民出版社 2017 年版，第 4 页。

活力和创新活力增强是作为社会个体的个人自主性不断增强的结果。在改革开放以及思想解放和观念更新的过程中，中国人逐渐成为独立自主的个体，他们有了自己的理想、信念和价值追求，已经成为自由、平等的价值主体，彻底改变了传统社会个人对整体的依附关系。在价值多元的社会环境中，他们必须对自己的价值观做出选择。同时，社会也给人们充分自由、平等的权利和机会，"自由""平等"成为核心价值观的重要理念。这种新的历史性变化的一个重要后果是个人有可能不接受社会的主流价值观，而接受其他非主流价值观。

我国的开放打开了封闭的中国国门。国门打开后，进来的不仅有物质产品、科学技术和管理经验，而且有外国的文化，包括各种各样的价值观，特别是当代世界具有强势地位的西方现代价值观。自20世纪80年代以来，我国先后兴起过"尼采热""萨特热""罗尔斯热""哈贝马斯热"等，这些西方思想文化对我国本土文化产生了巨大冲击。我国的开放不只是对外开放，也包括对传统文化开放。辛亥革命后受到严厉批判以至被完全否定的传统文化得到复兴，出现了持续升温的"国学热"。同时，世界几大宗教也获得了发展的空间，在中国有相当大的市场。我国改革开放以来，最大变化之一，就是价值观多元化。在对外开放的社会中，不同时代、不同起源的价值观都获得了传播的权利和空间。为此，社会学家提醒我们："与传统社会相比，现代社会强加给人们的限制更少……许多名人'因名声而声败名裂'很好地阐明了失范现象的毁灭性效应。"① 在社会上有众多可供选择的价值观存在的情况下，社会成员必须在众多价值观中做出选择。于是，不同主体就可能有不同的价值观，社会也就会出现价值观多元化的格局。有学者认为改革开放以来我国有八种社会思潮，其中的民主社会主义、自由主义、新儒家等思潮都有自己的价值观。② 实际上，除了这些思潮之外，当前我国社会还有各种宗教价值观、传统价值观等。所有这些价值观在中国社会不仅已然存在，而且为部分的社会公众所信奉，有些影响范围还比较大。这种价值观多

① 〔美〕约翰·麦休尼斯：《社会学》，风笑天等译，中国人民大学出版社2009年版，第131页。

② 参见马立诚《当代中国八种社会思潮》，社会科学文献出版社2012年版，第210～223页。

元的格局为已经成为价值主体的社会成员提供了做出不同价值选择的可能。

我国改革开放的最重要成果是引进了市场经济体制。市场经济的发展不仅为我国经济社会发展提供了巨大的动力，使我国迅速成为仅次于美国的世界第二大经济体，而且客观上要求承认每一个市场主体追求自己利益的合理性和合法性，必须尊重市场主体的自由和自主，并给市场主体提供平等参与市场竞争的机会。市场经济的迅速发展使我国社会个体的自由平等意识和主体性进一步增强。市场经济是一把“双刃剑”，它在使中国迅速强大、繁荣的同时，也导致诸多负面效应，同时也对传统社会主义价值观产生了严重冲击，使之变得更加不适应经济和社会生活。在这种情况下，中国人的理想、信念和精神生活出现了前所未有的困扰和混乱，在一些人的眼里只有金钱、财富、权力、地位、名誉等物质的、外在的价值，没有了对人格、精神的追求，精神世界一片荒芜。

正是鉴于实行改革开放特别是实行市场经济体制之后我国出现的新情况、新变化，党中央明确提出建设核心价值体系和核心价值观这一重大时代课题和现实任务。早在 2006 年 10 月召开的中共十六届六中全会就提出了建设核心价值体系的任务。这次全会做出了《中共中央关于构建社会主义和谐社会若干重大问题的决定》，《决定》从构建社会主义和谐社会的角度提出建设和谐文化，以巩固社会和谐的思想道德基础。《决定》指出：“建设和谐文化，是构建社会主义和谐社会的重要任务。社会主义核心价值体系是建设和谐文化的根本。”关于核心价值体系，《决定》做出了明确界定：“马克思主义指导思想，中国特色社会主义共同理想，以爱国主义为核心的民族精神和以改革创新为核心的时代精神，社会主义荣辱观，构成社会主义核心价值体系的基本内容。”《决定》对于如何建设核心价值体系做了统一部署。

2012 年 11 月召开的中共十八大又提出了培育和践行核心价值观的重大任务。中共十八大报告从扎实推进社会主义文化强国建设的角度提出要加强核心价值体系建设，其中包括“倡导富强、民主、文明、和谐，倡导自由、平等、公正、法治，倡导爱国、敬业、诚信、友善，积极培育和践行社会主义核心价值观”。报告实际上是把积极培育核心价值观作为加强核心价值体系建设的内容之一。中共十八大以后全国兴起了学习、宣传和研究核心价值观的热潮。2013 年 12 月，中共中央办公厅印发了《关于培育和践行社会主义核心价值观的意见》。《意见》指出，核心价值观是核心价值体系的内核，体现核心价值体系的根本性质和基本特征，反映核心价值体系的丰富内涵和实践要求，是核心价值体系的高度凝练和集中表达。《意见》对培育和践行核心价值观的重要意义做了充分阐述，对其指导思想做了明确界定。《意见》要求把培育和践行核心价值观融入国民教育全过程，落实到经济发展实践和社会治理中，要求加强核心价值观宣传教育，开展涵养核心价值观的实践活动，并要求加强对培育和践行核心价值观的组织领导。2014 年，中共中央总书记习近平提出“要切实把社会主义核心价值观贯穿于社会生活方方面面”，“要注意把我们所提倡的与人们日常生活紧密联系起来，在落细、落小、落实上下功夫”[①]。2016 年 12 月，中共中央办公厅、国务院办公厅又印发了《关于进一步把社会主义核心价值观融入法治建设的指导意见》。《指导意见》指出，核心价值观是社会主义法治建设的灵魂。把核心价值观融入法治建设，是坚持依法治国和以德治国相结合的必然要求，是加强核心价值观建设的重要途径。《指导意见》要求把核心价值观融入法治国家、法治政府、法治社会建设全过程，融入科学立法、严格执法、公正司法、全民守法各环节，以法治体现道德理念，强化法律对道德建设的促进作用，推动核心价值观更加深入人心。《指导意见》还要求增强法治的道德底蕴，以道德滋养法治精神，把法治教育与道德教育结合起来。

2017 年 10 月召开的中共十九大又将“坚持社会主义核心价值体系”作为新时代坚持和发展中国特色社会主义的基本方略之一，再次强调培育和践行核心价值观，更好构筑中国精神、中国价值、中国力量，为人民提供精神指引。中共十九大报告要求：“把社会主义核心价值观融入社会发展各方面，转化为人们的情感认同和行为习惯。坚持全民行动、干部带头，从家庭做起，从娃娃抓起。”[②]

---

① 习近平：《培育和弘扬社会主义核心价值观》，《习近平谈治国理政》，外文出版社 2014 年版，第 164、165 页。

② 习近平：《决胜全面建成小康社会　夺取新时代中国特色社会主义伟大胜利——在中国共产党第十九次全国代表大会上的报告》，人民出版社 2017 年版，第 42 页。

从以上简要考察可以发现，中共十六届六中全会以来对价值观的重视，不仅中共历史上不曾有过，中国历史上未必有过，也许人类历史上也从未有过。“核心价值观，其实就是一种德，既是个人的德，也是一种大德，就是国家的德、社会的德。国无德不兴，人无德不立。如果一个民族、一个国家没有共同的核心价值观，莫衷一是，行无依归，那这个民族、这个国家就无法前进。这样的情形，在我国历史上，在当今世界上，都屡见不鲜。”① 中国共产党高度重视价值观建设固然是痛定思痛的结果，具体而言是对计划经济时期党和国家忽视价值观建设导致严重社会后果的反思，但更是因为改革开放特别是市场经济发展以及社会生活中存在的种种问题和乱相对社会主义制度和文化提出了严峻的挑战。要应对这种挑战，必须从根本上下功夫，这就是要对社会价值体系特别是其内核价值观进行设计和建设。

中共中央提出建设核心价值观以后，要使其转变为中国的制度和文化，融入整个社会生活，还任重道远，其中最重要的前提是如何使核心价值观得到全社会的普遍认同。2017 年的调查研究数据表明，对“核心价值观培育和践行已深入人心”高度认同的有 31.50%，认同的有 34.00%，正向评价的有 65.50%；而不认同的有 34.50%。② 调查数据说明，目前人们对践行核心价值观所取得的社会价值感知度较低，要让核心价值观入脑入心还需要长期努力。

需要指出的是，中共中央提出建设核心价值体系和核心价值观之后，一直都在致力于将核心价值观融入国家治理体系和国家治理全过程以及社会生活，先后做出了《中共中央关于全面深化改革若干重大问题的决定》《中共中央关于全面推进依法治国若干重大问题的决定》等。所有这一切努力都是在通过加强核心价值观建设来构建完整系统的中国当代价值观。从这个意义上可以说，构建核心价值观的过程也就是构建当代价值观的过程，两者是完全统一的。

---

① 习近平：《青年要自觉践行社会主义核心价值观》，《习近平谈治国理政》，外文出版社 2014 年版，第 168 页。

② 湖北大学高等人文研究院、中华文化发展湖北省协同创新中心和湖北文化建设研究院“中国文化发展状况调查（2017）”数据库。

三　现代价值观对传统价值观的弘扬

以核心价值观为核心内容的当代中国主流价值观，是中国现代价值观到目前为止的最终形态，它包含革命价值观、社会主义价值观的根本立场、主要精神和合理内容，也吸收了孙中山三民主义价值观的积极因素。总体上看，现代价值观是对传统价值观的创造性转化和创新性发展，其中自觉不自觉地吸收了传统价值观诸多合理内容和精神，并根据当代中国实践需要和人类文明发展趋势对这些内容和精神进行了改造。这里说的“不自觉地吸收”指的是在现代价值观的构建过程中，构建者作为中国人，其思想观念和思维方式不可避免地会打上还在深层次发生作用的传统价值观的烙印。现代价值观在哪些方面和在多大程度上吸收了优秀传统价值观的内容和精神并加以弘扬和发展，这是一个复杂的问题，需要进行专门深入研究。就长期以来构建中的现代价值观（包括革命价值观、社会主义价值观和核心价值观）而言，直接弘扬的传统价值观内容和精神主要集中体现于以下十种观念。

当然，这些被直接弘扬的价值观念，并不都是值得直接弘扬或不加批判改造地加以弘扬的，其中有的可能本来就不是应该加以弘扬的，有的或许是下一步需要加以批判性地转换的。这里我们不考虑所弘扬的内容是否合理，而只是考虑现代价值观中已吸收的传统价值观念。

1. 整体本位观念

传统价值观的基本价值定位是整体。传统价值观认为，不仅家庭、家族、国家、天下具有优先于个人的地位，而且个人要服从于、服务于整体，甚至应该为了整体牺牲个人利益乃至生命。传统价值观的“八条目”中，修身的终极指向不是个人的自我实现和人生幸福，而是齐家、治国、平天下。范仲淹所说的“先天下之忧而忧，后天下之乐而乐”可谓整体本位的典型表达。现代价值观继承了传统价值观的整体本位观念，并将这种观念表述为“集体主义”。无论是革命价值观、社会主义价值观，还是核心价值观，都以集体主义为基本价值原则。革命价值观倡导“全心全意为人民服务”、“毫不利己，专门利人”、为了民族解放的革命事业不惜牺牲个人的一切，充分体现了整体高于个人的价值取向。中共十九大报告明确强调："加强爱国主义、集体主义、社会主义教育，引导人们树立正确的历史观、民族观、国家观、文化观。"由此看来，集体主义仍然是当代价值观高扬的旗帜。

"集体主义"的概念是斯大林在1934年7月同英国作家赫伯特·乔治·威尔斯的谈话中明确提出来的。他说："集体主义、社会主义并不否认个人利益，而是把个人利益和集体利益结合起来。"[①] 他指出，个人和集体之间、个人利益和集体利益之间没有也不应当有不可调和的矛盾。不应当有这种矛盾，是因为集体主义、社会主义并不否认个人利益，而是把个人利益和集体利益结合起来。社会主义是不能撇开个人利益的。只有社会主义社会才能给这种个人利益以最充分的满足。此外，社会主义社会是保护个人利益唯一可靠的保证。我国不仅借用了斯大林的"集体主义"概念，而且吸取了他关于集体主义的解释。在罗国杰主编的《马克思主义伦理学》中，集体主义得到了系统的表达。

现代价值观所说的集体无疑不同于传统价值观的整体，而且现代价值观的集体主义的含义与传统价值观的整体主义也不相同，但在个体与整体的关系的价值取向上具有一致性。这种价值取向与西方个体主义以个人为本位的价值取向形成了鲜明对照。

2. *以民为本观念*

传统价值观的民本思想源远流长。从《尚书·五子之歌》中所说的"民惟邦本，本固邦宁"，到孟子的"民为贵，社稷次之，君为轻"（《孟子·尽心下》），再到荀子、魏征将百姓与君王的关系比作水与舟的关系，表明以民为本是传统价值观的基本观念。虽然这种观念并没有真正在传统社会得到落实，但它是得到普遍认同的。以民为本传统价值观念在现代价值观中被充分弘扬光大。江泽民在建党八十周年的讲话中指出，中国共产党的八十年，是为民族解放、国家富强和人民幸福而不断艰苦奋斗、发愤图强的八十年。[②] 江泽民的讲话实际上说明中国共产党所倡导的价值观（包括革命价值观、社会主义价值观、核心价值观）始终都是为了人民幸福。习近平在纪念建党九十五周年的讲话中进一步阐述了人

① 〔苏联〕斯大林：《和英国作家赫·乔·威尔斯的谈话》，《斯大林文集》，人民出版社1985年版，第13页。

② 参见《江泽民在庆祝建党八十周年大会上的讲话》，《人民日报》2001年7月2日。

民的主体地位以及以人民为中心、全心全意为人民服务的思想。他说："坚持不忘初心、继续前进，就要坚信党的根基在人民、党的力量在人民，坚持一切为了人民、一切依靠人民，充分发挥广大人民群众积极性、主动性、创造性，不断把为人民造福事业推向前进。"他还重申和强调"人民立场是中国共产党的根本政治立场"，"全党同志要把人民放在心中最高位置"，"坚持以人民为中心"等重要主张。[①] 所有这些论述以及一系列相应的政策措施都充分体现了现代价值观不仅弘扬传统价值观的民本思想，而且将人民提高到主体、中心的地位，"把人民拥护不拥护、赞成不赞成、高兴不高兴、答应不答应作为衡量一切工作得失的根本标准"[②]。当代价值观对传统民本观念的弘扬不仅前所未有，而且在弘扬这一观念基础上形成的以人民为主体、以人民为中心、全心全意为人民服务等观念成为现代价值观的突出特征。

3. *以德治国观念*

以德治国是传统价值观最古老的观念之一，早在尧舜禹时代，他们所采取的基本的甚至唯一的治国方略就是以德治国。尧舜禹所确定的这一价值观念和他们的成功实践得到了后代思想家和政治家的充分认可，并在春秋战国时期为儒家思想家所充分阐发。虽然以德治国在后来的政治实践中演化为以礼治国，而礼制本身逐渐失去道德的内涵，成为君王实行统治的纯粹工具，但以德治国的观念仍然是得到广泛认同的观念，也是传统社会人们用来评价政治好坏的重要依据。在现代价值观演进的过程中，革命战争时期，治国的问题并没有被提上议事日程，但在革命队伍内和共产党领导的区域都强调道德的极端重要性。毛泽东的名著"老三篇"所颂扬的张思德、白求恩和愚公的精神都是道德精神。革命价值观的这种传统在新中国成立后的计划经济时期得到了弘扬，其中受到广泛赞颂的雷锋精神（奉献精神、"钉子"精神、"螺丝钉"精神、艰苦奋斗精神等）归根结底是一种道德精神。

2000 年 6 月，江泽民的《在中央思想政治工作会议上的讲话》在中

---

① 习近平：《不忘初心，继续前进》，《习近平谈治国理政》第二卷，外文出版社 2017 年版，第 40 页。

② 习近平：《不忘初心，继续前进》，《习近平谈治国理政》第二卷，外文出版社 2017 年版，第 40 页。

共历史上首次提出“德治”概念。他说：“法律和道德作为上层建筑的组成部分，都是维护社会秩序、规范人们思想和行为的重要手段，它们相互联系、相互补充。法治以其权威性和强制手段规范社会成员的行为。德治以其说服力和劝导力提高社会成员的思想认识和道德觉悟。道德规范与法律规范应该相互结合，统一发挥作用。”① 2001 年 1 月，他在全国宣传部长会议上明确提出“把依法治国与以德治国紧密结合起来”② 的治国方略。从此，以德治国就和依法治国一起被作为中国治国理政的两大基本方略。习近平在主持中共十八届中央政治局第三十七次集体学习时对法治和德治的关系做了深刻的阐释。他说：“法律是准绳，任何时候都必须遵循；道德是基石，任何时候都不可忽视。在新的历史条件下，我们要把依法治国基本方略、依法执政基本方式落实好，把法治中国建设好，必须坚持依法治国和以德治国相结合，使法治和德治在国家治理中相互补充、相互促进、相得益彰，推进国家治理体系和治理能力现代化。”③ 习近平的讲话表明，坚持依法治国和以德治国相结合是改革开放后中国一以贯之的治国方略。

传统价值观的以德治国没有依法治国作为支撑，而且德治最终滑向礼治，而法治成为礼治的工具，因而实际上没有相对于德治的严格意义上的法治。当代价值观肯定法治和德治的相对独立性，同时强调要将两者有机统一起来，这就与传统的德治、礼治、法治有了根本不同，但是它确实继承了重视道德，主张用道德来治理国家的优良传统，并使之在新的历史条件下发扬光大且落到实处。

4. 成性成人观念

传统价值观把人看作“成为”的结果，其目标是成为君子以至于圣人。成为君子、圣人并不是成为他人，而是成为自己，而这种成为的基础是人禀有善性，可以成为君子、圣人。成为自己实际上就是把自己的善性发扬光大，因而成人与成性是统一的。不过，这种成为自己的目的

① 江泽民：《在中央思想政治工作会议上的讲话》，《江泽民文选》第三卷，人民出版社 2006 年版，第 91 页。

② 江泽民：《大力弘扬不懈奋斗的精神》，《江泽民文选》第三卷，人民出版社 2006 年版，第 200 页。

③ 习近平：《坚持依法治国和以德治国相结合》，《习近平谈治国理政》第二卷，外文出版社 2017 年版，第 133 页。

并不只是成己本身，还有“仁民爱物”，而其前提是成己。所以朱熹说：“成己方能成物，成物在成己之中。”（《朱子语类》卷第八）传统价值观的这种观念在现代价值观中得到了传承和弘扬。在革命战争年代，革命价值观强调人应该为了革命事业而成为英雄，成为张思德式的“全心全意为人民服务”的革命战士，成为白求恩式的“高尚的人、纯粹的人、有道德的人、脱离了低级趣味的人、有益于人民的人”。在我国计划经济时期，要求人们成为“有社会主义觉悟的有文化的劳动者”。实行改革开放后，邓小平提出要成为“有理想、有道德、有文化、有纪律”的“四有新人”。进入中国特色社会主义新时代，习近平更反复强调要不断促进人的全面发展。他在中共十九大报告中要求“全面贯彻党的教育方针，落实立德树人根本任务，发展素质教育，推进教育公平，培养德智体美全面发展的社会主义建设者和接班人”。他在 2018 年 5 月 2 召开的北京大学师生座谈会上的讲话中指出，他想就学校培养什么样的人、怎样培养人与老师和学生交流看法，在交流前他给了一个明确的答案：“我们的教育要培养德智体美全面发展的社会主义建设者和接班人。”[①] 所有这一切都表明，现代价值观继承和弘扬了传统价值观的成性成人观念，而且在成为什么样的人的问题上，突破了传统价值观强调成为君子、圣人之类的道德之人的局限，强调人的全面发展及其现实指向性，即成为社会主义建设者和接班人。

5. 教化为先观念

要使人成为所期望成为的人，就需要对人进行教育，而道德和人格方面的教育被称作“教化”。当然，在教化的前提下被教育者自觉进行修身对于成人更有意义。传统价值观既重视修身又重视教化。虽然思想家更重视修身，而统治者更重视教化，但他们都肯定教化的重要性，并且将教化摆在优先于修身的地位。传统社会特别重视教化，积累了极其丰富的教化方面的资源。现代价值观继承了传统价值观高度重视教化的传统，其突出体现就是高度重视思想政治教育。

在革命战争年代，就有过“支部建在连上”的主张并使之成为一项基本原则和制度的做法。1927 年 9 月，毛泽东率秋收起义余部挺进井冈

① 习近平：《在北京大学师生座谈会上的讲话》，人民出版社 2018 年版，第 4 页。

山途中，有感于南昌、秋收起义相继失败，认为这是部队思想政治工作不到位导致的，遂决定在江西永新三湾村改编部队，实行“支部建在连上”。所谓“支部建在连上”，就是在连队设党支部，在优秀士兵中发展党员，在班排设党小组，在连以上设党代表并担任党组织书记。后来，毛泽东等在领导工农武装割据斗争中，深切体会到“红军所以艰难奋战而不溃散，‘支部建在连上’是一个重要原因”①。经过实践总结，“支部建在连上”逐渐完善，遂纳入1929年年底古田会议通过的决议案并形成定制，成为建党建军的基本原则和制度延续至今。“支部建在连上”开启了中国共产党重视思想政治教育的先河。

新中国成立至今，思想政治工作不断加强，思想政治工作队伍不断壮大，思想政治教育的内容和形式不断翻新。教育的对象不仅包括所有的学生，而且包括其他所有社会成员；教育的途径不仅有从小学到大学的学校教育，而且有家庭教育，特别是各种媒体的影响；除了课堂教学、经常性思想政治教育、理论学习、重大主题教育外，还有许多不断创新的教育形式。全国还有一大批研究思想政治教育的研究人员，出版了许多种相关刊物和大量的书籍。应该说，传统价值观的教化观念在今天得到了最充分的弘扬和发展，今天作为官方教化的中国思想政治教育是有史以来任何国家都不可能与之相提并论的，它已经成为中国的最大亮点之一，也是中国当代价值观的显著特色。

6. 自强不息观念

“自强不息”不仅是传统价值观中最古老的观念，而且是影响最深远、最具中国特色的观念，已经成为中华文化的一种价值基因。除道家和佛家之外，历史上的思想家几乎都认同这一理念，虽然他们对自强之“强”的理解有差异，但都把目光指向“强”。就个人而言追求成“圣”就是使自己的人格强大，就社会而言追求“天下平”的大同社会就是使国家强大。自强不息已经成为中国人的一种文化基因，不管人们是否意识到这一点，一般来说它都会对每个人发生作用。即使那些懒惰的人也常常因为这个深层观念不断发生作用而焦虑不安。自强不息的观念为现代价值观所完全继承。革命战争年代无数革命先烈抛头颅、洒热血干革

① 毛泽东：《井冈山的斗争》，《毛泽东选集》第一卷，人民出版社1991年版，第65～66页。

命，就是为了拯救民族于水火之中，使它强大。在计划经济时期，这种奋斗精神甚至达到了极端的程度。当时不仅可见“愚公移山，改造中国”的大幅标语，而且有“跑步进入共产主义”等说法。改革开放后，过去奋斗的热情有所降低，但中国人仍然为摆脱贫困、发家致富而奔忙。当时有一个著名的口号“时间就是金钱，效率就是生命”就是这种奔忙的写照。市场经济兴起后，人们在利益最大化原则的驱动下，更是生命不息、奋斗不止。进入中国特色社会主义新时代，为了早日全面建成小康社会，实现中华民族伟大复兴，“奋斗”成为一个全社会最热门的词语。习近平的“幸福都是奋斗出来的”“奋斗本身就是一种幸福”“新时代是奋斗者的时代”等名言更激发了全国人民奋斗的热情。从古到今，中华民族都是自强不息的民族，中国人民都是不懈奋斗的人民。

7. *厚德载物观念*

“厚德载物”与“自强不息”一样不仅是传统价值观的古老观念，也是其最基本的精神。这两种观念是从对乾坤两卦物象（天和地）的解释属性中进一步引申出的人生哲理：人要像天那样高大刚毅而自强不息，要像地那样厚重广阔而厚德载物。两者有密切关联，厚德才能自强，道德高尚者才堪当重任，才能有大作为。“厚德载物”所强调的是人要厚德，要有高尚的德性，它充分体现了传统价值观“尊道贵德”的基本价值取向。这种观念为先秦儒家所高度认同并做了系统的阐发，从而对传统社会产生了深远影响。现代价值观大力弘扬这种传统观念和精神。在革命战争年代，毛泽东力倡革命者要学习张思德、白求恩，就是因为他们具备高尚的革命品德，而一个人只有具备这种品德才能为中国人民解放事业做出自己的最大贡献，直到牺牲自己的生命。在计划经济时代，人们没有市场经济时代的那种追求利益最大化的驱动力。为了增强人们进行社会主义革命和建设的自觉性，激发他们革命和建设的高度热情，党和政府大力倡导人们树立共产主义品德，鼓励人们大公无私、公而忘私，像雷锋那样“把有限的生命投入到无限的为人民服务中去”。改革开放以后，特别是实行市场经济体制后，许多人更多地考虑和追求个人利益，出现了“雷锋叔叔不见了”的所谓“道德滑坡”现象。针对这种新的情况，党和政府不断加大精神文明建设、道德建设和核心价值观建设，出台了许多相应的措施。如将“以德治国”作为基本治国方略，强调人才培养和用人都要“德才兼备，以德为先”，在全社会选拔和宣传道德模范，等等。所有这些举措都体现了当代价值观对传统“厚德载物”观念和精神的传承和弘扬。

8. 其命维新观念

维新的观念源自《易经》。汤之《盘铭》曰：“苟日新，日日新，又日新。”这是对维新含义的最经典解释，得到了儒家的认可，《大学》中引用了这句话。正是在这种精神的激励下，春秋战国时期发生过多次在历史上有影响的变法，如魏国的李悝变法、楚国的吴起变法、齐国的邹忌改革、韩国的申不害变法、秦国的商鞅变法等。其中商鞅变法彻底废除了秦国的旧制度，使秦国的经济得到了发展，秦国逐渐成为战国七雄中实力最强的国家，为后来秦王朝统一天下奠定了坚实的基础。不过，在皇权专制制度确立以后，这种观念没有得到传承和弘扬，虽然在皇权专制时代发生过无数次变法，但有影响的只有王安石变法。鸦片战争以后，中国陷入受西方列强任意凌辱、宰割的悲惨境地，救亡图存、变法维新乃至革命成为时代的大潮，先后发生过戊戌变法、辛亥革命。中国共产党自成立之日起，以推翻压在中国人民头上的“三座大山”，解救芸芸众生于水火为己任，先后领导中国人民进行土地革命、抗日战争、解放战争，最终成立了新中国，建立了社会主义制度，中国人民终于站起来了。

为了使中国人民富起来，中国共产党又实行改革开放，进行社会主义制度的自我完善。通过改革开放和实行市场经济体制，中国人民富起来了。为了使富起来的中国人民强起来，全面建成小康社会并实现中华民族伟大复兴，中共中央又决定全面深化改革、全面推进依法治国，建设创新型国家。正是在一系列革命和改革的实践中，传统价值观的维新观念和精神得到了真正的弘扬，并已经发展成为改革创新观念。改革创新已经成为新时代的时代精神和现代价值观的核心内容。习近平要求“再接再厉，久久为功，坚定不移将改革进行到底”①。改革是为了发展，

① 习近平：《勇于自我革命，当改革的促进派实干家》，《习近平谈治国理政》第二卷，外文出版社2017年版，第107页。

而创新是引领发展的第一动力。习近平要求“把创新摆在国家发展全局的核心位置，不断推进理论创新、制度创新、科技创新、文化创新等各方面创新，让创新贯穿党和国家一切工作，让创新在全社会蔚然成风”[①]。习近平的这些要求充分表达了中共中央改革创新的决心和力度，同时也体现了改革创新在当代价值观中的特殊地位。

9. 和而不同观念

近些年来，一些学者将传统文化称为“和合文化”[②]，无论这种看法能否得到普遍认同，但传统文化非常重视“和”应是没有多大争议的。推崇“和”、追求“和”是传统价值观的重要内容和基本精神。这种观念最早体现在《易经》之中，它所描绘的宇宙就是一个生生不已的和谐宇宙，和谐既是一种本体论的实在，也是一种价值论的要求或原则。随着历史发展和文明进步，这种得到本体论论证的价值原则逐渐渗透到社会生活的各个领域，于是中国人追求家和、国和、天下和、宇宙和，以及人与自然的和谐、人自身的身心和谐，形成了“和实生物”“中庸之道”“致中和”“和而不同”等重要观念。现代价值观形成于革命战争年代，革命战争是为了结束混乱，寻求和谐，而且革命队伍内部也讲团结、和谐，但在战争时代更强调的是革命、斗争，因而和谐问题并不是革命价值观关注的主要问题。计划经济时期由于“继续革命”价值观的消极影响，盛行的是“斗争哲学”，因而“和谐”被理解为有统一无斗争，是搞无原则的一团和气。

“和谐”真正作为一个重要概念在我国学术理论界被提出来是在20世纪90年代，21世纪初有学者提出构建和谐社会、和谐世界和和谐宇宙[③]，而中共中央提出构建和谐社会是在2002年召开的中共十六大。中

① 习近平：《以新的发展理念引领发展》，《习近平谈治国理政》第二卷，外文出版社2017年版，第198页。

② 如程思远指出：“‘和合’是中华民族独创的哲学概念、文化概念。国外也讲和平、和谐；也讲联合、合作。但是，把‘和’与‘合’两个概念联用，是中华民族的创造。”参见程思远《世代弘扬中华和合文化精神——为“中华和合文化弘扬工程”而作》，《人民日报》1997年6月28日。

③ 参见江畅《自主与和谐：莱布尼茨形而上学研究》（武汉大学出版社1995年版）和《理论伦理学》（湖北人民出版社2000年版）。《理论伦理学》“引言”的标题为“幸福与和谐”，该书分为四篇：人生幸福论，社会和谐论，世界和谐论，宇宙和谐论。

共十六大报告第一次将“社会更加和谐”作为重要目标提出来，中共十六届四中全会（2004）进一步明确提出“构建社会主义和谐社会”的任务。中共十六届六中全会（2006）审议通过的《中共中央关于构建社会主义和谐社会若干重大问题的决定》，全面深刻阐明了中国特色社会主义和谐社会的性质和定位、指导思想、目标任务、工作部署等。2007 年 10 月召开的中共十七大再次强调了构建社会主义和谐社会的重要性，并对以改善民生为重点的社会建设做出全面部署。从此，传统价值观的和谐观念不仅得到了弘扬，而且在新的历史条件下得到了极大的丰富和发展。

10. 天下情怀观念

中华民族一进入文明社会就已有天下以至宇宙情怀。《易经》所讨论的问题就是宇宙的问题，《尚书》多次提到“天下”，如《周书·洪范》“天子作民父母，以为天下王”，《周书·召诰》“其惟王位在德元，小民乃惟刑用于天下，越王显”，等等。这说明至少在西周时就已经有明确的天下观念。当时的“天下”观念涉及的是华夏民族与四周以外人群的关系，周人把自己视作世界的中心，而且认为自己文明程度最高，四周以外的人文明程度低，因而视其为“四夷”。周朝要求“四夷”给自己进贡，但同时也自视对他们有关怀和保护的责任。这就有了所谓“天下情怀”，而其前提是周人认为在所见的世界中自己是最强大、最文明的。这种“天下情怀”一直被传承下来，儒家曾明确提出齐家治国平天下的要求，这里的“天下”并没有限定是周朝的疆域。范仲淹提出的“先天下之忧而忧，后天下之乐而乐”是“天下情怀”的典型表达，这里的“天下”似乎也不仅仅限于大宋疆域。如果再考虑孟子讲的“仁民而爱物”和张载讲的“民胞物与”，我们就不难理解古代价值观的天下情怀了。鸦片战争后，中华民族自顾不暇，救亡图存是第一要务，完全无心更无力顾及天下，而且在强大的外敌面前，自卑有余，自信不足。在这种情况下，何谈天下情怀？这种状况一直到实行改革开放，特别是实行市场经济体制以后才得到改变。

市场经济的发展使中国迅速强大起来，中国成为世界第二大经济体，日益走近世界舞台中央，进入为人类做出更大贡献的时代。在这样的时代，中国重新获得了大国的自信，同时也自觉履行大国的责任，传统的天下情怀油然而生。正是在这样的历史条件下，中国为增进人类福祉、共创美好未来提出中国方案、贡献中国智慧。中国提出构建亚洲命运共同体、人类命运共同体的主张，提出成立亚洲基础设施投资银行、建设“一带一路”等倡议，这些都是当代价值观传承和弘扬传统价值观的最好注脚。习近平在2018年4月8日会见联合国秘书长古特雷斯时所说的“我们所做的一切都是为人民谋幸福，为民族谋复兴，为世界谋大同”[①]，充分表达了负责任、有担当的大国的当代天下情怀。今天的天下已经不是以华夏为中心涵盖“四夷”的有限范围，而是全球；今天的情怀也不是古代的那种庇护，而是作为一个有能力负责任的大国对人类的担当和贡献。这就是习近平所表达的：中国始终是世界和平的建设者、全球发展的贡献者、国际秩序的维护者。[②]

关于现代价值观对传统价值观的弘扬，有三点需要特别指出。第一，这些被弘扬的传统价值观念并不是原封不动地被加以弘扬的，而是或多或少有所批判或加以改造地进行弘扬的。从前面的分析可以看出，被弘扬的传统价值观念根据现代社会发展的需要都不同程度地得到了改造，因而它们大体上能与现代社会生活相承接，并对今天的人们发生影响。第二，被弘扬的传统价值观念中有的合理观念虽然在理论上得到了肯定，但并未得到充分的贯彻落实。例如，新中国成立以来就强调受教育者在德智体美等各方面的发展，近些年来又强调人的全面发展，这隐含要使人性得到充分实现和完善，应是对传统的成人成性观念的弘扬。但是，我国多年来普遍盛行的应试教育与这种理论上得到肯定的全面发展观念是不相一致的。第三，被弘扬的传统价值观念中有的或许是接下来需要进一步实行创造性转化和创新性发展的传统价值观念。最典型的是对传统的整体本位观念的弘扬。传统的整体本位观念具有民族特色，也有其优势，但它也存在否定个体自由和权利的重大局限。因此，必须对这种传统观念进行创造性转化，使之与现代文明彰扬个体自由权利以及个性自由发展的新要求相对接，使整体本位与人民至上、个人全面而自由发展有机统一起来。在我国走向中国特色社会主义现代化的新时代，简单

① 《习近平会见联合国秘书长古特雷斯》，人民网，http://qh.people.com.cn/n2/2018/0409/c182753-31437210.html，最后访问日期：2019年5月9日。

② 《习近平会见联合国秘书长古特雷斯》，人民网，http://qh.people.com.cn/n2/2018/0409/c182753-31437210.html，最后访问日期：2019年5月9日。

地弘扬传统的整体本位观念而不重视或者实际上否定个体的自由和权利会阻碍我国现代化的进程，导致严重的消极社会后果。总之，本节并没有充分考虑所弘扬的传统价值观念本身是否合理，而只是阐明现代价值观中已吸收的传统价值观念，以便我们对中国现代价值观中包含的传统价值观因素有清醒的认识。

四　现代价值观对传统价值观的更新

中国现代价值观吸收了许多传统价值观中的合理内容，同时也对传统价值观中的一些内容进行了创造性转化和创新性发展，这些内容对于传统价值观来说具有根本性。不过，现代价值观对传统价值观的转换尚在进行中，要完成这个过程还有相当长的路要走。就目前的情况看，转换还存在两个问题：一是有些传统价值观的内容可以而且应该经过转换后融入现代价值观而没有转换；二是已经转换的一些内容转换得尚不彻底或不充分，要么还带有传统价值观内容的落后的、陈旧的痕迹，要么没有让传统价值观的优秀内容充分融入现代价值观。这里我们仅讨论传统价值观中的那些已经实现转换的重要内容，当然其中有一些转换得不够彻底或不够充分。

1. 人民主体对家国本位的转换

“本位”一词在汉语中的字面意思是本来的位置，后来引申出事物的根本、基点或源头、始点。根本既有生长点的意思，也隐含落脚点（叶落归根）的意思；始点既有出发点的意思，也隐含回归点的意思。在人类价值思想史上，存在价值以谁为基点、为始点的问题，也就是以谁为价值主体的问题，这即所谓价值本位问题。作为价值本位的价值主体通常就是价值的尺度，事物价值的有无、大小主要取决于它。在中国这样一个长期以来以国家作为基本共同体的国家，存在一个以谁为本位、为主体的问题，这是价值观中的一个根本性问题。在这个问题上，传统价值观以家国为价值主体，而现代价值观则主张以人民为价值主体。这是现代价值观对传统价值观的一个根本性的转换。

从人类思想史上看，关于这个问题有两种基本观点：一是以整体为本位，即以整体为基点、始点，为根本尺度；二是以个体为本位，即以个体为基点、始点，为根本尺度。在中国传统社会，整体主要指家和国，而个体主要指个人。传统社会的“家”，不只是指今天意义上的家庭，而且指家族。在传统社会家庭和家族是很难加以严格区分的，因此将它们统称为“家”也许更符合历史事实。总体上看，传统社会是以整体为本位的，实际上就是以家国为本位。中国传统社会与近代以来西方社会形成了鲜明对照。近代以来西方主流价值观（由于近现代价值观是同一个价值观体系，因而可称之为“西方现代价值观”）是以个体为本位的。“家”在西方现代价值观中没有什么地位，似乎不在西方现代价值观的视野范畴，而国家在西方现代价值观中根本就不是实体，只不过是个体的受托者或服务机构。近现代西方的个体有一个变化过程。在近代西方，个体既指民族国家，也指个人。西方近代的个体主义包括民族国家从罗马天主教廷解放出来的民族主义，也包括从天主教会和封建主义解放出来的个人主义。但一般而言，西方近代的个体更多的是指个人。进入20世纪以后，在一个国家范围内的个体结构变得较为复杂，它既指个人，也指各种企业和社会组织等。虽然个体有这样的变化，西方现代价值观以个体为本位却是一以贯之的。

传统价值观是在宗法传统下产生的。宗法制源远流长，华夏民族是带着以血缘为基础的宗法关系进入文明社会的。冯天瑜先生指出：“中华先民跨入文明社会，大约从公元前21世纪的夏朝开始，带有原始民主遗存的氏族部落酋长职能向王权转变，但不论是夏人内部还是被征服的部落方国内，氏族血缘关系基本未遭破坏地保存下来。”[①] 宗法制正是建立在这种血缘关系的基础之上，它是以血缘为纽带的家庭和氏族（后演变为家族）的制度，其核心内容是父权家长制，其基本组织单位是家庭或家族。宗法制原本在中华大地是普遍存在的。在氏族部落战争中，胜利的部落成为统治者，其家族成为统治集团，而被征服的部落成为被统治者。为了加强对被征服的部落的统治，传统社会在宗法制的基础上形成了王权制，但统治者不可能仅仅依靠王权来统治中国广大土地上的被统治者，他们只得利用被统治者原有的宗法制维护整个社会的安定和秩序。如此一来，家庭和家族就成为社会的基本组织。这就是传统价值观家本

① 冯天瑜：《中华文化生成史》（下册），武汉大学出版社2013年版，第473页。

位的由来。

家本位的格局形成后，统治者也好，后来的思想家也好，都基于这种家本位格局来构建社会的价值体系，并构建相应的价值观，最终形成了以孝亲为基点、以忠君为指向的官方规范体系以及以此为中心展开的整个官方价值体系。虽然先秦儒家并不主张忠君，忠君是被汉儒加入儒家思想体系并使其成为最高原则的，但无论是先秦儒家还是后来的儒家都充分肯定孝亲的根本重要性。更为重要的是，在皇权专制时代，历代统治者不仅把孝亲作为道德教化的基础内容，力图通过鼓励人们孝亲来达到忠君的目的，而且他们大多亲力亲为，率先垂范，以影响社会风尚。统治者之所以将忠君与孝亲紧密地联系在一起，是因为他们清醒地意识到，在血缘亲情浓厚、宗法制具有普遍约束力的社会氛围中，利用血缘亲情的辐射力达到维护统治者在社会的威望和在人们心中的尊贵地位是最有效的途径。当然，家是传统社会的基层组织，只要家安顿好了，国也就安宁了，这就是所谓“不能安家，何以安邦”。正是基于上述认识，即便是最专制的统治者也不会丢掉“孝亲”这面旗帜，也不会放弃家本位这一统治的根基。孝亲是为了忠君，家本位是为了国本位。如此一来，家本位与国本位就成为一体，可称之为“家国本位”。

然而，鸦片战争以后，外国列强的坚船利炮导致中国国破山河碎。“覆巢之下，焉有完卵？”国家的安危、民族的存亡成为中华儿女最为关切的问题，国家、民族本位意识大大增强。国家和民族的危机使人们意识到国家才是最重要的命运共同体，必须抛弃小家为大家，于是形成了抗日战争时期所达成的那种“地不分东西南北，人不分男女老少，皆有守土抗战之责”的共识。从一定意义上可以说，外国的入侵对中华民族和中国人民造成的全方位严重伤害和蔑视，客观上促进了民族意识、国家本位意识的觉醒。正是在这种历史背景下，传统价值观的家庭本位转换成国家本位成为可能。

中国现代价值观在价值本位问题上有一个变化过程，在革命战争时期和计划经济时期，价值本位是民族、国家（这两者在中国文化中并没有明确的界限，常常是互通的），而在改革开放时代价值本位逐渐从民族、国家转向人民，今天人民已经成为价值本位。或者不如说，民族、国家还是本位，但民族和国家的主体是人民，人民就成了终极的价值本位、价值主体。

中国共产党自成立之日起，就高举民族大义的旗帜，把挽救民族危亡、拯救人民于水火作为自己的神圣使命，其价值观一开始就顺时应势，将国家和民族置于家庭和个人之上。在革命战争年代有无数中华儿女在中国共产党的感召之下离开父母妻儿参军参战，投身革命事业，不畏强敌，抛头颅、洒热血，为了革命事业不惜牺牲自己的生命。著名的抗日将领吉鸿昌将军临刑前写下的一首气贯长虹的就义诗充分表达了革命者为国家舍小家、为革命舍生死的崇高民族气节和高尚国家情怀："恨不抗日死，留作今日羞。国破尚如此，我何惜此头。"这种以国家民族利益为重的价值取向在计划经济时代得到传承和弘扬。这个时期许多英雄模范人物都为了国家早日摆脱贫穷落后面貌而忘我工作、殚精竭虑。其中"两弹一星"元勋是最典型的代表。他们中的许多人在国外学有所成，拥有优越的科研和生活条件。然而，为了投身于新中国的建设事业，冲破重重障碍和阻力，毅然回到祖国。几十年中，他们为了祖国和人民的最高利益，默默无闻，艰苦奋斗，以其惊人的智慧和高昂的爱国主义精神创造了人间奇迹。他们所体现的"热爱祖国、无私奉献，自力更生、艰苦奋斗，大力协同、勇于登攀"的"两弹一星"精神是国家本位价值观的生动写照！

改革开放后，人们的个体意识普遍增强，整体意识淡化。这就对在革命战争时代形成、在计划经济时代得到传承和弘扬的国家本位观念提出了挑战。针对这种新的情况，党和国家采取了许多措施增强全体社会成员的国家和民族认同感，强化国家和民族意识。中共中央强调社会主义的本质是共同富裕，要求"全面建成小康社会，13 亿多中国人，一个都不能少"①，大力弘扬优秀传统文化，不断加强爱国主义、集体主义、社会主义教育，都是为了弘扬作为革命传统的国家本位、民族至上精神。但同时，中共中央不断凸显人民对于国家和民族的主体地位，因而国家本位与人民主体两者之间就内在统一起来了。这种统一在革命时代和计划经济时代的价值观中就已经存在，却是隐含的，人们常常感觉不到，

① 习近平：《抓住世界经济转型机遇　谋求亚太更大发展——在亚太经合组织工商领导人峰会上的主旨演讲》，人民网，http://cpc.people.com.cn/n1/2017/1111/c64094-29639925.html，最后访问日期：2019 年 5 月 9 日。

党和国家在制定法律制度政策时也常常有所忽视或遗忘。改革开放以后，特别是进入中国特色社会主义新时代，在现代个体观念以及自由、平等、民主、法治等观念的影响下，党和国家对人民主体地位、人民幸福对于国家和民族的终极意义给予了特别的强调。习近平将国家富强、民族振兴、人民幸福作为中国梦的实质内涵，一再强调以人民为中心，坚持人民主体地位不动摇、人民对美好生活的向往就是党和国家的奋斗目标。所有这一切都表明，人民本位、人民主体、以人民为中心已经成为当代价值观的基本内容和重要理念。

显然，人民主体观念相对于过去的家国本位观念是一个巨大的历史进步，是传统价值观具有根本意义的现代转换。人民主体观念不仅体现了马克思主义的人民群众是历史的创造者和推动者这一基本原理的要求，而且是传统价值观现代化的同时又保留民族特色的创造性转化。

2. 自由平等对尊卑等级的转换

与谁是社会的主体直接相关联的有这样一个问题：社会成员在社会中是自由平等的还是有尊卑贵贱的等级之别的？在人民作为社会主体的社会，社会成员都是社会的主人，这种主人身份决定了他们享有自由平等的权利，而在以君王为首的统治者作为社会主体的社会，被统治者由于不具有主人身份而不可能与统治者享有相同的自由平等权利。中国传统社会从总体上看是一种讲究尊卑贵贱的等级制社会，不仅统治者与被统治者之间、统治者之间、被统治者之间存在各种不平等，而且这种不平等与尊卑贵贱交织在一起，或者说体现为尊卑贵贱的等级。这种社会成员之间存在尊卑贵贱之别的社会现实是传统价值观的尊卑等级观念的体现，同时又是这种观念形成和延续的基础。新中国成立后，随着人民成为国家的主人，传统的尊卑等级观念逐渐被破除，取而代之的是社会成员人人自由平等的现代观念。

中国传统社会的尊卑贵贱等级观念虽然与原始社会后期以血缘关系为基础的氏族父权制有一定关系，却是在进入文明社会后产生的。在尧舜禹的时代，虽然生活在部落（或部落联盟）的成员存在对英明部落首领的尊敬、服从，但首领与普通部落成员之间并无明显的尊卑贵贱之分。自夏启将原始部落的禅让制改为世袭制、将部落扩大为国家之后，就有了王朝家族与外族的等级区别，也就有了统治者与被统治者的等级区别；

在王朝内部也有嫡子与庶子、嫡长子与非嫡长子之间的等级区别，也相应有了统治者内部的等级区别。为了维护这种等级区别，统治者就制定礼法，用礼法来维护这种等级制度，并通过宣传、教化等途径使这种等级制度合法化，成为天经地义的东西，并使这种不平等披上了尊卑贵贱的外衣。等级高的是尊贵的，等级低的则是卑贱的，等级最高的君王是最尊贵的，等级最低的平民则是最卑贱的。在最尊贵者与最卑贱者之间存在不同的尊卑贵贱的等级。这种政治上尊卑贵贱的等级观念影响到传统社会生活，形成了各种形式不同但实质相同的尊卑贵贱等级观念，如男尊女卑、父尊子卑、夫尊妻卑、长尊幼卑，以及相应的男主女从、父主子从、夫主妻从、长主幼从。

传统尊卑贵贱观念的产生，同奠基于宗法制和王权制相结合的传统社会礼法制度密不可分。单纯的宗法制虽然存在自然的亲疏主从尊卑次序，但并没有后来所普遍存在的等级制度和观念。进入文明社会后，我国在传统的宗法制的基础上建立了以嫡长子继承制为前提的王权制。为了维护这种缺乏合法性基础的政治制度，统治者利用国家机器制定礼法制度来维护自身的尊贵地位以及与之相应的社会等级秩序。礼是干什么的?《礼记》对此做了概括：“夫礼者，所以定亲疏，决嫌疑，别同异，明是非也”（《曲礼上》）；“君臣、上下、父子、兄弟，非礼不定”（《曲礼上》）；“夫礼者，所以章疑别微，以为民坊者也。故贵贱有等，衣服有别，朝廷有位，则民有所让”（《坊记》）；“乐统同，礼辨异”（《乐记》）；等等。传统的礼法制度到西周得以完善。周礼作为政治社会规范体系，是以自然的血缘关系即宗法关系作为出发点，将血缘关系和政治关系结合起来，通过维护自然的血缘关系来维护统治秩序的。周礼是一个既包含社会政治制度的结构形式，也囊括了社会生活的行为规范等内容的庞大的系统，核心内容和基本原则是承认和保护在社会中普遍存在的亲疏、尊卑、长幼分异的合理性。周礼把这种分异视为理想的社会秩序，并为使这种秩序长存而制定了使贵贱、尊卑、长幼各有其特殊行为规范的礼制体系。

传统社会现实生活中的尊卑等级观念自春秋时代开始在思想家特别是儒家那里得到了理论的论证和辩护，使之上升为理论观念，并对中国传统社会产生了深远影响。《左传·昭公二十九年》记载，孔子曾对晋铸刑鼎予以猛烈抨击，认为晋国将来要灭亡就是因为它失去了度。而在他看来，“度”就是贵贱分明而不发生错乱。晋现在将法律铸在鼎上，民众就会重视鼎而不再尊重贵族了。他为此大发感慨说：“今弃是度也，而为刑鼎，民在鼎矣，何以尊贵？贵何业之守？贵贱无序，何以为国？”周公“制礼作乐”，使自夏朝以来的礼制系统化、完善化，其目的就是通过礼制来规范和维护周朝的尊卑贵贱秩序。孔子以恢复周礼为毕生使命，实际上也就是要恢复周礼所确立的等级制度。在他看来，西周的礼制就是最理想的制度，是实现仁爱社会的最可靠保障。所以他视“克己复礼”为仁，认为“一日克己复礼，天下归仁焉”，要求“非礼勿视，非礼勿听，非礼勿言，非礼勿动”（《论语·颜渊》）。这种礼制规定的等级秩序之核心内容就是“五伦”关系。《论语·颜渊》记载，齐景公问政于孔子，孔子对曰：“君君，臣臣，父父，子子。”公曰：“善哉！信如君不君，臣不臣，子不子，虽有粟，吾得而食诸？”这是说，仁君为政，必须端正君臣父子的等级名分，使各自循礼而行，如此，国家就会和谐有序。孔子还特别强调这种等级名分的重要性，把它看作礼乐刑罚的根基。他说：“名不正，则言不顺；言不顺，则事不成；事不成，则礼乐不兴；礼乐不兴，则刑罚不中；刑罚不中，则民无所措手足。”（《论语·子路》）

孔子的这种等级名分思想在孟子那里得到了强化，他一方面把等级关系视为统治与被统治关系，另一方面把这种统治与被统治关系看作天经地义的。他说：“劳心者治人，劳力者治于人；治于人者，食人，治人者食于人，天下之通义也。”（《孟子·滕文公上》）孟子还阐发了古人所倡导的“五伦”，使父子有亲、君臣有义、夫妇有别、长幼有序、朋友有信成为传统社会的五种基本人伦关系。荀子把孟子主张的基于等级关系的统治与被统治关系扩展到社会生活的各个方面，尊卑贵贱不仅是等级差别，而且是天经地义的从属关系：“少事长，贱事贵，不肖事贤，是天下之通义也。”（《荀子·仲尼》）董仲舒从神学本体论的角度为“三纲”提供了论证，而且更明确地阐述了礼的序尊卑、别贵贱的作用。他说：“礼者，继天地、体阴阳，而慎主客、序尊卑、贵贱、大小之位，而差外内、远近、新故之级者也，以德多为象。”（《春秋繁露·奉本》）在他看来，礼制的作用就在于“明尊卑，异贵贱，而劝有德也”（《汉书·董仲舒传》）。

随着汉武帝将儒家思想奉为统治思想，得到儒家论证、概括、提炼的尊卑贵贱等级观念对传统社会各个方面都产生了深刻影响。社会生活中不仅有了政治上的尊卑贵贱等级，而且形成了以辈分、年龄、亲戚、性别等为基础的亲疏、长幼、尊卑、贵贱的分野。其中影响最为广泛而深远的就是男尊女卑、重男轻女观念，这种观念要求女子三从四德，认为女子无才便是德。由于这种观念的影响，女性不但在家中没有地位，在社会中更是处于最低层。这种观念在汉语中烙下了鲜明的文化印记。汉语中有许多涉及男女关系的成语是先男后女甚至男主女从的，如夫贵妇荣、夫唱妇随、男耕女织、红男绿女、牛郎织女、痴男怨女、奴颜婢膝、金童玉女等。从这些成语可见传统男尊女卑等级观念之一斑。

在传统价值观转化为现代价值观的过程中，尊卑贵贱的等级观念逐渐为自由平等观念所取代。中国现代社会的自由平等观念可追溯到马克思、恩格斯的人的自由发展的思想。马恩针对一切专制社会特别是资本主义社会把人不当人看的社会制度，构想了一种共产主义社会，这是一种“以每一个个人的全面而自由的发展为基本原则”[①] 的自由人联合体。在共产主义社会，社会成员是普遍自由的，而且“每个人的自由发展是一切人的自由发展的条件”[②]。显然，这种自由是人人平等地享有的权利，因而这种普遍自由包含社会成员的普遍平等。马恩的这种思想是中国现代自由平等观念的重要源泉。

在革命战争年代，现代自由平等观念开始形成。当时在革命队伍内部、在革命根据地和解放区普遍实行官兵平等、男女平等和党内民主制度，并建立了民主政权。三湾改编是人民军队建设史上的一个里程碑，是井冈山根据地建设的序幕。三湾改编的重要内容之一就是在军队内部废除军阀作风，实行民主。在三湾改编时，毛泽东就规定，官长不准打骂士兵，生活上官兵待遇一致，政治上实行官兵平等。在井冈山斗争时期，这些规定都被彻底地贯彻落实，规定官长不打骂士兵，官兵待遇平等，士兵有开口说话的自由，废除烦琐的礼节。

追求平等是毛泽东一生的理想和奋斗目标，他在领导中国革命和建

---

① 〔德〕马克思：《资本论》第一卷，《马克思恩格斯文集》第五卷，人民出版社2009年版，第683页。

② 〔德〕马克思、恩格斯：《共产党宣言》，《马克思恩格斯文集》第二卷，人民出版社2009年版，第53页。

设过程中，直面中国的社会实际，从政治、经济、社会等方面提出了自己独特的平等思想，并为此进行了不懈的实践探索。他在政治上主张实现人民主权。他首先主张建立“人民民主专政”的国体，建立人民代表大会制度的政体，建立民主监督制度。他在经济上主张实行生产资料公有制和供给分配制。他相信，一旦纯粹的生产资料公有制建立起来，人与人在生产中就会形成平等的关系。这样，前人的乌托邦想法，将被实现，并被超越。他还主张在社会生活中消除社会分工，整合社会阶层。在毛泽东看来，社会不平等的根本原因在于社会分工、阶层分化导致了人们身份、地位的差别，造成了特权阶层的产生，平等的最终目标和归宿应该是消除社会分工，整合社会阶层，使所有人享有同样的社会地位和权利。当然，由于受历史条件的限制和对平等理念的一些误解，毛泽东的平等观存在一定的历史局限性，比如注重结果平等，忽视机会平等；注重平等，忽视自由；注重民主，忽视法制建设；等等。但他对平等的执着追求代表了人类追求公正秩序的崇高理想，他追求平等理想的理论与实践，为现代价值观的自由平等观念奠定了思想基础。①

以毛泽东为代表的中国共产党的自由平等思想在新建立的中华人民共和国制度及制定的法律中得到了充分体现。新中国成立后于1954年制定的第一部宪法明确规定：中华人民共和国是工人阶级领导的、以工农联盟为基础的人民民主国家；中华人民共和国的一切权力属于人民；各民族一律平等；中华人民共和国公民在法律上一律平等。这部宪法还规定了公民有言论、出版、集会、结社、游行、示威的自由，而且国家供给必需的物质上的便利，以保证公民享有这些自由；有宗教信仰的自由；公民的人身自由不受侵犯；有居住和迁徙的自由，以及劳动、休息、受教育的权利。宪法还针对男尊女卑的文化传统特别规定了妇女在政治、经济、文化、社会和家庭各方面享有同男子平等的权利。“1954宪法”在破除传统社会宗法制与王权制相统一的社会制度的基础上确立了人民民主制度；在破除传统社会尊卑贵贱等级制的基础上确立了全体公民在法律上平等的社会主人身份，规定了全社会所有公民具有法律上的自由

---

① 参见杨红等《论毛泽东的平等观》，中国共产党新闻网，http://theory.people.com.cn/BIG5/49150/49152/9372421.html，最后访问日期：2019年5月9日。

平等权利；在破除传统社会男尊女卑惯例的基础上确定了妇女在社会和家庭生活中与男子享有平等的权利。这些现代价值观念是对传统尊卑贵贱观念的深刻变革，也可以说是传统价值观的一种创造性转化。这些基本法律观念不仅在后来多次修订的宪法和各项法律制度中得到坚持和弘扬，而且在我国的政治社会生活中得到了贯彻实行，为我国人民现代自由平等观念的形成奠定了坚实的现实基础。

改革开放以来，随着思想解放和观念更新的不断深化，传统的尊卑贵贱观念进一步被破除，自由平等观念得到全社会的普遍认同，并被党的十八大作为社会主义核心价值观的重要内容加以倡导。2016 年中共中央办公厅和国务院办公厅印发了《关于进一步把社会主义核心价值观融入法治建设的指导意见》。按照《指导意见》的要求，还需要把自由平等等内容进一步融入法治建设、国家治理和社会生活之中，这必将更强有力地促进社会公众自由平等观念的形成和完善。自由平等作为现代价值观的一个部分，不是孤立的，而是与人民在国家和社会中的地位紧密相联系的。只有在人民真正成为国家的主人，其在社会中的主体地位得到确立的条件下，人民的自由和平等权利才会有可靠的保障。正因为如此，习近平特别强调全党"要把人民放在心中最高位置，坚持全心全意为人民服务的根本宗旨，实现好、维护好、发展好最广大人民根本利益，把人民拥护不拥护、赞成不赞成、高兴不高兴、答应不答应作为衡量一切工作得失的根本标准"；"尊重人民主体地位，保证人民当家作主……扩大人民群众有序政治参与，保证人民广泛参加国家治理和社会治理"。①

3. 人民民主对内圣外王的转换

人是社会的动物，必须生活在一定的基本共同体之中。在中国进入文明社会以后，人们就一直生活在国家之中，国家是中国人的基本共同体。国家是一种政治共同体，它需要运用政治权力进行治理。那么，就存在由谁治理、如何治理的问题。通俗地说，这个问题就是国家由谁做主、如何做主。因此，与国家以谁为主体直接相关的一个问题是国家由谁做主、如何做主。这是一个比国家以谁为主体更为关键的问题，因为

---

① 习近平：《不忘初心，继续前进》，《习近平谈治国理政》第二卷，外文出版社 2017 年版，第 40 页。

一个国家号称以谁为主体，而实际上其不能做主，那么所谓主体就是“空头支票”。在国家由谁做主的问题上传统价值观主张内圣外王，而现代价值观将其转换为人民民主。需要事先指出的是，在传统社会内圣外王之道并没有实现，而当代的人民民主亦仍在构建之中。

中国进入文明社会后，氏族部落演变为国家，酋长治理演变为君王治理，宗法制是社会的基本结构，治理国家的是在部落战争中获胜的酋长，他成为国家的君王，实行治理的方式通常是家长制。中国进入文明门槛之前的君王尧德性高尚，实行德治，并且采取禅让制使这种治理方式延续了三代。禅让制是以德能选君，从历史事实看大致上可以说是一种内圣外王的模式，因为后来历代的政治家、思想家都把他们三人视为“圣人”或“圣王”。但是，真正进入第一个文明形态的夏朝实际上改变了尧舜禹三代君王的禅让制，实行世袭的嫡长子继承制，辅之以对非嫡长子实行分封制，也不再真正实行以德治国，而主要是实行礼治。这样一种治理体制一直延续到春秋时期前，而陷入战乱的春秋时期实际上证明这种治理体制行不通，尤其是分封制会导致诸侯割据，自立为王。正是由于尧舜禹成功的经验和夏商周均由兴到亡，尤其是春秋战国诸侯混战的教训，孔子和先秦儒家设想了一套“内圣外王”的治理方案。

这套方案基本上是以尧舜禹治理模式为蓝本的，其基本想法是由通过修身而达到圣人境界的人担任君王，他死之前挑选好能够接任的圣人接任他的君王之位，如此类推，以至无穷。由于他是圣人，他永远会保持高尚的德性，并出于高尚的德性治理天下，“仁民爱物”，使天下达到“大同”的理想状态。这套方案看起来十分精美且非常诱人，但历史事实证明，自禹之后再也没有圣人出现，即使有个别像孔子这样的人出现也没有圣君来选拔他。他周游列国十四年，不断向各国君王推荐自己，但没有君王赏识他，一生十分失意和落魄。战国以后中国的历朝历代没有一个是按先秦儒家的方案实行治理的。相反，其基本上沿袭了夏商周的治理模式，唯一的改动是将分封制改成中央集权制。因此，得到普遍认同的传统价值观的内圣外王之道，实际上只是一种理论观念，并没有在传统社会现实化。内圣外王之道，本质上是君王制模式，是一种道德化的家长制。它的提出实际上给家长制的君王制模式提供了论证，只是传统社会只采用了君王制这一点，而没有采用其道德化。就是说，虽然实行的是王治，但王内无圣。

传统价值观倡导的是内圣外王，它的现实化是王内无圣。两者虽然有这样的差异，但实质上都是君王制，而且在儒家提出内圣外王之后实行的是君王专制（皇权专制）。这种君王制在现代被完全否定，正在转换为现代意义上的民主制。革命价值观的近期价值目标就是要建立民主共和国，使人民当家做主。新文化运动中，我国知识分子就从西方引进了“德先生”（民主），中共二大所确定的最低纲领已经把“统一中国为真正的民主共和国”作为奋斗目标。这种对人民当家做主的追求，在革命实践中得到了充分体现。中国共产党在党内实行党内民主，在其领导的军队中实行军事民主，在其领导的区域实际上也实行民主管理。新中国成立后，人民翻身得解放，成为国家的主人，人民当家做主成为人们的普遍共识。但在计划经济时代，由于忙于“三反”、“五反”、社会主义改造、整风与反右、进行社会主义教育以至“文化大革命”，人民如何当家做主这一问题并没有从理论上得到解决，也没有落实到国家治理过程当中。将人民当家做主落到实处并形成系统的人民民主理论是在改革开放以后。

1978 年召开的中共十一届三中全会发表的公报，提出了多方面加强民主和法治建设的要求：宪法规定的公民权利，必须坚决保障，任何人不得侵犯。为了保障人民民主，必须加强社会主义法制建设，使民主制度化、法律化，使这种制度和法律具有稳定性、连续性和极大的权威，做到有法可依，有法必依，执法必严，违法必究。要保证人民在自己的法律面前人人平等，不允许任何人有超于法律之上的特权。将民主看作一种制度，并且将民主与法制联系起来，在我们党的文件当中，这是第一次。1980 年 8 月 21 日，在采访邓小平的意大利记者奥琳埃娜·法拉奇对中国能否避免再次发生诸如“文化大革命”这样可怕的事情表示怀疑的时候，邓小平回答：“这要从制度方面解决问题。我们过去的一些制度，实际上受了封建主义的影响，包括个人迷信、家长制或家长作风，甚至包括干部职务终身制。我们现在正在研究避免重复这种现象，准备从改革制度着手。我们这个国家有几千年封建社会的历史，缺乏社会主义的民主和社会主义的法制。现在我们要认真建立社会主义的民主制度和社会主义法制。只有这样，才能解决问题。”[①] 改革开放四十年，中国一直致力于民主和法治建设，不仅社会主义的民主制得到了不断完善，而且将民主、法治作为核心价值观的基本理念。

对于中国的民主和法治状况，中共十九大报告做了这样的概括：“民主法治建设迈出重大步伐。积极发展社会主义民主政治，推进全面依法治国，党的领导、人民当家作主、依法治国有机统一的制度建设全面加强，党的领导体制机制不断完善，社会主义民主不断发展，党内民主更加广泛，社会主义协商民主全面展开，爱国统一战线巩固发展，民族宗教工作创新推进。”[②] 在今天的中国，可以这样说，虽然民主制还有待进一步完善，但君王制是被人们普遍否弃的，因而可以说传统价值观的内圣外王的君王制观念正在转换成为人民当家做主的民主制观念和现实。

4. 法德共治对德礼共治的转换

与国家由谁做主问题直接相联系的另一个问题是做主者如何做主。在这个问题上，传统价值观实际上主张的是德礼共治，而现代价值观则主张法德共治。这也是现代价值观对传统价值观的一个重大转换。

传统价值观在最初萌芽的时候，在国家治理方式上实行的是德治与礼治相结合的模式。德治源自尧舜禹时代，但进入商代以后，两个方面的原因促使国家在客观上采取了德礼共治的模式。一方面，君王不再具备尧舜禹所具备的大德，因而不可能做到以德感召民众和治理天下；另一方面，国家范围的扩大和国家事务的复杂化，使仅仅凭统治者个人的德性无法实施治理。因此，商代以降，统治者一般都既打着德治的旗号，又凭借礼制实行治理。这样一种德礼共治的模式在西周得到完善，周公旦“制礼作乐”建立了完整的德礼共治模式。这种模式由于分封制导致的诸侯割据而遭到严重的破坏。针对春秋诸侯争雄导致的战乱，孔子力图恢复周礼，以求天下太平。为了能够恢复周礼，孔子将其思想中的“仁爱”内容赋予礼。因此，他所要恢复的周礼，实际上是被改造过的周礼，即富含仁爱的儒家之礼。应该说，孔子所设计的治理方式是一种

---

① 邓小平：《答意大利记者奥琳埃娜·法拉奇问》，《邓小平文选》第二卷，人民出版社1994年版，第348页。

② 习近平：《决胜全面建成小康社会　夺取新时代中国特色社会主义伟大胜利——在中国共产党第十九次全国代表大会上的报告》，人民出版社2017年版，第4页。

德礼融合统一的模式。

然而，经过董仲舒及其他汉儒改造过的儒学，实际上又剔除了先秦儒家赋予礼之中的仁爱内涵，而且适应宗法皇权专制主义的需要将传统的“五伦”中的君臣、父子、夫妇三伦极端化为“三纲”。这样，先秦的儒学便演变成汉儒的作为统治之术的“儒术”，当然他们也给“儒术”提供了神学的论证。自汉武帝起，儒家仁义道德被统治者用来感召人、教化人，而抽掉了仁爱内涵的礼制则被用来规范人、控制人，形成了一种礼治与德治相互补充、相互凭借的德礼共治新模式。这种模式与春秋前的德礼共治模式并无本质不同，不同只在于：春秋以前的“德”，其根据和力量来自“天命”，即所谓“以德配天”，认为只有有德者才可承受天命，失德就会失去天命；而经过儒家改造的“德”，其根据和力量主要来自基于本善之人性培育获得的“仁爱”，儒家道德实质上是以“仁爱”为内涵的道德体系。这样一种基于人性构建的渗透“仁爱”精神的道德体系，比起以往的天意更能够为人们所接受。因而用它来感召和教化人，人们更乐意接受，再加上礼制的约束，这样也就可以更好地达到国家治理的目的。

在传统社会，法治也是一种治理方式。《左传·昭公六年》记载：“夏有乱政，而作《禹刑》。商有乱政，而作《汤刑》。”但是，中国传统法治与现代法治有两大不同：其一，传统的法律主要是刑法，且只有实体法而无程序法；其二，传统法律都是礼的法律化，即所谓“援礼入法”，它是从属于礼，为礼服务的。从一定意义上可以说，传统社会没有独立的法治，只有附属于礼治的法治。因此，礼治是国家治理的主要方式，德治和法治都从属于礼治。

在革命战争年代，尚不存在国家治理方式问题，但在革命队伍内部存在管理方式问题。从有关历史文献看，自中国共产党成立一直到新中国成立，革命队伍内部就已经不见传统礼制的痕迹。这也是因为最初的共产党人大多都是接受过现代教育、受过西方影响的人，而礼制是传统文化和价值观中最落后、腐朽的东西，因而他们对传统礼制不屑一顾，弃之如敝屣，而且极力反对礼制，在人际交往和组织管理中一开始就没有礼制的成分。这种观念和做法影响了后来的整个革命队伍以及中共领导的区域，因而革命价值观中实际上没有什么礼制成分。在这一点上，计划经济时期和改革开放时期传承了革命价值观的传统。与此同时，无论是在革命战争时期还是在计划经济时期，无论是在革命队伍内部还是在新中国成立后的人民内部，德治都受到高度重视。从某种意义上可以说，在革命队伍内部和人民内部实际上实行的是德治，以及以德治为基础的法治。除此之外，实际上还有行政治理、政策治理、纪律治理在发生作用。在计划经济时代，革命战争年代的治理方式都在发挥作用。与革命战争年代不同，这时的法治有了独立的地位，但当时的法治很不健全，因此才有了“文化大革命”的悲剧。

实行改革开放后，通过对“文化大革命”的深刻反思，人们意识到法治对于保障基本人权和社会秩序具有极其重要的作用，于是开始重视法治，并将依法治国作为基本治国方略。鉴于改革开放和实行市场经济体制后出现的严重道德问题，中共中央又提出了以德治国。今天的中国治理方式仍然是多元的，行政治理、政策治理、纪律治理等形式仍然发挥着很重要的作用，而且这些治理不像西方国家那样从属于法治，而是具有相对于法治的独立性，其中有不少方面是与法治矛盾甚至冲突的。但是，党和国家高度重视法治，2014 年中共十八届四中全会通过了《中共中央关于全面推进依法治国若干重大问题的决定》。《决定》指出：“依法治国，是坚持和发展中国特色社会主义的本质要求和重要保障，是实现国家治理体系和治理能力现代化的必然要求，事关我们党执政兴国，事关人民幸福安康，事关党和国家长治久安。”① 《决定》还提出了以下主要要求：完善以宪法为核心的中国特色社会主义法律体系，加强宪法实施；深入推进依法行政，加快建设法治政府；保证公正司法，提高司法公信力；加强法治工作队伍建设；加强和改进党对全面推进依法治国的领导。这样的重大决定，不仅在中华人民共和国和中国共产党的历史上没有过，在整个中国历史上也不曾有。

在中共中央的高度重视和强力推进下，中国的法治取得了重大进步：“科学立法、严格执法、公正司法、全民守法深入推进，法治国家、法治政府、法治社会建设相互促进，中国特色社会主义法治体系日益完善，

---

① 《中共中央关于全面推进依法治国若干重大问题的决定》，《十八大以来重要文献选编》（中卷），中央文献出版社 2016 年版，第 155 页。

全社会法治观念明显增强。国家监察体制改革试点取得实效，行政体制改革、司法体制改革、权力运行制约和监督体系建设有效实施。”① 当然，实现全面依法治国，特别是确立法律在国家中最高权威的地位，同时，如何处理依法治国与以德治国的关系，还有许多问题需要研究解决。但是，中国已经从传统的德礼合治转向法德合治，这是一条不可逆转之路。

5. 全面发展对道德人格的转换

现代价值观传承和弘扬了传统价值观的“成人”观念，认为人不是自然生长而成的，而是人为造就而成的，社会教化和个人修身在人成为人的过程中具有重要作用。但是，在人应该成为什么样的人的问题上，现代价值观与传统价值观存在重大差别。这种差别主要体现在传统价值观认为人应该成为的人是道德之人，即君子和圣人，现代价值观则认为人应该成为德智体美全面发展的社会主义建设者和接班人。

传统社会历来重视教化，而教化的目的就是使人成为道德的人。《尚书·舜典》记载，尧曾经让舜推行父义、母慈、兄友、弟恭、子孝的“五典”教育。这种重教化的传统一直得到传承。到了春秋战国时代，儒家在总结传统经验的基础上一方面继续重视道德教化，另一方面又提出了系统的个人道德修养理论，并确立了道德教化和道德修养的目标，即理想人格。先秦儒家注意到，仅仅有道德教化是不够的，因为道德教化的结果只能培育出道德常人（普通的道德之人），而只有通过个人的修身才能使人获得理想的人格，成为道德完善的人。因此，他们主张所有的人，包括君王和普通百姓，都应该重视修身，即所谓“自天子以至于庶人，一是皆以修身为本”。他们确定的修身所要达到的目标主要有两个层次的道德人格，即君子和圣人。

“君子”和“圣人”两个概念古已有之。《易经》《诗经》《尚书》就广泛使用“君子”一词。《周易·乾卦》卦辞云：“九三，君子终日乾乾，夕惕若厉，无咎。”《诗经·周南·关雎》有“窈窕淑女，君子好逑”的诗句。《尚书·大禹谟》中也有“君子在野，小人在位”的说法。

① 习近平：《决胜全面建成小康社会 夺取新时代中国特色社会主义伟大胜利——在中国共产党第十九次全国代表大会上的报告》，人民出版社2017年版，第4页。

相比较而言，“圣人”概念使用得较少，但也有。如《周易·乾卦·文言传》中有“圣人作而万物睹”的说法，《尚书·洪范》有“睿作圣”的记载。“于事无不通谓之圣。”（《尚书正义》卷第十二）在春秋战国之前，“君子”的含义很丰富，既有人格、德性高尚的含义，也有地位尊贵的含义。而“圣人”则是指德才兼备的至善之人。以孔子为代表的先秦儒家则侧重于从道德的角度赋予“君子”和“圣人”含义，使之成为两种不同层次的道德人格。他们关于这两种人格的论述很多，总体上看，君子是德性完善高尚之人，圣人则是德性尽善尽美之人。

司马光在《资治通鉴·周纪一》中对小人、君子和圣人这三种人格做过精辟的论述。他首先界定德与才，然后讲三种人格在德才方面的区别，最后提出了他的选人用人标准。他说：“夫聪察强毅之谓才，正直中和之谓德。才者，德之资也；德者，才之帅也。……是故才德全尽谓之圣人，才德兼亡谓之愚人，德胜才谓之君子，才胜德谓之小人。凡取人之术，苟不得圣人、君子而与之，与其得小人，不若得愚人。”司马光的这段话比较准确地表达了儒家观念中君子和圣人两种道德人格的基本内涵，君子和圣人都是因为其德才成为君子和圣人的，否则他们就都只是小人。因此，德性是传统价值观理想人格的根本规定性，传统价值观的理想人格是道德人格。

与传统价值观特别强调道德对于成人的意义不同，现代价值观强调人的全面而自由发展。人的全面而自由发展是马克思、恩格斯最早提出来的。他们针对劳动者在资本主义制度下异化和畸形发展的严峻现实，构想了他们的理想社会，即共产主义社会。在共产主义社会，所有的人都是自由的，“每个人的自由发展是一切人的自由发展的条件”①，因而社会成员是普遍自由的，社会则是一种“以每一个个人的全面而自由的发展为基本原则”② 的自由人联合体。马恩的这种社会理想和人格理想在革命战争年代和计划经济时代没有可能被提上议事日程。在革命战争年代革命者必须为了革命事业浴血奋战，而且物质条件极其艰苦；在计

① 〔德〕马克思、恩格斯：《共产党宣言》，《马克思恩格斯文集》第二卷，人民出版社2009年版，第53页。

② 〔德〕马克思：《资本论》第一卷，《马克思恩格斯文集》第五卷，人民出版社2009年版，第683页。

划经济时代，中国刚刚从极度落后、贫困和废墟中走出来，根本没有全面而自由发展的条件，而且那时强调“政治挂帅”，也不允许人们追求自由发展。当年毛泽东虽然提出过德智体全面发展的教育方针，但实际上没有得到贯彻。改革开放后，经过长期发展，中国成为世界第二大经济体，国家的综合实力迅速增强。在这种新的历史条件下，人的全面而自由发展具备了可能的条件，党和国家适时地提出了人的全面发展问题。马恩的人全面而自由发展被公认为当代价值观的人格理想和现实追求。

在中共十九大报告中，习近平三次谈到更好推动或大力促进人的全面发展，并且将人的全面发展与社会全面进步、生态全面改善有机统一起来。他在谈到优先教育的时候指出：“要全面贯彻党的教育方针，落实立德树人根本任务，发展素质教育，推进教育公平，培养德智体美全面发展的社会主义建设者和接班人。”[①] 当然，全面发展作为当代价值观的人格理想是得到普遍认同的，目前对于这种人格的内涵还需要进一步界定。笔者曾经提出，全面发展之人首先必须是道德之人。马克思主义提出要把人从各种束缚中解放出来获得自由。人的解放是从受压迫和奴役中解放，不是从道德中解放，道德可能成为压迫和奴役人的力量，但那种道德是异化了的道德，真正的道德是人生活的智慧，是人之所以为人的根本规定性。这样的道德内涵正是儒家道德主义所阐明的。把这些道德内涵注入马克思、恩格斯的科学社会主义，会使它更具体、更丰富，可以与中国文化传统对接。中国社会主义不仅要强调每一个人的全面而自由发展，而且要强调一个人要成为全面而自由发展之人，首先必须是道德之人。只有成为道德之人，才能成为真正的自由人，成为道德之人、自由之人，人才可能获得全面发展。[②]

6. 不懈奋斗对修身为本的转换

实现理想社会和理想人格主要靠什么？传统价值观强调修身，而现代价值观强调奋斗。这也是现代价值观对传统价值观实行的重要转换。

传统价值观在实现个人和社会理想问题上，既强调对人们进行教化，

---

① 习近平：《决胜全面建成小康社会　夺取新时代中国特色社会主义伟大胜利——在中国共产党第十九次全国代表大会上的报告》，人民出版社 2017 年版，第 45 页。

② 参见江畅《儒家道德与中国社会主义精神》，《思想理论教育》2017 年第 2 期。

也强调人们自己的修身，而把修身视为根本。按照先秦儒家的思维逻辑，自天子以至于庶民都以修身为本，每一个人就可以通过修身成为君子，而那些修身成就最高的人还可以成为圣人，这样人就可以实现自己的人格理想；而当每一个社会成员都成为君子，而少数人成为圣人时，理想的大同社会就可以实现，因为这样的社会既有“内圣外王”的统治者，又有德性完善高尚的臣民，社会因为人们普遍德化而尽善尽美。这种构想显然是完美的。

然而，这只是一种假设，并无实现之可能。从理论上看，社会成员并不可能都以修身为本，甚至根本不去修身，因为修身并不能解决人们最基本的物质需要，而这是人生存之基础。即使每一个人都去修身，他们也未必能实现理想人格，成为君子或圣人。尤其是人们很难仅通过修身而成为圣人，因为儒家所设想的尽善尽美的圣人人格绝没有可能仅通过德性修养达到。从历史事实看，儒家提出“修身为本”以后，任何一个社会都没有出现过人人通过修身成为君子的情形，更没有出现一个达到儒家标准的圣人。这就是孟子所不得不承认的“尧舜既没，圣人之道衰”（《孟子·滕文公下》）的事实。实际上站在孟子之后两千多年的今天来看，孔子既没，圣人之道竭。不言而喻，既不具备人人是君子的条件，也没有圣人来充当君王，儒家的理想就是一个美丽的乌托邦。

历史事实无情地证明，通过修身达到齐家治国平天下、实现明明德于天下的理论构想和设计是完全失败的。这一理论教训，加上更为严酷的民族危亡事实，使中国共产党人清醒地意识到关键在于马克思所说的“问题在于改变世界”[①]。要改变世界就必须奋斗，必须不懈奋斗，直至新世界诞生，直至共产主义理想实现。然而，共产主义并不是像基督教所宣扬的“天国”那样，一旦进入就可以永享至福。共产主义是一种运动，是一个过程，要“在不断改变现存状况的现实运动中一步一步实现”[②]，因此为共产主义而奋斗是一个永无止境的过程。现代价值观并不否认修身的重要性。早在 1939 年，刘少奇就写过论述共产党员德性和党性锻炼和修养的著作《论共产党员的修养》。2013 年 6 月，习近平在全

① 〔德〕马克思：《关于费尔巴哈的提纲》，《马克思恩格斯文集》第一卷，人民出版社 2009 年版，第 502 页。

② 习近平：《在纪念马克思诞辰 200 周年大会上的讲话》，人民出版社 2018 年版，第 16 页。

国组织工作会议上的讲话中也谈到干部修养的重要性。他说："成为好干部，就要不断改造主观世界、加强党性修养、加强品格陶冶。要时刻用党章、用共产党员标准要求自己，要有'与人不求备，检身若不及'的精神，时刻自重自省自警自励，努力做到'心不动于微利之诱，目不眩于五色之惑'，老老实实做人，踏踏实实干事，清清白白为官。"[①] 但是，修身要服从奋斗的需要，要着眼于奋斗而修身，要在奋斗过程中修身，而不能像儒家所设计的那样仅通过"格物、致知、诚意、正心"来修身。

为共产主义事业奋斗是中国共产党的初心。中国共产党员的入党誓词，是党员对党和人民做出的庄严承诺。有研究认为，回顾中国共产党各个历史时期的入党誓词，可以看出："永不叛党"是永恒的内容，不改的是"为共产主义事业奋斗终生"。土地革命战争时期的入党誓词是：严守秘密，服从纪律，牺牲个人，阶级斗争，努力革命，永不叛党。这里说的"努力革命"就是要努力奋斗。抗日战争和解放战争时期的入党誓词的第一句都是"终身为共产主义事业奋斗"。新中国成立之后，入党誓词都有"为共产主义事业奋斗到底（或奋斗终生）"[②] 这一句话。从中国共产党的历史看所有这些誓词，为共产主义事业奋斗是每一个共产党员入党时对党和人民表达的志愿和意向，它们充分体现了共产党人的奋斗本色。中国共产党的历史也表明，新民主主义革命的胜利，社会主义革命和建设取得的巨大成就，中国人民从站起来到富起来再到强起来，所有这一切都是中国共产党领导中国人民艰苦奋斗、团结奋斗、不懈奋斗的结果。不懈奋斗是现代价值观鲜明的个性特色，这不仅在观念上与传统价值观的修身为本形成了鲜明对照，而且它以所取得的巨大历史成就特别是正在使中华民族走向伟大复兴证明了这种价值观念的正确性。实际上，与传统价值观所主张的修身为本相比较，不懈奋斗更体现了悠久的中华文化"自强不息""其命维新"观念和精神。

对于中国共产党领导中国人民奋斗近百年历史的经验，习近平在中

① 习近平：《着力培养选拔党和人民需要的好干部》，《习近平谈治国理政》，外文出版社2014年版，第417页。

② 参见李红喜《中国共产党入党誓词演变的几个细节》，中国共产党新闻网，http://dangshi.people.com.cn/n1/2016/0707/c85037-28531468.html，最后访问日期：2019年5月9日。

国特色社会主义新时代不仅做了总结概括，而且进行了创造性的发展，使“奋斗”成为新时代的最强音。习近平2014年5月8日在同中央办公厅各单位班子成员和干部职工代表座谈时的讲话中指出：“我们共产党人讲奉献，就要有一颗为党为人民矢志奋斗的心，有了这颗心，就会‘痛并快乐着’，再怎么艰苦也是美的、再怎么付出也是甜的，就不会患得患失。这才是符合党和人民要求的大奉献。”① 这里习近平强调矢志奋斗的心对于共产党人为党为人民做奉献的重要意义。在2018年的新年贺词中，习近平将奋斗与幸福联系起来，指出“幸福都是奋斗出来的”②。在2018年春节团拜会上他又对奋斗与幸福的关系以及奋斗的意义做了进一步的系统阐述。他说：“我在今年的新年贺词中说过，幸福都是奋斗出来的。今天，我还要说，奋斗本身就是一种幸福。只有奋斗的人生才称得上幸福的人生。奋斗是艰辛的，艰难困苦、玉汝于成，没有艰辛就不是真正的奋斗，我们要勇于在艰苦奋斗中净化灵魂、磨砺意志、坚定信念。奋斗是长期的，前人栽树、后人乘凉，伟大事业需要几代人、十几代人、几十代人持续奋斗。奋斗是曲折的，‘为有牺牲多壮志，敢教日月换新天’，要奋斗就会有牺牲，我们要始终发扬大无畏精神和无私奉献精神。奋斗者是精神最为富足的人，也是最懂得幸福、最享受幸福的人。正如马克思所讲：‘历史承认那些为共同目标劳动因而自己变得高尚的人是伟大人物；经验赞美那些为大多数人带来幸福的人是最幸福的人。’” 他接着说：“新时代是奋斗者的时代。我们要坚持把人民对美好生活的向往作为我们的奋斗目标，始终为人民不懈奋斗、同人民一起奋斗，切实把奋斗精神贯彻到进行伟大斗争、建设伟大工程、推进伟大事业、实现伟大梦想全过程，形成竞相奋斗、团结奋斗的生动局面。”③ 习近平的这两段话是共产党人新时代关于不懈奋斗的宣言，同时也为当代价值观把不懈奋斗作为实现理想的根本路径提供了充足理由。

---

① 《习近平关于党风廉政建设和反腐败斗争论述摘编》，中国方正出版社2015年版，第144～145页。

② 《国家主席习近平发表二〇一八年新年贺词》，《人民日报》2018年1月1日。

③ 习近平：《在2018年春节团拜会上的讲话》，新华网，http://www.xinhuanet.com//mrdx/2018-02/15/c_136976900.htm，最后访问日期：2019年5月9日。

五　传统价值观现代转换面临的任务

四十年来特别是十多年来，传统价值观现代转换大大加速，这是中国建设社会主义现代化强国、实现中华民族伟大复兴的中国梦的客观要求。现代价值观在构建过程中吸收了不少传统价值观的合理内容和精神，也更新了不少传统价值观的观念，其构建取得了历史性的伟大成就。但是，这个过程尚未完成，还有相当长的路要走，当前还面临繁重而复杂的创造性转化和创新性发展任务。完成这些任务是构建中国当代主流价值观的客观要求。这里仅就需要大力弘扬的传统价值观念、需要进一步深刻更新的传统价值观念以及需要根据人类文明的新发展和中国特色社会主义建设实践的新要求着重强化的现代价值观念做扼要的阐述。这些都是需要深入研究的问题，笔者在这里只是提出一些初步看法，不一定对，仅供进一步研究参考。

1. 需要大力弘扬的传统价值观念

在传统观念现代转换的长期过程中，一些价值观念自觉不自觉地被吸收进来，特别是改革开放以来不少优秀传统价值观念更是得到弘扬。但是，这个工作还只是开始，还有不少今天仍然有重要价值的传统观念没有融入现代价值观，这些价值观念在今天构建当代价值观的过程中需要加以大力弘扬。这里我们列举以下五种尤其需要重视的传统价值观念。

（1）“尊道贵德”观念

“尊道贵德”的概念是老子最初提出来的，但其思想早已包含在最古老的《易经》《尚书》《诗经》等文献之中，并得到春秋战国时期大多数学派和社会的普遍认同。“尊道贵德”的本原含义就是尊敬、尊崇“道”与“德”。在古人看来，“德”是对道的“得”，因而就有了“道德”的概念，因此，“尊道贵德”实际上就是尊敬、尊崇道德。这一观念有两个方面的重要意义。其一，它把道德看作有本体论根据的。根据“尊道贵德”观念，道德并不是统治者意志的体现，更不是人为的随意规定，而是源自“天道”或“道”，是具有普适意义的。其二，它强调对道德不仅要遵循，而且要敬畏。根据“尊道贵德”观念，道德是天道人心的必然要求，不能懈怠，更不可亵渎，否则会受到天道人心的惩罚或报复。这两个方面的意义，既将道德植入深厚的本体论根基，使道德成为天道人心的必然要求；也赋予道德以信念的力量，使之具有强大的约束力。

当代价值观之所以需要弘扬“尊道贵德”观念，主要有两个原因。一是直接原因。当代中国的道德体系主要是根据现实需要确立的对人们的外在要求，缺乏本体根基，缺乏人性基础，因而人们常常因为道德外在于自己的生活而对道德及道德教育反感。因此，虽然我国不断加强道德教育，但收效甚微，社会道德状况长期以来都不理想。弘扬传统的“尊道贵德”观念，一方面，有助于我们反思和改善我国现行的道德体系和道德观念，将道德植根于更深厚的天道、人性（心）的土壤；另一方面，能够使人们认识到道德是人之为人的规定性，如同它也是万物的规定性一样，人本来就应是道德之人，否则就不是真正的人。二是深层原因。国人常常说中国最大的精神问题是缺乏信仰，认为中国人绝大多数不信仰宗教，因而没有信仰。实际上，传统中国人是有信仰的，这种信仰就是上天，就是神明，而上天和神明在人间的体现就是道德。今天大力弘扬“尊道贵德”有助于中国人在现代条件下重建信仰，这种信仰就是源自天道人心的道德。外国人信仰宗教，中国人信仰道德。道德信仰是一种哲学信仰。按照德国哲学家黑格尔的看法，哲学高于宗教。因此，我们可以理直气壮地说，我们的道德信仰是一种哲学信仰。

（2）“仁爱”观念

《论语·颜渊》记载，孔子的学生樊迟问仁，孔子回答说：“爱人。”后来孟子将这一思想概括为“仁者爱人”。“仁爱”概念是对孔子“仁”思想的概括。“仁爱”概念虽然是孔子明确提出来的，但这种观念早已产生。从《尚书》所记载的尧舜禹等先王的言行看，他们都宅心仁厚，所以才被后人尊为圣君。孔子第一次把这种传统观念概括为“仁爱”，并从理论上加以系统阐述，从而形成了他的仁学。孔子虽然肯定爱人有远近亲疏之别，但他并不主张爱有差等。他所说的爱人实际上超出了血缘宗族的“亲亲”关系，指的是爱一般意义上的人。所以孟子称之为“仁者爱人”，《中庸》把它说成“仁者人也”。孔子提出的“泛爱众而亲仁”（《论语·学而》）、“博施于民而能济众”（《论语·雍也》），孔门弟子子夏说“四海之内皆兄弟也”（《论语·颜渊》），表达的就是这种爱所具有的一般意义。后来孟子对此做了一个著名的推衍："亲亲而仁民，仁民而爱物。"（《孟子·尽心上》）对孔孟的这种思想，北宋的张载用"民吾同胞，物吾与也"（《正蒙·乾称》）加以总结概括，从而最终完成了"仁爱"思想的构建。为了实现仁爱，孔子还提出了"忠恕之道"和"修己以敬"等思想。这些思想构成了内涵丰富的"仁爱"概念和观念。

古罗马教父哲学家奥古斯丁是最推崇"爱"的。他说："在今生中，爱是至上的，甚至命也比不上爱。"① 奥古斯丁所说的爱，其对象不只是上帝，还有上帝的子民和爱者本人。爱是自古以来不少学派和宗教所推崇的。他们之所以推崇爱，是因为人们有了爱就没有了仇恨，有了爱人与人之间就和谐，社会生活就因为充满温情而无限美好。在市场经济条件下，由于利益最大化，人与人之间的关系被淹没在利己主义的冰水之中，爱从人间隐退以至消失。其最直接的后果就是心理疾病流行、战争和恐怖活动频发。从我国正在构建的当代价值观看，对爱的问题也没有给予足够的重视。我们认为，孔子的"仁爱"思想不仅是传统价值观中的精要，而且其价值在不少方面超过了基督教的博爱以及墨子的"兼爱"，当代价值观应当弘扬这一优秀传统观念，不仅要吸收其内容，而且要使其精神融透于整个价值观体系。

（3）"推己及物"观念

"推己及物"是与"仁爱"观念紧密相联系的，主要用于不断扩大仁爱的范围，从亲人到众人，从人到万物。但是，它也有一般的方法论意义。因此，"推己及物"不只是一种道德观念，也是一种一般意义的价值观念。"推己及物"实际上包含两层含义。一是推己及人。其典型表达就是孔子的"恕道"，即"己所不欲，勿施于人"，意思是自己所不愿意要的，不要强加于别人。其方法就是由自己推及别人。二是推人及物。其意思是要像对人仁爱那样仁爱万物。其方法就是由对待人推及对待所有事物。孔子的"忠恕之道"就是实现其"仁者爱人"思想的根本途径，孟子则进一步将"仁者爱人"扩展为"仁者爱物"。从这种意义上讲，推人及物与推己及人有所不同，推己及人是在消极意义上讲的，

---

① 〔古罗马〕奥古斯丁：《论本性与恩典》，《恩典与自由》，奥古斯丁著作翻译小组译，江西人民出版社 2008 年版，第 229 页。

强调的是不要将自己所不想要的东西强加给别人，而推人及物则是从积极意义上讲的，强调的是要把对他人的仁爱扩展到万物。推己及物关键在推己及人，如果连推己及人都做不到，更不用说推人及物了。

“己所不欲，勿施于人”被许多人视为“道德金律”，具有普适意义。当今世界依然充斥种种不义，诸如强权政治、巧取豪夺、以邻为壑、恐怖暴力等。所有这些问题的症结归结到一点，就是自己不想要的，却要强加于人、滥施于人。正是这种与“己所不欲，勿施于人”相反的“己所不欲，强加于人”的原则盛行，这世界才总是不得安宁、令人忧心。今天的生态危机日益严重，其根源就在于人类恶待自然万物，不能推人及物。中国是最早提出“推己及物”的国家，而且不同程度地存在上述两方面的问题。因此，我国当代价值观还需要认真吸取“推己及物”观念，并使之体现于制度文化中，运用于人们的行为实践之中，在全球性问题日益严重的今日世界做出表率，为其他国家提供“中国经验”。

（4）“五福”观念

《尚书·洪范》中提出的“五福”（寿、富、康宁、攸好德、考终命）观念是中国古人对后世中国乃至对整个人类的重大贡献，是传统价值观的宝贵财富。它的意义不仅在于提供了一种对个人幸福的完整理解，而且在于在几千年前就将个人幸福摆在了君王治国安邦的政治纲领之中，作为“九畴”之一，甚至作为统治者的政治追求。“九畴”是西周武王时代商纣王的叔父箕子追述的大禹时代的政纲，他希望周武王能效法大禹，把臣民的幸福作为自己的追求。实际上，周武王虽然被孔子等后世思想家所推崇，但他并没有真正接受箕子的谏言。当然，周武王之后所有传统社会的君王都没有做到这一点，其根本原因在于大禹之后的王朝都是君王的“家天下”，根本不可能把百姓的个人幸福作为追求的目标，否则就无法维护王朝的尊贵地位和实际利益。新中国成立以后，人民成为国家的主人、主体，特别是在我国国力日益强大的今天，箕子的理想变为现实终于具备了各方面的条件。因此，今天构建的当代价值观要认真研究箕子的理想，吸取其合理内容，构建具有中国特色的社会价值目标。

习近平提出的“中国梦”第一次明确地把人民幸福确定为社会的终极价值目标，这在中国历史上具有极其深刻的变革意义。中共十八大以来，习近平提出了一系列关于人民幸福和人民美好生活的论述，尤其重要的是对如何通过解决人民日益增长的美好生活需要和不平衡不充分的发展这一新时代主要矛盾来实现人民幸福做出了一系列方略和政策。所有这一切极大地丰富了当代价值观终极价值目标的内容，并为其实现提供了可靠的保证。现在我们面临如何将人民幸福观念加以落细落小落实，使之转化为每一个社会成员个人幸福的问题。这个问题也是如何将马克思主义追求的人全面而自由发展具体化的问题。要解决这个问题，可以也应该从传统的“五福”观念吸取其合理内容。“五福”观念虽然看起来简单，但它顺应人性的自然要求，与人的愿望相一致，因而是人们乐于接受也能够践行的。大力弘扬“五福”观念有助于党和政府将人民对美好生活的追求落实到每一个人的生活中，尤其是可以克服市场经济利益最大化原则导致的对幸福理解的偏颇，从而使人们树立正确而健全的幸福观并过上真正意义上的幸福生活。因此，当代价值观建设需要认真吸取传统“五福”观念，以使当代价值观更丰富，更顺应人性，更富有人情。

（5）“修身”观念

传统价值观把“修身”视为齐家治国平天下之本，确实失之偏颇，但传统价值观十分看重修身值得重视，而且其所提倡的诸多修身方法也具有普遍意义。传统价值观的“修身”指修养身心，包括修养身体和修养心灵，不过更强调修养心灵，特别重视陶冶心性，涵养德性。在这种观念提出的春秋战国时代，思想家强调德性修养是不难理解的。当然，他们这样做也与人的心性修养的困难性和重要性有关系。传统价值观由重视修身而重视学习，重视慎独、节欲、自省等都是十分有价值的。尤其是孟子所重视的修养心性值得高度重视。在他看来，修养并不是或不只是将外来的东西转化为自己内在的过程，更是将自己的善良本性发挥出来的过程。他的这种思想与马克思、恩格斯的人全面而自由发展（隐含人原本有潜在因素可全面而自由发展）、现代人本主义心理学家马斯洛的自我实现（隐含人有未实现的自我可以实现）有异曲同工之妙。这样来理解修身，有助于克服人们因对“灌输”反感而对修身产生的反感。实际上，孟子说人生而具有“仁义礼智”之“四端”，其内涵有些牵强，但他肯定人性具有善的潜能或向善性，这应是能够得到公认的。马斯洛是位心理学家，他肯定人能自我实现，而且自我实现是正向的，是人的自我价值实现的体现，这应该是有科学根据的。因此可以说，孟子的思想是有一定科学根据的。

修养身心在任何时代都很重要，在古代它是人成为君子乃至圣人的唯一路径，在今天它也是人成为社会主义建设者和接班人的必由之路。缺乏修养就不能成为一个自觉的人，更谈不上达到人生的崇高境界。当然，今天的修养必须是全面的，而不只是道德修养，只有全面修养才能全面发展。因此，当代价值观应当弘扬传统修身观念，鼓励和指导人们自觉进行修身。就正在构建的当代价值观而言，今天我们虽然对修身有所重视，但与教化相比较，对修身重视得还远远不够。从修身的重要性来看，当代价值观需要构建专门的修身观，形成适应当代人的系统修身理论，这就需要吸取和借鉴传统修身观念的合理内容。其中特别需要吸收和借鉴的有三个方面：一是古人对修养对于人成为应该成为之人（实现理想人格）的重要意义的深刻认识；二是古人重视对人本有的“善端”的“存养”和扩充，追求“尽心知性知天”的境界；三是古人从理论和实践结合方面提出的一系列方法。

2. 需要深刻更新的传统价值观念

经过一个多世纪的现代转换，许多传统价值观念已经现代化。但值得注意的是，有不少落后的、过时的传统价值观念虽然已经发生转换或正在发生转换但并不彻底，或者从表面上看发生了转换但深层次上还在发生作用。也存在把原本是传统价值观中的糟粕成分当作优秀内容加以弘扬的问题。因此，对那些已发生或正在发生转换但不够彻底的传统价值观念，以及那些原本是糟粕却加以弘扬的传统价值观念，还需要进行认真的反思、审查和清理，根据新时代的需要进行批判性摒弃。这项工作如果做得不充分，不仅不能真正做到对传统价值观的创造性转化和创新性发展，而且会对我国的社会主义现代化建设产生消极效应。这里我们列举需要深刻加以更新的四种传统价值观念加以讨论。

（1）家长制观念

家长制是指父权制家庭（家族）中存在的一种管理家庭的制度，在这种制度下，家长由嫡长子担任，掌握经济大权，在家庭中居支配地位，其他成员都要服从。家长制源于家庭、家族、宗族、氏族等血缘群体和亲缘群体。在父权制的家庭中，家庭的主要权力集中于家长一人手中，权力不划分，家庭其他成员均须服从家长的意志。在家庭管理中奉行的是非正式控制原则，无正式规章，靠家长的权威、习惯、习俗等来维持管理。中国在进入文明社会时，由于氏族社会血缘纽带解体不充分，形成了家国天下同构的社会结构，家长制也就成为国家、天下的管理模式，而且又带到一些社会组织之中，如手工业作坊、店铺、行会等。传统社会的君王把国家和天下看成一家私有，即所谓“家天下”，因而他们治理国家和天下也基本上采用家长制。家长制管理具有权力高度集中、管理随意、任人唯亲、终身制等一般特点。在家长制下，重大决策和大部分问题的裁决权都集中于家长手中，家庭活动完全由家长个人意志支配，其典型表现形式是独裁制。由于权力集中于个人，家庭管理主要凭家长的直觉、经验和兴趣，没有一定的程序和规则，办事无章可循，无法可依。家长制在家庭实行由于存在血亲关系通常不会导致严重的后果，但当它作为国家管理制度时，国家不仅无民主、法治可言，而且由于君王可能是暴君、昏君、庸君、懒君而给社会带来极其严重的后果。秦始皇的残暴统治也许不是传统社会绝无仅有的事例。

在我国社会主义制度建立以后，人民成为国家的主人，家长制在国家制度的层面已经不存在，但其残余在各种不同的组织结构中仍然程度不同地存在着。比较突出的有官僚主义，长官意志，凭直觉、经验、兴趣办事，不讲办事程序和规则等。习近平曾指出：“在现实生活中，一些领导干部法治意识比较淡薄，有的存在有法不依、执法不严甚至徇私枉法等问题。”[①] 习近平指出的这些问题都是家长制观念残存的影响。家长制观念在我国社会生活中普遍存在的原因无非有两种：一是有这种观念，言行可以随心所欲，率性而为，不受法规纪律的约束；二是有这种观念，可以利用手中的权力和机会谋取私利，可以显示自己的权力。当然，在今天残留这种观念的人常常不是有意识的，而是潜意识的。正因为如此，在构建当代价值观的今天更需要人们对自己进行深刻的反思，检查是否还有这种旧观念的残留作祟。

---

① 习近平：《领导干部要做尊法学法守法用法的模范》，《习近平谈治国理政》第二卷，外文出版社2017年版，第126页。

（2）官本观念

“官本位”是一种在传统社会形成的以官为本、以官为贵、以官为尊为主要内容的价值观念。从源头看，传统价值观原本没有官本观念，只有民本观念。在尧舜禹时代，君王都是圣人，他们心中只有民众，并发扬他们的大德治理天下，天下人心无不归服。这种观念在春秋时代的儒家那里得到了理论上的论证，形成了民本学说。然而，在历史上这种学说从未得到实际的应用。自夏朝开始，随着王朝和相应的官僚机构的建立，先王的那些以民为本的做法被颠倒过来，封建等级制决定了人们的尊卑。官位越高，社会地位越显赫，从朝廷获得的俸禄越多。不过，在春秋战国前，统治者主要限于君王家族（贵族），而生活在社会底层的普通百姓与之无缘。随着春秋战国时期士阶层的兴起，特别是秦始皇建立统一的皇权专制王朝开始，对官僚的大量需求，给贵族以外的平民以更多进入官僚群体的机会。官僚的那种显赫地位和旱涝保收的可靠俸禄，使社会逐渐形成官本位的观念，特别是科举制的实行，让官本位思想达到高潮。

官本位观念是皇权专制制度下的产物，在皇权专制制度被推翻后，理应随之退出历史舞台。然而，在社会主义制度建立以后，这种观念仍然阴魂不散。我们可以从多年来持续高热不减的公务员考试清楚地看到这一点。2010 年招录 15526 人，同年报考人数达 144 万。后来热度稍有下降，2015 年招录 22249 人，同年报考人数为 141 万。2010 年 60 个人竞争一个职位，2015 年 47 个人竞争一个职位。竞争最为激烈的是 9411 人竞争一个职位。2014 年国家民族事务委员会计划招录 5 人，考试合格人员高达 26037 人，竞争比例为 5207∶1。[①] 产生公务员考试持续高温的原因很复杂，如公务员有其他职业无法比拟的可靠的社会保障。但是，传统的官本位思想，特别是“满朝朱紫贵，尽是读书人”等读书做官的观念是其最深层次因素。由于有这种观念，许多人都持这样一种看法：“做官才有出息，从政才是本事。”即便是在今天社会保障普遍改善，就业压力大大减缓的情况下，公务员考试热仍然没有得到根本性的降温，

① 《国家公务员考试到底有多热?》，公考百科网，http://www.offcn.com/baike/2014/1209/1.html，最后访问日期：2019 年 5 月 9 日。

这说明传统的那种有了官位就能出人头地、封妻荫子、光宗耀祖的观念还在深深地影响着人们。因此，当代价值观建设亟须破除这种观念，并肃清其残余影响。

（3）忠君观念

所谓“忠君”，就是忠于君王，包括服从、顺从、服务君王，为君王尽忠，甚至为君王献身，其极端表达即所谓以自愿献身尽忠的“愚忠”。在中国进入文明社会后，虽然王权制一直存在，但忠君的观念并不是与之一起产生的。在春秋战国前的夏商西周时期，统治者都出自王朝家族，君王与群臣之间存在血缘亲情关系，他们之间虽然有君臣的从属关系，但通常不存在臣对君尽忠的问题，当然也不会有忠君观念的产生。忠君观念产生于春秋战国时期，其直接原因是各国诸侯为了称霸而起用士人，士人与诸侯之间没有血缘关系，因此维持他们之间的关系需要“忠”这种从“孝”派生出来的礼，因而“忠”不仅是一种德性要求，而且是一种道德规范。自秦朝起，由于大量起用王族外的人为官，忠君更成为一种受君王高度重视的用人标准。是否对君王忠心，在关键时候能否为君王尽忠，成为君王选拔和重用官员的首要标准。由于是否忠君事关臣属的生死、升降、荣辱，忠君观念也就逐渐形成。忠君作为一种观念像其他观念一样，是一种信念，一旦形成，一个人就会认为忠君是理所当然的。甚至无论君王是非善恶美丑，都一味顺从君王，随心随意，甚至卖乖讨好，阿谀奉迎，助纣为虐。

新中国成立后，传统的君臣关系已经被破除，无论是主要领导人还是普通工作人员，大家都是平等的，不存在传统的臣属关系。但是，传统的忠君观念并不因为传统的君臣关系破除而消散，还不同程度地存在于现实生活之中。许多百姓对官员、下级对上级，甚至领导班子成员对“一把手”都有某种忠君观念的表现。一些人并非出于某种利益动机，而仅仅因为某人是官员、上级、“一把手”而一味奉承、竭力讨好甚至卖身投靠，最终一起为非作歹。这种忠君观念的危害性和危险性是不言而喻的，所以要在实现传统价值观现代转换的过程中，将这种残存在深层意识中的皇权专制主义观念彻底清除掉。

（4）经权观念

“经权”观念即“经常权变”观念，其基本含义是认为作为根本原则的“经”是常住不变的，而“经”的运用则是可以灵活变化的。一般而言，在人类生活中，“经常”和“权变”都是需要的，即通常所说的“坚持原则性与灵活性的统一”。从这种意义上看，传统的“经权”观念并无明显的问题，它是一种辩证法思想，而且充分体现了中国先人的智慧。但是，在法律制度不健全的传统社会，“权变”常常会破坏“经常”，导致“经常”不具有刚性，在实践中变异。尤其是传统社会用于规范社会的是礼制，而传统的礼不同于法律，它既无实施细则，更无实施程序。在这种情况下，如何既不突破礼的规定，又能够在礼容许的最大限度内灵活掌握，就成为一种为人处世的技巧，即通常所说的那种“老到”“圆滑”。其最极端的表现就是所谓“满嘴仁义道德，一肚子男盗女娼”。“仁义道德”就是“经”，而“男盗女娼”则是“变”，这种“变”是这种“经”最极端程度的“变”。在传统社会如果对两者的关系能处理好，就可能比那些坚守“经”的人活得自在滋润。这就是传统“经权”观念的问题之所在，即在法制不健全的社会它可能在实践上导致非常极端的负面效果。

新中国成立以后，特别是改革开放以来，我国不断加强法制建设，从根本上杜绝了传统社会“经权”观念可能导致的消极实践后果。但是，我国的法律制度不健全，特别是国家治理在很多方面依靠政策措施，而政策措施并非都纳入了法治范围，因而给“权变”留下了相当大的空间，特别是给执法者、司法者留下了太大的自由裁量空间。这是我国官员职务犯罪高发的重要原因之一。因此，当代价值观构建需要转变传统的“经权”观念重“权”轻“经”的局限，进一步完善法律制度，增强国民的规范意识、法制意识。一方面要建立完整严密的法律制度，使权变的范围公开并规定严格的程序，使国家治理真正走上法治的轨道；另一方面也需要改变将钻法律制度空子视为智慧的传统观念，牢固树立法制观念，以及在法制范围内依据法制行使自由裁量权的观念。

3. 需要着重强化的现代价值观念

传统价值观在现代转换的过程中，吸收了不少当代人类先进的价值观念，当然我们自己也构建了不少新的价值观念。在吸收的先进价值观念中，有一些十分重要的观念虽然已经受到重视，但并没有完全融入正在构建的当代价值观。这种融入不是一种简单的吸收，它会引起原有观念的进一步更新和调整。但这种融入是十分重要的，也许没有这些观念的融入，我们所构建的当代价值观就并不是真正现代意义上的。这里我们提出五种特别需要强化的现代价值观念加以讨论，以期引起对此问题的重视。

（1）个体观念

个体观念，就是承认、尊重和保护个体的主体地位、权利和独立自主性。无论是中国还是西方的传统社会，总体上都是以整体为本位的，而个体的权利和独立自主性往往得不到承认甚至被否认。这并不意味着传统社会个体不存在，而是它存在的权利得不到传统价值观的承认。现代个体观念最早源自西方。西方市场经济要求将个体从一切奴役和束缚中解放出来，从而为市场经济提供自主的生产者和经营者（市场主体），并提供具有人身自由的劳动力。正是适应市场经济的要求，西方发生了一系列个体解放运动（如文艺复兴、宗教改革、启蒙运动、资产阶级革命等），个体最终从天主教会、基督教神学和封建专制主义中获得解放和自由，成为独立自主的主体，而且在资产阶级革命后得到了政治上的保障。以具有自身权利并独立自主为基本内涵的“个体”概念就是在这种背景下产生的。

个体观念并非资本主义社会所特有，它是与市场经济发展的要求相适应的。有市场经济就要有个体，也就会有个体观念。改革开放后受西方价值观的影响，我国公众的个体意识普遍觉醒，市场经济兴起后个体观念进一步增强。但是，我国正在形成的当代价值观对此并没有给予明确的确认。核心价值观中有自由、平等等理念，但并没有指出自由、平等是个体所具有的权利，它们是以个体为载体的，没有个体观念，实际上自由、平等也只是“空头支票”。而我国所宣传的道德原则与个体的主体地位也是有冲突的。

在现代社会，承认个体的主体地位与承认整体的主体地位并不冲突，实际上现代社会作为民主社会，其主体是多元的。整体是社会的主体，个体也是社会的主体；个人是社会的主体，企业、组织等也是社会主体。作为整体的主体与作为个人的主体、作为企业和组织的主体并不是主从关系，而是并行的关系，它们都有自己的权利和责任。但是，如果没有个体观念，或者在实际生活中极力消除个体，那么，整体就是一统天下。

在这样的社会，市场经济和民主政治就无法存在，因为它们都以主体多元化为前提，而没有个体及其观念，就不会有主体多元化。

（2）公民观念

公民观念，就个人而言，就是对公民身份的意识和维护观念；就国家而言，就是对所属公民身份的确认及维护公民权利，维护和监督公民义务履行的观念。新中国成立后于1954年第一次全国人民代表大会通过的第一部宪法就对公民身份做了界定："中华人民共和国年满十八岁的公民，不分民族、种族、性别、职业、社会出身、宗教信仰、教育程度、财产状况、居住期限，都有选举权和被选举权。但是有精神病的人和依照法律被剥夺选举权和被选举权的人除外。"这部宪法还对公民的权利和义务做了相应规定。经过半个多世纪，中国人的公民意识已经觉醒，观念也有了很大的增强。但是，由于传统社会没有"公民"概念，从统治者到老百姓都只有臣民（亦称为"民众"或"百姓"）意识，而没有公民意识，因而当前我国的公民观念还没有普遍树立起来，还有很大的增强空间。

公民观念是一种现代观念。"公民"概念虽然早在古希腊雅典民主制时期就已经出现，但当时的"公民"概念的范围只限于城邦内部的自由民，而自由民不包括奴隶和妇女。罗马共和国时期也有"公民"的概念，但也不包括被征服民族的人（奴隶）。将公民的范围扩展到国家范围内的所有成年人，是从西方近代才开始的。在西方，"公民"概念的本质内涵在于，所有公民都是国家的主人，国家的主权在公民。如前所述，在中国传统社会，没有"公民"的概念和观念，只有臣民（或相应的民众、百姓等）的说法和观念。"臣民"与现代"公民"概念之间的主要差别有三点。第一，公民涵盖国家范围内所有拥有本国国籍的人，甚至包括罪犯，除非他们在法律上被剥夺政治权利，而臣民不包括统治者，仅指统治者以外的老百姓。第二，公民在法律上被认定为国家的主人、主体、主权者，而臣民则不是，其作为国家主人君王的臣属，在社会地位上是不平等的。第三，公民有法律规定的权利以及相应的义务，而臣民没有法律规定的权利和义务，但他们实际上承担着沉重的义务，而没有相应的权利。在中国，辛亥革命后，随着君王制被推翻，国民的臣民身份事实上已经不存在，但公民身份在相当长时期内并没有确立起来。即使有了宪法的明确规定，但由于宪法在国家生活中发挥的作用并不充分，我国国民的公民身份并没有得到彰显和保障。公民意识的真正觉醒是在改革开放后，而从臣民观念向公民观念的转换尚未完成。

经过四十年改革开放，今天的中国人都知道自己是公民，在权利遭到侵犯或损害时也会运用法律维护自己的公民权利。但是，人们的公民观念也许仅限于此。公民观念的本质内涵是国家的主人，公民身份要求公民以主人的身份来对待国家，来参与国家的建设和管理。许多公民实际上是把国家视为政党的国家、官员的国家，而不是视为自己的国家，对国家的认同度不高，更缺乏以主人翁姿态积极主动参与国家建设和管理。正是从这种意义上看，当代价值观还需要在强化公民观念方面着力，将增强公民观念作为当代价值观建设的重要任务之一。

（3）权利观念

权利观念是指公民应当享有法律权利，这种权利应得到法律保护和个人自己维护。权利观念是与公民观念直接相联系的，它是构成公民身份的两个基本组成部分之一，而且是人们更为关注的部分。就我国而言，至少在 1954 年宪法中就已经明确规定了公民的基本权利，但是真正的权利意识和观念的形成是在改革开放后。权利意识的觉醒经历了半个多世纪的时间，今天人们的权利观念普遍增强，这是一个巨大的历史进步。权利观念的增强实质上就是公民观念的增强，就是主人观念的增强。但是，由于权利对中国人来说是一个全新的东西，要完全接受它还需要一个过程，需要自觉构建。

如同没有公民观念一样，传统社会也没有权利观念。在传统社会，臣民虽然不是君王和统治者的奴隶，有一定的人身自由，可以在很有限的范围内按自己的意愿办事，但是，传统社会没有明确他们有什么权利，而这种权利是统治者必须尊重和维护的。他们可以生存，但这不是他们的权利，当统治者需要时，随时可以不让他们生存。他们可以说话，但这也不是他们的权利，统治者随时可以不让他们说，如果他们一定要说就可以给予惩罚，以使他们不能再说话。但是，他们得供养、保护统治者，这也不是他们的义务，而只不过是他们必须做的事，是天经地义的。正因为传统社会缺乏权利观念，没有确定国民的权利，当然也不存在保护权利的问题，所以传统社会中的人连生命都没有保障。即使是权力至高无上的皇帝，也随时都有可能因一场宫廷政变而丧生。在这样的社会条件下，普通臣民生存的最可靠保障就是做一个顺民，千万别惹麻烦，否则连性命都不保。除非确实无法生存下去，才会被迫造反。于是，胆小怕事、逆来顺受、以德报怨就成为中国人的一种突出性格。

改革开放后，中国人权利观念虽然有所增强，而且国家也采取了许多措施维护公民的法律权利，但是传统的那种性格并没有从根本上得到转换。最常见的是，不少人因为怕惹麻烦而不敢维护自己的正当权利，而更值得注意的是，人们普遍缺乏作为国家主人权利的意识，如不争取应有的选举权和被选举权，不积极向党和政府建言献策，不对政府的重大决定发表意见等。公民普遍缺乏参政权利的意识，可能就会导致严重的社会后果。中共十九大报告提出："要推动协商民主广泛、多层、制度化发展……加强协商民主制度建设，形成完整的制度程序和参与实践，保证人民在日常政治生活中有广泛持续深入参与的权利。"[①] 所有这一切为全国人民充分行使参政权利提供了良好的条件，当代价值观建设要将中共十九大的要求落到实处，从根本上增强公民的权利观念。

（4）社会观念

这里所说的社会观念是指市民社会观念，这是一种认为市民社会不同于政治社会或者说国家不等于社会的观念。这是中国人直至今天仍然比较缺乏的观念，而这也与传统文化和价值观有密切关系。

在传统社会，不仅家国同构，而且国与天下同构、一体。在先秦时期，国与天下的区分实际上是诸侯的领地与周王朝的领域的区别，即所有诸侯的领地以及这些领地之外的"四夷"均属于天下的范围。这时的天下就有现代意义的社会的含义，因为它包括不直接归周王朝管辖的"四夷"。这种观念后来得到了传承，人们所说的天下并不完全是君王统治的国家。但《诗经·小雅·北山》中有"溥天之下，莫非王土；率土之滨，莫非王臣"，这话隐含天下与国家同一的意思。总体上看，传统价值观并没有在国家与社会中做出划分，两者不只是同构的，而且是同一的。这种观念一直到今天似乎都是不言而喻的。

现代文明的重大成就之一就是将政治社会与市民社会加以区分，这

---

① 习近平：《决胜全面建成小康社会　夺取新时代中国特色社会主义伟大胜利——在中国共产党第十九次全国代表大会上的报告》，人民出版社2017年版，第38页。

种区分大致就是国家与社会的区分。根据这种观念，国家是社会的一个层面或一个领域，它与其他层面或领域的不同之处在于它拥有管理社会的权力。但是，两者之间可能在外延是相同的，但在内涵上是完全不同的。市民社会是社会成员生活的社会，包括经济生活，当然也包括政治生活等，而政治社会只是其中的一个部分。国家肩负着管理社会的责任，但有两个重大的限制：一是它管理的权力是公民授予的，而不是它本身具有的，也不是某种外在的力量给予的；二是它管理什么是法律规定的，而法律是公民代表制定的，这意味着“法无授权不可为”。国家和社会的这种区分的重要意义在于限制国家权力的僭越和滥用，以确保公民的权利不受侵害。

把国家与社会加以区分已经得到世界许多国家的认同，它是现代化的重要内容之一。我国正在致力于建设社会主义现代化强国，破除传统的家国天下同构、一体的观念，树立将社会与国家严格区分的观念，既是我国现代化建设的客观需要，也是当代价值观建设的题中应有之义。这不只是个观念问题，而且是一个制度安排和法治建设问题，树立社会观念需要各方面的配合，否则不可能真正确立这种现代观念。

（5）现代法治观念

法治，即运用法律治理国家，自古以来都存在。但是，有两种法治观念：一是传统法治观念，二是现代法治观念。传统法治观念的基本特点是，统治者运用法律进行国家治理，统治者的政治权力是高于法律的，即权力在法律之上，法律是实现权力统治的一种工具。这种观念可简单地概括为“用法律统治”。与传统法治观念不同，现代法治观念的基本特点是法律在政治生活中具有最高权威，治理者在法律允许的范围内根据法律的授权进行治理，法律高于政治权力，即法律在权力之上，国家的治理就是法律的治理。这种观念可简单概括为“法律的治理”。法治观念之所以会发生从传统到现代的这种转换，重要的原因在于传统的法治不能限制政治统治的权力，而缺乏这种限制或制约，权力就会导致腐败。这就是近代英国政治思想家阿克顿所说的“权力导致腐败，绝对权力导致绝对腐败”①。制约政治权力有多种方式，如以权力制约权力、运

① 〔英〕阿克顿：《自由与权力》，侯建、范亚峰译，译林出版社2011年版，第294页。

用媒体舆论监督权力等，但对权力最有效的制约是法律。只有将权力置于法律的范围内，让权力受法律的严格控制，才能从根本上防止权力的滥用。

我国传统社会的国家治理方式主要是君王统治，君王也可能利用法律，也可能不用法律而用礼制、道德，或者同时使用几种方式。但是，君王即使用法律统治，他的权力也在法律之上。新中国成立后，我国不断推进法治建设，特别是改革开放后，民主与法治建设的进程不断加速。为了加强法治建设，中共十八届四中全会还通过了《中共中央关于全面推进依法治国若干重大问题的决定》，使我国法治建设进入一个前所未有的高度。《决定》以建设中国特色社会主义法治体系和法治国家为总目标，对全面推进依法治国和依宪治国做出了全面部署。贯彻《决定》的要求，在全党和全社会确立真正的现代法治观念，是当代价值观构建面临的一个重大任务。

第七章　当代价值观的构建

中国当代价值观主要是指改革开放以来我国一直致力于构建的主流价值观，它是革命价值观和改革开放前的社会主义价值观在改革开放、市场经济发展和中国特色社会主义现代化建设新的历史背景下的发展、丰富和创新。改革开放后，马克思主义进一步中国化、时代化，形成了邓小平理论、“三个代表”重要思想、科学发展观和习近平新时代中国特色社会主义思想。所有这些思想理论，概言之，就是中国特色社会主义理论。核心价值观就是贯穿于中国特色社会主义理论的核心内容，是中国特色社会主义理论的精神实质和精要表达。中国特色社会主义理论正在随着中国特色社会主义实践而不断丰富和发展，以核心价值观为核心内容的当代价值观也需要在实践中进一步构建和完善。一方面，核心价值观在理论上还在深化、发展和丰富，正在成为逐渐完善的当代价值观；另一方面，核心价值观正在现实化为社会的价值体系，融入国家治理体系和治理过程，转化为国家制度，同时也在融入社会生活，转化为人们的信念、品质和准则。因此，构建和完善当代价值观仍然是我国现阶段的重大理论和实践课题。当代价值观的核心内容是核心价值观，构建和完善当代价值观需要着重研究解决中国传统价值思想观念的创造性转化与创新性发展、中国理论价值体系（主流价值观）的完善、核心价值观融入国家治理和社会公众普遍认同等几大问题。

一　构建和完善中的当代价值观

价值观是一个国家和人民的精神家园，一个民族文化的灵魂和精髓。在当代中国价值观多元化的格局下，迫切需要构建国家的主流价值观。市场经济的冲击，也将重建中国人的精神家园提上了议事日程。中国经济实力日益增强，更强烈要求以价值观和文化作为支撑，增强我国的文化软实力。随着全球化和文化多元化时代的到来，世界各国都不仅致力于构建本国的价值观，而且努力扩大自己价值观的国际影响。中国无论在人口、经济、科技、政治、文化上都是一个大国，在这种价值观的激烈竞争中，不能没有自己文化的强势影响力，更不能没有自己的旗号和声音。这种旗号和声音就是中国价值观。今天中国已经成为世界第二大经济体，经济、科技、军事等硬实力已经相当强大，但文化软实力还与之很不适应。在这种情况下，构建中国当代价值观不仅具有历史必然性，而且具有现实紧迫性。党的十六届六中全会提出“建设社会主义核心价值体系”以来，特别是党的十八大提出“培育和践行社会主义核心价值观”以来，构建以社会主义核心价值观为核心内容的中国当代价值观的任务就提上了议事日程。中国当代价值观是中国传统价值观的创造性转化和创新性发展，是对中国革命价值观和改革开放以前的社会主义价值观的弘扬和发展，是中国价值观的当代形态。改革开放以来特别是党的十六届六中全会以来，我国以构建社会主义核心价值观为中心不断加强中国当代价值观建设，已经取得巨大成就。目前，中国当代价值观尚在进一步构建和完善之中，正在成为中国当代社会主流价值观。

1. “当代中国价值观”概念的提出

据“中国知网”文献检索，“当代中国价值观”① 概念最早见于马惠萍的《经济全球化与当代中国价值观的现实选择》② 一文，不过该文是在中国人的价值观的意义上使用“当代中国价值观”这一概念的。后来，唐志龙在《当代中国价值观的冲突及其调适》、刘小新在《当代中国价值观多元化的几点思考》、田嵩燕在《当代中国价值观的变迁与重建》③ 等文章中也使用了“当代中国价值观”这一概念，但他们主要是从阐述当代中国价值观状况的角度使用“当代中国价值观”的，并没有

① 本书在相同意义上使用“当代中国价值观”和“中国当代价值观”两个概念，“中国当代价值观”的使用主要是为了便于与“中国传统价值观”相对应。

② 马惠萍：《经济全球化与当代中国价值观的现实选择》，《郑州大学学报》（哲学社会科学版）2003 年第 3 期。

③ 唐志龙：《当代中国价值观的冲突及其调适》，《南京政治学院学报》2004 年第 1 期；刘小新：《当代中国价值观多元化的几点思考》，《首都师范大学学报》（社会科学版）2005 年第 3 期；田嵩燕：《当代中国价值观的变迁与重建》，《中国特色社会主义研究》2010 年第 5 期。

形成严格意义上的“当代中国价值观”概念。

党的十六届六中全会后，2007年，中国人民大学教授马俊峰在《深化价值观研究与构建当代中国价值观体系》一文中从构建当代中国价值观体系的角度使用了“当代中国价值观”的概念，明确提出了构建当代中国价值观体系的课题。[①] 2008年，中共中央党校教授杨信礼在《马克思主义价值论与当代中国价值观的建构》、中共中央党校宋惠昌教授在《当代中国价值观变革的基本趋势》、上海社会科学院哲学研究所研究员何锡蓉在《当代中国价值观取向与核心价值体系建设》[②] 等论文中分别提出了关于当代中国价值观内容的观点。但是，上述几位学者都未对“当代中国价值观”概念本身做出阐述。

党的十八大召开前后，国内学界有关的讨论重心集中到了核心价值观，但未见有关与“当代中国价值观”概念直接相关的论文。在此期间，笔者在主持国家社会科学基金重大招标项目“构建我国主流价值文化研究”的过程中，深感全社会在当代中国价值观问题上形成共识、阐明当代中国价值观与核心价值观以及核心价值体系之间关系的极端重要性，因而对当代中国价值观问题进行了系统的研究，并对“当代中国价值观”的概念及其与“核心价值观”“核心价值体系”概念的关系做了系统的阐述。笔者最早于2014年1月13日在《中国社会科学报》上发表了《培育和践行社会主义核心价值观与中国价值观构建》一文，该文后来经过扩充以同一标题发表在《思想理论教育》2014年第4期。此后，笔者先后发表了《当代中国价值观的根本性质、核心内容和基本特征》《论当代中国价值观构建》《论当代中国价值观》《当代中国价值观的源与流》《当代中国价值观源流探析》等论文。[③] 其中发表在《光明日

① 马俊峰：《深化价值观研究与构建当代中国价值观体系》，《华中科技大学学报》（社会科学版）2007年第2期。

② 杨信礼：《马克思主义价值论与当代中国价值观的建构》，《山东社会科学》2008年第2期；宋惠昌：《当代中国价值观变革的基本趋势》，《中共中央党校学报》2008年第5期；何锡蓉：《当代中国价值观取向与核心价值体系建设》，《学术探索》2008年第5期。

③ 江畅：《当代中国价值观的根本性质、核心内容和基本特征》，《光明日报》2014年6月18日；江畅：《论当代中国价值观构建》，《马克思主义与现实》2014年第4期；江畅：《论当代中国价值观》，周海春主编《文化发展论丛·中国卷》第三卷，社会科学文献出版社2014年版；江畅：《当代中国价值观的源与流》，《光明日报》2015年2月11日；江畅、张景：《当代中国价值观源流探析》，《山东社会科学》2015年第2期。

报》上的两篇文章产生了相当广泛的影响，转载的网站均超过百家。同时，笔者近两年来还围绕当代中国价值观问题出版了四部著作，它们分别是《论价值观与价值文化》、《论当代中国价值观》、《论中国价值文化发展》和《中国梦与中国价值》。[①] 笔者的所有这些论文和著作对“当代中国价值观”概念的含义及其与“核心价值观”“核心价值体系”概念的关系，当代中国价值观的根本性质、核心内容和基本特征，以及当代中国价值观的构建做出了较为系统的回答，使“当代中国价值观”的概念和问题在当代中国社会和学界凸显出来，并为进一步拓展和深化研究提供了基础和参照。

在笔者重提“当代中国价值观”的概念并对当代中国价值观问题做了较为系统的阐述之后，国内学界开始关注“当代中国价值观”的概念及其问题。例如，骆萍、孔庆茵的《当代中国价值观：内涵、意义与传播策略》，陈国富、余达淮的《略论当代中国价值观》，刘民主、冯颜利的《当代中国价值观的内涵探讨》。[②] 更为可喜的是，北京师范大学创办的《当代中国价值观研究》杂志问世，这一方面表明“当代中国价值观”概念得到了党和政府以及社会各界的认可，另一方面也为当代中国价值观的研究和宣传提供了极其重要的学术平台。笔者相信，有了这一重要园地，当代中国价值观会得到更普遍的社会认同，当代中国价值观的理论和实践构建必定会实现一个历史性的跨越。

“当代中国价值观”的提出，不是学者的突发奇想，而是有深刻的历史必然性和社会发展的内在逻辑。经过四十年的改革开放，中国社会发生了翻天覆地的深刻变化，快速发展的当代中国需要有与之相适应的新价值观；同时，以习近平同志为核心的党中央高度重视主流价值观构建，也为当代中国价值观的构建提供了良好的政治生态和社会条件。

任何人都不可否认，当代中国发生的巨变得益于改革开放，而改革

---

① 江畅：《论价值观与价值文化》，科学出版社 2014 年版；江畅：《论当代中国价值观》，科学出版社 2016 年版；江畅：《论中国价值文化发展》，科学出版社 2018 年版；江畅、张媛媛：《中国梦与中国价值》，武汉出版社 2016 年版。

② 骆萍、孔庆茵：《当代中国价值观：内涵、意义与传播策略》，《求索》2015 年第 4 期；陈国富、余达淮：《略论当代中国价值观》，《求索》2015 年第 4 期；刘民主、冯颜利：《当代中国价值观的内涵探讨》，《求索》2016 年第 1 期。

开放的最重要成果之一是实行市场经济体制。市场经济是人类走向富裕和谐的康庄大道。[①] 但是，市场经济是一把双刃剑，如果没有与之配套的社会政治制度，没有对其负面效应起到有效防范作用的法制和政策，就会产生很多社会问题，导致社会日益两极分化、资本化以及严重的环境问题。事实表明，市场经济在使中国迅速强大繁荣的同时也带来了对以前的主流价值观即传统社会主义价值观的严重冲击，使传统社会主义价值观更加不适应经济和社会生活，同时也使中国人的理想、信念和精神生活出现了前所未有的困扰和混乱。今天，不少社会成员眼中只有金钱、财富、权力、地位、名誉等物质的、外在的价值，而没有了人格的、精神的追求，精神世界一片荒芜。在这种情况下，通过构建当代中国价值观来重建中国人的精神家园，被提到了党和政府的面前。

改革开放以来，中国社会的最大变化之一，就是价值观多元化。在今天的中国，与党中央所倡导和推行的中国特色社会主义价值观同时存在和流行的，还有西方价值观、传统价值观、改革开放以前的传统社会主义价值观以及不同宗教的价值观。这些价值观的同时存在、流行及碰撞，导致人们的思想观念混乱，而且它们不同程度地对现行社会制度和政策产生了影响，导致制度和政策存在自相矛盾的现象。在这种情况下，改变价值文化多元对峙甚至冲突的格局，构建主流价值观，使其他各种价值观从属于和服务于主流价值观就显得刻不容缓。

随着全球化和文化多元化时代的到来，世界各国都在致力于构建本国的价值观，努力扩大本国价值观的国际影响力。那些在经济、政治、文化上实力强大的国家，更是借助其实力优势强力推行其价值观。中国人口众多，幅员辽阔，不仅应有自己独树一帜的价值观，而且应在世界多元价值观的格局中发出中国人自己的声音。中国已经成为世界第二大经济体，要使中国经济进一步强大并走向世界，不仅需要价值观作为支撑，而且需要有自己的价值观为之开辟道路。中国有历史悠久、独具特色的传统文化。在整个人类生活日益物质化、低俗化、浅表化，整个世界充满各种矛盾、冲突，恐怖活动、政变、战乱频发的今天，中国传统

① 这是李义平在《为什么必须选择市场经济？——重读斯密》（《读书》2012 年第 3 期）中对亚当·斯密思想的概括。

文化不失为当代人类走出困境可资借鉴的不可替代的宝贵资源。这种资源也需要以中国今天的文化和价值观作为载体传播到世界各地。如果说中国价值观对于中国自身来说是国家精神和民族命脉，那么，对于世界来说则是中国声音和大国形象。在中国经济迅速发展、中国硬实力不断增强的今天，构建并推广具有强大正能量的中国价值观，不仅是中国走向现代化和强大的需要，也是中国作为大国所应承担的世界责任。总之，在当代世界各国价值观的激烈竞争中，中国不能没有自己强大的文化软实力和强势的文化影响力，更不能没有自己的旗帜和声音。这种旗帜和声音就是中国价值观。自觉构建当代中国价值观，大幅度提升中国的文化软实力，旗帜鲜明地打出“中国价值观”并扩大其影响，可以说是中国社会发展的重要任务。在这种历史背景下，我们应该理直气壮地打出“当代中国价值观”的旗帜，大力加强当代中国价值观构建，使之成为中华民族顶天立地的脊梁和中国人民安身立命的支柱。

从以上对“当代中国价值观”概念提出过程的考察不难看出，这一概念的提出有其历史必然性和现实必要性，它所反映的是中国传统价值观的当代转换，它标示着中国价值观正在形成一种新的形态——当代中国价值观。这里我们还需要对“当代中国价值观”概念的提出做价值的审视，以便了解这一概念对于我国价值体系建设和社会发展所具有的重大意义，从而进一步增强研究和构建当代中国价值观的自觉性和积极性。提出“当代中国价值观”概念的真实意图和实质含义是主张构建当代中国价值观，因而提出这一概念具有重要意义。提出“当代中国价值观”的意义是多方面且深刻的，重点体现在以下四个方面。

首先，提出“当代中国价值观”概念是培育和践行核心价值观的必然要求。党的十八大提出要培育和践行社会主义核心价值观，那么，如何培育和践行？最重要的途径之一就是要将核心价值观具体化为不同层次、不同维度的观念价值体系，从而使之体现为社会现实的价值体系和文化，进入社会生活。如果不将核心价值观的内容和要求转变成我国经济、政治、文化、社会、生态文明方面的价值观念和原则，不根据核心价值观来确立中国发展的目标体系、手段体系、规则体系和控制体系，核心价值观的培育和践行就是一句空话。提出“当代中国价值观”的概念，研究和构建当代中国价值观，说到底就是要以核心价值观为核心内容研究和构建当代中国社会完整的价值体系，使核心价值观落实到整个社会生活，转化为人们的内心信念和行为准则。“中国价值观建构的过程，就是作为其内核的社会主义核心价值观具体化、现实化、贯彻落实、推广应用的过程，也是作为其核心结构的社会主义核心价值体系转化为文化的过程。”[①] 例如，核心价值观所确立的中国社会发展的终极价值目标之一是人民幸福，然而“人民幸福”是一个总体概念，只有将它解析为经济、政治、文化、社会、生态文明方面的具体目标，人民幸福才能落到实处。如果不做这样的工作，无论我们将人民幸福喊得怎样震天响，它也不过是水中月镜中花。研究和构建当代中国价值观就是要使核心价值观的目标和要求转变为“计划书”和“路线图”，当然核心价值观的研究和构建本身也属于当代中国价值观研究和构建的内容。

其次，“当代中国价值观”概念体现了我国主流价值观对非主流价值观的包容和引导。在价值多元的当代中国，核心价值观与其他非主流价值观之间存在本质性的区别，“当代中国价值观”所代表的当代中国国家的价值体系则要与这些价值观共存共荣，将它们纳入主流价值观体系之中，更多地吸收这些价值观的合理内容。中国价值观作为价值观体系必须包含丰富的内容，这些内容需要更多地继承、吸收和借鉴传统价值观、域外价值观中有价值的、能为我所用的内容。这尤其体现在经济技术和日常生活方面。例如，社会主义核心价值观与资本主义核心价值观虽然存在本质区别，但中国价值观要将资本主义价值观中包含的市场经济规律吸收到中国价值观中来。同样，社会主义核心价值观与传统核心价值观存在本质区别，但当代中国价值观可以从传统价值观中吸收诸多合理内容，如“己所不欲，勿施于人”的推己及人原则、“恭宽信敏惠”等日常生活规范。当然，这种继承、吸收和借鉴都是批判性的，不能照搬照抄。从这种意义上看，中国价值观是当代中国社会完整系统的主流价值观，其本质和精髓是社会主义的，同时它又具有深厚的中国传统文化底蕴和丰富的中国时代精神，而且是与当代世界文明发展的总趋势相一致并相衔接的。

① 江畅：《培育和践行社会主义核心价值观与中国价值观构建》，《思想理论教育》2014年第4期。

再次，使用“当代中国价值观”概念有助于海内外中华儿女在中国主流价值观上形成共识，使核心价值观得到更广泛的社会认同。一个社会要在主流核心价值观上形成共识，或者说对主流核心价值观形成普遍认同，必须以主流价值观本身正确合理为前提，而这要通过以下三个途径来实现：一是强有力的宣传和教育；二是使之道德化、法制化、政策化；三是使之具体化为完整的观念价值体系。在这三种途径中，最重要的是第三种途径，因为只有建立了完整的观念价值体系，才便于将其道德化、法制化和政策化，其宣传和教育也才会因为明晰具体、切实可行而卓有成效。核心价值观的内容通常是概括性的、一般性的、抽象的，如果不将其具体化为不同方面和层次的内容和原则，就不能将其转化为道德、法制和政策规范，其宣传教育也常常使人感到是空洞的说教。因此，核心价值观只有具体化为不同方面和层次的完整体系和明确要求，才能够通过道德、法制、政策以及宣传教育渗透到整个社会生活，才能使生活在其中的人们去感受它、认识它、理解它和认同它。党的十六届六中全会提出“建设社会主义核心价值体系”以来，特别是党的十八大提出“培育和践行社会主义核心价值观”以来，核心价值体系和核心价值观在中国社会得到了越来越广泛的认同，但到目前为止认同的广度和深度还不尽如人意。其中一个重要原因，就是核心价值观尚未完全具体化为完整系统的价值体系，尚未体现为道德、法制、政策，因而没有充分地进入社会生活。同时，“当代中国价值观”概念作为国家和民族价值观，更容易得到中国社会内部各政治派别、各种社会团体和社会各界的认同，得到港澳台地区以及海外华人、华侨的认可。如此，“当代中国价值观”可以成为动员和凝聚海内外全体中华儿女关心和支持祖国的旗帜。

最后，“当代中国价值观”可以成为当代中国主流价值观不同于当代其他各国价值观的标识，使用这一概念有利于当代中国主流价值观的国际传播。在当代的价值观竞争中，各种价值观的冠名出现了两种趋势。一是以某个国家的名称冠名本国的价值观，如“美国价值观”“俄罗斯价值观”“新加坡价值观”等。今天，世界上许多国家都在努力扩大自己国家价值观的国际影响力，而且都鲜明地打上了自己国家的印记。这些以国家命名的价值观已经成为世界各国文化软实力和民族特色的标识。二是以某个地区的名称冠名本地区的价值观，如“欧洲价值观”“亚洲价值观”“东亚价值观”“阿拉伯价值观”“西方价值观”等。这是一种新的趋势，这种趋势反映了不同地区人民在本区域命运共同体认同上的自觉，也是不同地区人民对本区域共同体价值追求的宣示。这两种趋势是苏联解体、世界资本主义和社会主义两极格局结束后世界格局发生的新变化。其共同特点是，各国、各地区为了使其价值观便于传播和扩大影响，往往不再那么旗帜鲜明地标示其根本价值取向，极力淡化自己价值观的意识形态色彩，而凸显价值观的国家、民族和区域的个性和特色。如果我们不考虑某些国家“打价值观牌”的别有用心，应该说这种做法在不同程度上反映了各国、各地区价值观在价值多元化背景下对不同价值观的宽容、开放态度。文明因交流而多彩，文明因互鉴而丰富。习近平指出，对人类社会创造的各种文明，“我们都应该采取学习借鉴的态度，都应该积极吸纳其中的有益成分，使人类创造的一切文明中的优秀文化基因与当代文化相适应、与现代社会相协调，把跨越时空、超越国度、富有永恒魅力、具有当代价值的优秀文化精神弘扬起来”[①]。在当代世界文化和价值观的新格局面前，我国提出和使用“当代中国价值观”或“中国价值观”的概念无疑更有利于我国价值观与世界各国价值观的对话、交流和互鉴。而且，“当代中国价值观”概念也有助于在当代世界树立中国形象，传播中国声音，讲述中国故事，从而扩大中国价值观的国际竞争力和影响力，增强中华儿女的价值自信和文化自强意识。

2. “当代中国价值观”的内涵及其与核心价值观的关系

从目前已有的关于当代中国价值观的学术成果看，对“当代中国价值观”有三种不同的理解。

一是将当代中国价值观理解为当代中国社会存在的价值观。按照这种理解，当代中国价值观既指当代中国社会的主流价值观，也指当代中国社会存在的价值观，如传统价值观、西方价值观、各种宗教价值观等。例如，刘小新就将当代中国价值观理解为当代中国社会的多元价值观：

① 习近平：《在纪念孔子诞辰2565周年国际学术研讨会暨国际儒学联合会第五届会员大会开幕会上的讲话》，人民出版社2014年版，第10页。

“经济全球化的一个直接后果，将是导致全球社会从领域合一到领域分离，而又将导致经济、政治和精神文化三大领域中价值观的分离性发展，致使价值观呈现多元化态势。”[①] 这种理解不是将当代中国价值观看作中国主流（或主导）价值观的一种形态。

二是将当代中国价值观理解为当代中国人的价值观。例如，马惠萍在谈到当代中国价值观时说：“当代中国人的价值观，既有中国传统天下主义与和合文化的深厚积淀，也有对西方民族主义和现代文明的吸收和‘移植’。”[②] 在价值观多元化背景下，当代中国人的价值观差异十分巨大，从一定意义上可以说人各不同。显然，这种理解也不是将当代中国价值观作为一种价值观形态。

三是把当代中国价值观理解为当代中国社会的主流或主导价值观，目前大多数相关成果持这种观点。例如，宋惠昌认为：“在改革开放的新时期，我国社会的价值观经历了由封闭到开放、由一元到多元、由国家本位到公民本位、由拜物教意识到以人为本的观念变革，显示了当代中国价值观变革的基本趋势。”[③] 不难看出，宋惠昌这里是把当代中国价值观理解为当代社会的主流价值观。

“当代中国价值观”这一术语确实可以同时从以上三种意义上理解，但是笔者赞同上述的第三种观点。根据这种观点，“当代中国价值观”是反映中国特殊历史时期主流或主导价值观形态的概念，可以使当代中国主流价值观与改革开放前的社会主义价值观、中国传统价值观以及西方价值观区别开来。根据这一理解，当代中国价值观指的是改革开放以来构建的中国主流价值观。对于这一界定，有必要做以下阐述。

第一，当代中国价值观是我国改革开放以来着力构建的价值观。“当代”作为历史分期概念是十分不确定的。就中国而言，当代通常被理解为新中国成立以后至今的时期。按照这种理解，1840 年鸦片战争以前为古代，1840 年至 1919 年为近代，1919 年至 1949 年为现代，1949 年以来

---

① 刘小新：《当代中国价值观多元化的几点思考》，《首都师范大学学报》（社会科学版）2005 年第 3 期。

② 马惠萍：《经济全球化与当代中国价值观的现实选择》，《郑州大学学报》（哲学社会科学版）2003 年第 3 期。

③ 宋惠昌：《当代中国价值观变革的基本趋势》，《中共中央党校学报》2008 年第 5 期。

为当代。一般来说，这样理解是可以接受的，但在当代中国历史上，1979 年开始实行的改革开放，使中国社会发生了举世公认的深刻变化，因此可以考虑以此为界将中国当代划分为当代前期和当代后期。改革开放以来中国社会发生了许多变化，其中最根本的变化是经过改革开放，中国从过去的计划经济体制转变为市场经济体制，并在此基础上对政治、文化、社会和生态文明体制进行全面深化的改革。正是在这一历史过程中，中国提出建设社会主义核心价值体系和核心价值观，构建与全面深化体制改革和建设中国特色社会主义事业相适应的中国价值观。目前中国正在构建的价值观与改革开放前的价值观既有一致性又有差异性。其一致性在于它们都是社会主义价值观，而差异性则在于前者是基于市场经济体制及与之相一致的各种社会体制（这些体制正在通过全面深化改革进行构建）的价值观，而后者是基于计划经济体制及与之相一致的各种社会体制的价值观。因此，如果我们把整个当代中国价值观看作社会主义价值观的话，那么可以将改革开放前的社会主义价值观看作当代中国前阶段的价值观，而把改革开放后致力于建设的价值观看作中国特色社会主义价值观。在广义上，前者属于当代中国价值观，在狭义上，当代中国价值观指的是现阶段的价值观。正是在狭义上我们应将当代中国价值观界定为中国改革开放以来着力构建的价值观。

第二，当代中国价值观是我国的主流价值观。当代中国正在构建的价值观是主流价值观，而不是一统的价值观。主流价值观与一统价值观的区别有两点：其一，前者是以社会允许存在多种价值观为前提的，而后者则不允许存在多种价值观，只允许一种社会推行的价值观存在；其二，在多种价值观中，有一种价值观真正能起主导作用，其他价值观不与之相对立、相抗衡，而是与之共存共荣，并且接受它的引领和指导。[1]当代中国价值观是在我国改革开放条件下致力于构建的。我国实行改革开放以来，一方面对外打开国门，另一方面也打开了传统文化之门，国外的价值观和传统价值观纷纷涌入，并得到了广泛的传播，中国社会价值观从一元走向多元。在这种新的历史条件下，我们不可能也不应该完

---

① 参见江畅《我国主流价值文化构建的三个问题》，《光明日报》2012 年 6 月 21 日；江畅《论价值观与价值文化》，科学出版社 2014 年版，第 129 页。

全消灭各种非社会主义的价值观，回到改革开放以前的那种社会主义价值观一统天下的局面，而应在允许非社会主义价值观存在和发展的条件下，使中国特色社会主义价值观现实化为占主导地位的社会价值文化，并使之引领和指导各种非社会主义价值观和价值文化，从而实现社会主义文化的大繁荣大发展。当前，我国仍然存在不同价值观对峙的情况，在这种情况下，我们必须改变对非主流价值观简单排斥、打压的做法，在允许其存在和发展的前提下，充分吸收其中合理的、有价值的内容，为我所用，使我国主流价值观成为包含当今人类一切价值观优秀内容的真正先进的主流价值观。

第三，当代中国价值观是当代中国的观念价值体系。一般来说，一种社会形态或一种文化体系的深层结构是社会的价值体系。这种价值体系是现实的价值体系，这种现实价值体系通常是根据观念的或理论的价值体系构建的，而这种观念的价值体系就是价值观。例如，中国传统社会的宗法皇权主义价值体系就是根据儒家价值观构建的，虽然两者之间并不是一一对应的。当代中国价值观就是当代中国正在努力使之成为社会现实价值体系的观念价值体系。这种观念价值体系包括不同层次、不同维度的子价值体系：从层次看包括目标价值体系、手段价值体系、规则价值体系和控制价值体系等，从维度看包括经济、政治、文化、社会、生态文明等方面的价值体系，其中还包括作为所有这些子价值体系的核心内容的核心价值体系（通常称之为“核心价值观”）。当代中国价值观像其他社会价值观一样是以核心价值观为核心内容，由不同层次和不同维度的子观念价值体系构成的观念价值体系。我国学界有学者简单地将核心价值观等同于当代中国价值观，这是不正确的。核心价值观是当代中国价值观的核心内容，但两者并不完全等同。核心价值观需要通过不同层次和不同维度的价值观或子观念价值体系体现并落实到社会的道德、制度（包括法律）、政策和活动中，从而使之现实化为社会文化，转变成人们的内心信念和行为准则。否则，核心价值观就是“空中楼阁”，不能落地生根、开花结果，所谓“落实落细落小”也就成了一句空话。

第四，当代中国价值观是以核心价值观为核心内容的价值观。当代中国价值观是一种观念价值体系，包含极其丰富的内容，但它是以核心价值观为核心内容的，整个当代中国价值观都是围绕核心价值观展开的，都是核心价值观的体现、展开和细化，其各子系统都是服务于和服从于核心价值观的。作为其核心内容的核心价值观对于当代中国价值观是根本性的，它是当代中国价值观的本质规定性，也是当代中国价值观区别于所有其他价值观（包括西方价值观、传统价值观、各种宗教价值观）的主要标志。作为核心内容的核心价值观也是成体系的。人们通常将核心价值观等同于党的十八大提出的十二个核心价值理念（“24个字”），这种理解是不准确的。从党的十八大报告和习近平总书记系列重要讲话精神来看，核心价值观是终极价值目标、核心价值理念和基本价值原则构成的有机统一体系。终极价值目标就是党的十八大提出的“实现社会主义现代化和中华民族伟大复兴”，后来习近平将其概括为“中国梦”。其基本含义就是“国家富强、民族振兴和人民幸福”，其中人民幸福又具有更终极的意义。核心价值理念是十八大报告倡导的“24个字”，即富强、民主、文明、和谐；自由、平等、公正、法治；爱国、敬业、诚信、友善。习近平指出，这十二个核心价值理念“传承着中国优秀传统文化的基因，寄托着近代以来中国人民上下求索、历经千辛万苦确立的理想和信念，也承载着我们每个人的美好愿景”①。十八大报告中提出的八个“必须坚持”则可以看作社会主义基本价值原则。这就是必须坚持人民主体地位，必须坚持解放和发展社会生产力，必须坚持推进改革开放，必须坚持维护社会公平正义，必须坚持走共同富裕道路，必须坚持促进社会和谐，必须坚持和平发展，必须坚持党的领导。对核心价值观做这样的解读，才有助于我们对核心价值观的全面系统理解。更重要的是，这三个方面或层次在十八大报告中都有明确的阐述，也是习近平总书记系列重要讲话中所深刻阐发和大力倡导的。从这三个方面完整把握核心价值观，将会促进全党全社会对核心价值观的共识，克服对社会主义核心价值观的各种偏差和异议。②

第五，当代中国价值观是中国价值观的当代形态。当代中国价值观并不是无中生有的，而是中国传统价值观的当代转换和中国价值观的当

① 习近平：《青年要自觉践行社会主义核心价值观——在北京大学师生座谈会上的讲话》，人民出版社2014年版，第5页。

② 参见江畅《当代中国价值观的根本性质、核心内容和基本特征》，《光明日报》2014年6月18日；江畅《论价值观与价值文化》，科学出版社2014年版，第67页。

代形态，与中国历史上其他形态的价值观有内在的、不可分割的联系。中华民族进入文明社会以后逐渐形成自己民族或国家的价值观。中国价值观在约五千年的漫长历程中历经沧桑，其中也有某些内在一脉相承的精神和内容。中国价值观的演进与国家政治的状况有直接关系。一般来说，国家统一的时候，就有占主导地位的国家价值观，而国家分裂或动乱时就会出现价值观纷纭杂呈的局面。

纵观整个中国历史，中国价值观经历了三个相对稳定统一的历史阶段和两个相对动荡分裂的时期，而在相对动荡分裂的时期都孕育了价值观的变革和新时代的出现。从夏朝结束“五帝”战乱、初步建立统一国家开始到西周时代，中国价值观逐渐形成它的最早形态，即宗法封建主义价值观。东周时期诸侯割据称霸，社会四分五裂，这就是所谓的春秋战国时期。这个时期社会没有统一的社会价值观，但出现了儒家、道家、墨家、法家等百家争鸣的局面，特别是形成了儒家的价值观。秦始皇统一中国后，西汉实行了“罢黜百家，独尊儒术”政策，于是以儒家价值观为依据形成了中国价值观的第二个统一形态，即宗法皇权主义价值观。自鸦片战争开始，随着中国沦为半殖民地半封建国家，主宰了中国近两千年的传统宗法皇权主义价值观不断受到冲击，直到中华人民共和国成立，这种价值观才最终被取代。从鸦片战争到新中国成立的约一百一十年时间里，中国的价值观再次陷入纷纭杂呈的局面。与春秋战国时期不同的是，这次的多元复杂局面主要不是中国国内土生土长的不同价值观的争鸣，而是许多人所接受的西方不同价值观之间以及它们与中国传统价值观之间的论争。中华人民共和国成立后，社会主义（马克思主义）价值观被确立为主导价值观，这就是中国价值观的第三个统一形态。在到目前为止的七十年中，社会主义价值观经历了两个时期：前一个时期是“文化大革命”之前以计划经济为基础的社会主义价值观占统治地位的时期，这个时期的价值观可称为传统社会主义价值观；后一个时期是实行改革开放后逐渐形成的以市场经济为基础的社会主义价值观占主导地位的时期，这个时期的价值观即中国特色社会主义价值观。[①] 由此看

① 参见江畅《论当代中国价值观》，周海春主编《文化发展论丛·中国卷》第三卷，社会科学文献出版社2014年版，第13~16页。

来，当代中国价值观作为中国价值观的当代形态具有深厚的历史根基和丰厚的文化底蕴，是历史上不同形态价值观的创造性转化和创新性发展。

3. 当代中国价值观的根本性质、核心内容和基本特征

当代中国价值观一直处在构建之中，特别是党的十六届六中全会以来，这种建设更加自觉、更加有力。从党的十六届六中全会以来党的一系列文件和习近平同志的系列重要讲话以及我国价值体系的理论与实践构建的预期和已取得的成就来看，当代中国价值观的根本性质、核心内容和基本特征已经相当明晰。

（1）当代中国价值观的根本性质

价值观是成体系的，因而也可以说是观念的价值体系。当这种观念的价值体系现实化为现实的价值体系时，它就构成了一个国家或民族的文化。社会的价值观作为一种观念的价值体系，是由不同维度、不同层次的子系统构成的，如经济价值观、政治价值观、文化价值观、社会价值观、生态价值观，或者目的价值观、手段价值观、规则价值观、控制机制价值观等。在观念价值体系的结构中，有其核心结构，这就是我们现在所说的核心价值体系或核心价值观。核心价值观与一种社会价值观中的其他价值观之间的不同在于，它是这种社会价值观的根本规定性，所体现的是这种社会价值观的根本性质，是这种价值观区别于其他种类价值观的基本标志。我们今天所说的社会主义核心价值观或核心价值体系就是当代中国价值观的核心结构或核心内容。

社会主义核心价值观的根本性质是社会主义的，也是具有中国特色的，所以它是当代中国价值观区别于西方价值观、中国传统价值观，乃至传统社会主义价值观的基本标志。党的十八大提出要培育和践行社会主义核心价值观，实际上也就是要构建当代中国价值观，反过来说，要构建当代中国价值观，就是要培育和践行社会主义核心价值观。“培育”就是要在理论上使其完善，并将其转化为全体社会成员的内心信念，转变为个人的价值观；“践行”就是要在实践上加以实施，并使之转化为社会的原则、制度和文化，转化为社会的价值体系。显然，当社会主义核心价值观被培育起来、被践行时，当代中国价值观也就构建起来了。因此，两者是内在一致的，从一定意义上说，是同一件事情的两种不同

说法。

（2）当代中国价值观的核心内容

改革开放后，马克思主义进一步中国化、时代化，形成了邓小平理论、“三个代表”重要思想、科学发展观和习近平新时代中国特色社会主义思想。所有这些思想理论，概言之，就是中国特色社会主义理论。核心价值观就是贯穿于中国特色社会主义理论的核心内容，是中国特色社会主义理论的精神实质和精要表达。中国特色社会主义理论正在随着中国特色社会主义实践丰富和发展，以核心价值观为核心内容的当代中国价值观也尚处于构建和完善之中。一方面，核心价值观在理论上还在深化、发展和丰富，正在成为逐渐完善的当代中国价值观；另一方面，核心价值观正在现实化为社会的价值体系，正在融入国家治理体系和治理过程，转化为国家制度，同时也在融入社会生活，转化为人们的信念、品质和准则。

党的十六届六中全会以来，对于核心价值体系和核心价值观的内涵和结构有不同的概括。我们认为，核心价值观是中国当代主流价值观（简称为“当代中国价值观”或“中国当代价值观”）的核心结构。中国当代价值观像任何其他社会价值观形态一样，是一种观念的价值体系，它的现实化即现实的价值体系。当然，现实化的现实价值体系与被现实化的价值观并不一定一致，甚至相当不一致，中国皇权专制社会的价值体系与占统治地位的儒家价值观就相去甚远。价值观作为观念价值体系是一个复杂的结构，包括不同的维度（如经济价值体系、政治价值体系、文化价值体系等）、层次（如目标价值体系、手段价值体系、规范价值体系等），其中的核心就是核心价值体系。核心价值观本身也是一种体系，我们将其划分为三个基本层次，即终极价值目标、核心价值理念和基本价值原则。我们可以分别称之为中国特色社会主义终极价值目标、核心价值理念和基本价值原则。完整的核心价值观应是这三个层次要素的有机统一。这里，我们仅从这种结构的角度根据中国特色社会主义理论对正在构建的当代中国价值观的核心内容（核心价值观）做一些简要阐述。

社会主义终极价值目标就是十八大报告中提出的“实现社会主义现代化和中华民族伟大复兴”。这一目标在十九大报告中又得到强调：“中国共产党人的初心和使命，就是为中国人民谋幸福，为中华民族谋复兴。”习近平将“实现社会主义现代化和中华民族伟大复兴”概括为“中国梦”，即国家富强、民族振兴和人民幸福。他说：“实现中华民族伟大复兴，就是中华民族近代以来最伟大的梦想。这个梦想，凝聚了几代中国人的夙愿，体现了中华民族和中国人民的整体利益。”[①]“中国梦”的内涵最初是江泽民在建党八十周年的讲话中提出的。他指出，中国共产党的八十年，“是为民族解放、国家富强和人民幸福而不断艰苦奋斗、发愤图强的八十年”[②]。十六届六中全会把和谐社会看作国家富强、民族振兴、人民幸福的重要保证。由此看来，民族振兴、国家富强、人民幸福的“中国梦”是中国共产党领导中国人民进行社会主义革命、建设和改革所追求的最终价值目标。

在这三个终极价值目标中，人民幸福又具有更根本的意义，因为民族振兴也好，国家富强也好，最终都是为了人民普遍过上幸福生活。关于这一点，十八大以后习近平总书记做了许多论述。在担任中共中央总书记伊始，习近平在十八届中央政治局常委同中外记者见面时的讲话中就庄严承诺：“人民对美好生活的向往，就是我们的奋斗目标。”[③]他说：“中国梦是人民的梦，必须同中国人民对美好生活的向往结合起来才能取得成功。”[④]习近平总书记所说的“美好生活”就是幸福生活。他要求：“各级党委、政府和干部要把老百姓的安危冷暖时刻放在心上，以造福人民为最大政绩，想群众之所想，急群众之所急，让人民生活更加幸福美满。”[⑤]十九大根据中国特色社会主义进入新时代的新情况，提出我国社会主要矛盾已经转化为人民日益增长的美好生活需要和不平衡不充分的发展之间的矛盾，并要求着力解决好发展不平衡不充分问题。

---

① 习近平：《实现中华民族伟大复兴是中华民族近代以来最伟大的梦想》，《习近平谈治国理政》，外文出版社 2014 年版，第 36 页。

② 江泽民：《在庆祝中国共产党成立八十周年大会上的讲话》，《江泽民文选》第三卷，人民出版社 2006 年版，第 270 页。

③ 习近平：《人民对美好生活的向往，就是我们的奋斗目标》，《习近平谈治国理政》，外文出版社 2014 年版，第 4 页。

④ 习近平：《中国梦必须同中国人民对美好生活的向往结合起来才能取得成功》，《习近平谈治国理政》第二卷，外文出版社 2017 年版，第 30 页。

⑤ 《国家主席习近平发表二〇一八年新年贺词》，《人民日报》2018 年 1 月 1 日。

核心价值观的终极价值目标，是中国特色社会主义建设和发展的根本任务和最终目标。它是旗帜，是航标，具有形成共识、鼓舞人心、凝聚力量的重要作用。核心价值观的核心价值理念则是社会主义终极价值目标在现阶段的具体化，也是中国特色社会主义共同理想的体现或简明精练的表达。它是信念，是动力，具有引领、激励和规范的重要作用。社会主义核心价值理念是中共十八大报告中倡导的“24 个字”，即富强、民主、文明、和谐；自由、平等、公正、法治；爱国、敬业、诚信、友善。在核心价值观的三个层次中，核心价值理念是最重要的，具有核心的地位，起着关键的作用。中共中央办公厅印发的《关于培育和践行社会主义核心价值观的意见》明确指出：“富强、民主、文明、和谐是国家层面的价值目标，自由、平等、公正、法治是社会层面的价值取向，爱国、敬业、诚信、友善是公民个人层面的价值准则，这二十四个字是社会主义核心价值观的基本内容，为培育和践行社会主义核心价值观提供了基本遵循。”① 这里所强调的，就是核心价值理念在核心价值观中的重要地位和作用。

笔者在十八大召开前曾将核心价值理念概括为十个，即富裕、和谐、公正、法治、民主、自由、责任、德性、智慧、优雅。显然，这种概括，与十八大报告中的概括基本精神大体一致。党的十八大报告对社会主义核心价值理念的表述，体现了我国社会主义制度的本质规定和中国特色社会主义事业的发展要求，继承了中华传统文化的精华，汲取了人类文明的优秀成果和学术界的最新研究成果，凝聚了中国共产党全党和中国全社会的智慧。笔者这种概括对社会主义核心价值理念的表述虽然与党的十八大报告不尽一致，但有助于加深对党的十八大所表述的核心价值观和核心价值理念的理解。对于党的十八大所表述的核心价值观及其核心价值理念，我们还需要做深化细化的研究，使之在理论上进一步完备、圆熟。在中共十八大提出的十二个核心价值理念中，有五个观念又是核心中的核心。它们是自由、平等、公正、民主、法治。这五个价值理念，是当代世界普遍认同的，如何凸显其社会主义性质和中国特色，是亟待

① 《关于培育和践行社会主义核心价值观的意见》，《十八大以来重要文献选编》（上卷），中央文献出版社 2014 年版，第 578 页。

我们从理论和实践上给予回答的。

关于社会主义基本价值原则，尚未见有明确的规定。中共十八大报告指出，在新的历史条件下夺取中国特色社会主义新胜利，必须牢牢把握以下基本要求，并使之成为全党全国各族人民的共同信念：必须坚持人民主体地位，必须坚持解放和发展社会生产力，必须坚持推进改革开放，必须坚持维护社会公平正义，必须坚持走共同富裕道路，必须坚持促进社会和谐，必须坚持和平发展，必须坚持党的领导。[①] 这八条基本要求可以看作中国特色社会主义的基本价值原则。根据马克思主义中国化、时代化、大众化的最新成果和核心价值体系的基本内容和精神，笔者曾将中国特色社会主义基本价值原则概括为以下十条：马克思主义原则、社会主义原则、爱国主义原则、共产党领导原则、依法治国原则、以人为本原则、科学发展原则、改革创新原则、公平正义原则、明荣知耻原则。显而易见，这十条基本原则与中共十八大报告中提出的八条“基本要求”是大体一致的。上述所有基本价值原则从精神层面到操作层面，与更具体的价值原则一起，构成一个相互关联、相互支持的价值原则体系，共同对中国特色社会主义事业起维护、支撑和推动作用。

中国特色社会主义基本价值原则是实现中国特色社会主义终极价值目标和核心价值理念所必须遵守、不可违背的基本要求，是党和国家各项工作必须遵循的准则，也是检验党和国家各项工作是否正确有效的标准。中国特色社会主义基本价值原则是立党之本、立国之本。只有坚持和贯彻这些原则，中国特色社会主义事业才能不断地从胜利走向更大的胜利，才能始终走在健康而快速发展的轨道上。[②]

在核心价值观的三个层次中，核心价值理念是最重要的，具有核心的地位，起着关键的作用。核心价值理念之所以在核心价值观中最为重要，是因为就终极价值目标而言，很多社会是大致相同的，而在核心价值理念和基本价值原则方面，一个社会与另一个社会则通常不相同，甚至存在根本差异。因此，核心价值理念通常是一个社会核心价值体系的

---

① 参见胡锦涛《坚定不移沿着中国特色社会主义道路前进，为全面建成小康社会而奋斗》，《胡锦涛文集》第三卷，人民出版社 2016 年版，第 623 ~ 624 页。

② 本部分内容可参阅江畅《论中国特色社会主义核心价值理念》，《社会科学战线》2012 年第 10 期。

基本内容。社会主义核心价值观也是如此。习近平同志从国家兴衰存亡的高度阐明了核心价值观的意义。他指出："核心价值观是文化软实力的灵魂、文化软实力建设的重点。这是决定文化性质和方向的最深层次要素。一个国家的文化软实力，从根本上说，取决于其核心价值观的生命力、凝聚力、感召力。培育和弘扬核心价值观，有效整合社会意识，是社会系统得以正常运转、社会秩序得以有效维护的重要途径，也是国家治理体系和治理能力的重要方面。历史和现实都表明，构建具有强大感召力的核心价值观，关系社会和谐稳定，关系国家长治久安。"①

（3）当代中国价值观的基本特征

与中国传统价值观、西方现代价值观相比较，正在构建的当代中国价值观有如下几个突出特点。

第一，人民性。这是当代中国价值观既不同于中国传统价值观，也不同于西方现代价值观的一个突出特点。中国传统价值观把国家和社会看作帝王的家天下，社会成员不过是王朝或帝王的臣民。西方现代价值观以个人为本位，把个人看作独立自主的主体。西方所谓的"主权在民"不是主权在人民，而是在单个的个人。当代中国价值观与这两种价值观都不同，它既不把王朝看作社会和国家的主人，也不把社会成员个人的自由权利看作至高无上的，而是把作为社会成员的个人及其集体作为国家和社会的主人，国家的最高权力既不在政府，也不在公民个人，而在全体人民。因此，当代中国价值观是以人民为国家和社会主体的价值观，是以人民为主人的价值观，是主权在人民的价值观。

第二，平等性。这也是当代中国价值观既不同于中国传统价值观，亦不同于西方现代价值观的一个突出特点。自由和平等是西方资产阶级反对封建专制和天主教教会的"孪生兄弟"，他们用自由反对专制，用平等反对等级制，并且最终取得了胜利。但是，自由与平等之间存在内在的矛盾和冲突：强调自由可能牺牲平等，强调平等可能牺牲自由。在这种冲突面前，西方做出了自由取向的选择。在 20 世纪 30 年代西方出现了罗斯福新政、凯恩斯主义，以及后来的罗尔斯的公正论之后，近代

① 习近平：《培育和弘扬社会主义核心价值观》，《习近平谈治国理政》，外文出版社 2014 年版，第 163 页。

的自由放任主义有所改变，在一定程度上注意到了社会的平等。但是，自由主义的基本价值取向没有改变，而且这种倾向于平等的新自由主义受到了广泛的批评。中国传统社会则是宗法皇权专制社会，其占统治地位的价值观既是等级制的，也是专制主义的。不过，中国传统的非主流文化中特别是在农民这一庞大的社会群体中盛行的是平均主义。当代中国价值观是马克思主义的、社会主义的。马克思主义的基本价值取向是平等，而非自由，而社会主义追求共同富裕和社会成员普遍的自由全面发展。因此，当代中国价值观的价值取向从总体上看是平等以及公平正义。当然，这并不意味着它否定自由，而只是说它把平等看得更重要。

第三，社群性或集体性。这一特点更具有中国特色，而与西方现代价值观迥异。西方现代价值观把社会成员个人看作社会的终极实体，国家和其他社群不仅都是从属于个人的，甚至根本不被看作实体。因此，西方现代价值观是个人主义的。中国传统价值观则把国家看作终极实体，个人不仅不是社会的实体，甚至也不是具有人格和权利的独立个体，而是整体中的一部分。因此，中国传统价值观是典型的整体主义的。当代中国价值观虽然具有某种传统价值观的整体主义特点，但不同于传统的那种等级制和专制主义的整体主义，而是兼顾了平等和自由的集体主义，社会成员不再只是国家的部件，而是有人格和权利的独立个体。在这方面，当代中国价值观接受了西方的积极影响，特别是党的十八大明确将“自由”和“平等”作为社会主义核心价值观的基本理念，这是中国价值观在历史演进过程中非常有意义的进步。

第四，道德性。这也是当代中国价值观具有突出中国特色的一个方面。在国家和社会治理的手段或控制机制上，历史上有两种基本取向，即法治和德治。中国传统价值观所推崇的是德治，法治也存在，但它是从属于德治的。西方现代价值观则是针对德治而建立起来的，它将法治看作社会治理的唯一手段，强调政府和国家在道德上持中立立场，也就是不干预社会成员的道德生活，不管他们信奉和遵循什么样的道德。当代中国价值观已经将依法治国作为基本国策，强力推进法治，党的十八大报告还将“法治”作为社会主义核心价值理念。但是，在我国社会生活中，道德具有强大影响力，党和政府旗帜鲜明地推行和倡导社会主义和共产主义道德，党和国家领导人也明确提出要“以德治国”。从中国传统文化的影响和未来人类的价值取向看，当代中国价值观不可能完全走向西方的法治主义，而会在法治、德治并重的前提下更重视道德的社会作用。当然，如何处理好法治与德治之间的关系，还需要做进一步探索。

4. 当代中国价值观构建面临的主要问题

当代中国价值观尚在构建的过程中，构建任务仍然十分繁重。从我国目前社会发展和实践需要看，当代中国价值观构建需要着重解决好以下四个重要问题。这四个问题也是传统价值观现代转换在当代面临的一些关键性问题。

第一，传统价值思想观念的创造性转化与创新性发展问题。研究传统价值思想观念的主要目的不仅仅是传承和弘扬它，还要从中找到有助于现代人类问题解决的因素和灵感，使当代中国价值观植根于民族文化和传统文化，根深叶茂。然而，目前我国价值论学者在这方面做的工作还不够，且对党和国家以及社会公众尚未产生实质性的影响。其重要原因是我国哲学学科分不同学科的局限。我国哲学长期以来划分为马克思主义哲学、西方哲学和中国哲学三个主要分支学科（这是在任何其他国家未见有的哲学分科划分），而这三个学科对传统文化的态度迥异。一般来说，研究中国哲学的学者往往以传承和弘扬传统文化为己任，由于情感因素和学科的局限而对传统文化肯定的多、批判的少；研究西方哲学的学者对传统文化基本上不了解，但通常对传统文化持简单否定态度，甚至认为传统文化多是糟粕，没有什么好传承和弘扬的；研究马克思主义哲学的学者受意识形态影响较大，大多会对传统文化持批判继承态度，赞同对它实行创造性转化和创新性发展，但他们因传统文化知识有限而无力达到目的。因此，就我国目前情况而言，对传统文化包括传统价值论和价值观实行创造性转化和创新性发展仍然主要停留在号召的层次，缺乏学术队伍使之落实。为此，我国学者应肩负起这种责任，深入研究传统价值论和价值观的历史文献，并在此前提下用马克思主义哲学的立场、观点、方法，并借鉴当代人类先进的思想文化成果，从理论上实现传统价值论和价值观的现代转换，使之与中国当代价值观构建有机结合起来、统一起来。

第二，理论价值体系（主流价值观）的完善问题。理论核心价值体系或核心价值观的理论建设主要属于价值论研究的范围，因而是价值论学者应当承担的学术责任。中共十八大以来，核心价值观的理论建设已经取得重大进展，但仍存在以下几个问题。一是对核心价值观本身并没有形成完整而得到公认的解释。许多人都把核心价值观等同于中共十八大提出的三个“倡导”（“24个字”），但“24个字”是核心价值观中的核心理念，并不等同于核心价值观，而且对于“24个字”的核心也存在诸多不同看法。因此，核心价值观本身还有很大的完善空间。二是核心价值观是中国当代价值观中的核心内容，并不等于中国当代价值观，要构建核心价值观必须构建中国当代价值观。中国当代价值观是一个体系，存在不同层次和维度的子系统，核心价值观是其中的核心系统。要使它转变成现实价值体系，使它“落细落小落实”，必须构建与之相应的不同层次和维度的子系统，从而使之融入社会生活的各个方面。这种完整的价值观体系不可能仅靠价值论学者来完成，但价值论学者可以推动它的构建，为它的构建提供基本原则和方法，并使不同的子价值观体系整合成完整的价值观体系。三是核心价值观也好，完整的主流价值观也好，都需要基础理论给予支持，然而我们尚缺乏这种理论。一种社会的价值观需要有一种作为其基础的理论来为它做论证和辩护，这样它才能获得理论上的合理性，人们才可能认同它。我国的核心价值观或主流价值观看起来有中国特色社会主义理论作为其理论基础，但实际上存在两个问题：其一，到目前为止学术理论界和宣传舆论界未见有将两者联系起来，它们似乎是互不关联的两个东西；其二，中国特色社会主义基础理论建设不是价值论学者所能完成的，但他们应当从价值观构建的需要出发推动和积极参与这一理论建设。

第三，核心价值观对国家治理的融入问题。中国社会制度和国家治理现代化的前提是价值观的现代化，而实现社会制度和国家治理现代化就是要把这种现代化的价值观融入社会制度和国家治理，使之充分体现其精神和要求。在这方面，存在两个问题。一是我们尚未意识到完善和发展中国特色社会主义制度、推进国家治理体系和治理能力现代化的根本要求是把核心价值观融入这种制度和治理的全过程和各方面。近几年，中共中央提出了把核心价值观融入法治建设的过程，这是良好的开端，但还需要将这种融入扩展到整个制度建设和治理建设。二是我们缺乏将核心价值观融入我国制度和治理的理论准备。学术理论界对这种融入的极端重要性呼吁不够，也没有为党和政府提供实现这种融入的有说服力的理论方案，使党和政府对此项工作没有给予足够重视。在这两个方面，价值论学者都承担着直接责任，一方面要为核心价值观融入制度和治理鼓与呼，另一方面要为实现这种融入提供科学、合理、可行的方案。核心价值观融入整个国家治理全过程和各环节涉及方方面面，但最重要的是要推进核心价值观的法制化、政策化和道德化，并使三者有机统一起来，也就是要通过将核心价值观的内容和要求转化为社会的法制（法律和制度）、政策、道德等社会控制机制来对人们起约束作用，使人们在一定意义上不得不培育和践行核心价值观。法制、政策和道德是现代社会的三种主要控制机制，在使核心价值观现实化方面发挥着不同的作用。核心价值观的法制化、政策化、道德化不是分离的，而是有机统一的。在建设核心价值观的过程中，要将三者关联起来全面推进，使之相互补充、相互支持、相互促进，而不能有所缺失或相互替代。习近平指出："法律和道德都具有规范社会行为、调节社会关系、维护社会秩序的作用，在国家治理中都有其地位和功能。法安天下，德润人心。法律有效实施有赖于道德支持，道德践行也离不开法律约束。"① 他强调："法治和德治不可分离、不可偏废，国家治理需要法律和道德协同发力。"② 我们要按照习近平总书记的要求，使法制化、政策化和道德化有机统一于核心价值观建设的全过程，统一于核心价值观培育和践行的全过程，大力推动核心价值观内化于人们的心灵，融入社会生活的方方面面，转化为社会的价值体系和文化。

第四，推进核心价值观的社会认同问题。党的十九大报告明确要求发挥社会主义核心价值观对国民教育、精神文明创建、精神文化产品创作生产传播的引领作用，把核心价值观融入社会发展各方面，转化为人们的情感认同和行为习惯。要贯彻落实党的十九大要求，其重要前提是要使核心价值观得到全社会的广泛认同。自党的十八大提出培育和践行

① 习近平：《坚持依法治国和以德治国相结合》，《习近平谈治国理政》第二卷，外文出版社 2017 年版，第 133 页。

② 习近平：《坚持依法治国和以德治国相结合》，《习近平谈治国理政》第二卷，外文出版社 2017 年版，第 133 页。

社会主义核心价值观以来，全党全社会掀起了持续不断的学习、贯彻、宣传、教育的热潮，并且采取了一系列措施推动其“落细落小落实”。这些措施取得了明显成效，但核心价值观的社会认同尚未达到所期望的高度，因而仍然是党和政府以至社会公众今后很长一段时间需要关注的重大问题。使一个国家推行的价值观[①]得到社会认同是一个十分复杂的过程，涉及许多方面，而合理性认同和道义性认同是其中的两个基本方面。就这两种社会认同而言，道义性认同具有关键性的意义。因此，要着眼于当代价值观社会认同问题并结合我国实际情况，研究价值观合理性认同和道义性认同及其关系，进一步探索我国核心价值观社会认同的现实路径。

二　传统价值观的创造性转化与创新性发展

习近平在纪念孔子诞辰 2565 周年国际学术研讨会暨国际儒学联合会第五届会员大会开幕会上的讲话中，明确提出要“努力实现传统文化的创造性转化、创新性发展”[②] 这一重大时代课题。讲话发表以来，学界对这一课题进行了热烈的讨论。学者们一方面充分肯定这一课题是我国走向现代化和实现中华民族伟大复兴征程中不可回避的重大理论问题和现实问题，既是事关中华传统文化在新的历史条件下能否得以传承和怎样得以传承的问题，也是事关当代中国价值观的根基和底蕴的问题；另一方面也深感这是一个难度极大的问题，所涉及的诸多问题需要学界共同攻关并达成共识。传统价值观是传统文化的核心内容，因此，需要从价值观的角度研究传统文化创造性转化和创新性发展所面临的问题。

1. 传统价值观创造性转化和创新性发展的必要性

传统社会存在的价值观中有一些在当代中国社会得到了直接的传承，

---

① 任何一个文明社会的价值观都是多元的，有统治者推行的（官方）价值观，有社会成员（包括个人和社会群体）实际奉行的价值观等。国家所推行的价值观通常是成体系的，其中的核心内容或核心体系即通常所谓的核心价值观。核心价值观规定着一种价值观的性质，是一种价值观区别于另一种价值观的主要标志。为了行文方便，以下所说的“价值观”一般是指国家推行的价值观中的核心内容，即核心价值观。

② 习近平：《在纪念孔子诞辰 2565 周年国际学术研讨会暨国际儒学联合会第五届会员大会开幕会上的讲话》，人民出版社 2014 年版，第 11 页。

甚至得到了某种发展。中国化佛教价值观和道教价值观在当代中国佛教界和道教界被延续下来，虽然在改革开放之前的几十年受到了较大冲击，但毕竟未被摧毁。应该说这两种宗教价值观被传承下来了。儒家价值观的命运要比宗教价值观悲惨得多，从新文化运动到改革开放前，曾经一再受到批判和清算，在中国大陆基本上没有了明显的影响力。不过，在港台地区及海外华人学者中它得到了传承并被转换成新儒学。改革开放以后，新儒学重新进入中国大陆（内地），甚至成为当代中国的显学之一。显然，今天我们说的传统价值观的创造性转化和创新性发展肯定不是上述三种价值观意义上的传承与创新，而是指传统价值观如何与当代中国主流价值观相对接、相融合，从而转化为当代中国的主流价值观或转化为其中的有益成分。社会主义核心价值观是当代中国主流价值观的核心内容。因此，上述问题也就成为传统价值观如何创造性地转化为以社会主义核心价值观为核心内容的当代中国主流价值观，并在这种主流价值观的总体框架下得到创新性发展的问题。

那么，为什么要对传统价值观进行创造性转化和创新性发展呢？这是一个十分复杂的问题，也是我们要实现传统价值观创造性转化和创新性发展必须给予回答的难题。这个问题至少隐含以下三个问题。

第一，我国正在建构的主流价值观尚未充分地吸收传统价值观的合理的、有价值的内容。我们正在建设的以社会主义核心价值观为核心内容的主流价值观是改革开放后特别是党的十六届六中全会（2006）才明确提上议事日程的。而在实行改革开放之前，我国对传统文化不仅是封闭的，而且持彻底批判和完全否定的态度，导致绝大多数国人乃至社会的精英群体（包括政治人物）对传统价值观不甚了了，而且持本能的反感态度。改革开放以后，经过了一段相当长的时间，传统文化才逐渐进入人们的生活。可以说，一直到党的十六届六中全会明确提出建设社会主义核心价值体系的时候，国人对传统文化的了解还十分有限，以至党中央在阐述社会主义核心价值体系的内容时只提到了“以爱国主义为核心的民族精神”。党的十八大提出培育和践行社会主义核心价值观，其中传统价值观的内容也体现得不够充分。习近平同志主持中央工作之后，清楚地意识到了这种状况，所以他开始高度重视这一问题。

第二，我国传统价值观有值得转化和发展的内容。关于这一点，习近平总书记在2014年“五四”青年节与北大师生座谈会的讲话中做了清晰的阐述。他说：“中华文明绵延数千年，有其独特的价值体系。中华优秀传统文化已经成为中华民族的基因，植根在中国人内心，潜移默化影响着中国人的思想方式和行为方式。今天，我们提倡和弘扬社会主义核心价值观，必须从中汲取丰富营养，否则就不会有生命力和影响力。比如，中华文化强调‘民惟邦本’、‘天人合一’、‘和而不同’，强调‘天行健，君子以自强不息’、‘大道之行也，天下为公’；强调‘天下兴亡，匹夫有责’，主张以德治国、以文化人；强调‘君子喻于义’、‘君子坦荡荡’、‘君子义以为质’；强调‘言必信，行必果’、‘人而无信，不知其可也’；强调‘德不孤，必有邻’、‘仁者爱人’、‘与人为善’、‘己所不欲，勿施于人’、‘出入相友，守望相助’、‘老吾老以及人之老，幼吾幼以及人之幼’、‘扶贫济困’、‘不患寡而患不均’，等等。像这样的思想和理念，不论过去还是现在，都有其鲜明的民族特色，都有其永不褪色的时代价值。这些思想和理念，既随着时间推移和时代变迁而不断与时俱进，又有其自身的连续性和稳定性。我们生而为中国人，最根本的是我们有中国人的独特精神世界，有百姓日用而不觉的价值观。我们提倡的社会主义核心价值观，就充分体现了对中华优秀传统文化的传承和升华。”①

第三，我国正在建设的主流价值观需要吸收传统价值观。习近平指出：“培育和弘扬社会主义核心价值观必须立足中华优秀传统文化。牢固的核心价值观，都有其固有的根本。抛弃传统、丢掉根本，就等于割断了自己的精神命脉。博大精深的中华优秀传统文化是我们在世界文化激荡中站稳脚跟的根基。”②“我们决不可抛弃中华民族的优秀文化传统，恰恰相反，我们要很好传承和弘扬，因为这是我们民族的‘根’和‘魂’，丢了这个‘根’和‘魂’，就没有根基了。”③习近平的重要讲话深刻揭示了传统优秀文化对于建设当代中国价值观的根本意义，充分阐

① 习近平：《青年要自觉践行社会主义核心价值观——在北京大学师生座谈会上的讲话》，人民出版社2014年版，第7～8页。

② 习近平：《培育和弘扬社会主义核心价值观》，《习近平谈治国理政》，外文出版社2014年版，第163～164页。

③ 中共中央文献研究室：《习近平关于实现中华民族伟大复兴的中国梦论述摘编》，中央文献出版社2013年版，第33页。

释了传承和弘扬传统文化对于实现中华民族伟大复兴中国梦不可替代的价值，这为研究和回答核心价值观与传统文化的关系问题提出了要求，指明了方向。

实际上，传统价值观创造性转化和创新性发展问题包含两层含义。其一，从中国文化的历史发展角度看，这个问题是传统价值观如何在当代社会主义中国传承和开新、实现创造性转化和创新性发展，以使之永葆青春活力、永远屹立世界民族之林的问题。其二，从当代中国特色社会主义建设事业的角度看，这个问题是我们所要建设的核心价值观如何深深扎根于中华民族和中国博大精深的文化沃土，从中获得丰厚的滋养，从而使之在古老的中华大地和亿万中华儿女心中生根开花结果，成为当代中华民族和中国人民的共同信念和精神家园的问题。解决前一问题是当代中国人的历史使命，其意义在于使源远流长的中华文化在我们这一时代实现大繁荣大发展，从而使其更好地传承下去；解决后一问题是当代中国的现实迫切需要，其意义在于使我们正在建设的主流价值观得到普遍认同，从而使之转化为我国公众的共同理想、信念和基本遵循。这是一个一体两面的问题，弄清楚了这个一体两面的问题，我们对为什么要进行传统文化创造性转化和创新性发展的问题就容易理解了。不过，需要注意的是，解决后一个问题更现实、更迫切，这也许是党中央特别强调传统文化创造性转化和创新性发展的初衷和主旨。

2. 正确理解传统价值观创造性转化和创新性发展

今天我们广泛谈论传统价值观的创造性转化和创新性发展，但对“创造性转化”和“创新性发展”这两个概念研究不够，似乎也没有形成共识，而这种共识是进一步研究问题的前提。因此，我们需要对传统价值观创造性转化和创新性发展的内涵加以界定和阐述。习近平提出要努力实现传统文化的创造性转化和创新性发展，实际上提出了两个方面的不同要求：一方面要对传统文化进行创造性转化，另一方面要对传统文化进行创新性发展。

传统价值观的创造性转化指的是传统价值观的一种革命性的变革，即从中国传统价值观转变为中国当代价值观。如前所述，“传统价值观”是一个集合概念，那么，我们要实现这种创造性转化的是所有传统价值观还是其中的一种或几种呢？在笔者看来，要实现这种创造性转化的只能是传统社会占主导地位的价值观，即从汉代到辛亥革命前传统社会的主导价值观。之所以如此，是因为传统宗教价值观是社会特殊群体的价值观，它们一直被延续下来；儒家价值观（包括理学价值观、心学价值观）在今天的新儒家中已经得到转化或者正在进行转化。

有人可能认为这种皇权专制主义价值观是完全过时的、落后的价值观，应当完全抛弃。不可否认，皇权专制主义价值观在性质上与中国特色社会主义价值观是完全不同的，总体上也是与市场经济、民主政治和现代法治不相适应的，而且在内容上也有许多陈旧的甚至糟粕的东西。然而，也正是因为如此，我们才要对它进行创造性转化，即进行革命性的变革。对传统主导价值观进行创造性转化比简单地否弃它要理性得多，而且对当代中国主流价值观的建设也有益得多。其理由有三。

首先，皇权专制主义价值观是以儒家价值观为依据构建起来的，也是先秦诸子价值观中唯一一种被上升为主流价值观的价值观。它既显示了儒家价值观的优势，也暴露了它的缺陷和问题。以积极的态度对待这种价值观，对它进行创造性转化，有助于认清儒家价值观这一传统社会中最有竞争力的价值观的真正精华和糟粕，从而使其中有价值的内容得到弘扬，其糟粕得以剔除。显然，不考虑传统主导价值观这一被统治者倡导和践行的价值观，我们是很难做到这一点的。

其次，皇权专制主义价值观在中国传统社会占主导地位长达两千多年，其根基之牢固，是其他任何社会的主导价值观都很难与之相提并论的。这一历史事实本身就表明，这种价值观有其历史的必然性和某种合理性，因而不能全盘予以否定，而要认真总结其经验和教训。可以说，对它进行创造性转化之目的就在于此。

最后，皇权专制主义价值观是被现实化为社会价值体系和文化的价值观，而且影响深远，不仅在内容上，而且在话语体系上，特别是在建设途径和方法方面有诸多值得吸收和借鉴的东西。当然，这些东西都有时代的局限甚至思想上的悖谬，然而这正是我们不能全盘传承它，而必须对它进行创造性转化的原因。

此外，历史事实也反复证明，简单否弃传统主导价值观并不能真正否弃它，这样做的结果只会适得其反，它会从深层次上潜在地影响人们的心理和生活。这也许正是自辛亥革命到改革开放一直反传统而传统一直存在的原因。

与传统价值观的创造性转化不同，传统价值观的创新性发展则不是指传统社会占主导地位的价值观的变革或转型，而是指不同价值观中一切有价值的、合理的东西的修正、更新或补充。因此，创新性发展不是革命性变革，而是改良性完善。创新性发展的情形比较复杂。就范围而言，创新性发展主要包括三个方面。一是价值话语，包括语词、概念、命题乃至整个话语体系。例如，朱熹总结的“朱子八德”，即“孝悌忠信礼义廉耻”，就都是民族特色鲜明的价值观范畴。传统价值观中这方面的遗产十分丰富，也极具中国特色，因而特别值得进行创新性发展。弘扬和创新传统价值观的话语体系是当代主流价值观建设面临的急迫任务。二是一些价值观念的一般的抽象的含义。例如，“己所不欲，勿施于人”“仁者爱人”等价值命题的一般含义具有普适性，然而，由于种种原因，特别是现代社会中的一些偏颇行为使得人们遗忘了这些重要的命题，因而需要弘扬它们。创新性发展的意思有如冯友兰先生所说的“抽象继承”，即继承传统观念的一般含义，而改变其具体内容和实质性含义。三是一些价值观念的合理内容。例如，“天人合一”“先天下之忧而忧，后天下之乐而乐”等观念，其基本内容是合理的，也是现代人所缺乏的，因而值得进行创新性发展。

就性质而言，创新性发展至少也有三个方面的内容。一是价值观内容的实质性更新，如“爱国”的观念。传统价值观中的“国”虽然也有居民的基本生活共同体的意义，但其实质是封建统治者或专制统治者的“家天下”。我们对这种意义的“国”就要进行创新性发展，使之转化为人民当家做主的“共和国”。这是一种创新。在传统价值观中没有“共和国”的观念，“共和国”是近现代创造的或从外域借鉴的，用“共和国”的“国”取代“家天下”的“国”就是一种实质性的内容创新。二是价值观内容的扩展、补充、丰富，使其具有新的内涵。例如，传统价值观所说的“仁爱”，主要涉及的是君臣、父子、夫妻、兄弟、朋友这“五伦”之间的关系。如果我们将仁爱的范围扩展到“五伦”之外，如扩展到陌生人之间、人和动物之间等，那么这就是对仁爱的一种创新性发展。三是创新性发展也包含从无到有的发展，即增添传统价值观所没有的新内容。例如，党的十八大报告中提出的“自由”“平等”“民主”“法治”等价值理念，在传统价值观中基本上是没有的。这些理念的提出相对于传统价值观而言，就是一种创新性发展。当然，这种创新性发展不在我们这里所讨论的范围。

根据上述理解，对传统价值观进行创造性转化和创新性发展就是要在对传统价值观中那些有价值的、合理的内容进行辨析的基础上，对需要进行创造性转化的内容进行革命性变革，从而使当代中国主流价值观与传统价值观对接，承接其架构和范式；而对需要进行创新性发展的内容进行改良性完善，并使得完善的内容融入当代中国主流价值观体系之中，从而增加当代中国主流价值观的传统内涵和底蕴。

3. 传统价值观创造性转化和创新性发展的根据

除了道教、中国化佛教和儒家价值观之外的其他价值观，今天看来都不可能在整体上被传承，而只能传承其中有价值的、合理的内容，因为这些价值观在性质上是与当代中国主流价值观即中国特色社会主义价值观迥然不同的。即使今天得到直接传承的道教、中国化佛教和儒家价值观也由于与当代中国主流价值观性质根本不同而不可能成为主流价值观。当然，一方面，它们可以作为非主流价值观与主流价值观共存共荣，其前提是要服从于和服务于主流价值观；另一方面，主流价值观也要从这些非主流价值观中吸收有益内容来丰富、完善和发展自己，使自己更具有包容性、感召力和影响力。实际上，我们今天谈传统价值观的创造性转化和创新性发展是在当代中国主流价值观建设的意义上讲的，而不是仅就上述不同价值观自身的创造性转化和创新性发展而言的。这一点是明显且必须明确的。那么，我们现在面临的问题是，如果不考虑宗教价值观近现代的传承，不考虑儒家价值观 20 世纪 20 年代以来的复兴，从建设社会主义核心价值观的角度看，或者从更大范围看，即从当代中国主流价值观建设的角度看，传统价值观的不同形态中哪些内容可以而且需要进行创造性转化和创新性发展呢？或者说，我们可以而且应该从传统价值观中吸收什么内容呢？这个问题就涉及一个更深层次的问题，即传统价值观创造性转化和创新性发展的根据是什么。只有回答了这个问题，我们才能从传统价值观中发掘和整理我们可以而且需要创造性进行创造性转化和创新性发展的内容。

传统价值观创造性转化和创新性发展的根据问题就是我们今天以什

么为根据来衡量和判断诸种传统价值观中的哪些内容可以而且需要创造性转化和创新性发展的问题。那么，以什么为根据或者说根据是什么呢？根据有相互联系的三个方面，即当代中国主流价值观建设的理论需要，当代中国公众价值认同的心理需要和当代中国特色社会主义建设事业的实践需要。

当代中国主流价值观就是以社会主义核心价值观为核心内容的中国特色社会主义价值观。中国特色社会主义价值观是正在建设过程中的国家价值观，这种价值观既包含社会主义的内容，也包含中国特色的内容。其中中国特色的内容既包括中国自古以来各种价值观中被历史和实践证明的具有民族特色的有价值的、合理的内容，也包括当代中国特色社会主义理论和实践中具有当代中国特色的内容。根据中国特色社会主义价值观的这种结构，建设这种价值观需要创造性转化和创新性发展传统价值观的内容，就是中国自古以来各种价值观中被历史和实践证明的具有民族特色的内容。这部分内容就是习近平所说的我们民族的“根”和“魂”。当代中国特色社会主义价值观之所以需要这部分内容，就是因为这部分内容是我们民族的“根”和“魂”，当然也是当代中国特色社会主义价值观的“根”和“魂”。丢了这个“根”和“魂”，当代中国特色社会主义价值观就没有根基了，当然也就不会有生命力和影响力。

如果我们把一种社会价值观看作由目标系统、手段系统、规则系统和控制系统四个方面的观念构成的话，那么，我们就可以从这四个方面考察传统价值观中可以而且需要创造性转化和创新性发展的内容，或者说可以作为当代中国特色社会主义的“根”和“魂”的内容。例如，就目标系统的观念而言，有“大同”“天人合一”“和谐”等观念。这是从形式的角度看创造性转化和创新性发展。从内容的角度看，要对需要创造性转化和创新性发展的传统价值观做更深入的研究，但有几个方面的内容是值得特别提出来的。一是由中华民族地理条件、人种特性、历史起源等与中国人血肉不可分离的因素决定的某些民族性格，而这样的民族性格隐含相应的价值观念，如“天人合一”“自强不息”“勤劳节俭”等。这种观念不一定为某种传统价值观所推崇，但它隐含在不同的传统价值观之中，成为不言而喻的共识和共同追求。二是各种传统价值观共同推崇并且已经深入中国人血脉之中的内容，如爱国主义。这种价值观应该是各种价值观共同推崇并且几千年来为中华儿女普遍认同的。三是为某一种或几种价值观推崇而为其他某种价值观反对但已经成为中华民族的共同信念的内容，如仁爱。仁爱作为一种价值观念是为儒家所推崇的，墨家反对这种观念而推崇兼爱，但仁爱自古以来一直为中华儿女所珍视和追求。四是某种或某些价值观提出的在传统社会并没有得到普遍认同或践行而在今天被认为是值得弘扬的有价值的内容，如墨家的“兼相爱，交相利”、道家的“为而不争”等观念。当然，所有这些方面也并非可以直接移植到中国当代主流价值观之中，而是需要进行创造性转化和创新性发展的。

当代中国公众价值认同的心理需要也是我们可以并且需要对哪些传统价值观进行创造性转化和创新性发展的重要根据。我们建设中国特色社会主义价值观的终极目的是使它得到社会公众的普遍认同。只有得到社会公众的普遍认同，这种价值观才能转化成社会公众的共同理想、信念和基本遵循。党中央提出建设社会主义核心价值体系和核心价值观以来，社会主义核心价值观正在深入人心，但是社会公众的认同广度和深度还远远不够。其原因很复杂，如提出核心价值观的时间比较短，人们有一个理解、消化和确认的过程。但有一点是值得注意的，那就是核心价值观无论在表述上还是在内容上与社会公众心理上的契合度不够高。那么，如何提高这种契合度呢？这就需要给核心价值观注入传统文化特别是传统价值观的因素。社会公众的心理并不只是他们出生之后在家庭、学校和社会的教育和环境中形成的。在这些条件影响下形成的心理当然是公众心理的主要方面，但它只是其中的一个层次，而且是相对浅表的层次。这个层次的心理通常是人们能够自觉意识到的。除此之外，还有一种更深的层次，即民族性格和民族文化积淀的因素，亦即深层的心理因素。这种深层心理因素包含民族认同的需要。这个层次是人们通常意识不到的，但会对人的认识、情感、意志和行为发生深刻影响。当一种价值观能唤醒并满足一个人的这种深层的民族认同需要时，它就会得到这个人由衷的心理认同。社会主义核心价值观要真正深入人心，其表述和内容必须与这种心理需求相契合，而不与之相矛盾和冲突，从而在人们的心理深层引起共鸣，满足人们的这种潜在心理需要。

那么，核心价值观的这些因素从哪里获得呢？一个主要的源泉就是传统价值观。各种传统价值观在中国历史上的不同时期、不同范围不同程度地发生过影响，它们会作为历史文化因素逐渐积淀在一代又一代人的心理底层，以至于构成了当代人的潜在心理需要。因此，我们在建设以核心价值观为核心内容的当代主流价值观的过程中，需要从传统价值观这一源头去寻找已经积淀成为当代公众的心理需要的因素，并通过创造性转化和创新性发展使这种因素与当代主流价值观中的其他因素相一致、相协调，从而形成对当代中国公众有心理穿透力的当代主流价值观。从传统价值观中找到这些还在发生作用的深层心理因素并使之创造性转化和创新性发展，这也是一项需要深入细致研究的工作。这里需要指出的是，这些心理因素并不一定都是积极的，都是能与当代主流价值观中的其他因素相一致的，有些（如“权高于法”“长官意志”等）不仅不一致，甚至是与之相冲突的。这就需要在对传统价值观的观照中对当代公众心理进行分析，找出这些因素，然后剔除那些与时代不相适应、与核心价值观的其他要素相冲突的因素，而对其他体现民族认同需要的因素以及其他有价值的因素进行创造性转化，并使其在核心价值观框架下获得创新性发展。

当代中国特色社会主义建设事业严格说来应该是中国特色社会主义价值观的现实化过程。然而，实际情况是，我们不是先建立了主流价值观，然后根据这种价值观进行建设事业，而是两者差不多同时进行的。[①]因此，对传统价值观进行创造性转化和创新性发展不仅要考虑当代中国主流价值观建设的理论需要，而且要考虑当代中国建设的实践需要。党的十八大报告指出，当代中国特色社会主义建设事业是一种全面建设，包括经济建设、政治建设、文化建设、社会建设、生态文明建设以及党的建设。根据这种全面建设的要求，传统价值观有许多内容是可以而且需要创造性转化和创新性发展的。就经济建设而言，传统儒家和墨家价值观的义利观都是可以创造性转化和创新性发展的。例如，传统儒家的“重义轻利”“君子喻于义”等观念可创造性转化和创新性发展为非经济领域的价值观念，而墨家的“交相利”观念可创造性转化和创新性发展

① 关于我国价值文化的双重构建，笔者多次讨论过，主要的可参阅江畅《论价值观与价值文化》，科学出版社 2014 年版，第 45～48 页。

为经济领域的价值观念。就政治建设而言，传统价值观的“民惟邦本”“天下为公”等观念也可以创造性转化和创新性发展为当代中国价值观。至于文化、社会、生态文明等方面的建设，传统价值观可资创造性转化和创新性发展的内容更是不胜枚举。当前随着我国市场经济迅速发展，我国出现了整个社会生活的市场化、资本化、享乐化等问题，在这种情况下尤其需要通过创造性转化和创新性发展传统价值观的一些相应内容来克服这些问题，以使我们的社会生活健康美好。

如果认同上述三个方面是我们衡量和判断传统价值观的哪些内容可以并且需要进行创造性转化和创新性发展的根据，那么就可以以此为根据对传统价值观进行发掘和整理。不过，这是一项工程浩大的任务，这里不可能进行具体讨论。

4. 传统价值观创造性转化和创新性发展与坚持和发展马克思主义

马克思主义是当代中国主流意识形态的理论基础，也是中国特色社会主义建设的指导思想，研究传统价值观的创造性转化和创新性发展问题，必须正确认识和处理马克思主义与传统价值观和当代中国价值观特别是社会主义核心价值观的关系问题。笔者曾在《当代中国价值观的源与流》[①] 一文中专门讨论过三者之间的关系问题，笔者仍然坚持该文提出和阐述的基本观点。这里着重对传统价值观创造性转化和创新性发展与坚持和发展马克思主义之间的关系问题做一些进一步的讨论。

当代中国正在建设的主流价值观作为中国特色社会主义价值观，是与改革开放前的传统社会主义价值观一脉相承的，本质上是一致的。它的思想来源和理论依据是马克思主义，这一点是历史事实，也是我们今天必须明确的。改革开放前的传统社会主义价值观是封闭性的，不仅对国外特别是对西方封闭，而且对传统文化也是封闭的。自改革开放开始，我国不仅对国外打开了大门，也对传统文化打开了大门。我们越来越清醒地意识到，马克思主义中国化不只是要与中国实际相结合，也必须与中国文化传统相结合。实际上，中国当代社会现实是中国文化传统的延续，当代中国实践也在创造着中国文化传统。显然，试图将当代中国现实与中国文化传统割裂开来，既不可能，也会使马克思主义丧失民族文

① 江畅：《当代中国价值观的源与流》，《光明日报》2015年2月11日。

化的根基和血脉，从而丧失活力源泉。因此，当前我国建构主流价值观着力弘扬中国优秀传统文化，努力将当代中国价值观融入中国悠久的文化传统之中，使之实现伟大的复兴，这是必要的，也是意义重大的。当代中国价值观与传统社会主义价值观的重要区别之一，在于它在对传统文化开放的过程中正在融入中国文化传统，开始自觉地从优秀传统文化中汲取营养。当前我国的主流价值观构建的重要任务之一就是要使当代中国价值观真正植根于中国文化传统的沃土之中，使它在其中生根、发芽、开花、结果。

然而，我们也切不可忘记和忽视我们正在构建的中国特色社会主义价值观的真正源头是马克思、恩格斯创立的马克思主义，因而我们进行传统价值观的创造性转化和创新性发展也必须以马克思主义为指导，以马克思主义的立场、观点和方法为依据。马克思主义在中国大地传播直至成为国家主导意识形态的过程，是马克思主义与中国实际相结合的过程，是马克思主义中国化、时代化、大众化的过程，也是马克思主义在中国逐渐取得胜利的过程。将马克思主义与中国实际结合起来建设的中国特色社会主义，已经显示出并将进一步显示资本主义所无可比拟的优越性。在整个中国特色社会主义建设和中国特色社会主义价值观建设过程中，都必须毫不动摇地坚持和发展马克思主义，如此我们构建的主流价值观才会真正是马克思主义的、科学社会主义的。

无论是国内还是国外，有不少人认为马克思主义产生于 19 世纪，今天已经过时。还有些人认为马克思预言资本主义必然灭亡，然而到一百多年后的今天它还没有灭亡，从而怀疑马克思主义的正确性。我们知道，西方今天占统治地位的自由主义，一般认为产生于 17 世纪的英国思想家洛克。自由主义虽然经历了从自由放任主义到国家干预主义的转变，但它的基本立场、基本观点、基本原则没有变。马克思的社会主义产生于 19 世纪，比自由主义还要晚两个世纪，我们没有理由说它今天必定过时。至于说资本主义到今天尚没有灭亡，并不能表明马克思、恩格斯预言的破产。虽然今天的资本主义社会不一定通过无产阶级革命和无产阶级专政进入社会主义社会，但它的发展方向，乃至整个人类社会的发展方向，都必将是马克思所预示的以人的全面而自由发展为原则的自由人联合体。今天我国建设主流价值观之所以要坚持马克思主义，就是要走出一条不同于资本主义的社会主义道路，从而达到马克思、恩格斯所设想的人类理想境界。对于已经走上社会主义道路的中国而言，不可能也不应该像俄罗斯那样回头再走资本主义道路。

今天我们倡导弘扬传统文化，并致力于传统价值观的创造性转化和创新性发展，是为了使我们正在建设的当代中国价值观植根于中国文化传统，从传统文化中汲取营养，从而使当代中国主流价值观更具有中国特色，更具有浓厚的文化根基和底蕴。但是，有一些人误以为我们这是要丢掉或否定马克思主义，回到传统价值观，特别是回到孔子的价值观，并利用各种机会推动儒学主流意识形态化。特别是自改革开放以来，我国社会转型时期出现了不少社会问题。在这种情况下，一些学者认为马克思主义已经过时，社会主义价值观已经失效，而且西方文化也已经衰落且不适用于中国，因而主张用传统文化特别是传统儒家思想来解决当代社会问题。有学者甚至认为复兴孔子学说是解决当代中国问题的唯一出路。这些看法和做法是很值得商榷的。前文已说过，先秦儒家价值观是当时所有价值观中最具有竞争力的价值观，也是对此后的中国影响最大的学理性价值观。但是，即使在皇权专制时代统治者在采纳这种价值观作为主导价值观的时候，也对它做了相当大的修正，因而皇权专制主义价值观与先秦儒家价值观有重大的甚至根本性的区别。这一历史事实告诉我们，先秦儒家价值观是生长在先秦以自然经济为基础的封建宗法社会基础之上并与之相适应的价值观，它并不适应或不完全适应皇权专制社会。如果是这样，我们更没有理由认为，它能适应今天以市场经济为基础的民主社会。我们不能否认儒家特别是孔子思想中具有不少超时代和有普适性意义的内容，需要通过创造性转化和创新性发展将其纳入当代中国主流价值观，但这绝不意味着我们要从马克思回到孔子，从社会主义回到封建主义或皇权专制主义。

当代中国价值观要融入中国文化传统，要传承和弘扬优秀传统价值观，这是不可否认的，也是当前已经普遍形成的共识。但是，在认识和处理当代中国主流价值观与传统价值观的关系上，必须明确以下三点。第一，当代中国价值观融入中国文化传统，并不是融入中国旧的文化传统，而是融入对旧文化传统实行创造性转化、创新性发展形成的新文化传统。第二，当代中国价值观传承和弘扬中国优秀传统文化，并不是要回归到中国传统文化，也不是要把传统文化嫁接到现代文明上，而是要在传承、弘扬的过程中利用优秀传统文化资源。第三，当代中国价值观要利用的中国优秀传统文化资源，不只是儒家思想，而是中国进入文明社会以来逐渐形成的所有的传统文化。

建设当代中国主流价值观所要坚持的基本立场是马克思主义价值观，而不是任何一种传统价值观。只有坚持和发展马克思主义，中国特色社会主义价值观才能最终形成，也才有可能成为当代人类最先进的价值观。马克思主义是一种世界性思潮，是今天世界最有影响力的两大思潮之一。中国是信奉马克思主义的国家，而中国是世界上人口最多的国家，也是社会主义事业最兴旺发达的国家。因此，当代中国不仅有解决本国社会主义现代化问题的责任，而且肩负着研究解决现代人类面临的世界性问题的重大使命。从这种意义上看，我们要把当代中国主流价值观作为具有世界意义、全人类意义的价值观来建设，使之成为当代人类最先进的价值观。这种价值观要能以其先进性与西方自由主义价值观相抗衡、相竞争，不仅不能被自由主义价值观所战胜，还要通过超越它而最终战胜它。我们要真正做到这一点，必须在当代坚持和发展马克思主义。

5. 传统价值观创造性转化和创新性发展与对西方现代价值观的借鉴和超越

传统价值观的创造性转化和创新性发展需要继承、借鉴和超越西方现代价值观。西方现代价值观对于我国实行传统价值观创造性转化和创新性发展、构建当代主流价值观不仅具有“触媒”作用，还具有其他多方面的意义。第一，它给我们提供了许多现代价值观的思想资源。我们大量地译介西方的学术著作，进行日益广泛深入的文化教育交流，在中国大地上掀起了一次又一次的西方文化冲击波。我们不能否认西方近代价值文化的资本主义性质，也不能否认其中有很多糟粕，但是我们也必须肯定其中有不少与市场经济、民主政治、现代法治、现代科技相适应的东西。这些东西为当代中国价值观构建提供了丰富的可供选择和借鉴的内容。第二，西方现代价值观及其构建也给我们提供了构建主流价值观的经验教训。西方现代价值观和文化是西方资产阶级自觉构建的结果。西方近代以来的思想家提供了各种可供选择的价值观理论方案，西方现代政治家则从这些方案中选择了自由主义理论作为主流价值观，并将其付诸实践，使之现实化。西方现代价值观的构建使我们意识到在现代文明条件下自觉构建主流价值观的必要性和重要意义，意识到与计划经济相适应的价值观不适应市场经济，市场经济需要与之相应的价值观。另外，西方现代价值观及其构建的局限性和难以克服的各种难题，也使我们力图避免西方现代价值观建设走过的弯路和已经显现的偏颇。正是鉴于这种经验教训，我们意识到我国不能走西方现代构建价值观的老路，不能搞“全盘西化”，而必须坚持走社会主义道路，当然这种社会主义不是传统的社会主义，而是有中国特色的社会主义。

正是因为改革开放以来党中央正确地意识到西方价值观对我国主流价值观所具有的正向意义，所以我国不断扩大对外开放，由改革开放初的“被冲击”变为自1992年邓小平南方谈话开始的“主动引进”。在这个过程中，我们也走过一些弯路。20世纪90年代我国实行市场经济体制之后，改变了以前被动应对的策略，在更自觉更主动地对外开放的同时，开始适应全面深化改革开放和建立社会主义市场经济的需要，自觉主动地构建当代中国价值观，特别是社会主义核心价值体系和核心价值观。这种自觉主动的价值观构建不再对西方现代价值观采取敌视和简单抵制的态度，而是吸收其中有价值的合理内容，真正采取了“洋为中用”的积极开放态度。其最重要的成果就是党的十八大把过去被看作西方资本主义价值观重要内容的“自由”“平等”“公正”“民主”“法治”等纳入了社会主义核心价值观之中，作为其中重要的理念，并赋予其社会主义的新含义。

在对待西方现代价值观的问题上，改革开放以来我国虽然走过一些弯路，但总体上看路子是正确的，且卓有成效。构建当代中国价值观应当沿着这条路子走下去，这就是党的十八大报告提出的八项“必须坚持”中的“必须坚持改革开放”。但是，随着中国特色社会主义事业的迅猛发展，随着全球一体化的进一步加深，在构建我国主流价值观的过程中，在对待西方文化和价值观的问题上还需要进一步理清思路、调整策略。具体地说，有以下三点值得特别注意。

第一，在进一步在学习借鉴西方现代价值观的基础上致力于超越。西方现代价值观是西方资产阶级经过几百年的艰苦探索和奋斗构建起来并使之现实化的。它不仅是人类历史上第一个自觉构建的最完整系统的价值观，而且至少在近代它也是人类最先进的价值观。这种价值观以其独有的实力和魅力彻底战胜了在西方占统治地位一千多年的基督教教会的统治和世俗的封建主义、专制主义，并且造就了繁荣发达的西方现代文明。马克思、恩格斯曾充分肯定资产阶级在人类历史上所发挥的重要作用："资产阶级在历史上曾经起过非常革命的作用。""资产阶级在它的不到一百年的阶级统治中所创造的生产力，比过去一切世代创造的全部生产力还要多，还要大。"① 在马恩做出上述判断一百多年后的今天，西方资产阶级又解决了不少面临的新问题，并使近代确立的资本主义价值观进一步得到完善。我国是致力于市场经济和现代化建设的发展中国家，西方近代几百年来通过理论和实践不懈探索形成的价值观，其中肯定有不少内容是值得我们去批判地学习和借鉴的。应该承认，改革开放以来我国已经从中吸收了不少有益的内容，但是我们不能以为这种学习借鉴已经完结，相反，我们还要以更博大的襟怀学习借鉴其中一切有价值的能为我所用的东西。当然，我们今天的学习借鉴应该更自觉更主动，更要着眼于超越它来学习借鉴。要明确，我们学习借鉴的目的不仅在于解决当代中国由市场经济引起的问题和现代化过程中出现的问题，更在于构建比西方资本主义价值观更先进的当代人类最先进的价值观，使社会主义战胜或代替自由主义而成为当代世界的最强势思想体系和文化体系。

第二，我们需要调整以前的做法，从以学习吸收为主以借鉴比照为辅转向以借鉴比照为主以学习吸收为辅。经过四十年的对西方开放，西方文化和价值观中的不少内容已经为我们所了解和吸收。在这种情况下，我国主流价值观构建在对待西方文化和价值观的策略方面应做相应的调整，要从以前以学习吸收为主，转向以借鉴比照为主。学习吸收主要是一个"拿来"的过程，使其为我所用，其对象是西方已经取得的成果；借鉴比照则主要是一个"参照"的过程，将其作为对手，其对象是西方当代怎么做。中国的崛起已经使西方国家将中国看作它们的对手，同样，我们也必须有意识地将西方世界作为我们构建价值观和新世界的对手，了解对手，研究对手，在博弈和合作中超越它。这即所谓"知己知彼，

① 〔德〕马克思、恩格斯：《共产党宣言》，《马克思恩格斯文集》第二卷，人民出版社2009年版，第33、36页。

百战不殆”。

第三，我们要超越西方价值观，还需要进一步改进对待西方文化的态度。经过四十年的改革开放，我们已经有对待西方文化的正常心态和博大胸怀，但也不同程度地存在某些值得注意的问题。其中一个特别突出的问题是，我国有不少人将西方现代价值观在中国的传播与西方某些反华势力的“西化”和“分化”图谋混为一谈。我国对西方文化以及其他国家文化实行开放政策，以及西方文化在当代世界的强势地位，使西方价值观在中国得到较广泛的传播，西方价值观至今仍然在中国有相当大的影响力。出现这种情况原本是自然而然的。但是，我们有一些人却简单地将这种情况看作西方反华势力的“西化”“分化”图谋，并因而反对对西方文化的学习和借鉴。的确，西方有些反华势力试图分裂中国、使中国全盘“西化”，我们也应该粉碎这种图谋，但我们不能因此否认学习借鉴西方文化的必要性。实际上，问题很简单，西方反华势力用来分裂中国的东西一定不是西方优秀的文化，而只能是西方用来对付别人而自己不用的东西。我们向西方学习借鉴的不是这样一些对付中国的东西，而是西方人自己用的且对我们有用的东西。因此，我们要将西方现代价值观及其构建的有益内容和经验与西方反华势力的“西化”“分化”图谋区分开来。

三　当代价值观理论基础的构建

构建以核心价值观为核心内容的当代价值观需要基础理论给予支持，然而我们尚缺乏这种理论。社会的价值观需要有一种作为其基础的理论来为它进行论证和辩护，这样它才能获得理论上的合理性，人们才可能会认同它。我国的核心价值观或主流价值观看起来有中国特色社会主义理论作为其理论基础，但实际上存在两个问题：一是到目前为止学术理论界和宣传舆论界并未将两者联系起来，它们似乎是互不关联的两个东西；二是我国虽然有不同形态的中国特色社会主义理论，但没有一种类似于几乎贯穿于中国皇权专制时代的儒家理论或者类似于为西方各国普遍信奉的自由主义理论那样的一种理论。缺乏基础理论的价值观，其合理性是无法得到充分论证和有力辩护的。中国当代价值观的理论基础是中国特色社会主义基础理论，加强当代价值观基础理论建设就是要加强中国特色社会主义基础理论建设。

1. 中国特色社会主义理论与其基础理论的关系

从理论上看，中国特色社会主义理论作为指导中国革命和建设的理论基础和指导思想是一个完整的思想体系，包括两个基本部分：一是基础理论部分，二是应用理论部分。中国特色社会主义理论的源头是科学社会主义，而其中两个部分的构建逻辑次序应该是科学社会主义与中国传统思想文化相融合，形成中国特色社会主义的基础理论，然后将这种基础理论应用于中国不同历史时期的实际，形成中国特色社会主义的应用理论。

科学社会主义传入中国的时候正值中国被西方列强殖民统治的时期，救亡图存成为中华民族面临的最紧迫问题。在这种情况下，刚刚打开国门的中国先进知识分子意识到中国传统思想理论无法解决中国面临的紧迫问题，因而试图从世界各国的思想宝库中寻求能够解决中国问题的济世良方。俄国十月革命一声炮响使一些中国知识分子意识到，马列主义是解决中国存亡问题的先进思想理论，于是他们致力于这种思想理论的传播，并将这种理论与中国实际相结合，运用它来解决中国面临的现实问题和根本问题。当时中国的先进知识分子没有时间考虑甚至根本没有想到要将马列主义与中国传统文化相融合，构建一种能解决中国存亡问题以及中国未来健康发展的中国理论问题，而是直接将马列主义用来指导中国革命实践。20 世纪上半叶是中国的巨变时期，北伐战争、国民党对共产党的“围剿”、抗日战争和解放战争，这些重大的历史事件几乎没有给中国共产党人留下一点冷静思考如何对待传统思想文化、是否要从传统思想文化中继承什么的问题，更不可能想到要把马列主义与传统思想文化融合起来。中国共产党人当时所关注的焦点是如何将先进的马列主义运用于中国实际，是教条地还是结合中国实际地加以运用。虽然在这个过程中几经严重挫折，但最终产生了马列主义与中国实际相结合的毛泽东思想。新中国成立后，历经一系列政治运动和“文化大革命”的弯路，直到实行改革开放才先后产生了科学社会主义与新时期中国实际相结合的邓小平理论、“三个代表”重要思想、科学发展观和习近平新时代中国特色社会主义思想等新时期的中国特色社会主义理论。

1911 年爆发的辛亥革命彻底推翻了封建专制王朝，中国进入了对传统思想理论进行全面清算的时期。在当时的先进知识分子看来，中国之所以会在西方列强的坚船利炮之下沦为半殖民地半封建国家，根子就在于当时的社会（清朝）以至秦汉以来的皇权专制社会所依据的思想理论，主要是先秦时期的儒家思想理论——孔孟之道。在清王朝已经被推翻的情况下，他们把仇恨的怒火指向了旧文化，特别是儒家思想理论，于是有了新文化运动，有了新文化运动的响亮口号“打倒孔家店”。在这种情况下，先进知识分子所思所想的是如何彻底清除孔孟之道的影响，根本不可能意识到把被认为先进的各种理论与陈腐的儒家思想理论融合起来。在所有先进知识分子中，信奉马列主义的知识分子更为激进，因为他们所信奉的思想理论被认为是比当时许多先进知识分子认为是先进的西方自由主义更为先进的理论。他们所追求构建的是这样一种制度，这种制度是比当时许多先进知识分子认为是先进的西方资本主义制度更为先进的俄国十月革命所建立的社会主义制度。于是，他们与传统思想文化决裂的情绪更激烈、态度更坚决。这种情形和态度一直延续到新中国成立，延续到改革开放，而在“文革”中达到了极致，其显著标志是“破四旧、立四新”运动和“批林批孔”运动。在这种对传统思想理论持敌视态度的情况下，根本不可能考虑把被认为最先进的马列主义与落后腐朽的儒家思想理论融合起来。

主要由于上面两个因素，我国在实行改革开放前，没有注意到要构建中国特色社会主义的基础理论，更没有意识到要将科学社会主义与中国传统思想文化相融合。最早意识到这个问题的是 2006 年召开的党的十六届六中全会。这次全会明确提出建设社会主义核心价值体系，社会主义核心价值体系当然是中国特色社会主义理论中的基础理论。而第一次使用“中国特色社会主义理论”这一概念的是 2007 年召开的党的十七大。十七大报告中明确指出，改革开放以来我们取得的一切成绩和进步的根本原因，归结起来就是开辟了中国特色社会主义道路，形成了中国特色社会主义理论体系。关于中国特色社会主义理论体系包括哪些内容，报告只是说包括邓小平理论、“三个代表”重要思想以及科学发展观等重大战略思想，没有谈及其中的基础理论方面的内容，也没有提及十六届六中全会已经提出的社会主义核心价值体系，而且没有将毛泽东思想作为中国特色社会主义理论体系的内容之一。真正将中国特色社会主义基础理论建设提上议事日程的是党的十八大。党的十八大明确提出培育和践行社会主义核心价值观，并且明确了核心价值观所倡导的十二个核心价值理念，即“24个字”。十八大以后，党中央不仅采取了一系列学习、宣传、贯彻核心价值观的措施，而且通过多种途径加大了核心价值观的研究力度。应该说，中国从此开始自觉构建中国特色社会主义基础理论。不过，直到今天，在我国理论界还是没有明确核心价值观就是中国特色社会主义理论或者是其中的重要组成部分。就是说，核心价值观没有被明确纳入中国特色社会主义理论体系，甚至没有明确回答核心价值观与中国特色社会主义理论是什么关系的问题。

今天看来，核心价值观是中国特色社会主义理论中的基础理论，但是它并不就是或不等于中国特色社会主义的基础理论，而是其中的重要内容，甚至是其中的核心内容。中国特色社会主义基础理论应该是科学社会主义与中国传统思想文化在当代中国和世界新情况下的融合。儒家思想文化在中国传统社会长期占统治地位，在传统思想文化中具有代表性，因此，科学社会主义与传统思想文化融合主要要与儒家思想文化相融合。在这两者融合基础上形成的社会主义理论，实质上是具有中国传统文化内涵的当代中国社会主义基础理论。它可以用这样一个公式简单地加以表达：中国特色社会主义基础理论＝科学社会主义＋先秦儒家思想（儒家道德主义）＋全球化时代人类先进思想文化。当然，这里所用的“＋”不是简单的相加或物理性混合，而是融合，是化学性反应，是创新，它们融合、创新所形成的是一种能够长期指导中国特色社会主义建设事业的基本理论形态。

概言之，中国特色社会主义基础理论与中国特色社会主义理论的关系可以从三个方面看：从内在结构的角度看，中国特色社会主义理论包括基础理论和应用理论两个基本部分，中国特色社会主义基础理论是其中的基础理论部分；从建设路径的角度看，中国特色社会主义理论中的基础理论，应该成为中国特色社会主义理论中的应用理论提出和运用的依据，同时，中国特色社会主义基础理论又要不断从中国特色社会主义应用理论中汲取鲜活、丰富的营养，以使自身不断完善；从思想来源的角度看，中国特色社会主义基础理论主要来源于科学社会主义和儒家道德主义，而中国特色社会主义应用理论主要来源于中国特色社会主义基础理论。由此看来，中国特色社会主义基础理论是中国特色社会主义理论体系中最重要的组成部分，它规定和制约着中国特色社会主义应用理论，并通过应用理论对中国实践和生活发生影响；同时，它又是中国特色社会主义理论体系区别于当今世界上任何其他理论体系的基本标志，中国特色社会主义理论体系的中国特色、中国风格、中国气派主要由中国特色社会主义基础理论来集中体现和显示。

2. *构建中国特色社会主义基础理论的必要性和重要意义*

今天提出加强中国特色社会主义基础理论构建有很多理由，这些理由体现了构建的必要性和重要意义。这些理由可归结为以下五个方面。

一是完善中国特色社会主义理论体系的需要。任何一个成熟的社会形态，作为其思想基础和理论依据的系统理论，实际上都包括基础理论和应用理论两个方面。近代以来，西方形成了一种以自由主义为代表的资本主义思想理论，这种思想理论在不同国家有不尽相同的应用，如有英国的资本主义思想理论、美国的资本主义思想理论、德国的资本主义思想理论等。而每一个资本主义国家又有不同时期适应不同实际情况形成的不同思想理论（治理国家思想理论），如美国有华盛顿主义、罗斯福新政、里根主义等。因此，对于今天的西方世界来说，差不多每一个国家的思想理论实际上都具有三个层次：作为其思想理论体系基础的自由主义，自由主义在各国应用形成的具有不同国别特色的思想理论（如美国的实用主义），不同时期的不同统治者提出的治国思想。这三个层次的思想理论构成了西方国家的思想理论体系。从此类历史情形反观当代中国的思想理论体系，我们不难发现，其中有科学社会主义，有毛泽东思想等将科学社会主义运用于中国不同时期实际的应用性理论，而其中的科学社会主义是西方近代的产物，它没有体现中国国情特别是中国传统文化的基础和背景。就是说，当代中国的思想理论体系之中缺乏一个应有的部分，即科学社会主义与中国传统思想文化相融合，同时体现当代中国和世界时代精神的那种可以贯穿于整个中国社会主义历史阶段的基础理论。正因为如此，我们需要构建这样一种基础理论。只有构建了这种基础理论，当代中国的思想理论体系才是完整的。今天提出构建中国特色社会主义基础理论，最直接的目的就是进一步健全和完善中国特色社会主义理论体系。

二是为中国长期稳定发展提供思想基础和理论依据的需要。一种社会形态要长期稳定发展，需要有一种一以贯之的基本思想理论，它是该社会赖以存在的思想基础和理论依据。皇权专制主义之所以能统治中国传统社会两千多年，就是因为不同朝代都把先秦儒家思想理论奉为统治思想；西方资本主义世界之所以能在相当长一段时间内持续繁荣和内部基本统一，则是因为西方各国有基本认同的自由主义思想理论。我们不难想象，如果没有儒家思想理论，就不可能有中国传统社会的长期延续，也不会有不同时期中国社会内部的统一；如果没有自由主义，同样不会有西方资本主义世界的统一和持续繁荣。我们注意到，儒家思想也好，自由主义也好，它们都是在本土上创立的思想理论，而不是一种纯粹外来的思想文化。自由主义思想理论对于一些西方国家来说也是外来的，如美国、加拿大、澳大利亚，但这些国家的主体居民大多来自欧洲，而且这些国家在接受自由主义的过程中也形成了自己的思想文化。最典型的是美国，自由主义与美国本土的思想文化相融合，产生了实用主义。这种实用主义就是美国资本主义社会的基本思想理论，不管美国的总统换了多少，他们提出了什么样的治国思想，实用主义都是美国人的共同思想基础和精神支柱。今天我们提出加强中国特色社会主义基础理论构建，就是要将科学社会主义与中国传统文化融合起来并根据我国社会主义发展的需要构建一种本土化的中国社会主义。这是社会主义的中国形态，它适用于整个中国特色社会主义建设的全过程，是中国特色社会主义事业的指导思想和理论依据，也是中国人民的思想基础和精神支柱。

三是为社会主义核心价值观提供理论基础、理论论证和理论辩护的需要。党的十八大提出培育和践行社会主义核心价值观，社会主义核心价值观是当代中国主流价值观的核心内容。社会主义核心价值观尚处于建设的过程中，建设的重要任务之一就是要给它提供理论支持。这种理论支持至少包括三个方面。一是为它提供理论基础，也就是要使核心价值观乃至整个当代中国价值观具有深厚的思想文化底蕴和丰富的思想文化内涵。核心价值观只有置于这种理论的基础之上，才会成为丰富的、鲜活的、能与社会公众的民族文化心理相对接的价值观。二是为它提供理论论证，也就是要使核心价值观的正确性、合理性、逻辑性（自洽性）得到有说服力的阐述，使人们能够信服它，进而认同它、践行它。缺乏这种理论上的严格而充分的论证，即使采取再强力的措施对人们进行宣传、教育和灌输，核心价值观最终都不可能被社会公众所接受。三是为它提供理论辩护，也就是在核心价值观面临各种批评、责难、反对的时候能够有效应对，使之立于不败之地。这是以提供坚实的理论基础和充分而有力的理论论证为前提的，没有这两个前提，核心价值观是不可能得到理论辩护的。理论辩护通常是它有了理论基础和得到了理论论证之后发生的，而且是一个持续不断的过程。由于时代和条件的变化，任何一种价值观都会面临种种挑战，因而需要有理论为它提供辩护，并在辩护的过程中修正和完善它。核心价值观正是在这种理论辩护中与时俱进的。自从党中央提出建设核心价值观以来，我们在理论建设方面做了不少工作，但尚未建立能够为它提供理论基础、理论论证和理论辩护的系统理论。今天提出加强中国特色社会主义基础理论构建，其重要意图之一就是要将核心价值观置于系统完整的理论滋养和保护之中。

四是传承和弘扬优秀传统文化的需要。党的十八大以来，习近平总书记特别强调弘扬优秀传统文化，要求对传统文化进行创造性转化和创新性发展。这就提出了这样一个问题：对传统文化中的思想文化进行创造性转化和创新性发展所形成的思想文化应该是一种什么样的思想文化？显然，它不会是科学社会主义，但它是以科学社会主义为指导对传统文化进行创造性转化和创新性发展形成的。同时，它既然是对传统文化的创造性转化和创新性发展，也就不是原来意义上的传统文化，而又与传统文化有承继关系。因此，这种思想文化应该是一种新的思想文化形态，这种新的思想文化形态是用科学社会主义以及当代人类的先进思想文化对中国传统思想文化进行创造性转化和创新性发展的结果，是具有中国传统文化底蕴的当代中国思想文化。从这种意义上看，今天提出加强中国特色社会主义基础理论构建既是对传统思想文化进行创造性转化和创新性发展的需要，也是在当代传承和弘扬优秀传统思想文化的必然要求。

五是中华文化走向世界的需要。随着我国的经济实力日益强大，文化强国建设和推动中国文化走向世界被提上了议事日程。2004 年，党的十六届四中全会第一次明确提出“推动中华文化更好地走向世界”，2011 年，党的十七届六中全会再次提出“推动中华文化走向世界”，并对中华文化如何走向世界做了全面部署，从此“中华文化走向世界”上升为国家战略。当我们提出要让中华文化“走出去”的时候，我们必须考虑要让什么样的中华文化“走出去”、什么样的中华文化才能真正“走出去”、什么样的中华文化“走出去”后能够对世界产生广泛影响这样一些问题。中华文化绵延五千多年，源远流长，其内容博大精深、丰富多彩、纷纭复杂，但从历史形态来看，中华文化可以划分为传统文化和当代文化。我们要推出中国传统文化，更要推出中国当代文化。中国特色社会主义理论是中国当代的思想文化，也是中国当代文化的精神内涵，而其中的基础理论更是当代中国文化的内核和实质，也是当代中国文化中最具有中国特色、中国风格、中国气派的内容，是当代中国文化区别于其他一切文化形态特别是当代西方文化的基本标志。在实施中华文化“走出去”战略的时候，最重要的就是要让中国特色社会主义理论中的基础理论“走出去”，通过让它“走出去”增强整个中国文化的辐射力和影响力，因为这种理论集中体现了中国对人类未来发展道路的主张和谋划，是解决当代世界面临的种种难题的“中国方案”。然而，正如前文所述，中国特色社会主义理论的基础理论还未完全形成。今天提出加强中国特色社会主义基础理论构建，正是为了促进这种基础理论的形成，并使之成为当代世界最先进、被别的国家所重视的从而想要拿回去的思想文化。当这种理论形成的时候，中华文化才可能是其他国家最需要的文化，因而也才能够真正走向世界。

3. 构建中国特色社会主义基础理论的可能性

前文已经指出，中国特色社会主义基础理论是三种基本因素，即科学社会主义、儒家道德主义和全球化时代人类的先进思想文化融合的结果。在这三种基本因素中，科学社会主义和儒家道德主义又是更基本的因素，因为这两种因素规定了这种理论的基本性质：它是社会主义的，同时又是具有中国传统文化底蕴的。

从科学社会主义传入中国开始到改革开放前，科学社会主义一直被视为中国传统思想文化特别是儒家思想理论的对立物，可以说它是被作为儒家思想理论的批判者和替代物引入中国思想文化领域和社会生活的，它与儒家思想理论似乎势不两立、水火不容。经过了百年的复杂历史进程，特别是经过改革开放以来的一系列思想解放运动，我们从过去那种对传统的激烈反叛情绪和态度中慢慢地冷静了下来。我们逐渐清醒地意识到，自己的传统文化并不都是糟粕，其中有许多合理的、有价值的内容，它们是古人智慧的结晶，体现了中华民族共同的精神寄托和价值追求，也程度不同地反映了人类生存和发展的共性和规律。当我们以这样的态度来对待传统文化的时候，我们就会考虑对传统文化中优秀内容的继承和弘扬问题，就会想到传统文化与作为我国当代指导思想的科学社会主义的关系问题，特别是会思考有没有可能将两者融合起来以形成一种具有民族根基的中国社会主义形态的问题。如果我们认真考虑到所理解的科学社会主义是一种开放的、与时俱进的思想体系，所理解的传统文化是那种已经融入我们血脉、成为我们基因的原生态的（先秦的）儒家思想文化，那么，对科学社会主义与传统文化能否相融合问题的回答就是肯定的。

在拙作《儒家道德与中国社会主义精神》中，笔者把儒家思想理论视为一种道德学说，称为“儒家道德主义”，并从道德的角度探讨了科学社会主义与儒家道德主义融合的必要性和可能性。[①] 这里再从两种理论在性质和内容上的非对立性（相容性）、类似性和互补性三个方面对两者融合的可能性做进一步的阐述。

两种思想理论能否融合，一个重要的前提是两种思想理论在性质上是否对立。一般来说，两种性质对立的思想理论谈不上融合，充其量只能是一种思想理论可以从其对立的思想理论中吸收一些有益的因素或借鉴它。衡量一种思想理论基本性质的主要依据有三个方面：其一，它是站在广大人民群众的立场上，还是站在少数统治者的立场上；其二，它主张建立的社会制度是以公有制为基础，还是以私有制为基础；其三，它追求的社会理想是人人平等的公正社会，还是自由竞争的两极分化社会。

就第一个方面而言，科学社会主义和自由主义是两种完全对立的思想理论。科学社会主义站在全人类的立场上，主张通过解放无产阶级实现全人类的解放，而自由主义实质上是站在自由竞争中取胜的少数资产者利益的立场之上的。就第二个方面而言，科学社会主义主张实行生产

① 参见江畅《儒家道德与中国社会主义精神》，《思想理论教育》2017年第2期。

资料公有制并在此基础上建立“每个人的自由发展是一切人的自由发展的条件”的平等社会，而自由主义主张建立以财产私有制和市场经济制度为基础的“人人为自己，上帝为大家”的自由社会。就第三个方面而言，科学社会主义主张建立以每个人的全面而自由的发展为基本原则的自由人联合体，而自由主义主张个人自由发展和凭实力自由竞争，不考虑竞争必然导致的贫富两极分化。近代以来的历史事实表明，自由主义和科学社会主义都从对方吸收了一些有益的内容，但它们没有发生融合的事实，甚至也没有融合的意向，而且也许永远都不可能融合，其原因就在于它们是两种水火不容的理论。

把科学社会主义与儒家道德主义加以比较，情形则完全不同。它们虽然是两种性质不同的理论，但在性质上不是完全对立的。首先，科学社会主义主张推翻现存的资本主义制度，建立全人类普遍获得解放和自由的共产主义；儒家道德主义虽然没有明确提出改变现存社会制度，但主张建立“天下为公”的“大同”社会。其次，科学社会主义主张消灭私有制，反对市场经济；儒家道德主义虽然不主张公有制，但它也不主张私有制，更谈不上反对市场经济。最后，科学社会主义主张全人类解放，包含对无产阶级和劳苦大众的深厚感情；儒家道德主义虽然主张爱有差等，但也包含“老吾老，以及人之老，幼吾幼，以及人之幼”的人情关怀。从这些方面看，科学社会主义与儒家道德主义不仅不对立，而且在很大程度上是可以相容的，甚至是相似的。

科学社会主义与儒家道德主义的相似性突出地体现在两个方面。一是两者都主张建立一种人性化、人道化、人情化的理想社会，科学社会主义将这种社会称为共产主义社会，而儒家道德主义称为“大同”社会。它们在这种社会的社会基础和实现路径方面的主张不同：就社会基础而言，科学社会主义主张消灭私有制，而儒家道德主义没有这样的明确主张；就实现路径而言，科学社会主义主张无阶级革命和无产阶级专政，而儒家道德主义主张修身、齐家、治国、平天下。但是，如果我们将它们关于这种理想社会构建的思想进行对比，不难发现它们十分相似。这种相似主要体现在科学社会主义主张生产资料公有制，而儒家道德主义主张“天下为公”，虽然它们对理想社会构想的细节不尽相同，但它们构想的理想社会都是不同时代人们都很向往的美好社会。二是两者关注的焦点都是人完善和发展的理想人格问题，即“成人”的问题。儒家道德主义重视人的道德人格完善问题，而科学社会主义关注的焦点是人从资本的奴役下解放出来而获得全面而自由的发展，因而人的完善、发展是两者的共同轴心。而且，两者都认为人的完善和发展不是一种自然而然的过程，而是自我建构或造就的结果；个人的完善和发展离不开共同体，而共同体的和谐又离不开个人的完善和发展，两者互为因果、良性互动。①

科学社会主义与儒家道德主义之间可互补的内容更为丰富。从两者之间最重要的相似方面看，它们之间的互补对于今天中国主流价值观构建尤其具有重要意义。

就理想社会而言，科学社会主义与儒家道德主义之间的互补性很强。马克思和恩格斯所设想的共产主义社会是这样的社会：它是物质文明高度发达的社会，社会成员过上了充裕的物质生活，实行按需分配；它是消灭了阶级的自由人联合体，每一个人在其中都能获得全面而自由的发展；它是以公为制为基础的有计划的产品经济社会，以谋求剩余价值为目的的市场经济不复存在；它是没有民族分隔和对立的社会，公共权力失去了政治性质，社会意识形态也会消失；它是人类成为自然、社会和自身主人的社会，人类从必然王国进入了自由王国。儒家对“大同”社会同样做过经典的表述：“大道之行也，天下为公。选贤与能，讲信修睦。故人不独亲其亲，不独子其子，使老有所终，壮有所用，幼有所长，矜、寡、孤、独、废疾者皆有所养。男有分，女有归。货，恶其弃于地也，不必藏于己；力，恶其不出于身也，不必为己。是故谋闭而不兴，盗窃乱贼而不作，故外户而不闭。”（《礼记·礼运》）不用做过多的分析就可看出马克思和恩格斯设想的社会主义或共产主义社会与儒家的大同社会之间的互补性：前者是一种在物质发达条件下人获得全面而自由发展的个性化社会，而后者是一种社会成员公正、诚信、互相关爱、和睦、各得其所、充满温情的道德化社会。这两种社会都是人们向往的社会，因而两者不仅可以互补，而且对它们加以融合会使人类的理想更为完美。

从理想人格的角度看，科学社会主义强调人的全面而自由发展，这

① 参见江畅《儒家道德与中国社会主义精神》，《思想理论教育》2017年第2期。

里所说的全面发展无疑包含人的道德发展和完善，但马克思和恩格斯对此没有阐明，更没有给予应有的强调。儒家道德主义缺乏科学社会主义关于人的全面而自由发展的思想，但其中包含的丰富道德思想可以通过批判性、创造性的转化融入科学社会主义。比较重要的有以下四点。第一，一个人要成人，首先必须成为道德之人。第二，人的禀赋不同，人的发展因而会存在差异，需要给人们指出发展的阶梯。它一方面给人们指出了“修齐治平”发展的完整路线图，另一方面又将人格划分为小人、君子、贤人、圣人等不同层次，鼓励人们成为君子以至圣人。第三，一个人要“成人”，关键在于自己的修养，而修养有各种各样的路径和方法，如“慎独”“致良知”“知行合一”“穷则独善其身，达则兼善天下”等。第四，个人“成人”需要不同类型的共同体培育，而各种共同体只有由具有理想人格的人构成才能达到和谐与完善。儒家道德主义特别重视家庭对于人生存和“成人”的意义，将家与国、天下联系起来。给科学社会主义补充这些内容，可以使它更富有道德意蕴和仁爱精神。

正因为科学社会主义与儒家道德主义之间存在上述融合的可能性和必要性，再加上这种融合具有重要的现实意义，所以当代中国应当努力推动这种融合，构建一种更适合中国国情又能更好指导中国社会发展的思想理论。

4. 构建中国特色社会主义基础理论的逻辑进路

中国特色社会主义基础理论本身应是一个完整的理论体系。构建这一理论体系是一个庞大的复杂工程，需要中国学术界和理论界的研究者共同努力、协作攻关才能完成和不断完善。这里仅就中国特色社会主义基础理论如何构建以及如何不断完善提出一个大致的逻辑进路。

首先，确立构建中国特色社会主义基础理论的基本原则。我们所要构建的是中国特色社会主义理论的基础理论，它是以马克思主义为指导、植根于中国传统思想文化、吸收人类优秀思想理论成果、立足于中国现实和着眼于中国社会未来发展并顺应人类文明发展总趋势的先进思想理论体系。中国特色社会主义基础理论的这些基本内涵，实际上也是我们构建它应坚守的基本要求或基本原则。

第一，以科学社会主义为基本立场和理论指导。我们要构建的中国特色社会主义基础理论虽然具有中国传统思想文化底蕴，但它的根本性质是科学社会主义的，而不是儒家道德主义的。因此，我们必须坚持马克思主义的立场、观点和方法，只有这样，中国特色社会主义基础理论才是马克思主义的中国化，而不是某种中国传统思想文化的复兴。

第二，对传统思想文化实行创造性转化和创新性发展。习近平多次谈到对传统文化要进行创造性转化和创新性发展，这就明确指出了在推进马克思主义与传统思想文化相融合的过程中，要对传统文化进行批判改造，使之与时代对接，而不是简单地照搬照抄。

第三，吸收人类思想文化中一切可利用的优秀成果。科学社会主义与传统思想文化相融合是中国特色社会主义基础理论的内核，但并不是它的全部。它要成为人类最先进的思想理论，还必须尽可能多地接受人类一切可利用的优秀思想文化成果，包括中国传统文化中儒家道德主义之外的有价值的内容。唯有如此，它才不仅能够成为具有中国特色、中国风格和中国气派的理论，而且能够成为世界其他国家想要学习和借鉴甚至想要引进的理论，从而对世界进步和人类幸福做出更大贡献。

第四，立足当代中国现实并着眼于中国社会未来发展。我们所要构建的中国特色社会主义基础理论是指导中国社会发展的理论，因而它必须“接地气”，这个“地气”就是中国现实。同时，它又要能为中国社会发展提供指导，指引中国社会朝着更美好的前景发展。立足中国现实，为中国实践服务，能够解决中国问题并规导中国发展，它才能为中国人民所认同和信奉。

第五，顺应世界文明发展的总趋势。在全球化的时代，人类已经成为命运共同体，世界文明越来越一体化，离开了世界文明发展的大道，中国文明不可能健康发展。因此，我们构建中国特色社会主义基础理论不仅要重视中国的现实和发展，也要充分考虑与世界文明对接，使中国融入世界文明发展的潮流，还要体现大国的责任和担当，从而为世界文明进步做出更大贡献。

其次，找准构建中国特色社会主义基础理论的基点特别是科学社会主义与儒家道德主义融合的基点。任何一种完整的理论体系都有一个基点或出发点，这种基点通常也是这种理论的归宿，因而在理论体系中具有价值取向的意义。在人类思想史上已有的理论体系中，存在两种对立的基点：一种是个人，一种是社群。事实上，在一种社会理论构建的过程中也只能在这两个基点中做出选择。同样，在构建中国特色社会主义基础理论的过程中，这种选择也是不可回避的。

在中国传统社会，儒家道德主义实质上是以个人“成人”为基点的，它立足于人成为君子来构建整个思想理论体系。但是，当儒家道德主义上升为统治阶级的意识形态以后，开始突出其中的人伦内容。到了宋明理学那里，这种人伦的要求被客观化为“理”或“天理”。天理的实质是整体（社群）的要求。当这种思想理论提出“存天理，灭人欲”时，它就从先秦儒学以个人为基点、以“成人”为目的的道德主义演变为以整体为基础、以“灭欲”为目的的伦理主义。在结束了皇权专制主义对中国的统治以后，宋明理学的这种基点和归宿或隐或显地被继承下来，我国实行改革开放前主导的思想理论所采取的就是这种整体主义取向。之所以强调加强中国特色社会主义基础理论构建要将科学社会主义与儒家道德主义融合起来，实际上就是表明中国特色社会主义基础理论要坚持两者的相同基点和相同归宿。它们相同的基点是作为社群终极实体的个人，而不是社群；它们的相同归宿则是要使个人成为应当成为的人。由个人组成的社群的意义仅在于，它服务于所有社会成员成为他们应当成为的人。

值得注意的是，科学社会主义对于这一基点和归宿做出了更为明确的规定：在没有了阶级和阶级对立后的社会，所有的人都是自由的，每一个人的自由发展以其他所有人的自由发展为条件，因而社会成员是普遍自由的，社会则是一种以每一个个人的全面而自由发展为基本原则的自由人联合体。“代替那存在着阶级和阶级对立的资产阶级旧社会的，将是这样一个联合体，在那里，每个人的自由发展是一切人的自由发展的条件。”① 这正是中国特色社会主义基础理论的基石，它规定了个人与社群的基本关系，明确了社群的终极指向。

再次，谋划中国特色社会主义基础理论的架构。任何社会的完整基础理论都是一种有机的思想体系，这种思想体系就是贯穿社会占主导地

① 〔德〕马克思、恩格斯：《共产党宣言》，《马克思恩格斯文集》第二卷，人民出版社2009年版，第53页。

位的意识形态（通常简称为“社会意识形态”）的核心思想。按照马克思主义的观点，社会的结构由三个基本层次构成，即经济基础、上层建筑和意识形态[①]。意识形态是经济基础和上层建筑在思想上的反映，同时它又是经济基础和上层建筑的理论基础和指导思想，两者之间存在复杂的互构、互动关系。一般来说，意识形态是与社会生活形态相对应的，社会有多少种生活形态就有多少种意识形态。社会生活形态多种多样，而且常常是犬牙交错的，不好做出明确的划分。按照目前我国的划分，社会生活包括经济、政治、文化、社会和生态五大基本形态，那么也就有与之相应的社会意识形态。除此之外，还有像哲学、文艺、宗教这样一些与五大基本意识形态交织在一起但层次更高的形态。在诸种意识形态中，总有某种核心思想贯穿其中，核心思想是意识形态的灵魂，其理论表达形式就是社会的基础理论。核心思想的实质内容就是社会的核心价值观，包括一个社会追求实现的价值目标、实现目标的手段、实现目标过程中必须遵循的规范、保证规范得以遵守的控制机制等基本方面的观念。

最后，提出并论证中国特色社会主义基础理论的基本原理和原则。任何一种社会的基础理论都有一些基本原理和原则，它们是得到论证的基本观点（或主张）和要求。中国特色社会主义基础理论的基本原理和原则确立的理论依据主要有三个：一是科学社会主义的一些基本原理，如社会主义必然胜利，社会主义和共产主义社会是物质文明高度发达的社会，社会主义和共产主义社会以每一个个人的全面而自由发展为基本原则等；二是对传统思想文化进行创造性转化和创新性发展所形成的基本原理和原则，其中比较重要的有“成人”“仁爱”“忠恕之道”“五常”“大同”等思想；三是马克思主义与中国实际相结合所形成的一系列思想理论中包含的一些基本原理和原则，如“百花齐放，百家争鸣”“共同富裕”“三个代表”“科学发展观”“以人民为中心”等。除了这些理论方面的依据，中国特色社会主义基础理论的基本原理和原则的建立还需要考虑中国现实情况以及中国和世界的未来发展走向，吸收人类

---

① “意识形态”（ideology）一词在英文中实际上指观念形态或思想形态，其中的“意识”不是低级意识，而是高级意识，即思想。因此，将“ideology”译为“思想形态”更为准确。

优秀思想文化成果。

为了尽快完成中国特色社会主义基础理论的构建，需要建立一些相关的理论研究基地。中国特色社会主义基础理论涉及多个不同学科，是一种跨学科的研究，因而这些研究基地的研究者不能是单一学科的，而应当是多学科的。他们从不同的学科视野共同研究中国特色社会主义基础理论所涉及的一些重大理论问题，不仅要提出基本原理和原则，而且要提供合理性和可行性论证，使这些原理和原则可以得到充分有力的辩护，以增强其社会认同度和公信度。

四　核心价值观的法制化

党的十八大以来，培育和践行社会主义核心价值观已经成为全党全社会的共识。培育和践行核心价值观的根本目标和基本任务就是要使核心价值观现实化为当代中国现实的社会价值体系，使之成为当代中国文化的核心内容和深层结构。这是一个实践转化的过程。实现这一转化有许多工作要做，其中一项关键性工作就是要使核心价值观的价值目标和要求制度化、法律化。党的十八届四中全会做出了全面推进依法治国的重大决定，在这种历史背景下，如何使全面推进依法治国与核心价值观现实化有机结合起来，使核心价值观引领和贯穿法治中国建设的全过程，是值得高度重视的重大理论课题和实践课题。

1. 法制化：核心价值观现实化的关键环节

人类社会的历史表明，要使一种价值观为社会倡导和推行，需要借助政治力量；而要使社会倡导和推行的价值观变成社会现实的价值体系，变成社会公众普遍的信念和准则，则必须运用政治力量使这种价值观制度化和法律化。在基督教形成初期，罗马帝国采取各种手段对基督教加以镇压，防止其价值观扩散。直到罗马皇帝君士坦丁 313 年颁布“米兰敕令”给予基督教合法的社会地位后，基督教价值观才得以在罗马帝国范围内广泛流传。325 年，君士坦丁在尼西亚城主持召开了基督教第一次世界性会议，并颁布了所有基督教徒都必须遵守的《尼西亚信经》这一法规性文件。这意味着基督教价值观开始被法制化。“君士坦丁一生虽然犯了许多错误，但他却把基督教的思想渗入到了法律之中”①，这一举措为基督教价值观在西方中世纪现实化为占统治地位的价值体系和文化奠定了基础。我国的儒家价值观也是在形成几百年后到汉武帝“罢黜百家，独尊儒术”才成为官方价值观，并通过法制化而成为中国宗法皇权专制社会的主导价值体系和文化的。西方近代主流价值观转变为社会的价值体系和文化也经历了一个法制化过程。今天中国的情形不同，社会主义核心价值观已经由党中央确定为国家倡导和推行的价值观，现在面临的任务是使之制度化，从而使之转变为社会法律制度，并成为全体社会成员的内心信念和普遍信奉的行为准则。

那么，为什么在一种价值观被确立为社会倡导和推行的价值观之后还必须使之制度化和法律化呢？这是因为制度和法律既有规范的作用，又有引导的作用。社会可以使价值观的基本要求成为明确的法律制度条文（规则），并通过法律制度的强制力一方面强制人们按照这些规则行动，另一方面告知人们只有将这些规则变成自己的行为准则才能获得自由。也就是说，法律制度在规范人们的过程中也在起着引导人们的作用。只有在确立了外在的社会规范的情况下，这些规范才能转变为个人的内在规范或行为准则；只有在外在规范转变为个人行为准则的基础上，个人才能形成对社会规范和基本价值要求的内在认同和确信。人们是在被迫或自觉地遵守体现社会价值观要求的制度和法律规则过程中使价值观的基本要求转变成自己的基本价值信念和价值追求的。当然，要使外在的社会规范普遍转变为社会成员的内心信念，外在规范所体现的价值要求本身必须是代表全体社会成员的根本利益和整体利益的，必须是对社会成员普遍公正的。但是很显然，如果没有完善的法律制度这一中间环节，即使有了代表全体社会成员利益且公正的价值观，也很难使之普遍转化为个人的行为准则和内心信念。原因有三。第一，社会成员的价值追求即使是符合社会总体价值取向的，也会发生相互妨碍和相互伤害并导致社会无序，因此必须有统一的规则来防止这种情形发生。第二，即使社会成员在同一社会价值体系内追求价值实现，他们也常常会发生价

① 宗可光：《西方教会史》第二编第一章“罗马帝国皈依基督教”，http://www.chinacath.org/book/html/130/content.html，最后访问日期：2019年5月9日。

值冲突，这种价值冲突可能会导致社会冲突甚至战争的严重后果，因而也需要制度和法律作为调节各种价值冲突的调节机制。法律制度就是这种机制。第三，在任何社会都存在作恶的问题。统治者可能滥用权力作恶，普通公民也可能不择手段谋取个人私利，这也要求有制度和法律来有效地加以防止。

在人类思想史上，许多思想家强调制度特别是法律对于实现社会价值目标和维护社会秩序的重要意义。虽然他们没有使用“核心价值观法制化”的概念，但程度不同地表达了法制化对于社会价值观现实化的极端重要性。英国政治哲学家霍布斯关于自然法与民约法关系的阐述，就充分表达了核心价值观法制化的必要性。在霍布斯那里，自然法就是价值观，指的是公道、公正、感恩以及根据它们所产生的其他道德。在他看来，自然法的要求在单纯的自然状态下都不是正式的法律，只是使人们倾向于和平与服从的品质。在国家成立之后，自然法才成为实际的法律。之所以要将自然法转变成人们必须服从的民约法（法律），是因为在平民的纠纷中，要裁定什么是公道、什么是公正、什么是道德并使它们具有约束力，就必须有主权者的命令，并规定对违反者给予什么惩罚。在他看来，民约法与自然法并不是不同种类的法律，而是法律的不同部分，其中以文字载明的部分称为民约法，而没有载明的部分则称为自然法。所以，“自然法在世界各国便都是国法的一个组成部分。反过来说，民约法也是自然指令的一个组成部分。因为正义——履行信约并将每一个人自己的东西给予他自己——是自然法的指令，而国家的每一个臣民又都订立了信约要服从国法，所以服从国法便也是自然法的一部分了”①。现代英国著名经济学家、政治哲学家哈耶克则特别强调法律应该体现价值观。他指出，法治所应关注的重点不是法律是什么的规则，而是法律应当是什么的规则，亦即一种“元法律原则”或一种政治学说。②“法治的理想以人们对法之含义有着一种明确的界说为前提，而且并非立法机构所颁布的每一法规都是此一意义上的法。”③ 他强调，欲使法治维

① 〔英〕霍布斯：《利维坦》，黎思复、黎廷弼译，杨昌裕校，商务印书馆 1985 年版，第 208 页。

② 参见〔英〕哈耶克《自由秩序原理》（上），邓正来译，三联书店 1997 年版，第 261 页。

③ 〔英〕哈耶克：《自由秩序原理》（上），邓正来译，三联书店 1997 年版，第 263 页。

持效力，就必须遵守这类元法律规则。[①] 显然，哈耶克这里所说的“元法律原则”就是核心价值观的基本要求。现代美国著名法学家庞德也指出，法律作为社会控制的一个重要特点是“谋求在理性的基础上并以人们所设想的正义作为目标来实现社会控制”[②]。从历史上思想家的有关论述，我们大致上可以得出这样的结论：一个社会，特别是一个现代社会，其价值观要求要得以贯彻，必须使之条文化为法律制度；其价值理想要得以实现，必须以法律制度作为保障。

党的十六届六中全会以来，特别是党的十八大以来，社会主义核心价值观已经为全党和全社会所认知，从某种意义上说已经家喻户晓，但是尚未得到普遍认同，更未普遍内化为人们的内心信念和行为准则。其重要原因之一就是尚未使它法制化。其突出的表现有三。首先，已有的法律制度尚未完全体现社会主义核心价值观的要求。我国当前实行的许多法律制度是在实行市场经济体制以前甚至是在改革开放以前确立的，而社会主义核心价值观是在我国实行改革开放后，特别是实行市场经济体制后逐渐形成的一种与改革开放前的传统社会主义核心价值观有诸多重大差异的价值观。那些没有根据这种价值观修订和调整的法律制度不可能体现这种价值观的要求和理想。例如，我国现行的户籍制度就是与核心价值观中的自由要求相冲突的。其次，我国现行的法律制度体系还不够健全、完整、自洽，社会主义核心价值观的要求尚不能通过法律制度充分体现出来。例如，我们尚未出台遗产税制度，这从一个侧面反映了社会公正的要求还有待落实。最后，法律制度在社会生活中尚不具有最高权威。今天我国的一个突出问题就是权大于法，权力没有被关进制度的笼子。正是针对这种情况，习近平总书记指出：“政府是执法主体，对执法领域存在的有法不依、执法不严、违法不究甚至以权压法、权钱交易、徇私枉法等突出问题，老百姓深恶痛绝，必须下大气力解决。”[③] 虽然核心价值观尚未法制化的原因很多很复杂，但它尚未完全法制化是客观事实。我们必须面对这一事实，并采取切实可行的措施加快其法制

---

① 参见〔英〕哈耶克《自由秩序原理》（上），邓正来译，三联书店1997年版，第264页。

② 〔美〕庞德：《通过法律的社会控制》，沈宗灵译，楼邦彦校，商务印书馆1984年版，第46页。

③ 《习近平关于全面依法治国论述摘编》，中央文献出版社2015年版，第60页。

化的进程。

我国目前强力倡导和推行的核心价值观与我国现行法律制度之间存在不相匹配的情况，不仅妨碍了核心价值观落到实处，而且导致了一些严重的社会后果，如社会的两极分化现象严重、官员腐败多有发生、生态环境急剧恶化等。这样一些严重问题，导致人们对核心价值观持怀疑甚至否定的态度。有些人怀疑核心价值观的真实性，觉得它不过是当前中国一些严重社会问题的装饰，不仅不管用，甚至起着某种消极作用；也有人虽然承认核心价值观是好的、先进的，但认为它不符合中国国情，是空泛的花架子，不能解决当前中国的问题。这样一些看法和态度，严重妨碍了核心价值观的社会认同。有调查数据显示，对核心价值观（核心价值体系）非常认同的人只有24%，而不认同的和说不清的占30.9%，有点认同的占45.1%。① 在这种情况下，加快核心价值观法制化进程，使它的要求真正贯彻到整个社会生活过程，一方面消除人们的疑虑和消极态度，另一方面克服我们当前面临的一些严重社会问题，已经成为摆在全党全社会面前的紧迫而严峻的任务。

2. 核心价值观法制化的意蕴、任务与方略

核心价值观的法制化，即核心价值观法律化和制度化，并不是指所有核心价值观的所有内容都法律化和制度化，而是指其中体现社会主义本质的要求以及事关社会主义社会秩序和谐的要求的制度化，以及这些要求中的底线要求的法律化。显然，法律化是制度化的一部分。当然，在现代社会，基本制度也需要法律化，用法律特别是宪法为基本制度提供保障。一般意义上的价值观和核心价值观有两个层次的内容：一是导向性内容，二是规范性内容。导向性内容的作用就是给国家、社会组织和社会公众提供价值导向，其中最重要的是不同层次和不同维度的价值目标，以及实现这些目标的路径和手段，这些内容主要通过教育宣传让人们知晓并进而认同。规范性内容的作用则是给国家、社会组织和社会公众提供行为准则，这些内容要通过制度和法律来强迫人们遵循。大致上说，导向性内容是现代道德的内容，现代道德的职能是给人们提供价

① 参见戴茂堂、周海春、江畅等《我国主流价值文化及其构建调查》（调查报告集），人民出版社2014年版，第109页。

值导向；规范性内容则是现代法制的内容，现代法制的职能是给人们提供行为规范。当然，两者并不是截然分开的。后者就是我们所说的法制化。社会主义核心价值观法制化指的就是其中的规范性内容转变为社会现实的法律制度。

要了解社会主义核心价值观的法制化，首先需要了解一般意义上的核心价值观与价值观之间的关系。我们曾对这种关系做出如下界定："一种完整的价值观作为观念的价值体系，是由不同维度、不同层次的子体系构成的。从不同维度看，观念价值体系包括经济价值体系、政治价值体系、文化价值体系、社会价值体系、生态价值体系等子体系。从不同层次看，观念价值体系包括目的价值体系、手段价值体系、规则价值体系、制约机制价值体系等子体系。在所有这些不同层次、不同维度的价值体系之中，还有一个作为其中心或核心的体系，这即是我们现在常说的核心价值体系。核心价值体系包括三个基本层次，即终极价值目标、核心价值理念和基本价值原则。"① 一般来说，在观念价值体系中，越是子体系的内容越需要法制化，如经济价值体系等子价值体系比核心价值体系更需要法制化。一个社会的经济价值体系往往就是通过经济制度体现的，其他价值体系中的子体系也都大体如此。相比较而言，核心价值体系的内容通常比较抽象和一般，因而它们不能直接法制化，而要通过各种子体系的具体要求来实现它们的法制化。当然，它们作为一般原则通常也需要在宪法中加以确定。

上述情况表明，我们要实现核心价值观法制化，首要的任务就是要使观念的核心价值体系具体化为不同维度、不同层次的子观念价值体系，然后再将这些子观念价值体系变成法制体系。就我国当前的主流价值观或社会主义价值观而言，核心价值观或观念的核心价值体系大致上已见雏形，但不同维度、不同层次的价值体系没有完全形成。从这种情况看，当前我国面临通过构建和完善体现核心价值体系精神和要求的不同维度和不同层次的子价值体系来实现核心价值体系法制化的紧迫任务。构建和完善这些子价值体系，也就是构建完整系统的中国社会主义价值观体系。这一体系不构建起来，就谈不上核心价值

① 江畅：《论价值观与价值文化》，科学出版社 2014 年版，第 21 页。

体系的法制化。

当代中国价值体系的构建或者说核心价值观法制化面临的问题不是如何从无到有，而是如何使现行的法制体系优化，既包括如何使它完整系统的问题，也包括如何使它的形式和内容体现核心价值观的精神和要求的问题。前面说过，我国现行的法律制度在相当大的程度上还没有完全贯彻核心价值观的内容和精神，针对这种情况，我们需要对现行法律制度进行改革。《中共中央关于全面深化改革若干重大问题的决定》明确提出了深化我国现代法律制度改革的任务，这就是"建设法治中国，必须坚持依法治国、依法执政、依法行政共同推进，坚持法治国家、法治政府、法治社会一体建设。深化司法体制改革"①。为此，党的十八届四中全会做出了《中共中央关于全面推进依法治国若干重大问题的决定》。该决定指出："全面推进依法治国是一个系统工程，是国家治理领域一场广泛而深刻的革命，需要付出长期艰苦努力。全党同志必须更加自觉地坚持依法治国、更加扎实地推进依法治国，努力实现国家各项工作法治化，向着建设法治中国不断前进。"② 因此，核心价值观法制化是与不同维度、不同层次价值体系构建一体的，而这种构建又是同现行法律制度的改革相配套的。从某种意义上说，核心价值体系的法制化需要以现代法制改革作为突破口，在改革的过程中完善，通过改革实现核心价值观法制化。

法制化的关键在于"化"。这里所说的"化"，简单地说，就是要使核心价值观中应该制度化和法律化的内容全都制度化和法律化，不留任何死角和漏洞。这实际上就是党的十八大提出的"建设法治中国"所意指的，也是《中共中央关于全面推进依法治国若干重大问题的决定》提出的"全面推进依法治国"所要求的。这里有一个重要的前提是要弄清楚核心价值观的哪些内容需要法制化，而这又需要对核心价值观的内容加以阐发。只有将核心价值观的内容充分地阐发出来，我们才能了解其中的哪些内容需要法制化。这种阐发既有理论层面的阐发也有实践（操

① 《中共中央关于全面深化改革若干重大问题的决定》，《十八大以来重要文献选编》（上卷），中央文献出版社 2014 年版，第 529 页。

② 《中共中央关于全面推进依法治国若干重大问题的决定》，《十八大以来重要文献选编》（中卷），中央文献出版社 2016 年版，第 159～160 页。

作）层面的阐发。操作层面的阐发就是要使核心价值观的内容与现实社会生活相对接，构建或完善不同维度、不同层次的价值体系；理论层面的阐发则是构建核心价值观的完整理论体系。只有形成了这样的理论体系，我们才能清楚地辨识其中的哪些内容需要直接法制化，哪些内容需要通过更具体的价值体系法制化。因此，核心价值观的完整理论体系的构建也是核心价值体系法制化的重要任务。从逻辑的角度看，这种构建是核心价值体系法制化的前提条件。

我们曾多次谈到，核心价值体系包括三个层次的内容：一是终极价值目标，概括地说，就是国家富强、民族振兴和人民幸福的中国梦；二是核心价值理念，即党的十八大报告中提出的“24 个字”；三是基本价值原则，那就是党的十八大报告中提出的八个“必须坚持”。[①] 从法制化的角度看，这三个层次的内容应当成为宪法的核心内容，或者说，需要宪法化，并且要通过宪法将其体现为国家制度。《中共中央关于全面推进依法治国若干重大问题的决定》提出要“科学立法”，根据核心价值观的精神和要求对我国现行宪法进行修订是科学立法的重要内容之一，也是核心价值观法制化需要采取的首要步骤。这是一个重要的前提，如果不具备这一前提，其他工作就难以展开，或者说就有可能陷入混乱和不自洽。

在核心价值体系中，核心价值理念被认为是核心内容，因而也是法制化的重点。在“24 个字”中，“富强、民主、文明、和谐”指的是我们国家的建设目标和发展方向。它们必须被确定为国家宪法的根本原则，任何其他法律、政策、措施等规范性文件，以及任何组织和个人的行为都不能违背它，违背它就是违宪。其中的“自由、平等、公正、法治”既是上述目标实现的保障条件，本身也具有目的意义。它们不仅必须被确定为国家宪法的原则，而且要通过各种法律制度被具体化、条文化，成为人们不得不遵循的规范。至于“爱国、敬业、诚信、友善”则主要是价值导向的内容，其中有些内容（如诚信）也需要提供制度保障，不同地域或单位也可以根据情况使之成为制度。不过，一般来说，它们不

① 参见江畅《当代中国价值观的根本性质、核心内容和基本特征》，《光明日报》2014 年 6 月 18 日；江畅《论当代中国价值观构建》，《马克思主义与现实》2014 年第 4 期；江畅《论全面构建社会主义价值体系》，《社会科学战线》2014 年第 3 期。

存在法制化的问题。

以上所述是就核心价值观应该法制化的内容而言的，就法制化的形式而言，需要建立体现核心价值观精神和要求的法制体系，即社会主义法制体系。这一体系是一个以宪法为核心，由宪法体系、法律体系和制度体系构成的同心规范体系。从结构上说，制度体系包括法律体系，法律体系包括宪法体系；从层次上说，宪法高于法律、法律高于非法律化的制度。这一制度体系是社会对人们有强制性约束的唯一规范体系。一切行政权力采取的政策、措施以及政府官员的行政活动等都必须严格限定在这一体系的框架范围内，不可逾越。同时，这一制度体系是从中央到地方、从政府组织到非政府组织（包括企业事业单位）的各种法律制度协调一致、逻辑严密的完整体系。中央的法制体系是核心和最高标准，地方的法制体系则是其中从属的组成部分，不得与之相悖；政府的法制体系是各种非政府组织的基准，任何非政府组织的制度都不得违背政府的法律制度。

3. 核心价值观法制化面临的主要障碍及对策

核心价值观法制化是我国改革开放后，特别是实行市场经济体制之后提出的新问题。在改革开放前，我们实行的是计划经济体制。这种经济体制客观上要求行政权力至上，因为只有在行政权力具有最高权威的前提下，计划经济才能有效地运行。与这种体制相适应的政治体制必须是集权政治体制。应该承认，当时客观上也存在核心价值观，相对于“中国特色社会主义价值观”，我们可以称之为“传统社会主义核心价值观”①，虽然当时并未明确意识到这一点，或者说尚未形成“核心价值观”的清晰概念。当时的核心价值观也存在现实化的问题，但在计划经济体制和集权政治体制的条件下，核心价值观不可能法制化，倒是可以从某种意义上说实际上走了人格化的路子。也就是说，核心价值观主要是通过转化为政治领导人的人格品质并通过其所体现的行为来见诸现实。不可否认，当时也存在法律制度，法律制度也程度不同地体现了当时价值观的精神和要求，但这些法律制度在社会生活中不具有最高权威，相

① 关于传统社会主义价值观与中国特色社会主义价值观的异同，可参见江畅《论当代中国价值观》，周海春主编《文化发展论丛·中国卷》第三卷，社会科学文献出版社 2014 年版，第 15～16 页。

反只是政治领导人进行政治和社会管理的手段。当代中国核心价值观法制化问题严格来说是20世纪90年代实行市场经济体制之后一段时间才明确提出来的，具体地说，也就是近二十多年提出来的。其比较直接的原因在于市场经济客观上要求政治上必须实行法治，否则社会秩序就会发生混乱，今天我国的现实已经表明这一点。当然，这也与我们近些年来才有明确的“社会主义核心价值观”的意识、概念和构建有直接关系。正因为如此，我国目前的核心价值观尚处于起步阶段。起步是艰难的，特别是我们的起步不是从头开始，而是已有一套法律体系存在并发挥作用，其背后还有与之相应的观念，有一大批既得利益者。这就使核心价值观法制化更为艰难，面临诸多障碍。对此我们必须有清醒的认识，并采取有效对策应对。

如果不考虑既得利益者的干扰（这种干扰本身需要通过法制化过程来加以解决），我们认为当前我国核心价值观法制化面临以下三大障碍。

第一，法制观念模糊。改革开放以来，我国公众的法制意识有较明显的增强，但无论是社会管理者还是普通百姓的法制观念仍然比较含混，没有普遍确立现代法制的观念。法制自古以来就存在，但近代以来人类的法制观念发生了深刻的变化。这主要体现在，法制从传统社会作为统治的手段转变成了现代社会社会管理的权威。通俗地说，就是对于政府和官员来说“法无授权不可为”。这对于我国社会来说是一种全新的观念，社会公众并未普遍确立这种观念。这主要体现在两个方面。一是虽然今天人们都已经意识到法治的重要性，但现代法治意味着什么人们缺乏清晰的概念。相当多的人认为，依法治国就是运用法律治理国家，而没有意识到依法治国的真正含义在于在法律授权的范围内依法治理国家。显然，没有“法律授权”这一前提的依法治国可能是传统的法治，而不是现代的法治。二是更多的人包括社会管理者没有意识到除了法律约束之外还有制度的约束。社会法律再健全也不可能管理社会的一切事务，因此还需要法律之外更广泛的制度。因此，社会除了要依法律治理外还需要依制度治理。就是说，在法律的框架之内，也并非社会管理者说了算，还需要依据制度行事。例如，对于一个社会团体、一个单位而言，就不能简单地说要实行法治，而要说必须依制度管理。对于老百姓来说亦如此，不仅要守法，也要遵守制度。现代社会严格来说，不只是法治的社会，还是法律制度治理的社会，现代“法治”只不过是“法律制度治理”的简称而已。如果对此缺乏意识，即使实现了法治，社会也不一定会是真正和谐有序的。对于这一点，我们许多人包括社会管理者可能还没有明确的概念。

第二，缺乏核心价值观法制化的意识。社会的法制化是有依据的，这种依据就是社会倡导和推行的价值观。过去我国有比较强的意识形态意识，而没有核心价值观意识。两者之间既有联系又有区别。一般来说，社会占统治地位的意识形态是统治者进行统治的思想观念体系，所体现的是统治者的意志，它可以体现全体成员的意志，也可以不体现。其中毫无疑问包含核心价值观，甚至也可以说就是核心价值观的体系。而今天我国所倡导和推行的核心价值观是集中全党全社会智慧所确立的，是国家将这种价值观上升为国家意志，并运用政治力量强力推行的。这样，它也就成了社会的新的占统治地位的意识形态。如果我们承认核心价值观体现了我国全体社会成员的意志，那么，我国现行的法律制度就需要以它为检验的标准进行审查，符合的就保留下来，有问题的就要修订，缺乏的则要补充。然而，今天我们虽然广泛谈论推进依法治国，谈论核心价值观，却较少谈两者之间的内在关联，没有旗帜鲜明地宣称依法治国的精神实质就是核心价值观，依法治国的过程就是核心价值观法制化的过程。缺乏核心价值观法制化意识的直接后果就是“两张皮”：所依据的法制不完全体现核心价值观的精神和要求，核心价值观则因为没有法制化而始终停留在观念的层面，甚至只是停留在宣传层面。

第三，不愿意、不习惯法制化。过去社会治理的情形是官员凭借手中的权力运用法制来统治社会和管理百姓，而现在则要求官员在法制的范围内依据法制行事。在没有法制可依而又必须有所作为的情况下，首先要通过合法途径来制定法律制度。这在很多社会管理者看来，既费事麻烦，又影响办事效率，因此大家不习惯、不愿意法制化，甚至抵制法制化。对于普通老百姓来说，不实行法制管理，他们有更多的自由空间，更自由自在。更为重要的是，在不实行严格法制管理的情况下，他们有什么特殊问题要解决，还可以通过“走后门”、托人情甚至行贿达到目的。因此，老百姓也不一定习惯、愿意真正实现法律制度治理。尽管普通老百姓在看到官员以权谋私的时候十分愤恨，觉得法治很重要，但一到了自己有问题需要解决的时候又觉得不那么严格地依法办事更好。这个问题在我国更为普遍、更根深蒂固。如果说前面两种障碍可以通过宣传教育逐渐加以解决的话，那么，这种障碍则需要进一步解放思想，更新生活观念和生活方式。而这将是一个艰难甚至痛苦的过程。

上述障碍存在的原因很复杂。其中有两个原因是特别值得重视的：其一，与我国人治传统相伴随的深层次的人治观念没有得到更新有关；其二，与计划经济体制遗留下来的与之相应的体制机制尚未全面深化改革到位有关。针对核心价值观法制化存在的障碍及其原因，根据《中共中央关于全面深化改革若干重大问题的决定》和《中共中央关于全面推进依法治国若干重大问题的决定》，我们提出以下三点对策性建议。

第一，进一步解放思想，更新观念。核心价值观的法制化，实际上是我国当前全面深化改革的重要内容之一。《中共中央关于全面深化改革若干重大问题的决定》明确指出，全面深化改革必须进一步解放思想，同样，推进核心价值观法制化也必须以进一步解放思想、更新观念为先导。改革开放以来，我国的解放思想和更新观念不断扩大和深化，更新了许多与市场经济、民主政治、现代法治和科技不相适应的观念。正是有了如此深刻的观念变化，我国社会主义现代化建设才得到迅猛发展。但是，正如《中共中央关于全面深化改革若干重大问题的决定》指出的，“解放思想永无止境”。显然，我国的观念更新远未完结，还有一些深层次观念需要进一步更新。其中重要表现之一，就是旧的法制观念即人治观念还在相当大的程度上存在。应该承认，今天我国公众大多已经意识到这种观念与现代化的不相适应性及其导致的严重社会后果，并且正在努力地更新这种旧观念。但是，正如前面已经指出的，我们尚未普遍确立现代法制观念。这种新的观念不确立起来，旧的观念就会发生作用，就会自觉不自觉地影响我们的决策和行为。因此，加快核心价值观法制化进程，必须进一步解放思想，在有意识地确立现代法制观念的过程中彻底破除旧的法制观念。普遍确立新的法制观念，需要舆论宣传和教育引导，更需要全面深化体制机制改革。普遍观念更新需要相应的制度环境，只有在全面深化体制改革的过程中才能进一步破除旧观念、确立新观念。

第二，充分利用中央权威强力推行法制化。核心价值观法制化的过程主要是一种体制机制改革的过程，这种改革的过程需要全社会的努力，更需要运用政治力量强力推进。我国经济迅速发展，社会安定团结，改革开放深入人心，党中央和中央政府具有崇高的社会威望。在这种良好的社会环境下，我们要充分利用我国独特的强大政治优势推进核心价值观法制化进程。今天，党中央已经确立当代中国社会的核心价值观，同时又做出全面深化改革和全面推进依法治国的重大决定。这一切都为核心价值观法制化奠定了坚实基础，准备了充分条件，我们现在需要做的工作是更加自觉地将核心价值观法制化与全面深化改革、全面推进依法治国有机结合起来，特别是要围绕核心价值观法制化全面深化改革和全面推进依法治国，通过全面深化改革和全面推进依法治国使核心价值观现实化为法制体系、价值体系和当代中国文化。做好这一工作需要调动地方和其他各方面的积极性，更需要发挥中央权威的统领、推动和监督作用。党中央和中央政府的坚强领导是核心价值观法制化和现实化的根本保证。

第三，加快法制化的理论研究和实施方案设计进程。核心价值观法制化是其现实化的关键，直接关系到核心价值观现实化的成败。而核心价值观法制化是一个非常复杂的社会工程，首先需要理论上的充分准备，还需要根据科学的理论设计正确合理的实施方案。应当承认，近几年来，我国加大了核心价值观、全面深化改革和全面推进依法治国等方面理论研究和应用研究的力度，也取得了许多重要的理论成果，我国这些方面的实践越来越自觉并得到了较充分的理论论证。但是，这一任务远未完成。我国的理论研究及相应的应用研究还需要进一步凸显核心价值观的地位，紧紧围绕核心价值观全面展开。具体地说，就是要围绕核心价值观及其法制化和现实化这一轴心问题，展开全面深化改革和推进依法治国研究。要构建当代中国现实的社会价值体系，从逻辑上看，首先要构建当代中国观念的核心价值体系。当然，在我国目前的情况下，这两者不可能截然分开，但是，哲学社会科学围绕核心价值观及其法制化和现实化协同攻关，着力构建完整系统的中国特色社会主义价值体系的理论体系，并在此基础上提供具有可操作性的实践方案，则是先决性的。因此，哲学社会科学工作者应清醒地意识到自己所肩负的重大历史责任，加快核心价值观法制化、现实化的理论研究和实施方案设计的进程，为中国特色社会主义价值体系构建提供充分有力的理论支持和正确可行的实施方案。

五　核心价值观的政策化

核心价值观需要道德化、法制化，也需要政策化。[①] 政策是国家、政党或者其他社会政治集团为了实现一定历史时期的路线和任务而制定的国家机关或者政党组织的行动依据和准则。就国家而言，政策是对法律和制度的重要补充，在我国法制尚不健全的情况下，政策更具有特殊的作用。因此，要使核心价值观现实化为文化，构建社会主义价值文化，不仅要使核心价值观充分贯彻落实到法制之中，而且要使其充分贯彻落实于政策的制订、实施和检验的全过程，使核心价值观政策化。政策与法制不同，它具有灵活性和时效性，为了使核心价值观政策化，必须建立其保障机制，以使政策的制定、实施和检验整个过程都充分体现核心价值观的精神和要求。建立这种保障机制和确保其有效运行，是主流价值文化构建的一个极其重要的方面，在构建主流价值文化的过程中，切忌忽视这个方面。

1. 政策化：核心价值观现实化不可或缺的重要途径

核心价值观必须政策化，其根本原因是政策在现代国家治理中具有其独特的不可替代的作用。社会生活的日常运行主要靠政策这种管理手段维系，要使核心价值观落细落小落实，尤其需要使之充分贯彻于一切政策及其活动之中。因此，政策化是核心价值观现实化不可或缺的重要途径。

一般来说，在现代社会，法制、政策和道德是国家治理或社会管理的三种主要手段，或者说控制机制。在信奉自由主义的西方国家，道德并不被看作社会控制机制，但政策仍然发挥着重要作用。这就是说，无论是西方国家还是非西方国家，政策都是社会管理的主要手段之一。现代国家是法治国家或者说应该是法治国家，这是得到广泛认同的。但是，

---

① 关于社会主义核心价值观的道德化和法制化，参见江畅、张媛媛《论核心价值观的道德化》，《中原文化研究》2015 年第 6 期；江畅、张景《论社会主义核心价值观的法制化》，《思想理论教育》2015 年第 10 期。

为什么在法制之外还要有政策呢？这是由社会生活的复杂性和变动性决定的。社会生活极其复杂而又千变万化，它需要法律制度来确保社会生活的基本秩序以及这种秩序的可持续性，同时又需要政策来应对社会生活复杂而又变动的情况，处理生活中出现的各种影响人们正常生活和社会秩序的问题，从而减少社会矛盾、冲突和震荡，使社会达到和谐状态。法律制度是人们行为的最基本规则，因其具有强制性而能保证这些基本规则得到有效实行，其必要性是不言而喻的。但是，法律只规定人们行为的“底线”，而且比较稳定且比较僵硬，不能用来处理在法制范围内的那些特殊的、具体的和变化的问题。而政策的意义正在于它可以相对灵活地处理这些具体问题。关于政策对于政党和国家工作的重要性，毛泽东做过很多阐述，他甚至认为政党的任何活动都是实行政策。“政策是革命政党一切实际行动的出发点，并且表现于行动的过程和归宿。一个革命政党的任何行动都是实行政策。不是实行正确的政策，就是实行错误的政策；不是自觉地，就是盲目地实行某种政策。”① 所以，政策对于政党来说性命攸关。“政策和策略是党的生命，各级领导同志务必充分注意，万万不可粗心大意。”② 正是因为政策在国家或社会治理中具有不可或缺的重要作用，所以一个社会的核心价值观需要通过政策贯彻到社会生活的各个方面。

政策的制定者是国家或政府，政策实施所凭借的力量是政治权力。在现代法制社会，政府所制定的政策必须在法制的范围内，不能违背法制，而且政策的制定也需要依据法定的程序。如果这样，社会就是法治社会。然而，人类社会并不总是法治社会，直至今天也并不是所有国家都是法治国家。今日世界各国都有法律，也都有政策，但两者在不同国家中的地位是很不相同的。在法制健全的法治国家，政策是完全在法制范围内制定和实施的，而在其他一些国家，情形则不完全相同。有的国家的政策不完全受法制的约束，存在与法制不一致甚至相冲突的情形，在这种情形下，政策就成为社会管理的主要依据。有的国家的政策完全

① 毛泽东：《关于工商业政策》，《毛泽东选集》第四卷，人民出版社 1991 年版，第 1286 页。

② 毛泽东：《关于情况的通报》，《毛泽东选集》第四卷，人民出版社 1991 年版，第 1298 页。

不受法律的约束，制定和实施政策甚至可以置法制于不顾，政策在国家生活中具有最高的权威。在一些国家，由于法制不健全，因而在一些方面根本没有法制可以约束政策的制定和实施。所有这样的国家都不是完全意义上的法治国家，这样的国家在今日世界可能还占有相当大的比重。不言而喻，在这样的国家，政策对于国家的核心价值观的贯彻落实比完全意义上的法治国家更加重要，不通过政策的渠道，核心价值观的要求便无法进入人们的社会生活。

我国正处于现代化建设过程之中，法制建设是现代化建设的题中应有之义，因而我国改革开放以来一直都十分重视法制建设，当前正在全面推进依法治国和依宪治国，建设社会主义法治国家。由于我国的法制目前还不够健全，因而在很多应当由法制实行管理的地方，还需要用政策来替代。另外，中国共产党自建立开始就有高度重视政策的传统。在新中国成立之前，虽然在中国共产党领导的区域也曾制定和运用过法制，但那不是严格意义上的法制，也不是自始至终如此，至少在共产党没有根据地的时期是靠政策管理党内和军队事务的。正因为如此，毛泽东把政策看作共产党的生命。新中国成立后，这种高度重视政策的传统一直延续了下来。改革开放前，我国主要依靠政策治理，从一定意义上可以说是一个主要依政策治国的国家。改革开放后，这种局面正在加速改变，但国家机关仍然习惯于运用政策管理国家事务。这不仅体现在法制尚不健全的领域主要靠政策管理，而且体现在即使有法制存在也依然不用法制来制定和实施政策。因此，我国目前的情况是，政策的制定和实施不完全在法制范围之内，政策在有些领域（包括已经有法制的领域）的地位高于法制。将政策的实施完全置于法制的范围之内，既需要有健全的法制，也需要健全的法制能够真正有效地发挥作用。由此看来，我国的法制建设还面临艰巨的任务，我国真正成为“法治中国”还有相当长的路要走。尤其是在我国现阶段，政策是贯彻落实核心价值观要求的主要途径，其意义甚至超过法律。

在我国这样一个法制尚不健全的国家，主流价值观之所以更需要通过政策来贯彻，主要有以下三个方面的原因。首先，我国虽然近年来不断加快法制化进程，但建立健全的法制体系需要一个相当长的过程。其中不仅存在根据核心价值观制定一些尚缺的法制并修订不符合核心价值观要求的法制的任务，而且存在更艰巨的有法必依、执法必严的举国养成法治习惯的任务。在这种情况下，政策在相当长时期内在相当大的范围内还会发挥法制的作用。因此，如何使这些发挥法制作用的政策真正体现核心价值观的要求，事关国家的长治久安和健康发展。其次，我国现行的许多政策是新中国成立以来逐渐制定的，其中有相当一部分现在还在发挥作用，但并没有体现核心价值观的要求甚至违背其要求。对于这一部分政策需要根据核心价值观的要求来修订或重新制定。最后，在我国社会急剧变化的今天，我国还在不断地制定新的政策，这就存在如何确保将要制定的政策体现核心价值观要求的问题。

国家政策的制定者是国家或政府，国家和政府存在依据什么制定政策、实施政策和检验政策的问题，或者简单地说存在政策的依据问题。政策的依据涉及三种主要因素：一是法律，二是实际需要，三是主流价值观。在这三种因素中，主流价值观是根本性的制约因素。任何国家政策都是根据一定时期内社会管理的实际需要制定的，这种实际需要是政策制定和实施的事实依据。缺乏这种实际需要，就不需要制定政策，即使制定了政策也无法实施。但是，在实际需要既定的情况下，在法制健全的国家还需要考虑法制和社会主流价值观（通常体现为主流意识形态）的要求。

法制体现的是公民的意志，事关国家稳定和发展的大局，它是立法机关通过立法程序制定的，具有稳定性。而政策通常是由作为执行机关的政府在法制范围内根据实际需要制定的，具有对策性和灵活性。因此，法制高于政策，政策要服从法制，政策是在法制的范围内根据法制的相关原则制定的处理日常事务的具体准则。那么，法制的依据是什么呢？一般来说，现代法制是公民意志的体现。然而，公民意志是通过两种形式来体现的。一种形式是由公民代表组成的立法机构来直接反映公民的意志。这体现在法制是通过立法机构组成成员表决来制定的。另一种形式则是由得到社会普遍公认的价值观来体现的。社会普遍公认的价值观可能是在民意的基础上通过立法机关确认的，或者是通过执政党确认的。这种公认的价值观常常集中体现为宪法，宪法作为根本大法需要通过更为复杂的程序来制定，具有更大的稳定性。上述两种形式不是分离的，而是同时发生作用的。除宪法以外的任何法律的制定都既要依据宪法，又要依据立法机关的意志。如果说法律制定以宪法为依据，而宪法是一个社会主流价值观的体现（当然也需要通过立法机构乃至全体公民的确认），那么，所有的法律都必须体现社会的价值观。因此，在法制健全的法治国家，政策要依据法律从实质上说就是要依据社会的主流价值观或主流意识形态来制定。

然而，法制大多是在一个国家范围内普遍适用的一般性原则，而政策是在这些一般性原则范围内的具体准则，面临各种复杂多变的情况。因此，政策不仅要通过遵循法制原则来体现社会的主流价值观，还需要在具体制定的过程中直接体现主流价值观的要求。这是因为价值观是一种价值体系，其中只有一部分直接关系到社会稳定和发展的最基本要求才被法制化，还有很多内容和要求不可以被法制化。这样的一些内容和要求在很大程度上要通过政策来直接体现。例如，我国宪法规定“中华人民共和国的一切权力属于人民”。这一规定体现的是我国主流价值观“必须坚持人民主体地位”的原则要求。我国主流价值观中有一系列内容和要求都体现了这一原则，这些内容和要求有一部分需要不同的法制来贯彻落实，更多的是需要通过日常社会管理中的政策来贯彻落实。因此，即使在法治社会，在政策间接通过法制体现主流价值观要求的情况下，还需要政策来直接体现主流价值观的要求特别是规范性要求。社会价值观包括理想性内容，也包括规范性内容。在传统社会，社会价值观的规范性内容主要由法制和道德来贯彻，在现代法治社会则主要由法制和政策来贯彻，而道德侧重于对人们进行引导，引导人们从对规范的遵守到对理想的追求。在法制和政策这两者之中，法制只能贯彻主流价值观的一部分规范性内容，且是一些最基本的规范性内容，而其他规范性内容要由政策来贯彻。只有既通过法律又通过政策，主流价值观的规范性内容才能得到充分的贯彻。

2. 核心价值观政策化的任务和特点

核心价值观政策化就是所有政策都要体现核心价值观的精神，贯彻核心价值观的要求。具体地说，核心价值观政策化包括两个方面。其一，使所有政策都体现和贯彻核心价值观。这里所说的所有政策，既包括从今以后出台的政策，也包括已经出台并还在发生作用的政策。核心价值观政策化首先是指已经出台并尚在发生作用的政策和将会出台并会发生作用的政策体现和贯彻核心价值观。其二，政策有一个从制定到实施再到检验的过程，核心价值观政策化也指使核心价值观落实到这一过程的每一个环节。因此，核心价值观政策化既体现为每一政策都要体现核心价值观的要求，又体现为每一政策的整个过程都要体现核心价值观的要求。由此看来，目前我国核心价值观政策化实际上面临三个方面的任务。

第一，从今以后国家出台的所有政策都必须体现和贯彻核心价值观。政策的制定和出台是整个政策过程的关键。只有所制定的政策体现了核心价值观的精神和要求，它的实施才可能使核心价值观的精神和要求贯彻到实际生活中去，政策的检验也才有正确的标准。核心价值观政策化，首先要求各级政府及其部门出台的每项政策都要体现和贯彻核心价值观。中国是一个大国，国家机构从中央到地方多达五级，即中央、省（自治区、直辖市）、地级市（地区）、县、乡镇，而且除乡镇一级之外，每一级政府都拥有几乎无法说清楚有多少的政府部门（因为有许多机构虽然不是政府部门，但履行着政府部门的职责）。所有这些不同层级政府及其不同部门每天都在出台不同的政策。当然，政府及其部门的层次越高，其政策的影响越大，直接以政府名义出台的政策比以政府部门名义出台的政策影响大。要使今后所有出台的政策都体现和贯彻核心价值观，这是一项难度非常大的任务。

第二，对国家过去出台而现在还在发挥作用的政策进行清理检查，弄清楚它们是否体现和贯彻了核心价值观。与前一项任务相比，这是一项更复杂、更艰巨的任务。新中国成立以来，我国各级政府及其部门出台的政策不计其数，其中很多还在发生作用，而且由于时代的局限等，它们完全没有或者没有充分体现核心价值观的要求。比如，新中国成立以来就实行的户籍政策和1977年以来实行的高考政策，就是没有充分体现核心价值观要求的政策。虽然近年来进行了一些改革，但远远没有改革到位。我国的改革实际上不只有对体制机制的改革，也有对许多不合时宜的政策的改革。或者可以这样说，我国的体制机制在很大程度上是靠政策支撑的，对体制机制的改革就是对政策的改革。党的十八届三中全会做出的全面深化改革的决定是对过去改革的进一步强调和重新部署，而这实际上就是要根据核心价值观的要求重新审视现行的各项政策，并做出与之相适应的调整和修订。但值得注意的是，所有这些改革措施主要是中央政府层面的，由于我国实行的是“举国”体制，中央政府进行的改革会直接影响到地方各级政府，但实际情况要复杂得多。有经验的人可能都能感觉到，除了中央的统一政策以及与之相一致的地方政策之外，还不知道有多少地方的土政策，这些土政策大多与中央政策不一致，更谈不上体现和贯彻核心价值观。核心价值观政策化的第二个任务，就是要通过检查和修订使举国上下所有的现行政策都体现和贯彻核心价值观。

第三，使已经出台体现和贯彻核心价值观的政策得到有效实施。前面说过，政策是在法律的范围内用来处理各种特殊、具体和变化的问题的准则，它是核心价值观“接地气”的主要途径。在已经制定出台了体现和贯彻核心价值观的政策的情况下，只有使之得到有效的实施，政策所体现和贯彻的核心价值观才能落实到现实生活之中。这既有一个实施的过程，也有一个必不可少的检验的环节。政策的检验不仅要验证政策是否真正体现和贯彻了核心价值观的要求，也要验证政策是否有充分实施的必要。所以，检验也是实施的一个重要环节。要使体现和贯彻核心价值观的所有政策能够得到有效实施，也是一项艰难的工作。这会涉及每一项政策的实施都有可能使一些人或地方的利益受到损害，他们因此会阻挠政策的实施，或者使政策在实施中变形，况且一项政策要得到充分实施还需要很多配套条件，否则就不可能得到充分实施，或者会在实施过程中走样。例如，新华社 2016 年 1 月 5 日公布了《中共中央、国务院关于实施全面两孩政策改革完善计划生育服务管理的决定》。中央之所以要做出这一决定，是因为当我国出台全面放开二胎政策后，会带来许多新的问题，如需要更多妇产医院，更多妇女生产会对工作产生不利影响，将来有更多孩子需要上学、就业等。显然，这些相关的问题不解决好，两孩政策这一人性化的政策就难以充分落实。随着改革的全面深化，我国近年来新出台了很多好的政策，同时对许多过去不合理的政策根据核心价值观的要求进行了修订，总体上看我国目前实行的政策较之过去更充分地体现了核心价值观的精神和要求。在这种情况下，如何使这些好政策落实到位，是我国核心价值观政策化面临的第三大任务。

从以上对核心价值观政策化的含义和当前我国核心价值观政策化面临的主要任务的分析可以看出，核心价值观政策化具有不同于核心价值观法律化、道德化的明显特点，而这些特点表明了核心价值观政策化的复杂性和艰巨性。

（1）政策主体的多元化

一般来说，国家政策是由国家制定、实施和检验的，但这里所说的国家是由各级政府及其部门作为其代表的。因此，政策的主体实际上是多元的，这就是我们通常所说的“政出多门”。显然，政策不同于法制。在我国，除了乡镇一级之外，从中央到县这四级都可以制定法律，但制定的主体是各级人民代表大会，因而就同一级而言，法制的主体是单一的。而政策的主体即使在同一级也有不同的主体，而且同一级主体中又有政府与其部门之间的差别。政策与法制特别是法律还有一个重大的不同，这就是法律的主体是立法机关，它是一个相当大的群体，法律的出台至少可以集中这个群体的智慧，而政策的主体常常是一个政府部门，而一个部门的工作人员十分有限，可利用的智慧资源也很有限。如此，政策失误比法律失误的概率要高得多。政策也不同于道德。在我国，有管理道德的专门部门，即各级党委（通常由其宣传部分管），而且国家的道德体系常常是由中共中央宣传部制定并出台的，如《公民道德建设实施纲要》。从这种意义上看，我国所倡导的道德，其主体实际上是一元的。显然，这种情形也不同于政策。政策主体多元的情形，必然会出现下级政策与上级政策之间、政府部门与政府的政策之间、政府不同部门的不同政策之间产生矛盾和冲突的情形。如果考虑政策的实施，情形就会更复杂。政策主体多元的情形首先会提出在核心价值观政策化的过程中，如何使所有这些政策主体在制定、实施和检验政策的整个过程中体现和贯彻核心价值观的问题；其次也会提出如何使所有这些不同部门的政策协调一致的问题；最后还会提出政策主体如何利用社会智慧资源的问题。

（2）制定政策的高要求

在社会生活中，制定的政策是大量的、变动的，影响因素极其复杂。一般来说，既要有依据又要充分考虑实际情况和需要。依据有不同的方面。一是法律依据。政策必须在法律的范围内并依据法律制定，不与法律相冲突。二是政策依据，即上级的政策以及同级相关的政策。一种政策不能与上级政策及同级相关政策相冲突。三是理论依据特别是核心价值观。政策不仅不能与核心价值观相冲突，而且要体现和贯彻核心价值观。不考虑前两个方面的依据，仅就核心价值观方面而言，就给政策主体提出了很高的要求。它要求每一政策制定者都必须熟知核心价值观的精神和要求，只有这样，他们才能在制定政策的过程中真正做到体现和贯彻核心价值观。同时，它还要求每一政策制定者在体现和贯彻核心价值观的过程中善于处理政策之间出现的相互矛盾和冲突。我们知道，核心价值观本身是一个体系，包括不同的层次和不同的方面，这就是说即使不同的政策都体现和贯彻了核心价值观的要求，但如果不考虑不同政策所体现的要求之间的协调，仍然会出现矛盾。这就提出了不同主体的政策怎样才能良性互动的问题。

(3) 落实政策的高难度

在社会生活中，核心价值观在大多数情况下要靠政策来具体体现和贯彻。然而，这些政策不仅存在制定时体现和贯彻核心价值观的难题，而且存在如何将这样的政策落实到位的难题。这也是政策不同于法律的一个重要特点。法律是一种强制的社会控制手段，政策虽然有一定的强制性，但其强制性大大弱于法律。在我国，司法判决尚存在“执行难”的问题，更不用说政策的实施了。我国是一个政策大国，办任何事情都讲政策。政策不同于法制，它的约束力有限，而且违反了政策的处罚也比较轻微。也许正因为如此，人们为了避免政策对自己的不利影响，常常采取措施抵制、违反甚至破坏政策的落实。实际上，这种情形主要不是发生在公民个人身上，而是发生在相对于上级政府及其部门的下级政府及其部门。这就是颇具中国特色的所谓“上有政策，下有对策”。下级的对策有种种不同情形，可能是完全违反上级政策的，可能是扭曲变形的，也可能夹带“私货”。在这种种情形下，政策再好，也不能发挥好的作用，甚至不出台政策会更好（因为不出台政策，下级可能无法利用政策谋私）。因此，对于我国这样的政策大国来说，出台体现和贯彻核心价值观的政策固然不易，使已经出台的体现和贯彻核心价值观的政策得到充分的实施也许难度更大。这就需要建立政策实施的控制机制，包括检验机制。

3. 建立核心价值观政策化的长效保障机制

毛泽东曾经说：“共产党领导机关的基本任务，就在于了解情况和掌握政策两件大事。”① 毛泽东的这句话深刻揭示了共产党领导的国家机关的主要职责。在我国迈向全面建成小康社会和实现社会主义现代化的伟大征程中，国家机关“掌握政策”就是要根据核心价值观的基本精神和要求制定和修订政策，并使之得到充分有效的实施，简言之，就是要使核心价值观政策化。前面的分析表明，这是一项十分复杂而艰巨的任务。那么，如何保证各级国家机关真正实现核心价值观政策化，克服目前在政策制定、修订以及实施过程中尚严重存在的不能充分有效地体现和贯彻核心价值观的各种问题呢？我们认为，关键是要建立行之有效的核心价值观政策化长效保障机制，使我国的所有政策过程都体现和贯彻核心价值观的精神和要求。

我们认为，这种保障机制应该是政府自律机制、人大督察机制、舆论监督机制、公众评判机制、监委监察机制和纪委督导机制“六位一体”的保障机制。其中政府自律是重点，纪委督导是关键，但要建立核心价值观政策化的长效保障机制，还需要舆论和公众的积极参与。只有这六种机制共同发力、协同作用，并形成制度，才能建立起核心价值观政策化的长效保障机制。

政府自律机制是指作为政策主体的政府及其部门内部建立的保障所有的政策过程都充分体现和贯彻核心价值观的机制。从全国整个政府系统来看，这种自律机制主要包括三个方面的自律。一是所有出台和实施政策的主体的自我约束机制。这里的政策主体包括从中央到地方各级政府及其部门。这种自律机制是通过提高政府工作人员的综合素质、工作能力特别是对核心价值观精神和内容的精准把握来保证他们的政策过程能体现和贯彻核心价值观的自我约束机制。这种自律机制需要通过挑选德才兼备的政府工作人员并对他们进行教育培训和必要的考核来实现。二是同一级政府机关的监察部门对同一级政府及其部门进行监察。这对于政府及其部门来说是一种外在的约束，但从同一级政府机关来看是一种自我约束机制。建立这种机制就是要监察部门参与同一级机关所有的政策过程，对政策过程是否体现和贯彻核心价值观进行督促检查，对那些没有体现和贯彻的及时予以纠正。三是上一级政府与下一级政府的相

① 毛泽东：《改造我们的学习》，《毛泽东选集》第三卷，人民出版社 1991 年版，第 802 页。

互制约机制。这也是全国政府系统内部的一种自我控制机制。建立这种机制要改变我国目前存在的上级政府较多督察下级政府，而下级政府较少监督上级政府的状况，使上下级政府能够相互监督，对于双方没有体现和贯彻核心价值观的政策要通过适当的途径反映并予以纠正。从我国目前的情况看，政府自律机制要由中共中央纪委和国家监察委来统一组织和统一管理。

人大督察机制是指全国各级人民代表大会对政府的所有政策是否体现和贯彻核心价值观进行督促和检查。这种督察机制包括三个基本环节：一是同级政府出台的重大政策需要报同级人大审批，一般政策需要报人大备案；二是人大要对重大政策的实施状况进行督促和检查，对于政策执行过程中发生的偏差要督促政府纠正；三是对重大政策实施后的社会效果定期进行评估，并决定其是否应继续实施。建立这种机制要克服目前人大只是听政府或其部门的报告，而对其重大政策出台和实施无权过问的状况。对政府实行有效监督是人大的一项基本职能，而对政府的监督主要是对其政策过程的监督，不进行这样的监督，人大对政府的监督就形同虚设，政府可以随心所欲，最终导致严重的甚至灾难性的后果。"去产能"被列为 2016 年五大结构性改革的任务之首。李克强总理在 2016 年的第一个工作日（1 月 4 日）便在太原主持召开钢铁煤炭行业化解过剩产能、实现脱困发展座谈会，研究化解过剩产能的办法。他强调，要以"壮士断腕"精神来化解过剩产能，并且表示不会再通过"强刺激""大水漫灌"的投资来扩大内需。[①] 为什么会出现产能严重过剩的问题？根源就在于过去政府的决策缺乏必要的监督和程序，只由政府机关甚至领导人说了算。用李克强的话说："我们产能过剩的几个行业，哪个不是审批出来的？"[②] 这种情况从中央到地方的各级政府都存在。今天，我们仍然可以肯定，没有人大的督察机制，要使核心价值观真正政策化是不可能的。

---

① 参见《李克强：要更加注重运用市场化办法化解过剩产能》，中华人民共和国中央人民政府网，http://www.gov.cn/xinwen/2016-01/10/content_5031893.htm，最后访问日期：2019 年 5 月 9 日。

② 《李克强：产能过剩的几个行业，都是审批出来的》，中华人民共和国中央人民政府网，http://www.gov.cn/xinwen/2014-10/10/content_2762059.htm，最后访问日期：2019 年 5 月 9 日。

舆论监督机制和公众评判机制是两个密切关联的制约机制。当代的舆论监督主要是新闻媒体监督，这些媒体包括电视、广播、互联网等。新闻媒体因为它的特殊功能和广泛影响能对核心价值观政策化起到相当强大的推动作用。新闻媒体舆论监督的力量来自它们的受众，即社会公众。受众越广泛，媒体的影响力越大。另外，公众对核心价值观状况的评判也需要通过媒体传达到政府机关、人大和纪委。因此，这两种机制应该共同发挥作用。就这两种机制本身而言，建立舆论监督机制的关键是加大媒体对核心价值观政策化状况报道的相对独立性和自由度，而建立公众评判机制的关键是要建立公众参与政府决策和表达自己意见的渠道。建立这两种机制的前提条件是政府决策要更加科学民主、更加公开透明。

建立核心价值观政策化长效保障机制需要坚持和加强党的领导。党是构建核心价值观的总设计师和领导力量，在实现核心价值观政策化的过程中，尤其要坚持和加强党的领导。各级党组织一方面要切实加强对核心价值观政策化的领导和指导，另一方面要通过各级党的纪律检查委员会和各级监察委员会加强对核心价值观政策化的督办和督察，特别是加强对以上所述几种机制协同发挥作用的协调。监委监察机制和纪委督导机制是这样的机制，即通过对在政府机关工作的党员进行监督、引导，确保党员干部在政策过程中坚定不移地体现和贯彻核心价值观，同时将以上所说的几种不同机制整合成一种统一协调的机制，在核心价值观政策化长效保障机制建立和运行的过程中发挥牵头作用和核心作用。党的十八大提出要全面提高党的建设科学化水平，习近平总书记提出的“四个全面”的战略布局中要求“全面从严治党”。我们认为，无论是从全面提高党的建设科学化水平来看，还是从全面从严治党来看，都要求加强和改进党对核心价值观构建的领导，其中的重要内容之一就是要在各级党组织的领导下建立起以纪委为核心的核心价值观政策化的长效保障机制，使核心价值观通过政策这一主要政治渠道有效地进入社会生活，并在社会生活中充分展示核心价值观的先进性和优越性，从而普遍增强社会公众的制度自信、道路自信、理论自信和价值自信。

六　核心价值观的道德化

培育和践行社会主义核心价值观既有一个学习、教育、宣传的问题，也有一个使其内容和要求法制化、道德化和政策化的问题。自党的十八大以来，核心价值观的学习、教育、宣传受到了高度重视，兴起了一波又一波热潮，也收到了良好的效果，但使核心价值观法制化、道德化和政策化的问题还没有受到全社会的足够重视，甚至人们对此尚缺乏应有的意识。核心价值观建设要在落细落小落实上下功夫，久久为功、锲而不舍地抓下去。使核心价值观法制化、道德化和政策化，就是使之落细落小落实的关键性途径。

1. 价值观与道德观的关系

核心价值观道德化的内容很丰富，但其核心内容是使核心价值观转化为社会和人们的道德观。然而，价值观与道德观的关系比较复杂，而且在人类历史上有一个漫长的演变过程。了解这种情况对于我们理解核心价值观道德化很有意义。

学界一般认为，“价值”这个概念最早是17、18世纪由英国古典政治经济学家提出并引入经济学的，所涉及的是交换价值、使用价值等经济价值内容。到18、19世纪德国哲学家康德、洛采、尼采等人又将其引入哲学。康德重视“道德价值”，洛采主张建立价值哲学，尼采则提出“重估一切价值”。19世纪末20世纪初奥地利哲学家迈农、艾伦菲尔斯等人提出建立一般价值论，并对美国产生影响，20世纪初至今美国有一大批哲学家研究一般价值论，其中包括价值观。作为一个概念，“价值观”最早也是在19世纪随着价值哲学、“价值重估”、一般价值论的出现而出现的。“价值观”中的“价值”概念，涵盖对于人类有意义的所有价值，如经济价值、政治价值、文化价值、宗教价值、道德价值等。19世纪以前，不能说人类没有价值和价值问题，但那时人们所关心的主要是道德价值（主要概念是“善”“恶”，此外还有“正当”“不正当”“公正”“不公正”），17世纪才开始关注经济价值。就是说，在“价值观”概念出现之前，人类只有“道德价值观”和“经济价值观”的概念，而道德价值观几乎与人类社会始终相伴相随。

自出现“价值观”概念之后，道德价值观当然被涵盖其中，但是，道德价值观只是道德或者说社会道德体系中的一个要素，虽然是其中的一个核心要素。社会道德体系除了道德价值观，还包括体现道德价值观的道德理想和道德规范以及引导人们追求理想、遵守规范的制约机制，而道德规范本身又是一个体系，涉及社会生活的各个方面。这就是说，道德是以道德价值观为核心的一种社会控制体系。

道德作为一种社会控制体系，自古以来就存在。在传统社会，它是维护家庭、社区、部落或国家秩序的主要手段，而作为社会控制体系的法律则可能有也可能无，即使有，也常常不是主要的社会控制手段。在现代社会，法律逐渐成为社会的主要控制机制，它以强制的手段确保人们的行为遵守社会的基本规范；而道德也是社会控制机制，虽然它还对人们的行为起规范作用，但主要作用已不在于此，而在于使人们将社会的规范转变为自己的行为准则，将社会的终极价值目标（或共同理想）、核心价值理念、基本价值原则转化为自己的人格理想、价值取向、价值追求、道德品质和内心信念。从这种意义上看，道德不只是善恶价值观，还是一种社会控制机制，在现代社会它尤其是社会的导向机制，具有以自身的特殊功能将社会价值观的内容现实化的不可替代的作用。而且，其善恶价值观本身也必须是与价值观完全一致的，否则一个社会就会陷入混乱。

价值观作为对价值的一般的总的看法，就社会而言，是对社会价值目标、理念和原则的看法。一个社会确立主流价值观，就是要使全体社会成员对该价值观所确定的价值目标、理念和原则形成共识，并转化为内在信念和行为准则，而且要具体化为法制、道德、政策等社会控制机制，并通过这些主要社会控制机制使之内化于人们内心。其中，道德的意义主要在于，通过将社会主流价值观道德化使其深入人心并渗透到社会生活的各个方面。而这里所说的“道德化”就是通过道德舆论、道德教育和修养、道德良心、道德责任感和义务感、道德风俗习惯等道德方式或手段使社会的道德要求转化为人们的人格理想、内心信念、优秀品质和行为准则。这样一种道德化的过程，也就是确定社会主流道德观的过程。

2. 道德化：核心价值观现实化的必由之路

培育和践行核心价值观从实质上讲就是使核心价值观现实化，现实化为社会的现实价值体系和社会公众的内心信念及行为准则。核心价值观现实化有诸多路径。最常见的也是社会普遍重视的路径是学习、教育、宣传或传播等。这种路径的主要特点是“直接影响”，即通过这种路径使社会成员（包括个人、各种组织、党政机关等）直接面对核心价值观，或者说使核心价值观直接对社会成员发生影响。这当然十分重要，因为通过这种途径社会成员可以直接了解、领会、掌握、运用、贯彻核心价值观。但是，这种途径也有其局限性。那就是社会成员在多大程度上把握和应用核心价值观是因人而异的，没有什么外在的制约力，也没有什么内在的约束力，社会也很难掌握社会成员对核心价值观认同和实行的程度（广度和深度）。因此，核心价值观现实化不能仅仅靠“直接影响”的路径，还需要诉诸“间接约束”。这种路径就是通过将核心价值观的内容和要求转化为社会的法制（法律和制度）、道德、政策等社会控制机制对人们起约束作用，使人们在一定意义上不得不培育和践行核心价值观。核心价值观借助社会控制机制对人们发生影响，这显然是一种间接影响。从我国目前的情况看，在培育和践行核心价值观方面，人们非常重视“直接影响”，而对“间接影响”重视不够。然而，通过社会制约机制使核心价值观对全体社会成员发生影响的力度要比前面所说的“直接影响”大得多，因此我们必须给予高度重视。

法制、道德和政策这三种现代社会的主要控制机制，在核心价值观现实化方面发挥着不同的作用，它们相互补充、相互促进，而不能有所缺失和相互替代。

法制的作用主要在于，它能使核心价值观的一些最基本内容和要求成为国家的宪法、法律和制度，从而通过法制的强制力使之得以贯彻实施。例如，我国宪法规定“把我国建设成为富强、民主、文明的社会主义国家”，“中华人民共和国的一切权力属于人民”，这就对核心价值观中的“富强、民主、文明”做出了宪法的规定。同时，我国宪法也把民主作为国家制度，如规定我国是人民民主专政的社会主义国家、国家机构实行民主集中制原则。如果有人在中国宣扬贫穷、专制、愚昧并从事这方面的活动，那就是违宪的行为，司法机关就可以对他进行法律制裁。

法制是强制性的，因而威力强大，人们不得不接受其所规定的核心价值观要求，否则就会受到制裁，但法制是具有普适性的，而且比较僵硬，难以适用于一些特殊的、具体的和变化的情况。因此，需要政策来进行补充。在核心价值观现实化过程中，国家政策的主要作用是在法制范围内针对特殊的、具体的和变化的情况通过行政手段贯彻落实核心价值观的各项内容和要求，如国家可以出台最低社会保障政策、大病救助政策来贯彻落实核心价值观中的“公正”要求，当然对于违反政策的行为也可以给予行政处罚。政策的特点是灵活，特别是可通过灵活的政策措施对符合和违反核心价值观要求的行为给予鼓励和惩罚。不过，政策的处罚力度较轻，不足以维护那些根本性的、总体性的核心价值观要求，因而政策需要与法制配合起来发挥作用。

法制、政策的优势在于具有强制执行性，政策还有激励的优势，核心价值观的内容和要求一旦进入其范围，一般就能得到有效的贯彻落实。但是，它们有三个共同的局限。一是范围的局限性。它们所规定的通常是根本性、总体性、全局性、事关国计民生的核心价值观的内容和要求，这种规定不可能涉及社会生活的方方面面。二是层次的基础性。它们所规定的通常是核心价值观的最基本内容，不涉及其中的理想化内容和要求。三是规范的外在性。它们是通过外在的强制性对人们起作用，而管不了人们是否将其转化为内心信念或自觉的行为准则。法制和政策的这三个共同局限，正是道德可以充分发挥作用之处。首先，道德在人们的个人生活和社会生活中无所不及，它不仅渗透社会生活，也渗透个人生活，甚至渗透人们的内心深处（如需要、欲望、情感、意志、观念等），因此将核心价值观转化为道德，就可以使之深入人心，贯穿整个社会生活及其过程。其次，道德不仅包括规范体系和机制，而且包括导向体系和机制，它在规范人们行为的同时引导人们追求更高的理想，因此将核心价值观转化为道德可以使之成为人们的理想、信念和追求，并且能使人自觉地遵循体现核心价值观的法制、政策的规范要求。最后，现代道德虽然一般不具有强制性，但它有诸多手段使人们遵循社会规范并追求社会理想，如前面所说的舆论、教育、修养以及良心、责任感、义务感、风俗习惯等，因此道德可以更有效地将核心价值观内化。

由此看来，使核心价值观转化为道德，或者说使之道德化，是核心价值观现实化的必由之路。没有这种道德化以及与之相关的法制化和政策化，仅靠一般性的学习、教育、宣传是不可能真正解决核心价值观现实化问题的。

3. 核心价值观道德化的含义和主要任务

核心价值观道德化既不同于它的法制化，也不同于它的政策化。核心价值观有两个层次的内容和要求：一是导向性的，二是规范性的。核心价值观的法制化，是指其中体现社会主义本质的要求以及事关社会主义社会秩序和谐的要求的制度化，以及这些要求中的底线要求的法律化。核心价值观的政策化，则是针对我国社会主义现代化建设过程中出现的各种新情况、新问题，根据核心价值观的内容和要求制定相应的政策，以使之适应新情况，解决新问题。与法制化不同，政策化既可能涉及核心价值观的导向性内容和要求，也可能涉及核心价值观的规范性内容和要求。核心价值观的道德化就其涉及的范围而言，与政策化相同，涉及整个核心价值观的内容和要求；就其稳定性而言，与法制化相似，它要构建具有相对稳定性的道德体系。道德化与法制化、政策化的不同之处在于，它所要构建的是体现核心价值观的道德体系，这种体系与法制体系在取向上一致，但其结构和具体内容不同；它还要通过道德的控制机制使道德体系贯穿于社会生活，内化于人们心中。因此，核心价值观的道德化就是要构建体现核心价值观内容和要求的道德体系并使之在社会生活中有效地发挥作用。

在我国当前，核心价值观道德化的主要任务是构建体现核心价值观的道德体系。我国现行的道德体系是新中国成立后适应计划经济体制构建起来的。改革开放以来，特别是实行市场经济体制以来，我国许多人的道德观念和行为准则事实上已经发生或者正在发生变化。但是，我国社会倡导的道德观念和推行的道德体系变化较小，整体上看与我国现行的经济体制以及其他社会体制改革不同步、不适应，也与许多人实际奉行的道德相脱离。这种情况一方面表明，构建与核心价值观相一致的核心道德体系不是要将现行的道德体系推倒重建；另一方面也表明，这种构建也不是我们长期以来所进行的那种一般意义上的“加强道德建设”。“构建当代中国道德体系不是我们通常所说的‘加强建设’，而是要以更新和调整为前提的。”[①] 就是说，当代中国道德体系构建并不是要推翻现行道德体系，而是要根据新的社会历史条件和核心价值观对现行道德体系进行更新和调整，使之与新的社会历史条件相适应，体现核心价值观的新要求。中国特色社会主义建设的伟大实践和核心价值观之间是内在一致的，是良性互动的，核心价值观是对中国特色社会主义建设实践的观念反映、概括和升华，同时又是这种实践的核心内容和价值体系。因此，构建体现核心价值观的道德体系，实际上也就体现了当代中国新的社会条件的历史必然性和客观要求。

社会的道德体系一般包括两个层次：一是道德标准体系，包括基本道德规范和最高道德理想，它们构成道德不道德、道德水平高低的标准；二是道德控制体系，包括使社会的道德要求转化为人们的人格理想、内心信念、德性品质、道德情感和行为准则。因此，构建体现核心价值观的道德体系包括两个方面的任务：一是构建体现核心价值观的道德标准体系，这是狭义的道德体系；二是构建体现核心价值观的道德标准体系得以发生作用的道德控制体系。

体现核心价值观的道德标准体系包括一般道德原则、基本道德规范、不同生活领域的道德要求、最高的道德理想。一般道德原则表达整个道德要求的基本价值取向。就我国现阶段而言，我们主张一般道德原则应为和谐主义。基本道德规范即通常所说的“底线伦理”，是行为善恶与否的基本标准，主要包括爱国、敬业、诚信、友善等。不同生活领域的道德要求主要涉及公共生活、职业生活和家庭生活。对于这些生活领域的道德要求，《公民道德建设实施纲要》做出了明确规定。最高道德理想从社会角度讲在现阶段就是实现中国梦，即国家富强、民族振兴、人民幸福；从个人角度讲就是马克思的理想，即人的全面而自由发展。[②] 从基本道德规范到最高道德理想之间还有不同的层次。例如，如果说无损于人是底线伦理，自觉为实现中国梦而努力奋斗是最高道德理想，那么，有益于人、服务于人就是两者之间不同层次的道德要求。道德标准

---

① 江畅、范蓉：《论当代中国道德体系的构建》，《湖北大学学报》（哲学社会科学版）2015 年第 1 期。

② 参见江畅、范蓉《论当代中国道德体系的构建》，《湖北大学学报》（哲学社会科学版）2015 年第 1 期。

体系建构的主要任务，是要从理论上提出并论证完整的道德标准体系，并且要通过一定的途径使其得到社会的普遍认同。

使道德标准体系得以发生作用的道德控制体系的构建，主要包括社会舆论氛围的营造、学校德育教学、各种非教学性的德育、选人用人道德状况考核机制、社会的扬善抑恶机制。社会舆论包括现代媒体的舆论和日常社会生活的舆论（如公共场所的舆论、单位的舆论、组织的舆论等）。营造这种舆论氛围的目的是形成褒扬真善美、贬抑假恶丑的社会环境，给人们的道德表现增加正能量。学校德育教学包括各级各类学校开设的思想道德教育课，这是人们系统接受道德教育的主渠道，可以从根本上控制人们的道德状况，使人们的道德按社会期待的方向发展。学校德育教学的主要目的是使各级各类道德教学相互衔接，教学内容科学合理并体现核心价值观的要求。各种非教学性的德育，即日常的各种思想道德教育，通常是针对个别性、局部性或全局性问题的。这种形式的德育构建任务是要建立健全的道德教育队伍，并使他们能卓有成效地开展工作，以解决人们身上发生的或面临的各种具体的道德问题。选人用人道德状况考核机制，主要是指各单位进人用人，特别是选拔干部有明确的道德要求，并能使之在选人用人的过程中得到贯彻。社会的扬善抑恶机制，主要是指树立道德典型、奖励道德英雄模范人物，以及对典型的邪恶人物和行为进行谴责。社会的扬善抑恶机制是道德社会控制的重要手段，它们的构建不仅要求科学、合理、有效，而且要正规化、常态化、制度化。只有这样，它们才能真正发挥扬善抑恶的独特功能。

4. 培育和践行体现核心价值观的道德观

核心价值观道德化，就其实质而言，就是要在全社会确立或者说培育和践行体现核心价值观的道德观。这是构建体现核心价值观道德体系的基础性和先导性工作。就当前而言，我们需要着重做好以下三项工作。

第一，提高对培育和践行体现核心价值观的道德观重要性的认识。前文所述表明，体现核心价值观的道德观既是核心价值观的重要内容，又是使核心价值观落到实处的重要途径，核心价值观只有道德化，才能真正深入人心。因此，我们要把培育和践行体现核心价值观的道德观作为培育和践行核心价值观的重要途径，给予高度重视。当前，特别要注意克服普遍存在的讲核心价值观而不讲核心价值观的道德化，讲培育和践行核心价值观而不讲培育和践行体现核心价值观的道德观的问题，从而把核心价值观与体现核心价值观的道德观的培育和践行有机地结合起来，利用道德的特殊功能和作用强化核心价值观的培育和践行。

第二，形成对体现核心价值观的道德观的共识。体现核心价值观的道德观并不就是核心价值观，而是核心价值观的道德化。那么，这种道德化的核心价值观或体现核心价值观的道德观是什么，它如何使核心价值观落细落小落实，这不仅需要理论上的研究，而且要将理论研究的成果转化为全社会的共识。特别需要注意的是，我国目前的道德体系和人们的道德观并不都是体现核心价值观的，有些内容可能还是与核心价值观背道而驰的。在这种情况下，从理论上构建体现核心价值观的道德观、从实践上使之成为全社会的共识就是摆在全党全社会面前的严肃问题，亟待我们加以解决。“核心价值观建设，重要的是坚持以立为本、立破并举”[①]，体现核心价值观的道德观建设亦应如此。

第三，将体现核心价值观的道德观教育纳入道德教育的全过程，营造弘扬这种道德观的舆论氛围。体现核心价值观的道德观还需要从理论上构建和完善，但从实践的角度看，我们不能等到这种道德观完善后再来培育和践行，而要边进行理论上的构建和完善边培育和践行。更何况，当前我国已经初步形成核心价值观，而核心价值观与体现核心价值观的道德观不仅本质上是一致的，而且在内容上许多都是相通的。在培育和践行体现核心价值观的道德观方面有许多工作要做，最重要的还是要将其纳入道德教育的全过程，营造弘扬这种道德观的舆论氛围。纳入道德教育的全过程，就是不仅要纳入国民教育体系，纳入各种职业培训、干部培训，而且要纳入全社会各种不同的日常的道德教育之中，包括家庭、单位和各种组织的道德教育，使之成为教育的主要内容。营造弘扬这种道德观的舆论氛围，就是要通过各种现代媒体和传统媒体宣传体现核心价值观的道德观，“注重用正面典型激励人，用反面典型警示人，引导全社会崇尚先进、礼敬英雄”（刘云山语），使弘扬体现核心价值观的道德观成为社会舆论的主旋律和正能量。

---

① 《全国政协十二届常委会第十二次会议开幕》，《人民日报》2015 年 8 月 27 日。

七　核心价值观的合理性与道义性社会认同

发挥社会主义核心价值观对国民教育、精神文明创建、精神文化产品创作生产传播的引领作用，把核心价值观融入社会发展各方面，转化为人们的情感认同和行为习惯，这是中国特色社会主义新时代核心价值观建设面临的新任务。完成这一任务的重要前提是要使核心价值观得到全社会的广泛认同。自党的十八大提出培育和践行社会主义核心价值观以来，全党全社会掀起了持续不断的学习、宣传、教育、贯彻热潮，并且采取了一系列措施推动其“落细落小落实”。这些措施取得了明显成效，但核心价值观的社会认同尚未达到应有的广度与深度，因而仍然是党和人民今后很长时期内需要关注的重大问题。一个国家核心价值观①的社会认同是一个十分复杂的过程，涉及多方面因素，而合理性认同和道义性认同是其中的两个基本方面，其中，道义性认同更具有关键性的意义。结合我国实际情况，着眼于当代核心价值观社会认同问题，讨论其合理性认同和道义性认同及二者的相互关系，对于推进我国社会主义核心价值观社会认同具有启示意义。

1. 中国当代核心价值观社会认同问题的凸显

人类进入文明社会之后，核心价值观的社会认同问题一直都存在。记载中国远古尧舜时代至西周历史事迹的典籍《尚书》，就有许多反映中国文明社会早期重视核心价值观社会认同的篇章。该书开篇就有尧“克明俊德，以亲九族”（《尧典》）的说法，意思是尧帝发挥他的大德，使各个氏族都和睦相处。这实质上是以三代所崇奉的德性力量作为感召天下的核心价值，以使统治者得到社会认同。商之老臣伊尹在告诫商王太甲时说：“德惟治，否德乱。与治同道，罔不兴；与乱同事，罔不亡。始终慎厥与，惟明明后。”（《太甲下》）讲的就是统治者如何通过实行德政来治理天下，实现百姓归心。自春秋时代开始，核心价值观（常常体现为统治者的治国意图）的社会认同问题受到高度重视，诸子百家争论的

① 任何一个文明社会的价值观都是多元的，有主流的或占主导地位的核心价值观，有非主流的价值观，包括社会成员（包含个人和社会群体）实际奉行的与核心价值观性质不同的价值观等。这里的讨论专注于主流价值观或占主导地位的核心价值观。

焦点就是应以何种价值立场治理天下，而东汉的白虎观会议讨论的就是如何使当时官方主张的核心价值观即儒家思想得到社会认同。

从西方历史来看，核心价值观的社会认同问题也同样存在。被誉为“希腊圣经”的《荷马史诗》，所记载的习俗体现的就是古希腊“英雄时代”的核心价值观。这种价值观通过以盲诗人荷马为代表的民间行吟歌手的广泛传播，得到了后来希腊乃至整个西方各国的广泛认同。其影响之大、之深，以至于德国古典哲学大家黑格尔称“一提到希腊这个名字，在有教养的欧洲人心中，尤其在我们德国人心中，自然会引起一种家园之感”①。在欧洲中世纪，基督教及其教会之所以能够占据社会的统治地位，其重要原因之一就是《圣经》表达的一整套基督教核心价值观通过耶稣及其使徒的传播和基督教会的宣扬而逐渐得到广泛的社会认同。

虽然传统社会核心价值观的社会认同问题始终存在，但除了社会大变革时代或本土价值观受到外来价值观的严重冲击之外，这个问题通常并不十分突出，也没有成为严重的社会问题。例如，在中国西汉以后两千多年，儒家价值观在传统封建社会始终占据统治地位；中世纪基督教价值观在欧洲的核心地位也持续一千多年。之所以如此，原因无疑十分复杂，但其中有两个原因也许是最重要的。

其一，传统社会基本上是一种个体没有从整体中分离出来的社会。除了战乱时期，在正常情况下，作为基本共同体的社会通常是一个完整的整体，个体（无论是个人还是家庭）不是真正意义上的个体，而是社会整体的一个部分。“溥天之下，莫非王土；率土之滨，莫非王臣。”（《诗经·小雅·北山》）这也许就是对传统社会中作为社会组成部分的个体与社会整体之间关系的典型表达。在这样一种社会结构中，社会要求个体把整体的价值观作为自己的价值观，个体也大多主动把社会价值观作为自己的价值观，而通常没有事实上也很难形成自己的价值观。既然如此，一般不会发生个体是否认同社会核心价值观的问题。

其二，无论从中国还是西方历史来看，传统社会的种种不同形态大

① 〔德〕黑格尔：《哲学史讲演录》第一卷，贺麟、王太庆译，商务印书馆1959年版，第157页。

多具有专制的性质①，通常不容许有与占主导地位的核心价值观性质不同的价值观存在，统治者甚至对这些价值观采取极其严厉的措施，中国历史上的“焚书坑儒”，西方中世纪针对异教徒的宗教迫害，都颇具代表性。统治者不容许人们有与核心价值观相悖的言行，说到底是为了维护这种价值观的主导地位，使其成为人们的自觉选择。与此同时，统治者对那些心悦诚服地认同并自觉践行其核心价值观的人给予奖励，中国传统社会的“举孝廉”“立贞节牌坊”等措施就对人们自觉认同其核心价值观起到了重要的促进作用。这样一些有力的保障措施，加上社会封闭和信息传播不发达，使得占主导地位的核心价值观发生认同危机的概率较小。

随着现代文明的兴起，价值观尤其是核心价值观的社会认同问题日益凸显，以至于成为当代社会普遍存在的突出问题。从某种程度上可以说它是现代化运动的后果之一。现代化最初发源于近代西方，西方现代化的最初目的是力图把个体从封建等级制和专制的束缚、统治和奴役中解放出来，但在资本主义制度下，个体虽然摆脱了封建等级制和专制的统治，却又受到了资本力量的控制，个体并没有获得真正的解放和自由。但总体上，现代化运动是个体主义运动、自由主义运动，其实质是个体争取解放和自由。从价值观的社会认同角度看，现代化运动一方面使个体从传统社会中整体的一部分转变成独立的个体，另一方面使个体从传统的专制统治之下解放出来，成为自主的主体，社会主体由过去的一元走向多元，除了国家，人民、社会组织等也成为社会主体。正是在这样的历史背景下出现了价值观多元化、相对化的新社会格局。当代价值观尤其是核心价值观的社会认同问题的凸显正是价值观多元化、相对化的体现或后果。

价值（观）多元化是主体多元化的必然结果。当社会的主体不是一

① 中国传统社会特别是秦汉以后的大一统社会是典型的专制主义社会。关于这一点，冯天瑜先生指出：“中国传统政制不乏开明、理性的成分，历来称之为‘仁政’，但不足以否定中国皇权政制的专制性。”［冯天瑜：《“封建”考论》（修订版），中国社会科学出版社 2010 年版，第 407 页］马克思认为欧洲封建主义的君主政体实行的是把人不当人看的专制制度，“君主政体的原则总的说来就是轻视人，蔑视人，使人非人化”［〔德〕马克思：《致阿尔诺德·卢格》（1843 年 5 月上半旬），《马克思恩格斯全集》第四十七卷，人民出版社 2004 年版，第 59 页］。

个而是众多的情况下，他们的独立自主性决定了他们会选择和确立自己的价值观。另外，国家通过法律制度保障人们在追求自己价值目标的实现过程中不相互妨碍和相互伤害，为人们的价值选择和追求提供了更大的空间。为此，社会学家提醒我们："与传统社会相比，现代社会强加给人们的限制更少……许多名人'因名声而声败名裂'很好地阐明了失范现象的毁灭性效应。"① 在社会有众多可供选择的价值观存在的情况下，社会成员必须在众多价值观中做出选择。于是，不同主体就可能有不同的价值观，社会也就出现了价值观多元化的格局。以我国为例，有学者认为改革开放以来我国有八种社会思潮，其中的民主社会主义、自由主义、新儒家等思潮都有自己的价值观。② 实际上，除了这些思潮之外，当前我国社会还有各种宗教价值观、传统价值观等。所有这些价值观在中国社会不仅已然存在，而且为部分的社会公众所信奉，有些影响的范围还较大。

在一些人看来，在这样一种价值观多元化的时代，社会不应确立、倡导核心价值观，近代以来的西方社会就是如此。美国社群主义哲学家桑德尔认为，在自由主义思想的影响下，西方国家除了规定和维护人们的行为底线之外，不干涉人们持守什么样的道德观和宗教观。然而，从西方近代历史发展看，桑德尔的观点并不符合实际情况。我们知道，西方近现代主流或核心价值观即资本主义价值观（以下简称为"西方主流价值观"）是在近代西方社会大变革时期适应市场经济需要产生的，但它并非从市场经济需要中自然而然地产生的，而是通过一系列思想文化运动（包括文艺复兴运动、宗教改革运动、17～18 世纪的欧洲启蒙运动）和资产阶级革命才得以形成的，它的确立是西方资产阶级在与中世纪封建主义和宗教教会长期斗争的过程中自觉构建的结果。在漫长的历史过程中，资产阶级始终有明确的价值目标和追求，并形成了以自然状态说、自然权利说和自然法说以及社会契约论为基础，以"自由至上"为最高原则的价值观，通过资产阶级革命逐渐将其现实化为资本主义价值体系并融入整个社会生活。在这种价值体系的框架之内，虽然人们有

① 〔美〕约翰·麦休尼斯：《社会学》，风笑天等译，中国人民大学出版社 2009 年版，第 131 页。

② 参见马立诚《当代中国八种社会思潮》，社会科学文献出版社 2012 年版，第 210～223 页。

一定的选择道德观和宗教观的自由，但其前提是必须与主流价值观相一致，至少不与之相冲突，必须从属于和服务于主流价值观，社会上的价值观包括道德观、宗教观在一定程度上是对主流或核心价值观认同的结果。

西方主流价值观渊源于文艺复兴运动和宗教改革运动，由启蒙思想家完成其理论谋划，并经过长期的理论探讨和观点纷争，最后由西方国家确定为主流价值观。在近代早期，随着天主教罗马教廷的统治被动摇和最终瓦解，西方国家进入多元价值观时代，传统的宗教价值观没有完全退出历史舞台，面对社会大动荡、大变革又出现了诸多新的思想理论，包括自由主义、共和主义和社会主义等。在各种价值观相互竞争、相互角逐的过程中，自由主义思想之所以能够逐渐获得主流地位，除了西方国家为其自由至上原则以及以之为核心的价值观提供了法律制度等方面的政治保障之外，这种价值观也给各种不同价值观的存在提供了一定的空间，其前提是接受这种价值观的规范和引导。当然，在规导的过程中，西方主流价值观也在努力寻求能够得到各种非主流价值观认同的那种罗尔斯所称的“重叠共识”，以使它本身获得发展和完善。

西方主流价值观以资产阶级民主和法制体系作为社会控制机制，在一定历史时期内（主要是第二次世界大战后）确保了社会有序。但是，它的偏颇和问题早在19世纪就已经凸显，马克思主义、西方非理性主义哲学，都是对这种偏颇和问题反思、批判的产物。其中遭到广泛诟病的一个问题是，这种价值观缺乏一种社会导向体系和机制，忽视了在“一个人怎样生活”或“一个人应该成为什么样的人”① 方面给人们提供指导。人应该追求什么？应成为什么样的人和过什么样的生活？通过回答这些问题来给人们提供价值导向是道德的功能，道德的重要职责之一就是给人们提供理想人格以及以之为基础的社会理想。自由主义价值观虽然包含道德观，但更重视法律的社会作用，西方自由主义代表洛克和约翰·密尔对此都有明确的阐述。约翰·密尔就这样说过：“任何人的行

① 这个问题是苏格拉底最早提出来的，被当代英国道德哲学家威廉斯（Bernard Williams, 1929 - 2003）称为“苏格拉底问题”（参见 Bernard Williams, *Ethics and Limits of Philosophy*, London and New York: Routledgd, 2006, p. 1）。他认为这个问题比近代以来道德哲学重视的“我们的责任是什么”等问题更为根本、更为重要。

为，只有涉及他人的那部分才须对社会负责。在仅只涉及本人的那部分，他的独立性在权利上则是绝对的。”① 这里所说的“涉及本人的那部分”，包括个人的德性和人格。就是说，个人在德性、人格方面，可以不接受社会引导，政府似乎也不应该对个人施加道德影响，否则就可能会侵犯个人这方面的权利。根据这种价值观构建起来的制度和文化不关心一个人怎样生活和成为什么样的人这类德性、人格以至道德观方面的问题。西方近现代出现的诸多社会问题就是由政府的这种立场导致的，政府因而受到了来自多方面的批评甚至指责。美国伦理学家和政治哲学家斯托克认为，现代人普遍患上了一种他称为“道德分裂症”（moral schizophrenia）的疾患，其极端症状是：一方面，一个人被驱动去做坏的、恶的、丑的、卑贱的事情；另一方面，他想做的事情又使他感到厌恶、惊恐和沮丧。因此，他把我们的时代称为“一个把人们紧密地联系在一起而减轻他们各种不同事业间的摩擦的纽带越来越不再是温情的时代；一个商业关系取代家庭（或类似于家庭）关系的时代；一个生长着的个人主义的时代”②。

当西方个人主义思想流布到西方以外的世界之后，其偏颇和问题逐渐为一些发展中国家清醒地意识到。于是，这些国家不再选择走西方现代化之路，甚至也不愿意采取西方主流价值观的社会认同模式。然而，这些国家也先后走上了现代化之路，出现了社会主体多元化和价值观多元化的社会格局。这种格局的出现客观上要求这些国家根据本国的文化传统和现实情况，确立一种新的主流或核心价值观，并以适合本国国情的方式推动公众对这种核心价值观的认同，否则，社会的稳定和秩序就会因为不同价值观之间的矛盾和冲突而面临严重威胁。在这种新的历史条件下，这些国家可行的选择似乎只能是建立一种能够得到原本持守不同的价值观的社会成员一致认同的核心价值观，以对各种非主流价值观起规导作用。显然，这是一个发展中国家普遍面临的十分棘手的两难问题：现代文明客观上已经导致这些国家社会成员价值观的多元化，而事实证明在这种价值观多元的格局之下，假若没有一种得到普遍公

① 〔英〕约翰·密尔：《论自由》，程崇华译，商务印书馆 1959 年版，第 10 页。

② Michael Stocker, “The Schizophrenia of Modern Ethical Theories,” in Roger Crisp, Michael Slote (eds.), *Virtue Ethics*, Oxford University Press, 1997, p. 77.

认的核心价值观，共同体就难以维系，社会秩序就会陷入混乱；而要使一种核心价值观得到社会公众普遍认同则又面临与他们所信奉的各种不同价值观之间的冲突。这个两难问题的症结就在于，在价值观多元格局下，一个国家和人民确立什么样的主流或核心价值观才能得到社会公众认同。

核心价值观对于一个国家、一个民族至关重要，它是国家和民族之魂。“核心价值观，其实就是一种德，既是个人的德，也是一种大德，就是国家的德、社会的德。国无德不兴，人无德不立。如果一个民族、一个国家没有共同的核心价值观，莫衷一是，行无依归，那这个民族、这个国家就无法前进。这样的情形，在我国历史上，在当今世界上，都屡见不鲜。”① 虽然发展中国家在确立一种得到公认的核心价值观方面面临种种难题，但历史和现实都表明，缺乏这样的价值观必将威胁国家的统一、稳定和发展，影响人民的幸福安康。因此，在一个国家认定确立一种价值观势在必行的情况下，如何从理论上构建核心价值观并使之得到公众的普遍认同就成为问题的关键之所在。这是当代许多发展中国家也是中国面临的重大难题，但又是一个不能不面对和加以解决的问题。

“我国是一个有着13亿多人口、56个民族的大国，确立反映全国各族人民共同认同的价值观‘最大公约数’，使全体人民同心同德、团结奋进，关乎国家前途命运，关乎人民幸福安康。”② 党的十六届六中全会提出建设社会主义核心价值体系，党的十八大提出培育和践行社会主义核心价值观，党的十九大提出坚持社会主义核心价值体系，并再次强调培育和践行社会主义核心价值观。这表明，党和政府在社会主义核心价值观建设方面始终有高度自觉的认识和实践。尤其是党的十八大以来，社会主义核心价值观建设取得了巨大成就，得到了广泛弘扬。但是，我们也应该看到，在我国开放的社会条件下，多种价值观流行的情形难以改变。针对这种情况，努力让核心价值观得到社会公众广泛认同，是改变价值观多元对峙甚至冲突的局面，使其他各种流行的价值观接受核心

① 习近平：《青年要自觉践行社会主义核心价值观》，《习近平谈治国理政》，外文出版社2014年版，第168页。

② 习近平：《青年要自觉践行社会主义核心价值观》，《习近平谈治国理政》，外文出版社2014年版，第168页。

价值观引领的必由之路。同时，日益走近世界舞台中央的中国，也需要彰显“中国价值”，为其他国家价值观构建以及人类命运共同体建设贡献“中国智慧”和“中国经验”。“社会主义核心价值观是当代中国精神的集中体现，凝结着全体人民共同的价值追求。”① 使核心价值观得到全国各族人民广泛认同，仍然是新时代中国特色社会主义建设面临的重大而紧迫的任务。

2. 核心价值观的社会认同

“认同”是一个英语舶来词，它有动词和名词两种词性。英语中“认同”的动词形式是“identify”，名词形式是“identity”，后者由前者派生而来。“identify”有两层基本含义。一是“确认”，即把一个东西看作与另一个东西相同的，如“你正是我要找的那个人”。二是“认同”，它有两种不同但相关的意思：其一，一个人使他自己支持某人/某物，或使自己与某人/某物联系起来；其二，一个人把自己看作共享着另一个人的品质特征的人。不难发现，“identify”作为“认同”的两层意思有递进关系：一是支持某物或某人，二是在此基础上共享某物或某人的品质特征。②

认同的情形非常复杂，涉及认同的主体、认同的对象及认同的内容，因而可以从这三者的关系对认同加以考察。在世界各国以政府机构为主体的政治组织形式得到加强并与国际社会在政治影响上形成互动之势的同时，“非政府组织包括国际社会中和各民族国家内部的非政府组织亦飞快地生长起来”③。在国家已经成为人类的基本共同体的今天，认同主体不仅包括国家范围内的个人、企事业单位，还包括新出现的大量社会组织。认同的对象主要涉及国家及国家范围内的各种共同体（如家庭、社区、单位、组织、民族）以及个人（包括认同者自己）等。认同内容的情形比较复杂，就个人而言，涉及思想、品质、人格等；就国家而言，

① 习近平：《决胜全面建成小康社会　夺取新时代中国特色社会主义伟大胜利——在中国共产党第十九次全国代表大会上的报告》，人民出版社 2017 年版，第 42 页。

② 近年来关于认同的研究成果很多，张向东的《认同的概念辨析》（《湖南社会科学》2006 年第 3 期）一文对这一概念的梳理值得关注。不过，英文“identify”一词的辞典含义已将其“认同”意义阐释得很清楚。

③ 胡为雄：《马克思的上层建筑理论：文本、解释与现实》，广西人民出版社 2017 年版，第 393 页。

主要涉及政治、经济、道德、文化乃至领土、人民、传统等国家构成要素，国家的公民对这些要素的认同就是所谓的社会认同。其中社会公众对作为“国家的德、社会的德”的价值观的认同是涉及面最广、内涵最丰富、情形最复杂的一种社会认同。

关于社会认同有种种不同的界定，社会认同理论创立者塔杰菲尔（Henri Tajfel）和他的学生托尔勒（J. C. Turner）将社会认同定义为“个体从他感知到的自身所属群体那里得来的自我形象，以及作为群体成员所拥有的情感和价值体验”[①]。“核心价值观是文化软实力的灵魂、文化软实力建设的重点。这是决定文化性质和方向的最深层次要素。一个国家的文化软实力，从根本上说，取决于其核心价值观的生命力、凝聚力、感召力。”[②] 因此，核心价值观认同是社会认同的核心内容。简言之，核心价值观认同是个体对他所属的特定共同体的核心价值观的支持和共享，而核心价值观的社会认同则是指国家范围内的个体成员对核心价值观的认同。

核心价值观社会认同的主体是社会成员即通常所说的社会公众。这里所说的公众不仅指作为社会成员的个人，也指作为社会成员的各种社群，如家庭、企事业单位、各种社会组织等。它的对象则是确定这种价值观的国家，而国家是由其治理者治理的，因而对核心价值观的认同，包含对国家治理者的认同。这里所说的“国家治理者”在现代社会主要指政府。由此可见，核心价值观社会认同是社会成员支持主流价值观并共享这种价值观。前者是支持意义上的认同，或者说赞同它；后者是共享意义上的认同，即社会成员对核心价值观的内化，或核心价值观对社会成员的精神形塑。一般来说，共享意义上的认同必须以支持意义上的认同为前提，二者之间是一种递进关系：当社会成员赞成核心价值观或使自己与之联系起来后，还要进一步将这种价值观内化为自己的精神信念、品质特征和行为准则，这样，核心价值观的社会认同才算完成。核

① H. Tajfel, & J. C. Turner, "An Intergrative Theory of Intergroup Conflict," in W. G. Austin & S. Worchel (eds.), *The Social Psychology of Intergroup Relations.* Monterey, CA: Brooks - Cole, 1979.

② 习近平：《培育和弘扬社会主义核心价值观》，《习近平谈治国理政》，外文出版社 2014 年版，第 163 页。

心价值观的社会认同的实质在于，使核心价值观融入社会公众个人的价值观，逐渐形成一种既体现社会价值导向和规范要求，又有个人价值目标和人格特征的个性化的个人价值观。核心价值观是否真正得到社会认同的标志在于它是否融入整个社会生活，其关键就在于它是否为公众所信奉和践行。

在正常的社会条件下，人一降生到这个世界就生活在社会之中，就开始受到社会中核心价值观的熏陶和影响，在相当长的一段时间内并不存在自觉选择的问题。实际上，核心价值观的社会认同旨在形成一种社会氛围，以润物细无声的方式让每一个社会成员认同它并逐渐将其内化为自己的价值追求和行为准则。当人有了自我意识后，他就有可能对从小所接受的核心价值观进行反思，这时就有可能发生价值观的认同问题。尤其是在社会转型时期，核心价值观本身就在发生剧烈变化，在这种情况下人们对所确立的核心价值观认同的问题会普遍发生。在现代文明昌盛、信息发达的价值多元社会，人们更会通过理性分析对核心价值观做出独立的判断，还会对不同价值观进行比较和辨析，从而做出自己的评价和选择。一般来说，现代社会公民对核心价值观做出是否认同的判断依据主要有两个方面：其一，它是否有道理，或者说是否理由充分；其二，它是否公正或者说公平正义。是否有道理涉及的是合理性标准，而是否公正涉及的是道义性标准。从这两个方面的判据来看，核心价值观的社会认同存在不同的维度，即合理性认同和道义性认同。合理性认同是指人们因为认识到核心价值观具有充足的理由而认同它，这种认同是由价值观内容的说服力引起的，人们因为价值观本身有充足的理由即有道理而赞同它，进而内化于心。这里所说的“有道理”，就是“合乎理性”。道义性认同则是指人们因核心价值观通过国家治理现实化后所产生的公正的社会效果而认同它，并有可能进而内化它。道义性认同有时以否定的形式出现，即当人们发现社会现实与核心价值观形成巨大反差时，他们可能对其不认同甚至反感。在现实生活中，人们可能出于其合理性或其道义性而认同核心价值观，也可能同时因为这两者而产生认同。严格来说，只有得到这两个方面认同的价值观才是真正得到社会认同的价值观，也才会为公众普遍信奉和践行。而当核心价值观社会认同真正得以实现时，这也就表明其本身具有合理性和道义性这两种属性，其合理性认同和道义性认同则是从两个不同的维度对这两种属性的彰显。

3. 核心价值观的合理性认同及其原则

任何价值观要获得合理性认同，都必须具有理论上和实践上的合理性。合理性是指理论或实践合乎理性的那种性质，这是一种比真理性复杂得多的正确性标准。它是多种因素综合考虑和权衡的结果，这些因素包括客体的属性、功能与主体的需要、欲望的满足关系，还包括这种满足与人的总体需要的满足之间的关系，涉及时间、地点、情境，以及主体的年龄、职业、偏好等因素。事实命题讲真理性，其标准是证实，包括逻辑证明和经验证实。价值命题讲合理性，其标准遵循充足理由律。用这条原则的提出者莱布尼茨的话说，“这原则就是一个东西要存在，一件事情要发生，一条真理要成立，总需要一个充足理由这样一条原则”①。换言之，根据这条原则，任何一件事如果是真实的或实在的，任何一个陈述如果是真的，就必须有一个为什么这样而不那样的充足理由，虽然这些理由常常总是不能为我们所知道的。价值观作为由价值命题构成的观念体系是否存在真理性问题学界存有争议，但一般都肯定它存在合理性问题。只有当它的提出者或确立者为它提供了充足的理由，并且受众也认为这种理由是充足的，因而是合理的之时，它才会为受众所认同。②

价值观的合理性包括理论上的合理性和实践上的合理性两个方面。价值观理论上的合理性是指价值观在理论上是有充足理由的；其实践上的合理性是说价值观在实践上是可行的，这也可以视为它的充足理由。这两者是价值观合理性彼此相关的两个方面，理论上的合理性是前提和基础，是价值观合理性的必要条件；实践上的合理性是价值观合理性的验证，是价值观合理性的充分条件。一种价值观只有同时具备这两个条件才是合理的。

那么，什么样的价值观是在理论上理由充足的呢？笔者认为，需要

① 〔德〕莱布尼茨、〔英〕克拉克：《莱布尼茨与克拉克论战书信集》，陈修斋译，武汉大学出版社1983年版，第103页。

② 需要指出的是，价值观因为其成立的根据在于合理性，即在于充足理由原则，而不是同一性原则，因而属于价值理性。价值观的这种特点决定了不同价值观可能存在同真的情形，这种情形从工具理性的角度看并不是理性的。

着重考虑以下四个方面。

第一，价值观是否顺应人的本性或人性。价值观的意义从根本上说就在于使人在价值观的指导下让自己的价值得到实现，而从个人的角度看，人的价值就在于使其人性尽可能得到充分的实现。马克思在《资本论》中所说的每个人自由而全面发展，实际上讲的就是人性的充分开发和发挥。关于人的本性是什么，学者有不同的看法。通常认为，人性包含自然性和社会性两个基本方面，不过，“从总体上看，人性是一个综合体，是一种立体结构”。它是人的潜在特性，主要由能量的潜能、能力的潜能和品质的潜能构成。只要具备必要的主客观条件，这些潜能就可以实现出来。[①] 核心价值观应当顺应人性，并促进其实现，而不能与之相悖，更不能扼杀人性。历史事实表明，核心价值观只有顺应人性才能得到合理性辩护，也才有可能得到社会的认同。

第二，价值观是否有利于信奉者及其活动于其中的社会整体。价值观是人们进行价值判断和选择、确立价值和追求的范型和定势，对一个人成为什么样的人、一个人怎样生活或以什么方式生活具有决定性的作用。“从理论上说，一切价值和价值观念取决于它的主体性，即它总是‘谁的、为谁的’价值观及其观念系统。”[②] 而决定价值观是谁的、为谁的之因素，则是隐藏在价值观背后的利益。马克思、恩格斯曾一针见血地指出：“‘思想’一旦离开‘利益’，就一定会使自己出丑。”[③] 一个国家的核心价值观，应是人民的、为人民的价值观，它只有在人民相信信奉它会对自己有益而对所在的社会至少无害、最好有益时才能得到合理性论证。虽然历史上多数统治者谎称代表被统治者的利益，但实际上他们的价值观主要考虑的是自身的利益，在统治者的利益与被统治者的利益发生冲突时，被统治者的利益会被弃之不顾。这样的价值观虽然可以通过各种途径进入社会生活，但会因得不到合理性辩护而最终走向衰败。中世纪基督教教会确立的占主导地位的价值观就是这样的价值观。它推

① 参见江畅《德性论》，人民出版社 2011 年版，第 113 页。

② 李德顺：《主流价值观是否在边缘化?》，《走向民主法治：当代中国政治文明的价值体系初探》，法律出版社 2011 年版，第 108 页。

③ 〔德〕马克思、恩格斯：《神圣家族，或对批判的批判所做的批判》，《马克思恩格斯文集》第一卷，人民出版社 2009 年版，第 286 页。

崇神性和彼岸世界，否定人性和现世生活，是一种典型的异化价值观。它虽然仰仗教会和宗教信仰的力量在西方中世纪成为占统治地位的价值观，但随着西方文艺复兴运动的兴起和人理性的觉醒，最终为西方主流价值观所取代。

第三，价值观是否反映了社会发展规律，体现了人类整体（或人类共同体）的利益要求，实现了国家与人类利益共进。早在我国春秋时代，先贤就提出了“大道之行也，天下为公”的“大同”理想社会。在古罗马时代，斯多亚学派还提出过建立世界城邦的构想，在这个城邦里，人人皆兄弟，彼此平等，相互友爱。这些先贤的理想虽然反映了人类的美好愿望，但由于这些理想的乌托邦性质，尤其是历史条件的限制，这些理想都未曾得到实现，在人类历史上盛行的却是民族利己主义。在人类日益一体化的今天，人类已在一定程度上成为命运共同体。“当今世界，各国相互依存、休戚与共。”[①] 在这种新的历史背景之下，一个国家核心价值观应尊重、维护和推进人类的整体利益，有利于人类命运共同体建设，应与人类共同价值相对接并贯彻其要求，以助推世界的和平安全、人类的和谐进步。

第四，价值观是否体系完整和自洽。价值观一般是一种价值的观念体系，有不同维度、不同层次，或者说，它包含目的、手段、规则和控制等子系统。一种合理的价值观应是这些子系统齐备的，否则就不能覆盖整个社会生活，就会发生不同领域为不同的价值观所控制，从而导致同一国家治理体系中不同价值观之间的冲突。同时，价值观作为体系，还存在内部逻辑是否一致或自洽的问题。一种价值观内部逻辑混乱，自相矛盾，必然会导致人们无所适从，它现实化后还会导致社会的矛盾和冲突。如此，它也不可能得到合理性的辩护。

在人类历史上，有许多思想家提出过不同的价值观理论，其中不乏在理论上基本合理的，但它们并没有成为社会核心价值观，没有现实化为社会制度并为社会成员普遍信奉。例如，西方近代的共和主义民主观从理论上看似乎更优于自由主义民主观，因为它更充分地体现了“人民

---

① 习近平：《携手构建合作共赢新伙伴，同心打造人类命运共同体》，《习近平谈治国理政》第二卷，外文出版社 2017 年版，第 522 页。

主权”的民主原则。在卢梭看来，“唯有公意才能够按照国家创制的目的，即公共幸福，来指导国家的各种力量”，而只有人人参与的公民大会才能形成公意，而且“唯有当人民集合起来的时候，主权者才能行动”。[①] 然而，共和主义民主观并没有成为西方普遍信奉的政治价值观。其中重要原因之一，就是其主张的公民普遍政治参与的直接民主制，至少到目前为止尚不具备条件，而自由主义所主张的代议制民主则具有可行性，因而为西方国家普遍采用。这是价值观合理性必须考虑的实践方面。

价值观实践上的合理性，主要体现为它的可行性，即它具备转化为现实的价值体系和社会生活的条件。价值观的可行性包括许多方面，其中重要的是物质条件、心理条件和保护性条件。就物质条件而言，在交通和通信不发达的时代，一个疆域辽阔的国家就不可能实行直接民主或参与式民主，占主导地位的价值观融入社会生活的过程也会十分漫长。就心理条件而言，在公众普遍持“青天”观念的社会，人们很难以社会主体的身份参与社会管理。就保护性条件而言，可能存在不同情况。假如一个国家受到侵略，既可能使本国人民怀疑本土价值观，从而对其认同产生消极影响乃至毁灭性破坏，也可能增强民族凝聚力，激发社会成员同仇敌忾，从而强化对本土价值观的认同。此外，社会环境的肯定性影响也是价值观可行性的重要条件。“肯定性的社会影响是指他人对认同客体的肯定性理解和评价。”[②] 价值观的社会认同既是一种社会互动，也是在社会互动中进行的，因而会受到他人思想、观点和态度的影响，互联网时代更会在相当大的程度上受到媒体的无所不在的左右。当所有这些作用都与价值观社会认同相一致时，它们正面的、积极的肯定性影响会有力地促进公众认同这种价值观。反之，在价值观所需要的重要条件不具备的情况下，价值观就不具有可行性，这样的价值观即使在理论上具有充足理由，也难以获得人们的合理性认同。

价值观的可行性还有一个重要方面，即社会公众的可接受性。从事价值观理论研究、提出价值观的理论方案，必须考虑社会公众的可接受

① 〔法〕卢梭：《社会契约论》，何兆武译，商务印书馆1982年版，第35、118页。

② 陈新汉等：《社会主义核心价值体系论研究》，北京师范大学出版社2012年版，第452页。

性。亚里士多德在谈到政治学学科时曾明确指出，“这门科学的目的不是知识而是实践”。对于伦理学研究，他更强调它的实践指向：“我们当前所做的工作，不像其他分支那样，以静观、以理论为目的（我们探讨德性是什么，不是为了知，而是为了成为善良的人，若不然这种辛劳就全无益处了）。所以，我们所探讨的必然是行动或应该怎样去行动。正如我们所说，对于生成什么样的品质来说，这是个主要问题。”① 在理论上从事价值观研究，归根结底是要使所提出的价值观现实化。对于社会公众来说，最重要的是他们能够接受。例如，就个人而言，核心价值观要给人们提供修身成人的一般路径，还要根据人成长、成熟的规律给人提供境界提升的路线图。在这两方面儒家给我们提供了可资借鉴的经验。先秦儒家认为，人并非生来就是真正意义上的人，人是“成为”的结果，需要教化，更需要修身，因而强调“自天子以至于庶人，一是皆以修身为本”（《礼记·大学》）。

4. 核心价值观的道义性认同及其关键性意义

与价值观的合理性认同不同，价值观的道义性认同源于国家治理公正所产生的良好社会效果（良效），即人民所体会到的国家对社会资源与公共利益的公正分配。这里说的“道义”主要是道德上的公正，即公平正义。需要指出的是，对公正历来有不同的理解，我们这里所说的“公正”主要是从道义的意义来理解的，政治公正、法律公正被视为道德公正的体现。在西方哲学史上，道义是公正最古老的意义。柏拉图说：“与正义（公正——引者注）相伴的东西是美德，而无论它是什么，而没有这种性质的东西，无论它是什么，都是邪恶的。”② 就这种意义而言，是否合乎公正也可以说是否符合道义。道德上的公正是法律上、政治上公正的基础，是社会的基础性公正。这涉及道德与法律的关系问题。在这个问题上，西方近代以来新自然法学派与分析实证主义法学派之间存在分歧和争论。分析实证主义法学派否认法律与道德之间存在必然的重要联系，甚至主张“恶法亦法”；新自然法学派则认为，正是道德使

① 〔古希腊〕亚里士多德：《尼各马科伦理学》，苗力田主编《亚里士多德全集》第八卷，中国人民大学出版社 1992 年版，第 5、29 页。

② 〔古希腊〕柏拉图：《美诺篇》，《柏拉图全集》第一卷，王晓朝译，人民出版社 2002 年版，第 503 页。

法律成为可能，不具有道德性的法律，或者说不符合道德的法律根本不能称为法律。虽然在学界存在上述分歧，但法律公正要以道德公正为基础得到了更多学者的认可和支持，因为“没有道德滋养，法治文化就缺乏源头活水，法律实施就缺乏坚实社会基础”①。法律乃至整个国家治理体系、治理措施和治理行为应是核心价值观的体现，它们公正与否以及能否由此获得良效，即让人民体会到国家对社会资源与公共利益的公正分配，是公众判断核心价值观是否公正、是否合理的主要依据，直接关系到公众对其的道义性认同。

核心价值观是国家治理公正与否的价值取向和评价标准。国家治理包括治理体系（主要包括法律和制度）、治理措施（包括政策等）和治理行为（主要是治理机构及其工作人员的行政行为）三个主要方面。国家治理公正要通过国家治理的方方面面及整个治理过程来体现，才能产生良好的社会效果。“制度在社会中的主要作用，是通过建立一个人们互动的稳定（但不一定是有效的）结构来减少不确定性。”②

在现代法治国家，制度是国家治理体系中的关键因素，国家治理公正首先体现为社会制度的公正。现代社会的公民应是参与社会建构的主体，是社会制度和社会秩序的构建者。要担当这样的角色，公民必须是自由的、平等的。他们的平等体现为他们“拥有最低限度的基本道德能力”，而自由体现为“拥有一种把握善观念的道德能力”以及“认为自己赋有对其制度提出要求的权利，以促进他们的善观念”。③ 公民有公正感和善观念就有了道德力量，而这种力量建立在所有社会成员遵循社会合作原则的基础之上。但是，假如有的社会成员拥有公正感和善观念而不遵守社会合作原则，秩序良好的社会也不能实现。正是鉴于道德生活不完善，道德力量有限，特别是在现代社会利益格局变得越来越复杂，社会稳定性越来越脆弱的情况下，才必须有合理的、根据公正原则来设计的社会制度安排。如果一个社会达到了良好秩序状态，人民因此而有

① 习近平：《加快建设社会主义法治国家》，《习近平谈治国理政》第二卷，外文出版社 2017 年版，第 117 页。

② 〔美〕道格拉斯·诺思：《制度、制度变迁与经济绩效》，杭行译，格致出版社 2008 年版，第 7 页。

③ 〔美〕罗尔斯：《作为公平的正义：正义新论》，姚大志译，中国社会科学出版社 2011 年版，第 28 ~ 33 页。

更多的获得感、幸福感，那就意味着它的制度是公正的，代表了最广大人民的利益诉求，而人民就会由制度公正产生的良效，即资源与利益的公正分配而认同这种制度及其核心价值观。这表明，充分体现核心价值观精神并要求整个国家治理体系在实践中体现出其合理性，必须在满足人民利益诉求方面显示出公正的良效，以使公众感受到这种价值观不仅有实际效果，而且体现了公正的要求。

国家治理措施主要是公共政策。“政策是国家、政党或者其他社会政治集团为了实现一定历史时期的路线和任务而制定的国家机关或者政党组织的行动依据和准则。”① 公共政策是国家对法律和制度的重要补充，在法制不健全的国家，公共政策的作用更为显著。现代国家大多是法治国家，在法律之外还要有公共政策，是因为社会生活极其复杂而又千变万化，需要法制来确保社会生活的基本秩序以及这种秩序的持续性，同时也需要公共政策来应对社会生活复杂而又变动的情况，处理社会生活中出现的各种影响人们正常生活和社会秩序的问题，从而减少社会矛盾、冲突和震荡。公共政策直接影响人们的切身利益和日常生活，其是否公正会对社会成员产生直接影响，与公众价值观道义性认同有重大关涉。因此，国家治理公正不仅要体现在社会制度之中，而且要贯彻落实于各项政策的制定、实施和检验的全过程。

政策实践表明，公共政策的有效与否、孰优孰劣，并非单纯取决于理论阐释和行政命令，对其有效性和公正性判断取决于政策的实施效果。公共政策的公正性从根本上说取决于制度，也在相当大的程度上取决于公共政策本身。政策从制定到落实要经历一个复杂的过程，通过政策的细化或再规划，才能实现其目标。这样，就会形成中央统一性和地方多样性的格局，因而公共政策往往具有层次性。同时，任何一项重大的公共政策都具有多属性的特征，它同时承载着经济、政治、社会、文化和生态等多项任务，其目标实现取决于多部门的合作与配套政策的供给。②由此看来，国家政策即便是公正的，在其落实过程中也有发生误差的可能。实际上，公共政策的制订本身更容易发生不公正的问题。政策的制

---

① 江畅、周海春、徐瑾等：《当代中国主流价值文化及其构建》，科学出版社 2017 年版，第 337 页。

② 参见贺东航、孔繁斌《公共政策执行的中国经验》，《中国社会科学》2011 年第 5 期。

订与立法有所不同，其程序没有立法那么严格，而且针对性、时效性较强。加尔通（Johan Galtung）将社会结构分成决策核心层、中心层和边缘层。核心层是对政策决策起决定性作用的掌握决策权的人，中心层主要包括有一定政策影响力的媒体以及企业界、学术界等社会精英，边缘层则是指数量庞大但离政策制订的核心和中心较远的普通大众，他们对政策的影响力比较小。[①] 这种政策制订模式由于公众参与不够、公益诉求复杂而很难使政策做到公正。

无论是法律制度还是公共政策都要通过国家治理者的政治行为来实现。政治行为是国家治理与公众直接接触的层面，因而他们的行为表现可以为公众直接感知，其行为公正与否直接影响公众对核心价值观的道义性认同。社会公众的核心价值观道义性认同过程常常是一个日常感知、领悟和理解的过程，他们不仅会将国家治理体系和措施看作核心价值观的体现，也把国家治理者视为核心价值观的确立者、倡导者，因而认为他们更应该是践行核心价值观的典范和楷模。如果管理者的行为不公正，公众便只会更相信自己的感知，不会过多地去考虑社会不公的原因，而会把这种不公和恶果的责任归咎于核心价值观本身并弃之而去，或者认为其没有实际效力而缺乏认同。

政治行为不公正的问题不仅仅是国家治理者的作风问题，归根结底是体制机制问题。近代以来传统民主观即代议制民主观并不能提供从根本上解决这个问题的方案。代议制的特点是公民通过自己选举出来的代表来进行国家治理，而选举结束后“代表”有很大的自由空间，并没有有效的机制约束使他们忠实地反映民意。正是针对代议制民主的这种局限，哈贝马斯提出了他的协商民主理论。他认为，政治行为应该是一个协商交谈的过程。他说：“国家的存在理由首先并不在于它对主观权利的平等保护，而在于对一种包容性的意见形成和意志形成过程所提供的保障，在这个过程中，自由和平等的公民们就哪些目标和规范是以所有人的利益为基础的这个问题达成理解。”[②] 根据他的观点，政策不应是国家

① 参见 Johan Galtung, “Foreign Policy Opinion as a Function of Social Position,” *Peace Research Society* (*International*) 1965 (2): 206 - 231。

② 〔德〕哈贝马斯：《在事实与规范之间：关于法律和民主法治国的商谈理论》，童世骏译，三联书店 2003 年版，第 333 页。

治理者意志的体现，而应是通过国家治理者形成一种以公民利益为基础的包容性的意见。他还进一步强调政治行为程序化的重要性，认为商议性政治的成功并不取决于一个有集体行动能力的全体公民，而取决于相应的交往程序和交往预设的建制化，以及建制化商议过程与非正式地形成的公共舆论之间的共同作用。哈贝马斯在这里为如何使政治行为（包括政策的制定）公正提供了一条协商的路径。

国家治理体系、内容和行为应是核心价值观的体现。当然，一个国家处于变革时期时，有可能出现新确立的核心价值观并没有完全融入国家治理过程的情形。有学者认为，“中国崛起”与“西方文明回落”，“这两个改变世界格局的事件的出现导致各种社会、政治、经济、知识、文化生产体制的松动与调整，同时与这些体制相对应的主导价值层级的排序也受到挑战。世界各国在努力认识与解决新的权力与文化格局形成带来的问题时必然在各个领域中产生‘危机意识’（crisis consciousness），试图预测与解释‘危机生成理论’（theory of the genesis of crisis）”。[①] 今天，对世界格局具有重要影响的中国，正在主动适应这种新的变化，对现有核心价值观进行自觉的调整和更新，确立与时代相对接的核心价值观并不断加强建设。然而，当一种价值观被确立为核心价值观之后，无论现行国家治理体系、措施和行为是不是根据这种价值观构建的，一般都会被视为它的体现。这样，当国家治理体系、措施和行为导致不公正后果时，必定存在社会公众不认同核心价值观的风险。

在某些特殊情况下，某种价值观可能会从过去得到普遍认同走向后来越来越得不到认同，于是就会发生价值观的社会认同危机。这种危机的发生也许是由于价值观本身在社会历史条件发生深刻变化的情况下未能与时俱进，因而与新的情况不相适应。但在另外一些情况下，危机的发生则是由于价值观推行者自身的腐败颓废使其丧失了原有的道义性，因而得不到公众的道义性认同。也可能存在两个方面的原因共同起作用使一种价值观不再得到道义性认同的情形。儒家思想在西汉被确立为占统治地位的意识形态之后，曾在相当长的时间内得到社会成员的广泛认

① 周启荣：《当代世界文化危机、回归传统与中国的儒学复兴运动》，江畅主编《文化发展论丛》2017 年第 1 卷，社会科学文献出版社 2017 年版，第 46 页。

同，但到了宋明时期儒家思想开始走向僵化。宋明儒家以儒学为主干，融摄佛道两家的思想和智慧，综合创造了一种新的儒学形态，即“理学”。理学是在传统社会对传统儒学振兴做出的最后努力，但它适应皇权专制主义的需要而把先秦儒家思想推向极端，主张“存天理，去人欲”（《朱子语类》卷第一百一十七）、“去人欲、存天理”（《传习录》上卷），导致“以理杀人”（戴震《孟子字义疏证》）的消极社会后果。这种沦为皇权专制主义说教工具的学说从此逐渐丧失公众的道义性认同，最终在历史上退出政治舞台。这一事实表明，价值观的道义性认同不仅是一种价值观成为得到公认的主流价值观所必需的，而且是核心价值观保持其主导地位所必需的。它实际上是核心价值观能否在社会中确立起来，并在社会中保持主导地位的“晴雨表”。

核心价值观的道义性认同主要是从社会公众的角度看的，如果从国家治理者的角度看，这种道义性认同与核心价值观的道义性论证有关。这种论证就是国家治理者要使核心价值观在国家治理体系、措施和行为中充分体现出来，而且这种体现是公正的，是有利于社会整体利益和社会成员的普遍利益的，即产生了良效。显然，这种论证有两个方面的要求：一是要使核心价值观充分体现为国家治理体系、措施和行为，二是要使所体现的国家治理体系、措施和行为公正且产生资源与利益分配方面的良效。只有上述两个方面的要求都得到满足，核心价值观才能真正得到道义性论证，当然也就会得到公众的道义性认同。若非如此，就会出现核心价值观认同危机。这种危机，从制度层面看，就是哈贝马斯所说的“合法化危机”。“合法性的意思是说，同一种政治制度联系在一起的、被承认是正确的和合理的要求对自身要有很好的论证。”① 在哈贝马斯看来，如果国家无法对其行政行为的合法性或正当性做出论证，那么公众对国家的“忠诚”（认同）就会成为问题，就会发生危机。这就是中国古人所说的“得众则得国，失众则失国”（《礼记·大学》）。

核心价值观的合理性认同和道义性认同是两种不同的认同维度和路径，前者着眼于核心价值观理论或观念本身，后者则着眼于核心价值观

① 〔德〕哈贝马斯：《重建历史唯物主义》（修订版），郭官义译，社会科学文献出版社2013年版，第199页。

所产生的实际社会效果。但是，两者所关注的都是核心价值观的性质，差别只在于是侧重于其合理性还是侧重于其公正性。严格来说，核心价值观的公正性是包含在其合理性之中的，并且是其核心。从我们前面提出的判断核心价值观是否合理的四种理由看，公正性主要是由其中的第二个理由（“是否有利于信奉者及其活动于其中的社会整体”）体现的。公正性不是合理性的全部，但可以直接通过国家治理者的行为及其结果是否公正体现出来。它的这种外显性就使它成为公众判断核心价值观是否公正有效并进而是否认同它的直接根据，而合理性的其他方面则需要通过学习了解才有可能认知和理解。如此看来，核心价值观的认知和认同存在复杂的关系。一些人（主要是学生）可能主要通过学习认知核心价值观而认同它（这种认同通常是合理性认同，其中包含道义性认同），另一些人则可能通过对它的道义性认同而进一步认知它，也有人可能只是停留于道义性认同而不进一步认知它。由此看来，道义性认同是核心价值观社会认同的主要入口，国家治理者必须高度重视其道义性认同。按照马克思主义的观点，利益作为一种普遍的东西隐藏在观念中。以此来看价值观的道义性认同，真正在道义上得到认同的价值观，其前提是它必须合理，但是，在实际生活中，人们的道义性认同通常并不一定以价值观本身合理为前提，他们更看重价值观实际践行的效果和由此产生的资源与利益分配中的“获得感”，由对其实际效果的观察、感知和对利益“获得感”的体会而产生道义上的态度。因此，我们不能将两种认同归结为一种认同，必须承认两种不同维度的认同的存在。两种不同维度的认同同时存在的一个重要原因在于，人们的价值观合理性认同是一个较长的理性认识过程，而道义性认同则与直接观察、感知相关。当人们观察和感知到国家治理不公正或者与核心价值观理论不相一致时，他们就会对核心价值观产生抵触情绪，也就难以进一步考虑其本身的合理性问题。在此种情况下，价值观合理性认同就会因为道义性认同不能实现而受到影响。核心价值观的道义性认同和合理性认同在社会常态时期和在社会变革时期的情形有很大的差异，但道义性认同始终都更重要。在社会变革或转型时期，一种新的核心价值观，即使是合理的，但由于不能充分地见诸国家治理的各个方面，不能通过国家治理者的行为体现出来，甚至国家治理者的行为与之相抵触，其合理性也就常常不能被充分体现出来。如此一来，人们就会对这种价值观产生反感，不仅不会认同它，还会抵触它。显然，这种价值观得不到人们的合理性认同。与此同时，核心价值观道义性认同问题就得以凸显，就会显得比合理性认同更为关键、更为迫切。这个问题不能得到很好的解决，核心价值观的社会认同就无从谈起。在社会常态时期，核心价值观具有合理性就能够得到公众认同，而如果公众普遍认同核心价值观，国家治理者就能通过教化等途径让其后代也对其加以认同。以各种方式宣传、灌输核心价值观是古今中外、不同历史时期的社会统治者都在做的事情①，在这种社会环境中，“托马斯定理”就会发生作用，长期生活在这种环境中的人通常比较容易形成价值观认同。但是，即便在社会常态时期，核心价值观道义性认同也是关键性的。原因有二。第一，如前所述，一种价值观得到了道义上的认同，那就意味着这种价值观本身至少是基本合理的。如果它不合理，体现它的国家治理体系、措施及行为绝无可能在总体上是公正而又有良效的。第二，在常态社会条件下，人们对核心价值观认同与否，主要根据日常的观察、感知，其认同也主要是道义性的。当人们感到社会政通人和、风清气正，在社会利益分配方面有“获得感”时，他们就会对国家治理持肯定的态度，并因而对核心价值观产生道义性认同。在常态社会，国家治理所应看重的还是公众对核心价值观的道义态度。

5. 推进核心价值观社会认同的路径

中国当代价值观的社会认同，关键在于社会主义核心价值观得到全社会普遍认同。党的十九大报告明确要求发挥社会主义核心价值观对国民教育、精神文明创建、精神文化产品创作生产传播的引领作用，把核心价值观融入社会发展各方面，转化为人们的情感认同和行为习惯。要贯彻落实党的十九大要求，其重要前提是要使核心价值观得到全社会的广泛认同。自党的十八大提出培育和践行社会主义核心价值观以来，全党全社会掀起了持续不断的学习、宣传、教育、贯彻热潮，并且采取了一系列措施推动其“落细落小落实”。这些措施取得了明显成效，但核

① 袁祖社：《优良价值理性信仰与美好心灵生态的制度文化重建——中国传统价值观的现代性转化是如何可能的》，《湖北大学学报》（哲学社会科学版）2016年第4期。

心价值观的社会认同尚未达到所期望的高度，因而仍然是党和政府以至社会公众今后很长一段时间需要关注的重大问题。目前我国为了促进核心价值观的社会认同，正在着力加强以下几个方面的工作。

第一，完善为核心价值观提供合理性论证和辩护的理论体系。价值观在理论上合理是价值观得到社会认同的首要前提条件，当然也是推进价值观道义性认同的最重要途径。在社会多元价值观并存甚至互竞的新格局之下，独立自主的社会个体会对不同的价值观进行比较和鉴别，并根据自己的需要选择最适合自己的价值观。国家治理者要使自己所推行的价值观成为公众普遍认同的价值观，这种价值观本身就必须在理论上是合理的。在当代，国家治理者再也不能够像传统社会的统治者那样将所推行的价值观强加给社会公众，过去那种“民可使由之，不可使知之”（《论语·泰伯》）的价值观认同方式已不再奏效。改革开放以来，我国逐渐形成价值观多元化的格局，我国推行的核心价值观面临多种价值观的挑战。在这种挑战的压力面前，要使核心价值观得到公众的普遍认同，它首先必须比所有其他价值观更合理、更有竞争力，而这就需要加强核心价值观的理论研究。所以习近平强调：“要按照立足中国、借鉴国外，挖掘历史、把握当代，关怀人类、面向未来的思路，着力构建中国特色哲学社会科学，在指导思想、学科体系、学术体系、话语体系等方面充分体现中国特色、中国风格、中国气派。”①

我国价值观理论建设还存在一些亟待解决的问题，其中一个问题是我国到目前为止尚未完全形成可以与传统思想文化体系相承接的当代中国思想理论体系。从核心价值观建设和社会认同的角度看，构建为核心价值观乃至整个当代中国价值观提供具有深厚文化底蕴和丰富文化内涵的当代中国思想理论体系，是摆在我国党和政府面前的紧迫任务。核心价值观只有置于这种思想理论体系的基础之上，才会成为丰富的、鲜活的、与社会公众的民族文化心理对接的价值观。这种思想理论体系要能够给核心价值观提供理论论证，也就是要能够使核心价值观的合理性得到有说服力的阐述。缺乏这种理论上的严格而充分的论证，即使采取再强力的措施对人们进行宣传、教育和灌输，核心价值观也难以为社会公

① 习近平：《在哲学社会科学工作座谈会上的讲话》，人民出版社2016年版，第15页。

众所接受。这种思想理论体系还要能够给核心价值观提供理论辩护，使之在面临各种批评、责难和反对的时候能够有效应对，从而立于不败之地。由于时代和条件的变化，任何一种价值观都会面临种种挑战，因而需要有理论为它提供辩护，并在辩护的过程中修正和完善它。核心价值观正是在这种辩护中与时俱进的。

美国芝加哥大学教授、诺贝尔经济学奖获得者科斯曾指出："如今的中国经济面临着一个重要问题，即缺乏思想市场，这是中国经济诸多弊端和险象丛生的根源。"① 科斯的"中国思想市场缺乏论"主要是就经济学而言的，但对我国价值观理论建设方面也有借鉴意义。一种价值观要得到普遍的社会认同需要在"思想市场"上经过充分的讨论和竞争，那些在自由而公开讨论基础上达成的"重叠共识"，最有可能为人们所认可和信奉。建构和培育健康的"思想市场"，是正确的价值观得以形成和生长的前提条件。为此，必须着力构建具有中国特色的哲学社会科学的学科体系、学术体系、话语体系。"这是一个需要理论而且一定能够产生理论的时代，这是一个需要思想而且一定能够产生思想的时代。我们不能辜负了这个时代。"②

第二，发挥社会组织促进核心价值观社会认同的作用。"社会组织"，社会学称之为"正式组织"，"是指有特殊目的、追求最大效益的团体"③。有社会学家认为，100 年前，大多数人生活在家庭、朋友圈、邻居这类的小群体中，现在人们的生活涉入了更多的正式组织。④ 改革开放以来，中国的社会组织迅速发展，党的十八大后国家更是将发展社会组织纳入社会治理创新的重要范畴，希望通过社会组织提高社会治理水平。作为国家治理体系调整与优化的重要组成部分，我国的社会组织进入了一个繁荣发展的时期。中国社会组织官网公布的数据显示，截至 2017 年 11 月 5 日，中国社会组织共有 759409 个，其中在民政部登记的

① 朱相远：《科斯"思想市场"涵义正解》，《北京日报》2014 年 4 月 14 日。

② 习近平：《在哲学社会科学工作座谈会上的讲话》，人民出版社 2016 年版，第 8 页。

③ 〔美〕理查德·谢弗：《社会学与生活》（插图修订第 9 版·普及版），刘鹤群、房智慧译，世界图书出版公司 2009 年版，第 126 页。

④ 参见〔美〕约翰·麦休尼斯《社会学》，风笑天等译，中国人民大学出版社 2009 年版，第 205 页。

社会组织共有 2315 个。① 社会组织有许多功能，其中之一是能够影响组织成员的价值观念。在我国，社会组织的活动和理念接受党和政府的规制和指导，是党和政府精神和政令上传下达的渠道。如果组织成员受到积极而同一的主流意识形态的感染，正面的信息流在成员之间或者组织空间中流动，他们更有可能习得核心价值观，形成对政治制度和核心价值观积极的正面评价，提升其成员对核心价值观的感知和认同。

在我国社会组织迅速发展的今天，如何充分发挥社会组织促进核心价值观社会认同的作用，是我国核心价值观建设需要高度重视的新课题。在这方面，发挥执政党沟通国家与社会的桥梁作用十分重要。有的学者提出通过“双向赋权”来实现政党与社会特别是社会组织良性互动，这种主张对于核心价值观的社会认同有重要参考价值。所谓“双向赋权”，是指政党放权给社会，给予社会更多自由结社的空间；同时社会也赋权给政党，允许政党在政治领域中为社会代言，并鼓励政党在更广泛和长远的视野下整合社会利益。就核心价值观的社会认同而言，政党可以通过其接近政治决策的便利根据社会的利益诉求不断完善核心价值观建设，使之更加充分地体现社会个体（公民个人和社会组织）的意愿；同时，社会组织也可以利用其接近社会的便利传播执政党所推行的核心价值观，使之成为社会组织内成员的共识，促进核心价值观对社会生活的融入。

第三，塑造社会精英的核心价值观忠实践行者形象。在核心价值观社会认同方面，政界、学界、商界“三界”的精英人群是需要特别给予关注的重点人群。有一段时间，社会精英中的一些人不是跟党和政府同心同德，缺乏道路自信、理论自信、制度自信和文化自信，甚至不负责任地“唱衰”、无原则地起哄跟风。一些影响极其广泛的媒体大亨、网络大亨被资本绑架，使所把控的互联网成为与核心价值观唱对台戏的无障碍且能隐身的舞台。诸如此类的现象产生了相当恶劣的社会影响，是核心价值观社会认同的严重障碍。在现代社会，“三界”精英在相当大的程度上决定着一个国家的前途和命运，他们在社会生活中的重要地位和作用及其社会影响力，也直接关系到核心价值观能否得到全社会认同

① 中国社会组织网，2017 年 11 月 5 日，http://www.chinanpo.gov.cn/search/orgcx.html?status=2。

和能否现实化。因此，解决好社会精英率先认同和践行的问题，是使核心价值观得到广泛社会认同的焦点和关键，特别是要针对严重阻碍核心价值观社会认同的问题提出有效对策，使社会精英成为认同核心价值观的表率。

在“三界”精英中，政界精英的作用和影响尤其值得重视。现代民主社会是精英治理的社会，“民主就是政治家的统治”①。在公众心目中，作为政治家的政界精英应是“正人君子”，是国家治理体系的忠实维护者、国家治理措施的模范执行者和核心价值观的率先践行者，公众往往根据他们的行为来判断核心价值观合理、公正与否。他们普遍率先践行核心价值观，并且其行为是公正的，公众就更有可能由此在道义上认同核心价值观。我国大批党政干部贪腐问题曝光之后，很多公众为之愤慨，以至于对核心价值观产生逆反心理。“政者，正也。君为正，则百姓从政矣。君之所为，百姓之所从也。”（《礼记·哀公问》）政界精英不能普遍做到这一点，价值观的社会认同就根本不可能实现。

从价值观道义性认同的要求看，政界精英不仅不能违犯党的政治纪律和政治规矩，还必须率先将核心价值观转变为自己的坚定信念、品质特征和行为准则，努力成为核心价值观的忠实践行者。达到这一要求的关键是要解决习近平提出的“真懂真信真用”② 问题。解决这个问题，需要建立检查考核的长效机制，更要从内心深处打牢基础，其核心在于人格修养。人格修养，特别是道德修养，用传统儒家的话说，就是修身成人、经邦济世、建功立业，努力追求达到“内圣外王”的人生境界。③党的十八大以来，习近平在一系列重要讲话中多次强调党员干部的政治定力问题，指出“检验一名干部理想信念是否坚定，主要看其在重大政治考验面前有没有政治定力”④。政治定力归根结底来自道德定力，来自

---

① 〔美〕熊彼特：《资本主义、社会主义和民主主义》，绛枫译，商务印书馆 1979 年版，第 356 页。

② 习近平：《在庆祝中国共产党成立 95 周年大会上的讲话》，人民出版社 2016 年版，第 12 页。

③ 参见唐凯麟、张怀承《成人与成圣——儒家伦理道德精粹》，湖南大学出版社 1999 年版，第 112 ~ 114 页。

④ 《习近平：干部要有政治定力》，新华网，http://www.xinhuanet.com//politics/2015-08/18/c_128141599.htm，最后访问日期：2019 年 5 月 9 日。

通过道德修养所达到的“内圣”程度。当然，今天修养的内容不是儒家道德，而是核心价值观，包括社会主义道德。一名党政干部只有通过“真懂真信真用”的修养和实践，才能真正成为社会主义核心价值观的忠实践行者。

第四，建立核心价值观内化于心、外显于行的长效激励机制。核心价值观社会认同不仅包含社会公众赞同它，而且包含社会公众内化它，通过内化于心而外显于行。这就需要建立相应的长效激励机制，以促使社会成员最终达到“从心所欲不逾矩”的从容自在状态。新中国成立以来，我国一直非常重视激励的作用，涌现出一大批有强大正能量的英雄模范人物。但不容忽视的是，人们对社会所推崇的英雄模范人物和行为存在不认同甚至反感的问题，严重影响了核心价值观的社会认同，值得我们深刻反思。这里提出几个值得注意的问题。

一是通过教化培育核心价值观的认同者和践行者。中国传统社会高度重视“教化”。“善政，民畏之；善教，民爱之。善政得民财，善教得民心。”（《孟子·尽心上》）《孟子·滕文公上》中有“使契为司徒，教以人伦”的记载，《礼记·经解》中也说“礼之教化也微，其止邪也于未形”。传统的“教化”包含教育，但不等于教育，它把政教风化、教育感化、环境影响等有形和无形的手段加以综合运用，其中包括皇帝的宣谕、各级官员耳提面命和行为引导，还有立功德碑、树牌坊、传播通俗读物等多种形式。它既向人们正面灌输道理，又注意与日常活动相结合，使人们在不知不觉中达事明理，潜移默化，其效果要比单纯的教育深刻而又牢固得多。传统社会的教化理论和方法值得今天加以弘扬光大，要运用多种影响因素综合作用，促使人们在日常生活中感知、领悟、理解以至接受核心价值观。

二是选择典范人物必须考虑全面而自由发展，而不只是道德方面优秀。中国传统文化被认为是“伦理型文化”，在这种文化背景下，社会把理想人格理解为道德人格完善。今天，不能再将理想人格局限于道德人格完善，而要按照马克思主义的观点和党的十九大报告的精神，将理想人格理解为人的全面而自由发展。全面而自由发展当然包含道德完善，但不仅仅如此，它还包括观念、知识、能力等各方面的发展。因此，今天选择典范人物不能仅仅考虑道德，而要着眼于人的全面而自由发展。

这种典型也并非人中之神，而是优秀者、先行者。典范的优秀性判断和认定方面，存在表现（行为）优秀还是素质（品质）优秀之分。真正的优秀是素质的优秀。亚里士多德认为，人的品质决定着人的行为，有什么样的品质就会有怎样的行动，这就是他所谓“善行就是具有德性”①。这一点，在树立践行主流价值观典范方面尤其值得注意。

三是完善国家荣誉制度，建立长效化的激励机制。荣誉制度是激励价值观内化于心、外显于行的制度性长效机制，对于激励核心价值观践行和认同具有重要意义。目前世界上已经有一些国家（如英国）建立了完善的国家荣誉制度②，它们的做法和经验值得我们借鉴。我国于2016年建立了国家荣誉制度，但设立的奖励主要着眼于社会贡献而没有考虑高尚人格，而且目前只有中央级的荣誉，而没有地方各级的，没有形成覆盖全社会的荣誉制度网络。国家荣誉制度不等于中央政府的荣誉制度，它应是涵盖全国各级政府的荣誉制度。为了促进核心价值观的社会认同，激励社会成员将核心价值观内化于心、外显于行，需要进一步完善国家荣誉制度。各级党和政府可以将荣誉称号授予那些在价值观内化方面先进的人士，为人们树立可敬、可亲、可学的鲜活榜样，以推进社会公众对核心价值观的认同和践行。

---

① 〔古希腊〕亚里士多德：《大伦理学》，苗力田主编《亚里士多德全集》第八卷，中国人民大学出版社1992年版，第241页。

② 关于英国的荣誉制度，参见张晓《大英帝国兴衰之谜》，解放军文艺出版社1995年版，第259页。

结语　让优秀传统价值观融入当代价值观

习近平同志指出："中华优秀传统文化是中华民族的精神命脉，是涵养社会主义核心价值观的重要源泉，也是我们在世界文化激荡中站稳脚跟的坚实根基。"[①] 用优秀传统文化涵养以社会主义核心价值观为核心内容的当代价值观，必须让优秀传统文化融入核心价值观，使核心价值观深深植根于中华优秀传统文化的沃土。文化具有自身的延续性，我们今天倡导的核心价值观，如果不是植根于优秀传统文化，不是基于对传统文化的创造性转化和创新性发展，而是彻底另起炉灶，那么，一方面会因为违背文化传承规律而搞不起来，另一方面也会极大挫伤民族文化的自信心，影响整个民族对自己文化的认同，进而影响民族认同、国家认同。在今天历史虚无主义盛行的大背景下，强调优秀传统文化融入核心价值观，极具时代针对性和政治意义。文化的核心和灵魂是价值观，优秀传统文化融入核心价值观，实质上就是优秀传统价值观的融入。能否实现这种"融入"，并且在"融入"的过程中推动传统文化的创造性转化和创新性发展，不仅直接关系到中华文化的传承、弘扬和发展，关系到文化自信，还将影响到核心价值观的完善、社会认同及其对国家治理和社会生活的融入，进而关系到核心价值观建设的成败，因此应该给予高度重视并进行深入探讨。

一　融入的含义及其重要性

让优秀传统价值观融入核心价值观，是在我国核心价值观建设的特殊历史背景下提出来的。我国所倡导的核心价值观，就其实质内容而言，源自 19 世纪的科学社会主义。中国共产党自诞生之日起就致力于把马列主义与中国实际相结合，并形成了毛泽东思想这一最重要的

① 习近平：《在文艺工作座谈会上的讲话》，人民出版社 2015 年版，第 25 页。

思想理论成果。新中国成立后，社会主义价值观成为新中国占主导地位的价值观（当时对此尚无明确的表述，亦无清醒的意识），而这种价值观基本上是以严厉批判以至否弃传统文化为前提的。实行改革开放后，我国出现了价值观多元化的格局，市场经济的迅速发展也诱发了诸多社会问题，建设核心价值观的问题被空前迫切地提上了议事日程。党的十八大提出建设的核心价值观，在本质上是与传统社会主义价值观相一致的，但被赋予了体现中国特色社会主义新时代新实践需要的新内涵和新要求。

作为一种新的价值观，人们对它的认知认同需要一个过程，尤其是我国市场经济所呈现出来的，其他市场经济也固有的负面效应，以及它所激发出来的多元价值也在相当大程度上影响了公众对它的信心。课题组 2017 年的调查显示，对“核心价值观培育和践行已深入人心”高度认同的有 31.5%，认同的有 33.8%，其正向评价只有 65.3%，不清楚和不认同的比例则有 34.7%。[①] 调查数据告诉我们，目前人们对践行核心价值观所取得的成效和社会价值的感知度、认同度并没有我们预期的高。实际上，核心价值观建设问题一提出，党中央和习近平同志就已经意识到，要使核心价值观得到社会普遍认同，必须将其植根于优秀传统文化。习近平同志指出：“培育和弘扬社会主义核心价值观必须立足中华优秀传统文化。牢固的核心价值观，都有其固有的根本。抛弃传统、丢掉根本，就等于割断了自己的精神命脉。”[②] 核心价值观要立足于优秀传统文化，要有其固有的根本，基本前提就是要让尚外在于核心价值观的优秀传统文化特别是其价值观的合理内容融入其中，使之与核心价值观融为一体。

这里所说的“融入”，不是简单的加入或注入，使之成为其中的一个部分，而是要使优秀传统价值观的内容在进入核心价值观的同时与之水乳交融。因此，这种融入不是一种“物理反应”，而是一种“化学反应”。“反应”的结果是形成核心价值观的一种新形态，即具有中国传统

① 湖北大学高等人文研究院、中华文化发展湖北省协同创新中心和湖北文化建设研究院“中国文化发展状况调查（2017）”数据库。

② 习近平：《培育和弘扬社会主义核心价值观》，《习近平谈治国理政》，外文出版社 2014 年版，第 163～164 页。

文化特别是传统价值观底蕴和意蕴的社会主义核心价值观。不言自明，这种传统文化不是任何其他意义上的传统文化，而是优秀传统文化特别是其中的价值观，即习近平同志所说的“积淀着中华民族最深层的精神追求，代表着中华民族独特的精神标识，为中华民族生生不息、发展壮大提供了丰厚滋养”[①] 的价值文化。这种“融入”绝不是要改变核心价值观的社会主义性质，而是使社会主义性质的核心价值观富有优秀传统价值观的底蕴和意蕴，使核心价值观根植于优秀传统文化的沃土中。而融入过程本身是一个创造性转化和创新性发展的过程，这种创造性转化和创新性发展是以核心价值观为原则和依据的。这一点必须明确，以防范别有用心的人利用“融入”改变我国主流价值观的性质。这种“融入”无疑主要是对国家层面核心价值观的融入，其目的是使核心价值观理论具有传统文化的底蕴和意蕴；同时也包括对国家治理、社会生活以及社会成员个人思想行动的融入，其目的是让他们所确立的核心价值观具有传统文化的底蕴和意蕴。因此，这种“融入”是一种全社会性融入，是从理论层面到实践层面、从观念到行动的全方位融入。这些不同层面的融入必须相互配合、相互促进、良性互动、相得益彰，如此，才能取得良好的效果。

在我国当前的情况下，强调将优秀传统价值观融入核心价值观十分必要，具有重要的理论意义和现实意义。

首先，从理论的角度看，“融入”可以克服当前传统文化及其价值观与核心价值观并存对峙的问题。实行改革开放以后，辛亥革命后受到严厉批判以至被完全否弃的传统文化得到复兴，出现了“国学热”持续升温的局面，新儒学活跃起来。党的十八大以后，弘扬优秀传统文化成为社会的主旋律之一，于是，出现了传统价值观与核心价值观之间到底是什么关系的问题。从价值哲学的角度看，这个问题实质上是中国主流价值观出现了二元并立的问题：一元是优秀传统价值观，另一元是核心价值观。事实很清楚，即便是优秀传统价值观，也毕竟是一种与核心价值观性质完全不同的另一种价值观。那么，弘扬优秀传统价值观与践行

① 习近平：《文明因交流而多彩，文明因互鉴而丰富》，《习近平谈治国理政》，外文出版社 2014 年版，第 260 页。

核心价值观究竟是一种什么关系？在两种价值观发生冲突的时候应该如何处理？例如，民主是核心价值观的重要理念之一，其最基本的含义是人民当家做主。然而，这种民主观念在传统价值观中是没有的，传统价值观中有“为民做主”的观念，这种观念亦应是传统价值观中优秀的内容，至少不是其糟粕。显然，这是两种不一致甚至对立的观念。那么，当我们弘扬优秀传统价值观时，也应当弘扬这种观念吗？如果要弘扬，它与人民当家做主之间的冲突如何处理？在调查中，当问及“民主就是‘由民做主’，是人民当家做主”和“民主的社会是‘以民为主’，政府‘为民做主’”时，人们对这两个问题有几乎相同的认同率，前者是65.9%，而后者是65%。这说明人们在对核心价值观的认知上出现一定程度的模糊，这进而会影响社会主义民主实践的效果。① 此类问题相当多，比如个人权利与家国本位、法治与德治（礼治）的关系问题。这些问题如果不加以解决，就会造成理论上的矛盾和实践上的混乱。而要解决优秀传统价值观与核心价值观之间理论上的矛盾和冲突，必须将优秀传统价值观融入核心价值观。

这里所说的“融入”，其前提是坚持核心价值观的根本立场和基本原则。对于一切与核心价值观的立场和原则相冲突的传统价值观内容，即便看起来是优秀的，也必须进行创造性转化、创新性发展，以使之符合核心价值观的立场和原则。从这种意义上看，“融入”的过程就是对传统价值观是优是劣的最直接检验。当然，那些与核心价值观不一致的优秀内容，并不因为不一致就简单地对其加以否定，而是要在检验的基础上加以批判性的改造，使之成为核心价值观的营养成分。这涉及“融入”的第二个步骤，即从传统价值观内容中吸收核心价值观应具有而不具有或不充分具有的营养。对于核心价值观来说，传统价值观的内容就像是食物，当它进入核心价值观体系之中时就要被消化吸收。所消化的是食物，而吸收的是营养，营养之外的残渣要排泄出去，而不能再保留在体系之内。对于核心价值观来说，传统价值观的营养与其他价值观的营养不同，它是能够增强核心价值观底蕴和意蕴，与传统相承接的营养，

① 参见中宣部“弘扬核心价值观与继承传统文化研究”课题组社会调查“弘扬核心价值观与继承传统文化”（2017）数据库。

或者说它是“接地气”的营养。这种营养是其他思想文化所不可能具有的，因此需要特别重视。在这种融入关系中，核心价值观是主体，优秀传统价值观是经过消化后方可吸收的营养，两者之间的这种关系在理论上不容颠倒。

其次，从现实的角度看，“融入”可以破解当代中国人常常面对的价值困惑和两难价值选择问题。自从倡导弘扬优秀传统文化以来，人们常常会遇到优秀传统价值观的要求与核心价值观的要求之间的不一致或冲突。这里仅举两例加以说明。一是尽孝与敬业之间的冲突。敬业是核心价值观的明确要求，而尽孝是传统价值观的基本规范，而且通常认为“孝”是传统价值观中的优秀成分。今天的社会已经不是“父母在，不远游”的时代，许多人的工作在离父母遥远的地方，而这种工作在性质上并非孔子所说的那种“游必有方”的工作。假如某人父母生活不能自理，他就面临为父母尽孝与工作尽职尽责的冲突。如果他敬业可能就会面临不孝的指责，而如果为了尽孝对工作采取应付的态度又会受到不敬业的指责，甚至受到工作单位的处罚。二是“亲亲相隐”“大义灭亲”与司法公正之间的冲突。传统价值观中有两种十分对立的观念，即“亲亲相隐”和“大义灭亲”。这两种观念今天看来也都是属于优秀的范畴，至少“大义灭亲”是如此。然而，这两种观念虽然都有合理的成分，但都是与核心价值观的公正观念相冲突的，因为它们都违反了司法公正的原则。当一个检察官的妻子知道丈夫犯了贪污罪之后，她应做出什么选择？她会陷入困惑和两难，因为做出哪种选择都是有理由的。在现实生活中，这样的事例比比皆是。导致这种困惑和两难的根源是目前我国社会倡导的价值观存在事实上的二元现象。一方面我们要弘扬优秀传统文化，另一方面又要践行核心价值观，传统和现实的二元化使人们在价值选择上，并进而在社会实践中出现困惑，甚至冲突，这是中国人常常感到困惑、迷茫甚至焦虑的重要原因之一。

今天的中国，必须弘扬优秀传统文化，同时又必须培育和践行核心价值观。要解决两者之间的不一致，唯一最佳的路径就是在培育和践行核心价值观的前提下，吸收优秀传统价值观的合理内容，使之融入并丰富核心价值观，而不是使两者并行不悖。这种融入不同于上面理论层面的融入，它是在日常生活中经常进行的融入。通过这种融入，个人可以逐渐形成完备的既体现核心价值观要求又具有优秀传统价值观底蕴和意蕴的价值观。就以上两例而言，“融入”的方式可以使人妥善地做出选择，而不会导致内心陷入冲突。就尽孝与敬业之间的冲突而言，根据“融入”的要求，敬业必须坚持，但又不能不管父母，因为尽孝是优秀传统文化所要求的。一个人应该尽可能地在床前尽孝，如果因为工作的原因不能如此，也可以通过其他方式尽孝，如请人照料，当然有时间应该亲自在床前照料。就“亲亲相隐”“大义灭亲”与司法公正之间的冲突而言，“融入”要求人们坚持司法公正，在法律允许的范围内可以“亲亲相隐”，也可以“大义灭亲”。那种有违司法公正的“亲亲相隐”和“大义灭亲”即使是优秀传统文化的要求，也不能付诸行动。由此看来，将优秀传统价值观融入核心价值观也是解决当前国人困惑、困扰、迷茫的必由之路。

最后，从针对性的角度看，“融入”可以有效抵制指责核心价值观缺乏文化根基并鼓吹用儒学取而代之的做法。改革开放以后，随着国学的兴起，以及市场经济迅速发展而导致的社会问题的凸显，一些人认为马克思主义已经过时，无力解决中国的社会问题，马克思主义指导下确立的核心价值观难以得到社会的认同。有的人甚至鼓吹儒教立国或将儒教立为国教，其实质就是试图用儒学取代马克思主义，用儒家价值观取代核心价值观。这些人提出这种主张的一个重要理由是，认为马克思主义和核心价值观缺乏传统文化的根基，不能与中华传统文化相承接。这种看法无疑是十分错误的。马克思主义自传入中国后，在与中国实际相结合的同时，也在与传统文化相融合，而核心价值观是在大力弘扬优秀传统文化的时代背景下提出和确立的，其中吸收了大量优秀传统文化的内容。但是，我们也应当承认，传统文化博大精深，源远流长，核心价值观建设的时间较短，对优秀传统文化特别是其价值观的吸收还相当不充分，其根在传统文化中扎得不够深，整体上看起来有些外在于传统价值观。因此，加大优秀传统价值观融入核心价值观的力度，促进核心价值观与优秀传统价值观的深度融合，不仅是核心价值观建设本身的迫切需要，也可以更强有力地回击将儒学立为国教，以取代核心价值观在我国的主导地位的企图。

二　优秀传统价值观资源的检视

本书对传统价值观做了较为系统的梳理，为了便于从总体上把握传统价值观的优秀内容，这里再从总体上做一个简要概括。

“传统价值观”与“传统社会中存在过的价值观”是两个概念，不能混为一谈。在大约五千年的漫长中国传统社会，存在过许多社会性价值观，包括不同民族的民族价值观、不同宗教及其教派的宗教价值观、不同学派和思想家的学理价值观、不同历史时代占主导地位的官方价值观，以及一些文明程度比较高的民族的史诗所体现的史诗价值观等，其情形十分复杂。它们各不相同、各具特色，彼此之间有矛盾、冲突，但也有一些相同或相通的内容和精神，而且程度不同地具有中国文化和价值观的性质和特色。然而，我们今天所关注的不是这些价值观，而是这些价值观中的那些体现中华民族和中国人民理想、信念、追求，以及体现中国历史和文化个性和特色的在传统社会中得到普遍认同的内容和精神。

如果把传统价值观做一个广义和狭义的划分，那么我们可以把以上所列举的所有价值观划归为广义的传统价值观，而把它们当中相同和相通的内容和精神视为狭义的传统价值观。这种狭义的传统价值观即本书所言的“传统价值观”。此种意义上的传统价值观是指在中国传统社会不同时期和不同范围内存在过或流行过的各种价值观中，那些得到中华民族普遍认同或普遍信奉的基本内容及其意蕴。

那么，我们应该如何对这种狭义的传统价值观加以界定？这是一个很难做出回答的问题。对其概括和提炼，需要以对传统社会的历史文献和传统社会现实状况及其相互关系做深入研究并形成完整的研究成果为前提和基础。本书第一章已从内涵上对传统价值观做一个初步的界定：传统价值观是一种以中国农耕文明（小农经济和宗法制度）为现实基础，以“道”和“德”为观念前提，以“仁爱”为核心内容，以“自强不息”和“厚德载物”为根本精神，以宗法和礼制为基本保障，以“圣人”和“大同”为最高目标的价值观念体系。这个界定还是粗略的，需要进一步完善。

传统价值观萌芽于“三皇五帝”时代，夏商周时代已见雏形，在春秋战国时期最终形成并获得其理论形态。春秋战国时期的儒家、道家、墨家、法家等主要学派对于传统价值观的形成特别是其理论化均有贡献，而儒家的贡献最大。先秦儒家在继承传统价值观的基本思想、观念和精神的基础上，根据文化传统和时代精神对传统价值观进行了系统的理论构建，这种构建主要是由孔子以及孟子和荀子完成的，《礼记》的作者也有所助益。

孔子的最大贡献在于，他从理论上提出并阐发了一系列传统价值观念的基本概念，构建了以“仁爱”为核心内容、以“仁智勇”以及“恭宽信敏惠”为基本德目和以“礼”为主要规范的理论价值体系。在他之后，孟子在坚持孔子仁爱思想的基础上将其运用于政治领域，提出了“仁政”思想，而且将孔子的一系列德目归结为“仁义礼智”四大德目，并为之提供了人性和天道的论证。《礼记》中的《中庸》和《大学》沿着孔孟路线完成了儒家价值体系的构建。荀子则不怎么强调仁爱，而是将孔子的礼思想加以特别强调，并吸收了法家思想，其“隆礼重法”的提出，从一定意义上可以说完成了儒家规范体系的构建。

然而，西汉的董仲舒剔除了孔孟赋予传统“五伦”中的仁爱思想，将“五伦”中的君臣、父子、夫妇“三伦”推向极端而提出“三纲”，并在孟子概括的“仁义礼智”四德的基础上加上“信”，从而提出“五常”。同时，他又以“天人感应说”为依据为“三纲”提供论证，称“王道之三纲，可求于天”，并以“五常”牵强附会于“五行”。先秦儒家思想经过董仲舒的改造成为适应宗法皇权专制社会的官方意识形态。此后，传统价值观在理论和实践上都没有根本性的突破，相反，先秦传统价值观的合理内容及其正能量逐渐消耗殆尽，而它的保守、落后的消极因素则被放大到极致，直至它随着宗法皇权专制制度被推翻而最终退出历史舞台。

先秦时期以儒家为主体而构建起来的传统价值观，有其局限性和某些糟粕，但从总体上看它是比较合理的。它确定了中国优秀传统文化的“基因”和主导观念，奠定了中华民族精神的“基调”和主要特色，传统文化的精华多集中于其中。其主要局限在于，它是与传统宗法社会相适应的，不可避免地会打上崇尚“天命”、维护“宗法”统治的烙印；

在内容上最大的问题是重视德治特别是礼治，而忽视法治，虽然荀子注意到法的作用，但所重视的仍然是礼制；在理论依据上将“仁义礼智”等道德内容视为人性生来具有的，并将其与天道相贯通，今天看来并无充分的根据。在传统价值观中，《诗经》所表达的“溥天之下，莫非王土；率土之滨，莫非王臣”的王权观念，孔子把“克己复礼”作为实现“仁”的主要路径，以及过分美化尧舜禹及其时代以及夏商周“三代英王”等复古主义思想，都是其糟粕的典型表现。相比较而言，传统价值观的优秀内容更为丰富，今天尤其值得重视。不言而喻，即便是优秀的内容，其中也会有其历史的局限和糟粕的因素，所以对于这些内容在今天也需要进行创造性转化和创新性发展。

我们可以分别从其主要思想、主导观念和基本精神三个方面，来对传统价值观可融入核心价值观的优秀内容加以审视。这里对本书阐述的优秀传统价值观的主要内容做一简述，以便于读者从总体上把握。

传统价值观内容极其丰富，就其主要思想或主题而言，至少有十个方面值得重视。第一，关于“道”“性”“诚”的思想。传统价值观建立在性善论的基础之上，认为人的本善之性（体现为仁义礼智）是与万物之性相通的，万物之性是天道的体现，而性和天道的内容是“诚”。“诚”不仅意味着诚实无欺，而且意味着天之大德。第二，关于“君子”与“圣人”的思想。君子和圣人是传统价值观确立的最高理想人格和应有人格，君子是每一个人应成为之人，而圣人是每一个人应努力追求成为之人。第三，关于“仁义礼智信”的思想。这是传统价值观的五大基本理念，也是传统道德所倡导的个人应修养的五种基本德性。第四，关于“中庸之道”的思想。传统价值观把中庸作为个人涵养上述五德和为人处世的基本原则。第五，关于“忠恕之道”的思想。忠恕是传统价值观处理人际关系的基本原则。第六，关于“内圣外王之道”的思想。这是传统价值观把修身与齐家治国平天下联系起来的主要通道。传统价值观认为每一个人不仅要“修身成人”，而且要“经邦济世”，而理想社会应由圣人治理。第七，关于“王道”与“仁政”的思想。“王道”是相对“霸道”而言的，“王道”的实质就是实行“仁政”，这是传统价值观中的政治原则。第八，关于“五伦”与“三纲五常”的思想。“五伦”是传统价值观重点关注并调节的五种社会伦理关系；“三纲”则是把其中君臣、父子、夫妻三种伦理关系推向极端，后来被宗法皇权专制社会确定为社会的基本价值原则；“五常”指“仁义礼智信”。第九，关于“其命维新”的思想。“维新”是传统价值观推崇的动力源泉，也为传统价值体系确立了动力机制，但这种思想在秦汉以后未得到继承和发扬。第十，关于“大同”与“小康”的思想。这是传统价值观所确立的理想社会的两个层次，大同社会是最高理想，小康社会是现实目标。

就主导观念而言，可以考虑将传统价值观中的十一大观念融入核心价值观。其一，“阴阳五行”。传统价值观认为“一阴一阳之谓道”，阴阳互动是宇宙及万物（包括人）的本质及其法则，而万物是由五行构成的。虽然“五行”作为宇宙构成要素的观念已过时，但“阴阳”观念至今仍然有广泛影响，而且有深刻的哲学意蕴。其二，“天人合一”。传统价值观认为宇宙万物（天）与人类具有共同本性，它们是相通的，人应因顺自然，是传统价值观的基本观念。当然，传统价值观也存在把仁义道德赋予天道的局限。其三，“自求多福”。传统价值观推崇“寿、富、康宁、攸好德、考终命”“五福”，认为幸福具有完备百顺的性质，并强调“祸福无不自己求之者”，鼓励人们“自求多福”。其四，“修身为本”。传统价值观认为，真正意义上的人不是自然天成的，而是社会教化和自我修身的结果，而修身更具有根本性的意义。修身是使人性从天道禀受的善性充分发挥出来，从而使人成为君子以至圣人的根本路径。其五，“转识成智”。“智慧”一词是春秋时代才出现的，但《易经》就已经闪耀着智慧的光芒。佛家明确提出的“转识成智”是诸子百家的共识，尤其为儒家和道家所推崇。其六，“仁者爱人”。“亲亲而仁民，仁民而爱物”的“仁爱”观念是传统价值观的核心，它虽然是孔子明确提出的，但其观念源自尧舜等“先王”。其七，“义以为上”。传统价值观认为，义和利是人生的两大基本问题，主张见利思义，重义轻利，义以为上。其八，“隆礼由礼”。“礼”是传统价值体系中的规范体系，包括规则系统和制约系统，用来规定社会身份及相应的权利和责任，从而维护宗法等级制度、人伦关系和社会秩序，但其中有些因素是值得借鉴的。其九，“忠孝两全”。传统价值观要求既要对国家尽忠又要对父母尽孝，而尽孝是基础和前提，其中的“忠”观念后来演变为对君王尽忠，这是其中的糟粕。其十，“和而不同”。“和”也是传统价值观中最古老、最富有民族特色的价值观念。传统价值观认为不同事物相和才能生成新的事物，但“和”以不同事物或人的存在为前提，因而“和”以不同或差异为前提，所追求的不是同一，而是彼此之间的协调和谐。其十一，“民惟邦本”。把人民看作国家之根本，认为根本牢固了，国家才会长治久安，这是传统价值观中古老而又影响深远的“民本”思想或观念，它是实行“王道”“仁政”的前提。

传统价值观的基本精神就是中国文化、中华民族的基本精神，尤其需要在今天构建核心价值观和弘扬传统文化的过程中发扬光大。传统价值观的基本精神，主要是指传统价值观所体现的或显现的基本意义，蕴含对人们的要求和激励。传统价值观尤其突出地体现了以下十一种基本精神。其一，“尊道贵德”。这是传统价值观基本精神的典型表达，它要求人们尊崇“道”并珍视对“道”的“得”，即“德”。中国被称为“礼仪之邦”、中国文化被称为“伦理型文化”，正是这种精神的体现。其二，“自强不息”。它要求人们像天道刚健、运行无忒一样，终生自勉前行，不停地发愤图强。这种精神是泱泱中华文明的精髓所在，是人生昂扬向上的力量源泉，是巍巍中华绵延万代、永远屹立的精神支柱。其三，“厚德载物”。它要求人们效法大地，修养厚实的德性，能包容万物又能载养万物，以完成上天赋予的使命。这一精神最直接地体现了传统价值观的“尊道贵德”精神，是中国获得“礼仪之邦”美称的实质内涵，也是中华民族“协和万邦”的内在根据和动力。“厚德载物”与“自强不息”相互支撑、相互推动、相互激励，共同构成了中华民族精神的两大支柱。其四，“成性成人”。传统价值观把人视为“成为”的结果，而“成人”的过程就是实现人性、成就人性的过程。人性是与物性相通的，它们都是天道的体现，因而成就人性归根结底就是实现天道的要求。其五，“知行合一”。它要求人们“实事求是”“自知不知”“转识成智”“力行求至”“言行一致”，达到“才高德厚”的境界。其六，“从容中道”。它要求人们的行为举止“不勉而中”“不思而得”，并达到自然而然、自在自如的程度。其七，“推己及物”。它要求人们推己及人并推人及物，要求人们从“亲爱”（爱亲人、爱家庭、爱祖国）到“泛爱”（爱路人、爱同胞、爱人类），再到“博爱”（爱万物、爱地球、爱宇宙）。其八，“见义勇为”。它要求人们见到合乎道义的事就勇敢地去做。几千年来，这种精神一直是激励中国人为他人、民族、祖国不懈奋斗甚至抛头颅、洒热血的强大精神动力，是中华民族精神的重要体现，也是传统价值观的基本精神之一。其九，“为政以德”。它要求国家治理者以民为本，爱民如子，与民同乐，为民请命，公正清廉，富而后教，鞠躬尽瘁，修心治身。其十，“以教祇德”。传统价值观相信“人皆可以为尧舜”“涂之人可以为禹”，人在道德和人格上有很大的提升空间，要求社会和家庭重视道德教化，而且要从孩童抓起。其十一，“协和万邦”。它要求世界各国在和平共处的起点上交流合作、互助共赢，以实现“天下大同”的理想。中国社会的整个历程都渗透了先祖尧所奠定的“协和万邦”精神。

总体上看，以上所简述的传统价值观的十大思想、十一大观念和十一大精神，大多是合理的、优秀的，其中有些虽然有局限或含有糟粕的因素，但主要内容是有价值的。所有这些内容都是值得进行创造性转化和创新性发展的，而且需要在此基础上融入核心价值观，以丰富核心价值观传统价值与文化的内涵和意蕴。

三　融入之路径策划

2017 年 1 月 25 日，中共中央办公厅、国务院办公厅印发的《关于实施中华优秀传统文化传承发展工程的意见》，对传承发展中华优秀文化的重要意义、指导思想、基本原则、总体目标、主要内容、重点任务、组织实施和保障措施等做出了全面部署和具体安排，为将传统价值观融入核心价值观提供了具体指导和基本遵循。但是，传统价值观毕竟不同于传统文化，需要融入核心价值观的优秀传统价值观是优秀传统文化应传承和弘扬的核心内容。没有这种融入，传统文化和核心价值观就始终是两张皮，不仅不能相互促进，而且其作用力可能相互抵消。将优秀传统价值观融入核心价值观无疑要以优秀传统文化传承发展工程为依托，同时也要研究这种融入的特殊性，对融入的路径进行系统策划，从而为融入提供理论依据和实践指导。

从理论上看，优秀传统价值观融入核心价值观，应在对传统价值观进行尽可能全面梳理的前提下选择和确定其优秀内容，这些优秀内容还需要通过创造性转化和创新性发展才有可能融入核心价值观。需要指出的是，也存在这种情况，即核心价值观的有些内容也需要借鉴优秀传统文化来加以修改和调整。创造性转化和创新性发展的过程与融入的过程是不可分离的同一个过程。但是，从我国核心价值观践行的实践来看，既需要从理论上研究这种融入，也需要通过外在影响促使公众个人将之内化从而实现融入。这种外在影响主要是把优秀传统价值观融入公众的系统而终身的教育中，以及运用各种传播渠道对公众进行持续的、润物细无声的社会熏陶。说到底，优秀传统价值观对核心价值观的融入需要在个人身上来最终完成，忽视了这一点，再完善的理论融入都是徒劳的。基于这种考虑，让优秀传统价值观融入核心价值观有以下六项工作要着重做好。

第一，加强优秀传统价值观融入核心价值观的顶层设计。如前文所述，广义的传统价值观的内容十分复杂，确认这些价值观中哪些内容能构成真正意义上的传统价值观，这种价值观中的哪些内容是精华、哪些内容是糟粕，对那些精华的内容如何根据核心价值观的建设需要进行创造性转化和创新性发展，如何使创造性转化和创新性发展的内容进入核心价值观理论体系，同时又融入国家治理和社会生活，所有这些问题都需要在顶层进行精心谋划和周密设计。在国情如此复杂的大国进行如此复杂的“融入”工程，没有周密的顶层设计来规范整个“融入”工程，很有可能会出现混乱，甚至会把传统价值观中的一些糟粕当作精华加以弘扬，其结果必定会冲击甚至破坏核心价值观的培育和践行。同时，必须考虑到我国目前价值观多元的实际，有不少人试图用非主流的价值观取代主流价值观，没有周密的顶层设计并用以规范“融入”过程，很可能会给别有用心的人以可乘之机。“融入”是十分必要而紧迫的，但也是相当危险的，对此应有高度的警觉，并要有强有力的防范措施。

第二，用优秀传统价值观的内容完善核心价值观理论体系。党的十六届六中全会提出建设社会主义核心价值体系，特别是党的十八大提出培育和践行社会主义核心价值观以来，随着相关理论研究的深入，核心价值观理论正在不断完善。但是，我们也应该看到，现有的核心价值观理论体系中尚未充分吸收优秀传统价值观的内容。例如，核心价值观在人格理想方面不仅没有吸收传统价值观中理想人格方面的合理内容，而且没有一个统一的规定。现在有时称要培养的人是“德智体美全面发展的社会主义建设者和接班人”，有时又讲“人的全面发展”，过去还讲“使受教育者在德育、智育、体育几方面都得到发展，成为有社会主义觉悟的有文化的劳动者”，“培养有理想、有道德、有文化、有纪律的新人”。这些提法虽然有交叉、相通之处，但毕竟差异很大，还不如传统价值观把人格规定为“君子”“贤人”“圣人”几个层次，以便于人们掌握和追求。就我国目前情况而言，研究核心价值观除了以马克思主义理论界为主要力量外，还需要采取措施激励哲学社会科学领域不同学科特别是中国哲学、中国历史、中国文化等学科参与用优秀传统价值观完善核心价值观的协同研究，这样才能完成这一重大学术理论工程。

第三，借鉴传统价值观的话语体系使核心价值观的话语体系更具有中国特色、更适合中国公众的文化心理。习近平在哲学社会科学工作座谈会上特别强调加强中国特色哲学社会科学的话语体系建设，而核心价值观建设尤其需要重视话语体系建设。从前文所述可见，我国传统价值观的话语体系有非常鲜明的民族特色，大多也符合中国人的文化心理和语言习惯。但从目前对核心价值观的理论阐述看，其话语体系借鉴传统价值观话语中有益内容的并不多。核心价值观是当代中国价值观的核心内容，它是当代的，也是民族的，必须深深地植根于中国文化的沃土之中。只有扎根脚下这块生于斯、长于斯的土地，在继承中转化，在学习中超越，它才能接住地气、增加底气、灌注生气，在世界文化激荡中站稳脚跟。事实表明，语言表达、话语体系是最具有民族性的，那种不符合民族习惯的非本土语言，人们是难以接受的。因此，借鉴传统价值观的话语来完善核心价值观，对于核心价值观的社会认同，对于它与传统文化的对接、融合具有十分重要的意义，需要给予高度重视。

第四，修订传统的重要蒙学读物，编写适合不同人群学习优秀传统价值观的通俗读本。前文说过，优秀传统价值观融入核心价值观不只是理论工作者的任务，而是每一个社会成员都可以做的事情，每一个人的融入不仅可以解决自己的问题，而且会影响周围的人，特别是其子女。要使每一个人都发挥这种作用，就需要给他们提供介绍优秀传统价值观的读物。这方面我们既需要借鉴传统文化的经验，又要利用好已有的传统资源。传统社会流传下来许多蒙学读物，其中不少非常精到地提炼、概括了优秀传统价值观的内容。我们可以根据时代的发展剔除其中过时、落后的成分，适当补充一些科学合理的内容，统一修订并正式出版以作为不同人群的蒙学读物。传统蒙学读物很多，其中在历史上特别有影响的有《三字经》《百家姓》《千字文》《增广贤文》《名贤集》《声律启蒙》《笠翁对韵》《唐诗三百首》等。这些读物适用于幼儿到小学阶段，可以根据儿童的心理发展做出有序安排，同时给学生、老师和家长提供一些必要的指导。这些蒙学教材经过千锤百炼，总体上是有益的，经修订后可以使用，没有必要再另搞一套。对于小学以上的学生以及成年公民，最好也能针对不同的人群制订统一教材。大学专业教材没有必要统一编写，但中小学的教材应该统一编写，以免给无知的孩童以误导。

第五，让优秀传统价值观进入整个国民教育和职业培训的全过程。《关于实施中华优秀传统文化传承发展工程的意见》公布后，优秀传统文化通过各种途径进入了学校教育，这是非常有意义的。我们还可以进一步凸显优秀传统价值观教育，让优秀传统价值观的内容进入教材、进入课堂。为此，可以考虑对国民教育系列的公共政治课进行适当调整，增设中国价值观课程。开设这一门课程，可以使学生对中国传统价值文化及其精神有完整系统的了解，从而形成和确立鲜明的中国价值观。其内容可分为传统价值观和当代价值观两大部分，传统价值观当然以优秀内容为主，但对于其中的糟粕亦应给予明确的批判，将传承弘扬与反思批判有机结合起来。当然，要根据不同学段的实际设置教学内容。除国民教育系列之外，党校、社会主义学院、军校以及各种相关培训机构，都要将包含传统价值观的中国价值观作为必修课程，强化成年人的中国价值观意识，并促进他们掌握中国价值观的知识、要求和精神。

第六，利用各种形式和各种媒体传播优秀传统价值观内容。在发达的媒体时代，推进社会公众实现优秀传统价值观与核心价值观在个人身上的融合，需要充分利用新闻报道、文艺作品、通俗读物等各种传播载体，综合运用报纸、书刊、电台、电视台、互联网站以及手机客户端、微信、微博等各类传播渠道传播优秀传统价值观的内容。在这个问题上，需要解决什么是优秀传统价值观这一首要问题，这个问题不解决好，就有可能误导公众。在这方面，我们做得还不够。在调查中，人们普遍认为，在“文化自信”“文化供给”“文化管理”“企业文化建设”“文化创新”“文化消费”“网络传媒”等七个文化建设的维度中，“文化自信”和“网络传媒”对核心价值观认同的影响度最大。但是，以微信、微博等自媒体为代表的网络传媒这个维度的影响均值显著性低于总体水平，这与网络媒体在近些年的井喷式的发展形成鲜明的反差。[①] 这在一定程度上说明，网络媒体的迅猛发展并没有对人们核心价值观认同水平的提高做出应有的贡献。所以在这方面既要加强对传播形式的规范和指导，也要加强对传播传统价值观优秀内容的管理。其中的一项重要而紧迫的任务是要根据中国当代价值观建设的需要，确定有关传统价值观的文献哪些是我们认定的经典，组织学术力量进行深入浅出的解读，并利用各种媒体向社会公众传播。西方许多国家的电视台在夜深人静时连续播放《圣经》解读节目，我们也可以借鉴这种经验，加大传统经典的传播力度，使国人从小就熟知优秀传统文化和价值观，并受到良好而又充分的中国文化熏陶。

① 参见中宣部“弘扬核心价值观与继承传统文化研究”课题组社会调查“弘扬核心价值观与继承传统文化”（2017）数据库。

主要参考文献

一　经典著作

[1]《毛泽东选集》第1~4卷，人民出版社1991年版。
[2]《邓小平文选》第二卷，人民出版社1983年版。
[3]《邓小平文选》第三卷，人民出版社1993年版。
[4]《习近平谈治国理政》，外文出版社2014年版。
[5]《习近平谈治国理政》第二卷，外文出版社2017年版。

二　古代典籍

[6]（清）阮元校刻《十三经注疏》（上下册），中华书局1980年版。
[7] 顾迁注译《尚书》，中州古籍出版社2010年版。
[8] 崔波注译《周易》，中州古籍出版社2007年版。
[9] 葛培岭注译《诗经》，中州古籍出版社2007年版。
[10] 张宗友注译《左传》，中州古籍出版社2010年版。
[11] 王启才注译《吕氏春秋》，中州古籍出版社2010年版。
[12] 张景贤注译《晏子春秋》，中州古籍出版社2010年版。
[13] 罗家湘注译《国语》，中州古籍出版社2010年版。
[14] 姚晓娟、汪银峰注译《管子》，中州古籍出版社2010年版。
[15] 李存山注译《老子》，中州古籍出版社2008年版。
[16] 齐冲天、齐小平注译《论语》，中州古籍出版社2008年版。
[17] 高秀昌注译《墨子》，中州古籍出版社2008年版。
[18] 吕友仁、李正辉注译《周礼》，中州古籍出版社2010年版。
[19] 彭林注译《仪礼》，中州古籍出版社2011年版。
[20] 李慧玲、吕友仁注译《礼记》，中州古籍出版社2010年版。
[21] 王华宝注译《战国策》，中州古籍出版社2007年版。
[22] 张长法注译《列子》，中州古籍出版社2010年版。

[23] 宁镇疆注译《孟子》，中州古籍出版社 2007 年版。
[24] 安继民注译《荀子》，中州古籍出版社 2008 年版。
[25] 安继民、高秀昌注译《庄子》，中州古籍出版社 2008 年版。
[26] 李维新等注译《韩非子》，中州古籍出版社 2008 年版。
[27] 崔应珉、王淼注译《黄帝内经素问》，中州古籍出版社 2010 年版。
[28] 顾迁注译《孝经》，中州古籍出版社 2012 年版。
[29] 叶平注译《春秋繁露》，中州古籍出版社 2010 年版。
[30] 陈静注译《淮南子》，中州古籍出版社 2010 年版。
[31] 曷景春、张弦生注译《贞观政要》，中州古籍出版社 2008 年版。
[32] 郭彧整理《邵雍集》，中华书局 2010 年版。
[33] 章锡琛点校《张载集》，中华书局 1978 年版。
[34] 陈克明点校《周敦颐集》，中华书局 2009 年版。
[35] 钟哲点校《陆九渊集》，中华书局 1980 年版。
[36] 王孝鱼点校《二程集》，中华书局 1981 年版。
[37] 王星贤点校《朱子语类》，中华书局 1986 年版。
[38]（宋）朱熹：《四书章句集注》，中华书局 1983 年版。
[39] 于自力、孔薇、杨骅骁注译《传习录》，中州古籍出版社 2008 年版。
[40] 管曙光注译《颜氏家训》，中州古籍出版社 2008 年版。
[41] 田茂志注译《金刚经》，中州古籍出版社 2007 年版。
[42] 徐文明注译《六祖坛经》，中州古籍出版社 2006 年版。
[43] 王永宽注译《三字经 百家姓 千字文》，中州古籍出版社 2010 年版。
[44] 卫绍生注译《弟子规 弟子职 朱子治家格言》，中州古籍出版社 2010 年版。

三 中文专著

[45] 北京大学哲学史中国哲学史教研室选注《中国哲学史教学资料选辑》（上下册），中华书局 1981、1982 年版。
[46] 陈来：《传统与现代：人文主义的视界》，北京大学出版社 2006 年版。
[47] 陈来：《古代思想文化的世界——春秋时代的宗教、伦理与社会思

想》，三联书店 2002 年版。
[48] 陈来：《古代宗教与伦理：儒家思想的根源》，三联书店 1996 年版。
[49] 陈来：《孔夫子与现代世界》，北京大学出版社 2011 年版。
[50] 陈来：《有无之境——王阳明哲学的精神》，人民出版社 1991 年版。
[51] 陈来：《中华文明的核心价值：国学流变与传统价值观》，三联书店 2015 年版。
[52] 陈来：《朱熹哲学研究》，中国社会科学出版社 1988 年版。
[53] 陈少峰：《中国伦理学史》（上下册），北京大学出版社 1997 年。
[54] 陈晓枫：《中国法制史》，武汉大学出版社 2012 年版。
[55] 戴茂堂、江畅：《传统价值观念与当代中国》，湖北人民出版社 2001 年版。
[56] 戴茂堂、周海春、江畅等：《我国主流价值文化及其构建调查》（调查报告集），人民出版社 2014 年版。
[57] 戴茂堂：《中国传统价值观念的基本结构与当代建构》，黑龙江教育出版社 2016 年版。
[58] 杜维明：《现代精神与儒家传统》，三联书店 1997 年版。
[59] 范文澜、蔡美彪等：《中国通史》第 1 ~ 12 册，人民出版社 2009 年版。
[60] 方克立：《中国哲学史上的知行观》，人民出版社 1982 年版。
[61] 费孝通：《乡土中国　生育制度　乡土重建》，商务印书馆 2011 年版。
[62] 冯尔康：《中国古代的宗族和祠堂》，商务印书馆 2013 年版。
[63] 冯天瑜、何晓明、周积明：《中华文化史》，上海人民出版社 1990 年版。
[64] 冯天瑜：《“封建”考论》（修订版），中国社会科学出版社 2010 年版。
[65] 冯天瑜：《中国文化生成史》（上下册），武汉大学出版社 2013 年版。
[66] 冯天瑜：《中华元典精神》，湖北人民出版社 2017 年版。
[67] 冯友兰：《中国哲学简史》，北京大学出版社 1996 年版。
[68] 冯友兰：《中国哲学史》（上、下），重庆出版社 2009 年版。
[69] 葛晨虹：《德化的视野：儒家德性思想研究》，同心出版社 1998 年版。
[70] 葛荣晋：《中国哲学范畴史》，黑龙江人民出版社 1987 年版。

[71] 郭齐勇：《传统道德与当代人生》，武汉大学出版社 1998 年版。
[72] 郭齐勇：《儒学与儒学史新论》，（台湾）学生书局 2002 年版。
[73] 郭齐勇编著《中国哲学史》，高等教育出版社 2006 年版。
[74] 郭齐勇：《中国文化精神的特质》，三联书店 2018 年版。
[75] 郭齐勇：《中国人的智慧》，中华书局 2018 年版。
[76] 何晓明：《中国皇权史》，武汉大学出版社 2015 年版。
[77] 胡国亨：《独共南山守中国——戳破西方文化优越的神话》，（香港）中文大学出版社 1995 年版。
[78] 黄见德：《西方哲学在当代中国》，华中理工大学出版社 1996 年版。
[79] 江畅、戴茂堂：《西方价值观念与当代中国》，湖北人民出版社 1987 年版。
[80] 江畅、张媛媛：《中国梦与中国价值》，武汉出版社 2016 年版。
[81] 江畅、周海春、徐瑾等：《当代中国主流价值文化及其构建》，科学出版社 2017 年版。
[82] 江畅：《德性论》，人民出版社 2011 年版。
[83] 江畅：《论当代中国价值观》，科学出版社 2016 年版。
[84] 江畅：《论价值观与价值文化》，科学出版社 2014 年版。
[85] 江畅：《论中国价值文化发展》，科学出版社 2018 年版。
[86] 江畅：《社会主义核心价值理念研究》，北京师范大学出版社 2012 年版。
[87] 江畅：《西方德性思想史》（四卷），人民出版社 2016 年。
[88] 江畅：《幸福与和谐》（第二版），科学出版社 2016 年版。
[89] 江畅等：《我国主流价值文化及其构建研究》（研究报告集），人民出版社 2013 年版。
[90] 江畅主编《现代西方价值哲学》，湖北人民出版社 2003 年版。
[91] 焦国成：《中国伦理学通论》，山西教育出版社 1997 年版。
[92] 李德顺：《价值论》，中国人民大学出版社 2007 年版。
[93] 林语堂：《中国的智慧》，湖南文艺出版社 2016 年版。
[94] 林语堂：《老子的智慧》，湖南文艺出版社 2016 年版。
[95] 林语堂：《孔子的智慧》，湖南文艺出版社 2016 年版。
[96] 梁漱溟：《东西方文化及其哲学》，商务印书馆 2009 年版。

[97] 梁漱溟:《中国文化要义》,上海人民出版社 2011 年版。
[98] 梁漱溟:《乡村建设理论》,商务印书馆 2015 年版。
[99] 楼宇烈:《中国文化的根本精神》,中华书局 2016 年版。
[100] 罗炽:《中华易文化传统导论》,武汉出版社 1995 年版。
[101] 罗炽等:《中国德育思想史纲》,湖北教育出版社 1998 年版。
[102] 罗国杰主编《中国伦理思想史》(上下卷),中国人民大学出版社 2008 年版。
[103] 罗国杰主编《中国传统道德》(简编本),中国人民大学出版社 1995 年版。
[104] 罗云锋:《礼治与法治》,法律出版社 2012 年版。
[105] 刘述先:《儒家哲学的三个大时代》,中华书局 2017 年版。
[106] 蒙培元:《心灵超越与境界》,人民出版社 1998 年版。
[107] 牟钟鉴:《中国文化的当下精神》,中华书局 2016 年版。
[108] 彭富春:《论中国的智慧》,人民出版社 2010 年版。
[109] 钱穆:《国史大纲》,商务印书馆 2010 年版。
[110] 钱穆:《中国文化史导论》,商务印书馆 1994 年版。
[111] 钱穆:《文化学大义》,九州出版社 2011 年版。
[112] 钱穆:《中国历史精神》,九州出版社 2012 年版。
[113] 沈善洪、王凤贤:《中国伦理学说史》(上下卷),浙江人民出版社 1985、1988 年版。
[114] 陶德麟:《马克思主义与中国道路》,中央编译出版社 2018 年版。
[115] 唐凯麟、张怀承:《成人与成圣——儒家伦理道德精粹》,湖南大学出版社 1999 年版。
[116] 唐凯麟主编《中华民族道德生活史》(八卷),东方出版中心 2016 年版。
[117] 王泽应:《船山伦理与西方近代伦理比论》,国际展望出版社 1991 年版。
[118] 王泽应:《自然与道德——道家伦理道德精粹》,湖南大学出版社 1999 年版。
[119] 王泽应:《马克思主义伦理思想中国化研究》,中国社会科学出版社 2017 年版。

[120] 吴根友：《道家思想及其现代诠释》，上海交通大学出版社 2018 年版。
[121] 吴根友编著《中国社会思想史》，武汉大学出版社 1997 年版。
[122] 吴根友：《中国现代价值观的初生历程——从李贽到戴震》，武汉大学出版社 2004 年版。
[123] 肖萐父、李锦全主编《中国哲学史》（上下卷），人民出版社 1982 年版。
[124] 向玉乔、龚群等：《道德文化自信》，中国社会科学出版社 2018 年版。
[125] 徐扬杰：《中国家族制度史》，武汉大学出版社 2012 年版。
[126] 许倬云：《中国文化的发展过程》，中华书局 2017 年版。
[127] 杨国荣：《伦理与存在——道德哲学研究》，上海人民出版社 2002 年版。
[128] 杨国荣：《孟子新论》，（台北）知道出版公司 1993 年版。
[129] 杨国荣：《善的历程：儒家价值体系的历史衍化及其现代转换》，上海人民出版社 1994 年版。
[130] 杨国荣：《王学通论——从王阳明到熊十力》上海三联书店 1990 年版。
[131] 杨国荣：《心学之思——王阳明哲学的阐释》，三联书店 1997 年版。
[132] 姚才刚：《儒家道德理性精神的重建：明中叶至清初的王学修正运动研究》，中国社会科学出版社 2009 年版。
[133] 张岱年：《中国哲学大纲》，中国社会科学出版社 1982 年版。
[134] 张岱年：《中国伦理思想研究》，江苏教育出版社 2009 年版。
[135] 张岱年、程宜山：《中国文化精神》，北京大学出版社 2015 年版。
[136] 张岱年：《天人五论》，中华书局 2017 年版。
[137] 张岱年：《中国古典哲学概念范畴要论》，中华书局 2017 年版。
[138] 张岱年主编《中华的智慧》，中华书局 2017 年版。
[139] 张怀承：《无我与涅槃：佛家伦理道德精粹》，湖南大学出版社 1999 年版。
[140] 张立文：《宋明理学研究》，人民出版社 2002 年版。
[141] 张立文：《和合哲学论》，人民出版社 2004 年版。

[142] 张立文主编《圣境——儒学与传统文化》，人民出版社 2005 年版。
[143] 张立文主编《空境——佛学与传统文化》，人民出版社 2005 年版。
[144] 张立文主编《和境——易学与传统文化》，人民出版社 2005 年版。
[145] 张立文主编《玄境——道学与传统文化》，人民出版社 2005 年版。
[146] 张世英：《张世英文集》（10 卷），北京大学出版社 2016 年版。
[147] 张锡勤等主编《中国伦理思想通史》，黑龙江教育出版社 1992 年版。
[148] 章太炎：《国学讲义》，海潮出版社 2007 年版。
[149] 赵汀阳：《论可能生活》，三联书店 1994 年版。
[150] 赵馥洁：《中国传统价值哲学论》，陕西人民出版社 1991 年版。
[151] 赵馥洁：《中华智慧的价值意蕴》，中国政法大学出版社 2002 年版。
[152] 赵馥洁：《价值的历程——中国传统价值观的历史演变》，中国社会科学出版社 2006 年版。
[153] 周海春：《近代新学的价值世界》，中国社会科学出版社 2009 年版。
[154] 周海春：《中国近代早期改革派与近代伦理思想的演变》，湖北人民出版社 2004 年版。
[155] 朱贻庭：《中国传统道德哲学 6 辨》，文汇出版社 2017 年版。

索　引*

---

*　本索引以首字拼音字母为序，人名、术语后的数字为该人名、术语首次出现的页码。

K

L

R

S

T

W

X

Y

后　记

我长期研究西方哲学、价值论和伦理学，从未对中国哲学和伦理学做过深入研究。撰写这部著作是我一次意外的收获。2015 年承蒙中共湖北省委常委、宣传部部长梁伟年同志和副部长喻立平同志的信任，我担任中共中央宣传部 2015 年中国特色社会主义理论体系研究中心重大课题“弘扬核心价值观与继承传统文化研究”（批准号：2015YZD12）首席专家。按照分工，我负责课题的全面工作并撰写研究计划所要求的研究报告。课题原定计划是撰写五部专著、一部调查报告集及一篇研究报告，但到 2017 年 6 月，课题研究进展较慢。我担心课题组成员不能按时完成任务，于是决定自己撰写一部传统价值观及其现代转换的专著以备结题之需。我从那时开始定选题、列提纲、找材料，因为有结题的压力，所以写得较快，到 2018 年 3 月完成了 80% 以上的撰写任务。而这时课题组的六位子课题负责人最终完成了各自负责的专著或调查报告集，而且质量相当不错，我感觉结题已经不需要我的这本书了（结题时还是上报了这部未完成的书稿）。于是，我就申报了 2018 年国家社会科学基金后期资助项目，2018 年 5 月提交了初稿。没有想到，后期资助项目申报成功。

按规定，后期资助项目申请成功后，全国哲学社会科学规划办公室需请五位专家针对已完成的书稿进行匿名评审。五位评审专家对全书提出了许多中肯细致的意见和建议，这些意见和建议都是建设性的，对我修改完善书稿起到了极大的作用。我根据专家们的意见和建议对书稿做了相当大的修改和补充，并专门撰写了最后一章，篇幅增加 15 万字之多，使全书得到了充实和完善。在此，我要特别向五位匿名评审专家致以崇高敬意和衷心感谢！

我的国学功底相当薄弱，以前也没有做过中国哲学文化方面的研究。虽然我相信自己从哲学价值论和伦理学原理的视角研究中国传统价值观有不少独到的见解，但总体上看研究得不够深、不够透，对其中有些概念、命题、观点、观念的含义及其历史流变把握得还不是十分准确。因此，恳请有关专家和读者给予批评指正。本书引用了互联网上一些不知名的科研成果而无法注明出处，在此一方面恳请被引用而未注明出处的作者谅解，另一方面也请作者与本人联系，以便本书重印或再版时补注。

本书系2018年国家社会科学基金后期资助项目（18FZX050）最终成果，得到了全国哲学社会科学规划办公室的经费支持。此外，本书的出版也得到了多个项目的经费资助。它们是：湖北省国内一流学科湖北大学哲学学科项目，湖北省教育厅“十三五”省属高校优势特色学科群“中国文化传承与发展”项目，上海市高校马克思主义理论高峰学科建设计划项目，2016年教育部人文社科重点研究基地重大项目“社会主义核心价值观社会认同伦理研究”（16JJD720016），文化和旅游部2018年度国家文化创新工程项目“文化发展智库支撑平台”，2018年教育部人文社会科学研究专项任务项目“新时代中国人美好生活评价指标体系构建研究”（18JF041）等。在此衷心感谢这些项目给予的立项和经费支持！

我现在是湖北大学哲学学院教授，中华文化发展湖北省协同创新中心、湖北省道德与文明研究中心研究员，上海大学社会科学学部兼职教授，湖南师范大学道德文化研究院（中国特色社会主义道德文化省部共建协同创新中心）、北京师范大学价值与文化研究中心和社会主义核心价值观协同创新中心、中国人民大学伦理学与道德建设研究中心、清华大学道德与宗教研究院、马克思主义理论与中国实践湖北省协同创新中心研究员，本书的出版是我在这些学术机构履职的一项科研成果。本书的出版得到了湖北大学哲学学院、高等人文研究院、科学发展研究院和社科处的大力支持，得到了社会科学文献出版社政法传媒分社特别是王绯社长和周琼副社长一如既往的全力支持和热情帮助，在此一并谨致谢忱！

本书顺利完成还得益于我的同事洪华华、李巧萍、蔡利平老师，我的妻子张汉明女士，以及我的学生李历、宋进斗、陶涛、汪佳璇、蔡梦雪、杨国震、刘勇等。我也要借此机会感谢他们在文稿校对、引文核对、文稿打印和申报材料准备等方面付出的辛勤劳动！

江畅

2019年10月10日

图书在版编目(CIP)数据

中国传统价值观及其现代转换：上下卷 / 江畅著
. -- 北京：社会科学文献出版社，2020.4（2022.7 重印）
国家社科基金后期资助项目
ISBN 978 -7 -5201 -5952 -4

Ⅰ. ①中… Ⅱ. ①江… Ⅲ. ①社会主义建设 - 价值论 - 研究 - 中国 Ⅳ. ①D616

中国版本图书馆 CIP 数据核字(2020)第 012870 号

国家社科基金后期资助项目
中国传统价值观及其现代转换（上下卷）

著　　者 / 江　畅

出 版 人 / 王利民
责任编辑 / 周　琼
文稿编辑 / 程丽霞
责任印制 / 王京美

出　　版 / 社会科学文献出版社·政法传媒分社（010）59367156
地址：北京市北三环中路甲 29 号院华龙大厦　邮编：100029
网址：www.ssap.com.cn
发　　行 / 社会科学文献出版社（010）59367028
印　　装 / 三河市龙林印务有限公司

规　　格 / 开 本：787mm × 1092mm　1/16
印 张：54.5　字 数：861 千字
版　　次 / 2020 年 4 月第 1 版　2022 年 7 月第 2 次印刷
书　　号 / ISBN 978 -7 -5201 -5952 -4
定　　价 / 218.00 元（上下卷）

读者服务电话：4008918866